완역
完譯

사
기
열
전
··2

인물들의 흥망사

완역 사기 열전 2

초판 1쇄 인쇄 2015년 12월 17일　초판 1쇄 발행 2015년 12월 24일

지은이 사마천　옮긴이 신동준
펴낸이 연준혁
기획 설완식

2분사 1부서 편집장 김남철
편집 이지은
표지디자인 이세호 본문디자인 이세호 한향림

펴낸곳 (주)위즈덤하우스 출판등록 2000년 5월 23일 제13-1071호
주소 (10402) 경기도 고양시 일산동구 정발산로 43-20 센트럴프라자 6층
전화 031)936-4000 팩스 031)903-3893 홈페이지 www.wisdomhouse.co.kr

값 25,000원 ⓒ 신동준, 2015

ISBN 978-89-6086-865-6 04910
ISBN 978-89-6086-866-3 (세트)

국립중앙도서관 출판시도서목록(CIP)

완역 사기 열전 : 인물들의 흥망사. 2 / 지은이: 사마천 ;
옮긴이: 신동준. -- 고양 : 위즈덤하우스, 2015
　p. ;　cm

원표제: 史記列傳
원저자명: 司馬遷
중국어 원작을 한국어로 번역

ISBN 978-89-6086-865-6 04910 : ₩25000
ISBN 978-89-6086-866-3 (세트) 04910

사기열전[史記列傳]
중국사[中國史]

912.03-KDC6
951.01-DDC23　　　　　　　　　CIP2015026545

완역
完譯

사기 열전

史記 列傳 :2

인물들의 흥망사

사마천 지음 • 신동준 옮김

위즈덤하우스

일러두기

- 이 책은 사마천司馬遷의 《사기史記》〈열전〉 가운데 권 96 〈장승상열전張丞相列傳〉부터 권 130 〈태사공자서太史公自序〉까지 이르는 부분을 완역한 것이다.
- 각 권 도입부에 있는 해제와 본문 주석은 역자의 글이다. 또한 본문은 역자가 소제목을 붙이고 구분했다.
- 번역은 원문에 충실하되, 독자의 이해를 돕기 위해 풀어 썼다.
- 인명·지명·서명 등의 한자어는 원칙적으로 처음 나올 때만 병기했다.
- 본문의 전집이나 총서, 단행본 등은 《 》로, 개별 작품이나 편명 등은 〈 〉로 표기했다.

장승상열전
張丞相列傳

〈장승상열전張丞相列傳〉은 한漢나라 초기 황제를 보필하면서 명재상으로 이름을 떨친 장창張蒼·주창周昌·임오任敖·신도가申屠嘉 등에 관한 전기다. 초한지제楚漢之際 때 활약한 명재상인 소하蕭何·조참曹參·장량張良·진평陳平 등을 모두 〈세가世家〉에 편제한 것과 대비된다. 장창 등은 이들 건국 원훈보다 격이 떨어진다고 생각해 〈열전〉에 편제한 것으로 보인다. 이 때문인지는 몰라도 〈장승상열전〉의 체계가 약간 산만하다. 장창의 사적이 주창 사적의 앞뒤에 나뉘어 실린 것 등이 그렇다. 그렇다고 해서 〈열전〉의 가치가 떨어지는 것은 아니다. 특히 목숨을 내건 주창의 직간에 황제가 아량을 베풀며 군신 사이의 보이지 않는 신뢰를 보낸 점 등은 깊은 감동을 안겨주고 있다.

〈장승상열전〉은 〈열전〉에서 시기적으로 안정기인 수성守成에 접어든 한문제漢文帝 이후에 활약한 인물을 다룬 첫 편에 해당한다. 〈역생육가열전酈生陸賈列傳〉에 소개된 역이기酈食其의 경우는 한나라 건국 이전에 활약하다 죽은 까닭에 예외에 속한다.

장창열전 1

승상丞相 장창은 양무陽武 출신이다. 그는 원래 시서詩書·음률音律·역법曆法을 좋아했다. 진나라 때 어사가 되어 늘 궁궐에 머물며 각지에서 올라오는 문서와 책을 관리하는 주하사柱下史의 역할을 행하다가 죄를 짓고 귀향했다. 패공沛公 유방劉邦이 여러 지역을 공략하면서 양무를 지나게 되었을 때 장창이 빈객賓客의 신분으로 수행해 남양南陽을 쳤다. 이때 장창이 죄를 범해 참형을 받게 되었다. 옷을 벗기고 사형대에 엎어놓았는데 몸이 장대한데다 살이 찌고 박속처럼 희었다. 왕릉王陵이 이를 보고는 기이하게 생각해 패공에게 사면을 주청했다. 참형을 면한 이유다. 이후 유방을 쫓아 서쪽 무관을 통해 함양咸陽에 입성했다.

유방이 항우項羽에 의해 한왕漢王에 봉해지자 함께 한중漢中으로 들어갔다. 이후 돌아 나와 삼진三秦을 평정했다. 상산왕常山王 장이張耳가 진여陳餘의 공격을 견디지 못하고 한나라로 귀순해오자 유방이 장창을 상산常山 태수太守에 임명했다. 회음후淮陰侯 한신韓信이 조나라를 칠 때 수행해 진여를 생포했다. 조나라의 땅이 평정되자 유방이 장창을 대代나라의 재상에 임명해 변경의 흉노를 막게 했다. 얼마 후 다시 조나라의 상국이 되어 조왕趙王 장이를 보필했다. 장이 사후 조왕 장오張敖를 보필했다. 이후 다시 벼슬을 옮겨 대왕代王을 보필했다.

연왕燕王 장도臧荼가 반기를 들자 유방이 친정에 나섰다. 이때 장창은 대나라 상국 자격으로 수행해 장도를 무찌르는 데 큰 공을 세웠다. 고조 6년 8월, 북평후北平侯에 봉해졌다. 식읍으로 1,200호를 받았다. 벼슬을 옮겨 재정을 담당한 계상計相이 되었다. 한 달 뒤 다시 열후의 신분으로 계상의 바뀐 명칭인 주계主計에 제수되어 4년 동안 봉직했다. 당시 소하가 상국으로 있었다. 장창은 진나라 때부터 주하사 일을 맡은 덕분에 전국의 도서·재정·호적에 밝았다. 또 산학·음률·역법에도 두루 능통했다. 열후의 신분으로 승상부에 있으면서 각 군국郡國의 회계보고 담당관인 상계자上計者를 감독했다. 영포英布가 모반했다가 망하자 한나라 조정이 황자 유장劉長을 회남왕淮南王으로 세우고, 장창을 재상으로 임명했다. 이로부터 14년 뒤 어사대부御史大夫로 자리를 옮겼다.

●● 張丞相蒼者, 陽武人也. 好書律曆. 秦時爲御史, 主柱下方書. 有罪, 亡歸. 及沛公略地過陽武, 蒼以客從攻南陽. 蒼坐法當斬, 解衣伏質, 身長大, 肥白如瓠, 時王陵見而怪其美士, 乃言沛公, 赦勿斬. 遂從西入武關, 至咸陽. 沛公立爲漢王, 入漢中, 還定三秦. 陳餘擊走常山王張耳, 耳歸漢, 漢乃以張蒼爲常山守. 從淮陰侯擊趙. 蒼得陳餘. 趙地已平, 漢王以蒼爲代相, 備邊寇. 已而徙爲趙相, 相趙王耳. 耳卒, 相趙王敖. 復徙相代王. 燕王臧荼反, 高祖往擊之, 蒼以代相從攻臧荼有功, 以六年中封爲北平侯, 食邑千二百戶. 遷爲計相, 一月, 更以列侯爲主計四歲. 是時蕭何爲相國, 而張蒼乃自秦時爲柱下史, 明習天下圖書計籍. 蒼又善用算律曆, 故令蒼以列侯居相府, 領主郡國上計者. 黥布反亡, 漢立皇子長爲淮南王, 而張蒼相之. 十四年, 遷爲御史大夫.

주창열전

주창은 패현沛縣 출신이다. 종형從兄인 주가周苛와 함께 진나라 때 사수군泗水郡의 하급관원인 졸사卒史가 되었다. 유방이 패현에서 일어나 사수군 태수와 각 군에 상주하는 감찰관인 군감郡監을 공격할 때 주창과 주가는 졸사의 신분으로 유방을 따라갔다. 유방은 주창을 깃발을 관리하는 직지職志, 주가를 막료인 빈객으로 삼았다. 이후 유방을 쫓아 관중關中으로 들어가 진나라 군사를 깨뜨렸다. 유방은 항우에 의해 한왕으로 봉해진 뒤 주가를 어사대부, 주창을 도성의 치안 담당관인 중위中尉로 삼았다. 한고조 4년, 항우가 유방을 형양滎陽에서 포위해 형세가 위급해졌다. 유방이 포위망을 뚫고 달아나면서 주가에게 형양성滎陽城을 지키게 했다. 항우가 형양성을 점령한 뒤 주가를 회유해 초나라 장수로 삼으려 했다. 주가가 항우를 꾸짖었다.

"그대는 속히 유방에게 항복토록 하시오. 그러지 않으면 곧 사로잡힐 것이오."

항우가 격노해 주가를 삶아 죽였다. 이후 유방이 주창을 어사대부로 삼았다. 주창이 늘 유방을 보좌하며 따라다니다가 마침내 항우를 격파했다. 한고조 6년 8월, 소하 및 조참 등과 함께 제후에 봉해졌다. 주창은 분음후汾陰侯, 주가의 아들 주성周成은 부친이 나라를 위해 희생한 까닭에 고경후高景侯에 봉해졌다.

주창은 강직해 직언을 서슴지 않았다. 소하와 조참을 비롯한 모든 신하가 그에게 몸을 굽히며 두려워했다. 주창은 일찍이 한고조 유방이 한가롭게 쉬고 있을 때 안으로 들어가 어떤 일을 고하고자 했다. 마침 유방이 척희戚姬를 끌어안고 있었다. 주창이 뒤돌아 달아나자 유방이 뒤쫓아 달려와 붙잡은 뒤 주창의 목을 타고 앉아 물었다.

"나는 어떤 군주인가?"

주창이 고개를 곧추세우고 말했다.

"폐하는 하夏나라 걸傑이나 은殷나라 주紂와 다를 바 없는 폭군입니다."

유방이 웃음을 터뜨렸지만 주창을 더욱 삼가게 되었다. 이후 태자 유영劉盈을 폐하고 척희의 아들 유여의劉如意를 태자로 삼으려 했을 때 대신들이 강력히 반대했다. 그 누구도 유방의 뜻을 돌리게 하지 못했다. 이때 유방이 유후留侯 장량의 계책으로 인해 태자를 바꾸려는 생각을 그쳤다. 당시 주창이 이에 관해 강경히 간한 적이 있다. 한고조 유방이 그의 의견을 물었다. 주창은 원래 말을 더듬는데다 크게 격앙되어 있었기에 더욱 더듬었다. 간한 내용은 이와 같았다.

"신은 입으로 잘 말씀드릴 수가 없습니다. 그러나 신은 그것이 분명 옳지 않다는 것을 알고 있습니다. 폐하는 태자를 폐하려고 하지만 신은 결코 그 명을 받들 수 없습니다."

한고조 유방이 흔연히 웃었다. 조회가 끝나자 편전便殿의 동쪽 측실側室인 동상東廂에서 귀를 기울여 엿듣던 여후呂后가 주창이 나오는 것을 보고 그 앞에 꿇어앉아 고마움을 표했다.

"그대가 아니었다면 태자는 아마 폐위되었을 것이오."

이후 척희의 아들 유여의가 조왕이 되었다. 나이는 열 살이었다. 한고조 유방은 자신이 죽은 뒤 유여의의 목숨이 위태로워질까 우려했다. 이 무렵 조요趙堯가 젊은 나이에 황제의 부신符信과 옥새를 관리하는 부새어사符璽御史가 되었다. 조나라 출신인 방여현方與縣 현령이 어사대부 주창에게 말했다.

"그대 밑의 어사 조요는 비록 어리나 재능이 뛰어납니다. 반드시 그를 우대토록 하십시오. 그가 장차 그대의 자리를 대신할 것이오."

주창이 웃으며 말했다.

"조요는 붓으로 죽간竹簡에 글이나 베껴 쓰고 조각칼로 수정이나 하는 아전[刀筆吏]에 지나지 않소. 어찌 그같이 될 수 있겠소?"

얼마 후 조요가 한고조 유방을 모시게 되었다. 어느 날 유방이 홀로 울적한 마음에 구슬픈 노래를 불렀다. 군신들은 유방이 왜 그런지 알지 못했다. 조요가 나아가 공손히 물었다.

"폐하가 울적해하는 것은 조왕이 어리고 척희와 여후의 사이가 좋지 않아 만세후萬世後 조왕이 스스로 몸을 보전하기 어려울 것으로 여기기 때문이 아닙니까?"

한고조 유방이 말했다.

"바로 그렇소. 나는 내심 그것을 염려하고 있으나 어찌해야 좋을지 모르겠소."

조요가 건의했다.

"폐하는 응당 조왕을 위해 지위가 높고 강직하며, 여후와 태자 및 군신들이 평소 존경하고 두려워하는 사람을 조나라 상국으로 두면 될 것입니다."

유방이 물었다.

"옳소. 나도 그리 생각하고 있었소. 군신 가운데 누가 좋겠소?"

조요가 대답했다.

"어사대부 주창은 강직하고 정직합니다. 또 여후와 태자 및 대신들이 평소에 그를 존경하며 두려워합니다. 오직 주창만이 가합니다."

유방이 말했다.

"좋소."

곧 주창을 불러 말했다.

"짐이 그대를 수고롭게 만들려 하오. 그대는 짐을 위해 억지로라도 조나라 상국이 되어주시오."

주창이 눈물을 흘리며 말했다.

"신은 폐하가 기의起義할 때부터 모셔왔습니다. 어찌해서 중도에 저를 제후에게 내팽개치려는 것입니까?"

유방이 말했다.

"나도 그것이 좌천인 것을 아오. 그러나 조왕의 장래를 걱정하다 보니 공이 아니고는 다른 적임자가 없소. 공이 억지로라도 가주기 바라오."

그러고는 어사대부 주창을 조나라 상국으로 옮겼다. 주창이 부임한 지 한참 뒤 한고조 유방이 어사대부의 관인을 손에 쥐고 어루만지며 말했다.

"어사대부로 앉힐 만한 사람이 누구일까?"

그러고는 조요를 한참 바라보다가 말했다.

"조요만한 사람이 없다."

마침내 조요를 어사대부에 임명했다. 조요는 전에 군공軍功을 세워 식읍을 받은 바 있다. 어사대부가 된 뒤에도 한고조 유방을 쫓아 진희陳豨를 치는 데도 공을 세웠다. 강읍후江邑侯에 봉해진 이유다.

한고조 유방이 죽자 여태후呂太后가 사자를 보내 조왕 유여의를 불러오게 했다. 그러나 조나라 상국 주창은 조왕이 병중에 있다는 핑계로 보내주지 않았다. 사자가 세 번이나 거듭 왕래했으나 주창은 끝내 보내지 않았다. 여태후가 이를 근심했다. 곧 사자를 보내 주창을 불렀다. 주창이 장안長安으로 와 여태후를 만났다. 여태후가 화를 내며 주창을 반말로 꾸짖었다.

"너[爾]는 내가 척씨戚氏를 미워하는 것을 모르는가? 끝까지 조왕을 보내지 않는데, 그 이유가 뭔가?"

주창이 장안으로 소환된 뒤 여태후가 다시 사자를 보내 조왕을 불러오게 했다. 조왕 유여의가 장안으로 왔다. 한 달여 뒤 독약을 마시고 죽었다. 주창은 그 일로 인해 병을 핑계 삼아 조정에 나오지 않았다. 그러다가 3년 만에 죽었다. 주창이 죽은 지 5년 뒤 여태후가 어사대부인 강읍후 조요를 벌했다. 한고조 때 조왕 유여의를 보호하기 위해 주창을 조나라 상국으로 보내는 계책을 냈다는 이야기를 들은 데 따른 것이었다. 광아후廣阿侯 임오가 어사대부에 임명되었다.

●● 周昌者, 沛人也. 其從兄曰周苛, 秦時皆爲泗水卒史. 及高祖起沛, 擊破泗水守監, 於是周昌·周苛自卒史從沛公, 沛公以周昌爲職志, 周苛爲客. 從入關, 破秦. 沛公立爲漢王, 以周苛爲御史大夫, 周昌爲中尉. 漢王四年, 楚圍漢王滎陽急, 漢王遁出去, 而使周苛守滎陽城. 楚破滎陽城, 欲令周苛將. 苛罵曰, "若趣降漢王! 不然, 今爲虜矣!" 項羽怒, 亨周苛. 於是乃拜周昌爲御史大夫. 常從擊破項籍. 以六年中與蕭·曹等俱封, 封周昌爲汾陰侯, 周苛子周成以父死事, 封爲高景侯. 昌爲人彊力, 敢直言, 自蕭·曹等皆卑下之. 昌嘗燕時入奏事, 高旁方擁戚姬, 昌還走, 高帝逐得, 騎周昌項, 問曰, "我何如主也?" 昌仰曰, "陛下卽桀紂之主也." 於是上笑之, 然尤憚周昌. 及帝欲廢太子, 而立戚姬子如意爲太子, 大臣固爭之, 莫能得, 上以留侯策卽止. 而周昌廷爭之彊, 上問其說, 昌爲人吃, 又盛怒, 曰, "臣口不能言, 然臣期期知其不可. 陛下雖

欲廢太子, 臣期期不奉詔." 上欣然而笑. 旣罷, 呂后側耳於東相聽, 見
周昌, 爲跪謝曰, "微君, 太子幾廢." 是後戚姬子如意爲, 趙王, 年十歲,
高祖憂卽萬歲之後不全也. 趙堯年少, 爲符璽御史. 趙人方與公謂御
史大夫周昌曰, "君之史趙堯, 年雖少, 然奇才也, 君必異之, 是且代君
之位." 周昌笑曰, "堯年少, 刀筆吏耳, 何能至是乎!" 居頃之, 趙堯侍高
祖. 高祖獨心不樂, 悲歌, 羣臣不知上之所以然. 趙堯進請問曰, "陛下
所爲不樂, 非爲趙王年少而戚夫人與呂后有卻邪? 備萬歲之後而趙王
不能自全乎?" 高祖曰, "然. 吾私憂之, 不知所出." 堯曰, "陛下獨宜爲
趙王置貴彊相, 及呂后 · 太子 · 羣臣素所敬憚乃可." 高祖曰, "然. 吾念
之欲如是, 而羣臣誰可者?" 堯曰, "御史大夫周昌, 其人堅忍質直, 且
自呂后 · 太子及大臣皆素敬憚之. 獨昌可." 高祖曰, "善." 於是乃召周
昌, 謂曰, "吾欲固煩公, 公彊爲我相趙王." 周昌泣曰, "臣初起從陛下,
陛下獨奈何中道而棄之於諸侯乎?" 高祖曰, "吾極知其左遷, 然吾私
憂趙王, 念非公無可者. 公不得已彊行!" 於是徙御史大夫周昌爲趙相.
旣行久之, 高祖持御史大夫印弄之, 曰, "誰可以爲御史大夫者?" 孰視
趙堯曰, "無以易堯." 遂拜趙堯爲御史大夫. 堯亦前有軍功食邑, 及以
御史大夫從擊陳豨有功, 封爲江邑侯. 高祖崩, 呂太后使使召趙王, 其
相周昌令王稱疾不行. 使者三反, 周昌固爲不遣趙王. 於是高后患之,
乃使使召周昌. 周昌至, 謁高后, 高后怒而罵周昌曰, "爾不知我之怨
戚氏乎? 而不遣趙王, 何?" 昌旣徵, 高后使使召趙王, 趙王果來. 至長
安月餘, 飮藥而死. 周昌因謝病不朝見, 三歲而死. 後五歲, 高后聞御
史大夫江邑侯趙堯高祖時定趙王如意之畫, 乃抵堯罪, 以廣阿侯任敖
爲御史大夫.

임오열전

임오는 원래 패현의 옥리獄吏였다. 일찍이 한고조 유방이 죄를 짓고 관원을 피해 다닐 때 옥리가 여후를 감옥에 가둔 뒤 거칠게 대했다. 임오는 평소 유방과 사이가 좋았다. 이를 보고는 화가 나 여후를 맡아 다스리는 옥리를 때려 상처를 입혔다. 당초 유방이 거병했을 때 임오는 빈객으로 참여했다. 이후 어사가 되어 2년 동안 풍읍豐邑을 지켰다. 유방이 한왕이 된 후 동쪽으로 항우를 칠 때 상당上黨의 태수로 옮겼다. 진희가 반기를 들었을 때 상당을 굳게 지킨 공을 인정받아 광아후에 봉해지고, 식읍으로 1,800호를 받았다. 여태후 때 어사대부가 되었다가 3년 만에 면직되었다.

●● 任敖者, 故沛獄吏. 高祖嘗辟史, 吏繫呂后, 遇之不謹. 任敖素善高祖, 怒, 擊傷主呂后吏. 及高祖初起, 敖以客從爲御史, 守豐二歲. 高祖立爲漢王, 東擊項籍, 敖遷爲上黨守. 陳豨反時, 敖堅守, 封爲廣阿侯, 食千八百戶. 高后時爲御史大夫. 三歲免.

조줄열전

평양후平陽侯 조줄曹窋이 임오에 이어 어사대부가 되었다. 여태후가 죽었을 때 조줄은 대신과 함께 여록呂祿 등을 베는 일에 동조하지 않았다. 조줄이 파면되고 회남淮南의 재상 장창이 어사대부가 되었다.

●● 以平陽侯曹窋爲御史大夫. 高后崩, 與大臣共誅呂祿等. 免, 以淮南相張蒼爲御史大夫.

장창열전 2

장창은 강후絳侯 주발 등과 함께 대왕을 한문제로 옹립했다. 한문제 전前 4년, 승상 관영灌嬰이 죽자 어사대부 장창이 승상이 되었다. 한나라 건립 후 한문제에 이르기까지 20여 년이 지났다. 천하가 비로소 안정되기 시작했다. 장상將相과 공경公卿 모두 군리軍吏 출신이었다. 장창은 계상으로 있을 때 음률과 역법을 정비했다. 한고조가 함양의 파상霸上에 온 것이 10월이었다. 진나라는 10월을 세수歲首로 삼은 까닭에 한나라도 이를 고치지 않았다. 음양론의 오덕설五德說에 따르면 한나라는 수덕水德에 해당한다. 흑색을 숭상하는 것을 진나라 때처럼 했다. 십이율十二律의 관악기를 불어 음악을 바로잡고 오음五音에 맞게 했다. 경중과 대소의 비율에 따라 법령을 정했다. 장공匠工의 편의를 위해 일정한 기준을 정함으로써 하나의 법식法式인 이른바 정품程品을 만들게 했다. 이 모두 장창이 승상일 때 이루어졌다.

한나라 때 음악과 역법을 말하는 자는 장창의 설을 근거로 삼았다. 장창은 원래 책을 좋아해 보지 않는 서적이 없었고, 능통하지 않은 것이 없었다. 특히 음률과 역법에 가장 밝았다. 그는 안국후安國侯 왕릉의 은덕을 잊지 않고, 귀하게 된 뒤에도 늘 왕릉을 부친처럼 섬겼다. 왕릉 사후 승상이 되었지만 한가할 때면 제일 먼저 왕릉의 부인을 찾아가 음식을 올린 뒤 집으로 돌아가곤 했다. 그가 승상이 된지 10여 년 되는 해에 노나라 출신 공손신公孫臣이 이같이 상서했다.

한나라는 곧 토덕土德의 시대에 접어듭니다. 그 조짐으로 황룡黃龍이 나타날 것입니다.

한문제가 조서를 내려 이를 검토하게 했다. 장창이 옳지 않다며 없던 일로 했다. 이후 황룡이 성기成紀에 나타났다. 한문제가 공손신을 불러 박사博士에 임명한 뒤 토덕의 시대에 맞는 역법제도를 기초하게 하고, 이해를 원년元年으로 바꾸었다. 장승상은 이 일로 인해 병을 핑계로 집에 머물렀다. 일찍이 장창의 천거로 궁실 건축을 담당한 소부少府의 속관屬官인 중후中候가 된 자가 있었다. 그가 부정한 이득을 취했다. 한문제가 이 일로 장창을 문책하자 장창이 마침내 병을 핑계로 벼슬에서 물러났다. 승상이 된 지 15년 만에 그만둔 것이다. 한경제 전 5년, 장창이 죽었다. 시호는 문후文侯다. 아들 장강후張康侯가 작위를 이었다가 8년 만에 죽었다. 아들 장류張類가 작위를 이었다. 8년째 되던 해에 제후의 상사喪事에 참석한 뒤 어전에 나간 것이 불경죄에 해당되어 봉지를 박탈당했다.

본래 장창의 부친은 키가 5척도 안 되었다. 슬하의 장창은 8척이 넘었고, 이후 제후에 봉해지고 승상이 되었다. 장창의 아들 장강후도 키가 컸다. 손자 장류는 6척 남짓했고, 법을 어겨 제후의 작위를 상실했다. 장창은 승상을 면직당한 뒤 노쇠로 인해 치아가 모두 빠진 까닭에 젖을 먹고 살았다. 나이가 젊은 여인을 얻어 유모로 삼았다. 처첩이 몇백 명이나 되었다. 임신한 적이 있는 여인은 다시 총애하지 않았다. 100살 넘게 살다 죽었다.

●● 蒼與絳侯等尊立代王爲孝文皇帝. 四年, 丞相灌嬰卒, 張蒼爲丞相. 自漢興至孝文二十餘年, 會天下初定, 將相公卿皆軍吏. 張蒼爲計相時, 緒正律曆. 以高祖十月始至霸上, 因故秦時本以十月爲歲首, 弗革. 推五德之運, 以爲漢當水德之時, 尙黑如故. 吹律調樂, 入之音聲, 及以比定律令. 若百工, 天下作程品. 至於爲丞相, 卒就之, 故漢家言律曆者, 本之張蒼. 蒼本好書, 無所不觀, 無所不通, 而尤善律曆. 張蒼德王陵. 王陵者, 安國侯也. 及蒼貴, 常父事王陵. 陵死後, 蒼爲丞相, 洗沐, 常先朝陵夫人上食, 然後敢歸家. 蒼爲丞相十餘年, 魯人公孫臣上書言漢土德時, 其符有黃龍當見. 詔下其議張蒼, 張蒼以爲非是, 罷之. 其後黃龍見成紀, 於是文帝召公孫臣以爲博士, 草土德之曆制度, 更元年. 張丞相由此自紬, 謝病稱老. 蒼任人爲中候, 大爲姦利, 上以讓蒼, 蒼遂病免. 蒼爲丞相十五歲而免. 孝景前五年, 蒼卒, 諡爲文侯. 子康侯代, 八年卒. 子類代爲侯, 八年, 坐臨諸侯喪後就位不敬, 國除. 初, 張蒼父長不滿五尺, 及生蒼, 蒼長尺餘, 爲侯·丞相. 蒼子復長. 及孫類, 長六尺餘, 坐法失侯. 蒼之免相後, 老, 口中無齒, 食乳, 女子爲乳母. 妻妾以百數, 嘗孕者不復幸. 蒼年百有餘歲而卒.

신도가열전

승상 신도가는 위나라 출신이다. 발로 밟아 쇠뇌의 시위를 당길 정도로 재주와 능력이 뛰어났다. 한고조 유방을 쫓아 항우를 공격한 덕분에 부대를 이끄는 장수인 대수隊率●가 되었다. 또 유방을 쫓아 영포의 군사를 치고 도위都尉가 되었다. 한혜제漢惠帝 때는 회양淮陽 태수에 제수되었다. 한문제 전 원년, 전에 식읍 2,000석을 받은 고위 관원 가운데 유방을 쫓아 싸운 자들을 모두 관내후關內侯로 삼았다. 그 가운데 스물네 명에게 식읍을 내렸다. 신도가는 식읍 500호를 받

● 대수의 수率는 장수將帥의 수帥와 통한다. 《사기색은史記索隱》은 그 음을 소류반所類反이라고 했다.

았다. 장창이 승상이 된 뒤 어사대부가 되었다. 장창을 승상에서 파면했을 때 한문제는 두황후竇皇后의 동생 두광국竇廣國을 승상으로 삼고 싶어 했으나 내심 이같이 우려했다.

"그 경우 천하 사람들은 내가 두광국을 편애한다고 할 것이다."

두광국은 어질고 덕행이 있었다. 그를 승상으로 삼고자 한 것은 일리가 있었다. 한문제는 오랫동안 이를 생각한 결과 옳지 않다고 판단했다. 한고조 때 활약한 대신들은 거의 모두 죽었고, 현존한 인물 가운데 이를 감당할 만한 자가 없었다. 장창이 승상에서 파면되었을 때 어사대부로 있던 신도가를 승상으로 삼고, 본래의 식읍을 그대로 둔 채 고안후故安侯에 봉한 이유다. 신도가는 청렴하고 정직했다. 집에서 사사로운 청탁을 받는 일이 없었다. 당시 황제 곁에서 의론을 관장하는 태중대부太中大夫 등통鄧通이 한창 한문제의 총애를 받고 있었다. 하사받은 재물이 거만巨萬에 달했다. 한문제는 자주 그의 집에서 연회를 즐길 정도로 그를 총애했다. 하루는 승상 신도가가 입조했을 때 등통은 한문제 곁에 있는 것을 이유로 승상에 대한 예절을 태만히 했다. 승상 신도가가 보고를 마친 뒤 이같이 덧붙였다.

"폐하가 신하를 총애해 부귀하게 만드는 것은 좋습니다. 그러나 조정의 예절이 엄숙하지 않으면 안 됩니다."

한문제가 말했다.

"승상은 아무 말도 하지 마시오. 짐이 사적으로 총애하는 것일 뿐이오."

신도가는 조회를 마치고 나와 승상부에 정좌한 뒤 격서檄書를 띄워 등통을 승상부로 불렀다. 오지 않으면 참형에 처하겠다고 밝혔다. 등통이 두려운 나머지 궁궐로 들어가 한문제에게 이를 말하자 한문제가 안심시켰다.

"너는 우선 승상부로 가거라. 내가 곧바로 사람을 보내 너를 부르도록 하겠다."

등통은 승상부에 이르자 관을 벗고 맨발을 한 채로 머리를 조아려 사과했다. 신도가는 태연하게 앉은 채 짐짓 예의를 갖추지 않고 꾸짖었다.

"조정은 고황제의 조정이다. 등통은 보잘것없는 신분으로 어전을 희롱했다. 이는 불경죄에 해당하니 참형을 받아 마땅하다. 형리는 지금 당장 그를 참형에 처하라."

등통이 머리를 땅에 찧으며 빌어 피범벅이 되었지만 신도가는 그를 석방하지 않았다. 한문제는 이미 승상이 충분히 등통을 괴롭혔으리라 생각하고 사자를 시켜 부절을 가지고 가 등통을 부르게 했다. 그러고는 승상에게 이같이 사과하게 했다.

"등통은 군주의 놀이 상대요[弄臣]. 승상은 이제 그를 풀어주시오."

등통은 풀려나 궁중에 이르자 한문제 앞에서 울며 말했다.

"승상이 신을 죽이려 했습니다."

신도가가 승상이 된 지 5년째 되는 해에 한문제가 죽고, 한경제가 즉위했다. 한경제 전 2년, 조조晁錯가 정령政令을 기초하는 내사內史가 되어 한경제의 총애를 받았다. 정권을 휘두르며 각종 법령제도를 대폭 고칠 것을 주청하고, 기강을 바로잡기 위해 제후의 권력과 봉지를 삭감하는 방안을 건의했다. 승상 신도가는 자신의 의견이 받아들여지지 않은 것을 부끄럽게 여기며 내심 조조를 미워했다. 조조는 내사가 된 후 문이 동쪽으로 나 있어 왕래하기에 불편하다며 남쪽 담을 뚫어 문 하나를 더 만들었다. 남쪽 문으로 나오면 태상황太上皇

사당의 바깥 담장*에 이르게 된다. 신도가는 이 이야기를 듣고는 함부로 종묘宗廟의 담을 뚫어 문을 낸 죄목으로 상서해 목을 베고자 했다. 조조의 문객 가운데 이 이야기를 조조에게 전해준 사람이 있었다. 조조가 두려워하며 밤중에 궁궐로 들어가 한경제를 뵙고 죽을죄를 청했다. 아침이 되자 승상 신도가가 내사 조조를 벨 것을 청했다. 한경제가 말했다.

"조조가 문을 낸 곳은 진짜 종묘의 담장이 아니라 담장 밖 공터를 지키기 위한 낮은 담장이오. 다른 관청이 그 안에 존재한 적도 있소. 내가 그리하라고 시켰으니 조조에게는 죄가 없소."

조회를 마친 뒤 신도가가 삼공三公의 보좌역인 장사長史에게 이같이 말했다.

"조조를 죽인 뒤 황제에게 고해야 했는데, 먼저 공식 주청했다가 조조에게 모욕을 당한 것이 후회스러울 뿐이다."

그러고는 신도가는 귀가한 뒤 피를 토하고 죽었다. 시호는 절후節侯다. 아들 공후共侯 신도멸申屠蔑이 뒤를 이었으나 3년 만에 죽었다. 신도멸의 아들 신도거병申屠去病이 그의 작위를 이어 승상이 되었다가 31년 만에 죽었다. 신도거병의 아들 신도유申屠臾가 그의 작위를 이어받은 지 6년 만에 구강九江의 태수가 되었다. 이후 전임 태수로부터 선물을 받은 것이 법에 저촉되어 작위를 박탈당하고, 봉지도 없어졌다.

신도가 사후 한경제 때 개봉후開封侯 도청陶青, 도후桃侯 유사劉舍가

---

* 바깥 담장의 원문은 "연원堧垣"이다. 연堧을 두고《사기집해史記集解》는 복건服虔의 주를 인용해 궁궐의 외원外垣으로 풀이했다.《사기색은》은 외나畏懦의 '나'와 같은 음으로 풀이한 여순如淳의 주와 이연반而緣反으로 읽은 위소韋昭의 주를 모두 언급했다. 〈원앙조조열전袁盎鼂錯列傳〉에 나오는 연壖과 같은 글자다.

승상이 되었다. 지금의 황제인 한무제漢武帝 때에 이르러서는 백지후
柏至侯 허창許昌, 평극후平棘侯 설택薛澤, 무강후武彊侯 장청적莊青翟, 고
릉후高陵侯 조주趙周 등이 승상의 자리에 올랐다. 모두 열후인 부친의
뒤를 이은 사람들이다. 삼가고 청렴한 자세[媞媞廉謹]로 승상이 되
기는 했으나 머릿수만 채웠을 뿐이고, 당대에 공명功名을 드러내지는
못했다.

●● 申屠丞相嘉者, 梁人, 以材官蹶張從高帝擊項籍, 遷爲隊率. 從擊
黥布軍, 爲都尉. 孝惠時, 爲淮陽守. 孝文帝元年, 擧故吏士二千石從
高皇帝者, 悉以爲關內侯, 食邑二十四人, 而申屠嘉食邑五百戶. 張蒼
已爲丞相, 嘉遷爲御史大夫. 張蒼免相, 孝文帝欲用皇后弟竇廣國爲丞
相, 曰, "恐天下以吾私廣國." 廣國賢有行, 故欲相之, 念久之不可, 而
高帝時大臣又皆多死, 餘見無可者, 乃以御史大夫嘉爲丞相, 因故邑封
爲故安侯. 嘉爲人廉直, 門不受私謁. 是時太中大夫鄧通方隆愛幸, 賞
賜累巨萬. 文帝嘗燕飲通家, 其寵如是. 是時丞相入朝, 而通居上傍, 有
怠慢之禮. 丞相奏事畢, 因言曰, "陛下愛幸臣, 則富貴之, 至於朝廷之
禮, 不可以不肅!" 上曰, "君勿言, 吾私之." 罷朝坐府中, 嘉爲檄召鄧通
詣丞相府, 不來, 且斬通. 通恐, 入言文帝曰, "汝第往, 吾今使人召若."
通至丞相府, 免冠, 徒跣, 頓首謝. 嘉坐自如, 故不爲禮, 責曰, "夫朝廷
者, 高皇帝之朝廷也. 通小臣, 戲殿上, 大不敬, 當斬. 吏今行斬之!" 通
頓首, 首盡出血, 不解. 文帝度丞相已困通, 使使者持節召通, 而謝丞
相曰, "此吾弄臣, 君釋之." 鄧通旣至, 爲文帝泣曰, "丞相幾殺臣." 嘉爲
丞相五歲, 孝文帝崩, 孝景帝卽位. 二年, 鼂錯爲內史, 貴幸用事, 諸法
令多所請變更, 議以謫罰侵削諸侯. 而丞相嘉自紬所言不用, 疾錯. 錯
爲內史, 門東出, 不便, 更穿一門南出. 南出者, 太上皇廟堧垣. 嘉聞之,

欲因此以法錯擅穿宗廟垣爲門, 奏請誅錯. 錯客有語錯, 錯恐, 夜入宮
上謁, 自歸景帝. 至朝, 丞相奏請誅內史錯. 景帝曰, "錯所穿非眞廟垣,
乃外堧垣, 故他官居其中, 且又我使爲之, 錯無罪." 罷朝, 嘉謂長史曰,
"吾悔不先斬錯, 乃先請之, 爲錯所賣." 至舍, 因歐血而死. 諡爲節侯.
子共侯蒇代, 三年卒. 子侯去病代, 三十一年卒. 子侯臾代, 六歲, 坐爲
九江太守受故官送有罪, 國除. 自申屠嘉死之後, 景帝時開封侯陶靑·
桃侯劉舍爲丞相. 及今上時, 柏至侯許昌·平棘侯薛澤·武彊侯莊靑
翟·高陵侯趙周等爲丞相. 皆以列侯繼嗣, 娖娖廉謹, 爲丞相備員而已,
無所能發明功名有著於當世者.

태사공은 평한다.

"장창은 문학과 음률, 역법에 밝은 명재상이었다. 그러나 가의賈誼
와 공손신 등이 건의한 정삭正朔과 복색에 관한 개혁안을 채택하지
않고, 10월을 세수로 하는 진나라의 전욱력顓頊曆◆ 사용을 고집한 것
은 무슨 까닭인가? 주창은 강직하고 성실한 사람이다. 임오는 전에
은덕을 베푼 덕분에 여후에 의해 등용되었다. 신도가는 강직해 의연
히 절조를 지켰다고 말할 수 있다. 그러나 그는 제왕지술帝王之術의
학문이 없어 소하와 조참 및 진평 등과는 부류가 다르다."

◉◉ 太史公曰, "張蒼文學律曆, 爲漢名相, 而絀賈生·公孫臣等言正

● 전욱력은 오행五行과 육례六禮에 관한 전통개념을 토대로 만든 육력六曆의 하나로 진력秦
曆으로도 부른다. 육력은 황제력黃帝曆·하력夏曆·은력殷曆·주력周曆·진력·노력魯曆을 말한
다. 하력은 음력 정월, 은력은 음력 12월, 주력은 음력 11월, 진력은 음력 10월을 세수로 삼았
다. 전욱력이 10월을 세수로 삼은 것은 동지가 있는 동월冬月의 앞 달인 10월이 새해의 시작
이라고 간주한 결과다. 진력은 진헌공秦獻公의 치세인 기원전 366년부터 시행되어 한무제 태
초 원년 전까지 200여 년 동안 사용되었다. 육력은 주나라 말기의 사람들이 전설시대의 인물
을 빌어 만들어낸 것이다.

朔服色事而不遵, 明用秦之顓頊曆. 何哉? 周昌, 木彊人也. 任敖以舊德用. 申屠嘉可謂剛毅守節矣, 然無術學, 殆與蕭·曹·陳平異矣."

제상열전

한무제 때는 승상인 자가 매우 많았다. 그러나 기록으로 남아 있는 것이 별로 없고, 행적을 비롯해 그들이 기거하던 모습 등에 관해 개략적인 부분도 기록하지 않았다. 여기서는 우선 한무제 정화征和 원년 이후의 것을 기록하기로 한다. 승상 차천추車千秋는 장릉長陵 출신이다. 그가 죽자 승상 위현韋賢이 뒤를 이었다. 위현은 노나라 출신이다. 독서와 법술로 관원이 된 후 외빈 접대를 관장하는 대홍려大鴻臚의 자리에 올랐다. 관상을 보는 자가 그의 관상을 보고는 이같이 말했다.

"마땅히 승상에 이를 것이다."

위현에게 네 명의 아들이 있었다. 관상가에게 이들의 관상을 모두 보게 했다. 둘째 아들 위현성韋玄成에 이르러 이같이 말했다.

"이 아들은 귀한 상입니다. 장차 열후에 봉해질 것입니다."

위현이 물었다.

"내가 승상이 되면 장남이 있는데 어떻게 이 아이가 작위를 이어받을 수 있겠소?"

훗날 위현이 승상이 되었다가 병사했다. 장남은 죄를 지어 부친의 작위를 이을 수 없게 되었다. 결국 둘째 아들인 위현성이 뒤를 이었다. 위현성은 제후가 되는 것을 원치 않아 거짓으로 미치광이 노릇을 했으나 결국 작위를 이어받았다. 이로 인해 이런 명성을 얻게 되었다.

"위현성은 봉국을 양보하고자 했다."

이후 말을 타고 종묘로 들어간 일로 인해 불경죄에 걸리게 되었다. 천자의 명으로 한 등급 깎여 관내후가 되었다. 열후의 직위는 잃었으나 본래의 국읍國邑을 식읍으로 이어받았다. 승상 위현이 죽자 위승상魏丞相이 뒤를 이었다. 그는 제음濟陰 출신이다. 문서를 관리하는 아전인 문리文吏에서 출발해 승상의 자리에 올랐다. 무武를 좋아한 나머지 관원들에게 모두 칼을 차게 하고, 칼을 찬 채 앞으로 나와 사안을 보고하게 했다. 간혹 칼을 차지 않은 자가 꼭 보고하려고 할 때는 남의 칼을 빌려 찬 뒤 비로소 보고할 수 있었다.

당시 경조윤京兆尹 조군趙君이 죄를 지었다. 위승상은 그의 직위를 박탈해야 한다고 주청했다. 조군이 사람을 위승상에게 보내 죄를 벗게 해달라고 간청했으나 받아들여지지 않았다. 다시 사람을 시켜 협박했다.

"위승상의 부인이 질투로 인해 시비侍婢를 찔러 죽인 일을 고하겠다."

동시에 은밀히 이를 단독으로 조사한 뒤 나라에 보고했다. 경조윤의 이졸吏卒을 승상의 집으로 보내 노비를 잡아다가는 매를 치며 심문했다. 그러나 칼로 찔러 죽인 것이 아니라는 사실이 밝혀졌다. 관원의 비리를 조사하는 승상부의 사직司直 파군繁君*이 한무제에게 보고했다.

---

* 파군의 파繁는 원래 번으로 읽으나 사람의 성씨로 사용될 때는 파로 읽는다.《사기색은》은 음이 파婆와 같다고 했다.

"경조윤 조군이 승상을 협박하고, 승상 부인이 노비를 적살賊殺했다고 무고하고, 이졸을 풀어 승상의 관저를 포위했습니다. 이는 도에 어긋나는 큰 죄입니다."

경조윤 조군이 멋대로 기사騎士를 파면한 사실까지 밝혀졌다. 경조윤 조군은 허리가 잘리는 요참腰斬을 당했다. 또 위승상이 승상부의 속관인 사연使掾 진평 등을 시켜 황제 곁에서 문서를 처리하는 중상서中尙書를 탄핵한 사건이 있었다. 승상이 멋대로 협박해 사안을 처리했다는 의심을 받았다. 이는 불경죄에 해당했다. 장사 이하 관련자 모두 사형에 처해지거나 혹은 잠실蠶室●에 하옥되어 궁형을 받았다. 위승상은 끝내 승상의 신분으로 있다가 병사했다. 아들이 작위를 이어받았으나 이후 말을 타고 종묘에 들어가는 불경죄에 걸렸다. 천자의 명으로 한 등급 깎여 관내후가 되었다. 열후의 지위는 잃었으나 본래의 국읍을 식읍으로 받았다.

위승상이 죽자 어사대부 병길邴吉이 뒤를 이어 승상의 자리에 올랐다. 승상 병길은 노나라 출신이다. 그는 독서와 법령을 좋아해 벼슬이 어사대부에 이르렀다. 한선제漢宣帝 때 옛 인연인 구고舊故●●로 인해 열후에 봉해지고 곧 승상이 되었다. 후대인은 그가 일에 밝고

● 잠실은 궁형宮刑을 집행하는 곳을 말한다. 궁형을 행할 때 불을 피워놓는 것이 마치 누에를 기르는 온실처럼 따뜻하다는 뜻에서 이런 명칭을 얻게 되었다.
●● 한선제 유순劉詢은 한무제의 증손자다. 부친은 이른바 무고지화巫蠱之禍의 덫에 걸려 반기를 들었다가 패사한 여태자戾太子다. 유순은 강보에 싸인 채 하옥되었다가 조모 사씨史氏에 의해 양육되었다. 감옥에 갇혔을 때 병길이 죽음을 무릅쓰고 유순을 지켜 목숨을 구할 수 있었다. 한소제 사후 창읍왕昌邑王 유하劉賀가 폐위되면서 곽광 등 대신들의 지지로 새 황제가 되었다. 즉위 전에 감옥생활을 한 최초의 황제다. 당시 열일곱이었다. 어렸을 때 갖은 고생을 하고 민간에서 생장한 까닭에 백성들의 고통을 누구보다 잘 알았다. 그의 치세 때 세금 감면 등 대대적인 민생안정 조치가 생긴 이유다. 후대 사가들은 이때를 선제중흥宣帝中興으로 부른다. 한나라는 그의 치세 때 부국과 강병에서 가장 막강한 위세를 떨쳤다. 상황에 따라 왕도王道와 패도覇道를 섞어 쓰는 왕패잡용王覇雜用을 실천한 덕분이다.

지혜로웠다고 칭송했다. 승상으로 있다가 병사하자 아들 병현_{邴顯}이 뒤를 이었다. 말을 타고 종묘에 가는 불경죄를 저질렀다. 천자의 명으로 한 등급 깎여 관내후가 되었다. 열후의 지위는 잃었으나 본래의 국읍을 식읍으로 받았다. 병현은 벼슬이 태복_{太僕}에 이르렀으나 직권을 남용하고 자신과 아들 병남_{邴男}이 뇌물을 받은 죄로 벼슬에서 쫓겨나 평민이 되었다.

승상 병길이 죽자 승상 황패_{黃霸}가 즉위했다. 장안에 관상을 잘 보는 전문_{田文}이라는 자가 있었다. 위_韋승상·위_魏승상·병_邴승상이 아직 미천했을 때 어떤 집에서 객의 신분으로 서로 만나게 되었다. 전문이 말했다.

"앞으로 세 명 모두 승상이 될 것입니다."

이후 과연 세 명 모두 차례로 승상이 되었다. 이 얼마나 정확한 예측인가? 승상 황패는 회양 출신이다. 독서로 관원이 되고 벼슬이 영천_{潁川} 태수에 이르렀다. 영천을 다스릴 때 예의와 정책 및 법령으로 타이르고 가르쳐 풍속을 바로잡았다. 법을 범하는 자가 있으면 스스로 잘못을 바로잡도록 해 죽을죄는 자진하게 만들었다. 이로써 교화가 크게 행해지고 이름이 세상에 널리 알려지게 되었다. 한선제가 조서를 내렸다.

영천 태수 황패는 조정의 법령을 선양해 백성을 다스렸다. 덕분에 사람들이 길에 떨어진 물건을 줍지 않고, 남녀가 길을 따로 다닌다. 옥중에는 중죄를 범한 죄수가 없다. 관내후의 작위와 황금 100근을 내린다.

이후 그를 불러 경조윤으로 삼았다가 승상에 임명했다. 이때도 예의에 입각한 정사를 펼쳤다. 승상 황패가 병사하자 아들이 뒤를 이어 열후가 되었다. 황패 사후 어사대부 우정국于定國이 뒤를 이어 승상이 되었다. 승상 우정국에 대해서는《정위전廷尉傳》에 기술된 바 있고,《장정위전張廷尉傳》에도 그의 사적이 들어 있다. 승상 우정국이 죽자 어사대부 위현성이 뒤를 이어 승상이 되었다. 승상 위현성은 앞서 소개한 승상 위현의 아들이다. 그는 비록 부친의 뒤를 이어 승상이 되었으나 이후 열후의 작위를 잃었다.

위현성은 젊었을 때 독서를 좋아해《시경詩經》과《논어論語》에 밝았다. 그는 아전에서 시작해 위위衛尉의 자리에 이르고 또 태자태부太子太傅가 되었다. 어사대부 설광덕薛廣德이 파면되자 위현성이 어사대부가 되었다. 승상 우정국이 스스로 사직을 청해 해직되자 위현성이 마침내 승상이 되었다. 이때 본래의 식읍에 봉해져 부양후扶陽侯가 되었다. 수년 뒤 병사하자 한원제漢元帝가 친히 문상하고, 많은 상을 내렸다. 그의 아들이 작위를 이었다. 위현성은 무리에 영합하고 세속을 좇아 부침한 까닭에 아첨에 능하고 간교하다는 지적을 받았다. 관상쟁이가 일찍이 이같이 말한 바 있다.

"열후가 되어 부친의 뒤를 잇지만 이후 이를 잃게 될 것이다."

위현성은 떠돌아다니는 하찮은 벼슬아치에서 시작해 승상의 자리까지 오르고, 부친 위현과 함께 부자父子가 공히 승상이 되자 세상이 부러워했다. 이 어찌 운명이 아니겠는가! 관상을 보는 사람이 이를 먼저 알았던 셈이다. 위현성이 죽자 어사대부 광형匡衡이 이어서 승상이 되었다.

승상 광형은 동해東海 출신이다. 그는 독서를 좋아했고, 박사로부

터 《시경》을 배웠다. 집이 가난해 남의 머슴이 되어 생계를 이어갔
다. 재주가 뛰어나지 못해 누차 시험에 응했으나 합격하지 못했다.
아홉 번 만에 가까스로 병과丙科에 급제했다. 경전 학습이 부족해 갑
과甲科와 을과乙科 시험에는 합격하지 못한 것이다. 경전의 내용이 분
명해질 때까지 경학을 배웠다. 평원군平原郡의 문학 담당 졸사를 지
냈다. 수년 동안은 군郡에서 존경을 받지 못했다.

　이후 어사가 그를 불러들여 녹봉 100석의 관원으로 채용했다. 이
어 그를 천거해 낭중郎中이 되게 했다. 박사 보직을 받은 후 태자소부
太子少傅에 임명되어 한원제를 섬기게 되었다. 한원제는 《시경》을 좋
아해 광형을 광록훈光祿勳으로 삼고, 궁중에서 스승이 되어 황제의
주변 사람을 가르치게 했다. 당시 한원제는 그의 곁에 앉아 강의를
듣는 것을 매우 좋아했다. 광형이 날로 존귀한 인물이 된 배경이다.
어사대부 정홍鄭弘이 어떤 사건에 연루되어 파직되자 광형이 어사대
부가 되었다. 1년여 뒤 승상 위현성이 죽자 광형이 뒤를 이어 승상이
되고, 낙안후樂安侯에 봉해졌다. 그는 10년 동안 장안의 성문을 나가
지방관이 된 적이 없다. 시종 중앙관으로 재직하며 벼슬이 승상의
자리에 이르게 된 것이다. 이 어찌 때를 만난 운명이 아닐 수 있겠
는가!

　●● 孝武時丞相多甚, 不記, 莫錄其行起居狀略, 且紀征和以來. 有車
丞相, 長陵人也. 卒而有韋丞相代. 韋丞相賢者, 魯人也. 以讀書術爲
吏, 至大鴻臚. 有相工相之, 當至丞相. 有男四人, 使相工相之, 至第二
子, 其名玄成. 相工曰, "此子貴, 當封." 韋丞相言曰, "我卽爲丞相, 有
長子, 是安從得之?" 後竟爲丞相, 病死, 而長子有罪論, 不得嗣, 而立
玄成. 玄成時佯狂, 不肯立, 竟立之, 有讓國之名. 後坐騎至廟, 不敬, 有

詔奪爵一級, 爲關內侯, 失列侯, 得食其故國邑. 韋丞相卒, 有魏丞相代. 魏丞相相者, 濟陰人也. 以文史至丞相. 其人好武, 皆令諸吏帶劍, 帶劍前奏事. 或有不帶劍者, 當入奏事, 至乃借劍而敢入奏事. 其時京兆尹趙君, 丞相奏以免罪, 使人執魏丞相, 欲求脫罪而不聽. 復使人脅恐魏丞相, 以夫人賊殺侍婢事而私獨奏請驗之, 發吏卒至丞相舍, 捕奴婢笞擊問之, 實不以兵刃殺也. 而丞相司直繁君奏京兆尹趙君迫脅丞相, 誣以夫人賊殺婢, 發吏卒圍捕丞相舍, 不道, 又得擅屏騎士事, 趙京兆坐要斬. 又有使掾陳平等劾中尚書, 疑以獨擅劫事而坐之, 大不敬, 長史以下皆坐死, 或下蠶室. 而魏丞相竟以丞相病死. 子嗣. 後坐騎至廟, 不敬, 有詔奪爵一級, 爲關內侯, 失列侯, 得食其故國邑. 魏丞相卒, 以御史大夫邴吉代. 邴丞相吉者, 魯國人也. 以讀書好法令至御史大夫. 孝宣帝時, 以有舊故, 封爲列侯, 而因爲丞相. 明於事, 有大智, 後世稱之. 以丞相病死. 子顯嗣. 後坐騎至廟, 不敬, 有詔奪爵一級, 失列侯, 得食故國邑. 顯爲吏至太僕, 坐官耗亂, 身及子男有姦臧, 免爲庶人. 邴丞相卒, 黃丞相代. 長安中有善相工田文者, 與韋丞相·魏丞相·邴丞相微賤時會於客家, 田文言曰, "今此三君者, 皆丞相也." 其後三人竟更相代爲丞相, 何見之明也. 黃丞相霸者, 淮陽人也. 以讀書爲吏, 至穎川太守. 治穎川, 以禮義條敎喩告化之. 犯法者, 風曉令自殺. 化大行, 名聲聞. 孝宣帝下制曰, "穎川太守霸, 以宣布詔令治民, 道不拾遺, 男女異路, 獄中無重囚. 賜爵關內侯, 黃金百斤." 徵爲京兆尹而至丞相, 復以禮義爲治. 以丞相病死. 子嗣, 後爲列侯. 黃丞相卒, 以御史大夫于定國代. 于丞相已有廷尉傳, 在張廷尉語中. 于丞相去, 御史大夫韋玄成代. 韋丞相玄成者, 卽前韋丞相子也. 代父, 後失列侯. 其人少時好讀書, 明於詩·論語. 爲吏至衛尉, 徙爲太子太傅. 御史大夫薛君免,爲御史大夫. 于丞相乞骸骨免, 而爲丞相, 因封故邑爲扶陽侯. 數年, 病死. 孝元帝親臨喪, 賜賞甚厚. 子嗣後. 其治容容隨世俗浮沈, 而見謂諂巧. 而相工本謂之當爲侯代父, 而後失之, 復自遊宦而起, 至丞相. 父子俱爲丞相, 世閒美之! 豈不命哉! 相工其先知之. 韋丞相卒, 御史大夫匡衡代. 丞相匡衡者, 東海人也. 好讀書, 從博士受詩. 家貧, 衡傭作以給食飮. 才下, 數射策不中, 至九, 乃中丙科. 其經以不中科故明習. 補平原文學卒史. 數年, 郡不尊敬. 御史徵之, 以補百石屬薦爲郎, 而補博士, 拜爲太子少傅, 而事孝元帝. 孝元好詩, 而遷爲光祿勳, 居殿中爲師, 授敎左右, 而縣官坐其旁聽, 甚善之, 日以尊貴. 御史大夫鄭弘坐事免, 而匡君爲御史大夫. 歲餘, 韋丞相死, 匡君代爲丞相, 封樂安侯. 以十年之閒, 不出長安城門而至丞相, 豈非遇時而命也哉!

태사공은 평한다.

"곰곰이 생각해보니 선비 가운데 일반 관원에서 시작해 열후에 이른 자가 매우 적다. 대부분 어사대부까지 승진한 뒤 벼슬이 그친다. 누구든지 어사대부가 되면 다음은 승상이 될 차례가 된다. 모두 내심 승상이 속히 죽는 등의 물고物故가 나기를 바란다. 은밀히 승상을 헐뜯고 해쳐 속히 대신하려는 자도 있다. 그러나 혹자는 어사대부의 자리에 오랫동안 있었어도 결국 승상이 되지 못하고, 또 혹자는 어사대부로 있은 지 얼마 안 되어 승상의 자리에 오르며 봉후에 이르기도 한다. 이 또한 운명인가! 어사대부 정홍은 수년 동안 그 자리를 지켰으나 승상에 오르지 못했고, 광형은 어사대부에 있은 지 1년도 안 되어 승상 위현성이 죽자 곧바로 그 뒤를 이었다. 이것이 어찌 지모와 계략으로 이룰 수 있는 것이겠는가? 현성賢聖한 인재 가운데 자신의 포부를 제대로 펴보지도 못하고 곤궁하게 지내다 죽은 자가 매우 많다."

●● 太史公曰, "深惟士之遊宦所以至封侯者, 微甚. 然多至御史大夫卽去者. 諸爲大夫而丞相次也, 其心冀幸丞相物故也. 或乃陰私相毀害, 欲代之. 然守之日久不得, 或爲之日少而得之, 至於封侯, 眞命也夫! 御史大夫鄭君守之數年不得, 匡君居之未滿歲, 而韋丞相死, 卽代之矣, 豈可以智巧得哉! 多有賢聖之才, 困厄不得者衆甚也."

역생육가열전
酈生陸賈列傳

〈역생육가열전〉은 초한지제 당시 책사로 활약한 역이기와 육가陸賈를 비롯해 초나라의 모신 주건朱建 등에 관한 사적을 다룬다. 역이기는 제나라 왕과 재상을 설득시켰으나 회음후 한신의 제나라 공격으로 인해 오해를 받고 팽살烹殺을 당했다. 유방을 위해 목숨을 던진 셈이다. 역이기가 이런 충성심을 발휘하게 된 것은 유방의 용인술이 간단치 않았음을 반증한다. 당초 그가 유방을 처음 만났을 때 유방은 두 여인의 시중을 받으며 발을 씻고 있었다. 역이기가 호통을 치자 유방이 크게 뉘우치며 사죄했다. 입만 열만 욕을 했지만 사리에 부합하는 말을 하면 스스로 몸을 굽히며 존경할 줄 알았던 것이다. 모든 면에서 유리했던 항우를 누르고 천하를 손에 넣은 비결이 여기에 있다. 역이기도 유방의 이런 면모에 반해 목숨을 걸고 유세에 나섰던 것으로 보인다.

육가 역시 당대의 책사로 꼽을 만하다. 그의 역할은 유방의 천하통일 이후에 더욱 돋보인다. 유방에게 천하를 통일한 뒤에는 말 위에서 내려와 칼 대신 붓으로 다스려야 한다고 충고한 것이 대표적이다. 그의 저서 《신어新語》에 나오는 천고의 명언이다. 평원군 주건은 원래 회남왕 영포의 재상으로 있던 인물이다. 영포가 반기를 들었을 때 이에 동조하지 않은 까닭에 한나라 조정은 그를 평원군으로 삼았다. 이후 벽양후辟陽侯 심이기審食其의 일로 인해 자진하게 되었다. 사마천은 사평에서 평원군 주건의 아들과 교분이 있어 자세한 내막을 듣게 되었다고 기록해놓았다.

역이기열전 1

역이기는 진류현陳留縣 고양高陽 출신이다. 독서를 좋아했으나 집안이 가난해 뜻하는 바를 이룰 수 없었다. 생계를 유지할 길이 없자 마을 성문을 지키는 아전[監門吏]이 되었다. 그러나 진류현의 현자와 호걸 모두 그를 알아주지 않았다. 현의 백성들도 그를 미치광이[狂生]라고 불렀다. 진승陳勝과 항량項梁 등이 거병한 뒤 장수들이 각지를 경략하자 고양을 지난 자만 해도 수십 명이나 되었다. 역이기는 장수들이 모두 도량이 작고, 자질구레한 예절을 좋아하고, 자기 생각만 옳다고 여기는 탓에 원대한 계책을 말해도 들어주지 않는다는 이야기를 듣게 되었다. 자신의 계략을 가슴 깊이 감추어둔 이유다.

이후 역이기는 패공 유방이 군사를 이끌고 진류현의 외곽을 공략한다는 이야기를 듣게 되었다. 마침 유방 휘하의 기병騎兵 한 사람이 동향 사람의 아들이었다. 유방은 가끔 그 기병에게 진류현 사람들 가운데 누가 현자이고 호걸인지 물었다. 그 기병이 마을로 돌아왔을 때 역이기가 말했다.

"나는 패공이 비록 거만하고 남을 업신여기지만 뜻이 원대하다고 들었네. 바로 내가 진정으로 추종하며 사귀고 싶은 사람인데, 소개해주는 사람이 없네. 자네가 만일 패공을 보거든 '신의 고향에 역생이라는 사람이 있는데, 나이는 약 예순이고 신장은 8척입니다. 사람들은 모두 그를 미치광이라고 부르나 자신은 미치광이가 아니라고 합니다'라고 전해주게!"

그 기병이 말했다.

"유방은 선비를 좋아하지 않습니다. 관을 쓴 선비들이 찾아오면 관을 빼앗아 그 안에 오줌을 누곤 합니다. 사람과 이야기할 때면 늘 큰소리로 욕하곤 합니다. 선비 신분으로 유세하는 것은 불가합니다."

역이기가 당부했다.

"어쨌든 내 말만 전해주게."

그 기병은 차분하게 역이기가 부탁한 말을 전했다. 유방은 고양의 객사客舍에 머물며 사람을 보내 역이기를 불렀다. 역이기가 객사에 이르러 안으로 들어갔을 때 유방이 다리를 벌린 채 침상에 걸터앉아 두 여인에게 발을 씻기고 있었다. 그런 모습으로 역이기를 맞이했다. 역이기가 들어가 두 손으로 길게 읍揖하면서 절하지 않고 말했다.

"족하는 진나라를 도와 제후들을 치려는 것입니까, 아니면 제후들을 이끌고 진나라를 치려는 것입니까?"

유방이 역이기를 꾸짖었다.

"이 어린 선비 놈아[豎儒]! 천하가 진나라로 인해 고통을 당한 지 이미 오래되었다. 제후들이 서로 협력해 진나라를 치려고 하는 이유다. 어찌해서 진나라를 도와 다른 제후들을 친다고 말하는 것인가?"

역이기가 말했다.

"실로 사람을 모으고 의병을 합쳐 무도한 진나라를 치고자 하면 이렇게 걸터앉은 자세로 나이 든 사람을 만나서는 안 됩니다."

유방이 문득 발 씻던 것을 그만두고 벌떡 일어나 의관衣冠을 정제하고 역이기를 윗자리에 앉힌 뒤 사과했다. 역이기가 육국이 합종合縱하고 연횡連橫할 당시의 형세에 관해 말했다. 유방이 기뻐하며 역이기에게 음식을 대접했다.

"장차 어떤 계책을 써야 좋겠소?"

역이기가 대답했다.

"족하는 오합지졸을 모으고 뿔뿔이 흩어진 병사를 모았지만 1만 명도 채 되지 않습니다. 이 정도의 병력으로 강한 진나라를 치고자 하는 것은 호랑이의 입속으로 뛰어드는 자[探虎口者]와 같습니다. 진류현은 천하의 요충지로 사통오달하는 지역입니다. 현재 성안에 많은 식량을 비축해놓고 있습니다. 저는 진류현 현령과 친분이 있습니다. 저를 사자로 보내면 족하를 위해 항복하도록 만들겠습니다. 제 말을 듣지 않으면 족하가 군사를 일으켜 치십시오. 제가 성안에서 내응하겠습니다."

유방이 역이기를 사자로 보낸 뒤 군사를 이끌고 그 뒤를 따라갔다. 마침내 진류현을 평정한 뒤 역이기를 광야군廣野君으로 삼았다. 역이기가 동생 역상酈商을 천거했다. 역상이 수천 명의 군사를 이끌고 패공 유방을 쫓아 서남쪽을 공략했다. 역이기는 늘 세객說客 신분으로 제후국을 오갔다.

한고조 3년 가을, 초나라 군사가 한나라 군사를 공격해 형양을 함락시켰다. 한나라 군사가 공鞏과 낙양洛陽 일대로 물러나 주둔했다. 당시 항우는 회음후 한신이 조나라를 치고, 팽월彭越이 누차 위나라 땅에서 반기를 들었다는 소식을 듣고는 군사를 보내 조나라와 위나라를 구원하게 했다. 회음후 한신은 동쪽으로 제나라를 칠 생각이었다. 이때 유방은 누차 형양과 성고成皐에서 고전해 성고 이동을 포기한 뒤 공과 낙양 사이에 군사를 주둔시켜 항우의 서진을 막고자 했다. 역이기가 간했다.

"신이 듣건대 '하늘이 하늘인 까닭을 아는 자는 왕업을 이루고, 모르는 자는 왕업을 이룰 수 없다. 왕자王者는 백성을 하늘로 알고[以民

爲天], 민인民人은 먹는 것을 하늘로 안다[以食爲天]'고 했습니다. 저 곡식창고인 오창敖倉에 천하의 양곡을 채워 넣은 지 오래되었습니다. 신은 거기에 식량이 엄청나게 비축되어 있다고 들었습니다. 초나라 군사가 형양을 함락시킨 뒤 오창을 견고하게 수비하지 않고, 오히려 군사를 이끌고 동진하며 죄를 지어 수자리를 서야 하는 자들에게 성고를 나누어 수비하게 한 것은 하늘이 한나라를 돕는 것입니다. 지금이야말로 초나라 군사를 공격해 쉽게 취할 수 있는 때입니다. 그런데도 한나라가 도리어 물러나는 것은 스스로 좋은 기회를 내버리는 것입니다. 신은 이것이 잘못되었다고 생각합니다. 두 강국이 양립할 수는 없는 것입니다.

초나라와 한나라가 오랫동안 대치하기만 하고 결전하지 않으면 백성은 안정을 찾지 못하고, 천하가 불안해하고, 농부는 쟁기를 버리고, 베 짜는 여인은 베틀에서 내려올 것입니다. 천하의 민심이 안정될 리 없습니다. 원컨대 대왕은 곧바로 다시 진격해 형양을 회복하고, 오창의 식량을 차지하십시오. 연후에 성고의 요새를 막아 태항산太行山으로 가는 길목을 차단하고, 비호蜚狐의 입구를 가로막아 백마진白馬津을 견고히 시키십시오. 그러고는 제후들에게 실질적인 형세를 누가 제압하고 있는지 여부를 보여주십시오. 그러면 천하가 돌아갈 곳을 자연스레 알게 될 것입니다.

지금 연나라와 조나라는 이미 평정되었지만 오직 제나라만 항복하지 않고 있습니다. 제나라 왕 전광田廣은 1,000리의 넓은 제나라를 차지하고 있고, 전간田間은 20만 대군을 이끌며 역성현歷城縣 일대에 주둔하고 있습니다. 전씨田氏 일족의 세력은 아직 강하고, 바다를 등진 채 황하와 제수를 앞에 두고 있고, 남쪽으로 초나라에 가깝고, 백성은 권모술수에 능합니다. 대왕이 설령 수십만 대군을 보내 공격할지라도 단기간에 격파할 수는 없습니다. 원컨대 신이 조칙을 받들고 제나라 왕에게 가서 한나라에 귀속해 동쪽의 속국이 되도록 설득하겠습니다."

유방이 말했다.

"좋은 방안이오."

●● 酈生食其者, 陳留高陽人也. 好讀書, 家貧落魄, 無以爲衣食業, 爲里監門吏. 然縣中賢豪不敢役, 縣中皆謂之狂生. 及陳勝·項梁等起, 諸將徇地過高陽者數十人, 酈生聞其將皆握齱好苛禮自用, 不能聽大度之言, 酈生乃深自藏匿. 後聞沛公將兵略地陳留郊, 沛公麾下騎士適酈生里中子也, 沛公時時問邑主賢士豪俊. 騎士歸, 酈生見謂之曰, "吾聞沛公慢而易人, 多大略, 此眞吾所願從遊, 莫爲我先. 若見沛公, 謂曰 '臣里中有酈生, 年六十餘, 長八尺, 人皆謂之狂生, 生自謂我非狂生'." 騎士曰, "沛公不好儒, 諸客冠儒冠來者, 沛公輒解其冠, 溲溺其中. 與人言, 常大罵. 未可以儒生說也." 酈生曰, "弟言之." 騎士從容言如酈生所誡者. 沛公至高陽傳舍, 使人召酈生. 酈生至, 入謁, 沛公方倨牀使兩女子洗足, 而見酈生. 酈生入, 則長揖不拜, 曰, "足下欲助秦攻諸侯乎? 且欲率諸侯破秦也?" 沛公罵曰, "豎儒! 夫天下同苦秦久矣, 故諸侯相率而攻秦, 何謂助秦攻諸侯乎?" 酈生曰, "必聚徒合義兵誅無道秦, 不宜倨見長者." 於是沛公輟洗, 起攝衣, 廷酈生上坐, 謝之. 酈生因言六國從橫時. 沛公喜, 賜酈生食, 問曰, "計將安出?" 酈生曰, "足下起糾合之衆, 收散亂之兵, 不滿萬人, 欲以徑入強秦, 此所謂探虎口者也. 夫陳留, 天下之衝, 四通五達之郊也, 今其城又多積粟. 臣善其令, 請得使之, 令下足下. 卽不聽, 足下擧兵攻之, 臣爲內應." 於是遣酈生行, 沛公引兵隨之, 遂下陳留. 號酈食其爲廣野君. 酈生言其弟酈商, 使將數千人從沛公西南略地. 酈生常爲說客, 馳使諸侯. 漢三年秋, 項羽擊漢, 拔滎陽, 漢兵遁保鞏·洛. 楚人聞淮陰侯破趙, 彭越數反梁地, 則分兵救之. 淮陰方東擊齊, 漢王數困滎陽·成皋, 計欲捐成皋以東, 屯鞏·洛以拒楚. 酈生因曰, "臣聞知天之天者, 王事可成, 不知天之天者, 王事不可成. 王者以民人爲天, 而民人以食爲天. 夫敖倉, 天下轉輸久矣, 臣聞其下迺有藏粟甚多. 楚人拔滎陽, 不堅守敖倉, 迺引而東, 令適卒分守成皋, 此乃天所以資漢也. 方今楚易取而漢反卻, 自奪其便, 臣竊以爲過矣. 且兩雄不俱立, 楚漢久相持不決, 百姓騷動, 海內搖蕩, 農夫釋耒, 工女下機, 天下之心未有所定也. 願足下急復進兵, 收取滎陽, 據敖倉之粟, 塞成皋之險, 杜大行之道, 距蜚狐之口, 守白馬之津, 以示諸侯效實形制之勢, 則天下知歸矣. 方今燕·趙已定, 唯齊未下. 今田廣據千里之齊, 田閒將二十萬之衆, 軍於歷城, 諸田宗彊, 負海阻河濟, 南近楚, 人多變詐, 足下雖遣數十萬師, 未可以歲月破也. 臣請得奉明詔說齊王, 使爲漢而稱東藩." 上曰, "善."

유방이 역이기의 계책을 좇아 다시 오창을 지키고, 역이기를 제나라에 사자로 보내 제나라 왕을 설득하게 했다. 역이기가 제나라 왕에게 말했다.

"대왕은 천하의 민심이 어디로 돌아갈지 알고 있습니까?"

제나라 왕이 말했다.

"모르오."

역이기가 말했다.

"대왕이 천하의 민심이 어디로 돌아갈 것인지 알면 제나라를 보전할 수 있으나, 모르면 보전할 수 없을 것입니다."

제나라 왕이 물었다.

"천하의 민심이 어디로 돌아갈 것 같소?"

"유방에게 돌아갈 것입니다."

"선생은 무슨 근거로 그리 말하는 것이오?"

역이기가 말했다.

"유방과 항우는 힘을 합쳐 서쪽 진나라로 진격해 함양에 먼저 입성하는 자가 관중의 왕이 되기로 약속했습니다. 유방이 먼저 함양에 입성했는데도 항우는 약속을 저버리고 유방에게 함양을 내주지 않고, 한중을 내주며 한왕으로 삼았습니다. 이후 항우는 의제義帝를 추방해 살해했습니다. 유방이 이 소식을 듣고는 곧바로 촉한蜀漢의 군사를 동원해 삼진三秦을 치고, 함곡관函穀關을 나와 의제를 살해한 죄를 물었습니다. 이어 천하의 병사를 거두고, 각 제후의 후예를 세웠습니다. 성을 빼앗으면 바로 그 장수를 후侯로 봉하고, 재물을 얻으면 바로 병사들에게 나누어주었습니다. 천하와 더불어 그 이익을 함께하자 영웅호걸과 재능이 뛰어난 자 모두 유방에게 발탁되는 것을 좋아했습니다. 제후들의 군사가 사방에서 모여들고, 촉한의 곡식을 실은 배가 나란히 장강을 내려오고 있습니다.

지금 항우에게는 약속을 배반했다는 악명惡名과 의제를 살해했다는 큰 죄가 있습니다. 그는 남의 공에 대해서는 기억하지 못하면서도 남의 죄에 대해서는 잊어버리는 일이 없고, 싸움에 이길지라도 포상한 적이 없고, 성을 함락시켜도 봉지를 내린 적이 없고, 항씨의 일족이 아니면 권력을 잡을 수도 없습니다. 사람을 봉하기 위해 제후의 인장을 새겨두고도 아까워한 나머지 가지고만 있을 뿐 다른 사람에게 주려고 하지 않습니다. 또 성을 공략해 재물을 손에 넣어도 쌓아두기만 할 뿐 남에게 포상으로 내리는 일이 없습니다. 천하의 사람들이 그에게 반기를 들고, 현인과 재사 모두 그를 원망하며 그를 위해 일하는 자가 아무도 없는 이유입니다. 장차 천하의 선비들이 유방에게 귀의할 터이니 이는 앉아서도 예측할 수 있습니다. 유방은 촉한에서 군사를 일으켜 삼진을 평정했고, 서하西河 밖으로 도하한 뒤 상당의 군사를 모아 정형井陘을 점령하고, 성안군 진여를 죽였습니다. 이어 북쪽으로 위표의 위나라를 격파해 서른두 개의 성읍을 함락시켰습니다. 이는 실로 전설적인 전쟁의 신 치우蚩尤의 활약과 같습니다. 인력으로 된 것이 아니라 하늘이 내려준 복인 것입니다.

지금 유방은 이미 오창의 곡식을 차지했고, 성고의 요새를 막아 백마진을 지키고, 태항산으로 가는 길목을 막아 비호의 입구를 장악하고 있습니다. 천하의 제후들 가운데 뒤늦게 귀의하는 자는 남보다 먼저 멸망하게 될 것입니다. 대왕이 서둘러 항복하면 제나라의 사직을 보존할 수 있을 것입니다. 그리하지 않으면 위망危亡은 발꿈치를 들고 기다리는 것만큼 빠를 것입니다."

제나라 왕 전광이 역이기의 말을 옳게 여겼다. 곧 그의 말을 좇아 역성현의 방비를 풀고 역이기와 함께 날마다 술자리를 벌였다. 회음후 한신은 역이기가 수레 위의 횡목橫木을 붙잡고 앉은 채로 제나라의 약 일흔 개 성읍을 항복시켰다는 소식을 들었다. 이내 괴철의 계책을 좇아 마침내 야음을 틈타 평원진平原津을 도하한 뒤 역성현 일대의 제나라 군사를 급습했다. 제나라 왕 전광은 한나라 군사가 급습했다는 보고를 접하고 역이기가 자신을 속였다고 생각했다.

"네가 한나라 군사를 저지할 수 있으면 살려주겠지만, 아니면 삶아 죽일 것이다!"

역이기가 말했다.

"무릇 큰일을 하는 사람은 작은 예절에 얽매이지 않고[擧大事不細謹], 큰 덕을 지닌 사람은 작은 겸양에 연연하지 않는다고 했소[盛德不辭讓]. 내가 그대를 위해 다시 무엇을 말할 수 있겠소!"

제나라 왕 전광이 결국 역이기를 삶아 죽인 뒤 군사를 이끌고 동쪽으로 달아났다. 한고조 12년, 곡주후曲周侯 역상이 승상의 신분으로 군사를 이끌고 가 영포를 격파하는 공을 세웠다. 한고조 유방이 열후와 공신에게 봉토를 나누어줄 때 역이기의 공을 생각했다. 역이기의 아들 역개酈疥는 일찍이 누차 군사를 이끌고 전투를 했으나 열후로 봉해질 정도의 전공을 세운 것은 아니었다. 그러나 한고조 유방은 부친 역이기의 공을 생각해 역개를 고량후高梁侯에 봉했다. 이후 다시 무수武遂를 식읍으로 내렸다. 3대를 이어가다가 한무제 원수元狩 원년에 무수후武遂侯 역평酈平이 거짓으로 조칙을 써 형산왕衡山王에게 황금 100근을 속여 빼앗았다. 그 죄는 기시棄市에 해당했다. 형을 받기 전에 병으로 죽자 봉지도 폐지되었다.

●● 酒從其畫, 復守敖倉, 而使酈生說齊王曰, "王知天下之所歸乎?" 王曰, "不知也." 曰, "王知天下之所歸, 則齊國可得而有也, 若不知天下之所歸, 卽齊國未可得保也." 齊王曰, 天下何所歸?" 曰, "歸漢." 曰, "先生何以言之?" 曰, "漢王與項王勠力西面擊秦, 約先入咸陽者王之. 漢王先入咸陽, 項王負約不與而王之漢中. 項王遷殺義帝, 漢王聞之, 起蜀漢之兵擊三秦, 出關而責義帝之處, 收天下之兵, 立諸侯之後. 降城卽以侯其將, 得賂卽以分其土, 與天下同其利, 豪英賢才皆樂爲之用. 諸侯之兵四面而至, 蜀漢之粟方船而下. 項王有倍約之名, 殺義帝之

負, 於人之功無所記, 於人之罪無所忘, 戰勝而不得其賞, 拔城而不得
其封, 非項氏莫得用事, 爲人刻印, 刓而不能授, 攻城得賂, 積而不能
賞, 天下畔之, 賢才怨之, 而莫爲之用. 故天下之士歸於漢王, 可坐而策
也. 夫漢王發蜀漢, 定三秦, 涉西河之外, 援上黨之兵, 下井陘, 誅成安
君, 破北魏, 擧三十二城, 此蚩尤之兵也, 非人之力也, 天之福也. 今已
據敖倉之粟, 塞成皋之險, 守白馬之津, 杜大行之阪, 距蜚狐之口, 天下
後服者先亡矣. 王疾先下漢王, 齊國社稷可得而保也, 不下漢王, 危亡
可立而待也."田廣以爲然, 迺聽酈生, 罷歷下兵守戰備, 與酈生日縱酒.
淮陰侯聞酈生伏軾下齊七十餘城, 迺夜度兵平原襲齊. 齊王田廣聞漢
兵至, 以爲酈生賣己, 迺曰, "汝能止漢軍, 我活汝, 不然, 我將亨汝!"酈
生曰, "擧大事不細謹, 盛德不辭讓. 而公不爲若更言!"齊王遂亨酈生,
引兵東走. 漢十二年, 曲周侯酈商以丞相將兵擊黥布有功. 高祖擧列侯
功臣, 思酈食其. 酈食其子疥數將兵, 功未當侯, 上以其父故, 封疥爲高
梁侯. 後更食武遂, 嗣三世. 元狩元年中, 武遂侯平坐詐詔衡山王取百
斤金, 當棄市, 病死, 國除也.

육가열전

육가는 초나라 출신이다. 빈객으로 한고조 유방을 쫓아 천하를 평
정하는 공을 세웠다. 구변이 좋은 세객으로 명성을 떨쳤다. 늘 한고
조 유방을 가까이 모시면서 제후들에게 사자로 나가곤 했다. 유방이
황제로 등극하면서 중원이 처음으로 안정되었다. 진나라 때 종실 장
령으로 활약한 위타尉佗는 원명이 조타趙佗로 남월南越을 평정한 뒤

그곳에서 남월왕南越王으로 즉위했다. 한고조 유방이 육가를 보내 위타에게 인수를 내리며 남월왕으로 봉했다. 육가가 이르자 위타는 방망이 모양의 북상투를 틀고• 두 다리를 벌리고 앉은 채 육가를 맞이했다. 육가가 앞으로 나아가 말했다.

"족하는 중원 출신으로 친척과 형제의 무덤이 조나라 진정眞定 땅에 있습니다. 지금 족하는 천성을 위반하고 관대冠帶를 버린 채 보잘것없는 월나라로 천자에 맞서는 적이 되려고 합니다. 그 화가 장차 몸에 미칠 것입니다. 진나라는 정사를 제대로 하지 못해 제후들과 호걸이 일시에 들고일어났습니다. 유독 한나라 왕이 남보다 먼저 무관을 통해 함양에 입성했습니다. 항우가 약속을 저버린 채 스스로 서초패왕西楚霸王의 자리에 오르며 제후들 모두 휘하에 두었으니 매우 강성했다고 할 수 있습니다. 그러나 유방이 파촉巴蜀에서 일어나 채찍을 휘둘러 인민을 부리는 천하[鞭笞天下]를 만들었습니다. 제후들을 정복한 뒤 마침내 항우를 주멸하게 된 배경입니다. 천하가 어지러워진 지 5년 만에 평정되었으니 이는 인력으로 인한 것이 아니라 하늘이 그리한 것입니다.

지금 천자는 대왕이 남월의 왕이 된 후 천하를 위해 폭도와 반역자를 죽여야 하는데도 그렇게 하지 않는다는 이야기를 듣고 있습니다. 한나라 장상들이 군사를 동원해 대왕을 주살하고자 했으나 천자는 백성의 노고를 불쌍히 여겨 잠시 쉬도록 한 뒤 신을 이곳으로 보냈습니다. 대왕에게 왕의 인장을 하사하고, 천자의 부절을 나누어줌

• "방망이 모양의 북상투를 틀고"의 원문은 "추계魋結"다. 추魋는 원래 몽둥이 내지 북상투를 뜻하는 말로 사람 이름으로 사용될 때는 퇴로 읽는다.《사기색은》은 結를 상투를 튼다는 뜻의 계髻로 새기면서 음은 계計와 같다고 했다.

으로써 향후 사자를 서로 오가게 만들고자 한 것입니다. 대왕은 응당 교외까지 나와 사자를 영접하고 북면해 신하를 자처해야 하는데도 도리어 새로 건립되어 안정되지 못한 월나라를 가지고 이처럼 강경하게 나온 것입니다. 한나라 조정이 이를 알면 대왕 선조의 묘를 파낸 뒤 시신을 불태우고 일족을 모두 없앨 것입니다. 나아가 편장偏將 한 사람당 10만 대군을 이끌고 월나라를 치게 할 것입니다. 그리되면 월나라 백성이 대왕을 살해하고 한나라에 투항할 것입니다. 이는 손을 뒤집듯 쉬운 일입니다."

위타가 크게 놀라 벌떡 일어나 좌정한 뒤 육가에게 사죄했다.

"만이蠻夷의 땅에 오래 살다보니 실례가 많았습니다."

그러고는 육가에게 물었다.

"나를 소하와 조참 및 한신과 비교하면 누가 더 현명하오?"

육가가 대답했다.

"대왕이 조금 더 현명한 듯합니다."

위타가 다시 물었다.

"나를 중원의 황제와 비교하면 누가 더 현명하오?"

육가가 대답했다.

"중원의 황제는 풍패豐沛에서 일어난 뒤 포악한 진나라를 정벌하고, 강성한 초나라를 주멸하고, 천하를 위해 이로운 것을 일으키고 해로운 것을 제거했습니다. 오제五帝와 삼왕三王의 대업을 이어 중원을 통일해 다스리고 있습니다. 중원의 인구는 매우 많고, 영토는 사방 1만 리에 이르고, 천하의 기름진 땅에 살고 있습니다. 사람도 많고, 수레도 많고, 모든 것이 풍족하고, 정사는 황실 일가一家에 통일되어 있습니다. 이런 일은 천지개벽 이래 일찍이 없었습니다. 지금 대왕의 무리는 수십만 명에 불과하고, 모두 만이입니다. 게다가 영토는 험한 산과 바다 사이에 끼어 있어 한나라의 하나의 군郡에 불과합니다. 대왕을 어찌 한나라의 황제에 비할 수 있겠습니까?"

위타가 크게 웃으며 말했다.

"나는 중원에서 일어나지 않았기에 여기서 왕 노릇을 하게 되었을 뿐이오. 내가 중원에 있었다면 어찌 한나라의 황제만 못할 리 있겠소?"

위타는 육가에게 크게 만족해했다. 몇 달 동안 머물게 한 뒤 함께 술을 마시며 즐겼다. 육가에게 말했다.

"남월에는 더불어 이야기를 나눌 만한 사람이 없었소. 그대가 이곳에 와 그간 들을 수 없었던 이야기를 매일 들려주었소."

그리고는 1,000금의 보물을 자루에 넣어주고, 따로 1,000금을 주었다. 육가가 마침내 위타를 남월왕에 임명한 뒤 한나라에 대해 신하를 칭하며 약속을 지키도록 했다.

●● 陸賈者, 楚人也. 以客從高祖定天下, 名爲有口辯士, 居左右, 常使諸侯. 及高祖時, 中國初定, 尉他平南越, 因王之. 高祖使陸賈賜尉他印爲南越王. 陸生至, 尉他魋結箕倨見陸生. 陸生因進說他曰, "足下中國人, 親戚昆弟墳墓在眞定. 今足下反天性, 棄冠帶, 欲以區區之越與天子抗衡爲敵國, 禍且及身矣. 且夫秦失其政, 諸侯豪桀並起, 唯漢王先入關, 據咸陽. 項羽倍約, 自立爲西楚霸王, 諸侯皆屬, 可謂至彊. 然漢王起巴蜀, 鞭笞天下, 劫略諸侯, 遂誅項羽滅之. 五年之閒, 海內平定, 此非人力, 天之所建也. 天子聞君王王南越, 不助天下誅暴逆, 將相欲移兵而誅王, 天子憐百姓新勞苦, 故且休之, 遣臣授君王印, 剖符通使. 君王宜郊迎, 北面稱臣, 迺欲以新造未集之越, 屈彊於此. 漢誠聞之, 掘燒王先人冢, 夷滅宗族, 使一偏將將十萬衆臨越, 則越殺王降漢, 如反覆手耳." 於是尉他迺蹶然起坐, 謝陸生曰, "居蠻夷中久, 殊失禮義." 因問陸生曰, "我孰與蕭何 · 曹參 · 漢信賢?" 陸生曰, "王似賢." 復曰, "我孰與皇帝賢?" 陸生曰, "皇帝起豐沛, 討暴秦, 誅彊楚, 爲天下興利除害, 繼五帝三王之業, 統理中國. 中國之人以億計, 地方萬里, 居天下之膏腴, 人衆車轝, 萬物殷富, 政由一家, 自天地剖泮未始有也. 今王衆不過數十萬, 皆蠻夷, 崎嶇山海閒, 譬若漢一郡, 王何乃比於漢!" 尉他大笑曰, "吾不起中國, 故王此. 使我居中國, 何渠不若漢?" 迺大說陸生, 留與飮數月. 曰, "越中無足與語, 至生來, 令我日聞所不聞." 賜陸生橐中裝直千金, 他送亦千金. 陸生卒拜尉他爲南越王, 令稱臣奉漢約.

육가가 한나라로 돌아와 복명하자 한고조 유방이 크게 기뻐하며 태중대부에 임명했다. 육가는 늘 한고조 유방에게 진언할 때 《시경》과 《서경書經》 등을 인용했다. 하루는 유방이 화를 내며 육가를 꾸짖었다.

"나는 말 위에서 천하를 얻었다. 《시경》과 《서경》 따위를 어디에 쓰겠는가?"

육생이 반박했다.

"말 위에서 천하를 얻었지만, 어찌 말 위에서 천하를 다스릴 수 있겠습니까? 옛날 은나라 탕왕과 주무왕은 비록 무력을 동원해 천하를 얻었지만 이내 민심에 순응해 나라를 지켰습니다. 이처럼 상황에 따라 문무를 섞어 쓰는 길[文武並用]이 나라를 길이 보전하는 방법입니다. 옛날 오왕 부차와 진晉나라의 지백智伯은 무력을 지나치게 사용하다가 패망했습니다. 진시황秦始皇의 진나라는 가혹한 형법만 사용하며 치술治術을 바꾸지 않다가 결국 멸망하고 말았습니다.• 만일 진나라가 천하를 통일한 뒤 인의를 행하고 옛 성인을 본받았으면 폐하가 어떻게 천하를 차지할 수 있었겠습니까?"

한고조 유방은 육가의 말이 못마땅했지만 부끄러워하는 안색을 보이며 육가에게 이같이 주문했다.

"시험 삼아 나를 위해 진나라가 천하를 잃은 배경과 내가 천하를 얻은 원인, 그리고 이전 국가의 성패 사례 등을 저술해 올리도록 하시오."

육가가 국가 존망의 징후에 관해 약술해 모두 열두 편을 지었다. 매 편을 지어 상주할 때마다 한고조 유방이 칭송하지 않은 적이 없다. 곁에 있던 사람 모두 만세를 불렀다. 그러고는 그 책을 《신어》라고 했다.

●● 歸報, 高祖大悅, 拜賈爲太中大夫. 陸生時時前說稱詩書. 高帝罵之曰, "迺公居馬上而得之, 安事詩書!" 陸生曰, "居馬上得之, 寧可以馬上治之乎? 且湯武逆取而以順守之, 文武並用, 長久之術也. 昔者吳王夫差·智伯極武而亡, 秦任刑法不變, 卒滅趙氏. 鄕使秦已并天下, 行仁義, 法先聖, 陛下安得而有之?" 高帝不懌而有慙色, 迺謂陸生曰, "試爲我著秦所以失天下, 吾所以得之者何, 及古成敗之國." 陸生迺粗述存亡之徵, 凡著十二篇. 每奏一篇, 高帝未嘗不稱善, 左右呼萬歲, 號其書曰, 新語.

• "결국 멸망하고 말았습니다"의 원문은 "졸멸조씨卒滅趙氏"다. 진나라의 조상이 일찍이 조성趙城에 봉해진 까닭에 조씨趙氏라고 한 것이다. 주어가 뒤에 나오는 도치법 문장이다.

한혜제 때 여태후는 정권을 잡고 여씨를 왕으로 세우고자 했으나 대신들의 간언이 두려웠다. 육가는 스스로 여태후와 논쟁할 수 없다고 판단해 병을 핑계로 사직한 뒤 칩거했다. 이때 호치好畤에 있는 전답이 비옥한 점에 주목해 그곳에 정착하고자 했다. 당시 그에게는 다섯 명의 아들이 있었다. 그가 월나라에 사자로 갔을 때 얻었던 자루의 보물을 팔아 1,000금을 만든 뒤 자식들에게 200금씩 나누어주며 각자 생업을 마련하게 했다. 그는 늘 네 필의 말이 이끄는 안거安車에 앉아 시종 열 명이 공연하는 가무와 거문고를 즐겼다. 100금의 값이 나가는 보검을 늘 차고 다녔다. 그는 자식들에게 이같이 말했다.

"너희는 나와 한 가지 약속을 하자. 내가 너희 집에 들르면 너희는 내가 데려간 사람과 말에게 술과 음식을 주도록 해라. 열흘 동안 실컷 놀고 즐기다가 다른 아들 집으로 옮길 것이다. 내가 죽는 집에서 보검과 거마車馬, 시종을 가지도록 해라. 1년 동안 오갈지라도 다른 집에 들어 빈객이 되는 경우도 있으니 너희 각각의 집에 들르는 것은 고작 두세 번 정도 될 것이다. 너무 자주 보면 반가울 리 없다. 오래 묵어 나를 귀찮게 여기는 일이 없도록 하겠다•."

여태후 때 여씨 일족을 왕으로 세웠다. 여씨 일족이 정권을 전횡田橫하며 어린 황제를 협박해 유씨의 한나라를 위태롭게 했다. 우승상右丞相 진평은 이를 크게 우려했다. 그러나 이들에게 대항할 힘이 없어 염려만 할 뿐이었다. 게다가 화가 미칠까 두려워했다. 늘 한가로이 지내며 깊은 시름에 잠겨 있었던 이유다. 한번은 육가가 문안차

• "오래 묵어 나를 귀찮게 여기는 일이 없도록 하겠다"의 원문은 "무구혼공위無久媢公爲"다. 《사기집해》는 위소의 주를 인용해 혼媢을 오욕汚辱으로 풀이했다. 《사기색은》은 혼을 환奐으로 파악하면서 공공을 육가 자신에 대한 칭호로 해석했다.

찾았다가 곁에 앉아 있었다. 진평은 깊은 시름에 잠겨 있었던 탓에 육가가 온 것을 눈치채지 못했다. 육가가 물었다.

"무슨 생각을 그리 깊이 하십니까?"

진평이 반문했다.

"선생은 내가 무슨 생각을 하고 있는지 맞추어보시겠소?"

육가가 대답했다.

"족하는 벼슬이 우승상에 이르고 식읍이 3만 호나 되는 열후입니다. 실로 부귀가 극에 달했으니 더는 욕망은 없을 것입니다. 그런데도 근심이 있다면 이는 분명 여씨와 어린 군주의 일 때문일 것입니다."

진평이 부탁했다.

"그렇소. 장차 이를 어찌하면 좋겠소?"

육가가 대답했다.

"천하가 평안하면 백성은 재상에게 눈을 돌리고[注意相], 천하가 위태로우면 장군에게 눈을 돌립니다[注意將]. 만일 장상이 화합하면 선비는 힘써 따르고, 선비가 힘써 따르면 천하에 변란이 일어날지라도 국권國權은 분열되지 않습니다. 사직을 위한 계책으로 장상이 서로 손을 잡는 방법밖에 없습니다. 신은 늘 태위太尉인 강후 주발에게 이런 이야기를 하고자 했습니다. 그러나 강후와 저는 농담을 곧잘 하는 사이인 까닭에 저의 말을 가볍게 받아들입니다. 그대는 어찌해서 태위와 친교를 맺고 서로 굳게 손을 잡지 않는 것입니까?"

육가가 진평을 위해 여씨 일족을 누를 몇 가지 계책을 일러주었다. 진평이 육가의 계책을 좇아 500금으로 강후 주발의 장수를 기원하며 가무와 술과 음식을 융성하게 베풀었다. 태위 주발 역시 마찬가지로 후하게 답했다. 두 사람이 밀접해지자 여씨의 음모는 점차 힘을 잃어갔다. 진평이 노비 100명과 거마 50승, 500만 전錢을 육가에게 음식비용으로 내주었다. 육가가 이것으로 한나라 조정의 공경들과 교유하자 그 명성이 매우 높아졌다. 여씨 일족을 주살하고 한문제를 옹립하는 일에 육가가 큰 공을 세운 배경이 여기에 있다.

한문제는 즉위 직후 남월에 사자를 보내려 했다. 우승상 진평 등이 육가를 천거하며 태중대부로 삼아 위타에게 사자로 보낼 것을 청했다. 육가는 위타를 만나 수레 덮개를 황색 비단으로 하거나, 명령을 황제처럼 제制로 칭하는 일을 하지 못하게 해 여타 제후와 같게 만들었다. 한문제가 흡족해할 만한 일이었다. 이 이야기는 〈남월열전南越列傳〉에 상세히 기록되어 있다. 육가는 천수를 누리고 죽었다.

•• 孝惠帝時, 呂太后用事, 欲王諸呂, 畏大臣有口者, 陸生自度不能爭之, 迺病免家居. 以好畤田地善, 可以家焉. 有五男, 迺出所使越得橐中裝賣千金, 分其子, 子二百金, 令爲生産. 陸生常安車駟馬, 從歌舞鼓琴瑟侍者十人, 寶劍直百金, 謂其子曰, "與汝約, 過汝, 汝給吾人馬酒食, 極欲, 十日而更. 所死家, 得寶劍車騎侍從者. 一歲中往來過他客, 率不過再二過, 數見不鮮, 無久慁公爲也." 呂太後時, 王諸呂, 諸呂擅權, 欲劫少主, 危劉氏. 右丞相陳平患之, 力不能爭, 恐禍及已, 常燕居深念. 陸生往請, 直入坐, 而陳丞相方深念, 不時見陸生. 陸生曰, "何念之深也?" 陳平曰, "生揣我何念?" 陸生曰, "足下位爲上相, 食三萬戶侯, 可謂極富貴無欲矣. 然有憂念, 不過患諸呂·少主耳." 陳平曰, "然. 爲之奈何?" 陸生曰, "天下安, 注意相, 天下危, 注意將. 將相和調, 則士務附, 士務附, 天下雖有變, 卽權不分. 爲社稷計, 在兩君掌握耳. 臣常欲謂太尉絳侯, 絳侯與我戲, 易吾言. 君何不交驩太尉, 深相結?" 爲陳

平畫呂氏數事. 陳平用其計, 迺以五百金爲絳侯壽, 厚具樂飲, 太尉亦
報如之. 此兩人深相結, 則呂氏謀益衰. 陳平迺以奴婢百人, 車馬五十
乘, 錢五百萬, 遺陸生爲飲食費. 陸生以此遊漢廷公卿閒, 名聲藉甚. 及
誅諸呂, 立孝文帝, 陸生頗有力焉. 孝文帝卽位, 欲使人之南越. 陳丞相
等乃言陸生爲太中大夫, 往使尉他, 令尉他去黃屋稱制, 令比諸侯, 皆
如意旨. 語在南越語中. 陸生竟以壽終.

주건열전

　평원군 주건은 초나라 출신이다. 일찍이 회남왕 영포의 재상을 지
낸 적이 있다. 죄를 지어 관직을 떠났다가 뒤에 다시 영포를 섬겼다.
영포가 반기를 들 때 평원군 주건에게 자문을 구하자 주건이 만류했
다. 영포가 이를 듣지 않은 채 양보후梁父侯의 말을 듣고 마침내 모반
했다. 한나라는 영포를 죽인 뒤 주건이 영포에게 간하며 모반에 동
참하지 않은 것을 알고 죽이지 않았다. 이 이야기는 〈경포열전黥布列
傳〉에 기록되어 있다. 주건은 구변이 좋고 엄격하며 청렴하고 강직한
사람으로 장안에서 살았다. 구차하게 남의 비위를 맞추는 일이 없
고, 의리에 벗어나는 일을 하지 않았다. 벽양후 심이기는 행실이 바
르지 않았지만 여태후의 총애를 입었다. 당시 심이기는 평원군 주
건과 사귀고자 했으나 주건은 만나려 하지 않았다. 주건의 모친이
죽었을 때 평소 사이가 좋았던 육가가 문상을 갔다. 그러나 주건은
너무 가난해 장례도 치르지 못한 채 겨우 상복과 장례도구를 빌리
려던 참이었다. 육가가 장례를 치르도록 도와준 뒤 심이기를 찾아가

서 축하했다.

"평원군의 모친이 돌아가셨소."

심이기가 물었다.

"평원군 모친이 돌아가셨는데 왜 내게 축하를 하는 것이오?"

육가가 대답했다.

"전에 그대는 평원군과 사귀고자 했소. 평원군이 의리를 지키며 그대와 사귀지 않은 것은 모친에 대한 효심 때문이었소. 지금 그의 모친이 돌아가셨소. 그대가 실로 정성을 다해 후하게 조문하면 그는 그대를 위해 죽음도 마다하지 않을 것이오."

심이기가 100금을 들고 가 조의금으로 냈다. 열후와 귀인 들도 심이기의 체면을 보아 조의금을 내니 모두 500금에 달했다. 당시 벽양후 심이기는 여태후로부터 두터운 총애를 받고 있었다. 많은 사람이 한혜제 앞에서 심이기를 헐뜯었다. 한혜제가 크게 노해 심이기를 형리에게 넘겨 죽이고자 했다. 여태후는 부끄러워 아무 말도 하지 못했다. 대다수의 대신은 심이기의 행실을 미워한 까닭에 내심 그가 제거되기를 바랐다. 심이기는 다급한 나머지 사람을 주건에게 보내 만나고자 했다. 주건이 거설했다.

"재판이 임박해 감히 만날 수 없습니다."

그러고는 한혜제의 총신인 굉적유閎籍孺를 찾아가 설득했다.

"당신이 황제의 총애를 받는다는 사실을 천하 사람이 모두 알고 있소. 지금 벽양후가 태후太后에게 총애를 입었다는 이유로 형리에게 가 있소. 사람들이 모두 당신이 중상해 그를 죽이려 한다고 말하고 있소. 지금 벽양후가 주살당하면 태후는 분노를 가슴속에 품고 있다가 다음날 그대를 죽일 것이오. 어찌해서 그대는 웃통을 벗어 어깨를 드러내는 육단肉袒을 한 채 벽양후를 위해 황제에게 용서해 달라고 부탁하지 않는 것이오? 만일 황제가 그대의 청을 받아들여 벽양후를 풀어주면 태후가 크게 기뻐할 것이오. 그리되면 황제와 태후 두 분이 그대를 총애할 것이고, 그대의 부귀는 전례 없이 더욱 더해질 것이오."

설득에 넘어간 굉적유가 두려운 나머지 주건의 계책을 좇아 진언하자 과연 한혜제가 심이기를 풀어주었다. 당시 심이기는 투옥될 때 주건을 만나려 했다가 거부당하자 배신을 당했다며 크게 화가 나 있었다. 그러다가 주건의 계책이 성사되어 구출되자 크게 놀랐다.

●● 平原君朱建者, 楚人也. 故嘗爲淮南王黥布相, 有罪去, 後復事黥布. 布欲反時, 問平原君, 平原君非之, 布不聽而聽梁父侯, 遂反. 漢已誅布, 聞平原君諫不與謀, 得不誅. 語在黥布語中. 平原君爲人辯有口, 刻廉剛直, 家於長安. 行不苟合, 義不取容. 辟陽侯行不正, 得幸呂太后. 時辟陽侯欲知平原君, 平原君不肯見. 及平原君母死, 陸生素與平原君善, 過之. 平原君家貧, 未有以發喪, 方假貸服具, 陸生令平原君發喪. 陸生往見辟陽侯, 賀曰, "平原君母死." 辟陽侯曰, "平原君母死, 何乃賀我乎?" 陸賈曰, "前日君侯欲知平原君, 平原君義不知君, 以其母故. 今其母死, 君誠厚送喪, 則彼爲君死矣." 辟陽侯乃奉百金往稅. 列侯貴人以辟陽侯故, 往稅凡五百金. 辟陽侯幸呂太后, 人或毁辟陽侯於孝惠帝, 孝惠帝大怒, 下吏, 欲誅之. 呂太后慙, 不可以言. 大臣多害辟陽侯行, 欲遂誅之. 辟陽侯急, 因使人欲見平原君. 平原君辭曰, "獄急, 不敢見君." 迺求見孝惠幸臣閎籍孺, 說之曰, "君所以得幸帝, 天下莫不聞. 今辟陽侯幸太后而下吏, 道路皆言君讒, 欲殺之. 今日辟陽侯誅, 旦日太后含怒, 亦誅君. 何不肉袒爲辟陽侯言於帝? 帝聽君出辟陽侯,

太后大驩. 兩主共幸君, 君貴富益倍矣." 於是閎籍孺大恐, 從其計, 言
帝, 果出辟陽侯. 辟陽侯之囚, 欲見平原君, 平原君不見辟陽侯, 辟陽侯
以爲倍己, 大怒. 及其成功出之, 迺大驚.

여태후가 죽자 대신들이 여씨 일족을 일거에 주살했다. 심이기는
여씨 일족과 관계가 매우 밀접했지만 죽임을 당하지는 않았다. 육가
와 평원군 주건이 계책을 세워 살아남게 한 덕분이다. 한문제 때 회
남여왕淮南厲王 유장劉長이 심이기를 죽였다. 여씨 일족과 관련된 사
건 때문이다. 당시 한문제는 심이기의 식객食客인 평원군 주건이 심
이기를 위해 계책을 냈다는 이야기를 듣고는 형리를 시켜 주건을
붙잡아서 죄상을 밝히고자 했다. 형리가 집에 도착했다는 소식을
듣자 주건이 자진하고자 했다. 여러 자식과 속관들이 입을 모아 만
류했다.

"일이 어찌될지 아직 모릅니다. 어째서 섣불리 자진하시는 것입
니까?"

평원군 주건이 말했다.

"내가 죽으면 화가 너희에게는 미치시 않을 것이다."

그러고는 마침내 목을 찔러 자진했다. 한문제가 이 소식을 듣고는
애석해했다.

"나는 그를 죽일 뜻이 없었다."

그의 아들을 불러서 황제의 자문역인 중대부中大夫에 임명했다. 주
건의 아들은 흉노에 사자로 갔다가 선우單于의 무례를 나무랐다가
결국 그곳에서 죽었다.

●● 呂太后崩, 大臣誅諸呂, 辟陽侯於諸呂至深, 而卒不誅. 計畫所以

全者, 皆陸生·平原君之力也. 孝文帝時, 淮南厲王殺辟陽侯, 以諸呂故. 文帝聞其客平原君爲計策, 使吏捕欲治. 聞吏至門, 平原君欲自殺. 諸子及吏皆曰, "事未可知, 何早自殺爲?" 平原君曰, "我死禍絶, 不及而身矣." 遂自剄. 孝文帝聞而惜之, 曰, "吾無意殺之." 迺召其子, 拜爲中大夫. 使匈奴, 單于無禮, 迺罵單于, 遂死匈奴中.

역이기열전 2

역이기와 패공 유방의 만남에 관한 또 다른 이야기가 있는데 유방이 군사를 이끌고 진류현을 지나갈 때 역이기가 직접 군문 앞까지 찾아가 만났다는 설이 그렇다. 당시 그는 명함을 내주며 이같이 말했다.

"고양 땅의 천민 역이기는 패공이 의관을 따가운 햇살과 찬 이슬에 드러내는 고난을 무릅쓴 채 군사를 이끌고 초나라를 도와 불의한 진나라를 친다는 이야기를 들었습니다. 삼가 패공을 추종하는 분들의 노고에 위로의 말을 올립니다. 저는 패공을 만나 천하 대사에 관해 말씀드리고자 합니다."

알자謁者가 들어가 이를 고했다. 당시 유방은 마침 다리를 씻고 있다가 알자에게 물었다.

"어떤 자인가?"

알자가 대답했다.

"용모로 보아서 훌륭한 선비[大儒] 같습니다. 선비 옷[儒衣]을 입고 측주관側注冠*을 쓰고 있습니다."

유방이 명했다.

"정중히 사절하며 '내가 지금 천하를 평정하는 일로 바쁜 탓에 선비를 만날 겨를이 없다'고 전해라."

알자가 밖으로 나와 정중히 거절했다.

"패공이 정중히 사절하며 사과토록 했습니다. 지금은 천하를 평정하는 일로 바쁜 탓에 선비를 만날 겨를이 없다고 했습니다."

역이기가 눈을 부릅뜨고 칼을 만지며 호통을 쳤다.

"다시 들어가 패공에게 선비가 아닌 고양 땅의 술꾼이 만나려 한다고 전하라."

알자가 크게 놀라 명함을 떨어뜨렸다. 다시 허리를 굽혀 명함을 주운 뒤 다시 들어가 고했다.

"손님은 천하의 장사입니다. 호통을 칠 때 두려운 나머지 명함을 떨어뜨렸을 정도입니다. 그가 말하기를, '다시 들어가 패공에게 고양 땅의 술꾼이 만나려 한다고 전하라'고 했습니다."

유방은 곧바로 발을 닦은 후 창을 잡고 말했다.

"손님을 들여보내라!"

역이기가 들어와서는 읍한 뒤 말했다.

"족하는 고생이 많습니다. 의관을 따가운 햇살과 차가운 이슬에 드러내는[暴衣露冠] 고난을 무릅쓴 채 군사를 이끌고 초나라를 도와 불의한 진나라를 치고 있습니다. 족하는 어찌해서 스스로를 소중히 여기지[自喜] 않는 것입니까? 저는 천하를 평정하는 일로 만나고자 한 것입니다. 그런데도 오히려 '내가 지금 천하를 평정하는 일로 바

● 측주관을 두고 《사기집해》는 서광徐廣의 주를 인용해 제나라 왕이 알자에게 내린 관으로 일명 고산관高山冠으로 불리었다고 했다.

뿐 탓에 선비를 만날 겨를이 없다'고 말하는 것입니까? 족하는 천하
대사를 일으켜 천하의 대공을 세우고자 하면서 사람을 피상적으로
판단하니 천하의 재능 있는 선비[能士]를 잃을까 우려됩니다. 게다가
제가 판단컨대 족하의 지혜는 저만 못하고, 용맹 또한 저만 못합니
다. 천하대사를 이루고자 하면서 저를 만나려 하지 않는 것은 족하
의 큰 실수인 듯합니다."

유방이 즉시 사과했다.

"아까는 선생의 용모만 들었을 뿐이요. 이제야 선생의 마음을 알
았소."

그러고는 역이기를 맞아들여 윗자리에 앉힌 뒤 천하를 손에 넣는
방략을 물었다. 역이기가 대답했다.

"무릇 족하가 대공을 이루고자 하면 진류에 머무는 것보다 나은
계책은 없습니다. 진류는 사통팔달한 천하의 요충지로 군사가 모이
는 곳입니다. 게다가 수천만 석의 양곡이 비축되어 있습니다. 성의
수비도 매우 견고합니다. 저는 전부터 이곳 현령과 잘 알고 있습니
다. 족하를 위해 설득해보겠습니다. 저의 말을 듣지 않으면 공을 위
해 그를 죽이고 항복토록 만들겠습니다. 족하는 진류의 군사를 이끌
고 성을 차지한 뒤 비축된 양곡을 활용해 천하의 군사를 모으십시
오. 천하의 군사가 모이면 이들을 이끌고 천하를 횡행할지라도 족하
를 막을 자는 아무도 없을 것입니다."

유방이 이 말을 듣고 말했다.

"삼가 가르침을 좇도록 하겠소."

역이기가 이날 밤 진류의 현령을 만나 설득했다.

"무릇 진나라는 무도해 천하가 반기를 들고 있소. 지금 족하가 천

하대세를 좇으면 대공을 이룰 수 있소. 그런데도 홀로 망해가는 진나라를 위해 성을 굳게 지키고 있소. 내가 보기에 족하는 매우 위태롭소."

현령이 말했다.

"진나라 법은 매우 엄해 함부로 말할 수 없소. 함부로 말하는 자는 멸문지화滅門之禍를 당하오. 그대의 말을 따를 수 없는 이유요. 그대가 가르쳐준 계책은 나의 뜻이 아니니 다시는 이런 말을 하지 마시오."

역이기가 그곳에 머물러 자다가 한밤중에 현령의 머리를 벤 뒤 성을 넘어가 이를 패공에게 보고했다. 유방이 군사를 이끌고 성을 쳤다. 현령의 머리를 장대에 매달아 성 위에 있는 사람에게 보여주며 이같이 외쳤다.

"빨리 항복하라! 현령의 머리는 이미 베였다. 이제부터 늦게 항복하는 자는 반드시 먼저 목을 벨 것이다!"

진류현 사람들은 현령이 죽은 것을 알고는 앞다투어 항복했다. 유방이 진류성 남쪽 성문 위에 주둔했다. 그곳의 병기를 사용하며 비축한 식량으로 석 달 동안 머물렀다. 수만 명의 군사가 따르게 되었다. 마침내 무관을 통해 입성한 뒤 진나라를 격파한 배경이다.

●●● 初, 沛公引兵過陳留, 酈生踵軍門上謁曰, "高陽賤民酈食其, 竊聞沛公暴露, 將兵助楚討不義, 敬勞從者, 願得望見, 口畫天下便事." 使者入通, 沛公方洗, 問使者曰, "何如人也?" 使者對曰, "狀貌類大儒, 衣儒衣, 冠側注." 沛公曰, "爲我謝之, 言我方以天下爲事, 未暇見儒人也." 使者出謝曰, "沛公敬謝先生, 方以天下爲事, 未暇見儒人也." 酈生瞋目案劍叱使者曰, "走! 復入言沛公, 吾高陽酒徒也, 非儒人也." 使者懼而失謁, 跪拾謁, 還走, 復入報曰, "客, 天下壯士也, 叱臣, 臣恐, 至失謁. 曰 '走! 復入言, 而公高陽酒徒也'." 沛公遽雪足杖矛曰, "延客入!" 酈生入, 揖沛公曰, "足下甚苦, 暴衣露冠, 將兵助楚討不義, 足下何不自喜也? 臣願以事見, 而曰 '吾方以天下爲事, 未暇見儒人也'. 夫足下欲興天下之大事而成天下之大功, 而以目皮相, 恐失天下之能士. 且吾度足下之智不如吾, 勇又不如吾. 若欲就天下而不相見, 竊爲足下失之." 沛公謝曰, "鄕者聞先生之容, 今見先生之意矣." 迺延而坐之, 問所以取天下者. 酈生曰, "夫足下欲成大功, 不如止陳留. 陳留者, 天下之據衝也, 兵之會地也, 積粟數千萬石, 城守甚堅. 臣素善其令, 願爲足下說之. 不聽臣, 臣請爲足下殺之, 而下陳留. 足下將陳留之衆, 據陳留之城, 而食其積粟, 招天下之從兵, 從兵已成, 足下橫行天下, 莫能有害足下者矣." 沛公曰, "敬聞命矣." 於是酈生迺夜見陳留令, 說之曰, "夫秦爲無道而天下畔之, 今足下與天下從則可以成大功. 今獨爲亡秦嬰城而堅守, 臣竊爲足下危之." 陳留令曰, "秦法至重也, 不可以妄言, 妄言者無類, 吾不可以應. 先生所以敎臣者, 非臣之意也, 願勿復道." 酈生留宿臥, 夜半時斬陳留令首, 踰城而下報沛公. 沛公引兵攻城, 縣令首於長竿以示城上人, 曰, "趣下, 而令頭已斷矣! 今後下者必先斬之!" 於是陳留人見令已死, 遂相率而下沛公. 沛公舍陳留南城門上, 因其庫兵, 食積粟, 留出入三月, 從兵以萬數, 遂入破秦.

태사공은 평한다.

"세상에 전해지는 역이기에 관한 기록은 대부분 유방이 삼진三秦을 제압한 뒤 동쪽 항우를 치고 공과 낙양 사이로 나아갔을 때 역이기가 선비의 옷을 입고 유방에게 유세한 것으로 되어 있다. 이는 잘못된 것이다. 당시 유방은 무관을 통해 입성하기 전에 항우와 헤어진 뒤 고양 땅에 이를 때부터 이미 역이기와 역상 형제를 휘하에 두고 있었다. 나는 육가의 《신어》 열두 편을 읽어보았다. 과연 육가는 당대의 세객이었다. 평원군 주건의 아들과 나는 교분이 있다. 그의 사적에 관해 상세히 기록할 수 있었던 이유다.●"

●● 太史公曰, "世之傳酈生書, 多曰漢王已拔三秦, 東擊項籍而引軍於鞏洛之閒, 酈生被儒衣往說漢王. 迺非也. 自沛公未入關, 與項羽別而至高陽, 得酈生兄弟. 余讀陸生新語書十二篇, 固當世之辯士. 至平原君子與余善, 是以得具論之."

부근괴성열전

傅靳蒯成列傳

〈부근괴성열전傅靳蒯成列傳〉은 유방의 측근 장수인 양릉후陽陵侯 부관傅寬을 비롯해 신무후信武侯 근흡靳歙, 괴성후蒯成侯 주설周緤 등 세 명의 사적을 묶은 것이다. 부관은 제나라를 평정하는 공을 세워 열후에 봉해졌고, 근흡과 주설도 유사한 전공을 세워 고관의 자리에 올랐다. 주목할 것은 후대인들이 이들을 높이 평가하지 않은 점이다. 많은 인명을 무참히 살상한 것이 원인이었다.

사마천은 〈태사공자서太史公自序〉에서 진한秦漢 시대의 일을 자세히 알기 위해 〈부근괴성열전〉을 지었다고 밝혔다. 그러나 내용이 지나치게 소략하다. 사마천의 의도를 가지고 〈부근괴성열전〉을 편제한 사실을 암시한다. 그 의도는 무엇일까?

주설 같은 인물은 열전에 기록될 인물이 아니다. 그런데도 사마천이 그를 열전의 기록 대상으로 선정했다. 그의 행보를 드러내 후대인을 경계시키고자 한 것으로 보인다. 사마천이 〈부근괴성열전〉을 지은 근본 배경이다.

부관열전

양릉후 부관은 위나라 오대부五大夫의 기장騎將 출신이다. 패공 유방의 사인舍人이 되어 횡양橫陽에서 일어났다. 유방을 쫓아 안양安陽과 강리杠里를 치고, 개봉開封에서 조분趙賁의 군사를 격파하고, 곡우曲遇와 양무 일대에서 양웅楊熊을 쳐 적군 열두 명의 수급을 얻었다. 유방은 그의 공을 인정해 경卿의 작위를 내렸다. 이후 패공을 쫓아 함양으로 입성한 뒤 파상에 이르렀다. 유방은 한왕에 봉해지자 그를 공덕군共德君에 봉했다. 유방을 쫓아 한중으로 들어간 뒤 우기장右騎將이 되었다. 다시 유방을 쫓아 삼진三秦을 평정했다. 유방은 식읍으로 조음雕陰을 내렸다. 다시 유방을 쫓아 항우를 치고, 회현懷縣에서 패공을 기다렸다. 유방이 그에게 통덕후通德侯의 작위를 내렸다. 또 유방을 쫓아 항관項冠·주란周蘭·용저龍且를 쳤다. 휘하 병사가 오창에서 적의 기장 한 명을 죽였다. 그의 식읍이 더 많아진 이유다.

회음후 한신의 휘하에 있을 때 역성현에 주둔한 제나라 군사를 격파하고 전해田解를 쳤다. 또 상국 조참의 휘하에 있을 때는 박博 땅을 공략해 식읍이 더 많아졌다. 제나라 평정에 공을 세우자 유방이 부절을 나누어주며 작위를 세습하게 했다. 양릉후에 봉해졌고, 식읍 2,600호를 받았다. 전에 내린 식읍은 회수했다. 이후 제나라의 우승상이 되어 항복하지 않은 제나라의 전횡에 대비했다. 5년 뒤 제나라의 상국이 되었다. 고조 10년 4월, 유방이 진희를 쳤다. 이때 그는 태위 주발 휘하에 있었다. 제나라 상국의 자격으로 승상 번쾌樊噲를 대신해 진희를 쳤다. 이듬해인 고조 11년 1월, 대나라의 상국으로 전임되어 변경을 지켰다. 2년 뒤 대나라의 승상이 되어 변경을 지켰다. 한혜제 5년, 부관이 죽자 경후景侯라는 시호가 내려졌다. 아들 경후頃侯 부정傳精이 뒤를 이었다. 그는 24년 뒤 죽었다. 경후 부정의 아들 공후 부칙傳則이 뒤를 이었다. 그는 12년 뒤 죽었다. 아들 부후언傳侯偃이 뒤를 이었다. 31년 뒤 회남왕과 모반한 일로 인해 처형되고 봉지도 폐지되었다.

●● 陽陵侯傅寬, 以魏五大夫騎將從, 爲舍人, 起橫陽. 從攻安陽·杠里, 擊趙賁軍於開封, 及擊楊熊曲遇·陽武, 斬首十二級, 賜爵卿. 從至霸上. 沛公立爲漢王, 漢王賜寬封號共德君. 從入漢中, 遷爲右騎將. 從定三秦, 賜食邑雕陰. 從擊項籍, 待懷, 賜爵通德侯. 從擊項冠·周蘭·龍且, 所將卒斬騎將一人敖下, 益食邑. 屬淮陰, 擊破齊歷下軍, 擊田解. 屬相國參, 殘博, 益食邑. 因定齊地, 剖符世世勿絶, 封爲陽陵侯, 二千六百戶, 除前所食. 爲齊右丞相, 備齊. 五歲爲齊相國. 四月, 擊陳豨, 屬太尉勃, 以相國代丞相嗇擊豨. 一月, 徙爲代相國, 將屯. 二歲, 爲代丞相, 將屯. 孝惠五年卒, 謚爲景侯. 子頃侯精立, 二十四年卒. 子共侯則立, 十二年卒. 子侯偃立, 三十一年, 坐與淮南王謀反, 死, 國除.

근흡열전

신무후 근흡은 중연中涓의 신분으로 패공을 쫓아 완구현宛朐縣에서 일어났다. 제양濟陽을 공격해 이유李由의 군사를 격파했다. 박亳 땅의 남쪽과 개봉의 동북쪽 일대에서 진나라 군사를 공격해 기병 1,000명과 장수 한 명을 죽이고, 쉰일곱 명의 수급을 얻고, 포로 일흔세 명을 생포했다. 임평군臨平君에 봉해졌다. 또 남전藍田 북쪽에서 싸워 관거官車를 총괄하는 거사마車司馬 두 명과 기마대장 한 명을 죽였다. 또 스물여덟 명의 수급을 얻고, 포로 쉰일곱 명을 생포했다. 파상으로 돌아왔을 때 패공 유방이 한왕이 되었다. 근흡에게 건무후建武侯의 작위가 내려졌다. 기도위騎都尉로 승진되었다. 이후 한왕 유방을 쫓아 삼진三秦을 평정했다. 이어 따로 군사를 이끌고 서진해 농서隴西에서 장함章邯의 아들 장평章平이 이끄는 군사를 격파했다. 농서의 여섯 개 현을 평정한 배경이다. 휘하 병사들이 거사마와 군후軍候를 각네 명, 기장을 열두 명 죽였다. 이후 유방을 쫓아 동진해 초나라를 치고 팽성彭城에 이르렀다. 그러나 이내 항우의 기습공격으로 인해 대패한 뒤 옹구雍丘로 퇴각해 굳게 지켰다. 이후 그곳을 떠나 배신한 장수 왕무王武를 치고 위나라 땅을 공략했다. 이때 따로 정예 부대를 이끌고 치현菑縣의 남쪽에서 형열邢說의 군사를 공격해 무너뜨렸다. 직접 형열의 도위 두 명, 거사마와 군후 열두 명을 생포하고, 관원과 병사 4,180명을 항복시켰다. 또 형양의 동쪽에서 초나라 군사를 격파했다.

한고조 3년, 식읍으로 4,200호가 내려졌다. 당시 그는 따로 하내河內로 진격해 조가朝歌에서 조나라 장수 비학賁郝의 군사를 격파했다. 휘하 병사가 기장 두 명, 수레와 말 250필을 획득했다. 그는 또 유방을 쫓아 안양 동쪽을 쳤다. 극포棘蒲에 이르러 일곱 개 현을 함락시켰다. 이때 따로 조나라 군사를 공격해 조나라 장수와 사마 두 명과 군후 네 명을 생포했다. 또 관원과 병사 2,400명을 항복시켰다. 이후 유방을 쫓아 한단邯鄲을 공격해 함락시켰다. 이때 따로 평양平陽을 공격해 직접 적군의 수상守相을 베었다. 휘하 병사가 군위郡尉와 군수郡守 각 한 명을 베었고, 업현鄴縣을 항복시켰다. 또 유방을 쫓아 조가와 한단을 쳤다. 따로 조나라 군사를 격파해 한단의 여섯 개 현을 항복시켰다. 오창으로 회군해 성고의 남쪽에서 항우의 군사를 격파해 초나라의 식량보급로를 차단했다. 또 형양에서 군사를 이끌고 양읍襄邑까지 진격해 노성魯城 부근에서 항관의 군사를 격파했다. 이어 각지를 공격해 동쪽으로 현증縣繒과 담현郯縣 및 하비下邳에 이르고, 남쪽으로 기현蘄縣과 죽읍竹邑까지 이르렀다. 제양 부근에서 항한項悍을 친 뒤 회군해 진현陳縣의 성 아래서 항우를 공격해 격파했다.

이때 따로 강릉江陵을 평정했다. 강릉의 주국柱國, 대사마大司馬 이하 관원 여덟 명의 항복을 받았다. 친히 강릉왕江陵王을 생포해 낙양으로 압송했다. 또 남군南郡을 평정했다. 이후 다시 한고조 유방을 쫓아 진현에 이르러 초왕楚王 한신을 생포했다. 유방이 그에게 부절을 나누어주며 작위를 세습하게 했다. 식읍으로 4,600호를 내리고, 신무후에 봉했다. 이어 기도위 신분으로 한고조 유방을 쫓아 대나라를 쳤다. 평성平城 부근에서 한왕 한신을 공격한 뒤 동원東垣으로 회군했다. 이때의 공으로 거기장군車騎將軍이 되었다. 위魏·조趙·제齊·연燕·초楚의 거기車騎를 통솔하는 자리였다. 이어 진희의 승상 후창侯敞을 공격해 곡역曲逆을 항복시켰다. 또 한고조 유방을 쫓아 영포를 공격해 공을 세웠다. 규정된 식읍보다 많은 5,300호를 하사받았다. 적군 아흔 명의 수급을 얻었고, 132명을 생포했다. 따로 열네 번 적군을 격파했고, 쉰아홉 개의 성읍, 군국 각 한 개와 스물세 개 현을 항복시켰다. 왕과 주국을 각 한 명과 녹봉 2,000석 이하에서 500석에 이르는 관원 서른아홉 명을 생포했다.

여태후 5년, 근흡이 죽었다. 숙후肅侯의 시호가 내려졌다. 아들 근정靳亭이 작위를 이어받았다. 21년 뒤 백성에게 법 규정보다 지나치

게 많은 부역을 시킨 죄로 한문제 후後 3년에 작위를 박탈당했다. 봉
국은 폐해졌다.

●● 信武侯靳歙, 以中涓從, 起宛朐. 攻濟陽. 破李由軍. 擊秦軍亳南·
開封東北, 斬騎千人將一人, 首五十七級, 捕虜七十三人, 賜爵封號臨
平君. 又戰藍田北, 斬車司馬二人, 騎長一人, 首二十八級, 捕虜五十七
人. 至霸上. 沛公立爲漢王, 賜歙爵建武侯, 遷爲騎都尉. 從定三秦. 別
西擊章平軍於隴西, 破之, 定隴西六縣, 所將卒斬車司馬·候各四人,
騎長十二人. 從東擊楚, 至彭城. 漢軍敗還, 保雍丘, 去擊反者王武等.
略梁地, 別將擊邢說軍菑南, 破之, 身得說都尉二人, 司馬·候十二人,
降吏卒四千一百八十人. 破楚軍滎陽東. 三年, 賜食邑四千二百戶. 別
之河內, 擊趙將賁郝軍朝歌, 破之, 所將卒得騎將二人, 車馬二百五十
匹. 從攻安陽以東, 至棘蒲, 下七縣. 別攻破趙軍, 得其將司馬二人, 候
四人, 降吏卒二千四百人. 從攻下邯鄲. 別下平陽, 身斬守相, 所將卒
斬兵守·郡守各一人, 降鄴. 從攻朝歌·邯鄲, 及別擊破趙軍, 降邯鄲
郡六縣. 還軍敖倉, 破項籍軍成皐南, 擊絕楚饟道, 起滎陽至襄邑. 破
項冠軍魯下. 略地東至繒·郯·下邳, 南至蘄·竹邑. 擊項悍濟陽下. 還
擊項籍軍陳下, 破之. 別定江陵, 降江陵柱國·大司馬以下八人, 身得江
陵王, 生致之雒陽, 因定南郡. 從至陳, 取楚王信, 剖符世世勿絕, 定食
四千六百戶, 號信武侯. 以騎都尉從擊代, 攻韓信平城下, 還軍東垣. 有
功, 遷爲車騎將軍, 幷將梁·趙·齊·燕·楚車騎, 別擊陳豨丞相敞, 破
之, 因降曲逆. 從擊黥布有功, 益封定食五千三百戶. 凡斬首九十級, 虜
百三十二人, 別破軍十四, 降城五十九, 定郡·國各一, 縣二十三, 得
王·柱國各一人, 二千石以下至五百石三十九人. 高后五年, 歙卒, 諡
爲肅侯. 子亭代侯. 二十一年, 坐事國人過律, 孝文後三年, 奪侯, 國除.

주설열전

  괴성후 주설은 패현 출신으로, 성은 주周다. 일찍이 한고조 유방의 참승參乘을 지냈다. 사인이 되어 늘 패공 유방을 따라다니면서 패현에서 일어났다. 패공 유방을 쫓아 파상에 갔고, 서쪽으로 촉한에 들어가기도 했다. 회군한 뒤 삼진을 평정하고, 지양池陽을 식읍으로 받았다. 다시 동진해 초나라 군의 식량 보급로를 차단했다. 유방을 쫓아 출병해 평음平陰에서 황하를 건넌 뒤 양국襄國에서 회음후 한신의 군사와 조우했다. 전세가 때론 유리하기도, 때론 불리하기도 했지만 끝내 유방을 배신할 마음을 품지 않았다. 한고조 유방이 주설을 신무후에 봉한 뒤 식읍으로 3,300호를 내렸다. 한고조 12년, 한고조는 주설을 괴성후로 삼았다. 전에 하사한 식읍은 모두 폐했다. 한고조 유방이 친히 진희 토벌에 나서려 하자 괴성후가 울며 만류했다.

  "전에 진나라가 천하를 합병할 때도 황제가 친히 군대를 이끌고 나간 적은 없습니다. 지금 폐하가 친정親征에 나서려 하니 마땅한 자가 없어 그러는 것입니까?"

  한고조 유방이 이 말을 듣고는 주설이 자신을 사랑한다고 여겼다. 곧 궐문 안으로 들어와 종종걸음으로 달리지 않아도 되는 특전[殿門不趨], 사람을 죽여도 사형에 처하지 않는 특전을 내렸다[殺人不死]. 한문제 전 5년, 주설이 천수를 누리고 죽었다. 시호는 정후貞侯였다. 아들 주창이 작위를 계승했으나 이내 죄를 지어 봉지가 없어졌다. 한경제 중中 2년, 주설의 아들 주거周居가 작위를 이었다. 한무제 원정 3년, 주거가 태상太常이 되었으나 이내 죄를 지어 봉지가 사라졌다.

  ●● 蒯成侯緤者, 沛人也, 姓周氏. 常爲高祖參乘, 以舍人從起沛. 至霸上, 西入蜀·漢·還定三秦, 食邑池陽. 東絶甬道, 從出度平陰, 遇淮陰侯兵襄國, 軍乍利乍不利, 終無離上心. 以緤爲信武侯, 食邑三千三百戶. 高祖十二年, 以緤爲蒯成侯, 除前所食邑. 上欲自擊陳豨, 蒯成侯泣曰, "始秦攻破天下, 未嘗自行. 今上常自行, 是爲無人可使者乎?" 上以爲愛我. 賜入殿門不趨, 殺人不死. 至孝文五年, 緤以壽終, 謚爲貞侯. 子昌代侯, 有罪, 國除. 至孝景中二年, 封緤子居代侯. 至元鼎三年, 居爲太常, 有罪, 國除.

태사공은 평한다.

"양릉후 부관과 신무후 근흡 모두 높은 작위에 올랐던 인물이다. 한고조 유방을 쫓아 산동山東에서 일어나 항우를 치고, 적의 명장名將을 주살하고, 수십 차례에 걸쳐 적군을 격파하며 성을 함락시켰다. 그러면서도 곤욕을 치른 적이 없으니 이는 하늘이 도와준 것이다. 괴성후 주설은 마음이 굳세고 정직해 의심을 받은 적이 없다. 한고조 유방이 출정할 때마다 눈물을 흘리지 않은 적이 없다. 마치 상심한 사람 같았다. 실로 돈독하고 후덕한 군자라고 할 수 있다."

●● 太史公曰, "陽陵侯傅寬·信武侯靳歙皆高爵, 從高祖起山東, 攻項籍, 誅殺名將, 破軍降城以十數, 未嘗困辱, 此亦天授也. 蒯成侯周緤操心堅正, 身不見疑, 上欲有所之, 未嘗不壽涕, 此有傷心者然, 可謂篤厚君子矣."

유경숙손통열전
劉敬叔孫通列傳

〈유경숙손통열전劉敬叔孫通列傳〉은 한나라 건국초기에 나라의 기틀을 세우는 데 큰 공을 세운 유경劉敬과 숙손통叔孫通에 관한 전기다. 유경은 장안으로 천도할 것을 진언했고, 숙손통은 진나라의 법제를 원용해 제국 체제를 다졌다. 유방은 길에서 만난 유경의 말을 듣고는 낙양을 도읍으로 삼으려던 당초의 생각을 버리고 진나라 도성 함양 인근의 장안으로 정했다. 당시 한고조 유방은 흉노를 무력으로 제압하고자 했다. 유경이 강력 반대했다. 아무리 중원을 통일한 무력일지라도 기마병 위주로 구성된 흉노를 당할 수 없다는 사실을 통찰한 결과다. 그것이 사실로 드러났다. 유방이 평성에서 흉노에게 포위되었다가 간신히 풀려나온 것이 그렇다. 이후 유방이 유배를 보낸 유경에게 사죄한 뒤 그의 건의를 좇아 흉노와 화친을 맺은 이유가 여기에 있다.

숙손통은 전한의 건국공신 가운데 가장 높은 학식을 자랑한 인물이었다. 진나라 때 박사를 지낸 것이 그렇다. 유방의 곁에 있던 책사 가운데 장량과 진평이 가장 뛰어났지만 이들의 지식은 체계적인 것이 아니었다. 제국 체제를 안정적으로 다지기 위해서는 학식과 경험이 필요했다. 합당한 인물은 오직 숙손통밖에 없었다. 그러나 그는 항우를 쫓다가 유방을 추종한 일로 인해 당대는 물론 후대에 이르기까지 변절자로 매도되며 제대로 된 평가를 받지 못했다. 이는 왕조교체가 이루어지는 당시의 난세 상황을 감안치 않은 것이다. 숙손통의 도움이 없었다면 전한은 큰 혼란에 빠졌을 공산이 크다. 제국 체제를 확고히 다진 그의 공이 그만큼 크다. 한혜제조차 그에게 다시 종묘의 의례를 만들도록 당부한 것이 그 증거다. 숙손통은 당대에 이미 화려한 조명을 받은 소하와 장량 등과 달리 음지에서 제국의 기본 틀을 완성한 진정한 의미의 건국공신에 해당한다. 사마천이 〈유경숙손통열전〉을 편제한 것도 바로 이들의 공을 높이 산 결과로 해석할 수 있다.

유경열전

유경은 제나라 출신이다. 한고조 5년, 농서로 수자리 살러 가면서 낙양을 지나게 되었다. 당시 한고조 유방은 낙양에 머물고 있었다. 그의 본명은 누경婁敬이다. 하루는 누경이 수레 앞의 횡목을 풀어놓고˙ 양가죽 옷을 입은 채 제나라 출신 우장군虞將軍을 만나 이같이 말했다.

"신은 황상을 뵙고 나라에 보탬이 되는 일에 관해 말씀드리고자 합니다."

우장군이 좋은 새 옷으로 갈아입히려 하자 누경이 말했다.

"신은 비단옷을 입고 있으면 비단옷을 입은 채로, 베옷을 입고 있으면 베옷을 입은 채로 뵐 것입니다. 옷을 갈아입지 않을 것입니다."

우장군이 안으로 들어가 한고조 유방에게 이를 고하자 유방이 그를 불러 음식을 내린 뒤 자신을 만나려 한 이유를 물었다. 누경이 말했다.

"폐하가 낙양에 도읍하고자 하는 이유는 주나라와 융성을 다투기 위해서입니까?"

유방이 대답했다.

"그렇소."

누경이 말했다.

"폐하가 천하를 얻은 것은 주나라 왕실과 다릅니다. 주나라의 선조는 후직后稷입니다. 요임금이 그를 태邰 땅에 봉한 뒤 그곳에서 덕

● "횡목을 풀어놓고"의 원문은 "탈만핵脫輓輅"이다. 《사기집해》는 소림蘇林의 주를 인용해 핵輅을 수레 앞의 횡목橫木으로 풀이했다. 《사기색은》은 만輓을 끌 견牽으로 풀이했다. 핵輅은 천자가 타는 수레를 뜻할 때는 로로 읽으나 횡목을 뜻할 때는 핵으로 읽는다.

을 쌓고 선정을 베푼 지 10여 대가 지났습니다.

공류公劉는 하나라의 걸桀을 피해 빈豳 땅에 살았고, 태왕太王 고공단보古公亶父는 오랑캐의 침공을 피해 빈 땅을 떠나 말채찍을 지팡이 삼아 기산岐山 일대로 옮겨와 살았습니다. 당시 빈 땅의 백성이 앞다투어 그를 쫓아 이주했습니다. 주문왕周文王이 서쪽 일대를 호령하는 서백西伯이 되어 우虞나라와 예芮나라의 송사를 해결해주고 비로소 천명을 받게 되자 태공망太公望 여상呂尙과 백이伯夷도 동쪽 바닷가에서 찾아와 귀의했습니다. 주무왕은 은나라 주를 칠 때 약속을 하지도 않았는데 천하의 제후들이 맹진孟津에 모였습니다. 그 수가 800명이나 되었습니다. 이들은 하나같이 은나라 주를 쳐야 한다고 말했습니다. 결국 은나라를 멸했습니다.

주성왕周成王이 즉위하자 주공周公 등이 보필해 주성왕 때 만든 도성인 성주成周를 낙읍洛邑에 세웠습니다. 각지의 제후들이 조공을 바치고 부역을 바칠 때 천하의 중심에 해당하는 낙읍이 각 제후국에서 거리가 비슷한 곳으로 여겨졌기 때문입니다. 낙읍은 평야지대에 위치해 있어 덕이 있는 사람에게는 왕 노릇을 하기가 쉽지만 반대로 덕이 없는 사람에게는 패망하기 쉬운 곳입니다. 낙읍에 도읍을 정한 것은 주나라가 덕으로 천하의 백성을 이끌려는 취지에서 나온 것입니다. 후대가 험준한 지형을 믿고 교만과 사치로 백성을 학대하는 일이 없도록 하려는 취지였습니다.

주나라가 흥성할 때는 천하가 화합했고, 사이四夷도 교화되어 주나라의 덕의德義를 사모하며 천자를 섬겼습니다. 병사 한 명 주둔시키거나 싸우게 하지 않고도 주변의 이민족과 큰 제후국의 백성 가운데 기꺼이 복종하며 조공이나 부역을 바치지 않는 자가 없었습니다. 그러나 주나라가 쇠퇴해지자 서주西周와 동주東周로 분열되었고, 입조하는 제후도 사라졌습니다. 주나라는 이들을 제어할 수 없었습니다. 이는 덕이 박해졌기 때문이 아니라 형세가 약해졌기 때문입니다.

지금 폐하는 풍패에서 일어나 군사 3,000명을 이끌고 진격해 촉한을 석권하고, 삼진三秦을 평정했습니다. 이어 항우와 형양에서 싸우면서 성고의 요충지를 장악키 위해 일흔 번의 큰 전쟁과 마흔 번의 작은 전쟁을 치렀습니다. 천하의 백성의 간뇌로 땅을 칠하고[肝腦塗地] 아비와 자식의 해골이 들판에 나뒹구는 상황[暴骨中野]이 끊임없이 일어난 이유입니다. 지금도 통곡하는 소리가 끊이지 않고, 부상을 당한 자[傷痍者]가 아직 일어나지도 못한 상황입니다. 그런데도 주성왕과 주강왕周康王의 성세였던 성강지치成康之治와 비교하려 합니다. 신이 볼 때 이는 서로 비교할 수 있는 것이 아닙니다. 진나라의 관중 땅은 산에 싸여 있고, 황하를 끼고 있고, 사면이 천애의 요새로 견고하게 막혀 있습니다. 문득 위급한 사태가 일어날지라도 100만 대군을 동원할 수 있습니다. 진나라의 옛 터전인 관중을 차지하고 더없이 비옥한 땅을 소유하면 이것이 바로 천연의 곳간[天府]이라 할 수 있습니다. 폐하가 관중으로 입관入關하면 산동이 어지러워져도 진나라의 옛 땅은 보존할 수 있습니다.

무릇 사람끼리 싸울 때 상대의 목을 조르고 등을 치지 않으면* 완승을 거둘 수 없습니다. 지금 폐하가 관중으로 들어가 도읍하고 진나라의 옛 땅을 차지하는 것이 바로 천하의 목을 조르고, 천하의 등

---

* "상대의 목을 조르고 등을 치다"의 원문은 "액기항부기배搤其亢拊其背"다.《사기집해》는 장안張晏의 주를 인용해 항亢을 목구멍을 뜻하는 후롱喉嚨으로 새겼다. 부拊는 가슴이나 등을 가볍게 두드리는 것을 말한다.

을 치는 것입니다."

한고조 유방이 뭇 신하들에게 의견을 물었다. 군신들 모두 산동 출신이었다. 입을 모아 주나라는 낙양에서 수백 년 동안 왕 노릇을 했으나 진나라는 함양에서 2대 만에 멸망한 까닭에 낙양에 도읍하는 것이 낫다고 말했다. 유방이 주저하며 결정하지 못했다. 이때 유후 장량이 관중으로 들어가는 것이 유리하다고 분명히 말했다. 그날로 수레를 서쪽으로 몰아 관중에 도읍하게 되었다. 유방이 말했다.

"본래 진나라의 옛 땅에 도읍하고자 한 것은 누경이다. 루婁는 바로 류劉와 음이 비슷하다."

그러고는 그에게 유씨 성을 하사한 뒤 낭중에 임명하고, 봉춘군奉春君으로 불렀다.

●● 劉敬者, 齊人也. 漢五年, 戌隴西, 過洛陽, 高帝在焉. 婁敬脫輓輅, 衣其羊裘, 見齊人虞將軍曰, "臣願見上言便事." 虞將軍欲與之鮮衣, 婁敬曰, "臣衣帛, 衣帛見, 衣褐, 衣褐見, 終不敢易衣." 於是虞將軍入言上. 上召入見, 賜食. 已而問婁敬, 婁敬說曰, "陛下都洛陽, 豈欲與周室比隆哉?" 上曰, "然." 婁敬曰, "陛下取天下與周室異. 周之先自后稷, 堯封之邰, 積德累善十有餘世. 公劉避桀居豳. 太王以狄伐故, 去豳, 杖馬箠居岐, 國人爭隨之. 及文王爲西伯, 斷虞芮之訟, 始受命, 呂望·伯夷自海濱來歸之. 武王伐紂, 不期而會孟津之上八百諸侯, 皆曰紂可伐矣, 遂滅殷. 成王卽位, 周公之屬傅相焉, 迺營成周洛邑, 以此爲天下之中也, 諸侯四方納貢職, 道里均矣, 有德則易以王. 無德則易以亡. 凡居此者, 欲令周務以德致人, 不欲依阻險, 令後世驕奢以虐民也. 及周之盛時, 天下和洽, 四夷鄉風, 慕義懷德, 附離而並事天子, 不屯一卒, 不戰一士, 八夷大國之民莫不賓服, 效其貢職. 及周之衰也, 分

而爲兩, 天下莫朝, 周不能制也. 非其德薄也, 而形勢弱也. 今陛下起豐
沛, 收卒三千人, 以之徑往而卷蜀漢, 定三秦, 與項羽戰滎陽, 爭成皐之
口, 大戰七十, 小戰四十, 使天下之民肝腦塗地, 父子暴骨中野, 不可勝
數, 哭泣之聲未絶, 傷病者未起, 而欲比隆於成康之時, 臣竊以爲不侔
也. 且夫秦地被山帶河, 四塞以爲固, 卒然有急, 百萬之衆可具也. 因秦
之故, 資甚美膏腴之地, 此所謂天府者也. 陛下入關而都之, 山東雖亂,
秦之故地可全而有也. 夫與人鬪, 不搤其亢, 拊其背, 未能全其勝也. 今
陛下入關而都, 案秦之故地, 此亦搤天下之亢而拊其背也." 高帝問羣
臣, 羣臣皆山東人, 爭言周王數百年, 秦二世卽亡, 不如都周. 上疑未能
決. 及留侯明言入關便, 卽日車駕西都關中. 於是上曰, "本言都秦地者
婁敬, 婁者乃劉也." 賜姓劉氏, 拜爲郞中, 號爲奉春君.

한고조 7년, 한고조 유방은 한왕 한신이 반기를 들자 친히 군사를
이끌고 토벌에 나섰다. 진양에 이르러 한왕 한신이 흉노와 합세해
한나라를 치려 한다는 소문을 듣게 되었다. 대로한 유방이 흉노에
사자를 보냈다. 흉노가 장사壯士와 살찐 우마는 숨긴 채 노약자와 야
윈 가축만 보여주었다. 사자가 열 명이나 흉노에 다녀갔지만 하나같
이 입을 모아 흉노를 칠 만하다고 말했다. 유방이 다시 유경을 사자
로 보냈다. 유경은 돌아와 이같이 보고했다.

"두 나라가 싸울 때는 이로운 점을 과시하고 자랑하는 것이 당연
합니다. 신이 흉노에 가보니 여위고 지친 노약자만 눈에 띕니다. 단
점을 보여주어 유인한 뒤 복병의 기습을 통해 승리를 거두려는 속셈
입니다. 저의 어리석은 생각으로는 흉노를 치면 안 됩니다."

당시 한나라 군사는 이미 구주산句注山을 넘고 있었다. 진격하는

병사의 숫자도 20여만 명에 달했다. 유경의 보고를 접한 유방이 대로한 나머지 이같이 꾸짖었다.

"제나라 포로 녀석아[齊虜]! 주둥이를 놀려 벼슬을 얻더니 이제는 감히 망령된 말로 우리 군사의 사기마저 떨어뜨리려는 것인가!"

그러고는 유경에게 칼을 씌워 광무현廣武縣에 가두었다. 계속 진격해 평성에 이르렀다. 흉노가 과연 기병騎兵을 구사해 백등산白登山에서 한고조 유방을 포위했다. 일주일 만에 선우의 부인 연지閼氏에게 뇌물을 써 간신히 포위에서 풀려날 수 있었다. 한고조 유방이 광무로 가 유경에게 사죄하며 말했다.

"내가 그대의 말을 듣지 않았다가 평성에서 곤경을 당했소. 흉노를 쳐도 좋다고 말한 10여 명의 목을 모두 베어버렸소."

그러고는 유경에게 식읍으로 2,000호를 내리고, 관내후로 삼고, 건신후建信侯로 불렀다. 유방이 평성에서 철군해 돌아오자 한왕 한신이 흉노로 달아났다. 당시 흉노의 선우는 묵돌冒頓이었다.● 군사가 매우 강했다. 활을 잘 쏘는 군사 30만 명을 이끌고 북방 변경을 자주 시끄럽게 했다. 한고조 유방이 이를 우려하며 유경에게 대책을 물었다. 유경이 대답했다.

"천하가 이제 막 평정된 까닭에 군사들은 싸움에 지쳐 있습니다. 무력으로는 흉노를 복종시킬 수 없습니다. 묵돌 선우는 부친인 두만

● 선우는 흉노와 선비족 등 북방민족이 부족의 우두머리를 칭할 때 사용한 호칭이다. 최근 하늘을 뜻하는 몽골어 텡그리의 음사音寫인 단간單桿의 오독이라는 사실이 학계의 연구결과로 밝혀졌다. 묵돌은 선우의 이름으로, 성은 연제攣鞮다. 묵冒과 돌頓 모두 선우 이름으로 읽을 때만 각각 묵과 돌로 발음된다. 묵돌은 진나라 2세 황제 원년에 부친인 두만頭曼 선우를 살해하고 보위에 올랐다. 그는 사상 최초의 유목제국을 세워 흉노 역사상 가장 뛰어난 군사전략가로 평가받고 있다. 한고조 유방을 포위했다 풀어준 것이 그렇다.

선우를 죽이고 보위에 오른 뒤 두만의 많은 첩을 아내로 삼았고, 무력으로 위세를 떨치고 있습니다. 인의로는 그를 설득시킬 수 없습니다. 그의 후손을 영원히 한나라의 신하로 만드는 계책을 쓸 수밖에 없습니다. 그러나 폐하는 이를 실천하지 못할 것입니다."

한고조 유방이 물었다.

"만일 그것이 가능하다면 어찌 실천하지 못하겠소? 어찌하면 되오?"

유경이 대답했다.

"폐하가 만일 적출嫡出 소생의 맏딸인 장공주長公主를 묵돌에게 시집을 보내고 후한 선물을 내리면 그는 한나라가 본처 소생의 장공주를 시집보내면서 후한 선물을 내린 것에 감동할 것입니다. 비록 만이라 할지라도 반드시 장공주를 존경해 연지로 삼고, 장공주가 아들을 낳으면 태자로 삼아 선우의 대를 잇게 할 것입니다. 한나라의 많은 예물을 욕심내기 때문에 그리할 것입니다. 한나라에는 남아돌지만 저들에게는 드문 물건을 자주 내리면서 그때마다 변사辯士를 사자로 보내 은근히 예절에 관해 가르치면 됩니다. 그러면 묵돌 선우는 살아 있는 동안 폐하의 사위가 되고, 죽은 후에도 폐하의 외손이 선우가 되는 것입니다. 폐하는 외손이 감히 외조부와 대등한 예를 취했다는 이야기를 들은 적이 있습니까? 굳이 군사를 동원해 싸우지 않고도 저들을 서서히 신하로 만드는 계책이 바로 이것입니다. 만일 폐하가 장공주를 보내실 수 없어 종실과 후궁의 딸을 뽑아 장공주라고 속여 보내면 묵돌 선우도 눈치를 채고 그녀를 귀하게 여기지 않거나 가까이하지 않을 것입니다. 이는 아무런 도움이 되지 않을 것입니다."

한고조 유방이 말했다.

"좋은 방안이오."

이어 장공주를 시집보내려 하자 여태후가 밤낮으로 울며 만류했다.

"첩에게는 태자와 딸 하나밖에 없습니다. 어찌해서 그 아이를 흉노에게 내버리려 하는 것입니까?"

한고조 유방은 결국 장공주를 보내지 못하고, 궁녀들 가운데 은총을 입지 못한 가인家人 한 사람을 장공주로 속여 묵돌 선우에게 보냈다. 이어 유경을 사자로 보내 화친을 맺게 했다. 유경이 흉노에 사자로 갔다 와서 말했다.

"흉노의 하남河南에 살고 있는 백양왕白羊王과 누번왕樓煩王의 나라는 장안에서 가깝게는 700여 리 정도밖에 떨어져 있지 않습니다. 날랜 말로 달릴 경우 하루 밤낮이면 관중에 이를 수 있습니다. 관중은 최근 전쟁으로 파괴되어 백성이 희소하지만 원래 토지가 비옥합니다. 백성을 대거 이주시켜 강화할 수 있습니다. 무릇 제후들이 거병할 때 제나라의 전씨를 비롯해 초나라의 소씨昭氏와 굴씨屈氏 및 경씨景氏 등 명망 있는 종족이 협력하지 않았다면 성공할 수 없었을 것입니다.

지금 폐하가 비록 관중에 도읍을 하기는 했으나 인구가 너무 적고, 북쪽으로 흉노와 너무 가까이 접해 있고, 동쪽으로 육국의 왕족이 남아 있습니다. 하루아침에 변란이라도 일어나면 폐하도 베개를 높이 하고 편히 주무실 수 없을 것입니다. 바라건대 폐하는 제나라의 전씨를 비롯해 초나라의 소씨와 굴씨, 경씨는 말할 것도 없고, 연나라와 조나라, 한나라, 위나라의 왕족 후손·호걸·명문가 사람을 관중으로 옮겨 살게 하십시오. 그러면 나라에 아무 일도 없을 때는 흉노에 대비할 수 있고, 제후들이 변란을 일으킬 때는 이들을 이끌고 동쪽으로 가 정벌할 수 있습니다. 나라의 근본을 튼튼히 하며 말단을 약화시키는 계책[彊本弱末]이 바로 여기에 있습니다."

한고조 유방이 말했다.

"좋소."

곧 유경을 시켜 열국의 전통 호족을 비롯해 왕족의 후손과 호걸 및 명문가의 사람 등 총 10만여 명을 관중으로 옮겨와 살도록 조치했다.

●● 漢七年, 韓王信反, 高帝自往擊之. 至晉陽, 聞信與匈奴欲共擊漢, 上大怒, 使人使匈奴. 匈奴匿其壯士肥牛馬, 但見老弱及羸畜. 使者十輩來, 皆言匈奴可擊. 上使劉敬復往使匈奴, 還報曰, "兩國相擊, 此宜誇矜見所長. 今臣往, 徒見羸瘠老弱, 此必欲見短, 伏奇兵以爭利. 愚以爲匈奴不可擊也." 是時漢兵已踰句注, 二十餘萬兵已業行. 上怒, 罵劉敬曰, "齊虜! 以口舌得官, 今迺妄言沮吾軍." 械繫敬廣武. 遂往, 至平城, 匈奴果出奇兵圍高帝白登, 七日然後得解. 高帝至廣武, 赦敬, 曰, "吾不用公言, 以困平城. 吾皆已斬前使十輩言可擊者矣." 迺封敬二千戶, 爲關內侯, 號爲建信侯. 高帝罷平城歸, 韓王信亡入胡. 當是時, 冒頓爲單于, 兵彊, 控弦三十萬, 數苦北邊. 上患之, 問劉敬. 劉敬曰, "天下初定, 士卒罷於兵, 未可以武服也. 冒頓殺父代立, 妻羣母, 以力爲威, 未可以仁義說也. 獨可以計久遠子孫爲臣耳, 然恐陛下不能爲." 上曰, "誠可, 何爲不能! 顧爲柰何?" 劉敬對曰, "陛下誠能以適長公主妻之, 厚奉遺之, 彼知漢適女送厚, 蠻夷必慕以爲關氏, 生子必爲太子, 代單于. 何者? 貪漢重幣. 陛下以歲時漢所餘彼所鮮數問遺, 因使辯士風諭以禮節. 冒頓在, 固爲子婿, 死, 則外孫爲單于. 豈嘗聞外孫敢與大父抗禮者哉? 兵可無戰以漸臣也. 若陛下不能遣長公主, 而令宗室及後宮詐稱公主, 彼亦知, 不肯貴近, 無益也." 高帝曰, "善." 欲遣長公主. 呂后日夜泣, 曰, "妾唯太子‧一女, 奈何棄之匈奴!" 上竟不能遣長公主, 而取家人子名爲長公主, 妻單于. 使劉敬往結和親約. 劉敬從匈奴來, 因言 "匈奴河南白羊‧樓煩王, 去長安近者七百里, 輕騎一日一夜可以至秦中. 秦中新破, 少民, 地肥饒, 可益實. 夫諸侯初起時, 非齊諸田, 楚昭‧屈‧景莫能興. 今陛下雖都關中, 實少人. 北近胡寇, 東有六國之族, 宗彊, 一日有變, 陛下亦未得高枕而臥也. 臣願陛下徙齊諸田, 楚昭‧屈‧景, 燕‧趙‧韓‧魏後, 及豪桀名家居關中. 無事, 可以備胡, 諸侯有變, 亦足率以東伐. 此彊本弱末之術也." 上曰, "善." 迺使劉敬徙所言關中十餘萬口.

숙손통열전

숙손통은 제나라 설薛 땅 출신이다. 진나라 때 문학文學으로 불린 박사 임용을 기다렸다. 몇 년 뒤 진시황이 죽고 진승이 산동에서 거병했다. 사자를 통해 이 소식을 전해 들은 2세 황제가 박사 및 모든 유생儒生을 불러들였다.

"수자리를 서는 초나라의 수졸戍卒들이 반기를 들어 기현을 치고 진현에 이르렀다고 하오. 그대들은 어찌 생각하오?"

박사와 유생 30여 명이 앞으로 나와 말했다.

"신하 된 자는 사병私兵을 거느리면 안 됩니다. 그것은 반역입니다.

이는 죽어 마땅한 죄로 용서할 수 없습니다. 폐하는 급히 군사를 일으켜 저들을 치십시오."

2세 황제가 이를 듣고는 화가 나 안색이 변했다. 숙손통이 앞으로 나아가 말했다.

"유생들의 말은 모두 틀렸습니다. 진나라는 천하를 하나로 통일해 일가를 이루었습니다. 각 군현의 성을 허물고, 무기를 녹여 다시는 사용치 않을 뜻을 천하에 보였습니다. 또 위로는 밝은 군주가 있고, 아래로는 법령이 완비되어 있습니다. 사람들 모두 자신의 직업에 충실한 모습을 보이자 사방에서 사람들이 폭주하고 있습니다. 어찌 감히 반기를 들 수 있겠습니까? 이는 단지 도적들로서 쥐새끼가 곡식을 훔치고 개가 물건을 물어간 것에 불과합니다[鼠竊狗盜]. 어찌 거론할 가치가 있겠습니까? 지금 군수와 군위가 이들을 잡아들여 죄를 다스리고 있습니다. 어찌 우려할 필요가 있겠습니까?"

2세 황제가 기뻐했다.

"좋은 말이오."

그러고는 다른 선비들에게도 두루 물어보았다. 혹자는 반기를 든 것이라고 했고, 혹자는 숙손통처럼 도적에 불과하다고 했다. 2세 황제가 어사에게 명해 반기를 든 것이라고 말한 자들을 형리에게 넘겨 조사토록 했다. 해서는 안 될 것을 말한 탓이다. 도적에 불과하다고 말한 자들은 모두 무사했다. 2세 황제는 숙손통에게 비단 스무 필[匹]과 옷 한 습襲]을 하사하고, 박사에 임명했다. 숙손통이 궁궐을 나와 숙사로 돌아오자 선비들이 물었다.

"선생은 어찌해서 아첨을 그리도 잘합니까?"

숙손통이 대답했다.

"여러분은 모르오. 하마터면 호구虎口를 거의 벗어나지 못할 뻔 했소."

그러고는 설 땅으로 달아났다. 그러나 설 땅은 이미 초나라에 항복한 뒤였다. 항량이 설 땅에 오자 숙손통은 그를 쫓았다. 항량이 정도定陶에서 패사하자 다시 초회왕을 쫓았다. 초회왕이 허수아비 황제인 의제로 떠받들어져 장사長沙로 옮기자 팽성에 그대로 남아 항우를 섬겼다.

한고조 2년, 유방이 다섯 개 제후국의 연합군을 결성해 팽성에 입성하자 유방에게 투항했다. 얼마 후 항우의 기습공격으로 유방이 크게 패해 황급히 서쪽으로 물러날 때 끝까지 유방을 쫓았다. 유방은 숙손통이 유복儒服을 입고 있는 것을 매우 싫어했다. 곧 유방이 초나라 출신인 점을 감안해 초나라 풍속의 평민용 짧은 옷[短衣]으로 갈아입었다. 유방이 크게 기뻐했다. 숙손통이 유방에게 항복했을 때 그를 따르는 선비와 제자가 100명 정도 되었다. 숙손통은 이들을 유방에게 천거하지 않고, 군도群盜나 장사壯士로 활약한 자들만 천거했다. 제자들이 뒤로 스승인 숙손통을 욕했다.

"우리는 선생을 섬긴 지 여러 해가 지났다. 선생이 유방에게 항복한 뒤 함께 따라오게 되었다. 지금 선생은 우리를 천거하지 않고 오로지 교활한 자들만 천거하는 이유는 무엇인가?"

숙손통이 이 이야기를 전해 듣고 이같이 말했다.

"지금 한왕 유방은 시석矢石을 무릅쓰고 천하를 다투고 있다. 유생들이 나가서 이처럼 싸울 수 있는가? 우선 적장을 베고, 적기를 빼앗을 수 있는 자를 천거한 것이다. 나를 믿고 잠시 기다리도록 하라. 잊지 않고 있다."

유방이 이내 숙손통을 박사로 임명한 뒤 직사군稷嗣君●으로 불렀다.

●● 叔孫通者, 薛人也. 秦時以文學徵, 待詔博士. 數歲, 陳勝起山東, 使者以聞, 二世召博士諸儒生問曰, "楚戍卒攻蘄入陳, 於公如何?" 博士諸生三十餘人前曰, "人臣無將, 將卽反, 罪死無赦. 願陛下急發兵擊之." 二世怒, 作色. 叔孫通前曰, "諸生言皆非也. 夫天下合爲一家, 毁郡縣城, 鑠其兵, 示天下不復用. 且明主在其上, 法令具於下, 使人人奉職, 四方輻輳, 安敢有反者! 此特羣盜鼠竊狗盜耳, 何足置之齒牙閒. 郡守尉今捕論, 何足憂." 二世喜曰, "善." 盡問諸生, 諸生或言反, 或言盜. 於是二世令御史案諸生言反者下吏, 非所宜言. 諸言盜者皆罷之. 迺賜叔孫通帛二十匹, 衣一襲, 拜爲博士. 叔孫通已出宮, 反舍, 諸生曰, "先生何言之諛也?" 通曰, "公不知也, 我幾不脫於虎口!" 迺亡去, 之薛, 薛已降楚矣. 及項梁之薛, 叔孫通從之. 敗於定陶, 從懷王. 懷王爲義帝, 徙長沙, 叔孫通留事項王. 漢二年, 漢王從五諸侯入彭城, 叔孫通降漢王. 漢王敗而西, 因竟從漢. 叔孫通儒服, 漢王憎之, 迺變其服, 服短衣, 楚製, 漢王喜. 叔孫通之降漢, 從儒生弟子百餘人, 然通無所言進, 專言諸故羣盜壯士進之. 弟子皆竊罵曰, "事先生數歲, 幸得從降漢, 今不能進臣等, 專言大猾, 何也?" 叔孫通聞之, 迺謂曰, "漢王方蒙矢石爭天下, 諸生寧能鬪乎? 故先言斬將搴旗之士. 諸生且待我, 我不忘矣." 漢王拜叔孫通爲博士, 號稷嗣君.

● 직사군을 두고 《사기집해》는 서광의 주를 인용해 숙손통의 덕업德業이 전국시대 당시 제나라 직하학궁稷下學宮의 유풍을 닮은 데서 이런 명칭을 얻게 되었다고 풀이했다. 《한서음의漢書音義》는 직사稷嗣를 읍명으로 보았다.

한고조 5년, 한고조 유방이 항우를 제압하고 마침내 천하를 호령하게 되자 제후들이 정도에서 그를 황제로 추대했다. 숙손통이 조정의 의례와 관제를 제정했다. 한고조는 진나라의 번잡한 의례를 모두 없애고 간단하고 편리하게 만들었다. 그러나 군신들은 술을 마시면 서로의 공을 다투었고, 술에 취하면 함부로 큰소리를 내지르는가 하면 검을 뽑아 기둥을 내리치기도 했다. 유방이 이를 걱정했다. 숙손통은 유방이 이런 것을 점차 싫어하는 것을 눈치채고 이같이 건의했다.

"무릇 유자儒者는 함께 나아가 천하를 취하는 창업創業에는 적당치 않지만, 이루어놓은 성업成業을 지키는 수성에는 적당합니다. 원컨대 노나라의 여러 선비를 불러들여 신의 제자들과 함께 조정의 의례를 정하도록 해주십시오."

유방이 물었다.

"어렵지 않겠소?"

숙손통이 대답했다.

"오제는 각각 음악을 달리했고, 삼왕은 각각 예법을 달리했습니다. 예법은 시대와 인정에 따라 간략하게 할 수도 있고, 꾸밀 수도 있습니다. 하夏·은殷·주周 삼대의 예법이 이전의 예법을 따르면서 더하거나 줄인 것임을 알 수 있습니다. 이는 고금의 예법이 서로 충돌하지 않았음을 뜻합니다. 원컨대 고대의 예법과 진나라의 의례를 결합해 한나라의 예제를 만들고자 합니다."

유방이 허락했다.

"시험 삼아 만들어보시오. 사람들이 쉽게 이해하고, 내가 능히 실행할 수 있도록 잘 생각해 만들도록 하시오."

숙손통이 명을 받들고 노나라로 가 선비 약 서른 명을 모집했다. 이때 노나라의 선비 두 명이 가기를 거절하며 이같이 말했다.

"그대는 열 명의 군주를 섬긴 바 있소. 매번 군주 앞에서 아첨한 덕분에 군주의 친귀親貴가 되었소. 지금 천하가 겨우 평정된 까닭에 전사자는 아직 장례도 제대로 치르지 못하고, 상이자는 아직 제대로 움직이지도 못하는 상황이오. 또 그대는 예악을 일으키려 하나 예악은 덕을 100년 동안 쌓은 연후에 흥성해질 수 있소. 우리는 그대가 하려는 일에 동참할 수 없소. 그대가 하려는 일은 옛 법에 부합되지 않으니 우리는 갈 수가 없소. 그대는 그만 돌아가도록 하시오. 더는 우리를 욕되게 하지 마시오!"

숙손통이 웃으며 말했다.

"당신들은 실로 고루하기 짝이 없는 비루한 유생이오[鄙儒]. 도도한 시대 변화의 흐름[時變]을 모르고 있소."

마침내 숙손통이 노나라에서 모집한 서른 명의 선비와 함께 장안으로 돌아왔다.

●● 漢五年, 已幷天下, 諸侯共尊漢王爲皇帝於定陶, 叔孫通就其儀號. 高帝悉去秦苛儀法, 爲簡易. 羣臣飮酒爭功, 醉或妄呼, 拔劍擊柱, 高帝患之. 叔孫通知上益厭之也, 說上曰, "夫儒者難與進取, 可與守成. 臣願徵魯諸生, 與臣弟子共起朝儀." 高帝曰, "得無難乎?" 叔孫通曰, "五帝異樂, 三王不同禮. 禮者, 因時世人情爲之節文者也. 故夏·殷·周之禮所因損益可知者, 謂不相復也. 臣願頗采古禮與秦儀雜就之." 上曰, "可試爲之, 令易知, 度吾所能行爲之." 於是叔孫通使徵魯諸生三十餘人. 魯有兩生不肯行, 曰, "公所事者且十主, 皆面諛以得親貴. 今天下初定, 死者未葬, 傷者未起, 又欲起禮樂. 禮樂所由起, 積德百年

而後可興也. 吾不忍爲公所爲. 公所爲不合古, 吾不行. 公往矣, 無汙
我!"叔孫通笑曰, "若眞鄙儒也, 不知時變." 遂與所徵三十人西.

당시 숙손통은 황제의 좌우에서 학문을 하는 사람들과 제자 100여
명과 함께 교외로 나가 기다란 새끼줄과 풀을 엮어 예법을 시험했
다. 약 한 달 동안 연습한 뒤 숙손통이 한고조 유방에게 고했다.

"폐하가 시험 삼아 직접 살펴보십시오."

유방이 나가서는 새 예법에 따른 예식을 지켜본 뒤 흔쾌히 말했다.

"이 정도라면 나도 능히 할 수 있을 듯하오."

그러고는 군신들에게도 이를 익히도록 했다. 새해가 시작되는 10월
초여름 조회 때부터 새 예법을 실시하기로 했다. 한고조 7년, 장안성
의 장락궁長樂宮이 완공되었다.• 제후와 군신 모두 조정으로 들어와
10월의 신년 하례식에 참여했다. 예식은 이러했다. 날이 밝기 전에
알자가 식전式典을 주관했다. 조현하는 사람을 인도해 순서에 따라
대궐의 문에 들어오게 했다. 뜰 가운데에는 병거·기병·보병·위병衛
兵을 차례로 배치했다. 모두 무기를 갖추고 깃발을 세웠다. 연후에 명
을 내렸다.

"성큼성큼 달려간다[趨]!"

궁전 아래에는 낭중이 섬돌을 사이에 두고 양옆으로 늘어섰다. 계
단마다 수백 명씩 되었다. 공신·열후·제장諸將·군리가 서열에 따
라 서쪽에 열을 지어 서서 동쪽을 바라보았다. 또 문관인 승상 이하
의 관원은 동쪽에 열을 지어 서서 서쪽을 바라보았다. 대행령大行令

• 《사기집해》는 《관중기關中記》를 인용해 장락궁은 원래 진나라의 홍락궁興樂宮을 개축한
것으로 한나라의 태후가 머물던 곳이라고 했다.

이 공公·후侯·백伯·자子·남男·고孤·경卿·대부·사士의 구빈九賓을 차례로 배치한 뒤 황명皇命을 전했다.• 이어 황제가 봉련鳳輦을 타고 나타나자 깃발을 들어 백관들을 정숙하게 만들었다. 제후왕諸侯王 이하 600석을 받는 관원까지 앞으로 안내되어 차례대로 황제에게 하례를 올렸다. 제후왕 이하 모든 관원이 두려워하며 삼가 존경하는 모습을 보였다. 의식이 끝나자 조정에서 술을 하사하는 의식인 법주法酒가 거행되었다. 전상殿上에서 모시고 있던 자는 모두 머리를 조아리고 있다가 서열에 따라 일어나서 황제에게 축수했다. 술잔이 아홉 번 오간 뒤 알자가 말했다.

"주연을 끝낸다[罷酒]!"

어사가 예법을 관장하면서 예법대로 하지 않는 자가 있으면 곧바로 데리고 나갔다. 의식을 끝내고 다시 주연을 베푸는 동안 어느 누구도 감히 시끄럽게 떠들며 예법을 위반하는 자가 없었다. 그제야 한고조 유방이 매우 흡족한 표정으로 말했다.

"나는 오늘에야 비로소 황제가 고귀하다는 사실을 알게 되었다!"

그러고는 숙손통을 태상에 임명하고 황금 500근을 상으로 내렸다. 숙손통이 이 기회를 틈타 이같이 진언했다.

"신의 제자 유생들이 신을 따른 지 오래되었습니다. 이들은 신과 함께 예법을 만들었습니다. 원컨대 이들에게도 벼슬을 내려주시기

• 원문은 "대행설구빈여전大行設九賓傳"이다. 《사기색은》은 위소의 주를 인용해 대행大行은 빈객접대의 예를 총괄하는 관원으로 후대에 등장한 홍려鴻臚의 전신이라고 했다. 진나라 때의 전객典客이 한나라 때 대행령으로 바뀐 뒤 한무제 때 다시 대홍려가 되었다. 《사기집해》는 《한서음의》를 인용해 위에서 아래로 명을 전하는 것을 순서대로 늘어놓는다는 뜻의 려臚로 풀이했다. 《사기색은》은 이 대목이 《한서漢書》에는 "설구빈로구전設九賓臚句傳"으로 되어 있다며 소림의 주를 인용해 위에서 아래로 전하는 것을 려臚, 아래에서 위로 전하는 것을 구句라고 해석했다. 구빈을 두고 《사기색은》은 《주례周禮》에서 말하는 구의九儀를 뜻한다고 했다.

바랍니다."

한고조 유방이 이들을 모두 낭관郎官에 임명했다. 숙손통이 궁궐에서 물러 나온 뒤 500근의 황금을 모두 제자 유생에게 나누어주었다. 선비들이 크게 기뻐하며 이같이 말했다.

"숙손 선생은 성인이다. 실로 당대의 중요한 업무[要務]를 모두 알고 계신다."

한고조 9년, 한고조가 숙손통을 태자태부에 임명했다.

●● 及上左右爲學者與其弟子百餘人爲緜蕝野外. 習之月餘, 叔孫通曰, "上可試觀." 上旣觀, 使行禮, 曰, "吾能爲此." 迺令羣臣習肄, 會十月. 漢七年, 長樂宮成, 諸侯羣臣皆朝十月. 儀, 先平明, 謁者治禮, 引以次入殿門, 廷中陳車騎步卒衛宮, 設兵張旗志. 傳言 "趨." 殿下郎中俠陛, 陛數百人. 功臣列侯諸將軍軍吏以次陳西方, 東鄕, 文官丞相以下陳東方, 西鄕. 大行設九賓, 臚傳. 於是皇帝輦出房, 百官執職傳警, 引諸侯王以下至吏六百石以次奉賀. 自諸侯王以下莫不振恐肅敬. 至禮畢, 復置法酒. 諸侍坐殿上皆伏抑首, 以尊卑次起上壽. 觴九行, 謁者言 "罷酒." 御史執法擧不如儀者輒引去. 竟朝置酒, 無敢讙譁失禮者. 於是高帝曰, "吾迺今日知爲皇帝之貴也!" 迺拜叔孫通爲太常, 賜金五百斤. 叔孫通因進曰, "諸弟子儒生隨臣久矣, 與臣共爲儀, 願陛下官之." 高帝悉以爲郎. 叔孫通出, 皆以五百斤金賜諸生. 諸生迺皆喜曰, "叔孫生誠聖人也, 知當世之要務." 漢九年, 高帝徙叔孫通爲太子太傅.

한고조 12년, 한고조 유방이 척희 소생의 어린 조왕 유여의를 새 태자로 삼고자 했다. 숙손통이 간했다.

"옛날 진헌공晉獻公이 여희驪姬를 사랑해 태자 신생申生을 폐하고 해

제奌齊를 세웠습니다. 이로 인해 중원의 진나라는 수십 년 동안 혼란스러웠고, 천하의 웃음거리가 되었습니다. 진시황은 장남인 부소扶蘇를 태자로 정하지 않은 탓에 조고趙高가 황명을 사칭해 호해胡亥를 태자로 세우는 일이 일어났습니다. 이로써 진나라 선조의 제사가 끊어졌으니 이는 폐하가 친히 본 바와 같습니다. 지금 태자가 어질고 효성스럽다는 것은 천하 사람이 모두 알고 있습니다. 또 여후는 폐하와 더불어 온갖 고생을 겪고 보잘것없는 음식을 먹으며[攻苦食啖] 함께했습니다. 그런데 어찌 여후를 저버릴 수 있겠습니까? 폐하가 군이 적자를 폐하고 어린 유여의를 세우고자 하면 원컨대 신을 먼저 주살해 제 목의 피로 이 땅을 더럽히십시오.”

한고조 유방이 만류했다.

“공은 그만하시오. 나는 단지 농을 했을 뿐이오.”

숙손통은 반박했다.

“태자는 천하의 근본입니다. 근본이 한번 흔들리면 천하가 진동합니다. 어떻게 천하를 대상으로 농을 할 수 있으십니까?”

유방이 사죄했다.

“공의 말대로 하겠소.”

유방이 연회를 열었을 때 유후 장량이 초대한 빈객들이 태자를 따라와 조현했다. 이를 본 뒤 태자를 바꾸려던 당초의 생각을 버렸다. 한고조 유방이 죽고 한혜제가 즉위했다. 한혜제가 숙손통에게 말했다.

“선제의 원릉園陵과 침묘寢廟•를 모시는 예절을 군신들이 잘 모르

• 《후한서後漢書》〈광무제기光武帝紀 상〉에 대한 이현李賢의 주는 원릉의 원園을 무덤 일대를 뜻하는 영역塋域 , 릉陵을 산에 언덕처럼 조성한 산분山墳으로 풀이했다. 침묘의 침寢은 의관과 궤장几杖을 두는 종묘의 후전後殿, 묘廟는 위패와 화상을 두고 철마다 제사를 지내는 종묘의 정전正殿을 말한다.

고 있소."

숙손통을 다시 태상으로 삼아 종묘의 예법을 만들게 했다. 이후 한나라의 여러 예법이 차례로 완비되었다. 모두 숙손통이 태상으로 재직할 때 만들어진 것이다. 한혜제가 동쪽 장락궁의 여태후에게 문안하거나 다른 일로 오가면서 백성의 통행을 막아 번거롭게 만드는 일이 잦았다. 따로 복도를 만들고자 한 이유다. 무기고武器庫 남쪽에서 공사를 시작했다. 숙손통은 정사를 보고하는 와중에 한가한 틈을 타서 이같이 간했다.

"폐하는 어찌해서 복도를 축조하려는 것입니까? 고제 사당의 후전인 고침高寢에 있는 의관은 한 달에 한 번씩 사당의 정전인 고묘高廟로 옮기게 되어 있습니다. 고묘는 한고조의 묘입니다. 어찌 후손들에게 종묘로 가는 길 위로 다니게 할 수 있습니까?"

한혜제가 매우 두려워하며 말했다.

"속히 이를 헐어버리시오."

숙손통이 말했다.

"군주가 잘못 행동해서는 안 됩니다. 지금 백성이 모두 이미 복도가 건설 중인 것을 알고 있습니다. 지금 다시 이를 허물어버리면 폐하 스스로 잘못을 시인하는 것이 됩니다. 청컨대 폐하는 위수渭水 북쪽에 따로 사당을 만들고, 고제의 의관을 매월 그리로 옮기도록 하십시오. 종묘를 넓히고 많이 짓는 것은 큰 효의 근본입니다."

한혜제가 관원에게 조칙을 내려 사당을 신축하게 했다. 사당을 신축한 것은 복도 때문이었다. 한혜제가 어느 해 봄날 이궁離宮으로 놀러 나왔을 때 숙손통이 이같이 말한 바 있다.

"옛날에는 봄이 되면 햇과일을 종묘에 바치곤 했습니다. 지금 앵두가 잘 익어 바칠 만합니다. 원컨대 폐하가 마침 놀라 나왔으니 앵두를 따서 종묘에 바치시기를 바랍니다."

한혜제가 그리하겠다고 약속했다. 여러 신선한 과일을 종묘에 헌납하는 일은 이로부터 시작되었다.

●● 漢十二年, 高祖欲以趙王如意易太子, 叔孫通諫上曰, "昔者晉獻公以驪姬之故廢太子, 立奚齊, 晉國亂者數十年, 爲天下笑. 秦以不蚤定扶蘇, 令趙高得以詐立胡亥, 自使滅祀, 此陛下所親見. 今太子仁孝, 天下皆聞之, 呂后與陛下攻苦食啖, 其可背哉! 陛下必欲廢適而立少, 臣願先伏誅, 以頸血汙地." 高帝曰, "公罷矣, 吾直戲耳." 叔孫通曰, "太子天下本, 本一搖天下振動, 奈何以天下爲戲!" 高帝曰, "吾聽公言." 及上置酒, 見留侯所招客從太子入見, 上迺遂無易太子志矣. 高帝崩, 孝惠卽位, 迺謂叔孫生曰, "先帝園陵寢廟, 羣臣莫能習." 徙爲太常, 定宗廟儀法. 及稍定漢諸儀法, 皆叔孫生爲太常所論箸也. 孝惠帝爲東朝長樂宮, 及閒往, 數蹕煩人, 迺作複道, 方築武庫南. 叔孫生奏事, 因請閒曰, "陛下何自築複道高寢, 衣冠月出遊高廟? 高廟, 漢太祖, 奈何令後世子孫乘宗廟道上行哉?" 孝惠帝大懼, 曰, "急壞之." 叔孫生曰, "人主無過擧. 今已作, 百姓皆知之, 今壞此, 則示有過擧. 願陛下爲原廟渭北, 衣冠月出遊之, 益廣多宗廟, 大孝之本也." 上迺詔有司立原廟. 原廟起, 以複道故. 孝惠帝曾春出遊離宮, 叔孫生曰, "古者有春嘗果, 方今櫻桃孰, 可獻, 願陛下出, 因取櫻桃獻宗廟." 上迺許之. 諸果獻由此興.

태사공은 평한다.

"옛날 말에 이르기를, '1,000금의 갖옷은 여우 한 마리의 겨드랑이

털만으로 만드는 것이 아니고, 높은 누대의 서까래는 한 그루의 나 뭇가지만으로 만드는 것이 아니고, 하·은·주 삼대의 성대함은 한 사람의 지혜만으로 이루어진 것이 아니다'라고 했다. 실로 맞는 말이다! 무릇 한고조는 일반 평민[微細]에서 일어나 천하를 평정했으니, 계모와 용병의 재주를 모두 갖추었다고 할 수 있다. 유경은 수레 앞의 횡목을 풀어놓고 한고조에게 장안으로 천도할 것을 유세해 만세의 안정을 이루었다. 지혜가 어찌 한 사람의 전유물일 수 있겠는가! 숙손통은 세상에 쓰이기를 바라면서 무엇이 중요한 일인지 생각했다. 예법을 정하고 진퇴를 시세의 변화에 맞추어 바꾼 덕분에 마침내 한나라 유학의 종정宗正이 되었다. 노자老子가 《도덕경道德經》 제45장에서 매우 곧은 것은 굽어보인다[大直若詘]고 언급하며 사람이 걷는 길이란 원래 구불구불하다[道固委蛇]고 한 것은 바로 이를 두고 하는 말이 아니겠는가?"

●● 太史公曰, "語曰, '千金之裘, 非一狐之腋也, 臺榭之榱, 非一木之枝也, 三代之際, 非一士之智也.' 信哉! 夫高祖起微細, 定海內, 謀計用兵, 可謂盡之矣. 然而劉敬脫輓輅一說, 建萬世之安, 智豈可專邪! 叔孫通希世度務, 制禮進退, 與時變化, 卒爲漢家儒宗. '大直若詘, 道固委蛇', 蓋謂是乎?"

계포난포열전
季布欒布列傳

〈계포난포열전季布欒布列傳〉은 초한전楚漢戰 때 항우의 장수로 활약한 계포季布와 팽월의 친구인 난포欒布에 관한 전기다. 계포는 항우의 사람이다. 항우가 패사한 뒤 유방이 계포를 생포하기 위해 현상금까지 내걸었다. 계포가 복양濮陽의 주씨周氏 집에 숨어 살았다. 주씨는 두려운 나머지 그를 노비로 꾸며 주가朱家에게 팔아 넘겼다. 주가는 인물을 알아보고 밭 창고에 숨긴 뒤 낙양으로 가 등공滕公에게 유방을 설득해줄 것을 당부했다. 유방이 등공의 말을 듣고 계포를 용서한 것은 물론 낭중의 벼슬을 내렸다. 한혜제 때는 중랑장中郞將이 되었다. 여태후가 흉노를 치려 할 때 번쾌의 말을 반박해 출병을 저지했다. 이후 한문제 때 어사대부가 될 뻔했다. 주변의 만류로 다시 돌려보내자 그는 오히려 한문제의 식견을 걱정했다. 이후 "황금 100근을 얻는 것보다 계포의 말 한마디를 듣는 것이 더 낫다"는 말이 나돌게 되었다.

이와 대비되는 인물이 난포다. 그는 팽월이 양왕에 봉해지기 전부터 그와 친분이 있었다. 젊었을 때 연나라에서 노비로 있다가 장도에게 발탁되어 경비대장이 되고, 이후 장도가 연왕이 되면서 장군의 자리에 올랐다. 유방이 천하를 통일한 뒤 팽월을 토사구팽의 제물로 삼자 크게 통곡하며 제사를 올렸다. 유방의 명을 정면으로 거스른 것이다. 유방이 명을 어긴 죄로 팽살하려 하자 그는 오히려 정당치 못한 판결을 따져 유방을 부끄럽게 만들었다. 유방이 그의 강직한 자세를 높이 사 도위로 삼았다. 난포를 통해 전한 초기에도 전국시대의 협기俠氣가 면면히 유지된 사실을 확인할 수 있다.

계포열전

계포는 초나라 출신으로, 약자를 돕는 의로운 임협任俠의 인물로서 초나라에서 명성을 떨쳤다. 항우가 그를 장수로 삼은 이유다. 이후 한나라 왕 유방은 그로 인해 누차 곤경에 처하곤 했다. 항우가 패사하자 한고조는 1,000금의 현상금을 걸어 계포를 수배했다. 숨겨주는 자는 삼족을 멸할 것이라 선포했다. 당시 계포는 복양의 주씨 집에 숨어 있었다. 주씨가 계포에게 말했다.

"한나라가 현상금을 걸어 장군을 급히 찾고 있소. 조만간 행방을 추적해 곧 집으로 들이닥칠 것이오. 장군이 들어준다면 감히 계책을 말씀드리겠소. 들어줄 수 없다면 붙잡히기 전에 먼저 스스로 목숨을 끊어주시오."

계포가 동의했다. 주씨는 계포의 머리를 깎고 칼을 채운 뒤 베옷을 입혔다. 이어 광류거廣柳車(짐수레의 일종)에 태운 뒤 노비 수십 명과 함께 노나라로 가 주가에게 팔아넘겼다. 주가는 그가 계포인 것을 모른 척하며 사들인 뒤 전원에 두고는 아들에게 이같이 경계했다.

"밭일은 이 노비의 말을 따르고, 반드시 그와 같이 식사하도록 해라."

그러고는 경거輕車(말 한 필이 모는 마차)를 타고 낙양으로 가 여음후汝陰侯 등공을 만났다. 등공은 주가를 집에 머물게 한 뒤 여러 날 함께 술을 마셨다. 주가가 기회를 보아 등공에게 물었다.

"계포가 무슨 큰 죄를 지었기에 황상이 그리 급하게 찾는 것입니까?"

등공이 대답했다.

"계포는 누차 항우를 위해 황상을 곤경에 빠뜨렸소. 황상이 그 일에 원한을 품고 계시오. 반드시 그를 잡으려 할 것이오."

주가가 물었다.

"그대는 계포를 어떤 인물이라고 생각합니까?"

등공이 대답했다.

"그는 현자賢者요."

주가가 말했다.

"신하는 각자 자신의 군주를 위해 일합니다. 계포가 항우를 위해 충성을 다하는 것은 자신의 소임을 다한 것일 뿐입니다. 항우의 신하라고 해서 모두 다 죽여야 한다는 것입니까? 지금 황상은 천하를 손에 넣은 지 얼마 되지 않았습니다. 사사로운 원한으로 인해 굳이 한 사람을 찾고 있으니 어찌해서 천하 사람에게 황상의 도량이 좁다는 것을 내보이려 하는 것입니까? 게다가 계포 같은 현자를 현상금까지 걸고 이처럼 급하게 찾으면 계포는 북쪽의 흉노나 남쪽 월나라로 달아날 것입니다. 장사를 꺼려 적국을 이롭게 하는 것은 바로 오자서伍子胥가 초평왕楚平王의 묘를 파헤쳐 그 시신에 매질을 가한 원인을 또다시 만드는 것입니다. 그대는 어찌해서 이를 조용히 황상에게 말씀드리지 않는 것입니까?"

여음후 등공은 내심 주가가 대협大俠인 것을 알고, 계포가 그의 집에 숨어 있을 것으로 짐작해 순순히 허락했다.

"잘 알았소."

등공이 기회를 보아서 주가가 일러준 대로 유방에게 진언했다. 유방이 이내 계포를 용서했다. 당시 여러 공경 모두 계포가 강직한 성정을 누르고 유순해진 것을 칭송했다. 주가도 이로 인해 명성을 날렸다. 얼마 뒤 계포가 유방의 부름을 받았다. 유방을 만나 사죄하자 유방이 그를 낭중에 임명했다. 한혜제 때는 중랑장이 되었다. 여태후 때 흉노의 선우가 서신을 보내 여태후를 모욕했다. 그 태도가 매우 불손했다. 대로한 여태후가 제장들을 불러 대책을 상의했다. 상장군 번쾌가 말했다.

"신에게 10만 대군을 주면 흉노의 한가운데를 종횡으로 짓밟고 다니겠습니다."

제장들 모두 여태후의 비위를 맞추느라 그리하는 것이 좋다고 했다. 계포가 질타했다.

"번쾌를 참하는 것이 마땅합니다. 옛날 한고조는 군사 40여만 명을 이끌고도 평성에서 곤경을 당했습니다. 지금 번쾌가 어떻게 10만 명의 군사로 흉노의 한복판을 짓밟을 수 있겠습니까? 이는 태후를 면전에서 기만하는 것입니다. 게다가 진나라는 흉노 정벌을 일삼다가 진승이 봉기하는 틈을 주었습니다. 그 상처가 아직도 아물지 않고 있습니다. 번쾌는 다시 눈앞에서 아첨을 하며 천하를 동요시키려 하고 있습니다."

당시 전상의 모든 사람이 두려움에 떨었다. 여태후는 조회를 파한 뒤 다시는 흉노 정벌을 논의하지 않았다.

●● 季布者, 楚人也. 爲氣任俠, 有名於楚. 項籍使將兵, 數窘漢王. 及項羽滅, 高祖購求布千金, 敢有舍匿, 罪及三族. 季布匿濮陽周氏. 周氏曰, "漢購將軍急, 跡且至臣家, 將軍能聽臣, 臣敢獻計, 卽不能, 願先自剄." 季布許之. 迺髠鉗季布, 衣褐衣, 置廣柳車中, 并與其家僮數十人, 之魯朱家所賣之. 朱家心知是季布, 迺買而置之田. 誡其子曰, "田事聽此奴, 必與同食." 朱家迺乘軺車之洛陽, 見汝陰侯滕公. 滕公留朱

家飲數日. 因謂滕公曰, "季布何大罪, 而上求之急也?" 滕公曰, "布數
爲項羽窘上, 上怨之, 故必欲得之." 朱家曰, "君視季布何如人也?" 曰,
"賢者也." 朱家曰, "臣各爲其主用, 季布爲項籍用, 職耳. 項氏臣可盡誅
邪? 今上始得天下, 獨以己之私怨求一人, 何示天下之不廣也! 且以季
布之賢而漢求之急如此, 此不北走胡卽南走越耳. 夫忌壯士以資敵國,
此伍子胥所以鞭荊平王之墓也. 君何不從容爲上言邪?" 汝陰侯滕公心
知朱家大俠, 意季布匿其所, 迺許曰, "諾." 待閒, 果言如朱家指. 上迺
赦季布. 當是時, 諸公皆多季布能摧剛爲柔, 朱家亦以此名聞當世. 季
布召見, 謝, 上拜爲郞中. 孝惠時, 爲中郞將. 單于嘗爲書嫚呂后, 不遜,
呂后大怒, 召諸將議之. 上將軍樊噲曰, "臣願得十萬衆, 橫行匈奴中."
諸將皆阿呂后意, 曰, "然." 季布曰, "樊噲可斬也! 夫高帝將兵四十餘
萬衆, 困於平城, 今噲柰何以十萬衆橫行匈奴中, 面欺! 且秦以事於胡,
陳勝等起. 于今創痍未瘳, 噲又面諛, 欲搖動天下." 是時殿上皆恐, 太
后罷朝, 遂不復議擊匈奴事.

　　이후 계포는 하동河東 군수가 되었다. 한문제 때 계포가 현명하다
고 말하는 자가 있었다. 한문제가 계포를 불러 어사대부로 삼고자
했다. 이때 또 어떤 사람이 말하기를, "계포는 용맹스럽기는 하나 술
주정이 심해 가까이하기 어렵다"고 말했다. 계포가 부름을 받고 장
안에 이르러 숙소에서 한 달이나 머물다가 조현도 하지 못한 채 돌
아간 이유다. 계포는 이같이 진언했다.

● "술주정이 심해 가까이하기 어렵다"의 원문은 "사주난근使酒難近"이다. 《한서》에 대한 안
사고顔師古 주는 응소應劭의 주를 인용하며 사주使酒를 술로 인해 주정을 부린다는 뜻의 후주
酗酒로 풀이했다. 술기운[酒氣]을 발하게 했다는 취지에서 사주라고 표현한 것이다.

"신은 공도 없으면서 총애를 받아 하동에서 벼슬살이를 하고 있습니다. 폐하는 아무 까닭도 없이 신을 부르니 이는 필시 어떤 자가 신을 터무니없이 칭송하며 폐하를 속였기 때문일 것입니다. 지금 신이 도착했지만 폐하로부터 어떠한 임무도 받지 못하고 그냥 돌아가게 되었습니다. 이 또한 필시 어떤 자가 신을 헐뜯었기 때문일 것입니다. 폐하는 혹자의 칭찬을 듣고 신을 부르고, 또 혹자의 폄훼를 듣고 신을 돌려보내는 격입니다. 신이 두려워하는 바는 천하에 식자識者들이 이 이야기를 듣고 폐하의 식견을 들여다보지나 않을까 하는 점입니다."

한문제가 이를 듣고는 부끄러운 나머지 한참 동안 잠자코 있다가 이같이 말했다.

"하동은 내가 고굉股肱(팔다리)처럼 여기는 군郡이오. 그래서 특별히 그대를 부른 것이오."

계포는 이를 듣고는 작별을 고한 뒤 원래 관직으로 돌아갔다. 초나라 출신 조구생曹丘生은 구변에 능한 선비였다. 누차 권세에 아부해 민원을 해결해주고 돈을 얻었다.• 그는 한문제의 총애를 받는 환관 조담趙談•• 등의 귀인을 섬겼고, 특히 한문제의 손위 처남인 두장군竇長君과 사이가 좋았다. 계포는 이 소문을 듣고는 두장군에게 서신을 올려 이같이 간했다.

• "누차 권세에 아부해 민원을 해결해주고 돈을 얻었다"의 원문은 "삭초권고금전數招權顧金錢"이다. 삭數은 '누차'의 뜻이다. 《사기정의史記正義》는 초권招權을 권력을 이용하는 것[用權勢], 고금전顧金錢을 금전보상을 바라는 것[賈金錢]으로 풀이했다.
•• 원문은 "조동趙同"으로 되어 있다. 《한서》에는 조담으로 나온다. 《사기집해》는 서광의 주를 인용해 사마천이 부친의 이름을 피하기 위해 담談을 동同으로 바꾸었다고 했다.

저는 조구생이 정직한 자가 아니라고 들었습니다. 그와 왕래하지 마십시오.

조구생은 초나라로 돌아가면서 계포를 만나기 위해 두장군의 소개장을 얻고자 했다. 두장군이 말했다.

"계장군은 족하를 좋아하지 않으니 가지 않는 것이 좋소."

그러나 조구생은 기어이 소개장을 얻어 떠났다. 조구생은 먼저 사람을 시켜 계포에게 소개장을 보냈다. 계포는 과연 크게 노한 표정으로 조구생을 기다리고 있었다. 조구생이 다가와 계포에게 읍한 뒤 이같이 말했다.

"초나라 백성 사이에 '황금 100근을 얻는 것보다 계포의 허락 한마디를 얻는 것이 낫다'는 말이 있습니다. 장군은 어떻게 위나라와 초나라 사이에서 이런 명성을 얻은 것입니까? 저도 초나라 출신이고, 장군도 초나라 출신입니다. 제가 천하를 떠돌며 장군의 이름을 널리 알리면 장군 또한 더욱 중시되지 않겠습니까? 장군은 어찌해서 저를 그처럼 매몰차게 거절하는 것입니까?"

계포가 크게 기뻐하며 그를 안으로 들인 뒤 여러 달 동안 머물게 하면서 상객으로 대접하고 후한 선물을 주었다. 계포의 명성이 더욱 높아진 것은 조구생이 그의 이름을 널리 선양했기 때문이다. 계포의 동생 계심季心은 기개가 관중關中을 뒤덮을 정도로 뛰어났다. 사람들을 대할 때 공손하며 삼가는 모습을 보였다. 의협심이 강해 사방 수천 리 떨어진 곳의 선비들이 그를 위해 죽음도 아끼지 않을 정도였다.

그는 일찍이 사람을 죽이고 오나라로 달아난 뒤 원앙袁盎이라는 사람의 집에 숨어 지낸 적이 있다. 원앙을 형님으로 섬기며 관부灌夫

와 적복籍福 등을 아우처럼 돌보았다. 일찍이 중사마中司馬로 있었기에 중위 질도郅都도 그를 예우하지 않을 수 없었다. 심지어 젊은이 가운데 은밀히 계심의 이름을 빌려 행동하는 자도 있었다. 당시 관중에서 계심은 용맹, 계포는 신의로 명성을 떨쳤다.

당초 계포의 외삼촌 정공丁公은 초나라 장수였다. 정공이 항우를 위해 한고조 유방을 추격하다가 팽성 서쪽에서 유방을 궁지에 몰아넣고 단병短兵으로 접전을 벌였다. 유방이 다급해지자 정공을 돌아보며 말했다.

"우리 두 현자가 어찌 서로 힘겹게 싸울 필요가 있는가?"

정공은 군사를 거두어 돌아간 덕분에 한고조는 몸을 피해 달아날 수 있었다. 항우가 패망한 뒤 정공이 한고조 유방을 찾아갔다. 유방이 정공을 붙잡아 군중軍中에 돌려 보이며 장병들에게 이같이 경계했다.

"정공은 항왕의 신하가 되어 충성을 다하지 않았다. 항왕이 천하를 잃게 만든 자는 바로 정공이다."

마침내 정공을 참한 뒤 이같이 선언했다.

"후대에 신하가 된 자로서 정공을 본받는 일이 없도록 하기 위한 조치다."

●● 季布爲河東守, 孝文時, 人有言其賢者, 孝文召, 欲以爲御史大夫. 復有言其勇, 使酒難近. 至, 留邸一月, 見罷. 季布因進曰, "臣無功竊寵, 待罪河東. 陛下無故召臣, 此人必有以臣欺陛下者, 今臣至, 無所受事, 罷去, 此人必有以毁臣者. 夫陛下以一人之譽而召臣, 一人之毁而去臣, 臣恐天下有識聞之有以闚陛下也." 上黙然慙, 良久曰, "河東吾股肱郡, 故特召君耳." 布辭之官. 楚人曹丘生, 辯士, 數招權顧金錢. 事

貴人趙同等, 與竇長君善. 季布聞之, 寄書諫竇長君曰, "吾聞曹丘生非
長者, 勿與通." 及曹丘生歸, 欲得書請季布. 竇長君曰, "季將軍不說足
下, 足下無往." 固請書, 遂行. 使人先發書, 季布果大怒, 待曹丘. 曹丘
至, 卽揖季布曰, "楚人諺曰 '得黃金百斤, 不如得季布一諾', 足下何以
得此聲於梁楚閒哉? 且僕楚人, 足下亦楚人也. 僕遊揚足下之名於天
下, 顧不重邪? 何足下距僕之深也!" 季布迺大說, 引入, 留數月, 爲上
客, 厚送之. 季布名所以益聞者, 曹丘揚之也. 季布弟季心, 氣蓋關中,
遇人恭謹, 爲任俠, 方數千里, 士皆爭爲之死. 嘗殺人, 亡之吳, 從袁絲
匿. 長事袁絲, 弟畜灌夫·籍福之屬. 嘗爲中司馬, 中尉郅都不敢不加
禮. 少年多時時竊籍其名以行. 當是時, 季心以勇, 布以諾, 蓋聞關中.
季布母弟丁公, 爲楚將. 丁公爲項羽逐窘高祖彭城西, 短兵接, 高祖急,
顧丁公曰, "兩賢豈相厄哉!" 於是丁公引兵而還, 漢王遂解去. 及項王
滅, 丁公謁見高祖. 高祖以丁公徇軍中, 曰, "丁公爲項王臣不忠, 使項
王失天下者, 迺丁公也." 遂斬丁公, 曰, "使後世爲人臣者無效丁公!"

난포열전

난포는 위나라 출신이다. 당초 양왕 팽월이 관직이 없는 이른바
가인으로 있을 때부터 난포와 교유했다. 두 사람은 가난했기에 제나
라에서 고용살이도 하고, 술집의 점원으로 일하기도 했다. 몇 년 뒤
팽월은 그곳을 떠나 거야巨野 일대에서 도적이 되었고, 난포는 어떤
사람에게 납치되어 연나라에서 노비생활을 했다. 그가 주인을 위해
원수를 갚아주자 연나라 장수 장도가 그를 도위로 천거했다. 이후

장도는 연왕에 봉해지자 난포를 장군으로 삼았다. 유방이 천하를 통일한 후 장도가 이내 반기를 들자 유방이 연나라를 치고 난포를 생포했다. 양왕 팽월이 이 소식을 듣고는 유방에게 진언해 돈으로 속죄시킨 뒤 양나라 대부大夫로 삼았다. 난포가 제나라에 사자로 간 사이 한나라가 팽월을 소환해 모반죄로 처벌하고 삼족을 멸했다. 팽월의 머리를 낙양 거리에 걸어놓고 이런 조칙을 내렸다.

감히 그의 머리를 거두어 돌보려는 자가 있으면 곧바로 체포한다.

난포는 제나라에서 돌아오자 팽월의 머리 아래서 사자로 갔던 일을 복명한 뒤 제사를 지내며 통곡했다. 관원이 난포를 체포한 뒤 이를 유방에게 보고했다.

"너도 팽월과 함께 모반을 했는가? 나는 그 머리를 거두지 말도록 했는데 너 홀로 제사를 올리고 통곡했으니 그와 함께 모반을 꾀한 것이 분명하다. 곧바로 저자를 삶아 죽여라!"

관원이 그를 잡아끌어 끓는 물로 데려가려 하자 난포가 뒤를 돌아보며 말했다.

"한마디만 하고 죽게 해주십시오."

고조가 물었다.

"무슨 말이냐?"

난포가 대답했다.

"폐하가 팽성에서 곤경에 처하고, 형양과 성고 사이에서 패했을 때 항우가 서진하지 못한 것은 오로지 팽왕彭王이 위나라 땅을 지키며 한나라와 합세해 초나라 군사를 괴롭혔기 때문입니다. 이때 팽왕이 한쪽으로 치우쳐 초나라 편을 들었다면 한나라는 격파되었을 것이고, 한나라 편을 들었으면 초나라가 격파되었을 것입니다. 또한 해하垓下의 싸움 때 팽왕이 참가하지 않았다면 항우는 멸망하지 않았을 것입니다. 천하가 평정된 뒤 팽왕도 부절을 나누어 받고 봉토를 받았습니다. 그 또한 대대로 이를 전하고자 했을 것입니다. 그런데 폐하는 위나라에서 군사를 징집하면서 팽왕이 병으로 나가지 못하자 모반했다고 의심했습니다. 그러나 모반의 기미는 나타나지 않았습니다. 그런데도 끝내 가혹하게 사소한 일로 일족을 주살했습니다. 신이 우려하는 것은 공신 모두 스스로 위태롭다고 여겨 대책을 강구하지 않을까 하는 점입니다. 이제 팽왕이 죽었으니 신은 살아 있는 것보다 죽는 것이 낫습니다. 어서 속히 삶아 죽이십시오.”

한고조 유방이 난포의 죄를 용서하고 도위에 임명했다. 한문제 때 연나라 재상이 되었고, 장군의 자리까지 이르렀다. 하루는 난포가 이같이 호언했다.

“궁곤할 때 굴욕을 참고 뜻을 낮추지[窮困辱下] 못하면 대장부가 아니고, 부귀할 때 뜻대로 행하지[富貴快意] 못하면 현자가 아니다.”

그는 일찍이 자신에게 은혜를 베푼 자에게 후하게 보답하고, 원한이 있는 자에게 반드시 법을 적용해 파멸시켰다. 오초칠국의 난이 일어났을 때 대공을 세워 유후에 봉해지고, 연나라 재상이 되었다. 연나라와 제나라 모두 그를 위해 사당을 세웠다. 이를 난공사欒公社라고 했다. 한경제 중 5년, 난포가 죽자 아들 난분欒賁이 작위를 계승해 태상이 되었다. 이후 종묘제향에 사용하는 희생을 법령에 맞게 하지 않아 벌을 받고 봉지도 폐지되었다.

●● 欒布者, 梁人也. 始梁王彭越爲家人時, 嘗與布遊. 窮困, 賃傭於齊, 爲酒人保. 數歲, 彭越去之巨野中爲盜, 而布爲人所略賣, 爲奴於燕. 爲其家主報仇, 燕將臧荼舉以爲都尉. 臧荼後爲燕王, 以布爲將. 及臧荼反, 漢擊燕, 虜布. 梁王彭越聞之, 迺言上, 請贖布以爲梁大夫. 使於齊, 未還, 漢召彭越, 責以謀反, 夷三族. 已而梟彭越頭於雒陽下, 詔曰, "有敢收視者, 輒捕之." 布從齊還, 奏事彭越頭下, 祠而哭之. 吏捕布以聞. 上召布, 罵曰, "若與彭越反邪? 吾禁人勿收, 若獨祠而哭之, 與越反明矣. 趣亨之." 方提趣湯, 布顧曰, "願一言而死." 上曰, "何言?" 布曰, "方上之困於彭城, 敗滎陽·成皋閒, 項王所以遂不能遂西, 徒以彭王居梁地, 與漢合從苦楚也. 當是之時, 彭王一顧, 與楚則漢破, 與漢而楚破. 且垓下之會, 微彭王, 項氏不亡. 天下已定, 彭王剖符受封, 亦欲傳之萬世. 今陛下一徵兵於梁, 彭王病不行, 而陛下疑以爲反, 反形未見, 以苛小案誅滅之, 臣恐功臣人人自危也. 今彭王已死, 臣生不如死, 請就亨." 於是上迺釋布罪, 拜爲都尉. 孝文時, 爲燕相, 至將軍. 布迺稱曰, "窮困不能辱身下志, 非人也, 富貴不能快意, 非賢也." 於是嘗有德者厚報之, 有怨者必以法滅之. 吳(軍)楚反時, 以軍功封兪侯, 復爲燕相. 燕齊之閒皆爲欒布立社, 號曰欒公社. 景帝中五年薨. 子賁嗣, 爲太常, 犧牲不如令, 國除.

태사공은 평한다.

"항우가 기개를 숭상한 까닭에 계포도 용맹으로 초나라에서 명성을 떨쳤다. 누차 직접 적군을 격파하고 적기를 빼앗았으니 가히 장사라고 할 수 있다. 그러나 형을 받아 남의 노비가 되었는데 자진하지 못했으니 얼마나 자신을 낮춘 것인가! 그는 필시 자신의 재주를 믿었기에 치욕을 당하면서도 부끄러워하지 않고, 제대로 펼쳐보지 못한 재능을 언젠가 발휘하고자 했을 것이다. 결국 한나라의 명장이 되었다. 현자는 실로 자신의 죽음을 중히 여긴다. 비첩婢妾과 천인賤人이 분개한 나머지 자진하는 것은 진정한 용기라고 할 수 없다. 바라는 바를 실현할 방법이 없어 자진했을 뿐이다. 난포는 팽월을 위해 통곡을 하며 팽살을 당하는 것을 마치 집에 돌아가듯 했다. 이는 실로 자신이 처할 곳이 어디인지 잘 알았기에 죽음을 겁내지 않은 결과다. 설령 옛날의 열사烈士라 할지라도 그 이상 무엇을 더할 수 있겠는가!"

●● 太史公曰, "以項羽之氣, 而季布以勇顯於楚, 身屢典軍搴旗者數矣, 可謂壯士. 然至被刑戮, 爲人奴而不死, 何其下也! 彼必自負其材, 故受辱而不羞, 欲有所用其未足也, 故終爲漢名將. 賢者誠重其死. 夫婢妾賤人感慨而自殺者, 非能勇也, 其計畫無復之耳. 欒布哭彭越, 趣湯如歸者, 彼誠知所處, 不自重其死. 雖往古烈士, 何以加哉!"

원앙조조열전

袁盎鼂錯列傳

〈원앙조조열전〉은 한나라 초기 앙숙으로 지내다 모두 죽임을 당한 원앙과 조조에 관한 전기다. 마지막 대목에 조조 사후 한경제의 후회를 이끌어낸 알자복야謁者僕射 등선鄧先의 사적이 덧붙어 있다.

원앙은 강직한 성품 탓에 간언을 지나치게 해 죽음을 자초한 경우에 해당한다. 그의 간언은 많은 적을 만들어냈을 뿐 아니라 황제마저 적으로 돌리는 결과를 낳았다. 너무 강하면 쉽게 부러지는 태강이절太強易折의 대표적인 사례에 해당한다.

조조는 상앙商鞅의 법술을 배운 법가法家다. 기지가 있고 총명했으나 원앙과 대립했다. 기회가 있을 때마다 원앙을 죽이려다 오히려 죽임을 당하고 말았다. 당초 그는 한경제의 총애를 받았다. 그러나 오초칠국의 난이 일어나면서 졸지에 만고의 간신으로 낙인 찍혔다. 여기에 원앙의 공격이 치명타를 안겼다. 결국 그는 기시를 당하고 말았다. 이는 멀쩡한 신하를 희생양으로 삼은 한경제의 명백한 잘못이었다. 한경제는 알자복야 등선의 간언을 듣고 자신의 잘못을 뒤늦게 깨달았다. 조조의 사건은 충성을 다해 간언을 한 신하를 가차 없이 희생양으로 삼은 대표적인 사례에 속한다.

원앙열전

원앙은 초나라 출신으로 자는 사絲다. 그의 부친은 군도로 있다가 안릉女陵으로 옮겨 살았다. 여태후 때 원앙은 여록의 사인으로 있었다. 한문제 즉위 후 원앙은 친형 원쾌袁噲의 천거로 중랑中郞이 되었다. 하루는 승상 강후 주발이 조회가 끝나고 빠른 걸음으로 물러나왔다. 그 모습이 매우 의기양양했다. 한문제도 그를 정중히 예우했다. 물러날 때마다 황제가 친히 전송한 것이 그렇다. 원앙이 한문제 앞에 나아가 물었다.

"폐하는 승상이 어떤 인물이라고 생각하십니까?"

한문제가 대답했다.

"위기에서 사직을 구한 사직신社稷臣이라고 생각하오."

원앙이 말했다.

"강후는 공신일 뿐 사직신은 아닙니다. 사직신은 군주가 살아 있으면 같이 살고, 망하면 함께 망하는 신하를 뜻합니다. 여태후 때 여씨 일족이 전횡하며 멋대로 왕이 되었을 때 유씨의 명맥이 실낱처럼 거의 끊어질 듯했습니다. 당시 강후 주발은 태위가 되어 병권을 쥐고 있으면서도 이를 바로잡지 못했습니다. 여태후 사후 대신들이 합세해 여씨 일족에게 반기를 들고 나올 때 태위는 마침 병권을 쥐고 있었기에 우연히 공을 세운 것에 지나지 않습니다. 공신일 뿐 사직신은 아니라고 한 이유입니다. 승상은 교만한 기색이고, 폐하는 오히려 겸손한 모습입니다. 이는 군신 모두 예를 잃고 있는 것입니다. 아무리 생각해도 이는 폐하가 취할 태도가 아닙니다."

이후 한문제는 조회 때마다 더욱 정중하면서도 위엄 있는 모습을 보였다. 승상 주발이 점차 한문제를 두려워한 이유다. 이후 강후 주발이 원앙을 이같이 원망했다.

"나는 그대의 형과 친한 사이다. 그대가 지금 조정에서 감히 나를 헐뜯을 수 있는가!"

원앙은 끝내 사과하지 않았다. 강후 주발이 승상 자리에서 물러나 봉지로 돌아갔다. 이때 그곳의 사람들이 상서를 올려 주발이 모반을 꾀했다고 고변했다. 주발이 소환되어 감옥에 갇혔다. 종실과 대신 가운데 누구도 강후를 변호하지 않았다. 유독 원앙만이 나서서 죄가 없다고 분명히 말했다. 강후 주발의 석방에는 원앙의 힘이 매우 컸다. 이후 강후 주발은 원앙과 깊은 교분을 맺었다. 회남여왕 유장이 입조해 벽양후 심이기를 살해하는 등 행동이 매우 교만했다. 원앙은 한문제에게 간했다.

"제후가 지나치게 교만하면 반드시 우환이 생깁니다. 회남왕을 꾸짖고 봉토를 깎는 것이 좋을 듯합니다."

그러나 한문제는 그의 말을 듣지 않았다. 회남여왕 유장이 더욱 교만해졌다. 이 와중에 극포후棘蒲侯 시무柴武의 태자가 모반을 꾀한 사건이 발각되었다. 조사하다가 회남여왕 유장의 연루 혐의가 드러나 이내 소환되어 그도 조사를 받게 되었다. 한문제는 그를 촉蜀 땅으로 귀양을 보내기로 결정했다. 곧 함거檻車(죄수를 호송하는 수레)에 실어 보내게 했다. 당시 원앙은 중랑장으로 있었다. 한문제에게 간했다.

"폐하는 평소에 교만한 회남왕을 조금도 제지하지 않았습니다. 이 지경에 이른 뒤 문득 그를 꺾으려 하고 있습니다. 회남왕은 사람이 강직해 도중에 안개와 이슬을 만나 죽을지도 모릅니다. 그러면 폐하는 천하를 소유하고도 동생 한 사람을 포용하지 못해 이내 동생을 죽였다는 오명을 듣게 됩니다. 그리되면 어찌할 것입니까?"

한문제는 원앙의 간언을 받아들이지 않고 회남여왕 유장을 촉 땅으로 보냈다. 유장이 옹雍 땅까지 가다가 도중에 병사하고 말았다. 소식이 전해지자 한문제가 식음을 전폐하고 매우 슬프게 통곡했다. 원앙이 궁내로 들어가 머리를 조아리며 죄를 청했다. 한문제가 말했다.

"공의 간언을 듣지 않아 이런 일이 일어났소."

원앙이 말했다.

"폐하는 스스로 마음을 넓게 하십시오. 이미 지난 일인데 후회한들 무슨 소용이 있겠습니까? 폐하는 세상에서 뛰어난 세 가지 행적이 있으니 이번 일로 명예가 훼손되지는 않을 것입니다."

한문제가 물었다.

"세 가지 뛰어난 행적이 무엇이오?"

원앙이 대답했다.

"폐하가 대왕으로 재위할 때 태후가 3년 동안 병상에 있었습니다. 이때 폐하는 잠도 자지 않고 옷도 벗지 않았습니다. 탕약도 친히 입으로 맛보지 않으면 올리지 않았습니다. 무릇 증삼曾參은 백성의 신분으로도 이런 일을 하기 어려워했습니다. 폐하는 친히 제왕의 몸으로 이를 실행했으니 효성이 증삼보다 뛰어나다고 할 수 있습니다. 또한 여씨 일족들이 정권을 잡고 대신들이 정사를 전횡할 때 폐하는 대나라에서 거기車騎(병거와 기병) 6승乘에 몸을 싣고 어떤 위험이 있을지 모르는 장안으로 내달려왔습니다. 설령 맹분孟賁과 하육夏育의 용맹일지라도 폐하에게는 미치지 못할 것입니다. 나아가 폐하는 장안의 대왕 저택에 이르러 서쪽을 향해 천자의 자리를 사양하신 것이 두 번, 남쪽을 향해 천자의 자리를 사양한 것이 세 번입니다. 허유許由

는 한 번밖에 양보하지 않았는데, 폐하는 다섯 번이나 사양했습니다. 허유보다 네 번이나 더 많이 한 셈입니다. 폐하가 회남왕 유장을 귀양 보낸 것은 그가 폐하의 심사를 괴롭힌 데 따른 것입니다. 그의 잘못을 고치려 한 것인데, 관원들이 그를 잘못 보살핀 탓에 병사하고 말았습니다."

한문제가 마음을 가라앉히고 물었다.

"앞으로 어찌하면 좋겠소?"

원앙이 말했다.

"회남왕은 아들이 세 명 있습니다. 폐하가 하기에 달렸습니다."

한문제는 유장의 세 아들을 모두 왕으로 봉했다. 원앙은 이 일로 인해 조정에서 더욱 명성을 떨치게 되었다.

•• 袁盎者, 楚人也, 字絲. 父故爲羣盜, 徙處安陵. 高后時, 盎嘗爲呂祿舍人. 及孝文帝卽位, 盎兄噲任盎爲中郎. 絳侯爲丞相, 朝罷趨出, 意得甚. 上禮之恭, 常自送之. 袁盎進曰, "陛下以丞相何如人?" 上曰, "社稷臣." 盎曰, "絳侯所謂功臣, 非社稷臣. 社稷臣主在與在, 主亡與亡. 方呂后時, 諸呂用事, 擅相王, 劉氏不絶如帶. 是時絳侯爲太尉, 主兵柄, 弗能止. 呂后崩, 大臣相與共畔諸呂, 太尉主兵, 適會其成功, 所謂功臣, 非社稷臣. 丞相如有驕主色. 陛下謙讓, 臣主失禮, 竊爲陛下不取也." 後朝, 上益莊, 丞相益畏. 已而絳侯望袁盎曰, "吾與而兄善, 今兒廷毀我!" 盎遂不謝. 及絳侯免相之國, 國人上書告以爲反, 徵繫淸室, 宗室諸公莫敢爲言, 唯袁盎明絳侯無罪. 絳侯得釋, 盎頗有力. 絳侯乃大與盎結交. 淮南厲王朝, 殺辟陽侯, 居處驕甚. 袁盎諫曰, "諸侯大驕必生患, 可適削地." 上弗用. 淮南王益橫. 及棘蒲侯柴武太子謀反事覺, 治, 連淮南王, 淮南王徵, 上因遷之蜀, 轞車傳送. 袁盎時爲中郎將, 乃

諫曰, "陛下素驕淮南王, 弗稍禁, 以至此, 今又暴摧折之. 淮南王爲人
剛, 如有遇霧露行道死, 陛下竟爲以天下之大弗能容, 有殺弟之名, 柰
何?" 上弗聽, 遂行之. 淮南王至雍, 病死, 聞, 上輟食, 哭甚哀. 盎入, 頓
首請罪. 上曰, "以不用公言至此." 盎曰, "上自寬, 此往事, 豈可悔哉!
且陛下有高世之行者三, 此不足以毀名." 上曰, "吾高世行三者何事?"
盎曰, "陛下居代時, 太后嘗病, 三年, 陛下不交睫, 不解衣, 湯藥非陛下
口所嘗弗進. 夫曾參以布衣猶難之, 今陛下親以王者脩之, 過曾參孝遠
矣. 夫諸呂用事, 大臣專制, 然陛下從代乘六乘傳馳不測之淵, 雖賁育
之勇不及陛下. 陛下至代邸, 西向讓天子位者再, 南面讓天子位者三.
夫許由一讓, 而陛下五以天下讓, 過許由四矣. 且陛下遷淮南王, 欲以
苦其志, 使改過, 有司衛不謹, 故病死." 於是上乃解, 曰, "將柰何?" 盎
曰, "淮南王有三子, 唯在陛下耳." 於是文帝立其三子皆爲王. 盎由此
名重朝廷.

　원앙은 늘 큰 이치[大體]에 입각해 세상일을 논하며 비분강개悲憤慷
慨했다. 환관 조담이 한문제의 총애를 입었다. 늘 원앙을 해치려 한
까닭에 원앙은 내심 이를 걱정했다. 원앙의 조카 원종袁種은 상시기
常侍騎(황제를 모시는 기병)로 있었다. 그가 황제의 권한을 상징하는 부절을
들고 한문제 곁에서 시종했다. 그가 원앙에게 이같이 귀띔했다.
　"그와 만나면 어전에서 모욕을 주어 그의 중상이 받아들여지지 않
도록 선수를 치십시오."
　하루는 한문제가 외출할 때 조담이 한문제를 시종하기 위해 수레
에 함께 탔다. 이때 원앙이 수레 앞으로 나아가 엎드린 채로 이처럼
간했다.

"신이 듣건대 천자의 수레를 함께 탈 수 있는 사람은 모두 천하의 호걸과 영웅이라고 했습니다. 지금 한나라에 인재가 부족하다고는 하나 폐하가 어찌 환관과 함께 수레를 타는 것입니까?"

한문제가 웃으며 조담을 내리게 했다. 조담이 울면서 수레에서 내렸다.

한번은 한문제가 파릉霸陵에서 서쪽으로 가파른 고갯길을 말을 달려 내려가려 했다. 원앙이 타고 있던 말을 황제의 수레 옆에 대고는 말고삐를 당겼다. 한문제가 물었다.

"장군은 겁이 나오?"

원앙이 대답했다.

"신이 들으니 1,000금을 가진 부잣집 아들은 앉을지라도 마루 끝에 앉지[坐垂堂] 않고, 100금을 가진 부잣집 아들은 난간에 기대지 않고,• 현명한 군주는 위험을 무릅쓰며 요행을 바라지 않는다[不乘徼幸]고 했습니다. 지금 폐하는 여섯 필의 말이 끄는 수레를 몰아 가파른 산비탈을 달려 내려가고자 합니다. 만일 말이 놀라 수레가 부서지기라도 하면 폐하는 몸을 가벼이 여긴 것으로 치부할지라도 종묘와 태후는 무슨 낯으로 대할 것입니까?"

결국 그만두었다. 한문제가 상림원上林苑으로 나들이하러 갔을 때 두황후와 신부인愼夫人도 함께 따라갔다. 두 여인이 늘 같은 자리에 앉았다. 상림원을 관장하는 낭서장郎署長이 자리를 같은 위치에 마련하자 원앙이 신부인의 자리를 뒤로 당겨 물렸다. 신부인이 화가 나

• "난간에 기대지 않고"의 원문은 "불의형不騎衡"이다. 《사기집해》는 여순의 주를 인용해 의騎를 기댈 의倚의 의미로 새겼다. 가차假借로 보인다. 또 형衡을 전각의 난간인 난순欄楯으로 새긴 여순의 주와 함께 수레의 가로 막대를 뜻하는 거형車衡으로 새긴 위소의 주를 언급해놓았다.

앉으려 하지 않자 한문제도 노해 이내 궁중으로 돌아갔다. 원앙이
곧 궁중으로 들어가 한문제 앞으로 나아가 말했다.

"신이 듣건대 존비에 질서가 잡히면 상하가 화목하다고 했습니다.
지금 폐하가 황후를 세운 이상 신부인은 첩에 불과합니다. 처첩이
어찌 같은 자리에 앉을 수 있습니까? 이는 존비의 분별을 잃은 것입
니다. 폐하가 신부인을 사랑하면 후하게 상을 내리십시오. 폐하가 방
금 하신 일은 바로 신부인에게 도리어 화가 되는 일입니다. 폐하 홀
로 여태후 때 일어난 인체人彘 사건을 모르는 것은 아니시겠지요?"

한문제가 크게 기뻐하며 신부인을 불러 원앙의 말을 들려주었다.
신부인이 원앙에게 황금 50근을 내렸다.

●● 袁盎常引大體忼慨. 宦者趙同以數幸, 常害袁盎, 袁盎患之. 盎兄
子種爲常侍騎, 持節夾乘, 說盎曰, "君與鬪, 廷辱之, 使其毀不用." 孝
文帝出, 趙同參乘, 袁盎伏車前曰, "臣聞天子所與共六尺輿者, 皆天下
豪英. 今漢雖乏人, 陛下獨奈何與刀鉅餘人載!" 於是上笑, 下趙同. 趙
同泣下車. 文帝從霸陵上, 欲西馳下峻阪. 袁盎騎, 並車擥轡. 上曰, "將
軍怯邪?" 盎曰, "臣聞千金之子坐不垂堂, 百金之子不騎衡, 聖主不乘
危而徼幸. 今陛下騁六騑, 馳下峻山, 如有馬驚車敗, 陛下縱自輕, 奈
高廟·太后何?" 上乃止. 上幸上林, 皇后·愼夫人從. 其在禁中, 常同席
坐. 及坐, 郎署長布席, 袁盎引卻愼夫人坐. 愼夫人怒, 不肯坐. 上亦怒,
起, 入禁中. 盎因前說曰, "臣聞尊卑有序則上下和. 今陛下旣已立后,
愼夫人乃妾, 妾主豈可與同坐哉? 適所以失尊卑矣. 且陛下幸之, 卽厚
賜之. 陛下所以爲愼夫人, 適所以禍之. 陛下獨不見'人彘'乎?" 於是上
乃說, 召語愼夫人. 愼夫人賜盎金五十斤.

원앙은 자주 직간을 한 탓에 궁중에 오래 머물지 못하고 이내 농서 도위로 좌천되었다. 그는 병사를 어질고 자애로운 마음으로 대했다. 병사들 모두 그를 위해 죽음도 마다하지 않을 정도였다. 이후 제나라 재상으로 자리를 옮겼다. 얼마 후 다시 오나라 재상으로 갔다. 그가 하직인사를 한 뒤 오나라로 떠나려 할 때 조카 원종이 충고했다.

"오왕이 교만에 빠진 지 오래되었습니다. 그 나라에는 간사한 자가 많습니다. 탄핵해 다스리고자 하면 저들은 오히려 상서를 올려 숙부를 고발하거나 날카로운 검으로 찌르려 할 것입니다. 남방은 지대가 낮고 습한 곳이니 숙부님은 그저 날마다 술이나 마시고 다른 일에 간섭하지 마십시오. 가끔 오왕에게 말하기를, '모반을 꾀하지 마십시오'라고 하면 됩니다. 그러면 다행히 화를 면할 수 있을 것입니다."

원앙이 조카인 원종의 말대로 하자 오왕吳王 유비劉濞가 그를 후대했다. 원앙이 고향으로 돌아오는 길에 승상 신도가를 만났다. 수레에 내려 예를 올렸지만 신도가는 수레 위에서 원앙에게 답례만 할 뿐이었다. 원앙이 귀가해 생각해보니 부하들에게 부끄럽기 짝이 없었다. 곧 승상의 관저로 가 명함을 건네며 면회를 청했다. 한참 뒤 신도가를 만났다. 원앙이 무릎을 꿇고 말했다.

"잠시 사람들을 물리쳐주십시오."

신도가가 말했다.

"그대가 하고자 하는 말이 공적인 일이면 관청으로 가 장사 또는 연掾과 상의토록 하시오. 그러면 내가 황제에게 주청토록 하겠소. 만일 사적인 일이라면 듣지 않겠소."

원앙이 곧 일어나며 물었다.

"공은 승상의 자리에 있으면서 스스로 판단키에 진평 및 주발과 비교해 누가 더 낫다고 생각하십니까?"

신도가가 대답했다.

"내가 그들만 못하오."

원앙이 말했다.

"좋습니다. 공은 그들보다 못하다고 인정했습니다. 진평과 주발은 한고조를 보좌해 천하를 평정했고 대장과 승상이 되어 여씨 일족을 주멸해 유씨의 한나라를 보전했습니다. 공은 말 타기와 활쏘기를 잘해 대장으로 승진하고 공을 쌓아 회양 군수가 되었을 뿐 기책奇策이나 공성攻城 등으로 야전에서 공을 세운 것이 아닙니다. 폐하는 대 땅에서 온 이래 조회를 할 때마다 낭관이 상소를 올리면 용련龍輦을 멈추고 진언을 받아들이지 않은 적이 없습니다. 진언 가운데 쓸 만한 것이 아니면 버리고, 쓸 만한 것이면 받아들이며 훌륭하다고 칭찬하지 않은 적이 없습니다. 이는 무슨 까닭이겠습니까? 천하의 현명한 사대부를 불러 모을 수 있기 때문입니다. 폐하는 날마다 듣지 못한 것을 듣고, 모르던 사실을 상세히 알게 되어 날이 갈수록 현명해지고 지혜로워졌습니다. 그런데 공은 스스로 천하인의 입에 재갈을 물려 날로 더욱 어리석어지고 있습니다. 현명한 군주가 어리석은 재상을 질책할 경우 공이 그 화를 받을 때가 그리 멀지 않았습니다."

신도가가 이 말을 듣고는 원앙에게 두 번 절하고 말했다.

"나는 미천한 야인野人 출신이라 아무것도 모르니 장군이 가르쳐주면 다행이겠소."

신도가가 원앙을 이끌고 들어가 자리를 함께하면서 상객으로 예우했다.

●● 然袁盎亦以數直諫, 不得久居中, 調爲隴西都尉. 仁愛士卒, 士卒
皆爭爲死. 遷爲齊相. 徙爲吳相, 辭行, 種謂盎曰, "吳王驕日久, 國多
姦. 今苟欲劾治, 彼不上書告君, 卽利劍刺君矣. 南方卑溼, 君能日飮,
毋何, 時說王曰毋反而已. 如此幸得脫." 盎用種之計, 吳王厚遇盎. 盎
告歸, 道逢丞相申屠嘉, 下車拜謁, 丞相從車上謝袁盎. 袁盎還, 愧其
吏, 乃之丞相舍上謁, 求見丞相. 丞相良久而見之. 盎因跪曰, "願請閒."
丞相曰, "使君所言公事, 之曹與長史掾議, 吾且奏之, 卽私邪, 吾不受
私語." 袁盎卽跪說曰, "君爲丞相, 自度孰與陳平 · 絳侯?" 丞相曰, "吾
不如." 袁盎曰, "善, 君卽自謂不如. 夫陳平 · 絳侯輔翼高帝, 定天下, 爲
丞相, 而誅諸呂, 存劉氏, 君乃爲材官蹶張, 遷爲隊率, 積功至淮陽守,
非有奇計攻城野戰之功. 且陛下從代來, 每朝, 郎官上書疏, 未嘗不止
輦受其言, 言不可用置之, 言可受採之, 未嘗不稱善. 何也? 則欲以致
天下賢士大夫. 上日聞所不聞, 明所不知, 日益聖智, 君今自閉鉗天下
之口而日益愚. 夫以聖主責愚相, 君受禍不久矣." 丞相乃再拜曰, "嘉
鄙野人, 乃不知, 將軍幸敎." 引入與坐, 爲上客.

원앙은 평소 조조를 좋아하지 않았다. 조조가 있으면 원앙이 자리
를 뜨고, 원앙이 있으면 조조도 자리를 떴다. 두 사람은 한 번도 같은
자리에서 이야기를 나눈 적이 없다. 한문제가 죽고 한경제가 즉위
했다. 조조가 어사대부가 되었다. 휘하 관원을 시켜 원앙이 오왕 유
비로부터 뇌물을 받은 죄를 조사하게 했다. 사실로 드러나 처벌하
려 하자 한경제가 조칙을 내려 평민을 만드는 것으로 그의 죄를 용
서했다. 오초칠국의 난이 일어나자 조조가 휘하의 승丞과 사史에게
말했다.

"원앙은 오왕의 뇌물을 많이 받은 탓에 오왕의 죄를 감추기만 하고 모반하지 않았다고 말했다. 지금 오왕이 반기를 들었다. 원앙이 모반음모를 알고 있었던 것이 확실하다. 황상에게 그의 처벌을 청할 것이다."

승과 사가 말했다.

"모반이 일어나기 전에 처벌했으면 역모를 막을 수 있었을 것입니다. 그러나 지금 반란군이 장안을 향해 서진하고 있습니다. 원앙을 처벌한들 무슨 도움이 되겠습니까? 게다가 원앙이 그런 음모를 꾸몄을 리 없습니다."

조조는 망설이며 결단하지 못했다. 이때 누군가가 이를 원앙에게 알려주었다. 원앙이 두려운 나머지 야음을 틈타 두영竇嬰을 만났다. 그에게 오나라가 모반한 배경을 설명하고 황제 앞에서 직접 자세히 고할 뜻을 밝혔다. 두영이 내전으로 들어가 원앙의 이야기를 고하자 한경제가 곧 원앙을 불러 만나보았다. 당시 조조는 한경제 앞에 있었다. 원앙이 다른 사람을 물려달라고 청하자 조조가 물러갔다. 조조는 내심 격분했다. 원앙은 오나라가 반기를 든 것은 조조 때문이고, 조조를 참해 사과하면 오나라 군사는 반드시 물러날 것이라고 고했다. 이 이야기는 〈오왕비열전吳王濞列傳〉에 상세히 기록되어 있다.

한경제가 원앙을 태상, 두영을 대장군大將軍으로 삼았다. 두 사람은 원래 사이가 좋았다. 오나라가 반기를 들자 장안 주변에 벼슬하지 않은 장자長者들과 장안에 있는 재능 있는 대부들이 앞다투어 두 사람에게 모여들었다. 따르는 수레가 하루에도 수백 대가 되었다. 조조가 처형된 뒤 원앙은 태상의 신분으로 오나라에 사자로 갔다. 오왕 유비가 원앙을 장군으로 삼고자 했으나 원앙이 받아들이지 않았다.

이에 원앙을 죽일 생각으로 도위 한 사람에게 500명의 병사를 주어 군중에서 원앙을 감시하게 했다. 전에 원앙이 오나라 재상으로 있을 때 종사從史 한 사람이 원앙의 시녀와 몰래 통정한 적이 있다. 원앙은 이를 알고도 발설을 하지 않은 채 이전처럼 대해주었다. 어떤 자가 종사에게 일러주었다.

"재상은 자네가 시녀와 통정한 사실을 알고 있소."

그가 즉시 달아나 집으로 돌아왔다. 원앙이 곧 말을 달려 쫓아갔다. 다시 데려다가 시녀를 그에게 보내주고 이전처럼 종사로 일하게 했다. 원앙이 오나라에 사자로 왔다가 잡혀 감시를 당할 때 공교롭게도 그 종사가 원앙을 감시하는 교위사마校尉司馬로 있었다. 그는 가지고 있던 옷과 물건을 모두 팔아 독한 술 두 섬을 샀다. 마침 날이 춥고, 병사들은 굶주린데다 목이 말라 있었다. 술을 먹으니 모두 취했다. 서남쪽 구석을 지키는 병사는 모두 술에 취해 잠이 들었다. 교위사마가 밤을 틈타 원앙을 깨웠다.

"공은 지금 도망가십시오. 오왕은 내일 아침에 공을 죽이려 하고 있습니다."

원앙은 믿지 못하고 그에게 물었다.

"그대는 무엇을 하는 사람이오?"

교위사마가 말했다.

"소인은 전에 공 밑에서 종사로 일하다가 공의 시녀와 사통한 자입니다."

원앙은 놀라며 거절했다.

"그대는 다행히 양친이 살아 계시니 내 일로 그대를 연루시킬 수는 없소."

교위사마가 말했다.

"공은 속히 달아나십시오. 저도 달아나 양친을 피신시키도록 하겠습니다. 공은 무엇을 우려하십니까?"

그러고는 칼로 군의 막사를 찢고 원앙을 인도해, 취해서 잠들어 있는 병사들 틈을 뚫고 빠져나왔다. 이어 교위사마는 원앙과 서로 반대 방향으로 달아났다. 원앙이 사자使者를 상징하는 절모節毛를 품 속에 감추고, 나무를 지팡이 삼아 7, 8리가량 걷자 날이 밝아왔다. 도중에 위나라 기병을 만난 덕분에 말을 얻어 타고 장안으로 달려와 보고할 수 있었다. 오초칠국의 난이 평정된 뒤 한경제가 다시 초원왕楚元王 유교劉交의 아들 평륙후平陸侯 유례劉禮를 초왕으로 삼고, 원앙을 초나라 재상에 임명했다. 이후 원앙이 상서해 의견을 개진했으나 채택되지 않았다. 원앙은 병으로 벼슬을 그만두고 집으로 돌아와 지냈다. 그는 마을 사람들과 똑같은 모습으로 살아가며, 서로 어울려 닭싸움[鬪雞]과 개 경주[走狗] 등을 즐겼다. 낙양의 극맹劇孟이 일찍이 원앙을 방문한 적이 있었다. 원앙이 그를 후히 대접했다. 안릉의 어떤 부자가 원앙에게 물었다.

"저는 극맹이 노름꾼이라고 들었습니다. 장군은 왜 그런 사람과 가까이 지내는 것입니까?"

원앙이 대답했다.

"극맹은 비록 노름꾼에 불과하지만 모친상 때 조문객의 수레가 1,000여 승이 넘었소. 이는 그가 남보다 뛰어난 면이 있기 때문이오. 위급한 경우는 사람마다 있게 마련이오. 대개 급한 일을 당해 문을 두드리면 모친을 구실로 변명하거나, 집에 있으면서도 없다고 핑계를 대오. 그런 식으로 따돌린 적이 없는 까닭에 천하 사람이 우러러

볼 수 있는 사람은 오직 계포의 동생 계심과 극맹뿐이오. 지금 그대는 늘 말을 탄 시종을 몇 명 데리고 다니지만 과연 위급한 일이 생기면 이들을 믿을 수 있겠소!"

원앙이 그 부자를 꾸짖고는 절교해버렸다. 제후들이 이 이야기를 듣고는 모두 원앙을 칭송했다. 원앙은 비록 은퇴해 집에 한가하게 지내고 있었지만 한경제는 때때로 사람을 보내 국정에 관한 의견을 묻곤 했다. 한경제가 태자를 확정하지 않았을 때 양효왕梁孝王 유무劉武를 후사後嗣로 정하려 한 적이 있다. 원앙이 진언해 반대한 까닭에 이 이야기는 더는 나오지 않았다. 양효왕이 이 일로 인해 원앙을 원망하며 사람을 보내 죽이려고 했다. 자객이 관중關中에 이르러 원앙의 사람됨에 관해 알아보니 많은 사람이 원앙을 입에 침이 마르도록 칭송했다. 그 자객이 원앙을 만나 말했다.

"소인은 양왕의 돈을 받고 공을 죽이려고 왔습니다. 알고 보니 공은 덕이 있는 분이라 차마 해칠 수 없었습니다. 그러나 이후에 공을 해치려는 자가 10여 명이나 더 있으니 경계토록 하십시오!"

이 이야기를 들은 후 원앙은 마음이 불안했다. 또 집안에 괴이한 일이 많이 일어났다. 점술에 뛰어난 배생棓生을 찾아가 점을 보았다. 돌아오는 길에 양효왕 유무가 보낸 자객이 안릉의 성문 밖에서 길을 가로막은 뒤 찔러 죽였다.

●● 盎素不好鼂錯, 鼂錯所居坐, 盎去, 盎坐, 錯亦去, 兩人未嘗同堂語. 及孝文帝崩, 孝景帝卽位, 鼂錯爲御史大夫, 使吏案袁盎受吳王財物, 抵罪, 詔赦以爲庶人. 吳楚反, 聞, 鼂錯謂丞史曰, "夫袁盎多受吳王金錢, 專爲蔽匿, 言不反. 今果反, 欲請治盎宜知計謀." 丞史曰, "事未發, 治之有絶. 今兵西鄕, 治之何益! 且袁盎不宜有謀." 鼂錯猶與未決.

人有告袁盎者, 袁盎恐, 夜見竇嬰, 爲言吳所以反者, 願至上前口對狀. 竇嬰入言上, 上乃召袁盎入見. 鼂錯在前, 及盎請辟人賜閒, 錯去, 固恨甚. 袁盎具言吳所以反狀, 以錯故, 獨急斬錯以謝吳, 吳兵乃可罷. 其語具在吳事中. 使袁盎爲太常, 竇嬰爲大將軍. 兩人素相與善. 逮吳反, 諸陵長者長安中賢大夫爭附兩人, 車隨者日數百乘. 及鼂錯已誅, 袁盎以太常使吳. 吳王欲使將, 不肯. 欲殺之, 使一都尉以五百人圍守盎軍中. 袁盎自其爲吳相時, 有從史嘗盜愛盎侍兒, 盎知之, 弗泄, 遇之如故. 人有告從史, 言'君知爾與侍者通', 乃亡歸. 袁盎驅自追之, 遂以侍者賜之, 復爲從史. 及袁盎使吳見守, 從史適爲守盎校尉司馬, 乃悉以其裝齎置二石醇醪, 會天寒, 士卒飢渴, 飲酒醉, 西南陬卒皆臥, 司馬夜引袁盎起, 曰, "君可以去矣, 吳王期旦日斬君." 盎弗信, 曰, "公何爲者?" 司馬曰, "臣故爲從史盜君侍兒者." 盎乃驚謝曰, "公幸有親, 吾不足以累公." 司馬曰, "君弟去, 臣亦且亡, 辟吾親, 君何患!" 乃以刀決張, 道從醉卒直隱直出. 司馬與分背, 袁盎解節毛懷之, 杖, 步行七八里, 明, 見梁騎, 騎馳去, 遂歸報. 吳楚已破, 上更以元王子平陸侯禮爲楚王, 袁盎爲楚相. 嘗上書有所言, 不用. 袁盎病免居家, 與閭里浮沈, 相隨行, 鬪雞走狗. 雒陽劇孟嘗過袁盎, 盎善待之. 安陵富人有謂盎曰, "吾聞劇孟博徒, 將軍何自通之?" 盎曰, "劇孟雖博徒, 然母死, 客送葬車千餘乘, 此亦有過人者. 且緩急人所有. 夫一旦有急叩門, 不以親爲解, 不以存亡爲辭, 天下所望者, 獨季心·劇孟耳. 今公常從數騎, 一旦有緩急, 寧足恃乎!" 罵富人, 弗與通. 諸公聞之, 皆多袁盎. 袁盎雖家居, 景帝時時使人問籌策. 梁王欲求爲嗣, 袁盎進說, 其後語塞. 梁王以此怨盎, 曾使人刺盎. 刺者至關中, 問袁盎, 諸君譽之皆不容口. 乃見袁盎曰, "臣受梁王金來刺君, 君長者, 不忍刺君. 然後刺君者十餘曹, 備之!" 袁盎心

不樂, 家又多怪, 乃之栢生所問占. 還, 梁刺客後曹輩果遮刺殺盎安陵
郭門外.

조조열전

조조는 영천 출신이다. 그는 지軹 땅의 장회張恢 선생으로부터 신
불해申不害와 상앙의 형명학刑名學을 배웠다. 낙양의 송맹宋孟과 유례
등을 스승으로 모셨다. 그는 학문이 뛰어나 태상 휘하의 속리屬吏인
장고掌故•로 활동했다. 조조는 사람이 준엄하며 강직하고 냉정했다.
한문제 때는 천하에 《서경》을 공부한 자가 없었다. 오직 제남濟南의
복생伏生이 옛 진나라 박사 출신으로《서경》에 정통했다. 나이가 이
미 약 아흔 살이 되어 조정으로 불러들일 수가 없었다. 한문제가 태
상에게 명해 사람을 복생에게 보내 학문을 전수받게 했다. 태상이
조조를 복생의 집으로 보내《서경》을 전수받게 했다. 이후 조조가 조
정으로 돌아와《서경》을 인용해 나라에 이로운 일과 해로운 일을 자
세히 적어 상주했다. 한문제가 차례로 조칙을 내려 그를 태자사인太
子舍人 · 태자문대부太子門大夫 · 태자가령太子家令에 임명했다. 그는 뛰어
난 구변으로 태자의 총애를 입었다. 태자의 동궁東宮 안에서는 그를
두고 지혜 주머니를 뜻하는 이른바 지낭智囊으로 불렀다.

조조는 한문제 때 자주 글을 올려 제후들의 봉토를 깎고, 법령을

• 장고를 두고《사기집해》는 응소의 주를 인용해 100석의 이졸로 고사故事를 담당했다고
풀이했다.《사기색은》은《한구의漢舊儀》를 인용한 복건의 주에 따르면 태상 휘하의 박사제
자원博士弟子員 가운데 갑과에 합격한 자는 보랑補郞, 을과에 합격한 자는 장고로 불렀다고
했다.

개정해야 한다고 건의했다. 이런 글을 수십 번이나 올렸다. 한문제가 받아들이지는 않았으나 그의 재능을 기이하다고 여겨, 중대부로 승진시켰다. 당시 태자는 조조의 계책에 찬성했다. 그러나 원앙을 비롯한 공신들 대부분이 조조를 좋아하지 않았다. 한문제 사후 한경제가 즉위하면서 훗날 정령을 만드는 중서성中書省의 전신인 내사부內史府의 장, 내사령內史令에 조조를 임명했다. 조조는 자주 주위 사람을 물리치고 정사에 관한 자신의 의견을 개진했다. 한경제가 늘 이를 받아들였다. 그에 관한 한경제의 총애는 구경九卿•을 능가했다. 법령가운데 그에 의해 개정된 것이 많았다.

•• 鼂錯者, 穎川人也. 學申商刑名於軹張恢先所, 與雒陽宋孟及劉禮同師. 以文學爲太常掌故. 錯爲人峭直刻深. 孝文帝時, 天下無治尙書者, 獨聞濟南伏生故秦博士, 治尙書, 年九十餘, 老不可徵, 乃詔太常使人往受之. 太常遣錯受尙書伏生所. 還, 因上便宜事, 以書稱說. 詔以爲太子舍人·門大夫·家令. 以其辯得幸太子, 太子家號曰'智囊.'數上書孝文時, 言削諸侯事, 及法令可更定者. 書數十上, 孝文不聽, 然奇其材, 遷爲中大夫. 當是時, 太子善錯計策, 袁盎諸大功臣多不好錯. 景帝卽位, 以錯爲內史. 錯常數請閒言事, 輒聽, 寵幸傾九卿, 法令多所更定.

• 구경은《한서》〈백관공경표百官公卿表〉에 따르면 태상(이전의 봉상奉常)·광록훈(이전의 낭중령郎中令)·위위·태복·정위廷尉·대홍려(진나라의 전객과 한경제 때의 대행령)·종정·대사농大司農(진나라 때의 치속내사治粟內史, 한경제 때의 대농령大農令)·소부 등을 말한다. 구시대경九寺大卿으로도 불렀다. 후대에 나오는 상서의 원형이다. 명明·청淸 때는 대구경大九卿과 소구경小九卿으로 나누었다. 명나라 때는 이른바 육부 상서와 지금의 감사원장에 해당하는 도찰원都察院 도어사都御史, 지금의 대법원장에 해당하는 대리시경大理寺卿, 지금의 국회의장에 해당하는 통정사사通政司使를 대구경으로 불렀다. 태상시경太常寺卿·태복시경太僕寺卿·광록시경光祿寺卿·첨사詹事·한림학사翰林學士·홍려시경鴻臚寺卿·국자감좨주國子監祭酒·원마시경苑馬寺卿·상보시경尙寶寺卿은 소구경으로 불리었다. 청나라도 이와 유사했다.

당시 구경을 총괄하는 승상 신도가는 내심 이를 못마땅하게 여겼으나 그를 누를 만한 힘이 없었다. 내사부는 태상황 사당의 담장 바깥 공터에 접해 있었다. 문이 동쪽으로 나 있어 불편했다. 조조가 출입이 편하게 동문과 별도로 남문을 냈다. 이로 인해 사당의 담장 밖 공터에 낮은 담장을 뚫게 되었다. 승상 신도가는 이 이야기를 듣고 크게 노했다. 이를 빌미로 조조를 처형할 것을 주청하고자 했다. 조조가 그 소식을 듣고는 이날 밤 사람을 물리쳐줄 것을 청하고 한경제에게 이 일에 관해 상세히 고했다. 이후 승상 신도가가 정사에 관한 일을 상주하면서, 기회를 보아 이를 언급하며 조조를 정위˙에게 넘겨 처형해야 한다고 말했다. 그러자 한경제가 이같이 말했다.

"그곳은 진짜 종묘의 담장이 아니라 담장 밖 공터를 지키기 위한 낮은 담장이오. 법에 저촉되지 않소."

신도가는 사죄하고 조정에서 물러나온 뒤 화를 참지 못해 보좌역인 장사에게 이같이 말했다.

"먼저 조조를 죽인 뒤 황제에게 고해야 했다[先斬後啓]. 그런데 먼저 공식 주청했다가 어린아이한테 모욕을 당하고 말았으니 이는 실로 내 잘못이다."

승상은 이 일로 인해 이내 피를 토하며 병이 들어 죽고, 조조의 명성은 더욱 높아졌다. 조조는 어사대부로 승진한 뒤 황권皇權을 강화하기 위해 제후들의 죄과를 들어 봉토를 삭감하고, 국경수비를 튼튼히 하기 위해 변경에 있는 지군枝郡을 몰수하는 방안을 주청했다. 글

• 정위는 구경의 일원으로 지금의 검찰과 대법원을 합친 것과 같다. 휘하 관원으로는 판결을 담당하는 정위정廷尉正, 체포를 담당하는 좌우 정위감廷尉監, 조옥詔獄을 담당하는 좌우 정위평廷尉平, 심문 및 판결 서류의 작성 및 보고를 담당한 정위사廷尉史와 형량을 논의하는 주언연奏讞掾, 삼공의 관부에 대한 연락을 담당한 주조연奏曹掾 등이 있었다.

이 올라가자 한경제가 공경과 열후 및 종실을 불러 모아 이를 의논하게 했다. 아무도 감히 반대하지 못했다. 오직 두영만이 반대하며 다툰 까닭에 틈이 벌어지게 되었다. 조조가 개정한 법령은 30장章에 이르렀다. 제후들이 모두 반대하며, 더욱 조조를 미워했다. 조조의 부친이 그 소식을 듣고는 영천에서 올라와 조조에게 물었다.

"폐하가 즉위한 지 얼마 되지 않은 시점에서 네가 정사를 멋대로 해 제후들의 봉토를 삭감하고, 다른 사람의 골육 사이를 멀어지게 해 너를 비난하고 원망하는 자가 많다. 이를 어찌할 것인가?"

조조가 대답했다.

"정말 그렇습니다. 그러나 이같이 하지 않으면 천자가 존귀해질 수 없고, 종묘는 편안해질 수 없습니다."

조조의 부친이 반대했다.

"황실인 유씨는 편안해지겠지만 우리 조씨는 위태로워졌다. 나는 죽을 수밖에 없다."

그러고는 약을 마시고 자진했다. 그는 죽기 직전 이같이 말했다.

"재앙이 나에게까지 미치는 것을 차마 볼 수 없다."

그가 죽은 지 10여 일 만에 과연 오초칠국의 난이 일어났다. 모두 조조 토벌을 명분으로 내세웠다. 이때 두영과 원앙이 조조의 처벌을 주청했다. 한경제가 조조에게 조복朝服을 입힌 후 동시東市에서 참할 것을 명했다.

●● 丞相申屠嘉心弗便, 力未有以傷. 內史府居太上廟壖中, 門東出, 不便, 錯乃穿兩門南出, 鑿廟壖垣. 丞相嘉聞, 大怒, 欲因此過爲奏請誅錯. 錯聞之, 卽夜請閒, 具爲上言之. 丞相奏事, 因言錯擅鑿廟垣爲門, 請下廷尉誅. 上曰, "此非廟垣, 乃壖中垣, 不致於法." 丞相謝. 罷朝, 怒謂長史曰,"吾當先斬以聞, 乃先請, 爲兒所賣, 固誤." 丞相遂發病死. 錯以此愈貴. 遷爲御史大夫, 請諸侯之罪過, 削其地, 收其枝郡. 奏上, 上令公卿列侯宗室集議, 莫敢難, 獨竇嬰爭之, 由此與錯有郤. 錯所更令三十章, 諸侯皆誼讙疾竈錯. 錯父聞之, 從潁川來, 謂錯曰,"上初卽位, 公爲政用事, 侵削諸侯, 別疏人骨肉, 人口議多怨公者, 何也?" 竈錯曰,"固也. 不如此, 天子不尊, 宗廟不安." 錯父曰,"劉氏安矣, 而竈氏危矣, 吾夫公歸矣!" 遂飲藥死, 曰,"吾不忍見禍及吾身." 死十餘日, 吳楚七國果反, 以誅錯爲名. 及竇嬰‧袁盎進說, 上令竈錯衣朝衣斬東市.

등선열전

조조가 죽자 알자복야 등선*이 교위校尉가 되어 반란군 진압을 지휘하는 장군 역할을 수행했다. 전쟁에서 돌아온 뒤 군사에 관한 글을 올렸다. 배견하는 자리에서 한경제가 물었다.

"그대가 전쟁터에서 돌아오는 길이니 물어보겠소. 조조가 죽었다는 이야기를 듣고 과연 오나라와 초나라의 반란군이 싸움을 그만두지 않았소?"

등선이 말했다.

"오왕 유비는 수십 년 전부터 모반을 준비해왔습니다. 봉토가 깎인 데 분개해 조조 주살을 명분으로 내세운 것일 뿐 원래 조조를 목

● 원문에는 등공鄧公으로 나와 있으나 《사기정의》은 공문상孔 文祥의 주를 인용해 이름이 선先이라고 했고, 《한서》에도 등선으로 나온다고 언급했다.

표로 삼은 것은 아닙니다. 신은 천하의 선비들이 입을 다물고 다시는 황제에게 진언을 하지 않을까 두렵습니다."

한경제가 물었다.

"어찌해 그렇다는 것인가?"

등선이 대답했다.

"저 조조는 제후들이 강대해지면 제어할 수 없게 될까 우려한 까닭에 봉토의 삭감을 주청하며 나라의 존엄을 꾀한 것입니다. 이는 만세의 이익을 꾀한 것입니다. 이런 계책이 겨우 시행되는 상황에서 문득 사형을 당하게 되었으니 안으로는 충신의 입을 막고, 밖으로는 제후를 위해 원수를 갚아준 격이 되었습니다. 신은 내심 폐하를 위해 그리하는 것이 아니었다고 생각합니다."

한경제가 한동안 말 없이 있다가 말했다.

"공의 말이 옳소. 나 또한 후회하고 있소."

그러고는 등선을 성양城陽의 중위로 삼았다. 등선은 성고成固 출신으로 기책에 뛰어났다. 건원建元 연간에 한무제가 현량賢良을 초빙하자 공경대신들이 등선을 천거했다. 당시 등선은 벼슬에서 물러나 있었으나 다시 기용되어 구경이 되었다. 1년 뒤 그는 다시 병을 구실로 사직하고 귀향했다. 아들 등장鄧章은 황로학黃老學을 배워 대신들 사이에서 명성이 높았다.

●● 鼂錯已死, 謁者僕射鄧公爲校尉, 擊吳楚軍爲將. 還, 上書言軍事, 謁見上. 上問曰, "道軍所來, 聞鼂錯死, 吳楚罷不?" 鄧公曰, "吳王爲反數十年矣, 發怒削地, 以誅錯爲名, 其意非在錯也. 且臣恐天下之士噤口, 不敢復言也!" 上曰, "何哉?" 鄧公曰, "夫鼂錯患諸侯彊大不可制, 故請削地以尊京師, 萬世之利也. 計畫始行, 卒受大戮, 內杜忠臣之口,外爲諸侯報仇, 臣竊爲陛下不取也." 於是景帝黙然良久, 曰, "公言善, 吾亦恨之." 乃拜鄧公爲城陽中尉. 鄧公, 成固人也, 多奇計. 建元中, 上招賢良, 公卿言鄧公, 時鄧公免, 起家爲九卿. 一年, 復謝病免歸. 其子章以脩黃老言顯於諸公閒.

태사공은 평한다.

"원앙은 비록 학문을 좋아하지는 않았으나 시의적절하게 일을 처리하는 데 능했다. 어진 마음을 바탕으로 대의를 내걸고 비분강개하기도 했다. 한문제 즉위 초는 탁월한 자질이 때를 만나는 모습[資適逢世]이었다. 그러나 시대가 끊임없이 바뀌는데다, 오초칠국의 난 때 황제를 설득해 주장을 관철시켰으나 두 번 다시 뜻을 얻지는 못했다. 그는 명성을 좋아하고 재주를 자랑했으나 결국 이 때문에 죽었다. 조조는 태자가령으로 있을 때 누차 진언했으나 받아들여지지 않았다. 이후 권력을 휘두르게 되자 법령을 대거 개정했다. 오초칠국의 난 때 서둘러 바르게 해결할 생각을 하지 않고 사적인 원한을 갚으려다 오히려 자신을 망치고 말았다. 옛날 말에 이르기를, '고법古法을 바꾸고 상례常禮를 어지럽히면 죽거나 멸망한다'고 했다. 어찌 조조 같은 사람을 두고 한 말이 아니겠는가!"

•• 太史公曰, "袁盎雖不好學, 亦善傅會, 仁心爲質, 引義忼慨. 遭孝文初立, 資適逢世. 時以變易, 及吳楚一說, 說雖行哉, 然復不遂. 好聲矜賢, 竟以名敗. 鼂錯爲家令時, 數言事不用, 後擅權, 多所變更. 諸侯發難, 不急匡救, 欲報私讎, 反以亡軀. 語曰, '變古亂常, 不死則亡.' 豈錯等謂邪!"

장석지풍당열전

張釋之馮唐列傳

〈장석지풍당열전張釋之馮唐列傳〉은 한문제 때 고관을 지낸 장석지張釋之와 풍당馮唐에 관한 전기다. 장석지는 정위가 되어 법을 공정하게 적용하며 직간을 마다하지 않았다. 원래 그는 10년 넘게 승진을 하지 못하자 귀향하고자 했다. 이때 중랑장인 원앙의 천거로 황제를 곁에서 모시는 알자가 되었다. 이것이 출세의 전환점이 되었다. 이후 알자복야·공거령公車令·중랑장·정위로 고속 승진하게 되었다. 그러나 한경제 즉위 후 지난날의 탄핵 건으로 인해 회남왕의 재상으로 전출되었다. 풍당은 효도로 명성이 높았다. 벼슬해 한문제를 섬기면서 황제의 노여움을 촉발하는 직간을 마다하지 않았다. 마지막으로 초나라 재상이 되었으나 연로해 곧 은퇴했다.

두 사람은 한문제를 바르게 이끈 직신直臣 내지 정신貞臣의 전형에 해당한다. 학계에서 한문제가 한때 암군의 행보를 보이다가 끝내 현군의 칭송을 받게 된 것은 전적으로 목숨을 내건 장석지와 풍당의 직간이 있었기에 가능했다는 평이 나오는 이유다.

장석지열전

정위 장석지는 남양의 도양_{堵陽} 출신으로 자는 계_季다. 형 장중_{張仲}과 함께 생활했다. 집안이 유복한 덕에 재물을 써 황제가 외출할 때 호위하는 기마병인 기랑_{騎郎}으로 선출되었다. 한문제를 섬겼으나 10여 년 동안 승진을 하지 못했다. 더구나 알아주는 이가 한 사람도 없었다. 그가 탄식했다.

"오래도록 벼슬을 살면서 형의 재산만 축내고, 뜻도 이루지 못했다."

스스로 벼슬을 그만두고 집으로 돌아가고자 했다. 중랑장 원앙은 그가 현명하고 재주가 있음[賢能]을 알고 그가 떠나는 것을 애석히 여겼다. 곧 알자로 옮길 수 있도록 주청했다. 장석지가 조회를 마친 뒤 기회를 틈타 앞으로 나아가 치국방안을 진술했다. 한문제가 말했다.

"수준을 낮추어 말하고, 지나치게 고상한 의견은 말하지 마시오. 지금 당장 시행할 수 있는 것을 말하시오."

이에 장석지는 진나라가 패망하고 한나라가 흥기한 진한의 일을 오랫동안 말했다. 한문제가 훌륭하다고 칭송하며 알자복야로 발탁했다. 한번은 황상을 모시고 호랑이를 가두어 기르는 호권_{虎圈}으로 간 적이 있다. 상림위_{上林尉}에게 금수에 관해 적은 책에 대해 10여 가지 질문을 했다. 상림위는 곁에 있던 사람만 바라볼 뿐 아무런 대답도 하지 못했다. 호권을 관리하는 색부_{嗇夫}가 상림위를 대신해 매우 상세히 대답했다. 묻는 즉시 나오는 대답이 마치 메아리처럼 끝이 없었다. 한문제가 말했다.

"관리란 응당 이와 같아야 하지 않겠는가? 상림위는 신임할 수 없다."

그러고는 장석지에게 명해 색부를 상림령上林令으로 삼도록 했다. 장석지가 한참 생각하더니 앞으로 나와 말했다.

"폐하는 강후 주발을 어떤 인물로 봅니까?"

한문제가 대답했다.

"덕망 있는 장자長者다."

또다시 물었다.

"동양후東陽侯 장상여張相如를 어떤 인물로 봅니까?"

한문제가 똑같이 대답했다.

"장자다."

장석지가 말했다.

"강후나 동양후를 장자라고 했으나 두 사람은 일찍이 어떤 일을 말할 때 우물쭈물하며 제대로 표현하지 못했습니다. 그런데 어떻게 사람들에게 색부의 수다스러운 말재주를 본받으라는 것입니까? 진나라는 붓끝을 놀려 법을 우롱하는 아전[刀筆之吏]을 임용한 탓에 다투어 빨리 일을 처리하고, 사소한 것을 자질구레 파헤치는 것으로 우열을 가렸습니다. 그 결과 형식적으로만 일을 처리할 뿐 측은지심惻隱之心은 조금도 없었습니다. 황제가 자신의 과실을 들을 길이 없자 나라가 날로 쇠퇴한 이유입니다. 실제로 2세 황제 때 천하는 마침내 와해되고 말았습니다.

지금 폐하는 색부의 말주변을 높이 사 파격적으로 승진시키고자 합니다. 신은 천하인 모두 마치 바람에 따라 휩쓸리듯 말재주만 다투며 실질을 무시하지 않을까 우려됩니다. 아랫사람이 윗사람을 본

받는 것[下之化上]은 그림자가 형체를 따르고 소리가 메아리치는 영향影響처럼 빠릅니다. 폐하가 언동과 조치[擧措]에 신중할 수밖에 없는 이유입니다."

한문제가 찬동했다.

"맞는 말이다!"

그러고는 색부 발탁의 명을 철회했다. 이어 수레에 올라 장석지를 동승하게 한 뒤 천천히 가면서 진나라의 병폐에 관해 물었다. 장석지는 사실대로 성실히 대답했다. 궁중에 이르자 황상은 장석지를 공거령에 임명했다. 얼마 되지 않아 태자 유계劉啓와 양효왕 유무가 함께 수레를 타고 궁궐로 들어왔다. 사마문司馬門을 지날 때 내리지 않았다. 장석지가 쫓아가 태자와 양효왕이 궐문 안으로 들어오지 못하게 막았다. 그러고는 사마문에서 내리지 않았다며 불경죄로 다스릴 것을 주청했다. 이 일이 박태후薄太后의 귀에까지 들리게 되었다. 한문제가 관을 벗고 사죄했다.

"자식을 엄하게 다스리지 못한 탓입니다."

박태후가 사자에게 명해 조서를 받들고 가 태자와 양효왕을 사면하게 했다. 이로써 두 사람이 비로소 궁궐로 들어올 수 있었다. 이후 한문제는 장석지가 여느 사람들과 다르다는 사실을 알게 되었다. 그에게 중대부를 수여한 이유다. 얼마 후 장석지는 관직이 중랑장에 이르렀다. 하루는 한문제를 수행해 한문제의 수릉壽陵(임금이 죽기 전에 미리 만들어두는 임금의 무덤)인 파릉에 가게 되었다. 한문제가 능묘 위 북쪽에 앉아 먼 곳을 바라보았다. 신부인이 곁에서 모시고 있었다. 한문제가 신부인에게 신풍현新豐縣으로 가는 길을 가리키면서 이같이 말했다.

"이것이 바로 한단으로 가는 길이오."

이어 신부인에게 거문고를 타게 한 뒤 곡조에 맞추어 노래를 불렀다. 음조가 몹시 처량하고 슬펐다. 고개를 돌려 군신들에게 말했다.

"아! 북산北山의 좋은 돌로 외관外棺인 곽槨을 만들고, 모시와 낡은 솜으로 틈을 막고 다시 옻칠로 덮으면● 그 누가 열 수 있겠는가?"

좌우에 있던 사람들이 말했다.

"훌륭합니다."

장석지가 앞으로 나와 말했다.

"만일 그 속에 사람의 탐욕을 일으킬 만한 물건을 넣어두면 설령 남산南山으로 외관을 만들고 쇠를 녹여 틈을 막을지라도 또한 꺼낼 틈이 생길 것입니다. 그러나 그런 물건을 넣어두지 않으면 비록 석관을 쓰지 않을지라도 또 무슨 걱정을 할 필요가 있겠습니까?"

한문제가 칭송했다.

"실로 옳은 말이오."

이후 장석지를 정위로 삼았다. 얼마 후 한문제가 위수 중간에 있는 다리인 중위교中渭橋로 행차했다. 어떤 자가 다리 밑에서 뛰쳐나와 황상의 수레를 끄는 말을 놀라게 했다. 기병에게 명해 체포한 뒤 정위에게 넘겨 다스리도록 했다. 장석지가 심문하자 그 사람이 이같이 대답했다.

"저는 장안 사람인데 여기에 와서 제왕의 행차 때 길을 청소하고 통행을 금하는 경필警驆의 소리를 듣고는 서둘러 다리 아래에 몸을

● "모시와 솜으로 틈을 막고 다시 옻칠로 덮으면"의 원문은 "용저서착진用紵絮斵陳, 여칠기한漆其間"이다. 《사기집해》는 서광의 주를 인용해 착斵이 착錯으로 된 판본이 있다고 했다. 또 《한서음의》를 인용해 솜을 끊는 착서斵絮는 칠로 그 틈을 막는 것과 같은 뜻이라고 했다. 《사기색은》은 착진斵陳의 진陳을 낡은 솜인 진서陳絮로 풀이했다. 여絮는 꼭두서니를 뜻하는 말로 여기서는 달라붙게 한다는 뜻의 착著과 같다.

숨겼습니다. 한참이 지나 폐하가 이미 지나간 줄 알고 올라왔다가 황상의 승여乘輿와 거기車騎가 보이기에 곧바로 내달린 것입니다."

장석지가 그의 말에 의거해 형벌을 상주했다. 경필의 명을 위반했기에 벌금형에 처해야 한다는 내용이었다. 한문제가 화를 냈다.

"그자는 내 말을 놀라게 했소. 다행히 내 말의 성질이 온순했기에 망정이지 만일 다른 말 같았다면 실로 나를 다치게 하지 않았겠소? 그런데도 정위는 그 죄가 벌금형밖에 안 된다는 것이오!"

장석지가 대답했다.

"법은 황제가 천하인과 더불어 준수해야 하는 것입니다. 지금 법에 그같이 규정되어 있습니다. 고쳐서 가중 처벌하면 백성이 믿고 따를 수 없을 것입니다. 더구나 당시 황상이 그 자리에서 그를 참하라고 했으면 그만이었습니다. 그러나 이미 그를 정위에게 넘겼습니다. 정위는 천하의 법을 공정히 다스리는 자입니다. 한쪽으로 기울면 천하의 법 집행자들이 제각기 임의로 무겁거나 가볍게 할 것입니다. 그러면 백성은 어디에 편히 손발을 두겠습니까? 폐하는 밝게 살피십시오."

한참 뒤 한문제가 말했다.

"정위는 응당 이와 같아야 한다."

•• 張廷尉釋之者, 堵陽人也, 字季. 有兄仲同居. 以訾爲騎郎, 事孝文帝, 十歲不得調, 無所知名. 釋之曰, "久宦減仲之産, 不遂." 欲自免歸. 中郎將袁盎知其賢, 惜其去, 乃請徒釋之補謁者. 釋之既朝畢, 因前言便宜事. 文帝曰, "卑之, 毋甚高論, 令今可施行也." 於是釋之言秦漢之閒事, 秦所以失而漢所以興者久之. 文帝稱善, 乃拜釋之爲謁者僕射. 釋之從行, 登虎圈. 上問上林尉諸禽獸簿, 十餘問, 尉左右視, 盡不能對. 虎圈嗇夫從旁代尉對上所問禽獸簿甚悉, 欲以觀其能口對響應無窮者. 文帝曰, "吏不當若是邪? 尉無賴!" 乃詔釋之拜嗇夫爲上林令. 釋之久之前曰, "陛下以絳侯周勃何如人也?" 上曰, "長者也." 又復問, "東陽侯張相如何如人也?" 上復曰, "長者." 釋之曰, "夫絳侯·東陽侯稱爲長者, 此兩人言事曾不能出口, 豈斅此嗇夫諜諜利口捷給哉! 且秦以任刀筆之吏, 吏爭以亟疾苛察相高, 然其敝徒文具耳, 無惻隱之實. 以故不聞其過, 陵遲而至於二世, 天下土崩. 今陛下以嗇夫口辯而超遷之, 臣恐天下隨風靡靡, 爭爲口辯而無其實. 且下之化上疾於景響, 擧錯不可不審也." 文帝曰, "善." 乃止不拜嗇夫. 上就車, 召釋之參乘, 徐行, 問釋之秦之敝. 具以質言. 至宮, 上拜釋之爲公車令. 頃之, 太子與梁王共車入朝, 不下司馬門, 於是釋之追止太子·梁王無得入殿門. 遂劾不下公門不敬, 奏之. 薄太后聞之, 文帝免冠謝曰, "敎兒子不謹." 薄太后乃使使承詔赦太子·梁王, 然后得入. 文帝由是奇釋之, 拜爲中大夫. 頃之, 至中郎將. 從行至霸陵, 居北臨廁. 是時愼夫人從, 上指示愼夫人新豐道, 曰, "此走邯鄲道也." 使愼夫人鼓瑟, 上自倚瑟而歌, 意慘悽悲懷, 顧謂羣臣曰, "嗟乎! 以北山石爲椁, 用紵絮斮陳, 蕠漆其閒, 豈可動哉!" 左右皆曰, "善." 釋之前進曰, "使其中有可欲者, 雖錮南山猶有郤; 使其中無可欲者, 雖無石椁, 又何戚焉!" 文帝稱善. 其後拜釋之爲廷尉. 頃之, 上行出中渭橋, 有一人從橋下走出, 乘輿馬驚. 於是使騎捕, 屬之廷尉. 釋之治問. 曰, "縣人來, 聞蹕, 匿橋下. 久之, 以爲行已過, 卽出, 見乘輿車騎, 卽走耳." 廷尉奏當, 一人犯蹕, 當罰金. 文帝怒曰, "此人親驚吾馬, 吾馬賴柔和, 令他馬, 固不敗傷我乎? 而廷尉乃當之罰金!" 釋之曰, "法者天子所與天下公共也. 今法如此而更重之, 是法不信於民也. 且方其時, 上使立誅之則已. 今旣下廷尉, 廷尉, 天下之平也, 一傾而天下用法皆爲輕重, 民安所措其手足? 唯陛下察之." 良久, 上曰, "廷尉當是也."

이후 어떤 자가 한고조 사당 안에서 신좌神座 앞에 있는 옥환玉環을 훔치다가 체포되었다. 한문제가 대로해 정위에게 넘겨주며 의법으로 처리하게 했다. 장석지가 종묘 안의 의복과 기물을 훔친 자를 처벌하는 조문에 의거해 기시형에 처해야 한다고 주청했다. 한문제가 대로했다.

"그자는 무도한 짓을 했소. 선제 사당의 기물을 훔친 것이 그렇소. 짐이 사안을 그대에게 넘긴 것은 그 일족을 멸족할 것으로 믿었기 때문이오. 그대는 오히려 기시형에 해당한다고 주청하니 이는 종묘를 공경히 받들고자 하는 짐의 취지와 다르오."

장석지가 모자를 벗고 머리를 조아리며 사죄했다.

"법에 따르면 이같이 하는 것으로 족합니다. 죄가 같아도 경중에 따라 차이가 있어야 합니다. 지금 종묘의 물건을 훔쳤다는 이유로 일족을 멸하면 어리석은 백성이 한고조의 능묘인 장릉의 흙을 한 움큼 훔쳤을 때 폐하는 어떤 형벌을 내릴 것입니까?"

한문제는 한참 생각하더니 박태후와 이를 상의한 뒤 정위의 판결이 타당하다고 비준했다. 당시 중위인 조후條侯 주아부周亞夫와 양나라 승상인 산도후山都侯 왕염개王恬開는 장석지의 의론이 공정한 것을 보고 가까운 친구가 되었다. 이후 장석지가 천하 사람들의 칭송을 받았다. 이후 한문제가 죽고 태자 유계가 한경제로 즉위했다. 장석지는 한경제가 태자로 있을 때 양효왕 유무와 함께 수레를 타고 궁궐로 들어온 것을 처벌한 일로 인해 벌을 받지 않을까 두려운 나머지

병을 핑계로 휴가를 청했다. 사직을 생각하기도 했으나 그 경우 더 큰 벌을 받을까 겁이 났다. 궁궐로 들어가 사죄할까 생각했으나 결론을 내리지 못했다. 결국 왕생王生의 계책을 받아들여 배견하는 자리에서 사죄했다. 한경제가 책망하지 않았다. 왕생은 황로학에 뛰어난 처사處士였다. 일찍이 그는 부름을 받고 입궐한 적이 있었다. 삼공과 구경 대신이 모두 모여 있었다. 왕생은 노인이었는데 문득 이같이 말했다.

"내 버선 대님이 풀어졌네."

그러고는 머리를 돌려 정위 장석지를 바라보며 말했다.

"내 버선 대님 좀 매주시게!"

장석지가 꿇어앉아 버선 대님을 매주었다. 어떤 자가 왕생에게 물었다.

"어찌해서 조정에서 정위에게 모욕을 주어 꿇어앉아 버선 대님을 매도록 했습니까?"

왕생이 말했다.

"나는 늙고 비천해 아무리 생각해도 장 정위에게 도움을 줄 길이 없었소. 장 정위는 지금 천하의 명신으로 소문이 나 있소. 그가 잠시 꿇어앉아 내 버선 대님을 매는 욕을 보임으로써 그의 명성을 더욱 높여주려고 그리한 것이오."

공경이 모두 이 이야기를 듣고는 왕생이 현명하다고 칭송하며 장석지를 존경했다. 정위 장석지는 한경제를 1년여 동안 섬기다가 회남왕의 승상이 되었다. 이는 전에 한경제에게 죄를 지은 결과다. 얼마 후 장석지가 죽었다. 아들 장지張摯는 자가 장공長公이다. 벼슬이 대부까지 이르렀다가 면직되었다. 당세에 영합하려 들지 않았기에 종신토록 벼슬하지 않았다.

●● 其後有人盜高廟坐前玉環, 捕得, 文帝怒, 下廷尉治. 釋之案律盜
宗廟服御物者爲奏, 奏當棄市. 上大怒曰, "人之無道, 乃盜先帝廟器,
吾屬廷尉者, 欲致之族, 而君以法奏之, 非吾所以共承宗廟意也." 釋之
免冠頓首謝曰, "法如是足也. 且罪等, 然以逆順爲差. 今盜宗廟器而族
之, 有如萬分之一, 假令愚民取長陵一抔土, 陛下何以加其法乎?" 久
之, 文帝與太后言之, 乃許廷尉當. 是時, 中尉條侯周亞夫與梁相山都
侯王恬開見釋之持議平, 乃結爲親友. 張廷尉由此天下稱之. 後文帝
崩, 景帝立, 釋之恐, 稱病. 欲免去, 懼大誅至, 欲見謝, 則未知何如. 用
王生計, 卒見謝, 景帝不過也. 王生者, 善爲黃老言, 處士也. 嘗召居廷
中, 三公九卿盡會立, 王生老人, 曰, "吾韤解." 顧謂張廷尉, "爲我結
韤!" 釋之跪而結之. 旣已, 人或謂王生曰, "獨奈何廷辱張廷尉, 使跪結
韤?" 王生曰, "吾老且賤, 自度終無益於張廷尉. 張廷尉方今天下名臣,
吾故聊辱廷尉, 使跪結韤, 欲以重之." 諸公聞之, 賢王生而重張廷尉.
張廷尉事景帝歲餘, 爲淮南王相, 猶尙以前過也. 久之, 釋之卒. 其子曰
張摯, 字長公, 官至大夫, 免. 以不能取容當世, 故終身不仕.

풍당열전

풍당은 조부가 조나라 장군이다. 부친은 대나라로 옮겨와 재상을
지냈다. 한나라가 들어선 후 안릉으로 거처를 옮겼다. 풍당은 효행으
로 이름이 났다. 상림원을 관할하는 중랑서中郎署의 장으로 천거되어
한문제를 섬겼다. 한문제가 수레를 타고 중랑서를 지나갈 때 풍당에

게 물었다.

"그대는 늙은 나이에 어떻게 낭관이 되었소? 집은 어디에 있소?"

풍당이 사실대로 말하자 한문제가 말했다.

"내가 대나라에 머무를 때 나의 식사를 담당한 상식감尙食監 고거高祛는 누차 나에게 조나라 장수 이제李齊의 현명함을 칭송했소. 거록성鉅鹿城 아래서 악전고투한 이야기들을 들려준 것이 그렇소. 나는 식사를 할 때마다 이제가 거록성 아래서 악전고투한 일을 생각하오. 그대는 이제라는 사람을 알고 있소?"

풍당이 대답했다.

"그러나 그는 염파廉頗와 이목李牧 같은 명장은 아닙니다."

한문제가 물었다.

"왜 그렇소?"

풍당이 대답했다.

"저의 조부는 조나라에 있을 때 장수로 있으면서 이목과 절친했고, 저의 부친 또한 대나라의 재상으로 있을 때 조나라 장수 이제와 가까이 지냈습니다. 그렇기에 그들의 사람됨을 잘 알고 있습니다."

한문제는 풍당이 염파와 이목에 관해 이야기하는 것을 듣고는 크게 기뻐한 나머지 허벅지를 치며 이같이 탄식했다.

"아, 나는 어째서 염파나 이목 같은 사람을 얻지 못한 것인가? 만일 그랬다면 어찌 흉노를 두려워할 리 있겠는가?"

풍당이 말했다.

"황송하나* 폐하는 염파나 이목을 얻을지라도 쓰지 못할 것입니다."

● "황송하나"의 원문은 "주신主臣"이다. 《사기색은》은 악언樂彦의 주를 인용해 풀이하기를, "신하가 앞으로 나서 진언할 때 '주신'을 칭한다. 마치 상서문에 통상적으로 '죽음을 무릅쓰

한문제가 화를 내고 일어나 궁궐로 돌아갔다. 한참 뒤 풍당이 조현하자 풍당을 안으로 불러들려 꾸짖었다.

"공은 어찌해서 많은 사람들 앞에서 나를 모욕한 것이오? 조용할 때 말할 수는 없었던 것이오?"

풍당이 사죄했다.

"소인이 미천해 가릴 줄을 몰랐습니다."

당시 흉노가 조나현朝邢縣을 침공해 북지北地의 도위 손앙孫卬을 살해했다. 한문제는 흉노가 쳐들어올 것을 생각하다가 이내 이전 일이 생각나 다시 풍당에게 물었다.

"공은 내가 염파와 이목과 같은 인물을 쓸 수 없다는 것을 어떻게 알았소?"

풍당이 대답했다.

"신이 듣건대 상고시대 군왕은 장수를 출정시킬 때 친히 꿇어앉아 수레를 밀며 말하기를, '궁궐 안[闕內]의 일은 내가 처리할 터이니, 궁궐 밖[闕外]의 일은 장군이 처리토록 하라'고 했습니다. 이는 빈말이 아닙니다. 제 조부의 언급에 따르면 이목은 조나라에서 병사들을 이끌고 변경을 지킬 때 군중에 둔 교역시장[軍市]에서 거둔 조세를 모두 병사를 기르는 데 썼습니다. 상사賞賜 모두 장군 이목이 결정했고, 조정은 일절 관여하지 않았다고 합니다. 이목에게 중임을 맡긴 만큼 책임지고 일을 이루게 한 것입니다. 이목이 자신의 지혜와 재능을 다한 이유입니다. 조정에서는 그에게 선발된 마부가 부리는 수레[選

고'의 뜻인 매사昧死를 사용하는 것과 같다"고 했다. 사마정은 《사기색은》에서 삼국시대 당시 격문에서 조씨의 조상까지 거론한 배경을 묻는 위무제 조조曹操의 질문에 진림陳琳이 상투적인 어구인 주신을 언급하며 그 이유를 설명한 사례가 있다.

車 1,300승, 활을 잘 쏘는 기병 1만 3,000기騎, 정예병 10만 명을 보냈습니다. 이런 군사를 이끌고 북쪽으로 흉노의 선우를 격퇴하고, 동호東胡를 물리치고, 담림澹林을 멸했습니다. 또 서쪽으로 강한 진나라를 억눌렀고, 남쪽으로 한나라와 위나라에 대항할 수 있었습니다. 이같이 되자 조나라는 거의 천하를 호령하는 패주霸主가 된 듯했습니다.

이후 공교롭게 조왕 천遷이 즉위했습니다. 그의 생모는 원래 거리에서 노래를 부르며 돈을 번 창우倡優 출신입니다. 조왕 천은 즉위 후 총신인 곽개郭開의 참언讒言을 듣고 마침내 이목을 주살하고, 안취顔聚에게 이목을 대신토록 했습니다. 결국 조나라 군사는 패해 달아나고, 그는 진나라의 포로가 되었고, 조나라는 멸망했습니다.

지금 신이 듣건대 위상魏尙은 운중雲中 태수로 있을 때 군중에 둔 교역시장에서 거둔 세금을 모두 병사들을 배불리 먹이는 데 쓰고, 자신의 녹봉으로 닷새마다 소를 잡아 빈객과 군리 및 친한 속관 들을 청해 연회를 베푼다고 합니다. 덕분에 흉노가 멀리 숨은 채 감히 운중 요새에 접근하지 못했다고 합니다. 흉노가 한 번 침입했는데 위상이 거기를 이끌고 가 반격해 죽인 적군이 매우 많았다고 합니다. 병사는 모두 평민의 자식들로 평소 밭에서 일하다가 종군했다고 합니다. 이들이 어떻게 적의 수급을 나무판 위에 기록하는 척적尺籍과 부대 병사를 다섯 명씩 대오를 만들어 서로 감시하게 하는 오부伍符 등의 군법을 알겠습니까?

지금 보면 종일 힘껏 싸워 적의 목을 베고 포로를 생포해 장군이 머무는 막부幕府에 보고할 때 한마디라도 사실에 부합치 않으면 사법관인 문리들이 법에 의거해 제재를 가하고 있습니다. 공을 세운 자들이 상을 받지 못하고, 문리가 받드는 법은 반드시 집행되는 이유입니다. 신의 어리석은 생각으로는 폐하의 법령이 지나치게 엄격한 탓에 상은 인색하고, 벌은 무겁습니다. 운중 태수 위상의 보고에서 단지 적의 수급이 여섯 명밖에 차이가 나지 않았는데도 폐하는 곧바로 사법관에게 넘겨 죄를 다스리며 작위를 박탈하고, 1년의 도형徒刑에 처했습니다. 폐하가 설령 염파나 이목을 얻을지라도 제대로 쓸 수 없다고 말한 것은 이 때문입니다. 실로 어리석은 탓에 기휘忌諱를 범했으니 죽어 마땅합니다!"

한문제가 이 이야기를 듣고는 크게 기뻐했다. 그날로 풍당을 시켜 부절을 가지고 가 위상을 사면토록 한 뒤 다시 운중 태수에 임명했다. 이어 풍당을 거기도위車騎都尉에 임명해 중위와 각 군국의 병거를 모는 전사戰士를 총괄하게 했다. 한문제 후 7년, 한문제가 죽고 한경제가 즉위했다. 풍당을 초나라 승상에 임명했으나 얼마 후 면직되었다. 한무제가 즉위한 후 널리 현량을 불러들였다. 여기에 풍당도 천거되었다. 그러나 당시 그의 나이는 이미 거의 아흔이었다. 더는 관직을 맡을 수 없었다. 대신 그의 아들 풍수馮遂에게 낭관의 자리를 맡게 했다. 풍수는 자가 왕손王孫이다. 그 또한 걸출한 인재로, 나 사마천과 친하게 지낸 바 있다.

●● 馮唐者, 其大父趙人. 父徙代. 漢興徙安陵. 唐以孝著, 爲中郎署長, 事文帝. 文帝輦過, 問唐曰, "父老何自爲郎? 家安在?" 唐具以實對. 文帝曰, "吾居代時, 吾尙食監高袪數爲我言趙將李齊之賢, 戰於鉅鹿下. 今吾每飯, 意未嘗不在鉅鹿也. 父知之乎?" 唐對曰, "尙不如廉頗·李牧之爲將也." 上曰, "何以?" 唐曰, "臣大父在趙時, 爲官卒率將, 善李牧. 臣父故爲代相, 善趙將李齊, 知其爲人也." 上旣聞廉頗·李牧爲人, 良說, 而搏髀曰, "嗟乎! 吾獨不得廉頗·李牧時爲吾將, 吾豈憂匈奴哉!"唐曰, "主臣! 陛下雖得廉頗·李牧, 弗能用也." 上怒, 起入禁中. 良久, 召唐讓曰, "公奈何衆辱我, 獨無閒處乎?" 唐謝曰, "鄙人不知忌諱." 當是之時, 匈奴新大入朝邢, 殺北地都尉卬. 上以胡寇爲意, 乃卒復問唐曰, "公何以知吾不能用廉頗·李牧也?" 唐對曰, "臣聞上古王者之遣將也, 跪而推轂, 曰, '閫以內者, 寡人制之, 閫以外者, 將軍制之.' 軍功爵賞皆決於外, 歸而奏之. 此非虛言也. 臣大父言, 李牧爲趙將居邊, 軍市之租皆自用饗士, 賞賜決於外, 不從中擾也. 委任而責成功, 故李牧乃得盡其智能, 遣選車千三百乘, 彀騎萬三千, 百金之士十萬, 是以北逐單于, 破東胡, 滅澹林, 西抑彊秦, 南支韓·魏. 當是之時, 趙幾霸. 其後會趙王遷立, 其母倡也. 王遷立, 乃用郭開讒, 卒誅李牧, 令顏聚代之. 是以兵破士北, 爲秦所禽滅. 今臣竊聞魏尙爲雲中守, 其軍市租盡以饗士卒, 出私養錢, 五日一椎牛, 饗賓客軍吏舍人, 是以匈奴遠避, 不近雲中之塞. 虜曾一入, 尙率車騎擊之, 所殺甚衆. 夫士卒盡家人子, 起田中從軍, 安知尺籍伍符. 終日力戰, 斬首捕虜, 上功莫府, 一言不相應, 文吏以法繩之. 其賞不行而吏奉法必用. 臣愚, 以爲陛下法太明, 賞太輕, 罰太重. 且雲中守魏尙坐上功首虜差六級, 陛下下之吏, 削其爵, 罰作之. 由此言之, 陛下雖得廉頗·李牧, 弗能用也. 臣誠愚, 觸忌諱, 死罪死罪!" 文帝說. 是日令馮唐持節赦魏尙, 復以爲雲中守, 而拜唐爲車騎都尉, 主中尉及郡國車士. 七年, 景帝立, 以唐爲楚相, 免. 武帝立, 求賢良, 擧馮唐. 唐時年九十餘, 不能復爲官, 乃以唐子馮遂爲郎. 遂字王孫, 亦奇士, 與余善.

태사공은 평한다.

"장석지가 장자長者를 언급한 것은 법을 지키며 황상의 뜻에 아부하지 않은 것이다. 또 풍당이 장수를 언급한 것은 실로 깊은 맛이 있구나! 실로 깊은 맛이 있구나! 전하는 말에 이르기를, '그 사람을 모르면 그 친구를 보라'고 했다. 장석지와 풍당 두 사람을 칭송한 말은 조정인 낭묘廊廟에 기록해둘 만하다. 《서경》에 이르기를, '한쪽에 치우치지도 않고 파당도 없는 덕분에[不偏不黨] 성왕의 왕도는 넓고 크다[王道蕩蕩]. 파당도 없고 한쪽에 치우치지도 않는 덕분에[不黨不偏] 성왕의 왕도는 끝없이 평온하다[王道便便]'고 했다.● 장석지와 풍당 모두 이에 가깝다."

●● 太史公曰, "張季之言長者, 守法不阿意, 馮公之論將率, 有味哉! 有味哉! 語曰, '不知其人, 視其友.' 二君之所稱誦, 可著廊廟. 書曰, '不偏不黨, 王道蕩蕩, 不黨不偏, 王道便便.' 張季·馮公近之矣."

● 《서경》〈홍범洪範〉에는 "무편무당無偏無黨, 왕도탕탕王道蕩蕩, 무당무편無黨無偏, 왕도평평王道平平"으로 되어 있다.

만석장숙열전

萬石張叔列傳

〈만석장숙열전萬石張叔列傳〉은 석분石奮을 위시해 처신에 능했던 위관衛綰과 직불의直不疑·주인周仁·장숙張叔 등의 사적을 덧붙인 합전合傳에 해당한다. 석분은 충성심과 근면으로 만석의 재산을 받아 만석군萬石君이라는 호를 얻었다. 그의 네 아들 모두 2,000석의 관원으로 활약하며 충성과 근면으로 명성을 떨쳤다. 이들의 녹봉을 모두 합칠 경우 1만 석에 달해 만석군이라는 칭송을 얻게 된 것이다. 석분이 아흔여덟 살의 나이로 죽자 장남도 너무 애통한 나머지 1년여 뒤 죽었다. 막내 석경은 재상이 되었다. 충실하게 법을 지키고 매사에 신중했지만 큰 경륜이 없어 커다란 족적을 남기지는 못했다.

위관은 승상의 자리에 이르기까지 어떤 뛰어난 계책을 제안한 적이 없다. 그러나 한경제는 성실한 그의 행보를 칭송하며 존중했다. 직불의는 명성을 세우는 것을 좋아하지 않아 당대의 사람들로부터 장자長者라는 칭송을 들었다. 노자의《도덕경》을 열심히 익힌 결과다. 주인은 낭중령으로 있으면서 늘 낡은 옷을 입고 다니는 등 한결같은 모습을 보였다. 한경제가 침실에서 후궁과 노닐 때도 그 곁에 있었던 이유다. 장숙은 한문제·한경제·한무제 등 3대를 섬겼다. 한무제 때 어사대부에 제수되었다. 그는 관원이 된 후 단 한 번도 남을 죄로 다스릴 것을 주청한 적이 없다.

사마천은 위관·직불의·주인·장숙 모두 황제의 총애를 입은 점에 주목했다. 그들의 처신을 높이 평가한 이유다. 유가儒家의 예절을 철저히 실천해 황제의 총애를 받은 석분과 하등 다를 것이 없다. 사마천이 이들의 사적을 석분과 하나로 묶어 〈만석장숙열전〉을 편제한 것도 이런 맥락에서 이해할 수 있다.

석분열전

만석군의 이름은 분奮이다. 그의 부친은 조나라 출신으로 성은 석石이다. 조나라가 패망하자 온溫 땅으로 옮겨와 살았다. 한고조 유방이 동쪽으로 항우를 치기 위해 하내를 지난 적이 있다. 당시 석분은 열다섯의 미천한 소리小吏로 있으면서 유방을 모셨다. 유방은 그와 이야기할 때 그의 공경하는 모습을 좋아해 이같이 물었다.

"집에는 누가 있는가?"

석분이 대답했다.

"모친만 계신데 불행히도 앞을 보지 못하시고, 집안은 가난합니다. 누이가 한 명 있는데 거문고를 잘 탑니다."

유방이 물었다.

"그런데도 나를 따를 수 있겠는가?"

석분이 대답했다.

"힘을 다해 모시겠습니다."

당시 한고조 유방은 그의 누이를 불러 미인美人으로 삼았다. 또 석분을 중연에 임명해 상서문과 알현을 관장하게 하고, 후비의 친정이 몰려 사는 장안성 내 척리戚里로 거처를 옮기게 했다. 누이가 미인이 된 것에 따른 조치였다. 그의 관직은 많은 공을 쌓은 덕분에 한문제 때 태중대부에 이르게 되었다. 문재文才나 학문은 없었지만 공경스럽고 신중한 처신만큼은 당대에 견줄 만한 자가 없었다[恭謹無比]. 한문제 때 태자태부로 있던 동양후 장상여가 면직되자 후임을 뽑고자 했다. 모두 석분을 천거했다. 석분이 태자태부가 된 배경이다. 한경제는 즉위 후 그를 구경으로 삼았다. 그가 당대에 견줄 만한 자가 없다는 자세로 접근하자 한경제가 크게 꺼렸다. 제후국의 재상으로 내보 낸 이유다. 석분의 맏아들은 석건石建, 둘째 아들은 석갑石甲, 셋째 아 들은 석을石乙, 넷째 아들은 석경石慶이다. 모두 품행이 선량하고, 부 모에게 효성스럽고, 일처리가 신중했다. 관직은 모두 2,000석의 자리 에 올랐다. 하루는 한경제가 이같이 칭송했다.

"석분과 네 아들 모두 2,000석의 자리에 해당한다. 신하가 얻을 수 있는 존총尊寵(높은 사람이 베푸는 총애)이 모두 그 집안에 집중되어 있다."

그러고는 석분을 곧 자식의 녹봉과 합칠 경우 1만 석이 넘는다는 취지로 만석군이라고 불렀다. 한경제 말년에 만석군 석분은 상대부 上大夫 녹봉을 받으며 늙었다는 이유로 관직을 사직하고 귀향했다. 세시歲時 때는 대신의 자격으로 조회에 참여해 황제를 알현했다.

그는 궐문을 지날 때마다 반드시 수레에서 내려 걸어 들어갔다. 황제의 어가 행렬[輅馬]을 보면 반드시 수레의 앞쪽에 설치한 횡목을 잡고 몸을 굽혀 경의를 표했다. 후손이 소리가 되어 인사를 올리러 오면 만석군은 반드시 조복을 입은 채 만났고, 이름을 부르지 않았 다. 후손에게 잘못이 있으면 책망하지 않고 옆방에 앉아 밥상을 대 해도 먹지 않았다. 자손들이 서로 꾸짖고 나이 많은 아들이 육단으 로 사죄하며 잘못을 고치면 비로소 용서했다. 성년이 되어 관을 쓴 후손이 곁에 있으면 편히 쉴 때도 반드시 관을 쓰게 했다. 단정하고 엄숙한 태도를 지니게 하려는 취지다. 노복 또한 즐겁게 지내면서도 태도를 신중히 했다. 황상이 음식을 하사하면 반드시 예의를 갖추어 머리를 조아리고 부복俯伏한 자세로 먹었다. 그 모습이 마치 황상 앞 에 있는 것과 같았다. 그는 상을 당했을 때 몹시 비통해했다. 후손들 도 그의 가르침을 좇아 그와 똑같이 했다. 그의 집안은 효행과 신중함으로 각 군국에 명성을 떨쳤다. 성신誠信을 숭상하는 제나라와 노나라 땅의 유생 모두 스스로 그에 미치지 못한다는 사실을 인정했다.

한무제 건원 2년, 낭중령 왕장王臧이 유가의 학설을 실행하는 와중에 도가道家를 폄하한 탓에 두태후竇太后의 노여움을 사 하옥되었다. 두태후는 내심 유자 모두 겉치레에 힘써 실속이 없는데 석분의 집안만큼은 말 없이 행동으로 보여준다고 여겼다. 석분의 맏아들 석건을 낭중령, 막내아들 석경을 경사京師를 관장하는 내사에 임명한 이유다. 석건은 연로해 머리가 희었지만, 석분은 여전히 정정했다. 석건이 낭중령에 제수된 뒤 닷새마다 휴가를 얻어 귀가해 부친을 문안했다[歸謁]. 집에 오면 작은 방으로 들어가 몰래 시종에게 물어 부친의 속옷과 요강을* 가져오게 해 직접 깨끗이 세척한 뒤 건네주었다. 이 사실을 부친이 전혀 모르게 했는데, 늘 이와 같았다.

석건은 낭중령으로 일하면서 할 말이 있으면 곁에 있던 사람을 물리친 뒤 하고 싶은 말을 다했다. 그의 말은 한마디 한마디가 매우 간절했다. 그러나 조정에서 이야기할 때는 마치 말을 하지 못하는 사람 같았다. 황상이 늘 그를 아끼고 예우한 이유다.

석분은 도중에 집을 능리陵里로 거처를 옮겼다. 한번은 내사로 있던 막내아들 석경이 술에 취해 돌아왔는데 마을 외문外門을 들어와서도 수레에서 내리지 않았다. 석분은 이 소식을 듣자 밥을 먹지 않았다. 석경이 두려운 나머지 육단하며 죄를 청했으나 용서하지 않았다. 일족과 맏아들 석건 등이 육단하며 죄를 청하자 이같이 책망했다.

• "부친의 속옷과 요강"의 원문은 "친중군측親中帬廁牏"다. 중군中帬은 통치마 내지 속옷을 뜻한다. 군帬은 군裙과 같다. 측투廁牏는 변기를 말한다.

"내사는 존귀한 까닭에 마을에 들어오면 마을 장로조차 길을 피해 숨는다. 그렇다고 내사가 수레 안에 태연히 앉아 있는 것이 실로 당연한 일인가!"

그러고는 오히려 석경에게 길을 피하도록 주문했다. 이후 석경과 모든 자식들은 마을 안으로 들어서면 잰걸음으로 걸어서 집으로 들어왔다.

●● 萬石君名奮, 其父趙人也, 姓石氏. 趙亡, 徙居溫. 高祖東擊項籍, 過河內, 時奮年十五, 爲小吏, 侍高祖. 高祖與語, 愛其恭敬, 問曰, "若何有?" 對曰, "奮獨有母, 不幸失明. 家貧. 有姊, 能鼓琴." 高祖曰, "若能從我乎?" 曰, "願盡力." 於是高祖召其姊爲美人, 以奮爲中涓, 受書謁, 徙其家長安中戚里, 以姊爲美人故也. 其官至孝文時, 積功勞至大中大夫. 無文學, 恭謹無與比. 文帝時, 東陽侯張相如爲太子太傅, 免. 選可爲傅者, 皆推奮, 奮爲太子太傅. 及孝景卽位, 以爲九卿, 迫近, 憚之, 徙奮爲諸侯相. 奮長子建, 次子甲, 次子乙, 次子慶, 皆以馴行孝謹, 官皆至二千石. 於是景帝曰, "石君及四子皆二千石, 人臣尊寵乃集其門." 號奮爲萬石君. 孝景帝季年, 萬石君以上大夫祿歸老于家, 以歲時爲朝臣. 過宮門闕, 萬石君必下車趨, 見路馬必式焉. 子孫爲小吏, 來歸謁, 萬石君必朝服見之, 不名. 子孫有過失, 不譙讓, 爲便坐, 對案不食. 然後諸子相責, 因長老肉袒固謝罪, 改之, 乃許. 子孫勝冠者在側, 雖燕居必冠, 申申如也. 僮僕訢訢如也, 唯謹. 上時賜食於家, 必稽首俯伏而食之, 如在上前. 其執喪, 哀戚甚悼. 子孫遵敎, 亦如之. 萬石君家以孝謹聞乎郡國, 雖齊魯諸儒質行, 皆自以爲不及也. 建元二年, 郞中令王臧以文學獲罪. 皇太后以爲儒者文多質少, 今萬石君家不言而躬行, 乃以長子建爲郞中令, 少子慶爲內史. 建老白首, 萬石君尚無恙. 建

爲郎中令, 每五日洗沐歸謁親, 入子舍, 竊問侍者, 取親中帬厠牏, 身自
浣滌, 復與侍者, 不敢令萬石君知, 以爲常. 建爲郎中令, 事有可言, 屏
人恣言, 極切, 至廷見, 如不能言者. 是以上乃親尊禮之. 萬石君徙居陵
里. 內史慶醉歸, 入外門不下車, 萬石君聞之, 不食. 慶恐, 肉袒請罪, 不
許. 擧宗及兄建肉袒, 萬石君讓曰, "內史貴人, 入閭里, 里中長老皆走
匿, 而內史坐車中自如, 固當!" 乃謝罷慶. 慶及諸子弟入里門, 趨至家.

한무제 원삭 5년, 석분이 죽었다. 장남인 낭중령 석건은 통곡하며
몹시 비통해했다. 지팡이를 의지해야 겨우 걸을 정도였다. 1년여 뒤
석건도 죽었다. 후손들 모두 효심이 깊었지만 석건이 가장 깊었다.
그는 석분을 능가할 정도였다. 석건이 낭중령이 된 후 어떤 일로 상
주했다. 황상의 결재를 거쳐 회신이 내려왔다. 석건이 글을 읽더니
이같이 말했다.

"아, 글자를 잘못 썼다! 마馬 자는 아래에 꼬리를 표시한 획을 포함
해 반드시 5획이 되어야 한다. 그런데 지금 4획만 있어 1획이 모자라
다. 폐하가 책망하면 죽어야 한다!"

그러고는 매우 송구스러워하며 전전긍긍했다. 그가 삼가고 조심
하는 것이 설령 자잘한 일일지라도 모두 이와 같았다. 석분의 막내
아들 석경은 태복으로 있을 때 황제의 수레를 몰고 외출한 적이 있
다. 황상이 물었다.

"이 수레를 끄는 말은 모두 몇 마리인가?"

석경이 채찍으로 말의 수를 차례로 센 뒤 손을 들고 대답했다.

"여섯 마리입니다."

석경은 여러 형제 가운데 예절에 까다롭지 않아 가장 무난한 편인

데도 이와 같았다. 그가 제나라 승상이 되자 제나라 백성 모두 석경 집안의 덕행을 사모했다. 굳이 말을 하지 않아도 제나라가 잘 다스려진 이유다. 제나라 백성들이 그를 위해 석상사石相祠를 건립했다.

한무제 원수 원년, 한무제가 태자를 세운 뒤 신하 가운데 태자의 스승이 될 만한 자를 뽑았다. 석경이 패군沛郡 태수로 있다가 태자태부가 되었다. 7년 뒤 어사대부로 승진했다. 한무제 원정 5년 가을, 승상 조주가 죄를 범해 파면되었다. 한무제가 어사에게 조서를 내렸다.

> 만석군은 선제가 존중한 인물이고, 그 후손 또한 모두 효성스럽다. 어사대부 석경을 승상에 제수하고, 목구후牧丘侯에 봉한다.

당시 한나라는 마침 남쪽으로 양월兩越을 벌하고, 동쪽으로 조선朝鮮을 치고, 북쪽으로 흉노를 추격하고, 서쪽으로 대원大宛을 토벌할 때였다. 나라에 일이 많았다. 한무제는 천하를 순시하면서 상고 때의 신사神祠를 수리하고, 봉선封禪을 행하고, 예악禮樂을 일으켰다. 잇단 외정으로 재정이 어려워지자 상홍양桑弘羊 등이 재원을 찾아 나섰다. 왕온서王溫舒 능은 법을 엄격히 시행했고, 아관兒寬 등은 문학을 추앙했다. 이들의 관직은 구경에 이르렀고, 더욱이 번갈아 정권을 장악했다. 국가대사가 굳이 승상의 결재를 거치지 않고도 결정된 이유다. 승상 석경은 다만 충직하고 신중한 언행을 견지할 뿐이었다.

석경은 9년 동안 승상으로 있었지만 잘못된 것을 바로잡을 수 있는 어떤 말도 하지 않았다. 이는 그가 일찍이 황상의 근신近臣인 소충所忠과 구경인 감선咸宣*의 죄행을 탄핵하려다가 궁지에 몰린 사실과 무관치 않다. 당시 그는 이들의 죄를 다스려야 한다고 주청했다가 죄를 자백받기는커녕 오히려 무고죄로 몰려 벌금을 물고 속죄한 일이 있다.

한무제 원봉元封 4년, 함곡관 동쪽의 관동關東에 200만 명의 유민이 발생했다. 그 가운데 호적이 없는 자만 40만 명에 달했다. 공경대신들이 상의 끝에 유민들을 마치 귀양을 보내는 것처럼 변경 일대로 이주시킬 것을 주청하기로 했다. 한무제는 승상 석경이 연로한데다 지나치게 신중한 언행으로 인해 이런 일을 함께 논의하기 어렵다고 판단해 휴가를 주어 귀가토록 했다. 그러고는 어사대부 이하의 관원이 참여해 주청한 사안을 검토하게 했다. 승상 석경은 자신이 맡은 일을 제대로 수행치 못한 것이 부끄러워 이같이 상서했다.

신은 총애를 입어 승상의 직무를 수행하게 되었으나 능력이 부족해 치국에 도움을 줄 방법이 없습니다. 성곽과 창고는 텅 비었고, 백성 가운데 유민이 많아졌습니다. 이를 야기한 죄는 응당 엄벌에 처해야 합니다. 폐하는 차마 저를 처벌하지 못하고 있습니다. 청컨대 승상과 제후의 인수를 반납하고 귀향함으로써 현자에게 길을 열어주고자 합니다.

한무제가 말했다.

"창고는 텅 비고 백성은 먹을 것이 없어 떠돌고 있는데 그대가 그들의 변경 이주를 주청한 일로 인해 민심이 더욱 요동치고 있소. 사태를 이처럼 위태롭게 만들어놓고 사임한다니 그대는 이 어려운 국

● 《사기집해》는 복건의 주를 인용해 감선의 감宣은 음이 감손減損의 감減과 같다고 했다.

면을 누구에게 떠넘기려는 것이오?"

조서로 책망하자 석경이 매우 부끄러워하며 곧 조정으로 출근해 공무를 처리했다. 석경은 법률 조문에 대해서는 상세히 고찰하며 신중했지만, 백성을 위한 원대한 계책을 내지는 못했다. 이로부터 약 3년이 지난 한무제 태초 2년, 승상 석경이 죽었다. 시호는 염후恬侯였다. 석경의 둘째 아들은 석덕石德이다. 석경은 그를 매우 좋아했다. 한무제가 석덕을 석경의 후사로 삼아 작위를 잇게 했다. 이후 그는 태상이 되었다. 도중에 법을 어겨 참형을 당할 처지가 되었으나 결국 벌금을 내고 평민이 되었다. 석경이 승상으로 있을 때 자손이 모두 관원이 되었다. 2,000석까지 오른 관원은 모두 열세 명에 달했다. 석경 사후 점차 죄를 범해 벼슬에서 물러났고, 효성스럽고 삼가는 가풍도 갈수록 사라졌다.

●● 萬石君以元朔五年中卒. 長子郎中令建哭泣哀思, 扶杖乃能行. 歲餘, 建亦死. 諸子孫咸孝, 然建最甚, 甚於萬石君. 建爲郎中令, 書奏事, 事下, 建讀之, 曰, "誤書! '馬'者與尾當五, 今乃四, 不足一. 上譴死矣!" 甚惶恐. 其爲謹愼, 雖他皆如是. 萬石君少子慶爲太僕, 御出, 上問車中幾馬, 慶以策數馬畢, 擧手曰, "六馬." 慶於諸子中最爲簡易矣, 然猶如此. 爲齊相, 擧齊國皆慕其家行, 不言而齊國大治, 爲立石相祠. 元狩元年, 上立太子, 選羣臣可爲傅者, 慶自沛守爲太子太傅, 七歲遷爲御史大夫. 元鼎五年秋, 丞相有罪, 罷. 制詔御史, 萬石君先帝尊之, 子孫孝, 其以御史大夫慶爲丞相, 封爲牧丘侯." 是時漢方南誅兩越, 東擊朝鮮, 北逐匈奴, 西伐大宛, 中國多事. 天子巡狩海內, 修上古神祠, 封禪, 興禮樂. 公家用少, 桑弘羊等致利, 王溫舒之屬峻法, 兒寬等推文學至九卿, 更進用事, 事不關決於丞相, 丞相醇謹而已. 在位九歲, 無能有所匡言. 嘗欲請治上近臣所忠·九卿咸宣罪, 不能服, 反受其過, 贖罪.
元封四年中, 關東流民二百萬口, 無名數者四十萬, 公卿議欲請徙流民
於邊以適之. 上以爲丞相老謹, 不能與其議, 乃賜丞相告歸, 而案御史
大夫以下議爲請者. 丞相慙不任職, 乃上書曰, "慶幸得待罪丞相, 罷駑
無以輔治, 城郭倉庫空虛, 民多流亡, 罪當伏斧質, 上不忍致法. 願歸丞
相侯印, 乞骸骨歸, 避賢者路." 天子曰, "倉廩旣空, 民貧流亡, 而君欲
請徙之, 搖蕩不安, 動危之, 而辭位, 君欲安歸難乎?" 以書讓慶, 慶甚
慙, 遂復視事. 慶文深審謹, 然無他大略, 爲百姓言. 後三歲餘, 太初二
年中, 丞相慶卒, 諡爲恬侯. 慶中子德, 慶愛用之, 上以德爲嗣, 代侯. 後
爲太常, 坐法當死, 贖免爲庶人. 慶方爲丞相, 諸子孫爲吏更至二千石
者十三人. 及慶死後, 稍以罪去, 孝謹益衰矣.

위관열전

건릉후建陵侯 위관은 대나라 대릉大陵 출신이다. 그는 수레 위에서
펼치는 곡예인 희거戲車*로 낭관이 되어 한문제를 섬겼다. 공을 계속
쌓은 덕분에 중랑장으로 승진했다. 사람이 충직하고 온순하며[忠厚]
언행에 신중했다. 그러나 다른 재능은 없었다. 한경제가 태자였을 때
연회를 베풀어 황상 주변의 신하들을 부른 적이 있다. 위관은 병을
핑계로 가지 않았다.** 한문제가 임종 때 태자인 한경제에게 이같이

● 희거를 두고 《사기집해》는 수레를 좌우로 넘나들며 올라타는 재주로 풀이한 응소의 주와
수레의 바퀴 굴대[車軸]의 끝에서 재주를 부리는 역기예櫟機輗로 풀이한 여순의 주를 모두 인
용해놓았다.
●● 《사기집해》는 장안의 주를 인용해 한문제가 두 마음을 가지고 태자를 섬기는 것으로 오

부탁했다.

"위관은 충진하고 온순한 사람이다. 잘 대우해주도록 해라."

한문제가 죽자 한경제가 즉위했다. 한경제는 1년여 동안 위관을 전혀 책망하지 않았다. 위관은 계속 삼가며 온 힘을 다해 일했다. 하루는 한경제가 어가를 몰아 상림원으로 가면서 중랑장인 위관에게 동승토록 했다. 돌아올 때 물었다.

"그대는 동승한 이유를 아시오?"

위관이 대답했다.

"저는 수레를 타는 병사[車士]로 있으면서 총애를 받고 공을 쌓은 덕분에 중랑장이 된 까닭에 그 이유를 잘 알지 못합니다."

한경제가 재차 물었다.

"내가 태자였을 때 그대를 불렀건만 그대는 오지 않았소. 이는 무슨 까닭이었소?"

위관이 대답했다.

"죽을죄를 지었습니다. 사실 병이 나 그리했습니다."

한경제가 보검을 하사하자 위관이 말했다.

"선제가 하사한 보검만 이미 여섯 자루나 됩니다. 더는 감히 받을 수 없습니다."

한경제가 물었다.

"보검은 사람들이 가장 좋아하는 것으로 교환이나 매매가 가능하오. 지금까지 가지고 있다는 것이오?"

위관이 대답했다.

해할까 우려했기 때문이라고 풀이했다.

"모두 그대로 남아 있습니다."

한경제가 보검을 모두 가져오게 했다. 보검 모두 칼집에 그대로 있었고, 일찍이 사용한 흔적이 전혀 없었다. 그는 평소 휘하의 낭관이 잘못을 저지르면 자신이 그 책임을 졌다. 다른 중랑장과 다툰 적도 없고, 공이 있어도 다른 중랑장에게 양보했다. 한경제는 그가 청렴하고 충실한데다 다른 사념이 없는 것을 알고는 하간왕河間王의 태부太傅로 삼았다. 오초칠국의 난이 일어났을 때 위관을 장군으로 삼은 뒤 하간왕 휘하의 군사를 이끌고 가 오나라와 초나라를 치게 했다. 공을 세우자 중위에 임명했다.

이로부터 3년 뒤 다시 군공을 세운 덕에 한경제 전 6년에 건릉후에 봉해졌다. 이듬해인 한경제 전 7년, 한경제가 율희栗姬 소생의 태자를 폐출하고 태자의 외숙인 율경栗卿 등을 주살했다. 한경제는 위관이 장자長者인 까닭에 이런 문제를 논하는 데 적합지 않다고 판단해 휴가를 주어 집으로 돌아가게 했다. 그러고는 질도를 보내 율씨 일족을 체포해 처벌하게 했다. 처리가 끝나자 한경제는 훗날 한무제로 즉위하는 교동왕膠東王 유철劉徹을 태자로 세운 뒤 위관을 불러들여 태자태부로 삼았다. 오랜 시간이 지나 어사대부로 승진했다. 어사대부 승진 뒤 5년 만에 도후 유사를 대신해 승상이 되었다. 조정에서 정무를 보고할 때 직분에 부합하는 말만 했다. 당초 그는 관원이 된 이래 승상의 자리에 오를 때까지 어떤 계책을 주도적으로 제안한 적이 없다. 한경제는 그가 인정이 두텁고 후해 어린 태자 유철을 잘 보좌할 수 있다고 여겨 그를 존중하고 아꼈다. 많은 상을 내린 이유다.

그가 승상이 된 지 3년 만에 한경제가 죽고 태자 유철이 한무제로 즉위했다. 건원 연간에 그는 한경제가 병이 났을 때 여러 관원에 대한 옥사에서 무고한 사람이 죄에 연루된 경우가 많은 것은 승상의 직무를 다하지 못한 탓이라며 관직을 떠났다. 이후 위관이 죽고 아들 위신衛信이 작위를 이었다. 위신은 종묘제사를 위해 제후들로부터 거두어들인 이른바 주금酎金을 적게 내는 바람에 작위를 상실했다.

●● 建陵侯衛綰者, 代大陵人也. 綰以戲車爲郎, 事文帝, 功次遷爲中郎將, 醇謹無他. 孝景爲太子時, 召上左右飮, 而綰稱病不行. 文帝且崩時, 屬孝景曰, "綰長者, 善遇之." 及文帝崩, 景帝立, 歲餘不噍呵綰, 綰日以謹力. 景帝幸上林, 詔中郎將參乘, 還而問曰, "君知所以得參乘乎?" 綰曰, "臣從車士幸得以功次遷爲中郎將, 不自知也." 上問曰, "吾爲太子時召君, 君不肯來, 何也?" 對曰, "死罪, 實病!" 上賜之劍. 綰曰, "先帝賜臣劍凡六, 劍不敢奉詔." 上曰, "劍, 人之所施易, 獨至今乎?" 綰曰, "其在." 上使取六劍, 劍尙盛, 未嘗服也. 郎官有譴, 常蒙其罪, 不與他將爭, 有功, 常讓他將. 上以爲廉, 忠實無他腸, 乃拜綰爲河閒王太傅. 吳楚反, 詔綰爲將, 將河閒兵擊吳楚有功, 拜爲中尉. 三歲, 以軍功, 孝景前六年中封綰爲建陵侯. 其明年, 上廢太子, 誅栗卿之屬. 上以爲綰長者, 不忍, 乃賜綰告歸, 而使郅都治捕栗氏. 旣已, 上立膠東王爲太子, 召綰, 拜爲太子太傅. 久之, 遷爲御史大夫. 五歲, 代桃侯舍爲丞相, 朝奏事如職所奏. 然自初官以至丞相, 終無可言. 天子以爲敦厚, 可相少主, 尊寵之, 賞賜甚多. 爲丞相三歲, 景帝崩, 武帝立. 建元年中, 丞相以景帝疾時諸官囚多坐不辜者, 而君不任職, 免之. 其後綰卒, 子信代. 坐酎金失侯.

직불의열전

새후塞侯 직불의는 남양 출신으로 낭관이 되어 한문제를 섬겼다. 그와 같은 방을 쓰던 낭관 가운데 휴가를 얻어 귀가한 자가 있었다. 그가 실수로 같은 방을 쓰던 다른 낭관의 황금을 가지고 갔다. 얼마 후 황금의 주인은 황금이 사라진 것을 알고 멋대로 직불의를 의심했다. 직불의는 죄가 없음에도 사죄한 뒤 황금을 사서 돌려주었다. 이후 휴가를 얻어 귀가했던 사람이 돌아와 황금을 돌려주자 황금을 잃어버렸던 낭관이 크게 부끄러워했다. 이 일로 인해 직불의는 장자長者라는 칭송을 받게 되었다.

한문제가 발탁한 뒤 점차 승진해 태중대부에 이르게 되었다. 조정에서 한문제를 배견할 때 어떤 자가 그를 헐뜯었다.

"직불의는 용모가 매우 뛰어나지만 은밀히 형수와 정을 통하고 있습니다. 그를 어떻게 처리해야 할지 모르겠습니다."

직불의가 이런 말을 듣고는 이같이 중얼거렸다.

"나는 형이 없는데 무슨 말인가?"

그러고는 끝내 자신의 결백을 밝히려 들지 않았다. 오초칠국의 난이 일어났을 때 직불의는 2,000석 관원의 신분으로 군사를 이끌고 가 이들을 쳤다. 한경제 후 원년, 어사대부에 임명되었다. 한경제는 오초칠국의 난이 일어났을 때의 전공을 인정해 새후에 봉했다. 한무제의 건원 연간에는 승상 위관과 함께 죄를 지은 탓에 관직을 박탈당했다. 당시 직불의는《도덕경》에 조예가 깊었다. 직무를 수행하는 자세가 여느 관원과 달랐던 이유다. 그는 남이 자신의 치적을 알게 될까 두려워했다. 노자의 가르침을 좇아 명성을 떨치는 것을 좋아하지 않았다. 사람들이 그를 장자로 칭송한 것도 이 때문이다. 그가 죽자 아들 직상여直相如가 작위를 이었다. 손자 직망直望은 주금의 규정에 어긋나 작위를 상실했다.

●● 塞侯直不疑者, 南陽人也. 爲郎, 事文帝. 其同舍有告歸, 誤持同舍郎金去, 已而金主覺, 妄意不疑, 不疑謝有之, 買金償. 而告歸者來而歸金, 而前郎亡金者大慚, 以此稱爲長者. 文帝稱擧, 稍遷至太中大夫. 朝廷見, 人或毁曰, "不疑狀貌甚美, 然獨無奈其善盜嫂何也!" 不疑聞, 曰, "我乃無兄." 然終不自明也. 吳楚反時, 不疑以二千石將兵擊之. 景帝後元年, 拜爲御史大夫. 天子修吳楚時功, 乃封不疑爲塞侯. 武帝建元年中, 與丞相綰俱以過免. 不疑學老子言. 其所臨, 爲官如故, 唯恐人知其爲吏迹也. 不好立名稱, 稱爲長者. 不疑卒, 子相如代. 孫望, 坐酎金失侯.

주문열전

낭중령 주문周文은 원래 이름이 인仁이다. 그의 선조는 연주兗州의 임성任城 출신이다. 의술로 인해 한문제를 만나게 되었다. 한경제가 태자로 있을 때 태자사인에 임명되었다. 이후 공을 쌓으면서 점차 승진해 한문제의 치세 때 이미 태중대부에 이르게 되었다. 한경제가 막 즉위한 뒤 그를 낭중령에 임명했다. 주문은 신중하고 입이 무거워 남의 말을 옮기는 적이 없었다.● 늘 낡아서 기운 옷을 입거나 오

● "신중하고 입이 무거워 남의 말을 옮기는 적이 없었다"의 원문은 "음중불설陰重不泄"이다. 《사기집해》는 입이 무거운 것으로 풀이한 복건의 주와 자식을 낳지 못하는 것으로 해석한 장

줌으로 찌든 속옷을 입고 다니면서 깨끗이 빨 생각을 하지 않았다. 이로 인해 한경제의 총애를 받아 황제의 침실까지 드나들게 되었다. 후궁에서 비밀스러운 행위가 이루어질 때도 늘 한경제 곁에 있었다. 한경제가 죽을 때까지 낭중령으로 있었으나 끝내 다른 사람의 비밀을 말한 적이 없다. 한경제가 사람에 관해 물을 때마다 이같이 말할 뿐이었다.

"폐하가 친히 살피도록 하십시오."

그는 이처럼 남을 헐뜯으려고 하지 않았다. 한경제가 친히 두 번에 걸쳐 그의 집을 찾아간 이유다. 이후 그는 집을 양릉陽陵으로 옮겼다. 한경제가 하사한 물건이 매우 많았다. 그때마다 늘 사양하며 감히 받으려 하지 않았다. 제후와 군신들이 보내는 선물도 끝내 받지 않았다. 한무제는 즉위 후 선제의 신하인 점을 감안해 크게 중시했다. 마침내 병으로 벼슬을 그만둔 뒤 2,000석의 녹봉으로 귀향해 노후를 보냈다. 후손들 모두 높은 관직에 이르렀다.

●● 郎中令周文者, 名仁, 其先故任城人也. 以醫見. 景帝爲太子時, 拜爲舍人, 積功稍遷, 孝文帝時至太中大夫. 景帝初卽位, 拜仁爲郎中令. 仁爲人陰重不泄, 常衣敝補衣溺袴, 期爲不絜淸, 以是得幸. 景帝入臥內, 於後宮祕戲, 仁常在旁. 至景帝崩, 仁尙爲郎中令, 終無所言. 上時問人, 仁曰, "上自察之." 然亦無所毁. 以此景帝再自幸其家. 家徙陽陵. 上所賜甚多, 然常讓, 不敢受也. 諸侯羣臣賂遺, 終無所受. 武帝立, 以爲先帝臣, 重之. 仁乃病免, 以二千石祿歸老, 子孫咸至大官矣.

안의 주를 모두 실어놓았다.《사기색은》은 두 해석 모두 일리가 있다고 평했다. 바로 뒤의 문장에 오줌으로 찌든 속옷을 뜻하는 익고溺袴가 나오고, 후궁의 궁실을 무시로 드나들었다는 구절 등에 비추어 도중에 자식을 낳지 못하는 병에 걸린 것으로 추정된다.

장숙열전

어사대부 장숙은 원래 이름이 구歐다. 안구후安丘侯 장열張說의 서자庶子이기도 하다. 한문제 때 형명학을 공부한 덕에 태자를 섬기게 되었다. 비록 형명학을 공부했으나 오히려 장자長者의 모습을 보였다. 한경제 때 크게 존중되어 구경이 되었다.

한무제 원삭 4년, 한안국韓安國이 면직되자 한무제가 조서를 내려 그를 어사대부로 발탁했다. 그는 관원이 된 이후 다른 사람의 죄를 처벌해야 한다고 말한 적이 없다. 오직 자신의 직무에만 성실히 임했다. 속관들 모두 그를 장자로 여기면서 감히 크게 속일 생각을 하지 못했다. 옥사獄事를 처결할 때 다시 심리할 수 있는 것이면 반송하고, 그럴 수 없으면 부득이 결재하면서도 눈물을 흘리며 모두 읽은 뒤 밀봉했다. 그가 백성을 사랑하는 것이 이와 같았다. 그는 늙어서 병이 위독해지자 면직을 청했다. 천자가 특별히 면직을 허락한다는 책문策文을 내렸다. 상대부의 녹봉을 받으며 귀향 이후의 노후를 보내도록 배려한 것이다. 그의 집은 양릉에 있었다. 후손들 모두 높은 관직에 이르렀다.

●● 御史大夫張叔者, 名歐, 安丘侯說之庶子也. 孝文時以治刑名言事太子. 然歐雖治刑名家, 其人長者. 景帝時尊重, 常爲九卿. 至武帝元朔四年, 寒安國免, 詔拜歐爲御史大夫. 自歐爲吏, 未嘗言案人, 專以誠長者處官. 官屬以爲長者, 亦不敢大欺. 上具獄事, 有可卻, 卻之, 不可者, 不得已, 爲涕泣面對而封之. 其愛人如此. 老病篤, 請免. 於是天子亦策罷, 以上大夫祿歸老于家. 家於陽陵. 子孫咸至大官矣.

태사공은 평한다.

"공자孔子는 일찍이《논어》〈이인里人〉에서 말하기를, '군자는 말을 하는 데에는 어눌하나 행하는 데에는 민첩하다'고 했다. 이는 만석군 석분, 건릉후 위관, 어사대부 장숙 같은 사람을 언급한 것이 아니겠는가? 이들의 교화는 엄숙하지 않았지만 능히 공을 이룰 수 있었고, 정사 또한 엄격하지 않았지만 능히 잘 다스려질 수 있었다. 새후 직불의의 행보는 은밀하면서도 교묘했고, 낭중령 주문의 행보는 지나치게 공경스러웠다.• 군자들은 이들을 비웃었다. 이들의 언행이 아첨을 잘하는 간사한 모습에 가까웠기 때문이다. 그러나 관원들이 이들만큼만 해도 가히 인정 많고 성실한 군자라고 말할 수 있을 것이다!"

●● 太史公曰, "仲尼有言曰, '君子欲訥於言而敏於行.' 其萬石·建陵·張叔之謂邪? 是以其敎不肅而成, 不嚴而治. 塞侯微巧, 而周文處讇, 君子譏之, 爲其近於佞也. 然斯可謂篤行君子矣!"

• "지나치게 공경스러웠다"의 원문은 "처첨處讇"이다. 대부분 아첨에 뛰어났다고 번역하고 있으나 첨讇은 아첨할 첨諂의 옛 글자로 '지나치게 공경스럽다'는 뜻도 있다.

전숙열전
田叔列傳

〈전숙열전田叔列傳〉은 한나라 초기 조왕에게 의리를 지킨 전숙田叔에 관한 전기다. 전숙은 전국시대 제나라 왕실 가문이다. 조왕 장오가 그를 낭중으로 삼았다. 한고조 유방이 진희를 토벌하러 갈 당시 조왕의 측근들은 유방이 장오에게 결례하자 분을 참지 못해 유방을 암살하고자 했다. 황제보다 주군이 우선이었다. 이들은 도중에 모의가 누설되는 바람에 관고貫高를 제외하고 모두 자진했다. 조왕 장오는 관고의 증언 덕분에 살아났으나 선평후宣平侯로 격하되었다. 선평후 장오는 노비의 복장을 하고 주군을 모신 전숙 등의 충성에 감복해 조정에 천거했다. 전숙이 한중 태수가 된 이유다. 이후 전숙은 한문제의 총애를 받아 조정에서 활약하다가 노나라 재상에 임명되었다. 노왕이 사냥을 나갈 때면 전숙은 늘 길에 앉아 수렵이 끝나기를 기다렸다. 노왕이 거의 사냥을 나가지 않게 된 이유다. 전숙은 현자를 버려두지 않았고, 군주의 미덕을 드러내는 데 애썼다. 충신 대신 양신良臣이 되고자 한 것이다. 충신은 주군에게 폭군의 허물을 씌우나, 양신은 주군에게 공을 돌리고 비난을 홀로 떠안는다. 전숙의 행보를 통해 양신의 진면목을 확인할 수 있다.

전숙열전

전숙은 조나라 형성陘城 출신이다. 그의 선조는 제나라 전씨의 후예다. 전숙은 격검擊劍을 좋아했다. 악거공樂巨公에게 무위無爲의 다스림을 역설한 황로학을 배웠다. 사람이 엄격하고 청렴해 자족自足할 줄알았다. 또 사람들과 서로 왕래하며 사귀는 것을 좋아했다. 조나라의 어떤 사람이 그를 승상 조오趙午에게 천거했다. 조오가 이를 조왕 장오에게 고했다. 장오가 그를 낭중에 임명했다. 전숙이 몇 년 동안 매우 정직하고 청렴하며 공평한 자세로 일했다. 장오는 그를 현명하다고 여기면서도 다른 관직으로 승진시키지는 않았다.

이때 마침 진희가 대나라에서 반기를 들었다. 한고조 7년, 한고조 유방이 진희를 토벌하러 가면서 조나라를 지나가게 되었다. 장오가 몸소 상을 들고 음식을 바쳤다. 그 모습이 매우 공경스러웠다. 유방은 다리를 쭉 뻗고 앉아 오만한 자세로 그를 욕했다. 조나라 승상 조오 등 수십 명이 크게 화를 냈다. 장오에게 건의했다.

"예를 갖추어 황상을 섬겼는데도 황상은 이런 식으로 대하고 있습니다. 신 등은 진희 등과 더불어 반기를 들고자 합니다. 이를 허락해 주십시오."

조왕 장오가 손가락을 깨물어 피를 흘리며 말했다.

"선왕이 나라를 잃었을 때 폐하가 아니었다면 장례를 치를 사람도 없어 우리의 시체에서 구더기가 나왔을 것이오. 공들은 어찌해서 그같이 말하는 것이오! 다시는 그런 말을 입 밖에 내지도 마시오!"

관고 등이 서로 말했다.

"왕은 장자長者다. 은덕을 배반하지 못할 것이다."

그러고는 몰래 유방을 시해하기로 모의했다. 그러나 공교롭게도 도중에 일이 발각되었다. 유방이 조서를 내려 조왕과 모반을 꾀한 군신을 모두 체포할 것을 명했다. 조오 등이 모두 자진하고, 관고만 체포되었다. 당시 한나라 조정은 이런 조명을 내렸다.

조나라 백성 가운데 감히 조왕을 따르는 자가 있으면 삼족을 멸할 것이다.

그러나 맹서孟舒와 전숙 등 10여 명이 붉은 수의를 입고, 스스로 머리를 깎고, 형틀을 찬 모습으로 조왕의 집 노비로 가장해 장안까지 따라갔다. 이내 관고 등의 모반은 조왕과 무관하다는 사실이 밝혀졌다. 장오는 석방되었으나 왕에서 폐위되고, 선평후가 되었다. 장오는 전숙 등 10여 명을 칭송하며 조정에 천거했다. 황상이 이들을 모두 불러들여 이야기를 나누었다. 조정 신하 가운데 이들을 능가할 만한 자가 없었다. 황상이 크게 기뻐하며 이들을 태수나 제후왕의 승상에 임명했다. 전숙이 한중 태수가 된 이유다. 이로부터 10여 년 뒤 여태후가 죽자 여씨들이 반기를 들었다. 진평을 비롯한 대신들이 이들을 주살한 뒤 한문제를 옹립했다. 한문제는 즉위 후 전숙을 불러들여 이같이 물었다.

"공은 천하의 장자長者가 누구인지 아시오?"

전숙이 대답했다.

"신이 어떻게 그것을 알겠습니까?"

한문제가 말했다.

"그대가 바로 장자이니 당연히 알 것이오."

전숙이 머리를 조아리며 말했다.

"전에 운중 태수로 있던 맹서가 장자입니다."

당시 운중 태수 맹서는 흉노의 변경 침공 때 가장 크게 약탈당한 까닭에 해임된 상태였다. 한문제가 말했다.

"선제가 맹서를 운중 태수로 임명한 지 벌써 10년이 넘었소. 맹서는 흉노의 침입을 단 한 차례도 굳게 지켜내지 못하고, 이유 없이 죽은 병사가 수백 명이나 되오. 장자가 어찌 살인을 방치한 사람일 수 있겠소? 공은 무슨 근거로 맹서를 장자라고 하는 것이오?"

전숙이 머리를 조아리며 대답했다.

"그것이 바로 맹서를 장자로 부르는 이유입니다. 관고 등이 모반을 꾀했을 때 고제는 조서를 내려 조나라에서 감히 조왕을 좇는 자는 삼족을 멸하겠다고 선언했습니다. 그러나 맹서는 스스로 삭발을 하고 목에 칼을 찬 채 노비 차림으로 조왕 장오를 좇았습니다. 장오가 가는 곳이라면 어느 곳이든 가서 죽을힘을 다해 돌보고자 한 것입니다. 어찌 자신이 장차 운중 태수가 될 줄 알았겠습니까? 당시 병사들은 한나라와 초나라가 오랫동안 대치한 까닭에 크게 지치고 고달파했습니다. 흉노의 선우 묵돌이 막 북이北夷를 정복한 뒤 여세를 몰아 우리의 변경을 침공해 큰 해를 입혔습니다. 맹서는 병사들이 지치고 괴로워하는 것을 아는 까닭에 차마 나가서 싸우라는 말을 하지 못했습니다. 그럼에도 병사들은 다투어 성 위로 올라가 목숨을 걸고 싸웠습니다. 마치 아들이 아비를 돕고, 동생이 형을 돕는 것과 같았습니다. 전사한 병사가 수백 명이나 된 이유입니다. 맹서가 어찌 고의로 병사들을 내몰아 싸우도록 했겠습니까? 이것이 바로 맹서를 장자라고 부른 이유입니다."

한문제가 맹서를 칭송했다.

"현명하구나, 맹서는!"

그러고는 다시 맹서를 불러들여 운중 태수로 삼았다.

●● 田叔者, 趙陘城人也. 其先, 齊田氏苗裔也. 叔喜劍, 學黃老術於樂巨公所. 叔爲人刻廉自喜, 喜遊諸公. 趙人擧之趙相趙午, 午言之趙王張敖所, 趙王以爲郎中. 數歲, 切直廉平, 趙王賢之, 未及遷. 會陳豨反代, 漢七年, 高祖往誅之, 過趙, 趙王張敖自持案進食, 禮恭甚, 高祖箕踞罵之. 是時趙相趙午等數十人皆怒, 謂張王曰, "王事上禮備矣, 今遇王如是, 臣等請爲亂." 趙王齧指出血, 曰, "先人失國, 微陛下, 臣等當蟲出. 公等柰何言若是! 毋復出口矣!" 於是貫高等曰, "王長者, 不倍德." 卒私相與謀弒上. 會事發覺, 漢下詔捕趙王及羣臣反者. 於是趙午等皆自殺, 唯貫高就繫. 是時漢下詔書, "趙有敢隨王者罪三族." 唯孟舒·田叔等十餘人赭衣自髡鉗, 稱王家奴, 隨趙王敖至長安. 貫高事明白, 趙王敖得出, 廢爲宣平侯, 乃進言田叔等十餘人. 上盡召見, 與語, 漢廷臣毋能出其右者, 上說, 盡拜爲郡守·諸侯相. 叔爲漢中守十餘年, 會高后崩, 諸呂作亂, 大臣誅之, 立孝文帝. 孝文帝旣立, 召田叔問之曰, "公知天下長者乎?" 對曰, "臣何足以知之!" 上曰, "公, 長者也, 宜知之." 叔頓首曰, "故雲中守孟舒, 長者也." 是時孟舒坐虜大入塞盜劫, 雲中尤甚, 免. 上曰, "先帝置孟舒雲中十餘年矣, 虜曾一入, 孟舒不能堅守, 毋故士卒戰死者數百人. 長者固殺人乎? 公何以言孟舒爲長者也?" 叔叩頭對曰, "是乃孟舒所以爲長者也. 夫貫高等謀反, 上下明詔, 趙有敢隨張王, 罪三族. 然孟舒自髡鉗, 隨張王敖之所在, 欲以身死之, 豈自知爲雲中守哉! 漢與楚相距, 士卒罷敝. 匈奴冒頓新服北夷, 來爲邊害, 孟舒知士卒罷敝, 不忍出言, 士爭臨城死敵, 如子爲父, 弟爲兄,

以故死者數百人. 孟舒豈故驅戰之哉! 是乃孟舒所以爲長者也." 於是
上曰, "賢哉孟舒!" 復召孟舒以爲雲中守.

　　몇 년 뒤 전숙이 법을 어겨 관직을 잃었다. 한경제 때 한경제의 동
생인 양효왕이 자객을 보내 오나라 재상으로 있던 원앙을 살해했다.
한경제가 전숙에게 명해 양나라로 가 사건을 조사하게 했다. 전숙이
사건의 진상을 모두 알아낸 뒤 돌아와 보고했다. 한경제가 물었다.

　　"양왕에게 그런 일이 있었소?"

　　전숙이 대답했다.

　　"신이 죽을죄를 지었습니다! 그런 일이 있었습니다."

　　한경제가 물었다.

　　"증거가 어디에 있소?"

　　전숙이 대답했다.

　　"황상은 이 사건을 지나치게 추궁하지 마십시오."

　　한경제가 물었다.

　　"무슨 이유요?"

　　전숙이 대답했다.

　　"지금 양왕을 처형하지 않으면 한나라의 법은 시행되지 못하고,
법을 적용해 처형하면 두태후는 음식을 먹어도 맛을 모르고 자리에
누워도 편히 자지 못할 것입니다. 그리되면 폐하의 걱정거리가 됩
니다."

　　한경제가 그를 매우 현명하다고 여겨 노나라의 재상에 임명했다.
노나라의 재상으로 막 부임했을 때 100여 명의 백성이 그를 찾아와
한경제의 아들인 노왕 유여劉餘가 자신들의 재물을 빼앗았다고 제소

했다. 전숙이 이들의 우두머리 약 스무 명을 붙잡아 들인 뒤 태형笞刑 50대에 처했다. 나머지 사람들에게도 20대씩 때린 뒤 이같이 호통을 쳤다.

"노왕은 그대들의 군주가 아닌가? 무슨 근거로 감히 그대들의 군주를 비방하는 것인가!"

노왕이 이 이야기를 듣고는 크게 부끄러워했다. 곧 왕의 창고[中府]의 돈을 꺼내 변상토록 했다. 재상 전숙이 말했다.

"군왕이 빼앗은 것을 제가 나서서 돌려주라고 하면 군왕은 나쁜 일을 하고, 저는 좋은 일을 하는 것이 됩니다. 저는 변상하는 일에 관여치 않을 것입니다."

노왕 유여가 즉시 변상했다. 노왕은 사냥을 매우 좋아했다. 전숙이 늘 수행해 사냥터까지 따라갔다. 노왕은 전숙에게 관사에 가 쉬도록 했다. 그러나 전숙은 사냥터 밖으로 나와 햇볕이 내리쬐는 곳에 앉아 노왕이 돌아오기를 기다렸다. 노왕이 누차 사람을 보내 쉴 것을 명했으나 듣지 않고 이같이 말했다.

"군왕이 사냥터의 햇볕 아래 있는데 내 어찌 홀로 관사에서 쉴 수 있겠는가!"

노왕 유여가 거의 사냥을 나가지 않게 된 이유다. 몇 년 뒤 전숙이 재임 도중에 순직했다.

●● 後數歲, 叔坐法失官. 梁孝王使人殺故吳相袁盎, 景帝召田叔案梁, 具得其事, 還報. 景帝曰, "梁有之乎?" 叔對曰, "死罪! 有之." 上曰, "其事安在?" 田叔曰, "上毋以梁事爲也." 上曰, "何也?" 曰, "今梁王不伏誅, 是漢法不行也, 如其伏法, 而太后食不甘味, 臥不安席, 此憂在陛下也." 景帝大賢之, 以爲魯相. 魯相初到, 民自言相, 訟王取其財物百

餘人. 田叔取其渠率二十人, 各笞五十, 餘各搏二十, 怒之曰, "王非若
主邪? 何自敢言若主!"魯王聞之大慙, 發中府錢, 使相償之. 相曰, "王
自奪之, 使相償之, 是王爲惡而相爲善也. 相毋與償之."於是王乃盡償
之. 魯王好獵, 相常從入苑中, 王輒休相就館舍, 相出, 常暴坐待王苑
外. 王數使人請相休, 終不休, 曰, "我王暴露苑中, 我獨何爲就舍!"魯
王以故不大出遊. 數年, 叔以官卒.

전인열전

　전숙이 순직할 당시 노왕 유여가 황금 100근을 내 제사비용으로
쓰게 했다. 전숙의 작은아들 전인田仁이 이를 받지 않았다.

　"황금 100근 때문에 선친의 명예를 손상시킬 수는 없습니다."

　전인은 건장해 장군 위청衛靑의 사인이 되었다. 누차 위청을 쫓아
흉노를 쳤다. 위청이 전인을 한무제에게 천거했다. 낭중이 된 배경
이다. 몇 년 뒤 2,000석의 승상 장사가 되었다가 관직을 잃게 되었다.
이후 한무제가 그를 시켜 하남·하내·하동의 삼하三河를 은밀히 조
사하게 했다. 한무제가 동쪽을 순시할 때 전인이 보고한 내용이 이
치에 부합했다. 한무제가 기뻐하며 경보도위京輔都尉에 임명했다. 한
달 뒤 다시 사직으로 승진시켰다.

　몇 년 후 그는 태자와 관련된 무고지화에 연루되어 죄를 짓게 되
었다. 당시 좌승상左丞相은 친히 군사를 이끌고 와 사직 전인에게 성
문을 굳게 닫고 지킬 것을 명했다. 그러나 그는 태자를 놓아주는 죄
를 범해 형리에게 넘겨 사형에 처해지게 되었다. 전인이 마침내 태

자와 함께 반란군을 일으켜 장릉에 이르렀다. 장릉령長陵令 차천추가 전인의 모반을 고했다. 전인 일족이 멸족되었다. 형성은 지금의 중산국中山國에 있다.

●● 魯以百金祠, 少子仁不受也, 曰, "不以百金傷先人名." 仁以壯健爲衛將軍舍人, 數從擊匈奴. 衛將軍進言仁, 仁爲郎中. 數歲, 爲二千石丞相長史, 失官. 其後使刺擧三河. 上東巡, 仁奏事有辭, 上說, 拜爲京輔都尉. 月餘, 上遷拜爲司直. 數歲, 坐太子事. 時左丞相自將兵, 令司直田仁主閉守城門, 坐縱太子, 下吏誅死. 仁發兵, 長陵令車千秋上變仁, 仁族死. 陘城今在中山國.

태사공은 평한다.

"공자는 말하기를, '그 나라에 머물면 반드시 그 나라의 정사政事를 듣는다'고 했다.• 이는 전숙을 두고 한 말일 것이다! 그는 현자를 의롭게 여겨 잊지 않았고, 군주의 미덕을 드러내 잘못을 저지르지 않도록 했다. 그의 아들 전인은 나와 잘 아는 사이였기에 그를 함께 논했다."

●● 太史公曰, "孔子稱曰, '居是國必聞其政.' 田叔之謂乎! 義不忘賢, 明主之美以救過. 仁與余善, 余故幷論之."

• 《논어》〈학이學而〉에서 인용한 것이다. 여기에는 공자의 말이 아니라 자공子貢의 제자인 자금子禽(진항陳亢)이 스승인 자공에게 묻는 말로 나온다. 당시 자금이 묻기를, "공자는 이르는 곳마다 반드시 그 나라 정사에 관해 듣고 있습니다. 이는 공자가 그것을 청해 그런 것입니까, 아니면 그 나라가 허락해 그런 것입니까?"라고 했다. 자공이 대답하기를, "그것은 공자가 온화·선량·공경·절제·겸양의 미덕을 갖춘 까닭에 그 나라 군주가 정사에 관한 조언을 청해서 그런 것이다. 설령 선생님이 청했을지라도 그 요청은 다른 사람의 요청과 다를 수밖에 없다!"고 했다.

저선생褚先生은 말한다.

"내가 낭관으로 있을 때 들은 바에 따르면 전인이 전에 임안任安과 친하게 지냈다고 한다. 임안은 형양 출신으로 어렸을 때 부모를 여윈 탓에 가난하고 고달프게 살았다. 남의 수레를 끌고 장안에 갔다가 그곳에 그대로 눌러앉을 생각에 소리 자리라도 찾았으나 기회가 닿지 않았다. 스스로 점을 쳐 멋대로 호적을 만든 뒤 무공武功으로 옮겨 가 살았다. 무공은 부풍扶風 서쪽에 있는 작은 읍이다. 산골짜기 입구에는 촉군蜀郡으로 통하는 잔도棧道가 산간지역 가까이 설치되어 있다. 임안은 작은 마을인 무공에는 호족이나 호걸이 없어 신분이 쉽게 상승할 것으로 여겨 그곳에 정착했다. 실제로 그는 남을 대신해 정장亭長 휘하의 아전인 구도求盜·정보亭父가 되었다. 나중에는 10리에 한 곳씩 설치한 역정驛亭의 우두머리인 정장이 되었다. 마을 사람이 모두 나와 사냥을 하면 임안은 늘 사람들을 위해 사슴·꿩·토끼 등을 나누어주었다. 노인과 젊은이와 장정을 구분해 험난한 곳과 평탄한 곳을 가려서 안내했다. 사람들 모두 기뻐하며 이같이 칭송했다.

'아무 걱정할 것이 없다. 임소경任少卿은 나누는 것이 공평하고, 지략이 있다.'

다음날 다시 모이게 하자 모인 자가 수백 명이나 되었다. 자가 소경인 임안이 물었다.

'모모의 아들 갑甲은 어째서 오지 않았습니까?'

사람들은 모두 재빨리 사람을 기억하는 그의 재주에 놀랐다. 이후 10정亭으로 구성된 1향鄕에 교화를 위해 세 명씩 두도록 한 삼로三老의 일원이 되었고, 고을의 일을 관장하는 친민親民으로 추대되었다.

이후 마침내 녹봉 300석의 현장縣長이 되어 백성을 다스렸다. 그러나 도중에 황상의 천하 순시 때 휘장인 공장共帳 등을 준비해놓지 않은 일로 인해 면직되었다. 이후 장군 위청의 사인이 되어 전인과 만나게 되었다. 두 사람은 위청의 사인으로 있으면서 뜻이 맞아 서로 친하게 지냈다. 그러나 두 사람 모두 집이 가난한 탓에 위청의 집사인 가감家監을 제대로 섬기지 못했다. 가감은 이들을 사람을 무는 사나운 말을 기르는 곳으로 보냈다. 두 사람이 침상을 같이하고 누웠다. 전인이 조용히 탄식했다.

'가감이 사람을 몰라본다!'

임안이 동조했다.

'장군도 사람을 볼 줄 모르는데 어찌 가감이 알 수 있겠는가!'

하루는 위청이 두 사람을 데리고 한무제의 누이로 평양후 조수曹壽의 아내인 평양공주平陽公主의 집에 들르게 되었다. 평양공주의 집에서 두 사람에게 기마병을 뒤따르는 노복[騎奴]들과 한자리에서 밥을 먹게 했다. 대로한 두 사람이 칼을 뽑아 자리를 쪼갠 뒤, 기마병을 따르는 노복들과 따로 앉았다. 평양공주의 사람들이 모두 크게 놀라 이들을 꺼렸으나 감히 큰소리로 꾸짖지는 못했다. 이후 위청의 사인 가운데 낭관을 선발한다는 내용의 조서가 내려왔다. 위청은 사인 가운데 부유한 자를 고른 뒤 안장 딸린 말과 비단옷 및 옥으로 장식한 칼 등을 갖추게 한 뒤 입궐해 보고할 생각이었다. 그때 마침 현대부賢大夫로 알려진 소부의 조우趙禹가 위청을 방문했다. 위청은 천거할 사인들을 불러 조우에게 보여주었다. 조우가 차례로 불러 물어보았으나 지모가 있고 일에 익숙한 자는 단 한 사람도 없었다. 조우가 말했다.

'내가 듣건대 장군의 문하에는 반드시 장군이 될 만한 인재가 있다고 했습니다. 그 군주를 모르면 그가 부리는 사람을 보고, 그 아들을 모르면 그 아들이 사귀는 친구를 보면 된다는 옛 말이 있습니다. 지금 장군의 사인을 천거하라는 조서를 내린 것은 장군이 과연 현자와 문무지사文武之士를 얻었는지 여부를 알고자 한 것입니다. 지금 부유한 집 자제만 골라 보고하려고 하나 이들은 지략이 없어 마치 나무 인형에 비단옷을 입힌 것에 불과할 뿐입니다. 장차 이들을 어디에 쓰려는 것입니까?'

조우는 위청의 사인 100여 명을 모두 불러놓고 차례로 물어보았다. 마침내 전인과 임안을 발견하고는 이같이 말했다.

'사람만이 쓸 만하고, 나머지는 쓸 만한 사람이 없습니다.'

위청은 두 사람이 가난하다는 것을 알고는 마음이 편치 않았다. 조우가 간 뒤 두 사람에게 이같이 말했다.

'각자 말안장이 딸린 말과 새 비단옷을 준비토록 하라.'

두 사람이 대답했다.

'집이 가난해 갖출 수가 없습니다.'

위청이 화를 냈다.

'지금 두 사람은 스스로 집이 가난하다고 하는데 어떻게 그런 말을 할 수 있는가? 내가 천거하겠다고 하는데 불만 어린 모습으로 마치 나에게 무슨 덕이라도 베푸는 것처럼 말하고 있다. 무슨 까닭인가?'

그러나 위청은 결국 부득이 명단을 만들어 보고할 수밖에 없었다. 위청의 사인을 소견召見(윗사람이 아랫사람을 불러 만나봄)한다는 조서가 내리자 두 사람이 한무제 앞으로 나아가 뵈었다. 조서를 내려 이들의 재능과 지략을 시험하자 두 사람은 서로 양보하며 상대를 칭송했다. 전인이 말했다.

'손에 북채와 북을 든 채 군문軍門을 딛고 서서 사대부들에게 죽을 각오로 싸우다 죽게 만드는 면에서 신은 임안에 미치지 못합니다.'

임안이 말했다.

'의심스러운 것을 바로잡고, 시비를 판정하고, 백관을 다스리고, 백성에게 원망하는 마음이 없도록 만드는 면에서 신은 전인에게 미치지 못합니다.'

한무제가 크게 웃으며 두 사람을 칭송했다.

'모두 훌륭하다.'

그러고는 임안에게 북군北軍을 지키게 하고, 전인에게 황하 가로 나가 변경의 둔전에서 나오는 곡식의 수송을 보호하게 했다. 두 사람의 명성이 천하에 크게 드러났다. 이후 임안은 익주益州의 자사刺史, 전인은 승상부의 장사가 되었다. 전인이 상서했다.

'전국의 군郡 태수 가운데 범법 수단으로 사사로운 이익을 꾀하는 자가 매우 많습니다. 그 가운데 삼하가 가장 심합니다. 신이 먼저 삼하부터 조사하고자 합니다. 삼하 태수 모두 궁중 태감인 귀인들과 결탁해 있고, 승상과 어사대부 등 삼공과 친인척 관계에 있어 두려워하거나 꺼리는 바가 없습니다. 먼저 삼하를 바로잡아 천하의 간리姦吏에게 경고를 보내야 합니다.'

당시 하남과 하내 태수는 모두 어사대부 두주杜周의 친족이고, 하동 태수는 승상 석경의 후손이었다. 석씨石氏 가문은 아홉 명이 2,000석의 관원으로 있었다. 권세가 매우 왕성하고 존귀했다. 전인은 누차 글을 올려 이들에 관해 보고했다. 대부 두씨杜氏와 석씨가 사람을 전인에게 보냈다.

'우리가 감히 무슨 말을 하려는 것은 아니지만 전소경田少卿이 무고죄로 우리를 욕되게 하지 말기 바랍니다.'

그러나 전인이 이미 삼하를 철저히 조사해 삼하의 태수를 모두 형리에게 넘겨 사형에 처하도록 조치한 뒤였다. 전인이 경사로 돌아와 사건을 보고하자 한무제가 기뻐했다. 내심 전인이 유능하고, 횡포를 일삼는 권세가를 두려워하지 않는다고 여겨 승상부의 사직에 임명했다. 전인의 위세가 천하를 진동시킨 이유다. 이후 여태자가 거병하자 승상이 친히 병사를 이끌고 출정하면서 사직으로 있는 전인에게 성문을 단단히 지키도록 했다. 전인은 내심 여태자와 한무제는 서로 골육지친骨肉之親인 까닭에 지나치게 야박한 것은 바라지 않을 것으로 여겨 태자가 제릉諸陵을 지나가도록 허용했다. 당시 한무제는 감천궁甘泉宮에 있었다. 어사대부 포승지暴勝之를 보내 승상을 문책했다.

'어째서 태자를 놓아주었는가?'

승상이 대답했다.

'사직에게 성문을 지키게 했는데, 그가 태자를 놓아주었습니다.'

아울러 이같이 상서했다.

'사직을 체포해 구금할 수 있도록 허락해주십시오.'

전인이 형리에게 넘겨져 심문을 받은 뒤 사형에 처해진 배경이다. 당시 임안은 북군의 사자가 되어 군을 호위하고 있었다. 여태자는 북군의 남문 밖에 수레를 멈춘 두 임안을 불러 부절을 주며 군사동원을 명했다. 임안은 절을 하며 부절을 받은 뒤 안으로 들어가서는 문을 닫고 나오지 않았다. 한무제는 이 이야기를 듣고 임안이 부절을 받는 체하며 태자의 일에 가담치 않은 까닭이 무엇인지 궁금해했다. 이에 앞서 임안은 북군의 돈을 관리하는 아전을 때려 모욕을 준 바가 있다. 그 아전이 앙심을 품고 상서했다.

'임안은 태자의 부절을 받고는 깨끗하고 좋은 무기를 가져다주기 바란다고 말했습니다.'

글이 한무제에게 전달되자 한무제가 말했다.

'임안은 노회한 관원[老吏]에 해당한다. 태자가 거병한 것을 보고 는 승패를 관망하다가 승자를 좇으려는 두 마음을 품고 있다. 임안 이 죽을죄를 많이 지었지만 늘 그를 살려주었다. 그는 지금 간사한 마음과 불충한 생각을 품고 있다.'

임안을 형리에게 넘겨 사형에 처하도록 했다. 무릇 달도 차면 기 울고[月滿則虧] 사물이 극성하면 이내 쇠락하는 것[物盛則衰]은 천지자 연의 기본이치다. 전진만 알고 후퇴를 모르고, 오래도록 부귀한 자리 에 있으면 화가 날로 쌓여 재앙이 된다. 범리范蠡는 월왕越王 구천句踐 의 곁을 떠나면서 관작官爵을 받지 않았다. 그러나 오히려 이름이 후 대까지 전해져 만세에 이르도록 잊히지 않게 되었다. 어찌 그의 현 명한 처신을 따를 수 있겠는가! 관직에 나아가고자 하는 후진後進은 이를 삼가고 경계해야 할 것이다."

•• 褚先生曰, "臣爲郞時, 聞之曰田仁故與任安相善. 任安, 滎陽人 也. 少孤貧困, 爲人將車之長安, 留, 求事爲小吏, 未有因緣也, 因占著 名數. 武功, 扶風西界小邑也, 谷口蜀劍道近山. 安以爲武功小邑, 無 豪, 易高也, 安留, 代人爲求盜亭父. 後爲亭長. 邑中人民俱出獵, 任安 常爲人分麋鹿雉免, 部署老小當壯劇易處, 衆人皆喜, 曰, '無傷也, 任 少卿分別平, 有智略.' 明日復合會, 會者數百人. 任少卿曰, '某子甲何 爲不來乎?' 諸人皆怪其見之疾也. 其後除爲三老, 擧爲親民, 出爲三百

石長, 治民. 坐上行出遊共帳不辦, 斥免. 乃爲衛將軍舍人, 與田仁會,
俱爲舍人, 居門下, 同心相愛. 此二人家貧, 無錢用以事將軍家監, 家監
使養惡齧馬. 兩人同牀臥, 仁竊言曰, '不知人哉家監也!' 任安曰, '將
軍尙不知人, 何乃家監也!' 衛將軍從此兩人過平陽主, 主家令兩人與
騎奴同席而食, 此二子拔刀列斷席別坐. 主家皆怪而惡之, 莫敢呵. 其
後有詔募擇衛將軍舍人以爲郞, 將軍取舍人中富給者, 令具鞍馬絳衣
玉具劍, 欲入奏之. 會賢大夫少府趙禹來過衛將軍, 將軍呼所擧舍人
以示趙禹. 趙禹以次問之, 十餘人無一人習事有智略者. 趙禹曰, '吾聞
之, 將門之下必有將類. 傳曰, 不知其君視其所使, 不知其子視其所友.
今有詔擧將軍舍人者, 欲以觀將軍而能得賢者文武之士也. 今徒取富
人子上之, 又無智略, 如木偶人衣之綺繡耳, 將奈之何?' 於是趙禹悉召
衛將軍舍人百餘人, 以次問之, 得田仁·任安, 曰, '獨此兩人可耳, 餘無
可用者.' 衛將軍見此兩人貧, 意不平. 趙禹去, 謂兩人曰, '各自具鞍馬
新絳衣.' 兩人對曰, '家貧無用具也.' 將軍怒曰, '今兩君家自爲貧, 何
爲出此言? 鞅鞅如有移德於我者, 何也?' 將軍不得已, 上籍以聞. 有詔
召見衛將軍舍人, 此二人前見, 詔問能略相推第也. 田仁對曰, '提枹鼓
立軍門, 使士大夫樂死戰鬪, 仁不及任安.' 任安對曰, '夫決嫌疑, 定是
非, 辯治官, 使百姓無怨心, 安不及仁也.' 武帝大笑曰, 善. 使任安護北
軍, 使田仁護邊田穀於河上. 此兩人立名天下. 其後用任安爲益州刺
史, 以田仁爲丞相長史. 田仁上書言, '天下郡太守多爲姦利, 三河尤甚,
臣請先刺擧三河. 三河太守皆內倚中貴人, 與三公有親屬, 無所畏憚,
宜先正三河以警天下姦吏.' 是時河南·河內太守皆御史大夫杜父兄子
弟也, 河東太守石丞相子孫也. 是時石氏九人爲二千石, 方盛貴. 田仁
數上書言之. 杜大夫及石氏使人謝, 謂田少卿曰, '吾非敢有語言也, 願

少卿無相誣汙也.’仁已刺三河, 三河太守皆下吏誅死. 仁還奏事, 武帝說, 以仁爲能不畏彊禦, 拜仁爲丞相司直, 威振天下. 其後逢太子有兵事, 丞相自將兵, 使司直主城門. 司直以爲太子骨肉之親, 父子之閒不甚欲近, 去之諸陵過. 是時武帝在甘泉, 使御史大夫暴君下責丞相‘何爲縱太子’, 丞相對言‘使司直部守城門而開太子.’上書以聞, 請捕繫司直. 司直下吏, 誅死. 是時任安爲北軍使者護軍, 太子立車北軍南門外, 召任安, 與節令發兵. 安拜受節, 入, 閉門不出. 武帝聞之, 以爲任安爲詳邪, 不傅事, 何也? 任安笞辱北軍錢官小吏, 小吏上書言之, 以爲受太子節, 言‘幸與我其鮮好者.’書上聞, 武帝曰, ‘是老吏也, 見兵事起, 欲坐觀成敗, 見勝者欲合從之, 有兩心. 安有當死之罪甚衆, 吾常活之, 今懷詐, 有不忠之心.’下安吏, 誅死. 夫月滿則虧, 物盛則衰, 天地之常也. 知進而不知退, 久乘富貴, 禍積爲祟. 故范蠡之去越, 辭不受官位, 名傳後世, 萬歲不忘, 豈可及哉! 後進者愼戒之.”

편작창공열전

扁鵲倉公列傳

〈편작창공열전扁鵲倉公列傳〉은 전국시대에 활약한 명의 편작扁鵲과 태창공太倉公에 관한 전기다. 편작은 침구와 탕약에 모두 뛰어났다. 신의神醫로 불린 이유다. 당시 사람들은 그의 의술을 높이 평가한 나머지 전설로만 전해져온 신의 '편작'의 명칭을 그에게 부여했다고 한다. 삼국시대에 화타華陀가 등장한 이후 편작과 어깨를 나란히 하는 명의로 화타가 거론되었으나, 사마천이 활약한 전한 초기만 해도 편작과 어깨를 나란히 한 명의는 태창공이었다. 두 사람 모두 하늘이 내린 의술을 지녔음에도 결국 시기를 받아 화를 입었다.

편작은 진나라의 태의령太醫令 이혜李醯가 보낸 자객에 의해 목숨을 잃고, 태창공은 편작의 횡사를 보고 몸을 숨겼으나 결국 한문제 때 하옥되어 벌을 받았다. 사마천이 사평에서 "여인은 아름다움과 추함을 불문하고 궁중에 있으면 시기를 받고, 선비는 현명함과 어리석음을 불문하고 조정에 들어가면 의심을 받게 된다"고 언급한 것이 그대로 맞아떨어진 셈이다.

〈편작창공열전〉은 한의학의 원류를 편작에서 찾으면서 태창공의 처방을 위주로 의학에 관한 전반적인 내용을 기술하고 있다. 일종의 보고서에 가깝다. 태창공이 언급한 스물다섯 가지 처방은 중국 최초의 의료처방으로 간주되고 있다. 중국의학사에서 귀중한 사료로 여겨지는 이유다. 실제로 환자의 이름과 직업, 주소, 병력, 증상, 치료, 예후 등은 오늘날의 처방전 항목과 같다. 〈편작창공열전〉은 일종의 의학사전에 해당한다. 점괘의 이치를 논한 〈일자열전日者列傳〉과 거북점 등을 언급한 〈귀책열전龜策列傳〉도 사전의 성격이 짙다.

편작열전

편작은 발해군勃海郡 막현鄭縣 출신*으로 성은 진秦, 이름은 월인越人
이다. 젊어서 객사의 관리인인 사장舍長으로 있었다. 객사에 성씨가
장상長桑인 은자 장상군長桑君이 와 머물곤 했다. 많은 사람 가운데 오
직 편작만이 장상군을 특이한 인물로 여겨 늘 정중하게 대했다. 장
상군 역시 편작이 보통 사람[常人]이 아니라는 것을 알았다. 장상군은
객사를 드나든 지 10여 년이 되었을 때 몰래 편작을 불러 마주하고
는 이같이 말했다.

"나에게 비전의 의술이 있소. 이미 나이가 들어 그대에게 전해주
고 싶소. 절대 누설하지 마시오."

편작이 공손히 대답했다.

"그리하겠습니다."

장상군이 품속에서 약을 꺼내 편작에게 건네며 이같이 말했다.

"이 약을 땅에 떨어지지 않은 깨끗한 이슬이나 빗물에 타서 마신
뒤 한 달이 지나면 사물을 꿰뚫어볼 수 있게 되오."

그러고는 비전의 의서醫書를 모두 꺼내 편작에게 주고 홀연히 모
습을 감추었다. 아마도 그는 사람이 아닌 듯했다. 장상군의 말대로
약을 복용한 지 한 달이 지나자 담 너머에 있는 사람들이 보이게 되
었다. 이런 능력으로 환자를 진찰하자 오장 속 병의 근원을 훤히 볼
수 있었다. 겉으로는 맥을 짚어서 아는 것처럼 했다. 그는 의원이 되
어 제나라에 머물기도 하고 조나라에 머물기도 했다. 조나라에 있을

● "막현 출신"의 원문은 "정인鄭人"이다.《사기집해》는 서광의 주를 인용해 정鄭은 하간군河
間郡 산하 막현의 잘못이라고 했다.《사기색은》도 같은 취지로 말했다. 이를 좇았다.

때 고대의 전설적인 신의의 이름을 때 편작으로 불리게 되었다. 진소공晉昭公 때 대부들의 세력이 커지고 공족公族의 세력이 약해졌다. 조간자趙簡子가 집정대부가 되어 국정을 장악했다. 문득 병이 나 닷새 동안 사람을 알아보지 못하자 대부들이 모두 걱정했다. 이때 편작을 불러들였다. 편작이 병실에 들어가 조간자의 병세를 살펴보고 나왔다. 조간자의 집사인 동안우董安于가 조간자의 병세를 물었다. 편작이 대답했다.

"혈맥이 정상이니 크게 염려할 것이 없습니다. 전에 진목공秦穆公도 이런 증세를 보이다가 일주일 후 정신이 맑아졌습니다. 정신이 든 날 진목공이 공손지公孫支와 자여子輿에게 '천제天帝가 계신 곳에 가니 실로 즐거웠소. 내가 오래도록 머문 것은 마침 천제의 명을 받았기 때문이오. 천제의 말에 따르면 진나라는 큰 난이 일어나 5대 동안 군주가 모두 평안치 못하고, 뒤를 이은 군주가 천하의 패자覇者가 되나 늙기 전에 죽고, 그의 아들이 천하를 호령하게 되나 진나라는 남녀의 구별이 없어지게 된다고 했소'라고 말했습니다. 공손지는 이 말을 잘 기록해 보관해두었습니다. 진나라의 앞날을 예측한《진책秦策》이 세상에 나타나게 된 배경입니다. 실제로 진나라에는 진헌공晉獻公 때 내란, 진문공晉文公 때 패업, 진양공晉襄公 때 효산殽山에서 이룬 진나라 군사 격파 후의 방탕 현상이 나타났습니다. 이는 그대도 알고 있는 일일 것입니다. 지금 주군의 병은 진목공의 병과 같습니다. 사흘 안에 좋아질 것이고 깨어나면 반드시 무슨 말씀을 할 것입니다."

이틀 반이 지나자 과연 조간자가 깨어난 뒤 대부들에게 이같이 말했다.

"나는 천제가 있는 곳에 갔는데, 매우 즐거웠소. 하늘에서 많은 신선들과 노닐었소. 온갖 악기를 벌려놓고 아홉 번 연주하는 광락구주廣樂九奏와 온갖 춤을 추는 만무萬舞를 즐겼소. 옛날 하·은·주 삼대의 춤과 노래와 달라 그 가락에 사람의 마음을 울리는 것이 있었소. 이때 문득 곰 한 마리가 나타나 나를 잡아가려 했소. 천제가 나에게 곰을 쏘라 하기에 활로 곰을 잘 쏘아 맞추자 곰이 죽어버렸소. 큰 곰이 또 나타났소. 또 쏘아 명중시키자 큰 곰이 죽었소. 천제가 기뻐하며 대나무 바구니 두 개를 하사했소. 모두 쌍으로 되어 있었소. 나는 천제 곁에 있는 내 아이를 보았소. 천제가 내게 오랑캐 개인 적견翟犬 한 마리를 주며 '네 아들이 장성하거든 이 개를 주도록 하라'고 했소. 또 천제는 말하기를, '진나라는 대대로 쇠약해져 7대 후 멸망할 것이다. 영씨贏氏의 조나라가 강대해져 범읍范邑 작은 언덕의 서쪽에서 위衛나라를 대파할 것이다.* 그러나 이 또한 나라를 오래 보전치는 못할 것이다'라고 했소."

동안우는 이 이야기를 듣고 기록해 보관했다. 그가 편작의 말을 조간자에게 알리자 조간자가 편작에게 전답 4만 무畝를 상으로 내렸다.

●● 扁鵲者, 勃海郡鄭人也, 姓秦氏, 名越人. 少時爲人舍長. 舍客長桑君過, 扁鵲獨奇之. 常謹遇之, 長桑君亦知扁鵲非常人也. 出入十餘年, 乃呼扁鵲私坐, 閒與語曰, "我有禁方, 年老, 欲傳與公, 公毋泄." 扁鵲曰, "敬諾." 乃出其懷中藥予扁鵲, "飮是以上池之水, 三十日當知物

矣."乃悉取其禁方書盡與扁鵲. 忽然不見, 殆非人也. 扁鵲以其言飮藥三十日, 視見垣一方人. 以此視病, 盡見五藏癥結, 特以診脈爲名耳. 爲醫或在齊, 或在趙. 在趙者名扁鵲. 當晉昭公時, 諸大夫彊而公族弱, 趙簡子爲大夫, 專國事. 簡子疾, 五日不知人, 大夫皆懼, 於是召扁鵲. 扁鵲入視病, 出, 董安于問扁鵲, 扁鵲曰, "血脈治也, 而何怪! 昔秦穆公嘗如此, 七日而寤. 寤之日, 告公孫支與子輿曰, '我之帝所甚樂. 吾所以久者, 適有所學也. 帝告我, 晉國且大亂, 五世不安. 其後將霸, 未老而死. 霸者之子且令而國男女無別.' 公孫支書而藏之, 秦策於是出. 夫獻公之亂, 文公之霸, 而襄公敗秦師於殽而歸縱淫, 此子之所聞. 今主君之病與之同, 不出三日必閒, 閒必有言也." 居二日半, 簡子寤, 語諸大夫曰, "我之帝所甚樂, 與百神遊於鈞天, 廣樂九奏萬舞, 不類三代之樂, 其聲動心. 有一熊欲援我, 帝命我射之, 中熊, 熊死. 有羆來, 我又射之, 中羆, 羆死. 帝甚喜, 賜我二笥, 皆有副. 吾見兒在帝側, 帝屬我一翟犬, 曰, '及而子之壯也以賜之.' 帝告我, '晉國且世衰, 七世而亡. 嬴姓將大敗周人於范魁之西, 而亦不能有也.'" 董安于受言, 書而藏之. 以扁鵲言告簡子, 簡子賜扁鵲田四萬畝.

이후 편작은 괵虢나라로 갔다. 마침 괵나라 태자가 병에 걸려 죽었다. 편작이 괵나라 궐문 앞에 가 방술을 좋아하는 태자 교육 담당관인 중서자中庶子에게 물었다.

"태자는 무슨 병에 걸렸소? 도성에서 질병을 쫓으려고 기도하며 제사 지낸 것이 다른 일에 비해 대단하다고 들었소."

중서자가 대답했다.

"태자의 병은 혈기가 제대로 돌지 않고 뒤엉켜 풀리지 않다가 문득 몸 밖으로 터져 나오며 몸속을 해친 것입니다. 정기正氣가 사기邪氣를 누르지 못한 까닭에 사기가 발산되지 못한 채 몸속에 쌓이고, 그로 인해 양기가 느려지며 음기가 급해진 까닭에 돌연 의식을 잃고 죽게 된 것입니다.”

편작이 물었다.

“죽은 것이 언제쯤이오?”

중서자가 대답했다.

“닭이 울 때부터 지금 사이입니다.”

편작이 또 물었다.

“입관은 했소?”

중서자가 대답했다.

“아직 하지 않았습니다. 죽은 지 아직 반나절도 되지 않았습니다.”

편작이 말했다.

“저는 제나라 발해의 진월秦越이라는 사람이오. 집이 막현에 있어 일찍이 괵나라 군주를 알현치 못하고, 앞에서 모실 기회도 없었습니다. 불행히 태자가 죽었다고 하니 제가 태자를 살려내도록 하겠습니다.”

중서자가 말했다.

“선생은 함부로 말하면 안 됩니다. 어찌 태자를 살려낼 수 있다는 것입니까? 내가 듣건대 옛날 유부兪跗라는 의원이 있었습니다. 그는 병을 고치는 데 탕액湯液, 예쇄醴灑(단술과 맑은 술), 참석鑱石(돌로 만든 침), 교인撟引(재활체조), 안올案扤(안마), 독울毒熨(고약 등 아픈 곳에 붙이는 약물) 등을 사용하지 않고 옷을 풀어헤쳐 한 번 진찰해보는 것으로 병의 징후를 알았습니다. 또 오장에 있는 침이나 뜸을 놓은 수혈兪穴의 모양에 따라

피부를 가르고 살을 열어 막힌 맥을 통하게 하거나 끊어진 힘줄을 잇고, 척수脊髓와 뇌수腦髓를 누르고, 고황膏肓과 횡격막을 바로 하고, 장과 위를 씻어내고, 오장도 함께 씻어 정기精氣를 다스림으로써 신체를 바꿔놓았다고 합니다.

선생의 의술이 이러하다면 태자는 다시 살아날 수 있을 것입니다. 이같이 하지 못하면서 태자를 다시 살려내려 하면 어린애에게 말해도 믿지 않을 것입니다."

이같이 이야기하다 하루가 지나버리자 편작이 하늘을 우러러보며 탄식했다.

"그대가 말하는 의술은 가느다란 관을 통해서 하늘을 보는 것[管窺天]과 좁은 틈으로 무늬를 보는 것[郤視文]에 해당하오. 내 의술은 환자의 맥을 짚고 기색을 살피고 목소리를 듣고 몸의 상태를 살펴보는 등의 일을 하지 않고도 병이 어디에 생겼는지 말할 수 있소. 양에 관한 증상을 진찰하면 음에 관한 증상을 미루어 알 수 있고, 음에 관한 증상을 진찰하면 양에 관한 증상을 미루어 알 수 있소. 몸속의 병은 겉으로 드러나는 것이니 굳이 천리 먼 곳까지 가 진찰하지 않아도 병을 진단할 수 있는 경우가 매우 많소. 감추려 해도 감출 수가 없는 법이오. 그대가 내 말이 진실이 아니라고 생각하면 시험 삼아 안으로 들어가 태자를 한번 살펴보시오. 태자의 귓속에서 소리가 나고, 코가 벌름거리고 있을 것이오. 태자의 두 다리를 더듬어 올라가 음부陰部에 이르면 아직 따뜻한 기운이 남아 있을 것이오."

중서자는 편작의 말을 듣고는 크게 놀란 나머지 눈이 멍해져 껌벅이지도 못하고, 혀가 오므라져 얼어붙은 듯 움직이지 못했다. 곧바로 안으로 들어가 편작의 말을 괵나라 군주에게 전했다. 괵나라 군주는 크게 놀라워하며 궁정의 중문中門까지 나와 편작을 접견했다. 괵나라 군주가 말했다.

"나는 선생의 높은 명성을 오래전에 들었지만 일찍이 배알할 기회를 얻지 못했소. 이제 선생이 작은 이 나라까지 와 도와주게 되니 외진 나라를 다스리는 나로서는 실로 다행이오. 지금 선생 덕분에 내 아들이 다시 살아나게 되었소. 선생이 없었다면 내 아들은 도랑이나 골짜기에 버려져 영원히 살아나지 못할 것이오."

말을 채 끝내지도 못한 채 가슴이 메고 정신이 혼미해져 하염없이 눈물만 흘렸다. 눈물이 눈썹을 적시고, 스스로 슬픔을 누르지 못해 모습마저 일그러졌다. 편작이 말했다.

"태자의 병과 같은 것을 일컬어 시궐尸蹶이라고 합니다. 양기가 음기 속으로 흘러내려가 위를 움직이고, 경맥經脈이나 낙맥絡脈을 막히게 하고, 한편으로 삼초三焦나 방광까지 내려갑니다. 그러면 양맥陽脈은 아래로 내려가고 음맥陰脈이 다투어 위로 올라가는 바람에 양기와 음기가 모이는 곳이 꽉 막혀 통하지 않게 됩니다.

이때 음맥은 위를 향해 올라가고 양맥은 안을 향해 내려갑니다. 양맥은 안으로 내려가 고동하지만 발양發揚하지는 못하고, 음맥은 밖을 향해 올라가 끊어져 음陰의 역할을 하지 못합니다. 위로는 양기가 끊어진 낙맥, 아래로는 음기가 끊어진 적맥赤脈이 있는 것입니다. 음기가 파괴되고 양기가 단절되면 혈색이 사라지고 맥이 어지러워집니다. 태자의 몸이 죽은 것처럼 움직이지 않게 된 이유가 여기에 있습니다.

태자는 아직 죽지 않았습니다. 대략 양기가 음기 속으로 들어가 오장을 누르는 자는 살고, 음기가 양기 속으로 들어가 오장을 누르는 자는 죽습니다. 이런 여러 정황은 오장의 기가 몸속에서 거꾸로 치솟을 때 문득 일어납니다. 명의는 이를 치료하지만 서툰 의사는 이를 의심합니다."

편작은 제자 자양子陽을 시켜 침을 숫돌에 갈게 한 뒤 그것으로 수족에 있는 태양太陽·소양少陽·양명陽明의 삼양三陽 및 질병이 숨어 있는 백회百會·흉회胸懷·청회聽會·기회氣會·노회臑會 등의 오회五會를 찔렀다. 한참 지나자 태자가 소생했다. 제자 자표子豹를 시켜 오분五分의 고약인 울熨과 팔감八減의 약제를 섞어 달인 뒤 태자의 양쪽 겨드랑이 아래에 교대로 붙이게 했다. 태자가 자리에서 일어나 앉자 다시 음과 양을 조절해 탕약을 스무 날 동안 마시게 하자 태자의 몸이 원래대로 돌아왔다. 세인들 모두 편작이 죽은 사람을 살려낼 수 있다고 여겼다. 그러나 편작은 이같이 말했다.

"나는 죽은 사람을 살려내지는 못한다. 단지 스스로 살 수 있는 사람을 일어날 수 있도록 도와줄 뿐이다."

●● 其後扁鵲過虢. 虢太子死, 扁鵲至虢宮門下, 問中庶子喜方者曰, "太子何病, 國中治穰過於衆事?" 中庶子曰, "太子病血氣不時, 交錯而不得泄, 暴發於外, 則爲中害. 精神不能止邪氣, 邪氣畜積而不得泄, 是以陽緩而陰急, 故暴蹷蹷而死." 扁鵲曰, "其死何如時?" 曰, "雞鳴至今." 曰, "收乎?" 曰, "未也, 其死未能半日也." "言臣齊勃海秦越人也, 家在於鄭, 未嘗得望精光侍謁於前也. 聞太子不幸而死, 臣能生之." 中庶子曰, "先生得無誕之乎? 何以言太子可生也! 臣聞上古之時, 醫有俞跗, 治病不以湯液醴灑, 鑱石撟引, 案扤毒熨, 一撥見病之應, 因五藏之輸, 乃割皮解肌, 訣脈結筋, 搦髓腦, 揲荒爪幕, 湔浣腸胃, 漱滌五藏, 練精易形. 先生之方能若是, 則太子可生也, 不能若是而欲生之, 曾不可以告咳嬰之兒." 終日, 扁鵲仰天歎曰, "夫子之爲方也, 若以管窺天, 以郤視文. 越人之爲方也. 不待切脈望色聽聲寫形, 言病之所在. 聞病之陽, 論得其陰, 聞病之陰, 論得其陽. 病應見於大表, 不出千里, 決者至衆, 不可曲止也. 子以吾言爲不誠, 試入診太子, 當聞其耳鳴而鼻張, 循其兩股以至於陰, 當尙溫也." 中庶子聞扁鵲言, 目眩然而不瞚, 舌撟然而不下, 乃以扁鵲言入報虢君. 虢君聞之大驚, 出見扁鵲於中闕, 曰, "竊聞高義之日久矣, 然未嘗得拜謁於前也. 先生過小國, 幸而擧之, 偏國寡臣幸甚. 有先生則活, 無先生則棄捐塡溝壑, 長終而不得反." 言未卒, 因嘘唏服臆, 魂精泄橫, 流涕長潸, 忽忽承睞, 悲不能自止, 容貌變更. 扁鵲曰, "若太子病, 所謂 '尸蹶' 者也. 夫以陽入陰中, 動胃繵緣, 中經維絡, 別下於三焦‧膀胱, 是以陽脈下遂, 陰脈上爭, 會氣閉而不通, 陰上而陽內行, 下內鼓而不起, 上外絶而不爲使, 上有絶陽之絡, 下有破陰之紐, 破陰絶陽之色已廢脈亂, 故形靜如死狀. 太子未死也. 夫以陽入陰支蘭藏者生, 以陰入陽支蘭藏者死. 凡此數事, 皆五藏蹶中之時暴作也. 良工取之, 拙者疑殆." 扁鵲乃使弟子子陽厲鍼砥石, 以取外三陽五會. 有閒, 太子蘇. 乃使子豹爲五分之熨, 以八減之齊和煮之, 以更熨兩脅下. 太子起坐. 更適陰陽, 但服湯二旬而服故. 故天下盡以扁鵲爲能生死人. 扁鵲曰, "越人非能生死人也, 此自當生者, 越人能使之起耳."

편작이 제나라로 갔다. 제환후齊桓侯●는 편작을 빈객으로 맞아들

● 춘추전국시대를 통틀어 제환후는 없다. 춘추시대의 제환공 소백小白과 전국시대의 제환공 전오田午가 있을 뿐이다. 두 사람 모두 편작과 관련된 일화가 없다. 《한비자韓非子》〈유로喩老〉에는 여기의 제환후가 진환공晉桓公으로 나온다. 〈유로〉에 나오는 이야기가 〈편작창공열전〉에 실린 것으로 짐작된다. 유사한 이야기가 《춘추좌전春秋左傳》〈노성공魯成公 10년〉조에

였다. 편작이 궁궐로 들어가 제환후를 배견했다.

"군주는 피부에 병이 있습니다. 지금 치료하지 않으면 더욱 깊어질 것입니다."

제환후가 말했다.

"과인에게는 병이 없소."

편작이 물러가자 제환후가 곁에 있던 신하들에게 말했다.

"의원이 이익을 탐해 병도 없는 사람을 가지고 공을 세우려 한다."

닷새 뒤 편작이 제환후를 배견했다.

"군주의 병이 혈맥에 있습니다. 지금 치료하지 않으면 더욱 깊어질 것입니다."

제환후가 말했다.

"과인에게는 병이 없소."

편작이 물러가자 제환후는 기분이 좋지 않았다. 닷새 뒤 편작이 또 배견한 뒤 이같이 말했다.

"군주의 병이 장과 위 사이에 있습니다. 지금 치료하지 않으면 더욱 깊어질 것입니다."

제환후가 대꾸하지 않았다. 편작이 물러가자 제환후는 기분이 좋지 않았다. 닷새 뒤 편작이 또 제환후를 배견했으나 이번에는 바라보기만 하고 물러나왔다. 제환후가 사람을 보내 그 연유를 묻자 편

나온다. 이에 따르면 기원전 581년 진경공晉景公은 병이 매우 깊어지자 진나라로 사람을 보내 명의를 보내줄 것을 부탁했다. 진환공秦桓公이 천하의 명의로 유명한 편작 진완秦緩을 보내 치료하게 했다. 얼마 후 편작 진완이 도착해 진경공의 병세를 살펴보고는 이같이 말했다. "이 병은 치료할 수 없습니다. 병의 근원이 횡경막과 심장 사이인 고황膏肓에 있어 침으로 다스릴 수가 없습니다. 침구로도 미치지 않고 약물도 고황에 이르지 않아 치료할 길이 없습니다." 진 경공이 "그대는 과연 뛰어난 명의요"라고 칭송하며 후하게 예물을 준 뒤 돌려보냈다. 그러고 는 이내 죽었다.

작이 이같이 대답했다.

"병이 피부에 있을 때는 탕약과 고약으로 고칠 수 있습니다. 혈맥에 있을 때는 쇠침이나 돌침으로 고칠 수 있습니다. 병이 장과 위에 있을 때는 약주藥酒로 고칠 수 있습니다. 그러나 병이 골수까지 들어가면 사람의 생명을 관장하는 전설 속의 신인 사명司命도 어쩔 수 없습니다. 지금 병이 골수에 들어가 있습니다. 더는 드릴 말씀이 없었습니다."

닷새 뒤 제환후가 병이 들었다. 제환후가 사람을 보내 편작을 불러들이려 했으나 편작은 이미 자취를 감춘 뒤였다. 마침내 제환후는 죽고 말았다. 성인이 병의 징후를 예견하듯이 명의를 시켜 일찍 치료하면 병도 고치고, 몸도 구할 수 있다. 사람이 우려하는 것은 질병이 많은 것이고, 의원이 우려하는 것은 치료방법[病道]이 적은 것이다.

질병에는 여섯 가지 불치병이 있다. 교만하고 방자해 병의 원리를 논하지 않는 것이 첫 번째 불치병이다. 몸을 가벼이 여기고 재물을 아껴 병을 치료하지 않는 것이 두 번째 불치병이다. 의식衣食을 적절히 하지 않는 것이 세 번째 불치병이다. 음과 양이 병존해 오장의 기가 불안정한 것이 네 번째 불치병이다. 몸이 극도로 쇠약해져 약을 받아들일 수 없는 것이 다섯 번째 불치병이다. 무당의 말을 믿고 의원을 믿지 않는 것이 여섯 번째 불치병이다. 여섯 가지 불치병 가운데 어느 하나만 있어도 치료하기 어렵다.

편작의 이름은 이런 과정 등을 통해 천하에 널리 퍼지게 되었다. 그가 조나라 도성 한단에 갔을 때 그곳에서는 부인을 매우 소중히 여긴다는 말을 듣고 곧 부인과 의원인 대하의帶下醫가 되었다. 또 낙양에 가서는 주나라 백성이 노인을 공경한다는 말을 듣고 곧 이목에 관한 병 및 마비 등을 다루는 노인과 의원인 이목비의耳目痺醫가 되었다. 이어 함양에 가서는 진나라 백성이 어린아이를 사랑한다는 말을 듣고 곧 소아과 의원인 소아의小兒醫가 되었다. 각지의 풍속에 맞추어 의료 과목을 바꾼 것이다. 의약을 총괄하는 진나라의 태의령 이혜는 자신의 의술이 편작에 미치지 못한 것을 알고 자객을 보내 편작을 찔러 죽였다. 지금에 이르기까지 세상에서 맥법脈法을 논하는 자들은 모두 편작의 이론과 방법을 따르고 있다.

●● 扁鵲過齊, 齊桓侯客之. 入朝見, 曰, "君有疾在腠理, 不治將深." 桓侯曰, "寡人無疾." 扁鵲出, 桓侯謂左右曰, "醫之好利也, 欲以不疾者爲功." 後五日, 扁鵲復見, 曰, "君有疾在血脈, 不治恐深." 桓侯曰, "寡人無疾." 扁鵲出, 桓侯不悅. 後五日, 扁鵲復見, 曰, "君有疾在腸胃閒, 不治將深." 桓侯不應. 扁鵲出, 桓侯不悅. 後五日, 扁鵲復見, 望見桓侯而退走. 桓侯使人問其故. 扁鵲曰, "疾之居腠理也, 湯熨之所及也, 在血脈, 鍼石之所及也, 其在腸胃, 酒醪之所及也, 其在骨髓, 雖司命無奈之何. 今在骨髓, 臣是以無請也." 後五日, 桓侯體病, 使人召扁鵲, 扁鵲已逃去. 桓侯遂死. 使聖人預知微, 能使良醫得蚤從事, 則疾可已, 身可活也. 人之所病, 病疾多, 而醫之所病, 病道少. 故病有六不治, 驕恣不論於理, 一不治也, 輕身重財, 二不治也, 衣食不能適, 三不治也, 陰陽并, 藏氣不定, 四不治也, 形羸不能服藥, 五不治也, 信巫不信醫, 六不治也. 有此一者, 則重難治也. 扁鵲名聞天下. 過邯鄲, 聞貴婦人, 卽爲帶下醫, 過雒陽, 聞周人愛老人, 卽爲耳目痺醫, 來入咸陽, 聞秦人愛小兒, 卽爲小兒醫, 隨俗爲變. 秦太醫令李醯自知伎不如扁鵲也, 使人刺殺之. 至今天下言脈者, 由扁鵲也.

태창공열전

태창공은 제나라의 곡식창고인 태창太倉을 총괄하는 장관으로 임치臨菑 출신이다. 성은 순우淳于, 이름은 의意다. 젊어서부터 의술을 좋아했다. 한혜제 사후 시작된 여태후 8년, 같은 군郡의 원리元里 출신으로 제8의 작위인 공승公乘의 자리에 있던 양경陽慶에게 의술을 배웠다. 양경의 이때 나이가 약 일흔이었다. 그의 의술을 계승할 아들이 없었다. 순우의에게 전에 배운 의술을 모두 버리게 한 뒤 자신의 비전의 의술을 모두 그에게 전했다. 이때 황제黃帝와 편작이 남긴 맥과 관련한 여러 맥서脈書를 전해주었다.

맥서는 얼굴에 나타나는 다섯 가지 색깔로 질병을 진단해 생사를 판별하고, 의심스러운 병세를 알아내 치료법을 결정하는 내용을 포함해 약리藥理 등을 설명하고 있는 책이다. 그 내용이 매우 정밀했다. 순우의는 3년 동안 가르침을 받으면서 다른 사람의 병을 고쳐주거나 생사를 판단해주었다. 그 효험이 매우 컸다. 그러나 집을 집으로 여기지 않은 채 이리저리 여러 제후국을 떠돌아다니고, 때로는 사람에 따라 병을 치료해주지 않은 까닭에 많은 환자가 그를 원망했다.

한문제 전 4년, 어떤 자가 상서해 그를 고발했다. 순우의가 형에 처해지게 되었다. 급속히 내달리는 전마傳馬에 실려 서쪽 장안으로 압송되었다. 순우의에게 다섯 명의 딸이 있었다. 그를 따라오며 울자 순우의는 화를 내며 꾸짖었다.

"자식을 낳았으나 사내아이를 낳지 못해 긴급할 때 쓸 만한 자식이 없다!"

막내딸인 제영緹縈이 부친의 말에 상처를 받았다. 곧 부친을 쫓아 서쪽 장안으로 간 뒤 상서했다.

소첩의 부친은 관직에 있을 때 제나라의 모든 사람이 청렴 공정하다고 청송했습니다. 지금 부친이 법을 위반해 육형肉刑을 받게 되었습니다. 소첩이 매우 비통해하는 것은 죽은 자는 다시 살아날 수 없고, 육형을 받으면 몸이 다시 이전처럼 될 수 없다는 점입니다. 비록 허물을 고쳐 새롭게 되고자 해도 그리할 방법이 없으니 끝내 기회를 얻을 수 없게 됩니다. 원컨대 소첩이 관의 노비가 되어 부친의 죄를 속죄하고 부친이 행실을 고쳐 스스로 새롭게 될 수 있도록 해주십시오.

한문제가 이 글을 보고는 불쌍히 여겨 사면하고 이해 안에 육형을 없앴다.

●● 太倉公者, 齊太倉長, 臨菑人也, 姓淳于氏, 名意. 少而喜醫方術. 高后八年, 更受師同郡元里公乘陽慶. 慶年七十餘, 無子, 使意盡去其故方, 更悉以禁方予之, 傳黃帝·扁鵲之脈書, 五色診病, 知人死生, 決嫌疑, 定可治, 及藥論, 甚精. 受之三年, 爲人治病, 決死生多驗. 然左右行遊諸侯, 不以家爲家, 或不爲人治病, 病家多怨之者. 文帝四年中, 人上書言意, 以刑罪當傳西之長安. 意有五女, 隨而泣. 意怒, 罵曰, "生子不生男, 緩急無可使者!" 於是少女緹縈傷父之言, 乃隨父西. 上書曰, "妾父爲吏, 齊中稱其廉平, 今坐法當刑. 妾切痛死者不可復生而刑者不可復續, 雖欲改過自新, 其道莫由, 終不可得. 妾願入身爲官婢, 以贖父刑罪, 使得改行自新也." 書聞, 上悲其意, 此歲中亦除肉刑法.

순우의가 사면을 받아 집에 있을 때 황상이 조서를 내려 생사를 불문하고 병을 치료해 효험을 본 사람의 숫자와 환자의 이름 등에 관한 것을 물었다. 이전의 태창 장관으로 있던 순우의에게 하문下問한 내용은 대략 다음과 같다.

"의술 가운데 뛰어난 것은 무엇인가? 잘 치료할 수 있는 병은 무엇인가? 그에 관한 의서는 있는가? 어디서 해당 의술을 배웠는가? 몇 년 동안 배웠는가? 지금까지 시술을 통해 효험을 본 자는 어느 마을 사람인가? 그는 무슨 병을 앓았는가? 치료하고 약을 쓴 후 병세가 어떤 식으로 호전되었는가? 모두 자세히 답하도록 하라."

이에 태창공 순우의가 증상과 치료방법 등을 예로 들어 자세히 답해 올렸다.

●● 意家居, 詔召問所爲治病死生驗者幾何人也, 主名爲誰. 詔問故太倉長臣意, "方伎所長, 及所能治病者? 其有書無有? 皆安受學? 受學幾何歲? 嘗有所驗, 何縣里人也? 何病? 醫藥已, 其病之狀皆何如? 其悉而對."臣意對曰.

저는 젊어서부터 의약을 좋아했으나 의약을 실험해도 효험이 없는 경우가 많았습니다. 여태후 8년에 임치 원리의 공승으로 있던 스승 양경을 만나게 되었습니다. 당시 양경은 이미 나이가 약 일흔이나 되었습니다. 저는 그에게서 의술을 전수받게 되었습니다. 양경은 저에게 이같이 말했습니다.

"네가 앞서 배운 의서를 모두 없애도록 해라. 그것은 정확한 것이 아니다. 나는 옛 의원들이 전한 황제黃帝와 편작의 의서를 가지고 있다. 거기에는 얼굴에 나타나는 다섯 가지 색깔로 질병을 진단해 환자의 생사를 예측하고, 의심스러운 병의 증세를 판별해 치료할 수 있는지를 결정하는 방법 등이 실려 있다. 약리에 관한 내용도 있다. 그 내용이 매우 정밀하다.

우리 집은 매우 부유하다. 너를 마음으로 아끼는 까닭에 비전의 의서에 실린 의술을 모두 가르쳐주려고 한다."

저는 그 자리에서 즉시 이같이 사례했습니다.

"이는 실로 분에 넘치는 기쁨입니다. 저는 감히 바라지도 못했던 것입니다."

곧바로 자리에서 일어나 재배한 뒤 맥을 분석한《맥서脈書》, 인간과 자연을 논한《상경上經》, 질병의 변화 과정을 논한《하경下經》, 얼굴색깔로 병을 진단하는《오색진五色診》, 몸의 기경팔맥奇經八脈을 논한《기해술奇咳術》,● 환부의 변화를 통해 몸속 음양의 성쇠를 판단하는《규탁음양외변揆度陰陽外變》, 약리를 언급한《약론藥論》, 침술을 논한《석신石神》, 남녀의 방중술을 논한《접음양接陰陽》등 비장祕藏의 의서들을 물려받았습니다.

책을 받은 뒤 통독하며 처방을 분석하고 시험하는 데 1년 남짓 걸렸습니다. 이듬해에 시험해보니 효험은 있었지만 아직 정밀하지 않았습니다. 의술에 전념한 지 3년이 지나자 환자를 치료하고, 병을 진찰해 환자의 생사를 예측하는 것 등에서 효험이 뚜렷해졌습니다. 이제 스승인 양경이 죽은 지 이미 10년 정도 지났습니다. 신은 그에게서 꼬박 3년 동안 배웠고, 지금 서른아홉입니다.

●● 自意少時, 喜醫藥 醫藥方試之多不驗者. 至高后八年, 得見師臨

● 기해奇咳에 대한 해석이 분분하다.《사기정의》는《팔십일난八十一難》을 인용해 양유陽維와 음유陰維 등의 기경팔맥을 지칭한 것으로 보았다.

菑元里公乘陽慶. 慶年七十餘, 意得見事之. 謂意曰, "盡去而方書, 非
是也. 慶有古先道遺傳黃帝·扁鵲之脈書, 五色診病, 知人生死, 決嫌
疑, 定可治, 及藥論書, 甚精. 我家給富, 心愛公, 欲盡以我禁方書悉教
公." 臣意卽曰, "幸甚, 非意之所敢望也." 臣意卽避席再拜謁, 受其脈書
上下經·五色診·奇咳術·揆度陰陽外變·藥論·石神·接陰陽禁書, 受
讀解驗之, 可一年所. 明歲卽驗之, 有驗, 然尚未精也. 要事之三年所,
卽嘗已爲人治, 診病決死生, 有驗, 精良. 今慶已死十年所, 臣意年盡三
年, 年三十九歲也.

제나라의 시어사侍御史 성成이 두통을 호소하기에 진맥 후 이같이 말
했습니다.

"공의 병은 매우 중해 말로 하기 어렵습니다."

곧 물러 나와 그의 동생 창昌에게 말했습니다.

"이 병은 몸속에 종기가 나는 저疽입니다. 이것이 몸속의 장과 위 사
이에 생기면 닷새 뒤 종기가 부풀어 오르고* 다시 여드레 뒤 고름을
쏟고 죽을 것입니다."

시어사 성의 병은 과도한 음주와 방사房事로 생긴 것입니다. 결국 예
상한 날짜에 죽었습니다. 그의 병을 안 것은 맥을 짚었을 때 간의 기
氣를 느꼈기 때문입니다. 간의 기가 탁하며 고요한 것은 안으로 닫친
내관內關의 병입니다. 《맥법脈法》이 이같이 말했습니다.

"맥이 길고 활시위같이 팽팽하며 사계절을 통해 변하지 않는 것은 그
병이 주로 간장에 있기 때문이다. 맥이 길고 활시위같이 팽팽하면서

● "닷새 뒤 종기가 부풀어 오르고"의 원문은 "후오일당옹종後五日當癰腫"이다. 여기의 옹癰
은 종기 등의 악창을 뜻하는 말로 옹疽 내지 옹癰과 같다.

고르다면 그 병은 경맥에 있다. 불규칙하면 낙맥에 이상이 있는 것이다."

경맥에 이상이 있고 맥이 고른 것은 그 병이 힘줄과 골수[筋髓]에서 생긴 것입니다. 맥박이 불규칙해 문득 끊어졌다 높아졌다 하는 것은 그 병이 과도한 음주와 방사에서 생긴 탓입니다. 닷새 뒤 종기가 부풀어 오르고 다시 여드레 뒤 고름을 쏟고 죽을 것을 안 까닭은 진맥 때 소양의 경맥에 처음으로 혈맥이 엉킨 대맥代脈이 나타났기 때문입니다. 대맥의 출현은 경맥에 병이 난 뒤 소양의 낙맥까지 발전되어 곧장 온몸을 지나 낙맥으로 간 결과입니다. 낙맥에 병이 생기면 그때는 소양의 초관初關 한 치쯤에 나타났을 뿐이므로 속에 열이 있어도 고름은 나오지 않습니다. 그러나 다섯 치까지 미치면 소양의 끝에 이르게 되고, 다시 그때부터 여드레가 지나면 고름을 쏟고 죽게 됩니다. 위로 두 치쯤 고름이 나오기 시작하고 말단까지 이르면 종기가 끝까지 부풀어 올라 고름을 쏟고 죽는 것입니다. 열이 높아지면 양명의 경맥을 지지고 소낙맥小絡脈을 태웁니다. 소낙맥이 움직이면 낙맥이 서로 이어지는 곳에 병이 나고, 이같이 되면 서로 문드러지고 풀어져 낙맥 사이가 막히게 됩니다. 열기가 머리까지 올라가 흔들기에 두통이 생긴 것입니다.

●● 齊侍御史成自言病頭痛. 臣意診其脈, 告曰, "君之病惡, 不可言也." 卽出, 獨告成弟昌曰, "此病疽也, 內發於腸胃之間, 後五日當癰腫, 後八日嘔膿死." 成之病得之飮酒且內. 成卽如期死. 所以知成之病者, 臣意切其脈, 得肝氣. 肝氣濁而靜, 此內關之病也. 脈法曰, "脈長而弦, 不得代四時者, 其病主在於肝. 和卽經主病也, 代則絡脈有過." 經主病和者, 其病得之筋髓裏. 其代絶而脈賁者, 病得之酒且內. 所以知其後五日而癰腫, 八日嘔膿死者, 切其脈時, 少陽初代. 代者經病, 病去過人, 人則去. 絡脈主病, 當其時, 少陽初關一分, 故中熱而膿未發也, 及五分, 則至少陽之界, 及八日, 則嘔膿死, 故上二分而膿發, 至界而癰腫, 盡泄而死. 熱上則熏陽明, 爛流絡, 流絡動則脈結發, 脈結發則爛解, 故絡交. 熱氣已上行, 至頭而動, 故頭痛.

제왕齊王의 가운데 왕자의 아이가 병이 들자 맥을 진찰하게 했습니다. 진맥 후 이같이 말했습니다.

"이는 기가 흉격胸膈 사이에 모여 생긴 기격병氣鬲病입니다. 이 병은 사람의 가슴을 답답하게 하고, 음식이 목구멍을 넘어가지 않게 하고, 때로는 가래를 토하게 합니다. 마음속에 근심거리가 많은데 억지로 먹은 데서 비롯된 병입니다."

그러고는 곧바로 열과 기를 내려 마음을 안정시키는 하기탕下氣湯을 지어 마시게 했습니다. 하루 만에 기가 내려가고, 이틀 만에 식욕이 돌고, 사흘 만에 완전히 나았습니다. 이 아이의 병을 알아낸 것은 진맥 때 병이 있는 맥기脈氣를 느꼈기 때문이다. 심맥心脈이 무겁고 탁하며 안정되지 않고 빨랐습니다. 이는 양기가 엉켜 생겨난 것입니다. 《맥법》에서 이같이 말했습니다.

"맥박이 빨라졌다가 느려졌다 해서 일정하지 않은 모습이 여러 차례 나타날 때는 병이 주로 마음에 있기 때문이다."

몸에 열이 있고, 맥박이 빨리 뛰며 힘이 있는 것을 중양重陽이라고 합니다. 중양은 심장을 두근거리게 만들고,• 이에 따라 번민과 근심이

• "심장을 두근거리게 만들고"의 원문은 "탕심주湯心主"다. 탕湯은 크게 흔들리는 동탕動蕩의 탕蕩과 통한다.

축적되고, 이는 음식을 넘어가지 못하게 만들고, 결국 낙맥에 장애가 생기고, 낙맥에 장애가 생기면 피가 위로 올라가 죽게 됩니다. 모두 슬픈 마음과 근심에서 비롯된 병입니다.

●● 齊中中子諸嬰兒小子病, 召臣意診切其脈, 告曰, "氣鬲病. 病使人煩懣, 食不下, 時嘔沫. 病得之少心憂, 數忔食飲." 臣意卽爲之作不氣湯以飮之, 一日氣下, 二日能食, 三日卽病愈. 所以知小子之病者, 診其脈, 心氣也, 濁躁而經也, 此絡陽病也. 脈法曰, "脈來數疾去難而不一者, 病主在心." 周身熱, 脈盛者, 爲重陽. 重陽者, 逿心主. 故煩懣食不下則絡脈有過, 絡脈有過則血上出, 血上出者死. 此悲心所生也, 病得之憂也.

제나라의 낭중령 순循이 병들었을 때 많은 의사들이, 기가 거슬러 올라가 심장 속으로 들어간 탓이라며 침을 놓았습니다. 그러나 저는 진맥 후 이같이 말했습니다.

"이 병은 용산湧疝입니다. 이 병에 걸리면 대소변을 보지 못합니다."

실제로 순도 그같이 말했습니다.

"대소변을 보지 못한 지 사흘이 되었습니다."

저는 열과 기를 내려 대소변을 원활하게 하는 화제탕火劑湯을 지어 마시게 했습니다. 한 번 마시자 소변을 보고, 두 번 마시자 대변을 보고, 세 번 마시자 병이 나았습니다. 이 병은 지나친 방사 때문에 걸린 것입니다. 그의 병을 알아낸 것은 진맥 때 오른손 손목 1촌寸 부근의 기가 나드는 우구右口에서 기가 급격해 오장의 기운을 느낄 수 없었고, 우구맥右口脈이 거칠고 빨랐기 때문입니다. 맥이 빠르면 몸의 중앙부와 하복부가 뜨겁게 끓어오릅니다. 왼손은 몸의 아래, 오른손은 위를 진찰하는 것입니다. 좌우 어느 쪽도 오장에 상응하는 기운이 없었습니다. 그래서 용산으로 진단한 것입니다. 체내에 열이 있어 소변이 붉게 된 것입니다.

●● 齊郎中令循病, 衆醫皆以爲蹶入中, 而刺之. 臣意診之, 曰, “湧疝也, 令人不得前後溲.” 循曰, “不得前後溲三日矣.” 臣意飮以火齊湯, 一飮得前後溲, 再飮大溲, 三飮而疾愈. 病得之內. 所以知循病者, 切其脈時, 右口氣急, 脈無五藏氣, 右口脈大而數. 數者中下熱而湧, 左爲下, 右爲上, 皆無五藏應, 故曰湧疝. 中熱, 故溺赤也.

제나라의 왕실 재산을 관리하는 중어부中御府의 장관 신信이 병들었을 때 제가 진맥 후 이같이 말했습니다.

“열병의 기운이 있습니다. 그러나 열 때문에 땀을 흘려 맥이 좀 약해진 것일 뿐 생명에는 지장이 없습니다.”

그러고는 이같이 덧붙였습니다.

“이 병은 흐르는 냇물에 목욕하다가 한기寒氣를 느껴 잠시 후 열이 나 생긴 것입니다.”

그 역시 그같이 말했습니다.

“그렇습니다. 작년 겨울 왕명으로 초나라에 사자로 갔을 때 거현莒縣의 양주수陽周水에 이르자 교량이 심하게 부서져 있었습니다. 수레의 끌채를 잡고 잠시 머뭇거리고 있을 때 말이 놀라 물속에 빠지고 나 또한 물속에 빠져 거의 죽을 뻔했습니다. 관원이 달려와 물속에서 건져주었습니다만 옷이 흠뻑 젖었고 잠시 뒤 온몸이 떨려왔습니다. 한기가 그치자 불덩이같이 열이 나 지금까지도 한기를 쐴 수 없을 정도입니다.”

그에게 화제탕을 주어 열을 내리게 했습니다. 한 번 마시자 땀이 없어지고, 두 번 마시자 열이 내리고, 세 번 마시자 병이 나았습니다. 약을 복용한지 스무 날이 지나자 그의 몸에서 병이 사라졌습니다. 그의 병을 알아낸 것은 진맥 때 양기와 음기가 함께 있는 병음#陰 현상을 찾아냈기 때문입니다. 《맥법》에서 이같이 말했습니다.

"열병이 나 음기와 양기가 뒤섞여 있으면 죽는다."

그의 맥을 짚어보니 음양의 기가 뒤섞여 있지는 않았지만 양기가 음기에 들러붙어 있었습니다. 이런 병음의 경우는 맥이 순조로우면 치료할 수 있고, 열이 완전히 내리지 않았을지라도 살 수 있습니다. 신기腎氣가 때로 탁해지고, 드물게 태음맥太陰脈의 맥구脈口에 있는 것은 체내에 수기水氣가 있기 때문입니다. 신장은 말할 것도 없이 물을 관장하기에 이로써 알아내게 된 것입니다. 치료가 조금이라도 늦었으면 곧 오한과 열이 번갈아 일어나는 한열병寒熱病을 앓을 뻔했습니다.

●● 齊中御府長信病, 臣意入診其脈, 告曰, "熱病氣也. 然暑汗, 脈少衰, 不死." 曰, "此病得之當浴流水而寒甚, 已則熱." 信曰, "唯, 然! 往冬時, 爲王使於楚, 至莒縣陽周水, 而莒橋梁頗壞, 信則攣車轅未欲渡也, 馬驚, 卽墮, 信身入水中, 幾死, 吏卽來救信, 出之水中, 衣盡濡, 有閒而身寒, 已熱如火, 至今不可以見寒." 臣意卽爲之液湯火齊逐熱, 一飮汗盡, 再飮熱去, 三飮病已. 卽使服藥, 出入二十日, 身無病者. 所以知信之病者, 切其脈時, 幷陰. 脈法曰, "熱病陰陽交者死." 切之不交, 幷陰. 幷陰者, 脈順淸而愈, 其熱雖未盡, 猶活也. 腎氣有時閒濁, 在太陰脈口而希, 是水氣也. 腎固主水, 故以此知之. 失治一時, 卽轉爲寒熱.

제왕齊王의 태후가 병이 들자 저를 불러 진맥하게 했습니다. 저는 진맥 후 이같이 말했습니다.

"이는 열병의 일종인 풍단風癉입니다. 잠시 방광에 머물러 있기에 대소변을 보기가 어렵게 되었고, 소변이 붉어진 것입니다."

태후에게 화제탕을 복용하게 했습니다. 한 번 마시자 대소변을 보고, 두 번 마시자 병이 나아 소변도 원래대로 돌아왔습니다. 이 병은 땀을 흘린 뒤 그대로 말리는 이른바 유한출순流汗出濡에서 비롯된 것입니다. 순濡은 옷을 벗어 땀을 말리는 것을 뜻합니다. 태후의 병을 알아낸 것은 진맥 때 태음맥의 맥구에서 축축한 기가 느껴졌기 때문입니다.《맥법》에서 이같이 말했습니다.

"세게 눌러보아 맥박이 크고 단단하며* 가볍게 눌러보아 맥박이 마디마디 끊어지는 듯하면** 병이 주로 신장에 있다."

과연 맥을 짚어보니 평상시와 달리 진장의 맥박이 거칠었습니다. 맥이 거센 것은 방광에 병이 있기 때문입니다. 또 맥이 거친 것은 내열이 있기 때문으로, 소변이 붉은 것도 이 때문입니다.

●● 齊王太后病, 召臣意入診脈, 曰, "風癉客脬, 難於大小溲, 溺赤." 臣意飮以火齊湯, 一飮卽前後溲, 再飮病已, 溺如故. 病得之流汗出濡. 濡者, 去衣而汗晞也. 所以知齊王太后病者, 臣意診其脈, 切其太陰之口, 淫然風氣也. 脈法曰, "沈之而大堅, 浮之而大緊者, 病主在腎." 腎切之而相反也, 脈大而躁. 大者, 膀胱氣也, 躁者, 中有熱而溺赤.

● "세게 눌러보아 맥박이 크고 단단하며"의 원문은 "침지이대견沈之而大堅"이다.《사기정의》는 침沈이 심深으로 된 판본이 있다며 왕숙화王叔和의《맥경脈經》을 인용해 맥박의 대견大堅 현상은 신장병에서 비롯된다고 풀이했다.
●● "가볍게 눌러보아 맥박이 마디마디 끊어지는 듯하면"의 원문은 "부지이대긴浮之而大緊"이다.《사기정의》는《소문素問》을 인용해 맥박이 짧고 잦아 마치 새끼줄을 마디마디 끊는 듯한 느낌을 주는 것을 대긴大緊으로 풀이했다.

제나라 장무리章武里에 사는 조산부曹山跗가 병들었을 때 제가 진맥 후 이같이 말했습니다.

"이는 폐에서 비롯된 소갈증인 소단消癉입니다. 게다가 한열병까지 더해졌습니다."

그러고는 이같이 덧붙였습니다.

"죽을 것입니다. 치료할 수 없습니다. 음식봉양이나 잘하십시오. 이는 침이나 뜸 등으로 치료할 수 있는 병이 아닙니다."

의료의 이치를 언급한 의법醫法에서도 이같이 말했습니다.

"사흘이 지나면 발광해 함부로 나다니며 내달리려고 한다. 이후 닷새가 지나면 죽게 된다."

결국 그 말대로 죽었습니다. 조산부의 병은 크게 화가 난 상태에서 방사를 한 탓입니다. 그의 병을 알게 된 것은 진맥 때 폐의 기운이 열을 띠고 있었기 때문입니다. 《맥법》에서 이같이 말했습니다.

"폐에서 열이 나면 맥박이 고르지 않고 무력하며 몸도 쇠약해진다."

이는 오장의 높은 곳인 폐와 먼 곳인 간이 여러 차례 병들었다는 것을 의미하는 것입니다. 진맥을 잴 때 맥박이 고르지 못하고 멈추었다 뛰었다 하는 대맥이 나타나는 이유입니다. 진맥이 고르지 못하다는 것은 피가 간에 머무르지 못하는 것이고, 대맥은 맥박이 쉬었다가 보충을 하듯 잇달아 세 번 뛰는 식의 삼격參擊이 일거에 오는 것으로, 급해지거나 거세지는 것을 말합니다. 이는 간과 폐의 낙맥이 끊어졌기 때문입니다. 이는 치료할 방법이 없는 까닭에 죽을 수밖에 없습니다. 한열병이 왔다는 것은 곧 몸만 있고 정신은 나가버린 시탈尸奪 상태를 뜻합니다. 시탈한 자는 뜸을 뜨거나 침을 놓거나 약을 복용하거나 할 수 없습니다. 제가 가서 그를 진찰하기 전에 제나라 태의太醫가 먼저 진찰한 뒤 발의 소양 맥구에 뜸을 뜨고 반하환半夏丸을 먹였습니다.

환자는 곧바로 설사해 뱃속이 비게 되었습니다. 원래 소음少陰 맥구에 뜸을 떠 간의 기운이 심하게 손상된 상태였습니다. 이처럼 환자의 기운을 거듭 해친 까닭에 한열병 증세가 더욱 심하게 나타난 것입니다. 의법에서 사흘 뒤 발광한다고 한 것은 간의 낙맥이 유방 아래의 양명에 이어져 있는데, 낙맥이 끊어지면 양명의 맥이 상하고, 맥이 상하면 미쳐 날뛰게 되기 때문입니다. 닷새 뒤 죽는다고 한 것은 간과 심장은 다섯 치만큼 떨어져 있어 간의 원기元氣가 닷새면 다하고, 그리되면 곧 죽게 되기 때문입니다.

●● 齊章武里曹山跗病, 臣意診其脈, 曰, "肺消癉也, 加以寒熱." 卽告其人曰, "死, 不治. 適其共養, 此不當醫治." 法曰, "後三日而當狂, 妄起行, 欲走, 後五日死." 卽如期死. 山跗病得之盛怒而以接內. 所以知山跗之病者, 臣意切其脈, 肺氣熱也. 脈法曰, "不平不鼓, 形弊." 此五藏高之遠數以經病也, 故切之時不平而代. 不平者, 血不居其處, 代者, 時參擊並至, 乍躁乍大也. 此兩絡脈絶, 故死不治. 所以加寒熱者, 言其人尸奪. 尸奪者, 形弊, 形弊者, 不當關灸鑱石及飮毒藥也. 臣意未往診時, 齊太醫先診山跗病, 灸其足少陽脈口, 而飮之半夏丸, 病者卽泄注, 腹中虛, 又灸其少陰脈, 是壞肝剛絶深, 如是重損病者氣, 以故加寒熱. 所以後三日而當狂者, 肝一絡連屬結絶乳下陽明, 故絡絶, 開陽明脈, 陽明脈傷, 卽當狂走. 後五日死者, 肝與心相去五分, 故曰五日盡, 盡卽死矣.

제나라의 중위 반만여潘滿如가 소복少腹(아랫배)에 통증을 호소했을 때

제가 진맥 후 이같이 말했습니다.

"이는 벌레가 오랫동안 쌓여 덩어리가 되어 생긴 병인 유적하遺積瘕입니다."

곧바로 제나라의 태복 요饒와 내사 요繇에게 말했습니다.

"중위가 스스로 방사를 그치지 않는다면 한 달 뒤 죽게 될 것입니다."

20여 일 뒤 피오줌을 누더니 이내 죽고 말았습니다. 이 병은 과도한 술과 방사에서 비롯된 것입니다. 그의 병을 알게 된 것은 진맥 때 맥박이 가라앉고, 작고, 약했기 때문입니다. 이 세 가지 음맥이 문득 한꺼번에 느껴졌기 때문이었습니다. 이는 비기脾氣입니다. 오른손 촌구맥이 긴장되고 미약해 뱃속에 응어리가 생기는 가기瘕氣가 생겨났습니다. 비장脾臟에 병이 생기면 오장에 차례로 전달되어 한 달이면 죽게 됩니다. 소음과 궐음厥陰 및 태음太陰의 삼음三陰이 한꺼번에 뛰면《맥법》에서 언급한 것처럼 한 달 내에 죽습니다. 삼음맥이 함께 뛰지 않을 때는 그보다 빠른 시일에 생사가 결정이 날 것입니다. 뛰다가 멈춘 경우는 죽음에 가까운 것입니다. 반만여는 삼음이 일시에 뛰고 있었으므로 앞서 언급한 것처럼 피오줌을 누다가 죽은 것입니다.

●● 齊中尉潘滿如病少腹痛, 臣意診其脈, 曰,"遺積瘕也."臣意卽謂齊太僕臣饒·內史臣繇曰,"中尉不復自止於內, 則三十日死." 後二十餘日, 溲血死. 病得之酒且內. 所以知潘滿如病者, 臣意切其脈深小弱, 其卒然合合也, 是脾氣也. 右脈口氣至緊小, 見瘕氣也. 以次相乘, 故三十日死. 三陰俱搏者, 如法, 不俱搏者, 決在急期, 一搏一代者, 近也. 故其三陰搏, 溲血如前止.

양허후陽虛侯의 재상 조장趙章이 병들었을 때 저도 불려갔습니다. 여러 의사가 한중寒中으로 진단했습니다. 저는 진맥 후 말했습니다.

"이 병은 동풍迴風입니다."

동풍은 먹은 음식이 그냥 밖으로 나와 배에 머무르지 못하는 병을 말합니다. 의법도 이같이 말하고 있습니다.

"동풍에 걸리면 닷새 내에 죽는다."

이후 그는 열흘 만에 죽었습니다. 이 병은 술 때문에 생긴 것입니다. 조장의 병을 알게 된 것은 진맥 때 맥이 온화했기 때문입니다. 이는 몸속의 장기가 기능을 상실한 내풍內風의 기운이 있다는 것을 뜻합니다. 음식이 목구멍을 내려가자마자 모두 토해내 위장에 머물러 있지 못하면 의법에서도 닷새 내에 죽는다고 했습니다. 이는 이미 말한 것처럼 맥박의 흐름을 따져 죽을 날을 예측하는 분계법分界法에 근거한 것입니다. 그는 과연 열흘 뒤에 죽었습니다. 그가 죽음의 시기를 닷새나 넘긴 것은 미음을 즐겨 먹어 내장이 차 있었기 때문입니다. 내장이 차 있었던 덕분에 시기를 넘기고 죽은 셈입니다. 제 스승도 이같이 말한 바 있습니다.

"음식을 잘 섭취하는 자는 죽을 시기[死期]를 넘겨 죽고, 그렇지 못한 자는 그 시기에 이르기 전에 죽는다."

●● 陽虛侯相趙章病, 召臣意. 衆醫皆以爲寒中, 臣意診其脈曰, "迴風." 迴風者, 飮食下嗌而輒出不留. 法曰, "五日死", 而後十日乃死. 病得之酒. 所以知趙章之病者, 臣意切其脈, 脈來滑, 是內風氣也. 飮食下嗌而輒出不留者, 法五日死, 皆爲前分界法. 後十日乃死, 所以過期者, 其人嗜粥, 故中藏實, 中藏實故過期. 師言曰, "安穀者過期, 不安穀者不及期."

제북왕濟北王이 병이 들자 저를 불러 진맥하게 했습니다. 저는 진맥 후 이같이 말했습니다.

"이 병은 풍궐風蹶로 가슴이 꽉 차 답답한 느낌을 줍니다."

그러고는 곧바로 약주를 만들어 복용하게 했습니다. 360근에 달하는 3석石을 마시자 병이 나았습니다. 이 병은 땀을 흘리며 땅바닥에 드러누웠기에 걸린 것입니다. 제북왕의 병을 알게 된 것은 진맥 때 풍기風氣가 있고 심맥이 탁했기 때문입니다. 의법에 이같이 말했습니다.

"풍기가 양맥에 들어가면 양기가 다하고 음기가 들어간다."

음기가 들어가 퍼지면 한기는 올라가려 하고 열기는 내려가려 하기 때문에 가슴이 답답해집니다. 땀을 흘린 채 땅바닥에 드러누우면 진맥 때 기운이 음陰에 있게 됩니다. 맥이 음기인 경우는 병이 반드시 몸속으로 들어가 있고, 시냇물 같은 식은땀인 참수瀺水를 흘리게 됩니다.

●● 濟北王病, 召臣意診其脈, 曰, "風蹶胸滿." 卽爲藥酒, 盡三石, 病已. 得之汗出伏地. 所以知濟北王病者, 臣意切其脈時, 風氣也, 心脈濁. 病法 "過入其陽, 陽氣盡而陰氣入." 陰氣入張, 則寒氣上而熱氣下, 故胸滿. 汗出伏地者, 切其脈, 氣陰. 陰氣者, 病必入中, 出及瀺水也.

제나라 북궁北宮 사공司空의 부인 출오出於가 병들었을 때 많은 의사가 하나같이 풍이 몸 안에 들어간 것이므로 병이 주로 폐에 있을 것으로 생각해 발의 소양맥[足少陽脈]에 침을 놓았습니다. 그러나 저는 진맥 후 이같이 말했습니다.

"이는 아랫배를 내리누르는 산기疝氣가 방광에 있어 대소변을 보기 어렵고, 소변이 붉어지는 병입니다. 이런 병은 한기를 만나면 오줌을 싸게 되고 배가 붓게 됩니다."

출오의 병은 소변을 보고 싶은데도 참고 방사를 치른 데 따른 것입니다. 이를 알게 된 것은 진맥을 볼 때 맥박이 크고 힘이 있었지만, 순조롭지 못했기 때문입니다. 이는 갑자기 음기가 거슬러 올라가는 궐음 경맥의 요동으로 인한 것입니다. 맥박이 순조롭지 못한 것은 산기가 방광에 머물러 있기 때문입니다. 또 배가 부풀어 오른 것은 궐음의 낙맥이 아랫배에 이어져 있기 때문입니다. 궐음에 이상이 생기면 맥이 이어져 있는 부위가 움직이고, 이같이 움직이면 배도 부풀어 오르게 됩니다. 저는 곧바로 출오의 발에 있는 궐음의 맥에 좌우로 각각 한 곳씩 뜸을 떠주었습니다. 그러니 오줌을 흘리는 일이 없어지고, 오줌 색깔도 맑아졌고, 아랫배의 통증도 가셨습니다. 다시 화제탕을 지어 먹게 하자 사흘 만에 산기가 완전히 사라지고 병이 곧 나았습니다.

●● 齊北宮司空命婦出於病, 衆醫皆以爲風入中, 病主在肺, 刺其足少陽脈. 臣意診其脈, 曰, "病氣疝, 客於膀胱, 難於前後溲, 而溺赤. 病見寒氣則遺溺, 使人腹腫." 出於病得之欲溺不得, 因以接內. 所以知出於病者, 切其脈大而實, 其來難, 是蹶陰之動也. 脈來難者, 疝氣之客於膀胱也. 腹之所以腫者, 言蹶陰之絡結小腹也. 蹶陰有過則脈結動, 動則腹腫. 臣意卽灸其足蹶陰之脈, 左右各一所, 卽不遺溺而溲淸, 小腹痛止. 卽更爲火齊湯以飮之, 三日而疝氣散, 卽愈.

고故 제북왕 유흥거劉興居의 유모가 발에 열이 올라 답답하다고 호소했을 때 저는 진맥 후 이같이 말했습니다.

"이 병은 열궐熱蹶입니다."

좌우 족심足心에 각각 세 군데씩 침을 놓고, 그 자리를 눌러 피가 흘러나오지 않도록 하자 병이 곧 나았습니다. 이 병은 술을 지나치게 마셔 크게 취한 데서 비롯된 것입니다. 당시 제북왕은 저를 불러 모든 여관女官의 맥을 짚어보게 했습니다. 마침내 어린 재인才人까지 진맥하게 되었습니다. 이때 재인 수豎는 아무런 병이 없다고 말했습니다. 그러나 저는 궁녀들이 머무는 영항永巷의 우두머리에게 이같이 말했습니다.

"저 여자 재인은 비장이 상했으므로 과로하면 안 됩니다. 의법에 따르면 봄에 피를 토하고 죽을 것입니다."

제가 또 제북왕에게 물었습니다.

"저 재인은 무슨 재주가 있습니까?"

제북왕이 대답했습니다.

"저 시녀는 바느질과 수예 등의 기예를 좋아하고 매우 다재다능하오. 옛 기예를 연구해서 새로운 기법을 만들어내기도 하오. 전에 민간에서 그의 동년배 네 명과 함께 470만 전을 주고 사왔소."

그러고는 저에게 물었습니다.

"질병이 있는 것은 아니오?"

제가 대답했습니다.

"재인 수의 병이 위중합니다. 죽을병입니다."

제북왕이 수를 가까이 불러 살펴보았으나 재인 수의 안색에 변화가 없었습니다. 제북왕은 그녀가 병에 걸리지 않았다고 여기고 다른 제후에게 팔지 않았습니다. 어느 봄에 제북왕이 변소에 갔습니다. 재인 수가 칼을 받쳐 들고 변소까지 따라갔습니다. 그러나 제북왕이 변소에서 나왔는데도 수가 따라오지 않았습니다. 사람을 시켜서 불러오게 했는데, 수는 변소에 넘어져 피를 흘리고 죽어 있었습니다. 그녀의 병은 땀을 너무 많이 흘린 것이 원인입니다. 의법에 따르면 땀을 지나치게 많이 흘리는 것은 병이 몸 깊은 곳에서 점차 심해진 탓입니다. 머리카락에 윤기가 흐르고 맥도 약해지지 않습니다. 이 또한 내관에 관한 병입니다.

●● 故濟北王阿母自言足熱而懣, 臣意告曰, "熱蹶也." 則刺其足心各三所, 案之無出血, 病旋已. 病得之飮酒大醉. 濟北王召臣意診脈諸女子侍者, 至女子豎, 豎無病. 臣意告永巷長曰, "豎傷脾, 不可勞, 法當春嘔血死." 臣意言王曰, "才人女子豎何能?" 王曰, "是好爲方, 多伎能, 爲所是案法新, 往年市之民所, 四百七十萬, 曹偶四人." 王曰, "得毋有病乎?" 臣意對曰, "豎病重, 在死法中." 王召視之, 其顔色不變, 以爲不然, 不賣諸侯所. 至春, 豎奉劍從王之廁, 王去, 豎後, 王令人召之, 卽仆於廁, 嘔血死. 病得之流汗. 流汗者, 同法病內重, 毛髮而色澤, 脈不衰, 此亦關內關之病也.

제나라 중대부가 우치齲齒[•]를 앓았을 때 저는 그의 왼손 양명맥陽明脈에 뜸을 떴습니다. 이어 곧바로 고삼탕苦參湯을 지어 하루에 세 되씩 입을 가시게 했습니다. 그러자 5, 6일 만에 나았습니다. 이는 바람을 맞으며 입을 벌린 채 누워 자고, 식후에 입을 가시지 않기에 생긴 병입니다.

●● 齊中大夫病齲齒, 臣意灸其左大陽明脈, 卽爲苦參湯, 日嗽三升, 出入五六日, 病已. 得之風, 及臥開口, 食而不嗽.

● 우치는 충치를 뜻한다. 《사기정의》는 우齲의 음을 구우반丘羽反이라고 했다. 원음은 구이지만 우로 바뀌었다.

치천왕菑川王 유현劉賢의 미인美人이 아기를 가졌으나 낳지 못하고*
저를 불러들였습니다. 제가 가서 낭탕약莨蕩藥**을 1촬撮(손가락 세 개로 들
어 올리는 양)만큼의 술과 함께 마시게 하자 곧 해산했습니다. 다시 맥을
짚어보니 맥박이 조급했습니다. 이는 또 다른 병이 있기 때문입니다.
곧바로 소석消石을 한 모금을 마시게 하자 콩알만 한 핏덩이가 대여
섯 개나 나왔습니다.

●● 菑川王美人懷子而不乳, 來召臣意. 臣意往, 飮以莨菪藥一撮, 以
酒飮之, 旋乳. 臣意復診其脈, 而脈躁. 躁者有餘病, 卽飮以消石一齊,
出血, 血如豆比五六枚.

제나라 승상 가신家臣의 노비가 군주를 조현하러 가는 주인을 쫓아
궁중에 들어갔을 때의 일입니다. 저는 그가 궁중의 작은 문 밖에서
음식을 먹는 것을 보았습니다. 멀리서 보니 병색이 있었습니다. 제가
평平이라는 환관에게 그 이야기를 했습니다. 평은 진맥을 좋아해 저
에게 의술을 배우곤 했습니다. 저는 그에게 제나라 승상 가신의 노비
가 어떤 병에 걸렸는지 말해주었습니다.

"이 병은 비장의 기운이 상한 결과입니다. 봄이 되면 가슴이 막혀 통
하지 않고, 음식을 먹고 마실 수 없게 됩니다. 의법에 따르면 여름에
혈변을 보고 죽습니다."

환관 평이 제나라 승상에게 가서 알렸습니다.

"군君의 가신의 노비는 병이 들어 있습니다. 병이 중해 죽을 날이 가

● "낳지 못하고"의 원문은 "불유不乳"다. 《사기색은》은 유乳를 낳을 생生으로 풀이했다.
●● 낭탕莨蕩은 독초 이름이다. 천선자天仙子라고도 한다. 탕蕩은 탕菪과 같다. 낭탕의 잎을
먹으면 미친 듯이 어지러이 날뛰게 되며, 이에 중독되었을 때는 감초의 즙으로 해독한다고
한다.

까웠습니다."

제나라 승상이 물었습니다.

"경卿은 무슨 근거로 그리 말하는 것이오?"

환관 평은 대답했습니다.

"군이 조현하러 궁중에 들어올 때 군의 가신의 노비가 작은 문 밖에서 음식을 먹고 있었습니다. 저는 태창공과 함께 그곳에 서 있었는데, 창공이 저에게 저런 병세를 보이는 사람은 죽는다고 일러주었습니다."

제나라 승상이 가신을 불러 물었습니다.

"그대의 노비에게 병이 있는가?"

가신이 대답했습니다.

"제 노비 가운데 병든 자는 없습니다. 몸이 아픈 자도 없습니다."

봄이 되자 결국 병이 들었고, 4월이 되자 혈변을 보고 죽었습니다. 노비의 병을 알게 된 것은 비장의 기가 모두 오장으로 옮겨 얼굴에 이상한 빛을 띠게 했기 때문입니다. 비장이 상한 사람의 안색은 멀리서 바라보면 언뜻 누런색처럼 보이지만, 자세히 보면 검푸른 빛을 띱니다. 대다수 의사들은 회충 때문이라고 여길 뿐 비장이 상한 것을 모르고 있습니다. 봄이 되면 병이 중해져 죽을 것이라고 한 것은 비위脾胃의 기운은 황색이고, 황색은 흙의 기운이고, 오행에 따르면 토土는 목木을 이기지 못하므로 봄에 죽는다고 한 것입니다. 그럼에도 그가 여름이 되어 죽은 것은 나름대로 이유가 있습니다. 《맥법》에서 이같이 말했습니다.

"병이 중한데도 맥이 정상인 것을 내관이라고 한다."

내관의 병에 걸리면 환자는 아픈 것도 모르고, 아무런 고통도 느끼지 않습니다. 여기에 한 가지 병을 더하면 중춘中春에 죽고, 마음을 즐겁게 하며 양생養生하면 한 계절을 연장할 수 있습니다. 4월이 되어 죽은 것은 진맥할 때 맥박이 순조로우면서 몸도 살이 찐 상태였기 때문입니다. 이 노비의 병은 누차 땀을 흘린 뒤 불을 쬐어 덥게 만들고, 이어 바로 밖으로 나와 거센 바람을 쐬기를 여러 차례 거듭한 데서 비롯된 것입니다.

●● 齊丞相舍人奴從朝入宮, 臣意見之食閨門外, 望其色有病氣. 臣意卽告宦者平. 平好爲脈, 學臣意所, 臣意卽示之舍人奴病, 告之曰, "此傷脾氣也, 當至春鬲塞不通, 不能食飮, 法至夏泄血死." 宦者平卽往告相曰, "君之舍人奴有病, 病重, 死期有日." 相君曰, "卿何以知之?" 曰, "君朝時入宮, 君之舍人奴盡食閨門外, 平與倉公立, 卽示平曰, 病如是者死." 相卽召舍人奴而謂之口, "公奴有病不?" 舍人曰, "奴無病, 身無痛者." 至春果病, 至四月, 泄血死. 所以知奴病者, 脾氣周乘五藏, 傷部而交, 故傷脾之色也, 望之殺然黃, 察之如死靑之玆. 衆醫不知, 以爲大蟲, 不知傷脾. 所以至春死病者, 胃氣黃, 黃者土氣也, 土不勝木, 故至春死. 所以至夏死者, 脈法曰, "病重而脈順淸者曰內關", 內關之病, 人不知其所痛, 心急然無苦. 若加以一病, 死中春, 一愈順, 及一時. 其所以四月死者, 診其人時愈順. 愈順者, 人尙肥也. 奴之病得之流汗數出灸炙於火而以出見大風也.

치천왕이 병들자 저를 불러 진맥하게 했습니다. 진맥 후 이같이 말했습니다.

"이는 머리가 어지러워지는 궐▨입니다. 증상이 심하면 두통이 나고 몸에 열이 나 사람을 크게 괴롭힙니다."

그러고는 곧바로 찬물로 머리를 식히게 하고 양쪽 발의 양명맥에 각기 세 군데씩 침을 놓자 곧바로 병이 나았습니다. 이 병은 머리를 감고 나서 마르기 전에 잠을 자서 생긴 것입니다. 병을 진단한 과정은 앞서 말한 바와 같습니다. 머리에서 어깨까지 열이 난 것은 바로 기운이 거슬러 올라간 궐 때문입니다.

●● 菑川王病, 召臣意診脈, 曰, "蹶上爲重, 頭痛身熱, 使人煩懑." 臣意卽以寒水拊其頭, 刺足陽明脈, 左右各三所, 病旋已. 病得之沐髮未乾而臥. 診如前, 所以蹶, 頭熱至肩.

제왕齊王의 애첩 황희黃姬의 오라비 황장경黃長卿이 집에서 주연을 베풀어 손님을 초청했을 때 저도 참가하게 되었습니다. 손님이 모두 자리에 앉고 아직 음식이 들어오지 않았을 때 왕후王后의 동생인 송건宋建을 보고 이같이 말했습니다.

"군에게 병이 있습니다. 4, 5일 전에 군은 등허리가 아파서 위를 쳐다볼 수도, 아래를 내려다볼 수도, 소변을 볼 수도 없었을 것입니다. 빨리 치료하지 않으면 병이 바로 신장으로 진행될 것입니다. 병이 오장으로 들어가기 전에 서둘러 치료하십시오. 병이 지금 막 신장으로 들어가려 하고 있습니다. 신장으로 깊이 들어가면 신장의 혈기가 통하지 않는 신비腎痺에 이르게 됩니다."

송건도 그같이 말했습니다.

"바로 그렇소. 나는 전부터 등허리가 아팠소. 실은 4, 5일 전 비가 내릴 때 황씨의 사위들이 우리 집 곳간에 있던 네모난 돌을 들어 올리는 놀이를 했소. 나도 이들을 흉내 내보았지만 들어 올릴 수가 없어 도로 내려놓았소. 저녁때부터 등허리가 아프고 소변도 볼 수 없게 되었소. 지금까지도 낫지 않고 있소."

송건의 병은 무거운 것을 즐겨 들어 올리다가 생긴 것입니다. 송건의 병을 알게 된 것은 그의 안색을 보니 광대뼈 주변 태양太陽의 색이 메말라 윤기가 없고, 신장 부근에서 허리 아래의 경계까지 네 치 정도의 부위가 메말라 있었기 때문입니다. 그러므로 4, 5일 전에 발병한 것을 알 수 있었습니다. 제가 유탕柔湯을 지어 복용하게 하자 18일 만에 병이 나았습니다.

•• 齊王黃姬兄黃長卿家有酒召客, 召臣意. 諸客坐, 未上食. 臣意望見王后弟宋建, 告曰, "君有病, 往四五日, 君要脅痛不可俛仰, 又不得小溲. 不亟治, 病卽入濡腎. 及其未舍五藏, 急治之. 病方今客腎濡, 此所謂'腎痺'也." 宋建曰, "然, 建故有要脊痛. 往四五日, 天雨, 黃氏諸倩見建家京下方石, 卽弄之, 建亦欲效之, 效之不能起, 卽復置之. 暮, 要脊痛, 不得溺, 至今不愈." 建病得之好持重. 所以知建病者, 臣意見其色, 太陽色乾, 腎部上及界要以下者枯四分所, 故以往四五日知其發也. 臣意卽爲柔湯使服之, 十八日所而病愈.

제북왕의 시녀인 한녀韓女가 허리와 등에 통증을 느끼고 오한과 열이 번갈아 나타났을 때 의사들 모두 한열병이라고 했습니다. 그러나 저는 맥을 짚어보고 이같이 말했습니다.

"몸속이 차 월경이 통하지 않는 것입니다."

곧바로 좌약을 사용하게 하자 월경이 통하고 병이 나았습니다. 이 병은 남자를 가까이하고자 했으나 그리하지 못해 얻은 것입니다. 한녀의 병을 알아낸 것은 진맥 때 자궁의 낙맥이 막힌 탓에 이와 연결된 신맥腎脈도 원활치 못했기 때문입니다. 맥박이 가늘고 느리며 계속 이어지지 않고 끊어지곤 했습니다. 여리고 느리며 끊어지는 맥박은,

뛰는 것이 원활하지 못하고 단단한 데서 비롯된 것으로 월경이 통하지 않음을 보여줍니다. 또 왼손 마디 부분의 간맥肝脈이 활시위처럼 팽팽하고 상부 심맥의 마디 부분에서 뛰고 있었습니다. 이런 까닭에 남자를 가까이하고 싶었으나 그러지 못했기 때문이라고 말한 것입니다.

●● 濟北王侍者韓女病要背痛, 寒熱, 衆醫皆以爲寒熱也. 臣意診脈, 曰, "內寒, 月事不下也." 卽竄以藥, 旋下, 病已. 病得之欲男子而不可得也. 所以知韓女之病者, 診其脈時, 切之, 腎脈也, 嗇而不屬. 嗇而不屬者, 其來難, 堅, 故曰月不下. 肝脈弦, 出左口, 故曰欲男子不可得也.

임치 범리汜里에 사는 박오薄吾라는 여인이 중병에 걸렸을 때 의사들 모두 한열병이 심해 이내 죽을 것으로 생각해 치료하지 않았습니다. 저는 진맥 후 이같이 말했습니다.

"이 병은 요가蟯瘕입니다."

요가는 배가 부풀어 오르고, 피부가 누렇게 되면서 거칠어지고, 손으로 만지기만 해도 아픔을 느끼는 병입니다. 제가 원화芫華(팥꽃나무 꽃봉오리)를 1촬가량 복용하게 하자 곧 요충蟯蟲을 몇 되나 쏟아내고 병이 나았습니다. 한 달 만에 원래 모습을 회복했습니다. 이 병은 한기와 습기로 인한 것입니다. 한기와 습기가 몸에 엉겨 발산되지 못하면 벌레로 변합니다. 박오의 병을 알게 된 것은 손목에서 1척가량 떨어진 척부尺膚의 피부가 거칠어 껄끄러웠고, 머리카락이 푸석푸석하고 엉성했기 때문입니다. 이는 벌레의 기운으로 인한 것입니다. 환자의 얼굴에 윤기가 도는 것은 몸속의 오장에 아무런 사기邪氣와 중병이 없다는 표시입니다.

●● 臨菑氾里女子薄吾病甚, 衆醫皆以爲寒熱篤, 當死, 不治. 臣意診
其脈, 曰, "蟯瘕." 蟯瘕爲病, 腹大, 上膚黃麤, 循之戚戚然. 臣意飮以芫
華一撮, 卽出蟯可數升, 病已, 三十日如故. 病蟯得之於寒溼, 寒溼氣宛
篤不發, 化爲蟲. 臣意所以知薄吾病者, 切其脈, 循其尺, 其尺索刺麤,
而毛美奉髮, 是蟲氣也. 其色澤者, 中藏無邪氣及重病.

제나라의 사마 순우의가 병들었을 때 저는 진맥 후 이같이 말했습
니다.

"동풍을 앓고 있습니다. 동풍의 두드러진 증상은 음식물이 목구멍을
넘어가기만 하면 곧바로 설사를 하는 데 있습니다. 병은 배불리 먹고
난 뒤 빨리 달린 데서 비롯된 것입니다."

사마 순우도 그같이 말했습니다.

"나는 왕궁으로 가 말의 간을 대접받아 배불리 먹었습니다. 이후 술
을 내오는 것을 보고 황급히 빠져나와 집으로 내달려 돌아왔습니다.
이후 수십 번이나 설사를 했습니다."

제가 일러주었습니다.

"화제탕에 쌀즙을 섞어 마시면 7, 8일 뒤 나을 것입니다."

당시 진신秦信이라는 의원이 곁에 있었습니다. 제가 돌아간 후 곁에
있던 도위 각씨閣氏에게 물었습니다.

"순우의가 사마 순우의 병을 뭐라고 했습니까?"

도위 각씨가 대답했습니다.

"병명은 동풍인데 치료할 수 있다고 했습니다."

진신이 웃으면서 말했습니다.

"그 사람은 모릅니다. 의법에 따르면 사마 순우의 병은 아흐레 뒤 죽게 되어 있습니다."

그러나 아흐레가 지나도록 죽지 않았습니다. 그의 집에서 다시 저를 불렀습니다. 가서 보니 모든 것이 제가 진단한 그대로였습니다. 그 자리에서 화제탕에 쌀즙을 섞어 복용하게 했습니다. 7, 8일 만에 병이 다 나았습니다. 능히 치료할 수 있다는 것을 안 까닭은 진맥 때 맥박이 의법에서 말하는 바에 완전히 부합되었기 때문입니다. 병세가 순조로운 덕에 죽지 않은 것입니다.

●● 齊淳于司馬病, 臣意切其脈, 告曰, "當病迵風. 迵風之狀, 飮食下嗌輒後之. 病得之飽食而疾走." 淳于司馬曰, "我之王家食馬肝, 食飽甚, 見酒來, 卽走去, 驅疾至舍, 卽泄數十出." 臣意告曰, "爲火齊米汁飮之, 七八日而當愈." 時醫秦信在旁, 臣意去, 信謂左右閣都尉曰, "意以淳于司馬病爲何?" 曰, "以爲迵風, 可治." 信卽笑曰, "是不知也. 淳于司馬病, 法當後九日死." 卽後九日不死, 其家復召臣意. 臣意往問之, 盡如意診. 臣卽爲一火齊米汁, 使服之, 七八日病已. 所以知之者, 診其脈時, 切之, 盡如法. 其病順, 故不死.

제나라의 중랑 파석破石이 병들었을 때 진맥 후 이같이 일러주었습니다.

"폐가 상해 치료할 수 없습니다. 열흘 뒤 정해일丁亥日에 피오줌을 싸고 죽을 것입니다."

과연 열한 째 되는 날 피오줌을 싼 뒤 죽었습니다. 파석의 병은 말에서 떨어질 때 돌 위에 넘어졌기에 걸린 것입니다. 그의 병을 알게 된 까닭은 진맥 때 폐에 음기가 있고, 맥박이 몇 갈래로 흩어져 한결같지 않고, 안색이 음기로 인해 붉었기 때문입니다. 그가 말에서 떨어졌음을 안 것은 진맥 때 나타난 번음맥番陰脈 때문입니다. 번음맥은 음기가 허하고 쇠약해진 곳으로 들어가 폐맥肺脈을 덮친 결과입니다. 폐맥이 흩어져 뛰면 안색도 이에 따라 변합니다. 예측한 날짜에 죽지 않은 이유는 저의 스승 공승 양경이 생전에 언급한 말에 잘 나타나 있습니다.

"환자가 곡기를 잘 섭취하면 죽을 시기를 넘어서 죽고, 곡기를 잘 섭취하지 않으면 죽을 시기에 이르기도 전에 죽는다."

파석은 기장[黍]을 즐겨 먹었습니다. 기장이 폐의 기능을 도운 덕분에 죽을 시기를 넘긴 것입니다. 또 소변에 피가 섞여 나온 것을 두고 《진맥법診脈法》은 이같이 말했습니다.

"요양할 때 고요한 음기의 장소를 좋아하는 자는 피를 아래로 쏟으며 죽고, 번잡한 양기의 장소를 좋아하는 자는 피를 위로 토하며 죽는다."

파석은 고요한 것을 좋아했고, 조급하지 않았고, 오랫동안 편히 앉아 책상에 엎드려 잤기에 피를 아래로 흘리며 죽은 것입니다.

●● 齊中郞破石病, 臣意診其脈, 告曰, "肺傷, 不治, 當後十日丁亥溲血死." 卽後十一日, 溲血而死. 破石之病, 得之墮馬僵石上. 所以知破石之病者, 切其脈, 得肺陰氣, 其來散, 數道至而不一也. 色又乘之. 所以知其墮馬者, 切之得番陰脈. 番陰脈入虛裏, 乘肺脈. 肺脈散者, 固色變也乘之. 所以不中期死者, 師言曰, "病者安穀卽過期, 不安穀則不及期." 其人嗜黍, 黍主肺, 故過期. 所以溲血者, 診脈法曰, "病養喜陰處者順死, 養喜陽處者逆死." 其人喜自靜, 不躁, 又久安坐, 伏幾而寐, 故血下泄.

제왕齊王의 시의侍醫 수遂는 병이 들자 직접 단사丹砂·웅황雄黃·백반白礬·증청曾靑·자석磁石 등의 오석五石을 달여 먹었습니다. 지나가다 들르자 수가 말했습니다.

"불초한 제가 병이 났으니 진찰해주시면 다행이겠습니다."

곧바로 진찰한 뒤 이같이 일러주었습니다.

"공公이 앓고 있는 병은 몸속에 열이 차오르는 것입니다. 《약론》에 이르기를, '몸속에 열이 차 있어 소변을 보지 못하는 사람은 오석을 복용해서는 안 된다'고 했습니다. 석제石劑는 약으로 쓸 경우 너무 강합니다. 공이 이를 복용하면 소변을 보는 횟수가 줄어들 것입니다. 당장 복용을 그치도록 하십시오. 안색을 보니 장차 종기가 날 것 같습니다."

시의 수가 말했습니다.

"편작이 말하기를, '음석陰石으로 음성陰性의 병을 치료하고, 양석陽石으로 양성陽性의 병을 낫게 한다'고 했습니다. 무릇 약석藥石에는 음·양·수水·화火의 약제가 있습니다. 몸속에 열이 있으면 순한 음석의 약제를 지어 치료하고, 몸속에 한기가 있으면 강한 양석의 약제를 지어 치료해야 합니다."

제가 반박했습니다.

"공의 관점은 실제와 너무 거리가 있습니다. 설령 편작이 그런 말을 했을지라도 반드시 주의를 기울여 진찰해야 합니다. 도량度量을 사용해 규구規矩(그림쇠와 곱자)로 재고 권형權衡(저울추와 저울대)을 이용해 다는 것처럼 얼굴색과 맥의 상태, 겉과 안, 여분과 부족, 순順과 역逆의 법칙 등을 모두 고려해야 합니다. 또 환자의 동정과 호흡이 조화를 이루는지 여부를 참작한 뒤 비로소 약석의 사용 여부를 논할 수 있습니다.《약론》도 이르기를, '양성의 병이 속에 들어 있으면서 음성의 증상이 밖으로 드러난 자에게는 독한 약이나 침을 사용해서는 안 된다'고 했습니다.

대략 독한 약이 몸속에 들어가면 사기邪氣는 물리칠 수 있지만 울기鬱氣이 더욱 깊어집니다.《진법診法》에도 이르기를, '소음의 한기가 내열에 응해 겉으로 드러나고, 소양의 열이 안에 차 있는 경우는 강한 약을 써서는 안 된다'고 했습니다. 독한 약이 몸속으로 들어가면 양기를 움직여 음기의 병은 점차 약해지고, 양성의 병은 점차 심해지고, 사기는 밖으로 흘러 경맥의 수혈에 깊은 통증을 줍니다. 그 결과 노가 폭발하듯 터져 나와 종기가 되는 것입니다."

이같이 알려주고 난 지 100일여 쯤 지나자 결국은 종기가 유방 위에 생겼습니다. 이것이 유방 위의 연골인 결분缺盆 속으로 들어가자 그는 이내 죽고 말았습니다. 이상 언급한 것은 극히 개략적인 것이고, 실제로는 병에 따른 치료 원칙이 반드시 있습니다. 서툰 의사는 배우지 못한 것이 한 가지 있습니다. 사람과 질병에 따라 치료방법이 다르다는 것을 배우지 못한 탓에 의서에 나온 치료 법칙과 실제의 질병에 나타난 음양의 관계를 보지 못하는 것이 그것입니다.

●● 齊王侍醫遂病, 自練五石服之. 臣意往過之, 遂謂意曰, "不肖有病, 幸診遂也." 臣意卽診之, 告曰, "公病中熱. 論曰 '中熱不溲者, 不可服五石'. 石之爲藥精悍, 公服之不得數溲, 亟勿服. 色將發臃." 遂曰, "扁鵲曰 '陰石以治陰病, 陽石以治陽病'. 夫藥石者有陰陽水火之齊, 故中熱, 卽爲陰石柔齊治之, 中寒, 卽爲陽石剛齊治之." 臣意曰, "公所論遠矣. 扁鵲雖言若是, 然必審診, 起度量, 立規矩, 稱權衡, 合色脈表裏有餘不足順逆之法, 參其人動靜與息相應, 乃可以論. 論曰 '陽疾處內, 陰形應外者, 不加悍藥及鑱石'. 夫悍藥入中, 則邪氣辟矣, 而宛氣愈深. 診法曰'二陰應外, 一陽接內者, 不可以剛藥'. 剛藥入則動陽, 陰病益衰, 陽病益箸, 邪氣流行, 爲重困於俞, 忿發爲疽."意告之後百餘日, 果爲疽發乳上, 入缺盆, 死. 此謂論之大體也, 必有經紀. 拙工有一不習, 文理陰陽失矣.

제왕齊王이 앞서 양허후로 있을 때 중병에 걸리자 의사들 모두 궐이라고 여겼습니다. 저는 진맥 후 비痹라고 판단했습니다. 병의 근원은 오른쪽 옆구리 아래에 있었습니다. 술잔을 엎어놓은 것처럼 커 숨이 차고 기가 거꾸로 올라와 음식을 먹을 수 없었습니다. 곧바로 화제죽火劑粥을 지어 복용하게 하자 엿새 만에 기가 내려갔습니다. 다시 환약丸藥을 지어 복용하게 하자 대략 엿새 만에 병이 나았습니다. 이 병은 무절제한 방사로 인한 것입니다. 다른 의사들은 진찰할 때 경맥 이론으로 이 병을 해석해야 한다는 사실을 모른 채 병의 근원만 알고 있었던 것입니다.

●● 齊王故爲陽虛侯時, 病甚, 衆醫皆以爲蹶. 臣意診脈, 以爲痹, 根在右脅下, 大如覆杯, 令人喘, 逆氣不能食. 臣意卽以火齊粥且飮, 六日氣下, 卽令更服丸藥, 出入六日, 病已. 病得之內. 診之時不能識其經解, 大識其病所在.

저는 전에 안양 무도리武都里에 사는 성개방成開方을 진찰한 적이 있습니다. 그는 병에 걸리지 않았다고 말했지만 이같이 일러주었습니다.

"그대는 지금 답풍遝風을 앓고 있습니다. 3년 뒤 수족을 쓰지 못하고,

말도 하지 못할 것입니다. 말을 하지 못하면 곧 죽게 됩니다."

지금 듣자니 그는 수족을 쓰지 못하고 말도 하지 못하게 되었으나 아직 죽지 않았다고 합니다. 이 병은 자주 술을 마시고 센 바람을 쐬어 생긴 것입니다. 그의 병은 진찰 후 금방 알 수 있었습니다. 스승이 쓴 《맥법》과 《기해술》에서 이르기를, '오장의 기가 서로 거스르는 자는 죽는다'고 했습니다. 그의 맥을 짚었을 때 신기와 폐기肺氣가 서로 거스르고 있었습니다. 의법에 따르면 이런 병은 3년 내에 죽는다고 했습니다.

●● 臣意嘗診安陽武都里成開方, 開方自言以爲不病, 臣意謂之病苦遝風, 三歲四支不能自用, 使人瘖, 瘖卽死. 今聞其四支不能用, 瘖而未死也. 病得之數飮酒以見大風氣. 所以知成開方病者, 診之, 其脈法奇咳言曰, "藏氣相反者死." 切之, 得腎反肺, 法曰三歲死也.

안릉 판리阪里에 사는 공승 항거項處가 병들었을 때 진맥 후 이같이 일러주었습니다.

"이 병은 모산牡疝입니다."

그는 흉격 아래 모산이 생겨 위쪽으로 폐에 이어져 있었습니다. 이 병은 무절제한 방사에서 나온 것입니다. 그에게 말했습니다.

"힘든 일은 절대 하지 마십시오. 힘든 일을 하면 반드시 피를 토하고 죽을 것입니다."

이후 항거는 공차기 놀이[蹴鞠]를 하다가 허리에 한기를 느끼고 땀을 흠뻑 흘리고는 이내 피를 토했습니다. 다시 그를 진찰한 뒤 이같이 선언했습니다.

"내일 저녁에 죽을 것입니다."

과연 제 말 그대로 죽고 말았습니다. 항거의 병을 알아낸 것은 진맥 때 번양맥番陽脈을 느꼈기 때문입니다. 이처럼 번양맥이 빈 곳으로 들어가면 이튿날 죽게 됩니다. 한편으로는 번양맥이 느껴지고 다른 한편으로 산통疝痛이 위로 폐까지 연결되는 것이 바로 모산입니다. 저는 이밖에도 진찰을 통해 생사의 시기를 예측하고 치료해 고친 병이 많습니다. 다만 시간이 오래 지나 대부분 잊어버려 기억하지 못할 뿐입니다. 이 정도만 언급하겠습니다.

●● 安陵阪里公乘項處病, 臣意診脈, 曰, "牡疝." 牡疝在鬲下, 上連肺. 病得之內. 臣意謂之, "愼毋爲勞力事, 爲勞力事則必嘔血死." 處後蹴踘, 要蹶寒, 汗出多, 卽嘔血. 臣意復診之, 曰, "當旦日日夕死." 卽死. 病得之內. 所以知項處病者, 切其脈得番陽. 番陽入虛裏, 處旦日死. 一番一絡者, 牡疝也. 臣意曰, "他所診期決死生及所治已病衆多, 久頗忘之, 不能盡識, 不敢以對."

순우의가 글을 올리자 한문제가 이를 읽은 뒤 순우의에게 물었다.

"진찰해 고친 병 가운데 병명이 같은데도 진단이 다르고, 혹자는 죽는가 하면 혹자는 살기도 했으니 이는 무슨 까닭이오?"

순우의가 대답했다.

"병명이 비슷한 경우가 많아 잘 알 수 없습니다. 옛날 성인이 진맥법을 만든 뒤 이를 표준으로 한 도량을 사용해 규구로 재고 권형을 이용해 달며 승묵繩墨을 사용해 음양을 조절하고, 사람의 맥을 구별해 각각 명칭을 붙였습니다. 위로는 자연계의 변화에 순응하고, 아래로는 인체의 생리에 부합했습니다. 덕분에 여러 질병을 분별하고, 다양한 진단을 내릴 수 있는 것입니다. 의술이 뛰어난 사람은 병명을 구별해 다양한 진단을 내릴 수 있지만, 졸렬한 자는 이를 혼동합니다. 그렇다고 맥법을 일일이 시험해볼 수 있는 것은 아닙니다. 환자를 진찰할 때 도량을 가지고 맥의 부위를 구별하고, 이것으로 같은 병명이라도 자세히 구분해 병이 주로 어디에 있는지 지적할 수 있습니다. 지금까지 진찰한 것은 모두 진적診籍(진찰기록부)에 기록해두었습니다.

제가 병명을 분별할 수 있는 이유는 스승으로부터 의술을 모두 습득했을 때 스승이 돌아가셨기 때문입니다. 저는 진찰한 병과 생사를 예측한 내용을 모두 진적에 기록해 저의 진단이 과연 적중했는지 여부를 《맥법》과 대조하며 관찰해왔습니다. 지금에 와서도 그 경과를 확실히 알 수 있는 이유입니다."

한문제가 물었다.

"병을 진찰해 생사의 시기를 예측했지만 때론 맞지 않은 경우도 있소. 이는 무슨 까닭이오?"

순우의가 대답했다.

"그것은 모두 환자의 음식물 섭취와 희로의 감정 표현에 절도를 잃었거나, 복용해서는 안 되는 약을 복용했거나, 맞아서는 안 되는 침을 맞고 뜸을 떴거나 했기 때문입니다. 예측한 기일과 어긋난 시점에 죽은 이유입니다."

한문제가 물었다.

"그대는 실로 환자의 생사를 알고, 약제의 가감을 논할 수 있는 사람이오. 제후나 왕, 대신 가운데 일찍이 그대에게 병을 문의한 자가 있었소? 또 제문왕齊文王 유측劉側이 병들었을 때 그대에게 진찰과 치료를 받지 않은 것은 무슨 까닭이오?"

순우의가 대답했다.

"조왕 유수劉遂, 교서왕膠西王 유공劉卬, 제남왕濟南王 유벽광劉辟光, 오왕 유비 모두 사람을 보내 저를 불렀습니다. 저는 감히 가지 않았습니다. 제문왕이 병들었을 때 저의 집은 매우 가난해 남의 병을 치료해주고자 했습니다. 그러나 관원이 저에게 관직을 주어 구속할까 두려웠습니다. 호적을 이리저리 옮기고, 집안 생계도 돌보지 않은 채 나라 안을 두루 돌아다니고, 의술에 능한 자를 찾아 오랫동안 섬기며 배운 이유입니다. 결국 몇 분의 뛰어난 스승을 만나 이들의 비술을 다 배우고 이들이 내린 의학처방의 깊은 내용을 연구해 해석하고 강론할 수 있는 지경에 이르렀습니다. 당시 저는 양허후의 나라에 있었기에 그를 섬겼습니다. 양허후가 입조할 때 그를 쫓아 장안으로 온 이유입니다. 안릉에 사는 항거 등의 병을 진찰한 이유입니다."

한문제가 물었다.

"제문왕이 병든 후 다시는 일어나지 못한 까닭은 무엇이오?"

순우의가 대답했다.

"제문왕의 병은 직접 진찰하지 못했습니다. 그러나 가만히 들어보니 제문왕은 천식을 앓고 있었고, 두통이 심했고, 눈이 잘 보이지 않았다고 합니다. 내심 증상을 헤아려보니 그것은 질병이 아니었습니다. 살이 찌고 정력이 쌓이기만 해 몸을 잘 움직일 수 없고, 뼈와 살이 조화를 이루지 못해 천식이 생긴 것입니다. 이는 의약으로는 고칠 수 없는 것입니다.

《맥법》에 이르기를, '20대는 혈맥이 왕성해 달리는 것이 좋고, 30대는 빠른 걸음으로 걷는 것이 좋고, 40대는 조용히 앉아 있는 것이 좋고, 50대는 편안히 누워 있는 것이 좋고, 60대 이상은 원기를 깊이 감추어두는 것이 좋다'고 했습니다. 제문왕의 나이가 채 스무 살도 되지 않은 까닭에 맥기로 보면 한창 달려야 할 때였습니다. 그러나 느릿느릿 걸어 천도天道의 사계절 법칙에 순응하지 못했습니다. 나중에 듣자니 의사가 뜸을 뜬 후 병이 더 심해졌다고 합니다. 이는 진단이 잘못된 것입니다.

제가 보건대 뜸을 떴기에 정기가 마구 혼란스러워지고, 사기가 빈 곳을 헤집고 들어간 듯합니다. 젊은 사람은 이를 원상으로 회복시킬 수 없습니다. 그래서 죽은 것입니다. 이는 음식을 조절하고, 쾌청한 날을 골라 수레를 타거나 걸어 다니며 마음을 넓히고, 근골과 살 및 혈맥의 상태를 조절해 남은 기를 발산시켜야 합니다. 스무 살을 역무易貿라고 합니다. 의법에서는 이때 침을 놓거나 뜸을 떠서는 안 된다고 했습니다. 침을 놓고 뜸을 뜨면 혈기가 끓어올라 제지할 수 없게 됩니다."

●● 問臣意, "所診治病, 病名多同而診異, 或死或不死, 何也?" 對曰, "病名多相類, 不可知, 故古聖人爲之脈法, 以起度量, 立規矩, 縣權衡, 案繩墨, 調陰陽, 別人之脈各名之, 與天地相應, 參合於人, 故乃別百病以異之, 有數者能異之, 無數者同之. 然脈法不可勝驗, 診疾人以度異之, 乃可別同名, 命病主在所居. 今臣意所診者, 皆有診籍. 所以別之者, 臣意所受師方適成, 師死, 以故表籍所診, 期決死生, 觀所失所得者合脈法, 以故至今知之." 問臣意曰, "所期病決死生, 或不應期, 何故?" 對曰, "此皆飮食喜怒不節, 或不當飮藥, 或不當鍼灸, 以故不中期死也." 問臣意, "意方能知病死生, 論藥用所宜, 諸侯王大臣有嘗問意者不? 及文王病時, 不求意診治, 何故?" 對曰, "趙王·膠西王·濟南王·吳王皆使人來召臣意, 臣意不敢往. 文王病時, 臣意家貧, 欲爲人治病, 誠恐吏以除拘臣意也, 故移名數, 左右不脩家生, 出行遊國中, 問善爲方數者事之久矣, 見事數師, 悉受其要事, 盡其方書意, 及解論之. 身居陽虛侯國, 因事侯. 侯入朝, 臣意從之長安, 以故得診安陵項處等病也."問臣意, "知文王所以得病不起之狀?"臣意對曰, "不見文王病, 然竊聞文王病喘, 頭痛, 目不明. 臣意心論之, 以爲非病也. 以爲肥而蓄精, 身體不得搖, 骨肉不相任, 故喘, 不當醫治. 脈法曰, '年二十脈氣當趨, 年三十當疾步, 年四十當安坐, 年五十當安臥, 年六十已上氣當大董'. 文王年未滿二十, 方脈氣之趨也而徐之, 不應天道四時. 後聞醫灸之卽篤, 此論病之過也. 臣意論之, 以爲神氣爭而邪氣入, 非年少所能復之也, 以故死. 所謂氣者, 當調飲食, 擇晏日, 車步廣志, 以適筋骨肉血脈, 以瀉氣. 故年二十, 是謂'易質', 法不當砭灸, 砭灸至氣逐."

한문제가 물었다.

"그대의 스승 양경은 누구로부터 의술을 전수받은 것이오? 또 생전에 여러 제후 사이에 명성이 있었소?"

순우의가 대답했다.

"저의 스승 양경이 누구에게 의술을 전수받았는지는 잘 모릅니다. 스승은 의술에 뛰어났으나 부유했던 까닭에 남의 병을 고쳐주려 하지 않았습니다. 이름이 널리 알려지지 않은 이유입니다. 스승은 말하기를, '네가 나의 의술을 배운 것을 나의 후손이 알지 못하도록 조심하라'고 말하기도 했습니다."

한문제가 물었다.

"그대의 스승은 그대의 어떤 점이 마음에 들어 그대를 아끼며 의

술을 모두 전수해준 것이오?"

순우의가 대답했다.

"당초 양경이 의술에 뛰어나다는 이야기를 들은 적은 없었습니다. 스승을 알게 된 배경을 언급하면 대략 이렇습니다. 저는 젊었을 때 여러 의술을 좋아해 여러 처방을 시험해보니 대략 효험이 있고 우수했습니다. 그러다가 치천蕾川 당리唐里의 공손광公孫光이 옛적부터 전해온 의술에 능통하다는 이야기를 듣게 되었습니다. 곧바로 찾아가 섬기면서 음양을 바꾸는 의방醫方과 구전되어온 비법을 배우게 되었습니다. 배운 것을 모두 기록하고, 그의 뛰어난 의술을 모두 배우고자 했습니다. 도중에 공손광이 이같이 당부했습니다.

'나의 의술은 이것이 전부다. 너에게 가르쳐주는 것은 아까울 것이 없다. 나는 이미 몸이 늙어 쇠약해졌으니 더는 나를 섬길 필요가 없다. 내가 젊을 때 배운 비법은 모두 너에게 가르쳐주었다. 다른 사람에게는 가르쳐주지 마라.'

제가 대답했습니다.

'선생 문하에 입문해 곁에서 모시면서 모든 비법을 배우게 되어 실로 기쁘기 그지없습니다. 죽어도 함부로 남에게 전하지 않겠습니다.'

얼마 후 저는 공손광이 한가한 틈을 이용해 의술에 관해 깊이 논의했습니다. 이어 100대까지 명의로 불리고 싶다고 했습니다. 스승 공손광이 기뻐하며 이같이 말했습니다.

'반드시 나라 안에서 제일 뛰어난 의사가 될 것이다. 내가 친하게 지내는 의원이 있다. 그러나 그들의 의술이 모두 보잘것없다. 다만 임치에 사는 나의 동복형제는 의술에 매우 뛰어나다. 나는 도저히 그에 미치지 못한다. 그의 의술은 매우 기묘하나 세상에는 알려지지 않았다. 나는 중년일 때 그에게 의술을 배우고자 했으나 나의 친구 양중천楊中倩이 이를 승낙하지도 않았고 그런 그릇이 되지도 못한다고 했다. 그러나 너와 함께 찾아가 만나면 반드시 네가 의술을 좋아하는 것을 알아줄 것이다. 그 또한 늙었으나 집은 부유하다'고 했습니다.

그러나 저는 그때 바로 가지 못했습니다. 마침 양경의 아들 양은陽殷이 스승 공손광을 통해 왕에게 말을 바치게 되었습니다. 이를 기회로 양은과 친해졌습니다. 공손광은 양은에게 부탁하기를, '순우의는 의술을 좋아하니 반드시 삼가며 후대하도록 해라. 그는 성인의 도를 우러러하는 선비다'라고 했습니다. 그러고는 곧바로 서신을 써서 저를 양경에게 부탁했습니다. 양경을 알게 된 배경입니다. 제가 삼가며 섬긴 까닭에 스승인 양경도 저를 사랑해주신 것입니다."

한문제가 물었다.

"이민족 가운데 지금까지 그대를 스승으로 섬기며 의술을 배우고, 나아가 그대의 의술을 모두 익힌 자는 없소? 있다면 어느 현리縣里 사람이오?"

순우의가 대답했다.

"임치 출신 송읍宋邑이라는 자가 있습니다. 그가 배우러 왔을 때 1년 남짓 《오색진》을 가르쳐주었습니다. 제북왕이 태의 고기高期와 왕우王禹를 보내 배우게 했을 때는 수족의 경맥 상하 분포 부위와 기락결奇絡結, 마땅히 알아야 할 수혈의 위치 및 기가 상하 출입할 때의 정사正邪와 순역順逆, 침을 놓고 뜸을 떠야 할 부위 등을 1년 남짓 가르쳤습니다.

치천왕은 때로 태창의 말 담당관[馬長]으로 있던 풍신馮信을 보내 의술을 묻곤 했습니다. 저는 안마按摩에서 사용하는 순역의 두 가지 방법, 약제를 쓰는 방법, 오미五味에 따라 약제를 만드는 법, 화제탕의 조제법 등을 가르쳐주었습니다. 고영후高永侯의 집사 두신杜信이 맥법에 흥미를 가지고 배우러 왔기에 저는 상하 경맥의 분포 부위와 《오색진》을 2년 남짓 가르쳐주었습니다. 임치 소리召里의 당안唐安이 배우러 왔을 때는 《오색진》, 경맥의 분포 부위, 《기해술》, 사계절에 따른 음양의 변화 이치 등을 가르쳤습니다. 그는 다 배우기도 전에 제왕齊王의 시의에 임명되었습니다."

한문제가 물었다.

"병을 진찰해 생사를 판단할 때마다 실수가 전혀 없었소?"

순우의가 대답했다.

"환자를 치료할 때는 반드시 먼저 진맥한 뒤에 치료합니다. 맥이 순조로운 사람은 치료할 수 있고, 거스르는 사람은 치료할 수 없습니다. 저의 마음이 맥을 정확히 짚어볼 수 없는 상태일 때는 생사를 단정 짓는 일과 치료 여부를 살피는 일에 때로 실수가 일어나기도 합니다. 저 또한 완벽하지는 못합니다."

●● 問臣意, "師慶安受之? 聞於齊諸侯不?" 對曰, "不知慶所師受. 慶家富, 善爲醫, 不肯爲人治病, 當以此故不聞. 慶又告臣意曰, '愼毋令我子孫知若學我方也.'" 問臣意, "師慶何見於意而愛意, 欲悉敎意方?" 對曰, "臣意不聞師慶爲方善也. 意所以知慶者, 意少時好諸方事, 臣意試其方, 皆多驗, 精良. 臣意聞菑川唐里公孫光善爲古傳方, 臣意卽往謁之. 得見事之, 受方化陰陽及傳語法, 臣意悉受書之. 臣意欲盡受他精方, 公孫光曰, '吾方盡矣, 不爲愛公所. 吾身已衰, 無所復事之. 是吾年少所受妙方也, 悉與公, 毋以敎人.' 臣意曰, '得見事侍公前, 悉得禁方, 幸甚. 意死不敢妄傳人.'居有閒, 公孫光閒處, 臣意深論方, 見言百世爲之精也. 師光喜曰, '公必爲國工. 吾有所善者皆疏, 同産處臨菑, 善爲方, 吾不若, 其方甚奇, 非世之所聞也. 吾年中時, 嘗欲受其方, 楊中倩不肯, 曰, 若非其人也. 胥與公往見之, 當知公喜方也. 其人亦老矣, 其家給富.'時者未往, 會慶子男殷來獻馬, 因師光奏馬王所, 意以故得與殷善. 光又屬意於殷曰, '意好數, 公必謹遇之, 其人聖儒.'卽爲書以意屬陽慶, 以故知慶, 臣意事慶謹, 以故愛意也."問臣意曰, "吏民嘗有事學意方, 及畢盡得意方不? 何縣里人?"對曰, "臨菑人宋邑. 邑學, 臣意敎以五診, 歲餘. 濟北王遣太醫高期·王禹學, 臣意敎以經脈高下及奇絡結, 當論兪所居, 及氣當上下出入邪正逆順, 以宜鑱石, 定砭灸處, 歲餘. 菑川王時遣太倉馬長馮信正方, 臣意敎以案法逆順, 論藥法, 定五味及和齊湯法. 高永侯家丞杜信, 喜脈, 來學, 臣意敎以上下經脈五診, 二歲餘. 臨菑召里唐安來學, 臣意敎以五診上下經脈, 奇咳, 四時應陰陽重, 未成, 除爲齊王侍醫."問臣意, "診病決死生, 能全無失乎?"臣意對曰, "意治病人, 必先切其脈, 乃治之. 敗逆者不可治, 其順者乃治之. 心不精脈, 所期死生視可治, 時時失之, 臣意不能全也."

태사공은 평한다.

"여인은 아름다움 여부를 떠나 궁중에 있으면 시기를 받고, 선비는 현명한지 우둔한지 여부를 떠나 조정에 들어가면 의심을 받는다. 편작은 뛰어난 의술 때문에 화를 입었고, 태창공은 흔적을 감추고 몸을 숨겼는데도 형을 받았다. 그는 딸 제영이 조정에 올린 서신 덕분에 편히 지낼 수 있게 되었다. 노자도 《도덕경》에서 말하기를, '아름답고 좋은 것은 상서롭지 못한 기물이다[美好者不祥之器]"•라고 했다. 이는 편작 등을 지칭한 말이 아니겠는가? 태창공과 같은 사람도 이에 가깝다고 할 수 있다."

●● 太史公曰, "女無美惡, 居宮見妒, 士無賢不肖, 入朝見疑. 故扁鵲以其伎見殃, 倉公乃匿跡自隱而當刑. 緹縈通尺牘, 父得以後寧. 故老子曰, '美好者不祥之器', 豈謂扁鵲等邪? 若倉公者, 可謂近之矣."

• 현존하는 《도덕경》에는 이런 구절이 없다. 다만 제31장에 유사한 내용의 "뛰어난 병기는 상서롭지 못한 기물이다[佳兵者, 不祥之器]"라는 구절이 나온다. 가병자佳兵者를 미호자美好者로 돌려 표현한 듯하다.

오왕비열전
吳王濞列傳

〈오왕비열전〉은 한고조 유방의 형인 유중劉仲의 아들, 오왕 유비에 관한 전기다. 한경제가 제후들의 봉토를 깎는 것에 불만을 품고 난을 일으켰다가 실패해 멸족을 당한다. 그것이 바로 한경제 전 3년에 일어난 이른바 오초칠국의 난이다. 예나 지금이나 혁명과 반란은 성공과 실패에 따른 용어 차이에 불과하다. 성공하면 혁명, 실패하면 반란이 된다. 오왕 유비는 차분한 준비 없이 반란에 뛰어들었다. 그것이 화를 불렀다. 사사로운 감정을 억누르지 못한 것이 화근이었다. 일각에서는 한경제가 제후왕의 반란을 은근히 부추기며 일거에 토벌할 기회를 노린 것이 아니냐는 의문을 제기하고 있으나 뚜렷한 근거가 있는 것은 아니다. 〈오왕비열전〉은 내용상 〈회남형산열전淮南衡山列傳〉 및 〈원앙조조열전〉과 자매의 성격을 띠고 있다. 그 내용이 모두 오초칠국의 난과 불가분의 관계를 맺고 있는 데 따른 현상이다.

오왕 유비는 한고조 유방의 친형인 유중의 아들이다. 항우를 패사시킨 직후인 한고조 6년 정월,* 유방이 친형인 유중을 대왕으로 삼았다. 그러나 2년 뒤 흉노가 대나라를 치자 유중은 능히 지켜내지 못하고 나라를 버리고 달아났다. 샛길로 낙양까지 달아난 뒤 한고조 유방에게 자수했다. 유방은 형제인지라 차마 법대로 다스리지 못하고 보위를 폐한 뒤 합양후郃陽侯로 삼았다. 한고조 11년 가을, 회남왕 영포가 반기를 들었다. 형荊 땅을 병탄하고 그 나라 군사를 위협해 서쪽으로 회수淮水를 건너 초나라를 쳤다. 한고조 유방이 직접 토벌에 나섰다. 유중의 아들 패후沛侯 유비는 당시 스무 살이었다. 기개와 힘이 있어 기장 신분으로 종군했다. 기蘄 땅의 서쪽 회추會甀에서 영포의 군사를 깨뜨리자 영포가 달아났다. 형왕荊王 유가劉賈는 영포에게 죽임을 당했다. 그에게는 후사가 없었다. 오나라와 회계會稽 일대는 사람들이 날쌔고 사나웠다. 유방은 이들을 제압할 만한 기개 있는 인물이 없는 것을 우려했다. 유방의 아들들은 아직 어렸다. 맏조카인 유비를 패후로 세웠다가 오왕으로 삼은 이유다. 유비는 세 개의 군郡과 쉰세 개의 성읍을 다스렸다. 왕의 인수를 하사한 뒤 유방이 유비를 불러 그의 관상을 본 뒤 이같이 말했다.

"네 얼굴에는 모반의 상相이 있다."

유방은 내심 모반의 상이 있는 자를 오왕에 책봉한 것을 후회했으

● "항우를 제압한 한고조 6년 정월"의 원문은 "이정천하칠년已定天下七年"이다. 자칫 '천하를 평정한 뒤 7년째가 되던 해'로 풀이하기 십상이다. 그러나 한고조 유방이 천하를 평정한 해는 10월을 세수로 삼은 진나라 음력으로 한고조 6년 12월이 된다. 이는 현재의 음력으로 따지면 기원전 202년 12월이다. 〈표〉에 따르면 유중이 대왕에 제수된 것은 한고조 6년 정월로, 현재의 음력으로는 기원전 201년 1월이 된다. 따라서 "이정천하칠년"은 한고조 6년의 잘못이다.

나 이미 제수한 뒤였다. 그의 등을 토닥거리며 이같이 삼가도록 했다.

"앞으로 50년 뒤 한나라 동남쪽에서 반란을 일으키는 자가 있다면 바로 너일 것이다. 원래 천하는 같은 성씨로 한집안이다. 매사에 삼가며 모반하는 일이 없도록 해라!"

유비가 머리를 조아리며 말했다.

"감히 그런 일이 없도록 하겠습니다."

한혜제와 여태후 때에 이르러 천하가 비로소 안정되었다. 군국의 제후들 모두 자국의 백성을 다독이는 데 애썼다. 오나라는 예장군豫章郡에 구리 광산이 있었다. 유비가 천하의 망명자들을 불러 모아 몰래 돈을 주조하고, 바닷물을 끓여 소금을 만들었다. 백성들로부터 세금을 걷지 않아도 나라의 재정이 풍부했다. 한문제 때 오나라 태자가 조정에 들어와 천자를 조현한 뒤 태자와 함께 음주하며 쌍륙雙六 놀이를 했다. 오나라 태자의 스승 모두 초나라 출신으로 하나같이 경박하고 사나웠다. 오나라 태자 자신도 천성이 교만했다. 쌍륙 놀이를 하면서 길을 다투는 것이 오만불손했다. 태자가 쌍륙판을 들어 오나라 태자에게 집어던졌다. 이내 즉사했다. 조정에서 그 유해를 돌려보내 장사 지내게 했다. 유해가 오나라에 이르자 오왕 유비가 분노했다.

"천하는 모두 같은 유씨의 집안이다. 장안에서 죽었으면 장안에서 장사 지내야지 왜 꼭 오나라에 와서 장사 지내야 하는가!"

그러고는 다시 유해를 장안으로 돌려보내 장사 지내게 했다. 이후 오왕은 점차 번신藩臣의 예를 잃고, 병을 핑계로 입조도 하지 않았다. 한나라 조정은 자식의 일 때문에 병을 핑계로 입조하지 않는다고 생각해 조사해보니 사실 그는 병이 난 것이 아니었다. 오나라에서 사자들이 오면 번번이 잡아들여 문책했다. 오왕 유비가 두려운 마음에 더욱 심한 음모를 꾸미게 되었다. 이후 사람을 시켜 가을에 제후가 황제를 조현하는 추청秋請●을 행하자 한문제가 오나라 사자를 문책했다. 오나라 사자가 대답했다.

"사실 오왕은 병이 난 것이 아닙니다. 한나라에서 여러 사자를 잡아두고 문책하자 병을 칭하게 된 것입니다. 무릇 '연못 속의 고기를 자세히 살피는 것은 상서롭지 못하다'고 했습니다. 지금 오왕이 처음에는 짐짓 병이라고 칭했는데 조정에서 이를 알고 심하게 문책하자 더욱 몸을 숨기며 황상의 처벌이 두려워 어쩔 수 없이 음모를 꾸민 것입니다. 바라건대 황상은 지금까지 일을 모두 잊고 오왕과 다시 시작하기 바랍니다."

한문제가 오나라 사자들을 사면해 돌려보내고, 오왕 유비에게 궤장을 하사하고, 연로했으니 입조하지 말라고 전했다. 오왕 유비는 죄를 사면받은 까닭에 음모를 점차 그치게 되었다. 오나라는 구리와 소금이 많아 백성에게 세금을 거두지 않았고, 민심을 얻기 위해 가난한 자가 요역徭役을 대신하면 그때마다 관에서 시세에 맞게 대금을 지급했다.●● 매년 철따라 나라 안의 인재에게 안부를 묻고, 백성에게 수시로 하사품을 내렸다. 다른 군국에서 관원이 와서 도망자를

● 추청을 두고 《사기집해》는 맹강孟康의 주를 인용해 "제후들이 봄에 하는 조빙朝聘을 조朝, 가을에 하는 조빙을 청請이라고 했다"고 풀이했다.
●● "요역을 대신하면 그때마다 시세에 맞게 돈을 지급했다"의 원문은 "졸천갱卒踐更, 첩여평가輒與平賈"다. 《사기색은》은 변경의 수비 등에 차출되는 당시의 요역은 천경踐更과 거경居更 및 과경過更 등 세 가지가 있었는데, 오왕 유비가 민심을 얻기 위해 요역을 대신하면 관에서 시세에 맞게 대금을 지급한 것이 천경이라고 풀이했다. 이에 대해 《사기정의》는 거경 대신 졸경卒更을 들면서, 병사로 차출되는 것을 졸경, 가난한 사람이 월 2,000전을 받고 대신 요역에 나서는 것을 천경, 석 달짜리 변경의 수자리에 월 300전을 내면 관이 알아서 사람을 고용해 이를 대신하게 하는 것을 과경이라고 했다. 경更은 요역의 뜻이다.

체포하고자 해도 도망자를 비호해 잡아가지 못하게 하면서 내줄 생
각을 하지 않았다. 이같이 하기를 40여 년 동안 했다. 이로써 능히 그
무리를 이용할 수 있게 되었다.

●● 吳王濞者, 高帝兄劉仲之子也. 高帝已定天下七年, 立劉仲爲代
王. 而匈奴攻代, 劉仲不能堅守, 弃國亡, 閒行走雒陽, 自歸天子. 天子
爲骨肉故, 不忍致法, 廢以爲郃陽侯. 高帝十一年秋, 淮南王英布反, 東
幷荊地, 劫其國兵, 西度淮, 擊楚, 高帝自將往誅之. 劉仲子沛侯濞年
二十, 有氣力, 以騎將從破布軍蘄西, 會甄, 布走. 荊王劉賈爲布所殺,
無後. 上患吳·會稽輕悍, 無壯王以塡之, 諸子少, 乃立濞於沛爲吳王,
王三郡五十三城. 已拜受印, 高帝召濞相之, 謂曰, “若狀有反相.”心獨
悔, 業已拜, 因拊其背, 告曰, “漢後五十年東南有亂者, 豈若邪? 然天
下同姓爲一家也, 愼無反!”濞頓首曰, “不敢.”會孝惠·高后時, 天下初
定, 郡國諸侯各務自拊循其民. 吳有豫章郡銅山, 濞則招致天下亡命者
益盜鑄錢, 煮海水爲鹽, 以故無賦, 國用富饒. 孝文時, 吳太子入見, 得
侍皇太子飮博. 吳太子師傅皆楚人, 輕悍, 又素驕, 博, 爭道, 不恭, 皇太
子引博局提吳太子, 殺之. 於是遣其喪歸葬. 至吳, 吳王慍曰, “天下同
宗, 死長安卽葬長安, 何必來葬爲!”復遣喪之長安葬. 吳王由此稍失藩
臣之禮, 稱病不朝. 京師知其以子故稱病不朝, 驗問實不病, 諸吳使來,
輒繫責治之. 吳王恐, 爲謀滋甚. 及後使人爲秋請, 上復責問吳使者, 使
者對曰, “王實不病, 漢繫治使者數輩, 以故遂稱病. 且夫 ‘察見淵中魚,
不祥’. 今王始詐病, 及覺, 見責急, 愈益閉, 恐上誅之, 計乃無聊. 唯上
棄之而與更始.”於是天子乃赦吳使者歸之, 而賜吳王幾杖, 老, 不朝.
吳得釋其罪, 謀亦益解. 然其居國以銅鹽故, 百姓無賦. 卒踐更, 輒與平
賈. 歲時存問茂材, 賞賜閭里. 佗郡國吏欲來捕亡人者, 訟共禁弗予. 如

此者四十餘年, 以故能使其衆. 鼂錯爲太子家令, 得幸太子, 數從容言
吳過可削. 數上書說孝文帝, 文帝寬, 不忍罰, 以此吳日益橫.

이사이 중앙조정에서는 조조가 동궁의 집사인 태자가령이 되어
태자의 총애를 받게 되었다. 그는 수시로 오나라는 죄를 범한 까닭
에 영토를 깎아야 한다고 말했다. 한문제에게도 누차 상서해 자신의
생각을 밝혔다. 한문제는 천성이 관대해 오왕에게 차마 벌을 주지
못했다. 오나라가 날이 갈수록 방자해진 이유다. 한경제 즉위 후 조
조가 어사대부에 제수되었다. 그는 한경제에게 이같이 건의했다.

"옛날에 한고조가 처음 천하를 평정했을 때 형제들은 적고 여러
자제들은 아직 어렸습니다. 같은 성씨를 대거 왕에 봉한 이유입니다.
서자인 제도혜왕齊悼惠王에게 제나라의 약 일흔 개 성읍, 서제庶弟인
초원왕에게 초나라의 약 마흔 개 성읍, 형의 아들인 조카 오왕 유비
에게 오나라의 약 쉰 개의 성읍을 다스리도록 한 것이 그렇습니다.
이 세 명의 서얼庶孽을 왕에 봉해 천하의 절반을 나누어준 셈입니다.

지금 오왕 유비는 전에 있었던 태자의 일로 틈이 생기자 짐짓 병
을 칭하고 입조조차 하지 않고 있습니다. 옛 법에 따르면 응당 사형
에 처해야 합니다. 한문제가 차마 이를 처벌하지 못하고, 오히려 궤
장을 하사했습니다. 은덕이 두터운 만큼 응당 스스로 허물을 고치고
마음을 새롭게 다져야 했습니다. 그런데도 오히려 더욱 오만하고 방
자한 모습을 보이고 있습니다. 산에서 나는 구리로 돈을 만들고, 바
닷물을 끓여 소금을 만들고, 천하의 도망자들을 불러 모아 난을 획
책하는 것이 그렇습니다. 지금 봉토를 삭감해도 모반하고, 삭감하지
않아도 모반할 것입니다. 삭감하면 반란의 시기는 더 빨라지겠지만

화는 작을 것이고, 삭감하지 않으면 반란의 시기는 느려지겠지만 그 화는 더욱 커질 것입니다."

한경제 전 3년 겨울, 초왕 유무劉戊가 입조했다. 조조는 초왕 유무가 전해의 박태후 거상居喪 때 복상하는 전각[服舍]에서 몰래 간음했으니 처형해야 한다고 주장했다. 한경제는 조서를 내려 죽을죄는 면해주되 대신 벌로써 동해군의 영토를 깎았다. 이어 오나라의 예장군과 회계군을 삭감했다. 또 2년 전에 조왕 유수가 죄를 지은 것을 이유로 하간군을 깎고, 교서왕 유앙劉卬이 작위를 팔아먹는 비리를 저지른 이유로 여섯 개 현을 삭감했다.

한나라 조정대신들이 오나라의 영토 삭감을 논할 때 오왕 비는 영토 삭감에 그치지 않을 것을 두려워했다. 궁리 끝에 모반을 꾀했다. 그러나 생각해보니 제후들 가운데 족히 더불어 일을 도모할 만한 자가 없었다. 이 와중에 교서왕 유앙이 용감하고 기개를 중시하며 용병을 좋아하는 까닭에 옛 제나라 일대의 모든 나라 군주가 두려워한다는 이야기를 듣게 되었다. 중대부 응고應高를 보내 교서왕을 설득하게 했다. 응고가 서신 대신 말로 오왕 유비의 뜻을 은근히 전했다.

"오왕은 불초한 나머지 조만간 닥칠 우환을 염려하며 감히 남에게 말하지 않고, 저를 보내 속마음을 전하게 했습니다."

교서왕 유앙이 물었다.

"나에게 무엇을 가르쳐줄 것이오?"

응고가 대답했다.

"지금 황상은 간신에게 현혹당하고, 사악한 신하에게 가려 있습니다. 소소한 선[小善]을 좋아하고, 남을 헐뜯는 신하[賊臣]의 말을 듣는 것이 그렇습니다. 이들은 멋대로 법령을 고쳐 제후의 땅을 침탈하고,

무리한 요구로 거두어들이는 것이 점차 많아지고, 선량한 사람을 주벌하는 일이 갈수록 심해지고 있습니다. '쌀겨를 핥다보면 쌀까지 먹게 된다[舐穅及米]'는 속담이 있습니다. 오나라와 교서膠西 모두 이름난 봉국입니다. 그러나 한 번이라도 가혹한 감사를 받게 되면 안녕과 자유를 누릴 수 없게 될 것입니다. 오왕은 속병이 있어 입조하지 못한 지 20여 년이 되었습니다. 늘 의심을 받으면서도 직접 분명히 변명조차 하지 못하는 상황을 근심하고 있습니다. 지금도 어깨를 오므리고 두 발을 모은 자세[脅肩累足]로 지내며 오히려 용서받지 못할까 두려워하고 있습니다. 가만히 들으니 대왕의 나라 역시 작위에 관한 일로 인해 문책을 받아 삭감될 것이라는 이야기가 나돌고 있습니다. 이는 결코 삭감당할 정도의 사안이 아닙니다. 장차 봉지를 삭감당하는 데 그치지 않을까 두렵습니다."

교서왕 유앙이 물었다.

"그렇소. 그런 일이 있었소. 오왕은 장차 어찌하려는 것이오?"

응고가 대답했다.

"미움을 같이하는 자는 서로 돕고[同惡相助], 기호가 같은 자는 서로 붙들어 머무르고[同好相留], 마음을 같이하는 자는 함께 이루고[同情相成], 욕망이 같은 자는 서로 같이 달려가며[同欲相趨], 이익을 같이하는 자는 서로 생사를 같이한다[同利相死]'고 했습니다. 지금 오왕은 스스로 대왕과 같은 근심을 하고 있다는 생각입니다. 원컨대 형세에 응해 순리를 좇아 몸을 던짐으로써 천하의 해악을 없애주십시오. 생각해보면 이 또한 좋은 일이 아니겠습니까?"

교서왕 유앙이 깜짝 놀라는 표정을 지었다.

"과인이 어찌 감히 그런 일을 하겠소? 지금 황상이 나를 문책할지라도 달게 벌을 받고 죽을 뿐 어찌 명을 따르지 않을 수 있겠소!"

응고가 말했다.

"어사대부 조조는 천자를 미혹하고, 제후의 땅을 침탈하고, 충신을 덮어 가리고, 현사賢士의 앞길을 막고 있습니다. 조정에 증오와 원망이 가득하고, 제후들 모두 배신할 뜻을 품게 된 이유입니다. 사람의 일이 극한에 이른 셈입니다. 하늘에 혜성이 나타나고, 땅에 누리의 피해가 자주 나타나고 있습니다. 이는 만세에 한 번 있는 기회입니다. 모든 백성이 근심하고 고생하는 때야말로 바로 성인이 일어날 시기입니다. 오왕은 안으로 조조 토벌을 명분으로 삼고, 밖으로 대왕의 수레 뒤를 따르며 천하를 뛰어다니고자 합니다. 향하는 곳마다 항복하고, 가리키는 곳마다 함락시켜, 천하에 감히 복종하지 않는 자가 없을 것입니다. 대왕이 다행히 한마디 승낙만 하면 오왕은 초왕을 이끌고 함곡관을 공략하고, 형양과 오창의 곡식창고를 확보한 뒤 관군의 진출을 저지하고, 머물 곳을 차려두고 대왕을 기다릴 것입니다. 대왕이 다행히 임해주면 곧 천하를 병탄할 수 있을 것입니다. 두 대왕이 천하를 나누는 것 또한 좋지 않겠습니까?"

교서왕 유앙이 찬동했다.

"좋은 생각이오."

응고가 돌아가 오왕 유비에게 보고했다. 유비는 유앙이 행동을 함께하지 않을까 두려운 나머지 직접 사자가 되어 교서로 가 맹약을 맺었다. 교서의 군신 가운데 어떤 자가 모반 이야기를 듣고 간했다.

"황제 한 명을 섬기는 것은 지극히 편한 일입니다. 지금 대왕이 오나라와 함께 서진해 설령 성공할지라도 두 군주가 갈라져 다툴 것이고, 여기서 또 다른 화근이 일어날 것입니다. 지금 제후들의 영토는 한나라 직할 군郡의 10분의 2도 되지 않습니다. 중과부적인 상태에서 반기를 들어 태후에게 심려를 끼치는 것은 좋은 계책이 아닙니다."

교서왕 유앙이 듣지 않았다. 마침내 제·치천·교동膠東·제남·제북濟北 등에 사자를 보내 맹약을 청하자 모두 이를 허락했다. 그러면서 이같이 말했다.

"여씨 일족이 모반을 꾀할 당시 성양경왕城陽景王 유장劉章은 음모를 고변하며 기의했다. 그러나 여씨 일족을 제거한 뒤 친형을 옹립하고자 한 일로 한문제에 의해 주허후朱虛侯에 봉해진 뒤 조왕으로 진봉晉封하지 못하고 성양왕城陽王에 봉해졌을 뿐이다."

당시 제후 가운데 벌로 영토를 삭감당한 까닭에 크게 두려워하며 조조를 원망하는 자가 많았다. 오나라에 회계군과 예장군을 삭감한다는 조서가 이르자 오왕이 먼저 군사를 일으켰다. 교서에서는 정월 병오일에 조정에서 파견한 2,000석 이하 관원의 목을 베었다. 교동·치천·제남을 비롯해 초나라와 조나라도 그리했다. 모두 일시에 군사를 일으켜 서쪽 장안을 향해 진격했다. 이때 제나라 왕은 반란에 동조한 것을 크게 후회하며 약을 마시고 자진함으로써 동맹의 약속을 깼다. 제북왕은 성이 무너져 완전히 수리하지 못한 상황에서 낭중령이 협박하고 감시하는 바람에 병사를 일으키지 못했다. 교서왕 유앙이 우두머리가 되어 교동·치천·제남의 군사와 함께 제나라 도성 임치를 포위해 쳤다. 조왕 유수도 마침내 모반에 참여했다. 그는 은밀히 사자를 흉노로 보내 연합을 추진했다. 이처럼 7국의 군사가 일어나자 오왕 유비가 병사를 모두 소집한 뒤 나라 안에 이같이 선포했다.

"과인은 나이가 예순두 살인데 친히 장수가 되었다. 과인의 자식은 열네 살인데 역시 군대의 선봉에 섰다. 나이가 위로는 과인과 같은 자로부터 아래로는 과인의 자식과 같은 자에 이르기까지 모두 나서도록 하라."

이같이 해서 20여 만 명을 동원했다. 남쪽으로 민월閩越과 동월東越에도 사자를 보냈다. 이 역시 군사를 일으켜 오왕 유비를 쫓았다.

●● 及孝景帝卽位, 錯爲御史大夫, 說上曰, "昔高帝初定天下, 昆弟少, 諸子弱, 大封同姓, 故王孽子悼惠王王齊七十餘城, 庶弟元王王楚四十餘城, 兄子濞王吳五十餘城, 封三庶孽, 分天下半. 今吳王前有太子之郤, 詐稱病不朝, 於古法當誅, 文帝弗忍, 因賜幾杖. 德至厚, 當改過自新. 乃益驕溢, 卽山鑄錢, 煮海水爲鹽, 誘天下亡人, 謀作亂. 今削之亦反. 不削之亦反. 削之, 其反亟, 禍小, 不削, 反遲, 禍大." 三年冬, 楚王朝, 鼂錯因言楚王戊往年爲薄太后服, 私姦服舍, 請誅之. 詔赦, 罰削東海郡. 因削吳之豫章郡·會稽郡. 及前二年趙王有罪, 削其河閒郡. 膠西王卬以賣爵有姦, 削其六縣. 漢廷臣方議削吳. 吳王濞恐削地無已, 因以發謀, 欲擧事. 念諸侯無足與計謀者, 聞膠西王勇, 好氣, 喜兵, 諸齊皆憚畏, 於是乃使中大夫應高誂膠西王. 無文書, 口報曰, "吳王不肖, 有宿夕之憂, 不敢自外, 使喩其驩心." 王曰, "何以敎之?" 高曰, "今者主上興於姦, 飾於邪臣, 好小善, 聽讒賊, 擅變更律令, 侵奪諸侯之地, 徵求滋多, 誅罰良善, 日以益甚. 里語有之, '舐穅及米'. 吳與膠西, 知名諸侯也, 一時見察, 恐不得安肆矣. 吳王身有內病, 不能朝請二十餘年, 嘗患見疑, 無以自白, 今脅肩累足, 猶懼不見釋. 竊聞大王以爵事有適, 所聞諸侯削地, 罪不至此, 此恐不得削地而已." 王曰, "然, 有之. 子將奈何?" 高曰, "同惡相助, 同好相留, 同情相成, 同欲相趨, 同利相死. 今吳王自以爲與大王同憂, 願因時循理, 棄軀以除患害於天下, 億亦可乎?" 王瞿然駭曰, "寡人何敢如是? 今主上雖急, 固有死耳, 安得不戴?" 高曰, "御史大夫鼂錯, 熒惑天子, 侵奪諸侯, 蔽忠塞賢, 朝廷疾怨, 諸侯皆有倍畔之意, 人事極矣. 彗星出, 蝗蟲數起, 此萬世一時, 而愁勞聖人之所以起也. 故吳王欲内以鼂錯爲討, 外隨大王後車, 彷徉天下, 所鄉者降, 所指者下, 天下莫敢不服. 大王誠幸而許之一言, 則吳王率楚王略函谷關, 守滎陽敖倉之粟, 距漢兵. 治次舍, 須大王. 大王有幸而臨之, 則天下可幷, 兩主分割, 不亦可乎?" 王曰, "善." 高歸報吳王, 吳王猶恐其不與, 乃身自爲使, 使於膠西, 面結之. 膠西羣臣或聞王謀, 諫曰, "承一帝, 至樂也. 今大王與吳西鄉, 弟令事成, 兩主分爭, 患乃始結. 諸侯之地不足爲漢郡什二, 而爲畔逆以憂太后, 非長策也." 王弗聽. 遂發使約齊·菑川·膠東·濟南·濟北, 皆許諾, 而曰, "城陽景王有義, 攻諸呂, 勿與, 事定分之耳." 諸侯既新削罰, 振恐, 多怨鼂錯. 及削吳會稽·豫章郡書至, 則吳王先起兵, 膠西正月丙午誅漢吏二千石以下, 膠東·菑川·濟南·楚·趙亦然, 遂發兵西. 齊王後悔, 飲藥自殺, 畔約. 濟北王城壞未完, 其郎中令劫守其王, 不得發兵. 膠西爲渠率, 膠東·菑川·濟南共攻圍臨菑. 趙王遂亦反, 陰使匈奴與連兵. 七國之發也, 吳王悉其士卒, 下令國中曰, "寡人年六十二, 身自將. 少子年十四, 亦爲士卒先. 諸年上與寡人比, 下與少子等者, 皆發." 發二十餘萬人. 南使閩越·東越, 東越亦發兵從.

한경제 전 3년 정월 갑자일, 오나라가 가장 먼저 도성 광릉廣陵에서 군사를 일으켜 서진한 뒤 회수를 건너 초나라 군사와 합세했다. 이어 제후들에게 사자를 시켜 격문을 전했다.

오왕 유비는 교서왕·교동왕·치천왕·제남왕·조왕·초왕·회남왕·

형산왕·여강왕廬江王·고故 장사왕長沙王의 왕자•에게 삼가 여쭙겠

습니다. 과인에게 가르침이 있으면 다행이겠습니다. 한나라 조정에

적신賊臣 조조가 있습니다. 천하에 아무런 공도 없으면서 제후의 영

토를 침탈하고, 형리를 시켜 탄핵과 구속 및 심문과 처벌을 행하는

식으로 제후들에 대한 능욕을 일삼고 있습니다. 봉토를 받은 제후들

에게 군주에 대한 예로써 유씨 형제로 예우하지 않고, 선제先帝의 공

신을 제거하고, 간악한 무리를 추천하고 임용토록 해 천하를 어지럽

히고, 장차 사직을 위태롭게 만들려 합니다. 폐하는 병이 많아 뜻을

잃고 상황을 제대로 살필 수 없습니다. 이제 군사를 일으켜 이들을

주살하고자 하니 삼가 가르침을 내려주시기 바랍니다. 저의 오나라

가 비록 협소하기는 하나 사방 3,000리나 되고, 사람이 비록 적기는

하나 가히 정예병 50만 명을 갖출 수 있습니다. 과인이 평소 30여 년

동안 남월과 친교를 맺어왔습니다. 그곳의 왕과 지방 수령 모두 군사

를 나누어 과인을 따르는 것을 거절하지 않을 터이니 또 30여만 명을

더 얻을 수 있습니다. 과인이 비록 어리석지만 원컨대 이 한 몸 바쳐

여러 왕을 따르고자 합니다.

남월과 장사가 접경한 곳은 장사왕의 왕자가 장사 이북을 평정한 뒤

서쪽으로 촉과 한중으로 나아가기 바랍니다. 동월왕東越王과 초왕을

비롯해 회남왕·형산왕·여강왕 등 회남의 삼왕은 과인과 함께 서진

토록 합시다. 치천왕과 교동왕 및 제남왕 등 제나라의 여러 왕과 조

왕은 하간河間과 하내를 평정한 뒤 임진관臨晉關(포진관蒲津關)으로 들

• "고 장사왕의 왕자"는 한고조 유방 때 봉해진 오예吳芮의 후손을 말한다. 당시 오예는 이
미 죽고 그의 4대 후손 가운데 보위를 이을 자가 없고, 서자 두 명이 열후에 봉해 있었다.

어가든지 낙양에서 과인과 합류하기 바랍니다. 연왕과 조왕은 원래 호왕胡王과 약속을 한 바 있습니다. 연왕은 북쪽에서 대 땅과 운중을 평정하고 흉노의 군사를 통솔해 소관蕭關으로 들어가십시오. 우리 모두 장안으로 진격해 천자를 바로잡아 황실과 조정을 안정시켜야 합니다. 바라건대 여러 왕은 힘써주십시오. 초원왕의 왕자와 회남의 삼왕은 10여 년 동안 머리를 감고 발을 씻는 것조차 잊어버렸습니다. 원한이 골수에 사무친 것입니다. 이 원한을 풀고자 한 지 이미 오래입니다. 그러나 과인은 지금까지 여러 왕의 뜻을 얻지 못해 감히 따를 수가 없었습니다. 지금 여러 왕이 능히 망한 것을 살리고 끊어진 후사를 잇는 존망계절存亡繼絶과 약자를 구제하고 횡포한 자를 벌하는 진약벌포振弱伐暴로 우리 유씨를 편안하게 할 수 있다면 이는 사직의 신령神靈이 바라는 바입니다.

저의 오나라는 비록 가난하지만 과인이 입고 먹는 비용을 절약해 돈을 저축하고 무기를 갖추며 식량을 모으는 일을 30여 년 동안 쉬지 않고 해왔습니다. 모두 이번 일을 위한 것입니다. 원컨대 여러 왕은 힘써 이를 이용해주십시오. 능히 대장을 베어 죽이거나 생포하는 사람에게는 금 5,000근과 1만 호, 일반 장수는 금 3,000근과 5,000호, 비장裨將은 금 2,000근과 땅 2,000호, 2,000석의 관원은 금 1,000근과 1,000호, 1,000석의 관원은 금 500근과 500호의 땅에 봉하고 모두 열후로 삼겠습니다.

군대나 성읍을 이끌고 항복해오는 자 가운데 군졸이 1만 명이거나 성읍이 1만 호에 해당할 경우는 대장을 얻은 경우와 같이 대우할 것입니다. 군사가 5,000명이고 읍이 5,000호인 경우에는 일반 장수를 얻은 경우와 같이 대우할 것입니다. 또 군사가 3,000명이고 읍이

3,000호인 경우에는 비장을 얻은 경우와 같이 대우할 것입니다. 군사가 1,000명이고 읍이 1,000호인 경우에는 2,000석의 관원을 얻은 경우와 같이 대우할 것이고, 그 아래 관원이 투항해오면 모두 등급에 따라 작위와 상금을 내릴 것입니다. 그밖에 봉작封爵과 상사 모두 한 나라의 규정보다 두 배 더하겠습니다. 원래의 작위와 식읍이 있는 자는 그대로 두지 않고 새로이 더 보태줄 것입니다. 원컨대 여러 왕은 이를 사대부들에게 분명히 하령下令해주십시오. 감히 속이는 일이 없을 것입니다.

과인의 돈은 천하 어느 곳에나 있으니 반드시 오나라로 와 가져갈 필요는 없습니다. 여러 왕이 밤낮으로 이를 써도 다 쓸 수 없을 것입니다. 응당 주어야 할 사람이 있으면 과인에게 알려주십시오. 그러면 과인이 곧바로 달려가 드리도록 하겠습니다. 삼가 알려드리는 바입니다.

오초칠국이 반기를 들었다는 보고가 한경제에게 올라갔다. 한경제가 태위 조후 주아부를 시켜 서른여섯 명의 장군을 이끌고 가 치게 했다. 또 곡주후 역기酈寄에게 조나라, 장수 난포에게 제나라를 치게 했다. 대장군 두영에게는 형양에 주둔해 제나라와 조나라 땅의 군사를 감독하게 했다.

●● 孝景帝三年正月甲子, 初起兵於廣陵. 西涉淮, 因幷楚兵. 發使遺諸侯書曰, "吳王劉濞敬問膠西王·膠東王·菑川王·濟南王·趙王·楚王·淮南王·衡山王·廬江王·故長沙王子, 幸教寡人! 以漢有賊臣, 無功天下, 侵奪諸侯地, 使吏劾繫訊治, 以僇辱之爲故, 不以諸侯人君禮遇劉氏骨肉, 絶先帝功臣, 進任姦宄, 詿亂天下, 欲危社稷. 陛下多病

志失, 不能省察. 欲擧兵誅之, 謹聞教. 敝國雖狹, 地方三千里, 人雖少,
精兵可具五十萬. 寡人素事南越三十餘年, 其王君皆不辭分其卒以隨
寡人, 又可得三十餘萬. 寡人雖不肖, 願以身從諸王. 越直長沙者, 因
王子定長沙以北, 西走蜀·漢中. 告越·楚王·淮南三王, 與寡人西面,
齊諸王與趙王定河間·河內, 或入臨晉關, 或與寡人會雒陽, 燕王·趙
王固與胡王有約, 燕王北定代·雲中, 摶胡衆入蕭關, 走長安, 匡正天
子, 以安高廟. 願王勉之. 楚元王子·淮南三王或不沐洗十餘年, 怨入
骨髓, 欲一有所出之久矣, 寡人未得諸王之意, 未敢聽. 今諸王苟能存
亡繼絶, 振弱伐暴, 以安劉氏, 社稷之所願也. 敝國雖貧, 寡人節衣食之
用, 積金錢, 脩兵革, 聚穀食, 夜以繼日, 三十餘年矣. 凡爲此, 願諸王勉
用之. 能斬捕大將者, 賜金五千斤, 封萬戶, 列將, 三千斤, 封五千戶, 裨
將, 二千斤, 封二千戶, 二千石, 千斤, 封千戶, 千石, 五百斤, 封五百戶,
皆爲列侯. 其以軍若城邑降者, 卒萬人, 邑萬戶, 如得大將, 人戶五千,
如得列將, 人戶三千, 如得裨將, 人戶千, 如得二千石, 其小吏皆以差次
受爵金. 佗封賜皆倍軍法. 其有故爵邑者, 更益勿因. 願諸王明以令士
大夫, 弗敢欺也. 寡人金錢在天下者往往而有, 非必取於吳, 諸王日夜
用之弗能盡. 有當賜者告寡人, 寡人且往遺之. 敬以聞." 七國反書聞天
子, 天子乃遣太尉條侯周亞夫將三十六將軍, 往擊吳楚, 遣曲周侯酈寄
擊趙, 將軍欒布擊齊, 大將軍竇嬰屯滎陽, 監齊趙兵.

당초 오초칠국이 반기를 들었다는 보고가 올라왔지만 한나라 조
정이 아직 군사를 출동시키지 않았을 때였다. 두영이 출정하기 전,
오나라 승상을 지낸 원앙을 한경제에게 천거했다. 당시 원앙은 집에
있다가 부름을 받고 입조했다. 한경제가 마침 조조와 함께 군사와

군량을 따져보고 있었다. 이내 원앙에게 물었다.

"그대는 일찍이 오나라 승상을 지냈다고 하니 오나라의 명신 전록백田祿伯이 어떤 사람인지 알지 않소? 지금 오초칠국이 반기를 들었는데 이를 어찌 생각하시오?"

원앙이 대답했다.

"우려할 일이 되지 않습니다. 곧 평정될 것입니다."

한경제가 말했다.

"오왕은 산에서 돈을 주조하고, 바닷물을 끓여 소금을 만들고, 천하의 호걸을 불러 모아 백발이 다 된 나이에 난을 일으켰소. 일이 이와 같으니 그에게 완벽한 계책이 없다면 어찌 난을 일으켰겠소? 무슨 근거로 그가 아무것도 할 수 없을 것이라고 말하는 것이오?"

원앙이 대답했다.

"오나라에 구리와 소금이 있으니 이익이 있기는 합니다. 그러나 어찌 천하의 호걸을 끌어들일 수 있겠습니까? 만일 오나라가 호걸을 얻었다면 오왕을 도와 의로운 일을 하지 결코 반란을 일으키지는 않았을 것입니다. 오나라가 불러 모은 자들은 모두 무뢰배의 자제입니다. 도망다니며 사전私錢이나 주조하는 간교한 무리일 뿐입니다. 이들이 서로 이끌어 반란을 일으킨 것에 지나지 않습니다."

조조가 말했다.

"원앙의 생각이 옳습니다."

한경제가 물었다.

"어찌 대처하면 좋겠소?"

원앙이 대답했다.

"주위 사람을 물리쳐주십시오."

한경제가 사람들을 모두 물러나게 하면서 조조만 남아 있게 했다. 원앙이 말했다.

"신이 지금부터 드릴 말씀은 신하 된 자가 들어서는 안 되는 것입니다."

그러고는 조조를 물러가게 했다. 조조는 빠른 걸음으로 동상으로 물러나면서 속으로 크게 원망했다. 한경제가 마침내 원앙에게 물었다. 원앙이 대답했다.

"오나라와 초나라가 서로 주고받은 글에 이르기를, '한고조는 자제를 왕으로 삼아 각각 영토를 나누어주었다. 지금 적신 조조는 제멋대로 제후들을 처벌해 그 땅을 빼앗고 있다'고 했습니다. 저들은 조조를 반란의 명분으로 삼았습니다. 서진해 조조를 베어 죽이고 옛 땅을 회복하는 것으로 일은 끝나는 것입니다. 지금의 계책으로는 조조의 목을 베고, 사자를 보내 오초칠국을 용서하며 그들의 옛 봉지를 돌려주는 것이 최상입니다. 그러면 군사들의 칼날에 피를 묻히지 않고도 반란군 모두 흩어질 것입니다."

한경제가 묵묵히 입을 다물고 있다가 이윽고 말했다.

"어찌해야 좋을지 확실히 모르겠소. 내가 한 사람을 아끼지 말고 천하에 사과해야 하는 것이오?"

원앙이 말했다.

"신의 어리석은 생각으로는 이보다 나은 계책도 없습니다. 원컨대 황상은 이를 깊이 헤아리십시오."

한경제가 원앙을 태상, 오왕 유비의 조카인 덕후德侯 유광劉廣을 종정으로 삼았다. 원앙이 짐을 꾸려 떠날 준비를 했다. 약 열흘 후 한경제가 중위를 시켜 조조를 제거하게 했다. 중위가 조조를 속여 수레에 태운 다음 곧바로 동시로 가서는 관복官服을 입힌 뒤 공개적으로 목을 베었다. 원앙이 종묘를 받드는 모습을 보이자 종정이 종실을 보좌한다는 명분 아래 원앙의 계책을 좇아 오왕 유비에게 이 사실을 알리고자 했다. 두 사람이 사자가 되어 오나라에 이르렀을 때 오나라와 초나라 군사들은 이미 양나라 성을 공격하고 있었다. 종정이 오왕 유비와 친척인 까닭에 먼저 들어가 오왕 유비를 만나 절한 뒤 황제의 조서를 받도록 했다. 오왕 유비는 원앙이 왔다는 이야기를 듣고는 자신을 설득하려는 것임을 알아차렸다. 그가 웃으며 대답했다.

"나는 이미 동쪽 황제인데, 누구에게 절을 한단 말인가?"

그러고는 원앙을 만나기는커녕 오히려 군중軍中에 머무르게 한 뒤 위협을 가해 장수로 쓰고자 했다. 원앙이 거절하자 사람을 시켜 겹겹이 에워싸 지키게 한 뒤 장차 죽이려 했다. 원앙이 밤을 틈타 탈출해 양나라 군영으로 달아난 후 마침내 장안으로 돌아가 한경제에게 전말을 보고했다. 조후 주아부가 장군에 제수되었다. 그는 곧 여섯 필의 말이 이끄는 전마를 타고 군사를 형양에 집결시켰다. 낙양에 이르렀을 때 극맹을 만나게 되자 크게 기뻐했다.

"오초칠국이 반기를 든 까닭에 내가 비록 전마를 타고 급히 이곳에 이르기는 했지만 무사히 이를 것이라고는 생각지 못했소. 내심 제후들이 이미 극맹을 데려간 것이 아닌지 걱정했소. 그대가 반란에 가담하지 않았으니 나는 형양에 주둔하겠소. 내가 볼 때 형양에 주둔할지라도 형양 동쪽으로는 크게 우려할 만한 자가 없소."

주아부는 회양에 이르러 자신의 부친인 강후 주발의 옛 문객으로 있던 도위 등씨鄧氏에게 물었다.

"어떤 계책이 좋겠습니까?"

도위 등씨가 대답했다.

"오나라 군사는 대단한 정예 부대입니다. 맞서 싸워 승부를 결정 짓기는 어렵습니다. 초나라 군사는 경박해 오래갈 수 없습니다. 지금 장군을 위한 계책으로는 군사를 이끌고 동북쪽으로 가 창읍_{昌邑}에서 보루와 성벽을 높게 쌓은 채 굳게 지키면서 양나라를 오나라에 맡겨 두는 것보다 나은 것이 없습니다. 오나라는 반드시 정예 부대를 총 동원해 양나라를 칠 것입니다. 장군은 도랑을 깊게 파고 성벽을 높게 쌓아 굳게 지키는 한편 날랜 병사들에게 회수와 사수의 어귀를 끊어 오나라의 보급로를 차단토록 하십시오. 그러면 오나라와 양나라의 군사는 서로 지치고 이내 양식이 바닥날 것입니다. 이대 장군은 온전하고 강한 군사로 지칠 대로 지친 반란군을 제압하면 됩니다. 오나라 격파는 필연입니다."

주아부가 대답했다.

"옳습니다."

주아부가 그 계책을 좇아 마침내 창읍 남쪽에서 영루_{營壘}를 견고히 한 뒤 날랜 병사를 보내 오나라의 보급로를 차단했다. 오왕 유비는 출병 직전 장수 전록백을 대장군으로 삼았다. 전록백이 말했다.

"대군이 한데 모여 서진하는 데 기발한 계책이 없으면 성공하기 어렵습니다. 원컨대 신에게 5만 명의 군사를 주십시오. 그러면 장강과 회수를 좇아 상류로 올라가 회남과 장사 땅을 손에 넣은 뒤 무관_{武關}에 입성해 대왕과 합류하고자 합니다. 이 또한 하나의 기책에 해당합니다."

오왕의 태자가 반대했다.

"대왕은 반란을 명분으로 삼고 있는 만큼 군사를 빌려주기는 어렵습니다. 병사를 빌려주었다가 배반하면 어찌할 것입니까? 지휘권을 나누어주면 여타 이해관계가 얼마나 많이 생길지 알 수 없습니다. 이는 손해를 자초할 뿐입니다!"

오왕 유비가 전록백의 의견을 받아들이지 않았다. 오나라의 젊은 장수인 환장군桓將軍이 유비를 설득했다.

"오나라는 보병이 많습니다. 보병은 험난한 지형에 유리합니다. 한나라는 거기車騎가 많습니다. 거기는 평지에 유리합니다. 원컨대 대왕은 지나는 성읍이 함락되지 않을 경우 곧바로 내버려둔 채 전진하십시오. 속히 서진해 낙양의 무기고를 점거한 뒤 오창의 곡식을 먹으며 산하의 험난한 지형에 의지해 제후들에게 명을 내리십시오. 그러면 비록 함곡관을 통해 입관하지 않을지라도 천하는 이미 평정된 것이나 다름없습니다. 대왕이 서서히 진군해 머물면서 성읍을 공략하는 데 시간을 빼앗기면 한나라의 거기가 그 틈을 타 양나라와 초나라의 들판으로 내달릴 것입니다. 그러면 일은 실패하고 맙니다."

오왕 유비가 연로한 장수들에게 묻자 이들은 이같이 대답했다.

"이는 젊은이가 적의 예봉銳鋒을 꺾는 것[推鋒之計]*에 지나지 않습니다. 어찌 원대한 계책을 알 리 있겠습니까!"

오왕 유비가 환장군의 계책도 받아들이지 않았다.

•• 吳楚反書聞, 兵未發, 竇嬰未行, 言故吳相袁盎. 盎時家居, 詔召

• 최봉지계推鋒之計의 최推는 좌절의 뜻인 최절摧折에 나오는 최摧의 가차로 사용된 것이다.《사기史記》〈진본기秦本紀〉에도 가차로 사용된 최봉 표현이 나온다. 최推는 원래 물리칠 배排의 뜻을 지닌 퇴고推敲의 퇴와 추천推薦의 의미로 사용될 때의 추 음밖에 없으나 여기서는 최摧의 가차로 사용된 까닭에 최로 읽어야 한다.

入見. 上方與鼂錯調兵籌軍食, 上問袁盎曰, "君嘗爲吳相, 知吳臣田
祿伯爲人乎? 今吳楚反, 於公何如?" 對曰, "不足憂也, 今破矣." 上曰,
"吳王卽山鑄錢, 煮海水爲鹽, 誘天下豪桀, 白頭擧事. 若此, 其計不百
全, 豈發乎? 何以言其無能爲也?" 袁盎對曰, "吳有銅鹽利則有之, 安
得豪桀而誘之! 誠令吳得豪桀, 亦且輔王爲義, 不反矣. 吳所誘皆無賴
子弟, 亡命鑄錢姦人, 故相率以反." 鼂錯曰, "袁盎策之善." 上問曰, "計
安出?" 盎對曰, "願屛左右." 上屛人, 獨錯在. 盎曰, "臣所言, 人臣不得
知也." 乃屛錯. 錯趨避東相, 恨甚. 上卒問盎, 盎對曰, "吳楚相遺書, 曰
'高帝王子弟各有分地, 今賊臣鼂錯擅適過諸侯, 削奪之地'. 故以反爲
名, 西共誅鼂錯, 復故地而罷. 方今計獨斬鼂錯, 發使赦吳楚七國, 復其
故削地, 則兵可無血刃而俱罷." 於是上嘿然良久, 曰, "顧誠何如, 吾不
愛一人以謝天下." 盎曰, "臣愚計無出此, 願上孰計之." 乃拜盎爲太常,
吳王弟子德侯爲宗正. 盎裝治行. 後十餘日, 上使中尉召錯, 紿載行東
市. 錯衣朝衣斬東市. 則遣袁盎奉宗廟, 宗正輔親戚, 使告吳如盎策. 至
吳, 吳楚兵已攻梁壁矣. 宗正以親故, 先入見, 諭吳王使拜受詔. 吳王聞
袁盎來, 亦知其欲說己, 笑而應曰, "我已爲東帝, 尙何誰拜?" 不肯見盎
而留之軍中, 欲劫使將. 盎不肯, 使人圍守, 且殺之, 盎得夜出, 步亡去,
走梁軍, 遂歸報. 條侯將乘六乘傳, 會兵滎陽. 至雒陽, 見劇孟, 喜曰,
"七國反, 吾乘傳至此, 不自意全. 又以爲諸侯已得劇孟, 劇孟今無動.
吾據滎陽, 以東無足憂者." 至淮陽, 問父絳侯故客鄧都尉曰, "策安出?"
客曰, "吳兵銳甚, 難與爭鋒. 楚兵輕, 不能久. 方今爲將軍計, 莫若引兵
東北壁昌邑, 以梁委吳, 吳必盡銳攻之. 將軍深溝高壘, 使輕兵絶淮泗
口, 塞吳饟道. 彼吳梁相敝而糧食竭, 乃以全彊制其罷極, 破吳必矣."
條侯曰, "善." 從其策, 遂堅壁昌邑南, 輕兵絶吳饟道. 吳王之初發也,

吳臣田祿伯爲大將軍. 田祿伯曰, "兵屯聚而西, 無佗奇道, 難以就功. 臣願得五萬人, 別循江淮而上, 收淮南·長沙, 入武關, 與大王會, 此亦一奇也." 吳王太子諫曰, "王以反爲名, 此兵難以藉人, 藉人亦且反王, 奈何? 且擅兵而別, 多佗利害, 未可知也, 徒自損耳." 吳王卽不許田祿伯. 吳少將桓將軍說王曰, "吳多步兵, 步兵利險, 漢多車騎, 車騎利平地. 願大王所過城邑不下, 直棄去, 疾西據雒陽武庫, 食敖倉粟, 阻山河之險以令諸侯, 雖母入關, 天下固已定矣. 卽大王徐行, 留下城邑, 漢軍車騎至, 馳入梁楚之郊, 事敗矣." 吳王問諸老將, 老將曰, "此少年推鋒之計可耳, 安知大慮乎!" 於是王不用桓將軍計.

오왕 유비가 홀로 군사지휘권을 보유하고 휘하 군사를 이끌었다. 오나라 군사가 아직 회수를 건너기 전에 여러 빈객이 장군과 교위·척후斥候·사마司馬 등에 임명되었다. 주구周丘만 홀로 임명되지 못했다. 주구는 하비 출신으로, 오나라로 달아나 술을 팔았다. 품행이 좋지 못한 탓에 오왕 유비가 업신여기며 임명하지 않은 것이다. 주구가 오왕 유비를 만나 이같이 유세했다.

"신은 무능한 탓에 군대에서 맡은 일을 제대로 처리하지 못한 채 벌받을 날만 기다리고 있습니다. 그렇다고 신이 감히 장군이 되고자 하는 것은 아닙니다. 대왕이 보유한 한나라 부절 가운데 하나만 주면 반드시 대왕에게 보답토록 하겠습니다."

오왕 유비가 이를 들어주었다. 주구가 부절을 얻은 뒤 밤을 틈타 말을 달려 하비로 갔다. 당시 하비는 오나라가 반기를 들었다는 소식을 듣고는 모두 성을 굳게 지키고 있었다. 주구는 휴식을 취하는 전사傳舍에 이르자 곧바로 현령을 불러들였다. 현령이 문 안으로 들어서자 주구는 따라온 사람들을 시켜 죄명을 나열한 뒤 목을 베게 했다. 이어 자기 형제들과 평소 가까이 지내던 세력 있는 관원들을 불러놓고 이같이 말했다.

"오나라 반군이 곧 이곳에 도착할 것이다. 여기에 이르면 하비를 도륙하는 데에는 밥 한 그릇을 먹는 시간도 걸리지 않을 것이다. 미리 항복하면 그 집은 안전할 것이고, 능력 있는 자는 열후에 봉해지기도 할 것이다."

이들이 나가 서로 이 소식을 알리고 다니자 하비 사람들이 모두 항복했다. 이런 식으로 주구는 하룻밤 사이에 3만 명의 병력을 얻었다. 사람을 시켜 이를 오왕 유비에게 보고했다. 이어 그 병사들을 이끌고 북쪽으로 진격해 성읍들을 차례로 공략했다. 성양에 이르렀을 때 병사가 10여만 명이나 되었다. 이들은 여세를 몰아 성양의 중위군中尉軍을 격파했다. 이때 오왕 유비가 패주했다는 소식이 들려왔다. 주구는 내심 오왕 유비와 합세할지라도 성공할 가능성이 없다고 판단했다. 곧 병사를 이끌고 하비로 돌아간 이유다. 그러나 그는 하비에 이르기 직전에 등창이 나 죽고 말았다. 이해 2월 중에 오왕 유비의 군사는 이미 크게 패해 황급히 달아나는 상황이었다. 한경제가 장군들에게 조서를 내려 이같이 말했다.

통상 듣건대 "선행을 하는 자는 하늘이 복으로 갚아주고, 비행을 하는 자는 하늘이 화로 갚아준다"고 했다.● 한고조가 친히 공덕을 빛내

● 원문은 "위선자爲善者, 천보지이복天報之以福. 위비자爲非者, 천보지이앙天報之以殃"이다. 《순자荀子》〈유좌〉와 《한시외전韓詩外傳》 및 〈재액在厄〉 등에 자주 나오는 유명한 구절로, 그곳에서는 "위비자爲非者"가 "위불선자爲不善者"로 나온다. 불선不善은 악惡과 뜻이 같아 "위악자爲惡者"로 나오기도 한다. 정사 《삼국지三國志》〈촉서蜀書, 선주전先主傳〉에는 위악자로 표현

며 제후를 세웠다. 조유왕趙幽王 유우劉友와 제도혜왕 유비는 후사가 끊어져 뒤를 잇지 못했다. 선제인 한문제가 이를 불쌍히 여겨 은혜를 베풀었다. 조유왕의 아들 유수, 제도혜왕의 아들 유앙 등을 왕으로 세워 선왕의 종묘를 받들게 하고 한나라의 번국藩國으로 삼은 것이 그렇다. 그 은덕은 천지와 어울리고, 그 밝기는 일월日月과 나란히 할 만한 것이다. 그럼에도 오왕 유비는 덕을 배반하고 의를 등졌다[倍德反義].• 천하의 망명자와 죄인을 끌어들이고, 천하의 화폐를 어지럽히고, 병을 핑계로 20여 년 넘게 입조도 하지 않았다. 해당 관원인 유사有司가 누차 오왕 유비의 죄를 다스리기를 청했다. 선제인 한문제는 관용을 베풀어 스스로 행실을 고쳐 옳은 일을 하기를 바랐다. 그러나 지금 오왕 유비는 초왕 유무·조왕 유수·교서왕 유앙·제남왕 유벽광·치천왕 유현·교동왕 유웅거劉雄渠 등과 합세해 모반한 뒤 극악무도한 짓을 일삼았다. 군사를 일으켜 종묘를 위협하고, 대신과 한나라 사자를 학살하고, 많은 백성을 겁주고, 무고한 자를 죽이고, 민가를 불태우고, 분묘를 파헤치는 등의 포학한 짓을 저지른 것이 그렇다. 지금 교서왕 유앙도 극악무도한 짓을 거듭하고 있다. 각 군국에 있는 종묘를 불태우고, 종묘 안의 제기 등을 노략질한 것이 그렇다. 짐은 이를 심히 애통히 여겨 소복을 입은 채 정전을 피하고 편전으로 옮겨 국상을 당한 것 같은 비상시 상황 아래 정사를 돌보고자 한다.

장군들은 응당 사대부들을 독려해 역도를 치도록 하라. 역도를 칠 때는 적진 깊숙이 들어가 많이 죽이는 것을 공으로 친다. 역도의 목을

되어 있다.
● 배덕반의倍德反義의 배倍는 배신할 배背와 통한다. 《한서》〈장창전張敞傳〉에 나오는 배은망의背恩忘義를 비롯해 《광운廣韻》의 배은망덕背恩忘德 등과 같은 뜻이다.

처도 좋고, 생포해도 좋다. 녹봉 300석 이상을 받는 자는 모두 죽이고 풀어주지 마라. 감히 이 조서에 이의를 제기하거나 불복하는 자는 모두 허리를 벨 것이다.

●● 吳王專幷將其兵, 未度淮, 諸賓客皆得爲將·校尉·候·司馬, 獨周丘不得用. 周丘者, 下邳人, 亡命吳, 酤酒無行, 吳王濞薄之, 弗任. 周丘上謁, 說王曰, "臣以無能, 不得待罪行閒. 臣非敢求有所將, 願得王一漢節, 必有以報王." 王乃予之. 周丘得節, 夜馳入下邳. 下邳時聞吳反, 皆城守. 至傳舍, 召令. 令入戶, 使從者以罪斬令. 遂召昆弟所善豪吏告曰, "吳反兵且至, 至, 屠下邳不過食頃. 今先下, 家室必完, 能者封侯矣." 出乃相告, 下邳皆下. 周丘一夜得三萬人, 使人報吳王, 遂將其兵北略城邑. 比至城陽, 兵十餘萬, 破城陽中尉軍. 聞吳王敗走, 自度無與共成功, 卽引兵歸下邳. 未至, 疽發背死. 二月中, 吳王兵旣破, 敗走, 於是天子制詔將軍曰, "蓋聞爲善者, 天報之以福, 爲非者, 天報之以殃. 高皇帝親表功德, 建立諸侯, 幽王·悼惠王絶無後, 孝文皇帝哀憐加惠, 王幽王子遂·悼惠王子卬等, 令奉其先王宗廟, 爲漢藩國, 德配天地, 明並日月. 吳王濞倍德反義, 誘受天下亡命罪人, 亂天下幣, 稱病不朝二十餘年, 有司數請濞罪, 孝文皇帝寬之, 欲其改行爲善. 今乃與楚王戊·趙王遂·膠西王卬·濟南王辟光·菑川王賢·膠東王雄渠約從反, 爲逆無道, 起兵以危宗廟, 賊殺大臣及漢使者, 迫劫萬民, 夭殺無罪, 燒殘民家, 掘其丘冢, 甚爲暴虐. 今卬等又重逆無道, 燒宗廟, 鹵御物, 朕甚痛之. 朕素服避正殿, 將軍其勸士大夫擊反虜. 擊反虜者, 深入多殺爲功, 斬首捕虜比三百石以上者皆殺之, 無有所置. 敢有議詔及不如詔者, 皆要斬."

당초 오왕 유비가 회수를 건너 조왕 유수와 합세한 뒤 서진해 극벽棘壁을 깨뜨리고 여세를 몰아 전진할 당시의 기세는 자못 날카로웠다. 양효왕 유무가 황급히 여섯 명의 장군을 보내 오나라를 치게 했다. 그러나 오히려 오나라 군사와 양나라 장군 두 명을 격파하자 양나라 병사들이 모두 다시 양나라로 도망쳤다. 양효왕이 누차 조후 주아부에게 사자를 보내 급히 구원에 나서줄 것을 청했다. 그러나 주아부는 이를 들어주지 않았다. 양효왕이 이번에는 사자를 한경제에게 보내 주아부를 헐뜯었다. 한경제가 사자를 주아부에게 보내 속히 양나라 구원에 나설 것을 명했다. 그러나 주아부는 자신이 옳다고 생각하는 계책을 고집하며 황제의 명을 집행하려 하지 않았다. 양나라는 결국 한안국과 초왕에게 간하다가 죽임을 당한 초나라 승상의 동생 장우張羽를 장군으로 삼아 간신히 오나라 군사를 깨뜨릴 수 있었다.

오나라 군사는 서진하고자 했으나 양나라가 성을 굳게 지키고 있는 까닭에 함부로 서진하지 못했다. 조후 주아부가 이끄는 군사 쪽으로 가 하읍下邑에서 맞붙고자 했으나 주아부는 영채만 굳게 지킬 뿐 전투에 응할 생각을 하지 않았다. 오나라 군사는 양식이 다 떨어져 병사들이 굶주리게 되자 거듭 싸움을 걸었다. 이 와중에 야음을 틈타 습격을 가했다. 영채의 동남쪽을 시끄럽게 만들었으나 주아부는 정반대로 서북쪽의 수비를 강화했다. 과연 오나라 군사는 서북쪽으로 침공해왔다가 대패하고 말았다. 병사들이 대부분 굶어 죽거나 사방으로 달아났다. 오왕 유비도 이내 휘하 장수 수천 명과 함께 밤을 틈타 달아났다. 장강을 건너 단도丹徒로 달려가 동월에 몸을 의탁했다.

동월에는 1만여 명의 병력이 있었다. 사람을 시켜 도망간 병사들을 다시 불러 모았다. 한나라가 사람을 보내 이익을 미끼로 동월을 꾀었다. 동월이 마침내 오왕 유비를 속였다. 유비가 밖으로 나가 군사를 위로할 때 사람을 시켜 창으로 찔러 죽인 뒤 수급을 그릇에 담고 빠른 전마를 이용에 장안으로 보내며 전말을 보고했다. 오왕 유비의 아들 자화子華와 자구子駒는 민월로 달아났다. 오왕 유비가 휘하 군사를 버리고 도망가자 오나라 군사는 결국 무너졌고, 사방으로 달아난 병사들은 속속 태위나 양나라 군사에게 항복했다. 초왕 유무는 싸움에서 패하자 자진했다.

　당시 교서와 교동 및 치천의 삼왕은 제나라 임치를 포위했으나 석 달이 지나도록 성을 함락시키지 못했다. 한나라 군사가 이르자 삼왕 모두 각자 자신의 군사를 이끌고 봉지로 철군했다. 교서왕은 육단과 맨발로 걸어가는 도선徒跣의 모습으로 죄인을 자처하며 짚 위에 앉아 물을 마셨다[席棄飮水]. 태후에게 사죄하는 모습을 보인 것이다. 교서왕 유앙의 태자 유덕劉德이 간했다.

　"한나라 군사는 먼 길을 왔습니다. 제가 살펴보니 이미 크게 지쳐 있어 습격해볼 만합니다. 원컨대 대왕의 남은 병사를 거두어 그를 치십시오. 이기지 못하면 그때 바다로 도망쳐 들어가도 늦지 않을 것입니다."

　그러나 교서왕 유앙이 반대했다.

　"우리 병사는 이미 크게 지쳐 있는 까닭에 동원할 수 없다."

　태자의 말을 듣지 않았다. 한나라 장수 궁고후弓高侯 한퇴당韓頹當이 교서왕 유앙에게 서신을 보냈다.

나는 조칙을 받들어 불의를 주벌하고자 하오. 항복하면 죄를 용서하고 옛 지위를 회복시켜줄 것이나, 그러지 않는다면 멸할 것이오. 왕은 어느 쪽이오? 대답을 기다려 일을 처리하겠소.

교서왕이 육단한 채 한나라 영채 아래서 머리를 조아리며 이같이 고했다.

"신 유앙은 법을 받들어 행동을 삼가지 않은 채 백성을 놀라게 했고, 수고롭게 장군을 멀리 궁벽한 곳에 있는 저의 궁국窮國까지 오도록 했습니다. 죽여서 살로 젓을 담그는 저해지죄菹醢之罪를 청합니다."

궁고후 한퇴당이 종과 북을 잡은 채 유앙을 보며 말했다.

"왕이 군사적인 일로 인해 노고가 많소. 병사를 일으키게 된 상황을 듣고 싶소."

교서왕 유앙이 머리를 땅에 대고 조아리며 무릎으로 기어가[頓首膝行] 이같이 대답했다.

"최근 조조는 천자가 정권을 맡긴 신하인데 고황제가 만든 법령을 바꾸고 제후의 봉지를 침탈했습니다. 이를 의롭지 못하다고 생각한 저희는 그가 자칫 천하를 어지럽힐까 두려워한 나머지 7국이 동시에 거병해 조조를 주벌하고자 했습니다. 지금 들으니 조조가 이미 죽었다고 합니다. 저 유앙 등은 삼가 병사를 거두어 돌아가도록 하겠습니다."

한퇴당이 말했다.

"왕이 실로 조조가 옳지 못하다고 생각했다면 왜 이를 황상에게 말씀드리지 않은 것이오? 게다가 황상이 조서와 호부虎符를 내리지도 않았는데 멋대로 군사를 일으켜 의로운 나라를 공격한 것은 어찌된 일이오? 이로써 보건대 왕의 본의는 원래 조조를 주벌하는 데 있는 것이 아니오."

그리고는 조서를 꺼내 읽어주고 이같이 말했다.

"왕은 응당 스스로 잘 생각해보시오."

교서왕 유앙이 말했다.

"저 같은 자는 죽어도 죄가 남습니다."

그리고는 자진했다. 태후와 태자 모두 죽었다. 교동왕·치천왕·제남왕도 모두 자진했다. 이들의 봉국은 폐지되어 한나라의 군현으로 편입되었다. 장군 역기가 조나라를 포위한 지 열 달 만에 조나라를 함락시켰다. 조왕도 자진했다. 제북왕은 협박받아 가담한 까닭에 목숨을 건졌다. 이내 치천으로 이봉되었다. 당초 오왕 유비가 먼저 반기를 들어 초나라 병사를 아울러 통솔하고, 이후 제나라·조나라와 합세했다. 이해 정월에 거병했으나 3월에 모두 패했다. 조나라만 좀더 뒤에 함락되었을 뿐이다. 이후 초원왕 유교의 어린 아들 평륙후 유예劉禮를 다시 초왕으로 삼아 초원왕의 뒤를 잇게 했다. 여남왕汝南王 유비劉非를 오나라의 옛 땅으로 이봉해 강도왕江都王이라고 했다.

●● 初, 吳王之度淮, 與楚王遂西敗棘壁, 乘勝前, 銳甚. 梁孝王恐, 遣六將軍擊吳, 又敗梁兩將, 士卒皆還走梁. 梁數使使報條侯求救, 條侯不許. 又使使惡條侯於上, 上使人告條侯救梁, 復守便宜不行. 梁使韓安國及楚死事相弟張羽爲將軍, 乃得頗敗吳兵. 吳兵欲西, 梁城守堅, 不敢西, 卽走條侯軍, 會下邑. 欲戰, 條侯壁, 不肯戰. 吳糧絶, 卒飢, 數挑戰, 遂夜奔條侯壁, 驚東南. 條侯使備西北, 果從西北入. 吳大敗, 士卒多飢死, 乃畔散. 於是吳王乃與其麾下壯士數千人夜亡去, 度江走丹徒, 保東越. 東越兵可萬餘人, 乃使人收聚亡卒. 漢使人以利啗東越, 東越卽給吳王, 吳王出勞軍, 卽使人鏦殺吳王, 盛其頭, 馳傳以聞. 吳王子子華·子駒亡走閩越. 吳王之棄其軍亡也, 軍遂潰, 往往稍降太尉·梁軍. 楚王戊軍敗, 自殺. 三王之圍齊臨菑也, 三月不能下. 漢兵至, 膠西·膠東·菑川王各引兵歸. 膠西王乃袒跣, 席藁, 飮水, 謝太后. 王太子德曰, "漢兵遠, 臣觀之已罷, 可襲, 願收大王餘兵擊之, 擊之不勝, 乃逃入海, 未晩也." 王曰, "吾士卒皆已壞, 不可發用." 弗聽. 漢將弓高侯穨當遺王書曰, "奉詔誅不義, 降者赦其罪, 復故, 不降者滅之. 王何處, 須以從事." 王肉袒叩頭漢軍壁, 謁曰, "臣卬奉法不謹, 驚駭百姓, 乃苦將軍遠道至于窮國, 敢請菹醢之罪." 弓高侯執金鼓見之, 曰, "王苦軍事, 願聞王發兵狀." 王頓首膝行對曰, "今者, 鼂錯天子用事臣, 變更高皇帝法令, 侵奪諸侯地. 卬等以爲不義, 恐其敗亂天下, 七國發兵, 且以誅錯. 今聞錯已誅, 卬等謹以罷兵歸." 將軍曰, "王苟以錯不善, 何不以聞? 及乃未有詔虎符, 擅發兵擊義國. 以此觀之, 意非欲誅錯也." 乃出詔書爲王讀之. 讀之訖, 曰, "王其自圖." 王曰, "如卬等死有餘罪." 遂自殺. 太后·太子皆死. 膠東·菑川·濟南王皆死, 國除, 納于漢. 酈將軍圍趙十月而下之, 趙王自殺. 濟北王以劫故, 得不誅, 徙王菑川. 初, 吳王首反, 并將楚兵, 連齊趙. 正月起兵, 三月皆破, 獨趙後下. 復置元王少子平陸侯禮爲楚王, 續元王後. 徙汝南王非王吳故地, 爲江都王.

태사공은 평한다.

"오왕 유비가 왕이 된 것은 그의 부친 유중이 합양후로 강등되었기 때문이다. 그는 보위에 오르자 부세賦稅의 징수를 가볍게 하고, 무리를 부려 산해山海의 이익을 멋대로 거두어들였다. 반란의 싹은 그의 아들 유비에게서 텄다. 유비의 태자가 태자와 장기를 두다가 길을 다툰 데서 재앙이 일어나 근본을 망치게 했다. 월나라와 가까이 지내고 한나라 종실을 전복시키려다 끝내 멸망했다. 조조는 나라의 먼 앞날을 위해 계책을 세웠으나 오히려 화를 입었다. 원앙은 권모술수에 능하고 유세를 잘한 덕분에 처음에는 총애를 입게 되었으나 결국 나중에 치욕을 당했다. 옛날 제후의 땅은 100리를 넘지 않고, 산과 바다가 있는 곳은 제후에게 봉하지 않았다. '오랑캐를 가까이 해 친족을 멀리하는 일이 없게 하라!'는 말은 아마도 오나라와 같은 경우를 말한 것이 아니겠는가? '권모에 앞장서지 마라, 그 화를 입게 된다'고 한 것은 원앙이나 조조 같은 사람을 말한 것이 아니겠는가?"

●● 太史公曰, "吳王之王, 由父省也. 能薄賦斂, 使其衆, 以擅山海利. 逆亂之萌, 自其子興. 爭技發難, 卒亡其本, 親越謀宗, 竟以夷隕. 鼂錯 爲國遠慮, 禍反近身. 袁盎權說, 初寵後辱. 故古者諸侯地不過百里, 山 海不以封. '毋親夷狄, 以疏其屬', 蓋謂吳邪? '毋爲權首, 反受其咎' 豈 盎·錯邪?"

위기무안후열전

魏其武安侯列傳

〈위기무안후열전魏其武安侯列傳〉은 한문제·한경제·한무제 초기에 막강한 위세를 떨친 두 외척 위기후魏其侯 두영과 무안후武安侯 전분田蚡에 관한 전기다. 여기에 학문이 없고 불손하게 굴다가 화를 당한 장군 관부의 사적이 덧붙여 있다. 두영은 한문제의 정실인 두황후의 조카로 오초칠국의 난을 평정한 덕분에 위기후에 봉해졌다. 성품이 깨끗한 반면 포용력이 없었다. 훗날 관부처럼 기시의 참화를 당한 배경이다. 전분은 한경제의 정실인 왕황후王皇后와 모친은 같으나 부친은 다른 동모이부同母異父의 동생이다. 처음에는 위기후 두영을 추종하며 기반을 다졌으나 이후 승상의 자리에 오르자 축재와 사치를 일삼으며 거만한 모습을 보였다. 결국 그 자신도 비록 기시를 당하지는 않았으나 귀신의 환영에 눌려 횡사하고 말았다. 사마천은 두영과 전분을 각각 군자와 소인의 모습으로 그려놓았다. 두영과 행보를 같이한 관부는 사평에서 현자로 표현키는 했으나 그의 불손한 행보에 대해서는 비판적인 입장을 취했다.

두영열전

위기후 두영은 한문제의 정실인 두황후의 종형의 아들이다. 조상 대대로 관진觀津에서 살았다. 두영은 빈객을 좋아했다. 한문제 때 오나라 승상이 되었다가 병으로 사임했다. 한경제가 막 즉위했을 때 황후와 태자의 집안일을 관리하는 첨사에 임명되었다. 양효왕 유무는 한경제의 동생이다. 모친인 두태후가 그를 매우 총애했다. 한번은 양효왕이 입조했을 때 한경제와 형제인 까닭에 사적인 주연이 베풀어졌다. 당시 한경제는 아직 태자를 세우지 않았다. 술이 취하자 한경제가 동생인 양효왕에게 조용히 말했다.

"내가 죽은 뒤 제위를 양왕에게 전하겠다."

두태후가 이 소식을 전해 듣고 크게 기뻐했다. 당시 두영이 술잔을 들어 한경제에게 술을 올리며 이같이 말했다.

"천하는 한고조의 천하로, 부자간에 서로 전하는 법입니다. 이것이 한나라의 정해진 약속입니다. 황상이 무엇을 근거로 멋대로 양왕에게 전할 수 있다는 것입니까?"

두태후는 이 일로 인해 두영을 미워했다. 두영 역시 관직을 가벼이 여기고 있었던 까닭에 병을 핑계로 사임했다. 두태후는 궁궐을 드나드는 자의 이름 등을 적어 궐문에 비치해두는 문적門籍에서 두영의 이름을 삭제시켰다. 봄가을로 조현하는 것조차 막아버린 것이다.

●● 魏其侯竇嬰者, 孝文后從兄子也. 父世觀津人. 喜賓客. 孝文時, 嬰爲吳相, 病免. 孝景初卽位, 爲詹事. 梁孝王者, 孝景弟也, 其母竇太后愛之. 梁孝王朝, 因昆弟燕飲. 是時上未立太子, 酒酣, 從容言曰, "千

秋之後傳梁王." 太后驩. 竇嬰引巵酒進上, 曰, "天下者, 高祖天下, 父
子相傳, 此漢之約也, 上何以得擅傳梁王!" 太后由此憎竇嬰. 竇嬰亦薄
其官, 因病免. 太后除竇嬰門籍, 不得入朝請.

한경제 전 3년, 오초칠국의 난이 일어났다. 한경제가 종실과 척족
인 두씨竇氏 일족을 두루 살펴볼지라도 두영만한 현자가 없었다. 두
영을 다시 부른 이유다. 두영이 입조해 배견한 뒤 병을 구실로 중책
을 맡을 수 없다며 사양했다. 두태후 역시 크게 부끄러워했다. 한경
제가 말했다.

"천하가 바야흐로 위급한데 왕손은 어찌 겸양만 하는 것이오?"

자가 왕손인 두영을 대장군에 제수하고 황금 1,000근을 내렸다.
두영이 곧 원앙과 난포 등 집에 머물러 있는 여러 명장과 현사를 천
거했다. 또 하사받은 황금을 궁궐의 행랑에 진열한 뒤 필요한 군관
은 원하는 만큼 가져가 쓰게 했다. 자신은 조금도 가져가지 않았다.
두영은 형양에 주둔한 채 제나라와 조나라 땅의 한나라 군사를 감독
했다. 오초칠국의 군사가 모두 격파되자 한경제가 두영을 위기후에
봉했다. 여러 유세객과 빈객이 다투어 위기후에게 의탁했다. 한경제
때 조정에서 큰일을 의논할 때면 여러 열후들은 조후 주아부와 위기
후 두영을 감히 자신들과 동등한 예로 대하려 들지 않았다.

한경제 전 4년, 한경제가 율희 소생의 맏아들 유영劉榮을 태자로
세운 뒤 위기후를 태자부太子傅로 삼았다. 한경제 전 7년, 율태자가 폐
위되었다. 위기후가 누차 간했으나 뜻을 이루지 못했다. 이내 병을
핑계로 물러난 뒤 남전의 남산 기슭에서 몇 달 동안 농사를 지으며
보냈다. 여러 빈객과 변사가 설득했으나 누구도 그를 돌아오게 하지

못했다. 이때 위나라 출신 고수高遂가 이같이 유세했다.

"장군을 능히 부귀하게 만들 수 있는 사람은 황제이고, 장군을 능히 친하게 쓸 수 있는 사람은 태후입니다. 지금 장군은 태자의 스승이 되어 태자가 폐위될 때 이를 막지 못했고, 간했지만 뜻을 이루지 못했고, 죽지도 못했습니다. 스스로 병을 핑계로 물러나 미모가 뛰어난 조나라 출신 여인을 끼고 한적한 곳에 물러나와 입조도 하지 않으면서 빈객과 시비를 의론하고 있습니다. 이는 스스로 황제의 허물을 드러내는 것입니다. 만일 두태후가 머무는 장락궁과 한경제가 머무는 미앙궁未央宮(황제가 머무는 서궁)의 양궁兩宮이 노해 벌을 내리면 장군은 물론이고 처자식 등 일족이 살아남지 못할 것입니다."

위기후는 그럴듯하다고 여겼다. 마침내 몸을 일으켜 옛날과 같이 조회에 참석했다. 도후 유사가 승상에서 해임되자 두태후가 누차 위기후를 천거했다. 한경제가 말했다.

"태후는 어찌해서 제가 자리를 아까워해 위기후를 승상에 기용하지 않는다고 생각하는 것입니까? 그는 스스로 편안해하며 희희낙락해할 따름입니다.* 또 경솔한 점이 많아 승상의 자리에 앉혀 막중한 임무를 맡기기 어렵습니다."

마침내 위기후를 등용하지 않고 건릉후 위관을 승상으로 삼았다.

●● 孝景三年, 吳楚反, 上察宗室諸竇毋如竇嬰賢, 乃召嬰. 嬰入見, 固辭謝病不足任. 太后亦慙. 於是上曰, "天下方有急, 王孫寧可以讓邪?" 乃拜嬰爲大將軍, 賜金千斤. 嬰乃言袁盎 · 欒布諸名將賢士在家者進之. 所賜金, 陳之廊廡下, 軍吏過, 輒令財取爲用, 金無入家者. 竇

● "스스로 편안해하며 희희낙락해할 따름이다"의 원문은 "첨첨자희이沾沾自喜耳"다.《사기집해》는 서광의 주를 인용해 첨沾이 편안할 첩惵으로 된 판본이 있다고 했다.

嬰守滎陽, 監齊趙兵. 七國兵已盡破, 封嬰爲魏其侯. 諸游士賓客爭歸
魏其侯. 孝景時每朝議大事, 條侯·魏其侯, 諸列侯莫敢與亢禮. 孝景
四年, 立栗太子, 使魏其侯爲太子傅. 孝景七年, 栗太子廢, 魏其數爭不
能得. 魏其謝病, 屏居藍田南山之下數月, 諸賓客辯士說之, 莫能來. 梁
人高遂乃說魏其曰, "能富貴將軍者, 上也, 能親將軍者, 太后也. 今將
軍傅太子, 太子廢而不能爭, 爭不能得, 又弗能死. 自引謝病, 擁趙女,
屏閒處而不朝. 相提而論, 是自明揚主上之過. 有如兩宮螫將軍, 則妻
子毋類矣." 魏其侯然之, 乃遂起, 朝請如故. 桃侯免相, 竇太后數言魏
其侯. 孝景帝曰, "太后豈以爲臣有愛, 不相魏其? 魏其者, 沾沾自喜耳,
多易. 難以爲相, 持重." 遂不用, 用建陵侯衛綰爲丞相.

전분열전

　무안후 전분은 한경제의 정실인 왕황후와 동모이부의 동생으로
장릉에서 태어났다. 위기후가 이미 대장군이 되어 위세를 떨칠 때
전분은 낭관으로 재직 중이어서 존귀한 신분이 아니었다. 그는 위
기후의 집에 식객처럼 드나들었다. 위기후를 모시고 술자리를 함께
할 때 꿇어앉고 일어서는 행동거지가 마치 자식이나 손자와 같았
다. 한경제의 만년에 이르러 전분은 점차 존귀하게 되어 태중대부
가 되었다.

　전분은 언변이 뛰어났고, 황제黃帝 때의 사관인 공갑孔甲이 정鼎 등
에 새긴 것으로 알려진 명문銘文을 모은《반우槃盂》등을 공부했다. 왕
태후가 그를 현자로 여긴 이유다. 한경제 후3년, 한경제가 죽자 왕태

후는 열여섯 살이던 태자 유철을 한무제로 즉위시킨 뒤 섭정에 나섰다. 이때 신민을 다독이면서 전분 문하의 빈객들이 낸 계책을 많이 사용했다. 전분과 전분의 동생 전승田勝 모두 왕태후의 동모이부 동생이라는 사실을 내세웠다.

한경제가 죽고 왕태후가 섭정에 나섰을 때 전분은 무안후, 전승은 주양후周陽侯에 봉해졌다. 무안후 전분은 내심 승상이 되어 정권을 잡을 생각이었다. 스스로 몸을 낮추어 빈객을 대하고, 집에 머물러 있는 명사를 천거해 존귀하게 만드는 방법으로 위기후 등 여러 장상을 누르고자 했다. 이듬해인 한무제 건원 원년, 승상 위관이 병으로 사임하자 한무제가 승상과 태위의 후임자를 논의했다. 이때 무안후 전분의 문객으로 있던 적복이 전분을 설득했다.

"위기후 두영은 오랫동안 존귀한 자리에 있어 천하의 선비들이 평소 그에게 의탁하고 있습니다. 장군은 지금 막 일어나기 시작한 까닭에 위기후만 못합니다. 만일 황상이 장군을 승상으로 삼고자 하면 반드시 위기후에게 양보토록 하십시오. 위기후가 승상이 되면 장군은 반드시 태위가 될 것입니다. 태위와 승상은 존귀한 면에서 같습니다. 아울러 장군은 현자에게 승상의 자리를 양보했다는 명성을 얻게 됩니다."

무안후 전분이 이를 좇았다. 왕태후에게 에둘러 말한 덕분에 이 이야기가 자연스럽게 한무제의 귀에 들어갔다. 곧 위기후가 승상, 무안후가 태위가 되었다. 적복이 위기후를 축하한 뒤 조의를 표했다.

"군후君侯는 선을 좋아하고 악을 미워하는[喜善疾惡] 성품입니다. 지금 선한 사람들이 군후를 칭송한 까닭에 승상의 자리에 오른 것입니다. 그러나 군후는 장차 자신의 성품으로 인해 악을 미워하는 모습을 보일 것입니다. 천하에 악한 사람은 많습니다. 이들은 장차 군후를 비방할 것입니다. 군후는 능히 악인도 포용해야만 자리를 오래도록 보전할 수 있습니다. 그렇지 못하면 곧 비방을 받아 벼슬에서 물러나게 될 것입니다."

위기후 두영은 이를 듣지 않았다. 위기후와 무안후 모두 유학을 좋아했다. 조관趙綰을 천거해 어사대부, 왕장을 천거해 낭중령으로 삼은 이유다. 또 노나라 땅의 거유巨儒인 신배申培를 맞아들여 옛 성왕이 정사를 베풀며 제사 및 교화 등을 거행한 명당明堂을 세우려고 했다. 이어 열후들 모두 각자 자신의 영지로 돌아가게 조치하면서 관문關門을 폐지했다. 예법에 따라 복식 제도를 정해 태평성대를 구현하고자 했다. 외척과 종실 가운데 행실이 바르지 못한 자를 들추어내 견책하고, 족보에서 삭제했다. 당시 많은 외척이 열후가 되어 있었다. 열후 대부분이 공주公主를 아내로 맞이한 까닭에 자신의 영지로 돌아가려 하지 않았다. 비방하는 소리가 나날이 높아져 두태후의 귀에 들려왔다. 두태후는 도가의 황로학을 좋아했다. 위기후·무안후·조관·왕장 모두 유가의 학술을 높이면서 도가의 말을 깎아내렸다. 두태후가 위기후 두영 등을 더욱 좋아하지 않게 된 이유다.

●● 武安侯田蚡者, 孝景后同母弟也, 生長陵. 魏其已爲大將軍後, 方盛, 蚡爲諸郎, 未貴, 往來侍酒魏其, 跪起如子姓. 及孝景晚節, 蚡益貴幸, 爲太中大夫. 蚡辯有口, 學槃盂諸書, 王太后賢之. 孝景崩, 卽日太子立, 稱制, 所鎭撫多有田蚡賓客計筴. 蚡弟田勝, 皆以太后弟, 孝景後三年封蚡爲武安侯, 勝爲周陽侯. 武安侯新欲用事爲相, 卑下賓客, 進名士家居者貴之, 欲以傾魏其諸將相. 建元元年, 丞相綰病免, 上議置丞相·太尉. 籍福說武安侯曰, "魏其貴久矣, 天下士素歸之. 今將軍初

興, 未如魏其, 卽上以將軍爲丞相, 必讓魏其. 魏其爲丞相, 將軍必爲太
尉. 太尉·丞相尊等耳, 又有讓賢名." 武安侯乃微言太后風上, 於是乃
以魏其侯爲丞相, 武安侯爲太尉. 籍福賀魏其侯, 因弔曰, "君侯資性喜
善疾惡, 方今善人譽君侯, 故至丞相, 然君侯且疾惡, 惡人衆, 亦且毀君
侯. 君侯能兼容, 則幸久, 不能, 今以毀去矣." 魏其不聽. 魏其·武安俱
好儒術, 推轂趙綰爲御史大夫, 王臧爲郎中令. 迎魯申公, 欲說明堂, 令
列侯就國, 除關, 以禮爲服制, 以興太平. 擧適諸竇宗室毋節行者, 除其
屬籍. 時諸外家爲列侯, 列侯多尙公主, 皆不欲就國, 以故毀日至竇太
后. 太后好黃老之言, 而魏其·武安·趙綰·王臧等務隆推儒術, 貶道家
言, 是以竇太后滋不說魏其等.

　한무제 건원 2년, 어사대부 조관이 황제에게 두태후가 머물고 있
는 장락궁인 동궁에 대한 국정보고 폐지를 요청했다. 두태후는 대로
한 나머지 곧바로 조관과 왕장 등을 내쫓았다. 이어 승상 위기후와
태위 무안후를 해임한 뒤 백지후 허창을 승상, 무강후 장청적을 어
사대부로 삼았다. 위기후와 무안후는 열후의 신분으로 집에 머물러
야 했다. 무안후 전분은 비록 직책은 맡지 않았지만 왕태후와 맺은
혈연으로 인해 총애를 입었다. 누차 정사에 관해 말한 것이 많이 채
택되어 성과를 보자 천하의 권세와 이익을 좇는 선비와 관원이 모두
위기후를 떠나 무안후를 찾아갔다. 무안후가 날로 방자해진 이유다.
　한무제 건원 6년, 두태후가 죽었다. 승상 허창과 어사대부 장청적
은 두태후의 상례喪禮를 제대로 처리하지 못해 이내 해임되었다. 무
안후 전분이 승상, 대사농 한안국이 어사대부에 제수되었다. 천하의
선비와 군국의 제후가 더욱 전분에게 몰려들었다. 전분은 단소短小

하고 못생긴데다 매우 거만했다.* 그는 내심 이같이 생각했다.

'대다수 제후왕은 나이가 많다. 주상은 이제 막 즉위한데다 나이가 어리다. 내가 외척으로서 조정의 승상 자리에 오른 이상 이들의 기세를 꺾어 예법으로 굴복시켜야 한다. 그리하지 않으면 천하 사람이 나를 두려워하지 않을 것이다.'

당시 승상 전분이 입조해 정무를 보고할 때면 한무제가 종일 함께 앉아 모두 들어주었다. 인재를 천거할 때도 집에 있던 자를 문득 2,000석의 관직에 앉힐 정도였다. 황권이 무안후에게 옮겨간 셈이다. 한무제가 이같이 말한 적도 있다.

"그대의 관원 임명이 아직 끝나지 않은 것이오? 나도 관원을 임명해보고 싶소!"

한번은 승상 전분이 집을 늘리기 위해 무기 등의 기계를 다루는 고공考工의 부지를 넘겨줄 것을 청했다. 한무제가 문득 화를 냈다.

"그대는 어찌해서 아예 무기고를 가져가겠다고 하지 않는 것인가?"

이후 약간 행동을 삼가게 되었다. 전분이 일찍이 손님을 초대해 연회를 베푼 적이 있다. 동모이부의 형으로 왕태후의 동복 오라비인 갑후蓋侯 왕신王信에게 남쪽을 향해 앉게 하고, 자신은 동쪽을 향해 앉았다. 그는 내심 이같이 생각했다.

'한나라 승상은 존귀한 자리이니 형이라고 해서 사사로이 굽힐 수는 없는 일이다.'

• "단소하고 못생긴데다 매우 거만했다"의 원문은 "모침貌侵, 생귀심生貴甚"이다. 침侵을 두고 《사기집해》는 위소의 주를 인용해 단소 내지 추악으로 새겼다. 생귀生貴는 고귀한 척한다는 뜻이다.

이후 무안후 전분은 더욱 교만해졌다. 집을 수리하고 꾸미면서 그 어떤 저택보다도 으뜸가게 만들었다. 전원田園도 극히 기름지게 바뀌었다. 각 군현에서 기물을 사들이는 행렬이 길에 길게 줄을 이을 정도였다. 전당前堂에는 종과 북을 벌여놓고, 참람하게도 곡전曲旃(깃대 끝이 구부러진 군주의 의장용 깃발)을 세워두었다. 저택의 후방에는 부녀가 100명을 헤아릴 정도였다. 제후들이 바친 금과 옥, 개와 말 등의 완호물玩好物이 그 수를 헤아릴 수 없을 정도로 많았다.

반면 위기후 두영은 두태후 사후 의지할 곳을 잃자 더욱 황제와 소원해져 중용될 일이 없게 되었다. 세력이 없어지자 빈객들도 자연히 차츰차츰 멀어졌다. 그를 대하는 태도 또한 태만하고 방자해졌다.

●● 及建元二年, 御史大夫趙綰請無奏事東宮. 竇太后大怒, 乃罷逐趙綰·王臧等, 而免丞相·太尉, 以柏至侯許昌爲丞相, 武彊侯莊靑翟爲御史大夫. 魏其·武安由此以侯家居. 武安侯雖不任職, 以王太后故, 親幸, 數言事多效, 天下吏士趨勢利者, 皆去魏其歸武安. 武安日益橫. 建元六年, 竇太后崩, 丞相昌·御史大夫靑翟坐喪事不辦, 免. 以武安侯蚡爲丞相, 以大司農韓安國爲御史大夫. 天下士郡諸侯愈益附武安. 武安者, 貌侵, 生貴甚. 又以爲諸侯王多長, 上初卽位, 富於春秋, 蚡以肺腑爲京師相, 非痛折節以禮詘之, 天下不肅. 當是時, 丞相入奏事, 坐語移日, 所言皆聽. 薦人或起家至二千石, 權移主上. 上乃曰, "君除吏已盡未? 吾亦欲除吏." 嘗請考工地益宅, 上怒曰, "君何不遂取武庫!" 是後乃退. 嘗召客飮, 坐其兄蓋侯南鄕, 自坐東鄕, 以爲漢相尊, 不可以兄故私橈. 武安由此滋驕, 治宅甲諸第. 田園極膏腴, 而市買郡縣器物相屬於道. 前堂羅鍾鼓, 立曲旃, 後房婦女以百數. 諸侯奉金玉狗馬玩好, 不可勝數. 魏其失竇太后, 益疏不用, 無勢, 諸客稍稍自引而怠傲.

관부열전

　빈객들의 위기후를 대하는 태도가 태만하고 방자해질 당시 유독 장군 관부만큼은 원래의 태도를 잃지 않은 모습으로 위기후 두영을 대했다. 두영이 매일 답답하고 울적해하면서도 관부에 대해서만큼은 후하게 대한 이유다. 관부는 영음穎陰 출신이다. 그의 부친 장맹張孟은 일찍이 영음후穎陰侯 관영의 사인으로 있으면서 총애를 입었다. 관영이 천거해준 덕분에 2,000석의 관직에 오르게 되었다. 관씨灌氏 성을 따 관맹灌孟이 된 이유다. 오초칠국의 난 때 영음후 관하灌何가 장군으로서 태위 휘하에 속하게 되자, 관맹을 교위로 천거했다. 이때 관맹의 아들 관부가 1,000명을 이끌고 부친을 쫓았다. 당시 관맹은 이미 나이가 많았다. 영음후 관하가 강하게 천거하는 바람에 교위가 되었으나 늘 마음이 답답했다. 그는 싸울 때마다 적의 견고한 곳만 치다가 이내 오나라 군진 속에서 전사했다. 당시 군법에 따르면 부자가 함께 종군했다가 한 사람이 전사하면 유해와 함께 돌아갈 수 있게 되어 있었다. 관부는 부친의 유해를 모시고 돌아가기는커녕 오히려 전의를 불태웠다.

　"원컨대 오나라의 왕이든 장군이든 목을 베어 부친의 원수를 갚게 해주십시오."

　관부는 갑옷을 입고 창을 쥔 채 군영의 장사 가운데 친분이 있고 함께 나서고자 하는 자 수십 명을 모집했다. 그러나 막상 영채의 문을 나설 때 감히 앞으로 나서는 자가 없었다. 단지 두 사람만이 따라나섰다. 관부는 이들을 포함해 휘하의 노비 10여 명과 함께 말을 내달려 오나라 군진 속으로 돌진했다. 오나라 장수의 깃발 아래에 이르러 적군 수십 명을 죽이거나 상처를 입혔다. 그러나 더는 나아갈 수 없어 다시 말을 달려 돌아왔다. 한나라 영채로 들어왔을 때 노비들은 모두 죽고, 단지 함께 따라나선 2기의 장사 가운데 한 사람만 생환했을 뿐이다. 관부 자신도 몸에 10여 군데의 큰 상처를 입었다. 마침 1만 금의 비싼 양약良藥 덕분에 살아날 수 있었다. 그는 상처가 조금 낫자 다시 장군에게 청했다.

"이제 오나라 진영의 내부를 잘 알게 되었으니 청컨대 다시 가게 해주십시오."

장군은 그의 장한 의기에 감동하면서도 혹여 잃게 되지나 않을까 두려운 나머지 곧 태위에게 이를 고했다. 태위가 출전을 강력 저지했다. 오나라가 패한 뒤 관부는 이 일로 인해 천하에 명성을 떨쳤다. 영음후 관하가 그를 한경제에게 천거했다. 한경제가 그를 중랑장에 제수했다. 그러나 몇 달 뒤 위법행위로 물러나게 되었다. 이후 장안의 집에서 머물렀다. 장안의 사대부 가운데 그를 칭송하지 않는 자가 없었다. 덕분에 한경제의 치세 때 대나라 승상이 되었다. 한경제 사후 뒤이어 즉위한 한무제는 천하의 요충지 회양을 강고한 군사 주둔지로 만들고자 했다. 관부를 회양의 태수로 삼은 이유다.

한무제 건원 원년, 중앙조정으로 들어가 태복이 되었다. 건원 2년, 장락궁 경비를 총괄하는 위위 두보竇甫와 술을 마셨다. 음주의 예절이 온당하지 못하자 관부가 술김에 두보를 때렸다. 두보는 두태후의 친정 동생이다. 한무제는 태후가 관부의 목을 벨까 두려워 연나라 재장으로 자리를 옮기게 했다. 몇 년 뒤 다시 위법행위로 관직에서 물러나 장안의 집에 머물게 되었다. 관부는 사람이 강직하고 호기로우나 주사가 있었다. 면전에서 아첨하는 것을 좋아하지 않은 이유다.

특히 귀척貴戚을 비롯해 자신보다 신분이 높은 세력가에게는 예를 표하지 않고, 반드시 업신여기는 모습을 보였다. 반면 자신보다 신분이 낮고, 빈천할수록 더욱 공경하는 모습을 보이며 평등하게 대했다. 많은 사람이 모인 곳에서 신분이 낮은 사람을 천거하고 아꼈다. 선비들이 그를 칭송한 이유다.

관부는 학문을 좋아하지 않았으나 임협을 좋아했다. 남과 약속한 일을 꼭 지킨 이유다. 그와 교유하는 사람치고 호걸이나 도적 두목이[大猾]이 아닌 자가 없었다. 집안에는 수천만 금을 쌓아두었다. 식객이 매일 수십에서 수백 명에 달했다. 저수지와 밭 등이 많았다. 종족과 빈객 들이 권세와 이익을 다투며 영천 일대에서 세도를 부렸다. 영천의 아이들이 이같이 풍자했다.

영수가 맑으면 관씨는 편안하고
영수가 흐리면 관씨는 멸족하지

관부는 비록 재산은 많았지만 집에 있었기에 경상卿相과 시중侍中 및 빈객이 점차 줄어들었다. 위기후 두영도 세력을 잃은 후 관부에 의지하며 평소 자신을 우러러 그리워하다가 배신한 자들을 목수가 먹줄을 튕겨 굽은 것을 바로잡듯이 비판하고, 나뭇가지를 쳐 바르게 하듯이 가르치고자 했다. 관부 역시 위기후 두영에게 의지해 열후 및 종실 등과 왕래하며 명성을 높이고자 했다. 두 사람이 서로 이끌고 존중하며 교유하는 모습이 마치 부자지간 같았다. 의기투합해 크게 기뻐하며 싫증내는 일이 없었고, 서로 늦게 알게 된 것을 한스럽게 여겼다.

●● 唯灌將軍獨不失故. 魏其日黙黙不得志, 而獨厚遇灌將軍. 灌將軍夫者, 潁陰人也. 夫父張孟, 嘗爲潁陰侯嬰舍人, 得幸, 因進之至二千石, 故蒙灌氏姓爲灌孟. 吳楚反時, 潁陰侯灌何爲將軍, 屬太尉, 請灌孟爲校尉. 夫以千人與父俱. 灌孟年老, 潁陰侯彊請之, 鬱鬱不得意, 故戰常陷堅, 遂死吳軍中. 軍法, 父子俱從軍, 有死事, 得與喪歸. 灌夫不肯隨喪歸, 奮曰, "願取吳王若將軍頭, 以報父之仇." 於是灌夫被甲持戟, 募軍中壯士所善願從者數十人. 及出壁門, 莫敢前. 獨二人及從奴十數騎馳入吳軍, 至吳將麾下, 所殺傷數十人. 不得前, 復馳還, 走入漢壁, 皆亡其奴, 獨與一騎歸. 夫身中大創十餘, 適有萬金良藥, 故得無死. 夫創少瘳, 又復請將軍曰, "吾益知吳壁中曲折, 請復往." 將軍壯義之, 恐亡夫, 乃言太尉, 太尉乃固止之. 吳已破, 灌夫以此名聞天下. 潁陰侯言之上, 上以夫爲中郎將. 數月, 坐法去. 後家居長安, 長安中諸公莫弗稱之. 孝景時, 至代相. 孝景崩, 今上初卽位, 以爲淮陽天下交, 勁兵處, 故徙夫爲淮陽太守. 建元元年, 入爲太僕. 二年, 夫與長樂衛尉竇甫飮, 輕重不得, 夫醉, 搏甫. 甫, 竇太后昆弟也. 上恐太后誅夫, 徙爲燕相. 數歲, 坐法去官, 家居長安. 灌夫爲人剛直使酒, 不好面諛. 貴戚諸有勢在己之右, 不欲加禮, 必陵之, 諸士在己之左, 愈貧賤, 尤益敬, 與鈞. 稱人廣衆, 薦寵下輩. 士亦以此多之. 夫不喜文學, 好任俠, 已然諾. 諸所與交通, 無非豪桀大猾. 家累數千萬, 食客日數十百人. 陂池田園, 宗族賓客爲權利, 横於潁川. 潁川兒乃歌之曰, "潁水清, 灌氏寧, 潁水濁, 灌氏族." 灌夫家居雖富, 然失勢, 卿相侍中賓客益衰. 及魏其侯失勢, 亦欲倚灌夫引繩批根生平慕之後棄之者. 灌夫亦倚魏其而通列侯宗室爲名高. 兩人相爲引重, 其遊如父子然. 相得驩甚, 無厭, 恨相知晚也.

한번은 관부가 거상 중에 승상 전분을 방문했다. 승상 전분은 별생각 없이 이같이 말했다.

"나는 중유仲孺와 함께 위기후를 방문하고자 했는데 마침 중유가 상복을 입고 있으니 그럴 수 없게 되었소."

자가 중유인 관부가 말했다.

"장군이 영광스럽게도 위기후의 집에 행차하려 하는데 제가 어찌 감히 거상을 이유로 거절하겠습니까? 원컨대 제가 위기후에게 알려 연회를 준비토록 하겠습니다. 장군은 내일 아침 일찍 오십시오."

무안후가 허락했다. 관부는 무안후 전분이 말한 내용을 위기후 두영에게 상세히 말했다. 두영과 부인이 술과 고기를 많이 사고, 밤새도록 집안 청소를 해 새벽 무렵 접대준비를 마쳤다. 날이 밝아오자 사람을 시켜 승상을 맞이하게 했다. 한낮이 되도록 승상 전분이 오지 않았다. 두영이 관부에게 물었다.

"승상이 잊은 것이 아니오?"

관부가 언짢아하며 말했다.

"제가 상중인데도 그의 청에 응했습니다. 벌써 와야 했습니다."

곧 수레를 타고 승상 전분을 맞으러 갔다. 전분은 단지 농담 삼아 승낙했을 뿐 딱히 갈 생각이 있었던 것은 아니다. 관부가 문 앞에 이르렀을 때도 승상은 아직 자리에 누워 있었다. 관부가 안으로 들어가 전분을 보고 말했다.

"장군이 어제 영광스럽게도 위기후를 방문하겠다고 했습니다. 위기후 부부는 술과 음식을 준비해놓고 새벽부터 지금까지 감히 식사도 하지 못하고 있습니다."

무안후 전분이 크게 놀라 사과했다.

"내가 어제 취해 중유와 약속한 것을 깜박 잊었소."

그러고는 수레를 타고 갔으나 너무 느릿느릿 갔다. 관부는 더욱 화가 났다. 주흥이 무르익었을 무렵 관부가 일어나 춤을 춘 뒤 승상 전분에게 춤을 출 것을 권했다. 전분이 일어나지 않자 관부는 앉은 자리에서 전분을 자극하는 말을 했다. 위기후 두영이 이내 관부를 부축해 밖으로 데리고 나간 뒤 승상 전분에게 사과했다. 승상 전분이 밤늦도록 즐겁게 술을 마신 뒤 귀가했다.

또 한번은 승상 전분이 문객인 적복을 위기후 두영에게 보내 성의 남쪽 밭을 요구했다. 두영이 크게 원망하며 말했다.

"늙은 제가 비록 버림받고* 장군이 비록 귀한 신분이기는 하나 설마 권세로 빼앗을 수야 있겠습니까!"

그러고는 허락지 않았다. 관부가 이 이야기를 듣고는 크게 노해 적복을 욕했다. 적복은 두영과 전분 사이에 틈이 생기는 것을 원치 않은 까닭에 사실을 숨긴 채 전분에게 좋은 말로 이야기해 포기하게 만들었다.

"위기후는 늙어서 이내 죽을 것입니다. 견디기 어려운 일이 아니니 잠시 기다리도록 하십시오."

얼마 후 무안후 전분은 두영과 관부가 실은 대로하며 밭을 내놓지 않았다는 이야기를 듣게 되었다. 그 역시 크게 노해 이같이 말했다.

"일찍이 위기후의 아들이 사람을 죽였을 때 나 전분이 살려주었다. 내가 그를 섬길 때 안 된다고 거절한 적이 한 번도 없었다. 어찌

• "늙은 제가 비록 버림받고"의 원문은 "노복수기老僕雖棄"다. 노복은 위기후 두영이 자신을 낮추어 부른 말이다. 복僕은 원래 노비를 지칭하는 말이다. 대다수 번역서가 '늙은 종'으로 풀이해놓았으나 이는 일인칭 겸양어인 '저'의 의미로 쓰인 것이다. 군주가 과인寡人 내지 고孤를 칭하는 것과 같다.

밭뙈기 몇 고랑을 아낀단 말인가? 또 관부는 무슨 참견인가? 내가 다시는 밭을 요구하지 않을 것이다."

무안후 전분이 이 일로 인해 관부와 두영을 크게 원망했다. 한무제 원광 4년 봄, 승상 전분이 한무제에게 영천에 집이 있는 관부 일족의 전횡이 심해 백성이 고통을 받는다며 수사의 재가를 청하는 안건을 올렸다. 한무제가 물었다.

"이는 승상이 직권으로 할 일인데 어째서 청을 하는 것이오?"

관부 역시 승상 전분의 비리를 파악하고 있었다. 승상이 불법으로 이익을 취하고, 회남왕으로부터 황금을 뇌물로 받고 누설해서는 안 될 궁궐의 기밀을 알려준 것 등이다. 양쪽의 빈객이 중간에서 조정해 공방을 멈추고 이내 화해했다.

●● 灌夫有服, 過丞相. 丞相從容曰, "吾欲與仲孺過魏其侯, 會仲孺有服." 灌夫曰, "將軍乃肯幸臨況魏其侯, 夫安敢以服爲解! 請語魏其侯帳具, 將軍旦日蚤臨." 武安許諾. 灌夫具語魏其侯如所謂武安侯. 魏其與其夫人益市牛酒, 夜灑埽, 早帳具至旦. 平明, 令門下候伺. 至日中, 丞相不來. 魏其謂灌夫曰, "丞相豈忘之哉?" 灌夫不懌, 曰, "夫以服請, 宜往." 乃駕, 自往迎丞相. 丞相特前戲許灌夫, 殊無意往. 及夫至門, 丞相尙臥. 於是夫入見, 曰, "將軍昨日幸許過魏其, 魏其夫妻治具, 自旦至今, 未敢嘗食." 武安鄂謝曰, "吾昨日醉, 忽忘與仲孺言." 乃駕往, 又徐行, 灌夫愈益怒. 及飮酒酣, 夫起舞屬丞相, 丞相不起, 夫從坐上語侵之. 魏其乃扶灌夫去, 謝丞相. 丞相卒飮至夜, 極驩而去. 丞相嘗使籍福請魏其城南田. 魏其大望曰, "老僕雖棄, 將軍雖貴, 寧可以勢奪乎!" 不許. 灌夫聞, 怒, 罵籍福. 籍福惡兩人有郤, 乃謾自好謝丞相曰, "魏其老且死, 易忍, 且待之." 已而武安聞魏其·灌夫實怒不予田, 亦怒

曰,"魏其子嘗殺人, 蚡活之. 蚡事魏其無所不可, 何愛數頃田? 且灌夫
何與也? 吾不敢復求田." 武安由此大怨灌夫·魏其. 元光四年春, 丞相
言灌夫家在潁川, 橫甚, 民苦之. 請案. 上曰,"此丞相事, 何請."灌夫亦
持丞相陰事, 爲姦利, 受淮南王金與語言. 賓客居閒, 遂止, 俱解.

두전합전

이해 여름, 승상 전분이 연왕의 딸을 부인으로 맞이했다. 왕태후가
조서를 내려 열후와 종실을 부르자 모두 가서 축하해주었다. 위기후
두영이 관부를 방문해 함께 가고자 했다. 관부가 사절했다.

"저는 누차 술김에 실수를 해 승상에게 죄를 지었습니다. 또 승상
은 지금 저와 틈이 벌어져 있습니다."

위기후가 말했다.

"그 일은 이미 끝난 일이오."

그러고는 억지로 함께 갔다. 주흥이 무르익자 무안후 전분이 일어
나 축배를 들었다. 좌중이 모두 자리에서 일어나 엎드렸다. 이어 위
기후가 축배를 들자 친분 있는 사람만 자리를 피할 뿐 나머지 절반
정도는 좌석에 무릎을 붙인 채 허리를 세우고 술을 마셨다. 기분이
언짢아진 관부가 자리에서 일어나 순서대로 술을 따르며 즉시 마실
것을 권했다. 순서가 무안후 전분에 이르게 되었다. 무안후는 무릎을
자리에 붙인 채 윗몸을 세우며 말했다.

"잔을 가득 채우면 마실 수 없소."

관부가 내심 화가 났지만 억지로 웃으며 말했다.

"장군은 귀인이니 가득 채워 드십시오."

무안후 전분이 끝내 마시지 않았다. 관부가 차례로 술을 따라 관영의 손자인 임여후臨汝侯 관현灌賢에 이르게 되었다. 임여후는 한창 정불식程不識과 귓속말을 하고 있었다. 게다가 그는 자리를 피하지도 않았다. 관부가 분을 참지 못해 임여후 관현을 욕했다.

"평소 정불식이 한 푼의 가치도 없다고 헐뜯더니 오늘 어른이 잔을 권하는데도 계집애처럼 귓속말로 속삭이는 것인가•!"

무안후 전분이 관부에게 말했다.

"정불식과 이광李廣 모두 장락궁인 동궁과 미앙궁인 서궁의 위위로 있소. 지금 많은 사람 앞에서 정불식 장군을 욕보이고 있소. 중유는 어찌해서 이광 장군의 불편한 입장을 생각지 않는 것이오?"

관부가 말했다.

"오늘 목이 잘리고 가슴에 구멍을 낼지라도 정불식이나 이광을 어찌 알겠는가?"

좌중이 일어나 측간에 가는 척하면서 하나둘 자리를 떠났다. 위기후 두영이 나가면서 관부에게 손짓해 나오도록 했다. 무안후 전분이 마침내 크게 화를 냈다.

"이는 내가 관부를 교만하게 만든 죄다."

곧 기병에게 명해 관부를 억류하게 했다. 관부는 빠져나가고자 했으나 그럴 수 없었다. 적복이 일어나 그를 위해 사죄한 뒤 관부의 목덜미를 누르며 사죄하게 하려 했다. 그러나 관부가 더욱 화를 내며

• "계집애처럼 귓속말로 속삭이는 것인가"의 원문은 "효여아첩섭이어效女兒呫囁耳語"다. 《사기집해》는 위소의 주를 인용해 첩섭呫囁을 귀에 대고 작은 말로 이야기하는 부이소어附耳小語로 풀이했다. 첩呫과 섭囁 모두 소곤대거나 재잘거린다는 뜻이다.

사죄하지 않았다. 무안후가 기병을 지휘해 관부를 포박해 전사傳舍에 가두게 했다. 이어 장사를 불러 이같이 말했다.

"오늘 종실을 부른 것은 조칙이 있었기 때문이다."

이어 관부가 조칙에 의해 모인 좌중을 모욕해 불경죄를 범했다고 탄핵하고 관원이나 일족을 구금했다[居室].[•] 이어 이전 일까지 조사하게 한 뒤 관원을 둘로 나누어 관씨 일족을 모두 잡아들이게 했다. 모두 기시형에 해당되었다. 위기후 두영은 크게 부끄러워하며 자금을 풀어 빈객들에게 사면을 청하게 했다. 그러나 관부를 풀려나게 하는 자가 없었다. 무안후 전분을 추종하는 관원은 모두 그의 눈과 귀가 되어 살핀 까닭에 관씨들이 모두 달아나거나 숨어버렸다. 게다가 관부는 갇힌 몸이었다. 결국 아무도 무안후 전분의 비리를 고발할 수 없었다.

●● 夏, 丞相取燕王女爲夫人, 有太后詔, 召列侯宗室皆往賀. 魏其侯過灌夫, 欲與俱. 夫謝曰, "夫數以酒失得過丞相, 丞相今者又與夫有郤." 魏其曰, "事已解." 彊與俱. 飮酒酣, 武安起爲壽, 坐皆避席伏. 已魏其侯爲壽, 獨故人避席耳, 餘半膝席. 灌夫不悅. 起行酒, 至武安, 武安膝席曰, "不能滿觴." 夫怒, 因嘻笑曰, "將軍貴人也, 屬之!" 時武安不肯. 行酒次至臨汝侯, 臨汝侯方與程不識耳語, 又不避席. 夫無所發怒, 乃罵臨汝侯曰, "生平毁程不識不直一錢, 今日長者爲壽, 乃效女兒咕囁耳語!" 武安謂灌夫曰, "程李俱東西宮衛尉, 今衆辱程將軍, 仲孺獨不爲李將軍地乎?" 灌夫曰, "今日斬頭陷匈, 何知程李乎!" 坐乃起更

● 거실은 하속下屬의 범법자를 구금하는 소부 소관의 관서를 말한다. 《사기집해》는 여순의 주를 인용해 《한서》 〈백관공경표〉에 따르면 거실은 보궁保宮에 해당하고, 후대의 수궁守宮과 같다고 했다.

衣, 稍稍去. 魏其侯去, 麾灌夫出. 武安遂怒曰, "此吾驕灌夫罪." 乃令
騎留灌夫. 灌夫欲出不得. 籍福起爲謝, 案灌夫項令謝. 夫愈怒, 不肯
謝. 武安乃麾騎縛夫置傳舍, 召長史曰, "今日召宗室, 有詔." 劾灌夫罵
坐不敬, 繫居室. 遂按其前事, 遣吏分曹逐捕諸灌夫支屬, 皆得棄市罪.
魏其侯大媿, 爲資使賓客請, 莫能解. 武安吏皆爲耳目, 諸灌氏皆亡匿,
夫繫, 遂不得告言武安陰事.

당시 위기후 두영은 곤란한 상황 속에서도 관부를 구하기 위해 백
방으로 노력했다. 위기후의 부인이 남편에게 간했다.

"관 장군은 승상 전분에게 죄를 짓고 이미 오래 전에 왕태후의 가
족을 건드렸습니다. 어찌 구할 수 있겠습니까?"

위기후 두영이 말했다.

"열후의 지위는 내 힘으로 얻은 것이니 잃어도 한이 될 것이 없소.
그러나 관중유 홀로 죽게 하고 나만 살아남을 수는 없는 일이오."

그러고는 부인이 재차 간할까 우려해 집안사람들이 모르게 은밀
히 황제에게 상서했다. 곧 불려 들어간 그는 한무제에게 관부가 취
중에 한 일로 크게 벌할 만한 일이 아니라고 고했다. 한무제가 이를
수긍하며 위기후 두영에게 음식을 하사했다.

"태후가 있는 동궁으로 가 이를 분명히 해명토록 하시오."

위기후가 곧 동궁인 장락궁으로 가 관부의 장점을 칭찬한 뒤 몹
시 취해 저지른 일인데 승상이 다른 일로 죄를 씌워 벌하려 한다고
말했다. 무안후 전분은 관부가 저지른 횡포와 방자했던 소행을 크게
비방하며 대역무도한 죄에 해당한다고 주장했다. 위기후 두영은 달
리 방법이 없다고 판단해 이내 승상의 허물을 말했다. 무안후 전분

도 반격에 나섰다.

"천하가 다행히 편안하고 무사합니다. 신은 황제의 폐부*가 되어 음악과 개와 말, 전택田宅을 좋아하고, 광대인 창우와 솜씨 좋은 장인[巧匠]의 무리를 아낄 뿐입니다. 이는 위기후나 관부 등이 밤낮으로 천하의 호걸과 장사를 초청해 함께 의론하며 불만스러운 목소리로 조정을 헐뜯고, 고개를 들어 하늘을 보지 않으면 땅을 형세를 살피거나** 황제와 태후가 머무는 양궁兩宮 사이를 흘겨보며*** 천하에 변란이 일어나 요행히 대공을 세우고자 하는 것과 질적으로 다릅니다. 신은 위기후 등이 무슨 일을 하는지 도무지 알 수 없습니다."

한무제가 조정의 신하들에게 물었다.

"두 사람 가운데 누구 말이 옳소?"

어사대부 한안국이 고했다.

"위기후가 말하기를, '관부는 부친이 나라를 위해 죽게 되자 직접 창을 들고 위험을 예측할 수 없는 오나라 군영 속으로 돌진해 몸에 수십 군데의 상처를 입어 그 이름이 삼군三軍에서 으뜸이었으니 실로 천하의 장사입니다. 큰 죄를 지은 것도 아니고 술잔을 돌리다 다툰 것이니 다른 허물을 끌어들여 처형할 만한 사안은 아닙니다'라고 했습니다. 위기후의 말이 옳습니다. 승상은 말하기를, '관부는 도적

● 제왕의 종실을 비롯한 친인척을 지칭한 말이다.《사기색은》은 간과 폐가 서로 붙어 있는 것에 주목해 황실의 친인척을 지칭하게 되었다고 풀이했다.
●● "고개를 들어 하늘을 보지 않으면 땅의 형세를 살피거나"의 원문은 "불앙시천이부화지不仰視天而俯畫地"다.《사기집해》는 장안의 주를 인용해 시천視天을 천상을 보고 점을 치고, 획지畫地를 천상에 대응하는 분야를 살피며 반란을 획책하는 것으로 풀이했다.
●●● "황제와 태후가 머무는 양궁 사이를 흘겨보며"의 원문은 "벽예양궁한辟倪兩宮閒"이다.《사기집해》는 장안의 주를 인용해 태후와 황제의 길흉을 점치는 것으로 해석했다.《사기색은》은 삼국시대 위나라의 박사 장읍張揖이 펴낸 자전字典《비창埤蒼》을 인용해 벽예辟倪를 음용하게 곁눈질하는 비예睥睨로 풀이했다.《한서》〈관부전灌夫傳〉에는 벽예辟睨로 되어 있다.

들과 왕래하며 백성을 침탈하고, 집에 거만의 재산을 쌓아두고, 영천에서 포악하고 방자하게 굴고, 종실을 업신여기고, 황실의 골육을 범했습니다. 이는 이른바 가지가 근본보다 크고[枝大於本] 종아리가 넓적다리보다 큰 상황으로[脛大於股] 부러지지 않으면 반드시 쪼개지게 마련입니다'라고 했습니다. 승상의 말 또한 옳습니다. 오로지 영예로운 주상이 판단할 일입니다."

작위 수여를 주관하는 주작도위主爵都尉 급암汲黯은 위기후 두영이 옳다고 했다. 내사 정당시鄭當時는 위기후 두영이 옳다고 했다가 나중에는 이를 계속 견지하지 못했다. 나머지 사람들은 감히 대답하지 못했다. 한무제가 내사 정당시를 꾸짖었다.

"그대는 평소 위기후 두영과 무안후 전분의 장단점을 곧잘 말했다. 그런데 어찌해서 오늘 조정의 의론에서는 마치 수레의 끌채 아래에 매인 망아지처럼 움츠러든 것인가? 나는 겸해 경들의 목까지 칠 것이다."

조회를 마치고 일어난 뒤 안으로 들어가 모친인 왕태후에게 음식을 올렸다. 왕태후 역시 이미 사람을 보내 진행 상황을 알아보게 했다. 이미 상세히 상황을 파악하고 있었다. 왕태후가 화를 내며 식사를 하지 않았다.

"지금 내가 살아 있는데도 사람들이 나의 동생인 무안후를 깔아뭉개고 있소. 내가 죽고 나면 모두 어육魚肉의 신세가 될 것이오. 황제 역시 어찌 깎아놓은 돌처럼 영원히 살 수 있겠소! 이들은 황제가 멀쩡히 살아 있는데도 주견도 없이 흔들리고 있소. 만일 백세후百歲後라도 하면* 이들을 어찌 믿을 수 있겠소?"

한무제가 사과했다.

"모두 종실의 외척이기에 조정에서 논의한 것입니다. 그렇지 않다면 이는 일개 옥리가 결정할 일에 지나지 않습니다."

낭중령 석건이 황제를 위해 사리를 잘 따져 두 사람의 일을 고했다.

●● 魏其銳身爲救灌夫. 夫人諫魏其曰, "灌將軍得罪丞相, 與太后家忤, 寧可救邪?" 魏其侯曰, "侯自我得之, 自我捐之, 無所恨. 且終不令灌仲孺獨死, 嬰獨生." 乃匿其家, 竊出上書. 立召入, 具言灌夫醉飽事, 不足誅. 上然之, 賜魏其食, 曰, "東朝廷辯之." 魏其之東朝, 盛推灌夫之善, 言其醉飽得過, 乃丞相以他事誣罪之. 武安又盛毁灌夫所爲橫恣, 罪逆不道. 魏其度不可奈何, 因言丞相短. 武安曰, "天下幸而安樂無事, 蚡得爲肺腑, 所好音樂狗馬田宅. 蚡所愛倡優巧匠之屬, 不如魏其·灌夫日夜招聚天下豪桀壯士與論議, 腹誹而心謗, 不仰視天而俯畫地, 辟倪兩宮閒, 幸天下有變, 而欲有大功. 臣乃不知魏其等所爲." 於是上問朝臣, "兩人孰是?" 御史大夫韓安國曰, "魏其言灌夫父死事, 身荷戟馳入不測之吳軍, 身被數十創, 名冠三軍, 此天下壯士, 非有大惡, 爭杯酒, 不足引他過以誅也. 魏其言是也. 丞相亦言灌夫通姦猾, 侵細民, 家累巨萬, 橫恣潁川, 淩轢宗室, 侵犯骨肉, 此所謂 '枝大於本, 脛大於股, 不折必披', 丞相言亦是. 唯明主裁之." 主爵都尉汲黯是魏其. 內史鄭當時是魏其, 後不敢堅對. 餘皆莫敢對. 上怒內史曰, "公平生數言魏其·武安長短, 今日廷論, 局趣效轅下駒, 吾幷斬若屬矣." 卽罷起入, 上食太后. 太后亦已使人候伺, 具以告太后. 太后怒, 不食, 曰, "今我在也, 而人皆藉吾弟, 令我百歲後, 皆魚肉之矣. 且帝寧能爲石人邪! 此特帝在, 卽錄錄, 設百歲後, 是屬寧有可信者乎?" 上謝曰, "俱宗室外

● 백세후는 제왕의 죽음을 에둘러 표현한 것이다. 산릉붕山陵崩·궁거안가宮車晏駕 등과 같다.

家, 故廷辯之. 不然, 此一獄吏所決耳." 是時郎中令石建爲上分別言兩人事.

　당시 무안후는 조회가 끝난 뒤 지거문止車門을 나와 어사대부 한안국을 불러 수레에 함께 타고 가면서 문득 화를 냈다.

　"나는 장유長孺와 함께 한 늙은 퇴물 관원•을 제거하고자 했는데, 어찌해서 마치 쥐가 구멍에 머리를 내밀고 나갈까 말까 망설이는 것이오[首鼠兩端]?"

　자가 장유인 한안국이 말없이 한참 있다가 전분에게 말했다.

　"승상은 어찌해서 겸양하는 자세로 자중하지 않는 것입니까? 저 위기후가 승상을 비방하면 승상은 관을 벗고 승상의 인수를 풀어 황상에게 돌려드리며 말하기를, '신은 외척으로 요행히 승상의 자리에 올랐습니다만•• 실로 적임이 되지 못합니다. 위기후의 말이 다 옳습니다'라고 했어야 합니다. 이같이 하면 황제는 반드시 승상의 겸양을 칭송하고 승상을 폐하지 않을 것입니다. 위기후는 틀림없이 내심 부끄러운 나머지 방문을 닫아건 채 혀를 깨물고 자살했을 것입니다.••• 지금 남이 승상을 헐뜯자 승상 또한 남을 헐뜯은 셈입니다. 비유하면 장사치나 아낙의 말다툼과 같습니다. 어찌 그리도 사물의 기본이치

• "한 늙은 퇴물 관원"의 원문은 "일로독옹一老禿翁"이다. 원래 독옹禿翁은 머리가 벗겨진 노인을 말한다.《사기집해》는《한서음의》를 인용해 당시 두영이 아무런 벼슬을 하지 않은 까닭에 '독옹' 표현을 썼다고 풀이했다. '퇴물 관원'으로 해석한 셈이다.
•• "외척으로 요행히 승상의 자리에 올랐습니다만"의 원문은 "이폐부행득대죄以肺腑幸得待罪"다. 여기의 폐부肺腑는 외척, 대죄待罪는 승상의 자리를 상징하고 있다. 대죄는 원래 거적을 깔고 엎드려서 군주의 처분이나 명을 기다리는 석고대죄席槁待罪의 의미로 사용되나 여기서는 고관이 자신이 맡은 관직을 겸양해 표현한 것이다. 아무 때나 공을 세우지 못해 이내 실직하거나 잘못을 범해 벌을 받을 준비가 되어 있다는 취지에서 대죄라는 표현이 나왔다.
••• "혀를 깨물고 자살했을 것입니다"의 원문은 "색설자살齰舌自殺"이다. 색齰은 물거나 씹는다는 뜻으로 색齚 내지 색咋과 같다.

가 없는 것입니까?"

무안후 전분이 사죄했다.

"다툴 때 마음이 급한 나머지 그런 것까지 생각지 못했소."

당시 한무제는 어사를 시켜 문서에 기록된 관부에 관한 두영의 언급을 토대로 위기후 두영을 조사하게 했다. 상당 부분이 합치되지 않았다. 이는 속이고 헐뜯는 기만죄欺謾罪에 해당했다. 위기후를 탄핵해 종정 산하의 도사공都司空(황실과 인척의 죄를 다스리는 사법기관)에 가두었다. 당초 위기후 두영은 한경제 때 '불편한 일이 있으면 편의대로 황제에게 보고하라'는 내용의 유조遺詔를 받은 바 있다. 그러나 위기후 자신이 구금되고, 관부 역시 죄가 멸족에 이르는 등 사태가 날로 다급해지고 있는데도 여러 신하 가운데 감히 한무제에게 자세히 밝혀 달라고 말하는 자가 없었다. 위기후 두영이 조카를 시켜 한무제에게 유조에 관해 상서하게 했다. 다시 불려 들어가 소명할 기회를 얻고자 한 것이다. 상서가 올라오자 문서를 관리하는 상서尙書의 문서를 조사해보았다. 그러나 선제인 한경제의 유조가 없었다. 이 유조는 위기후의 집에 있었다. 열후의 집사인 위기후의 가승家丞이 이를 봉인해두고 있었다. 결국 위기후는 선제의 유조를 위조했다는 탄핵을 받게 되었다. 그 죄는 기시형에 해당했다.

한무제 원광 5년 10월, 관부와 그 일족이 모두 처형되었다. 위기후는 한참 뒤에야 그 소식을 듣게 되었다. 그는 소식을 듣고는 분을 참지 못해 이내 중풍을 앓게 되었다. 음식을 끊고 죽으려 했다. 한무제가 위기후를 죽일 뜻은 없다는 말을 듣고는 다시 음식을 먹고 병을 치료했다. 결국 조정에서는 그를 죽이지 않기로 결정했다. 그러나 이내 그를 나쁘게 말하는 유언비어가 떠돌아 한무제의 귀에까지 들어가게 되었다. 이해 12월 그믐, 위기후 두영도 위성渭城에서 기시되었다.

이듬해 봄* 무안후 전분도 병이 났다. 줄곧 큰소리로 '잘못했다!'고 외치며 사죄했다. 귀신을 보는 무당을 시켜 병세를 살피게 했다. 위기후와 관부가 함께 지키고 서서 무안후를 죽이려 하는 모습이 보였다. 결국 무안후도 이내 죽고 말았다. 그의 아들 전념田恬이 작위를 이었다. 이로부터 3년 뒤인 한무제 원삭 3년, 무안후 전념이 짧은 옷을 입고 입궁하다 불경죄에 걸렸다. 회남왕 유안劉安이 모반을 꾀하다 발각되어 벌을 받았다. 전에 회남왕이 입조했을 때 무안후 전념이 태위로 있었다. 회남왕을 영접하러 파상까지 가 이런 말을 했다.

"황상에게 아직 태자가 없습니다. 대왕이 가장 현명하고, 또한 고황제의 손자입니다. 만일 황상의 안가晏駕 때 대왕이 즉위하지 않으면 누가 될 수 있겠습니까!"

회남왕이 크게 기뻐하며 황금과 재물을 후하게 주었다. 한무제는 위기후의 일로 인해 무안후 전분이 정직하지 않다고 여겼다. 다만 태후와의 연고 때문에 그냥 두고 있었을 따름이다. 한무제는 회남왕이 전념에게 황금을 준 이야기를 듣고는 이같이 말했다.

"무안후 전분이 살아 있었다면 멸족당했을 것이다."

•• 武安已罷朝, 出止車門, 召韓御史大夫載, 怒曰, "與長孺共一老禿翁, 何爲首鼠兩端?" 韓御史良久謂丞相曰, "君何不自喜? 夫魏其毁君, 君當免冠解印綬歸, 曰'臣以肺腑幸得待罪, 固非其任, 魏其言皆

• 《사기정의》는 원문인 '이듬해 봄'의 원문인 기춘其春을 원광 5년이 아닌 원광 4년으로 풀이했다. 이는 태초太初 원년 이전까지 진나라의 음력을 사용한 사실을 간과한 데 따른 것이다. 현대의 음력으로 이듬해 봄인 기원전 129년인 것은 맞지만 당시의 연호로 볼 때는 여전히 원광 5년이었다.

是'. 如此, 上必多君有讓, 不廢君. 魏其必內愧, 杜門齰舌自殺. 今人毀
君, 君亦毀人, 譬如賈豎女子爭言, 何其無大體也!"武安謝罪曰, "爭時
急, 不知出此." 於是上使御史簿責魏其所言灌夫, 頗不讎, 欺謾. 劾繫
都司空. 孝景時, 魏其常受遺詔, 曰, "事有不便, 以便宜論上." 及繫, 灌
夫罪至族, 事日急, 諸公莫敢復明言於上. 魏其乃使昆弟子上書言之,
幸得復召見. 書奏上, 而案尙書大行無遺詔. 詔書獨藏魏其家, 家丞封.
乃劾魏其矯先帝詔, 罪當棄市. 五年十月, 悉論灌夫及家屬. 魏其良久
乃聞, 聞卽恚, 病痱, 不食欲死. 或聞上無意殺魏其, 魏其復食, 治病, 議
定不死矣. 乃有蜚語爲惡言聞上, 故以十二月晦論棄市渭城. 其春, 武
安侯病, 專呼服謝罪. 使巫視鬼者視之, 見魏其·灌夫共守, 欲殺之. 竟
死. 子恬嗣. 元朔三年, 武安侯坐衣襜褕入宮, 不敬. 淮南王安謀反覺,
治. 王前朝, 武安侯爲太尉, 時迎王至霸上, 謂王曰, "上未有太子, 大王
最賢, 高祖孫, 卽宮車晏駕, 非大王立當誰哉!"淮南王大喜, 厚遺金財
物. 上自魏其時不直武安, 特爲太后故耳. 及聞淮南王金事, 上曰, "使
武安侯在者, 族矣."

태사공은 평한다.

"위기후와 무안후 모두 외척 신분으로 존귀하게 되었고, 관부는
전장에서 한 번 결단해 명성을 떨치게 되었다. 위기후의 등용은 오
초칠국의 난 때문이고, 무안후의 영달은 해와 달이 만나는 것처럼
왕태후가 섭정하며 끌어준 덕분이다. 위기후는 실로 시변時變을 알지
못했고, 관부는 학식이 없는데다 불손했다. 두 사람은 서로 도와가며
화란을 일으켰다. 무안후는 존귀한 신분을 등에 업고 권세를 남용하
기를 좋아했다. 술자리에서 꾸짖은 것을 이유로 두 현자를 무함한

것이 그렇다. 아, 슬프다! 관부에 대한 분노를 옮겨 위기후까지 이르게 한 것이 그렇다. 결국 무안후 역시 자신의 수명을 연장하지 못했다. 더구나 사람들이 전혀 떠받들지 않은 까닭에 마침내 악평을 받게 되었다. 아, 슬프다! 재앙은 반드시 그 근원이 있게 마련이다!"

●● 太史公曰, "魏其·武安皆以外戚重, 灌夫用一時決筴而名顯. 魏其之擧以吳楚, 武安之貴在日月之際. 然魏其誠不知時變, 灌夫無術而不遜, 兩人相翼, 乃成禍亂. 武安負貴而好權, 杯酒責望, 陷彼兩賢. 嗚呼哀哉! 遷怒及人, 命亦不廷. 衆庶不載, 竟被惡言. 嗚呼哀哉! 禍所從來矣!"

권 108

한장유열전
韓長孺列傳

〈한장유열전韓長孺列傳〉은 한나라 초기 어사대부를 지낸 한안국에 관한 전기다. 한안국은 복잡한 성격의 인물이다. 재물을 탐하면서도 청렴하고 현명한 선비들을 추천한 것이 그렇다. 선비들이 그를 칭송하고 우러러 그리워한 것은 그의 긍정적인 행보에 방점을 찍은 결과다. 한무제도 그를 재목으로 여겼다. 무안후 전분 사후 승상의 자리가 비었을 때 곧바로 그를 후임으로 임명하고자 한 것이 그렇다. 공교롭게도 이때 수레에서 떨어져 다리를 심하게 저는 바람에 최종 선발 과정에서 낙마하고 말았다. 이후 그는 지위도 떨어지고 소원해져 우울하게 여생을 보내다가 죽었다.

그는 기본적으로 무안후 전분의 무리였다. 전분이 두영과 정면으로 충돌했을 때 전분의 손을 들어준 것이 그렇다. 〈한장유열전〉은 앞에 나온 〈위기무안후열전〉의 후속편에 해당한다. 반드시 함께 읽을 필요가 있다.

한안국열전

어사대부 한안국은 위나라 성안현成安縣 출신이다. 도중에 수양睢陽으로 거처를 옮겼다. 그는 일찍이 추현騶縣의 전생田生에게서 《한비자》와 잡가雜家 학설을 배웠다.• 이후 양효왕 유무를 섬겨 중대부가되었다. 오초칠국의 난이 일어났을 때 양효왕은 한안국과 장우를 장군으로 삼아 동쪽 국경에서 오나라 군사를 저지하게 했다. 장우는온 힘을 다해 싸웠고, 한안국은 신중하게 지켰다. 오나라 군사가 양나라를 지나갈 수 없었던 이유다. 오초칠국의 난이 평정되자 한안국과 장우는 이 일로 인해 명성을 크게 떨치게 되었다.

양효왕은 한경제의 친동생이다. 두태후가 그를 총애했다. 양효왕은 특별히 양나라 내에서 승상과 2,000석의 관원을 둘 수 있었다. 그가 궁궐을 드나들거나 노니는 것 모두 분수에 넘쳐 마치 천자와 같았다. 한경제가 내심 불쾌하게 여겼다. 두태후도 한경제가 좋아하지않는 것을 알고는 양나라 사자에게 화를 내며 접견도 하지 않은 채양효왕의 행위를 나무란 것이 그렇다. 한안국은 양나라 사자가 된뒤 한경제의 유일한 동복 누나인 대장공주大長公主 유표劉嫖••를 만나

• 《한비자》의 원문은 《한자韓子》다. 당나라 중엽 한유韓愈가 등장하기 전까지 한비자韓非子는 한자라고 불리었다. 한유가 등장한 이후 유가를 높이면서 법가를 낮추는 흐름이 형성되었다. 한유가 한자로 불리면서 한비자는 원래 이름인 한비韓非에 자子를 덧붙인 한비자로 불리게 되었다. 여기의 잡가는 《관자管子》를 대표로 한 상가商家일 공산이 크다. 중국에서는 관중管仲을 효시로 한 학파를 이른바 경중가輕重家로 분류하고 있다. 상가는 사농공상의 상商을 농農만큼 중시하는 농상병중農商竝重의 입장을 취하면서, 백성을 부유하게 만드는 부민富民에서 부국富國의 핵심을 찾은 것이 특징이다. 《관자》의 필선부민必先富民 사상은 먼저 부유하게 만든 뒤 가르치는 《논어》의 선부후교先富後敎 사상을 거쳐 《한비자》의 부국강병富國强兵으로 이어진다. 관중이 활약할 때는 제자백가가 본격적으로 출현하기 이전인 까닭에 후대인들은 상가를 잡가로 분류했다.
•• 후한 말기 채옹蔡邕은 《사기》〈효무본기孝武本紀〉에 대한 주석에서 황제의 딸을 열후에 해

울면서 말했다.

"양왕은 자식으로서 부모에게 효도하고, 신하로서 황제에게 충성을 다하고 있습니다. 어찌해서 태후는 이를 살펴주지 않는 것입니까? 전에 오초칠국의 난이 일어났을 때 함곡관 이동이 모두 합종해 서진했으나 오직 양나라만 조정과 가장 친밀한 까닭에 크게 고생했습니다. 양왕은 태후와 황제가 관중關中에 있는 상황에서 산동의 제후들이 난을 일으킨 것을 크게 걱정했습니다. 이에 관해 말만 하면 눈물을 줄줄 흘린 것이 그렇습니다. 신을 비롯한 여섯 명의 신하에게 무릎을 꿇고는 속히 군사를 이끌고 가 반군을 물리치게 했습니다. 오초칠국의 반군이 감히 더는 서진하지 못하고 끝내 패망한 이유입니다. 이는 양왕 덕분입니다.

지금 태후는 작은 절의와 세세한 예법을 가지고 양왕을 책망하고 있습니다. 양왕은 부친과 형이 모두 황제인 까닭에 본 것이 성대합니다. 출입할 때 큰소리로 외치며 행인의 통행을 제한한 이유입니다. 수레의 깃발 모두 황제가 하사한 것입니다. 그는 벽지의 양나라에 이를 자랑하고, 수레를 타고 나라 안을 돌며 사방의 제후에게 과시하고, 나아가 천하 사람들에게 자신이 태후와 황제의 지극한 총애를 받고 있다는 것을 알리고자 했을 뿐입니다. 그런데 지금 양나라 사

당하는 공주, 황제의 자매를 제후왕에 해당하는 장공주로 칭한다고 했다. 대장공주는 장공주 가운데 가장 높은 지위로 황제의 고모를 지칭한다. 황제 바로 밑으로 제후왕의 위에 있었다. 한경제의 유일한 동복 누나이자 한무제의 고모 겸 장모이기도 한 유표가 바로 그러했다. 두태주竇太主로 불린 이유다. 유표는 전한과 후한을 통틀어 유일한 대장공주에 해당한다. 정식 봉호封號는 관도대장공주館陶大長公主다. 통상 관도공주로 불리었다. 식읍을 관도로 한 데서 나온 명칭이다. 중국의 전 역사를 통틀어 관도공주는 모두 네 명이다. 첫 번째가 유표다. 두 번째가 한선제의 장녀인 유시劉施다. 세 번째가 후한 광무제光武帝의 딸 유홍부劉紅夫다. 네 번째가 당고조 이연의 열일곱 번째 딸이다. 이름은 전해지지 않고 있다.

자가 오면 곧바로 문책하고 있습니다. 양왕이 두려운 나머지 밤낮으로 울며 태후와 황제만 사모할 뿐 어찌할 바를 모르고 있습니다. 자식으로서 부모에게 효도하고 신하로서 황제에게 충성을 다하고 있는데 어찌해서 태후는 이를 어여삐 여기지 않는 것입니까?"

대장공주 유표가 이를 두태후에게 자세히 전하자 두태후가 크게 기뻐했다.

"양왕을 위해 이를 황제에게 알리도록 해라."

대장공주 유표가 이를 한경제에게 전하자 한경제도 마음이 풀려 이내 관冠을 벗고 태후에게 사과했다.

"형제가 서로 잘 이끌어주지 못하고 태후에게 근심을 끼쳤습니다."

이어 양나라 사자를 모두 접견하고 이들에게 후하게 상을 내렸다. 이를 계기로 양효왕은 더욱 총애를 받게 되었다. 두태후와 대장공주 유표는 각각 한안국에게 1,000여 금金이나 나가는 상을 내렸다. 한안국의 명성 더욱 뚜렷하게 드러난 배경이다. 또 한나라 조정과도 친밀한 관계를 맺게 되었다.

●● 御史大夫韓安國者, 梁成安人也, 後徙睢陽. 嘗受韓子·雜家說於騶田生所. 事梁孝王爲中大夫. 吳楚反時, 孝王使安國及張羽爲將, 扞吳兵於東界. 張羽力戰, 安國持重, 以故吳不能過梁. 吳楚已破, 安國·張羽名由此顯. 梁孝王, 景帝母弟, 竇太后愛之, 令得自請置相·二千石, 出入遊戲, 僭於天子. 天子聞之, 心弗善也. 太后知帝不善, 乃怒梁使者, 弗見, 案責王所爲. 韓安國爲梁使, 見大長公主而泣曰, "何梁王爲人子之孝, 爲人臣之忠, 而太后曾弗省也? 夫前日吳·楚·齊·趙七國反時, 自關以東皆合從西鄉, 惟梁最親爲艱難. 梁王念太后·帝在中, 而諸侯擾亂, 一言泣數行下, 跪送臣等六人, 將兵擊卻吳楚, 吳楚以故

兵不敢西, 而卒破亡, 梁王之力也. 今太后以小節苛禮責望梁王. 梁王
父兄皆帝王, 所見者大, 故出稱蹕, 入言警, 車旗皆帝所賜也, 卽欲以侘
鄙縣, 驅馳國中, 以誇諸侯, 令天下盡知太后·帝愛之也. 今梁使來, 輒
案責之. 梁王恐, 日夜涕泣思慕, 不知所爲. 下梁王之爲子孝, 爲臣忠,
而太后弗恤也?"大長公主具以告太后, 太后喜曰, "爲言之帝."言之,
帝心乃解, 而免冠謝太后曰, "兄弟不能相教, 乃爲太后遺憂."悉見梁
使, 厚賜之. 其後梁王益親驩. 太后·長公主更賜安國可直千餘金. 名
由此顯, 結於漢.

이후 한안국은 어떤 일로 법을 위반해 형을 받게 되었다. 몽현蒙縣
의 옥리 전갑田甲이 그를 모욕했다. 한안국이 말했다.

"불 꺼진 재라고 해서 어찌 다시 타지 않겠는가?"

전갑이 말했다.

"다시 타면 곧바로 오줌을 누겠다."

얼마 후 양나라 내사 자리가 비게 되었다. 한나라 조정에서 사자
를 보내 한안국을 양나라의 내사로 임명했다. 곧 죄수의 몸에서 풀
려나 2,000석의 관원이 되었다. 전갑이 달아나자 한안국이 말했다.

"관직에 복귀하지 않으면 너의 일족을 멸하겠다."

전갑이 육단하며 사죄했다. 한안국은 웃으며 말했다.

"오줌을 누어라! 너희를 데리고 따질 일이 있겠는가?"

마침내 전갑을 잘 대우해주었다. 양나라 내사 자리가 비었을 때
양효왕은 새로 제나라 출신 공손궤公孫詭를 얻었다. 그를 좋아한 나
머지 조정에 천거해 내사로 삼고자 했다. 두태후가 이를 듣고는 곧
양효왕에게 조서를 내려 한안국을 내사로 삼게 했다. 공손궤와 양승

羊勝이 음모해 양효왕을 부추겼다. 한경제에게 동생인 자신을 후사로 삼고, 봉지 확대를 청하도록 부추긴 것이 그렇다. 이들은 조정대신들이 반대할 것을 우려해 몰래 사람을 보내 한나라 조정의 권력 있는 대신을 찔러 죽였다. 원래 오나라 승상으로 있던 원앙까지 척살했다. 한경제가 공손궤와 양승 등이 꾸민 계책에 관해 듣게 되었다. 사자를 보내 이들을 반드시 체포해오게 했다. 한나라 사자 열 명이 양나라로 오자 양나라의 재상 이하 온 백성이 대대적으로 탐색했으나 한 달이 넘도록 잡지 못했다. 내사 한안국은 공손궤와 양승이 양효왕이 있는 곳에 숨어 있다는 말을 들었다. 곧 왕궁으로 가 울며 말했다.

"옛날 말에 이르기를, '군주가 욕을 당하면 신하는 응당 죽어야 한다'●고 했습니다. 대왕은 양신이 없어 일이 이렇게까지 어지럽게 되었습니다. 지금 공손궤와 양승을 잡지 못하고 있으니 청컨대 저를 사사賜死(임금이 독약을 내려 스스로 죽게 하던 일)하십시오."

양효왕이 물었다.

"어찌 그렇게까지 말하는 것이오?"

한안국이 눈물을 줄줄 흘리며 말했다.

"대왕과 황제의 친함을 태상황과 고황제, 황제와 태자로 있다가 임강왕臨江王이 된 유영의 친함과 비교할 때 어느 쪽이 더합니까?"

양효왕이 말했다.

"그들만 못하오."

한안국이 말했다.

● "군주가 욕을 당하면 신하는 응당 죽어야 한다"는 구절의 원문은 "주욕신사主辱臣死"다. 《국어國語》〈월어越語 하〉에서 차용한 것이다. 〈월어 하〉에는 군우신사 앞에 군주가 걱정하면 신하는 노고를 마다하지 않는다는 뜻의 "군우신로君憂臣勞"가 덧붙어 있다.

"태상황과 고황제, 황제와 임강왕은 부자父子 사이입니다. 그러나 고황제는 말하기를, '3척 검劍을 들고 천하를 쟁취한 자는 짐朕이다' 라고 했습니다. 태상황은 돌아가실 때까지 국정을 주관하지 못하고 약양櫟陽에 있었습니다. 임강왕은 적장자嫡長子인 태자였으나 율희의 한마디 말실수로 폐위되어 임강왕이 되었습니다. 이후 왕궁의 담장을 침해한 일로 결국은 중위부中尉府에서 자진했습니다. 왜 그리했겠습니까? 천하를 다스리는 데는 사사로운 정 때문에 공적인 일을 문란하게 할 수 없기 때문입니다. 속담에 이르기를, '친아버지일지라도 호랑이가 되지 않으리라는 것을 어찌 알고, 친형일지라도 이리가 되지 않으리라는 것을 어찌 알겠는가?'라고 했습니다. 지금 대왕은 제후의 반열에 있으면서 일개 사신邪臣의 허황된 부설浮說에 혹해 금령禁令을 범하고, 명법明法을 왜곡했습니다. 천자는 두태후 때문에 차마 대왕을 법으로 처벌하지 못할 뿐입니다. 태후가 밤낮으로 울며 대왕이 스스로 잘못을 깨달으시기를 바라고 있는데도, 대왕은 끝내 깨닫지 못하고 있습니다. 태후가 문득 안가晏駕하면 대왕은 누구에게 의지하려는 것입니까?"

말이 채 끝나기도 전에 양효왕이 눈물을 줄줄 흘리며 한안국에게 사과했다.

"내가 곧 공손궤와 양승을 내어주겠소."

공손궤와 양승이 자진하자 한나라 사자가 돌아가 보고했다. 이로써 양나라의 일이 모두 해결되었다. 모두 한안국 덕분이었다. 이 일로 한경제와 두태후가 한안국을 더욱 중시하게 되었다. 양효왕이 죽자 맏아들 유매劉買가 양공왕梁恭王으로 즉위했다. 이때 한안국이 법을 위반해 벼슬을 잃고 집에 머물게 되었다.

●● 其後安國坐法抵罪, 蒙獄吏田甲辱安國. 安國曰, “死灰獨不復然乎?” 田甲曰, “然卽溺之.” 居無何, 梁内史缺, 漢使使者拜安國爲梁内史, 起徒中爲二千石. 田甲亡走. 安國曰, “甲不就官, 我滅而宗.” 甲因肉袒謝. 安國笑曰, “可溺矣! 公等足與治乎?” 卒善遇之. 梁内史之缺也, 孝王新得齊人公孫詭, 說之, 欲請以爲内史. 竇太后聞, 乃詔王以安國爲内史. 公孫詭·羊勝說孝王求爲帝太子及益地事, 恐漢大臣不聽, 乃陰使人刺漢用事謀臣. 及殺故吳相袁盎, 景帝遂聞詭·勝等計畫, 乃遣使捕詭·勝, 必得. 漢使十輩至梁, 相以下擧國大索, 月餘不得. 内史安國聞詭·勝匿孝王所, 安國入見王而泣曰, “主辱臣死. 大王無良臣, 故事紛紛至此. 今詭·勝不得, 請辭賜死.” 王曰, “何至此?” 安國泣數行下, 曰, “大王自度於皇帝, 孰與太上皇之與高皇帝及皇帝之與臨江王親?” 孝王曰, “弗如也.” 安國曰, “夫太上·臨江親父子之間, 然而高帝曰‘提三尺劍取天下者朕也’, 故太上皇終不得制事, 居于櫟陽. 臨江王, 適長太子也, 以一言過, 廢王臨江, 用宮垣事, 卒自殺中尉府. 何者? 治天下終不以私亂公. 語曰, ‘雖有親父, 安知其不爲虎? 雖有親兄, 安知其不爲狼?’ 今大王列在諸侯, 悅一邪臣浮說, 犯上禁, 橈明法. 天子以太后故, 不忍致法於王. 太后日夜涕泣, 幸大王自改, 而大王終不覺寤. 有如太后宮車卽晏駕, 大王尙誰攀乎?” 語未卒, 孝王泣數行下, 謝安國曰, “吾今出詭·勝.” 詭·勝自殺. 漢使還報, 梁事皆得釋, 安國之力也. 於是景帝·太后益重安國. 孝王卒, 共王卽位, 安國坐法失官, 居家.

건원 연간에 무안후 전분이 한나라의 태위가 되었다. 외척이면서 지위도 높아 이내 정권을 장악했다. 한안국이 500금이 나가는 예물을 선물했다. 전분이 태후에게 한안국에 관해 말했고, 한무제 역시 평소 그가 현명하다는 이야기를 들은 바가 있다. 곧바로 불러다가 북지의 도위로 삼은 이유다. 이후 다시 대사농에 임명했다. 민월과 동월이 서로 공격하자 한안국과 빈객접대를 총괄하는 대행 왕회王恢가 병사를 이끌고 출정했다. 아직 월越 땅에 이르기도 전에 월나라에서 그들의 왕을 죽이고 투항한 까닭에 한나라 군사가 이내 철군했다.

한무제 건원 6년, 무안후 전분이 승상이 되고 한안국은 어사대부가 되었다. 흉노가 다시 화친을 청했다. 한무제가 군신들에게 이를 논의하게 했다. 대행 왕회는 연나라 출신이다. 누차 변경의 관원으로 있었기에 흉노의 사정을 잘 알았다. 그가 말했다.

"한나라가 흉노와 화친할지라도 몇 년 후 다시 약속을 저버릴 것입니다. 허락지 말고 군사를 보내 치느니만 못합니다."

한안국이 반박했다.

"1,000리 밖으로 나가 싸우는 것은 군대에 이롭지 못합니다. 지금 흉노는 병사가 강하고 말이 튼튼한 것만 믿고 있습니다. 저들은 금수와 같은 마음을 품고 있습니다. 새 떼처럼 무리를 지어 옮겨 다니는 까닭에 제압하기 어렵습니다. 그 땅을 얻을지라도 국토를 넓혔다고 할 수 없고, 그 백성을 얻을지라도 국력강화에 도움이 되지 않습니다. 이들을 상고 때부터 천자의 백성으로 여기지 않은 이유입니다. 한나라 군사가 수천 리 밖에서 이들과 이익을 다투면 곧 인마人馬 모두 지쳐버릴 것입니다. 오히려 흉노는 그 틈을 타 우리를 제압하고자 할 것입니다. 강력한 쇠뇌의 화살도 마지막에 가서는 노나라에서 생산된 얇은 비단조차 뚫을 수 없고, 돌풍도 마지막에 가서는 기러기 털조차 떠오르게 할 수 없습니다. 당초 강력하지 않은 것이 아니라 마지막에 가서는 힘이 쇠약해지기 때문입니다. 흉노를 치는 것은 불리합니다. 화친하느니만 못합니다."

논의에 참가한 군신들 가운데 한안국에게 동조하는 자가 많았다. 한무제가 화친을 허락했다. 이듬해인 한무제 원광 원년, 안문군雁門郡 마읍馬邑의 호족 섭옹일聶翁壹이 대행 왕회를 통해 상서했다.

흉노가 처음으로 한나라와 화친해 변경 사람을 가까이하며 신임하고 있습니다. 이러할 때 이익으로 유인해 치는 것이 좋겠습니다.

곧 섭옹일을 몰래 첩자로 삼은 뒤 흉노로 도주해 선우에게 이같이 말하게 했다.

"저는 마읍의 현령과 현승縣丞 및 관원을 베어 죽이고, 현성縣城 전체를 들어 항복함으로써 재물을 모두 얻게 할 수 있습니다."

선우가 그의 말을 믿은 까닭에 그리할 수 있다고 여겼다. 섭옹일의 말을 좇도록 한 이유다. 섭옹일이 돌아온 뒤 거짓으로 사형수 몇명의 목을 베어 마읍의 성에 매달아놓았다. 선우의 사자에게 증거로 보여주며 이같이 말했다.

"마읍의 장관은 이미 죽었으니 서둘러 쳐들어오시오."

선우가 변경의 요새를 뚫은 뒤 기병騎兵 10여만 명을 이끌고 무주武州의 요새로 들어왔다. 당시 한나라는 전차병·기병·보병 등 모두 30여만 명을 마읍의 성 주변 골짜기에 숨겨두고 있었다. 위위 이광이 효기장군驍騎將軍, 태복 공손하公孫賀가 경거장군輕車將軍, 대행 왕회는 장둔장군將屯將軍, 태중대부 이식李息이 재관장군材官將軍, 어사대부 한안국이 호군장군護軍將軍에 임명되었다. 제장들 모두 한안국의 호군에 소속되어 있었다. 선우가 마읍에 들어오면 한나라 군사가 일제히 돌격하기로 약속했다. 왕회·이식·이광은 따로 대 땅에서 흉노의 보급부대를 치기로 했다. 당시 선우는 한나라의 장성 인근 무주의 요새에 진입한 이후 마읍에서 100여 리가 안 되는 곳까지 계속 약탈해 쳐들어왔다. 그러나 들에는 가축만 보일 뿐, 사람이 단 한 명도 보이지 않았다. 선우가 괴이하게 여겨 봉화대를 공격해 무주의 위사尉史를 붙잡았다. 찔러 죽이겠다고 위협하며 묻자 위사가 대답했다.

"한나라 군사 수십만 명이 마읍의 성 주변에 매복하고 있다."

선우가 좌우를 돌아보며 말했다.

"하마터면 한나라에 속을 뻔했다."

곧 군사를 이끌고 변경의 요새 밖으로 철군하면서 이같이 말했다.

"내가 그 위사를 얻은 것은 하늘의 뜻이다."

그러고는 그 위사를 천왕天王으로 불렀다. 선우가 이미 군사를 이끌고 돌아갔다는 이야기가 요새까지 전해졌다. 한나라 군사는 변경의 요새까지 추격했으나 따라잡을 수 없다고 판단해 추격을 중지했다. 왕회 등의 군사 3만 명은 선우가 한나라 군사와 교전하지 않았다는 이야기를 들었다. 이들은 내심 선우의 후방부대를 치면 반드시 선우의 정예병과 싸워야 하고, 그러면 한나라 군사는 반드시 패할 것으로 생각했다. 임의로 싸움을 멈추고 철군한 이유다. 이로써 한나라 군사 모두 아무런 공도 세우지 못했다. 한무제는 왕회가 선우의 후방부대를 치지 않고 멋대로 군사를 철군한 사실에 노했다. 왕회가 고했다.

"당초 약속하기를 흉노가 마읍에 들어와 아군과 싸우면 이들의 후방부대를 치기로 했습니다. 그러면 승리할 수 있다고 믿었기 때문입니다. 그런데 선우는 마읍에 들어오지 않고 돌아갔습니다. 저는 아군 3만 명으로는 이들과 대적할 수 없고, 이를 강행하면 오히려 치욕을 자초할 뿐이라고 여겼습니다. 물론 신은 아무런 공도 세우지 못한 채 철군하면 죽으리라는 것을 알고 있습니다. 그러나 덕분에 폐하의 군사 3만 명을 온전하게 보전할 수 있었습니다."

한무제가 왕회를 정위에게 넘겼다. 정위는 왕회에게 적을 보고 도망치는 두요죄逗橈罪를 적용해 참수를 판결했다. 왕회가 몰래 승상 전분에게 1,000금을 주었다. 전분이 감히 황상에게 말하지 못하고 태후에게 이야기했다.

"왕회가 주동이 되어 마읍의 일을 꾸몄습니다. 지금 성공하지 못했다는 이유로 왕회를 죽인다면 이는 흉노를 위해 원수를 갚아주는 것이 됩니다."

한무제가 태후를 문안하자 태후가 승상 전분의 말을 전했다. 한무제가 말했다.

"당초 마읍의 일을 주도한 사람은 왕회입니다. 천하의 군사 수십만 명을 동원한 뒤 그의 말을 좇도록 했습니다. 설령 선우는 생포하지 못했을지라도 왕회의 부대가 선우의 후방부대를 쳤다면 어느 정도 전과를 올리고 사대부의 마음도 위로할 수 있었을 것입니다. 지금 왕회를 죽이지 않으면 앞으로 천하에 사죄할 길이 없게 됩니다."

왕회가 이 이야기를 듣고 자진했다.

•• 建元中, 武安侯田蚡爲漢太尉, 親貴用事, 安國以五百金物遺蚡. 蚡言安國太后, 天子亦素聞其賢, 卽召以爲北地都尉, 遷爲大司農. 閩越·東越相攻, 安國及大行王恢將. 未至越, 越殺其王降, 漢兵亦罷. 建

元六年, 武安侯爲丞相, 安國爲御史大夫. 匈奴來請和親, 天子下議. 大
行王恢, 燕人也, 數爲邊吏, 習知胡事. 議曰, "漢與匈奴和親, 率不過數
歲卽復倍約. 不如勿許, 興兵擊之." 安國曰, "千里而戰, 兵不獲利. 今
匈奴負戎馬之足, 懷禽獸之心, 遷徙鳥擧, 難得而制也. 得其地不足以
爲廣, 有其衆不足以爲彊, 自上古不屬爲人. 漢數千里爭利, 則人馬罷,
虜以全制其敝. 且彊弩之極, 矢不能穿魯縞, 衝風之末, 力不能漂鴻毛.
非初不勁, 末力衰也. 擊之不便, 不如和親." 羣臣議者多附安國, 於是
上許和親. 其明年, 則元光元年, 雁門馬邑豪聶翁壹因大行王恢言上
曰, "匈奴初和親, 親信邊, 可誘以利." 陰使聶翁壹爲閒, 亡入匈奴, 謂
單于曰, "吾能斬馬邑令丞吏, 以城降, 財物可盡得." 單于愛信之, 以爲
然, 許聶翁壹. 聶翁壹乃還, 詐斬死罪囚, 縣其頭馬邑城, 示單于使者
爲信. 曰, "馬邑長吏已死, 可急來." 於是單于穿塞將十餘萬騎, 入武州
塞. 當是時, 漢伏兵車騎材官三十餘萬, 匿馬邑旁谷中. 衛尉李廣爲驍
騎將軍, 太僕公孫賀爲輕車將軍, 大行王恢爲將屯將軍, 太中大夫李息
爲材官將軍. 御史大夫韓安國爲護軍將軍, 諸將皆屬護軍. 約單于入馬
邑而漢兵縱發. 王恢·李息·李廣別從代主擊其輜重. 於是單于入漢長
城武州塞. 未至馬邑百餘里, 行掠鹵, 徒見畜牧於野, 不見一人. 單于怪
之, 攻烽燧, 得武州尉史. 欲刺問尉史. 尉史曰, "漢兵數十萬伏馬邑下."
單于顧謂左右曰, "幾爲漢所賣!" 乃引兵還. 出塞, 曰, "吾得尉史, 乃天
也." 命尉史爲'天王'. 塞下傳言單于已引去. 漢兵追至塞, 度弗及, 卽
罷. 王恢等兵三萬, 聞單于不與漢合, 度往擊輜重, 必與單于精兵戰, 漢
兵勢必敗, 則以便宜罷兵, 皆無功. 天子怒王恢不出擊單于輜重, 擅引
兵罷也. 恢曰, "始約虜入馬邑城, 兵與單于接, 而臣擊其輜重, 可得利.
今單于聞, 不至而還, 臣以三萬人衆不敵, 祇取辱耳. 臣固知還而斬, 然

得完陛下士三萬人." 於是下恢廷尉. 廷尉當恢逗橈, 當斬. 恢私行千金
丞相蚡. 蚡不敢言上, 而言於太后曰, "王恢首造馬邑事, 今不成而誅恢,
是爲匈奴報仇也." 上朝太后, 太后以丞相言告上. 上曰, "首爲馬邑事
者, 恢也, 故發天下兵數十萬, 從其言, 爲此. 且縱單于不可得, 恢所部
擊其輜重, 猶頗可得, 以慰士大夫心. 今不誅恢, 無以謝天下." 於是恢
聞之, 乃自殺.

　　한안국은 원대한 책략이 많았고, 시변을 좇아 적극 변신할 줄 아
는 임기응변의 지혜를 지녔다. 모두 충직하고 온순한 마음에서 나온
것이다. 비록 재물을 좋아하고 탐하기는 했으나 그가 천거한 사람들
은 모두 청렴하거나 자신보다 현능한 자들이었다. 당시 양나라에서
는 호수壺遂·장고臧固·질타郅他 등을 천거했다. 모두 천하의 명사들
이었다. 선비들이 한안국을 칭송하며 우러러 그리워한 이유다. 한
무제도 그를 치국의 커다란 역량을 지닌 국기國器로 여겼다. 한안국
이 어사대부를 4년 남짓 지낼 즈음 승상 전분이 죽었다. 승상의 직
무를 대행한 이유다. 공교롭게도 이때 한무제의 수레를 인도하다
가 수레에서 떨어져 다리를 절게 되었다. 한무제가 후임 승상 문제
를 의논하면서 한안국을 등용할 생각으로 사자를 보내 살펴보게 했
다. 그러나 절름거리는 정도가 심했다. 평극후 설택을 승상으로 삼
은 이유다. 한안국은 병으로 면직된 지 몇 달 뒤 절름거리는 것이 나
았다. 한무제가 다시 그를 중위로 삼았다. 1년여 뒤 다시 위위로 전
임되었다.
　　이때 거기장군 위청이 흉노를 쳤다. 상곡上谷으로부터 빠져나와 농
성蘢城에서 흉노를 격파했다. 장수 이광은 흉노의 포로가 되었으나

다시 탈출했고, 공손오公孫放는 많은 사병을 잃었다. 이들은 모두 참수 대상이었으나 재물로 속죄하고 평민이 되게 했다. 이듬해, 흉노가 변경을 대거 침입해 요서遼西 태수를 죽였다. 안문雁門으로 들어와 죽이거나 약탈해간 사람이 수천 명이나 되었다. 거기장군 위청이 이들을 치기 위해 안문에서 출병했다. 위위 한안국은 재관장군이 되어 어양漁陽에 주둔했다. 이때 한안국이 생포한 포로가 흉노는 이미 멀리 퇴각했다고 말했다. 이 말을 믿고 곧바로 상서해 마침 농사철이니 잠시 군사 주둔을 멈추게 해달라고 청했다. 그러나 군사 주둔을 중지한 지 불과 한 달여 만에 흉노가 상곡과 어양으로 대거 침공했다. 한안국의 군영에는 700여 명이 있었다. 모두 출병해 흉노와 교전했으나 이기지 못해 다시 군영으로 돌아왔다. 흉노가 백성 1,000여 명과 가축을 약탈해갔다.

한무제가 이 소식을 듣고는 대로했다. 곧 사자를 보내 질책한 뒤 더 동쪽으로 옮겨 우북평右北平에 주둔하게 했다. 이때 흉노의 포로가 동쪽 방향으로 흉노의 침공이 있을 것이라고 말했다. 당초 한안국은 어사대부이자 호군장군이었으나 점차 배척당하고 소원해져 관직이 깎였다. 반면 새로 총애를 받게 된 젊은 장수 위청 등은 공을 세워 날로 존귀하게 되었다. 한안국은 이미 한무제와 소원해진 탓에 묵묵히 실의의 날을 보냈다. 주둔군의 장수가 되었다가 또다시 흉노에게 속아 군사를 많이 잃게 되자 매우 부끄럽게 생각했다. 내심 사직한 뒤 귀향하고자 했으나 오히려 더욱 동쪽으로 옮겨가 주둔하게 되었다. 마음이 답답하고 즐겁지 않았다. 몇 달 후 병이 들어 피를 토하고 죽었다. 한무제 원삭 2년의 일이다.

●● 安國爲人多大略, 智足以當世取合, 而出於忠厚焉. 貪嗜於財. 所推擧皆廉士, 賢於己者也. 於梁擧壺遂·臧固·郅他, 皆天下名士, 士亦以此稱慕之, 唯天子以爲國器. 安國爲御史大夫四歲餘, 丞相田蚡死, 安國行丞相事, 奉引墮車蹇. 天子議置相, 欲用安國, 使使視之, 蹇甚, 乃更以平棘侯薛澤爲丞相. 安國病免數月, 蹇愈, 上復以安國爲中尉. 歲餘, 徙爲衛尉. 車騎將軍衛靑擊匈奴, 出上谷, 破胡蘢城. 將軍李廣爲匈奴所得, 復失之, 公孫敖大亡卒, 皆當斬, 贖爲庶人. 明年, 匈奴大入邊, 殺遼西太守, 及入鴈門, 所殺略數千人. 車騎將軍衛靑擊之, 出鴈門. 衛尉安國爲材官將軍, 屯於漁陽. 安國捕生虜, 言匈奴遠去. 卽上書言方田作時, 請且罷軍屯. 罷軍屯月餘, 匈奴大入上谷·漁陽. 安國壁乃有七百餘人, 出與戰, 不勝, 復入壁. 匈奴虜略千餘人及畜産而去. 天子聞之, 怒, 使使責讓安國. 徙安國益東, 屯右北平. 是時匈奴虜言當入東方. 安國始爲御史大夫及護軍, 後稍斥疏, 下遷, 而新幸壯將軍衛靑等有功, 益貴. 安國旣疏遠, 黙黙也, 將屯又爲匈奴所欺, 失亡多, 甚自愧. 幸得罷歸, 乃益東徙屯, 意忽忽不樂. 數月, 病歐血死. 安國以元朔二年中卒.

태사공은 평한다.

"내가 호수과 함께 율력律曆을 제정할 때 한장유의 의리와 호수의 마음속 깊이 숨겨진 충직하고 온순한 마음을 보았다. 세인들은 위나라에 장자長者가 많다고 하는데, 거짓이 아니다! 호수는 벼슬이 첨사에 이르렀다. 한무제가 그를 크게 신임해 승상으로 삼으려 할 때 마침 그가 죽고 말았다. 그렇지 않으면 승상이 되어 청렴한 마음과 바른 품행으로 늘 근신하고 공경하는 국궁군자鞠躬君子가 되었을 것이다."

●● 太史公曰, "余與壺遂定律曆, 觀韓長孺之義, 壺遂之深中隱厚. 世之言梁多長者, 不虛哉! 壺遂官至詹事, 天子方倚以爲漢相, 會遂卒. 不然, 壺遂之內廉行脩, 斯鞠躬君子也."

이장군열전
李將軍列傳

〈이장군열전李將軍列傳〉은 활에 뛰어났던 장수 이광에 관한 전기다. 그는 호랑이로 알고 쏜 화살이 풀숲의 바위를 뚫었다는 일화로 유명하다. 당대의 효장驍將이다. 비장군飛將軍이라는 별명이 이를 뒷받침한다. 한문제·한경제·한무제 등 3대를 섬기면서 모두 70여 차례에 걸쳐 흉노와 싸워 대공을 세웠다. 그는 병사를 사랑하는 마음이 각별했다. 행군 도중 부하들이 기갈飢渴로 고통을 받으면 그들에게 먼저 물을 먹이고 음식을 주었다. 휘하 병사들이 그를 위해 싸우다 죽는 것을 영광으로 여긴 이유다. 《오자병법吳子兵法》에서 역설한 부자지병父子之兵을 실천한 셈이다. 장군과 사병이 마치 부자지간처럼 한 몸이 되는 것을 말한다.

그러나 그는 불행하게도 그의 재주를 시기하는 자들의 무함에 의해 결국 자진하고 말았다. 천하인 모두 그의 억울한 죽음을 슬퍼했다. 사마천이 그의 손자 이릉李陵을 홀로 변호하다 궁형의 화를 당하게 된 것도 이와 무관치 않을 것이다. 실제로 사마천은 사평에서 "복숭아와 자두나무는 비록 말을 하지 않지만 그 밑에는 절로 샛길이 생긴다"며 이광을 극찬해놓았다.

주목할 것은 사마천이 이광을 같은 시대의 위청 및 곽거병霍去病과 대비시키기 위해 특이한 편제를 취한 점이다. 〈이장군 열전〉을 위청과 곽거병을 다룬 〈위장군표기열전衛將軍驃騎列傳〉 뒤가 아닌 〈흉노열전匈奴列傳〉 바로 앞에 배치한 것이 그렇다. 이광을 독립적인 인물로 간주하고, 위청과 곽거병을 흉노의 성쇠에 따른 종속적인 인물로 분류한 것이다. 평민 출신 이광을 더욱 부각시키고자 한 의도가 엿보인다.

이광열전

장군 이광은 농서의 성기 출신이다. 선조 이신李信은 진나라 때 장군으로 연나라의 태자 단丹을 추격해 잡은 사람이다. 원래 괴리현槐里縣에 살았으나 이후 성기로 이사했다. 이광의 가문은 대대로 궁술을 익히는 전통이 있었다. 한문제 전 14년, 흉노가 대거 소관으로 쳐들어왔다. 이광은 양가良家의 자제로 종군해 흉노를 격파했다. 그는 기사騎射에 뛰어나 참수하거나 포로로 잡은 적군이 매우 많았다. 한나라의 중랑이 된 이유다. 사촌동생 이채李蔡도 중랑이 되었다. 두 사람 모두 무기상시武騎常侍에 임명되어 녹봉 800석을 받았다. 이광은 늘 한문제의 행차를 수행했다. 위험을 무릅쓰고 적진으로 뛰어들거나 관문을 돌파하는 무용을 드러내고, 맹수를 주먹으로 쳐 죽인 일도 있다. 한문제가 이같이 말했다.

"안타깝게도 그대는 좋은 때를 만나지 못했다. 만일 고황제 때 살았으면 1만 호의 열후가 되는 것은 문제가 되지도 않았을 것이다!"

한경제 즉위 초 이광은 농서군 도위가 되었다가 기랑장騎郎將으로 자리를 옮겼다. 오초칠국의 난 때 이광은 효기도위驍騎都尉가 되어 태위 주아부를 쫓아 오초칠국의 군사를 격파했다. 적군의 장수기를 탈취하고 창읍의 성 아래서 혁혁한 공을 세웠다. 양왕에게 장수의 인수를 받아 돌아왔으나 포상을 받지 못했다. 상곡군上谷郡 태수로 전임되어 흉노와 매일 교전했다. 속국을 관할하는 전속국典屬國의 공손혼야公孫昆邪●가 한경제에게 읍소했다.

● 공손혼야를 두고 《사기색은》은 공손을 성, 혼야를 이름이라고 했다. 또 포개包愷의 주를 인용해 혼昆의 음을 혼魂이라고 했다. 야邪는 야耶와 통한다.

"이광의 재능은 천하에 둘도 없을 정도로 뛰어납니다. 그는 자신의 능력을 과신해 걸핏하면 오랑캐와 싸우곤 합니다. 그를 잃을까 걱정됩니다."

한경제가 이광을 상군上郡 태수로 옮겼다. 이후 변경 각 군의 태수를 두루 역임하다가 다시 상군 태수로 왔다. 그는 일찍이 농서·북지·안문·대군代郡·운중의 태수를 지낸 바 있다. 어느 곳에서나 용감히 전투에 임해 명성을 떨쳤다. 흉노가 대거 상군을 침입했을 때 한경제가 환관인 중귀인中貴人에게 명해 이광을 쫓아 군사를 통솔하고 훈련시킨 뒤 흉노를 치게 했다. 중귀인이 기병 수십 명을 이끌고 말을 달리다가 세 명의 흉노 기병을 만나 싸우게 되었다. 흉노 기병이 몸을 돌린 뒤 활을 쏘아 중귀인에게 상처를 입히고 그의 기병을 거의 몰살시켰다. 중귀인은 이광에게로 달려왔다. 이광이 다음과 같이 말했다.

"이들은 필시 수리를 쏘아 잡는 명사수들일 것이다."

이광이 기병 100명을 이끌고 세 명의 흉노 기병을 급히 쫓아갔다. 흉노 기병은 말을 잃고 걸어간 탓에 몇십 리밖에 가지 못했다. 이광이 기병들에게 명해 좌우로 날개처럼 펼치도록 한 뒤 친히 화살을 쏘아 두 사람을 죽이고 한 사람을 생포했다. 잡고 보니 과연 흉노 가운데 수리를 쏘는 명사수였다. 이광이 그를 결박한 뒤 말 위에 올라 흉노 땅을 바라보자 흉노 기병 수천 명이 눈에 띄었다. 이들은 이광을 보고 자신들을 유인하러 온 것으로 생각해 크게 놀란 나머지 산 위로 올라가 포진했다. 이광의 기병 100명 역시 크게 놀라 말머리를 돌려 물러나려 했다. 이광이 막았다.

"우리는 본영에서 수십 리 떨어져 있다. 이런 상황에서 기병 100명으로 달아나면 흉노는 활을 쏘며 추격해 우리를 전멸시키고 말 것이다. 지금 여기에 머물러 있으면 흉노는 틀림없이 대군을 배경으로 한 유인책으로 의심해 감히 공격해오지 못할 것이다."

이광이 모든 기병에게 명했다.

"전진하라!"

그리고는 흉노의 진지에서 2리가량 떨어진 곳에 정지했다.

"모두 말에서 내려 인장을 풀어라!"

그의 기병들이 물었다.

"적들은 수가 많고 바로 눈앞에 있습니다. 급습해오면 어떻게 합니까?"

이광이 말했다.

"저들은 우리가 달아날 것으로 알고 있다. 그러나 지금 안장을 풀고 달아나지 않을 뜻을 보여줌으로써 우리를 유인책이라 생각하는 저들의 의심을 더욱 확신하게끔 하는 것이다."

과연 흉노 기병들은 끝내 공격해오지 못했다. 이때 백마를 탄 적장이 앞으로 나와 휘하 기병들을 순시했다. 이광이 말에 올라 기병 10여 명과 함께 쏜살같이 달려가 백마를 탄 적장을 사살한 뒤 다시 돌아와 안장을 풀고 휘하 기병에게 모두 말을 풀어놓고 누워 있도록 했다. 마침 막 해가 저물 무렵이었다. 흉노 기병들이 시종 괴이하게 생각해 감히 공격해오지 못했다. 한밤중이 되자 흉노 기병들은 한나라의 복병이 잠복해 있다가 야음을 틈타 기습해올까 두려운 나머지 이내 철군했다. 날이 새자 이광이 본영으로 돌아왔다. 한나라 진영은 이광의 행방을 몰라 뒤따라오지 못했다.

●● 李將軍廣者, 隴西成紀人也. 其先曰李信, 秦時爲將, 逐得燕太子

丹者也. 故槐里, 徙成紀. 廣家世世受射. 孝文帝十四年, 匈奴大入蕭
關, 而廣以良家子從軍擊胡, 用善騎射, 殺首虜多, 爲漢中郞. 廣從弟李
蔡亦爲郞, 皆爲武騎常侍, 秩八百石. 嘗從行, 有所衝陷折關及格猛獸,
而文帝曰, "惜乎, 子不遇時! 如令子當高帝時, 萬戶侯豈足道哉!" 及孝
景初立, 廣爲隴西都尉, 徙爲騎郞將. 吳楚軍時, 廣爲驍騎都尉, 從太尉
亞夫擊吳楚軍, 取旗, 顯功名昌邑下. 以梁王授廣將軍印, 還, 賞不行.
徙爲上谷太守, 匈奴日以合戰. 曲屬國公孫昆邪爲上泣曰, "李廣才氣,
天下無雙, 自負其能, 數與虜敵戰, 恐亡之." 於是乃徙爲上郡太守. 後
廣轉爲邊郡太守, 徙上郡. 嘗爲隴西 · 北地 · 鴈門 · 代郡 · 雲中太守, 皆
以力戰爲名. 匈奴大入上郡, 天子使中貴人從廣勒習兵擊匈奴. 中貴人
將騎數十縱, 見匈奴三人, 與戰. 三人還射, 傷中貴人, 殺其騎且盡. 中
貴人走廣. 廣曰, "是必射雕者也." 廣乃遂從百騎往馳三人. 三人亡馬
步行, 行數十里. 廣令其騎張左右翼, 而廣身自射彼三人者, 殺其二人,
牲得一人, 果匈奴射雕者也. 已縛之上馬, 望匈奴有數千騎, 見廣, 以爲
誘騎, 皆驚, 上山陳. 廣之百騎皆大恐, 欲馳還走. 廣曰, "吾去大軍數十
里, 今如此以百騎走, 匈奴追射我立盡. 今我留, 匈奴必以我爲大軍之
誘之, 必不敢擊我." 廣令諸騎曰, "前!" 前未到匈奴陳二里所, 止, 令曰,
"皆下馬解鞍!" 其騎曰, "虜多且近, 卽有急, 奈何?" 廣曰, "彼虜以我爲
走, 今皆解鞍以示不走, 用堅其意." 於是胡騎遂不敢擊. 有白馬將出護
其兵, 李廣上馬與十餘騎奔射殺胡白馬將, 而復還至其騎中, 解鞍, 令
士皆縱馬臥. 是時會暮, 胡兵終怪之, 不敢擊. 夜半時, 胡兵亦以爲漢有
伏軍於旁欲夜取之, 胡皆引兵而去. 平旦, 李廣乃歸其大軍. 大軍不知
廣所之, 故弗從.

이후 세월이 흘러 한경제가 붕어하고 한무제가 즉위했다. 한무제는 주위 사람들이 이광을 명장이라며 천거하자 과감히 발탁했다. 상군의 태수로서 미앙궁의 위위를 겸직한 것이 그렇다. 이때 정불식은 장락궁의 위위가 되었다. 정불식은 전에 이광과 마찬가지로 변경의 군 태수로 주둔군을 지휘해왔다. 흉노를 칠 때 이광은 행군 중에 엄격한 대오를 편성하거나 진형陣形을 갖추지도 않았다. 좋은 물이나 풀이 있으면 주둔해 휴식을 취했다. 모두 자유로이 행동토록 허용했다. 밤에 바라 등의 조두刁斗를 쳐 경계하지도 않고, 장군이 머무는 막부에서는 문서나 장부와 같은 것을 생략했다. 척후를 멀리 보내 정찰하다가 피해를 입은 적도 없다. 이와 정반대로 정불식은 대오의 편성과 진형이 정연했다. 밤에는 반드시 조두를 쳐 경계했고, 군관들은 날이 샐 때까지 문서를 정리해야 했다. 장병 모두 쉴 틈이 없었으나 이로 인해 피해를 입은 적은 없다. 정불식이 말했다.

"이광의 군사는 무장이 지극히 간략해 적이 문득 기습하면 막아낼 수 없을 것이다. 그러나 그 병사들 모두 편히 즐겁게 지내며 기꺼이 이광을 위해 죽으려 한다. 우리 군사는 비록 번잡하기는 하나 적들은 감히 우리를 침공할 수 없다."

당시 한나라 변경에서 이광과 정불식 모두 명장으로 소문났다. 그러나 흉노는 이광의 계략을 두려워했다. 병사들 역시 대부분 이광 밑에 있는 것을 좋아했고, 정불식 밑에 있는 것을 고통스러워했다. 정불식은 한경제 때 자주 직간해 태중대부에 제수되었다. 사람이 청렴하고 법령을 엄격히 집행했다. 이후 한나라는 마읍을 미끼로 선우를 유인하고자 했다. 미리 대군을 마읍 부근의 골짜기에 매복시켰다. 당시 이광은 효기장군이 되어 호군장군 한안국 휘하에 배속되어 있었다. 도중에 선우가 계략을 눈치채고 철군했다. 한나라 군사가 아무런 전공도 세우지 못한 이유다. 4년 후에 이광이 미앙궁의 위위 신분으로 장군이 된 뒤 안문을 빠져나가 흉노를 쳤다. 그러나 이때는 중과부적으로 인해 군사가 많은 흉노가 이광의 군사를 격파하고 그를 생포했다. 선우는 평소 이광이 현명하다는 이야기를 익히 들은 까닭에 이같이 명했다.

"이광을 잡거든 반드시 산 채로 데리고 오라."

흉노 기병이 이광을 붙잡았을 때 이광은 부상을 입고 있었다. 두 필의 말 사이에 그물을 엮고 그 위에 이광을 눕혔다. 이같이 하고 10여 리를 갔다. 이광이 죽은 척하고 누워 있다가 곁눈으로 살펴보니 곁의 흉노 소년이 좋은 말을 타고 가는 중이었다. 이광이 문득 벌떡 일어나 흉노 소년의 말에 올라탄 뒤 소년을 밀어 떨어뜨리고 활을 빼앗았다. 그러고는 말을 몰아 남쪽으로 수십 리 달려가 잔여부대를 만난 뒤 이들을 인솔해 들어왔다. 흉노 기병 수백 명이 추격했으나 이광은 달아나면서 활로 적의 기병을 사살해 무사히 탈출했다.

이광이 돌아오자 한나라 조정은 이광을 형리에게 넘겨 조사받게 했다. 형리는 이광이 많은 부하를 잃고 적에게 생포된 까닭에 참수형에 해당한다고 판결했다. 그는 속죄금을 내고 평민이 되었다. 세월이 흘러 어느덧 집에 은거한 지 몇 년이 되었다. 그동안 이광은 전 영음후 관영의 손자와 함께 시골에 묻혀 살면서 남전의 남산에서 사냥을 하고 지냈다. 어느 날 밤, 시종 한 명을 이끌고 외출했다가 사람들과 야외에서 술을 마시게 되었다. 돌아오는 길에 파릉정霸陵亭에 이르렀을 때 정위亭尉가 술에 취해 호통을 치며 이광을 보내주지 않았다. 이광의 시종이 말했다.

"이분은 옛날의 이광 장군이다."

파릉정의 정위가 말했다.

"현직 장군도 밤에는 돌아다니지 못한다. 하물며 이전의 장군은 더 말할 것이 없다."

그러면서 역참驛站에 구류했다. 얼마 후 흉노가 침입해 요서 태수를 죽이고 장군 한안국의 군사를 격파했다. 한안국이 패배의 책임을 지고 우북평군右北平郡으로 전임되었다. 한무제가 이광을 다시 불러들여 우북평군 태수로 삼았다. 이광이 파릉정의 정위를 함께 데리고 갈 것을 청해 허락을 받았다. 군영에 이르자 곧바로 그의 목을 베어버렸다. 이광이 우북평군에 부임하자 흉노도 곧 이 소식을 듣게 되었다. '한나라의 비장군'으로 부르며 수년 동안 그를 피해 감히 우북평군을 침공하지 못했다.

어느 날 이광이 사냥하러 나갔다가 풀 속의 바위를 보고 호랑이로 생각해 화살을 쏘았다. 활이 명중해 화살촉이 바위 속에 깊숙이 박혔다. 이광이 다가가 자세히 보니 바위였다. 다시 활을 쏘았으나 끝내 화살촉은 들어가지 않았다. 이광은 부임한 군에 호랑이가 있다는 이야기를 들으면 늘 친히 나가 화살을 쏘아 잡았다. 우북평군에 부임했을 때 이광의 화살을 맞은 호랑이가 달려들어 상처를 입힌 적이 있다. 그러나 이광은 마침내 그 호랑이를 쏘아 죽였다.

●●居久之, 孝景崩, 武帝立, 左右以爲廣名將也, 於是廣以上郡太守爲未央衛尉, 而程不識亦爲長樂衛尉. 程不識故與李廣俱以邊太守將軍屯. 及出擊胡, 而廣行無部伍行陳, 就善水草屯, 舍止, 人人自便, 不擊刀斗以自衛, 莫府省約文書籍事, 然亦遠斥候, 未嘗遇害. 程不識正部曲行伍營陳, 擊刀斗, 士吏治軍簿至明, 軍不得休息, 然亦未嘗遇害.

不識曰, "李廣軍極簡易, 然虜卒犯之, 無以禁也, 而其士卒亦佚樂, 咸樂爲之死. 我軍雖煩擾, 然虜亦不得犯我." 是時漢邊郡李廣·程不識皆爲名將, 然匈奴畏李廣之略, 士卒亦多樂從李廣而苦程不識. 程不識孝景時以數直諫爲太中大夫. 爲人廉, 謹於文法. 後漢以馬邑城誘單于, 使大軍伏馬邑旁谷, 而廣爲驍騎將軍, 領屬護軍將軍. 是時單于覺之, 去, 漢軍皆無功. 其後四歲, 廣以衛尉爲將軍, 出鴈門擊匈奴. 匈奴兵多, 破敗廣軍, 生得廣. 單于素聞廣賢, 令曰, "得李廣必生致之." 胡騎得廣, 廣時傷病, 置廣兩馬閒, 絡而盛臥廣. 行十餘里, 廣詳死, 睨其旁有一胡兒騎善馬, 廣暫騰而上胡兒馬, 因推墮兒, 取其弓, 鞭馬南馳數十里, 復得其餘軍, 因引而入塞. 匈奴捕者騎數百追之, 廣行取胡兒弓, 射殺追騎, 以故得脫. 於是至漢, 漢下廣吏. 吏當廣所失亡多, 爲虜所生得, 當斬, 贖爲庶人. 頃之, 家居數歲. 廣家與故潁陰侯孫屛野居藍田南山中射獵. 嘗夜從一騎出, 從人田閒飮. 還至霸陵亭, 霸陵尉醉, 呵止廣. 廣騎曰, "故李將軍." 尉曰, "今將軍尙不得夜行, 何乃故也!" 止廣宿亭下. 居無何, 匈奴入殺遼西太守, 敗韓將軍, 後韓將軍徙右北平. 於是天子乃召拜廣爲右北平太守. 廣卽請霸陵尉與俱, 至軍而斬之. 廣居右北平, 匈奴聞之, 號曰, "漢之飛將軍", 避之數歲, 不敢入右北平. 廣出獵, 見草中石, 以爲虎而射之, 中石沒鏃, 視之石也. 因復更射之, 終不能復入石矣. 廣所居郡聞有虎, 嘗自射之. 及居右北平射虎, 虎騰傷廣, 廣亦竟射殺之.

이광은 사람이 청렴한 까닭에 포상을 받으면 늘 부하들에게 나누어주었고, 음식은 병사들과 같은 것을 먹었다. 이광은 죽을 때까지 40여 년 동안 녹봉 2,000석의 자리에 있었다. 집에는 남아 있는 재산이 없었다. 그 또한 시종 집안의 재산에 관해 말하는 일이 없었다.

그는 태어날 때부터 신체가 장대하고 팔이 원숭이처럼 길었다. 그가 활을 잘 쏘는 것도 선천적인 것이다. 그의 후손이나 남들이 아무리 열심히 배워도 그의 궁술에는 미치지 못했다. 그는 말재주도 없었고, 말수도 적었다. 다른 사람과 함께 있을 때는 땅에 줄을 그어 진형을 그리거나, 활을 쏜 뒤 원근을 비교해 지는 자에게 벌주를 먹이곤 했다. 그는 오로지 활쏘기를 낙으로 삼다가 생을 마쳤다. 그는 병사를 이끌고 행군할 때 식수와 식량이 결핍된 상황이 되면 물을 보아도 병사들부터 마시게 했다. 이들이 다 마신 뒤가 아니면 물 가까이에 가지도 않았다. 또 병사들이 다 먹고 난 뒤가 아니면 음식을 먹은 적이 없었다.

이처럼 관대하면서도 까다롭게 굴지 않은 까닭에 병사들 모두 그를 경애하고, 그를 위해 일하는 것을 즐거워했다. 그는 활을 쏠 때 적이 가까이 다가올지라도 수십 보 내에 들어오지 않거나 명중시킬 자신이 없으면 쏘지 않았다. 일단 쏘았다 하면 활시위 소리와 동시에 적이 쓰러졌다. 그러나 이로 인해 그는 병사를 이끌고 작전을 수행할 때 자주 곤경에 처하곤 했다. 맹수를 쏠 때도 부상을 당하는 일이 많았다고 한다. 얼마 후 석건이 죽자 한무제가 그를 불러 석건 대신 낭중령을 맡게 했다.

한무제 원삭 6년, 이광이 다시 후장군後將軍이 되어 대장군 위청을 쫓아 정양군定襄郡에서 출병해 흉노를 쳤다. 제장들 가운데 적병을 참수하거나 포로로 잡은 숫자가 법령의 기준에 부합해 제후에 봉해진 자가 많았다. 그러나 이광의 군사는 공을 세우지 못했다. 2년 뒤 이광이 낭중령의 신분으로 기병 4,000명을 이끌고 우북평군에서 출격했다. 박망후博望侯 장건張騫도 1만 명의 군사를 이끌고 이광과 함께 출격했다. 도중에 서로 길을 달리해 진격했다. 수백 리가량 행군했을 때 흉노의 좌현왕左賢王이 4만 명의 기병을 이끌고 이광을 포위했다. 이광의 군사가 공포에 떨자 이광이 아들 이감李敢에게 명해 말을 내달려 적진을 돌파하게 했다. 이감이 홀로 수십 명의 기병을 이끌고 나는 듯이 말을 달려 적진의 한가운데를 돌파해 적을 좌우로 갈라놓았다. 이내 돌아온 뒤 이광에게 이같이 보고했다.

"흉노 따위는 쉬운 상대에 지나지 않습니다."

군사들이 비로소 안심했다. 이광은 원형의 진을 친 뒤 밖을 향하도록 했다. 흉노 군사가 이들을 맹공하자 화살이 비처럼 쏟아졌다. 한나라 군사는 죽은 자가 절반 이상이었다. 화살도 거의 바닥이 났다. 이광은 군사들에게 명해 활줄을 끝까지 잡아당기되 쏘지는 말도록 했다. 그 자신이 대황大黃이라는 활로 적의 비장을 비롯해 몇 명을 쏘아 죽이자 흉노 군사가 점차 포위를 풀었다. 때마침 날이 저물자 장병들 모두 사색이 되었다. 그러나 이광의 모습은 평소와 다름이 없었다. 오히려 더욱 군사를 독려했다. 병사들 모두 그의 용기에 탄복했다.

다음날 다시 치열한 싸움이 벌어졌다. 박망후 장건의 군사가 도착하자 흉노 군사가 포위를 풀고 물러갔다. 한나라 군사는 크게 지쳐 추격할 수 없었다. 당시 이광의 군사는 거의 전멸 상태에 이르렀다가 간신히 싸움을 끝내고 돌아왔다. 한나라의 법에 따르면 박망후는 꾸물대며 합류한 까닭에 참수에 해당했다. 그는 속죄금을 내고 평민이 되었다. 이광은 공적과 과오가 반반이라 상을 받지 못했다.

●● 廣廉, 得賞賜輒分其麾下, 飲食與士共之. 終廣之身, 爲二千石

四十餘年, 家無餘財, 終不言家產事. 廣爲人長, 猿臂, 其善射亦天性
也, 雖其子孫他人學者, 莫能及廣. 廣訥口少言, 與人居則畫地爲軍陳,
射闊狹以飮. 專以射爲戲, 竟死. 廣之將兵, 乏絶之處, 見水, 士卒不盡
飮, 廣不近水, 士卒不盡食. 廣不嘗食. 寬緩不苛, 士以此愛樂爲用. 其
射, 見敵急, 非在數十步之內, 度不中不發, 發卽應弦而倒. 用此, 其將
兵數困辱, 其射猛獸亦爲所傷云. 居頃之, 石建卒, 於是上召廣代建爲
郎中令. 元朔六年, 廣復爲後將軍, 從大將軍軍出定襄, 擊匈奴. 諸將多
中首虜率, 以功爲侯者, 而廣軍無功. 後二歲, 廣以郎中令將四千騎出
右北平, 博望侯張騫將萬騎與廣俱, 異道. 行可數百里, 匈奴左賢王將
四萬騎圍廣, 廣軍士皆恐, 廣乃使其子敢往馳之. 敢獨與數十騎馳, 直
貫胡騎, 出其左右而還, 告廣曰, "胡虜易與耳." 軍士乃安. 廣爲圜陳外
嚮, 胡急擊之, 矢下如雨. 漢兵死者過半, 漢矢且盡. 廣乃令士持滿毋
發, 而廣身自以大黃射其裨將, 殺數人, 胡虜益解. 會日暮, 吏士皆無人
色, 而廣意氣自如, 益治軍. 軍中自是服其勇也. 明日, 復力戰, 而博望
侯軍亦至, 匈奴軍乃解去. 漢軍罷, 弗能追. 是時廣軍幾沒, 罷歸. 漢法,
博望侯留遲後期, 當死, 贖爲庶人. 廣軍功自如, 無賞.

당초 이광의 사촌동생 이채는 이광과 함께 한문제를 섬겼다. 한경
제 때 이채는 공적을 쌓아 녹봉이 2,000석에 이르렀다. 한문제 때 대
나라의 승상이 되었다. 한무제 원삭 5년, 경거장군이 되어 대장군 위
청을 따라가 흉노의 우현왕右賢王을 쳤다. 그 공로가 법령의 기준에
부합해 낙안후에 봉해졌다. 한무제 원수 2년, 공손홍公孫弘을 대신해
승상이 되었다. 이채는 사람이 하품에서 중간 정도 된다. 그의 명성
은 이광보다 훨씬 떨어졌다. 이광은 작위나 봉지도 얻지 못하고 관

직도 구경을 넘지 못했으나 이채는 열후에 봉해졌고 직위는 삼공에 이르렀다. 이광 휘하의 군리와 병사 가운데 열후에 봉해진 자도 있었다. 이광은 일찍이 구름의 기운을 보고 길흉화복을 점치는 왕삭王朔과 이야기하다 이같이 물은 적이 있다.

"한나라가 흉노 정벌을 시작한 이래 내가 참가하지 않은 적이 없소. 부대의 교위 이하의 사람 가운데 재능이 중간치에도 미치지 못하지만 흉노 토벌의 공으로 열후에 봉해진 자가 수십 명이나 되오. 내가 남에게 뒤떨어지는 사람도 아닌데 봉지를 얻을 정도의 작은 군공조차 없는 것은 어찌된 일이오? 내 관상이 열후에 봉해질 상이 아니오, 아니면 원래 내 운명이 그런 것이오?"

왕삭이 반문했다.

"장군 스스로 생각하기에 후회되는 일은 없었습니까?"

이광이 대답했다.

"내가 일찍이 농서 태수로 있을 때 강족羌族이 반기를 든 적이 있소. 그때 내가 투항을 권유해 항복한 자가 800여 명이나 되오. 나는 이들을 속이고 같은 날 모두 죽였소. 지금까지 크게 후회되는 것은 오직 이것 하나뿐이오."

왕삭이 말했다.

"이미 항복한 자를 죽이는 것보다 더 큰 화는 없습니다. 이것이 바로 장군이 열후가 되지 못한 이유입니다."

2년 뒤 대장군 위청과 표기장군驃騎將軍 곽거병이 대대적으로 출병해 흉노를 쳤다. 이광은 누차 종군하기를 청했으나 한무제가 처음에는 연로하다는 이유로 허락지 않았다. 그러다가 한참 뒤에 비로소 허락하며 전장군前將軍에 임명했다. 한무제 원수 4년의 일이다. 이광이 마침내 대장군 위청을 쫓아 흉노를 쳤다. 요새에서 나왔을 때 위청이 포로를 잡아 선우가 있는 곳을 알아냈다. 이어 스스로 정예병을 이끌고 진격하면서 이광에게는 우장군右將軍 조이기趙食其의 부대와 합류해 동쪽 길로 출격하게 했다. 동쪽 길은 조금 멀리 돌아가야하는데다 대군이 다니기에는 물과 풀이 부족했다. 주둔하거나 행군할 수 있는 형세가 아니었다. 이광이 대장군에게 청했다.

"저의 부서는 전장군입니다. 지금 대장군은 저에게 자리를 옮겨동쪽 길로 진격하게 했습니다. 저는 젊을 때부터 흉노와 전투를 했습니다. 이제야말로 선우와 한번 싸울 수 있게 되었으니 원컨대 선봉에 서서 선우와 결전을 벌일 수 있게 해주십시오."

대장군 위청은 은밀히 한무제로부터 이런 경계를 받았다.

"이광은 연로하고 운수가 좋지 않다. 선우와 대적하게 해서는 안된다. 대적할지라도 아마 그의 의중 대로 되지는 않을 것이다."

당시 공손오는 열후의 신분을 잃은 뒤 중장군中將軍이 되어 대장군위청을 쫓아 출진했다. 대장군 위청은 공손오와 함께 선우를 칠 생각으로 전장군 이광의 부서를 바꾼 것이다. 이광은 이런 사정을 잘알고 있었다. 동쪽으로 가는 것을 한사코 사양한 이유다. 위청은 그의 청을 들어주지 않았다. 오히려 장사에게 명해 이광의 진영에 속히 명령문을 전하게 했다.

빨리 소속 부서로 돌아가 공문에서 지시한 대로 하라.

이광이 화가 나 대장군에게 작별도 말하지 않은 채 벌떡 일어나출발했다. 분통한 심경으로 부서에 온 이광은 이내 휘하 병사들을 이끌고 우장군 조이기의 군사와 함께 동쪽 길로 진격했다. 안내자가 없어 때로 길을 잃기도 해 결국 대장군보다 뒤처졌다. 대장군 위청은 선우와 교전하다가 선우가 도망치는 바람에 생포하지 못한 채 돌아오는 길이었다. 그는 남쪽 사막지대를 지나고 나서야 전장군 이광 및 우장군 조이기를 만났다. 이광이 함께 군영으로 돌아오자 위청이 장사를 시켜 건량乾糧과 탁주를 이광에게 보내며 이광과 조이기가 길을 잃은 정황을 물었다. 한무제에게 전황을 상세히 보고하려 한 것이다. 이광이 대답하지 않았다. 위청이 장사에게 명해 이광의 막부로 가 문서에 의거한 사실을 엄히 심문하도록 했다. 이광이 반발했다.

"교위들에게는 죄가 없소. 내가 길을 잘못 들은 것이오. 내가 직접 심문을 받겠소."

자신의 군영에 돌아온 이광이 부하들에게 말했다.

"나는 젊을 때부터 흉노와 크고 작은 싸움에서 모두 70여 차례 싸웠소. 이번에 다행히 대장군을 쫓아 출전한 덕분에 선우의 군사와 접전하고자 했소. 그러나 대장군이 나의 부서를 옮겨 멀리 돌아 행군토록 했소. 이에 길을 잃고 헤매게 되었으니 이 어찌 천명이 아니겠소? 내 나이 이미 예순이 넘었소. 이제 다시 아전인 도필리刀筆吏에게 심문을 당할 수는 없소."

그러고는 마침내 칼을 빼 스스로 목을 찔러 죽었다. 이광 휘하의 장병들이 모두 통곡했다. 이 소식을 들은 백성들 역시 이광을 아는 사람인지 여부와 상관없이 노소를 불문하고 그를 위해 눈물을 흘렸다. 우장군 조이기는 형리에게 넘겨져 사형 판결을 받았으나 속죄금을 내고 평민이 되었다.

●● 初, 廣之從弟李蔡與廣俱事孝文帝. 景帝時, 蔡積功勞至二千石.

孝武帝時, 至代相. 以元朔五年爲輕車將軍, 從大將軍擊右賢王, 有功中率, 封爲樂安侯. 元狩二年中, 代公孫弘爲丞相. 蔡爲人在下中, 名聲出廣下甚遠, 然廣不得爵邑, 官不過九卿, 而蔡爲列侯, 位至三公. 諸廣之軍吏及士卒或取封侯. 廣嘗與望氣王朔燕語, 曰, "自漢擊匈奴而廣未嘗不在其中, 而諸部校尉以下, 才能不及中人, 然以擊胡軍功取侯者數十人, 而廣不爲後人, 然無尺寸之功以得封邑者, 何也? 豈吾相不當侯邪? 且固命也!" 朔曰, "將軍自念, 豈嘗有所恨乎?" 廣曰, "吾嘗爲隴西守, 羌嘗反, 吾誘而降, 降者八百餘人, 吾詐而同日殺之. 至今大恨獨此耳." 朔曰, "禍莫大於殺已降, 此乃將軍所以不得侯者也." 後二歲, 大將軍·驃騎將軍大出擊匈奴, 廣數自請行. 天子以爲老, 弗許, 良久乃許之, 以爲前將軍. 是歲, 元狩四年也. 廣旣從大將軍靑擊匈奴, 旣出塞, 靑捕虜知單于所居, 乃自以精兵走之, 而令廣幷於右將軍軍, 出東道. 東道少回遠, 而大軍行水草少, 其勢不屯行. 廣自請曰, "臣部爲前將軍, 今大將軍乃徙令臣出東道, 且臣結髮而與匈奴戰, 今乃一得當單于, 臣願居前, 先死單于." 大將軍靑亦陰受上誡, 以爲李廣老, 數奇, 毋令當單于, 恐不得所欲. 而是時公孫敖新失侯, 爲中將軍從大將軍, 大將軍亦欲使敖與俱當單于, 故徙前將軍廣. 廣時知之, 固自辭於大將軍. 大將軍不聽, 令長史封書與廣之莫府, 曰, "急詣部, 如書." 廣不謝大將軍而起行, 意甚慍怒而就部, 引兵與右將軍食其合軍出東道. 軍亡導, 或失道, 後大將軍. 大將軍與單于接戰, 單于遁走, 弗能得而還. 南絶幕, 遇前將軍·右將軍. 廣已見大將軍, 還入軍. 大將軍使長史持糒醪遺廣, 因問廣·食其失道狀, 靑欲上書報天子軍曲折. 廣未對, 大將軍使長史急責廣之幕府對簿. 廣曰, "諸校尉無罪, 乃我自失道. 吾今自上簿." 至莫府, 廣謂其麾下曰, "廣結髮與匈奴大小七十餘戰, 今幸從大將軍出接單于兵, 而大將軍又徙廣部行回遠, 而又迷失道, 豈非天哉! 且廣年六十餘矣, 終不能復對刀筆之吏." 遂引刀自剄. 廣軍士大夫一軍皆哭. 百姓聞之, 知與不知, 無老壯皆爲垂涕. 而右將軍獨下吏, 當死, 贖爲庶人.

이릉열전

이광에게 세 명의 아들이 있었다. 이당호李當戶·이초李椒·이감이 그들이다. 모두 낭관으로 있었다. 한번은 한무제가 한언韓嫣[•]과 놀이를 할 때 한언이 다소 불손한 행동을 했다. 이당호가 한언을 치자 한언이 달아났다. 황제가 이당호를 용기 있다고 여겼다.

이당호가 일찍 죽자 동생 이초를 대군 태수에 제수했다. 그 역시 이광보다 먼저 죽었다. 이당호에게 이릉이라는 유복자가 있었다. 이광이 군중에서 자진할 때 이감은 표기장군 곽거병을 쫓아 출전했다. 이광이 죽은 이듬해에 이광의 사촌동생 이채는 승상의 신분으로 한경제 능원의 공지空地를 침공한 죄로 인해 형리에게 넘겨져 벌을 받게 되었다. 이채도 이광을 쫓아 심문을 받을 수 없다며 자진했다. 그의 봉지도 몰수되었다. 교위 신분으로 곽거병을 쫓아 출병한 이감은

● 한언의 언 자는 아리따울 언嫣이지만 한무제의 총신 이름이다. 자는 왕손이고, 한왕 한신의 증손으로 궁고후 한퇴당의 서손庶孫이다. 한무제가 교동왕으로 있을 때부터 함께 공부하며 친분을 쌓았다. 한언은 기사와 접대에 능했다. 한무제가 즉위 후 흉노 토벌의 의중을 내비치자 그는 먼저 흉노의 병기와 진법부터 연구했다. 한무제의 심중을 미리 헤아리고 영합한 것이다. 관직은 상대부에 이르렀다. 한무제가 내린 상사가 매우 많아 한문제의 남총男寵 등통에 비유되곤 했다. 한언 역시 한무제와 함께 잠을 자곤 했다.

흉노의 좌현왕을 공격해 힘껏 싸웠다. 좌현왕의 군기軍旗와 군고軍鼓를 탈취하고 적군을 대거 참수했다. 식읍 200호의 관내후에 봉해지고 이광의 뒤를 이어 낭중령이 되었다.

얼마 후 이감은 대장군 위청이 자신의 부친 이광을 미워한 것에 원한을 품고 대장군을 공격해 상처를 입혔다. 위청이 이를 덮었다. 얼마 후 이감이 사냥에 나선 한무제를 수행해 옹현雍縣의 감천궁으로 갔다. 이때 위청과 친척관계였던 표기장군 곽거병이 이감을 사살했다. 곽거병은 당시 존귀한 자리에 있으면서 한무제의 총애를 입고 있었다. 한무제는 이감이 사슴뿔에 들이받혀 죽었다며 진상을 은폐했다. 이후 1년 남짓 지나 곽거병도 병사했다. 당시 이감에게 딸이 있었다. 그녀는 태자의 중인中人으로 있으면서 총애를 입었다. 이감의 아들 이우李禹도 태자의 총애를 받았다. 그는 재물을 좋아했다. 이씨 집안이 점차 쇠락한 이유다.

이당호의 아들 이릉은 장년이 되자 건장궁감建章宮監으로 선발되어 모든 기병을 감독했다. 궁술에 뛰어났고, 병사들을 아꼈다. 한무제는 이씨 집안이 대대로 장군을 지낸 점을 고려해 그에게 기병 800명을 이끌게 했다. 이릉은 일찍이 흉노의 땅으로 2,000여 리나 깊숙이 진격해 거연居延 너머로 지형을 두루 살핀 적이 있다. 적군을 발견하지 못하고 이내 돌아왔다. 또 기도위에 제수된 후 단양丹陽의 초나라 출신 기병 5,000명을 이끌고 주천酒泉과 장액張掖에서 궁술을 연마하며 흉노의 침공에 대비한 적이 있다. 한무제 천한天漢 2년 가을, 이사장군貳師將軍 이광리李廣利가 기병 3만 명을 이끌고 흉노의 우현왕을 기련천산祁連天山에서 쳤다. 이때 이릉에게 명해 휘하 궁사와 보병 5,000명을 이끌고 거연 북쪽에서 1,000리가량 앞으로 나아가게 했다. 흉노의 군사를 분산시켜 이사장군 이광리에게 몰리는 것을 미리 방지하고자 한 것이다.

이릉이 철수할 시점이 되어 퇴각하려 할 때 문득 선우가 8만 명의 군사를 이끌고 와 이릉의 군사를 포위해 공격했다. 이릉의 휘하 군사 5,000명 가운데 화살이 다 떨어져 죽은 자가 절반이 넘었다. 흉노 병사 가운데 사망자도 1만여 명이나 되었다. 이릉은 일면 후퇴하고, 일면 전진하면서 여드레 동안 싸웠다. 거연에서 100여 리 떨어진 곳에 이르렀을 때 흉노가 좁은 길목을 막고 퇴로를 차단했다. 이릉의 군사는 식량이 부족한데다 구원병마저 오지 않자 최악의 상황에 처했다. 흉노는 맹공을 가하면서 동시에 이릉에게 속히 항복할 것을 권했다. 이릉이 탄식했다.

"폐하에게 뭐라 보고할 면목이 없다."

결국 흉노에게 항복했다. 그의 병사들은 거의 전멸하고, 나머지는 대부분 사방으로 흩어져 달아났다. 한나라로 돌아간 자는 400여 명에 불과했다. 당시 선우는 이릉을 생포한 뒤 평소 그의 집안 이야기를 들었던 터에 싸움에 임해서도 용맹한 까닭에 딸을 이릉에게 시집보내며 후대했다. 한나라 조정이 이 소식을 듣고는 이릉의 모친과 처자를 몰살했다. 이후 이릉 집안의 명성이 실추되었다. 또 이릉 집안의 문객이었던 농서의 사대부 모두 전에 이씨 문하에 있던 것을 수치로 여겼다.

●● 廣子三人, 曰當戶·椒·敢, 爲郎. 天子與韓嫣戲, 嫣少不遜, 當戶擊嫣, 嫣走. 於是天子以爲勇. 當戶早死, 拜椒爲代郡太守, 皆先廣死. 當戶有遺腹子名陵. 廣死軍時, 敢從驃騎將軍. 廣死明年, 李蔡以丞相坐侵孝景園壖地, 當下吏治, 蔡亦自殺, 不對獄, 國除. 李敢以校尉從驃騎將軍擊胡左賢王, 力戰, 奪左賢王鼓旗, 斬首多, 賜爵關內侯, 食邑二百戶, 代廣爲郎中令. 頃之, 怨大將軍靑之恨其父, 乃擊傷大將軍, 大將軍匿諱之. 居無何, 敢從上雍, 至甘泉宮獵. 驃騎將軍去病與靑有親, 射殺敢. 去病時方貴幸, 上諱云鹿觸殺之. 居歲餘, 去病死. 而敢有女爲太子中人, 愛幸, 敢男禹有寵於太子, 然好利, 李氏陵遲衰微矣. 李陵旣壯, 選爲建章監, 監諸騎. 善射, 愛士卒. 天子以爲李氏世將, 而使將八百騎. 嘗深入匈奴二千餘里, 過居延視地形, 無所見虜而還. 拜爲騎都尉, 將丹陽楚人五千人, 敎射酒泉·張掖以屯衛胡. 數歲, 天漢二年秋, 貳師將軍李廣利將三萬騎擊匈奴右賢王於祁連天山, 而使陵將其射士步兵五千人出居延北可千餘里, 欲以分匈奴兵, 毋令專走貳師也. 陵旣至期還, 而單于以兵八萬圍擊陵軍. 陵軍五千人, 兵矢旣盡, 士死者過半, 而所殺傷匈奴亦萬餘人. 且引且戰, 連鬪八日, 還未到居延百餘里, 匈奴遮狹絶道, 陵食乏而救兵不到, 虜急擊招降陵. 陵曰, "無面目報陛下." 遂降匈奴. 其兵盡沒, 餘亡散得歸漢者四百餘人. 單于旣得陵, 素聞其家聲, 及戰又壯, 乃以其女妻陵而貴之. 漢聞, 族陵母妻子. 自是之後, 李氏名敗, 而隴西之士居門下者皆用爲恥焉.

태사공은 평한다.

"《논어》〈자로〉에서 이르기를, '자신의 몸가짐이 바르면 명을 내리지 않아도 시행되고, 몸가짐이 바르지 않으면 명을 내려도 따르지 않는다'라고 했다. 이는 장군 이릉을 두고 하는 말일 것이다. 내가 장군 이릉을 본 적이 있다. 시골 사람처럼 성실하고 소탈했다. 말도 잘하지 못했다. 그가 죽었을 때 천하 사람들 모두 그를 위해 알든 모르든 애통해했다. 그의 충실한 마음이 실로 사대부들의 심금을 잡은 것인가? 속담에 이르기를, '복숭아와 자두나무는 비록 말을 하지 않지만 그 밑에는 절로 샛길이 생긴다'라고 했다. 이 말은 비록 사소한 것이지만 큰 도리를 설명하는 데 나름대로 유용하다."

●● 太史公曰, "傳曰, '其身正, 不令而行, 其身不正, 雖令不從.' 其李將軍之謂也? 余睹李將軍悛悛如鄙人, 口不能道辭. 及死之日, 天下知與不知, 皆爲盡哀. 彼其忠實心誠信於士大夫也? 諺曰, '桃李不言, 下自成蹊.' 此言雖小, 可以諭大也."

흉노열전
匈奴列傳

〈흉노열전〉은 한나라를 크게 위협했던 북방민족 흉노에 관한 기록이다. 사마천은 원래 흉노가 한족漢族과 동족인데 세월이 흐르면서 적대관계에 놓이게 되었다고 기록해놓았다. 전설적인 하나라의 후예라고 묘사해놓은 것이 그렇다. 오나라와 월나라를 중원에서 나온 것으로 기술한 것과 같은 맥락이다. 중화주의의 일환으로 볼 수 있다.

한족이 흉노와 전면전을 벌이게 된 배경은 한무제의 영토 확장 정책에 따른 것이었다. 한무제는 흉노를 정벌키 위해 선대인 한문제와 한경제 때 이루어진 이른바 문경지치文景之治에 모든 역량을 쏟아부었다. 인력과 재력을 모두 투입한 총력전의 대표적인 사례에 해당한다. 흉노를 치기 전에 대원과 월나라를 친 것이 그렇다. 최후의 표적인 흉노의 토벌에 전력을 기울이기 위한 사전조치에 해당했다.

흉노 토벌은 나름대로 개국 이래 최대 과제였던 북방 변경 안정이라는 커다란 성과를 거두기는 했으나 그에 따른 후유증 또한 간단치 않았다. 재정이 고갈되고, 시장이 크게 위축된 것 등이 그렇다.

〈흉노열전〉에서는 흉노 정벌을 둘러싼 당시 한나라 조정의 갈등 양상 등이 적나라하게 묘사되어 있다. 흉노를 포용하며 화해정책을 구사하지 않은 점 등을 지적한 것이 그렇다.

〈흉노열전〉은 이어지는 〈대원열전大宛列傳〉·〈조선열전朝鮮列傳〉·〈남월열전〉·〈서남이열전西南夷列傳〉·〈동월열전東越列傳〉 등 사방의 이적에 관한 이른바 사이열전四夷列傳의 머리에 해당한다. 주변의 이민족 가운데 북쪽의 흉노가 동쪽의 조선과 서쪽의 대원 및 남쪽의 월나라 등과 비교할 때 가장 버거운 상대였음을 반증한다. 큰 틀에서 보면 〈이장군열전〉과 뒤에 나오는 〈위장군표기열전〉 모두 〈흉노열전〉의 자매편에 해당한다.

융적열전

흉노의 선조는 하후씨夏后氏의 후손으로 순유淳維라고 불렀다. 요순 이전에는 산융山戎·험윤玁狁·훈육葷粥 등이 북쪽의 미개척지에서 유목생활을 했다. 기르던 가축을 따라 이리저리 옮겨 다녔다. 주로 말·소·양 등을 길렀다. 특이한 것으로는 낙타[橐駝]와 당나귀[驢], 라騾(암말과 수나귀 사이에서 난 노새), 결제駃騠(수말과 암나귀 사이에서 난 버새), 도도騊駼(털빛이 푸른 말), 야생마[驒騱] 등이 있었다. 물과 풀을 쫓아 옮겨 살았기에 성곽이나 일정한 주거지가 없고, 농사도 짓지 않았다. 그러나 각자의 세력범위만은 경계가 분명했다. 글이나 서적이 없고, 말로써 약속했다. 어린애도 양을 타고 돌아다니며 활로 새나 쥐를 쏘고, 좀더 자라면 여우나 토끼 사냥을 해 양식을 충당했다. 남자는 활을 당길 만한 힘이 있으면° 모두 무장 기병이 되었다.

풍속을 보면 한가할 때 목축에 종사하며 새나 짐승을 사냥하는 것을 생업으로 삼았다. 긴급한 상황일 때는 전원이 군사행동에 나섰다. 이들의 천성이다. 먼 거리에 쓰는 무기는 활과 화살이고, 짧은 거리에 쓰는 무기는 칼과 창이다. 싸움이 유리하면 나아가고, 불리하면 후퇴했다. 달아나는 것을 수치로 여기지 않은 이유다. 오로지 이익이 있으면 달려갈 뿐 예의를 알지 못했다. 군주를 비롯해서 모든 사람이 가축의 살코기는 먹고, 피혁皮革은 옷을 해 입거나 침구로 썼다. 건장한 사람이 맛있는 음식을 먹고 노약자들은 나머지를 먹었다. 건장

● "남자는 활을 당길 만한 힘이 있으면"의 원문은 "사력능관궁士力能毌弓"이다.《사기색은》은 관毌을 활을 당길 만彎으로 읽어야 한다며, 관궁貫弓으로 해석해도 가하다고 했다. 관毌은 뚫을 관貫의 고어古語다. 없을 무無와 같은 자인 무毋와 구분해야 한다.

한 사람을 중히 여기고, 노약자를 경시한 것이다. 아비가 죽으면 아들이 아비의 후처를 아내로 삼고, 형제가 죽으면 남아 있는 형제가 그 아내를 차지했다. 서로 이름을 부르는 것을 꺼리지 않았고, 성姓이나 자字 등이 없었다.

하나라의 국운이 쇠하자 공류는 대대로 이어 내려온 농사 담당관인 직관稷官의 자리를 잃고 서융西戎 일대로 옮겨 빈 땅에 도읍했다. 300여 년 뒤 융적戎狄이 고공단보를 치자 고공단보가 기산 기슭으로 패주했다. 빈 땅 사람들이 그를 쫓아 옮겨온 뒤 그곳에 도읍을 세우고 주나라를 일으켰다. 100여 년 뒤 주나라 서백 희창姬昌이 견이씨畎夷氏•를 쳤다. 10여 년 뒤 주무왕이 은나라 주를 치고 낙읍雒邑에 도읍했다. 또 풍호酆鄗에 살며 융이戎夷를 경수涇水와 낙수洛水 이북으로 내쫓았다. 융이는 철따라 조공을 바쳤다. 이들이 사는 지역을 황복荒服으로 불렀다. 200여 년 뒤 주나라의 국운이 쇠해졌다. 주목왕이 견융을 쳐 흰 늑대[白狼] 네 마리와 흰 사슴[白鹿] 네 마리를 포획해 돌아왔다. 이후 황복 땅에서 조공을 바치지 않았다.

당시 주나라는 보형지벽甫刑之辟••이라는 법률을 만들었다. 주목왕으로부터 200여 년이 뒤 주유왕周幽王이 포사褒姒라는 총희寵姬로 인해 신후申侯와 틈이 벌어졌다. 신후가 화가 나 견융과 함께 쳐들어와 주유왕을 여산驪山 아래서 죽였다. 견융은 주나라의 초호焦穫를 빼앗아 경수와 위수 사이에 머물러 살며 중원을 약탈했다. 진양공秦襄

● 견이와 견융犬戎이 같은 이인지 여부를 놓고 오랫동안 논란이 있었다.《서경》에 대한 정현의 주는 혼이混夷로 풀이했고,《사기색은》은 위소의 주를 인용해《춘추春秋》에 나오는 견융과 같다고 했다. 곤昆·관串·혼混·견畎·견犬 등이 혼용된 결과다.
●● 보형지벽은 주목왕이 여후를 시켜 만든 형법을 말한다. 여후가 이후 보후甫侯로 다시 봉해진 까닭에 여형呂刑이 보형甫刑으로도 불리게 되었다. 벽辟은 법을 뜻한다.《서경》〈여형呂刑〉에 자세한 내용이 나온다.

公이 주나라를 구원했다. 주평왕周平王이 풍호를 떠나 동쪽 낙읍으로 천도했다. 진양공이 견융을 치고 기산까지 이르게 되면서 비로소 제후의 반열에 오르게 되었다.

이로부터 65년 뒤, 산융이 연나라를 넘어와 제나라를 쳤다. 제희공齊釐公이 제나라 국경 교외에서 이들과 싸웠다. 44년 뒤, 산융이 연나라를 쳤다. 연나라가 제나라에 위급을 알리자, 제환공이 산융을 공격해 패주시켰다. 20여 년 뒤 융적이 낙읍으로 침공해 주양왕周襄王을 쳤다. 주양왕은 정나라 범읍氾邑으로 달아났다. 당초 주양왕은 정나라 공벌을 염두에 두고 융적의 추장 딸을 왕후로 삼은 뒤 융적의 군사와 합세해 정나라를 쳤다. 이후 주양왕은 적후狄后를 멀리하며 사랑하지 않았다. 적후가 주양왕을 원망했다. 당시 주양왕의 계모 혜후惠后 소생의 왕자 대帶가 있었다. 혜후가 내심 왕자 대를 즉위시키고자 했다. 이내 적후 및 왕자 대와 함께 은밀히 융적과 내통한 뒤 성문을 열어주었다. 융적이 도성으로 쳐들어온 배경이다. 결국 이들은 주양왕을 내쫓고 왕자 대를 옹립했다. 어떤 융적은 육혼陸渾에서 살고, 또 일부는 동쪽 위衞나라까지 이르러 약탈하며 포학한 짓을 일삼았다. 중원 사람들이 이들을 미워한 이유다. 《시경》에 이들을 비판한 노래가 나온다.

융적을 응징하네!

• 〈노송魯頌, 비궁閟宮〉

험윤을 가차 없이 토벌하고, 태원太原에 이르네!

• 《시경》〈소아小雅, 유월六月〉

출정하는 병거 성대하니,* 저 삭방朔方에 성을 쌓네!

•《시경》〈소아, 출거〉

주양왕은 도성 밖에서 4년 동안 살았다. 사자를 중원의 진晉나라로 보내 위급을 알렸다. 갓 즉위한 진문공이 속히 패업을 이루고자 했다. 곧 군사를 일으켜 융적을 쳐 내쫓고, 왕자 대를 제거하고, 주양왕을 영접해 낙읍에 살게 한 이유다. 당시 서쪽 진나라와 중원의 진晉나라가 강국이었다. 진문공은 융적을 하서河西의 은수圁水와 낙수 사이에 살게 했다. 이들을 적적赤翟·백적白翟으로 불렀다. 진목공은 서융 출신 유여由余를 얻어 마침내 서융의 여덟 개국을 복종시킬 수 있었다. 농롱隴 땅의 서쪽에는 면저綿諸·곤융緄戎·적翟·원獂 등의 융족이 있었다. 기산·양산梁山·경수·칠수漆水 북쪽에는 의거義渠·대려大荔·오지烏氏·구연朐衍 등의 융족이 있었다. 또 진晉나라 북쪽에는 임호林胡·누번樓煩 등의 융족이 있었다. 연나라 북쪽에는 동호와 산융이 있었다. 이들은 각각 떨어져 골짜기에 살았고 저마다 군장이 있었다. 가끔 100여 융족이 합치는 일이 있기는 했어도 전체가 하나로 통일된 적은 없다.

100여 년 뒤 진도공晉悼公이 위강魏絳을 사자로 보내 융적과 화친을 맺었다. 융적이 진나라에 입조했다. 또 100여 년 뒤 조양자趙襄子가 구주산을 넘어 대 땅을 공략하고 호맥胡貉까지 쳐들어갔다. 이후 조양자는 한씨韓氏 및 위씨魏氏와 함께 지백을 제거하고 진나라 영토를 나누어 가졌다. 조씨는 대 땅과 구주산 북쪽, 위씨는 하서와 상군

● "출정하는 병거 성대하니"의 원문은 "출여방방出興彭彭"이다.《시경》〈소아, 출거出車〉에는 출여出興의 여興가 거車로 되어 있다. 방방彭彭은 성대하고 많다는 뜻이다.

을 차지해 융족과 경계를 마주했다. 이후 의거의 융족이 성곽을 쌓고 지켰으나 진나라는 이들의 땅을 잠식해 들어가다가 마침내 진혜문왕秦惠文王 때 의거의 스물다섯 개 성읍을 병탄했다. 진혜문왕이 위나라를 치자 위나라는 서하와 상군을 모두 진나라에 바쳤다. 진소양왕 때 의거의 융왕이 진소양왕의 모친 선태후宣太后와 밀통해 두 아들을 낳았다. 선태후는 의거의 융왕을 속여 감천궁에서 죽이고, 이어 군사를 일으켜 의거를 멸망시켰다. 진나라는 농서와 북지 및 상군을 차지한 뒤 장성을 쌓아 흉노를 대비했다.

조무령왕趙武靈王은 조나라의 풍속을 개혁해 호복을 입은 채 말을 타고 활을 쏘는 호복기사胡服騎射를 가르쳤다. 북쪽으로 임호와 누번을 무찔러 장성을 쌓고, 대 땅에서부터 음산陰山 기슭을 쫓아 고궐高闕에 이르는 지역을 요새지로 만들고, 운중과 안문, 대 등의 세 개 군을 두었다. 이후 연나라 명장 진개秦開가 흉노에 볼모로 가 있으면서 이들의 신뢰를 얻었다. 연나라로 돌아온 뒤 군사를 이끌고 동호를 습격해 패주시켰다. 동호가 1,000여 리나 후퇴했다. 형가荊軻와 함께 진왕秦王 정政을 척살하러 간 진무양秦舞陽은 진개의 손자다. 연나라 역시 조양造陽에서 양평襄平에 이르는 장성을 쌓고 상곡·어양·우북평·요서·요동遼東의 여러 군을 두었다. 흉노를 방어키 위한 것이었다.

당시 관대를 착용하는 중원에는 이른바 전국칠웅戰國七雄이 있었다. 그 가운데 세 개국이 흉노와 경계를 맞대고 있었다. 조나라 장수 이목이 지킬 때 흉노는 감히 조나라 변경을 침입하지 못했다. 이후 진나라가 육국을 멸망시키자 시황제는 몽념蒙恬에게 명해 10만 대군을 이끌고 북진해 흉노를 치게 했다. 몽념은 하남 땅을 모두 손에 넣었다. 이어 황하를 이용해 요새를 만들고, 황하를 쫓아 마흔네 개의 현성을 쌓은 뒤 죄수들로 이루어진 병사를 이주시켜 지키게 했다. 구원九原에서 운양雲陽에 이르는 곧은길을 개통시켰다. 험준한 산을 국경으로 삼고, 골짜기를 참호로 삼고, 보수할 수 있는 곳은 보수해 임조臨洮에서 요동까지 1만여 리에 달하는 장성을 완공했다. 또 황하를 건너 양산陽山과 북가北假까지 점령했다.

●● 匈奴, 其先祖夏后氏之苗裔也, 曰淳維. 唐虞以上有山戎·獫狁·葷粥, 居于北蠻, 隨畜牧而轉移. 其畜之所多則馬·牛·羊, 其奇畜則橐駝·驢·騾·駃騠·騊駼·驒騱. 逐水草遷徙, 毋城郭常處耕田之業, 然亦各有分地. 毋文書, 以言語爲約束. 兒能騎羊, 引弓射鳥鼠, 少長則射狐兔, 用爲食. 士力能毌弓, 盡爲甲騎. 其俗, 寬則隨畜, 因射獵禽獸爲生業, 急則人習戰攻以侵伐, 其天性也. 其長兵則弓矢, 短兵則刀鋋. 利則進, 不利則退, 不羞遁走. 苟利所在, 不知禮義. 自君王以下, 咸食畜肉, 衣其皮革, 被旃裘. 壯者食肥美, 老者食其餘. 貴壯健, 賤老弱. 父死, 妻其後母, 兄弟死, 皆取其妻妻之. 其俗有名不諱, 而無姓字. 夏道衰, 而公劉失其稷官, 變于西戎, 邑于豳. 其後三百有餘歲, 戎狄攻大王亶父, 亶父亡走岐下, 而豳人悉從亶父而邑焉, 作周. 其後百有餘歲, 周西伯昌伐畎夷氏. 後十有餘年, 武王伐紂而營雒邑, 復居于酆鄗, 放逐戎夷涇·洛之北, 以時入貢, 命曰, "荒服." 其後二百有餘年, 周道衰, 而穆王伐犬戎, 得四白狼四白鹿以歸. 自是之後, 荒服不至. 於是周遂作甫刑之辟. 穆王之後二百有餘年, 周幽王用寵姬褒姒之故, 與申侯有卻. 申侯怒而與犬戎共攻殺周幽王于驪山之下, 遂取周之焦穫, 而居于涇渭之間, 侵暴中國. 秦襄公救周, 於是周平王去酆鄗而東徙雒邑. 當是之時, 秦襄公伐戎至岐, 始列爲諸侯. 是後六十有五年, 而山戎越燕而伐齊, 齊釐公與戰于齊郊. 其後四十四年, 而山戎伐燕. 燕告急于齊, 齊桓公北伐山戎, 山戎走. 其後二十有餘年, 而戎狄至洛邑, 伐周襄王, 襄王奔于鄭之氾邑. 初, 周襄王欲伐鄭, 故娶戎狄女爲后, 與戎狄兵共伐鄭. 已而黜狄后, 狄后怨, 而襄王後母曰惠后, 有子子帶, 欲立之, 於是惠后與狄后·子帶爲內應, 開戎狄, 戎狄以故得入, 破逐周襄王, 而立子帶爲天子. 於是戎狄或居于陸渾, 東至於衛, 侵盜暴虐中國. 中國疾之, 故詩人歌之曰, "戎狄是應" "薄伐玁狁, 至於大原" "出輿彭彭, 城彼朔方." 周襄王既居外四年, 乃使告急于晉. 晉文公初立, 欲修霸業, 乃興師伐逐戎翟, 誅子帶, 迎內周襄王, 居于雒邑. 當是之時, 秦晉爲彊國. 晉文公攘戎翟, 居于河西圁·洛之閒, 號曰赤翟·白翟. 秦穆公得由余, 西戎八國服於秦, 故自隴以西有緜諸·緄戎·翟·豲之戎, 岐·梁山·涇·漆之北有義渠·大荔·烏氏·朐衍之戎. 而晉北有林胡·樓煩之戎, 燕北有東胡·山戎. 各分散居谿谷, 自有君長, 往往而聚者百有餘戎, 然莫能相一. 自是之後百有餘年, 晉悼公使魏絳和戎翟, 戎翟朝晉. 後百有餘年, 趙襄子踰句注而破幷代以臨胡貉. 其後既與韓魏共滅智伯, 分晉地而有之, 則趙有代·句注之北, 魏有河西·上郡, 以與戎界邊. 其後義渠之戎築城郭以自守, 而秦稍蠶食, 至於惠王, 遂拔義渠二十五城. 惠王擊魏, 魏盡入西河及上郡于秦. 秦昭王時, 義渠戎王與宣太后亂, 有二子. 宣太后詐而殺義渠戎王於甘泉, 遂起兵伐殘義渠. 於是秦有隴西·北地·上郡, 築長城以拒胡. 而趙武靈王亦變俗胡服, 習騎射, 北破林胡·樓煩. 築長城, 自代並陰山下, 至高闕爲塞. 而置雲中·鴈門·代郡. 其後燕有賢將秦開, 爲質於胡, 胡甚信之. 歸而襲破走東胡, 東胡卻千餘里. 與荊軻刺秦王秦舞陽者, 開之孫也. 燕亦築長城, 自造陽至襄平. 置上谷·漁陽·右北平·遼西·遼東郡以拒胡. 當是之時, 冠帶戰國七, 而三國邊於匈奴. 其後趙將李牧時, 匈奴不敢入趙邊. 後秦滅六國, 而始皇帝使蒙恬將十萬之衆北擊胡, 悉收河南地. 因河爲塞, 築四十四縣城臨河, 徙適戍以充之. 而通直道, 自九原至雲陽, 因邊山險塹谿谷可繕者治之, 起臨洮至遼東萬餘里. 又度河據陽山北假中.

묵돌선우열전

　당시 동호와 월지月氏의 세력이 강성했다. 흉노의 선우는 두만이었다. 두만은 진나라를 당해내지 못해 북쪽으로 옮겨 갔다. 10여 년 뒤 몽념이 죽고 옛 산동 육국의 제후들이 진나라를 배반했다. 중원이 혼란스러워지자 진나라가 변경을 지키기 위해 파견한 병사들이 모두 돌아왔다. 흉노가 숨을 돌린 뒤 다시 조금씩 황하를 건너 남하했다. 마침내 옛날 요새의 경계선에서 중국과 접경하게 된 배경이다.

　당시 두만 선우에게 태자가 있었다. 이름이 묵돌이었다. 이후 총애하는 연지에게 다시 작은아들을 얻은 뒤 묵돌을 폐하고 작은아들을 태자로 삼고자 했다. 선우가 묵돌을 월지국에 인질로 보냈다. 묵돌이 월지국에 볼모로 가 있을 때 두만 선우가 문득 월지를 쳤다. 월지는 두만 선우의 예상대로 묵돌을 죽이려 했다. 묵돌이 준마를 훔쳐 본국으로 도망쳐 돌아왔다. 두만 선우는 일이 어긋나기는 했으나 그의 용기를 장하게 여겼다. 곧 묵돌을 1만 명의 기병을 이끄는 장군에 임명했다. 묵돌은 명적鳴鏑(소리 나는 화살)을 만들어 부하들에게 나누어준 뒤 그것으로 기사 훈련을 시켰다. 그는 이런 명을 내렸다.

"내가 명적을 쏘면 다 같이 그곳을 쏘도록 하라. 쏘지 않는 자는 참한다."

얼마 후 사냥을 나간 뒤 명적을 쏜 곳에 화살을 날리지 않은 자는 가차 없이 참했다. 이후 명적을 자신의 애마에게 날렸다. 좌우에서 차마 쏘지 못하는 자가 있었다. 이들을 곧바로 참했다. 얼마 후 다시 명적을 자신의 애첩에게 날렸다. 좌우에서 겁이 난 나머지 감히 쏘지 못하는 자가 있었다. 이 역시 사정없이 참했다. 얼마 후 묵돌이 사냥에 참가한 뒤 부친인 두만 선우가 타고 있는 말을 향해 명적을 날렸다. 부하들이 모두 일제히 활을 쏘았다. 묵돌은 비로소 좌우 모두 자신의 명을 따른다는 확신을 가지게 되었다. 며칠 뒤 부친 두만 선우를 쫓아 사냥에 나섰다. 이내 명적을 부친 두만을 향해 날렸다. 과연 부하들이 일제히 화살을 날려 두만 선우를 죽였다. 묵돌이 잇달아 계모와 이복동생 및 자신을 따르지 않는 대신을 모두 잡아 죽인 뒤 스스로 선우가 되었다.

묵돌이 즉위할 당시 동호의 세력이 강했다. 동호는 이내 묵돌이 부친 두만을 죽이고 스스로 즉위했다는 이야기를 듣게 되었다. 곧 사자를 묵돌에게 보내 두만 선우의 천리마를 달라고 청했다. 묵돌이 신하들의 의견을 묻자 신하들 모두 입을 모아 동호를 성토했다.

"천리마는 우리의 보배입니다. 주지 마십시오."

그러나 묵돌은 이같이 말했다.

"어찌 이웃해 살면서 말 한 마리를 아끼겠소?"

결국 천리마를 동호에 보내주었다. 얼마 후 묵돌이 자기들을 무서워하는 것으로 생각한 동호가 다시 사자를 보내 선우의 연지 가운데 한 사람을 달라고 했다. 묵돌이 또 좌우에 물었다. 좌우가 화를 냈다.

"동호는 무도하기에 연지를 요구하고 있습니다. 출병해 쳐야 합니다."

그러나 묵돌은 이같이 말했다.

"어찌 이웃해 살면서 여자 하나를 아끼겠소?"

그러고는 사랑하는 연지 한 사람을 골라 동호에 보냈다. 동호가 더욱 교만해져 서쪽으로 침공해왔다. 당시 동호와 흉노 사이에는 1,000여 리에 걸쳐 아무도 살고 있지 않는 땅이 있었다. 두 나라 모두 변경에 수비 초소를 세워놓고 있었다. 동호가 사자를 묵돌에게 보내 이같이 전했다.

"흉노와 우리가 경계하고 있는 수비 초소 밖의 버려진 땅은 흉노로서는 어차피 무용지물이니 우리가 차지했으면 하오."

묵돌이 이를 대신들에게 묻자 몇 사람이 말했다.

"이는 버려진 땅입니다. 주어도 그만이고, 주지 않아도 그만일 듯싶습니다."

묵돌이 크게 화를 냈다.

"땅은 나라의 근본이다. 어떻게 내줄 수 있단 말인가?"

그러고는 주어도 좋다고 한 자를 모두 참수한 뒤 곧 말에 올라 전국에 이같이 포고했다.

"뒤늦게 출전하는 자는 곧바로 참하겠다."

마침내 동쪽으로 내달려 동호를 기습했다. 묵돌을 업신여긴 동호는 흉노에 관한 방비를 거의 하지 않고 있었다. 묵돌이 기습을 가해 동호를 대파했다. 그 왕을 죽이고, 백성과 가축을 노획했다. 돌아와서는 서쪽으로 월지를 쳐서 패주시키고, 남쪽으로 하남에 사는 누번과 백양白羊의 영토를 병탄했다. 또 연나라와 대 땅을 공격해 진나라 몽념에게 빼앗겼던 흉노 땅을 모두 되찾았다. 본래의 하남 경계선으로 국경을 정한 셈이다. 이어 관문을 세운 뒤 조나^{朝那}와 부시^{膚施}는 물론 연나라와 대 땅까지 공략했다. 당시 한나라 군사는 항우의 군사와 대치하고 있었다. 중원 전체가 전쟁에 지쳐 있었다. 덕분에 묵돌은 쉽게 흉노의 군사력을 강화할 수 있었다. 활을 잘 쏘는 궁사만도 30여만 명에 달했다. 흉노는 순유에서 두만까지 1,000여 년 동안 흥기와 쇠락을 거듭 반복했다. 이합집산 또한 무상했기에 선우의 계보를 순서대로 기록할 수는 없다.

●● 當是之時, 東胡彊而月氏盛. 匈奴單于曰頭曼, 頭曼不勝秦, 北徙. 十餘年而蒙恬死, 諸侯畔秦, 中國擾亂, 諸秦所徙適戍邊者皆復去, 於是匈奴得寬, 復稍度河南與中國界於故塞. 單于有太子名冒頓. 後有所愛閼氏, 生少子, 而單于欲廢冒頓而立少子, 乃使冒頓質於月氏. 冒頓旣質於月氏, 而頭曼急擊月氏. 月氏欲殺冒頓, 冒頓盜其善馬, 騎之亡歸. 頭曼以爲壯, 令將萬騎. 冒頓乃作爲鳴鏑, 習勒其騎射, 令曰, "鳴鏑所射而不悉射者, 斬之." 行獵鳥獸, 有不射鳴鏑所射者, 輒斬之. 已而冒頓以鳴鏑自射其善馬, 左右或不敢射者, 冒頓立斬不射善馬者. 居頃之, 復以鳴鏑自射其愛妻, 左右或頗恐, 不敢射, 冒頓又復斬之. 居頃之, 冒頓出獵, 以鳴鏑射單于善馬, 左右皆射之. 於是冒頓知其左右皆可用. 從其父單于頭曼獵, 以鳴鏑射頭曼, 其左右亦皆隨鳴鏑而射殺單于頭曼, 遂盡誅其後母與弟及大臣不聽從者. 冒頓自立爲單于. 冒頓旣立, 是時東胡彊盛, 聞冒頓殺父自立, 乃使使謂冒頓, 欲得頭曼時有千里馬. 冒頓問羣臣, 羣臣皆曰, "千里馬, 匈奴寶馬也, 勿與." 冒頓曰, "柰何與人鄰國而愛一馬乎?" 遂與之千里馬, 居頃之, 東胡以爲冒頓畏之, 乃使使謂冒頓, 欲得單于一閼氏. 冒頓復問左右, 左右皆怒曰, "東

胡無道, 乃求閼氏! 請擊之." 冒頓曰, "奈何與人鄰國愛一女子乎?" 遂
取所愛閼氏予東胡. 東胡王愈益驕, 西侵. 與匈奴閒, 中有棄地, 莫居,
千餘里, 各居其邊爲甌脫. 東胡使使謂冒頓曰, "匈奴所與我界甌脫外
棄地, 匈奴非能至也, 吾欲有之." 冒頓問羣臣, 羣臣或曰, "此棄地, 予
之亦可, 勿予亦可." 於是冒頓大怒曰, "地者, 國之本也, 奈何予之!" 諸
言予之者, 皆斬之. 冒頓上馬, 令國中有後者斬, 遂東襲擊東胡. 東胡
初輕冒頓, 不爲備. 及冒頓以兵至, 擊, 大破滅東胡王, 而虜其民人及
畜産. 旣歸, 西擊走月氏, 南幷樓煩・白羊河南王. 侵燕代悉復收秦所
使蒙恬所奪匈奴地者, 與漢關故河南塞, 至朝邶・膚施, 遂侵燕・代. 是
時漢兵與項羽相距, 中國罷於兵革, 以故冒頓得自彊, 控弦之士三十餘
萬. 自淳維以至頭曼千有餘歲, 時大時小, 別散分離, 尙矣, 其世傳不可
得而次云.

흉노는 묵돌 시대에 들어와 가장 강성해져 북쪽으로 오랑캐를 모
두 항복시키고, 남쪽으로 중국과 적대관계를 이루게 되었다. 대대로
흉노에 전해오는 관호官號 등을 열거하면 이렇다. 좌우 현왕賢王, 좌우
녹리왕谷蠡王*, 좌우 대장大將, 좌우 대도위大都尉, 좌우 대당호大當戶,
좌우 골도후骨都侯 등이 설치되어 있었다. 흉노는 현명한 것을 도기
屠耆라고 했다. 태자가 늘 좌도기왕左屠耆王이 된 이유다. 좌우의 현왕
이하 당호에 이르기까지 크게는 1만 명에서 적게는 몇천 명의 기병
을 거느리는 장長이 모두 스물네 명 있었다. 이들을 통상 만기萬騎라
고 불렀다. 대신들은 관직을 세습했다. 호연씨呼衍氏・난씨蘭氏, 이후

● 《사기색은》은 녹리谷蠡의 '녹'을 록祿, '리'를 리梨 내지 리離의 음과 같다고 했다. 흉노의
명칭을 음사音寫한 데 따른 것으로 보인다.

의 수복씨須卜氏 등 세 개 성씨가 선우와 통혼한 최고의 가문이다. 모든 좌방左方의 왕과 장수는 동쪽에 살며 상곡군 동쪽으로 예맥穢貉과 조선에 접해 있었다. 우방右方의 왕과 장들은 서쪽에 살고 있어 상군에서부터 서쪽을 맡아 월지와 저氐 및 강羌 땅과 접해 있었다. 선우가 머무는 왕정王庭은 대군 및 운중군雲中郡과 마주 보고 있었다. 이들은 각기 일정한 영역이 있어 물과 풀을 쫓아 옮겨 다녔다. 좌우 현왕과 좌우 녹리왕의 영역이 가장 크고, 좌우 골도후는 선우의 정사를 보좌했다. 기병을 거느린 스물네 명의 만기는 각각 스스로 천장千長·백장百長·십장什長·비소왕裨小王·상봉相封·도위·당호當戶·저거且渠 등의 속관을 두었다.

매년 정월에는 선우가 있는 왕정에서 모든 만기의 장長들이 소집회를 열고 제사를 지냈다. 5월에는 용성蘢城에서 대규모 집회를 열고 조상과 천지신명 및 귀신에게 제사를 올렸다. 가을에 말이 살찔 때는 대림蹄林에서 대회를 열어 백성과 가축의 수효를 조사했다. 이들의 법률은 대략 이러했다. 평상시 칼을 칼집에서 한 자 이상 뽑은 자는 사형에 처하고,• 도둑질한 사람은 그의 가족과 재산을 몰수했다. 경범죄를 범한 사람은 알형,•• 중죄를 범한 사람은 사형에 처했다. 옥에 가두는 것은 열흘 이내이고, 옥에 갇힌 자는 전국을 통틀어

• "평상시 칼을 칼집에서 한 자 이상 뽑은 자"의 원문은 "발인척자사拔刃尺者死"다. 흉노의 법률에 따르면 무력을 먼저 사용한 자를 엄벌에 처했다. 흉노의 형벌은 모두 일곱 가지다. 첫째, 사형이다. 둘째, 수레로 뼈를 부수는 알형軋刑이다. 셋째, 재산을 몰수하고 노비로 삼는 몰형沒刑이다. 넷째, 감옥에 가두는 수형囚刑이다. 유목민의 특성상 열흘을 넘지 않았다. 다섯째, 추방하는 유형流刑이다. 주로 한족 등의 이민족에게 적용했다. 장건이 유형을 받은 바 있다. 여섯째, 명을 받아 다른 곳을 공격해야 하는 벌형罰刑이다. 일곱째, 잘못을 사과하는 사죄형謝罪刑이다. 가장 약한 형에 속한다.
•• 알형을 두고 《사기집해》는 《한서음의》를 인용해 얼굴에 칼자국을 내는 것으로 풀이했다. 《사기정의》는 안사고의 주를 인용해 수레로 뼈를 부수는 형벌로 해석했다.

몇 명에 불과했다. 선우는 아침에 군영을 나와 막 떠오르는 해를 향해 절을 하고, 저녁에는 달을 향해 절을 했다. 앉는 자리는 왼쪽을 높이 여기고, 북쪽을 향해 앉았다. 무일戊日과 기일己日을 길일로 쳐 소중히 여겼다. 장례 풍속을 보면 시체를 관곽棺槨에 넣고, 금은과 가죽옷 등을 부장했다. 무덤에 봉분을 하거나 나무를 심는 일도 없고, 상복도 입지 않았다. 선우가 죽으면 총애를 입은 신첩臣妾을 순장했다. 많을 때는 수십에서 100명●에 달했다.

전쟁을 일으킬 때는 별과 달의 모양을 보고 결정했다. 달이 커져 둥글게 되면 공격을 하고 이지러지면 후퇴했다. 공격해 목을 베거나 포로를 잡은 자에게는 한 잔 술을 하사하고, 노획물은 노획한 당사자에게 주었다. 포로를 잡았을 때는 잡은 자의 노비로 삼았다. 싸울 때는 사람들 모두 각기 이득을 얻기 위해 교묘히 적을 유인한 뒤 한꺼번에 덮치는 수법을 썼다. 적을 보면 이득을 바라고 새 떼처럼 모여들지만, 싸움이 불리해지면 기와가 깨지고 구름이 흩어지는 것처럼[瓦解雲散] 뿔뿔이 달아났다. 또 아군의 전사자를 거둔 자에게는 전사자의 재산을 모두 주었다.

당시 묵돌은 북쪽으로 혼유渾庾 · 굴역屈射●● · 정령丁零 · 격곤鬲昆 · 신리薪犁 등을 항복시켰다. 흉노의 모든 귀족과 대신은 묵돌의 현명함에 감복해 믿고 복종했다. 이때 한고조의 유방이 마침내 중원을 평

● "수십에서 100명"의 원문은 "수천백인數千百人"이다. 천백千百은 매우 많다는 의미다.《사기정의》는《한서》에 수십백인數十百人으로 나오고 있는 점에 주목해 안사고의 주를 인용해 수십 명에서 100명 사이로 보았다.
●● 굴역의 역射을 두고《사기색은》은 그 음이 역亦과 같다며, 석石으로 읽어도 된다고 했다. 원래 역射에는 네 가지 음이 있다. 첫째, 발사發射의 뜻일 때는 사, 둘째, 사물을 지적해 취하는 지취指取의 뜻일 때는 석, 셋째, 관직이름인 복야僕射로 사용될 때는 야, 넷째, 싫어할 염厭 또는 음률의 명칭인 무역無射, 산의 이름인 고역姑射을 뜻할 때는 역으로 읽는다.

정해 천하통일을 이룬 뒤 한왕韓王 한신에게 대군으로 옮겨 마읍에
도읍하게 했다. 얼마 후 흉노의 기습으로 마읍이 포위되자 한왕 한
신이 묵돌에게 투항했다.

●● 然至冒頓而匈奴最彊大, 盡服從北夷, 而南與中國爲敵國, 其世
傳國官號乃可得而記云. 置左右賢王, 左右谷蠡曰, 左右大將, 左右大
都尉, 左右大當戶, 左右骨都侯. 匈奴謂賢曰, "屠耆", 故常以太子爲左
屠耆王. 自如左右賢王以下至當戶, 大者萬騎, 小者數千, 凡二十四長,
立號曰, "萬騎." 諸大臣皆世官. 呼衍氏, 蘭氏, 其後有須卜氏, 此三姓
其貴種也. 諸左方王將居東方, 直上谷以往者, 東接穢貉·朝鮮, 右方
王將居西方, 直上郡以西, 接月氏·氐·羌, 而單于之庭直代·雲中, 各
有分地, 逐水草移徙. 而左右賢王·左右谷蠡王最爲大國, 左右骨都侯
輔政. 諸二十四長亦各自置千長·百長·什長·裨小王·相·封都尉·當
戶·且渠之屬. 歲正月, 諸長小會單于庭, 祠. 五月, 大會蘢城, 祭其先·
天地·鬼神. 秋, 馬肥, 大會蹛林, 課校人畜計. 其法, 拔刃尺者死, 坐
盜者沒入其家, 有罪小者軋, 大者死. 獄久者不過十日, 一國之囚不過
數人. 而單于朝出營, 拜日之始生, 夕拜月. 其坐, 長左而北鄉. 日上戊
己. 其送死, 有棺槨金銀衣裘, 而無封樹喪服, 近幸臣妾從死者, 多至數
千百人. 擧事而候星月, 月盛壯則攻戰, 月虧則退兵. 其攻戰, 斬首虜賜
一巵酒, 而所得鹵獲因以予之, 得人以爲奴婢. 故其戰, 人人自爲趣利,
善爲誘兵以冒敵. 故其見敵則逐利, 如鳥之集, 其困敗, 則瓦解雲散矣.
戰而扶輿死者, 盡得死者家財. 後北服渾庾·屈射·丁零·鬲昆·薪犁
之國. 於是匈奴貴人大臣皆服, 以冒頓單于爲賢. 是時漢初定中國, 徙
韓王信於代, 都馬邑. 匈奴大攻圍馬邑, 韓王信降匈奴.

당시 묵돌은 한왕 한신이 투항하자 여세를 몰아 계속 남하했다. 구주산을 넘어 태원을 치고 마침내는 진양성晉陽城 밑까지 육박했다. 한고조 유방이 친정에 나섰다. 마침 겨울이라 추위가 심하고 큰 눈이 내렸다. 병사들 가운데 동상에 걸린 자가 열에 두셋은 되었다. 묵돌이 거짓으로 패주하는 척하며 한나라 군사를 유인했다. 한나라 군사가 신이 나 추격했다. 묵돌은 정예 부대를 숨겨두었으나 한나라는 흉노의 군사를 약졸로 업신여겼다. 대다수가 보병인 32만 명의 전군을 추격에 투입시킨 이유다. 한고조 자신이 선두에 서서 평성에 이르렀을 때였다. 보병이 도착하기도 전에 묵돌이 이끄는 정예 기병 40만 명이 유방을 백등산 위로 몰아넣고 포위했다. 한나라 군사는 일주일 동안 후방과 단절된 채 보급과 구원을 받을 길이 없었다. 백등산을 포위한 흉노의 기병을 보면 서쪽은 백마白馬, 동쪽은 청방마靑駹馬, 북쪽은 검은 오려마烏驪馬, 남쪽은 붉은 성마骍馬의 기마대로 구성되어 있었다. 유방이 몰래 사자를 통해 연지에게 후한 선물을 보냈다. 연지는 묵돌에게 청했다.

　　"두 나라 군주가 서로를 곤경에 처하게 해서는 안 됩니다. 지금 한나라 땅을 얻은들 그곳은 선우가 살 만한 곳이 되지 못합니다. 게다가 유방은 신의 도움을 받는다고 합니다. 선우는 부디 이런 점을 살피도록 하십시오."

　　마침 묵돌은 합류하기로 한 한왕 한신의 휘하 장수 왕황王黃과 조리趙利 등이 제 날짜에 오지 않자 한나라와 내통이 있는 것이 아닐까 의심하고 있었다. 이내 연지의 건의를 받아들여 포위망의 일부를 풀어주었다. 한고조 유방이 군사에게 명해 활시위를 힘껏 당겨 밖으로 향하게 하고는 포위가 풀린 한쪽으로 탈출해 마침내 후방의 본진本陣

과 합류할 수 있었다. 묵돌이 이내 철군하자 한나라 역시 곧바로 철군했다. 한나라는 곧 유경을 사자로 보내 묵돌과 화친의 맹약을 맺었다. 이후 흉노의 장군이 된 한왕 한신은 맹약을 깨고 조리 및 왕황과 함께 수시로 대군과 운중군을 약탈했다. 얼마 후 진희가 반기를 들면서 한왕 한신과 내통해 대군을 쳤다. 한나라 조정이 번쾌를 보내 이를 치게 했다. 번쾌가 대군과 안문 및 운중의 여러 군현을 수복했으나 요새 밖으로는 나가지 않았다. 이후에도 변경에 파견된 한나라 장수 가운데 흉노에 투항하는 자가 여러 명 있었다. 묵돌이 수시로 대군을 침탈한 이유다.

한고조 유방이 이를 걱정한 나머지 유경을 시켜 종실의 딸을 공주라고 속여 선우의 연지로 보내주었다. 또 해마다 흉노에게 일정량의 무명·비단·누룩·곡식 등을 보내주기로 약속했다. 형제의 맹약을 맺은 결과다. 덕분에 묵돌도 일시 침공을 그쳤다. 이후 연왕 노관盧綰이 한나라를 배반했다. 수천 명을 이끌고 흉노에게 항복한 뒤 상곡군 동쪽 일대를 수시로 괴롭혔다.

●● 匈奴得信, 因引兵南踰句注, 攻太原, 至晉陽下. 高帝自將兵往擊之. 會冬大寒雨雪, 卒之墮指者十二三, 於是冒頓詳敗走, 誘漢兵. 漢兵逐擊冒頓, 冒頓匿其精兵, 見其羸弱, 於是漢悉兵, 多步兵, 三十二萬, 北逐之. 高帝先至平城, 步兵未盡到, 冒頓縱精兵四十萬騎圍高帝於白登, 七日, 漢兵中外不得相救餉. 匈奴騎, 其西方盡白馬, 東方盡青駹馬, 北方盡烏驪馬, 南方盡騂馬. 高帝乃使使閒厚遺閼氏, 閼氏乃謂冒頓曰, "兩主不相困. 今得漢地, 而單于終非能居之也. 且漢王亦有神, 單于察之." 冒頓與韓王信之將王黃·趙利期, 而黃·利兵又不來, 疑其與漢有謀, 亦取閼氏之言, 乃解圍之一角. 於是高帝令士皆持滿傅矢外

鄉, 從解角直出, 竟與大軍合, 而冒頓遂引兵而去. 漢亦引兵而罷, 使
劉敬結和親之約. 是後韓王信爲匈奴將, 及趙利 · 王黃等數倍約, 侵盜
代 · 雲中. 居無幾何, 陳豨反, 又與韓信合謀擊代. 漢使樊噲往擊之, 復
拔代 · 鴈門 · 雲中郡縣, 不出塞. 是時匈奴以漢將衆往降, 故冒頓常往
來侵盜代地. 於是漢患之, 高帝乃使劉敬奉宗室女公主爲單于閼氏, 歲
奉匈奴絮繒酒米食物各有數, 約爲昆弟以和親, 冒頓乃少止. 後燕王盧
綰反, 率其黨數千人降匈奴, 往來苦上谷以東.

한고조 유방이 죽고 한혜제와 여태후가 다스리는 시기가 되자 한
나라는 비로소 안정되었으나 흉노는 여전히 거만을 부렸다. 묵돌이
여태후에게 망언을 담은 서신을 써서 보낸 것이 그렇다. 여태후가
격노한 나머지 묵돌을 치려고 했다. 제장들이 만류했다.

"고황조의 현무賢武로도 오히려 평성에서 포위당해 곤욕을 치렀습
니다."

여태후가 부득이 공격을 포기하고 흉노와 화친한 이유다. 한문제
는 즉위 후 화친의 약속을 다시 확인했다. 한문제 전 3년 5월, 흉노
의 우현왕이 하남 땅으로 침입한 뒤 상군의 요새를 쳐 한나라를 위
해 수비하고 있던 만이를 공략하고 인민을 대거 죽이고 재물을 빼
앗았다. 한문제가 조서를 내려 승상 관영에게 명했다. 속히 거기車騎
8만 5,000명을 징발해 고노高奴에 주둔한 우현왕을 치라는 내용이었
다. 우현왕이 패해 요새선 밖으로 물러갔다. 한문제가 태원으로 행차
한 틈을 타 제북왕 유흥거가 반기를 들었다. 한문제가 급히 장안으
로 돌아온 이유다. 승상 관영의 흉노 토벌도 중지되었다. 이듬해, 선
우가 한문제에게 서신을 보냈다.

하늘이 세운 흉노 대선우가 삼가 황제에게 그간 별 탈이 없었는지 문고자 하오. 앞서 황제가 화친에 관한 말을 했을 때 그 취지가 합당해 기꺼이 화친을 맺었소. 그러나 한나라 변경의 관원이 우리 우현왕을 침공해 모욕을 주었소. 우현왕이 나 선우와 상의치 않고 후의後義·노후盧侯·난지難氏 등의 계책을 받아들여 한나라 관원들과 싸우게 되었소. 두 나라 군주가 맺은 맹약을 끊고, 형제로서 친애의 정마저 떼 놓고 말았소. 문책하는 황제의 서신이 두 번이나 와 이쪽에서도 사자를 보내 서신으로 회답했소. 지금 우리 사자도 돌아오지 않고, 한나라의 사자 또한 오지 않았소. 한나라가 이를 이유로 화친하지 않으면 이웃한 우리도 한나라와 화친할 수 없게 되오.

지금 낮은 신분의 관원들이 우리의 맹약을 깨뜨렸기에 그 죄를 물어 우현왕에게 서쪽 월지를 치게 했소. 다행히 하늘의 가호와 단련된 정예병 및 강력한 말 덕분에 월지를 격파해 모두 죽이거나 항복시키고, 누란樓蘭과 오손烏孫 및 호게呼揭를 포함해 인접한 스물여섯 개국을 평정해 병탄할 수 있었소. 활을 당길 수 있는 백성 모두 모여 한집안이 된 것이니, 북쪽 지방은 이미 안정된 셈이오.

가능하면 전쟁을 그쳐 병사들을 쉬게 하면서 말이나 기르고, 앞서 있었던 오해를 잊고, 본래의 맹약을 복구하고, 이로써 젊은이들이 건강하게 자라고, 늙은이들이 안정된 생활을 하는 등 대대로 평화와 안락을 누리도록 만들고 싶소. 그러나 황제의 의향이 어떠한지 알 수 없어 낭중 계우천係雩淺을 시켜 이 글을 받들어 올리게 하고, 아울러 낙타 한 필과 승마용 말 두 필, 수레를 끄는 말 여덟 필을 바치고자 하오.

황제가 만일 한나라 변경요새 지대에 우리가 접근하는 것을 바라지 않으면 관원과 백성에게 조서를 내려 변경에서 멀리 떨어져 살게 해주시오. 사자가 이르는 즉시 무사히 돌려보내주기 바라오.

흉노의 사자가 6월에 신망新望에 도착했다. 서한이 조정에 보내지자 화전和戰 가운데 어느 쪽을 택할 것인가 하는 문제를 놓고 의논을 거듭했다. 대신들이 입을 모아 말했다.

"선우가 새로 월지를 격파하고 승세를 타고 있습니다. 지금 공격해서는 안 됩니다. 흉노의 땅은 차지해도 늪과 소금기가 많아 살 만한 곳이 아닙니다. 화친하는 편이 훨씬 낫습니다."

한나라가 선우의 청을 허락했다. 한문제 전 6년, 한나라가 묵돌에게 이런 글을 보냈다.

황제가 삼가 흉노의 대선우에게 그간 별 탈이 없었는지 묻고자 하오. 낭중인 계우천을 통해 짐에게 보낸 글에 이르기를, "우현왕이 나 선우와 상의치 않고 후의 · 노후 · 난지 등의 계책을 받아들여 한나라 관원들과 싸우게 되었소. 두 나라 군주가 맺은 맹약을 끊고, 형제로서 친애의 정마저 떼놓고 말았소. 지금 낮은 신분의 관원들이 우리의 맹약을 깨뜨렸기에 그 죄를 물어 우현왕에게 서쪽 월지를 치게 했소. 이에 서역西域을 완전히 평정해 병탄할 수 있었소. 가능하면 전쟁을 그쳐 병사들을 쉬게 하면서 말이나 기르고, 앞서 있던 오해를 잊고, 본래의 맹약을 복구하고, 이로써 젊은이들이 건강하게 자라고, 늙은이들이 안정된 생활을 하는 등 대대로 평화와 안락을 누리도록 만들고 싶소"라고 했소. 짐은 이를 심히 가상히 여기는 바요. 이것이야말로 옛 성왕의 뜻이오.

한나라는 흉노와 형제의 맹약을 맺고 선우에게 매우 후한 선물을 보내주었소. 맹약을 깨고 형제로서 친애의 정마저 떼어놓은 것은 늘 흉노 쪽이었소. 그러나 우현왕의 일은 이미 대사령大赦令이 내리기 이전의 일이니 선우는 그를 너무 책하지 말아주시오. 만일 선우가 이 서신의 취지에 적극 찬동해 귀국의 모든 관원에게 분명히 알려 약속을 저버리지 않고 신용을 지키도록 하면 짐도 또한 삼가 선우가 보낸 서신의 내용처럼 하겠소. 사자의 말에 따르면 선우는 친정에 나서 여러 나라를 쳐 대공을 세웠으나 그로 인한 고생이 많았다고 하오. 특별히 짐이 대례大禮 때 입는 수겹기의繡袷綺衣•와 수겹장유繡袷長襦, 금겹포錦袷袍 각 한 벌, 비여比余(머리에 꽂는 장식 빗) 한 개, 식구대飾具帶(황금으로 장식된 허리띠)와 서비胥紕(고리) 각 한 개, 수繡(수놓은 비단) 열 필, 금錦(일반 비단) 서른 필, 적제赤綈(붉은 비단)와 녹증綠繒(녹색 비단) 각 마흔 필을 중대부 의意과 알자령謁者令 견肩을 시켜 선우에게 보내오.

얼마 후 묵돌이 죽자 아들 계육稽粥이 뒤를 이어 즉위해 노상선우老上單于를 칭했다.

●● 高祖崩, 孝惠·呂太后時, 漢初定, 故匈奴以驕. 冒頓乃爲書遺高后, 妄言. 高后欲擊之, 諸將曰, "以高帝賢武, 然尙困於平城." 於是高后乃止, 復與匈奴和親. 至孝文帝初立, 復修和親之事. 其三年五月, 匈奴右賢王入居河南地, 侵盜上郡葆塞蠻夷, 殺略人民. 於是孝文帝詔丞相灌嬰發車騎八萬五千, 詣高奴, 擊右賢王. 右賢王走出塞. 文帝幸太原. 是時濟北王反, 文帝歸, 罷丞相擊胡之兵. 其明年, 單于遺漢書曰,

---

• 수겹기의의 겹袷은 겹옷인 합의合衣를 뜻한다. 둥근 깃인 곡령曲領을 뜻할 때는 '겁'으로 읽는다.

"天所立匈奴大單于敬問皇帝無恙. 前時皇帝言和親事, 稱書意, 合歡. 漢邊吏侵侮右賢王, 右賢王不請, 聽後義盧侯難氏等計, 與漢吏相距, 絶二主之約, 離兄弟之親. 皇帝讓書再至, 發使以書報, 不來, 漢使不至, 漢以其故不和, 鄰國不附. 今以小吏之敗約故, 罰右賢王, 使之西求月氏擊之. 以天之福, 吏卒良, 馬彊力, 以夷滅月氏, 盡斬殺降下之. 定樓蘭 · 烏孫 · 呼揭及其旁二十六國, 皆以爲匈奴. 諸引弓之民, 并爲一家. 北州已定, 願寢兵休士卒養馬, 除前事, 復故約, 以安邊民, 以應始古, 使少者得成其長, 老者安其處, 世世平樂. 未得皇帝之志也, 故使郎中係雩淺奉書請, 獻橐他一匹, 騎馬二匹, 駕二駟. 皇帝卽不欲匈奴近塞, 則且詔吏民遠舍. 使者至, 卽遣之." 以六月中來至薪望之地. 書至, 漢議擊與和親孰便. 公卿皆曰, "單于新破月氏, 乘勝, 不可擊. 且得匈奴地, 澤鹵, 非可居也. 和親甚便." 漢許之. 孝文皇帝前六年, 漢遺匈奴書曰, "皇帝敬問匈奴大單于無恙. 使郎中係雩淺遺朕書曰, '右賢王不請, 聽後義盧侯難氏等計, 絶二主之約, 離兄弟之親, 漢以故不和, 鄰國不附. 今以小吏敗約, 故罰右賢王使西擊月氏, 盡定之. 願寢兵休士卒養馬, 除前事, 復故約, 以安邊民, 使少者得成其長, 老者安其處, 世世平樂.' 朕甚嘉之, 此古聖主之意也. 漢與匈奴約爲兄弟, 所以遺單于甚厚. 倍約離兄弟之親者, 常在匈奴. 然右賢王事已在赦前, 單于勿深誅. 單于若稱書意, 明告諸吏, 使無負約, 有信, 敬如單于書. 使者言單于自將伐國有功, 甚苦兵事. 服繡袷綺衣 · 繡袷長襦 · 錦袷袍各一, 比余一, 黃金飾具帶一, 黃金胥紕一, 繡十匹, 錦三十匹, 赤綈 · 綠繒各四十匹, 使中大夫意 · 謁者令肩遺單于." 後頃之, 冒頓死, 子稽粥立, 號曰老上單于.

노상선우열전

노상선우 계육이 즉위했다. 한문제는 곧 종실의 딸을 공주로 속여 흉노에게 보내 노상선우의 연지로 만들었다. 연나라 출신 환관 중항열中行說에게 공주를 보좌하게 했다. 중항열은 내심 가고 싶지 않았다. 조정에서 강압적으로 그를 보내자 열은 말했다.

"내가 가면 반드시 한나라의 골칫거리가 될 것이오."

중항열은 흉노에 가자 곧바로 투항했다. 선우가 그를 가까이 두고 총애했다. 당초 흉노는 한나라의 비단과 무명, 음식 등을 매우 좋아했다. 중항열이 선우에게 진언했다.

"흉노의 인구는 한나라의 한 군郡에도 미치지 못합니다. 그런데도 흉노가 강한 것은 입고 먹는 것이 한나라와 달라 한나라에 의존하지 않기 때문입니다. 지금 선우가 풍속을 바꿔 한나라 물자를 좋아하게 되면 흉노가 한나라 물자의 10분의 2를 채 쓰기도 전에 흉노 백성은 모두 한나라에 귀속되고 말 것입니다. 한나라의 비단과 무명을 손에 넣으면 이것으로 옷을 지어 입고 풀과 가시덤불 속을 달리십시오. 옷과 바지 모두 찢어져 쓰지 못하게 될 것입니다. 이같이 해서 비단과 무명이 털로 짠 옷이나 가죽옷만큼 튼튼하지 못한 점을 보여주십시오. 또 한나라의 음식을 얻게 되면 이를 모두 버려 젖과 유제품•의 편리하고 맛있는 것을 따를 수 없다는 점을 보여주십시오."

이어 선우의 좌우에 있는 사람들에게 숫자를 기록하는 방법을 가르쳤다. 흉노가 인구와 가축의 숫자를 헤아려 기록하게 된 배경이다.

• "젖과 유제품"의 원문은 "동락湩酪"이다. 《사기집해》는 동湩을 유즙乳汁으로 풀이했다. 락酪은 치즈와 버터 등을 말한다.

한나라가 선우에게 서신을 보내올 때는 나무판으로 된 1척 1촌의 척독尺牘을 사용했다. 첫머리는 대개 이같이 시작한다.

　황제가 삼가 흉노의 대선우에게 그간 별 탈이 없었는지 묻고자 하오.

　그러고는 보내는 물품과 용건 등에 관해 언급했다. 중항열은 선우가 한나라에 글을 보낼 때는 1척 2촌의 척독을 사용하게 하고, 도장과 봉투 역시 세로와 가로 모두 더 크게 하고, 글도 거만한 어투로 쓰게 했다.

　천지가 낳고 일월이 세운 흉노 대선우가 삼가 한나라 황제에게 그간별 탈이 없었는지 묻고자 하오.

　그러고는 보내는 물건과 용건 등을 언급하게 했다. 한나라 어떤 사자가 이같이 말했다.

"흉노는 노인을 천대하는 풍속이 있다."

중항열이 그 한나라 사자를 매섭게 추궁했다.

"당신네 한나라 풍속에도 누군가 수자리를 서기 위해 떠나면 늙은 양친이 따뜻하고 두꺼운 옷을 벗어주며 살찌고 맛있는 음식을 나누어주지 않는가?"

한나라 사자가 대답했다.

"그렇소."

중항열이 또 물었다.

"흉노는 분명 전투를 일삼고 있소. 노약자는 싸울 수 없소. 살찌고 맛있는 음식을 건장한 사람에게 먹이는 이유요. 이같이 해서 스스로를 지키고, 부자지간이 서로 오래도록 보존할 수 있는 것이오. 이를 두고 어떻게 흉노가 노인을 가볍게 여긴다고 말할 수 있는 것이오?"

한나라 사자가 대답했다.

"그러나 흉노는 부자가 같은 천막 속에 살고, 아비가 죽으면 자식이 그 계모를 아내로 삼고, 형제가 죽으면 남아 있는 형제가 그 아내를 자기 아내로 삼소. 관대를 착용하는 예의와 궐정闕庭에서 지켜야 하는 예절도 없소."

중항열이 말했다.

"흉노의 풍속에 따르면 사람은 가축의 고기를 먹으며 그 젖을 마시고, 그 가죽으로 옷을 해 입소. 가축은 풀을 먹고 물을 마시며 철마다 이동을 하오. 싸울 때를 위해 기사를 익히고, 평시에는 무사無事를 즐기오. 그들의 약속은 간편해 실행하기가 쉽소. 군신의 관계는 간명하고 쉬워, 한나라의 정사가 마치 한집안의 일과 같소. 부자형제가 죽으면 남은 사람이 그 아내를 맞아 자기 아내로 삼는 것은 대가 끊어지는 것을 두려워하기 때문이오. 흉노가 어지러워져도 한 핏줄의 종족만은 그대로 유지하는 이유요. 중국의 경우는 드러내놓고 부형의 아내를 아내로 삼는 일은 없지만 친족관계가 멀어지면 서로 죽이기도 하고, 역성혁명이 일어나 제왕의 성이 바뀌기도 하오. 모두 이런 허례허식虛禮虛飾에서 비롯된 것이오. 마음속으로 생각하는 것과 달리 겉모습의 예의만 지키다보면 상하가 서로 원망하게 되오. 궁실과 가옥을 지나치게 꾸미면 재화를 생산할 힘을 모두 소진하게 되오. 대개 한나라는 밭을 갈고 누에를 쳐 의식衣食을 구하고, 성을 쌓아 방비를 하고 있소. 한나라 백성들이 전시에는 전공을 이루는 데 서

투르고, 평시에는 생업에 지치는 배경이오. 슬프다, 흙집에 사는 한나라 출신이여! 자신을 돌아보고 멋대로 말하지 마시오. 설령 이야기를 그럴듯하게 하고 의관을 예에 맞게 착용한들• 무슨 쓸모가 있겠소?"

이후 중항열은 한나라 사자가 뭐라고 변론을 하려 들면 그때마다 이같이 입을 막았다.

"한나라 사자는 여러 말을 할 필요가 없소. 한나라에서 보내는 비단·무명·쌀·누룩을 수량만큼 좋은 것으로 해주면 그만이오. 달리 무슨 말이 필요하겠소. 보내는 물건이 수량대로 오고, 질이 좋으면 되었소. 만일 수량도 맞지 않고 질도 나쁘면 곡식이 익는 가을을 기다렸다가 말을 타고 내달려 농작물을 짓밟아버릴 것이오."

그러고는 밤낮으로 선우에게 한나라 침공에 유리한 지점을 살펴볼 수 있도록 상세히 일러주었다.

◆◆ 老上稽粥單于初立, 孝文皇帝復遣宗室女公主爲單于閼氏, 使宦者燕人中行說傅公主. 說不欲行, 漢彊使之. 說曰, "必我行也, 爲漢患者." 中行說旣至, 因降單于, 單于甚親幸之. 初, 匈奴好漢繒絮食物, 中行說曰, "匈奴人衆不能當漢之一郡, 然所以彊者, 以衣食異, 無仰於漢也. 今單于變俗好漢物, 漢物不過什二, 則匈奴盡歸於漢矣. 其得漢繒絮, 以馳草棘中, 衣袴皆裂敝, 以示不如旃裘之完善也. 得漢食物皆去之, 以示不如湩酪之便美也." 於是說敎單于左右疏記, 以計課其人衆畜物. 漢遺單于書, 牘以尺一寸, 辭曰, "皇帝敬問匈奴大單于無恙", 所

• "이야기를 그럴듯하게 하고 의관을 예에 맞게 착용한들"의 원문은 "령첩첩이점점令喋喋而佔佔"이다.《사기색은》은 첩喋을 상대방 입맛에 맞추어 떠드는 이구利口, 점佔을 옷을 잘 차려 입은 모습으로 풀이했다.

遺物及言語云云. 中行說令單于遺漢書以尺二寸牘, 及印封皆令廣大長, 倨傲其辭曰, “天地所生日月所置匈奴大單于敬問漢皇帝無恙”, 所以遺物言語亦云云. 漢使或言曰, “匈奴俗賤老.” 中行說窮漢使曰, “而漢俗屯戍從軍當發者, 其老親豈有不自脫溫厚肥美以齎送飲食行戍乎?” 漢使曰, “然.” 中行說曰, “匈奴明以戰攻爲事, 其老弱不能鬪, 故以其肥美飲食壯健者, 蓋以自爲守衛, 如此父子各得久相保, 何以言匈奴輕老也?” 漢使曰, “匈奴父子乃同穹廬而臥. 父死, 妻其後母, 兄弟死, 盡取其妻妻之. 無冠帶之飾, 闕庭之禮.” 中行說曰, “匈奴之俗, 人食畜肉, 飲其汁, 衣其皮, 畜食草飲水, 隨時轉移. 故其急則人習騎射, 寬則人樂無事, 其約束輕, 易行也. 君臣簡易, 一國之政猶一身也. 父子兄弟死, 取其妻妻之, 惡種姓之失也. 故匈奴雖亂, 必立宗種. 今中國雖詳不取其父兄之妻, 親屬益疏則相殺, 至乃易姓, 皆從此類. 且禮義之敝, 上下交怨望, 而室屋之極, 生力必屈. 夫力耕桑以求衣食, 築城郭以自備, 故其民急則不習戰功, 緩則罷於作業. 嗟土室之人, 顧無多辭, 令喋喋而佔佔, 冠固何當?” 自是之後, 漢使欲辯論者, 中行說輒曰, “漢使無多言, 顧漢所輸匈奴繒絮米糵, 令其量中, 必善美而已矣, 何以爲言乎? 且所給備善則已, 不備, 苦惡, 則候秋孰, 以騎馳蹂而稼穡耳.” 日夜敎單于候利害處.

한문제 전 14년, 흉노 선우의 기병 14만 명이 조나와 소관으로 쳐들어와 북지 도위 앙卬을 죽이고 많은 주민과 가축을 잡아갔다. 이어 마침내 팽양彭陽까지 진출한 뒤 돌격대를 풀어 대규모로 약탈했다. 회중궁回中宮을 불태우고, 척후의 기병대는 옹 땅에 있는 감천궁에 이르렀다. 한문제가 중위 주사周舍와 낭중령 장무張武를 장군으로 삼은 뒤 병거 1,000승과 기병 10만 명을 동원해 장안 일대에 진을 치고 흉노의 침입에 대비토록 했다. 또 창후昌侯 노경盧卿을 상군장군上郡將軍, 영후寧侯 위속魏邀을 북지장군北地將軍, 융려후隆慮侯 주조周竈를 농서장군隴西將軍, 동양후 장상여를 대장군, 성후成侯 동적董赤을 전장군에 임명한 뒤 병거와 기병을 대거 동원해 흉노를 치게 했다.

선우가 국경의 요새선 안으로 들어와 한 달여 머물다가 철수했다. 한나라 군사가 그 뒤를 추격해 요새선 밖까지 나가기는 했으나 아무런 전과도 없이 이내 철군했다. 흉노가 날로 교만해져 해마다 변경을 침입했다. 그때마다 많은 주민과 가축을 살상하고 약탈했다. 운중군과 요동군遼東郡의 피해가 가장 심했다. 각 군의 희생자를 합하면 모두 1만여 명에 달했다. 한나라가 이를 크게 걱정했다. 곧 사자를 시켜 흉노에게 글을 전했다. 선우도 당호를 시켜 답신을 보내 사과하면서 다시 화친을 논의하게 했다. 한문제 후 2년, 한나라가 사자를 시켜 흉노에게 이런 서신을 보냈다.

황제가 삼가 흉노의 대선우에게 그간 별 탈이 없었는지 묻고자 하오. 당호 겸 저거且居 조거난雕渠難과 낭중 한료韓遼를 시켜 짐에게 보낸 말 두 필은 삼가 잘 받았소. 우리 선제 한고조의 조칙에 이르기를, "장성 이북의 활쏘기에 능한 나라는 선우에게 명을 받고, 장성 안의 의관속대衣冠束帶를 한 곳은 짐이 통솔한다. 천하 만민에게 밭을 갈고 베를 짜며 사냥을 해서 의식衣食을 해결하고, 부자지간이 서로 떨어지는 일이 없고, 군신이 서로 평안히 지내 모두 포악하고 거스르는 일이 일어나지 않게 하라"고 했소. 지금 들리는 바에 따르면 사악한 무리가 탐욕스럽게도 이익에 눈이 먼 나머지 의리를 저버린 채 약속을 어기고[倍義絶約], 천하 만민의 생명을 망각하고, 두 나라 군주의 우애마저 떼어놓고 있다고 하오.

그러나 이는 이미 지난 일이오. 보낸 서신에도 이르기를, "두 나라는 이제 화친해, 두 군주가 함께 즐기고, 싸움을 그쳐 군사를 쉬게 하며 말을 길러, 대대로 번영과 화락和樂을 추구하기 위해 화합된 모습으로 새 출발을 하고 싶다"고 했소. 짐은 심히 이를 가상히 여기는 바요. 성인은 날마다 새로우니, 잘못을 고쳐 보다 나은 정사를 펼치기 때문이오. 그래야 늙은이가 편히 쉴 곳을 얻고, 어린아이가 잘 자라고, 백성 모두 생명을 보전해 하늘이 내린 수명을 다할 수 있소. 짐과 선우가 함께 성인의 치도治道에 입각해 하늘을 좇고 백성을 사랑하는 자세[順天恤民]로 정사에 임하고, 대대로 이를 전하며 끝없이 베풀면 천하에 편하지 않은 사람이 없을 것이오.

한나라와 흉노는 서로 이웃한 대등한 나라요. 흉노는 북쪽에 위치해 춥고, 숙살肅殺의 냉기가 일찍 내리오. 짐이 우리 관원에게 명해 선우에게 해마다 일정량의 차조·누룩·금·비단·무명과 그 밖의 물건을 보내는 이유요. 지금 천하는 크게 평화롭고, 백성 모두 즐거워하고 있소. 짐과 선우는 모든 백성의 부모요. 짐이 지난 일을 돌이켜 생각해보건대 모두 모신謀臣들의 잘못된 계책에서 비롯된 하찮은 일이었소. 어느 것이나 형제지국兄弟之國의 우애를 떼놓을 만한 사안은 아니었소.

짐이 듣건대 하늘은 한쪽으로 치우쳐 덮고, 땅은 한쪽으로 치우쳐 싣지 않는다고 했소. 짐은 선우와 더불어 지난 작은 일들을 씻어버리고, 천지의 큰 도를 좇아 과거의 잘못된 것을 제거하고, 장구한 앞날을 도모해 두 나라 백성을 한집안 자식처럼 대하고자 하오. 이리해서 천하 만민은 물론 아래로는 고기와 자라부터 위로는 하늘을 나는 새에 이르기까지 발로 걷고 입으로 숨 쉬며 꿈틀대는 모든 천지 만물이 편안하고 이로운 쪽으로 나아가며 위험을 피하지 않는 것이 없도록 만들고 싶소.

오는 것을 굳이 막지 않는 것이 천도요. 우리 다 같이 지난 일은 잊읍시다. 짐은 흉노로 도망간 한나라 백성을 용서하겠소. 선우도 한나라에 항복한 흉노 출신 장니章尼 같은 사람을 불문에 붙여주시오. 짐이 듣건대 옛날 제왕은 약속을 분명히 하면서 식언食言하는 일이 없었다고 하오. 선우가 화친에 마음을 쓰면 천하는 크게 편안할 것이오. 화친하면 한나라가 먼저 약속을 어기는 잘못을 범하지 않을 거요. 선우는 이 점을 잘 헤아려주기 바라오.

선우가 화친을 약속하자 한문제가 어사에게 다음과 같은 조서를 내렸다.

흉노의 대선우가 짐에게 글을 보내 화친을 제안했고, 그 화친의 약속은 이미 맺었다. 흉노에서 한나라로 도망쳐온 자들은 인구를 더해주는 일도, 영토를 넓혀주는 일도 없을 것이다. 앞으로는 흉노가 국경을 넘어 중원으로 들어오지 못할 것이다. 한나라도 국경을 벗어나서는 안 된다. 이를 어기는 자는 사형에 처할 것이다. 이같이 하면 오래도록 화친할 수 있고, 이후에도 큰 문제가 생기지 않을 것이다. 이것이 서로에게 이롭다. 짐은 이미 화친을 허락했다. 곧바로 천하에 포고해 이를 명확히 알리도록 하라.

한문제 후 4년, 노상선우 계육이 죽고 그의 아들 군신軍臣이 뒤를
이어 선우가 되었다.

●● 漢孝文皇帝十四年, 匈奴單于十四萬騎入朝邢·蕭關, 殺北地都
尉印, 虜人民畜産甚多, 遂至彭陽. 使奇兵入燒回中宮, 候騎至雍甘泉.
於是文帝以中尉周舍·郎中令張武爲將軍, 發車千乘, 騎十萬, 軍長安
旁以備胡寇. 而拜昌侯盧卿爲上郡將軍, 甯侯魏遬爲北地將軍, 隆慮侯
周竈爲隴西將軍, 東陽侯張相如爲大將軍, 成侯董赤爲前將軍, 大發車
騎往擊胡. 單于留塞內月餘乃去, 漢逐出塞卽還, 不能有所殺. 匈奴日
已驕, 歲入邊, 殺略人民畜産甚多, 雲中·遼東最甚, 至代郡萬餘人. 漢
患之, 乃使使遺匈奴書. 單于亦使當戶報謝, 復言和親事. 孝文帝後二
年, 使使遺匈奴書曰, "皇帝敬問匈奴大單于無恙. 使當戶且居雕渠難·
郎中韓遼遺朕馬二匹, 已至, 敬受. 先帝制, 長城以北, 引弓之國, 受命
單于, 長城以內, 冠帶之室, 朕亦制之. 使萬民耕織射獵衣食, 父子無
離, 臣主相安, 俱無暴逆. 今聞渫惡民貪降其進取之利, 倍義絶約, 忘
萬民之命, 離兩主之驩, 然其事已在前矣. 書曰, '二國已和親, 兩主驩
說, 寢兵休卒養馬, 世世昌樂, 闟然更始.' 朕甚嘉之. 聖人者日新, 改作
更始, 使老者得息, 幼者得長, 各保其首領而終其天年. 朕與單于俱由
此道, 順天恤民, 世世相傳, 施之無窮, 天下莫不咸便. 漢與匈奴鄰國之
敵, 匈奴處北地, 寒, 殺氣早降, 故詔吏遺單于秫糵金帛絲絮佗物歲有
數. 今天下大安, 萬民熙熙, 朕與單于爲之父母. 朕追念前事, 薄物細
故, 謀臣計失, 皆不足以離兄弟之驩. 朕聞天下頗覆, 地不偏載. 朕與
單于皆捐往細故, 俱蹈大道, 墮壞前惡, 以圖長久, 使兩國之民若一家
子. 元元萬民, 下及魚鼈, 上及飛鳥, 跂行喙息蠕動之類, 莫不就安利而
辟危殆. 故來者不止, 天之道也. 俱去前事, 朕釋逃虜民, 單于無言章尼

等. 朕聞古之帝王, 約分明而無食言. 單于留志, 天下大安, 和親之後, 漢過不先. 單于其察之." 單于既約和親, 於是制詔御史曰, "匈奴大單于遺朕書, 言和親已定, 亡人不足以益衆廣地, 匈奴無入塞, 漢無出塞, 犯令今約者殺之, 可以久親, 後無咎, 俱便. 朕已許之. 其布告天下, 使明知之." 後四歲, 老上稽粥單于死, 子軍臣立爲單于.

군신선우열전

군신 선우가 즉위하자 한문제는 흉노와 맺은 화약을 다시 확인했다. 중항열은 그대로 새 선우를 섬겼다. 군신 선우가 즉위한 지 4년 만에 흉노가 다시 화친을 끊고 상군과 운중군에 각각 3만 명의 기병을 동원해 침공했다. 많은 사람을 죽이고 재물을 빼앗은 뒤 물러났다. 한나라가 세 명의 장군에게 명해 군사를 이끌고 가 북지에 주둔하게 했다. 대 땅은 구주산, 조나라 땅은 비호구飛狐口에 주둔시켰다. 또 변경 일대도 각각 굳게 지키며 흉노의 침입에 대비했다. 또 이것과는 별도로 주아부와 서려徐厲 및 유례 등 세 명의 장군에게 명해 도성 주변에 주둔하게 했다. 장안 서쪽의 세류細柳, 위수 북쪽의 극문棘門·파상이 그것이다. 모두 세 곳에 진을 치고 흉노에 대비했다. 흉노의 기병이 다시 대 땅의 구주산 주변으로 침공했다. 적의 침공을 알리는 봉화불이 감천甘泉에서 장안까지 전해지며 위급을 알렸다. 한나라 군사가 변경에 이르렀을 때는 이미 흉노가 변경 요새로부터 멀리 물러난 뒤였다. 한나라 군사 역시 이내 철군했다.

이후 1년 남짓 지나 한문제가 죽고 한경제가 즉위했다. 당시 조왕 유수가 몰래 사자를 흉노로 보내 내통했다. 오초칠국의 난이 일어나자 흉노가 조나라와 합세해 변경을 침공하고자 했다. 그러나 한나라가 조나라를 포위해 깨뜨리자 계책이 무산되었다. 이후 한경제는 다시 흉노와 맺은 화친을 확인한 뒤 원래 약속한 대로 관시關市에서 교역하고, 흉노에게 물자를 보내주고, 공주도 시집보냈다. 한경제 시대가 끝날 때까지 흉노는 소규모로 침공해 도둑질을 한 적은 있으나 대규모로 침공한 적은 없었다. 다시 한무제가 즉위하자 화친의 맹약을 명확히 하고 후하게 대우했다. 관시를 통해 교역을 허용하며 많은 물자를 흉노에게 보내준 것이 그렇다.

흉노도 선우 이하 모두 한나라와 친해져 장성 부근까지 자주 내왕했다. 이후 한나라는 마읍의 성 밑에 사는 섭일聶壹이라는 노인에게 선우를 유인하게 했다. 짐짓 금령을 어기고 몰래 경계선을 넘어 물자를 반출함으로써 마읍을 팔아넘기는 척하며 선우를 유인하는 식이었다. 과연 선우가 이에 넘어갔다. 섭일의 말을 믿고 마읍의 재물을 탐내 기병 10만 명을 이끌고 무주의 요새로 들어왔다. 당시 한나라는 30여 만 명의 군사를 마읍 부근에 매복시킨 뒤 어사대부 한안국이 호군장군이 되어 네 명의 장군을 지휘하며 선우를 기다렸다. 선우는 이미 한나라 요새로 들어와 마읍에서 100여 리 떨어진 곳까지 이르렀다. 들판에 가축이 떼 지어 있었으나 사람이 보이지 않았다. 이를 이상히 여기고 방향을 돌려 요새의 보루인 정장亭障을 쳤다. 당시 안문의 위사가 변경 요새를 순시하다가 선우의 부대를 보고는 정장을 굳게 지켰다. 그러나 한나라 군사의 모략을 알고 있던 그는 이내 선우에게 붙잡혀 죽게 되자 한나라 군사의 매복 사실을 일러주었다. 선우가 크게 놀랐다.

"나는 처음부터 의심했다."

그러고는 군사를 이끌고 경계선을 넘어 돌아가면서 이같이 말했다.

"위사를 잡게 된 것은 하늘의 뜻이다. 하늘이 그대를 시켜 말한 것이다."

그러고는 위사를 천왕으로 불렀다. 한나라 군사는 선우가 마음에 들어오면 일거에 군사를 출동시켜 선우를 치기로 약속했으나 선우가 오지 않는 바람에 아무런 전과도 얻지 못했다. 당초 한나라 장수 왕회의 부대는 대 땅에서 나와 흉노의 보급부대를 치기로 되어 있었다. 그러나 선우가 철수할 때 군사가 많다는 이야기를 듣고는 감히 출격치 못했다. 한나라는 왕회가 이번 작전을 입안했음에도 진격조차 하지 않은 점을 이유로 목을 베었다. 이후 흉노는 화친을 끊고 흉노가 다니는 길에 설치된 요새를 공격했다. 변경 지대의 약탈이 헤아릴 수 없을 정도로 많았다. 이때 흉노는 탐욕스럽게도 관시의 교역을 즐기며, 한나라의 재물을 좋아했다. 한나라도 관시의 교역만은 그대로 유지시켰다. 흉노를 달래고자 한 것이다.

마읍 사건이 있은 지 5년이 지난 그해 가을, 한나라가 각각 1만 명의 기병을 거느린 장수 네 명에게 명해 관시 부근에서 흉노를 치게 했다. 위청은 상곡에서 출격한 후 용성에 이르러 700명에 달하는 흉노의 수급과 포로를 얻었다. 공손하는 운중에서 출격했으나 전과는 없었다. 공손오는 대군에서 출격했으나 흉노에게 패해서 7,000여 명을 잃었다. 이광 역시 안문에서 출격했다가 흉노에게 패하고 포로가 되었으나 이후 도망쳐 돌아왔다. 한나라가 공손오와 이광을 옥에 가두었다. 이들은 속죄금을 물고 평민이 되었다. 이해 겨울, 흉노가 자주 변경을 침공해 약탈했다. 어양군漁陽郡 피해가 가장 컸다. 한나라 조정이 장수 한안국을 어양에 주둔시켜 흉노에 대비했다.

이듬해 가을, 흉노의 기병 2만 명의 한나라에 침입해서 요서 태수를 죽이고 2,000여 명을 잡아갔다. 다시 어양을 공격해 어양 태수의 군사 1,000여 명을 물리치고, 한나라 장수 한안국을 포위했다. 당시 한안국은 병력이 1,000여 명밖에 없었고, 그것마저 전멸상태였다. 마침 연나라 구원병이 도착하고 흉노가 철수해 위기를 모면했다. 흉노는 또 안문으로 쳐들어와 1,000여 명을 죽이거나 잡아갔다. 한나라는 장군 위청에게 기병 3만 명을 이끌고 안문에서 출격해 흉노를 토벌하게 했다. 또 이식에게는 대군에서 출격해 흉노를 치게 했다. 그 결과 수급과 포로를 합쳐 수천 명을 얻는 전과를 올렸다.

그 이듬해에 위청이 또 운중의 서쪽으로 출격해 농서에서 하남 땅에 진을 친 흉노의 누번왕과 백양왕을 깨뜨렸다. 또 흉노의 수급과 포로 수천 명, 소와 양 100여만 마리를 얻었다. 한나라가 마침내 하남 땅을 점령해 삭방군朔方郡을 설치하고, 진나라 때 몽념이 만들었던 요새를 다시 수리한 뒤 황하에 기대 방비를 굳게 했다. 이때 한나라는 상곡의 북쪽 흉노 땅에 깊숙이 들어가 있는 조양 땅을 수비의 어려움 등으로 인해 흉노에게 넘겨주었다. 이해는 한무제 원삭 2년이었다.

이듬해 겨울, 흉노의 군신 선우가 죽었다. 군신 선우의 동생인 좌녹리왕 이치사伊稚斜가 스스로 선우가 된 뒤 군신 선우의 태자인 오단於單을 쳐서 깨뜨렸다. 오단이 달아나 한나라에 항복했다. 한나라가 오단을 섭안후涉安侯로 봉했으나 몇 달 뒤에 죽고 말았다.

●● 旣立, 孝文皇帝復與匈奴和親. 而中行說復事之. 軍臣單于立四歲, 匈奴復絶和親, 大入上郡·雲中各三萬騎, 所殺略甚衆而去. 於是漢使三將軍軍屯北地, 代屯句注, 趙屯飛狐口, 緣邊亦各堅守以備胡寇. 又置三將軍, 軍長安西細柳·渭北棘門·霸上以備胡. 胡騎入代句注邊, 烽火通於甘泉·長安. 數月, 漢兵至邊, 匈奴亦去遠塞, 漢兵亦罷. 後歲餘, 孝文帝崩, 孝景帝立, 而趙王遂乃陰使人於匈奴. 吳楚反, 欲與趙合謀入邊. 漢圍破趙, 匈奴亦止. 自是之後, 孝景帝復與匈奴和親, 通關市, 給遺匈奴, 遣公主, 如故約. 終孝景時, 時小入盜邊, 無大寇. 今帝卽位, 明和親約束, 厚遇, 通關市, 饒給之. 匈奴自單于以下皆親漢, 往來長城下. 漢使馬邑下人聶翁壹奸蘭出物與匈奴交, 詳爲賣馬邑城以誘單于. 單于信之, 而貪馬邑財物, 乃以十萬騎入武州塞. 漢伏兵三十餘萬馬邑旁, 御史大夫韓安國爲護軍, 護四將軍以伏單于. 單于旣入漢塞, 未至馬邑百餘里, 見畜布野而無人牧者, 怪之, 乃攻亭. 是時鴈門尉史行徼, 見寇, 葆此亭, 知漢兵謀, 單于得, 欲殺之, 尉史乃告單于漢兵所居. 單于大驚曰, "吾固疑之." 乃引兵還. 出曰, "吾得尉史, 天也, 天使若言." 以尉史爲"天王." 漢兵約單于入馬邑而縱, 單于不至, 以故漢兵無所得. 漢將軍王恢部出代擊胡輜重, 聞單于還, 兵多, 不敢出. 漢以恢本造兵謀而不進, 斬恢. 自是之後, 匈奴絶和親, 攻當路塞, 往往入盜於漢邊, 不可勝數. 然匈奴貪, 尙樂關市, 嗜漢財物, 漢亦尙關市不絶以中之. 自馬邑軍後五年之秋, 漢使四將軍各萬騎擊胡關市下. 將軍衛靑出上谷, 至蘢城, 得胡首虜七百人. 公孫賀出雲中, 無所得. 公孫敖出代郡, 爲胡所敗七千餘人. 李廣出鴈門, 爲胡所敗, 而匈奴生得廣, 廣後得亡歸. 漢囚敖·廣, 敖·廣贖爲庶人. 其冬, 匈奴數入盜邊, 漁陽尤甚. 漢使將軍韓安國屯漁陽備胡. 其明年秋, 匈奴二萬騎入漢, 殺遼西太守, 略二千餘人. 胡又入敗漁陽太守軍千餘人, 圍漢將軍安國, 安國時千餘騎亦且盡, 會燕救至, 匈奴乃去. 匈奴又入鴈門, 殺略千餘人. 於是漢使將軍衞靑將三萬騎出鴈門, 李息出代郡, 擊胡. 得首虜數千人. 其明年, 衞靑復出雲中以西至隴西, 擊胡之樓煩·白羊王於河南, 得胡首虜數千, 牛羊百餘萬. 於是漢遂取河南地, 築朔方, 復繕故秦時蒙恬所爲塞, 因河爲固. 漢亦棄上谷之什辟縣造陽地以予胡. 是歲, 漢之元朔二年也. 其後冬, 匈奴軍臣單于死. 軍臣單于弟左谷蠡王伊稚斜自立爲單于, 攻破軍臣單于太子於單. 於單亡降漢, 漢封於單爲涉安侯, 數月而死.

이치사선우열전

이치사 선우가 즉위한 원삭 3년 여름, 흉노 기병 수만 명이 침입해서 대군 태수 공우恭友를 죽이고 백성 1,000여 명을 잡아갔다. 이해 가을, 흉노가 또다시 안문에 침입해서 1,000여 명을 죽이거나 잡아갔다. 이듬해, 흉노가 다시 또 대군과 정양군 및 상군에 각각 3만 명의 기병을 보내 수천 명을 죽이거나 잡아갔다. 흉노의 우현왕은 한나라가 자신의 하남 땅을 빼앗은 뒤 삭방군을 설치한 것에 원한을 품었다. 자주 변경과 하남으로 쳐들어오고 삭방을 휩쓸고 다니며 많은 이민족을 죽이고 재물을 빼앗은 이유다.

이듬해 봄, 한나라가 위청을 대장군에 임명했다. 장수 여섯 명과 10여 만 명의 군사를 이끌고 삭방과 고궐에서 출격해 흉노를 토벌하게 했다. 당시 우현왕은 한나라 군사가 그곳까지 쳐들어올 리 없다

고 생각해 술을 마시고 취해 있었다. 한나라 군사가 요새에서 600~
700리나 나아가 밤에 우현왕을 포위했다. 우현왕이 크게 놀라 단신
으로 달아났다. 휘하의 정예 기병들도 각기 그 뒤를 쫓아 허둥지둥
달아났다. 한나라 군사는 이 싸움에서 우현왕에 소속된 남녀 1만
5,000명과 비소왕 10여 명을 생포했다.

이해 가을, 흉노의 기병 1만 명이 대군에 침공해 도위 주영朱英을
살해하고 1,000여 명을 잡아갔다. 이듬해 봄, 한나라가 또 대장군 위
청에게 명해 장수 여섯 명과 기병 10여 만 명을 이끌고 가 흉노를 토
벌하게 했다. 위청이 다시 정양定襄에서 수백 리를 진격해 흉노를 쳤
다. 앞뒤로 모두 1만 9,000여 명에 달하는 흉노의 수급과 포로를 얻
었다. 한나라도 장수 두 명과 3,000여 명의 군사를 잃었다. 또 우장군
소건蘇建은 단신으로 탈출했고, 전장군인 흡후翕侯 조신趙信은 전세가
불리해지자 흉노에게 투항했다. 조신은 원래 흉노의 소왕小王으로 한
나라에 투항한 후 흡후로 봉해진 인물이다. 조신은 우장군과 합세해
주력부대와 별도로 진격하다가 단독으로 선우의 군사와 맞닥뜨려
전멸했다. 선우는 흡후를 잡자 선우 다음의 자리에 해당한다는 뜻에
서 자차왕自次王에 봉한 뒤 자신의 누나를 아내로 주고 함께 한나라
에 관한 전략을 짰다. 조신이 선우에게 말했다.

"좀더 북쪽으로 물러나 사막을 가로질러 한나라 군사를 유인해 지
치게 만든 뒤 극도로 지쳤을 때를 노려 공격해야 합니다. 요새 가까
이에 가서는 안 됩니다."

선우가 이를 좇았다. 이듬해, 흉노의 기병 1만 명이 상곡군에 침공
해 수백 명을 죽였다. 그 이듬해 봄, 한나라가 표기장군 곽거병에게
명해 1만 명의 군사를 이끌고 농서로부터 출격하게 했다. 곽거병이

언지산焉支山에서 1,000여 리나 진격해 흉노를 쳤다. 8,000여 명에 달하는 흉노의 수급과 포로를 얻었다. 또 휴도왕休屠王을 깨뜨린 뒤 제천금인祭天金人(흉노 왕이 하늘에 제사 지낼 때 사용하는 황금으로 만든 동상)을 손에 넣었다.

이해 여름, 표기장군이 다시 합기후合騎侯 공손오와 함께 수만 명의 기병을 이끌고 농서와 북지에서 2,000여 리나 진격해 흉노를 쳤다. 거연을 지나 기련산祁連山을 공격해 3만여 명에 달하는 흉노의 수급과 포로를 잡고 비소왕 이하 70여 명을 생포했다. 당시 흉노도 대군과 안문을 습격해 수백 명을 죽이고 재물을 빼앗았다. 한나라는 박망후 장건과 장군 이광에게 명해 우북평에서 출격해 흉노의 좌현왕을 치게 했다. 그러나 이광은 오히려 좌현왕에게 포위당하고 말았다. 이광의 군사는 4,000명 정도였다. 이들은 궤멸 직전에 몰렸으나 오히려 죽이고 재물을 빼앗은 적의 수가 아군의 희생보다 많았다. 마침 박망후 장건의 군사가 도착해서 구원한 덕분에 이광이 위기를 벗어날 수가 있었다. 한나라 군사의 손실은 수천 명에 달했다.

표기장군과 약속 기일을 지켜오지 못한 합기후 공손오와 박망후 장건은 사형을 당하게 되었으나 속죄금을 물고 평민이 되었다. 이해 가을, 선우가 서쪽에 있던 혼야왕渾邪王과 휴도왕이 한나라 군사에게 패해 휘하 병사 수만 명을 죽거나 포로로 만든 것에 화를 냈다. 이들을 불러들여 죽이려 하자 두 사람 모두 겁을 먹고 한나라에 투항을 꾀했다. 한나라가 표기장군 곽거병을 시켜 이들을 맞이하게 했다. 도중에 혼야왕이 휴도왕을 죽이고 그의 군사와 백성을 함께 이끌고 와 투항했다. 그 수가 4만여 명이었으나 겉으로는 10만 명이라고 했다.

한나라가 혼야왕을 얻은 이후 농서·북지·하서 등에서는 흉노의 침입이 훨씬 줄어들었다. 함곡관 동쪽의 가난한 백성을 흉노로부터 빼앗은 하남과 신진중新秦中으로 이주시켜 그 일대를 채우고, 북지 서쪽 수비병을 절반으로 줄였다. 이듬해, 우북평과 정양으로 흉노의 기병이 각각 수만 명씩 침공해 1,000여 명을 죽이고 재물을 빼앗았다. 이듬해 봄, 한나라가 전략을 논의한 결과 이같이 판단했다.

"흡후 조신이 선우를 위해 계책을 세운 까닭에 선우가 사막 북쪽에 있는 것이다. 이는 한나라 군사가 그곳까지는 쳐들어올 수 없으리라고 생각하기 때문이다."

말에게 먹이를 충분히 먹인 뒤 10만 명의 기병을 출동시켰다. 양식과 보급 물자를 실은 말을 제외하고도 개인 소지품을 싣고 따라가는 말이 약 14만 필에 달했다. 대장군 위청과 표기장군 곽거병에게 군사를 반씩 나누어 인솔하게 했다. 대장군 위청은 정양, 표기장군 곽거병은 대군에서 출격했다. 함께 사막을 건너 흉노를 토벌하기로 약정했다. 선우가 이 소식을 듣고는 먼저 보급품을 멀리 대피시킨 뒤 정예병을 이끌고 사막 북쪽에서 기다리다 위청과 접전했다.

그날 마침, 날이 문득 어두워지고 큰 바람이 일어났다. 한나라 군사가 이 틈을 타 좌우익의 군사를 풀어 선우를 포위했다. 선우가 한나라 군사를 당하지 못할 것으로 판단했다. 이내 홀로 수백 기만 이끌고 포위를 뚫은 뒤 서북쪽으로 내달렸다. 한나라 군사는 밤새 추격했으나 잡지 못했다. 이때 사방으로 도주하는 적군을 쫓아가며 참수하거나 포로로 잡은 흉노 병사의 수가 1만 9,000명에 달했다. 한나라 군사가 북쪽 전안산寘顔山에 있는 조신성趙信城까지 쳐들어갔다가 돌아왔다. 선우가 달아날 때 그의 군사들은 한나라 군사와 서로 엇

갈려가며 선우를 뒤쫓아간 까닭에 선우는 오랫동안 자신의 본대와 합류할 수 없었다. 우 녹리왕은 선우가 죽은 줄 알고 스스로 선우가 되었다. 그러나 선우가 다시 군권을 잡자 선우의 칭호를 버리고 다시 우 녹리왕으로 돌아갔다.

당시 한나라의 표기장군 곽거병은 대군에서 출병한 후 2,000여 리를 진격해 좌현왕과 접전했다. 약 7만 명에 달하는 흉노의 수급과 포로를 잡았다. 그러나 좌현왕과 흉노 장군들은 모두 놓치고 말았다. 표기장군 곽거병이 천자처럼 낭거서산狼居胥山에서 하늘을 제사 지내는 봉제封祭, 고연산姑衍山에서 땅을 제사 지내는 선제禪祭를 올렸다. 이어 한해翰海까지 갔다가 돌아왔다. 이후 흉노는 멀리 달아나 사막 남쪽에는 선우의 왕정이 없었다. 한나라는 황하를 건넌 뒤 삭방에서 서쪽의 영거令居에 이르기까지 곳곳에 물을 대기 위한 관개용 도랑을 만들어 농지를 개간했다. 관원과 사병 5만에서 6만 명을 주둔시켰다. 이후 점차 개간지가 확대되면서 흉노의 옛 영토 북쪽에 접하게 되었다.

당초 한나라의 위청과 곽거병이 대규모 군사를 이끌고 출격해 선우를 포위했을 당시 참수되거나 포로로 잡힌 흉노가 8, 9만 명에 달했다. 한나라 병사도 사망자가 수만 명에 달했고 죽은 말은 10여만 필이 넘었다. 흉노가 지쳐 멀리 달아났지만 한나라 역시 말이 크게 줄어 더는 출격할 처지가 되지 못했다. 이후 흉노는 조신의 건의를 좇아 사자를 한나라로 보내 부드러운 말로 화친을 청했다. 한무제가 이를 조정대신에게 내려 의논하게 했다. 혹자는 화친을 주장하고, 혹자는 무력으로 제압해 신복臣服시켜야 한다고 주장했다. 승상부 장사 임창任敞이 말했다.

"흉노는 싸움에 진 지 얼마 안 되어 곤궁한 처지에 있소. 응당 속국으로 삼아 변경에서 입조의 예를 올리도록 하는 것이 좋습니다."

한나라는 임창을 선우에게 사자로 보냈다. 선우가 임창의 이야기를 듣고는 크게 노해 곧바로 감금시킨 뒤 돌려보내지 않았다. 앞서 흉노의 사자가 한나라에 구금된 일이 있었다. 선우도 한나라 사자를 감금해 이에 대항한 것이다. 한무제가 바야흐로 병마兵馬를 대거 징발하고자 할 즈음 표기장군 곽거병이 문득 병사했다. 이후 여러 해 동안 흉노를 북진해 치지 못했다. 몇 년 뒤 이치사 선우가 죽었다. 선우가 된 지 13년 만이다. 아들 오유烏維가 뒤를 이어 선우가 되었다. 한무제 원정 3년의 일이다.

●● 伊稚斜單于旣立, 其夏, 匈奴數萬騎入殺代郡太守恭友, 略千餘人. 其秋, 匈奴又入鴈門, 殺略千餘人. 其明年, 匈奴又復入代郡·定襄·上郡, 各三萬騎, 殺略數千人. 匈奴右賢王怨漢奪之河南地而築朔方, 數爲寇, 盜邊, 及入河南, 侵擾朔方, 殺略吏民甚衆. 其明年春, 漢以衛靑爲大將軍, 將六將軍, 十餘萬人, 出朔方·高闕擊胡. 右賢王以爲漢兵不能至, 飮酒醉, 漢兵出塞六七百里, 夜圍右賢王. 右賢王大驚, 脫身逃走, 諸精騎往往隨後去. 漢得右賢王衆男女萬五千人, 裨小王十餘人. 其秋, 匈奴萬騎入殺代郡都尉朱英, 略千餘人. 其明年春, 漢復遣大將軍衛靑將六將軍, 兵十餘萬騎, 乃再出定襄數百里擊匈奴, 得首虜前後凡萬九千餘級, 而漢亦亡兩將軍, 軍三千餘騎. 右將軍建得以身脫, 而前將軍翕侯趙信兵不利, 降匈奴. 趙信者, 故胡小王, 降漢, 漢封爲翕侯, 以前將軍與右將軍幷軍分行, 獨遇單于兵, 故盡沒. 單于旣得翕侯, 以爲自次王, 用其姊妻之, 與謀漢. 信敎單于益北絶幕, 以誘罷漢兵, 徼極而取之, 無近塞. 單于從其計. 其明年, 胡騎萬人入上谷, 殺數百人. 其明年春, 漢使驃騎將軍去病將萬騎出隴西, 過焉支山千餘里, 擊匈奴, 得胡首虜騎萬八千餘級, 破得休屠王祭天金人. 其夏, 驃騎將軍復與合騎侯數萬騎出隴西・北地二千里, 擊匈奴. 過居延, 攻祁連山, 得胡首虜三萬餘人, 裨小王以下七十餘人. 是時匈奴亦來入代郡・鴈門, 殺略數百人. 漢使博望侯及李將軍廣出右北平, 擊匈奴左賢王. 左賢王圍李將軍, 卒可四千人, 且盡, 殺虜亦過當. 會博望侯軍救至, 李將軍得脫. 漢失亡數千人, 合騎侯後驃騎將軍期, 及與博望侯皆當死, 贖爲庶人. 其秋, 單于怒渾邪王・休屠王居西方爲漢所殺虜數萬人, 欲召誅之. 渾邪王與休屠王恐, 謀降漢, 漢使驃騎將軍往迎之. 渾邪王殺休屠王, 并將其衆降漢. 凡四萬餘人, 號十萬. 於是漢已得渾邪王, 則隴西・北地・河西益少胡寇, 徙關東貧民處所奪匈奴河南・新秦中以實之, 而減北地以西戍卒半. 其明年, 匈奴入右北平・定襄各數萬騎, 殺略千餘人而去. 其明年春, 漢謀曰"翕侯信爲單于計, 居幕北, 以爲漢兵不能至."乃粟馬發十萬騎, 負私負從馬凡十四萬匹, 糧重不與焉. 令大將軍青・驃騎將軍去病中分軍, 大將軍出定襄, 驃騎將軍出代, 咸約絶幕擊匈奴. 單于聞之, 遠其輜重, 以精兵待於幕北. 與漢大將軍接戰一日, 會暮, 大風起, 漢兵縱左右翼圍單于. 單于自度戰不能如漢兵, 單于遂獨身與壯騎數百潰漢圍西北遁走. 漢兵夜追不得. 行斬捕匈奴首虜萬九千級, 北至闐顏山趙信城而還. 單于之遁走, 其兵往往與漢兵相亂而隨單于. 單于久不與其大衆相得, 其右谷蠡王以爲單于死, 乃自立爲單于. 眞單于復得其衆, 而右谷蠡王乃去其單于號, 復爲右谷蠡王. 漢驃騎將軍之出代二千餘里, 與左賢王接戰, 漢兵得胡首虜凡七萬餘級, 左賢王將皆遁走. 驃騎封於狼居胥山, 禪姑衍, 臨翰海而還. 是後匈奴遠遁, 而幕南無王庭. 漢度河自朔方以西至令居, 往往通渠置田, 官吏卒五六萬人, 稍蠶食, 地接匈奴以北. 初, 漢兩將軍大出圍單于, 所殺虜八九萬, 而漢士卒物故亦數萬, 漢馬死者十餘萬. 匈奴雖病, 遠去, 而漢亦馬少, 無以復往. 匈奴用趙信之計, 遣使於漢, 好辭請和親. 天子下其議, 或言和親, 或言遂臣之. 丞相長史任敞曰, "匈奴新破, 困, 宜可使爲外臣, 朝請於邊." 漢使任敞於單于. 單于聞敞計, 大怒, 留之不遣. 先是漢亦有所降匈奴使者, 單于亦輒留漢使相當. 漢方復收士馬, 會驃騎將軍去病死, 於是漢久不北擊胡. 數歲, 伊稚斜單于立十三年死, 子烏維立爲單于. 是歲, 漢元鼎三年也.

오유선우열전

오유가 선우의 자리에 오르자 한무제가 처음으로 도성에서 나와 천하의 군현을 순행했다. 이후 한나라는 남쪽으로 동월과 남월의 군주를 베었으나 흉노는 치지 못했다. 흉노 역시 변경을 침입하지 않았다. 오유 선우가 즉위한 지 3년이 되던 해에 남월을 멸망시킨 한나라가 태복을 지낸 공손하를 북쪽으로 보냈다. 공손하가 기병 1만 5,000명을 이끌고 구원에서 2,000여 리나 진격해 부저정浮苴井까지 갔다가 돌아왔다. 도중에 흉노는 단 한 명도 볼 수 없었다. 한나라가 다시 전에 종표후從驃侯로 있던 조파노趙破奴를 보냈다. 조파노는 1만여 명의 기병을 이끌고 영거에서 수천 리 떨어진 흉하수匈河水까지 갔다가 돌아왔다. 역시 흉노를 한 사람도 보지 못했다. 당시 한무제는 변경을 순행하다 삭방에 이르자 18만 명의 기병을 통솔했다. 황제의 위세와 절도를 드러내고자 한 것이다. 곽길郭吉을 사자로 보내 선우에게 한나라의 위세를 은근히 깨우쳐주도록 시켰다. 곽길이 흉노에 이르자 흉노의 주객主客*이 사자로 온 취지를 물었다. 곽길이 예의를 갖추어 정중히 말했다.

"선우를 알현한 뒤 직접 말씀드리겠습니다."

곽길이 선우를 만나 이같이 말했다.

"남월왕의 머리는 이미 한나라 궁성 북문에 내걸려 있습니다. 지금 선우도 가능하면 친정에 나서 한나라와 싸워주십시오. 천자가 친히 군사를 이끌고 변경에서 기다리고 있습니다. 그것이 불가능하면 남쪽을 향해 한나라의 신하가 되어야 합니다.** 어찌해서 공연히 멀리 달아나 사막 북쪽에 춥고 고통스러운데다 수초水草도 없는 땅에 숨어 지내는 것입니까? 그리해서는 안 됩니다."

그의 말이 끝나자 선우가 대로했다. 그 자리에서 면회를 주선한 주객의 목을 벤 뒤 곽길을 북해北海 부근에 감금시켰다. 그러나 선우는 끝내 한나라 변경으로 쳐들어가지 않았다. 병사와 말을 충분히 쉬게 하고, 사냥을 통해 활쏘기를 익히게 했다. 이어 자주 사자를 한나라로 보내 좋은 말과 달콤한 목소리로 화친을 청했다. 한무제가 왕오王烏 등을 시켜 흉노의 동정을 살피게 했다. 흉노의 법에 따르면 한나라 사자도 부절을 버리고 얼굴에 먹물을 넣은 자가 아니면 선우의 막사에 들어갈 수 없다. 북지 출신인 왕오는 흉노의 풍속에 익숙했다. 곧 부절을 버리고 얼굴에 먹물을 넣은 뒤 선우의 천막 안으로

● 《사가집해》는 위소의 주를 인용해 주객을 손님 접대를 총괄하는 관원으로 새겼다. 《사기정의》는 중원의 홍로경鴻臚卿과 같다고 했다.
●● "남쪽을 향해 한나라의 신하가 되어야 합니다"의 원문은 "남면이신어한南面而臣於漢"이다. 통상 남면南面은 남쪽을 향해 앉은 군주를 지칭한다. 그러나 흉노의 경우는 한나라의 북쪽에 위치한 까닭에 신하가 될 경우 남면으로 표현하는 것이 옳다. 이른바 남면칭신南面稱臣에 해당한다. 남면이 군주를 상징하는 통상적인 사례와 정반대가 되는 유일한 예다.

들어갔다. 선우가 왕오에게 호의를 보였다. 곧 왕오의 의견에 동조하는 척하며 듣기 좋은 말로 태자를 한나라에 볼모로 보내 화친을 청하고 싶다고 말했다.

한나라가 양신楊信을 흉노에 사자로 보냈다. 당시 한나라는 동쪽으로 예맥과 조선을 정복해 이를 몇 개의 군으로 만들고, 서쪽으로 주천군酒泉郡을 설치해 흉노와 강족의 교통로를 끊었다. 그뿐 아니라 서쪽의 월지 및 대하大夏 등과 국교를 맺고 공주를 오손왕烏孫王의 아내로 주는 등 회유책을 구사했다. 이로 인해 흉노를 지원하던 서역의 여러 나라가 흉노와 관계를 끊었다. 또 북쪽으로 농지를 더욱 확장해 현뢰眩雷* 까지 이른 뒤 그곳에 요새를 구축했다. 그럼에도 흉노는 한마디 항의도 하지 않았다. 이해에 흡후 조신이 죽었다. 한나라 조정대신들은 흉노가 이미 약해져 있는 까닭에 능히 굴복시킬 수 있다고 여겼다.

한나라 조정이 흉노에 사자로 보낸 양신은 원래 강직해 굴복할 줄 모르는 사람이다. 선우는 그의 지위가 높지 않은 것을 알고 친근히 대하려 하지 않았다. 선우가 막사 안으로 불러들이려 해도 양신은 끝내 부절을 버리려 하지 않았다. 선우가 막사 밖에서 양신을 만난 이유다. 이 자리에서 양신이 선우에게 이같이 권했다.

"만일 화친을 원하면 선우의 태자를 한나라에 볼모로 보내십시오."

선우가 대답했다.

"그것은 원래 약속과 다르오. 당초 약속에 따르면 한나라는 늘 옹

● 현뢰를 두고 《사기집해》는 《한서음의》를 인용해 오손의 북쪽에 있는 지명이라고 했다. 통상적으로 사용되는 뢰靁는 뢰靁의 약자다. 뢰靁는 뢰靁의 옛 글자다.

주翁主를 보내주고, 비단과 무명 및 음식 등 많은 물건을 주기로 했소. 화친하면 흉노도 한나라 변경을 어지럽히지 않겠다고 했소. 지금 당초의 약속과 달리 우리 태자를 볼모로 삼으려 하고 있소. 그것은 기대조차 하지 않는 것이 좋소."

흉노의 풍속상 한나라 사자가 중귀인(황제의 총애를 받는 환관)이 아니고 글이나 읽는 통상적인 유생이면 자신들을 설득하기 위해 왔으리라 생각해 변설을 꺾으려 했다. 또 그가 젊은이면 자객으로 생각해 기운을 꺾으려 했다. 한나라 사자가 오면 흉노는 그때 답례로 사자를 보내고, 한나라가 흉노의 사자를 붙잡아두면 흉노 또한 한나라 사자를 돌려보내지 않았다. 반드시 대등한 수단을 강구한 뒤 그만두었다. 양신이 돌아오자 한나라는 다시 왕오를 보냈다. 선우는 한나라의 재물을 많이 얻을 생각에 달콤한 말로 왕오를 구슬리며 짐짓 이같이 말했다.

"내가 한나라로 가 직접 천자를 배견하고 형제의 맹약을 맺고 싶소."

왕오가 돌아와 이를 보고하자 한나라 조정이 선우를 위해 장안에 저택을 지었다. 그러자 흉노가 또 이같이 말했다.

"한나라에서 고관을 사자로 보내지 않는 한 참된 이야기를 나눌 수 없소."

그러고는 고관 한 사람을 사자로 보냈다. 그는 한나라에 도착하자마자 병이 났다. 한나라에서 약을 주어 치료하고자 했으나 불행히도 죽고 말았다. 한나라는 노충국路充國에게 2,000석의 고관이 차는 인수를 주어 사자로 삼은 뒤 유해를 호송해 정중한 장례식을 치르게 했다. 비용이 수천 금에 달했다. 노충국이 말했다.

"나는 한나라 고관이오."

선우는 한나라가 흉노의 고관 사자를 죽였다고 생각했다. 보복키 위해 노충국을 억류한 채 돌려보내주지 않았다.

이상 이야기한 것 모두 선우가 왕오 등을 속인 것에 지나지 않는다. 그는 한나라에 갈 생각도, 태자를 볼모로 보낼 생각도 전혀 없었다. 흉노가 다시 기병을 보내 변경을 자주 침공한 배경이다. 한나라가 곽창郭昌을 발호장군拔胡將軍에 임명하고, 착야후浞野侯 조파노를 삭방 동쪽에 주둔시켜 흉노에 대비했다. 노충국이 억류된 지 3년 만에 오유 선우가 죽었다. 재위 10년 만에 죽은 셈이다. 아들 오사려烏師廬가 뒤를 이어 선우가 되었다. 나이가 어려 아선우兒單于로 불리었다. 한무제 원봉 6년의 일이다. 이후 선우는 더욱 서북쪽으로 이동했다. 좌익의 군사는 운중군, 우익의 군사는 주천군 및 돈황군燉煌郡에 맞서게 되었다.

●● 烏維單于立, 而漢天子始出巡郡縣. 其後漢方南誅兩越, 不擊匈奴, 匈奴亦不侵入邊. 烏維單于立三年, 漢已滅南越, 遣故太僕賀將萬五千騎出九原二千餘里, 至浮苴井而還, 不見匈奴一人. 漢又遣故從驃侯趙破奴萬餘騎出令居數千里, 至匈河水而還, 亦不見匈奴一人. 是時天子巡邊, 至朔方, 勒兵十八萬騎以見武節, 而使郭吉風告單于. 郭吉既至匈奴, 匈奴主客問所使, 郭吉禮卑言好, 曰, "吾見單于而口言." 單于見吉, 吉曰, "南越王頭已懸於漢北闕. 今單于能卽能前與漢戰, 天子自將兵待邊, 單于卽不能, 卽南面而臣於漢. 何徒遠走, 亡匿於幕北寒苦無水草之地, 毋爲也." 語卒而單于大怒, 立斬主客見者, 而留郭吉不歸, 遷之北海上. 而單于終不肯爲寇於漢邊, 休養息士馬, 習射獵, 數使使於漢, 好辭甘言求請和親. 漢使王烏等窺匈奴. 匈奴法, 漢使非去節

而以墨黥其面者不得入穹廬. 王烏, 北地人, 習胡俗, 去其節, 黥面, 得
入穹廬. 單于愛之, 詳許甘言, 爲遣其太子入漢爲質, 以求和親. 漢使楊
信於匈奴. 是時漢東拔穢貉·朝鮮以爲郡, 而西置酒泉郡以鬲絶胡與羌
通之路. 漢又西通月氏·大夏, 又以公主妻烏孫王, 以分匈奴西方之援
國. 又北益廣田至胘靁爲塞, 而匈奴終不敢以爲言. 是歲, 翕侯信死, 漢
用事者以匈奴爲已弱, 可臣從也. 楊信爲人剛直屈彊, 素非貴臣, 單于
不親. 單于欲召入, 不肯去節, 單于乃坐穹廬外見楊信. 楊信旣見單于,
說曰, “卽欲和親, 以單于太子爲質於漢.” 單于曰, “非故約. 故約, 漢常
遣翁主, 給繒絮食物有品, 以和親, 而匈奴亦不擾邊. 今乃欲反古, 令吾
太子爲質, 無幾矣.” 匈奴俗, 見漢使非中貴人, 其儒先, 以爲欲說, 折其
辯, 其少年, 以爲欲刺, 折其氣. 每漢使入匈奴, 匈奴輒報償. 漢留匈奴
使, 匈奴亦留漢使, 必得當乃肯止. 楊信旣歸, 漢使王烏, 而單于復謟以
甘言, 欲多得漢財物, 紿謂王烏曰, “吾欲入漢見天子, 面相約爲兄弟.”
王烏歸報漢, 漢爲單于築邸于長安. 匈奴曰, “非得漢貴人使, 吾不與
誠語.” 匈奴使其貴人至漢, 病, 漢予藥, 欲愈之, 不幸而死. 而漢使
路充國佩二千石印綬往使, 因送其喪, 厚葬直數千金, 曰, “此漢貴人
也.” 單于以爲漢殺吾貴使者, 乃留路充國不歸. 諸所言者, 單于特空
紿王烏, 殊無意入漢及遣太子來質. 於是匈奴數使奇兵侵犯邊. 漢乃拜
郭昌爲拔胡將軍, 及浞野侯屯朔方以東, 備胡. 路充國留匈奴三歲, 單
于死. 烏維單于立十歲而死, 子烏師廬立爲單于. 年少, 號爲兒單于.
是歲元封六年也. 自此之後, 單于益西北, 左方兵直雲中, 右方直酒
泉·燉煌郡.

아선우열전

아선우가 즉위하자 한나라는 사자 두 명을 보냈다. 한 사람은 선우를 조문하고, 다른 한 사람은 우현왕을 조문하게 했다. 내부 이간을 꾀한 것이다. 그러나 두 사자 모두 선우에게 끌려갔고, 선우는 대로한 나머지 이들을 억류했다. 흉노에 억류된 한나라 사자 모두 10여 명에 이르게 되었다. 한나라 역시 흉노의 사자가 오는 대로 억류해 흉노가 억류한 숫자와 같게 했다. 이해에 한나라는 이사장군 이광리를 시켜 서쪽으로 대원을 치고, 인우장군因杅將軍 공손오를 시켜 수항성受降城을 쌓게 했다. 이해 겨울, 흉노 땅에 큰 눈이 내려 많은 가축이 굶주리거나 얼어 죽었다. 아선우는 나이도 어리지만 잔인했다. 백성들이 안심하고 살 수 없었다. 좌대도위左大都尉가 아선우를 죽일 생각으로 몰래 사람을 한나라로 보냈다.

"아선우를 죽인 뒤 한나라에 항복하고자 하오. 한나라가 너무 멀리 떨어져 있으니 군사를 보내 나를 맞이해주면 곧 반기를 들겠소."

한나라가 이 말을 듣고 흉노의 투항자들을 받아들이기 위해 수항성을 쌓았다. 한무제는 그래도 여전히 흉노와 너무 거리가 멀다고 여겼다. 이듬해 봄, 한나라가 착야후 조파노를 시켜 2만여 기병을 이끌고 삭방 서북쪽 2,000여 리까지 진출하게 했다. 준계산浚稽山까지 갔다가 돌아오기로 약속했다. 착야후 조파노가 약속한 지점까지 갔다가 돌아왔다. 당시 흉노의 좌대도위는 약속대로 반란을 일으키고자 했다. 그러나 도중에 발각되고 말았다. 선우가 좌대도위를 처형한 뒤 좌익의 군사를 보내 착야후 조파노를 쳤다. 조파노가 이들과 싸워 수천 명의 수급과 포로를 얻었으나 수항성에서 400리 되는 지점에서 8만 명에 달하는 흉노 군사에게 포위되고 말았다. 밤에 직접 밖으로 나가 물을 찾다가 매복해 있던 흉노 병사에게 생포되었다. 흉노가 여세를 몰아 한나라 군사를 급습했다. 당시 한나라 군중에서는 곽종郭縱이 호군護軍이 되고, 유왕維王이 거수渠帥가 되어 대책을 상의했다.

"교위들까지 나서 장군을 잃고 도망쳐 돌아온 사람은 사형에 처한다는 군법을 두려워하고 있다. 지금 돌아가자고 권하는 사람이 단한 사람도 없다."

마침내 전군이 흉노에게 항복했다. 아선우가 크게 기뻐하며 기습부대를 보내 수항성을 쳤다. 그러나 항복시키지 못하자 변경으로 쳐들어갔다가 물러났다. 이듬해, 아선우가 직접 다시 수항성을 치려고 했다. 그러나 수항성에 도착하기 전에 병사했다. 선우가 된 지 겨우 3년에 불과했다. 그의 아들은 아직 어렸다. 아선우의 막내 숙부인오유 선우의 동생 우현왕 구리호呴犁湖가 선우 자리에 올랐다. 한무제 태초 3년의 일이다.

●● 兒單于立, 漢使兩使者, 一弔單于, 一弔右賢王, 欲以乖其國. 使者入匈奴, 匈奴悉將致單于. 單于怒而盡留漢使. 漢使留匈奴者前後十餘輩, 而匈奴使來, 漢亦輒留相當. 是歲, 漢使貳師將軍廣利西伐大宛, 而令因杅將軍敖築受降城. 其冬, 匈奴大雨雪, 畜多飢寒死. 兒單于年少, 好殺伐, 國人多不安. 左大都尉欲殺單于, 使人閒告漢曰, "我欲殺單于降漢, 漢遠, 卽兵來迎我, 我卽發." 初, 漢聞此言, 故築受降城, 猶以爲遠. 其明年春, 漢使浞野侯破奴將二萬餘騎出朔方西北二千餘里, 期至浚稽山而還. 浞野侯既至期而還, 左大都尉欲發而覺, 單于誅之, 發左方兵擊浞野. 浞野侯行捕首虜得數千人. 還, 未至受降城四百

里, 匈奴兵八萬騎圍之. 浞野侯夜自出求水, 匈奴閒捕, 生得浞野侯, 因
急擊其軍. 軍中郭縱爲護, 維王爲渠, 相與謀曰, “及諸校尉畏亡將軍而
誅之, 莫相勸歸.” 軍遂沒於匈奴. 匈奴兒單于大喜, 遂遣奇兵攻受降城,
不能下, 乃寇入邊而去. 其明年, 單于欲自攻受降城, 未至, 病死. 兒單
于立三歲而死. 子年少. 匈奴乃立其季父烏維單于弟右賢王呴犁湖爲
單于. 是歲太初三年也.

구리호선우열전

　구리호 선우가 즉위하자 한나라가 광록대부光祿大夫 서자위徐自爲
를 시켜 오원五原의 요새에서 가깝게는 수백 리, 멀게는 1,000여 리까
지 진출해 새로 쌓은 성채와 망루가 여구산盧朐山까지 이르게 했다.
이어 유격장군遊擊將軍 한열韓說과 장평후長平侯 위항衛伉을 부근에 주
둔시키고, 강노도위彊弩都尉 노박덕路博德에게 거연택居延澤 부근에 새
요새를 쌓게 했다. 이해 가을, 흉노가 정양군과 운중군에 대거 침공
해 수천 명을 죽이고 재물을 빼앗았다. 2,000석의 고관 몇 명이 이끄
는 군사를 격파한 뒤 돌아가는 길에 광록대부가 쌓은 성채와 망루를
허물었다. 또 우현왕에게 주천군과 장액군張掖郡으로 쳐들어가 수천
명을 죽이고 재물을 빼앗게 했다. 마침 한나라 장군 임문任文이 반격
을 가해 이들을 구원했다. 흉노는 손에 넣은 것을 모두 버린 채 황급
히 돌아갔다.

　이해에 이사장군 이광리가 대원을 치고 그 왕의 목을 베어 돌아왔
다. 흉노가 그의 귀로를 가로막고자 했으나 미치지 못했다. 이해 겨

울, 흉노가 수항성을 습격하고자 했으나 때마침 선우가 병사했다. 구리호 선우는 즉위 1년 만에 죽었다. 흉노는 그의 동생인 좌대도위 저제후且鞮侯●를 선우로 세웠다.

●● 呴犁湖單于立, 漢使光祿徐自爲出五原塞數百里, 遠者千餘里, 築城鄣列亭至廬朐, 而使遊擊將軍韓說·長平侯衛伉屯其旁, 使彊弩都尉路博德築居延澤上. 其秋, 匈奴大入定襄·雲中, 殺略數千人, 敗數二千石而去, 行破壞光祿所築城列亭鄣. 又使右賢王入酒泉·張掖, 略數千人. 會任文擊救, 盡復失所得而去. 是歲, 貳師將軍破大宛, 斬其王而還. 匈奴欲遮之, 不能至. 其冬, 欲攻受降城, 會單于病死. 呴犁湖單于立一歲死. 匈奴乃立其弟左大都尉且鞮侯爲單于.

저제후선우열전

한나라는 대원을 무찌른 후 그 위세를 멀리 외국까지 떨쳤다. 그러나 한무제의 생각은 어디까지나 흉노를 괴롭히는 데 있었다. 곧 이런 조칙을 내렸다.

고황제는 짐에게 평성의 원한을 남겼다. 여태후 때는 선우가 매우 무도한 서신을 보냈다. 옛날 제양공齊襄公은 9대 이전의 원수를 갚았다.●●《춘추공양전》은 이를 대서특필했다.

● 《사기색은》은 저제후의 저且의 음을 자여반子餘反, 제鞮의 음을 저低와 같다고 했다. 이를 토대로 제鞮를 저로 읽는 경우가 있으나 이는 잘못이다. 저低는 우리말 음독으로 저일 뿐 제鞮와 음운이 같다.

●● "옛날 제양공은 9대 이전의 원수를 갚았다"의 원문은 "석제양공복구세지수昔齊襄公復九世

한무제 태초 4년의 일이다. 흉노는 저제후 선우 즉위 직후 억류된 한나라 사자 가운데 흉노에 귀순하지 않는 자들을 모두 돌려보냈다. 노충국 등이 돌아올 수 있었던 이유다. 저제후는 선우가 된 지 얼마 되지 않았을 때 내심 한나라의 기습을 두려워했다. 그 자신이 이같이 말했다.

"나 같은 어린애가 어찌 감히 한나라 천자와 대등하기를 바라겠는가! 한나라 황제는 한참 연장자인 장인丈人 항렬에 속한다."

한나라는 중랑장 소무蘇武를 선우에게 보내 많은 예물을 전했다. 그러나 선우는 더욱 교만해져 사자를 매우 무례하게 대했다. 이는 한나라가 바라던 바가 아니다. 이듬해, 착야후 조파노가 한나라로 도망쳐 돌아왔다. 이듬해, 한나라는 이사장군 이광리에게 명해 기병 3만 명을 이끌고 주천군에서 출병해 우현왕을 천산天山에서 치게 했다. 이사장군 이광리가 1만여 명의 흉노 수급과 포로를 얻어 돌아오다가 흉노에게 포위를 당했다. 거의 벗어날 수 없는 지경에 빠졌다. 한나라 군사 가운데 열에 여섯에서 일곱은 죽었다. 한나라가 인우장군 공손오에게 명해 서하군西河郡에서 출병해 강노도위와 탁도산涿塗山에서 합류하게 했으나 전과는 없었다. 또 기도위 이릉에게 명해 보병과 기병 5,000명을 이끌고 거연 북쪽 1,000여 리까지 진격해 흉노를 치게 했다. 이릉은 선우의 군사와 맞붙어 1만여 명의 적을 살상했

之讎"다.《춘추공양전春秋公羊傳》〈노장공魯莊公 4년〉조에 나온다.〈노장공 4년〉조의 본문은 "9대 이전의 원수를 복수하는 것이 가한가? 오히려 100대 이전의 원수를 갚는 것도 가하다[九世猶可以復讎乎, 雖百世可也]!"이다. 제양공은 기원전 698년에 즉위한 후 부국강병을 추구해 이웃한 나라를 차례로 공벌한 뒤 원수 나라인 기紀나라를 멸망시켰다. 그의 8대 선조인 제애공齊哀公은 기나라 군주의 참소에 걸려 펄펄 끓는 솥에 삶아 죽이는 팽형烹刑을 당했다. 역사상 첫 팽형을 당한 군주에 해당한다.《춘추공양전》은 8대조를 9대조로 표현해놓았다. 이는 큰 문제가 아니다. 100대의 원수도 반드시 복수해야 한다고 주장한 것이 그렇다.

다. 그러나 병력과 식량이 거의 다 떨어져 전투태세를 풀고 돌아오려고 했다. 흉노에 포위된 까닭에 부득이 항복하게 되었다. 그의 군사는 거의 전멸했다. 한나라로 살아 돌아온 자는 겨우 400명에 지나지 않았다. 선우는 이릉을 후대하며 자신의 딸을 이릉의 아내로 주었다.

이로부터 2년 뒤 한나라가 이사장군 이광리에게 명해 기병 6만 명과 보병 10만 명을 이끌고 삭방에서 출격하게 했다. 또 강노도위 노박덕에게 명해 1만여 명을 이끌고 가 이사장군과 합류하게 했다. 유격장군 한열은 보병과 기병 3만 명을 이끌고 오원, 인우장군 공손오는 기병 1만 명과 보병 3만 명을 이끌고 안문에서 출격했다. 흉노가 이 소식을 듣고는 가족과 재산을 멀리 여오수余吾水 북쪽으로 대피시켰다. 이어 선우가 직접 10만 기병을 이끌고 여오수 남쪽에서 대기하고 있다가 이사장군과 접전했다. 이사장군 이광리는 선우와 10여 일 동안 싸운 끝에 이내 군사를 풀어 퇴각했다. 그러나 도중에 가족들이 무고지화에 연루되어 멸문지화를 당했다는 소식을 듣고는 이내 휘하 군사를 이끌고 흉노에게 투항했다. 한나라로 살아 돌아온 자는 1,000명 가운데 겨우 한두 명에 지나지 않았다. 유격장군 한열은 전과를 올리지 못했고, 인우장군 공손오도 좌현왕과 싸웠으나 싸움이 불리해지자 이내 군사를 이끌고 철수했다. 이해에 한나라 군사로서 출격한 자들 가운데 전공을 논할 만한 자가 없었다. 한무제가 조서를 내려 태의령 수단隨但을 체포하게 했다. 이광리 일족의 몰살 소식을 누설해 이광리가 흉노에게 투항하게 만든 혐의를 받았다.

●● 漢旣誅大宛, 威震外國. 天子意欲遂困胡, 乃下詔曰, "高皇帝遺朕平城之憂, 高后時單于書絶悖逆. 昔齊襄公復九世之讎, 春秋大之."

是歲太初四年也. 且鞮侯單于既立, 盡歸漢使之不降者. 路充國等得歸. 單于初立, 恐漢襲之, 乃自謂"我兒子, 安敢望漢天子! 漢天子, 我丈人行也." 漢遣中郎將蘇武厚幣賂遺單于. 單于益驕, 禮甚倨, 非漢所望也. 其明年, 浞野侯破奴得亡歸漢. 其明年, 漢使貳師將軍廣利以三萬騎出酒泉, 擊右賢王於天山, 得胡首虜萬餘級而還. 匈奴大圍貳師將軍, 幾不脫. 漢兵物故什六七. 漢復使因杅將軍敖出西河, 與彊弩都尉會涿塗山, 毋所得. 又使騎都尉李陵將步騎五千人, 出居延北千餘里, 與單于會, 合戰, 陵所殺傷萬餘人, 兵及食盡, 欲解歸, 匈奴圍陵, 陵降匈奴, 其兵遂沒, 得還者四百人. 單于乃貴陵, 以其女妻之. 後二歲, 復使貳師將軍將六萬騎, 步兵十萬, 出朔方. 彊弩都尉路博德將萬餘人, 與貳師會. 遊擊將軍說將步騎三萬人, 出五原. 因杅將軍敖將萬騎步兵三萬人, 出鴈門. 匈奴聞, 悉遠其累重於余吾水北, 而單于以十萬騎待水南, 與貳師將軍接戰. 貳師乃解而引歸, 與單于連戰十餘日. 貳師聞其家以巫蠱族滅, 因幷衆降匈奴, 得來還千人一兩人耳. 遊擊說無所得. 因杅敖與左賢王戰, 不利, 引歸. 是歲漢兵之出擊匈奴者不得言功多少, 功不得御. 有詔捕太醫令隨但, 言貳師將軍家室族滅, 使廣利得降匈奴.

태사공은 평한다.

"공자는 《춘추》를 지으면서 노은공魯隱公과 노환공魯桓公 사이에 있었던 일을 명확히 기술했다. 그러나 같은 시대인 노정공魯定公과 노애공魯哀公 사이의 일은 기록이 애매하고 분명치 못하다. 활약하던 때와 너무 가까운 시대의 예악제도를 기록한 까닭에 함부로 칭송할 수 없었다. 찬미 대신 기휘의 문자를 사용한 이유다. 세인들은 한때의 권세를 얻기 위해 아첨하며 자신의 주장이 채택되도록 한 자가 있는가 하면 편견에 사로잡혀 흉노와 한나라 모두 서로를 고려하지 못한 경향이 있었다고 지적한다. 실제로 장수들은 중국이 광대한 것만 믿고 호언했고, 황제 또한 이들의 말을 좇아 정책을 결정했다. 큰 공을 세울 수 없었던 이유다. 요임금은 현명했지만 혼자 힘으로는 치수治水 사업을 성공시킬 수 없었다. 우임금을 얻은 뒤 비로소 구주九州를 편안히 할 수 있었다. 성왕의 위업을 일으키고자 하면 오직 장상을 잘 선택해 임명하는 수밖에 없다고 하겠다!"

●● 太史公曰, "孔氏著春秋, 隱桓之閒則章, 至定哀之際則微, 爲其切當世之文而罔襃, 忌諱之辭也. 世俗之言匈奴者, 患其徼一時之權, 而務諂納其說, 以便偏指, 不參彼己. 將率席中國廣大, 氣奮, 人主因以決策, 是以建功不深. 堯雖賢, 興事業不成, 得禹而九州寧. 且欲興聖統, 唯在擇任將相哉! 唯在擇任將相哉!"

위장군표기열전
衛將軍驃騎列傳

〈위장군표기열전〉은 한무제 때 흉노 토벌에 대공을 세운 대장군 위청과 표기장군 곽거병의 사적을 합전해놓은 것이다. 여기에 흉노 정벌에 공을 세운 공손하를 비롯한 열여섯 명의 사적을 덧붙였다. 앞에 나온 〈흉노열전〉의 후속편 성격이 짙다.

위청은 한무제와 나이가 같다. 모두 일곱 번 출정해 5만여 명의 수급을 얻었다. 곽거병은 네 번의 출정으로 11만 명의 수급을 얻었다. 위청의 두 배에 해당한다. 당시 한무제의 흉노 정벌에 관한 집념은 거의 병적이었다. 한고조 유방이 평성에서 오도 가도 하지 못한 채 선우의 연지에게 뇌물을 보내 간신히 사지를 빠져나온 데 따른 원한이 그만큼 깊었음을 반증한다. 이로 인해 한문제와 한경제 때 착실히 쌓아둔 국고가 텅 비게 되었다. 흉노 정벌로 인해 변경을 안정시키고 국위를 크게 떨친 반면 그에 따른 후유증도 만만치 않았던 셈이다.

주목할 것은 사마천이 〈위장군표기열전〉에서 한무제에 대해 일면 평가하면서도 일면 깎아내리는 일포일펌一襃一貶 사평을 내리고 있는 점이다. 일포일펌의 논조는 위청과 곽거병에 대한 기술에서도 그대로 유지되고 있다. 황제의 인척이라는 점이 장군으로 발탁되는 데 크게 기여했다는 점을 지적한 것이 그렇다. 두 사람의 전공에 대한 세인들의 호평에 일정부분 제동을 건 셈이다.

위청열전

대장군 위청은 평양 출신이다. 그의 부친 정계鄭季는 관원이 되어 평양후 조참의 증손자인 조수의 집에서 일하다가 조수의 첩 위오衛媼와 사통해 그를 낳았다. 그의 동모이부 형은 위장자衛長子다. 동모이부의 누나 위자부衛子夫는 평양후 조수에게 시집 온 한경제의 딸 평양공주를 모시다가 한무제의 총애를 입어 궁으로 들어가게 되었다. 덕분에 위청도 성을 위衛로 바꾸었다. 위청의 자는 중경仲卿이다. 형위장자는 자를 장군長君으로 고쳤다. 위장군의 모친인 위오가 낳은 장녀가 위유衛孺, 차녀가 위소아衛少兒, 셋째가 위자부다. 훗날 위자부의 남동생 위보衛步와 위광衛廣 역시 성을 위로 바꾸었다.

당초 위청은 평양후 조수의 집에서 지내다가 소년이 된 뒤 생부인 정계의 집으로 갔다. 정계는 그에게 양을 치는 일을 시켰다. 본처의 자식들 모두 그를 머슴으로 취급하고, 형제로 여기지 않았다. 위청은 일찍이 누군가를 쫓아 감천궁에 있는 감옥에 간 적이 있었다. 이때 목에 칼을 쓴 죄수 한 사람이 위청의 관상을 보고 이같이 말했다.

"귀인의 상이다. 벼슬은 열후에 이를 것이다."

위청은 웃으며 말했다.

"남의 집 머슴으로 태어났으니 매나 맞지 않고 욕이나 안 먹으면 다행이오. 어찌 열후가 될 수 있겠소?"

위청은 장년이 되자 평양후 조수 집의 기사가 되어 조수의 부인 평양공주를 섬기게 되었다. 한무제 건원 2년 봄, 위청의 누나인 위자부가 입궁해 한무제의 총애를 입게 되었다. 황후는 한경제의 여동생으로 당읍후堂邑侯 진오陳午에게 시집을 간 대장공주 유표 소생의 진황후陳皇后였다. 진황후는 아들을 낳지 못한데다 질투가 심했다. 위자부가 황제의 총애를 받아 임신했다는 소식을 들은 대장공주 유표는 질투가 나서 위청을 붙잡아오게 했다. 당시 위청은 상림원에 있는 건장궁建章宮에서 일하고 있었다. 위청의 이름은 아직 세상에 알려지지 않았을 때였다.

대장공주 유표는 위청을 잡아 가둔 뒤 죽이려고 했다. 이때 위청의 친구로 황제의 시종관인 기랑으로 있던 공손오가 장사들과 함께 가 구해준 덕분에 죽음을 면할 수 있었다. 한무제가 이 소식을 듣고는 위청을 불러 건장궁을 관리하는 궁감宮監 겸 시중으로 임명했다. 덕분에 그의 동복이부 형제들 모두 고귀한 자리에 올랐다. 한무제가 며칠 동안 하사한 상이 수천 금이나 되었다. 그의 맏누이 위유는 태복 공손하의 아내가 되었고, 둘째 누이 위소아와 사통하고 있던 건국공신 진평의 증손인 진장陳掌은 한무제의 부름을 받고 더 높은 자리로 승진했다. 공손오 역시 위청을 구해준 덕분에 더욱 존귀해졌다. 위자부가 한무제의 총애를 입어 부인夫人으로 승진하자, 위청도 궁중의 고문관인 태중대부로 승진했다.

한무제 원광 5년, 위청이 거기장군이 되어 흉노를 토벌키 위해 상곡에서 출병했다. 태복 공손하는 경거장군이 되어 운중, 태중대부 공손오는 기장군騎將軍이 되어 대군, 위위 이광은 효기장군이 되어 안문에서 출병했다. 각기 기병 1만 명으로 편성되었다. 위청이 용성에 출격해 참수하거나 포로로 잡은 자가 수백 명에 달했다. 이때 기장군 공손오는 기병 7,000명을 잃었고, 위위 이광은 적군에게 생포되었다가 간신히 탈출해 돌아왔다. 두 사람의 죄는 모두 참수형에 해당했으나 속죄금을 내고 평민이 되었다. 공손하도 전공을 세우지 못했다.

　한무제 원삭 원년 봄, 부인 위자부가 남아를 출산한 덕분에 황후
가 되었다. 이해 가을, 거기장군이 되어 안문에서 출병한 위청은 기
병 3만 명을 이끌고 흉노를 공격해 참수하거나 생포한 숫자가 수천
명에 달했다. 이듬해, 흉노가 침공해 요서 태수를 살해한 데 이어 어
양의 백성 2,000여 명을 포로로 잡아가면서 호군장군 한안국이 이끄
는 한나라 군사를 격파했다. 한나라 조정이 장군 이식에게 명해 대
군에서 출병해 진격토록 하고, 거기장군 위청에게 운중에서 출병해
서쪽으로 고궐까지 진격하게 했다. 위청이 마침내 하남 일대를 공략
하고 농서에 이르러 수천 명을 참수하거나 생포했다. 이때 가축 수
십만 마리를 얻었고, 백양왕과 누번왕을 패주시켰다. 한나라가 하남
땅에 삭방군을 두었다. 위청에게도 3,800호를 식읍으로 내리고, 장
평후에 봉했다. 위청의 휘하 교위 소건도 공을 세워 1,100호를 식읍
으로 받고, 평릉후平陵侯에 봉해졌다. 그는 삭방성朔方城을 축조하라는
명을 받았다. 또 위청의 휘하 교위 장차공張次公도 공이 있어 안두후岸
頭侯에 봉해졌다. 당시 한무제는 위청을 봉하면서 이같이 말했다.

　"흉노는 하늘의 이치를 거역하며 인류를 어지럽히고, 윗사람을 능
멸하며 노인들을 학대하고, 도적질을 일삼으며 다른 만이를 속이
고, 모략으로 이들의 병력을 빌려 자주 변경 땅을 침공하고 있다. 그
래서 군사를 일으킨 뒤 장수를 보내 그 죄를 응징한 것이다.《시경》
〈소아, 유월〉에서 '험윤을 가차 없이 토벌하고, 태원에 이르네!'라고
노래하고, 〈소아, 출거〉에서 '출정하는 병거 성대하니, 저 삭방에 성
을 쌓네!'라고 노래하지 않았던가? 지금 거기장군 위청이 서하를 건
너 고궐에 이르러 2,300명을 참수하거나 생포했고, 병거와 치중輜重

및 가축을 모두 노획했다. 그는 열후에 봉해진 뒤에도 서쪽으로 하남 일대를 평정하고, 유계檢谿의 옛 요새지를 순찰하고, 재령梓嶺을 넘어 북하北河에 다리를 놓고, 포니蒲泥를 치고 부리符離를 격파했다. 참수한 적국의 정예병과 생포한 정찰병이 모두 3,071명이고, 나아가 생포된 자를 심문해 많은 포로를 잡게 되었다. 또 100여 만 마리의 말과 소와 양을 몰아 아군의 손실 없이 무사히 귀환했다. 위청에게 3,000호를 다시 봉해준다."

이듬해, 흉노가 침공해 대군 태수 공우를 살해한 뒤 안문까지 쳐들어와 1,000여 명을 잡아갔다. 그 이듬해, 흉노가 대군과 정양 및 상군을 대대적으로 침공해 백성 수천 명을 죽이거나 잡아갔다. 이듬해인 원삭 5년 봄, 한나라 조정이 거기장군 위청에게 명해 기병 3만 명을 이끌고 고궐에서 출병하게 했다. 이어 위위 소건을 유격장군, 좌내사左內史˙ 이저李沮를 강노장군彊弩將軍, 태복 공손하를 기장군, 대나라 재상 이채를 경거장군으로 삼아 모두 거기장군 위청에게 예속시킨 뒤 일제히 삭방에서 출병하게 했다. 또 대행 이식과 안두후 장차공을 장군으로 삼아 우북평에서 출병해 일제히 흉노를 공격하게 했다.

당시 흉노의 우현왕은 위청 등이 이끄는 한나라 군사와 대치하는

˙ 좌내사는 관작과 녹봉 등을 관장한 주나라 때의 내사에서 시작한다. 작책내사作冊內史 내지 작명내사作命內史로도 불린 이유다. 진나라 때는 도성인 함양을 다스렸다. 한나라 때는 전국의 재정사무를 겸하게 했다. 여태후 때 이른바 치속내사를 둔 것이 그렇다. 한경제 2년에 내사를 좌우 내사로 나눈 뒤 관작을 관할하는 주작도위와 함께 경사인 장안성을 비롯해 경기京畿 일대를 다스리게 했다. 이를 삼보三輔로 통칭하며 특별히 취급해 군郡으로 부르지 않은 이유다. 한무제 태초 원년, 좌내사는 좌풍익左馮翊으로 개칭되었다. 우내사右內史는 경조윤으로 개칭하면서 이전 관할지역의 동쪽 반만 다스리게 했다. 나머지 서쪽 반은 주작도위를 개칭한 우부풍右扶風이 다스리게 했다. 삼보는 조회에 참여할 수 있었다. 치소治所는 장안에 있었다.

상황에서 한나라 병사들이 그곳까지는 올 수 없으리라 생각해 술에 취해 있었다. 한나라 군사들이 한밤중에 급습해 포위했다. 우현왕이 크게 놀라 야음을 이용해 황급히 달아났다. 애첩 한 명과 건장한 기병 수백 명만 이끌고 말을 내달려 포위를 뚫은 뒤 황급히 북쪽으로 달아난 것이다. 한나라의 경기교위輕騎校尉 곽성郭成 등이 수백 리를 추격했으나 따라잡지 못했다. 이 싸움에서 한나라는 우현왕 밑의 비왕裨王 10여 명과 남녀 1만 5,000여 명, 가축 수백만 마리를 획득한 뒤 요새로 돌아왔다.

●● 大將軍衛靑者, 平陽人也. 其父鄭季, 爲吏, 給事平陽侯家, 與侯妾衛媼通, 生靑. 靑同母兄衛長子, 而姊衛子夫自平陽公主家得幸天子, 故冒姓爲衛氏. 字仲卿. 長子更字長君. 長君母號爲衛媼. 媼長女衛孺, 次女少兒, 次女卽子夫. 後子夫男弟步·廣皆冒衛氏. 靑爲侯家人, 少時歸其父, 其父使牧羊. 先母之子皆奴畜之, 不以爲兄弟數. 靑嘗從入至甘泉居室, 有一鉗徒相靑曰, “貴人也, 官至封侯.” 靑笑曰, “人奴之生, 得毋笞罵卽足矣, 安得封侯事乎!” 靑壯, 爲侯家騎, 從平陽主. 建元二年春, 靑姊子夫得入宮幸上. 皇后, 堂邑大長公主女也, 無子, 妒. 大長公主聞衛子夫幸, 有身, 妒之, 乃使人捕靑. 靑時給事建章, 未知名. 大長公主執囚靑, 欲殺之. 其友騎郎公孫敖與壯士往篡取之, 以故得不死. 上聞, 乃召靑爲建章監, 侍中, 及同母昆弟貴, 賞賜數日閒累千金. 孺爲太僕公孫賀妻. 少兒故與陳掌通, 上召貴掌. 公孫敖由此益貴. 子夫爲夫人. 靑爲大中大夫. 元光五年, 靑爲車騎將軍, 擊匈奴, 出上谷, 太僕公孫賀爲輕車將軍, 出雲中, 大中大夫公孫敖爲騎將軍, 出代郡, 衛尉李廣爲驍騎將軍, 出雁門, 軍各萬騎. 靑至蘢城, 斬首虜數百. 騎將軍敖亡七千騎, 衛尉李廣爲虜所得, 得脫歸, 皆當斬, 贖爲庶人. 賀亦無功. 元朔元年春, 衛夫人有男, 立爲皇后. 其秋, 靑爲車騎將軍, 出雁門, 三萬騎擊匈奴, 斬首虜數千人. 明年, 匈奴入殺遼西太守, 虜略漁陽二千餘人, 敗韓將軍軍. 漢令將軍李息擊之, 出代, 令車騎將軍靑出雲中以西至高闕. 遂略河南地, 至于隴西, 捕首虜數千, 畜數十萬, 走白羊·樓煩王. 遂以河南地爲朔方郡. 以三千八百戶封靑爲長平侯. 靑校尉蘇建有功, 以千一百戶封建爲平陵侯. 使建築朔方城. 靑校尉張次公有功, 封爲岸頭侯. 天子曰, "匈奴逆天理, 亂人倫, 暴長虐老, 以盜竊爲務, 行詐諸蠻夷, 造謀藉兵, 數爲邊害, 故興師遣將, 以征厥罪. 詩不云乎, '薄伐玁狁, 至于太原', '出車彭彭, 城彼朔方'. 今車騎將軍靑度西河至高闕, 獲首虜二千三百級, 車輜畜産畢收爲鹵, 已封爲列侯, 遂西定河南地, 按楡谿舊塞, 絶梓領, 梁北河, 討蒲泥, 破符離, 斬輕銳之卒, 捕伏聽者三千七十一級, 執訊獲醜, 驅馬牛羊百有餘萬, 全甲兵而還, 益封靑三千戶." 其明年, 匈奴入殺代郡太守友, 入略鴈門千餘人. 其明年, 匈奴大入代·定襄·上郡, 殺略漢數千人. 其明年, 元朔之五年春, 漢令車騎將軍靑將三萬騎, 出高闕, 衛尉蘇建爲遊擊將軍, 左內史李沮爲彊弩將軍, 太僕公孫賀爲騎將軍, 代相李蔡爲輕車將軍, 皆領屬車騎將軍, 俱出朔方, 大行李息·岸頭侯張次公爲將軍, 出右北平, 咸擊匈奴. 匈奴右賢王當衛靑等兵, 以爲漢兵不能至此, 飮醉. 漢兵夜至, 圍右賢王, 右賢王驚, 夜逃, 獨與其愛妾一人壯騎數百馳, 潰圍北去. 漢輕騎校尉郭成等逐數百里, 不及, 得右賢裨王十餘人, 衆男女萬五千餘人, 畜數千百萬, 於是引兵而還.

위청 등이 요새에 이르자 한무제가 사자를 시켜 대장군의 인수를 가지고 가 군중에서 거기장군 위청을 대장군에 임명토록 했다. 제장들이 휘하 병사들을 이끌고 대장군 위청 밑에 배속되었다. 대장군 위청이 대장군의 관호를 내세우고 귀경했다. 한무제가 말했다.

"대장군 위청은 친히 군사들을 이끌고 가 대승을 거두고 흉노 왕 10여 명을 생포했다. 위청에게 다시 식읍 6,000호를 내린다."

그러고는 위청의 아들 위항을 의춘후宜春侯, 위불의衛不疑를 음안후陰安侯, 위등衛登을 발간후發幹侯에 봉했다. 위청이 한사코 사양했다.

"소신은 다행히 군대 내에서 장군으로 임명되었고, 이번에 폐하의 신령에 힘입어 대승을 거두었습니다. 모든 교위들이 역전力戰한 덕분입니다. 폐하는 황공하게도 이미 신에게 식읍을 늘려주고, 강보에 싸여 아무런 공로도 세우지 못한 신의 자식들에게도 땅을 나누어 열후에 봉했습니다. 이는 신이 대장으로 임명된 후 휘하 장병들에게 역전을 독려한 본의가 아닙니다. 신의 세 아들이 어찌 감히 열후가 될 수 있겠습니까?"

한무제가 말했다.

"내가 여러 교위의 공훈을 잊은 것이 아니다. 이제 곧 논공행상을 하려던 참이다."

그러고는 어사를 시켜 이런 조칙을 내렸다.

호군도위護軍都尉 공손오는 세 번 대장군을 쫓아 흉노를 공격했다. 늘 군사를 호위하고 장교들을 단결시켜 흉노의 왕을 생포했다. 식읍 1,500호를 내리고 합기후에 봉한다. 도위 한열은 대장군을 쫓아 유혼窳渾에서 출병해 우현왕의 본진까지 진격하고, 대장군의 지휘 아래 용감히 싸워 흉노의 왕을 생포했다. 식읍 1,300호를 내리고 용락후龍額侯에 봉한다. 기장군 공손하는 대장군을 쫓아 흉노의 왕을 생포했다. 식읍 1,300호를 내리고 남교후南翘侯에 봉한다. 경거장군 이채는 두 번 대장군을 쫓아 출정했고 이번에 흉노의 왕을 생포했다. 식읍 1,600호를 내리고 낙안후에 봉한다. 교위 이삭李朔, 교위 조불우趙不虞, 교위 공손융노公孫戎奴는 각각 세 번 대장군을 쫓아 출정했고 이번에 흉노의 왕을 생포했다. 이삭에게 1,300호를 내리며 섭지후涉軹侯에 봉하고, 조불우에게 1,300호를 내리며 수성후隨成侯에 봉하고, 공손융노에게 1,300호를 내리며 종평후從平侯에 봉한다. 장수 이저와 이식 및 교위 두여의豆如意도 공을 세웠다. 이들을 공히 관내후에 봉하고, 식읍으로 각각 300호를 내린다.

이해 가을, 흉노가 대군에 침입해 도위 주영을 살해했다. 이듬해 봄, 대장군 위청이 정양에서 출병했다. 합기후 공손오가 중장군, 태복 공손하가 좌장군左將軍, 흡후 조신이 전장군, 위위 소건이 우장군, 낭중령 이광이 후장군, 좌내사 이저가 강노장군이 되어 대장군 위청 휘하에 배속되었다. 모두 수천 명의 흉노 병사를 참수하고 돌아왔다. 한 달여 뒤 다시 정양에서 출병해 흉노를 공격하고 1만여 명을 참수하거나 생포했다. 우장군 소건과 전장군 조신이 기병 3,000여 명을 합쳐 단독으로 선우의 군사와 맞섰다. 하루 남짓 싸우면서 거의 전멸할 지경에 이르게 되었다. 전장군 조신은 원래 흉노 출신으로 한나라에 투항해 흡후가 된 인물이다. 상황이 위급해진 것을 본 흉노가 투항을 권하자 이내 800명가량의 나머지 기병을 이끌고 선우에게 투항했다. 훗날 흉노에 사자로 간 소무의 부친 우장군 소건이 군사를 모두 잃고 단신으로 달아나 대장군 위청이 있는 군영으로 돌아왔다. 위청이 법무관인 군정軍正 굉閎과 장사 안安 및 의랑議郞 주패周霸

등에게 소건의 죄를 물었다.

"소건은 어찌 처리해야 하는가?"

의랑 주패가 대답했다.

"대장군이 출정한 이래 아직까지 비장을 참수한 적이 없습니다. 소건이 군사를 버렸으니 참수를 통해 장군의 위엄을 분명히 해야 합니다."

군정 굉과 장사 안이 반대했다.

"그렇지 않습니다. 《손자병법孫子兵法》〈모공謀攻〉에 이르기를, '병력이 크게 달리는데도 피하지 않고 굳게 버티면 결국 강대한 적에게 포로로 잡히고 만다'고 했습니다. 이번에 소건은 수천 명의 병력으로 선우가 이끄는 수만 명의 병력과 싸웠습니다. 하루 넘게 힘껏 싸우다가 비록 병사들이 전멸했지만 감히 딴마음을 먹지 않고 돌아왔습니다. 스스로 돌아온 그를 참수하는 것은 이후 싸움에 지면 돌아오지 말라는 뜻을 드러내는 것이 됩니다. 소건을 참수해서는 안 됩니다."

대장군 위청이 말했다.

"나는 황공하게도 폐하와 인척인 관계로 대장군에 임명되었소. 권위가 없을까 우려하지 않는 이유요. 주패가 나에게 권위를 분명히 하라고 했으나 이는 신하의 본분에 어긋나는 것이오. 설령 직권으로 그럴 수 있을지라도 폐하의 총애를 받는다고 해서 감히 국경 밖에서 멋대로 장수를 죽여서는 안 될 것이오. 이를 천자에게 상세히 보고해 천자가 직접 결정토록 하는 것이 좋을 것이오. 이같이 해서 신하가 감히 권력을 함부로 휘두르지 않는다는 것을 보여주는 것도 좋지 않겠소?"

군관들 모두 입을 모아 말했다.

"좋습니다."

소건을 가두어 한무제가 임시로 머무는 행재소行在所로 보내고 요새로 들어온 뒤 일단 싸움을 끝냈다.

●● 至塞, 天子使使者持大將軍印, 卽軍中拜車騎將軍靑爲大將軍, 諸將皆以兵屬大將軍, 大將軍立號而歸. 天子曰, "大將軍靑躬率戎士, 師大捷, 獲匈奴王十有餘人, 益封靑六千戶." 而封靑子伉爲宜春侯, 靑子不疑爲陰安侯, 靑子登爲發幹侯. 靑固謝曰, "臣幸得待罪行閒, 賴陛下神靈, 軍大捷, 皆諸校尉力戰之功也. 陛下幸已益封臣靑. 臣靑子在繦緥中, 未有勤勞, 上幸列地封爲三侯, 非臣待罪行閒所以勸士力戰之意也. 伉等三人何敢受封!" 天子曰, "我非忘諸校尉功也, 今固且圖之." 乃詔御史曰, "護軍都尉公孫敖三從大將軍擊匈奴, 常護軍, 傅校獲王, 以千五百戶封敖爲合騎侯. 都尉韓說從大將軍出窳渾, 至匈奴右賢王庭, 爲麾下搏戰獲王, 以千三百戶封說爲龍頟侯. 騎將軍公孫賀從大將軍獲王, 以千三百戶封賀爲南窌侯. 輕車將軍李蔡再從大將軍獲王, 以千六百戶封蔡爲樂安侯. 校尉李朔, 校尉趙不虞, 校尉公孫戎奴, 各三從大將軍獲王, 以千三百戶封朔爲涉軹侯, 以千三百戶封不虞爲隨成侯, 以千三百戶封戎奴爲從平侯. 將軍李沮·李息及校尉豆如意有功, 賜爵關內侯, 食邑各三百戶." 其秋, 匈奴入代, 殺都尉朱英. 其明年春, 大將軍靑出定襄, 合騎侯敖爲中將軍, 太僕賀爲左將軍, 翕侯趙信爲前將軍, 衛尉蘇建爲右將軍, 郎中令李廣爲後將軍, 右內史李沮爲彊弩將軍, 咸屬大將軍, 斬首數千級而還. 月餘, 悉復出定襄擊匈奴, 斬首虜萬餘人. 右將軍建·前將軍信幷軍三千餘騎, 獨逢單于兵, 與戰一日餘, 漢兵且盡. 前將軍故胡人, 降爲翕侯, 見急, 匈奴誘之, 遂將其餘騎可八百, 奔降單于. 右將軍蘇建盡亡其軍, 獨以身得亡去, 自歸大將軍. 大將軍問其罪正閎·長史安·議郎周霸等, "建當云何?" 霸曰, "自大將軍出, 未嘗斬裨將. 今建棄軍, 可斬以明將軍之威." 閎·安曰, "不然. 兵法 '小敵之堅, 大敵之禽也'. 今建以數千當單于數萬, 力戰一日餘, 士盡, 不敢有二心, 自歸. 自歸而斬之, 是示後無反意也. 不當斬." 大將軍曰, "青幸得以肺腑待罪行閒, 不患無威, 而霸說我以明威, 甚失臣意. 且使臣職雖當斬將, 以臣之尊寵而不敢自擅專誅於境外, 而具歸天子, 天子自裁之, 於是以見爲人臣不敢專權, 不亦可乎?" 軍吏皆曰, "善." 遂囚建詣行在所. 入塞罷兵.

곽거병열전

이해에 태복 공손하의 아내가 된 위청의 맏누이 위유 소생의 곽거병이 열여덟 살의 나이로 한무제의 총애를 얻어 시중이 되었다. 그는 기사에 능했다. 두 번에 걸쳐 대장군 위청을 쫓아 출정했다. 대장군 위청이 한무제의 조칙을 받들어 그에게 병사들을 나누어주고 표요교위剽姚校尉•로 삼았다. 곽거병은 날쌔고 용감한 기병 800명과 함께 곧바로 본대에서 수백 리나 떨어진 곳으로 진격해 전공을 세웠다. 참수하거나 생포한 자가 매우 많았다. 한무제가 크게 칭송했다.

"표요교위 곽거병이 참수 내지 생포한 자가 2,028명이나 된다. 그

• 《사기색은》은 표요剽姚가 순열荀悅의 《한기漢紀》에 표요票鷂로 나온다고 했다. 장수 호칭에 예쁠 요姚를 사용하는 것은 일반적이지 않으므로 《한기》에 나오는 표요票鷂가 타당한 듯하다. 표票는 빠르다는 뜻이고, 요鷂는 맹금인 새매를 지칭한다.

중에는 흉노의 상국相國과 당호도 포함되어 있다. 선우의 할아버지에 해당하는 대부大父 항렬인 적약후籍若侯 산産을 참수하고, 선우의 계부季父인 나고비羅姑比를 생포했다. 그의 전공은 두 차례에 걸쳐 전군에서 으뜸이다. 식읍 1,600호를 내리고, 관군후冠軍侯에 봉한다. 또 상곡 태수 학현郝賢은 네 번에 걸쳐 대장군을 쫓아 출정한 뒤 참수하거나 생포한 적군이 2,000여 명에 달한다. 학현에게도 식읍 1,100호를 내리고 중리후衆利侯에 봉한다."

이해에 대장군은 소건과 조신 등 장수 두 명이 이끄는 군사를 잃었다. 흡후 조신이 흉노에 투항한데다 전공 또한 보잘것없었던 까닭에 식읍을 더 하사받지는 못했다. 우장군 소건이 장안으로 압송되어 왔으나 한무제는 벌하지 않고 죄를 용서해주었다. 그는 속죄금을 내고 평민이 되었다. 대장군 위청이 돌아오자 한무제가 1,000금을 내렸다. 당시 왕부인王夫人이 한무제의 총애를 입고 있었다. 영승寧乘이 위청에게 권했다.

"장군이 아직 공이 많지도 않은데 1만 호의 식읍을 받고 세 아들 모두 열후에 봉해진 것은 오직 위황후가 있기 때문입니다. 지금은 왕부인이 총애를 받고 있으나 그 일족은 아직 부귀를 누리지 못하고 있습니다. 원컨대 장군은 천자가 하사한 1,000금을 왕부인 부모에게 바치고 축수를 올리십시오."

대장군 위청이 500금으로 축수했다. 한무제가 이 소식을 듣고 위청에게 묻자 위청이 사실대로 말했다. 영승이 동해 도위에 제수된 배경이다.

장건은 대장군 위청을 쫓아 출병했을 때 일찍이 대하를 비롯해 서역에 사자로 갔다가 오랫동안 흉노에게 억류되었던 경험을 배경으로 군사를 인도했다. 물과 풀이 풍부한 곳으로 이끌고 다닌 덕분에 군사들은 기갈을 면할 수 있었다. 앞서 먼 나라에 사자로 갔다 온 공로도 있어 이내 박망후에 봉해졌다.

관군후 곽거병이 열후에 봉해진 지 3년이 되던 원수 2년 봄, 다시 표기장군으로 승진했다. 기병 1만 명을 이끌고 농서에서 출병해 전공을 세웠다. 한무제가 칭송했다.

"표기장군은 병사를 이끌고 오려산烏鰲山을 넘어 속복遫濮 부족을 치고, 호노수狐奴水를 건너 다섯 왕국을 지나면서 치중을 비롯해 두려워하며 복종하는 나라의 백성을 약탈하지 않고, 선우의 아들만 잡고자 했다. 이리저리 옮겨 다니며 엿새 동안 싸우다가 언지산을 지나 1,000여 리를 전진했다. 칼 등의 단병기短兵器를 들고 접전해 절난왕折蘭王을 죽이고, 노호왕盧胡王을 참했다. 적병을 대거 주멸하고, 혼야왕의 아들과 상국 및 도위를 생포했다. 적병 8,000여 명을 참수하거나 생포하고, 휴도왕의 제천금인을 얻었다. 표기장군에게 식읍 2,000호를 더해준다."

이해 여름, 표기장군 곽거병이 합기후 공손오와 함께 북지에서 출병하면서 두 갈래로 나누어 진격했다. 박망후 장건과 낭중령 이광도 함께 우북평에서 출병하면서 두 갈래로 군사를 나누어 진격한 뒤 함께 흉노를 쳤다. 낭중령 이광이 먼저 기병 4,000명을 이끌고 앞서 진격하고, 박망후는 기병 1만 명을 이끌고 뒤에서 진격했다. 흉노의 좌현왕이 기병 수만 명을 이끌고 낭중령을 포위했다. 낭중령 이광이 이들과 이틀 동안 접전을 벌였다. 전사자가 반을 넘었으나 사살한 적군은 그보다 훨씬 많았다. 박망후 장건의 군사가 이르자 흉노 군사가 퇴각했다. 장건은 진격을 늦게 한 까닭에 그 죄가 참수에 해당했으나 속죄금을 내고 평민이 되었다.

●● 是歲也, 大將軍姊子霍去病年十八, 幸, 爲天子侍中. 善騎射, 再
從大將軍, 受詔與壯士, 爲剽姚校尉, 與輕勇騎八百直弃大軍數百里赴
利, 斬捕首虜過當. 於是天子曰, "剽姚校尉去病斬首虜二千二十八級,
及相國·當戶, 斬單于大父行籍若侯産, 生捕季父羅姑比, 再冠軍, 以
千六百戶封去病爲冠軍侯. 上谷太守郝賢四從大將軍, 捕斬首虜二千
餘人, 以千一百戶封賢爲衆利侯." 是歲, 失兩將軍軍, 亡翕侯, 軍功不
多, 故大將軍不益封. 右將軍建至, 天子不誅, 赦其罪, 贖爲庶人. 大將
軍旣還, 賜千金. 是時王夫人方幸於上, 甯乘說大將軍曰, "將軍所以功
未甚多, 身食萬戶, 三子皆爲侯者, 徒以皇后故也. 今王夫人幸而宗族
未富貴, 願將軍奉所賜千金爲王夫人親壽." 大將軍乃以五百金爲壽.
天子聞之, 問大將軍, 大將軍以實言, 上乃拜甯乘爲東海都尉. 張騫從
大將軍, 以嘗使大夏, 留匈奴中久, 導軍, 知善水草處, 軍得以無飢渴,
因前使絶國功, 封騫博望侯. 冠軍侯去病旣侯三歲, 元狩二年春, 以冠
軍侯去病爲驃騎將軍, 將萬騎出隴西, 有功. 天子曰, "驃騎將軍率戎士
踰烏盭, 討遬濮, 涉狐奴, 歷五王國, 輜重人衆懾慴者弗取, 冀獲單于
子. 轉戰六日, 過焉支山千有餘里, 合短兵, 殺折蘭王, 斬盧胡王, 誅全
甲, 執渾邪王子及相國·都尉, 首虜八千餘級, 收休屠祭天金人, 益封
去病二千戶." 其夏, 驃騎將軍與合騎侯敖俱出北地, 異道, 博望侯張
騫·郎中令李廣俱出右北平, 異道, 皆擊匈奴. 郎中令將四千騎先至,
博望侯將萬騎在後至. 匈奴左賢王將數萬騎圍郎中令, 郎中令與戰二
日, 死者過半, 所殺亦過當. 博望侯至, 匈奴兵引去. 博望侯坐行留, 當
斬, 贖爲庶人.

당시 북지에서 출병한 표기장군 곽거병은 이미 적진 깊숙이 들어가 있었다. 도중에 합기후 공손오와 길이 어긋나는 바람에 합류하지 못했다. 표기장군 과거병이 거연을 지나 기련산에 이르러 참수하거나 포로로 잡은 적병이 매우 많았다. 한무제가 말했다.

"표기장군은 거연을 넘어 소월지국_{小月氏國}을 통과한 뒤 기련산을 공격해 추도왕_{酋塗王}을 사로잡았다. 무리를 지어 투항한 자가 2,500명, 참수하거나 생포한 자가 3만 200명이다. 다섯 왕과 이들의 어미를 비롯해 선우의 연지와 왕자가 쉰아홉 명이다. 또 상국·장군·당호·도위 등 예순세 명을 생포했다. 이에 비해 아군은 대략 10분의 3을 잃었을 뿐이다. 곽거병에게 식읍 5,000호를 더해준다. 표기장군을 쫓아 소월지국에 진격한 교위에게는 좌서장_{左庶長}의 작위를 내린다. 응격사마_{鷹擊司馬} 조파노는 두 번에 걸쳐 표기장군을 쫓아 속복왕_{遬濮王}을 참수하고, 계저왕_{稽沮王}을 생포했다. 또 그의 휘하에 있는 천기장_{千騎將}은 다섯 왕과 왕의 어미 각각 한 명, 왕자 이하 마흔한 명을 잡았다. 포로가 총 3,330명에 이른다. 나아가 그의 선봉부대가 총 1,400명의 적군을 생포했다. 식읍 1,500호를 조파노에게 내리고 종표후에 봉한다. 흉노의 구왕_{句王}으로 있던 교위 고불식_{高不識}은 표기장군을 쫓아 호우도왕_{呼于屠王}과 왕자 이하 열한 명을 잡고 총 1,768명을 생포했다. 고불식에게 식읍 1,100호를 내리고 의관후_{宜冠侯}에 봉한다. 교위 복다_{僕多}도 공이 있으니 휘거후_{輝渠侯}에 봉한다."

합기후 공손오는 행군을 지체해 표기장군과 합류하지 못했다. 그 죄는 참수형에 해당했으나 속죄금을 내고 평민이 되었다. 여러 노련한 장수인 숙장_{宿將}들이 거느리는 병마도 표기장군 곽거병만 못했다. 표기장군 곽거병은 늘 엄선된 정예병만 이끌고 출정했다. 그 자신도 적진 깊숙이 진격했고, 늘 용감한 기병들과 함께하며 주력군인 본대를 앞질러 나아갔다. 그의 군사 역시 천행天幸이 따라 단 한 번도 곤경에 처한 적이 없다. 그러나 이로 인해 여러 숙장은 늘 행군이 늦어 전공을 세우지 못한 것은 물론 벌을 받게 되었다.

표기장군 곽거병은 날로 천자의 총애를 받아 지위가 높고 귀해져 마침내 대장군 위청의 위세와 비등하게 되었다. 이해 가을, 선우는 혼야왕이 서쪽에 머물며 자주 패해 수만 명의 군사를 잃은 것이 모두 표기장군 곽거병 때문이라는 사실을 알고는 격분했다. 대로한 선우가 혼야왕을 소환해 주살하고자 했다. 혼야왕이 휴도왕 등과 함께 한나라에 투항하기로 공모했다. 먼저 사람을 변경으로 보내 이를 알렸다. 당시 대행 이식이 황하 가에서 성을 축조하고 있었다. 혼야왕의 사자를 만난 뒤 곧바로 파발마를 보내 조정에 이를 보고했다. 한무제는 거짓으로 투항해 변경을 습격하려는 것이 아닌지 의심해 두려워했다. 표기장군 곽거병에게 군사를 이끌고 가 맞아들이게 한 이유다. 표기장군 곽거병이 황하를 건넌 뒤 혼야왕의 무리와 마주 보게 되었다. 혼야왕의 비장들이 한나라 군사를 보자 대부분 투항하지 않으려고 뿔뿔이 달아났다. 곽거병이 급속히 말을 몰아 혼야왕을 만나본 뒤 달아나는 8,000명을 참수했다. 이어 혼야왕만을 파발마에 태워 먼저 행재소로 보낸 뒤 혼야왕을 수종한 자들을 인솔해 황하를 건넜다. 투항한 자가 수만 명이었으나 겉으로는 10만 명이라고 했다.

장안에 이르자 한무제가 이들에게 내린 상사가 수십만 금에 달했다. 혼야왕에게 식읍 1만 호를 내리고 탑음후漯陰侯에 봉했다. 그의 휘하 비왕 호독니呼毒尼를 하마후下摩侯, 응비鷹庇를 휘거후, 금리禽犁를 하기후河綦侯, 대당호 동리銅離를 상락후常樂侯에 봉했다. 이어 표기장군 곽거병의 공을 칭송했다.

"표기장군 곽거병이 군사를 이끌고 흉노의 서역 왕인 혼야왕을 치자 혼야왕과 그 백성들이 모두 투항했다. 표기장군은 군량으로 이들을 대접하고, 궁수弓手 1만여 명을 인솔해 거칠고 사나워 투항하지 않으려는 8,000여 명의 적군을 참수하거나 생포했다. 또 다른 나라 왕을 서른세 명이나 항복시켰다. 우리 군사는 부상자도 없는 상황에서 10만 명에 달하는 흉노의 무리를 모두 귀순시켰다. 잦은 출병으로 인한 표기장군의 노고 덕분에 황하 유역과 변경 일대는 거의 걱정할 일이 없어지고 오래도록 평화를 누릴 수 있게 되었다. 표기장군에게 1,700호를 더해준다."

그러고는 농서와 북지 및 상군의 변경을 지키는 수졸의 수를 절반으로 줄여 천하의 요역을 경감시켰다. 얼마 후 투항한 흉노들을 농서·북지·삭방·운중·상군 등 변경의 다섯 개 군郡인 이전의 새외塞外 일대에 나누어 이주시켰다. 모두 옛 풍속을 유지하며 하남 일대에 거주토록 했다. 한나라의 속국으로 삼은 것이다. 이듬해, 흉노가 우북평과 정양을 침입해 한나라 백성 1,000여 명을 죽이고 재물을 빼앗았다. 그 이듬해, 한무제가 제장들과 의논했다.

"지금 흡후 조신이 선우를 위해 계책을 세우고 있소. 그는 한나라 군사가 사막을 넘어 오래도록 머물 수 없을 것으로 보고 있소. 지금 대군을 출병시키면 틀림없이 우리가 바라는 바를 얻을 수 있을 것이오."

한무제 원수 4년의 일이다. 이해 봄, 황제가 대장군 위청과 표기장군 곽거병에게 각각 기병 5만 명을 이끌게 했다. 보병과 치중 부대 수십만 명에게 이들의 뒤를 따르게 했다. 이 가운데 적진 깊숙이 진격해 힘껏 싸울 자는 모두 표기장군 밑에 소속시켰다.

●● 而驃騎將軍出北地, 已遂深入, 與合騎侯失道, 不相得, 驃騎將軍
踰居延至祁連山, 捕首虜甚多. 天子曰, "驃騎將軍踰居延, 遂過小月氏,
攻祁連山, 得酋塗王, 以衆降者二千五百人, 斬首虜三萬二百級, 獲五
王, 五王母, 單于閼氏·王子五十九人, 相國·將軍·當戶·都尉六十三
人, 師大率減什三, 益封去病五千戶. 賜校尉從至小月氏爵左庶長. 鷹
擊司馬破奴再從驃騎將軍斬遬濮王, 捕稽沮王, 千騎將得王·王母各一
人, 王子以下四十一人, 捕虜三千三百三十人, 前行捕虜千四百人, 以
千五百戶封破奴爲從驃侯. 校尉句王高不識, 從驃騎將軍捕呼于屠王
王子以下十一人, 捕虜千七百六十八人, 以千一百戶封不識爲宜冠侯.
校尉僕多有功, 封爲煇渠侯." 合騎侯敖坐行留不與驃騎會, 當斬, 贖爲
庶人. 諸宿將所將士馬兵亦不如驃騎, 驃騎所將常選, 然亦敢深入, 常
與壯騎先其大將軍, 軍亦有天幸, 未嘗困絶也. 然而諸宿將常坐留落不
遇. 由此驃騎日以親貴, 比大將軍. 其秋, 單于怒渾邪王居西方數爲漢
所破, 亡數萬人, 以驃騎之兵也. 單于怒, 欲召誅渾邪王. 渾邪王與休屠
王等謀欲降漢, 使人先要邊. 是時大行李息將城河上, 得渾邪王使, 卽
馳傳以聞. 天子聞之, 於是恐其以詐降而襲邊, 乃令驃騎將軍將兵往迎
之. 驃騎旣渡河, 與渾邪王衆相望. 渾邪王裨將見漢軍而多欲不降者,
頗遁去. 驃騎乃馳入與渾邪王相見, 斬其欲亡者八千人, 遂獨遣渾邪王
乘傳先詣行在所, 盡將其衆渡河, 降者數萬, 號稱十萬. 旣至長安, 天子
所以賞賜者數十巨萬. 封渾邪王萬戶, 爲漯陰侯. 封其裨王呼毒尼爲下
摩侯, 鷹庇爲煇渠侯, 禽梨爲河其侯, 大當戶銅離爲常樂侯. 於是天子
嘉驃騎之功曰, "驃騎將軍去病率師攻匈奴西域王渾邪, 王及厥衆萌咸
相奔, 率以軍糧接食, 幷將控弦萬有餘人, 誅獟駻, 獲首虜八千餘級, 降

異國之王三十二人, 戰士不離傷, 十萬之衆咸懷集服, 仍與之勞, 爰及河塞, 庶幾無患, 幸旣永綏矣. 以千七百戶益封驃騎將軍." 減隴西 · 北地 · 上郡戍卒之半, 以寬天下之繇. 居頃之, 乃分徙降者邊五郡故塞外, 而皆在河南, 因其故俗, 爲屬國. 其明年, 匈奴入右北平 · 定襄, 殺略漢千餘人. 其明年, 天子與諸將議曰, "翕侯趙信爲單于畫計, 常以爲漢兵不能度幕輕留, 今大發士卒, 其勢必得所欲." 是歲元狩四年也. 元狩四年春, 上令大將軍靑 · 驃騎將軍去病將各五萬騎, 步兵轉者踵軍數十萬, 而敢力戰深入之士皆屬驃騎.

　　당초 표기장군 곽거병은 정양에서 출병해 선우와 싸울 작정이었다. 그러나 선우가 동쪽으로 갔다는 포로의 진술이 나오자 한무제가 다시 명을 내려 표기장군 곽거병은 대군, 대장군 위청은 정양에서 출병하게 했다. 이때 낭중령 이광은 전장군, 태복 공손하는 좌장군, 주작도위 조이기는 우장군, 평양후 조양曹襄은 후장군이 되어 모두 대장군 위청 밑에 소속되었다. 사막을 건너는 즉시* 대략 5만 기에 달하는 한나라 군사가 표기장군 곽거병 등과 함께 일제히 흉노의 선우를 쳤다. 이때 조신이 선우를 위한 계책을 냈다.

　　"한나라 군사가 사막을 건너고 나면 인마가 모두 지칠 것입니다. 우리는 앉아서 포로를 거두어들이면 됩니다."

　　선우가 모든 치중을 멀리 북쪽으로 이동시킨 뒤 정예병을 이끌고 사막 북쪽에서 한나라 군사가 오기를 기다렸다. 이윽고 대장군 위청이 거느린 한나라 군사들이 요새에서부터 1,000여 리를 넘게 진격해

● "사막을 건너는 즉시"의 원문은 "병즉도막兵卽度幕"이다. 도막度幕은 사막을 건넌다는 뜻의 도막渡漠과 통한다. 도度와 막幕 모두 도渡와 막漠의 가차로 사용된 것이다.

들어왔다. 이들은 선우의 군사들이 이미 진을 치고 기다리고 있는 것을 발견했다. 대장군 위청이 뚜껑이 있어 몸을 보호할 수 있는 병거인 무강거武剛車를 본영 주변에 원형으로 벌려놓은 뒤 기병 5,000명을 내보내 흉노와 대적하게 했다. 흉노도 기병 1만 명 정도를 내보냈다. 마침 해가 저물 무렵인데 큰 바람이 불었다. 모래와 자갈이 얼굴로 몰아쳐 양쪽 군사가 서로를 알아볼 수 없었다. 한나라 군사가 좌우 양쪽으로 날개를 펼치듯이 군사를 풀어 선우를 포위했다. 선우는 한나라 군사가 숫자도 많은데다 병력이 막강해 싸울수록 불리해진다는 사실을 알아챘다. 땅거미가 질 무렵, 선우가 마침내 여섯 마리의 노새가 끄는 수레를 탄 뒤 수백 명의 기병을 앞세워 포위망을 뚫고 서북쪽으로 달아났다. 날은 이미 어두워진 상황에서 군사들이 뒤엉켜 싸운 까닭에 양쪽 모두 많은 사상자를 냈다.

한나라 군의 좌익 교위가 잡은 포로인 흉노 선우는 날이 저물기도 전에 달아났다고 털어놓았다. 한나라 군사가 곧바로 날쌘 기병을 풀어 한밤중에 선우를 추격했다. 대장군 위청의 군사도 그 뒤를 쫓았다. 흉노 병사 역시 뿔뿔이 흩어져 달아났다. 한나라 군사는 동이 틀 무렵까지 200여 리를 추격했으나 선우를 잡지 못했다. 그러나 1만여 명을 참수하거나 생포하는 공을 세웠다. 전안산의 조신성에 이르러 흉노가 비축한 양식을 찾아내 병사들에게 먹였다. 한나라 군사는 하루 동안 머문 뒤 성에 남아 있던 식량을 모두 불사르고 돌아왔다.

대장군 위청이 선우와 교전할 때 전장군 이광과 우장군 조이기의 군사는 따로 군사를 이끌고 동쪽으로 진격했다. 도중에 길을 잃고 헤매는 바람에 선우를 칠 기회를 놓쳤다. 위청이 철수하는 와중에 사막 남쪽을 지날 때 전장군 이광 및 우장군 조이기와 만났다. 대장군 위청이 사자를 시켜 천자에게 보고할 요량으로 먼저 장사에게 명해 전장군 이광을 문서에 열거된 죄상대로 심문하게 했다. 이광이 이내 자진했다. 우장군 조이기는 장안으로 돌아온 뒤 형리에게 넘겨졌다가 속죄금을 내고 평민이 되었다. 대장군이 요새로 귀환할 당시 참수되거나 생포된 흉노 병사가 1만 9,000명가량 되었다.

그때 흉노는 열흘 넘게 선우를 찾지 못했다. 우 녹리왕이 이 소식을 듣고는 스스로 선우의 자리에 앉았다. 이후 원래의 선우가 자신의 무리를 만나자 우 녹리왕이 선우의 칭호를 버렸다. 표기장군 곽거병은 기병 5만 명을 거느렸다. 군수품을 다루는 치중 부대도 대장군과 동등했다. 그러나 비장이 없었다. 이감 등을 임시직인 특별 교위인 대교大校로 삼아 비장의 역할을 수행하게 했다. 그러고는 대군과 우북평에서 1,000여 리나 진격해 흉노의 좌익 부대와 맞섰다. 참수하거나 생포한 공이 이미 대장군보다 컸다. 군대가 돌아오자 한무제가 칭송했다.

"표기장군 곽거병은 군사를 이끌고 출정한 뒤 생포한 훈육의 병사를 이끌고 가벼운 군장으로 큰 사막을 가로지르고 강을 건너 선우의 측근인 장거章渠를 포획하고, 흉노 왕 비거기比車耆를 주살하고, 되돌아 나오면서 좌대장左大將 쌍䤅*을 격파해 군기와 군고를 빼앗았다. 이후산離侯山을 넘고 궁려弓閭를 건너 둔두왕屯頭王과 한왕韓王 등 세 명을 포함해 흉노의 장군·상국·당호·도위 등 총 여든세 명을 생포했다. 낭거서산에서 제단을 쌓아 천신天神에게 제사 지내고, 고연산에서 지신地神에게 제사 지내고, 다시 한해 부근의 산에 올랐다. 생

● 《사기색은》은 《한서》를 인용해 그 이름이 쌍䤅이라고 했다.

포한 포로가 총 7만 443명에 달한다. 한나라 군사는 대략 10분의 3이 줄었을 뿐이다. 적군으로부터 식량을 탈취한 덕분에 머나먼 곳까지 행군하면서도 군량이 떨어지지 않았다. 표기장군에게 식읍 5,800호를 더해준다."

우북평 태수 노박덕은 표기장군에게 소속되어 여성與城에서 합류하는 시기를 잃지 않았다. 도도산檮余山에 이르러 2,700명을 참수하거나 생포했다. 식읍 1,600호를 내리고 부리후符離侯에 봉해진 이유다. 북지 도위 형산邢山은 표기장군을 쫓아 흉노의 왕을 생포했다. 식읍 1,200호를 내리고 의양후義陽侯에 봉해졌다. 흉노 출신으로 한나라에 귀의한 인순왕因淳王 복륙지復陸支, 누전왕樓專王 이즉간李卽靬 모두 표기장군을 쫓아 전공을 세웠다. 복륙지에게 식읍 1,300호를 내리고 장후壯侯에 봉하는 한편 이즉간에게도 식읍 1,800호를 내리고 중리후에 봉했다. 종표후 조파노와 창무후昌武侯 안계安稽도 표기장군을 쫓아 전공을 세운 덕분에 각각 식읍 300호씩 더 받았다. 교위 이감은 적군의 군기와 군고를 빼앗은 공으로 관내후가 되고 식읍 200호를 받았다. 교위 서자위는 대서장大庶長의 작위를 수여받았다. 이밖에도 표기장군 휘하 장병은 관위官位를 받고 포상받은 자가 매우 많았다. 그러나 대장군 위청은 식읍을 더하지 못했을 뿐 아니라 휘하 장병 역시 열후에 봉해진 자가 한 사람도 없었다.

대장군 위청과 표기장군 곽거병의 군사가 요새를 나설 때 관원이 관마官馬와 사마私馬를 점검해보니 총 14만 필이었다. 다시 요새로 들어올 때는 3만 필이 채 되지 않았다. 대사마의 관직을 증설한 뒤 대장군과 표기장군을 모두 대사마로 삼았다. 이어 법령을 제정해 표기장군의 품계와 녹봉을 대장군과 같게 했다. 이후 대장군 위청의 위세는 날로 쇠하고, 표기장군은 날로 존귀해졌다. 대장군의 옛 친구인 고인故人과 식객으로 있던 문하인門下人 가운데 위청의 곁을 떠나 표기장군 곽거병을 섬기다가 관작을 얻는 자가 매우 많았다. 오직 임안만은 그리하지 않았다.

●● 驃騎始爲出定襄, 當單于. 捕虜言單于東, 乃更令驃騎出代郡, 令大將軍出定襄. 郎中令爲前將軍, 太僕爲左將軍, 主爵趙食其爲右將軍, 平陽侯襄爲後將軍, 皆屬大將軍. 兵卽度幕, 人馬凡五萬騎, 與驃騎等咸擊匈奴單于. 趙信爲單于謀曰, "漢兵旣度幕, 人馬罷, 匈奴可坐收虜耳." 乃悉遠北其輜重, 皆以精兵待幕北. 而適値大將軍軍出塞千餘里, 見單于兵陳而待, 於是大將軍令武剛車自環爲營, 而縱五千騎往當匈奴. 匈奴亦縱可萬騎. 會日且入, 大風起, 沙礫擊面, 兩軍不相見, 漢益縱左右翼繞單于. 單于視漢兵多, 而士馬尙彊, 戰而匈奴不利, 薄莫, 單于遂乘六騾, 壯騎可數百, 直冒漢圍西北馳去. 時已昏, 漢匈奴相紛挈, 殺傷大當. 漢軍左校捕虜言單于未昏而去, 漢軍因發輕騎夜追之, 大將軍軍因隨其後. 匈奴兵亦散走. 遲明, 行二百餘里, 不得單于, 頗捕斬首虜萬餘級, 遂至寘顏山趙信城, 得匈奴積粟食軍. 軍留一日而還, 悉燒其城餘粟以歸. 大將軍之與單于會也, 而前將軍廣·右將軍食其軍別從東道, 或失道, 後擊單于. 大將軍引還過幕南, 乃得前將軍·右將軍. 大將軍欲使使歸報, 令長史簿責前將軍廣, 廣自殺. 右將軍至, 下吏, 贖爲庶人. 大將軍軍入塞, 凡斬捕首虜萬九千級. 是時匈奴衆失單于十餘日, 右谷蠡王聞之, 自立爲單于. 單于後得其衆, 右王乃去單于之號. 驃騎將軍亦將五萬騎, 車重與大將軍軍等, 而無裨將. 悉以李敢等爲大校, 當裨將, 出代·右北平千餘里, 直左方兵, 所斬捕功已多大將軍. 軍旣還, 天子曰, "驃騎將軍去病率師, 躬將所獲葷粥之士, 約輕齎, 絕大幕, 涉獲章渠, 以誅比車耆, 轉擊左大將, 斬獲旗鼓, 歷涉離侯. 濟弓閭, 獲屯頭王·韓王等三人, 將軍·相國·當戶·都尉八十三人, 封狼居胥山, 禪於姑衍, 登臨翰海. 執鹵獲醜七萬有四百四十三級, 師率減什三, 取食於敵, 遠行殊遠而糧不絕, 以五千八百戶益封驃騎將軍. 右北平太守路博德屬驃騎將軍, 會與城, 不失期, 從至檮余山, 斬首捕虜二千七百級, 以千六百戶封博德爲符離侯. 北地都尉邢山從驃騎將軍獲王, 以千二百戶封山爲義陽侯. 故歸義因淳王復陸支·樓專王伊卽軒皆從驃騎將軍有功, 以千三百戶封復陸支爲壯侯, 以千八百戶封伊卽軒爲衆利侯. 從驃侯破奴·昌武侯安稽從驃騎有功, 益封各三百戶. 校尉敢得旗鼓, 爲關內侯, 食邑二百戶. 校尉自爲爵大庶長." 軍吏卒爲官, 賞賜甚多. 而大將軍不得益封, 軍吏卒皆無封侯者. 兩軍之出塞, 塞閱官及私馬凡十四萬匹, 而復入塞者不滿三萬匹. 乃益置大司馬位, 大將軍·驃騎將軍皆爲大司馬. 定令, 令驃騎將軍秩祿與大將軍等. 自是之後, 大將軍靑日退, 而驃騎日益貴. 擧大將軍故人門下多去事驃騎, 輒得官爵, 唯任安不肯.

표기장군 곽거병은 과묵한 탓에 감정을 잘 드러내지 않았다. 기개가 높아 과감하게 일을 처리했다. 한무제가 일찍이 그에게 《손자병법》과 《오자병법》을 가르치려 했다. 곽거병이 거부했다.

"어떤 전략을 쓸 것인가만 생각하면 됩니다. 굳이 옛 병법을 배울 것까지는 없습니다."

한무제가 그를 위해 저택을 지은 적이 있다. 그에게 가보라고 하자 이같이 말했다.

"흉노가 아직 멸망하지 않았으니 집은 그다지 필요치 않습니다."

한무제가 더욱 총애하고 중히 여긴 이유다. 그러나 그는 젊어서 시중을 지내는 등 신분이 매우 존귀해지자 휘하 병사들을 잘 살피지 못했다. 군사를 이끌고 출정할 때면 한무제는 그를 위해 태관太官(음식 담당관인)을 시켜 수십 승 분량의 식품을 보내주었다. 돌아온 뒤 물품 수레를 보면 좋은 쌀과 고기가 남아돌았다. 그러나 병사들 중에는 굶주린 자가 있었다. 그가 변경 밖에 있을 때 병사들은 식량이 부족해 애를 먹었다. 어떤 병사는 스스로 일어나 움직일 수 없는 지경인데도 표기장군은 땅에 줄을 긋고 구역을 정한 뒤 공치기를 즐겼다. 이런 일이 매우 많았다. 이에 반해 대장군 위청은 사람이 어질고 선량하며 겸양했다. 부드러운 성품으로 한무제의 환심을 샀다. 그러나 세상에는 그를 칭송하는 사람이 없었다.

표기장군 곽거병은 첫 출정을 한 원수 4년에서 3년째가 되는 원수 6년에 죽었다. 한무제가 그의 죽음을 애도해 현갑군玄甲軍(속국의 무장한 병사)을 동원해 장안에서 무릉茂陵까지 운구토록 하고, 기련산을 본뜬 분묘를 만들었다. 이어 그에게 무용武勇을 뜻하는 경景 자와 영토확장을 뜻하는 환桓 자를 합친 경환후景桓侯의 시호를 내렸다. 그의 아들 곽선郭嬗이 대신 작위를 이었다. 곽선은 나이가 아직 어렸다. 자가 자후子侯였다. 한무제가 총애해, 그가 성년이 되면 장군으로 삼고자 했다. 6년이 지난 원봉 원년, 곽선이 죽었다. 애후哀侯의 시호를 내렸다. 그에게 아들이 없는 까닭에 후대가 끊겼다. 봉국도 취소되었다.

표기장군 곽거병 사후 대장군 위청의 맏아들 의춘후 위항도 법에 저촉되어 작위를 상실했다. 5년 뒤 위항의 동생인 음안후 위불의와 발간후 위등 모두 주금에 저촉되어 작위를 잃었다. 2년 표기장군의 봉국이 폐지되었다. 다시 4년 뒤 대장군 위청이 죽었다. 시호는 열후

^{烈侯}였다. 아들 위항이 뒤를 이어 장평후가 되었다. 대장군 위청은 선우를 포위하는 위세를 떨친 지 14년 만에 죽은 셈이다. 그사이 북쪽의 흉노를 다시 치지 않은 것은 한나라의 군마^{軍馬}가 적은데다 마침 남쪽으로 동월과 남월, 동쪽으로 조선, 서쪽으로 강족, 서남쪽으로 서남이^{西南夷}를 치고 있었기 때문이다. 이런 여러 이유로 오랫동안 흉노를 칠 수 없었다. 대장군 위청은 도중에 평양공주를 아내로 맞이했다. 장평후 위항이 대신 작위를 이었으나 6년 뒤 법에 저촉되어 작위를 잃었다.

●● 驃騎將軍爲人少言不泄, 有氣敢任. 天子嘗欲教之孫吳兵法, 對曰, "顧方略何如耳, 不至學古兵法." 天子爲治第, 令驃騎視之, 對曰, "匈奴未滅, 無以家爲也." 由此上益重愛之. 然少而侍中, 貴, 不省士. 其從軍, 天子爲遣太官齎數十乘, 旣還, 重車餘弃粱肉, 而士有飢者. 其在塞外, 卒乏糧, 或不能自振, 而驃騎尙穿域蹋鞠. 事多此類. 大將軍爲人仁善退讓, 以和柔自媚於上, 然天下未有稱也. 驃騎將軍自四年軍後三年, 元狩六年而卒. 天子悼之, 發屬國玄甲軍, 陳自長安至茂陵, 爲冢象祁連山. 諡之, 幷武與廣地曰景桓侯. 子嬗代侯. 嬗少, 字子侯, 上愛之, 幸其壯而將之. 居六歲, 元封元年, 嬗卒, 諡哀侯. 無子, 絶, 國除. 自驃騎將軍死後, 大將軍長子宜春侯伉坐法失侯. 後五歲, 伉弟二人, 陰安侯不疑及發幹侯登皆坐酎金失侯. 失侯後二歲, 冠軍侯國除. 其後四年, 大將軍靑卒, 諡爲烈侯. 子伉代爲長平侯. 自大將軍圍單于之後, 十四年而卒. 竟不復擊匈奴者, 以漢馬少, 而方南誅兩越, 東伐朝鮮, 擊羌·西南夷, 以故久不伐胡. 大將軍以其得尙平陽長公主故, 長平侯伉代侯. 六歲, 坐法失侯.

제장열전

위청 휘하

다음은 두 명의 대장군과 여타 비장을 기술한 것이다. 대장군 위청은 도합 일곱 번 출병해 흉노를 공격했다. 모두 5만여 명을 참수하거나 생포했다. 선우와 한 번 교전해 하남 일대를 탈취했다. 덕분에 그곳에 삭방군을 둘 수 있었다. 대장군 위청의 식읍은 두 번 익봉益封되어 총 1만 1,800호였다. 세 아들 모두 제후에 봉해져 각각 1,300호를 받았다. 이 부자의 식읍을 합하면 모두 1만 5,700호에 달한다. 대장군 위청의 교위와 부장 가운데 대장군 위청을 쫓아 출병해 이후 열후에 봉해진 자는 모두 아홉 명이다. 휘하 비장이나 교위로 있다가 장군이 된 자는 모두 열네 명이다. 비장 가운데 이광이 있다. 그에 대해서는 따로 전傳이 있다. 대장군 위청 휘하의 장군 가운데 전기가 없는 사람은 다음과 같다.

●● 左方兩大將軍及諸裨將名, 最大將軍青, 凡七出擊匈奴, 斬捕首虜五萬餘級. 一與單于戰, 收河南地, 遂置朔方郡, 再益封, 凡萬一千八百戶. 封三子爲侯, 侯千三百戶. 幷之, 萬五千七百戶. 其校尉裨將以從大將軍侯者九人. 其裨將及校尉已爲將者十四人. 爲裨將者曰李廣, 自有傳. 無傳者曰.

장군 공손하는 의거 출신으로 선조는 흉노다. 부친 혼야渾邪는 한경제 때 평곡후平曲侯에 봉해졌다가 법에 저촉되어 작위를 상실했다. 공손하는 한무제가 태자일 때 그의 사인으로 있었다. 한무제가 즉위한 지 8년째 되던 해에 태복의 신분으로 경거장군이 되어 마읍에 주둔했다. 4년 뒤, 경거장군 자격으로 운중에서 출병했다. 5년 뒤, 기장군이 되어 대장군 위청을 쫓아 출병했다. 전공을 세워 남교후에 봉해졌다. 1년 뒤 좌장군이 되어 두 차례 대장군을 쫓아 정양에서 출병했다. 큰 공을 세우지 못했다. 4년 뒤, 주금을 위반해 작위를 상실했다. 8년 뒤, 부저장군浮沮將軍이 되어 오원에서 출병해 2,000여 리나 진격했다. 그러나 전공을 세우지 못했다. 8년 뒤, 태복에서 승상으로 승진해 갈역후葛繹侯에 봉해졌다. 그는 일곱 번 장군 자격으로 출병해 흉노를 쳤지만 큰 공이 없었다. 두 번 열후에 봉해지고, 승상에 제수되었다. 아들 공손경성公孫敬聲이 양석공주陽石公主와 사통하고 태자와 관련한 무고지화를 일으켜 일족이 몰살되는 바람에 후대가 끊겼다.

●● 軍公孫賀. 賀, 義渠人, 其先胡種. 賀父渾邪, 景帝時爲平曲侯, 坐法失侯. 賀, 武帝爲太子時舍人. 武帝立八歲, 以太僕爲輕車將軍, 軍馬邑. 後四歲, 以輕車將軍出雲中. 後五歲, 以騎將軍從大將軍有功, 封爲南窌侯. 後一歲, 以左將軍再從大將軍出定襄, 無功. 後四歲, 以坐酎金失侯. 後八歲, 以浮沮將軍出五原二千餘里, 無功. 後八歲, 以太僕爲丞相, 封葛繹侯. 賀七爲將軍, 出擊匈奴無大功, 而再侯, 爲丞相. 坐子敬聲與陽石公主姦, 爲巫蠱, 族滅, 無後.

장군 이식은 욱질郁郅 출신으로 한경제를 섬겼다. 한무제가 즉위한 지 8년째 되던 해에 재관장군이 되어 마읍에 주둔했다. 6년 뒤, 장군이 되어 대군에서 출병했다. 3년 뒤, 장군이 되어 대장군 위청을 쫓아 삭방에서 출병했다. 전공이 없었다. 이식은 세 번 장군이 되었다. 이후에는 늘 대행의 관직을 맡았다.

●● 將軍李息, 鬱郅人. 事景帝. 至武帝立八歲, 爲材官將軍, 軍馬邑, 後六歲, 爲將軍, 出代, 後三歲, 爲將軍, 從大將軍出朔方, 皆無功. 凡三爲將軍, 其後常爲大行.

장군 공손오도 의거 출신이다. 낭관 신분으로 한무제를 섬겼다. 한무제가 즉위한 지 12년째 되던 해에 기장군이 되어 대군에서 출병했다. 잃은 병사가 7,000명에 달했다. 참수형에 해당했으나 속죄금을 내고 평민이 되었다. 5년 뒤, 교위 신분으로 대장군을 쫓아 출병해 공을 세웠다. 덕분에 합기후에 봉해졌다. 1년 뒤, 중장군이 되어 대장군을 쫓아 두 번 정양에서 출병했다. 전공을 세우지 못했다. 2년 뒤, 장군이 되어 북지에서 출병했다. 표기장군 곽거병과 약정한 기일에 도착하지 못했다. 참수형에 해당했으나 속죄금을 내고 평민이 되었다. 2년 뒤, 교위 신분으로 대장군을 쫓아 출병했다. 전공을 세우지 못했다. 14년 뒤, 인우장군이 되어 수항성을 축조했다. 7년 뒤, 다시 인우장군이 되어 두 번 출병해 흉노를 쳤다. 여오수에 이르러서 병사를 대거 잃었다. 형리에게 넘겨져 참수형 판결을 받았다. 짐짓 죽은 척하다 달아나 민간에서 5, 6년 동안 숨어 지냈다. 이후 발각되어 다시 구금되었다. 처가 무고지화에 연루되어 일족이 몰살되었다. 공손오는 모두 네 번 장군으로 출병해 흉노를 쳤고, 한 번 열후에 봉해졌다.

●● 將軍公孫敖, 義渠人. 以郎事武帝. 武帝立十二歲, 爲驃騎將軍, 出代, 亡卒七千人, 當斬, 贖爲庶人. 後五歲, 以校尉從大將軍有功, 封爲合騎侯. 後一歲, 以中將軍從大將軍, 再出定襄, 無功. 後二歲, 以將軍出北地, 後驃騎期, 當斬, 贖爲庶人. 後二歲, 以校尉從大將軍, 無功. 後十四歲, 以因杅將軍築受降城. 七歲, 復以因杅將軍再出擊匈奴, 至余吾, 亡士卒多, 下吏, 當斬, 詐死, 亡居民間五六歲. 後發覺, 復繫. 坐妻爲巫蠱, 族. 凡四爲將軍, 出擊匈奴, 一侯.

　장군 이저는 운중 출신으로 한경제를 섬겼다. 한무제가 즉위한 지 17년째 되던 해에 좌내사 신분으로 강노장군이 되었다. 1년 뒤 다시 강노장군이 되었다.

　●● 將軍李沮, 雲中人. 事景帝. 武帝立十七歲, 以左內史爲彊弩將軍. 後一歲, 復爲彊弩將軍.

　장군 이채는 성기 출신으로 한문제·한경제·한무제를 섬겼다. 경 거장군이 되어 대장군을 쫓아 출병했다. 공을 세워 낙안후에 봉해졌다. 이후 승상이 되었다가 법에 저촉되어 죽었다.

　●● 將軍李蔡, 成紀人也. 事孝文帝·景帝·武帝. 以輕車將軍從大將軍有功, 封爲樂安侯. 已爲丞相, 坐法死.

　장군 장차공은 하동 출신으로 교위의 신분으로 대장군 위청을 쫓아 출병했다. 전공을 세워 안두후에 봉해졌다. 이후 태후가 죽자 장 군이 되어 북군에 주둔했다. 1년 뒤, 장군이 되어 대장군 위청을 쫓아 출병했다. 두 번 장군이 되었으나 법에 저촉되어 작위를 잃었다. 장 차공의 부친 장륭張隆은 경거輕車 부대의 사수射手였다. 활을 잘 쏘아 한경제가 총애하고 가까이했다.

　●● 將軍張次公, 河車人. 以校尉從衛將軍靑有功, 封爲岸頭侯. 其後 太后崩, 爲將軍, 軍北軍. 後一歲, 爲將軍, 從大將軍, 再爲將軍, 坐法失 侯. 次公父隆, 輕車武射也. 以善射, 景帝幸近之也.

장군 소건은 두릉杜陵 출신이다. 교위의 신분으로 대장군 위청을 쫓아 출전했다. 전공을 세워 평릉후에 봉해졌다. 장군이 되어 삭방에 성을 쌓았다. 4년 뒤, 유격장군으로 대장군을 쫓아 삭방에서 출병했다. 1년 뒤 우장군으로서 두 번 대장군을 쫓아 정양에서 출병했다. 흡후 조신이 달아나고 군사를 잃은 탓에 참수형에 처해지게 되었으나 속죄금을 내고 평민이 되었다. 이후 대군 태수가 되었다가 죽었다. 분묘는 대유향大猶鄕에 있다.

●● 將軍蘇建, 杜陵人. 以校尉從衛將軍靑, 有功, 爲平陵侯, 以將軍築朔方. 後四歲, 爲遊擊將軍, 從大將軍出朔方. 後一歲, 以右將軍再從大將軍出定襄, 亡翕侯, 失軍, 當斬, 贖爲庶人. 其後爲代郡太守, 卒, 家在大猶鄕.

장군 조신은 원래 흉노의 상국 출신이다. 투항한 뒤 흡후에 봉해졌다. 한무제가 즉위한 지 17년째 되던 해에 전장군이 되어 선우와 싸웠다. 패하자 이내 흉노에게 투항했다.

●● 將軍趙信, 以匈奴相國降, 爲翕侯. 武帝立十七歲, 爲前將軍, 與單于戰, 敗, 降匈奴.

장군 장건은 사자가 되어 대하를 방문했다. 국교를 맺은 뒤 돌아와 교위가 되었다. 대장군 위청을 쫓아 출전했다. 전공을 세워 박망후에 봉해졌다. 3년 뒤, 장군이 되어 우북평에서 출병했으나 기일을 지키지 못했다. 참수형에 해당했으나 속죄금을 내고 평민이 되었다. 이후 사자가 되어 오손과 국교를 열었다. 대행의 자리에 있다가 죽었다. 분묘는 한중에 있다.

●● 將軍張騫, 以使通大夏, 還, 爲校尉. 從大將軍有功, 封爲博望侯. 後三歲, 爲將軍, 出右北平, 失期, 當斬, 贖爲庶人. 其後使通烏孫, 爲大行而卒, 冢在漢中.

장군 조이기는 도성 주변 좌풍익의 대우(殺栩) 출신이다. 한무제가 즉위한 지 22년이 지난 뒤 주작도위 신분으로 우장군이 되었다. 대장군 위청을 쫓아 정양에서 출병했다. 그러나 도중에 길을 잃어 약속한 기일에 합세하지 못했다. 참수형에 해당했으나 속죄금을 내고 평민이 되었다.

●● 將軍趙食其, 殺栩人也. 武帝立二十二歲, 以主爵爲右將軍, 從大將軍出定襄, 迷失道, 當斬, 贖爲庶人.

장군 조양(趙襄)은 평양후 신분으로 후장군이 되었다. 대장군 위청을 쫓아 정양에서 출병했다. 조양은 조참의 손자다.

●● 將軍曹襄, 以平陽侯爲後將軍, 從大將軍出定襄. 襄, 曹參孫也.

장군 한열은 궁고후의 서손이다. 교위 신분으로 대장군을 쫓아 출전했다. 공을 세워 용락후에 봉해졌다. 이후 주금법에 걸려 작위를 상실했다. 한무제 원정 6년, 대조(待詔)의 신분으로 횡해장군(橫海將軍)이 되었다. 동월을 공격해 전공을 세운 덕분에 안도후(按道侯)에 봉해졌다. 한무제 태초 3년, 유격장군이 되어 오원 밖의 여러 성곽지대에 주둔했다. 이후 광록훈이 되었다. 태자궁에서 나무 인형을 파내다가 위태자(衛太子) 유거(劉據)에게 피살되었다.

●● 將軍韓說, 弓高侯庶孫也. 以校尉從大將軍有功, 爲龍頟侯, 坐酎金失侯. 元鼎六年, 以待詔爲橫海將軍, 擊東越有功, 爲按道侯. 以太初三年爲遊擊將軍, 屯於五原外列城. 爲光祿勳, 掘蠱太子宮, 衛太子殺之.

장군 곽창은 운중 출신이다. 교위 신분으로 대장군을 쫓아 출정했다. 한무제 원봉 4년, 태중대부 신분으로 발호장군이 되어 삭방에 주둔했다. 이후 돌아와 곤명昆明을 쳤으나 공을 세우지 못해 파직되었다.

●● 將軍郭昌, 雲中人也. 以校尉從大將軍. 元封四年, 以太中大夫爲拔胡將軍, 屯朔方. 還擊昆明, 毋功, 奪印.

장군 순체荀彘는 태원 광무 출신이다. 마차를 잘 모는 까닭에 한무제를 배견하고 시중에 임명되었다. 교위 신분으로 누차 대장군을 쫓아 출정했다. 한무제 원봉 3년, 좌장군이 되어 조선을 쳤다. 별다른 전공을 세우지 못했다. 누선장군樓船將軍을 체포한 죄로 법에 저촉되어 처형되었다.

●● 將軍荀彘, 太原廣武人. 以御見, 侍中, 爲校尉, 數從大將軍. 以元封三年爲左將軍擊朝鮮, 毋功. 以捕樓船將軍坐法死.

곽거병 휘하

표기장군 곽거병은 도합 여섯 번 출병해 흉노를 쳤다. 네 번은 장군 신분으로 출정해 11만 명 넘게 참수하거나 생포했다. 혼야왕이 휘하의 수만 명을 이끌고 투항해오자 마침내 하서와 주천 일대를 개척해 서쪽 흉노의 침입을 크게 감소시켰다. 식읍이 네 번 더해져 총 1만 5,100호에 달했다. 휘하 교위 및 군관 가운데 공을 세워 열후에 봉해진 자가 모두 여섯 명이다. 훗날 장군이 된 자는 다음의 두 명이다.

●● 驃騎將軍去病, 凡六出擊匈奴, 其四出以將軍, 斬捕首虜十一萬餘級. 及渾邪王以衆降數萬, 遂開河西酒泉之地, 西方益少胡寇. 四益封, 凡萬五千一百戶. 其校吏有功爲侯者凡六人, 而後爲將軍二人.

장군 노박덕은 서하의 평주平州 출신이다. 우북평 태수의 신분으로 표기장군 곽거병을 좇아 출정했다. 공을 세워 부리후에 봉해졌다. 표기장군 사후 위위 신분으로 복파장군伏波將軍이 되어 남월을 격파하고 식읍을 더 받았다. 이후 법에 저촉되어 작위를 잃었다. 강노도위에 임명되어 거연에 주둔하다가 죽었다.

●● 將軍路博德, 平州人. 以右北平太守從驃騎將軍有功, 爲符離侯. 驃騎死後, 博德以衛尉爲伏波將軍, 伐破南越, 益封. 其後坐法失侯. 爲彊弩都尉, 屯居延, 卒.

장군 조파노는 원래 구원 출신이다. 전에 흉노 땅으로 달아났다가 한나라에 귀순해 표기장군 곽거병의 사마가 되었다. 북지에서 출병할 당시 공을 세워 종표후에 봉해졌다. 이후 주금법에 저촉되어 작위를 잃었다. 1년 뒤, 흉하장군匈河將軍이 되어 흉노를 쳤다. 흉하수까지 진격했으나 공을 세우지 못했다. 2년 뒤, 누란왕樓蘭王을 공격해 생포한 덕분에 다시 착야후에 봉해졌다. 6년 뒤, 준계장군浚稽將軍이 되어 기병 2만 명을 이끌고 흉노의 좌현왕을 쳤다. 좌현왕이 8만 명의 군사를 동원해 조파노를 포위했다. 조파노는 사로잡히고, 휘하 군사는 전멸당했다. 흉노 땅에 10년 동안 억류당했다. 흉노의 태자 안국安國과 함께 도망쳐 한나라로 돌아왔다. 이후 무고지화에 연루되어 일족이 몰살되었다. 위씨衛氏 일족이 흥기하면서 대장군 위청이 처음으로 열후에 봉해졌고, 이후 후손 가운데 다섯 명이 열후의 자리에 올랐다. 그러나 24년 동안 다섯 명의 열후 모두 작위를 박탈당했다. 위씨 일족 가운데 더는 열후에 봉해진 사람이 없게 된 이유다.

●● 將軍趙破奴, 故九原人. 嘗亡入匈奴, 已而歸漢, 爲驃騎將軍司馬. 出北地時有功, 封爲從驃侯. 坐酎金失侯. 後一歲, 爲匈河將軍, 攻胡至匈河水, 無功. 後二歲, 擊虜樓蘭王, 復封爲浞野侯. 後六歲, 爲浚稽將軍, 將二萬騎擊匈奴左賢王, 左賢王與戰, 兵八萬騎圍破奴, 破奴生爲虜所得, 遂沒其軍. 居匈奴中十歲, 復與其太子安國亡入漢. 後坐巫蠱, 族. 自衛氏興, 大將軍靑首封, 其後枝屬爲五侯. 凡二十四歲而五侯盡奪, 衛氏無爲侯者.

태사공은 평한다.

"소건이 나에게 말하기를, '일찍이 대장군 위청을 책망한 적이 있다. 지극히 존귀한 자리에 있는데도 천하의 현대부 가운데 칭송하는 자가 없으니 옛날 명장이 현자를 초빙해 과감히 발탁한 일을 본받아야 한다고 주문했다. 그러자 대장군 위청이 사절했다. 위기후 두영과 무안후 전분이 빈객을 후대하자 천자가 늘 이를 갈며 원한을 품었고, 사대부를 가까이하고 현자를 초빙하며 불초한 자들을 물리치는 것은 군주의 권한이고, 신하는 국법을 받들고 직책을 준수하면 그뿐인데 왜 현사를 초빙하느냐는 것이었다'고 했다. 표기장군 곽거병도 이런 뜻을 본받았다. 장군이 된 자의 마음가짐이 이와 같았다."

•• 太史公曰, "蘇建語余曰, '吾嘗責大將軍至尊重, 而天下之賢大夫毋稱焉, 願將軍觀古名將所招選擇賢者, 勉之哉.' 大將軍謝曰, '自魏其·武安之厚賓客, 天子常切齒. 彼親附士大夫, 招賢絀不肖者, 人主之柄也. 人臣奉法遵職而已, 何與招士!' 驃騎亦放此意, 其爲將如此."

권 112

평진후주보열전

平津侯主父列傳

〈평진후주보열전平津侯主父列傳〉은 전한 초기에 활약한 유학자인 평진후平津侯 공손홍과 주보언主父偃에 관한 전기다. 공손홍은 일찍 모친을 여의고 계모 슬하에서 자랐으나 지극한 효자였다. 마을에서 문학으로 천거했지만 다른 사람에게 양보하고자 했다. 또 늘 베옷을 걸치고 채식을 하는 등 매우 검소한 삶을 영위했다. 모든 것을 주변에 다 나누어준 까닭에 집에는 남아 있는 것이 없을 정도였다. 한무제가 공손홍을 발탁해 유학을 장려한 이유다. 사마천이 공손홍을 긍정적으로 평가한 것도 이런 맥락에서 이해할 수 있다.

당시 그는 학문을 왜곡해 세상에 아부하는 곡학아세曲學阿世를 행한다는 비판을 들었다. 겉으로는 너그러우나 속은 각박하고 남을 의심하고 시기심이 많았다는 것이다. 주보언을 죽이고 동중서董仲舒를 쫓아낸 것이 논거였다. 그러나 이는 한쪽 면만 본 것이다. 그는 누구보다 민생과 국가안위에 깊은 관심을 기울였다. 제후의 봉지를 과감히 삭감하고 흉노를 대대적으로 토벌해야 한다고 주장한 것이 그렇다. 사마천이 〈평진후주보열전〉을 〈위장군표기열전〉 뒤에 배치한 것도 이런 맥락에서 이해할 수 있다. 〈평진후주보열전〉부터 〈회남형산열전〉까지 일곱 편은 한무제 때 이루어진 대규모 영토 확장 작업과 관련된 자들의 사적이다. 공손홍은 사마상여司馬相如와 대립하며 서남이와 교통하는 통서남이通西南夷를 반대했다. 사마천이 〈평진후주보열전〉과 〈사마상여열전司馬相如列傳〉 사이에 〈남월열전〉·〈동월열전〉·〈조선열전〉·〈서남이열전〉을 끼워 넣은 이유다. 흉노 정벌 문제를 둘러싼 사상 논쟁을 자연스럽게 드러내고자 한 것이다. 사상사적으로 볼 때 공손홍은 부민富民을 토대로 한 부국강병을 역설한 관중의 치국평천하 노선을 추종한 셈이다. 거만의 자산을 모은 공자의 수제자 자공과 더불어 상가의 대표적인 인물로 꼽을 만하다.

공손홍과 대비되는 인물이 주보언이다. 그는 어려운 환경에서 자란 탓에 벼슬을 하게 되자 뇌물을 모으는 데 혈안이 되었다. 주위에서 이를 책망하자 제후의 식사를 상징하는 오정식五鼎食을 먹기 위해서는 시간이 촉박하다고 반박한 바 있다. 출세주의자의 전형적인 모습이다. 그는 남의 약점을 들추어내는 식으로 많은 공을 세웠다. 덕분에 벼슬이 높아지기는 했으나 결국 그로 인해 일족이 몰살을 당하고 말았다. 자업자득인 셈이다.

공손홍열전

승상 공손홍은 제나라 치천국_{菑川國} 설현_{薛縣} 출신으로 자는 계_季다. 젊을 때 설현의 옥리가 되었으나 죄를 지어 면직되었다. 집안이 가난해 바닷가에서 돼지를 길렀다. 마흔이 넘어서야 《춘추》에 관한 제자백가 학설을 공부했다. 또 계모를 효성스럽게 봉양했다. 한무제 건원 원년, 한무제가 막 즉위해 현량과 문학_{文學}으로 소문난 선비들을 불러들였다. 당시 공손홍은 나이가 예순 살이었다. 이때 현량으로 초빙되어 이내 박사가 되었다. 이후 흉노에 사자로 갔다. 돌아와 복명한 내용이 한무제의 마음에 들지 않았다. 한무제가 진노하며 그를 무능하다고 꾸짖었다. 공손홍이 병을 핑계로 사직하고 귀가한 이유다. 한무제 원광 5년, 조서를 내려 문학의 선비를 초빙했다. 치천국에서 다시 공손홍을 천거했다. 공손홍이 이같이 말하며 사양했다.

"저는 일찍이 칙명을 받아 서쪽 경사로 갔다가 무능하다는 이유로 파직되어 돌아온 적이 있습니다. 다른 사람을 천거해주십시오."

그러나 치천국 백성들이 한사코 그를 천거했다. 그가 부득이 태상이 있는 곳에 간 이유다. 태상이 각지에서 불러 모은 유생에게 각자 황제가 낸 치국평천하 책문에 관한 대책_{對策}을 짓게 했다. 그의 성적은 100여 명 가운데 하위를 차지했다. 그러나 대책을 상주하자 한무제가 공손홍의 대책을 1등으로 뽑았다. 게다가 한무제가 그를 불러 만나보니 그의 용모가 단아했다. 다시 박사에 임용한 이유다. 당시 한나라는 막 서남이로 통하는 길을 낸 뒤 그곳에 군_郡을 두었다. 파촉의 백성이 부역으로 시달렸다. 한무제가 조서를 내려 공손홍에게 그곳 사정을 살펴보게 했다. 공손홍이 돌아와 이같이 복명했다.

"서남이는 실로 쓸모가 없습니다."

크게 깎아내리자 한무제가 그의 말을 곧이듣지 않았다.

●● 丞相公孫弘者, 齊菑川國薛縣人也, 字季. 少時爲薛獄吏, 有罪, 免. 家貧, 牧豕海上. 年四十餘, 乃學春秋雜說. 養後母孝謹. 建元元年, 天子初卽位, 招賢良文學之士. 是時弘年六十, 徵以賢良爲博士. 使匈奴, 還報, 不合上意, 上怒, 以爲不能, 弘迺病免歸. 元光五年, 有詔徵文學, 菑川國復推上公孫弘. 弘讓謝國人曰, "臣已嘗西應命, 以不能罷歸, 願更推選." 國人固推弘, 弘至太常. 太常令所徵儒士各對策, 百餘人, 弘第居下. 策奏, 天子擢弘對爲第一. 召入見, 狀貌甚麗, 拜爲博士. 是時通西南夷道, 置郡, 巴蜀民苦之, 詔使弘視之. 還奏事, 盛毁西南夷無所用, 上不聽.

공손홍은 사람이 비범하면서도 견문이 넓었다. 그는 늘 입버릇처럼 이같이 말했다.

"인주人主(임금)는 넓고 크지 못한 것을 병으로 여기고, 인신人臣(신하)은 검소하고 절약하지 못한 것을 병으로 여겨야 한다."

그가 베로 이불을 만들고[布被], 식사 때는 두 가지 육류를 겹쳐 먹지[重肉] 않은 이유다. 계모가 죽었을 때도 삼년상을 치렀다. 조정에서 회의가 열릴 때마다 그는 찬반의 단서만 내세우며 나머지는 황제 스스로 결정토록 배려했다. 군주의 면전에서 허물을 기탄없이 직간하고 쟁론하는 것[面折廷爭]을 피하고자 한 것이다. 한무제는 그가 인정이 두텁고 후하고, 언변에 조리가 있고, 문서와 법령[文法]과 관원들의 공무[吏事]에 익숙하고, 또 유가의 학설[儒術]로 논점을 뒷받침하는 것을 보고 크게 좋아했다. 2년이 채 지나지 않아 좌내사에 올랐다.

그는 상주한 일이 윤허되지 않을지라도 조정에서 이를 따지는 법이 없었다. 그는 늘 주작도위 급암과 함께 앞뒤로 거리를 두어 한무제가 한가한 때를 틈타 건의했다. 급암이 먼저 거론하면 그가 뒤를 이어 동의를 표하는 식이었다. 한무제가 늘 기뻐하며 그의 건의를 모두 들어준 이유다. 날로 신임을 받고 존중받았다. 그는 일찍이 공경들과 어떤 사항을 건의하기로 약속한 적이 있다. 그러나 막상 한무제 앞에서 약속을 저버린 채 순순히 한무제의 의중을 좇았다. 급암이 조정에서 그를 힐책했다.

"제나라 출신은 거짓이 많고 솔직하지 못합니다. 당초 우리와 함께 건의하기로 약속해놓고 이제 와서 이를 모두 저버리니 실로 충실치 못합니다."

한무제가 공손홍에게 일의 경위를 묻자 그가 사죄하며 이같이 말했다.

"신을 아는 사람은 신을 충성스럽다고 생각하고, 신을 모르는 사람은 신을 불충하다고 생각합니다."

한무제가 그의 말이 옳다고 여겼다. 좌우의 행신幸臣이 공손홍을 헐뜯을 때마다 한무제가 더욱 그를 후대했다. 한무제 원삭 3년, 어사대부 장구張歐가 면직되자 공손홍이 그 후임이 되었다. 당시 한나라는 남쪽으로 서남이와 왕래하고, 동쪽으로 창해군滄海郡을 설치하고, 북쪽으로 삭방군에 성을 쌓고 있었다. 공손홍이 누차 간했다. 중원 일대를 피폐하게 만들며 쓸모없는 땅을 경영하는 일을 중지해달라는 내용이었다. 한무제가 주매신朱買臣 등에게 명해 삭방군 설치의 이점을 들어 공손홍에게 반박토록 했다. 주매신이 열거한 열 가지 사항 가운데 공손홍은 단 한 가지도 반박하지 못했다. 공손홍이 사과했다.

"산동의 시골 놈이 이처럼 유익한 일이 있었는지 몰랐습니다. 서남이와 창해군 쪽의 일은 중지하고 삭방군에만 힘쓰기 바랍니다."

한무제가 이를 허락했다. 이때 급암이 공손홍을 헐뜯었다.

"공손홍은 삼공의 자리에 있어 녹봉이 매우 많습니다. 그런데도 베로 이불을 만들어 덮고 있습니다. 이는 위선적인 짓입니다."

한무제가 공손홍에게 묻자 그가 사죄했다.

"그런 일이 있습니다. 구경 가운데 급암만큼 신과 친한 사람은 없습니다. 오늘 그가 조정에서 신을 힐책했습니다. 신의 결점을 정확히 짚어낸 것입니다. 삼공의 자리에 있으면서 베로 이불을 만드는 것은 확실히 거짓된 행동으로 명성을 낚으려고 한 것입니다. 신이 듣건대 관중은 제나라의 정승이 되어 군주만이 설치할 수 있는 색문塞門과 반점反坫을 두는 등 이른바 삼귀三歸를 행했습니다. 사치스러운 모습이 거의 천자와 같았습니다. 제환공은 비록 관중의 보필로 패자를 칭했으나 이는 천자의 권한을 멋대로 행한 참람한 짓이었습니다. 제경공 때의 재상 안영晏嬰은 재상이 되어 제경공을 보필하면서 두 가지 고기반찬을 겹쳐 먹지 않았습니다. 시첩들은 비단옷을 입지 않았지만 제나라는 잘 다스려졌습니다. 안영은 아래에 있는 백성과 비슷한 생활을 한 것입니다.

신은 어사대부의 자리에 있으면서 베로 이불을 만들었으니 구경으로부터 말단 관원에 이르기까지 고하귀천의 차등을 없앤 셈입니다. 확실히 급암이 말한 것과 같습니다. 만일 급암의 충정 어린 지적이 없었다면 폐하가 이런 말을 들을 수 있었겠습니까?"

한무제가 공손홍을 겸허한 인물로 여기고 더욱 후대했다. 마침내 승상으로 삼고 평진후에 봉한 것이 그렇다.

　●● 弘爲人恢奇多聞, 常稱以爲人主病不廣大, 人臣病不儉節. 弘爲布被, 食不重肉. 後母死, 服喪三年. 每朝會議, 開陳其端, 令人主自擇, 不肯面折庭爭. 於是天子察其行敦厚, 辯論有餘, 習文法吏事, 而又緣飾以儒術, 上大說之. 二歲中, 至左內史. 弘奏事, 有不可, 不庭辯之. 嘗與主爵都尉汲黯請閒, 汲黯先發之, 弘推其後, 天子常說, 所言皆聽, 以此日益親貴. 嘗與公卿約議, 至上前, 皆倍其約以順上旨. 汲黯庭詰弘曰, "齊人多詐而無情實, 始與臣等建此議, 今皆倍之, 不忠." 上問弘. 弘謝曰, "夫知臣者以臣爲忠, 不知臣者以臣爲不忠." 上然弘言. 左右幸臣每毀弘, 上益厚遇之. 元朔三年, 張歐免, 以弘爲御史大夫. 是時通西南夷, 東置滄海, 北築朔方之郡. 弘數諫, 以爲罷敝中國以奉無用之地, 願罷之. 於是天子乃使朱買臣等難弘置朔方之便. 發十策, 弘不得一. 弘迺謝曰, "山東鄙人, 不知其便若是, 願罷西南夷·滄海而專奉朔方." 上乃許之. 汲黯曰, "弘位在三公, 奉祿甚多, 然爲布被, 此詐也." 上問弘. 弘謝曰, "有之. 夫九卿與臣善者無過黯, 然今日庭詰弘, 誠中弘之病. 夫以三公爲布被, 誠飾詐欲以釣名. 且臣聞管仲相齊, 有三歸, 侈擬於君, 桓公以霸, 亦上僭於君. 晏嬰相景公, 食不重肉, 妾不衣絲, 齊國亦治, 此下比於民. 今臣弘位爲御史大夫, 而爲布被, 自九卿以下至於小吏, 無差, 誠如汲黯言. 且無汲黯忠, 陛下安得聞此言." 天子以爲謙讓, 愈益厚之. 卒以弘爲丞相, 封平津侯.

　공손홍은 사람이 남을 의심하며 시기했다. 겉으로 관대한 척했으나 속마음은 알 수 없었다. 자신과 틈이 있는 자에 대해 겉으로는 사이가 좋은 것처럼 꾸몄지만, 뒤로는 은밀히 설욕하고자 했다. 주보언을 죽이고, 동중서를 교서로 쫓아낸 것은 모두 그의 힘이 작용한 결과다. 그러나 그는 고기반찬 한 가지에 겨만 벗겨낸 거친 현미로 만든 밥[脫粟之飯]을 먹었다. 옛 친구나 친한 빈객이 의식衣食을 얻으러 오면 자신의 녹봉을 모두 내준 까닭에 집에는 남아 있는 것이 없었다. 사대부들도 그의 이런 행보를 보고 칭송해 마지않았다. 회남왕과 형산왕의 모반으로 그 일당에 대한 처벌이 긴박하게 진행될 때 그는 중병을 앓았다. 그는 스스로 이같이 여겼다.

"공도 없이 열후에 봉해지고 승상의 자리까지 오르게 되었다. 응당 명군을 잘 보필해 나라를 안정시키고, 사람들이 신하의 도리를 지키도록 만들어야 한다. 지금 제후들이 모반한 것은 모두 재상인 내가 직분을 다하지 못한 탓이다. 이대로 병사하면 책임을 다하지 못할까 두렵다."

곧바로 이같이 상서했다.

신이 듣건대 천하에는 변치 않는 다섯 가지 질서가 있고, 이를 실행하는 데도 세 가지 방안이 있다고 했습니다. 군신·부자·형제·부부·장유의 다섯 가지 질서는 천하에 통행되는 도입니다. 지智·인仁·용勇 등 세 가지 덕목은 천하에 통행되는 덕으로 다섯 가지 질서를 유지하게 하는 것입니다. '실행에 힘쓰는 것은 인, 묻기를 좋아하는 것은 지, 부끄러움을 아는 것은 용에 가깝다'고 말하는 이유입니다. 이 세 가지 덕목을 알면 스스로 수양하는 방법[自治]을 알게 됩니다. 스스로 수양하는 방법을 터득한 연후에 비로소 남을 다스리는 방법[治人]을 알게 됩니다. 천하에 스스로 수양하지도 못하면서 남을 제대로 다스리는 자는 이제껏 없었습니다. 이는 100대가 지나도 변치 않는 불변의 이치입니다.

이제 폐하는 친히 큰 효를 행하고, 삼왕을 거울삼아 주나라가 행한 치도를 바로 세우니 주문왕과 주무왕의 덕과 재능을 겸비한 셈입니다. 현사를 격려해 녹봉을 주고, 능력에 따라 벼슬을 내리는 것이 그렇습니다. 신은 보잘것없는 자질에 말이 땀을 흘리며 전장을 오가는 전공戰功[汗馬之勞]도 없습니다. 그런데도 폐하는 파격적으로 신을 졸오卒伍 가운데서 발탁해 열후에 봉하고, 마침내 삼공의 자리까지 오르게 했습니다. 신의 행실과 재능은 언급할 만한 가치조차 없습니다. 평소 부신지병負薪之病●이 있어서 견마지로犬馬之勞를 다하기도 전에 구덩이에 묻혀●● 끝내 성은에 보답하는[報德] 책무를 다하지 못할까 두렵습니다. 바라건대 열후의 인수를 반납하고 고향으로 돌아가 현자에게 길을 터주고자 합니다.

한무제가 말했다.

"옛날에는 공이 있는 자를 포상하고, 덕이 있는 자를 표창했소. 또 태평할 때는 문文, 혼란스러울 때는 무武를 숭상했소. 이제껏 이를 바꾼 자는 없었소. 짐은 지난날 요행히 보위에 오른 이래 두려워하며 마음이 편안하지 못했소. 오직 누구와 함께 나라를 다스릴까 하는 군신공치君臣共治 방안만 생각한 것은 그대도 잘 알 것이오. 군자는 선을 좋아하고 악을 미워하오. 그대가 언행을 신중히 한 사실을 짐

● 부신지병의 부신負薪은 등에 뗄감을 지고 있는 사람처럼 고통을 안고 산다는 뜻으로 곧 병에 걸렸다는 의미다. 《예기禮記》〈곡례曲禮 하〉는 부신지우負薪之憂, 《맹자孟子》〈공손추公孫丑 하〉는 채신지우采薪之憂, 당나라 한유는 〈복지부병서復志賦 並序〉에서 부신지질負薪之疾로 표현해놓았다.
●● "견마지로를 다하기도 전에 구덩이에 묻혀"의 원문은 "선구마전구학先狗馬塡溝壑"이다. 구마狗馬는 개나 말과 같이 천하고 보잘것없다는 뜻의 겸양어로 견마犬馬와 같다.

은 잠시도 잊은 적이 없소. 그대가 불행히도 감기와 독감 등으로 인한 병[霜露之病]에 걸렸으나 어찌 낫지 않을 리 있겠소? 그대가 글을 올려 작위를 반납하고 사직하겠다고 하는 것은 짐의 부덕을 드러내는 것이오. 이제 조정의 일이 조금 한가해졌소. 그대는 염려하지 말고 정신을 하나로 모아 의약의 도움으로 몸을 보전토록 하시오."

이어서 그에게 휴가를 주고, 쇠고기와 술, 비단을 내렸다. 몇 달 후 병이 낫자 다시 업무를 보았다. 한무제 원수 2년, 공손홍이 병이 나 마침내 승상 자리에서 타계했다. 아들 도度가 작위를 이었다. 도는 산양山陽의 태수가 되었으나 10여 년 후 죄를 지어 작위를 잃었다.

●● 弘爲人意忌, 外寬內深. 諸嘗與弘有郤者, 雖詳與善, 陰報其禍. 殺主父偃, 徙董仲舒於膠西, 皆弘之力也. 食一肉脫粟之飯. 故人所善賓客, 仰衣食. 弘奉祿皆以給之, 家無所餘. 士亦以此賢之. 淮南·衡山謀反, 治黨與方急. 弘病甚, 自以爲無功而封, 位至丞相, 宜佐明主塡撫國家, 使人由臣子之道. 今諸侯有畔逆之計, 此皆宰相奉職不稱, 恐竊病死, 無以塞責. 乃上書曰, "臣聞天下之通道五, 所以行之者三. 曰君臣, 父子, 兄弟, 夫婦, 長幼之序, 此五者天下之通道也. 智, 仁, 勇, 此三者天下之通德, 所以行之者也. 故曰 '力行近乎仁, 好問近乎智, 知恥近乎勇'. 知此三者, 則知所以自治, 知所以自治, 然後知所以治人. 天下未有不能自治而能治人者也, 此百世不易之道也. 今陛下躬行大孝, 鑒三王, 建周道, 兼文武, 厲賢予祿, 量能授官. 今臣弘罷駑之質, 無汗馬之勞, 陛下過意擢臣弘卒伍之中, 封爲列侯, 致位三公. 臣弘行能不足以稱, 素有負薪之病, 恐先狗馬塡溝壑, 終無以報德塞責. 願歸侯印, 乞骸骨, 避賢者路." 天子報曰, "古者賞有功, 襃有德, 守成尙文, 遭遇右武, 未有易此者也. 朕宿昔庶幾獲承尊位, 懼不能寧, 惟所與共爲治者, 君宜知之. 蓋君子善善惡惡, 君宜知之君若謹行, 常在朕躬. 君不幸罹霜露之病, 何恙不已, 迺上書歸侯, 乞骸骨, 是章朕之不德也. 今事少閒, 君其省思慮, 一精神, 輔以醫藥." 因賜告牛酒雜帛. 居數月, 病有瘳, 視事. 元狩二年, 弘病, 竟以丞相終. 子度嗣爲平津侯. 度爲山陽太守十餘歲, 坐法失侯.

주보언열전

주보언은 제나라 땅 임치 출신이다. 귀곡자鬼谷子로 상징되는 이른바 장단종횡지술長短縱橫之術을 배웠다. 만년에 《역경易經》과 《춘추》 및 제자백가의 학설을 공부했다. 제나라의 여러 유생과 교유했음에도 틈이 생긴 이유다. 제나라의 유생들이 서로 짜고 그를 따돌렸다. 제나라에서는 더는 받아들여지지 않았다. 게다가 집안이 가난한데도 돈을 빌려주는 곳조차 없었다. 북쪽으로 연나라와 조나라 및 중산中山 일대를 떠돌았으나 어디서도 그를 따뜻하게 대해주지 않았다. 나그네로 떠돌며 몹시 곤궁하게 지낸 배경이다. 한무제 원광 원년, 제후들 가운데 유세할 만한 자가 없다고 여긴 그는 서쪽 관중으로 들어가 장군 위청을 만났다. 위청이 거듭 천거했지만 한무제가 불러들이지 않았다. 밑천이 떨어진데다 머무른 지 오래되자 여러 공경과 빈객 대부분이 그를 싫어했다. 결국 조정인 궐하闕下에 글을 올렸다. 아침에 상서하자 저녁에 들어가서 한무제를 만나게 되었다. 그는 상서를 통해 아홉 가지를 건의했다. 여덟 가지는 율령, 나머지 한 가지는 흉노 정벌에 관한 것이었다. 그는 이같이 말했다.

신이 듣건대 명군은 간절한 간언을 꺼리지 않으면서 널리 의견을 듣고, 충신은 무거운 형벌을 피하지 않으면서 사실대로 간한다고 합니다. 일에 실책이 없고 공업功業이 만세에 걸쳐 길이 전해지던[功流萬世] 이유입니다. 지금 신은 충성심을 품고 죽음을 마다하지 않은 채 어리석은 계책[愚計]을 올리고자 합니다. 바라건대 폐하는 신의 죄를 용서하고 조금이라도 살펴주시기 바랍니다. 《사마법司馬法》에 이르기를, "나라가 비록 클지라도 호전好戰하면 반드시 망하고, 천하가 비록 태평할지라도 망전忘戰하면 반드시 위태롭게 된다"고 했습니다. 천하가 태평한데도 천자는 개선할 때 사용하는 악곡인 〈대개大凱〉를 연주하며 봄에 수蒐라는 사냥을 하고 가을에 선獮이라는 사냥을 합니다. 제후 역시 봄에 군사를 정비하고 가을에는 군사를 연마합니다. 망전을 하지 않기 위한 행사입니다.

또《국어》는 화를 내는 것은 덕을 거스르는 것이고[怒者逆德], 병기는 좋지 못한 물건이며[兵者凶器], 싸움은 말단의 일이라고[爭者末節] 언급했습니다.● 옛날 군주는 한번 화를 내면 반드시 사람을 죽여 피를 보았습니다. 성왕이 그런 일을 신중히 한 이유입니다. 승전을 위해 애쓰고 함부로 무력을 행사하는 사람치고 후회하지 않는 자가 없습니다. 옛날 진시황은 싸워 승리한 위세를 몰아 천하를 잠식해 들어가다가 마침내 전국戰國을 병탄하며 해내海內를 통일했습니다. 그 무공은 삼대三代와 같았습니다. 그러나 그는 승전을 위해 애쓰는 것에 그치지 않고 흉노까지 토벌하고자 했습니다. 이사李斯가 곧바로 만류하고 나섰습니다.

● 《국어》〈월어 하〉에서 인용한 것이다. 〈월어 하〉에는 노자怒者가 용자勇者로 나온다. "부용자역덕야夫勇者逆德也, 병자흉기야兵者凶器也, 쟁자사지말야爭者事之末也"로 되어 있다.

"안 됩니다. 흉노는 성곽을 쌓고 한곳에 정착해 살지 않습니다. 창고에 쌓아놓고 지킬 것도 없습니다. 마치 새 떼가 모였다가 흩어지듯 이리저리 옮겨 다녀 제압이 어렵습니다. 경무장한 병사로 적진 깊숙이 들어가면 필시 군량이 끊길 것입니다. 군량을 보급하며 행군하면 행동이 둔해져 제대로 작전을 펼 수 없습니다. 그들의 땅을 얻을지라도 이로울 것이 없습니다. 또 그 백성을 후대할지라도 그들을 계속 부리며 그곳을 지키게 할 수도 없습니다. 승리한 뒤 반드시 죽이고자 하면 이는 백성의 부모 된 도리가 아닙니다. 중원을 황폐화하면서까지• 흉노와 싸우는 것은 좋은 계책이 아닙니다."

진시황이 이를 듣지 않고 결국 몽념을 시켜 군사를 이끌고 흉노를 쳐 1,000리의 땅을 개척하고, 황하를 경계선으로 삼았습니다. 그러나 그 땅은 원래 염분이 많은 늪지대로 오곡이 자라지 못합니다. 이후 천하의 장정들을 징발해 북하를 지키게 했습니다. 병사를 비바람 속에 내놓은 지[暴露] 10여 년 동안 무수한 사람이 죽었습니다. 결국 황하를 건너 북진하지도 못했습니다. 이것이 어찌 병력이 부족하고 무기가 미비하기 때문이겠습니까? 형세상 그럴 수 없었기 때문입니다. 천하의 백성들에게 말먹이와 군량을 운송하게 할 경우 황현黃縣과 수현腫縣 및 낭야琅邪 등 바다에 인접한 고을에서 북하까지 수송하면 대략 30종鍾에서 겨우 16석만 전해질 뿐입니다. 사내들은 아무리 열심히 농사를 지어도 군량을 대기에 부족하고, 여인은 아녀자들이 아무리 열심히 길쌈을 해도 군막軍幕을 만들기에 부족합니다. 백성은 탈진하고, 고아와 과부와 노약자는 서로 부양할 길이 없습니다. 길바닥

• "중원을 황폐화하면서까지"의 원문은 "미폐중국靡弊中國"이다. 미靡는 쓰러진다는 뜻이다. 폐弊를《사기색은》은 시들어 없어지는 조폐凋弊로 풀이했다.

에 죽은 시체가 즐비한 이유입니다. 천하가 진나라를 배반하기 시작한 것도 이 때문입니다. 한고조는 천하를 평정하실 무렵 변경을 공략하고자 했습니다. 흉노가 대 땅의 골짜기 밖에 모여든다는 소문을 듣고는 곧바로 이를 치려고 하자 어사御史 성成이 나아가 이같이 간했습니다.

"안 됩니다. 저 흉노는 짐승처럼 모였다가 새 떼처럼 흩어지는 속성이 있습니다. 이들을 뒤쫓는 것은 그림자를 잡는 것과 같습니다. 지금 폐하의 성덕盛德으로 흉노를 친다 해도 신은 이를 위태롭게 여깁니다."

한고조가 이를 듣지 않고 마침내 북쪽으로 대 땅의 골짜기에 이르렀다가 결국 평성에서 포위당했습니다. 한고조가 이를 무척 후회하면서 결국 유경을 보내 흉노와 화약을 맺었습니다. 이후 천하가 전쟁의 화를 잊을 수 있었습니다. 《손자병법》에 이르기를, "군사를 10만을 동원하면 날마다 1,000금을 쓰게 된다"고 했습니다. 당시 진나라는 늘 백성을 모아 변경으로 보냈습니다. 그 수가 수십만 명에 달했습니다. 적군을 격파해 장수를 베어 죽이고[覆軍殺將] 선우를 생포하는 공이 있기는 했습니다. 그러나 결국 적의 원한을 사 복수심만 깊게 만들었을 뿐[結怨深讎] 천하의 전비戰費를 충당하기에는 역부족이었습니다. 위로는 부고府庫를 텅 비게 하고, 아래로는 백성을 고달프게 하면서 국외에서 영토 확장 등으로 만족해하는 것은 완전한 일이 아닙니다. 흉노를 제압하기 어려운 것은 어느 한 시대에 국한된 것이 아닙니다. 이들이 도둑질을 자행하고 변경으로 쳐들어와 백성을 쫓아내는 것을 밥 먹듯 하는 것은 천성이 그렇기 때문입니다. 멀리 요순과 삼대에 이르기까지 중원은 이들에게 규정을 쫓아 세를 거두고 요역을 부과하는 정독程督을 행한 적이 없습니다. 금수처럼 기르며 사람으로 취급하지 않은 것입니다. 위로 요순과 삼대의 전통을 살피지 않고 아래로 근세近世의 실책을 좇는 것을 신은 크게 우려하고 있습니다. 이는 백성이 괴롭게 여기는 것이기도 합니다.

더구나 군사동원이 오래되면 변란이 생기고, 사태가 어려워지면 생각이 바뀌게 마련입니다. 변경의 백성이 지치고 시름에 잠긴 나머지 역심逆心을 품고, 장군과 관원인 장리將吏들이 서로 의심하며 타국과 결탁해 사리를 추구하는 것은 이 때문입니다. 위타와 장함 등이 야심을 이룬 것이 대표적입니다. 진나라의 정령政令이 시행되지 않은 것은 권력이 위타와 장함에게 나뉘어 있었기 때문입니다. 이것이 바로 득실得失의 구체적인 사례입니다. 《주서周書》에 이르기를, "나라의 안위는 군주가 내리는 명령[出令]에 달려 있고, 나라의 존망은 군주가 행하는 용인술[所用]에 달려 있다"고 했습니다. 바라건대 폐하는 이를 자세히 살피고 깊이 생각해주십시오.

●● 主父偃者, 齊臨菑人也. 學長短縱橫之術, 晚乃學易 · 春秋 · 百家言. 遊齊諸生閒, 莫能厚遇也. 齊諸儒生相與排擯, 不容於齊. 家貧, 假貸無所得, 迺北遊燕 · 趙 · 中山, 皆莫能厚遇, 爲客甚困. 孝武元光元年中, 以爲諸侯莫足遊者, 乃西入關見衛將軍. 衛將軍數言上, 上不召. 資用乏, 留久, 諸公賓客多厭之, 乃上書闕下. 朝奏, 暮召入見. 所言九事, 其八事爲律令, 一事諫伐匈奴. 其辭曰, "臣聞明主不惡切諫以博觀, 忠臣不敢避重誅以直諫, 是故事無遺策而功流萬世. 今臣不敢隱忠避死以效愚計, 願陛下幸赦而少察之. 司馬法曰, '國雖大, 好戰必亡, 天下雖平, 忘戰必危.' 天下旣平, 天子大凱, 春蒐秋獮, 諸侯春振旅, 秋治兵, 所以不忘戰也. 且夫怒者逆德也, 兵者凶器也, 爭者末節也. 古之人君一怒必伏尸流血, 故聖王重行之. 夫務戰勝窮武事者, 未有不悔者也. 昔秦皇帝任戰勝之威, 蠶食天下, 幷呑戰國, 海內爲一, 功齊三代. 務勝不休, 欲攻匈奴, 李斯諫曰, '不可. 夫匈奴無城郭之居, 委積之守, 遷徙鳥擧, 難得而制也. 輕兵深入, 糧食必絶, 踵糧以行, 重不及事. 得其地不足以爲利也, 遇其民不可役而守也. 勝必殺之, 非民父母也. 靡幣中國, 快心匈奴, 非長策也.' 秦皇帝不聽, 遂使蒙恬將兵攻胡, 辟地千里, 以河爲境. 地固澤鹹鹵, 不生五穀. 然後發天下丁男以守北河. 暴兵露師十有餘年, 死者不可勝數, 終不能踰河而北. 是豈人衆不足, 兵革不備哉? 其勢不可也. 又使天下蜚芻輓粟, 起於黃·腄·琅邪負海之郡, 轉輸北河, 率三十鍾而致一石. 男子疾耕不足於糧饢, 女子紡績不足於帷幕. 百姓靡敝, 孤寡老弱不能相養, 道路死者相望, 蓋天下始畔秦也. 及至高皇帝定天下, 略地於邊, 聞匈奴聚於代谷之外而欲擊之. 御史成進諫曰, '不可. 夫匈奴之性, 獸聚而鳥散, 從之如搏影. 今以陛下盛德攻匈奴, 臣竊危之.' 高帝不聽, 遂北至於代谷, 果有平城之圍. 高皇帝蓋悔之甚, 乃使劉敬往結和親之約, 然後天下忘干戈之事. 故兵法曰, '興師十萬, 日費千金.' 夫秦常積衆暴兵數十萬人, 雖有覆軍殺將係虜單于之功, 亦適足以結怨深讐, 不足以償天下之費. 夫上虛府庫, 下敝百姓, 甘心於外國, 非完事也. 夫匈奴難得而制, 非一世也. 行盜侵驅, 所以爲業也, 天性固然. 上及虞夏殷周, 固弗程督, 禽獸畜之, 不屬爲人. 夫上不觀虞夏殷周之統, 而下脩循近世之失, 此臣之所大憂, 百姓之所疾苦也. 且夫兵久則變生, 事苦則慮易. 乃使邊境之民樊靡愁苦而有離心, 將吏相疑而外市, 故尉佗·章邯得以成其私也. 夫秦政之所以不行者, 權分乎二子, 此得失之效也. 故周書曰, '安危在出令, 存亡在所用.' 願陛下詳察之, 少加意而熟慮焉."

당시 조나라 출신 서악徐樂과 제나라 출신 엄안嚴安도 각각 상서해 당면한 정사를 한 가지씩 말했다. 서악은 이같이 말했다.

　　신이 듣건대, "천하의 근심은 흙이 무너지는 형세[土崩]에 있지, 기와가 깨지는 형세[瓦解]에 있지 않다"고 했습니다. 이는 예나 지금이나 마찬가지입니다.

　　무엇을 흙이 무너지는 것이라고 하는가 하면 진나라의 말세가 그에 해당합니다. 진승은 천승千乘의 제후도 아니었고, 땅 한 척尺도 없었습니다. 왕공王公이나 대인大人 또는 명망 있는 가문의 후예도 아니었습니다. 향곡鄕曲에서도 명성이 없었고, 공자와 묵적墨翟과 증삼 같은 현자도 아니었습니다. 나아가 월왕 구천을 패자로 만든 뒤 도陶 땅으로 들어가 거만의 재산을 모은 이전의 범리인 도주공陶朱公이나 염전을 경영해 치부한 의돈猗頓처럼 큰 부를 지닌 것도 아니었습니다. 빈민가에서 창 자루를 들고 일어나 팔을 걷어붙인 채 앞장서 큰소리로 외치자● 천하 사람들이 마치 바람을 따르듯 그를 쫓았습니다.

　　이는 무슨 까닭입니까? 백성이 가난하고 고달픈데도 군주가 이를 안타깝게 여기지 않고, 아랫사람이 원망하는데도 윗사람이 이를 알지 못하고, 풍속이 어지러워져 정사를 제대로 펼칠 수 없기 때문입니다. 이 세 가지 요인이 바로 진승이 밑천으로 삼은 것입니다. 이를 흙이 무너지는 것이라고 합니다. 천하의 근심이 흙이 무너지는 것에 있다

● "창 자루를 들고 일어나 팔을 걷어붙인 채 앞장서 큰소리로 외치자"의 원문은 "분극긍奮棘矜, 편단대호偏袒大呼"다. 《사기색은》은 극棘을 창 극戟, 긍矜을 창 자루를 뜻하는 극병戟柄으로 풀이했다. 편단偏袒은 소매를 걷어 올려 팔뚝 내지 어깨를 드러내는 편단일견偏袒一肩을 뜻한다. 편로일박偏露一膊과 같다. 불가에서 공경의 표시로 오른쪽 어깨를 드러내는 편로우견偏露右肩 내지 편단우견偏袒右肩도 유사한 뜻이다.

고 한 것은 바로 이를 지적한 것입니다.

무엇을 기와가 깨지는 것이라고 하는가 하면 한나라 건국 초기에 일어난 오초칠국의 난이 그것입니다. 이들은 서로 모의해 대역을 꾀하며 모두 만승萬乘의 천자를 자칭했습니다. 병력이 수십만 명에 이르렀고, 그 위세는 나라 안을 위협하기에 족했고, 재력은 사민士民을 유인하기에 족했습니다. 그러나 서쪽으로 한 치의 땅도 빼앗지 못하고 중원에서 사로잡히는 처지가 되었습니다.

이는 무슨 까닭입니까? 권위가 필부보다 가볍고, 병력이 진승보다 약한 탓이 아닙니다. 당시만 해도 선제인 한문제의 은덕이 아직 쇠퇴하지 않았고, 편히 정착해 풍속을 즐기는 백성이 많았습니다. 오초칠국의 제후에게 밖에서 도움을 주는 자가 없었던 것은 바로 이 때문입니다. 이를 기와가 깨지는 것이라고 합니다. 천하의 근심은 기와가 깨지는 것에 있지 않다고 언급한 이유입니다.

이로써 보건대 천하가 실로 흙이 무너지는 형세에 놓이면 설령 벼슬 없이 궁핍하게 지내는 선비일지라도 악행을 앞장서 저지르며 천하를 위태롭게 만들 수 있습니다. 진승이 바로 그런 경우입니다. 하물며 삼진三晉의 군주처럼 천자의 자리를 탈취하려는 자가 존재하면 그 결과가 어떻겠습니까? 천하가 비록 잘 다스려지지 않을지라도 실로 흙이 무너지는 형세만 없으면 비록 강국彊國과 굳세고 날카로운 경병勁兵이 있을지라도 발뒤꿈치를 돌릴 틈도 없이 곧바로 포획되고 말 것입니다. 오초칠국의 난이 바로 그런 경우입니다. 하물며 신민이 어떻게 난을 일으킬 수 있겠습니까? 강국과 경병의 두 가지 요소는 나라 안위에 직결된 명백하고 긴요한 일입니다. 현군이 여기에 깊은 관심을 기울이며 자세히 살피는 이유입니다.

요즈음 관동에는 오곡이 잘 여물지 않아 연간 수확이 이전처럼 회복되지 못하고 있습니다. 지금 백성들이 크게 곤란을 겪고 있는데다 변경의 전쟁까지 겹쳤습니다. 사리를 따져보면 앞으로 그곳을 불안하게 여기는 백성이 생길 것입니다. 불안하면 쉽게 동요하고, 쉽게 동요하는 것은 흙이 무너지는 형세입니다. 현군이 만물 변화의 근원을 살펴 안위의 기틀을 분명히 하고, 조정에서 이를 해결해 우환이 드러나기 전에 해결하는 이유입니다. 요체는 천하에 흙이 무너지는 형세가 없도록 하는 것뿐입니다. 그리하면 강국과 경병이 존재할지라도 폐하는 개의치 않고 짐승을 쫓으며 나는 새들을 쏘고, 원유園囿에서 커다란 연회를 열고, 미희들과 마음껏 즐기고, 말을 내달리며 사냥을 해도 아무 탈 없이 태연자약할 수 있습니다. 금석사죽金石絲竹의 음악소리가 폐하의 귀에 끊이지 않고, 장막 뒤 밀실의 사사로운 정과 광대와 배우 및 난쟁이 주유侏儒의 웃음소리가 폐하의 면전에 끊이지 않고, 천하에 두고두고 근심해야 할 일이 없게 됩니다. 무엇 때문에 굳이 명성이 탕왕 및 주무왕과 같고, 풍속이 주성왕 및 주강왕 때의 성세인 성강지치를 바라겠습니까?

신이 생각건대 폐하는 날 때부터 성덕을 갖추었고, 너그럽고 어진 분입니다. 실로 천하를 다스리는 일에 정성을 다하면 탕왕이나 주무왕 같은 명성을 얻는 일이 어렵지 않고, 성강지치의 풍속을 다시 일으킬 수 있을 것입니다. 이 두 가지 근본을 확립해야만 존귀하고 편안한 상태에서 명예를 드날려 천하의 백성과 가까워지고, 사방 오랑캐를 감복하게 만들고, 남은 은덕이 여러 대에 걸쳐 융성하게 되고, 남면한 채 도끼 무늬를 수놓은 병풍을 등지고 소매를 정리하며* 왕공들을 읍하게 하는 것이 폐하가 할 일입니다. 신이 듣건대, "왕자王者를

꿈꾸면 비록 이루지 못할지라도 족히 천하를 안정시킬 수 있다"고 했
습니다. 천하가 편안해지면 폐하가 무엇을 찾은들 얻어지지 않고, 무
엇을 행한들 이루어지지 않고, 어디를 토벌한들 복종하지 않을 리 있
겠습니까!

●● 是時趙人徐樂·齊人嚴安俱上書言世務, 各一事. 徐樂曰, “臣聞
天下之患在於土崩, 不在於瓦解, 古今一也. 何謂土崩? 秦之末世是也.
陳涉無千乘之尊, 尺土之地, 身非王公大人名族之後, 無鄕曲之譽, 非
有孔·墨·曾子之賢, 陶朱·猗頓之富也, 然起窮巷, 奮棘矜, 偏袒大呼
而天下從風, 此其故何也? 由民困而主不恤, 下怨而上不知也, 俗已亂
而政不脩, 此三者陳涉之所以爲資也. 是之謂土崩. 故曰天下之患在於
土崩. 何謂瓦解? 吳·楚·齊·趙之兵是也. 七國謀爲大逆, 號皆稱萬乘
之君, 帶甲數十萬, 威足以嚴其境內, 財足以勸其士民, 然不能西攘尺
寸之地而身爲禽於中原者, 此其故何也? 非權輕於匹夫而兵弱於陳涉
也, 當是之時, 先帝之德澤未衰而安土樂俗之民衆, 故諸侯無境外之
助. 此之謂瓦解, 故曰天下之患不在瓦解. 由是觀之, 天下誠有土崩之
勢, 雖布衣窮處之士或首惡而危海內, 陳涉是也. 況三晉之君或存乎!
天下雖未有大治也, 誠能無土崩之勢, 雖有彊國勁兵不得旋踵而身爲
禽矣, 吳·楚·齊·趙是也. 況羣臣百姓能爲亂乎哉! 此二體者, 安危之
明要也, 賢主所留意而深察也. 閒者關東五穀不登, 年歲未復, 民多窮
困, 重之以邊境之事, 推數循理而觀之, 則民且有不安其處者矣. 不安
故易動. 易動者, 土崩之勢也. 故賢主獨觀萬化之原, 明於安危之機, 脩

● “도끼 무늬를 수놓은 병풍을 등지고 소매를 정리하며”의 원문은 “부의섭몌負扆攝袂”다. 의
扆는 원래 궁전 안의 문과 창문 사이의 공간을 말한다. 이때 통상 이곳에 도끼 무늬를 수놓은
병풍을 놓았다. 이후 이 병풍을 의라고 부르게 되었다. 섭몌攝袂는 소매를 바로 편다는 뜻이
다. 옷매무새를 바로 하는 섭의攝衣 내지 옷깃을 여미는 섭임攝衽과 유사한 뜻이다.

之廟堂之上, 而銷未形之患. 其要, 期使天下無土崩之勢而已矣. 故雖
有彊丘勁兵, 陛下逐走獸, 射蜚鳥, 弘遊燕之囿, 淫縱恣之觀, 極馳騁
之樂, 自若也. 金石絲竹之聲不絕於耳, 帷帳之私俳優侏儒之笑不乏於
前, 而天下無宿憂. 名何必湯武, 俗何必成康! 雖然, 臣竊以爲陛下天
然之聖, 寬仁之資, 而誠以天下爲務, 則湯武之名不難侔, 而成康之俗
可復興也. 此二體者立, 然後處尊安之實, 揚名廣譽於當世, 親天下而
服四夷, 餘恩遺德爲數世隆, 南面負扆攝袂而揖王公, 此陛下之所服
也. 臣聞圖王不成, 其敝足以安. 安則陛下何求而不得, 何爲而不成, 何
征而不服乎哉!"

엄안은 이같이 말했다.

신이 듣건대 주나라가 천하를 차지해 잘 다스린 것이 300여 년인데
주성왕과 주강왕 때가 가장 융성했다고 합니다. 40여 년 동안이나 쓸
일이 없어 형벌을 내버려둔 것이 그렇습니다. 주나라가 쇠퇴해가는
과정 또한 300여 년이나 됩니다. 오패五伯가 교대로 나온 이유입니다.
오패는 늘 천자를 도와 이익이 되는 일을 일으키고 해악을 제거하고
[興利除害], 난폭한 자를 주벌하며 간사한 일을 금해[誅暴禁邪] 천하를
바로잡고 천자를 높였습니다. 오패 사후 성현이 뒤를 이어 나오지 않
자 천자가 외롭고 약해졌고 명령도 시행되지 않았습니다. 제후들이
멋대로 행동하자 강한 자가 약한 자를 업신여기고, 다수가 소수에게
포악하게 굴었습니다. 제나라에서 전상田常이 강씨의 나라를 찬탈하
고, 중원 진晉나라에서 육경六卿이 군주의 영토를 나누면서 시대는
춘추시대에서 전국시대로 접어들었습니다. 이를 계기로 백성의 고

통이 본격적으로 시작되었습니다. 강대국은 침략을 일삼고, 약소국은 지키기에 급급했습니다. 합종 또는 연횡을 기치로 내걸고 병사들이 바퀴를 부딪치며 수레를 내달리자 갑옷과 투구에는 이가 들끓고, 백성은 호소할 곳이 없어졌습니다.

서쪽 진나라 왕은 천하를 잠식해 마침내 전국戰國을 병탄해 황제皇帝를 칭하며 천하의 정권을 장악하고, 제후의 성을 파괴하고, 제후의 종거鍾虡(무기를 녹여 만든 종)를 주조해 무기를 다시는 쓰지 않는다는 뜻을 내보였습니다. 수많은 백성이 전란의 고통을 면하고 현명한 천자를 얻었다며 이제 갱생更生하게 되었다고 기뻐했습니다. 이때 진나라가 형벌을 느슨하게 하면서 세금과 요역을 덜어주고, 인의를 숭상하고, 권세와 이익[權利]을 천시하고, 후덕하고 돈독한 자세[厚篤]를 숭상하며 약삭빠른 기교[智巧]를 멀리하고, 풍속을 바꿔 천하를 교화했다면 분명 대대로 편안했을 것입니다.

그러나 진나라는 이런 풍속 교화를 실천하지 않은 채 옛 관습을 좇아 약삭빠른 기교와 권세와 이익을 추구하는 자를 쓰고 후덕하고 돈독한 자세를 한 충신한 자를 물리쳤습니다. 또 법을 엄중히 적용하면서 정사를 더욱 준엄하게 행했습니다. 아첨하는 자가 많아 황제는 날마다 자신을 찬미하는 말만 듣게 되었습니다. 야심이 커지고 마음이 교만해져 천하에 위세를 마음껏 떨치고자 한 이유입니다. 마침내 몽념에게 명해 군사를 이끌고 북진해 오랑캐를 치게 했습니다. 영토를 넓히면서 북하를 지킬 요량으로 백성에게 군량을 지고 그 뒤를 따르게 했습니다. 또 위관尉官 도수屠睢를 시켜 수군水軍을 이끌고 남쪽으로 백월百越을 치게 하고, 군郡을 감찰하는 감어사監御史 녹祿에게 명해 운하를 판 뒤 군량을 옮겨 월나라 깊숙이 들어가게 했습니다. 월나라 군사가 이내 달아났습니다. 진나라 군사는 하는 일 없이 버티다가 군량만 부족해졌습니다. 월나라 군사의 반격에 진나라 군사가 대패한 이유입니다. 진나라가 곧 위타에게 명해 군사를 이끌고 가 월나라를 방비하게 했습니다. 당시 진나라의 화는 북쪽으로 흉노, 남쪽으로 월나라에 뻗쳐 있었습니다. 군사를 쓸모없는 땅에 주둔시켜놓은 채 진퇴양난에 빠진 이유입니다. 10여 년 동안의 싸움에 장정들은 갑옷을 입고, 아낙네들은 군수품을 나르느라 모두 크게 지쳤습니다. 더는 견디지 못하고 길가의 나무에 목을 매어 자진하는 사람이 끊이지 않은 배경입니다.

진시황이 죽자 천하에 큰 반란이 일어났습니다. 진승과 오광은 진陳, 무신武臣과 장이는 조趙, 항량은 오吳, 전담田儋은 제, 경구景駒는 영郢, 주불周市은 위魏, 한광韓廣은 연 땅에서 봉기했습니다. 심산유곡까지 호걸이 봉기한 까닭에 이루 다 기록할 수조차 없습니다. 모두 공후公侯의 후손도, 지방장관 휘하의 관원도 아니었습니다. 척촌尺寸의 세력도 없이 여항閭巷에서 봉기한 뒤 창 자루를 들고 시류에 응해 움직인 것입니다. 서로 모의하지 않고도 함께 봉기하고, 서로 약속하지 않고도 한데 모인 이유입니다. 점거 지역이 넓어져 마침내 패왕의 자리에 이르게 되었으니 모두 진나라의 학정虐政이 그리 만든 것입니다. 진나라가 천자의 귀한 신분으로 천하를 소유했는데도 대를 잇지 못하고 제사가 끊긴[滅世絶祀] 것은 지나치게 전쟁을 일삼은 데[窮兵之禍]● 있습니다. 주나라는 지나치게 약한 탓에 나라를 잃었고, 진나라는 지

● 궁병窮兵은 무력 남용을 뜻한다. 궁窮은 끝까지 다한다는 뜻이다. 《손빈병법孫臏兵法》〈위왕문威王問〉에 "궁병자망窮兵者亡" 구절이 나온다. 궁병은 멋대로 힘을 쓰는 독무黷武와 함께 궁병독무窮兵黷武로 사용된다. 《삼국지》〈오서吳書, 육항전陸抗傳〉에 "궁병독무"라는 표현이 나온다.

나치게 강했기에 나라를 잃었습니다. 이는 시변을 좇지 못한 데 따른 화환禍患입니다.

이제 남이南夷를 부르고, 야랑夜郎을 조정으로 불어와 복종하게 만들고, 강족과 북인僰人을 투항하게 하고, 동이족의 예맥국濊貊國이 있던 예주濊州를 공략해 성읍을 건설하고, 흉노에 깊숙이 들어가 이들의 근거지인 용성을 불태우고자 합니다. 논의하는 자들은 이를 좋다고 하나 이는 신하 된 자의 이익은 될지언정 천하를 위한 좋은 계책은 아닙니다. 지금 중국은 개 짓는 소리에 놀랄 일이 없을 만큼 태평스럽습니다. 나라 밖 먼 곳의 수비에 얽매여 나라를 피폐하게 하는 것은 백성을 자식처럼 생각해야 하는 군주의 도리가 아닙니다. 끝없는 욕망을 실현하기 위해 멋대로 행동해 흉노와 원한을 맺는 것은 변경을 편안하게 만드는 길이 아닙니다. 화근이 생긴 뒤 풀리지 않는 까닭에 싸움은 그쳤다가 다시 벌어지게 됩니다. 가까이 있는 자는 근심에 휩싸이고, 멀리 있는 자는 두려워합니다. 이는 천하를 오래도록 유지하는 길이 아닙니다.

지금 천하는 갑옷을 정비하며 칼을 갈고, 화살을 바로잡으며 활시위를 매고, 군량을 운반하는 일 등으로 인해 휴식할 틈이 없습니다. 이는 천하가 함께 근심하는 것입니다. 군사동원이 오래되면 변란이 일어나고, 일이 복잡해지면 걱정거리가 생깁니다. 지금 바깥 군郡의 땅이 1,000리 가까이 되고, 줄지어 있는 성읍이 수십 개에 달합니다. 형세로 속박하고 토지로 제어하며 제후들을 협박하는 것은 공실公室에 이롭지 못합니다. 멀리 춘추시대 말기 제나라와 진나라가 무너진 배경을 보면 공실은 쇠약해지고, 권신인 육경의 세력이 성대해졌기 때문입니다. 가까운 사례로 진나라가 패망한 까닭을 살펴보면 형벌이 지나치게 혹독하고 욕심이 끝이 없었기 때문입니다.

지금 군 태수의 권세는 과거의 육경과 비교할 수 없을 정도로 무겁습니다. 관할하는 땅이 1,000리 가까이 되는 것은 진승 등이 좁은 여항을 배경으로 봉기한 것과 차원이 다릅니다. 갑옷과 병기 등의 각종 장비는 매우 정교해 진승 등이 창 자루를 들고 봉기했던 것과 차이가 납니다. 이런 상황에서 만세에 영향을 미칠 변란이 일어나면 그 이후의 일은 굳이 이야기하지 않아도 국가패망이라는 빤한 일이 일어나고 말 것입니다.

●● 嚴安上書曰, "臣聞周有天下, 其治三百餘歲, 成康其隆也, 形錯四十餘年而不用. 及其衰也, 亦三百餘歲, 故五伯更起. 五伯者, 常佐天子興利除害, 誅暴禁邪, 匡正海內, 以尊天子. 五伯旣沒, 賢聖莫續, 天子孤弱, 號令不行. 諸侯恣行, 彊陵弱, 衆暴寡, 田常簒齊, 六卿分晉, 並爲戰國, 此民之始苦也. 於是彊國務攻, 弱國備守, 合從連橫, 馳車擊轂, 介胄生蟣蝨, 民無所告愬. 及至秦王, 蠶食天下, 幷呑戰國, 稱號曰皇帝, 主海內之政, 壞諸侯之城, 銷其兵, 鑄以爲鍾虡, 示不復用. 元元黎民得免於戰國, 逢明天子, 人人自以爲更生. 嚮使秦緩其刑罰, 薄賦斂, 省繇役, 貴仁義, 賤權利, 上篤厚, 下智巧, 變風易俗, 化於海內, 則世世必安矣. 秦不行是風而脩循其故俗, 爲智巧權利者進, 篤厚忠信者退, 法嚴政峻, 諂諛者衆, 日聞其美, 意廣心軼. 欲肆威海外, 乃使蒙恬將兵以北攻胡, 辟地進境, 戍於北河, 蜚芻輓粟以隨其後. 又使尉佗屠睢將樓船之士南攻百越, 使監祿鑿渠運糧, 深入越, 越人遁逃. 曠日持久, 糧食絶乏, 越人擊之, 秦兵大敗. 秦乃使尉佗將卒以戍越. 當是時, 秦禍北構於胡, 南掛於越, 宿兵無用之地, 進而不得退. 行十餘年, 丁男被甲, 丁女轉輸, 苦不聊生, 自經於道樹, 死者相望. 及秦皇帝崩, 天下大叛. 陳勝·吳廣擧陳, 武臣·張耳擧趙, 項梁擧吳, 田儋擧齊, 景駒擧郢, 周市擧魏, 韓廣擧燕, 窮山通谷豪士並起, 不可勝載也. 然皆非公侯之後, 非長官之吏也. 無尺寸之勢, 起閭巷, 杖棘矜, 應時而皆動, 不謀而俱起, 不約而同會, 壤長地進, 至于霸王, 時敎使然也. 秦貴爲天子, 富有天下, 滅世絶祀者, 窮兵之禍也. 故周失之弱, 秦失之彊, 不變之患也. 今欲招南夷, 朝夜郞, 降羌僰, 略濊州, 建城邑, 深入匈奴, 燔其蘢城, 議者美之. 此人臣之利也, 非天下之長策也. 今中國無狗吠之驚, 而外累於遠方之備, 靡敝國家, 非所以子民也. 行無窮之欲, 甘心快意, 結怨於匈奴, 非所以安邊也. 禍結而不解, 兵休而復起, 近者愁苦, 遠者驚駭, 非所以持久也. 今天下鍛甲砥劍, 橋箭累弦, 轉輸運糧, 未見休時, 此天下之所共憂也. 夫兵久而變起, 事煩而慮生. 今外郡之地或幾千里, 列城數十, 形束壤制, 旁脅諸侯, 非公室之利也. 上觀齊晉之所以亡者, 公室卑削, 六卿大盛也, 下觀秦之所以滅者, 嚴法刻深, 欲大無窮也. 今郡守之權, 非特六卿之重也, 地幾千里, 非特閭巷之資也, 甲兵器械, 非特棘矜之用也, 以遭萬世之變, 則不可稱諱也."

주보언과 서악 및 엄안 등 세 명의 상서가 올라가자 한무제가 세 명을 함께 부른 뒤 이같이 칭송했다.

"그대들은 모두 지금까지 어디에 있었던 것인가? 어찌해서 이토록 늦게 만나게 된 것인가!"

그러고는 세 명을 낭중으로 삼았다. 주보언은 자주 한무제를 만나 글을 올리고 국사를 진언했다. 한무제가 조서를 내려 주보언을 알자로 임용했다가, 다시 중대부로 삼았다. 1년에 무려 네 번이나 자리를 옮기며 승진했다. 주보언이 한무제를 설득했다.

"옛날의 제후는 봉지가 사방 100리를 넘지 않았습니다. 강하든 약하든 그 형세를 제어하기가 쉬웠습니다. 그러나 오늘날 제후들은 수십 개의 성을 잇달아 보유하고 있고, 일부는 봉지가 사방 1,000리에 달합니다. 평소 교만하고 사치해 음란해지기 쉽고, 위급할 때는 자신의 강력한 힘을 믿고 다른 제후와 합세해 조정을 거스르고자 합니다. 법을 빙자해 봉지를 삭감하면 반심을 품을 것입니다. 지난날 조조가 바로 그런 경우였습니다.

지금 제후의 자제는 수십 명이나 되는 경우도 있지만 적장자만 뒤를 잇고 나머지 자제는 골육인데도 척촌의 땅도 주어지지 않습니다. 인효의 도가 선양되지 않는 이유입니다. 바라건대 폐하는 제후들에게 명해 자제들에게 고루 봉지를 나누어주도록 해 그 자제들이 봉지를 근거로 열후가 되도록 조치하십시오. 그러면 저들은 모두 바라던 것을 얻게 되어 좋아할 것입니다. 폐하가 덕을 베푸는 것은 사실 저들의 봉국을 잘게 쪼개는 것입니다. 봉지를 삭감하는 일 없이 저들을 점차 약화시킬 수 있습니다."

한무제가 그 계책을 좇아 원삭 2년에 제후왕의 모든 자제에 대한 분봉을 시행했다. 주보언이 다시 한무제를 설득했다.

"무릉에 이제 현縣을 두었습니다. 천하의 호걸과 부호 및 혼란을 일으키는 백성 모두 무릉으로 이주시키십시오. 그러면 안으로 경사를 충실히 하고, 밖으로 간사하고 교활한[奸猾] 무리를 제거할 수 있습니다. 이것이 바로 죽이지 않고도 해를 제거하는 방법입니다."

한무제가 또 이를 좇았다. 주보언은 황후 위씨衛氏를 존립尊立하고, 연왕 유정국劉定國이 부친의 첩 및 자신의 딸들과 음행한 것을 적발하는 데도 공이 있었다. 여러 대신이 주보언의 입을 두려워한 나머지 그에게 보낸 뇌물이 수천 금에 달했다. 누군가 주보언에게 말했다.

"횡포가 지나칩니다."

주보언이 반박했다.

"나는 젊어서부터 40여 년 동안이나 유세하며 여기저기를 돌아다녔지만 뜻을 이루지 못했소. 부모는 자식으로 여기지 않고, 형제는 거두어주지 않고, 빈객은 나를 버렸소. 오랫동안 곤궁하게 지낸 이유요. 사내대장부가 생전에 오정식을 먹지 못하면, 죽을 때 오정에 삶아질[五鼎烹] 뿐이오.• 내 입장에서 보면 날은 저물고 갈 길은 먼[日暮途遠] 상황이오. 통상적인 도리와는 정반대로 서둘러 일을 거꾸로 시행하는 이유요.••"

그는 한무제 앞에서 흉노 대책을 이같이 건의했다.

"삭방은 땅이 비옥하고 외곽으로 황하에 둘러싸여 있습니다. 몽념은 이곳에 성을 쌓아 흉노를 내쫓았습니다. 덕분에 안으로 식량의 육상수송과 국경수비 및 식량의 해상수송인 조운漕運의 일을 덜고, 중원의 땅도 넓힐 수 있었습니다. 이것이 흉노를 멸망시키는 근본입니다."

황제가 이 말을 듣고 공경들에게 의논하게 했다. 모두들 타당하지 않다고 했다. 공손홍이 말했다.

"일찍이 진나라 때 30만 명의 군사를 보내 북하에 성을 쌓았습니다. 결국 완성하지도 못하고 얼마 되지 않아 그곳을 버렸습니다."

• 안사고는《한서》〈주보언열전〉의 주에서 오정식을 다섯 가지 솥에서 소·양·돼지·생선·사슴을 익힌 반찬을 먹는 것으로 풀이했다. 제후 내지 경대부卿大夫 등의 고관을 상징한다. 그는 또 오정팽五鼎烹을 팽살로 해석했다.
•• 원문은 "도행폭시지倒行暴施之"다.《사기색은》은 폭시暴施를 두고 앞서 나간 사람을 쫓아가기 위해 거꾸로 행하는 역시逆施로 풀이하면서 폭暴을 급急의 의미로 해석했다.《한서》에는 역시로 나온다.

그러나 주보언이 그 이점을 역설했다. 한무제가 결국 그의 의견을 받아들여 삭방군을 두었다.

●● 書奏天子, 天子召見三人, 謂曰, "公等皆安在? 何相見之晚也!" 於是上乃拜主父偃·徐樂·嚴安爲郎中. 偃數見, 上疏言事, 詔拜偃爲 謁者, 遷樂爲中大夫. 一歲中四遷偃. 偃說上曰, "古者諸侯不過百里, 彊弱之形易制. 今諸侯或連城數十, 地方千里, 緩則驕奢易爲淫亂, 急 則阻其彊而合從以逆京師. 今以法割削之, 則逆節萌起, 前日鼂錯是 也. 今諸侯子弟或十數, 而適嗣代立, 餘雖骨肉, 無尺寸地封, 則仁孝之 道不宣. 願陛下令諸侯得推恩分子弟, 以地侯之. 彼人人喜得所願, 上 以德施, 實分其國, 不削而稍弱矣." 於是上從其計. 又說上曰, "茂陵初 立, 天下豪桀幷兼之家, 亂衆之民, 皆可徙茂陵, 內實京師, 外銷姦猾, 此所謂不誅而害除." 上又從其計. 尊立衛皇后, 及發燕王定國陰事, 蓋 偃有功焉. 大臣皆畏其口, 賂遺累千金. 人或說偃曰, "太橫矣." 主父 曰, "臣結髮遊學四十餘年, 身不得遂, 親不以爲子, 昆弟不收, 賓客棄 我, 我阨日久矣. 且丈夫生不五鼎食, 死卽五鼎烹耳. 吾日暮途遠, 故倒 行暴施之." 偃盛言朔方地肥饒, 外阻河, 蒙恬城之以逐匈奴, 內省轉輸 戍漕, 廣中國, 滅胡之本也. 上覽其說, 下公卿議, 皆言不便. 公孫弘曰, "秦時常發三十萬衆築北河, 終不可就, 已而棄之." 主父偃盛言其便, 上竟用主父計, 立朔方郡.

한무제 원삭 2년, 주보언이 제의왕齊懿王 유수劉壽의 아들인 제왕 유차경劉次景을 고발했다. 궁궐 안에서 음란한 짓을 벌이고 행동이 편벽되었다는 내용이었다. 한무제가 주보언을 제나라 재상에 임명 했다. 주보언은 제나라에 이른 뒤 형제와 빈객을 불러놓고 500금을 풀어 두루 나누어주면서 이같이 꾸짖었다.

"지난날 내가 곤궁할 때 형제들은 먹을 것과 입을 것을 보태주지 않았고, 빈객들은 우리 집을 찾아오지 않았소. 이제 내가 제나라의 정승이 되자 여러분 가운데 1,000리나 나와 맞아준 사람도 있었소. 나는 그대들과는 절교를 하겠소. 다시는 우리 집에 얼씬대지 마시오!"

그러고는 사람을 시켜 제왕 유차경이 맏누이와 간통한 일을 들먹이며 겁을 주었다. 제왕 유차경은 죄를 면하지 못해 연왕처럼 사형에 처해질 것을 두려워한 나머지 이내 자진했다. 유사가 이를 한무제에게 보고했다. 전에 주보언이 포의布衣로 지낼 때 연나라와 조나라에 유세하며 다닌 적이 있었다. 그가 귀한 신분이 되어 연나라의 비리를 들추어내자 조왕 유팽조劉彭祖는 그것이 조나라의 근심거리가 될까 두려워했다. 곧 글을 올려 주보언의 비밀을 폭로하고자 했으나 주보언이 조정에 있었던 까닭에 감히 발설하지 못하고 있었다. 주보언이 제나라 재상이 되어 함곡관 밖으로 나가자 곧바로 사람을 시켜 이같이 상서하게 했다.

주보언은 제후들로부터 뇌물을 받았습니다. 덕분에 제후의 자제들 가운데 열후에 봉해진 자가 많습니다.

제왕 유차경이 자진하자 이 소식을 들은 한무제가 벌컥 화를 내며 주보언이 유차경을 협박해 자진하게 만든 것으로 생각했다. 곧 형리에게 주보언의 죄를 문초하게 했다. 주보언은 제후들로부터 뇌물을 받은 것은 인정했으나 유차경을 위협해 자진하게 만들지는 않았다고 주장했다. 한무제는 주보언을 죽이지 않으려 했다. 그러나 어사대부 공손홍이 이같이 말했다.

"제왕이 자진하면서 후손이 없는 까닭에 봉국이 폐지되어 군郡으로 편입되었습니다. 주보언이 그 원흉입니다. 폐하가 그를 죽이지 않으면 천하에 사과할 방법이 없을 것입니다."

한무제가 결국 주보언과 일족을 처형했다. 주보언이 귀한 신분이 되었을 때 빈객이 수천 명이나 되었다. 그러나 그가 멸족을 당하자 시신을 거두는 자가 아무도 없었다. 오직 효현洨縣의 공거孔車라는 사람만이 시신을 거두어 장사 지냈을 뿐이다. 한무제가 나중에 그 말을 전해 듣고 이같이 말했다.

"공거는 장자長者다."

●● 元朔二年, 主父言齊王內淫佚行僻, 上拜主父爲齊相. 至齊, 遍召昆弟賓客, 散五百金予之, 數之曰, "始吾貧時, 昆弟不我衣食, 賓客不我內門, 今吾相齊, 諸君迎我或千里. 吾與諸君絶矣, 毋復入偃之門!" 乃使人以王與姊姦事動王, 王以爲終不得脫罪, 恐效燕王論死, 乃自殺. 有司以聞. 主父始爲布衣時, 嘗遊燕·趙, 及其貴, 發燕事. 趙王恐其爲國患, 欲上書言其陰事, 爲偃居中, 不敢發. 及爲齊相, 出關, 卽使人上書, 告言主父偃受諸侯金, 以故諸侯子弟多以得封者. 及齊王自殺, 上聞大怒, 以爲主父劫其王令自殺, 乃徵下吏治. 主父服受諸侯金, 實不劫王令自殺. 上欲勿誅, 是時公孫弘爲御史大夫, 乃言曰, "齊王自殺無後, 國除爲郡, 入漢, 主父偃本首惡, 陛下不誅主父偃, 無以謝天下." 乃遂族主父偃. 主父方貴幸時, 賓客以千數, 及其族死, 無一人收者, 唯獨洨孔車收葬之. 天子後聞之, 以爲孔車長者也.

태사공은 평한다.

"공손홍은 행의行義가 뛰어났지만 때를 잘 만나기도 했다. 한나라가 일어난 지 80여 년 만에 천자가 문학을 숭상한 까닭에 인재를 불러 모은 뒤 유학儒學과 묵학墨學을 선양했다. 공손홍은 두각을 드러내 박사가 되었다. 주보언이 요직에 앉아 있을 때 모두 그를 칭송했다. 그러나 그가 명성을 잃고 사형을 당하자[名敗身誅] 모두 다투어 그의 악행을 이야기했다. 슬픈 일이다!"

●● 太史公曰, "公孫弘行義雖脩, 然亦遇時. 漢興八十餘年矣, 上方鄕文學, 招俊乂, 以廣儒墨, 弘爲擧首. 主父偃當路, 諸公皆譽之, 及名敗身誅, 士爭言其惡. 悲夫!"

한평제漢平帝 원시元始 2년 4월, 한원제●의 황후인 태황태후太皇太后 왕정군王政君●●이 대사도大司徒 마궁馬宮과 대사공大司空 견풍甄豊에게 이런 조서를 내렸다.

대체로 듣건대 나라를 다스리는 길은 백성을 부유하게 하는 부민에서 시작하고, 부민의 요건은 절검節儉에 있다고 했다. 《효경孝經》에 이

● 한원제는 병약했음에도 15년 동안 재위했다. 극히 이상적인 왕도를 추구한 그는 부황인 한선제의 우려대로 비현실적이었다. 적손만이 조상을 제사 지낼 수 있다는 유가 원리에 따라 각 군국에 설치된 황제의 종묘가 폐지되었다. 염철전매제 역시 유가정신에 어긋난다 해서 폐지되었다가 국가재정이 흔들리자 다시 부활되었다. 농본주의 이상에 맞추어 화폐경제를 폐지하고 물물교환으로 되돌리려는 계획도 논의되었으나 경제를 파탄시킬 것이 예상되어 실행되지 않았다.

●● 왕정군은 감로 원년에 열여덟 살의 나이로 입궁했다. 이후 여든세 살까지 살았다. 이는 중국의 역대 황후 가운데 최장수에 해당한다. 그녀는 평생 일곱 명의 황제를 겪었고, 다섯 명의 황제가 죽는 것을 곁에서 지켜보았다. 조카인 왕망이 유씨 왕조를 뒤엎고 왕씨王氏 왕조를 세우는 것까지 목도했다. 그녀는 왕망이 신나라를 창업한 지 5년이 지난 뒤 눈을 감았다.

르기를, "위를 편안하게 하고 백성을 잘 다스리는 방안[安上治民]으로 예禮보다 나은 것이 없다"고 했다. 또 이르기를, "예는 사치스러운 것보다는 차라리 검소한 편이 낫다"고 했다. 옛날 관중은 제환공을 보필해 제후의 우두머리인 패자로 만들고, 제후들을 규합해 천하를 바로잡은 공을 세웠다. 그러나 공자는 관중이 예를 모른다고 했다. 그의 사치가 군주에 비길 만했기 때문이다. 하나라 우왕은 궁실을 누추하게 하고 의복을 남루하게 입었다. 후대의 성인들조차 이를 따를 수 없었다. 이를 토대로 말하면 성대하게 다스려진다는 것은 덕망 있는 정사를 널리 펼쳤다는 뜻이다.

덕은 검소한 것이 으뜸이다. 검소로 풍속과 백성을 교화하면 존비의 질서가 서고, 골육의 정이 두터워져 다툼의 근원이 사라지게 된다. 이것이 바로 집이 넉넉해져 형벌을 필요 없게 만드는 근본이다. 어찌 힘을 쓰지 않을 수 있겠는가! 무릇 삼공은 모든 관원의 귀감이고, 만민의 사표다. 이제껏 곧은 기둥을 세워놓고 굽은 그림자를 얻은 경우는 없었다. 공자도 말하기를, "그대가 바르게 이끈다면 누가 감히 바르지 않을 수 있겠는가?"●라고 하고, 또 "장경莊敬과 효자孝慈를 잘하는 자를 등용해 교화하면 이를 잘못하는 사람들 또한 그리되도록 힘쓸 것이다"●●라고 하지 않았는가?

● "그대가 바르게 이끈다면 누구 감히 바르지 않을 수 있겠는가?"의 원문은 "자솔이정子率而正, 숙감부정孰敢不正"이다. 《논어》〈안연顏淵〉에서 인용한 것이다. 〈안연〉에는 "자솔이정"이 "자수이정子帥以正"으로 되어 있다.
●● 원문은 "거선이교불능즉권擧善而敎不能則勸"이다. 《논어》〈위정爲政〉에서 차용한 것이다. 대부분 거선擧善을 "착한 사람을 등용해"로 번역해놓았으나 이는 잘못이다. 원문에 따르면 하루는 계강자季康子가 공자에게 묻기를, "백성을 공경과 충성으로 일에 힘쓰게 만들려면 어찌 해야 합니까"라고 했다. 공자가 대답하기를, "대하기를 장중하게 하면 공경스럽고, 효도하고 자애하면 충성스러워집니다. 이를 잘하는 사람을 등용해 잘못하는 사람을 교화하면 그들 또한 그리되도록 힘쓸 것입니다"라고 했다.

한나라가 일어난 이래, 수족 같은 신하 가운데 몸소 검약을 행하고, 재물을 경시하며 의를 중시한 인물로 이제껏 이전의 승상 평진후 공손홍만한 사람이 없었다. 그는 승상의 자리에 있으면서 베 이불을 사용하고, 거친 밥에 고기반찬은 한 가지가 넘지 않았다. 옛 친구와 가까운 빈객이 청하면 녹봉을 모두 나누어준 까닭에 집에는 남는 것이 없었다. 실로 안으로는 스스로 검약하면서, 밖으로는 법제를 좇은 것이다. 급암이 그를 힐책하는 바람에 그 내막이 조정에 자세히 알려지게 되었다. 이는 정해진 제도보다 그 수준을 낮춘 것이기는 하나 널리 시행할 만하다고 하겠다.

덕은 넉넉하면 시행되고, 그렇지 못하면 그친다. 이는 속으로 사치하면서도 겉으로는 남루한 옷을 걸치며 헛된 명예를 낚시질하는 것과 다르다. 공손홍이 병으로 사직을 청하자 한무제가 만류하기를, "유공자에게 상을 주고, 유덕자有德者에게 표창하고, 선을 좋아하며 악을 미워하는 것은 그대가 잘 알 것이오. 그대는 염려하지 말고 정신을 하나로 모아 의약의 도움으로 몸을 보전토록 하시오"라고 했다. 그러고는 휴가를 주어 병을 치료하게 하고, 쇠고기와 술과 비단을 내렸다. 몇 달 후 병이 나아 다시 업무를 보았다.

한무제 원수 2년, 마침내 그는 정승의 자리에 있으면서 숨을 거두었다. 무릇 신하를 아는 데는 군주만한 사람이 없다고 하는데 이것이 그 증거다. 공손홍의 아들 공손도公孫度가 작위를 물려받아 훗날 산양 태수가 되었다. 그러나 법에 저촉되어 후의 작위를 잃었다. 대개 덕을 표창하고 의를 드러내는 것은 풍속을 이끌어 교화에 힘쓰는 것을 말한다. 이는 성왕이 만든 제도로 변치 않는 도리이기도 하다. 공손홍의 후손으로 서열상 그 뒤를 이을 자에게 관내후의 작위와 식읍

300호를 내린다. 그를 불러 성서와 공물 등을 관할하는 공거로 나오게 하고, 그 이름을 황실의 비서실인 상서에 올리도록 하라. 내가 직접 조정으로 나아가 제수토록 하겠다.

●● 太皇太后詔大司徒大司空, "蓋聞治國之道, 富民爲始, 富民之要, 在於節儉. 孝經曰, '安上治民, 莫善於禮.' '禮, 與奢也寧儉.' 昔者管仲相齊桓, 霸諸侯, 有九合一匡之功, 而仲尼謂之不知禮, 以其奢泰侈擬於君故也. 夏禹卑宮室, 惡衣服, 後聖不循. 由此言之, 治之盛也, 德優矣, 莫高於儉. 儉化俗民, 則尊卑之序得, 而骨肉之恩親, 爭訟之原息. 斯乃家給人足, 刑錯之本也歟? 可不務哉! 夫三公者, 百寮之率, 萬民之表也. 未有樹直表而得曲影者也. 孔子不云乎, '子率而正, 孰敢不正.' '擧善而教不能則勸'. 維漢興以來, 股肱宰臣身行儉約, 輕財重義, 較然著明, 未有若故丞相平津侯公孫弘者也. 位在丞相而爲布被, 脫粟之飯, 不過一肉. 故人所善賓客皆分奉祿以給之, 無有所餘. 誠內自克約而外從制. 汲黯詰之, 乃聞于朝, 此可謂減於制度而可施行者也. 德優則行, 否則止, 與內奢泰而外爲詭服以釣虛譽者殊科. 以病乞骸骨, 孝武皇帝卽制曰, '賞有功, 襃有德, 善善惡惡, 君宜知之. 其省思慮, 存精神, 輔以醫藥.' 賜告治病, 牛酒雜帛. 居數月, 有瘳, 視事. 至元狩二年, 竟以善終于相位. 夫知臣莫若君, 此其效也. 弘子度嗣爵, 後爲山陽太守, 坐法失侯. 夫表德章義, 所以率俗厲化, 聖王之制, 不易之道也. 其賜弘後子孫之次當爲後者爵關內侯, 食邑三百戶, 徵詣公車, 上名尚書, 朕親臨拜焉."

반고班固는《한서》에서 이같이 칭송했다.

공손홍·복식卜式·예관兒寬 모두 날아오르는 큰 기러기의 날개를 지닌 자들이다. 그러나 연작燕雀에게 곤욕을 당하면서 멀리 양이나 돼지 무리 속에 섞여 살았다. 때를 만나지 못했다면 어찌 그런 자리에 오를 수 있었겠는가? 당시는 한나라가 일어난 지 60여 년이 지난 시점이었다. 천하는 태평했고, 부고는 가득 찼다. 그러나 사방의 이적은 아직 복종하지 않고 있었고, 제도 또한 미비한 점이 많았다. 한무제가 문무의 인재를 두루 등용하고자 한 까닭에 혹여 그런 인재를 놓칠까 노심초사했다. 포륜蒲輪*으로 매승枚乘을 맞아들이고, 주보언을 보고는 늦게 만난 것을 탄식한 이유다. 이로 인해 많은 인재들이 흠모해서 따르고, 특출한 자들이 잇달아 나오게 되었다.

복식은 양을 치다가 등용되었고, 상홍양은 장사꾼으로 있다가 발탁되었고, 위청은 종의 신분에서 떨쳐 일어났고, 김일제金日磾는 투항한 흉노 속에서 나왔다. 이는 옛날에 판版으로 성벽을 쌓다 발탁된 은나라 고종 때의 부열傳說이나 소를 먹이는 반우飯牛를 행하다가 제환공에게 발탁된 영척寗戚과 같은 경우다. 한나라가 인재를 얻은 것은 이때가 가장 성대했다.

유학에 뛰어난 인사로는 공손홍·동중서·예관이 있었다. 행실이 돈독한 인물로는 석건과 석경이 유명하다. 또 바탕이 정직한 사람으로는 급암과 복식을 들 수 있다. 현능한 자를 천거하는 데는 한안국과 정당시가 뛰어났다. 법령을 제정하는 데는 조우와 장탕張湯이 유명했다. 문장에 특출한 인물로는 사마천과 사마상여가 있었다. 골계滑稽

● 포륜은 부들 풀로 바퀴를 감아 수레가 덜컹거리지 않게 한 것을 말한다. 《사기색은》은 초목을 다치지 않게 하기 위해 바퀴를 부들 풀로 감은 것으로 풀이했다. 인재를 맞이하기 위해 정성을 기울인다는 취지다.

에 뛰어난 사람으로는 동방삭東方朔과 매고枚皐가 있었다. 빈객을 응대하는 데는 엄조嚴助와 주매신이 있었다. 역수曆數에 뛰어난 인물은 당도唐都와 낙하굉落下閎이 있었다. 협률協律에는 이연년李延年이 있었다. 재정회계를 따지는 운주運籌에는 상홍양이 유명했다. 외국에 간 사자로는 장건과 소무가 있었다. 장수로는 위청과 곽거병이 유명했다. 유조를 받아 어린 천자를 보필한 데는 곽광霍光과 김일제가 뛰어났다. 그 나머지는 이루 다 기록할 수 없다. 이 덕분에 많은 공업을 세우고, 여러 가지 제도와 문물을 남길 수 있었다. 후대는 아무도 이에 미치지 못했다.

한선제는 왕통을 계승하자 대업을 이어받기 위해 육예六藝를 강론하고, 뛰어난 인재를 불러 모았다. 이때 소망지蕭望之·양구하梁丘賀·하후승夏侯勝·위현성·엄팽조嚴彭祖·윤갱시尹更始 등이 유학으로 등용되었다. 또 유향劉向과 왕포王褒 등은 문장으로 이름을 날렸다. 장상으로는 장안세張安世, 조충국趙充國, 위상魏相, 병길, 옥리로 있다가 승상까지 오른 우정국, 두연년杜延年 등을 들 수 있다. 백성을 다스리는 데는 순리循吏의 전형으로 꼽히는 황패를 비롯해 왕성王成·공수龔遂·정홍·소신신邵信臣·한연수韓延壽·윤옹귀尹翁歸·조광한趙廣漢 등이 유명했다. 모두 큰 공을 세워 후대인의 칭송을 받았다. 명신이 많은 점에서 한선제의 치세는 한무제의 치세에 버금한다.

●● 班固稱曰, "公孫弘·卜式·兒寬皆以鴻漸之翼困於燕雀, 遠跡羊豕之閒, 非遇其時, 焉能致此位乎? 是時漢興六十餘載, 海內乂安, 府庫充實, 而四夷未賓, 制度多闕, 上方欲用文武, 求之如弗及. 始以蒲輪迎枚生, 見主父而歎息. 羣臣慕嚮, 異人並出. 卜式試於芻牧, 弘羊擢於賈豎, 衛靑奮於奴僕, 日磾出於降虜, 斯亦曩時版築飯牛之朋矣. 漢之得人, 於玆爲盛. 儒雅則公孫弘·董仲舒·兒寬, 篤行則石建·石慶, 質直則汲黯·卜式, 推賢則韓安國·鄭當時, 定令則趙禹·張湯, 文章則司馬遷·相如, 滑稽則東方朔·枚皋, 應對則嚴助·朱買臣, 曆數則唐都·落下閎, 協律則李延年, 運籌則桑弘羊, 奉使則張騫·蘇武, 將帥則衛靑·霍去病, 受遺則霍光·金日磾. 其餘不可勝紀. 是以興造功業, 制度遺文, 後世莫及. 孝宣承統, 纂脩洪業, 亦講論六藝, 招選茂異, 而蕭望之·梁丘賀·夏侯勝·韋玄成·嚴彭祖·尹更始以儒術進, 劉向·王褒以文章顯. 將相則張安世·趙充國·魏相·邴吉·于定國·杜延年, 治民則黃霸·王成·龔遂·鄭弘·邵信臣·韓延壽·尹翁歸·趙廣漢之屬, 皆有功跡見述於後. 累其名臣, 亦其次也."

남월열전

南越列傳

〈남월열전〉은 베트남의 옛 나라인 남월에 관한 기록이다. 남월은 진시황 때 중국에 편입되었다. 남월의 건국은 진시황이 조타를 남해 용천의 수령으로 삼은 데서 비롯되었다. 진시황의 급서로 천하가 혼란에 빠지자 조타가 이내 독립을 선언하며 남월왕을 자처한 것이 시작이다. 이후 5대에 걸쳐 93년 동안 유지되었다. 한무제 원정 6년, 다시 한나라에 편입되었다. 〈남월열전〉은 조타가 남월을 세우게 된 배경과 과정 등을 상세히 서술하고 있다. 베트남의 귀중한 고대사 사료에 해당한다. 〈남월열전〉과 〈동월열전〉과 〈조선열전〉 및 〈서남이열전〉 등을 편제한 것은 사방의 이민족 영토까지 천자의 치평治平 대상으로 간주한 데 따른 것이다.

조타열전

남월왕은 진나라의 군위였다. 이름이 타佗이고 상산군常山郡의 전신인 진정현眞定縣 출신이다. 성은 조씨다. 진나라가 천하를 병탄한 뒤 양월楊越을 평정해 그곳에 계림군桂林郡·남해군南海郡·상군象郡을 두었다. 이어 죄를 지은 백성을 이주시켜 월나라 백성과 섞여 살게 한 지 13년이 되었다. 조타는 당시 남해군의 용천현龍川縣 현령이 되었다. 2세 황제 때 남해군의 군위 임효任囂가 병사하게 되자 임종 직전에 용천 현령 조타를 불러 이같이 말했다.

"듣자 하니 진승 등이 반란이 일으켰다고 하오. 진나라가 무도해 천하가 괴로워하더니 마침내 항우·유방·진승·오광 등이 각 주군州郡에서 제각기 군사를 일으켜 천하를 차지하기 위해 호랑이처럼 다투고 있소. 중원이 소란스러워 언제 안정될지 모르겠소. 호걸들은 진나라를 배반하고 자립해 서로 왕을 칭하고 있소. 남해군은 한쪽으로 멀리 치우쳐 있소. 그러나 도적들이 여기까지 이를까 걱정이오. 나는 군사를 일으켜 새로 낸 길을 끊고, 스스로 방비해 제후들의 변란에 대비하고자 했소. 그러나 도중에 그만 병이 심해졌소. 이곳 반우番禺는 산을 등진 험난한 곳으로 남해로 막혀 있고, 동서의 길이가 수천 리에 달하오. 중원 사람이 많아 서로 돕고 있으니 이곳도 한 지방의 중심지로 나라를 세울 만하오. 군郡 안의 장리長吏 가운데 함께 의론할 만한 사람이 없기에 공을 불러서 이야기하는 것이오."

그러고는 조타에게 가짜 조서를 주어 남해군 군위의 직무를 대행하게 했다. 임효가 병사하자 조타는 곧바로 횡포橫浦·양산·황계관湟谿關에 격문을 돌려 이같이 통보했다.

도적의 무리가 침공하려고 한다. 서둘러 길을 차단하고 군사를 모아 방어토록 하라.

이어서 법을 빙자해 진나라가 임명한 장리들을 하나씩 죽인 뒤 자기 쪽 사람을 임시 태수인 가수假守로 삼았다. 진나라가 패망하자 위타는 곧바로 공격에 나서 계림군과 상군을 병탄한 뒤 스스로 남월의 무왕武王으로 즉위했다. 한고조 유방은 천하를 평정한 뒤 중원이 전란에 시달린 까닭에 조타를 토벌하지 않은 채 내버려두었다. 한고조 11년, 육가를 보내 조타를 남월왕에 책봉했다. 아울러 부절을 쪼개주며 사자를 오가게 했다. 이어 모든 월나라 부족을 잘 안정시켜 남쪽 변경에서 문제를 일으키는 일이 없도록 다짐을 주었다. 이로써 남월은 장사국長沙國과 접경하게 되었다. 여태후 때 유사에서 남월의 철기鐵器를 관시에서 교역하는 것을 금지토록 요청했다. 조타가 말했다.

"한고조는 나를 남월왕으로 세운 뒤 사자를 오가게 하고 물자를 교역하게 했다. 여태후가 참소하는 신하의 말을 듣고 중원과 주변 이민족을 차별하며 기물의 교역을 끊고자 한다. 이는 장사왕의 계책일 것이다. 장사왕이 중원의 세력에 의지해 남월을 쳐 멸망시킨 뒤 이곳의 왕이 되어 자기 공으로 삼으려는 것이다."

조타가 마침내 칭호를 남월의 무왕에서 무제武帝로 높인 뒤 군사를 동원해 장사의 주변 고을을 공략한 뒤 물러갔다. 여태후가 장군 융려후 주조에게 명해 이들을 토벌하게 했다. 그러나 무더위와 습기로 인해 많은 병사가 전염병에 걸리는 바람에 양산령陽山嶺을 넘어서지도 못했다. 1년쯤 뒤 여태후가 죽자 곧바로 공격을 중지했다. 조타는 군사를 보내 변경을 위협하는 동시에 민월·서구西甌·낙월駱越에 뇌물을 주어 복속시켰다. 동서의 길이가 1만여 리에 달했다. 이내 좌독左纛(천자의 수레 왼쪽에 다는 의장기)을 꽂고 황옥黃屋(수레 덮개를 황색으로 칠한 덮개)을 타고 다니며 명령을 제制로 칭하는 등 중원의 한나라를 그대로 모방했다.

한문제 전 원년, 한나라가 처음으로 천하를 진무鎭撫하기 시작했다. 제후들과 사방의 이민족에게 사자를 보내 한문제가 대왕에서 즉위하게 된 사실을 통보하면서 성덕을 일깨워주었다. 또 조타 부모의 무덤이 있는 진정군에 묘지를 지키는 민가를 두어 세시에 맞추어 제사를 받들도록 했다. 조타의 종형제從兄弟를 불러 벼슬을 높이고 후한 상을 내려 총애했다. 승상 진평 등에게 조서를 내려 남월에 사자로 보낼 만한 자를 천거하게 했다. 진평이 호치 출신 육가를 천거했다. 선제 때 남월에 사자로 간 적이 있어 그곳 사정을 잘 안다는 이유였다. 한문제가 곧 육가를 불러 태중대부로 삼은 뒤 남월에 사자로 보냈다. 조타가 멋대로 무제를 칭한 이후 사자를 보내 조현한 적이 없는 것을 꾸짖게 했다. 육가가 남월에 이르자 남월왕 조타가 크게 두려워하며 글을 올려 사과했다.

만이의 대장大長인 노부老夫 신 조타는 지난날 여태후가 남월을 차별하기에 장사왕이 신을 참소한 것으로 의심했습니다. 또 여태후가 신의 일족을 모두 베어 죽이고 조상의 무덤을 파서 불태웠다는 소식을 얼핏 들었습니다. 자포자기해 장사의 변경을 침공한 이유입니다. 남월은 지대가 낮고 습하며 만이의 한복판에 있습니다. 동쪽의 민월은 백성이 겨우 1,000명에 지나지 않는데도 왕王을 칭하고 있고, 서쪽의 구월甌越과 낙월의 나국裸國 역시 왕을 칭합니다. 신이 망령되이 잠시 제호帝號를 훔쳐 사용한 것은 잠시 스스로 즐겨 그리한 것일 뿐입니다. 어찌 감히 이를 천자에게 보고할 수 있겠습니까!

조타가 머리를 조아려 사과한 뒤 길이 번신으로서 진공進貢의 책무를 충실히 받들 것을 다짐했다. 그러고는 곧 나라 안에 이런 영을 내렸다.

나는 전에 두 영웅은 동시에 존립하지 않고[兩雄不俱立] 두 현자는 같은 세상에 살지 않는다[兩賢不並世]는 이야기를 들었다. 황제는 현천자賢天子다. 이후 제제帝制와 황옥 및 좌독을 폐지한다.

육가가 이를 보고하자 한문제가 크게 기뻐했다. 한경제 때 조타는 신臣을 일컬으며 사자를 보내 조현를 청했다. 그러나 남월에서는 계속 은밀히 이전의 칭호를 사용했다. 장안에 사자를 보낼 때만 여타 제후들과 마찬가지로 왕을 칭하며 황제의 명을 받았다. 한무제 건원 4년, 남월왕 조타가 죽었다. 조타의 손자 조호趙胡가 남월왕으로 즉위했다.

●● 南越王尉佗者, 眞定人也, 姓趙氏. 秦時已幷天下, 略定楊越, 置桂林·南海·象郡, 以謫徙民, 與越雜處十三歲. 佗, 秦時用爲南海龍川令. 至二世時, 南海尉任囂病且死, 召龍川令趙佗語曰, "聞陳勝等作亂, 秦爲無道, 天下苦之, 項羽·劉季·陳勝·吳廣等州郡各共興軍聚衆, 虎爭天下, 中國擾亂, 未知所安, 豪傑畔秦相立. 南海僻遠, 吾恐盜兵侵地至此, 吾欲興兵絶新道, 自備, 待諸侯變, 會病甚. 且番禺負山險, 阻南海, 東西數千里, 頗有中國人相輔, 此亦一州之主也, 可以立國. 郡中長吏無足與言者, 故召公告之." 卽被佗書, 行南海尉事. 囂死, 佗卽移檄告横浦·陽山·湟谿關曰, "盜兵且至, 急絶道聚兵自守!" 因稍以法誅秦所置長吏, 以其黨爲假守. 秦已破滅, 佗卽擊幷桂林·象郡, 自立爲南越武王. 高帝已定天下, 爲中國勞苦, 故釋佗弗誅. 漢十一年, 遣陸賈因立佗爲南越王, 與剖符通使, 和集百越, 毋爲南邊患害, 與長沙接境. 高后時, 有司請禁南越關市鐵器. 佗曰, "高帝立我, 通使物, 今高后聽讒臣, 別異蠻夷, 隔絶器物, 此必長沙王計也, 欲倚中國, 擊滅南越而幷王之, 自爲功也." 於是佗乃自尊號爲南越武帝, 發兵攻長沙邊邑, 敗數縣而去焉. 高后遣將軍隆慮侯竈往擊之. 會暑溼, 士卒大疫, 兵不能踰嶺. 歲餘, 高后崩, 卽罷兵. 佗因此以兵威邊, 財物賂遺閩越·西甌·駱, 役屬焉, 東西萬餘里. 迺乘黃屋左纛, 稱制, 與中國侔. 及孝文帝元年, 初鎭撫天下, 使告諸侯四夷從代來卽位意, 喩盛德焉. 乃爲佗親冢在眞定, 置守邑, 歲時奉祀. 召其從昆弟, 尊官厚賜寵之. 詔丞相陳平等擧可使南越者, 平言好畤陸賈, 先帝時習使南越. 迺召賈以爲太中大夫, 往使. 因讓佗自立爲帝, 曾無一介之使報者. 陸賈至南越, 王甚恐, 爲書謝, 稱曰, "蠻夷大長老夫臣佗, 前日高后隔異南越, 竊疑長沙王讒臣, 又遙聞高后盡誅佗宗族, 掘燒先人冢, 以故自棄, 犯長沙邊境. 且南方卑溼, 蠻夷中閒, 其東閩越千人衆號稱王, 其西甌駱裸國亦稱王. 老臣妄竊帝號, 聊以自娛, 豈敢以聞天王哉!" 乃頓首謝, 願長爲藩臣, 奉貢職. 於是乃下令國中曰, "吾聞兩雄不俱立, 兩賢不並世. 皇帝, 賢天子也. 自今以後, 去帝制黃屋左纛." 陸賈還報, 孝文帝大說. 遂至孝景時, 稱臣, 使人朝請. 然南越其居國竊如故號名, 其使天子, 稱王朝命如諸侯. 至建元四年卒. 佗孫胡爲南越王.

남월왕열전

　조호가 남월왕에 즉위할 당시 민월왕閩越王 영郢이 군사를 일으켜 남월 변경을 쳤다. 조호가 한나라에 사자를 보내 글을 올렸다.

　　두 월나라 모두 번신이므로 함부로 군사를 일으켜 서로를 칠 수 없습니다. 지금 민월이 군사를 일으켜 신을 쳤으나 신은 감히 군사를 일으키지 못합니다. 천자가 조령詔令을 내려주십시오.

　한무제가 의를 지키고 번신으로서의 직분과 분수를 넘지 않는다고 칭송한 뒤 군사를 일으켜 두 명의 장수에게 민월을 토벌하게 했다. 그러나 양산령을 넘기도 전에 민월왕의 동생 여선餘善이 민월왕 영을 죽이고 항복했다. 한무제가 원정을 중지시킨 뒤 장조莊助에게 명해 자신의 뜻을 남월왕 조호에게 밝히게 했다. 조호가 머리를 조아리며 말했다.

　"천자가 신을 위해 군사를 출동시켜 민월을 쳤으니 그 은덕은 죽어도 갚을 길이 없습니다!"

　그러고는 태자 영제嬰齊를 한나라로 들여보내 숙위宿衞하게 했다. 이어 장조에게 말했다.

　"나라가 막 외적에게 침공을 당했습니다. 사자는 떠나십시오. 저는 서둘러 행장을 꾸린 뒤 입조해 천자를 조현토록 하겠습니다."

　장조가 떠나자 조호의 대신이 간했다.

　"한나라가 군사를 동원해 민월왕 영을 베고, 또 남월에 경고했습니다. 선왕이 말하기를, '천자를 섬기는 데 예를 잃어서는 안 된다'고

했습니다. 요컨대 사자의 달콤한 말만 믿고 조현해서는 안 됩니다. 입조했다가 돌아오지 못하면 이는 망국의 형세입니다."

조호가 병을 핑계로 끝내 입조하지 않았다. 이후 10여 년이 지나 조호의 병이 위독해졌다. 태자 영제가 귀국을 청해 남월로 돌아왔다. 조호가 죽자 시호를 문왕文王이라고 했다. 영제가 뒤를 이어 즉위했다. 그는 선조인 무제의 옥새를 감추어버렸다. 당초 영제는 한나라 장안에 들어가 숙위할 때 한단의 규씨樛氏 딸에게 장가를 들어 아들 흥興을 나았다. 영제가 즉위 후 글을 올렸다.

규씨의 딸을 왕후, 흥을 태자로 삼고자 합니다.

한나라가 거듭 사자를 보내 영제에게 입조할 것을 은근히 권했다. 그러나 영제는 함부로 사람을 죽이며 제멋대로 하기를 좋아했다. 그는 한나라에 입조해 천자를 배견할 경우 한나라 법에 따라 중원의 여타 제후들과 똑같이 취급될까 두려워했다. 한사코 병을 핑계대고 끝내 조현하지 않고, 아들 차공次公을 들여보내 숙위하게 했다. 영제가 죽자 시호를 명왕明王이라고 했다. 태자 흥이 뒤를 이어 즉위했다. 그의 생모인 규씨가 태후가 되었다.

당초 태후 규씨가 영제의 부인이 되기 전에 파릉 출신 안국소계安國少季라는 자와 몰래 관계를 가진 적이 있다. 영제가 사후 한무제 원정 4년에 한나라가 안국소계를 남월왕과 태후에게 보냈다. 입조해 여타 제후들과 함께하도록 설득하게 한 것이다. 언변이 좋은 간대부諫大夫 종군終軍 등을 동행시켜 그 내용을 선포하게 했다. 또 용사勇士 위신魏臣 등에게는 남월왕과 태후가 결정을 내릴 수 있도록 돕게 하고, 위위 노박덕에게는 군사를 이끌고 가 계양桂陽에 주둔하며 사자를 기다리게 했다. 남월왕이 아직 어린데다 태후는 중원 출신으로 일찍이 안국소계와 관계를 가진 적이 있었기에 안국소계가 사자로 오자 또다시 몰래 관계를 가졌다. 결국 이 일이 널리 소문이 나자 태후를 따르지 않는 사람이 많아졌다. 태후는 내란이 일어날까 우려했다. 한나라의 위세에 기댈 생각으로 왕과 군신들에게 한사코 한나라의 속국이 될 것을 권유했다. 곧 사자를 보내 천자에게 글을 올렸다. 중원의 여타 제후들처럼 3년에 한 번 입조하는 것을 허락하고, 변경의 관문을 철폐해줄 것을 주청했다.

한무제가 이를 허락하고, 남월의 승상 여가呂嘉에게 은으로 된 인장을 내렸다. 또 내사와 중위 및 태부에게도 각각 인장을 내렸다. 나머지 관직은 알아서 설치하게 했다. 남월에 있던 얼굴에 먹을 뜨는 경형黥刑과 코를 베는 의형劓刑을 폐지하고 대신 중원의 여타 제후와 마찬가지로 한나라의 법을 따르게 했다. 이어 한나라 사자에게 명해 그곳에 머물며 백성들을 진무하게 했다. 남월왕과 태후는 행장을 꾸리고 예물을 후하게 갖춘 뒤 입조를 차질 없이 준비했다.

●● 此時閩越王郢興兵擊南越邊邑, 胡使人上書曰, "兩越俱爲藩臣, 毋得擅興兵相攻擊. 今閩越興兵侵臣, 臣不敢興兵, 唯天子詔之." 於是天子多南越義, 守職約, 爲興師, 遣兩將軍往討閩越. 兵未踰嶺, 閩越王弟餘善殺郢以降, 於是罷兵. 天子使莊助往諭意南越王, 胡頓首曰, "天子乃爲臣興兵討閩越, 死無以報德!" 遣太子嬰齊入宿衛. 謂助曰, "國新被寇, 使者行矣. 胡方日夜裝入見天子." 助去後, 其大臣諫胡曰, "漢興兵誅郢, 亦行以驚動南越. 且先王昔言, 事天子期無失禮, 要之不可以說好語入見. 入見則不得復歸, 亡國之勢也." 於是胡稱病, 竟不入

見. 後十餘歲, 胡實病甚, 太子嬰齊請歸. 胡薨, 謚爲文王. 嬰齊代立, 卽
藏其先武帝璽. 嬰齊其入宿衛在長安時, 取邯鄲樛氏女, 生子興. 及卽
位, 上書請立樛氏女爲后, 興爲嗣. 漢數使使者風諭嬰齊, 嬰齊尚樂擅
殺生自恣, 懼入見要用漢法, 比內諸侯, 固稱病, 遂不入見. 遣子次公入
宿衛. 嬰齊薨, 謚爲明王. 太子興代立, 其母爲太后. 太后自未爲嬰齊
姬時, 嘗與霸陵人安國少季通. 及嬰齊薨後, 元鼎四年, 漢使安國少季
往諭王·王太后以入朝, 比內諸侯, 令辯士諫大夫終軍等宣其辭, 勇士
魏臣等輔其缺, 衛尉路博德將兵屯桂陽, 待使者. 王年少, 太后中國人
也, 嘗與安國少季通, 其使復私焉. 國人頗知之, 多不附太后. 太后恐亂
起, 亦欲倚漢威, 數勸王及羣臣求內屬. 卽因使者上書, 請比內諸侯, 三
歲一朝, 除邊關. 於是天子許之, 賜其丞相呂嘉銀印, 及內史·中尉·大
傅印, 餘得自置. 除其故黥劓刑, 用漢法, 比內諸侯. 使者皆留塡撫之.
王·王太后飭治行裝重齎, 爲入朝具.

여가열전

남월의 승상 여가는 나이가 많았다. 정승이 되어 세 명의 왕을 섬
겼다. 일족 가운데 높은 자리의 벼슬을 한 자가 70여 명이나 되었다.
아들은 모두 왕녀王女, 딸은 모두 왕자와 왕의 형제 및 종실 등과 결
혼했다. 또 창오蒼梧의 진왕秦王 조광趙光●과는 인척이다. 남월 내에

● 창오의 진왕을 두고 《사기집해》는 《한서음의》를 인용해 창오는 월나라 왕 가운데 한 사람
으로 스스로 진왕을 칭했다고 풀이했다. 《사기색은》은 진秦과 조趙는 동성인 까닭에 창오왕
조광 스스로 진왕을 칭한 것이라고 했다. 남월이 내부적으로 제호를 칭한 만큼 창오왕처럼
지역별로 제후왕을 두었을 공산이 크다.

신망이 무척 두터워 백성 가운데 그를 믿고 그의 눈과 귀 노릇을 하는 자가 매우 많았다. 많은 사람의 마음을 사로잡고 있는 점에서 왕보다 나았다. 남월왕이 한무제에게 상서하려 하자 여가가 거듭 만류했다. 그러나 남월왕이 듣지 않았다. 여가가 마침내 모반할 마음을 품었다. 번번이 병을 핑계로 한나라 사자를 만나지 않은 이유다.

한나라 사자들이 모두 여가의 동태를 주시했다. 그를 제거하기에는 상황이 좋지 않았다. 남월왕과 태후 역시 여가가 먼저 반기를 들까 염려했다. 마침내 연회를 베푼 뒤 한나라 사자의 권세에 기대어 여가 무리를 제거하고자 했다. 한나라 사자들은 동쪽으로, 태후는 남쪽으로 앉았다. 남월왕은 북쪽으로, 여가와 대신들은 서향쪽으로 앉은 뒤 술을 마시게 되었다. 여가의 동생은 장군이었다. 부하들을 이끌고 궁 밖에 대기했다. 술잔이 돌자 태후가 여가에게 물었다.

"남월이 한나라에 예속하는 것은 나라의 이익이오. 승상이 이를 이롭지 못하다고 염려하는 것은 무슨 까닭이오?"

한나라 사자를 발끈하게 만들려는 속셈이었다. 한나라 사자들은 서로 미루며 감히 나서지 못했다. 여가는 분위기가 평소와 다르다는 것을 느끼고 얼른 일어나 밖으로 나갔다. 태후가 화를 내며 여가를 창으로 찌르려 하자 남월왕이 태후를 말렸다. 여가는 사지를 빠져나온 뒤 동생의 군사를 나누어 이끌고 귀가했다. 이후 병을 핑계로 왕과 사자를 피하면서 몰래 대신들과 반란을 꾸몄다. 남월왕은 원래 여가를 죽일 생각이 없었다. 여가 또한 이를 알고 있었다. 여가가 여러 달 동안 반란을 일으키지 않은 이유다. 태후는 자신의 음탕한 행실 때문에 백성이 따르지 않자 홀로 여가의 무리를 죽이려 했다. 그러나 그럴 만한 힘이 없었다. 한무제는 여가가 남월왕의 명을 듣지 않고, 남월왕과 태후는 힘이 없어 여가를 어찌지 못하고, 한나라 사자는 두려워하며 결단하지 못하고 있다는 이야기를 들었다. 남월왕과 태후가 이미 한나라에 복속한 상황에서 여가가 홀로 군사를 동원해 반기를 들기는 어려울 것으로 생각했다. 이내 장삼莊參에게 명해 군사 2,000명을 주어 사자로 보내고자 했다. 장삼이 반대했다.

"친선의 의도로 간다면 몇 사람이면 됩니다. 그러나 무력을 쓰고자 한다면 2,000명으로는 부족합니다."

장삼이 받아들이려 하지 않자 한무제가 장삼에게 그만두게 했다. 이때 옛날 제북의 승상으로 있던 겹현郟縣 출신 장사壯士 한천추韓千秋가 흥분했다.

"월나라는 보잘것없이 작은 나라이고, 왕과 태후의 내응이 있습니다. 승상 여가 한 사람만 방해가 될 뿐입니다. 바라건대 용사 200명만 주면 필히 여가의 목을 벤 뒤 곧바로 보고하겠습니다."

한무제가 한천추에게 명해 남월 규태후의 동생 규락樛樂과 함께 2,000명을 이끌고 월나라로 들어가게 했다. 여가 등이 마침내 반기를 든 뒤 나라 안에 영을 내렸다.

왕은 나이가 어리다. 태후는 중원 출신으로 한나라 사자와 간통했다. 더구나 태후는 한나라에 귀속되어 선왕의 보기寶器(귀중하고 보배로운 그릇)를 모두 천자에게 바침으로써 천자의 총애를 구하려 할 뿐이다. 많은 백성을 장안으로 데리고 가 팔아넘긴 뒤 노비로 만들려고 한다. 태후는 한때의 화를 벗어나 이익을 얻으려 할 뿐 조씨 남월의 사직을 보살펴 만세의 계책을 세우려는 뜻이 없다.

이어 동생과 함께 군사를 이끌고 가 남월왕과 태후 및 한나라 사자를 죽였다. 창오의 진왕과 그 밖의 여러 군현에 사람을 보내 이를 알렸다. 그러고는 명왕의 남월 아내가 낳은 맏아들 술양후術陽侯 건덕建德을 왕으로 추대했다. 당시 한천추의 군사는 월나라에 들어가 몇 개의 작은 고을을 연파하고 있었다. 월나라가 곧 한천추에게 길을 열어주고 군량을 공급했다. 한천추의 군사가 반우에서 40리쯤 떨어진 곳에 이르렀을 때 월나라가 군사를 이끌고 한천추의 군사를 기습해 전멸시켰다. 그러고는 한나라 사자의 부절을 봉함해 요새 위에 놓아두게 하고 그럴듯하게 말을 꾸며 사죄하는 한편 군사를 보내 요충지를 지키게 했다. 한무제가 말했다.

"한천추는 비록 공을 세우지는 못했지만 군대의 최선봉이다."

그의 아들 한연년韓延年을 성안후成安侯로 봉했다. 규락의 맏누이 규태후가 앞장서서 한나라에 예속되기를 원한 까닭에 규락의 아들 규광덕樛廣德을 용항후龍亢侯에 봉했다. 한무제가 사면령을 내렸다.

황제가 미약하고 제후가 역정力政에 힘쓰는데도 신하가 역적을 토벌하지 않으니 이를 꾸짖는다. 지금 여가와 건덕 등이 반기를 들어 스스로 태연히 왕을 칭하고 있다. 죄수들과 강회江淮 이남의 10만 수군은 가서 이들을 토벌토록 하라.

한무제 원정 5년 가을, 위위 노박덕이 복파장군이 되어 계양으로 나가 회수匯水*로 내려가고, 주작도위 양복楊僕은 누선장군이 되어

---

* 《사기집해》는 서광의 주를 인용해 회匯가 황湟으로 된 판본이 있다고 했다. 《사기색은》은 《한서》를 인용해 황수湟水로 바꾸어야 한다며 광수洭水로 된 판본도 있다고 했다.

예장豫章으로 나가 횡포로 내려갔다. 귀순한 월나라 제후 두 사람은 과선장군戈船將軍과 하려장군下厲將軍이 되어 영릉零陵으로 나가 한 사람은 이수離水, 또 한 사람은 창오로 내려갔다. 치의후馳義侯에게는 파촉의 사면된 죄수들을 중심으로 야랑의 군사를 동원한 뒤 장가강牂柯江을 따라 내려가 모두 반우에서 집결토록 했다.

한무제 원정 6년 겨울, 누선장군이 정예부대를 이끌고 먼저 심협尋陜을 함락하고, 석문石門을 격파해 월나라의 전함과 군량을 노획했다. 여세를 몰아 월나라의 선봉을 꺾고, 수만 명의 병력으로 복파장군을 기다렸다. 복파장군 노박덕은 죄수 부대를 거느린데다 행로가 멀어서 약속 일자보다 늦었다. 누선장군 양복과 만난 때는 겨우 1,000여 명의 병력만 남았다. 두 부대가 마침내 함께 진격했다. 누선장군 부대가 먼저 반우에 이르렀다. 건덕과 여가 모두 성을 굳게 지키고 있었다. 누선장군 양복이 지형이 유리한 곳을 직접 골라 동남쪽에 주둔했다. 복파장군 노박덕은 서북쪽에 주둔했다. 이때 마침 날이 저물었다. 누선장군 양복이 월나라 군사를 격파하고 불을 놓아 성을 불태웠다. 월나라는 평소 복파장군 노박덕의 명성은 듣고 있었으나 날이 저문 까닭에 그의 병력이 얼마나 되는지 몰랐다. 복파장군 노박덕이 영채를 세우고 사자를 보내 투항자들을 불러들였다. 투항자에게 열후의 인장을 주고, 다시 성안으로 들여보내 투항을 권유하게 했다. 누선장군 양복의 부대도 힘껏 공격해 적군의 성을 불태웠다. 이는 남월 군사를 복파장군 진영으로 몰아넣는 결과를 낳았다. 새벽녘에 성안의 군사는 모두 복파장군에게 항복했다.

여가와 건덕은 이미 밤중에 부하 수백 명을 데리고 바닷가로 간 뒤 배를 타고 서쪽으로 달아났다. 복파장군은 투항한 귀인에게 물어

여가가 도망간 곳을 알아냈다. 곧 사람을 보내 추격하게 했다. 그 결과 교위 사마소홍司馬蘇弘이 건덕을 생포한 공으로 해상후海常侯에 봉해졌고, 남월의 낭관 도계都稽는 여가를 체포한 공으로 임채후臨蔡侯에 봉해졌다. 창오왕 조광은 남월왕과 같은 성씨다. 그는 한나라 군사가 온다는 소문을 듣고는 월나라 게양揭陽 현령 정定과 함께 한나라에 귀속하고자 했다. 월나라 계림桂林 군감 거옹居翁은 구월과 낙월을 권유해 한나라에 귀속하게 했다. 모두 열후에 봉해졌다.

덕분에 과선장군과 하려장군의 부대와 치의후가 일으킨 야랑의 부대가 진격해오기도 전에 남월은 평정되었다. 한나라 조정은 마침내 이곳에 아홉 개의 군을 두었다. 복파장군 노박덕은 식읍이 더해졌고, 누선장군 양복은 견고한 적의 성채를 함락시킨 공을 인정받아 장량후將梁侯에 봉해졌다. 남월은 조타가 당초 왕을 칭한 이래 5대 93년 만에 패망하게 되었다.

●● 其相呂嘉年長矣, 相三王, 宗族官仕爲長吏者七十餘人, 男盡尙王女, 女盡嫁王子兄弟宗室, 及蒼梧秦王有連. 其居國中甚重, 越人信之, 多爲耳目者, 得衆心愈於王. 王之上書, 數諫止王, 王弗聽. 有畔心, 數稱病不見漢使者. 使者皆注意嘉, 勢未能誅. 王 · 王太后亦恐嘉等先事發, 乃置酒, 介漢使者權, 謀誅嘉等. 使者皆東鄉, 太后南鄉, 王北鄉, 相嘉 · 大臣皆西鄉, 侍坐飮. 嘉弟爲將, 將卒居宮外. 酒行, 太后謂嘉曰, "南越內屬, 國之利也, 而相君苦不便者, 何也?"以激怒使者. 使者狐疑相杖, 遂莫敢發. 嘉見耳目非是, 卽起而出. 太后怒, 欲鏦嘉以矛, 王止太后. 嘉遂出, 分其弟兵就舍, 稱病, 不肯見王及使者. 乃陰與大臣作亂. 王素無意誅嘉, 嘉知之, 以故數月不發. 太后有淫行, 國人不附, 欲獨誅嘉等, 力又不能. 天子聞嘉不聽王, 王 · 王太后弱孤不能制, 使者

怯無決. 又以爲王・王太后已附漢, 獨呂嘉爲亂, 不足以興兵, 欲使莊
參以二千人往使. 參曰, "以好往, 數人足矣, 以武往, 二千人無足以爲
也." 辭不可, 天子罷參也. 郟壯士故濟北相韓千秋奮曰, "以區區之越,
又有王・太后應, 獨相呂嘉爲害, 願得勇士二百人, 必斬嘉以報." 於是
天子遣千秋與王太后弟樛樂將二千人往, 入越境. 呂嘉等乃遂反, 下令
國中曰, "王年少. 太后, 中國人也, 又與使者亂, 專欲內屬, 盡持先王寶
器入獻天子以自媚, 多從人, 行至長安, 虜賣以爲僮僕. 取自脫一時之
利, 無顧趙氏社稷, 爲萬世慮計之意." 乃與其弟將卒攻殺王・太后及漢
使者. 遣人告蒼梧秦王及其諸郡縣, 立明王長男越妻子術陽侯建德爲
王. 而韓千秋兵入, 破數小邑. 其後越直開道給食, 未至番禺四十里, 越
以兵擊千秋等, 遂滅之. 使人函封漢使者節置塞上, 好爲謾辭謝罪, 發
兵守要害處. 於是天子曰, "韓千秋雖無成功, 亦軍鋒之冠." 封其子延
年爲成安侯. 樛樂, 其姊爲王太后, 首願屬漢, 封其子廣德爲龍亢侯. 乃
下赦曰, "天子微, 諸侯力政, 譏臣不討賊. 今呂嘉・建德等反, 自立晏
如, 令罪人及江淮以南樓船十萬師往討之." 元鼎五年秋, 衛尉路博德
爲伏波將軍, 出桂陽, 下匯水, 主爵都尉楊僕爲樓船將軍, 出豫章, 下橫
浦, 故歸義越侯二人爲戈船・下厲將軍, 出零陵, 或下離水, 或抵蒼梧,
使馳義侯因巴蜀罪人, 發夜郎兵, 下牂柯江, 咸會番禺. 元鼎六年冬, 樓
船將軍將精卒先陷尋陜, 破石門, 得越船粟, 因推而前, 挫越鋒, 以數萬
人待伏波. 伏波將軍將罪人, 道遠, 會期後, 與樓船會乃有千餘人, 遂俱
進. 樓船居前, 至番禺. 建德・嘉皆城守. 樓船自擇便處, 居東南面, 伏
波居西北面. 會暮, 樓船攻敗越人, 縱火燒城. 越素聞伏波名, 日暮, 不
知其兵多少. 伏波乃爲營, 遣使者招降者, 賜印, 復縱令相招. 樓船力
攻燒敵, 反驅而入伏波營中. 犂旦, 城中皆降伏波. 呂嘉・建德已夜與

其屬數百人亡入海, 以船西去. 伏波又因問所得降者貴人, 以知呂嘉所之, 遣人追之. 以其故校尉司馬蘇弘得建德, 封爲海常侯, 越郎都稽得嘉, 封爲臨蔡侯. 蒼梧王趙光者, 越王同姓, 聞漢兵至, 及越揭陽令定自定屬漢, 越桂林監居翁諭甌駱屬漢, 皆得爲侯. 戈船·下厲將軍兵及馳義侯所發夜郎兵未下, 南越已平矣. 遂爲九郡. 伏波將軍益封. 樓船將軍兵以陷堅爲將梁侯. 自尉佗初王後, 五世九十三歲而國亡焉.

태사공은 평한다.

"조타가 왕이 된 것은 원래 남해군 군위 임효 때문이다. 한나라가 천하를 막 평정했을 때 조타는 제후의 반열에 올랐다. 융려후 주조가 정벌에 나섰다가 습기와 전염병으로 물러나자 조타가 더욱 교만해졌다. 구월과 낙월이 서로 공격하면서 남월이 동요했다. 한나라 군사가 국경에 이르자 태자 영제가 입조했다. 이후 남월의 패망은 영제가 장안에서 인연을 맺은 규씨 여인으로부터 시작되었다. 남월의 승상 여가의 작은 충성심이 오히려 조타의 후사를 끊고 말았다. 누선장군은 욕심을 좇아 태만하고 오만하게 굴었기에 미혹에 빠져들었고, 복파장군은 곤궁한 속에서도 지혜가 더욱 늘어 화를 복으로 만들었다. 성패의 돌고 도는 모습[成敗之轉]이 마치 먹줄을 긋는 것처럼 뚜렷했다."

●● 太史公曰, "尉佗之王, 本由任囂. 遭漢初定, 列爲諸侯. 隆慮離溼疫, 佗得以益驕. 甌駱相攻, 南越動搖. 漢兵臨境, 嬰齊入朝. 其後亡國, 徵自樛女, 呂嘉小忠, 令佗無後. 樓船從欲, 怠傲失惑, 伏波困窮, 智慮愈殖, 因禍爲福. 成敗之轉, 譬若糾墨."

동월열전

東越列傳

〈동월열전〉은 월왕 구천의 후손에 관한 기록이다. 동월은 남월의
동쪽에 위치해 민월閩越이라고도 불리었다. 지금의 복건성 일대
다. 전국시대 당시 월왕 구천의 후손은 각기 왕을 칭하며 장강 일대
에 흩어져 살았다. 진시황이 천하를 통일하면서 이 지역들을 군으
로 개편했다. 진시황 사후 중원이 혼란스러워지자 이를 틈타 반기
를 들었다. 진나라에 이어 한나라가 사상 두 번째로 천하를 통일한
뒤 구천의 후손인 무저無諸를 민월왕, 요搖를 동해왕東海王에 봉해
다시 제국의 판도에 편입시켰다. 두 사람이 다스린 지역이 바로 동
월이다. 진시황 사후 항우와 유방이 다툴 때 유방의 편에 섰다. 항
우의 패망에 일조한 셈이다. 한고조 5년, 이때의 공을 인정받아 무
저가 다시 민월왕에 제수되었다. 이에 지금의 복주시福州市 야산冶
山의 산록에 도성을 세웠다. 그것이 야성冶城이다. 사마천은 동월을
전설적인 왕국인 하나라의 창업주인 우왕의 후손이 세운 나라로
간주했다. 천하의 중심을 중원으로 간주한 화이관華夷觀의 반영으
로 해석할 수 있다.

민월왕 무저와 월 땅의 동해왕 요는 모두 월왕 구천의 후예다. 성은 추씨騶氏다. 진시황이 천하를 병탄한 뒤 이들의 왕호를 폐하고 소수민족의 우두머리인 군장君長으로 삼았다. 이어 그 땅을 민중군閩中郡으로 만들었다. 진시황 사후 제후들이 진나라에 반기를 들자 무저와 요는 월나라 백성을 이끌고 파양鄱陽 현령 오예에게 귀의했다. 오예는 파군鄱君으로 불리었다. 그 역시 진나라에 반기를 든 제후들을 도와 진나라를 멸망시키는 데 일조했다. 당시 항우는 제후들을 호령하면서 무저와 요를 왕으로 삼지 않았다. 이들이 초나라를 따르지 않은 이유다. 이후 한고조 유방이 항우를 치자 무저와 요 모두 월나라 백성을 이끌고 유방을 도왔다.

한고조 5년, 유방이 무저를 민월왕으로 삼고, 민중閩中의 옛 땅에서 왕 노릇을 하도록 했다. 도성은 야산의 기슭에 세워져 동야東冶로 불리었다. 한혜제 3년, 한고조 때 세운 월나라의 공적을 거론하며 이같이 말했다.

"민군閩君 요는 공이 많고, 백성이 그를 잘 따른다."

그러고는 그를 동해왕으로 삼은 뒤 동구東甌에 도읍하게 했다. 세간에서는 그를 동해왕 대신 동구왕東甌王으로 불렀다. 이후 여러 대를 지나 한경제 전 3년에 이르러 오왕 유비가 반기를 들어 민월을 자기편에 끌어들이고자 했다. 그러나 민월은 달가워하지 않았다. 동구만이 오왕 유비를 쫓았다. 오나라가 멸망할 즈음 동구는 한나라에 매수되어 유비를 단도에서 살해했다. 민월과 동구 모두 처벌을 면하고 자기 나라로 돌아갈 수 있었다. 이후 오왕 유비의 아들 유자구劉子駒가 민월로 달아난 뒤 동구가 자신의 부친을 죽인 것을 원망하며 민월에게 늘 동구 토벌을 권했다.

한무제 건원 3년, 민월이 군사를 동원해 동구를 포위했다. 동구는 군량이 바닥나 곤경에 처한 나머지 투항해야 할 순간에 급히 한무제에게 사람을 보내 위급을 보고했다. 한무제가 태위 전분에게 대책을 묻자 전분이 이같이 대답했다.

"월나라 사람끼리 서로 공격해 싸우는 것은 원래 흔한 일이고, 저들은 반복反覆을 일삼습니다. 중원을 번거롭게 하면서까지 구원할 필요는 없습니다. 진나라 때부터 예속시키지 않은 채 내버려두었습니다."

중대부 장조가 전분을 힐책했다.

"월나라를 힘으로 돕지 못하고, 덕으로 보살피지 못하는 것이 걱정일 따름입니다. 그것이 가능하다면 왜 버려두겠습니까? 진나라는 함양조차 버렸는데 멀리 있는 월나라야 어떻겠습니까? 지금 소국이 곤경에 처해 위급을 알렸는데 천자가 구하지 않으면 이들은 어디로 가 호소해야 합니까? 또 천자는 어떻게 만국을 자식처럼 돌볼 수 있겠습니까?"

한무제가 말했다.

"태위는 함께 의논할 상대가 되지 못한다. 나는 즉위한 지 얼마 되지 않았으니 병부兵符를 내어 군사를 군국에서 동원하고 싶지 않다."

그러고는 장조에게 부절을 가지고 회계에서 군사를 일으키게 했다. 그러나 회계 태수가 내심 군사동원에 반대하며 군사를 일으키지 않으려 했다. 장조는 결국 사마 한 명의 목을 베고 천자의 뜻을 이해시킨 뒤 마침내 군사를 이끌고 바다를 건너가 동구를 구할 수 있었다. 한나라 군사가 미처 도착하기도 전에 민월은 군사를 이끌고 물러갔다. 동구가 온 백성을 이끌고 중원으로 이주하기를 청했다. 마침내 모든 백성이 강회 일대로 옮겨와 살았다.

●● 閩越王無諸及越東海王搖者, 其先皆越王句踐之後也, 姓騶氏. 秦已幷天下, 皆廢爲君長, 以其地爲閩中郡. 及諸侯畔秦, 無諸·搖率越歸鄱陽令吳芮, 所謂鄱君者也, 從諸侯滅秦. 當是之時, 項籍主命, 弗王, 以故不附楚. 漢擊項籍, 無諸·搖率越人佐漢. 漢五年, 復立無諸爲閩越王, 王閩中故地, 都東冶. 孝惠三年, 擧高帝時越功, 曰閩君搖功多, 其民便附, 乃立搖爲東海王, 都東甌, 世俗號爲東甌王. 後數世, 至孝景三年, 吳王濞反. 欲從閩越, 閩越未肯行, 獨東甌從吳. 及吳破, 東甌受漢購, 殺吳王丹徒, 以故皆得不誅, 歸國. 吳王子子駒亡走閩越, 怨東甌殺其父, 常勸閩越擊東甌. 至建元三年, 閩越發兵圍東甌. 東甌食盡, 困, 且降, 乃使人告急天子. 天子問太尉田蚡, 蚡對曰, "越人相攻擊. 固其常, 又數反覆, 不足以煩中國往救也. 自秦時棄弗屬." 於是中大夫莊助詰蚡曰, "特患力弗能救, 德弗能覆, 誠能, 何故棄之? 且秦擧咸陽而棄之, 何乃越也! 今小國以窮困來告急天子, 天子弗振, 彼當安所告愬? 又何以子萬國乎?" 上曰, "太尉未足與計. 吾初卽位, 不欲出虎符發兵郡國." 乃遣莊助以節發兵會稽. 會稽太守欲距不爲發兵, 助乃斬一司馬, 諭意指, 遂發兵浮海救東甌. 未至, 閩越引兵而去. 東甌請擧國徙中國, 乃悉擧衆來, 處江淮之閒.

한무제 건원 6년, 민월이 남월을 쳤다. 남월은 천자와 한 약속을 지켜 감히 멋대로 군사를 동원하지 않고 이를 한무제에게 보고했다. 한무제가 대행 왕회를 시켜 예장으로 진격하게 하고, 대농大農 한안국을 시켜 회계로 나아가게 했다. 모두 장군으로 삼았다. 군사가 양산령을 채 넘기도 전에 민월왕 영이 군사를 보내 험준한 요새를 굳게 방어했다. 영의 동생 여선이 재상 및 종족과 의논했다.

"왕이 함부로 군사를 일으켜 남월을 치면서 천자에게 주청하지도 않았다. 천자의 군사가 우리를 치려고 왔다. 한나라 군사는 많고 강하다. 설령 이길지라도 원병은 갈수록 증강될 것이다. 결국 나라는 패망하고 말 것이다. 이제 왕을 죽여 천자에게 사죄하자. 천자가 이를 거두고 군사를 물리면 나라를 온전히 보전할 수 있다. 받아들이지 않으면 그때 최선을 다해 싸우면 된다. 이기지 못하면 바다로 들어가 섬으로 달아나자."

모두들 입을 모아 동의했다.

"좋습니다."

곧바로 왕을 때려죽인 뒤* 사자를 시켜 그의 머리를 대행에게 바쳤다. 대행이 말했다.

"우리가 온 것은 민월왕을 베기 위한 것이다. 이제 그의 수급을 보내 사죄했으니 싸우지 않고 일이 해결되었다.** 이보다 더 이로운 방안은 없다."

그러고는 곧 군사를 멈추게 한 뒤 대농 한안국이 이끄는 군대에 이를 통보하는 한편 사자에게 명해 속히 민월왕의 머리를 들고 한무제에게 달려가 보고토록 했다. 한무제가 조서를 내려 두 장수의 진격을 중지시켰다. 조서에서 이같이 말했다.

● "곧바로 왕을 때려죽인 뒤"의 원문은 "즉총살왕卽鏦殺王"이다. 총鏦을 두고 《사기색은》은 치거나 무찌르는 당撞으로 새겼다.
●● "싸우지 않고 일이 해결되었다"의 원문은 "부전이운不戰而耘"이다. 《사기색은》은 서광의 주를 인용해 《한서》에는 김맬 운耘이 죽을 운殞으로 되어 있다며 제거할 제除의 의미로 새겼다.

영 등이 주범이다. 무저의 손자 요군繇君 축丑은 모의에 참여하지 않았다.

그러고는 낭중장郎中將에게 명해 축을 월나라의 요왕繇王으로 세워 민월왕의 조상 제사를 받들게 했다. 여선이 영을 살해한 후 그의 위엄이 나라 안에서 널리 통했다. 많은 백성이 여선을 추종했다. 여선이 내심 스스로 왕이 될 생각을 품었다. 요왕은 여선의 무리들을 휘어잡아 바르게 만들 역량이 없었다. 한무제가 이를 알았지만 여선 때문에 다시 군사를 일으킬 수는 없다고 생각했다.

"여선은 번번이 영과 함께 반란을 모의했다. 그러나 나중에 앞장서 영을 베었기에 한나라 군사가 수고를 덜 수 있었다."

그러고는 여선을 동월왕으로 세워 요왕과 병립하게 했다.

●● 至建元六年, 閩越擊南越. 南越守天子約, 不敢擅發兵擊而以聞. 上遣大行王恢出豫章, 大農韓安國出會稽, 皆爲將軍. 兵未踰嶺, 閩越王郢發兵距險. 其弟餘善乃與相·宗族謀曰, "王以擅發兵擊南越, 不請, 故天子兵來誅. 今漢兵衆彊, 今卽行勝之, 後來益多, 終滅國而止. 今殺王以謝天子. 天子聽, 罷兵, 固一國完, 不聽, 乃力戰, 不勝, 卽亡入海." 皆曰, "善." 卽鏦殺王, 使使奉其頭致大行. 大行曰, "所爲來者誅王. 今王頭至, 謝罪, 不戰而耘, 利莫大焉." 乃以便宜案兵告大農軍, 而使使奉王頭馳報天子. 詔罷兩將兵, 曰, "郢等首惡, 獨無諸孫繇君丑不與謀焉." 乃使郎中將立丑爲越繇王, 奉閩越先祭祀. 餘善已殺郢, 威行於國, 國民多屬, 竊自立爲王. 繇王不能矯其衆持正. 天子聞之, 爲餘善不足復興師, 曰, "餘善數與郢謀亂, 而後首誅郢, 師得不勞." 因立餘善爲東越王, 與繇王並處.

한무제 원정 5년, 남월의 재상 여가가 반기를 들었다. 동월왕 여선이 상서했다.

사병 8,000명을 이끌고 누선장군을 도와 여가를 치고자 합니다.

한나라 군사가 게양에 이르렀을 때 여선은 바다에 풍랑이 심하다는 이유로 더는 진격하지 않았다. 그는 모호한 태도를 보이며 은밀히 남월에 밀사를 보냈다. 한나라 군사가 반우를 격파할 때까지 도착하지 않은 이유다. 누선장군 양복이 한무제에게 사자를 보냈다.

"곧바로 군사를 이끌고 동월을 치고자 하니 허락해주십시오."

한무제는 병사들이 지쳐 있다는 이유로 이를 허락지 않고 이내 군사를 해산시켰다. 그러고는 여러 교위에게 명해 예장의 매령梅嶺에 주둔하며 명을 기다리게 했다. 한무제 원정 6년 가을, 여선은 누선장군이 자신을 죽일 것을 주청한 데 이어 한나라 군사가 국경까지 다가와 곧 쳐들어올 것이라는 소문을 들었다. 여선이 마침내 반기를 들었다. 군사를 보내 한나라 군사가 진공하는 길을 차단했다. 장군 추력騶力 등을 탄한장군呑漢將軍으로 명명한 뒤 백사白沙와 무림武林 및 매령으로 들어가게 했다. 이들이 한나라의 교위 세 명의 목을 베었다.

당시 한나라는 대농령 장성張成과 산주후山州侯 유치劉齒를 주둔군 장군으로 삼았다. 그러나 이들은 감히 반격치 못하고 오히려 안전한 곳으로 퇴각했다. 겁을 먹고 퇴각했다는 죄목으로 모두 처형되었다. 여선이 무제武帝라고 새긴 옥새를 이용해 자립한 뒤 백성을 속이며 망언을 일삼았다. 한무제가 횡해장군 한열에게 명해 구장句章으로 출격한 뒤 바다를 건너 동진하게 했다. 누선장군 양복은 무림, 중위 왕온서는 매령으로 진격하고, 월나라 제후 출신인 두 명의 장수를 각각 과선장군과 하뢰장군下瀨將軍으로 삼은 뒤 약야若邪와 백사에서 진격하게 했다. 한무제 원봉 원년 겨울, 이들은 일거에 동월 경내로 진공했다. 동월은 미리 군사를 보내 험고한 곳을 방비하고, 순북장군徇北將軍에게 무림을 지키게 했다. 누선장군의 교위 몇 명을 격파하고 일부 장리長史를 베었다. 누선장군의 부하인 전당錢塘 출신 원종고轅終古가 순북장군을 베어 죽이고 어아후禦兒侯가 되었다. 한나라 군사가 미처 출격하기 전의 일이다.

월나라의 연후衍侯 오양吳陽은 전부터 한나라에 있었다. 한나라가 그에게 명해 여선을 타이르게 했다. 그러나 여선이 듣지 않았다. 횡해장군 한열이 먼저 도착하자 월나라의 연후 오양은 자기 고을 사람 700명을 이끌고 한양漢陽에서 월나라 군사를 쳤다. 이어 건성후建成侯 오방吳敖를 따라 그 무리와 함께 요왕 거고居股가 있는 곳을 찾아가 상의했다.

"여선은 반란의 우두머리로 우리를 협박해 지키도록 했습니다. 이제 한나라 군사가 도착했습니다. 그 수가 많고 강대합니다. 여선을 죽이고 한나라 장군에게 귀순하면 죽음은 면할 수 있을 것입니다."

그러고는 마침내 여선을 죽인 뒤 군사를 이끌고 횡해장군 한열에게 투항했다. 덕분에 요왕 거고는 동성후東成侯에 봉해지고 식읍이 1만 석에 달하는 만호후萬戶侯가 되었다. 건성후 오는 개릉후開陵侯, 월나라의 연후 오양은 북석후北石侯, 횡해장군 한열은 안도후, 횡해 교위 유복劉福은 요앵후繚縈侯에 봉해졌다. 유복은 성양공왕成陽共王•의 아들

• 성양공왕의 성양成陽은 지금의 산동성 견성현鄄城縣 서남쪽 일대로 전설적인 성왕인 요堯의 무덤이 있는 곳이다. 한고조 12년인 기원전 195년에 후국侯國이 되었다가 한무제 건원 원년인 기원전 140년에 폐지되어 여남현汝南縣에 편입되었다. 〈표〉에 성양공왕成陽共王은 나오지 않고 성양공왕城陽共王 유희劉喜만 나온다. 성양成陽과 성양城陽은 엄히 구별해야 한다. 성

이다. 해상후에 봉해졌다가 법에 저촉되어 열후의 자리를 잃은 적이 있다. 일찍이 종군해 공이 없었으나 종실이기에 열후의 작위를 얻었다. 그 밖의 장수들은 공을 세우지 못해 열후에 봉해진 자가 없었다. 동월의 장수 다군多軍은 한나라 군사가 진격해오자 자신의 군사를 버리고 투항했다. 그는 무석후無錫侯에 봉해졌다. 한무제가 말했다.

"동월은 좁고 험한 곳이 많다. 민월은 사람들이 사납고 반복을 일삼는다."

이어 군리에게 조서를 내려 백성을 모두 강회 일대로 옮겨 살게 했다. 동월의 땅이 마침내 텅 비게 되었다.

●● 至元鼎五年, 南越反, 東越王餘善上書, 請以卒八千人從樓船將軍擊呂嘉等. 兵至揭揚, 以海風波爲解, 不行, 持兩端, 陰使南越. 及漢破番禺, 不至. 是時樓船將軍楊僕使使上書, 願便引兵擊東越. 上曰士卒勞倦, 不許, 罷兵, 令諸校屯豫章梅領待命. 元鼎六年秋, 餘善聞樓船請誅之, 漢兵臨境, 且往, 乃遂反, 發兵距漢道. 號將軍騶力等爲 "吞漢將軍", 入白沙 · 武林 · 梅嶺, 殺漢三校尉. 是時漢使大農張成 · 故山州侯齒將屯, 弗敢擊, 卻就便處, 皆坐畏懦誅. 餘善刻 "武帝" 璽自立, 詐其民, 爲妄言. 天子遣橫海將軍韓說出句章, 浮海從東方往, 樓船將軍楊僕出武林, 中尉王溫舒出梅嶺, 越侯爲戈船 · 下瀨將軍, 出若邪 · 白沙. 元封元年冬, 咸入東越. 東越素發兵距險, 使徇北將軍守武林, 敗樓船軍數校尉, 殺長吏. 樓船將軍率錢唐轅終古斬徇北將軍, 爲禦兒侯. 自兵未往. 故越衍侯吳陽前在漢, 漢使歸諭餘善, 餘善弗聽. 及橫海將

軍先至, 越衍侯吳陽以其邑七百人反, 攻越軍於漢陽. 從建成侯敖, 與其率, 從繇王居股謀曰, "餘善首惡, 劫守吾屬. 今漢兵至, 衆彊, 計殺餘善, 自歸諸將, 儻幸得脫." 乃遂俱殺餘善, 以其衆降橫海將軍, 故封繇王居股爲東成侯, 萬戶, 封建成侯敖爲開陵侯, 封越衍侯吳陽爲北石侯, 封橫海將軍說爲案道侯, 封橫海校尉福爲繚嫈侯. 福者, 成陽共王子, 故爲海常侯, 坐法失侯. 舊從軍無功, 以宗室故侯. 諸將皆無成功, 莫封. 東越將多軍, 漢兵至, 棄其軍降, 封爲無錫侯. 於是天子曰東越狹多阻, 閩越悍, 數反覆, 詔軍吏皆將其民徙處江淮閒. 東越地遂虛.

　　태사공은 평한다.

　　"월나라는 비록 만이의 나라이기는 하나 그 선조는 일찍이 백성에게 커다란 공덕을 베푼 듯하다. 어찌 그리 오래도록 나라를 유지할 수 있었던 것인가? 여러 대를 지났는데도 늘 군왕으로 존재했다. 일찍이 월왕 구천은 한 차례 패자가 된 바가 있다. 그의 후손 여선에 이르러 대역을 범하게 되었다. 나라가 멸망하고 백성이 이주하게 된 이유다. 그러나 같은 조상의 후예인 요왕 거고 등은 오히려 만호후에 봉해졌다. 월나라가 대대로 공후가 될 수 있었던 것은 대략 먼 조상인 하나라 우왕이 남긴 공덕 때문일 것이다."

　　●● 太史公曰, "越雖蠻夷, 其先豈嘗有大功德於民哉, 何其久也! 歷數代常爲君王, 句踐一稱伯. 然餘善至大逆, 滅國遷衆, 其先苗裔繇王居股等猶尙封爲萬戶侯, 由此知越世世爲公侯矣. 蓋禹之餘烈也."

권 115

조선열전

朝鮮列傳

〈조선열전〉은 우리나라의 옛 왕조인 고조선에 관한 기록이다. 한무제가 군사를 보내 복속시키고 한사군을 설치하는 과정을 서술하고 있다. 단군조선과 기자조선에 관한 기록은 없고 위만조선만을 다루고 있다. 위만衛滿의 손자 우거右渠 때 한나라 사자 섭하涉何가 귀국길에 조선의 관리를 죽였다. 조선이 이에 대한 보복으로 군사를 보내 요동의 동부도위東部都尉에 임명된 섭하를 죽이자 대로한 한무제가 대규모 군사를 동원해 조선 토벌에 나섰다. 결국 기원전 108년에 왕검성王險城이 함락되었다.

〈조선열전〉 기록에 따르면 초반에는 조선이 유리했다. 승리를 이끌어내지 못했던 중국 장수들이 이후 처벌을 받은 것이 그렇다. 좌장군 순체는 사형을 받고, 누선장군 양복은 평민으로 강등되었다. 그러나 조선에 내분이 일어나면서 상황이 일거에 바뀌었다. 왕검성의 함락으로 조선이 패망하자 한무제는 조선의 영토에 4군을 두었다. 현재 한사군의 위치를 두고 논쟁이 지속 중이다. 〈조선열전〉에 대한 정밀한 분석이 필요한 이유다.

조선*의 왕 위만은 원래 연나라 출신이다. 연나라는 전성기 때 진번
眞番과 조선을 공격해 복속시키고 관원을 두어 요새를 쌓았다. 조선
은 진나라가 연나라를 멸망시켰을 때 요동군의 국경 밖에 있었다.
한나라가 건립되자 거리가 너무 멀어 지키기 어렵다는 이유로 다시
요동군에 옛 요새를 쌓고 패수**까지 경계로 삼은 뒤 연나라에 속하
게 했다. 연왕 노관이 한나라를 배반하고 흉노 땅으로 들어가자 노
관 휘하에 있던 위만도 망명해 1,000여 명의 무리를 모아 머리를 북
상투 모양으로 튼 뒤 만이의 옷차림으로 동쪽 국경을 넘어 달아났
다. 이어 패수를 건너 진나라의 옛날 비어 있던 땅인 상하장上下鄣***에
살았다. 이후 점차 진번과 조선의 만이와 옛날 연나라와 제나라에서
망명해온 자들을 복속시켜 이들의 왕이 되었다. 왕검성****에 도읍했
다. 당시는 한혜제와 여태후의 치세로 천하가 처음으로 안정되었다.

● 조선을 두고 《사기집해》는 장안의 주를 인용해 조선에는 습수濕水와 열수洌水 및 산수汕
水가 있는데, 세 강이 합쳐 열수가 되고, 조선과 낙랑 지명이 여기서 나왔다고 보았다. 열수는
왕검성 주변의 강이다. 남북조시대 북위 때 나온 《수경주水經注》에 습여수濕餘水 명칭이 나온
다. 난하灤河의 한나라 이전 명칭인 유수濡水와 합류하는 강이다. 습여수가 습수이고, 열수는
난하의 지류인 무열수武列水라는 주장이 유력하다. 《수경주》에 "유수가 흐르는 도중에 무열
계武列溪를 지나면서 이곳을 무열수로 부르게 되었다. 무열수의 약칭이 열수다"라는 구절이
논거다. 열수洌水를 대동강, 패수浿水를 청천강으로 간주한 기존 견해와 차이가 있다.
●● 패수를 두고 《사기정의》는 《지리지地理志》를 인용해 요동의 경계 밖인 새외에 있다고 했
다. 동쪽으로 흐르면서 서남쪽의 낙랑현樂浪縣에 이르러 바다에 유입된다고 했다. 1960년대
이후 북한에서는 하북성과 요동성을 경계 짓는 대릉하大陵河를 패수로 간주하는 견해가 다수
설이다. 고조선의 서쪽 경계가 초기에는 난하 하류였으나 진개의 침략으로 현재의 요하遼河
하류로 경계를 삼고, 이후 다시 요하 이서로 진출해 위만조선이 멸망할 때까지 대릉하를 경
계로 삼았다는 것이다. 최근에는 《무경총요武經總要》 등을 근거로 패수가 하북성 노룡현 서쪽
조선하朝鮮河일 가능성이 크다는 주장도 제기되고 있다. 원나라 말기까지는 조선하라는 명칭
이 존속했지만, 명·청 때 조하潮河로 변경되어 현까지 이르고 있다는 주장이다. 패수의 위치
는 고조선 강역을 포함해 낙랑과 한사군의 위치 등과 관련해 결정적인 지명에 해당한다.
●●● 상하장을 두고 《사기색은》은 《지리지》를 인용해 낙랑현의 운장雲鄣을 지칭한다고 했다.
●●●● 왕검성을 두고 《사기집해》는 서광의 주를 인용해 창려군昌黎郡의 험독현險瀆縣이라고 했
다. 《사기색은》은 왕검성이 낙랑현 패수의 동쪽에 있었다는 신찬臣瓚의 주를 인용해놓았다.
왕검의 검險은 검檢의 가차다.

요동 태수가 위만과 이같이 약속했다.

"외신外臣의 자격으로 만이를 보호해 변경을 침공하는 일이 없도록 한다. 여러 만이의 군장이 한나라로 들어와 황제를 조현하고자 하면 이를 막지 않는다."

요동 태수가 이를 보고하자 한무제가 허락했다. 이로써 위만은 무력과 재물을 얻어 주변 작은 성읍을 공략했다. 진번과 임둔臨屯이 모두 복속했다. 그 땅이 사방 수천 리에 달했다.• 위만 사후 보위가 아들을 거쳐 손자 우거에게 전해졌다. 한나라에서 망명한 백성이 점차 많아졌다. 우거는 입조해 한무제를 조현치도 않고, 진번 주변의 여러 나라가 글을 올려 한무제를 조현하고자 하면 한나라와 통하지 못하게 가로막았다. 한무제 원봉 2년, 한나라 조정이 섭하를 보내 우거를 꾸짖고 타이르게 했다. 그러나 우거는 끝내 한무제의 명을 받아들이지 않았다. 섭하가 조선을 떠나 국경인 패수에 다다랐다. 섭하가 수레를 끄는 사람을 시켜 전송차 나온 조선의 비왕 장長을 죽였다. 그러고는 바로 패수를 건너 요새로 달려가 한무제에게 복명했다.

"조선의 장수를 죽였습니다."

한무제가 이를 가상히 여겨 꾸짖지 않고 그를 요동의 동부도위로 삼았다. 그에게 원한을 품은 조선이 군사를 출동시켜 기습공격으로 그를 죽였다. 한무제가 죄수들을 모아 조선을 치게 했다. 이해 가을, 누선장군 양복에게 명해 제나라에서 발해로 건너가게 했다. 군사가

● "사방 수천 리에 달했다"의 원문은 "방수천리方數千里"다. 《사기정의》는 당나라 때 나온 《괄지지括地志》를 인용해 방수천리가 조선과 고려高驪·맥貊·동옥저東沃沮 등의 땅을 지칭한다고 했다. 동서로 1,300리, 남북으로 2,000리에 달한다고 했다. 동쪽으로 400리를 가면 대해大海, 북쪽으로 920리를 가면 영주營州 경계, 남쪽으로 600리를 가면 신라新羅, 북쪽으로 1,400리를 가면 말갈靺鞨에 이른다고 했다.

5만여 명이나 되었다. 좌장군 순체에게 요동에서 출격해 우거를 치게 했다. 우거가 군사를 동원해 험난한 것을 지키며 맞섰다. 좌장군의 졸정卒正으로 있는 다多가 요동의 군사를 이끌고 진격했다. 그러나 패한 뒤 많은 병사가 달아나자 군법에 의해 참수되었다.

누선장군 양복은 제나라 군사 7,000명을 이끌고 먼저 왕검에 도착했다. 우거가 성을 지키며 염탐하다가 누선의 군사가 적은 것을 알아냈다. 바로 출성해 누선을 치자 누선의 군사가 패해 사방으로 달아났다. 양복은 부하들을 잃고 산속으로 달아나 10여 일 동안 숨어 있다가 점차 산졸散卒을 다시 모았다. 좌장군 순체가 조선의 패수 서쪽 군사를 쳤으나 무너뜨리고 전진할 길이 없었다. 한무제가 두 장군으로는 불리하다고 여겼다. 곧 위산衛山을 시켜 무력시위로 우거를 설득하게 했다. 우거가 사자 위산에게 머리를 조아리며 사죄했다.

"항복하고자 했으나 두 장군이 신을 속여 죽일까 두려웠소. 이제 진짜 천자의 부절을 보았으니 항복하고자 하오."

그러고는 태자를 장차 한나라 조정으로 들여보내 사죄하고, 말 5,000필과 군량을 보내기로 했다. 조선의 백성 1만여 명이 무기를 지닌 채 패수를 건너려고 했다. 사자 위산과 좌장군 순체는 이들이 변란을 일으킬까 의심했다. 곧 태자에게 이미 항복한 터이니 무기를 지니지 않도록 명하게 했다. 그러나 태자 역시 사자 위산과 좌장군 순체가 자신을 속여 이내 죽일까 의심했다. 결국 패수를 건너지 않고 다시 무리를 이끌고 돌아갔다. 위산이 돌아가 복명하자 한무제가 위산을 죽였다. 좌장군 순체는 패수 위의 군사를 물리치고 바로 앞으로 나아가 성 아래에 이르러 그 서북쪽을 포위했다. 누선장군 양복 역시 성의 남쪽에 진을 쳤다. 그러나 우거가 성을 굳게 지키는 바람에 몇 달이 지나도록 함락시킬 수 없었다.

●● 朝鮮王滿者, 故燕人也. 自始全燕時嘗略屬眞番·朝鮮, 爲置吏, 築鄣塞. 秦滅燕, 屬遼東外徼. 漢興, 爲其遠難守, 復修遼東故塞, 至浿水爲界, 屬燕. 燕王盧綰反, 入匈奴, 滿亡命, 聚黨千餘人, 魋結蠻夷服而東走出塞, 渡浿水, 居秦故空地上下鄣, 稍役屬眞番·朝鮮蠻夷及故燕·齊亡命者王之, 都王險. 會孝惠·高后時天下初定, 遼東太守卽約滿爲外臣, 保塞外蠻夷, 無使盜邊, 諸蠻夷君長欲入見天子, 勿得禁止. 以聞, 上許之, 以故滿得兵威財物侵降其旁小邑, 眞番·臨屯皆來服屬, 方數千里. 傳子至孫右渠, 所誘漢亡人滋多, 又未嘗入見, 眞番旁衆國欲上書見天子, 又擁閼不通. 元封二年, 漢使涉何譙諭右渠, 終不肯奉詔. 何去至界上, 臨浿水, 使御刺殺送何者朝鮮裨王長, 卽渡, 馳入塞, 遂歸報天子曰, "殺朝鮮將." 上爲其名美, 卽不詰, 拜何爲遼東東部都尉. 朝鮮怨何, 發兵襲攻殺何. 天子募罪人擊朝鮮. 其秋, 遣樓船將軍楊僕從齊浮渤海, 兵五萬人, 左將軍荀彘出遼東, 討右渠. 右渠發兵距險. 左將軍卒正多率遼東兵先縱, 敗散, 多還走, 坐法斬. 樓船將軍將齊兵七千人先至王險. 右渠城守, 窺知樓船軍少, 卽出城擊樓船, 樓船軍敗散走. 將軍楊僕失其衆, 遁山中十餘日, 稍求收散卒, 復聚. 左將軍擊朝鮮浿水西軍, 未能破自前. 天子爲兩將未有利, 乃使衛山因兵威往諭右渠. 右渠見使者頓首謝, "願降, 恐兩將詐殺臣, 今見信節, 請服降." 遣太子入謝, 獻馬五千匹, 及饋軍糧. 人衆萬餘, 持兵, 方渡浿水, 使者及左將軍疑其爲變, 謂太子已服降, 宜命人毋持兵. 太子亦疑使者左將軍詐殺之, 遂不渡浿水, 復引歸. 山還報天子, 天子誅山. 左將軍破浿水上軍, 乃前, 至城下, 圍其西北. 樓船亦往會, 居城南. 右渠遂堅守城, 數月未能下.

좌장군 순체는 평소 한무제를 잘 시봉한 덕분에 총애를 입었다. 게다가 그가 이끈 연나라와 대나라의 군사는 사나운데다 이전의 승리를 믿고 교만해 있었다. 누선장군 양복은 제나라 군사를 이끌고 바다로 들어갔다가 이미 여러 차례 패해 달아난 적이 있다. 또 전날 우거와 싸웠다가 곤욕을 치르고 군사를 잃었다. 병사들 모두 두려워하자 장수도 내심 부끄러워했다. 우거를 포위할 때마다 늘 화친을 바란 이유다.

좌장군 순체가 급히 왕검성을 치려 하자 조선의 대신들이 몰래 사람을 누선장군 양복에게 보내 항복을 약속하는 말을 전했다. 그러면서 투항조건을 교섭만 할 뿐 결정을 내리지 못했다. 좌장군 순체는 누차 누선장군 양복과 함께 길일을 택해 조선 군사와 싸울 것을 기약했다. 그러나 누선장군 양복은 조선과 맺은 약속을 속히 이룰 생각에 좌장군 순체를 만나려 하지 않았다. 좌장군 순체 역시 사람을 보내 조선의 투항을 권했다. 조선은 그 말을 듣지 않고 계속 누선장군에게 마음을 기울였다. 이로 인해 두 장군이 서로 사이가 좋지 못했다. 좌장군 순체는 내심 이같이 생각했다.

'누선장군은 전에 군사를 잃은 죄가 있다. 지금 조선과 몰래 가까이하며 항복도 시키지 않고 있다. 혹여 모반할 생각이 있는 것이 아닌가?'

그러나 감히 누구에게도 말하지 않았다. 한무제가 말했다.

"장수가 진격하지 못하기에 위산을 보내 우거에게 항복을 권하게 했다. 당시 우거는 태자를 한나라에 보내기로 했다. 위산이 일관되게 과감히 처리하지 못하고, 좌장군과 계책이 달라 끝내 항복 약속을 망치고 말았다. 지금 두 장군이 왕검성을 포위해놓고도 의견이 맞지 않아 오래도록 해결치 못하고 있다."

그러고는 제남 태수 공손수公孫遂에게 명해 이 일을 바로잡고, 나라에 도움이 되는 일은 편의에 따라 조치하게 했다. 공손수가 도착하자 좌장군 순체가 말했다.

"조선은 응당 오래전에 항복했어야 합니다. 아직 항복하지 않은데는 다른 이유가 있습니다."

그러고는 누선장군이 누차 함께 싸우기로 약속했지만 만나지 못한 사정을 말하고, 평소 의심해온 내용을 모두 고했다.

"이제 이런 자를 잡지 않으면 큰 재해가 될 것입니다. 누선장군은 조선과 함께 우리 군사를 멸망시키려 들 것입니다."

공손수도 그같이 여겼다. 곧 부절을 사용해 누선장군을 불렀다. 좌장군의 병영에 들어와 대책을 논의하자는 식으로 유인했다. 거기서 곧바로 좌장군의 부하에게 명해 생포하게 하고, 그의 군사를 병탄해버렸다. 이를 한무제에게 보고하자 한무제가 오히려 멋대로 장수를 체포한 공손수를 죽였다. 당시 좌장군 순체는 두 군사를 아우르자 곧바로 조선을 쳤다. 조선의 재상 노인路人과 한음韓陰, 이계尼谿의 재상 참參과 장군 왕협王唊 등이 서로 모의했다.

"당초 누선장군에게 투항하고자 했으나 누선장군이 지금 붙잡혀있다. 좌장군 순체가 두 군사를 병탄해 홀로 이끌고 있어 전세가 더욱 급하게 되었다. 그와 더불어 싸울 수는 없다. 우리의 왕 또한 항복하지 않을 것이다."

이내 조선의 재상 한음과 노인 및 장군 왕협이 달아나 한나라에 항복했다. 노인은 달아나는 도중에 죽었다. 한무제 원봉 3년 여름, 이계의 재상 참이 사람을 시켜 조선왕 우거를 죽인 뒤 투항했다. 그러나 왕검성은 함락되지 않았다. 우거의 대신大臣 성기成己가 반기를 들어 다시 관원들을 공격했다. 좌장군 순체가 우거의 아들 장항長降과 재상 노인의 아들 최最를 시켜 그 백성을 타이르게 했다. 결국 성사를 죽였다.

한나라가 마침내 조선을 평정한 뒤 그곳에 사군四郡을 두었다. 이계의 재상 참을 홰청후澅清侯, 한음을 적저후狄苴侯, 왕협을 평주후平州侯, 장각張路●을 기후幾侯에 봉했다. 최는 부친인 조선의 재상 노인이 항복하러 오는 도중에 죽은 공을 높이 사 온양후溫陽侯에 봉했다. 좌장군 순체는 조정으로 불려와 공을 다투고, 서로 질투해 계책을 어긋나게 했다는 죄로 기시형을 받았다. 누선장군 양복 역시 군사가 열구洌口●●에 이르렀을 때 응당 좌장군 순체를 기다려야 했다. 그 역시 멋대로 먼저 공격하다가 군사를 대거 잃었다. 주살을 당해야 했으나 속죄금을 내고 평민이 되었다.

●● 左將軍素侍中, 幸, 將燕代卒, 悍, 乘勝, 軍多驕. 樓船將齊卒, 入海, 固已多敗亡, 其先與右渠戰, 困辱亡卒, 卒皆恐, 將心慚, 其圍右渠, 常持和節. 左將軍急擊之, 朝鮮大臣乃陰間使人私約降樓船, 往來言, 尙未肯決. 左將軍數與樓船期戰, 樓船欲急就其約, 不會, 左將軍亦使人求間郤降下朝鮮, 朝鮮不肯, 心附樓船, 以故兩將不相能. 左將軍心意樓船前有失軍罪, 今與朝鮮私善而又不降, 疑其有反計, 未敢發. 天子曰將率不能, 前及乃使衛山諭降右渠, 右渠遣太子, 山使不能剸決, 與左將軍計相誤, 卒沮約. 今兩將圍城, 又乖異, 以故久不決. 使濟南太

● 장각이 원문에는 장長 내지 장항長降으로 되어 있다. 항降은 각略의 잘못으로 보인다. 〈표〉에는 장각으로 나오고 있다. 〈표〉의 기록을 좇았다.
●● 열구를 두고 《사기색은》은 소림의 주를 인용해 지명으로 간주하면서 바다를 건너자마자 가장 먼저 손에 넣은 지역이라고 했다. 열구는 왕검성을 흐르는 열수洌水의 입구를 말한다.

守公孫遂往征正之, 有便宜得以從事. 遂至, 左將軍曰, "朝鮮當下久矣, 不下者有狀." 言樓船數期不會, 具以素所意告遂, 曰, "今如此不取, 恐爲大害, 非獨樓船, 又且與朝鮮共滅吾軍." 遂亦以爲然, 而以節召樓船將軍入左將軍營計事, 卽命左將軍麾下執捕樓船將軍, 幷其軍, 以報天子. 天子誅遂. 左將軍已幷兩軍, 卽急擊朝鮮. 朝鮮相路人·相韓陰·尼谿相參·將軍王唊相與謀曰, "始欲降樓船, 樓船今執, 獨左將軍幷將, 戰益急, 恐不能與, 戰王又不肯降." 陰·唊·路人皆亡降漢. 路人道死. 元封三年夏, 尼谿相參乃使人殺朝鮮王右渠來降. 王險城未下, 故右渠之大臣成巳又反, 復攻吏. 左將軍使右渠子長降·相路人之子最告諭其民, 誅成巳, 以故遂定朝鮮, 爲四郡. 封參爲澅淸侯, 陰爲荻苴侯, 唊爲平州侯, 長降爲幾侯. 最以父死頗有功, 爲溫陽侯. 左將軍徵至, 坐爭功相嫉, 乖計, 棄市. 樓船將軍亦坐兵至洌口, 當待左將軍, 擅先縱, 失亡多, 當誅, 贖爲庶人.

태사공은 평한다.

"조선왕 우거는 험한 요새와 견고한 지세만 믿다가 나라의 제사를 끊기게 했다. 섭하는 전공을 속여 싸움의 단초를 연 장본인이다. 누선장군 양복은 적은 군사로 재난을 만나 죄를 얻게 되었다. 반우에서의 실패를 후회하다가 오히려 의심을 받았다. 좌장군 순체는 공을 다투다가 공손수와 함께 죽임을 당했다. 두 장군의 군사 모두 곤욕을 치렀다. 휘하 장수 가운데 열후에 봉해진 자가 아무도 없다."

●● 太史公曰, "右渠負固, 國以絶祀. 涉何誣功, 爲兵發首. 樓船將狹, 及難離咎. 悔失番禺, 乃反見疑. 荀彘爭勞, 與遂皆誅. 兩軍俱辱, 將率莫侯矣."

권 116

서남이열전
西南夷列傳

〈서남이열전〉은 지금의 운남과 귀주 및 사천 일대로 이어지는 중국의 서남쪽 일대에 관한 기록이다. 서남이라는 용어 자체가 서이西夷와 남이를 통칭한 말이다. 이 지역들은 중원에서 멀리 떨어진 탓에 문화적으로 뒤쳐져 있었다. 그러나 그들 나름대로 평화롭게 살면서 중원에 아무런 해도 끼치지 않았다. 한무제는 바로 이들이 사는 지역을 무력으로 병탄한 것이다. 영토 확장의 일환이었다. 이 와중에 양측 모두 많은 사상자를 냈다. 서남이 일대는 현재까지도 많은 소수 부족이 고유문화를 지키며 살아가고 있다.

서남이의 군장은 10여 명을 헤아렸다. 그 가운데 야랑의 세력이 가장 컸다. 그 서쪽에는 미막麋莫의 무리가 있었다. 10여 명의 군장 가운데 전滇의 세력이 가장 컸다. 전으로부터 그 이북에도 군장이 10여 명 있었다. 그 가운데 공도邛都의 세력이 가장 컸다. 이들은 모두 머리를 상투 모양으로 묶고, 농사를 지으며 작은 촌락을 이루고 살았다. 이들의 바깥 서쪽으로는 동사同師 동쪽부터 북쪽으로 엽유楪楡에 이르기까지 수嶲 또는 곤명이라고 했다. 모두 머리를 땋아 내린 채 가축을 쫓아 이리저리 옮겨 다닌 까닭에 일정한 거주지가 없고, 군장도 없었다. 그 땅이 사방 수천 리나 되었다. 수에서 동북쪽으로 군장이 10여 명 있었다. 그 가운데 사徙와 작도筰都의 세력이 가장 컸다. 작도에서 동북쪽으로 군장이 10여 명 존재했다. 그 가운데 염冉과 방駹의 세력이 가장 컸다. 이들의 풍속을 보면 어떤 때는 정착하고, 어떤 때는 옮겨 다녔다. 모두 촉 땅의 서쪽에 있었다. 염과 방의 동북쪽에도 군장이 10여 명 있었다. 그 가운데 백마의 세력이 가장 컸다. 지금까지 거론한 이는 모두 저족氐族과 같은 무리에 속한다. 모두 파巴와 촉 땅의 서남쪽 외곽에 있는 만이에 해당한다.

당초 초나라는 초위왕楚威王 때 장군 장교莊蹻를 시켜 군사를 이끌고 장강을 쫓아 올라가 파와 검중黔中의 서쪽을 공략하게 했다. 장교는 원래 초장왕楚莊王의 후손이다. 장교가 전지滇池에 이르렀는데, 사방이 300리나 되고 일대는 평지였다. 비옥한 평야가 수천 리에 걸쳐 펼쳐져 있었다. 장교가 무력으로 평정한 뒤 초나라에 복종하게 했다. 돌아가 복명하고자 할 때 마침 진나라가 쳐들어와 초나라의 파와 검중을 빼앗는 바람에 길이 막혀 돌아갈 수 없었다. 장교가 할 수 없이 부하들을 이끌고 전지에서 왕 노릇을 했다. 복장을 바꾸고 그곳 풍속을 따라 그들의 군장이 된 것이다. 진나라 때 상알常頞이 이 일대를 공략해 5척 넓이의 도로를 개통한 뒤 이 지역의 여러 곳에 관원을 두었다. 10여 년 뒤, 진나라가 패망하고 한나라가 일어서면서 이 지역들을 포기했다. 그러고는 촉 땅에 있던 원래의 경계선을 관새關塞로 삼았다. 그러나 파촉의 백성은 몰래 관새를 빠져나와 장사를 했다. 작笮의 말, 북僰의 노비·모우髦牛• 등을 가져온 덕분에 파촉의 생활이 부유해졌다.

한무제 건원 6년, 대행 왕회가 동월을 쳤다. 동월 사람들이 자신들의 군주인 영을 죽이고 이를 왕회에게 통보했다. 왕회가 군대의 위세에 기대 파양 현령 당몽唐蒙을 남월로 보내 넌지시 귀순을 권하게 했다. 남월이 당몽에게 촉 땅에서 나는 구장枸醬을 대접했다. 당몽이 물었다.

"이 구장을 어디에서 가져온 것이오?"

이런 대답이 돌아왔다.

"서북쪽 장가강에서 가져왔습니다. 장가강은 너비가 몇 리나 되고 반우성番禺城 밑으로 흐릅니다."

당몽이 장안으로 돌아와 촉나라 상인에게 물었다. 상인이 대답했다.

"오직 촉나라에서만 구장이 나옵니다. 많은 사람들이 몰래 가지고 나와 야랑에서 장사를 합니다. 야랑은 장가강에 인접해 있습니다. 강너비는 100여 보步밖에 되지 않아 배로 건널 수 있습니다. 남월이 재물로 야랑을 예속시키고, 서쪽으로는 동사까지 이르고 있습니다. 그

• 모우는 털이 긴 소로 지금의 야크를 말한다. 〈화식열전〉에는 모우旄牛로 나온다.

러나 이들을 신하처럼 부리지는 못하고 있습니다."

당몽이 한무제에게 상서했다.

남월왕 조타의 손자 조호는 외람되게 천자만이 행하는 황옥좌독黃屋
左纛의 장식을 하고 있습니다. 땅은 동서로 1만여 리나 됩니다. 명목
상 외신外臣이라고는 하나 실은 한 주州의 군주입니다. 이제 장사와
예장 땅의 군사를 동원해 가려고 해도 물길이 끊어지는 곳이 많아 가
기 어렵습니다. 신이 가만히 들어보니 야랑이 가지고 있는 정예병이
족히 10여만 명이 된다고 합니다. 이들을 이끌고 배로 장가강을 따
라 내려가다가 남월이 전혀 예상치 못한 곳을 덮치면 남월을 제압하
는 뛰어난 계책이 될 것입니다. 실로 한나라의 강대함과 파촉의 부유
함을 토대로 야랑까지 가는 길을 열기만 하면 이후 관원을 두는 것은
아주 쉬울 것입니다.

한무제가 이를 허락했다. 당몽을 낭중장으로 삼은 뒤 군사 1,000명
과 군량 및 군수물자를 운송하는 1만여 명의 인부를 이끌고 파촉의
작관筰關에서 야랑으로 들어가게 했다. 이내 야랑후夜郎侯 다동多同을
만나 예물을 후하게 주고 천자의 위세와 은덕을 일깨워주었다. 이
어 관원을 두기로 약속하고, 야랑후의 아들을 현령에 임명했다. 야랑
국 주변의 작은 부락이 모두 한나라의 비단과 명주를 탐냈다. 내심
오는 길이 험난해 결국 자신들을 점령할 수 없을 것으로 여기고 마
침내 당몽의 약속을 따르기로 했다. 당몽이 돌아가 보고하자 한나라
조정은 야랑국과 그 주변 나라를 건위군健爲郡으로 삼았다. 이어 파
촉의 군사를 동원해 길을 닦았다. 북도현僰道縣에서 장가강까지 통하

게 했다.

이때 촉 땅 출신 사마상여 역시 서이의 공邛과 작筰에도 군郡을 설치할 만하다고 말했다. 사마상여를 낭중장으로 삼은 뒤 그곳에 가 한나라 조정의 의도를 널리 알리게 했다. 이어 모든 것을 남이와 같도록 했다. 한 명의 도위와 10여 개의 현縣을 설치한 뒤 촉군에 예속시켰다.

●● 西南夷君長以什數, 夜郎最大, 其西靡莫之屬以什數, 滇最大, 自滇以北君長以什數, 邛都最大, 此皆魋結, 耕田, 有邑聚. 其外西自同師以東, 北至楪楡, 名爲嶲·昆明, 皆編髮, 隨畜遷徙, 毋常處, 毋君長, 地方可數千里. 自嶲以東北, 君長以什數, 徙·筰都最大, 自筰以東北, 君長以什數, 冄駹最大. 其俗或士箸, 或移徙, 在蜀之西. 自冄駹以東北, 君長以什數, 白馬最大, 皆氐類也. 此皆巴蜀西南外蠻夷也. 始楚威王時, 使將軍莊蹻將兵循江上, 略巴·蜀黔中以西. 莊蹻者, 故楚莊王苗裔也. 蹻至滇池, 方三百里, 旁平地, 肥饒數千里, 以兵威定屬楚. 欲歸報, 會滇擊奪楚巴·黔中郡, 道塞不通, 因還, 以其衆王滇, 變服, 從其俗, 以長之. 秦時常頞略通五尺道, 諸此國頗置吏焉. 十餘歲, 滇滅. 及漢興, 皆棄此國而開蜀故徼. 巴蜀民或竊出商賈, 取其筰馬·僰僮·髦牛, 以此巴蜀殷富. 建元六年, 大行王恢擊東越, 東越殺王郢以報. 恢因兵威使番陽令唐蒙風指曉南越. 南越食蒙蜀枸醬, 蒙問所從來, 曰, "道西北牂柯, 牂柯江廣數里, 出番禺城下." 蒙歸至長安, 問蜀賈人, 賈人曰, "獨蜀出枸醬, 多持竊出市夜郎. 夜郎者, 臨牂柯江, 江廣百餘步, 足以行船. 南越以財物役屬夜郎, 西至同師, 然亦不能臣使也." 蒙乃上書說上曰, "南越王黃屋左纛, 地東西萬餘里, 名爲外臣, 實一州主也. 今以長沙·豫章往, 水道多絶, 難行. 竊聞夜郎所有精兵, 可得十餘萬, 浮船牂柯江, 出其不意, 此制越一奇也. 誠以漢之彊, 巴蜀之饒, 通夜郎道, 爲置吏, 易甚." 上許之. 乃拜蒙爲郎中將, 將千人, 食重萬餘人, 從巴蜀筰關入, 遂見夜郎侯多同. 蒙厚賜, 喩以威德, 約爲置吏, 使其子爲令. 夜郎旁小邑皆貪漢繒帛, 以爲漢道險, 終不能有也, 乃且聽蒙約. 還報, 乃以爲犍爲郡. 發巴蜀卒治道, 自僰道指牂柯江. 蜀人司馬相如亦言西夷邛‧筰可置郡. 使相如以郎中將往喩, 皆如南夷, 爲置一都尉, 十餘縣, 屬蜀.

당시 파‧촉‧한중‧광한廣漢 등의 사군四郡에서는 서남이로 가는 길을 열기 위해 국경을 지키면서 군량을 운송했다. 여러 해가 지나도 길은 개통되지 않았다. 군사들은 지치고 굶주린데다 습기에 시달린 나머지 도중에 죽는 사람이 매우 많았다. 게다가 서남이는 반란을 자주 일으켰다. 군사를 일으켜 제압했으나 비용 소모만 심할 뿐 전공은 없었다. 한무제가 이를 근심해 공손홍을 보내 자세히 살펴보게 했다. 공손홍이 돌아와서는 이익이 될 것이 없다는 식으로 복명했다. 공손홍이 어사대부가 될 당시 한나라는 바야흐로 삭방에 성벽을 쌓고, 황하에 의지해 흉노를 축출하고자 했다. 공손홍이 기회를 보아 누차 이같이 간했다.

"지금 서남이로 통하는 길을 개통하는 것은 해가 많습니다. 이를 잠시 멈추고 흉노 토벌에 전력을 기울이는 것이 좋습니다."

한무제가 이를 좇았다. 서이에 대한 공략을 멈춘 뒤 남이와 야랑의 두 개 현에 각각 도위 한 명만 두었다. 이어 건위군에 명해 서서히 길을 닦아 시간을 두고 준공하게 했다.

한무제 원수 원년, 박망후 장건이 대하에 사자로 갔다가 돌아와 복명했다.

"제가 대하에 있을 때 촉 땅의 베와 공의 대나무 지팡이를 보고 어디서 가져왔는지 물었습니다. 그러자 대답하기를, '동남쪽 신독국身毒國에서 가져왔습니다. 그곳은 대략 수천 리나 됩니다. 촉의 상인이 신독국과 교역해 얻은 것입니다'라고 했습니다. 혹은 들으니 공의 서쪽으로 2,000리쯤 되는 곳에 신독국이 있다고 했습니다."

이어 장건이 이같이 역설했다.

"대하는 한나라의 서남쪽에 있습니다. 중국을 흠모하고 있지만 흉노가 길을 막고 있어 안타까워하고 있습니다. 촉에서 신독국에 이르는 길을 개통하면 신독국으로 가는 길이 편리하고 가까워질 터이니 오직 이로움만 있고 해는 없을 것입니다."

한무제가 곧 왕연우王然于·백시창柏始昌·여월인呂越人 등을 사자로 삼은 뒤 조용히 서이의 서쪽을 빠져나가 신독국을 찾아보게 했다. 전滇 땅에 이르니 전왕滇王 상강嘗羌이 이들을 억류했다. 서쪽 신독국으로 가는 길을 찾아 나선 10여 명의 무리도 함께 억류되었다. 모두 1년 남짓 곤명에 갇힌 까닭에 신독국으로 가는 자가 없었다. 전왕이 한나라 사자에게 물었다.

"한나라와 우리나라 가운데 어느 쪽이 더 큰가?"

야랑후도 똑같은 질문을 한 바 있다. 길이 통하지 않는 까닭에 모두 스스로 한 주州의 군주로 여기며 한나라의 광대함을 알지 못했다. 사자가 돌아와 전 땅은 큰 나라로서 족히 가까이할 만하다고 역설했다. 한무제가 그 말에 관심을 가졌다.

한무제 원정 5년, 남월이 반기를 들었다. 한무제가 치의후에게 명해 건위군에서 남이의 군사를 동원하게 했다. 저란且蘭의 군주는 휘하 군사가 멀리 가면 주변의 나라들이 자기 나라의 노약자를 나포할까 두려운 나머지 마침내 휘하 무리와 함께 반기를 들고, 한나라 사자와 건위군 태수를 죽였다. 한나라는 파촉의 죄수 가운데 일찍이 남월을 공격해본 적이 있는 자와 팔교위八校尉●를 동원해 남월과 저란을 평정하게 했다. 마침 남월이 이미 무너지자 팔교위는 곧바로 장가강을 따라 아래로 내려가지 않고 군사를 이끌고 되돌아와 저란으로 가서 두란頭蘭을 평정했다. 두란은 늘 전으로 가는 길을 가로막았던 나라다. 두란을 평정한 뒤 이내 남이까지 평정하고 그곳에 장가군牂柯郡을 두었다. 야랑후는 원래 남월에 의지했다가 남월이 멸망하고 한나라 군사들이 돌아와 반란을 일으킨 자를 죽이자 마침내 입조했다. 한무제가 그를 야랑왕夜郎王으로 삼았다.

남월 패망 후 한나라가 저란과 공의 군주를 죽인 데 이어 작후筰侯까지 죽였다. 염과 방이 모두 두려운 나머지 한나라의 신하가 되기를 원하며 한나라 관원을 배치해 달라고 청했다. 한나라가 공도를 월수군越嶲郡, 작도를 침리군沈犂郡, 염과 방을 민산군汶山郡●●, 광한 서쪽의 백마를 무도군武都郡으로 삼았다. 한무제는 왕연우를 보내 월나라를 깨뜨리고, 남이를 주살한 한나라 군사의 위세를 자랑하며 전왕에게 넌지시 입조할 것을 암시했다. 전왕은 휘하에 수만 명의 무리를 두고 있었다. 그 곁으로 동북쪽에 노침勞浸과 미막의 나라가 버티

● 팔교위는 전한 초기 도성인 장안에 주둔한 남군과 북군에서 발전한 것이다. 남군은 궁성의 문을 지키는 부대로 위위가 지휘했다. 북군은 경성문京城門 안을 관할하는 부대다. 중위가 지휘했다. 한무제는 장안의 수비를 강화하기 위해 여기에 팔교위를 증설했다. 중루교위中壘校尉·둔기교위屯騎校尉·보병교위步兵校尉·월기교위越騎校尉·장수교위長水校尉·호기교위胡騎校尉·사성교위射聲校尉·호본교위虎賁校尉가 그것이다. 이들의 녹봉은 2,000석으로 휘하에 승과 사마를 두었다. 교위마다 병사 700명을 이끌었다.
●●《사기집해》는 민산군을 두고 응소의 주를 인용해 촉군 민강岷江 일대를 지칭한다고 했다. 민汶은 원래 문으로 읽는 것이 옳으나 여기서는 민으로 읽는다.

고 있었다. 모두 성이 같은 나라다. 이들은 서로 의지하며 한나라의 말을 따르려 하지 않았다. 실제로 노침과 미막에서는 누차 한나라 사자와 이졸을 침공했다.

한무제 원봉 2년, 한무제가 파촉의 군사를 동원해 노침과 미막을 쳐 멸망시킨 뒤 군사를 전 땅 가까이 주둔시켰다. 전왕은 처음부터 한나라에 호의가 있었던 까닭에 주살을 당하지는 않았다. 전왕은 서남이에서 떨어진 뒤 나라 전체를 들어 항복하며 한나라 관원을 둘 것을 청했다. 자신도 입조할 것을 다짐했다. 한나라 조정이 그곳을 익주군益州郡으로 삼은 뒤 전왕에게 왕의 인수를 내리고 그 백성을 다스리게 했다. 서남이의 군장은 100여 명이 넘는다. 오직 야랑국과 전국滇國만 왕의 인수를 받았다. 전국은 규모가 작았지만 한나라로부터 가장 큰 총애를 입었다.

•• 當是時, 巴蜀四郡通西南夷道, 戍轉相饟. 數歲, 道不通, 士罷餓 離溼死者甚衆, 西南夷又數反, 發兵興擊, 秏費無功. 上患之, 使公孫弘 往視問焉. 還對, 言其不便. 及弘爲御史大夫, 是時方築朔方以據河逐 胡, 弘因數言西南夷害, 可且罷, 專力事匈奴. 上罷西南夷, 獨置南夷夜 郞兩縣一都尉, 稍令犍爲自葆就. 及元狩元年, 博望侯張騫使大夏來, 言居大夏時見蜀布·邛竹杖, 使問所從來, 曰, "從東南身毒國, 可數千 里, 得蜀賈人市." 或聞邛西可二千里有身毒國. 騫因盛言大夏在漢西 南, 慕中國, 患匈奴隔其道, 誠通蜀, 身毒國道便近, 有利無害. 於是天 子乃令王然于·柏始昌·呂越人等, 使閒出西夷西, 指求身毒國. 至滇, 滇王嘗羌乃留, 爲求道西十餘輩. 歲餘, 皆閉昆明, 莫能通身毒國. 滇王 與漢使者言曰, "漢孰與我大?" 及夜郞侯亦然. 以道不通故, 各自以爲 一州主, 不知漢廣大. 使者還, 因盛言滇大國, 足事親附. 天子注意焉.

及至南越反, 上使馳義侯因犍爲發南夷兵. 且蘭君恐遠行, 旁國虜其老弱, 乃與其衆反, 殺使者及犍爲太守. 漢乃發巴蜀罪人嘗擊南越者八校尉擊破之. 會越已破, 漢八校尉不下, 卽引兵還, 行誅頭蘭. 頭蘭, 常隔滇道者也. 已平頭蘭, 遂平南夷爲牂柯郡. 夜郎侯始倚南越, 南越已滅, 會還誅反者, 夜郎遂入朝. 上以爲夜郎王. 南越破後, 及漢誅且蘭·邛君, 幷殺筰侯, 冄駹皆振恐, 請臣置吏. 乃以邛都爲越巂郡, 筰都爲沈犁郡, 冄駹爲汶山郡, 廣漢西白馬爲武都郡. 上使王然于以越破及誅南夷兵威風喩滇王入朝. 滇王者, 其衆數萬人, 其旁東北有勞浸·靡莫, 皆同姓相扶, 未肯聽. 勞浸·靡莫數侵犯使者吏卒. 元封二年, 天子發巴蜀兵擊滅勞浸·靡莫, 以兵臨滇. 滇王始首善, 以故弗誅. 滇王離難西南夷, 擧國降, 請置吏入朝. 於是以爲益州郡, 賜滇王王印, 復長其民. 西南夷君長以百數, 獨夜郎·滇受王印. 滇小邑, 最寵焉.

태사공은 평한다.

"초나라 조상은 어찌해서 천록天祿을 받은 것일까? 주나라 때 초나라 선조 육웅鬻熊이 주문왕의 사부가 되어 초나라에 봉해진 데서 시작되었다. 주나라가 쇠미해졌을 때도 그 땅이 5,000리에 달한다고 했다. 진나라가 제후들을 멸망시켰을 때도 초나라의 후예인 장교만이 전왕으로 있었다. 한나라가 서남이를 정벌해 많은 나라가 멸망했지만 오직 전왕만은 다시 천자의 총애를 받는 군주가 되었다. 그러나 남이 정벌의 발단은 당몽이 반우에서 구장을 맛보고, 장건이 대하에서 공의 대나무 지팡이를 본 데 있다. 서이는 뒤에 분할되어 서쪽과 남쪽 둘로 갈라졌다가 마침내 일곱 개 군郡이 되었다."

●● 太史公曰, "楚之先豈有天祿哉? 在周爲文王師, 封楚. 及周之衰,地稱五千里. 秦滅諸侯, 唯楚苗裔尙有滇王. 漢誅西南夷, 國多滅矣, 唯滇復爲寵王. 然南夷之端, 見枸醬番禺, 大夏杖邛竹. 西夷後揃, 剽分二方, 卒爲七郡."

사마상여열전

司馬相如列傳

〈사마상여열전〉은 한무제 때 활약한 문인 사마상여에 관한 전기다. 그는 전국시대 조나라의 인상여藺相如를 흠모한 나머지 도중에 이름을 상여로 바꾸었다. 인상여처럼 정사에 깊이 개입하고자 했으나 그의 재능은 오히려 문학 쪽에서 빛을 발했다. 독서와 시 짓기를 좋아한 그는 〈자허부子虛賦〉와 〈대인부大人賦〉 등 뛰어난 작품을 대거 남겼다. 그는 작품에서 당대의 웅대한 기상을 칭송하면서 한무제의 정책을 적극 지지했다. 그의 작품이 세상에 전해진 것은 〈사마상여열전〉에 실렸기 때문이다. 사마천이 큰 공을 세운 셈이다. 사마천은 그의 시풍을 두고 문장이 너무 곱고 과장된 것이 많으나 핵심은 검소와 절약에 있다며 《시경》의 풍간諷諫에 비유했다.

사마상여는 촉 땅의 부로들이 촉 땅을 거쳐 서역으로 나가는 도로를 개설하고자 하는 한무제의 정책에 반대하고 나서자 장문의 글을 써 이들을 설득하는 등 한무제의 영토 확장 정책을 적극 지지한 바가 있다. 정치적인 문인에 가깝다. 사마천이 〈사마상여열전〉을 굳이 〈서남이열전〉 뒤에 배치한 것도 이런 맥락에서 이해할 수 있다. 사마상여의 문학적인 업적을 서남이 정벌의 군사적인 업적과 하나로 녹이고자 하는 의도적인 편제에 해당한다.

사마상여는 촉군 성도成都 출신으로 자는 장경長卿이다. 어릴 때 독서를 좋아했고 격검을 배웠다. 부모가 그를 견자犬子●로 부른 이유다. 사마상여는 학업을 마친 뒤 전국시대 말기 조나라의 명신 인상여를 흠모해 이름을 상여로 고쳤다. 이어 많은 돈을 내고 낭관에 임명되었다. 한경제를 섬겨 무기상시 자리에 올랐으나 이를 달가워하지 않았다. 한경제는 사부辭賦를 좋아하지 않았다. 당시 양효왕이 조정으로 들어와 친형인 한경제를 조현했다. 당시 제나라의 추양鄒陽, 회음淮陰의 매승, 오현吳縣의 장기莊忌 부자 등 유세객이 그 뒤를 따라왔다. 사마상여가 이들을 보고 크게 좋아했다. 그는 병을 핑계 삼아 사직한 뒤 양나라로 가 문객이 되었다. 양효왕은 사마상여를 학자들과 같은 숙소에 머물게 했다. 덕분에 그는 몇 년 동안 학자 및 유세객과 함께 지낼 수 있었다. 〈자허부〉가 나온 배경이다.

양효왕이 죽자 고향으로 돌아왔다. 그사이 집안이 가난해졌다. 스스로 직업으로 삼을 만한 일도 없었다. 그는 평소 임공臨邛 현령인 왕길王吉과 사이가 좋았다. 왕길이 말했다.

"그대는 오래도록 벼슬을 구하기 위해 밖에 나가 있었다. 뜻을 이루지 못했으니 이제 나에게 와 막료幕僚로 지내도록 하라."

사마상여가 그를 찾아가 도정都亭●●에 머물렀다. 임공 현령 왕길은 짐짓 공경하는 척하며 매일 문안을 갔다. 사마상여는 처음에 열심히 만났으나 뒤에는 병을 핑계로 종자를 시켜 만나지 않을 뜻을 밝혔다. 그러자 왕길은 더욱 삼가는 모습으로 사마상여를 공경했다. 당시

● 사마상여의 부모가 사마상여를 견자로 부른 배경과 관련해《사기색은》은 맹강의 주를 인용해 자식을 사랑한 까닭에 자字처럼 애칭한 것으로 풀이했다.
●● 당시 10리마다 역참에 해당하는 정亭을 두었다. 정장이 여행객 처우와 치안을 담당했다. 성안에 설치된 정을 도정, 성문 곁에 설치된 정을 문정門亭이라고 했다.

임공현에는 부호가 많았다. 탁왕손卓王孫이 대표적이다. 노복이 800명이나 되었다. 정정程鄭도 노복을 수백 명이나 두고 있었다. 두 사람이 서로 이같이 말했다.

"지금 현령에게 귀빈이 와 있다고 하오. 주연을 베풀어 그를 초대토록 합시다."

현령도 함께 초대했다. 현령이 도착할 때 탁씨卓氏의 빈객은 이미 수백 명을 헤아릴 정도로 많았다. 정오 때 사마상여를 초대했다. 사마상여는 병 때문에 갈 수 없다며 정중히 거절했다. 임공 현령 왕길이 음식에 손도 대지 않은 채 곧바로 사마상여를 맞으러 갔다. 사마상여가 부득불 따라나섰다. 자리에 모인 사람들이 모두 그를 우러러보았다. 주연의 무르익자 임공 현령 왕길이 앞으로 나가 거문고를 건네며 이같이 청했다.

"가만히 듣건대 사마장경이 거문고를 잘 탄다고 하니 원컨대 직접 듣고 싶소."

사마상여가 사양하다가 그를 위해 한두 곡 연주했다. 당시 탁왕손에게는 막 과부가 된 탁문군卓文君이라는 딸이 있었다. 그녀는 음악을 좋아했다. 사마상여는 짐짓 현령과 서로 존중하는 체하며 거문고로 그녀의 마음을 사로잡고자 했다. 사마상여는 왕길을 쫓아 임공으로 갈 때 거마를 따르게 했다. 행동거지가 조용하고 의젓하며 아름답고 품위가 있었다. 사마상여가 탁씨의 집에서 술을 마시며 거문고를 탈 때 탁문군이 문틈으로 몰래 엿보고는 마음이 끌리게 되었다. 그를 배우자로 삼을 수 없는 것을 안타까워했다.

연회가 끝나자 사마상여가 이내 사람을 시켜 탁문군의 시종에게 후한 선물을 주며 자신의 마음을 은근히 전하게 했다. 탁문군이 밤에 사마상여에게 도망쳐 나온 이유다. 사마상여가 곧 탁문군과 함께 성도로 돌아왔다. 사마상여의 집은 가재가 하나도 없어 오직 사방에 벽만 있을 뿐이었다. 이 사실을 뒤늦게 안 탁왕손이 크게 화를 냈다.

"내 딸은 쓸모가 없다. 차마 죽일 수는 없고, 장차 재산을 한 푼도 나누어주지 않을 것이다."

사람들 가운데 간혹 탁왕손의 마음을 돌려보려고 말하는 자가 있었으나 끝내 듣지 않았다. 탁문군은 사방의 벽만 보이는 빈궁한 생활이 오래되자 견디지 못해 이같이 말했다.

"장경, 어쨌든 함께 임공으로 갑시다. 형제들에게 돈을 빌리면 생계를 꾸릴 수 있을 것입니다. 무엇 때문에 이처럼 스스로 고생을 사서 하는 것입니까!"

사마상여가 탁문군과 함께 임공으로 갔다. 말과 수레를 팔아 술집 한 채를 사들여 술장사를 했다. 탁문군은 흙을 쌓아 술을 담도록 만든 화로에 앉아 술을 팔았다. 사마상여 자신은 여름에 농부가 일할 때에 입는 독비곤犢鼻褌(쇠코잠방이)을 입은 채 머슴과 함께 잡일을 하면서 시장에서 술잔을 닦았다. 탁왕손이 이 소문을 듣고는 크게 부끄러워하며 문을 닫고 나가지 않았다. 형제들과 장자長者들이 번갈아가면서 탁왕손에게 말했다.

"그대에게는 아들 하나와 딸 둘이 있소. 부족한 것은 재산이 아니오. 지금 탁문군은 이미 몸을 사마상여에게 맡겼소. 사마상여는 오랫동안 천하를 돌아다닌 까닭에 비록 가난하지만 사람됨과 재능은 의지하기에 충분하오. 또 그는 현령의 빈객이오. 어찌해서 이처럼 서로 욕되게 하는 것이오!"

결국 탁왕손이 부득불 탁문군에게 노복 100명, 돈 100만 전, 시집

갈 때 준비했던 옷과 이불 및 패물 등을 나누어주었다. 탁문군이 사마상여와 성도로 돌아와 전택을 사 부자가 된 이유다.

●● 司馬相如者, 蜀郡成都人也, 字長卿, 少時好讀書, 學擊劍, 故其親名之曰犬子. 相如旣學, 慕藺相如之爲人, 更名相如. 以貲爲郎, 事孝景帝, 爲武騎常侍, 非其好也. 會景帝不好辭賦, 是時梁孝王來朝, 從遊說之士齊人鄒陽 · 淮陰枚乘 · 吳莊忌夫子之徒, 相如見而說之, 因病免, 客遊梁. 梁孝王令與諸生同舍, 相如得與諸生遊士居數歲, 乃著子虛之賦. 會梁孝王卒, 相如歸, 而家貧, 無以自業. 素與臨邛令王吉相善, 吉曰, "長卿久宦遊不遂, 而來過我." 於是相如往, 舍都亭. 臨邛令繆爲恭敬, 日往朝相如. 相如初尙見之, 後稱病, 使從者謝吉, 吉愈益謹肅. 臨邛中多富人, 而卓王孫家僮八百人, 程鄭亦數百人, 二人乃相謂曰, "令有貴客, 爲具召之." 幷召令. 令旣至, 卓氏客以百數. 至日中, 謁司馬長卿, 長卿謝病不能往, 臨邛令不敢嘗食, 自往迎相如. 相如不得已, 彊往, 一坐盡傾. 酒酣, 臨邛令前奏琴曰, "竊聞長卿好之, 願以自娛." 相如辭謝, 爲鼓一再行. 是時卓王孫有女文君新寡, 好音, 故相如繆與令相重, 而以琴心挑之. 相如之臨邛, 從車騎, 雍容閒雅甚都, 及飮卓氏, 弄琴, 文君竊從戶窺之, 心悅而好之, 恐不得當也. 旣罷, 相如乃使人重賜文君侍者通殷勤. 文君夜亡奔相如, 相如乃與馳歸成都. 家居徒四壁立. 卓王孫大怒曰, "女至不材, 我不忍殺, 不分一錢也." 人或謂王孫, 王孫終不聽. 文君久之不樂, 曰, "長卿第俱如臨邛, 從昆弟假貸猶足爲生, 何至自苦如此!" 相如與俱之臨邛, 盡賣其車騎, 買一酒舍酤酒, 而令文君當鑪. 相如身自著犢鼻褌, 與保庸雜作, 滌器於市中. 卓王孫聞而恥之, 爲杜門不出. 昆弟諸公更謂王孫曰, "有一男兩女, 所不足者非財也. 今文君已失身於司馬長卿, 長卿故倦遊, 雖貧, 其人材足依也. 且

又令客, 獨柰何相辱如此!" 卓王孫不得已, 分予文君僮百人, 錢百萬,
及其嫁時衣被財物. 文君乃與相如歸成都, 買田宅, 爲富人.

　　오랜 시간이 지난 뒤 촉 땅 출신 양득의楊得意가 천자의 사냥개를
관리하는 구감狗監이 되어 한무제를 모시게 되었다. 하루는 한무제가
사마상여의 〈자허부〉를 읽고는 크게 칭송했다.
　　"짐은 어찌해서 이런 사람과 같은 시대에 살지 못한 것인가!"
　　양득의가 말했다.
　　"신의 마을에 사마상여라는 자가 있습니다. 그가 〈자허부〉를 지었
다고 합니다."
　　한무제가 크게 놀라며 곧 사마상여를 불러 물었다. 사마상여가 말
했다.
　　"이는 신이 지은 것입니다. 이는 곧 제후들의 일을 말한 것으로 볼
만한 것이 되지 못합니다. 청컨대 천자가 사냥하는 모습을 그린 부賦
를 지어 올리게 해주십시오."
　　한무제가 이를 허락하고, 상서에게 명해 붓과 글을 쓰는 나뭇조각
인 찰劄을 가져다주도록 했다. 사마상여는 '비었다'는 뜻인 자허子虛
로 초나라의 아름다움을 칭송하고, '어찌 이런 일이 있겠느냐'는 뜻
인 오유烏有 선생으로 제나라를 위해 초나라를 비난하고, '이 사람이
없다'는 뜻인 무시공無是公으로 천자의 대의大義를 밝히려고 했다. 세
명의 가공인물의 대화를 통한 문장으로 천자와 제후의 원유苑囿*를
논하고, 마지막 장에서 절검을 논해 풍자로써 간하고자[諷諫] 한 것이

* 원유는 짐승을 기르는 곳을 말한다. 규모가 큰 곳을 원苑, 작은 곳을 유囿라고 했다.

다. 마침내 글을 지어 상주하자 한무제가 크게 기뻐했다. 그가 지어 올린 제왕이 사냥하는 모습의 〈자허부〉 내용은 이러했다.

초나라에서 자허를 제나라에 사자로 보냈다. 제나라 왕이 나라 안의 선비를 모두 출동시키고, 대규모 거마를 갖춘 뒤 초나라 사자와 함께 사냥을 나갔다. 사냥이 끝나자 자허가 오유 선생에게 들러 자랑을 했다. 마침 곁에 무시공이 있었다. 모두 좌정坐定하자 오유 선생이 물었다.

"오늘 사냥은 즐거웠습니까?"

자허가 대답했다.

"즐거웠습니다."

"많이 잡았습니까?"

"조금 잡았습니다."

"그렇다면 무엇이 즐거웠습니까?"

자허가 대답했다.

"저는 제나라 왕이 저에게 수레와 말이 많은 것을 자랑하려 할 때 운몽雲夢의 일로 대답한 것이 즐거웠습니다."

"그 이야기를 들을 수 있겠습니까?"

자허가 말했다.

"좋습니다. 제나라 왕은 1,000승의 수레를 가지고 1만 명을 선발해 바닷가에서 사냥을 했습니다. 늘어선 병사들은 계곡에 가득 찼고, 그물은 산에 둘러쳐 있었습니다. 토끼를 그물로 덮치고 사슴을 수레바퀴로 깔아 잡았습니다. 고라니를 화살로 쏘아 맞추고 기린의 다리를 잡아 넘어뜨렸습니다. 갯벌을 어지럽게 내달린 수레바퀴는 찢긴 고기의 피로 물들었고, 쏘아 맞혀 포획한 짐승이 매우 많았습니다. 제나라 왕은 자신의 공을 자랑하며 나를 돌아보고 물었습니다.

'초나라도 과연 넓은 평원과 커다란 못에서 이처럼 사냥을 즐길 수 있는 것이오? 초나라 왕의 사냥을 나와 비교하면 어떻소?'

저는 수레에서 내려와 이같이 대답했습니다.

'신은 초나라의 보잘것없는 사람입니다. 다행히 10여 년을 숙위하면서 때로는 왕을 모시고 나가 사냥하기도 하고, 후원에서 사냥하기도 했습니다. 어떤 곳은 가고, 어떤 곳은 가지 못한 탓에 사냥터를 두루 살펴보지 못했습니다. 그러니 어찌 궁궐 밖의 사냥터인 못에 관해 말할 수 있겠습니까!'

제나라 왕이 말했습니다.

'설령 그럴지라도 그대가 보고 들은 것만 말해보시오.'

그래서 저는 이같이 대답했습니다.

'네, 알겠습니다. 신은 초나라에 일곱 개의 못이 있다고 들었는데, 그중 하나를 보았을 뿐 나머지는 아직 보지 못했습니다. 신이 본 것은 대략 그중에서 가장 작은 것으로 이름이 운몽입니다. 운몽은 사방 900리이고, 그 가운데 산이 있습니다. 그 산은 굽이져 서려 있는가 하면 높이 치솟아 험준하고, 봉우리의 암석이 가지런하지 않아 해와 달을 가릴 때도 있고 한 부분만 가려 이지러지게도 합니다. 서로 교차하고 어지러이 뒤섞여 위로는 푸른 구름을 뚫고 우뚝 솟았고, 산비탈은 느슨하게 경사져 그 끝이 강과 시내에 닿았습니다. 그 흙은 주사朱砂와 석청石淸인 단청丹靑을 비롯해 붉은 흙인 자악赭堊, 염색 재료로 쓰는 광물인 자황雌黃, 흰 석영인 백부白坿, 주석과 푸른 벽옥璧玉인 석벽錫碧, 금은 등으로 여러 빛깔이 광채를 발산해 용의 비늘처럼 빛났습니다. 그곳의 돌로는 적옥赤玉, 자주색 옥인 매괴玫瑰, 옥석과 옥 다음가는 돌인 임민琳瑉, 아름다운 옥인 곤오琨珸, 옥석 다음가는 옥인 감륵瑊玏, 검정색 돌인 현려玄厲, 흰색과 붉은색이 도는 연석瑌石, 붉은 바탕에 흰 무늬가 있는 돌인 무부武夫 등이 있습니다. 그 동쪽으로는 향기로운 풀이 자생하는 동산인 혜포蕙圃가 있어 두형杜衡과 난초인 형란衡蘭, 지芷와 약若, 사간射干, 궁궁芎藭, 창포昌蒲, 강리江離, 미무蘪蕪, 사탕수수인 감자甘蔗, 박차猼且가 있었습니다. 그 남쪽으로는 평원과 넓은 계곡이 올라간 듯 내려간 듯 구불구불 구부러지고 길게 뻗쳐 있고, 움푹 패어 들어갔다가 편편하고 넓게 퍼지곤 합니다. 이어 장강에 잇닿아 멀리 무산巫山으로 끝이 납니다.

높고 건조한 곳에는 짐蔵 · 사麻 · 포苞 · 려荔 · 설薛 · 사莎 · 청번青薠이 납니다. 그 낮고 습한 곳에는 장랑藏莨 · 겸가蒹葭 · 동장東蘠 · 조호雕胡 · 연우蓮藕 · 고로菰蘆 · 암려菴䕡 · 헌우軒芋 등이 자랍니다. 온갖 것이 모두 있어 그 모습을 전부 그려낼 수 없습니다. 서쪽으로는 솟아나는 샘물과 맑은 못이 있고, 급류가 서로 떠밀듯 흘러갑니다. 그 위로는 연꽃과 마름꽃이 피어 있고, 그 아래로는 커다란 바위와 흰모래가 숨어 있습니다. 또 그 속에는 신령스러운 거북인 신구神龜, 교룡蛟龍 및 악어 교타蛟鼉, 큰 바다거북인 대모瑇瑁●, 자라인 별원鱉黿 등이 살고 있습니다. 또 그 북쪽으로는 그늘진 숲과 큰 나무들이 있습니다. 편남楩柟 · 예장豫章 · 계초桂椒 · 목란木蘭 · 벽리蘗離 · 주양朱楊 · 사리樝梨 · 영률楟栗 · 귤유橘柚 등이 향기를 뿜고 있습니다. 그리고 그 나무들 위

● 대모의 대瑇는 대玳와 같다. 대모는 거문고와 향비파의 담괘 안쪽 가운데에 붙인 노란 쇠가죽을 지칭하기도 한다. 원래 거북의 등을 사용한 데서 나온 말이다. 《사기정의》도 대모가 각종 기물을 장식하는 데 사용된다고 했다.

에는 적원赤猨, 구유蠷蝚, 원추鵷雛, 공작孔雀, 난조鸞鳥, 등원騰遠, 안경 원숭이 비슷한 사간射干 등이 살고 있습니다. 또 그 나무 아래는 백호 白虎, 현표玄豹, 만연蟃蜒, 추휴貙犴, 한軒, 코뿔소와 코끼리인 시상兕象, 들소 인 야서野犀, 사람을 잡아먹는 소 모양의 짐승인 궁기窮奇, 만연獌狿 등 이 살고 있습니다.

이곳에서는 춘추시대 말기 오왕 요僚를 척살한 자객 전제專諸 같은 용사들에게 이런 짐승들을 잡도록 하고 있습니다. 초나라 왕은 색깔 이 순수하지 않은 말인 박駁 네 필이 이끌며 옥으로 장식한 수레를 타 고, 물고기 수염인 어수魚須로 묶은 깃대의 큰 깃발과 명월주明月珠 의 깃발을 바람에 날립니다. 명검을 만드는 천하의 명장인 간장幹將 이 만든 예리한 창을 세웁니다. 잘 조각된 전설적인 활인 오고烏嘷를 왼쪽에 두고, 하나라 때의 화살 통에 모진 화살을 담아 오른쪽에 둡 니다.

본명이 손양孫陽이고 자가 왕량王良인 춘추시대의 전설적인 상마가 相馬家인 백락伯樂이 수레를 같이 타고, 전설적인 월신月神인 섬아纖阿 가 수레를 몹니다. 속도를 조절함으로써 충분히 내달리기도 전에 빠 르고 사나운 짐승을 따라잡습니다. 이에 전설적인 동물인 공공邛邛을 깔아 죽이고, 거허距虛를 짓밟아 잡습니다. 야생말을 추월해 북해에 사는 전설적인 동물인 도도駒騟를 수레 축의 머리로 받습니다. 유풍遺 風을 타고 질주하는 청흑색의 천리마를 닮은 말인 기騏를 쏘아 죽입 니다. 수레와 말은 우레처럼 날쌔게 움직이고, 질풍처럼 빠르고, 유 성처럼 흐르고, 벼락처럼 내리칩니다. 활은 헛되이 발사되는 일이 없 고, 적중시키면 반드시 짐승의 눈꼬리를 찢거나 가슴을 관통해 겨드 랑이를 지나 심장의 힘줄을 끊습니다. 사냥을 해 포획한 짐승은 마치

비가 쏟아지듯 풀을 덮고 땅을 가립니다.

이때 초나라 왕은 말고삐를 잡은 채 천천히 배회하고, 새가 날개를 펴고 날듯이 유연하게 소요하고, 그늘진 숲을 살펴보고, 장수들이 분노하는 모습과 맹수들이 두려워하는 모양을 살핍니다. 지친 짐승의 앞을 가로막아 힘이 다한 것을 잡고, 여러 사물의 다양한 변화 상태를 골고루 살핍니다. 그러면 정나라의 아름다운 여인들은 부드러운 비단에 몸을 두르고, 가는 삼베와 비단으로 만든 치마를 질질 끌며 각양각색의 비단을 몸에 걸치고, 안개처럼 엷은 비단을 늘어뜨립니다. 그녀들의 주름 잡힌 옷은 마치 나무가 우거진 깊은 골짜기처럼 겹쳐져 구불구불합니다. 그러나 긴 소맷자락은 정연해 가지런하고, 부녀자들이 웃옷에 늘어뜨린 긴 끈인 섬纖은 휘날리고 옷에 제비꼬리 모양으로 장식한 깃인 소髾는 아래로 드리워졌습니다. 수레를 붙들고 공손히 따라갈 때마다 옷이 날려 사각사각 소리를 냅니다. 옷자락 아래로 난초와 혜초蕙草를 스치고, 위로 깃털로 장식한 수레 위의 비단 덮개를 쓸고, 비취새 털로 만든 목걸이에 구슬로 장식한 수레의 끈이 걸려 있고, 가볍게 솟아올랐다가 다시 내려오는 것이 신선의 모습을 방불케 합니다.

모두 함께 향내 나는 풀이 자생하는 들판인 혜포蕙圃로 가서 사냥을 합니다. 숲 속으로 서서히 달려들어 금으로 만든 제방인 금제金隄 위로 기어 올라간 뒤 그물로 물총새를 잡고, 화살로 봉황처럼 생긴 준의鵔鸃•를 쏘아 죽이고, 짧은 활에 가는 실을 매어 하늘 높이 나는 백

• 준의를 두고 《사기색은》은 산닭인 산계山鷄로 풀이한 사마표司馬彪의 주와 봉황처럼 생긴 새로 풀이한 곽박郭璞과 신조神鳥로 풀이한 이동李肜의 주를 모두 인용해놓았다. 문맥상 곽박과 이동의 풀이가 타당하다. 준의駿鸃로도 쓴다.

혹白鵠●을 맞히고, 들에 사는 오리인 가아鴉鵝를 연달아서 잡고, 검은 줄이 있는 왜가리 창鶬 두 마리를 쏘아 떨어뜨리고, 검은 학인 현학玄鶴을 잡아 포획물에 보탭니다.

사냥놀이에 지치면 맑은 못에서 노닙니다. 물새의 모양을 그린 배를 띄우고, 계수나무 삿대를 올리고, 새털로 꾸민 장막을 치고, 날개로 장식한 덮개를 세웁니다. 바다거북인 대모를 그물로 잡고, 자패紫貝를 낚고, 황금 북을 치고, 퉁소를 불고, 사공이 노래를 부릅니다. 그 노랫소리는 여운이 있어 물속의 물고기들이 놀라고, 물결이 크게 끓어올라 분수를 내뿜는 것처럼 솟았다가 한데로 합쳐 소용돌이칩니다. 물속의 돌들이 서로 부딪쳐 낭랑하게 울리고, 그 소리는 수백 리 밖까지 들리는 천둥 벼락 소리 같습니다. 장차 사냥을 끝내고 돌아가려 할 때는 북을 둥둥 치고 신호를 보내는 깃발을 들면 수레가 행렬을 정돈하고, 기마는 각기 제자리에 서며 대열을 맞춥니다. 실을 짜 놓은 것처럼 잇달아 서서히 전진하는 것이 마치 흐르는 물처럼 질서가 있습니다.

초나라 왕은 양운대陽雲臺에 올라 편히 좌정하고 있다가 작약으로 음식의 맛을 조화롭게 한 뒤 먹습니다. 이는 대왕이 온종일 달리며 수레에서 내리지도 않고 수레바퀴를 피로 물들인 채 생고기를 찢어 소금을 찍어 입에 넣으며 스스로 즐거워하는 것과는 같지 않습니다. 신이 가만히 살펴보니 제나라는 초나라만 못한 것 같습니다.'

● 백혹을 두고 《사기정의》는 따오기와 유사한 수조水鳥로 풀이했다. 그러나 《포박자》는 천 년을 사는 전설상의 홍혹鴻鵠인 천세지혹千歲之鵠으로 풀이했고, 《시자尸子》 역시 "홍혹은 날개가 합쳐지지 않는다. 사해를 가슴에 품은 사해지심四海之心이 있기 때문이다"라고 했다. 문맥상 전설상의 신조神鳥로 해석하는 것이 타당하다. 많은 사람이 포부가 원대하고 큰 인물을 상징하는 큰 기러기와 고니를 뜻하는 홍혹을 홍곡으로 읽고 있으나 이는 잘못이다. 표적의 의미로 사용될 때만 곡으로 읽는다.

그러자 제나라 왕은 침묵한 채 아무 대답도 하지 않았습니다."

오유 선생이 말했다.

"어찌 이토록 틀린 이야기를 하는 것입니까! 그대는 불원천리不遠千里하고 달려와 제나라로 은폐를 베풀었습니다. 제나라 왕은 경내의 병사를 모두 부르고, 많은 수레와 말을 갖추어 그대를 모시고 사냥을 나갔습니다. 힘을 합쳐 짐승을 포획함으로써 그대를 즐겁게 만들고자 한 것입니다. 이를 두고 어찌해서 지나치게 자랑한다고 하는 것입니까! 초나라에 그런 곳이 있는지 여부를 물은 것은 초나라 같은 대국의 아름다운 풍속과 훌륭한 정사에 관한 그대의 감상을 듣고자 한 것입니다. 지금 그대는 초나라 왕의 두터운 덕은 칭송하지 않고, 오직 운몽의 광대함만 추켜세우고, 음탕한 즐거움을 언급하며 몹시 사치스러운 모습[奢靡]만 드러냈습니다. 그대를 위해 이런 태도는 취할 만한 것이 아닙니다.

반드시 그대가 말한 바와 같다면 원래 이는 초나라의 아름다움이 아닙니다. 그것이 사실이라면 그것은 초나라 왕의 악행을 드러내는 것이고, 사실이 아니라면 그대의 신의를 해치는 것입니다. 그대 군주의 악행을 드러내고, 사자의 신의를 손상시키는 것 가운데 어느 하나도 옳은 것이 없습니다. 그런데도 그대가 그런 일을 했으니 반드시 제나라는 그대를 가볍게 여길 것이고, 초나라에 누를 끼치게 될 것입니다. 게다가 제나라는 동쪽으로 큰 바다가 있고, 남쪽으로 낭야산琅邪山이 있습니다. 성산成山에서 유람하고, 지부산之罘山에서 활을 쏘며 사냥할 수 있습니다. 발해에서 배를 띄우고, 맹제孟諸에서 놉니다. 곁으로는 숙신肅愼과 이웃하고, 오른쪽 탕곡湯谷을 경계선으로 삼습니다. 가을에는 청구산青丘山에서 사냥하고 자유롭게 바다 밖에서 소요

하기도 합니다. 운몽 따위는 여덟아홉 개 삼켜도 그 가슴속에는 조금
도 걸리는 것이 없을 것입니다.

진귀하고 특이한 물건과 여러 종의 기이한 조수鳥獸를 말하면 물고기
의 비늘처럼 그 가운데 가득 차 있어 이루 다 기록할 수도 없습니다.
하나라를 세운 우왕도 이를 모두 이름 붙일 수 없을 것이고, 은나라
시조인 설契도 그 수를 헤아릴 수 없을 것입니다. 제나라 왕은 제후의
자리에 있기에 감히 사냥의 즐거움이나 원유의 규모를 말하지 않은
것입니다. 또 그대를 빈객으로 모셨기에 왕은 어떤 말로도 대답치 않
은 것입니다. 어찌 대답할 것이 없어 그리했겠습니까!"

•• 居久之, 蜀人楊得意爲狗監, 侍上. 上讀子虛賦而善之, 曰, "朕獨
不得與此人同時哉!" 得意曰, "臣邑人司馬相如自言爲此賦." 上驚, 乃
召問相如. 相如曰, "有是. 然此乃諸侯之事, 未足觀也. 請爲天子遊獵
賦, 賦成奏之." 上許, 令尙書給筆劄. 相如以子虛, 虛言也, 爲楚稱, 烏
有先生者, 烏有此事也, 爲齊難, 無是公者, 無是人也, 明天子之義. 故
空藉此三人爲辭, 以推天子諸侯之苑囿. 其卒章歸之於節儉, 因以風
諫. 奏之天子, 天子大說. 其辭曰, "楚使子虛使於齊, 齊王悉發境內之
士, 備車騎之衆, 與使者出田. 田罷, 子虛過詫烏有先生, 而無是公在
焉. 坐定, 烏有先生問曰, '今日田樂乎?' 子虛曰, '樂.' '獲多乎?' 曰,
'少.' '然則何樂?' 曰, '僕樂齊王之欲誇僕以車騎之衆, 而僕對以雲夢
之事也.' 曰, '可得聞乎?' 子虛曰, '可. 王駕車千乘, 選徒萬騎, 田於海
濱. 列卒滿澤, 罘罔彌山, 掩兔轔鹿, 射麋腳麟, 騖於鹽浦, 割鮮染輪. 射
中獲多, 矜而自功. 顧謂僕曰, 楚亦有平原廣澤遊獵之地饒樂若此者
乎? 楚王之獵何與寡人? 僕下車對曰, 臣, 楚國之鄙人也, 幸得宿衛十
有餘年, 時從出遊, 遊於後園, 覽於有無, 然猶未能徧覩也, 又惡足以言

其外澤者乎! 齊王曰, 雖然, 略以子之所聞見而言之. 僕對曰, 唯唯. 臣聞楚有七澤, 嘗見其一, 未覩其餘也. 臣之所見, 蓋特其小小者耳, 名曰雲夢. 雲夢者, 方九百里, 其中有山焉. 其山則盤紆岪鬱, 隆崇嵂崒, 岑巖參差, 日月蔽虧, 交錯糾紛, 上幹青雲, 罷池陂陀, 下屬江河. 其土則丹青赭堊, 雌黃白坿, 錫碧金銀, 衆色炫燿, 照爛龍鱗. 其石則赤玉玫瑰, 琳瑉琨珸, 瑊玏玄厲, 碝石武夫. 其東則有蕙圃衡蘭, 芷若射幹, 穹窮昌蒲, 江離麋蕪, 諸蔗猼且. 其南則有平原廣澤, 登降陁靡, 案衍壇曼, 緣以大江, 限以巫山. 其高燥則生葴菥苞荔, 薛莎青薠. 其卑溼則生藏莨蒹葭, 東蘠雕胡, 蓮藕菰蘆, 菴閭軒芋, 衆物居之, 不可勝圖. 其西則有涌泉清池, 激水推移, 外發芙蓉菱華, 內隱鉅石白沙. 其中則有神龜蛟鼉, 瑇瑁鼈黿. 其北則有陰林巨樹, 楩枏豫章, 桂椒木蘭, 蘗離朱楊, 樝梨梬栗, 橘柚芬芳. 其上則有赤猨蠷蝚, 鵷雛孔鸞, 騰遠射幹. 其下則有白虎玄豹, 蟃蜒貙豻, 兕象野犀, 窮奇獌狿. 於是乃使專諸之倫, 手格此獸. 楚王乃駕馴駮之駟, 乘雕玉之輿, 靡魚須之橈旃, 曳明月之珠旗, 建幹將之雄戟, 左烏嗥之雕弓, 右夏服之勁箭, 陽子驂乘, 纖阿爲御, 案節未舒, 卽陵狡獸, 轔邛邛, 蹴距虛, 軼野馬而轊騊駼, 乘遺風而射遊騏, 儵眒凄浰, 雷動熛至, 星流霆擊, 弓不虛發, 中必決眥, 洞胸達腋, 絶乎心繫, 獲若雨獸, 揜草蔽地. 於是楚王乃弭節裴回, 翱翔容與, 覽乎陰林, 觀壯士之暴怒, 與猛獸之恐懼, 徼谻受詘, 殫睹衆物之變態. 於是鄭女曼姬, 被阿錫, 揄紵縞, 襍纖羅, 垂霧縠, 襞積褰縐, 紆徐委曲, 鬱橈谿谷, 衯衯裶裶, 揚袘卹削, 蜚纖垂髾, 扶與猗靡, 噏呷萃蔡, 下靡蘭蕙, 上拂羽蓋, 錯翡翠之威蕤, 繆繞玉綏, 縹乎忽忽, 若神仙之仿佛. 於是乃相與獠於蕙圃, 媻珊勃窣上金隄, 揜翡翠, 射鵔鸃, 微矰出, 纖繳施, 弋白鵠, 連駕鵝, 雙鶬下, 玄鶴加. 怠而後發, 遊於清池, 浮文鷁, 揚

桂栧, 張翠帷, 建羽蓋, 罔瑇瑁, 釣紫貝, 摐金鼓, 吹鳴籟, 榜人歌, 聲流
喝, 水蟲駭, 波鴻沸, 湧泉起, 奔揚會, 礧石相擊, 硍硍礚礚, 若雷霆之
聲, 聞乎數百里之外. 將息獠者, 擊靈鼓, 起逢燧, 車案行, 騎就隊, 纚乎
淫淫, 班乎裔裔. 於是楚王乃登陽雲之臺, 泊乎無爲, 澹乎自持, 勺藥之
和具而後御之. 不若大王終日馳騁而不下輿, 胊割輪淬, 自以爲娛. 臣
竊觀之, 齊殆不如. 於是王默然無以應僕也.' 烏有先生曰, '是何言之
過也! 足下不遠千里, 來況齊國, 王悉發境內之士, 而備車騎之衆, 以
出田, 乃欲勠力致獲, 以娛左右也, 何名爲夸哉! 問楚地之有無者, 願
聞大國之風烈, 先生之餘論也. 今足下不稱楚王之德厚, 而盛推雲夢以
爲高, 奢言淫樂而顯侈靡, 竊爲足下不取也. 必若所言, 固非楚國之美
也. 有而言之, 是章君之惡, 無而言之, 是害足下之信. 章君之惡而傷私
義, 二者無一可, 而先生行之, 必且輕於齊而累於楚矣. 且齊東陼巨海,
南有琅邪, 觀乎成山, 射乎之罘, 浮勃澥, 遊孟諸, 邪與肅愼爲鄰, 右以
湯谷爲界, 秋田乎青丘, 傍偟乎海外, 吞若雲夢者八九, 其於胸中曾不
蔕芥. 若乃俶儻瑰偉, 異方殊類, 珍怪鳥獸, 萬端鱗萃, 充仞其中者, 不
可勝記, 禹不能名, 契不能計. 然在諸侯之位, 不敢言遊戲之樂, 苑囿之
大, 先生又見客, 是以王辭而不復, 何爲無用應哉!'

무시공이 빙그레 웃으며 대답했다.

"초나라 이야기도 틀렸지만, 제나라의 이야기도 반드시 옳다고 할 수
는 없습니다. 대개 천자가 제후에게 공물을 바치게 하는 것은 재폐財
幣를 얻기 위한 것이 아니고, 제후가 천자에 관한 직무를 이행키 위
한 것입니다. 흙을 쌓아 경계를 만드는 것도 수어守禦를 위한 것이 아
니고, 음사淫邪를 금지하기 위한 것입니다. 지금 제나라는 제후의 대

열에 서서 동번東藩이 되었습니다. 그런데도 밖으로 숙신과 사사로이 왕래하며 제후국을 떠나 국경을 넘고 바다를 건너면서까지 사냥하는 것은 제후의 본분상 해서는 안 될 일입니다. 또 두 분의 논쟁은 군신의 도리를 밝혀 제후의 예의를 바로잡는 데 힘쓰지 않고, 한갓 사냥의 즐거움과 동산의 크기만을 다투며 사치하고 서로 이기려 하고, 황음한 행동을 가지고 서로 뛰어나다고 자랑하고 있습니다. 이는 이름을 떨치고 명예를 드러내는 것이 아니고, 오히려 군주의 명성을 폄하하고 자신을 손상시키기에 알맞을 뿐입니다. 제나라와 초나라의 그런 일이 어찌 말할 만한 것이겠습니까? 그대는 아직 저 거대하고 화려한 것을 보지 못한 듯합니다. 홀로 천자의 상림원에 관해 들어본 적이 없는 것입니까?

상림원 동쪽에 창오군蒼梧郡이 있고, 서쪽에 서극西極이 있고, 단수丹水가 남쪽을 흐르고, 자연紫淵이 그 북쪽을 가로질러 흐르고 있습니다. 파수灞水와 산수滻水는 상림원 안에서 시작하고 끝납니다. 경수와 위수는 상림원 밖에서 흘러 들어왔다가 다시 밖으로 나갑니다. 풍酆·호鄗·요潦·휼潏의 네 개 지류가 굽이굽이 뒤틀려 상림원 안을 돌다가 탕탕蕩蕩하게 흘러 여덟 개의 하천으로 갈라집니다. 이어 서로 등지고 각기 형태를 달리하며 동서남북으로 뒤섞여 흐르다가 다시 산초나무가 자라고 있는 언덕 사이로 나옵니다. 이후 섬의 물기슭에 이르러 계수나무 숲을 가로지르고, 넓은 들을 지납니다. 콸콸 흐르는 급류는 큰 구릉을 따라 흘러내려 협소한 해안 사이를 뚫고 나오면서 큰 돌에 부딪치고 돌출한 모래톱과 충돌합니다.

이때 성난 듯 끓어오르고, 세차게 출렁입니다. 물이 뛰어오르는가 하면 되돌아오고, 뭉쳤다가 솟아오르는가 하면 금방 또 달아나고, 서로 부딪쳐 소리를 냅니다. 옆으로 퍼졌다가 거꾸로 휘어져 포개지더니 가볍게 내달립니다. 그 소리가 요란하고 세력에 기복이 있어 높았다 싶으면 별안간 낮아지고, 계속 뒹굴어 한쪽으로 꼬부라지고, 뒤의 물결이 앞의 물결을 넘어 푹 꺼진 곳으로 달려가고, 물소리가 쏴아 하며 급류의 여울을 내려갑니다. 바위를 치고 구부러진 언덕을 찌르면서 내달려가 치솟아 올랐다가 산산이 부서져 흩어집니다. 높은 곳까지 올라갔다가 낮은 곳으로 떨어지며 노호하는 물소리는 콸콸거리고, 속에서 끓어오르는 듯 물결을 달리게 합니다. 거품을 토해내며 급하게 쏟아 달려 저 아득한 쪽에서 아득한 쪽으로 흘러가고, 소리도 없이 조용히 길게 흐릅니다. 이어 끝없이 위풍당당하게 흐르다가 서서히 배회하며 흰색 물빛으로 떠돌다가, 동쪽으로 흘러 태호太湖로 들어가고 작은 못에 넘쳐흐릅니다.

여기에 이르면 교룡·적리赤螭·긍몽魟鳙·점리䰲離·옹용鰅鰫·건탁鰬魠·우우禺禺·허납鱸魶이 지느러미를 흔들고 꼬리를 움직이며 비늘과 날개를 힘껏 떨쳐 일어나고, 심연의 바위 아래서는 물고기와 자라가 즐겁게 떠들며 무리를 이룹니다. 명월明月과 주자珠子는 강기슭에서 반짝이고, 촉석蜀石과 누런 옥돌인 황연黃礝 및 수정인 수옥水玉이 산처럼 쌓여 찬란하게 빛나고 광채를 다투듯 뿜어내며 물 가운데 쌓여 있습니다. 홍혹, 숙보鷫鴇, 가아鴐鵞, 촉옥鸀䴏과, 긴 다리에 붉은 털의 물새인 교청鵁鶄, 환목䴏目, 번목煩鶩, 용거鷛䴊, 침자鴜鴜, 교로鵁鸕 등 온갖 물새가 물 위에 떼를 지어 물결 따라 이리저리 떠다닙니다. 바람 따라 떠돌고, 물결 따라 요동칩니다. 풀이 우거진 물가로 몰려가 물풀을 쪼아 먹고, 연과 마름을 씹기도 합니다. 여기에 산은 높이 솟아 있으니, 산세가 험합니다.

수목이 울창해 거목이 있고, 높낮이가 들쭉날쭉한 바위가 함께 있습니다. 구종산九嵕山과 절알산嶻嶭山 및 종남산終南山은 깎아지른 듯합니다. 암벽은 기이한 형상을 하고 있고 높고 굽이지며 험준합니다. 시냇물은 계곡에 쏟아져 내렸다가 다시 골짜기를 지나 굽이굽이 시내를 이룹니다. 큰 입을 벌리고 있는 크고 작은 언덕과 따로 떨어져 있는 섬들이 있습니다. 높고 험준하고 울퉁불퉁해 평탄치 않으니 언덕과 섬은 높고 낮은 곳이 급경사를 이루어 멀리 이어지고 있습니다. 못은 괴수의 형상과 같고 물은 계곡으로 떨어집니다. 왕성하게 흘러 내리는 모습이 넓고 평편하고 너그럽습니다.

언덕 위는 10리마다 정자를 세워 1,000리에 걸쳐 있으니 그 어느 것도 다듬지 않은 것이 없습니다. 향기 좋은 푸른색의 혜초蕙草나 강리江離로 덮여 있고, 미무蘪蕪와 유이流夷가 섞여 있습니다. 결루結縷도 심어 있고, 여사戾莎도 모여 있습니다. 게거揭車·형란衡蘭·고본藁本·사간射幹·자강茈薑·양하蘘荷·침등葴橙·약손若蓀·선지鮮枝·황력黃礫·장모蔣芧·청번青薠은 큰 못에 분포되어 있고 넓은 들에 널려 있습니다. 서로 이어져 넓게 퍼져 있으면서 바람 따라 쓰러져 흔들리고 여러 향내가 바람에 실려 사람의 마음속까지 스며듭니다. 사방의 경치를 두루 살펴보면 황홀해 모양을 분간할 길이 없고, 직접 보면 끝이 안 보이고 자세히 보아도 한정이 없습니다.

해는 동쪽 못에서 나와서 서쪽 언덕으로 사라집니다. 남쪽은 기후가 따뜻해 엄동에도 초목이 무성하게 자라고, 물이 살아 움직이고, 물결이 크게 일렁입니다. 짐승은 소의 일종인 용牻, 모旄, 곰과 비슷하게 생긴 맥獏, 검은 들소인 리犛, 무소인 침우沈牛, 긴 꼬리의 큰 사슴인 주미麈麋, 적수赤首, 환제圜題, 궁기窮奇, 상서象犀 등이 있습니다.

그 북쪽에는 한여름에도 얼음이 얼어 땅이 갈라지기에 옷자락을 걷고 빙판 위를 걸어 내를 건넙니다. 그곳의 짐승으로는 기린麒麟, 코에 뿔이 있는 코뿔소인 각단角端, 도도駒騠, 낙타인 탁타橐駝, 푸른 말의 형상을 한 공공蛩蛩, 야생마인 탄해驒騱, 질주하는 말인 결제駃騠, 당나귀인 여마驢馬, 노새인 나마騾馬 등이 있습니다. 이궁과 별관別館이 산에 가득하고 골짜기에 이어져 있습니다. 높다란 회랑이 사방으로 연결되어 있고, 층층의 높은 누각과 굽은 주랑走廊 및 단청을 한 대들보와 옥으로 장식한 서까래 끝이 눈에 들어옵니다.

군주가 타고 가는 수레인 연輦이 갈 수 있는 길이 즐비하게 이어져 있습니다. 처마 끝의 주랑은 길게 둘러 있고, 그 길이 멀어 반드시 하룻밤을 묵어야 합니다. 높은 산을 평평하게 만들어 집을 짓고, 누대를 겹쳐 올려 바위틈의 깊숙한 곳에 방을 꾸몄습니다. 그곳에서 아래쪽을 굽어보면 아득히 멀어 보이는 것이 없고, 쳐다보면 대들보가 높아 하늘을 만질 수 있을 것만 같습니다. 유성은 궁궐 안의 작은 문을 지나가고, 무지개는 난간에 길게 걸려 있고, 청룡은 동상으로 돌아나가고, 태평성대를 상징하는 상서로운 물건인 상여象輿는 서상西廂에 서럽니다.

전설적인 신선인 영어靈圉는 고요한 집에서 휴식하고, 또 다른 신선인 악전偓佺의 무리는 남쪽 처마의 햇볕 속에 몸을 드러내고 있습니다. 달콤한 샘물은 깨끗한 방 안에서 솟아오르고, 밖에서 들어온 물은 안뜰을 지나갑니다. 반석은 세밀하게 정비되어 있으니 마치 가지런하지 않은 작은 산을 닦은 듯하고, 높고 험준한 산봉우리를 정리하며 조각한 듯합니다. 이곳에는 기이한 천연석이 잘 보존되어 있습니다. 매괴玫瑰와 벽림碧琳의 구슬과 산호珊瑚가 무더기를 이루어 수북이 나 있고, 민옥瑉玉과 문석文石에는 무늬와 줄이 있고, 적옥赤玉은 아롱진 무늬를 띠고 그사이에 섞여 있습니다. 수수垂綏·완염琬琰·화씨벽和氏璧이 이곳에서 산출됩니다.

여름에는 노귤盧橘을 비롯해 황감黃柑·유자柚子·비파枇杷·소조小棗·산리山梨·후박厚樸·영조楟棗·양매楊梅·앵도櫻桃·포도葡萄·은부隱夫·울체鬱棣,·답답楈樿·여지荔枝 등 온갖 과일들이 후궁에 가득 열립니다. 이 과일들은 북쪽 동산까지 늘어서 있고, 언덕으로 이어지다가 평원까지 이어져 내려갑니다. 푸른 잎과 붉은 줄기가 살아 움직이는 듯하고, 붉은 꽃이 성난 듯 피어납니다. 붉은 꽃봉오리는 광활한 들녘을 밝게 비춥니다. 사당沙棠·역저櫟儲·화범華氾·벽로檗櫨·유락留落·서여胥余·빈랑檳榔·종려椶櫚·단檀·목란木蘭·예장·여정女貞 등 진기한 나무들은 키가 큰 것은 1,000길이나 되고 굵은 것은 아름드리가 됩니다. 꽃가지는 곧게 뻗어 시원스럽고, 열매와 잎은 크고 무성합니다. 나무는 한데 모여 있거나 서로 어우러져 의지하고, 구불구불 서리고 뒤엉킨 모습으로 형클어져 있습니다. 혹은 꼿꼿하게 혹은 비스듬하게 크게 휘어진 가지 사이로 꽃잎이 떨어져 나부낍니다. 바람이 불어 나뭇가지를 흔들면 소리가 나 마치 종경鐘磬이나 피리 연주를 듣는 듯합니다.

여러 나무는 들쭉날쭉한 크기로 후궁을 빙 둘러싸고 자랍니다. 수많은 나무가 뒤섞여 겹쳐 있는가 하면 산을 뒤덮고 골짜기를 수놓으며 언덕을 따라 습지로 이어집니다. 이를 모두 보려면 끝이 없고, 자세히 관찰하고자 해도 한이 없습니다. 여기에 현원玄猨, 소자素雌, 꼬리가 길고 덩치가 큰 원숭이인 유확蜼玃, 비류飛鸓, 날개가 네 개인 질조蛭蜩, 구유蠷蝚, 점호蟾胡, 흰 여우와 머리가 붉은 거북인 각궤觳蛫가 그

사이에 서식하며 길게 울부짖거나 슬픈 소리로 웁니다. 민첩하게 서로 오가고, 나뭇가지에서 놀거나 거꾸로 매달려 있거나 합니다. 짐승들은 끊어진 교량을 뛰어넘어 숲으로 달려간 뒤 우뚝 솟은 나무 위로 올라가 늘어진 가지를 잡고 나뭇가지가 드문 곳을 훌쩍 건너뜁니다. 그러고는 어지럽게 흐트러지고 먼 데로 이동합니다. 이런 곳이 수천 수백 군데나 됩니다. 즐거이 유람하고 오가면서 궁궐에서 자고, 별관에서 손님처럼 쉽니다. 요리사를 멀리서 데려올 필요도 없고 후궁을 찾아 데려올 일도 없고, 문무백관도 모두 갖추어 있습니다.

가을이 지나고 겨울이 오면 천자는 목책을 만들어 사냥을 합니다. 상아로 장식한 수레를 타고, 구슬로 장식한 여섯 필의 준마를 세우고, 오색의 무지개 같은 깃발을 날리고, 용과 호랑이로 운기雲氣를 상징한 깃발을 나부낍니다. 가죽으로 만든 수레인 혁거革車가 앞에서 인도하고, 천자의 부거副車인 도거道車와 유희용 수레인 유거遊車가 뒤를 따릅니다. 태복 공손하가 고삐를 잡고, 대장군 위청이 곁에 타고, 병사들이 좌우 종횡으로 호위하며 사방의 목책으로 나아갑니다. 북을 울려 행차를 엄중히 하고 사냥꾼을 내보냅니다. 장강과 황하를 막아 짐승을 가두는 강하위거江河爲阹와 태산을 망루로 삼는 태산위로泰山爲櫓를 행하면서 수레와 말은 우레처럼 일어나 하늘을 흔들고 땅을 움직이며 흩어져 쫓아갑니다. 떼를 지어 가는 모양이 언덕에 이어지고 못에 흘러내리며 구름처럼 퍼지고 비처럼 쏟아집니다.

비貔와 표豹를 산 채로 잡고, 승냥이와 이리를 두들겨 잡고, 곰과 큰 곰을 손으로 잡고, 산양을 발로 차서 죽입니다. 할鷍 새의 꼬리로 장식한 모자를 쓰고 백호 가죽 바지를 입고, 야생말을 타고 가파른 언덕을 오르고 경사진 언덕을 내려가며, 험준한 지름길을 달려 골짜기를 넘고 물을 건넙니다. 몸이 새이고 머리가 사슴인 비렴蜚廉을 방망이로 차고, 뿔이 하나인 사슴 같은 해치解豸를 사로잡아 희롱하고, 하합嚇蛤을 두들겨 죽이고, 곰을 닮은 맹씨猛氏를 창으로 찌르고, 하루에 1만 리를 가는 붉은 털의 신마神馬인 요뇨騕褭를 줄을 매서 붙잡고, 큰 멧돼지인 봉시封豕를 쏘아 맞춥니다. 화살을 헛되이 쏘지 않으니 어느새 짐승의 목을 찌르고 뇌수를 부숩니다. 활을 헛되게 쓰지 않는 이유입니다.

천자의 수레는 깃대를 멈추고 배회합니다. 나는 듯이 오가면서 각 부대의 진퇴를 곁눈으로 바라보고, 장수의 지휘하는 모습을 살핍니다. 이어 서서히 앞으로 나아갔다가 아득히 먼 곳까지 빠르게 내달려 하늘 위를 나는 새를 흩어지게 만들고, 교활한 짐승을 짓밟고, 흰 사슴을 깔아 죽이고, 토끼를 재빨리 잡습니다. 빠르기가 붉은 섬광을 앞질러 마치 빛이 뒤에 남는 듯합니다. 괴물을 쫓아 우주 밖으로 나가고, 하나라 우왕이 쓰던 활인 번약繁弱에 흰 깃이 달린 살을 가득히 메웁니다.

사람 모습을 한 괴물인 유효遊梟를 쏘고, 사슴 머리에 용의 몸을 한 비허蜚虛를 칩니다. 살찐 놈을 골라 화살을 겨누어 쏘는데 맞히기 전에 명중할 위치를 정하고 쏩니다. 화살이 활을 벗어나면 짐승은 곧바로 쓰러져 있습니다. 이어 깃발을 달아 하늘에서 나부끼게 해서 강풍을 견디고, 허무虛無의 구름을 타고 천상으로 올라가 신선과 함께 노니는 기분으로 1,000년이 되면 검푸른 색으로 변하는 현학玄鶴을 짓밟고, 학과 닮은 황백색의 곤계昆鷄 행렬을 어지럽게 만들고, 공작孔雀과 난조鸞鳥를 쫓고 준의鵔鸃를 재촉하고, 예조鷖鳥를 덮치며 봉황을 잡고, 원추鵷鶵를 잡고 봉황을 닮은 초명焦明을 덮칩니다.

마침내 더 나아갈 길이 없는 곳까지 갔다가 수레를 돌려 돌아옵니다. 마음 내키는 대로 소요하며 멀리 북쪽 끝으로 내려와 모입니다. 곧바로 가기도 하고 돌기도 하면서 석궐관石闕觀을 지나고, 봉만관封巒觀을 거치고, 모작관鵁鵲觀을 지나고, 노한관露寒觀을 바라보고, 당리궁棠梨宮으로 내려옵니다. 이어 의춘궁宜春宮에서 쉬고, 서쪽 의곡궁宜曲宮으로 달려가 우수牛首의 못에 배를 띄워 노를 젓고, 용대관龍臺觀으로 올라가 세류관細柳觀에서 쉽니다. 사대부의 근면과 지략을 살피고, 사냥꾼의 포획물이 얼마나 되는지 살펴봅니다. 보병과 수레가 밟거나 깔아붙인 것, 수레와 기병인 승기乘騎가 유린해 잡은 것, 백성이 발로 밟아 잡은 것, 그밖에 짐승이 극도로 지치고 놀란 나머지 칼에 찔리지 않고도 죽은 것 등이 뒤섞여 무수히 많습니다. 구덩이에 넘치고 골짜기에 가득해 평지를 덮고 못을 메운 것을 볼 수 있습니다.

사냥놀이가 싫증나면 하늘처럼 높은 누대인 호천대昊天臺에 술잔을 벌려놓고 넓은 집에 악기를 늘어놓습니다. 1,000석 무게의 큰 종을 치고, 1만 석 무게의 기둥을 세우고, 비취 깃털로 장식한 깃발을 세우고, 악어가죽의 북을 세우고, 도당씨陶唐氏인 요임금의 무악舞樂을 연주하고, 갈천씨葛天氏•의 노래를 듣습니다. 1,000명이 부르면 1만 명이 화답합니다.

산과 언덕이 그 소리에 진동하고, 냇물과 골짜기는 그 때문에 일렁입니다. 파유巴渝의 춤, 송宋과 채蔡의 음악, 회남의 〈우차곡于遮曲〉, 문성현文成縣과 전현顚縣의 노래를 한꺼번에 연주하기도 하고 교대로 연

• 갈천씨를 두고 《사기집해》는 《한서음의》를 인용해 고대 제왕의 군호君號라고 했다. 또 《여씨춘추呂氏春秋》를 인용해 갈천씨는 음악을 연주할 때 세 명이 쇠꼬리를 흔들었고, 발을 구르며 노래를 했다고 해석했다. 후대인들은 갈천씨를 음악의 신인 악신樂神으로 받들었다.

주하기도 합니다. 징과 북인 금고金鼓는 교대로 울립니다. 금석金石과 태고太鼓의 소리는 사람의 마음을 시원하게 만들고, 귀를 놀라게 합니다. 초나라와 오나라와 정나라와 위衛나라의 노랫소리와 순임금의 음악인 〈소韶〉, 은나라 탕왕의 음악인 〈호濩〉, 주무왕의 음악인 〈무武〉, 주공 단의 음악인 〈상象〉과 주색을 탐하게 만드는 속악俗樂인 언鄢과 영郢의 음악이 어지럽게 뒤섞여 일어납니다. 이때 〈격초激楚〉와 〈결풍結風〉을 연주합니다. 배우와 난쟁이와 적제狄鞮 땅의 명창이 있어 귀와 눈을 즐겁게 만들고, 마음과 뜻을 기쁘게 해줍니다. 앞에는 아름다운 음악이 흘러나오고, 뒤에는 미희들이 있기 때문입니다.

저 여신 청금青琴과 낙수의 여신 복비宓妃 등은 절세미인이어서 세속을 초월해 아름답고 우아하며 정숙합니다. 짙은 화장과 곱게 꾸민 모습은 경쾌하며 곱고, 가냘프며 부드럽고, 섬세하며 나긋나긋합니다. 비단 치맛자락을 끌고 선 모습은 아름답고, 기다란 옷매무새가 마치 그림을 그려놓은 것 같습니다. 걸을 때마다 옷이 물결치는 모습은 세속의 여느 옷과 다릅니다. 짙고 좋은 향기를 풍기고, 흰 이를 가지런히 빛내고 웃으면 더욱 선명히 빛나고, 가늘고 긴 눈썹은 마치 그린 듯하고, 먼 곳을 바라보는 눈은 곁눈질을 하는 듯합니다. 여인의 미색美色이 오고, 남자의 혼백이 가서 서로 만나 즐기게 됩니다.

술자리가 무르익고 풍악이 한창 흥을 돋우면 황제가 문득 생각에 잠깁니다. 무엇인가 잃어버린 듯 이같이 말합니다.

'아, 이는 지나친 사치다. 짐은 정사를 돌보는 와중에 시간을 내 가을 겨울로 사냥을 즐기며 때론 여기서 휴식을 취할 뿐이다. 그러나 후대의 후손이 사치와 화려함에 빠져 이내 처음의 검박儉樸으로 돌아가지 못할까 두렵다. 이는 선조가 후대를 위해 대업大業을 일으킨 뒤 전통

으로 남긴 취지가 아니다.'

마침내 술자리를 끝내고 사냥을 중지한 뒤 유사에게 이같이 명합
니다.

'개간할 수 있는 토지는 모두 갈아서 밭을 만들어 백성을 돕도록 하
라. 담을 헐고 도랑을 메워 산골의 백성이 이곳으로 올 수 있도록 하
라. 저수지에 물고기를 기르고 백성의 채취를 금지하지 마라. 백성
을 궁궐의 노비로 삼는 일이 없도록 이궁과 별궁 등의 궁관宮觀을 비
워놓아라. 창고의 곡식을 풀어 가난한 자를 구제하고 부족한 것은 보
충토록 하라. 과부와 홀아비 들을 돌보고, 고아와 의지할 곳 없는 늙
은이를 위로하라. 황제 명의의 호령을 발해 형벌을 덜어주고, 제도를
고치고, 복색을 바꾸고, 역법을 바꿔 천하의 백성과 함께 다시 시작
토록 하라.'

길일을 가려 재계한 뒤 예복을 입고, 여섯 필의 말이 끄는 법가法駕
를 타고, 화려한 깃발을 세우고, 방울을 울리고, 육예의 동산에서 놀
고, 인의의 길로 달리고,《춘추》의 숲을 보고,《시경》의 일시逸詩 제목
으로 활쏘기를 할 때 연주한 바 있는 이수貍首를 쏘고,《시경》〈소남召
南〉에 나오는 추우騶虞를 아우르고, 악곡의 이름이기도 한 현학玄鶴을
쏘고, 무무武舞이기도 한 간척干戚을 세우고, 천자의 출행 때 앞에 세
우는 기인 운한雲罕을 장식하고,《시경》의〈대아大雅〉와〈소아〉를 망
라하고,《시경》〈위풍〉에 나오는 구절로 현주를 만나지 못한 것을 뜻
하는 벌단伐檀을 슬퍼하고,《시경》〈소아〉에 나오는 현명한 신하를 얻
는 것을 좋아하는 내용의 악서樂胥를 즐기고, 위엄 있는 태도를《예
경禮經》의 동산에서 닦고,《서경》의 밭에서 배회하며 노닐고,《역경》
의 도를 서술하고, 괴이한 짐승을 내치고, 명당에 올라가 태묘에 앉

은 뒤 군신에게 멋대로 정사의 득실을 아뢰게 합니다. 사해에 천자의 은덕을 입지 않은 자가 없는 이유입니다. 천하의 모두가 크게 기뻐하며 마치 바람에 귀 기울이며 물의 흐름을 쫓듯이 교화됩니다. 도를 제창하고 의로 가까이 옮겨가니 형벌은 있지만 쓸 일이 없게 됩니다. 덕은 삼황三皇보다 높고 공은 오제보다 많습니다.

제왕의 사냥을 두고 백성들이 비로소 기뻐하는 이유가 여기에 있습니다. 단지 종일토록 풍우에 몸을 맡긴 채 말을 내달리는 식으로 심신을 수고롭게 해 지치게 만들고, 수레와 말까지 피로하게 하고, 정예병의 사기를 손상시키고, 창고의 재물을 바닥내고, 후덕과 후은을 베풀지 않고, 일신의 향락만 추구하고, 백성을 돌보지도 않고, 나라의 정사를 잊고, 꿩과 토끼 사냥만 탐하는 것은 인자仁者가 취할 바가 아닙니다. 이로써 보건대 제나라와 초나라의 일이 어찌 슬프지 않겠습니까? 땅은 사방 1,000리도 안 되는데 원유가 900리나 됩니다. 이곳에서는 초목을 개간할 수도 없고, 백성은 농사를 지어 먹을 수도 없습니다. 한낱 작은 나라의 제후로서 만승의 천자조차 사치로 여기는 바를 즐기면 백성이 그 해를 입지 않을까 두렵습니다."

자허와 오유 선생은 무시공의 말이 끝나자 크게 놀라 안색을 고친 뒤 멍하니 있다가 주춤주춤 물러나 자리를 피하며 이같이 말했다.

"시골뜨기가 고루한 나머지 사양하고 겸손한 태도를 알지 못했습니다. 마침 오늘 가르침을 받았으니 그대로 실천토록 하겠습니다."

●● 無是公聽然而笑曰, '楚則失矣, 齊亦未爲得也. 夫使諸侯納貢者, 非爲財幣, 所以述職也, 封彊畫界者, 非爲守禦, 所以禁淫也. 今齊列爲東藩, 而外私肅愼, 捐國踰限, 越海而田, 其於義故未可也. 且二君之論, 不務明君臣之義而正諸侯之禮, 徒事爭遊獵之樂, 苑囿之大, 欲以奢侈相勝, 荒淫相越, 此不可以揚名發譽, 而適足以貶君自損也. 且夫齊楚之事又焉足道邪! 君未睹夫巨麗也, 獨不聞天子之上林乎? 在蒼梧, 右西極, 丹水更其南, 紫淵徑其北, 終始霸滻, 出入涇渭, 酆鄗潦潏, 紆餘委蛇, 經營乎其內. 蕩蕩兮八川分流, 相背而異態. 東西南北, 馳騖往來, 出乎椒丘之闕, 行乎洲淤之浦, 徑乎桂林之中, 過乎泱莽之野. 汨乎渾流, 順阿而下, 赴隘陝之口. 觸穹石, 激堆埼, 沸乎暴怒, 洶湧澎湃, 渾浡滵汩, 湢測泌瀄, 橫流逆折, 轉騰潎洌, 澎濞沆瀣, 穹隆雲橈, 蜿蟺膠戾, 踰波趨浥, 涖涖下瀨, 批壧衝壅, 奔揚滯沛, 臨坻注壑, 瀺灂霣墜, 湛湛隱隱, 砰磅訇礚, 潏潏淈淈, 湁潗鼎沸, 馳波跳沫, 汩㵒漂疾, 悠遠長懷, 寂漻無聲, 肆乎永歸. 然後灝溔潢漾, 安翔徐徊, 翯乎滈滈, 東注大湖, 衍溢陂池. 於是乎蛟龍赤螭, 魱鱳𩼗離, 鰅鰫鰬魠, 禺禺魼鰨, 揵鰭掉尾, 振鱗奮翼, 潛處于深巖, 魚鼈讙聲, 萬物眾夥, 明月珠子, 玓瓅江靡, 蜀石黃碝, 水玉磊砢, 磷磷爛爛, 采色澔旰, 叢積乎其中. 鴻鵠鷫鴰, 䴏鵝鵁鸕, 䴔鸕䴙目, 煩鶩鷛渠, 鸁鷉鴇鶚, 羣浮乎其上. 汎淫泛濫, 隨風澹淡, 與波搖蕩, 掩薄草渚, 唼喋菁藻, 咀嚼菱藕. 於是乎崇山矗矗, 崔巍嵯峨, 深林鉅木, 嶄巖參嵯, 九嵏·嶻嶭, 南山峨峨, 巖陀甗錡, 摧崣崛崎, 振谿通谷, 蹇產溝瀆, 谽呀豁閜, 阜陵別島, 崴磈嵔瘣, 丘虛崛嵂, 隱轔鬱𡷪, 登降施靡, 陂池貏豸, 沇溶淫鬻, 散渙夷陸, 亭皋千里, 靡不被築. 掩以綠蕙, 被以江離, 糅以蘪蕪, 雜以流夷. 尃結縷, 欑戾莎, 揭車衡蘭, 稾本射幹, 茈薑蘘荷, 葴橙若蓀, 鮮枝黃礫, 蔣芧青薠, 布濩閎澤, 延曼太原, 麗靡廣衍, 應風披靡, 吐芳揚烈, 鬱鬱斐斐, 眾香發越, 肸蠁布寫, 晻薆咇茀. 於是乎周覽泛觀, 瞋盼軋沕, 芒芒恍忽, 視之無端, 察之無崖. 日出東沼, 入於西陂. 其南則隆冬生長, 踴水躍波, 獸則㺎旄獏犛, 沈牛麈麋, 赤首圜題, 窮奇象犀. 其北則盛夏含凍裂

地, 涉冰揭河, 獸則麒麟角端, 騊駼橐駝, 蛩蛩驒騱, 駃騠驢騾. 於是乎
離宮別館, 彌山跨谷, 高廊四注, 重坐曲閣, 華榱璧璫, 輦道纚屬, 步櫩
周流, 長途中宿. 夷嶕築堂, 纍臺增成, 巖突洞房, 俛杳眇而無見, 仰攀
橑而捫天, 奔星更於閨闥, 宛虹拖於楯軒. 青虯蚴蟉於東箱, 象輿婉蟬
於西清, 靈圉燕於閒觀, 偓佺之倫暴於南榮, 醴泉湧於清室, 通川過乎
中庭. 槃石裖崖, 嶔巖倚傾, 嵯峨礫礳, 刻削崢嶸, 玫瑰碧琳, 珊瑚叢生,
瑉玉旁唐, 璸斒文鱗, 赤瑕駁犖, 雜臿其閒, 垂綏琬琰, 和氏出焉. 於是
乎盧橘夏孰, 黃甘橙楱, 枇杷橪柿, 椁柰厚樸, 楟棗楊梅, 櫻桃蒲陶, 隱
夫鬱棣, 榙樧荔枝, 羅乎後宮, 列乎北園. 迆丘陵, 下平原, 揚翠葉, 杌紫
莖, 發紅華, 秀朱榮, 煌煌扈扈, 照曜鉅野. 沙棠櫟櫧, 華氾檗櫨, 留落胥
餘, 仁頻并閭, 槇檀木蘭, 豫章女貞, 長千仞, 大連抱, 誇條直暢, 實葉葰
茂, 攢立叢倚, 連卷累佹, 崔錯癹骪, 阬衡閜砢, 垂條扶於, 落英幡纚, 紛
容蕭蔘, 旖旎從風, 瀏莅芔歙, 蓋象金石之聲, 管籥之音. 柴池茈虒, 旋
環後宮, 雜遝累輯, 被山緣谷, 循阪下隰, 視之無端, 究之無窮. 於是玄
猨素雌, 蜼玃飛鸓, 蛭蜩蠗蝚, 蟎胡縠蛫, 棲息乎其閒, 長嘯哀鳴, 翩幡
互經, 夭蟜枝格, 偃蹇杪顛. 於是乎隃絕梁, 騰殊榛, 捷垂條, 踔稀閒, 牢
落陸離, 爛曼遠遷. 若此輩者, 數千百處. 嬉遊往來, 宮宿館舍, 庖廚不
徙, 後宮不移, 百官備具. 於是乎背秋涉冬, 天子校獵. 乘鏤象, 六玉虯,
拖蜺旌, 靡雲旗, 前皮軒, 後道遊, 孫叔奉轡, 衛公驂乘, 扈從橫行, 出
乎四校之中. 鼓嚴簿, 縱獠者, 江河爲阹, 泰山爲櫓, 車騎雷起, 隱天動
地, 先後陸離, 離散別追, 淫淫裔裔, 緣陵流澤, 雲布雨施. 生貔豹, 搏豺
狼, 手熊羆, 足野羊, 蒙鶡蘇, 絝白虎, 被斑文, 跨野馬. 陵三嵕之危, 下
磧歷之坻, 俓陵赴險, 越壑厲水. 推蜚廉, 弄解豸, 格瑕蛤, 鋋猛氏, 胃
騕褭, 射封豕. 箭不苟害, 解脰陷腦, 弓不虛發, 應聲而倒. 於是乎乘輿

彌節裵回, 翺翔往來, 睨部曲之進退, 覽將率之變態. 然後浸潭促節, 儵
夐遠去, 流離輕禽, 蹴履狡獸, 轊白鹿, 捷狡兔, 軼赤電, 遺光燿, 追怪
物, 出宇宙, 彎繁弱, 滿白羽, 射游梟, 櫟蜚虡, 擇肉後發, 先中命處, 弦
矢分, 藝殪仆. 然後揚節而上浮, 陵驚風, 歷駭飇, 乘虛無, 與神俱, 轔玄
鶴, 亂昆雞, 遒孔鸞, 促鵔鸃, 拂鷖鳥, 捎鳳皇, 捷鴛雛, 掩焦明. 道盡塗
殫, 迴車而還. 招搖乎襄羊, 降集乎北紘, 率乎直指, 闇乎反鄉. 蹷石闕
關, 歷封巒, 過鳷鵲, 望露寒, 下棠梨, 息宜春, 西馳宣曲, 濯鷁牛首, 登
龍臺, 掩細柳, 觀士大夫之勤略, 鈞獠者之所得獲. 徒車之所轔轢, 乘騎
之所蹂若, 人民之所蹈躪, 與其窮極倦卻, 驚憚慴伏, 不被創刃而死者,
佗佗籍籍, 塡阬滿谷, 揜平彌澤. 於是乎游戲懈怠, 置酒乎昊天之臺,
張樂乎膠葛之宇, 撞千石之鐘, 立萬石之鉅, 建翠華之旗, 樹靈鼉之鼓. 奏
陶唐氏之舞, 聽葛天氏之歌, 千人唱, 萬人和, 山陵爲之震動, 川谷爲
之蕩波. 巴俞宋蔡, 淮南于遮, 文成顚歌, 族擧遞奏, 金鼓迭起, 鏗鎗鏜
鞈, 洞心駭耳. 荊吳鄭衛之聲, 韶濩武象之樂, 陰淫案衍之音, 鄢郢繽
紛, 激楚結風, 俳優侏儒, 狄鞮之倡, 所以娛耳目而樂心意者, 麗靡爛漫
於前, 靡曼美色於後. 若夫青琴宓妃之徒, 絕殊離俗, 姣冶嫺都, 靚莊刻
飭, 便嬛綽約, 柔橈嬛嬛, 斌媚姌嫋, 抴獨繭之褕袘, 眇閻易以戌削, 媥
姺徶衖, 與世殊服, 芬香漚鬱, 酷烈淑鬱, 皓齒粲爛, 宜笑旳皪, 長眉連
娟, 微睇緜藐, 色授魂與, 心愉於側. 於是酒中樂酣, 天子芒然而思, 似
若有亡. 曰, 嗟乎, 此泰奢侈! 朕以覽聽餘閒, 無事棄日, 順天道以殺伐,
時休息於此, 恐後世靡麗, 遂往而不反, 非所以爲繼嗣創業垂統也. 於
是乃解酒罷獵, 而命有司曰, 地可以墾辟, 悉爲農郊, 以贍萌隸, 隤牆塡
塹, 使山澤之民得至焉. 實陂池而勿禁, 虛宮觀而勿仞. 發倉廩以振貧
窮, 補不足, 恤鰥寡, 存孤獨. 出德號, 省刑罰, 改制度, 易服色, 更正朔,

與天下爲始. 於是歷吉日以齊戒, 襲朝衣, 乘法駕, 建華旗, 鳴玉鸞, 遊乎六藝之囿, 騖乎仁義之塗, 覽觀春秋之林, 射貍首, 兼騶虞, 弋玄鶴, 建幹戚, 載雲罕, 揜群雅, 悲伐檀, 樂樂胥, 修容乎禮園, 翱翔乎書圃, 述易道, 放怪獸, 登明堂, 坐清廟, 恣群臣, 奏得失, 四海之內, 靡不受獲. 於斯之時, 天下大說, 嚮風而聽, 隨流而化, 喟然興道而遷義, 刑錯而不用, 德隆乎三皇, 功羡於五帝. 若此, 故獵乃可喜也. 若夫終日暴露馳騁, 勞神苦形, 罷車馬之用, 抏士卒之精, 費府庫之財, 而無德厚之恩, 務在獨樂, 不顧衆庶, 忘國家之政, 而貪雉兔之獲, 則仁者不由也. 從此觀之, 齊楚之事, 豈不哀哉! 地方不過千里, 而囿居九百, 是草木不得墾辟, 而民無所食也. 夫以諸侯之細, 而樂萬乘之所侈, 僕恐百姓之被其尤也. 於是二子愀然改容, 超若自失, 逡巡避席曰, 鄙人固陋, 不知忌諱, 乃今日見教, 謹聞命矣.'"

사마상여가 이 부賦를 지어 올리자 한무제가 사마상여를 낭관으로 임명했다. 무시공은 천자의 사냥터인 상림원의 광대함과 산곡山谷 및 수천水泉의 만물萬物을 언급했다. 자허는 초나라의 운몽택의 풍요를 말했다. 그러나 그 내용이 사실을 넘어선 매우 사치스러운 것으로 도리상 숭상할 만한 것이 아니었다. 여기서는 요점만 취했다. 정도正道로 돌아갈 수 있도록 핵심을 논한 것이다.

사마상여가 낭관으로 발탁된 지 몇 년 뒤 마침 당몽이 사자가 되어 계략으로 야랑과 서북西僰을 점령했다. 이들과 통하기 위해 파촉의 이졸 1,000명이 동원되었다. 파군과 촉군은 육로와 해로로 이들의 군량을 수송하기 위해 더 많은 사람을 징발했다. 무려 1만여 명에 달했다. 당몽이 징발에 관한 군법을 발동해 그 수령을 베어 죽이자 파촉의 백성이 크게 놀라 두려워했다. 한무제가 이를 듣고는 사마상여를 시켜 당몽을 꾸짖었다. 이어 파촉의 백성에게 이는 황상의 뜻이 아니라는 점을 해명하게 했다. 사마상여가 쓴 격문의 내용은 이렇다.

파촉의 태수에게 고한다. 만이가 멋대로 행동하는데도 오래도록 토벌치 않았다. 이들은 변경지역을 침공하고, 사대부를 괴롭혔다. 폐하가 즉위한 뒤 천하를 진무하고, 중원을 편안하게 만들었다. 연후에 군사를 일으켜 북쪽으로 흉노를 치자 선우가 놀라고 두려워해 양손을 마주 잡고 신하를 자처하며 무릎을 꿇고 강화를 청했다. 강거康居와 서역의 나라가 여러 차례에 걸친 통역을 통해가면서 입조하고 머리를 조아리며 진기한 공물을 바쳤다. 동쪽으로 군사를 옮겨 동월과 남월을 깨고, 오른쪽으로 반우를 치자 남월이 태자를 입조시켰다. 남이의 군주와 서북의 추장들은 늘 공물을 바치는 것을 게을리하지 않았다. 목을 길게 빼고 발꿈치를 들 듯, 물고기가 입을 위로 향하듯, 서로 다투어 의義로 돌아오고 신하가 되기를 원했다. 길이 멀고 산천이 막히고 깊어서 스스로 그럴 수 없었다.

저 순종치 않는 자는 이미 베었으나, 선행을 한 자들은 아직 상을 주지 못했다. 중랑장 당몽을 시켜 빈객을 대하는 예로 그들을 대우하고, 파와 촉의 사민 각각 500명을 징발해 폐백幣帛을 받들고 가도록 했다. 이어 불의의 사태에 대비키 위해 사자를 호위하게 했다. 덕분에 군사를 동원해 전투를 벌이는 일은 없었다. 이제 들으니 당몽이 징발에 관한 군법을 발동해 자제들을 놀라게 하고, 두려움에 떨게 하고, 장로들을 근심하게 만들었다고 한다. 나아가 파촉의 두 군에서도 멋대로 식량을 운송하게 했다고 한다. 이런 일은 결코 폐하의 뜻이 아니다. 징발된 자 가운데 혹은 도망치고 혹은 자진했다고 하니 이 또한 신하 된 자의 도리가 아니다.

저 변경의 무사들은 봉수烽燧가 올랐다는 말을 듣는 즉시 모두 활을 잡고 달려가고, 무기를 들고 뛰어가 땀을 흘리며 서로 잇달아 모인다. 다른 사람에게 뒤질세라 두려워한다. 적의 시퍼런 칼날을 무릅쓰고 날아오는 화살을 두려워하지 않는 것을 의로 여기고, 뒤돌아보거나 발꿈치를 돌리지 않는다. 그들은 노여움을 품는 것을 마치 사사로운 원수를 갚는 것처럼 한다. 저들인들 어찌 죽는 것을 기뻐하고 사는 것을 싫어하겠는가? 저들인들 어찌 호적에 들어 있는 백성이 아니고, 파촉의 백성과 달리 별도의 군주를 섬기는 사람들이겠는가? 오직 이들은 계책이 깊고 멀리 내다보며, 나라의 어려움을 급선무로 생각하고, 신하로서의 도리를 다하는 것을 기쁘게 생각할 뿐이다. 부절을 쪼개 봉지를 내리고, 규珪를 나누어 작위를 내리는 이유다.

작위는 12등급 가운데 가장 높은 통후通侯에 이르고, 집은 성의 동쪽 저택과 줄을 짓게 되고, 마침내 현달한 이름을 후대에 남기며 땅을 후손에게 전할 수 있게 된다. 하는 일이 매우 충성스럽고 공경스러우며, 머무는 자리 또한 매우 편하다. 명성이 무궁히 전해지고, 공적은 크게 드러나 사라지지 않는다. 현인과 군자가 간과 뇌를 중원의 땅에 바르고 기름과 피로 들풀을 적실지라도 결코 물러나지 않는 이유다. 지금 폐백을 받들고 가는 관원이 남이에 이르러 자진을 하거나 달아나다가 목이 베이면 사후에 이름을 남길 수 없다. 이를 일컬어 지극히 어리석은 지우至愚라고 한다. 그 부끄러움은 부모에게 미치고 끝내 천하의 웃음거리가 된다. 사람의 도량이 서로 차이가 나면 이럴 수도 있으니, 그 차이가 어찌 멀지 않겠는가!

그러나 이는 그 혼자만의 죄가 아니다. 부형이 가르치지 않고, 자제가 삼가지 못한 탓이다. 백성은 청렴하게 살거나 부끄러워하는 경우가 적은 까닭에 통상 풍속은 돈후하지 못하다. 이들이 형벌을 받는 것은 또한 마땅하지 않은가! 폐하는 사자와 담당 관원이 당몽과 같을까 염려하고, 불초한 백성이 이처럼 행동하는 것을 비통해한다. 사자를 보내 백성에게 군사동원의 배경을 설명하고, 나라를 위해 충성할 수 없어 죽거나 달아난 것을 책망하고, 백성의 교화를 책임진 마을의 삼로와 효제孝弟에게 훈계하지 않은 허물을 꾸짖은 이유다. 마침 바쁜 농사철이기는 하되 부득이 번거롭게 만들게 되었다. 가까운 현은 직접 찾아볼 수 있을지라도 멀리 떨어진 계곡과 두메산골의 백성이 두루 듣지 못할까 두렵다. 격문이 도착하면 급히 현縣의 만이에게까지 널리 알려* 폐하의 뜻을 알게 하라. 결코 소홀히 처리해서는 안 된다.

사마상여가 돌아와 이를 복명했다.

•• 賦奏, 天子以爲郎. 無是公言天子上林廣大, 山谷水泉萬物, 及子虛言楚雲夢所有甚衆, 侈靡過其實, 且非義理所尙, 故刪取其要, 歸正道而論之. 相如爲郎數歲, 會唐蒙使略通夜郎西僰中, 發巴蜀吏卒千人, 郡又多爲發轉漕萬餘人, 用興法誅其渠帥, 巴蜀民大驚恐. 上聞之, 乃使相如責唐蒙, 因喩告巴蜀民以非上意. 檄曰, "告巴蜀太守, 蠻夷自擅不討之日久矣, 時侵犯邊境, 勞士大夫. 陛下卽位, 存撫天下, 輯安中國. 然後興師出兵, 北征匈奴, 單于怖駭, 交臂受事, 詘膝請和. 康居西

• "급히 현의 만이에게까지 널리 알려"의 원문은 "극하현도亟下縣道"다. 《사기집해》는 《한서》〈백관공경표〉를 인용해 도道를 현의 만이들이 사는 지역으로 풀이했다.

域, 重譯請朝, 稽首來享. 移師東指, 閩越相誅. 右弔番禺, 太子入朝. 南夷之君, 西僰之長, 常效貢職, 不敢怠墮, 延頸擧踵, 喁喁然皆爭歸義, 欲爲臣妾, 道里遼遠, 山川阻深, 不能自致. 夫不順者已誅, 而爲善者未賞, 故遣中郞將往賓之, 發巴蜀士民各五百人, 以奉幣帛, 衛使者不然, 靡有兵革之事, 戰鬪之患. 今聞其乃發軍興制, 驚懼子弟, 憂患長老, 郡又擅爲轉粟運輸, 皆非陛下之意也. 當行者或亡逃自賊殺, 亦非人臣之節也. 夫邊郡之士, 聞烽擧燧燔, 皆攝弓而馳, 荷兵而走, 流汗相屬, 唯恐居後, 觸白刃, 冒流矢, 義不反顧, 計不旋踵, 人懷怒心, 如報私讎, 彼豈樂死惡生, 非編列之民, 而與巴蜀異主哉? 計深慮遠, 急國家之難, 而樂盡人臣之道也. 故有剖符之封, 析珪而爵, 位爲通侯, 居列東第, 終則遺顯號於後世, 傳土地於子孫, 行事甚忠敬, 居位甚安佚, 名聲施於無窮, 功烈著而不滅. 是以賢人君子, 肝腦塗中原, 膏液潤野草而不辭也. 今奉幣役至南夷, 卽自賊殺, 或亡逃抵誅, 身死無名, 謚爲至愚, 恥及父母, 爲天下笑. 人之度量相越, 豈不遠哉! 然此非獨行者之罪也, 父兄之敎不先, 子弟之率不謹也, 寡廉鮮恥, 而俗不長厚也. 其被刑戮, 不亦宜乎! 陛下患使者有司之若彼, 悼不肖愚民之如此, 故遣信使曉喩百姓以發卒之事, 因數之以不忠死亡之罪, 讓三老孝弟以不敎誨之過. 方今田時, 重煩百姓, 已親見近縣, 恐遠所谿谷山澤之民不徧聞, 檄到, 亟下縣道, 使咸知陛下之意, 唯毋忽也."相如還報.

당몽은 이미 계략을 써서 야랑과 통하고, 이 틈을 타 서남이의 길을 개통하고자 했다. 파·촉·광한의 병사를 징발한 이유다. 노역자도 수만 명이 징발되어 길을 닦았으나 2년이 지나도록 완공하지 못했다. 많은 병사가 죽고, 막대한 경비가 들었다. 촉군의 백성과 한나라 조정 관원 가운데 상당수가 그 일이 타당치 못하다고 말했다. 당시 공과 작 땅의 군장 대부분은 남이가 한나라와 통한 뒤 많은 상을 받았다는 소식을 듣고 한나라의 신하가 되기를 원했다. 한나라 관원의 배치를 청하면서 남이와 똑같이 관원이 되기를 바라는 자가 많았다. 한무제가 묻자 사마상여가 이같이 대답했다.

"공·작·염·방은 촉군에 가까워 길을 열기가 쉽습니다. 일찍이 진나라는 이들과 통해 군현을 두었습니다. 한나라가 일어나면서 이를 폐지했습니다. 이제 실로 다시 통해 군현을 설치하면 오히려 남이보다 나을 것입니다."

한무제가 그럴듯하게 여겼다. 마침내 사마상여를 중랑장으로 임명한 뒤 사자의 부절을 가지고 서이로 가게 했다. 부사副使 왕연우·호충국壺充國·여월인이 네 필의 말이 이끄는 전마를 타고 급히 달려갔다. 파촉의 관원을 통해 서이에게 폐물幣物을 뇌물로 주었다. 촉에 이르자 촉의 태수와 휘하 관원이 모두 교외로 나와 맞이했다. 현령은 몸소 활과 화살을 지고 앞에서 인도했다. 촉군 사람들이 사마상여를 맞이한 것을 영광으로 여긴 것이다. 탁왕손과 임공현의 모든 부로가 저마다 사마상여의 문하를 통해 소와 술을 바쳐 환심을 사고자 했다. 탁왕손이 좀더 일찍 딸을 사마상여에게 보내지 못한 것을 자탄自歎하며 재물을 많이 나누어주어 다른 아들과 똑같게 했다.

사마상여가 곧 서이를 평정했다. 공·작·염·방·사유斯榆의 군장 모두 다가와 내신內臣이 될 것을 청했다. 변경의 관소를 철거해 변관邊關을 더욱 넓혔다. 한나라의 경계선을 서쪽으로 말수沫水와 약수若水, 남쪽으로 장가강까지 확장했다. 영관零關의 길을 통하게 하고, 손수孫水에 다리를 가설해 공 및 작과 통하게 했다. 돌아와 복명하자 한무제가 크게 기뻐했다.

●● 唐蒙已略通夜郎, 因通西南夷道, 發巴·蜀·廣漢卒, 作者數萬人.
治道二歲, 道不成, 士卒多物故, 費以巨萬計. 蜀民及漢用事者多言其
不便. 是時邛筰之君長聞南夷與漢通, 得賞賜多, 多欲願爲內臣妾, 請
吏, 比南夷. 天子問相如, 相如曰, "邛·筰·冄·駹者近蜀, 道亦易通, 秦
時嘗通爲郡縣, 至漢興而罷. 今誠復通, 爲置郡縣, 愈於南夷." 天子以
爲然, 乃拜相如爲中郎將, 建節往使. 副使王然于·壺充國·呂越人馳
四乘之傳, 因巴蜀吏幣物以賂西夷. 至蜀, 蜀太守以下郊迎, 縣令負弩
矢先驅, 蜀人以爲寵. 於是卓王孫·臨邛諸公皆因門下獻牛酒以交驩.
卓王孫喟然而歎, 自以得使女尙司馬長卿晚, 而厚分與其女財, 與男等
同. 司馬長卿便略定西夷, 邛·筰·冄·駹·斯楡之君皆請爲內臣. 除邊
關, 關益斥, 西至沬·若水, 南至牂柯爲徼, 通零關道, 橋孫水以通邛都.
還報天子, 天子大說.

사마상여가 서남이에 사자로 갔을 때 촉군의 장로들 대부분이 이
같이 말했다.

"서남이와 교통해도 소용이 없을 것이다."

대신들도 비슷한 입장이었다. 사마상여는 내심 간하고자 했으나
계책이 이미 서 있었던 까닭에 감히 간하지 않았다. 그 대신 촉군의
부로가 하는 말의 형식을 빌려 글을 지었다. 상대방을 힐난하는 내
용으로 꾸며 있었다. 곧 한무제를 풍간한 것이다. 또 사자로 온 목적
을 설명함으로써 백성들에게 한무제의 취지를 쉽게 알도록 했다. 글
의 내용은 이러했다.

한나라가 일어난 지 78년이 되었고, 천자의 흥성한 은덕은 6대에 걸쳐 있고, 무위武威는 성대하고 은덕은 깊었다. 모든 생물을 촉촉이 적셔주어 그 은덕이 먼 곳까지 차서 넘쳐흘렀다. 사자를 서쪽으로 보내 물의 흐름을 막는 것처럼 복종하지 않는 자를 물리치자 바람이 부는 곳에 따라 쓰러지지 않는 것이 없었다. 염을 조정으로 들어오게 하고, 방을 복종시켰고, 작을 평정하고, 공을 어루만지고, 사유를 공략하고, 포만苞滿을 점령했다. 수레를 돌려 돌아온 뒤 동쪽을 향해 천자에게 복명하고자 했다. 촉도蜀都에 이르렀을 때 나이 많은 노인인 기로耆老와 대부 및 유력인사 스물일곱 명이 위엄 있는 태도를 갖추고 사자를 찾아왔다. 인사를 마치자 이같이 말했다.

"대략 듣자 하니 천자는 이적夷狄을 대할 때 마치 우마의 고삐처럼 죄었다 풀면서 관계를 끊지 않는 계책[羈縻勿絶]만 구사할 뿐이라고 합니다. 이제 파·촉·광한 등 삼군三郡의 군사를 지치게 하면서 야랑으로 가는 길을 개통하고자 한 것이 3년이 되었습니다. 그러나 사업은 완성되지 않고, 병사는 지쳐 있고, 백성은 고통을 견딜 수 없게 되었습니다. 지금 또 이어서 서이와 교통하고자 하나 민력이 다한 까닭에 일을 완수하는 것[卒業]이 불가능해질까 두렵습니다. 이는 사자의 허물입니다. 우리 또한 내심 천자의 사자를 위해 적잖이 우려하고 있습니다.

또 저들 공·작·서북은 중원과 나란히 있은 지 이제 오래되어 그 역사를 이루 기록할 수 없을 정도입니다. 인자仁者도 덕으로 그들을 따르게 하지 못했고, 강자彊者도 무력으로 그들을 병탄하지 못했습니다. 생각건대 이는 거의 불가능한 일입니다. 지금 백성의 재물을 쪼개 이적에게 주고, 믿을 수 있는 촉군의 백성을 해치면서까지 쓸모없는 일을 하는 이적을 받들려 하니 비루한 저희는 고루해 사자의 취지를 알지 못하겠습니다."

사자가 말했다.

"어떻게 그리 말하는 것입니까? 반드시 여러분의 말과 같다면 촉군도 만이의 옷을 바꾸지 않았을 것이고, 파군도 만이의 풍속을 바꾸지 않았을 것입니다. 나 같은 사람도 이런 말을 듣는 것을 싫어합니다. 더구나 이 일은 매우 중대해 밖에 있는 자가 볼 수 있는 것이 아닙니다. 나는 급히 돌아가 보고해야 하는 까닭에 상세히 말할 수는 없으나 대부들을 위해 그 대략을 이야기하겠습니다. 세상에는 반드시 비상한 인물[非常之人]이 있은 연후에 비상한 일[非常之事]이 있고, 비상한 일이 있은 연후에 비상한 공인[非常之功]이 있게 마련입니다. 비상함은 본래 평범함과 다른 것입니다. 평범한 사람이 비상함의 시초를 알기 어렵고, 두려워하는 이유입니다. 그러나 이것이 성공하면 천하가 비로소 편안해집니다.

옛날 홍수로 사방에 물이 범람하자 백성들은 짐을 꾸려 높은 곳과 낮은 곳을 오르내리며 이주하는 등 험난하게 산 까닭에 편안할 수 없었습니다. 하나라 우왕이 이를 근심해 마침내 홍수를 다스렸습니다. 강을 트고 하수를 소통시켜 물이 차는 곳을 분산시킴으로써 재해를 줄인 것이 그렇습니다. 물의 흐름을 동쪽으로 돌려 바다로 모이게 하자 천하가 영원히 편안해졌습니다. 당시 어찌 백성만 수고스러울 리 있겠습니까? 우왕은 속으로 번민하고 직접 일한 까닭에 손발에 못이 박히고, 발뒤꿈치가 닳아 없어지고, 피부에 털이 나지 않았습니다. 그의 아름다운 공적이 끝없이 드러나고 그 명성이 오늘날까지 전해지는 이유입니다.

현군이 즉위하면 어찌 자질구레한 일에 골몰하고, 문자에 얽매여 습속에 구속되고, 구습만 좇으며 당대의 이야기만 듣고자 하겠습니까! 반드시 숭고하며 원대한 것을 생각하고, 사업을 벌여 법통을 세우고 만세의 모범이 되고자 할 것입니다. 만국을 포용하고, 사방의 이적을 끌어안는 일에 힘써 대업을 천지와 나란히 하고자 할 것입니다. 하물며 《시경》〈소아, 북산北山〉에서 이르기를, '넓은 하늘 아래 왕의 땅[王土]이 아닌 곳이 없고, 온 땅덩이 위에 왕의 신하[王臣]가 아닌 자가 없다'고 하지 않았습니까? 이는 육합六合의 안과 팔방八方의 밖에 물이 스며들어 넘쳐흐르는 것과 닮았습니다. 마치 생명이 있는 생물 가운데 군자의 은택으로 윤택하지 않는 것이 있으면 현군은 이를 부끄러워하는 것과 같습니다.

이제 국내의 의관을 갖춘 사대부 무리는 모두 아름다운 복을 받아 한 사람도 빠진 자가 없습니다. 그러나 이적은 풍속을 달리하는데다 멀리 떨어져 있고, 다른 종족의 땅이어서 배와 수레가 통하지 않고, 인적도 드물고, 정치와 교화가 아직 베풀어지지 않아 천자의 덕화도 미미합니다. 이들은 안으로는 변경에서 의를 범하며 예를 거스르고, 밖으로는 멋대로 간사한 행동을 해 군주를 내쫓거나 시해합니다. 군신의 위치가 바뀌고, 고하가 차례를 잃고, 부형이 죄 없이 형벌을 받고, 어린이와 고아가 종이 되어 묶여 가며 우는 이유입니다. 그러면서 중원을 향해 이같이 원망합니다.

'대략 들어보니 중원에는 지극히 어진 자가 있어 덕이 성대하고 은덕이 널리 베풀어져 만물이 제자리를 얻지 못한 자가 없다고 한다. 어찌해서 우리만 버리려 하는가?'

이들은 발뒤꿈치를 들고 사모하는 것이 마치 가문 날에 비를 기다리는 것과 같다고 합니다. 포학한 자도 감동을 받아 눈물을 흘리는데, 하물며 성스러운 천자가 어찌 이적과 교통하는 것을 멈출 수 있겠습니까? 북쪽으로 군사를 출동시켜 강한 오랑캐를 치고, 남쪽으로 사자를 보내 강한 월나라를 꾸짖은 이유입니다. 사방이 덕에 감화되고, 서이와 남이의 군장들은 마치 물고기가 물의 흐름을 따르듯 우러러보며 작호爵號 수여를 갈망했습니다. 그 숫자가 억을 헤아릴 정도였습니다. 말수와 약수에 관소를 두고, 장가강을 경계로 삼고, 영산零山을 뚫어 길을 열고, 손수의 원천에 다리를 가설한 것도 바로 이 때문입니다.

도덕의 길을 세우며 인의의 전통을 드리워 은혜를 널리 베풀고, 먼 곳의 백성을 어루만져 소원한 자가 막히지 않게 하고, 사방이 막혀 미개한 자에게 광명의 빛을 얻게 하는 것입니다. 덕분에 군사를 움직이지 않고, 토벌을 그치게 할 수 있습니다. 원근을 하나로 만들고, 안팎을 안락하고 행복하게 만드는 것이 즐거운 일이 아니겠습니까? 대개 백성을 어려움에서 구제하고, 고상한 미덕을 받들어 말세의 쇠미한 형세를 되돌려놓고, 주나라의 끊어진 맥락을 잇는 것은 천자의 급선무입니다. 설령 백성을 수고롭게 할지라도 어찌 그칠 수 있겠습니까? 제왕의 일은 실로 근심하고 부지런히 하는 데서 시작되고, 편안하고 즐거워하는 데서 끝나지 않는 것이 없습니다. 천자의 명을 받은 사자의 사명도 바로 여기에 있는 것입니다.

바야흐로 장차 태산泰山과 양보산梁父山에서 봉선을 행하고, 어가의 수레 방울을 울리고, 음악과 송가頌歌를 연주하고, 위로는 오제와 같고 아래로는 삼왕과 같아지려는 것입니다. 곁에서 보는 자가 아직 가르치는 자의 손가락을 보지 못하고, 곁에서 듣는 자가 아직 지휘하는 자의 소리를 듣지 못하는 것처럼 천자의 취지를 범인은 알지 못합니다. 오방五方을 지키는 전설적인 서조瑞鳥인 초명鷦明은 이미 하늘을 날고 있는데도 새그물을 치는 자는 오히려 숲과 못을 들여다보고 있는 것과 같은 것입니다. 실로 슬픈 일입니다!"

여러 대부들은 망연자실한 나머지 품고 있던 생각을 잊고, 나아가 간언하려던 말을 잃었다. 서로 감탄하며 이같이 말했다.

"한나라의 은덕은 실로 위대합니다. 이는 우리가 듣고 싶어 했던 말입니다. 비록 백성이 게으를지라도 청컨대 저희 스스로 앞장서 실천토록 하겠습니다."

부로들 모두 낙담해 고개를 떨어뜨린 채 하직하고 물러갔다.

사마상여가 이런 글을 포고한 이후 어떤 자가 조정에 사마상여를 이같이 무함했다.

"사마상여가 사자로 나와 뇌물을 받았습니다."

사마상여가 벼슬에서 물러난 이유다. 그러나 그는 한 해 남짓 있다가 다시 부름을 받고 낭관이 되었다.

●● 相如使時, 蜀長老多言通西南夷不爲用, 唯大臣亦以爲然. 相如欲諫, 業已建之, 不敢, 乃著書, 籍以蜀父老爲辭, 而己詰難之, 以風天子, 且因宣其使指, 令百姓知天子之意. 其辭曰, "漢興七十有八載, 德茂存乎六世, 威武紛紜, 湛恩汪濊, 羣生澍濡, 洋溢乎方外. 於是乃命使西征, 隨流而攘, 風之所被, 罔不披靡. 因朝冄從駹, 定筰存邛, 略斯榆, 擧苞滿, 結軼還轅, 東鄉將報, 至于蜀都. 耆老大夫薦紳先生之徒二十有七人, 儼然造焉. 辭畢, 因進曰, '蓋聞天子之於夷狄也, 其義羈縻勿絶而已. 今罷三郡之士, 通夜郎之塗, 三年於玆, 而功不竟, 士卒勞倦,萬民不贍, 今又接以西夷, 百姓力屈, 恐不能卒業, 此亦使者之累也, 竊爲左右患之. 且夫邛·筰·西僰之與中國並也, 歷年兹多, 不可記已. 仁者不以德來, 彊者不以力幷, 意者其殆不可乎! 今割齊民以附夷狄, 弊所恃以事無用, 鄙人固陋, 不識所謂.' 使者曰, '烏謂此邪? 必若所云, 則是蜀不變服而巴不化俗也. 余尙惡聞若說. 然斯事體大, 固非觀者之所觀也. 余之行急, 其詳不可得聞已, 請爲大夫粗陳其略. 蓋世必有非常之人, 然後有非常之事, 有非常之事, 然後有非常之功. 非常者, 固常人之所異也. 故曰非常之原, 黎民懼焉, 及臻厥成, 天下晏如也. 昔者鴻水浡出, 氾濫衍溢, 民人登降移徙, 陭𡹸而不安. 夏后氏戚之, 乃堙鴻水, 決江疏河, 灑沈贍菑, 東歸之於海, 而天下永寧. 當斯之勤, 豈唯民哉. 心煩於慮而身親其勞, 躬胝無胈, 膚不生毛. 故休烈顯乎無窮, 聲稱浹乎于兹. 且夫賢君之踐位也, 豈特委瑣握齪, 拘文牽俗, 循誦習傳, 當世取說云爾哉! 必將崇論閎議, 創業垂統, 爲萬世規. 故馳騖乎兼容幷包, 而勤思乎參天貳地. 且詩不云乎. 普天之下, 莫非王土. 率土之濱, 莫非王臣. 是以六合之內, 八方之外, 浸潯衍溢, 懷生之物有不浸潤於澤者, 賢君恥之. 今封彊之內, 冠帶之倫, 咸獲嘉祉, 靡有闕遺矣. 而夷狄殊俗之國, 遼絶異黨之地, 舟輿不通, 人跡罕至, 政敎未加, 流風猶微. 內之則犯義侵禮於邊境, 外之則邪行橫作, 放弒其上. 君臣易位, 尊卑失序, 父兄不辜, 幼孤爲奴, 係纍號泣, 內嚮而怨, 曰 蓋聞中國有至仁焉, 德洋而恩普, 物靡不得其所, 今獨曷爲遺己. 舉踵思慕, 若枯旱之望雨. 戾夫爲之垂涕, 況乎上聖, 又惡能已? 故北出師以討彊胡, 南馳使以誚勁越. 四面風德, 二方之君鱗集仰流, 願得受號者以億計. 故乃關沫·若, 徼牂柯, 鏤零山, 梁孫原. 創道德之塗, 垂仁義之統. 將博恩廣施, 遠撫長駕, 使疏逖不閉, 阻深闇昧得耀乎光明, 以偃甲兵於此,

而息誅伐於彼. 遐邇一體, 中外提福, 不亦康乎? 夫拯民於沈溺, 奉至
尊之休德, 反衰世之陵遲, 繼周氏之絶業, 斯乃天子之急務也. 百姓雖
勞, 又惡可以已哉? 且夫王事固未有不始於憂勤, 而終於佚樂者也. 然
則受命之符, 合在於此矣. 方將增泰山之封, 加梁父之事, 鳴和鸞, 揚樂
頌, 上咸五, 下登三. 觀者未睹指, 聽者未聞音, 猶鷦鷯已翔乎寥廓, 而
羅者猶視乎藪澤. 悲夫!'"於是諸大夫芒然喪其所懷來而失厥所以進,
喟然並稱曰, "允哉漢德, 此鄙人之所願聞也. 百姓雖怠, 請以身先之."
敞罔靡徙, 因遷延而辭避.

　사마상여는 말이 어눌했지만 글을 잘 지었다. 평소 소갈증을 앓았
으나 탁문군과 결혼해 재물이 풍족했다. 벼슬에 나가기는 했으나 공
경과 더불어 나랏일을 논하는 일에 참여치 않았다. 병을 핑계 삼아
한가하게 지내면서 높은 관작을 바라지 않은 것이다. 그는 늘 한무
제를 쫓아 장양궁長楊宮으로 가서 사냥했다. 한무제는 사냥을 좋아해
직접 곰과 멧돼지를 쏘고, 말을 달려 들짐승을 쫓곤 했다. 사마상여
가 상서해 간했다. 요지는 이렇다.

　신이 듣건대 만물에는 동류同類라 할지라도 능력을 달리하는 자가 있
다고 합니다. 힘은 1,000균鈞의 무게를 든 진나라의 전설적인 용사인
오획烏獲을 일컫고, 날랜 것은 춘추시대 말기 오왕 요의 아들인 경기
慶忌를 말하고, 용감한 것은 전설적인 용사인 맹분과 하육을 기대한
다고 합니다. 신의 어리석은 생각으로는 사람에게 실로 그런 면이 있
고, 짐승 또한 응당 이와 같을 것입니다.
　지금 폐하는 막히고 험난한 곳을 돌보지 않고 쫓아가 즐겨 사냥하니

다. 만일 문득 매우 사나운 맹수를 만나고, 그 맹수가 크게 놀라 폐하를 따르던 81대의 부거副車가 일으킨 먼지 속으로 뛰어들면 수레는 바퀴를 되돌릴 겨를이 없고, 사람은 기교를 부릴 틈이 없을 것입니다. 설령 오획의 힘과 전설적인 명궁인 봉몽逢蒙의 기술이 있을지라도 기량을 다 쓸 수 없을 터이니 그때는 마른 나무와 썩은 그루터기조차 해가 될 것입니다. 이는 마치 흉노와 월나라가 수레바퀴 밑에서 일어나고, 강족과 이적이 수레 뒤의 횡목으로 달려든 것과 같습니다. 어찌 위태롭지 않겠습니까?

만전의 준비를 해 화가 일어날 염려가 없다고 할지라도 천자가 가까이 갈 만한 곳이 아닙니다. 대략 길을 깨끗이 한 뒤 가거나 기준에 맞게 정비한 뒤 달릴지라도 때로는 말이 재갈을 벗어버리고 날뛰는 변고가 생길 수 있습니다. 하물며 무성한 풀숲을 지나 구릉을 내달리면서 눈앞의 짐승을 쫓아가는 즐거움에 팔려 의외의 변고를 방비하는 마음이 없으니, 이것이 화로 돌변하는 것 또한 어렵지 않을 것입니다. 천자의 소중한 몸을 가벼이 여기는 것을 안전하다고 할 수 없고, 만에 하나 위험한 길로 나가는 것을 즐겨 그것을 즐거움으로 삼으면 신은 폐하를 위해 이같이 해서는 안 된다고 생각합니다. 대개 선견지명先見之明이 있는 자는 싹이 트기 전에 미리 알고, 지혜로운 자는 위험이 모습을 드러내기 전에 미리 피하는 법입니다.

재앙은 본래 드러나지 않고 미묘한 곳에 숨어 있다가 사람들이 주의를 기울이지 않는 곳에서 나타납니다. "1,000금을 쌓아둔 집안의 자식은 기와가 문득 떨어지는 마루 끝에 앉을 일이 없다[家累千金, 坐不垂堂]"는 속담이 있습니다. 비록 하찮은 듯이 보이나 이로써 큰 것을 비유할 수 있습니다. 폐하는 이 점에 유의해 신중히 행보해주십시오.

한무제가 잘 썼다고 여겼다. 돌아올 때 의춘궁을 지나면서 사마상여는 진나라 2세 황제의 잘못을 애석해 하는 내용의 부를 지어 바쳤다. 내용은 이렇다.

가파른 긴 언덕을 올라 층층이 높게 솟아 줄지어 늘어선 궁궐 안으로 들어선다. 굽이진 강의 물가를 굽어보며 들쭉날쭉한 남산을 바라본다. 높게 솟은 산세는 공허한데, 깊고 탁 트인 계곡은 산간에 퍼져 있다. 물의 흐름은 가볍고도 급하게 멀리 흘러가 평원의 못으로 쏟아진다. 무성하게 자란 온갖 나무의 울창한 그늘을 보고, 빽빽이 자란 죽림竹林도 본다. 동쪽으로는 토산土山으로 달려가고, 북쪽으로는 옷을 걷고 징검다리 여울을 건넌다. 잠시 조용히 걸으면서 진나라 2세 황제 황제의 유적을 살피고 조문한다. 그는 몸가짐을 삼가지 않아 나라를 패망하게 하고 권세도 잃었다. 참언을 믿고 깨닫지 못해 종묘사직이 끊어졌다. 아, 슬프다! 품행이 좋지 못했기에 무덤에 풀이 수북해도 돌보는 자가 없고, 혼은 돌아갈 곳이 없어 제삿밥을 먹지 못한다. 아득히 세월이 멀리 흐를수록 더욱 황폐해져 암담해질 것이다. 정령精靈은 의지할 곳 없이 저 높은 하늘로 날아올라 돌아오지 않는다. 아, 슬픈 일이다!

사마상여는 한문제의 능을 지키는 효문원孝文園의 영令이 되었다.

●● 其後人有上書言相如使時受金, 失官. 居歲餘, 復召爲郎. 相如口吃而善著書. 常有消渴疾. 與卓氏婚, 饒於財. 其進仕宦, 未嘗肯與公卿國家之事, 稱病閒居, 不慕官爵. 常從上至長楊獵, 是時天子方好自擊熊彘, 馳逐野獸, 相如上疏諫之. 其辭曰, "臣聞物有同類而殊能者, 故力稱烏獲, 捷言慶忌, 勇期賁·育. 臣之愚, 竊以爲人誠有之, 獸亦宜然. 今陛下好陵阻險, 射猛獸, 卒然遇軼材之獸, 駭不存之地, 犯屬車之淸塵, 輿不及還轅, 人不暇施巧, 雖有烏獲·逢蒙之伎, 力不得用, 枯木朽株盡爲害矣. 是胡越起於轂下, 而羌夷接軫也, 豈不殆哉! 雖萬全無患, 然本非天子之所宜近也. 且夫淸道而後行, 中路而後馳, 猶時有銜橛之變, 而況涉乎蓬蒿, 馳乎丘墳, 前有利獸之樂而內無存變之意, 其爲禍也不亦難矣! 夫輕萬乘之重不以爲安, 而樂出於萬有一危之塗以爲娛, 臣竊爲陛下不取也. 蓋明者遠見於未萌而智者避危於無形, 禍固多藏於隱微而發於人之所忽者也. 故鄙諺曰, '家累千金, 坐不垂堂.' 此言雖小, 可以喩大. 臣願陛下之留意幸察." 上善之. 還過宜春宮, 相如奏賦以哀二世行失也. 其辭曰, "登陂陀之長阪兮, 坌入曾宮之嵯峨. 臨曲江之隑州兮, 望南山之參差. 巖巖深山之峼峼兮, 通谷豁兮谽谺. 汩淢噏習以永逝兮, 注平皋之廣衍. 觀衆樹之塕藜兮, 覽竹林之榛榛. 東馳土山兮, 北揭石瀨. 彌節容與兮, 歷弔二世. 持身不謹兮, 亡國失埶. 信讒不寤兮, 宗廟滅絶. 嗚呼哀哉! 操行之不得兮, 墳墓蕪穢而不脩兮, 魂無歸而不食. 夐邈絶而不齊兮, 彌久遠而愈休. 精罔閬而飛揚兮, 拾九天而永逝. 嗚呼哀哉!" 相如拜爲孝文園令.

한무제가 〈자허부〉를 훌륭하다고 평했다. 사마상여는 한무제가 신선의 도를 좋아하는 것을 보고는 이같이 건의했다.

"상림의 일은 아직 아름답다고 하기에 부족합니다. 이보다 더 아름다운 것이 있습니다. 신이 일찍이 〈대인부〉를 지으려 했으나 아직 완성하지 못했습니다. 청컨대 완성해 올리도록 하겠습니다."

사마상여는 《열선전列僊傳》에 나오는 신선이 산과 못 사이에 사는

데다 너무 파리하게 묘사되어 있어 제왕이 내심 바라는 신선의 모습과 동떨어져 있다고 생각했다. 마침내 〈대인부〉를 지은 이유다. 그 글은 이렇다.

세상에 대인이 있으니 중원인 중주中州에 살았다. 저택이 1만 리에 가득 찼지만 일찍이 이를 잠시라도 머무를 만한 곳이라고 여긴 적이 없다. 세속이 각박하고 좁은 것을 슬퍼해 훨훨 가볍게 날아가 머나먼 곳에서 노닐었다. 붉은 깃발과 흰 무지개를 드리운 채 구름 기운을 타고 하늘 위로 올라갔다. 황백黃白의 긴 장대를 세우고 광채로 빛나는 깃발을 달았다. 깃발 끝은 오색을 늘어뜨려 장식하고, 혜성을 끌어당겨 깃발의 술로 삼았다. 깃발은 바람을 따라 높이 나부끼고, 아름다운 모습으로 흔들린다. 천참성天欃星과 천창성天槍星을 따다 깃발로 삼고, 둥그런 무지개를 길게 엮어 활집인 도韜로 삼는다. 붉은 빛이 아득히 퍼지나 암담해 빛도 없고, 바람처럼 솟구쳐 구름처럼 떠오른다.

날개 달린 응룡應龍 모양의 수레를 타고 적룡과 청룡을 부마로 삼으니, 오르내리는 기세가 왕성하다. 목을 꼿꼿이 세워 달리고, 굽혔다가 우뚝 일어나 뛰는가 하면, 구불구불 똬리를 틀곤 한다. 머리를 끄덕끄덕 흔들면서 목덜미를 길게 빼더니 앞으로 나아가고, 때로는 머리를 들어 나아가지 않기도 한다. 때로는 방자하고 자유로우며 머리를 치켜드는 것이 가지런하지 않다. 재빨리 앞으로 나아갔다가는 뒤로 물러서고, 눈을 좌우로 움직이며 혀를 날름거린다. 쭉 위로 날아올라 좌우로 서로 따르고, 누차 머리를 흔들며 달린다. 서로 의지해 뒤엉키고 이끌며 서로를 부른다. 땅을 밟고 내려섰는가 하면 훌쩍 날아 솟아오르고, 날아올라서는 미친 듯이 달리고, 나란히 날아가 서로를 쫓곤 한다. 번개처럼 빠른데다 문득 밝아지며, 안개처럼 사라지는가 하면 구름처럼 흩어진다.

비스듬히 동극東極을 건너 북극北極에 올라 신선과 서로 사귄다. 진인眞人이 서로 만나 오른쪽으로 돌았다가 옆으로 비천飛泉을 건너 오르고, 바로 동쪽으로 간다. 모두 신선을 부른 뒤 대표를 선정하게 하고, 요광瑤光에서 여러 신선을 배치한다. 오제를 길잡이로 삼고, 최고의 신인 태일太一을 제자리에 돌려보내고, 능양陵陽을 시종으로 삼아 뒤따르게 하고, 물의 신인 현명玄冥을 왼쪽에 세우고, 함뢰含雷를 오른쪽에 세우고, 육리陸離를 앞장서게 하고 휼황潏湟을 뒤에서 쫓게 한다. 신선 정백교征伯僑와 선문羨門을 시종처럼 부리며, 기백岐伯에게 명해 의방을 맡게 한다. 불의 신인 축융祝融에게 경호를 맡겨 행인을 멈추게 하고, 악한 기운을 맑게 한 뒤 나아간다. 수레 1만 승을 모은 뒤 오색 구름을 일산日傘으로 삼고, 화려한 깃발을 바로 세운다. 구망句芒을 시켜 종자를 인솔하게 한 뒤 남쪽으로 가 노닐고자 한다.

숭산崇山에서 요임금인 당요唐堯를 위문하고, 순임금인 우순虞舜을 만나러 구의九疑를 찾아간다. 수레행렬이 어지럽게 뒤섞이고, 겹치고 서로 교차해 이어져 나란히 달려가려고 한다. 서로 부딪쳐 시끄러운 소리로 가득 차 더는 나아가지 못하더니, 뒤늦게 물이 아래로 흐르는 것처럼 행렬이 서서히 움직이기 시작한다. 잇달아 모여드는 모습이 마치 모아놓은 듯하고, 넓게 퍼져 흩어지는 것이 마치 광막하게 섞여 있는 듯하다. 우레 소리가 우르릉 쾅 하고 들리는 뇌실雷室로 곧바로 들어갔다가, 울퉁불퉁해 평탄치 않은 귀곡鬼谷의 동굴을 빠져나온다. 우주에서 가장 먼 곳인 팔굉八紘을 두루 관람한 뒤 사방의 광막한 땅인 사황四荒을 본다. 구강을 건너고 오하五河를 넘어, 염화산炎火山을 지나고 약수弱水에 배를 띄워 작은 주洲를 건넌다. 사막을 지나 문득 총령산蔥嶺山에서 쉬며 물장난을 친다. 복희伏羲와 더불어 천지를 창조한 여와女媧에게 명해 비파를 타게 하고, 황하의 신인 풍이馮夷에게 연주에 맞추어 춤을 추게 한다.

때로는 아득히 어두워지고, 그늘이라도 지면 병예屏翳를 불러 풍백風伯을 벌주고, 우사雨師를 형벌에 처한다. 서쪽으로 선명히 드러나지 않은 곤륜산昆侖山을 바라보다가 곧장 삼위산三危山으로 달려간다. 하늘의 문인 창합閶闔을 밀치고 천제의 궁궐로 들어가 옥녀玉女를 태우고 함께 돌아온다. 낭풍산閬風山에 올라 먼 곳에서 멈추자 마치 까마귀가 높이 날아오른 뒤 한 번 멈추어 쉬는 것과 같다. 음산을 낮게 돌아 완곡하게 날아올라 하얗게 센 머리의 서왕모西王母를 만난다. 옥으로 된 머리 장식을 한 서왕모는 동굴 속에 살고, 세 발 달린 까마귀인 삼족오三足烏를 전령傳令으로 부린다. 장생해 이같이 살게 되면 만대를 살아도 기뻐할 일이 오히려 부족하게 느껴질 것이다.

수레를 돌려 돌아오는 길에 곤륜산 옆의 부주산不周山을 가로질러 가유도산幽都山에서 함께 모여 음식을 먹는다. 밤새 북방의 밤기운을 마시며 아침이슬인 조하朝霞를 먹는다. 지초芝草의 꽃을 씹고 경수瓊樹의 꽃을 먹는다. 머리를 들어 서서히 하늘 높이 날아오른다. 천문天門의 거꾸로 달린 그림자를 뚫고 나가, 뭉게뭉게 피어나는 구름을 건너고, 유거遊車와 도거道車를 달려 길게 이어진 길을 내려가고, 안개를 뒤로 남긴 채 멀리 달려간다. 인간 세상을 비좁다고 여겨 깃발을 펼쳐들고 북극으로 나간다. 주둔한 기병은 현궐玄闕에 남겨두고, 선구先驅에게 명해 한문寒門에서 앞질러 가게 한다. 아래는 깊고 멀어

땅이 보이지 않고, 위는 광막하게 넓어 하늘이 없다. 보려고 해도 눈
이 아물거려 보이는 것이 없고, 들어도 귀가 황홀해 들리는 것이 없
다. 허무를 타고 올라가니 초연한 나머지 벗도 없고 홀로 있다.

사마상여가 〈대인부〉를 바치니 한무제가 크게 기뻐했다. 문득 구
름 위로 둥실 올라간 듯하고, 천지 사이를 마음껏 노니는 듯했다.

●● 天子旣美子虛之事, 相如見上好僊道, 因曰, "上林之事未足美也,
尙有靡者. 臣嘗爲大人賦, 未就, 請具而奏之." 相如以爲列僊之傳居山
澤閒, 形容甚臞, 此非帝王之僊意也, 乃遂就大人賦. 其辭曰, "世有大
人兮, 在于中州. 宅彌萬里兮, 曾不足以少留. 悲世俗之迫隘兮, 揭輕擧
而遠遊. 垂絳幡之素蜺兮, 載雲氣而上浮. 建格澤之長竿兮, 總光耀之
采旄. 垂旬始以爲幓兮, 抴彗星而爲髾. 掉指橋以偃蹇兮, 又旖旎以招
搖. 攬欃槍以爲旌兮, 靡屈虹而爲綢. 紅杳渺以眩湣兮, 猋風湧而雲浮.
駕應龍象輿之蠖略逶麗兮, 驂赤螭靑虯之蟉蚴蟉蜒. 低卬夭蟜據以驕
驁兮, 詘折隆窮躩以連卷. 沛艾赳螑仡以佁儗兮, 放散畔岸驤以孱顔.
蹚踱輵轄容以委麗兮, 綢繆偃蹇怵奐以梁倚. 糾蓼叫奡蹠以艦路兮, 蔑
蒙踊躍騰而狂趡. 莅颯卉翕熛至電過兮, 煥然霧除, 霍然雲消. 邪絶少
陽而登太陰兮, 與眞人乎相求. 互折窈窕以右轉兮, 橫厲飛泉以正東.
悉徵靈圉而選之兮, 部乘衆神於瑤光. 使五帝先導兮, 反太一而從陵
陽. 左玄冥而右含雷兮, 前陸離而後潏湟. 廝征伯僑而役羨門兮, 屬岐
伯使尙方. 祝融驚而蹕御兮, 淸雾氣而後行. 屯余車其萬乘兮, 綷雲蓋
而樹華旗. 使句芒其將行兮, 吾欲往乎南嬉. 歷唐堯於崇山兮, 過虞舜
於九疑. 紛湛湛其差錯兮, 雜遝膠葛以方馳. 騷擾衝蓯其相紛挐兮, 滂
濞泱軋灑以林離. 鑽羅列聚叢以蘢茸兮, 衍曼流爛壇以陸離. 徑入雷室

之砰磷鬱律兮, 洞出鬼谷之崛礨嵬礨. 徧覽八紘而觀四荒兮, 朅渡九江而越五河. 經營炎火而浮弱水兮, 杭絶浮渚而涉流沙. 奄息總極氾濫水嬉兮, 使靈媧鼓瑟而舞馮夷. 時若薆薆將混濁兮, 召屛翳誅風伯而刑雨師. 西望崑崙之軋沕洸忽兮, 直徑馳乎三危. 排閶闔而入帝宮兮, 載玉女而與之歸. 舒閬風而搖集兮, 亢烏騰而一止. 低回陰山翔以紆曲兮, 吾乃今目睹西王母皬然白首. 載勝而穴處兮, 亦幸有三足烏爲之使. 必長生若此而不死兮, 雖濟萬世不足以喜. 回車朅來兮, 絶道不周, 會食幽都. 呼吸沆瀣兮餐朝霞兮, 噍咀芝英兮嘰瓊華. 嫰侵潯而高縱兮, 紛鴻湧而上厲. 貫列缺之倒景兮, 涉豐隆之滂沛. 馳遊道而脩降兮, 騖遺霧而遠逝. 迫區中之隘陜兮, 舒節出乎北垠. 遺屯騎於玄闕兮, 軼先驅於寒門. 下崢嶸而無地兮, 上寥廓而無天. 視眩眠而無見兮, 聽惝恍而無聞. 乘虛無而上假兮, 超無友而獨存." 相如旣奏大人之頌, 天子大說, 飄飄有淩雲之氣, 似遊天地之閒意.

  사마상여가 이미 병으로 사직한 뒤 무릉의 집에서 살고 있을 때 천자가 좌우에 말했다.

  "사마상여의 병이 위독하다고 하니 그의 책을 모두 가져오는 것이 좋겠다. 그리하지 않으면 뒤에 잃고 말 것이다."

  한무제가 소충을 보냈지만 사마상여는 이미 죽고 집에는 책이 없었다. 그의 아내 탁문군에게 묻자 이같이 대답했다.

  "그는 원래 일찍이 책을 지닌 적이 없습니다. 때로 글을 지을지라도 사람들이 가져가 집에는 책이 없습니다. 그가 죽기 전에 한 권의 책을 지은 뒤 말하기를, '사자가 와서 책을 찾거든 이것을 올리시오'라고 했습니다. 다른 책은 없습니다."

그가 남긴 서찰 형식의 글은 봉선에 관한 것이었다. 탁문군이 소충에게 이를 건네주었다. 소충이 그 책을 올리자 한무제가 이를 소중하게 여겼다. 그 내용은 이렇다.

상고시대에 천지가 처음 열려 하늘이 백성을 낳았습니다. 역대 왕조의 군주를 거쳐 진나라에 이르게 되었습니다. 가까운 시대 군주의 유적을 살피고 먼 옛날의 유풍을 들으면 예로부터 군주가 된 자는 많았습니다. 그러나 이름이 묻힌 나머지 서책에 기록되지 않은 군주의 숫자는 이루 다 셀 수 없습니다. 순임금과 우왕의 뒤를 이어 밝고 큰 덕을 계승함으로써 후대에 생전의 이름과 사후의 시호가 일컬어지는 군주는 일흔두 명가량입니다. 선을 행하고도 창성하지 않은 자가 없고, 덕을 잃고 몸을 보전한 자 또한 없습니다.

헌원씨軒轅氏 이전의 일은 멀고 아득해 자세한 것을 얻어 들을 수 없습니다. 그러나 오제와 삼왕의 사적을 비롯해 육경 등의 서책에 전하는 것은 대략 볼 수 있습니다. 《서경》〈우서虞書, 익직모益稷謨〉에서 말하기를, "원수元首(군주)는 현명하고, 고굉股肱(측근 신하)은 선량하다"고 했습니다. 이에 근거해 말하면 군주로는 요임금인 당요보다 성대한 자가 없고, 신하는 후직보다 현량한 자가 없습니다. 후직은 사업을 당唐에서 처음으로 했고, 공류는 공적을 서융에서 드러냈습니다. 주문왕이 제도를 고친 후 주나라가 크게 융성하고 큰 도가 여기서 이루어졌습니다. 이후 점차 쇠미해져 1,000년 동안 누린 뒤 패망했습니다. 어찌 처음도 잘하고 끝도 잘한 것이 아니겠습니까? 이는 다른 까닭이 있는 것이 아닙니다. 후대가 창업 당시의 규범을 삼가 따르며 그 교화를 삼가 지켜왔기 때문입니다. 주나라의 사적은 평이해 따르기 쉽고, 은덕은 깊고 광대해 풍성하고, 법도는 명백해 본받기 쉽고, 법통을 드리우는 것이 이치를 따랐기에 계승이 쉬웠습니다. 왕업이 주성왕 때 이루어지고, 공적이 주문왕과 주무왕 때 으뜸이었던 이유입니다.

그러나 그 처음과 끝을 살펴보면 특별히 두드러진 사적이 없는 까닭에 지금의 한나라와 비교할 것이 없습니다. 주나라 사람은 태산과 양보산에 오른 뒤 봉선을 행해 명예로운 칭호를 세우고 높은 명성을 떨쳤습니다. 우리 대한大漢의 은덕은 마치 물의 원천과 같아 성대하게 넘치고 퍼져 널리 사방에 미칩니다. 이는 구름처럼 퍼지고 안개처럼 흩어져 위로는 구천九天까지 뻗치고, 아래로는 팔극八極까지 흘러갑니다. 살아 있는 모든 것은 천자의 은덕에 힘입어 윤택해지고, 화기和氣는 옆으로 흘러넘치고, 당당한 절조는 질풍처럼 멀리 갑니다. 가까운 곳에 사는 자는 그 은택의 근원에서 놀고, 먼 곳에 사는 자는 그 은택의 말류에서 헤엄치는 것과 같습니다.

커다란 악을 지닌 수악首惡은 연기처럼 사라지고, 어리석은 자인 암매闇昧는 지혜를 얻습니다. 하등동물인 곤충도 화락해 모두 머리를 돌려 안으로 향하며 천자의 은덕을 바랍니다. 연후에 추우騶虞 같은 상서로운 짐승을 원유에서 기르고, 미록麋鹿과 같은 기이한 짐승을 잡습니다. 한 줄기에서 여섯 이삭이 달린 상서로운 곡식이 부엌에서 나면 이를 가려내 종묘에 바치고, 뿔이 한쪽에 쌍으로 돋아난 백린白麟을 희생으로 삼아 종묘에 제사 지내고, 주나라 때 남긴 구정九鼎을 얻은 뒤 놓아주었던 거북을 기수岐水에서 잡고, 취황색翠黃色 용을 못에서 부르고, 신마神馬를 통해 신선 영어靈圄를 만난 뒤 한관閑館에서 빈객으로 머물게 합니다. 기이하고 웅장한 물건의 괴이하고도 다양한 변화는 이보다 더할 수 없습니다. 삼가 받들어야 할 일입니다.

상서로운 조짐이 여기에 이르렀지만 오히려 덕망이 엷다고 겸손해 하며, 감히 봉선을 말하지 않고 있습니다. 대략 주나라에서는 주무왕이 은나라의 주를 칠 때 펄펄 뛰는 백어白魚가 뱃전에 떨어진 것을 두고 상서로운 조짐이라고 여겨 이를 구워서 하늘에 제사 지냈습니다. 이런 작은 것을 징험이라며 태산에 올라가 봉선한 것입니다. 부끄러운 일이 아니겠습니까! 주나라의 지나친 자찬과 한나라의 지나친 겸양이 이처럼 다른 이유는 무엇입니까?"

사마상여의 글이 올라오자 대사마가 진언했다.

"폐하는 어진 덕으로 천하의 백성을 양육하고, 의로운 덕으로 불순한 자를 정벌했습니다. 중국의 모든 제후가 기꺼이 공물을 바치고, 사방의 만이가 폐백을 바치는 이유입니다. 그 덕이 상고의 제왕과 같고, 그 공은 함께 거론될 만한 자가 없습니다. 아름다운 공업은 두루 미치지 않는 곳이 없고, 상서로운 조짐은 여러 모습으로 변화해 나타나고, 시기를 좇아 계속 이어지며 유독 처음 나타난 것은 없습니다. 생각건대 이는 태산과 양보산에 제단을 설치한 뒤 폐하가 와서 지난날의 영광에 비유하라는 것입니다. 이는 대략 이름을 세워 영광을 드러나게 하려는 것입니다. 하늘이 은덕을 내려 복을 쌓고 제사를 지내 성공을 고하려는 것입니다. 그런데도 폐하가 겸양해 출발하려 들지 않으니 이는 천신과 지기地祇 및 산악山嶽의 신의 환심을 끊고 왕도의 예의를 잃는 것입니다. 군신들이 이를 부끄럽게 여기고 있습니다.

어떤 사람이 말하기를, '하늘의 뜻은 실로 은미隱微해 말로 하지 않고 상서로운 징조로 드러낸다. 상서로운 징조는 사양할 수 없다'고 했습니다. 만일 이를 사양하면 옛날부터 태산은 표기表記를 세울 자리도 없고, 양보산은 제사를 받을 가능성도 없었다는 이야기가 됩니다. 또한 각기 때에 따라 한때의 영화를 누리고 세상을 살다 갔을 뿐이라면 후대인이 어떻게 두 명의 군주가 봉선을 행했다고 말할 수 있었겠습니까?

대개 덕을 닦은 자에게 상서로운 부적을 내리면 이를 받들어 봉선을 행하는 것은 예의를 벗어난 것이 아닙니다. 성왕은 봉선의 예를 폐하지 않고, 예를 닦아 자신을 공경하고, 정성을 다해 천신을 기다리고, 숭산인 중악中嶽에 공을 새겨 지존임을 드러내고, 성덕을 서술해 영광스러운 이름을 나타내고, 두터운 복을 받아 모든 사람이 복을 받도록 한 것은 이 때문입니다. 이 얼마나 빛나고 성대한 일입니까! 이는 천하의 장관이고, 왕자王者의 위대한 사업인 비업조業입니다. 결코 가벼이 여길 수 없습니다.

원컨대 폐하는 이를 행하십시오. 연후에 유학자들의 학술과 계책을 빌려 봉선을 행하십시오. 일월의 찬란한 빛을 우러러보는 것처럼 봉선을 통해 관원들에게 관직을 지키며 일을 처리하게 하고, 그 의로움을 바르게 처리토록 하고, 그 글을 교감해 《춘추》 같은 경전을 짓게 하십시오. 종래의 육경六經을 칠경七經이 되게 하고, 후대에 길이 전해 만대에 걸쳐 맑은 흐름을 이어가게 함으로써 그 미묘한 흐름을 더욱 높이고, 아름다운 명성을 드날려 풍성한 결실을 얻도록 하십시오. 옛날 성왕이 길이 큰 명성을 보전해 늘 으뜸으로 칭송된 것은 바로 이런 도를 행했기 때문입니다. 응당 태사太史 휘하에서 고사를 관장하는 장고에게 명해 봉선의 뜻을 모두 아뢰게 해 자세히 살펴보도록 하십시오.”

한무제가 크게 감동해 낯빛을 바꾸었다.

“옳소, 짐도 봉선을 거행토록 하겠소!”

즉시 생각을 고치고 마음을 돌린 뒤 공경들의 의견을 종합하며 봉선에 관해 물었다. 이어 천자의 은덕이 큰 것을 시로 읊게 하고, 상서로운 부적이 풍부한 사실을 널리 예로 들어 송가頌歌를 짓게 했다. 그 송가의 내용은 이렇다.

하늘같은 덕이 만민을 덮자 구름이 유유히 흘러가네
감로甘露가 맞추어 내리니 저 땅을 충분히 적시네
맛있는 물이 땅에 스미니 무엇이든 자라지 않으리
한 줄기에 여섯 개 이삭 수확이 어찌 쌓이지 않으리
비로 적셔줄 뿐 아니라 또 이를 윤택하게 만들지
윤택하게 할 뿐 아니라 또 널리 그것이 퍼뜨리지
만물이 화락해 그리워하며 또 서로 사모한다지
명산에 봉선하니 우리 군주가 오시기를 기다리지
군주여, 군주여, 왜 봉선을 거행하지 않는 것이오
아름다운 무늬의 짐승은 군주의 동산에서 노니네
흰 바탕에 검은 무늬, 실로 그 모습이 아름답구나
화목한 모습은 바로 군자들이 보여주는 자세다
일찍이 그런 이야기를 들었는데 이제 그 실물을 보네
그 길은 알 수 없으나 하늘의 상서로운 조짐이네
이 짐승이 나타나자 순임금이 여기에 의지했다지
통통하게 살찐 기린이 저 제단의 뜰에 노닐었지

겨울 10월, 우리 군주가 가서 교사郊祀를 올렸다네

저 기린이 어가 앞을 달려 우리 군주가 복받았다지

삼대三代 이전에도 일찍이 이런 상서는 없었다네

똬리 튼 황룡이 지극한 덕에 감동해 날아올랐지

그 채색은 휘황하니 실로 번쩍번쩍 빛이 난다네

진정한 제왕 모습을 보여 모든 백성을 각성시켰지

옛 책에 육룡을 타고 하늘에 오른다고 기록되어 있지

천명의 분명한 징조는 반드시 말로 하지 않으니

사물에 의탁해 봉선하는 자에게 은밀히 일러주지

육경을 열자 천인과 상하가 서로 화답하며 어울려

성왕의 덕망을 찬양하니 늘 부덕을 두려워한다네

흥기 때 쇠망을 염려하고, 편할 때 위험을 생각한다지

탕왕과 주무왕은 지존인데 경계를 잃지 않았다네

순임금 법칙 밝혀 자성하고 정사의 득실을 살피네

이게 바로 봉선의 상서로운 조짐을 말하는 것이지

사마상여가 죽은 지 5년 뒤 한무제가 비로소 후토后土에 제사를 지냈다. 8년 뒤 마침내 먼저 중악에 제례祭禮를 거행한 뒤 태산太山에 봉封을 행하고, 양보산의 숙연산肅然山에서 선禪을 행했다. 사마상여의 다른 저서로는 《유평릉후서遺平陵侯書》·《여오공자상난與五公子相難》·《초목서草木書》 등이 있다. 여기에는 싣지 않고 특히 공경들 사이에 이름난 것만 기록했다.

•• 相如既病免, 家居茂陵. 天子曰, "司馬相如病甚, 可往從悉取其書, 若不然, 後失之矣." 使所忠往, 而相如已死, 家無書. 問其妻, 對曰,

"長卿固未嘗有書也. 時時著書, 人又取去, 即空居. 長卿未死時, 爲一卷書, 曰有使者來求書, 奏之. 無他書." 其遺劄書言封禪事, 奏所忠. 忠奏其書, 天子異之. 其書曰, "伊上古之初肇, 自昊穹兮生民, 歷撰列辟, 以迄于秦. 率邇者踵武, 逖聽者風聲. 紛綸葳蕤, 堙滅而不稱者, 不可勝數也. 續昭夏, 崇號謚, 略可道者七十有二君. 罔若淑而不昌, 疇逆失而能存? 軒轅之前, 遐哉邈乎, 其詳不可得聞也. 五三六經載籍之傳, 維見可觀也. 書曰, '元首明哉, 股肱良哉.' 因斯以談, 君莫盛於唐堯, 臣莫賢於后稷. 后稷創業於唐, 公劉發跡於西戎, 文王改制, 爰周郅隆, 大行越成, 而後陵夷衰微, 千載無聲, 豈不善始善終哉. 然無異端, 愼所由於前, 謹遺教於後耳. 故軌跡夷易, 易遵也, 湛恩濛湧, 易豐也, 憲度著明, 易則也, 垂統理順, 易繼也. 是以業隆於襁褓而崇冠于二后. 揆厥所元, 終都攸卒, 未有殊尤絶跡可考于今者也. 然猶躡梁父, 登泰山, 建顯號, 施尊名. 大漢之德, 逢湧原泉, 沕潏漫衍, 旁魄四塞, 雲專霧散, 上暢九垓, 下泝八埏. 懷生之類霑濡浸潤, 協氣橫流, 武節飄逝, 邇陜遊原, 迥闊泳沫, 首惡湮沒, 闇昧昭晳, 昆蟲凱澤, 回首面內. 然後囿騶虞之珍羣, 徼麋鹿之怪獸, 㩜一莖六穗於庖, 犧雙觡共抵之獸, 獲周餘珍收龜于岐, 招翠黃乘龍於沼. 鬼神接靈圉, 賓於閒館. 奇物譎詭, 俶儻窮變. 欽哉, 符瑞臻玆, 猶以爲薄, 不敢道封禪. 蓋周躍魚隕杭, 休之以燎, 微夫斯之爲符也, 以登介丘, 不亦恧與! 進讓之道, 其何爽與?" 於是大司馬進曰, "陛下仁育羣生, 義征不憓, 諸夏樂貢, 百蠻執贄, 德侔往初, 功無與二, 休烈浹洽, 符瑞衆變, 期應紹至, 不特創見. 意者泰山·梁父設壇場望幸, 蓋號以況榮, 上帝垂恩儲祉, 將以薦成, 陛下謙讓而弗發也. 挈三神之驩, 缺王道之儀, 羣臣恧焉. 或謂且天爲質闇, 珍符固不可辭, 若然辭之, 是泰山靡記而梁父靡幾也. 亦各並時而榮, 咸濟世而屈, 說者尙何稱於後, 而云七十二君乎? 夫修德以錫符, 奉符以行事, 不爲進越. 故聖王弗替, 而修禮地祇, 謁款天神, 勒功中嶽, 以彰至尊, 舒盛德, 發號榮, 受厚福, 以浸黎民也. 皇皇哉斯事! 天下之壯觀, 王者之丕業, 不可貶也. 願陛下全之. 而後因雜薦紳先生之略術, 使獲燿日月之末光絶炎, 以展采錯事, 猶兼正列其義, 校飭厥文, 作春秋一藝, 將襲舊六爲七, 攄之無窮, 俾萬世得激清流, 揚微波, 蜚英聲, 騰茂實. 前聖之所以永保鴻名而常爲稱首者用此, 宜命掌故悉奏其義而覽焉." 於是天子沛然改容, 曰, "愉乎, 朕其試哉!" 乃遷思回慮, 總公卿之議, 詢封禪之事, 詩大澤之博, 廣符瑞之富. 乃作頌曰, "自我天覆, 雲之油油. 甘露時雨, 厥壤可遊. 滋液滲漉, 何生不育, 嘉穀六穗, 我穡曷蓄. 非唯雨之, 又潤澤之, 非唯濡之, 氾尃濩之. 萬物熙熙, 懷而慕思. 名山顯位, 望君之來. 君乎君乎, 侯不邁哉! 般般之獸, 樂我君囿, 白質黑章, 其儀可嘉喜, 旼旼睦睦, 君子之能. 蓋聞其聲, 今觀其來. 厥塗靡蹤. 天瑞之徵. 玆亦於舜, 虞氏以興. 濯濯之麟, 遊彼靈畤. 孟冬事十月, 君徂郊祀. 馳我君輿, 帝以享祉. 三代之前, 蓋未嘗有. 宛宛黃龍, 興德而升, 采色炫燿, 熿炳輝煌. 正陽顯見, 覺寤黎烝. 於傳載之, 云受命所乘. 厥之有章, 不必諄諄. 依類託寓, 諭以封巒. 披藝觀之, 天人之際已交, 上下相發允答. 聖王之德, 兢兢翼翼也. 故曰, '興必慮衰, 安必思危.' 是以湯武至尊嚴, 不失肅祇, 舜在假典, 顧省厥遺, 此之謂也." 司馬相如旣卒五歲, 天子始祭后土. 八年而遂先禮中嶽, 封于太山, 至梁父禪肅然. 相如他所著, 若遺平陵侯書·與五公子相難·草木書篇不采, 采其尤著公卿者云.

　태사공은 평한다.

　"《춘추》는 드러난 사실을 추론해 은미한 것에 이르렀고,《역경》은 은미한 것을 근본으로 명백한 사실에 이르렀다.《시경》〈대아〉는 먼저 왕공과 대인의 덕을 말해 여러 백성에게 이르렀고,《시경》〈소아〉는 개인의 행위를 말해 정치의 선악을 평함으로써 왕공대인에게 영향을 미쳤다.《춘추》·《역경》·〈대아〉·〈소아〉의 말은 외양상 서로 다르지만, 모두 덕으로 귀일하는 점에서 서로 같다.

사마상여의 글은 비록 공허한 문자와 함부로 하는 말이 많지만 주된 뜻은 절검으로 귀결된다. 이는《시경》에서 말하는 풍간諷諫과 무슨 차이가 있는가? 양웅楊雄•은 말하기를, '사치스럽고 화려한 사마상여의 부賦는 100가지를 칭송하고 한 가지를 풍자했다. 마치 정나라 및 위衛나라의 음란한 음악을 질탕하게 연주하고 난 뒤 아악雅樂을 연주한 것과 같다. 이는 이미 본지本旨를 훼손한 것이 아닐까?'라고 했다. 나는 그의 말 가운데 논할 가치가 있는 것만 취해 〈사마상여열전〉을 지었다."

●● 太史公曰, "春秋推見至隱, 易本隱之以顯, 大雅言王公大人而德逮黎庶, 小雅譏小己之得失, 其流及上. 所以言雖外殊, 其合德一也. 相如雖多虛辭濫說, 然其要歸引之節儉, 此與詩之風諫何異. 楊雄以爲靡麗之賦, 勸百風一, 猶馳騁鄭衛之聲, 曲終而奏雅, 不已虧乎? 余采其語可論者著于篇."

● 양웅은 양웅揚雄의 잘못이다. 사마천은 기원전 135년에 태어났고, 양웅은 전한말기의 인물로 기원전 53년에 태어났다. 양웅의 언급은 후대인의 가필이다.

회남형산열전

淮南衡山列傳

〈회남형산열전〉은 한고조 유방의 막내아들 회남여왕 유장을 비롯해 그 아들인 회남왕 유안과 형산왕 유사劉賜의 비극적인 사적을 모아놓은 것이다. 모두 모반을 꾀한 결과다. 유장과 유안은 성격이 정반대였으나 모두 모반을 꾀하다가 주살을 당한 점에서 동일하다. 유사는 친형인 유안과 사이가 좋지 않았으나 그 역시 모반을 꾀한 일로 인해 자진하고 말았다. 이들에 관한 전기가 〈세가〉가 아닌 〈열전〉에 편제된 것도 이런 맥락에서 이해할 수 있다.

회남여왕 유장은 회남왕 영포가 반기를 들었을 때 이를 평정해 회남왕에 봉해졌다. 그러나 성격이 포악하고 교만한 그는 결국 법을 함부로 어기며 참람한 짓을 일삼다가 패망을 자초하고 말았다. 한문제 때 모반을 꾀한 사실이 드러나 파촉으로 유배를 가게 되었다. 그는 유배를 가는 도중에 화를 참지 못해 굶어 죽었다. 한문제는 동생을 죽였다는 비난이 두려워 회남국을 셋으로 나누어 유장의 세 아들에게 나누어주었다. 유안이 회남왕, 유발劉勃이 형산왕, 유사가 여강왕이 되었다. 여강왕 유사는 제북왕으로 이봉된 유발의 뒤를 이어 형산왕이 되었다.

사마천은 〈회남형산열전〉에서 정반대의 성격인 유장과 유안을 대비시켰다. 두 사람의 부정적인 측면을 부각시키고자 한 것이다. 이 점에서 〈회남형산열전〉은 오초칠국의 난을 야기한 오왕 유비의 사적을 집중 조명한 〈오왕비열전〉과 취지를 같이한다.

유장열전

회남여왕 유장은 한고조의 막내아들이다. 그의 모친은 원래 유방의 사위인 조왕 장오의 후궁 미인美人 출신 조씨다. 한고조 8년, 한고조가 동원에서 돌아오는 길에 조나라를 지날 때 조왕 장오가 자신의 후궁인 미인을 바쳤다. 회남여왕의 모친은 한고조의 총애를 받아 아기를 가졌다. 조왕 장오는 감히 조씨를 궁중에 둘 수 없어 따로 밖에 궁을 지어 그곳에 기거하게 했다. 관고 등이 모반해 박인柏人에서 한고조 유방을 척살하고자 한 일이 발각되자 조왕 장오도 체포되어 함께 처벌을 받게 되었다. 조왕 장오의 모친과 형제 및 첩 모두 체포되어 하내에 구금되었다. 회남여왕 유장의 생모인 조씨가 옥리에게 말했다.

"황제의 총애를 받아 아기를 가졌다."

옥리가 이를 한고조 유방에게 알렸다. 유방은 바야흐로 사위인 조왕 장오로 인해 화가 나 있었던 까닭에 조씨를 거두지 않았다. 회남여왕 생모의 동생인 조겸趙兼이 벽양후 심이기를 통해 여후에게 이를 알렸다. 여후는 질투심 때문에 이를 알리려 하지 않았고, 벽양후 심이기도 애써 변론하지 않았다. 회남여왕의 생모인 조씨가 유장을 낳은 뒤 원통해하며 이내 자진했다. 옥리가 손으로 회남여왕을 받들고 유방을 배견하자 유방이 후회하며 여후에게 그를 양육하게 하고 회남여왕의 생모인 조씨를 진정 땅에 매장했다. 진정은 회남여왕의 생모인 조씨의 생가가 있고, 조상 대대로 살던 고을이다.

한고조 11년 7월, 회남왕 영포가 반기를 들자 한고조 유방은 자신의 아들 유장을 회남왕으로 삼고, 영포의 옛 땅을 다스리게 했다. 모두 네 개의 군郡으로 구성되어 있었다. 유방이 친히 군사를 이끌고 영포를 공격해 제압하자 마침내 회남여왕 유장이 즉위했다. 회남여왕은 일찍이 생모를 잃은 까닭에 늘 여후를 의지했다. 한고조 유방 사후 한혜제와 여태후의 치세 때는 총애를 입은 까닭에 근심과 해가 없었다. 늘 마음으로 벽양후 심이기를 원망했지만 감히 발설하지는 않았다. 한문제가 즉위하자 회남여왕 유장은 자신이 한문제와 가장 가까운 지친至親이라고 여긴 나머지 교만한 모습을 보이며 누차 한나라의 법을 따르지 않았다. 한문제는 지친이라는 이유로 늘 그를 너그럽게 용서해주었다.

한문제 전 3년, 유장이 입조했다. 매우 오만했다. 한문제를 쫓아 원유에 들어가 사냥을 했다. 한문제와 함께 수레를 탔고, 늘 한문제를 대형大兄이라 불렀다. 유장은 재주와 힘이 있었다. 능히 정을 들어 올릴 정도였다. 벽양후 심이기를 찾아가 면회를 청했다. 벽양후 심이기가 나와 그를 보자 바로 소매에서 철추를 꺼내 친 뒤 따르던 위경魏敬에게 그의 목을 베게 했다. 이어 바로 대궐로 달려가 육단한 뒤 사죄했다.

"신의 모친은 절대로 조왕의 사건에 연루되지 말아야 했습니다. 벽양후가 힘썼다면 여후의 보호를 받을 수 있었습니다. 벽양후가 힘써 간하지 않았으니 이것이 그의 첫 번째 죄입니다. 조왕 유여의 모자는 죄가 없는데도 여태후가 이들을 죽였습니다. 벽양후가 힘써 변론하지 않았으니 이것이 그의 두 번째 죄입니다. 여태후가 여러 여씨를 왕으로 봉해 유씨를 위태롭게 했습니다. 벽양후가 힘써 변론하지 않았으니 이것이 그의 세 번째 죄입니다. 신은 실로 천하를 위해 간신 벽양후를 주살해 모친의 원수를 갚았습니다. 삼가 대궐 앞에 엎드려 죄를 청합니다."

한문제는 그를 가엾게 여기고, 지친인 까닭에 처벌하지 않고 용서했다. 당시 박태후와 태자, 대신 모두 회남여왕 유장을 두려워했다. 유장은 귀국한 뒤 더욱 방자한 모습을 보였다. 한나라의 법제를 사용하지 않아 출입할 때 일반인의 출입을 금지시키는 경필을 행하고, 자신의 명을 제制라고 칭하는 등 마치 천자처럼 행동했다.

●● 淮南厲王長者, 高祖少子也, 其母故趙王張敖美人. 高祖八年, 從東垣過趙, 趙王獻之美人. 厲王母得幸焉, 有身. 趙王敖弗敢內宮, 爲築外宮而舍之. 及貫高等謀反柏人事發覺, 幷逮治王, 盡收捕王母兄弟美人, 繫之河內. 厲王母亦繫, 告吏曰, "得幸上, 有身." 吏以聞上, 上方怒趙王, 未理厲王母. 厲王母弟趙兼因辟陽侯言呂后, 呂后妒, 弗肯白, 辟陽侯不彊爭. 及厲王母已生厲王, 恚, 卽自殺. 吏奉厲王詣上, 上悔, 令呂后母之, 而葬厲王母眞定. 眞定, 厲王母之家在焉, 父世縣也. 高祖十一年十七月, 淮南王黥布反, 立子長爲淮南王, 王黥布故地, 凡四郡. 上自將兵擊滅布, 厲王遂卽位. 厲王蚤失母, 常附呂后, 孝惠·呂后時以故得幸無患害, 而常心怨辟陽侯, 弗敢發. 及孝文帝初卽位, 淮南王自以爲最親, 驕蹇, 數不奉法. 上以親故, 常寬赦之. 三年, 入朝. 甚橫. 從上入苑囿獵, 與上同車, 常謂上大兄. 厲王有材力, 力能扛鼎, 乃往請辟陽侯. 辟陽侯出見之, 卽自袖鐵椎椎辟陽侯, 令從者魏敬剄之. 厲王乃馳走闕下, 肉袒謝曰, "臣母不當坐趙事, 其時辟陽侯力能得之呂后, 弗爭, 罪一也. 趙王如意子母無罪, 呂后殺之, 辟陽侯弗爭, 罪二也. 呂后王諸呂, 欲以危劉氏, 辟陽侯弗爭, 罪三也. 臣謹爲天下誅賊臣辟陽后, 報母之仇, 謹伏闕下請罪." 孝文傷其志, 爲親故, 弗治, 赦厲王. 當是時, 薄太后及太子諸大臣皆憚厲王, 厲王以此歸國益驕恣, 不用漢法, 出入稱警蹕, 稱制, 自爲法令, 擬於天子.

한문제 전 6년, 유장이 대부 단但을 비롯한 일흔 명에게 명해 극포후 시무의 태자 시기柴奇와 모의해 대거大車인 연輦 40승을 가지고 곡구谷口에서 반란을 일으키게 했다. 이어 사람을 민월과 흉노에 사자로 보냈다. 일이 발각되자 한문제가 사자를 보내 회남왕을 소환했다. 회남왕이 장안에 도착하자 승상 장창 등이 상주했다.

신 승상 장창張倉, 전객 풍경馮敬, 행어사대부사行御史大夫事 종정 일逸, 정위 하賀, 비도적중위備盜賊中尉 복福 등이 죽음을 무릅쓰고 고합니다. 회남왕 유장은 선제의 법을 폐하고, 황제의 조서를 따르지 않고, 거처하는 데에도 법도가 없습니다. 황옥을 한 수레를 타고 드나들며 천자처럼 행세하고, 멋대로 법령을 제정하며 한나라의 법을 사용치 않고 있습니다. 관원 역시 자신의 낭중 춘春을 승상으로 삼고, 한나라와 제후의 신하나 죄를 지어 달아난 자들을 거두어 숨겨주고 머무를 집을 마련해주고, 이들을 위해 재물과 작위와 녹봉 및 전택을 내주었습니다. 어떤 자는 작위가 관내후에 이르고 녹봉이 2,000석에 달합니다. 이는 회남왕이 내릴 수 있는 것이 아닙니다. 그런데도 그리하는 것은 반란을 꾀하고자 하기 때문입니다.

대부 단但과 관직에서 쫓겨난 사오士五• 개장開章 등 일흔 명의 역도가 극포후의 태자 시기柴奇와 모의해 종묘사직을 위태롭게 하려고 했습니다. 이들은 개장을 은밀히 유장에게 보내 모반 때 민월과 흉노의 병력 동원 가능성을 고했습니다. 개장이 회남으로 가 유장을 만났고, 유장도 누차 함께 앉아 이야기하며 음식을 먹었고, 그를 위해 집과

• 사오를 두고《사기집해》는 여순의 주를 인용해 죄를 지어 관작을 잃은 사람을 칭한다고 했다.

아내를 마련해주고, 2,000석에 봉했습니다. 개장은 사람을 단에게 보내 이미 회남왕에게 말했다고 전했습니다. 회남의 승상 춘도 사자를 시켜 단 등에게 이를 보고했습니다. 관원이 이를 알고 장안의 현위縣尉 기奇 등에게 개장을 잡아오게 했습니다. 그러나 유장은 그를 숨기고 내놓지 않았습니다. 이전의 중위 간기蕑忌와 짜고 오히려 개장을 죽여 입을 막아버렸습니다. 그러고는 관곽과 의금衣衾 등의 부장품을 갖추어 비릉읍肥陵邑에 매장한 뒤 짐짓 관원을 속여 이같이 말했습니다.

"어디에 묻혀 있는지 모른다."

이어 짐짓 봉분한 뒤 표지가 될 나무를 세우고 이같이 썼습니다.

"개장이 죽어 이곳에 매장하다."

유장은 스스로 죄 없는 자 한 명을 죽인 뒤 휘하 관원을 시켜 죄 없는 자 여섯 명의 죄를 논죄해 죽이도록 했습니다. 기시의 죄를 짓고 망명한 자를 숨겨주고, 죄 없는 자를 잡아 그 수를 채움으로써 기시의 죄를 지은 망명자를 구해준 것입니다. 멋대로 사람에게 죄를 주고 있으나 당사자들은 억울해도 호소할 곳조차 없습니다. 이처럼 남자 죄수가 성을 쌓거나 변방을 지키는 성단城旦과 여자 죄수가 곡식을 찧는 용舂 이상의 형벌을 받은 경우가 열네 명에 달합니다. 또 멋대로 사면한 자 가운데 죽을죄에 해당하는 자는 열여덟 명, 성단과 용 이하의 형벌에 해당하는 자는 쉰여덟 명이었습니다. 멋대로 작위를 내린 자 가운데 관내후 이하에 제수된 자가 아흔네 명이었습니다.

일찍이 유장이 병을 앓을 때 폐하는 근심하고 괴로워하며 사자를 시켜 서신과 함께 대추와 건포 등을 하사했습니다. 그런데도 유장은 이를 받으려 하지 않고, 사자를 접견하려 들지도 않았습니다. 또 남해에 거주하는 자로 여강군廬江郡 경내에 있는 자들이 반기를 들었을 때 회남의 이졸이 이들을 물리친 적이 있습니다. 당시 폐하는 회남의 백성이 빈고貧苦하다고 여겨 사자를 시켜 유장에게 비단 5,000필을 내렸습니다. 이졸 가운데 노고가 많은 자에게 하사토록 한 것입니다. 유장은 이를 받아들이려 하지 않으면서 이같이 말했습니다.

"노고한 이졸이 없습니다."

또 남해의 백성 왕직王織이 글을 올려 황제에게 벽옥을 바치려 하자 휘하의 간기는 멋대로 그 글을 태워버리고 보고조차 하지 않았습니다. 관원이 간기를 불러 다스리고자 했으나 유장은 그를 보내지 않고 이같이 변명했습니다.

"간기가 지금 병을 앓고 있다."

회남의 승상 춘春이 유장에게 입조할 뜻을 밝히자 오히려 화를 냈습니다.

"너희가 나를 떠나 스스로 한나라에 붙기를 원하는구나."

회남왕 유장은 응당 기시해야 합니다. 신들은 법에 따라 그의 죄를 다스릴 것을 청합니다.

장탕 등의 상서가 올라가자 한문제가 이를 읽고는 조정대신들에게 이같이 명했다.

"짐은 차마 회남왕을 법대로 처리할 수 없다. 그대들이 열후 및 2,000석 이상의 관원과 이 문제를 의논토록 하라."

열후들이 건의했다.

"신臣 창倉·경敬·일逸·복福·하賀 등이 죽음을 무릅쓰고 고합니다. 신들은 실로 열후와 2,000석 이상의 녹봉을 받는 관원 영嬰 등 마흔

세 명과 의논했습니다. 모두 입을 모아 말하기를, '유장은 법도를 지키지 않고 황제의 조서를 따르지도 않았다. 몰래 도당과 모반한 자를 모으고 망명한 자를 후대함으로써 반기를 들고자 한 것이다'라고 했습니다. 신 등은 법대로 다스릴 것을 논의했습니다."

한문제가 명했다.

"짐은 차마 회남왕을 법대로 처리할 수 없다. 유장의 사죄를 용서하되 왕호를 폐하도록 하라."

신하들이 다시 상주했다.

"신 창蒼 등이 죽기를 무릅쓰고 고합니다. 유장은 대사죄大死罪를 범했습니다. 그런데도 폐하는 차마 법대로 다스리지 않고, 그의 죄를 용서하고 다만 왕호만 폐하기로 했습니다. 신들은 그를 촉군 엄도현嚴道縣의 공래산邛來山으로 유배 보내 그곳에 안치할 것을 청합니다. 그 아들과 어미를 보내 함께 기거하게 하고, 엄도현에 가옥을 새로 짓게 하고, 이들에게 모두 양식을 주고, 땔나무와 채소 및 소금과 된장 그리고 음식 만드는 식기와 잠자리를 주십시오. 신 등이 죽음을 무릅쓰고 청하니 이를 천하에 선포해 널리 알리도록 하십시오."

한문제가 명했다.

"유장에게 하루에 고기 5근斤, 술은 2두斗를 주도록 하라. 미인과 재인 등 총애를 입은 첩 열 명이 함께 따라가 살고, 그 밖의 일은 의논한 대로 하라."

함께 모반한 자는 모두 주살했다. 회남왕 유장을 덮개가 있는 수레인 치거輜車에 태운 뒤 현에서 현으로 차례로 호송하게 했다.

●● 六年, 令男子但等七十人與棘蒲侯柴武太子奇謀, 以輦車四十乘反谷口, 令人使閩越·匈奴. 事覺, 治之, 使使召淮南王. 淮南王至長安.

"丞相臣張倉·典客臣馮敬·行御史大夫事宗正臣逸·廷尉臣賀·備盜賊中尉臣福昧死言, 淮南王長廢先帝法, 不聽天子詔, 居處無度, 爲黃屋蓋乘輿, 出入擬於天子, 擅爲法令, 不用漢法. 及所置吏, 以其郎中春爲丞相, 聚收漢諸侯人及有罪亡者, 匿與居, 爲治家室, 賜其財物爵祿田宅, 爵或至關內侯, 奉以二千石, 所不當得, 欲以有爲. 大夫但·士五開章等七十人與棘蒲侯太子奇謀反, 欲以危宗廟社稷. 使開章陰告長, 與謀使閩越及匈奴發其兵. 開章之淮南見長, 長數與坐語飲食, 爲家室娶婦, 以二千石俸奉之. 開章使人告但, 已言之王. 春使使報但等. 吏覺知, 使長安尉奇等往捕開章. 長匿不予, 與故中尉蕑忌謀, 殺以閉口. 爲棺槨衣衾, 葬之肥陵邑, 謾吏曰'不知安在'. 又詳聚土, 樹表其上, 曰'開章死, 埋此下'. 及長身自賊殺無罪者一人, 令吏論殺無罪者六人, 爲亡命棄市罪詐捕命者以除罪, 擅罪人, 罪人無告劾, 繫治城旦春以上十四人, 赦免罪人, 死罪十八人, 城旦春以下五十八人, 賜人爵關內侯以下九十四人. 前日長病, 陛下憂苦之, 使使者賜書·棗脯. 長不欲受賜, 不肯見拜使者. 南海民處廬江界中者反, 淮南吏卒擊之. 陛下以淮南民貧苦, 遣使者賜長帛五千匹, 以賜吏卒勞苦者. 長不欲受賜, 謾言曰'無勞苦者'. 南海民王織上書獻璧皇帝, 忌擅燔其書, 不以聞. 吏請召治忌, 長不遣, 謾言曰'忌病'. 春又請長, 願入見, 長怒曰'女欲離我自附漢'. 長當棄市, 臣請論如法." 制曰, "朕不忍致法於王, 其與列侯二千石議." "臣倉·臣敬·臣逸·臣福·臣賀昧死言, 臣謹與列侯吏二千石臣嬰等四十三人議, 皆曰'長不奉法度, 不聽天子詔, 乃陰聚徒黨及謀反者, 厚養亡命, 欲以有爲'. 臣等議論如法." 制曰, "朕不忍致法於王, 其赦長死罪, 廢勿王." "臣倉等昧死言, 長有大死罪, 陛下不忍致法, 幸赦, 廢勿王. 臣請處蜀郡嚴道邛郵, 遣其子母從居, 縣爲築蓋家室, 皆

廩食給薪菜鹽豉炊食器席蓐. 臣等昧死請, 請布告天下.”制曰,“計食
長給肉日五斤, 酒二斗. 令故美人才人得幸者十人從居. 他可.”盡誅所
與謀者. 於是乃遣淮南王, 載以輜車, 令縣以次傳.

　　이때 원앙이 한문제에게 간했다.

　　"폐하는 평소 교만한 회남왕을 그대로 둔 채 그 곁에 엄격한 태부
와 승상을 두지 않았습니다. 사태가 이 지경에 이른 배경입니다. 또
한 회남왕의 사람이 강직한데 이제 문득 꺾이게 되었습니다. 신은
회남왕이 문득 나쁜 기후를 만나 병사할 경우 폐하가 동생을 죽였다
는 말을 듣게 될까 우려됩니다. 이를 어찌하려는 것입니까?"

　　한문제가 말했다.

　　"나도 그 점을 고민하고 있소. 조만간 다시 부를 것이오."

　　각 현의 유장을 전송하는 자들 모두 감히 수레에 봉한 문을 열지
않았다. 유장이 수행하는 자들에게 말했다.

　　"누가 나를 용자라고 했는가? 내가 어찌 용자가 될 수 있는가! 나
는 교만한 나머지 내 허물을 들으려 하지 않았기에 이 지경에 이르
게 된 것이다. 사람이 일생 동안 어찌 이처럼 걱정하고 번민하며 지
낼 수 있겠는가?"

　　그러고는 굶어 죽었다. 수레가 옹현에 이르자 옹현의 현령이 수레
에 봉한 문을 열고 유장이 죽은 사실을 확인한 후 이를 한문제에게
알렸다. 한문제가 매우 슬퍼하며 원앙에게 말했다.

　　"짐이 그대의 말을 듣지 않아 결국 회남왕을 잃었소."

　　원앙이 말했다.

　　"이제 어찌할 수 없는 일입니다. 원컨대 폐하는 스스로 마음을 너

그렇게 가지십시오."

한문제가 물었다.

"어떻게 하라는 것이오?"

원앙은 대답했다.

"승상과 어사대부의 목을 베어 천하에 사죄하면 됩니다."

그러나 한문제는 오히려 승상과 어사대부에게 명해 각 현에서 회남왕 유장을 호송하면서 봉인한 문을 열지 않은 채 음식을 바친 자들을 모두 잡아들여 고문한 뒤 기시하게 했다. 또 유장을 옹현에 열후의 예로 매장한 뒤 30호戶를 하사해 무덤을 지키게 했다.

●● 是時袁盎諫上曰, "上素驕淮南王, 弗爲置嚴傅相, 以故至此. 且淮南王爲人剛, 今暴摧折之, 臣恐卒逢霧露病死, 陛下爲有殺弟之名, 柰何!" 上曰, "吾特苦之耳, 今復之." 縣傳淮南王者皆不敢發車封. 淮南王乃謂侍者曰, "誰謂乃公勇者? 吾安能勇! 吾以驕故不聞吾過至此. 人生一世閒, 安能邑邑如此!" 乃不食死. 至雍, 雍令發封, 以死聞. 上哭甚悲, 謂袁盎曰, "吾不聽公言, 卒亡淮南王." 盎曰, "不可柰何, 願陛下自寬." 上曰, "爲之柰何?" 盎曰, "獨斬丞相·御史以謝天下乃可." 上卽令丞相·御史逮考諸縣傳送淮南王不發封餽侍者, 皆棄市. 乃以列侯葬淮南王於雍, 守冢三十戶.

유안열전

한문제 전 8년, 한문제가 회남왕 유장의 죽음을 가엾게 여겼다. 회남왕 유장에게 아들이 네 명 있었다. 모두 일곱에서 여덟 살로 어렸다. 한문제가 유안을 부릉후阜陵侯, 유발을 안양후安陽侯, 유사를 양주후陽周侯, 유양劉良을 동성후에 각각 봉했다. 한문제 전 12년, 어떤 자가 노래를 지어 회남여왕 유장을 노래했다.

한 자의 베도 꿰매 입을 수 있고
한 말의 쌀도 절구질이 가능하지
형제 두 사람이 왜 용납을 못하지

한문제가 이 노래를 듣고 탄식했다.

"요순은 형제를 내쫓고, 주공 단은 형제인 관숙管叔과 채숙蔡叔을 죽였다. 그러나 천하인은 이들을 성인이라고 한다. 이는 어찌 된 것인가? 사사로운 정으로 공공의 이익을 해치지 않았기 때문이다. 천하인은 어찌해서 짐이 회남왕의 땅을 탐냈다고 하는 것인가?"

성양왕 유희劉喜를 회남의 옛 땅으로 이봉하고, 회남왕 유장을 추존해 여왕厲王의 시호를 내렸다. 또 능원을 만들어 제후왕의 위의威儀를 갖추어주었다. 한문제 전 16년, 회남왕으로 이봉된 유희를 다시 성양왕으로 이봉했다. 한문제는 회남여왕 유장이 법을 폐하고, 정도를 따르지 않다가 나라를 잃고 일찍 죽은 것을 불쌍하게 여겼다. 마침내 그의 세 아들을 왕으로 삼았다. 부릉후 유안을 회남왕, 안양후 유발을 형산왕, 양주후 유사를 여강왕에 봉했다. 회남여왕 유장 때의 옛 땅을 모두 회복한 뒤 셋으로 쪼개서 나누어 가지게 된 것이다. 동양후 유양은 그 전에 죽어 후사가 없었다. 한경제 전 3년, 오초칠국의 난이 일어나자 오왕 유비의 사자가 회남에 이르렀다. 회남왕 유안이 군사를 일으켜 이들과 호응하려 하자 회남의 승상이 이같이 건의했다.

"대왕이 꼭 군사를 일으켜 오나라와 호응하고자 하면 신을 장수로 삼아주시기 바랍니다."

회남왕 유안이 곧 군사를 승상에게 맡겼다. 회남의 승상은 군사를 이끌고 성을 굳게 지킬 뿐, 회남왕 유안의 뜻을 따르지 않고 한나라를 도왔다. 한나라 역시 곡성후曲城侯 고첩蠱捷에게 군사를 이끌고 가 회남을 구하게 했다. 덕분에 회남은 나라가 온전히 보존될 수 있었다. 오나라 사자가 여강에 도착했으나 여강왕 유사는 응하지 않고 월나라로 사자를 보내 연락을 취했을 뿐이다. 오나라 사자가 형산荊山에 이르자 형산왕 유발도 성을 굳게 지키며 한나라에 관해 두 마음을 품지 않았다. 한경제 전 4년, 오초칠국이 패망하자 형산왕 유발이 한경제를 조현했다. 한경제는 유발이 정신貞信하다고 여겨 이같이 위로했다.

"남쪽은 낮고 습한 곳이오."

그러고는 형산왕에서 제북왕으로 이봉시켜 표창했다. 유발이 죽자 시호를 정왕貞王이라고 했다. 당시 여강왕 유사는 곁에 월나라가 있어 누차 사자를 보내며 서로 왕래했다. 그를 제북왕으로 이봉된 유발의 뒤를 이어 형산왕으로 삼은 뒤 장강의 이북인 강북江北을 다스리게 한 이유다. 회남왕 유안은 이전과 같았다. 유안은 독서나 거문고를 좋아하고, 활을 쏘며 사냥하고 말 달리는 것을 좋아하지 않았다. 또 음덕陰德으로 백성을 보살펴 천하에 이름을 떨치고자 했다. 그는 때때로 선왕인 회남여왕 유장이 죽은 것을 원망해 반란을 일으키고자 했으나 기회를 잡지 못했다. 한무제 건원 2년, 회남왕 유안이 입조했다. 그는 평소 무안후 전분과 가까이 지냈다. 당시 무안후는 태위로 있었다. 회남왕 유안을 파상에서 마중하며 함께 이야기했다.

"지금 주상에게 태자가 없습니다. 대왕은 고황제의 친손親孫으로 인의를 행해 천하에 모르는 자가 없습니다. 만일 황제가 어느 날 문득 붕어할 경우 대왕이 아니면 응당 누가 즉위하시겠습니까?"

회남왕 유안이 크게 기뻐하며 무안후 전분에게 금과 재물을 후하게 주었다. 이후 은밀히 빈객과 결탁해 백성을 위무慰撫하며 반역을 꾀했다. 한무제 건원 6년, 혜성이 나타나자 회남왕 유안이 내심 이상하게 여겼다. 어떤 자가 말했다.

"전에 오나라가 군사를 일으켰을 때 혜성이 나타났습니다. 그 길이가 몇 자밖에 되지 않았지만 오히려 피를 1,000리나 흘렸습니다. 이제 혜성의 길이가 하늘을 덮을 지경입니다. 천하의 군사가 틀림없이 크게 일어날 것입니다."

회남왕 유안은 내심 한무제에게 아직 태자가 없어 천하에 변란이 일어날 경우 제후들이 서로 다툴 것이라고 예상했다. 싸움에 필요한 병기 제작에 더욱 힘쓰고, 재물을 사용해 군국의 제후와 유사遊士 및 기재奇才가 있는 인재를 끌어들인 이유다. 변사와 방략을 꾀하는 자들이 멋대로 요사스러운 말을 지어 아첨하자 유안은 크게 기뻐하며 이들에게 많은 금전을 내렸다. 갈수록 반역의 음모가 더욱 심해진 배경이다.

당시 회남왕 유안에게 유릉劉陵이라는 딸이 있었다. 총명하고 말재간이 있었다. 유안은 늘 유릉을 총애하며 많은 금전을 내주었다. 경사인 장안에서 황제의 좌우 측근과 교제하며 황실을 정탐하게 한 것이다.•

• 원문은 "중형장안中詗長安, 약결상좌우約結上左右"다.《사기색은》은 맹강의 주를 인용해 형詗을 정탐할 정偵의 뜻으로 새겼다.

•• 孝文八年, 上憐淮南王, 淮南王有子四人, 皆七八歲, 乃封子安爲阜陵侯, 子勃爲安陽侯, 子賜爲陽周侯, 子良爲東成侯. 孝文十二年, 民有作歌歌淮南厲王曰, “一尺布, 尙可縫, 一斗粟, 尙可舂. 兄弟二人不能相容.” 上聞之, 乃歎曰, “堯舜放逐骨肉, 周公殺管蔡, 天下稱聖. 何者? 不以私害公. 天下豈以我爲貪淮南王地邪?” 乃徙城陽王王淮南王故地, 而追尊謚淮南王爲厲王, 置園復如諸侯儀. 孝文十六年, 徙淮南王喜復故城陽. 上憐淮南厲王廢法不軌, 自使失國蚤死, 乃立其三子, 阜陵侯安爲淮南王, 安陽侯勃爲衡山王, 陽周侯賜爲廬江王, 皆復得厲王時地, 參分之. 東城侯良前薨, 無後也. 孝景三年, 吳楚七國反, 吳使者至淮南, 淮南王欲發兵應之. 其相曰, “大王必欲發兵應吳, 臣願爲將.” 王乃屬相兵. 淮南相已將兵, 因城守, 不聽王而爲漢, 漢亦使曲城侯將兵救淮南, 淮南以故得完. 吳使者至廬江, 廬江王弗應, 而往來使越. 吳使者至衡山, 衡山王堅守無二心. 孝景四年, 吳楚已破, 衡山王朝, 上以爲貞信, 乃勞苦之曰, “南方卑溼.” 徙衡山王王濟北, 所以襃之. 及薨, 遂賜謚爲貞王. 廬江王邊越, 數使使相交, 故徙爲衡山王, 王江北. 淮南王如故. 淮南王安爲人好讀書鼓琴, 不喜弋獵狗馬馳騁, 亦欲以行陰德拊循百姓, 流譽天下. 時時怨望厲王死, 時欲畔逆, 未有因也. 及建元二年, 淮南王入朝. 素善武安侯, 武安侯時爲太尉, 乃逆王霸上, 與王語曰, “方今上無太子, 大王親高皇帝孫, 行仁義, 天下莫不聞. 卽宮車一日晏駕, 非大王當誰立者!” 淮南王大喜, 厚遺武安侯金財物. 陰結賓客, 拊循百姓, 爲畔逆事. 建元六年, 彗星見, 淮南王心怪之. 或說王曰, “先吳軍起時, 彗星出長數尺, 然尙流血千里. 今彗星長竟天, 天下兵當大起.” 王心以爲上無太子, 天下有變, 諸侯並爭, 愈益治器械攻戰具, 積金錢賂遺郡國諸侯遊士奇材. 諸辨士爲方略者, 妄作妖言, 諂

諛王, 王喜, 多賜金錢, 而謀反滋甚. 淮南王有女陵, 慧, 有口辯. 王愛
陵, 常多予金錢, 爲中詗長安, 約結上左右.

　한무제 원삭 3년, 한무제가 회남왕 유안에게 앉을 때 몸을 기대는
안석案席과 걸을 때 몸을 기대는 지팡이인 궤장을 하사하고, 입조하
지 않아도 되는 특전을 허락했다. 회남왕의 왕후는 도씨荼氏다. 회남
왕이 총애했다. 왕후는 태자 유천劉遷을 낳았고, 유천은 한무제의 생
모인 황태후 왕씨의 외손인 수성군修成君의 여식을 비妃로 삼았다. 유
안은 태자비가 반역 음모를 눈치챌까 우려한 나머지 태자와 모의해
짐짓 그녀를 사랑하지 않는 체하며 석 달 동안 잠자리를 달리하게
했다. 이어 짐짓 태자에게 노한 척하며 태자를 유폐시킨 뒤 태자비
와 같은 방에서 석 달을 지내게 했다. 태자가 끝내 태자비를 가까이
하지 않자 태자비가 떠나기를 청했다. 회남왕 유안이 글을 올려 사
죄하고 그녀를 돌려보냈다. 회남왕의 왕후 도씨는 태자 유천과 딸
유릉이 회남왕 유안의 총애를 받자 권세를 멋대로 휘둘렀다. 백성의
전택을 약탈하고, 사람들을 함부로 소환해 가두는 식이었다.

　한무제 원삭 5년, 태자 유천이 검술을 배웠다. 스스로 자신을 따를
자가 없다고 여겼다. 도중에 낭중 뇌피雷被가 검술에 뛰어나다는 소
문을 듣고는 그를 불러다가 겨루었다. 뇌피는 한두 차례 사양하다가
잘못해 태자를 찔렀다. 태자가 노하자 뇌피는 두려워했다. 당시는 종
군을 원하면 바로 경사인 장안으로 가게 되어 있었다. 뇌피는 곧바
로 종군해 흉노를 힘써 격퇴하고자 했다. 태자 유천은 누차 부친 유
장 앞에서 뇌피를 헐뜯었다. 회남왕 유장은 낭중령에게 명해 뇌피를
파면시키도록 했다. 이후 누구도 감히 그를 따라 하지 못하게 경계

한 것이다. 뇌피가 달아나 장안에 이른 뒤 상서해 자신의 입장을 밝혔다. 한무제가 이 일로 인해 정위와 하남의 관원에게 조서를 내려 자세히 조사해 다루게 했다. 회남 태자 유천을 체포하려 하자 회남왕 유안과 왕후 도씨는 계책을 써 태자를 보내려 하지 않았다. 여의치 않자 마침내 군사를 동원해 반란을 일으키고자 했다. 그러나 계책이 예정보다 열흘이 넘도록 미루어져 결단하지 못했다.

마침 조서가 당도해 회남에서 태자 유천을 심문하게 되었다. 당시 회남의 승상은 수춘壽春의 승丞이 태자의 체포를 미루고 넘겨주지 않는 것에 화를 내며 수춘 승의 불경을 탄핵하고자 했다. 회남왕 유안이 승상에게 부탁했으나 승상이 따르지 않았다. 유안이 곧 사람을 시켜 승상을 고발하는 내용의 글을 올렸다. 한무제가 이 일 역시 정위에게 내려 다스리게 했다. 사건이 회남왕 유안에게 확산되자 유안은 사람을 보내 조정 공경들의 동정을 살펴보게 했다. 공경들은 회남왕의 체포와 처벌을 원한다는 것을 알고는 모반 음모가 발각될까 두려운 나머지 태자 유천과 상의했다. 유천이 이같이 제의했다.

"조정에서 사자를 보내 대왕을 체포하려 들면 대왕은 심복에게 위사衛士의 옷을 입혀 창을 들고 어전에 머무르게 하다가 시비가 생기면 곧바로 사자를 찔러 죽이게 하십시오. 저 역시 사람을 시켜 회남의 중위를 찔러 죽이겠습니다. 연후에 군사를 일으켜도 늦지 않을 것입니다."

당시 한무제는 공경들의 청을 허락지 않은 채 조정의 중위 은굉殷宏을 보내 회남왕 유안을 심문 조사하게 했다. 유안은 은굉이 사자로 온다는 소식을 듣고는 곧바로 태자 유천의 계책을 따랐다. 은굉이 도착했을 때 유안이 그의 안색을 유심히 살펴보았다. 안색이 온화하고 심문 내용도 뇌피 파면 사건뿐이었다. 유안은 내심 죄상이 폭로되지 않을 것으로 판단하고 군사를 일으키지 않았다. 은굉이 돌아와 복명하자 회남왕 유안의 치죄治罪를 요청했던 공경들이 반박했다.

"회남왕 유안은 흉노를 힘써 물리치려는 뇌피 등을 가로막아 명문明文으로 선포된 조서의 시행을 방해했다. 이는 기시에 해당한다."

한무제가 조서를 내려 허락지 않자 공경들은 다시 유안의 폐위를 청했다. 한무제가 다시 조서를 내려 허락지 않았다. 공경들이 회남왕의 봉국 가운데 다섯 개 현을 삭감할 것을 청하자 한무제는 조서를 내려 두 개 현을 삭감할 것을 허용했다. 곧 중위 은굉을 시켜 회남왕의 죄를 사면하고, 봉지를 일부 삭감하는 것으로 일을 매듭짓게 했다. 중위 은굉이 회남의 영내로 들어가 유안을 용서한다고 선언했다. 당시 유안은 한나라 공경들이 주살을 청했다는 소식만 듣고 봉지 삭감에 대한 이야기를 듣지 못했다. 한나라 사자가 온다는 이야기를 듣고는 체포될 것을 두려워한 나머지 태자와 모의해 이전의 계책을 시행하기로 했다. 그러나 중위 은굉이 도착해 오히려 축하의 말을 하자 군사를 일으키지 않았다. 이후 스스로 애통해하며 이같이 말했다.

"내가 인의를 행했다가 오히려 봉지를 삭감당했으니 심히 부끄럽다."

봉지를 삭감당한 뒤에도 모반 행보가 더욱 심해졌다. 장안에서 온 사자들도 망령된 말을 일삼았다. 한무제에게 뒤를 이을 황자가 없고 나라가 잘 다스려지지 않는다고 말하면 기뻐하고, 조정이 잘 다스려지고 뒤를 이을 황자가 있다고 하면 크게 화를 내며 망언으로 치부했다.

•• 元朔三年, 上賜淮南王幾杖, 不朝. 淮南王王后荼, 王愛幸之. 王
后生太子遷, 遷取王皇太后外孫修成君女爲妃. 王謀爲反具, 畏太子妃
知而內泄事, 乃與太子謀, 令詐弗愛, 三月不同席. 王乃詳爲怒太子, 閉
太子使與妃同內三月, 太子終不近妃. 妃求去, 王乃上書謝歸去之. 王
后荼·太子遷及女陵得愛幸王, 擅國權, 侵奪民田宅, 妄致繫人. 元朔
五年, 太子學用劍, 自以爲人莫及, 聞郎中雷被巧, 乃召與戲. 被一再辭
讓, 誤中太子. 太子怒, 被恐. 此時有欲從軍者輒詣京師, 被卽願奮擊匈
奴. 太子遷數惡被於王, 王使郎中令斥免, 欲以禁後, 被遂亡至長安, 上
書自明. 詔下其事廷尉·河南. 河南治, 逮淮南太子, 王·王后計欲無遣
太子, 遂發兵反, 計猶豫, 十餘日未定. 會有詔, 卽訊太子. 當是時, 淮南
相怒壽春丞留太子逮不遣, 劾不敬. 王以請相, 相弗聽. 王使人上書告
相, 事下廷尉治. 蹤跡連王, 王使人候伺漢公卿, 公卿請逮捕治王. 王恐
事發, 太子遷謀曰, "漢使卽逮王, 王令人衣衛士衣, 持戟居庭中, 王旁
有非是, 則刺殺之, 臣亦使人刺殺淮南中尉, 乃擧兵, 未晚." 是時上不
許公卿請, 而遣漢中尉宏卽訊驗王. 王聞漢使來, 卽如太子謀計. 漢中
尉至, 王視其顏色和, 訊王以斥雷被事耳, 王自度無何, 不發. 中尉還,
以聞. 公卿治者曰, "淮南王安擁閼奮擊匈奴者雷被等, 廢格明詔, 當棄
市." 詔弗許. 公卿請廢勿王, 詔弗許. 公卿請削五縣, 詔削二縣. 使中尉
宏赦淮南王罪, 罰以削地. 中尉入淮南界, 宣言赦王. 王初聞漢公卿請
誅之, 未知得削地, 聞漢使來, 恐其捕之, 乃與太子謀刺之如前計. 及中
尉至, 卽賀王, 王以故不發. 其後自傷曰, "吾行仁義見削, 甚恥之." 然
淮南王削地之後, 其爲反謀益甚. 諸使道從長安來, 爲妄妖言, 言上無
男, 漢不治, 卽喜, 卽言漢廷治, 有男, 王怒, 以爲妄言, 非也.

당시 회남왕 유안은 밤낮으로 측근인 오피伍被 및 좌오左吳 등과 함께 종합적인 내용을 담은 여지도輿地圖를 유심히 살펴보았다. 군대를 먼저 진입시킬 곳과 부서를 정했다. 회남왕 유안이 말했다.

"지금 황제에게는 태자가 없다. 문득 붕어하면 조정 신하들은 반드시 교동왕 유철이나 상산왕 유순劉舜을 부를 것이다. 그러면 제후들도 서로 다툴 것이다. 내가 어찌 이에 대한 대비책을 마련치 않을 수 있겠는가? 나는 한고조의 손자로 몸소 인의를 행했다. 폐하도 나를 후대해 지금까지 참아온 것이다. 그러나 폐하가 붕어한 뒤에는 내가 어찌 북면해 신하처럼 어린 것들을 섬길 수 있겠는가!"

유안이 동궁에 들어앉아 오피를 불러 함께 논의했다.

"장군은 당堂으로 오르시오."

오피가 창백한 표정으로 말했다.

"황제가 대왕을 너그럽게 용서했는데 대왕은 어찌해서 나라를 망칠 이야기를 하는 것입니까! 신이 듣건대 옛날 오자서는 오왕 부차에게 간했지만 받아들여지지 않자 말하기를, '신은 이제 미록이 고소대姑蘇臺에서 노니는 것을 볼 것입니다'라고 했습니다. 신도 이제 궁중에서 가시나무가 자라고 이슬에 옷이 젖는 것을 보게 될 것입니다."

유안이 크게 노해 오피의 부모를 석 달 동안 가두어두었다. 다시 불러 말했다.

"장군은 과인의 뜻에 찬성하겠소?"

오피는 대답했다.

"찬성하지 못합니다. 신이 온 것은 단지 대왕을 위해 계책을 세워드리기 위한 것입니다. 신이 듣건대 귀가 밝은 자[聰者]는 소리가 나지 않는 무성無聲에서 듣고, 눈이 밝은 자[明者]는 형태가 드러나지 않는 미형未形에서 본다고 했습니다. 성인이 매사에 만전을 기하는 이유입니다. 옛날 주문왕은 한 번의 움직임으로 공을 천세千世까지 드러내고 주나라를 삼대三代의 일원으로 만들었습니다. 이는 이른바 천심을 좇아 움직인 인천동작因天動作에 해당합니다. 해내 역시 기약하지 않았지만 그를 따랐습니다. 이는 1,000년 전의 일이지만 본받을 만합니다. 무릇 100년 전의 진나라와 근래 오초칠국의 난 당시의 오초 역시 존망의 이치를 깨닫게 해줍니다. 신 역시 감히 오자서 같은 죽음을 피하지 않을 터이니 대왕 역시 오왕 부차처럼 충간을 듣지 않는 일이 없기 바랍니다.

옛날 진나라는 성현의 도리를 끊고, 유생과 방사方士를 죽이고,《시경》과《서경》을 불태우고, 예의를 버리고, 기만과 폭력을 숭상하고, 임의로 형벌을 사용하고, 군량을 대기 위해 동쪽 해변의 곡식을 서하로 운송했습니다. 당시 남자들은 힘써 경작해도 조강糟糠조차 넉넉히 먹을 수 없고, 여인들은 힘써 길쌈해도 제 몸조차 제대로 가릴 수 없었습니다. 또 몽념을 보내 동서로 수천 리에 달하는 장성을 쌓았습니다. 들판에서 비바람과 불볕 및 눈과 서리 등에 내놓은 장병이 늘 수십 만 명에 달했고, 죽은 자 또한 그 수를 헤아릴 수조차 없습니다. 시체가 1,000리에 이르고, 유혈이 논밭의 이랑을 채웠습니다. 민력을 다해 피폐해진 까닭에 반란을 일으키고자 한 백성이 10호 가운데 5호가량 되었습니다. 진시황은 서복徐福을 시켜 바다로 들어가 신선에게 불사약을 얻게 했습니다. 그는 바로 나갔다가 돌아온 뒤 거짓으로 이같이 복명했습니다.

'신이 바다로 나갔다가 대신大神을 만났습니다. 그가 저에게 서황

西皇의 사자인지 묻기에 신이 그렇다고 대답했습니다. 무엇을 구하느냐고 묻기에 수명을 더욱더 오래 늘이는[延年益壽] 불사약을 구한다고 대답했습니다. 이어 진왕秦王의 예물이 적기에 보는 것만 가능할 뿐 가져갈 수 없다며 신을 동남쪽 봉래산蓬萊山으로 데려가 영지靈芝로 이루어진 궁궐을 보여주었습니다. 사자使者가 있었는데, 구릿빛에 용의 형상이었고 광채가 하늘을 가득 비추었습니다. 신이 두 번 절한 뒤 어떤 예물을 바치는 것이 좋은지 묻자 양가집 출신의 동남동녀童男童女와 다양한 기술을 지닌 백공百工을 바치면 된다고 대답했습니다.'

크게 기뻐한 진시황은 서복에게 동남동녀 3,000명을 보내면서 이들에게 오곡과 백공을 내주었습니다. 서복은 평평한 들판과 넓은 못이 있는 곳까지 오더니 그곳에 머물러 왕 노릇을 하며 다시는 돌아오지 않았습니다. 비통해한 나머지 반란을 일으키고자 한 백성이 10호 가운데 6호가량 되었습니다. 이때 진시황은 조타에게 오령五嶺을 넘어 백월을 치게 했습니다. 조타는 중원이 극도로 피폐해진 것을 알고는 거기에 머물러 왕 노릇을 하며 돌아오지 않았습니다. 이어 사람을 시켜 글을 올리며 병사의 옷을 꿰매기 위해 출가하지 않은 여인 3만 명을 구했습니다. 진시황이 1만 5,000명을 허락했습니다. 이에 민심이 흩어지고 무너져 반란을 일으키려 한 백성이 10호 가운데 7호가량 되었습니다. 빈객이 한고조 유방에게 말했습니다.

'때가 되었습니다.'

한고조 유방이 말했습니다.

'잠시 기다리도록 하라. 성인이 장차 동남쪽에서 일어날 것이다.'

1년도 채 지나지 않아 과연 진승과 오광의 난이 일어났습니다. 한고조 유방이 비로소 풍패에서 거병했습니다. 천하가 기약도 하지 않았는데 적극 호응하고 나섰습니다. 가히 그 수를 헤아릴 수 없을 정도로 많았습니다. 이것이 이른바 흠을 밟고 틈을 노리는 도하후한踏瑕候閒입니다. 진나라가 망하는 것을 틈타 일어난 것을 뜻합니다. 백성이 이를 바란 것이 마치 가뭄에 비를 기다리는 것과 같았습니다. 덕분에 한고조 유방은 행진行陳하는 와중에 몸을 일으켜 마침내 천자가 될 수 있었습니다. 공업은 삼왕보다 높고, 은덕은 끝없이 전해지게 되었습니다.

지금 대왕은 한고조 유방이 천하를 쉽게 얻은 것만 보고, 어찌해서 근래 오초칠국의 실패는 보지 않는 것입니까? 무릇 오왕 유비는 왕호를 하사받아 유씨劉氏 가문의 장자로서 종묘 제사를 주관하는 좨주祭酒가 되었고, 입조하지 않아도 되는 특권을 부여받았고, 네 개 군郡의 백성을 다스리고 영토가 사방 수천 리나 되었고, 안으로 동광에서 나는 구리동전을 마구 주조할 수 있었고, 동쪽에서는 바닷물을 끓여 소금을 만들었고, 위에서는 강릉의 나무를 취해 배를 만들었습니다. 배 한 척당 실을 수 있는 물건의 양이 중원의 수레 수십 승에 해당했습니다. 나아가 나라도 부유하고 백성도 많았습니다. 주옥珠玉과 황금 및 비단을 사용해 제후나 종실의 대신들에게 뇌물로 주었으나 외척 두씨만은 주지 않았습니다.

마침내 계책이 정해지고 모의가 이루어지자 군사를 일으켜 서쪽으로 갔습니다. 그러나 대량大粱에서 깨지고 호보狐父에서 패해 이내 동쪽 단도로 달아났으나 월나라 사람에게 사로잡혔습니다. 자신의 몸은 죽고 제사도 끊겨 천하의 웃음거리가 되었습니다. 무릇 오초의 무리도 성공할 수 없었던 이유는 무엇입니까? 실로 하늘의 도를 거

스르고 때를 알지 못했기 때문입니다. 바야흐로 지금 대왕의 군사와
무리는 오초의 10분의 1도 되지 않고, 천하는 진나라 때보다 1만 배
나 안정되어 있습니다. 원컨대 대왕은 신의 계책을 따라주십시오. 그
러지 않으면 이제 대왕은 일이 반드시 실패하고, 말이 먼저 새어나
가는 것을 보게 될 것입니다.

신이 듣건대 미자微子는 패망한 고국 은나라를 지나다가 슬퍼하며
〈맥수지가麥秀之歌〉를 지었습니다. 이는 은나라 주가 왕자 비간比干의
말을 받아들이지 않은 것을 슬퍼한 것입니다.《맹자》〈만장萬章 상〉
에 이르기를, '은나라 주는 천자였을 때는 존귀했으나 죽어서는 일
찍이 필부만도 못했다'고 했습니다. 이는 은나라 주가 먼저 스스로
천하를 저버린 지 오래되었기 때문입니다. 그가 죽은 날 문득 천하
가 그를 버린 것이 아닙니다. 이제 신 역시 대왕이 1,000승의 제후왕
자리를 버리려고 하는 것을 남몰래 슬퍼합니다. 장차 조정에서 목숨
을 끊는 글을 내리면 군신들보다 앞서 대왕이 평소 머무는 이 동궁
에서 죽겠습니다."

회남왕 유안은 가슴이 원망과 울적함이 뒤섞여 얼굴이 눈물범벅
이 되었다. 오피는 바로 일어나 한 걸음씩 계단을 밟으며 물러났다.

●● 王日夜與伍被·左吳等案輿地圖, 部署兵所從入. 王曰, "上無太
子, 宮車卽晏駕, 廷臣必徵膠東王, 不卽常山王, 諸侯並爭, 吾可以無備
乎? 且吾高祖孫, 親行仁義, 陛下遇我厚, 吾能忍之, 萬世之後, 吾寧能
北面臣事豎子乎!" 王坐東宮, 召伍被與謀, 曰, "將軍上." 被悵然曰, "上
寬赦大王, 王復安得此亡國之語乎! 臣聞子胥諫吳王, 吳王不用, 乃曰
'臣今見麋鹿遊姑蘇之臺也'. 今臣亦見宮中生荊棘, 露霑衣也." 王怒,
繫伍被父母, 囚之三月. 復召曰, "將軍許寡人乎?" 被曰, "不, 直來爲大

王畫耳. 臣聞聰者聽於無聲, 明者見於未形, 故聖人萬擧萬全. 昔文王一動而功顯于千世, 列爲三代, 此所謂因天心以動作者也, 故海內不期而隨. 此千歲之可見者. 夫百年之秦, 近世之吳楚, 亦足以喩國家之存亡矣. 臣不敢避子胥之誅, 願大王毋爲吳王之聽. 昔秦絶聖人之道, 殺術士, 燔詩書, 棄禮義, 尙詐力, 任刑罰, 轉負海之粟致之西河. 當是之時, 男子疾耕不足於糟糠, 女子紡績不足於蓋形. 遣蒙恬築長城, 東西數千里, 暴兵露師常數十萬, 死者不可勝數, 僵尸千里, 流血頃畝, 百姓力竭, 欲爲亂者十家而五. 又使徐福入海求神異物, 還爲僞辭曰, '臣見海中大神, 言曰, 汝西皇之使邪? 臣答曰, 然. 汝何求? 曰, 願請延年益壽藥. 神曰, 汝秦王之禮薄, 得觀而不得取. 卽從臣東南至蓬萊山, 見芝城宮闕, 有使者銅色而龍形, 光上照天. 於是臣再拜問曰, 宜何資以獻? 海神曰, 以令名男子若振女與百工之事, 卽得之矣.' 秦皇帝大說, 遣振男女三千人, 資之五穀種種百工而行. 徐福得平原廣澤, 止王不來. 於是百姓悲痛相思, 欲爲亂者十家而六. 又使尉佗踰五嶺攻百越. 尉佗知中國勞極, 止王不來, 使人上書, 求女無夫家者三萬人, 以爲士卒衣補. 秦皇帝可其萬五千人. 於是百姓離心瓦解, 欲爲亂者十家而七. 客謂高皇帝曰, '時可矣.' 高皇帝曰, '待之, 聖人當起東南閒.' 不一年, 陳勝吳廣發矣. 高皇始於豐沛, 一倡天下不期而響應者不可勝數也. 此所謂蹈瑕候閒, 因秦之亡而動者也. 百姓願之, 若旱之望雨, 故起於行陳之中而立爲天子, 功高三王, 德傳無窮. 今大王見高皇帝得天下之易也, 獨不觀近世之吳楚乎? 夫吳王賜號爲劉氏祭酒, 復不朝, 王四郡之衆, 地方數千里, 內鑄消銅以爲錢, 東煮海水以爲鹽, 上取江陵木以爲船, 一船之載當中國數十兩車, 國富民衆. 行珠玉金帛賂諸侯宗室大臣, 獨竇氏不與. 計定謀成, 擧兵而西. 破於大梁, 敗於狐父, 奔走而東, 至於丹

徒, 越人禽之, 身死絶祀, 爲天下笑. 夫以吳越之衆不能成功者何? 誠
逆天道而不知時也. 方今大王之兵衆不能十分吳楚之一, 天下安寧有
萬倍於秦之時, 願大王從臣之計. 大王不從臣之計, 今見大王事必不成
而語先泄也. 臣聞微子過故國而悲, 於是作麥秀之歌, 是痛紂之不用王
子比干也. 故孟子曰 '紂貴爲天子, 死曾不若匹夫'. 是紂先自絶於天下
久矣, 非死之日而天下去之. 今臣亦竊悲大王棄千乘之君, 必且賜絶命
之書, 爲羣臣先, 死於東宮也."於是氣怨結而不揚, 涕滿匡而橫流, 卽
起, 歷階而去.

　회남왕 유안에게 유불해劉不害라는 서자가 있었다. 나이가 많았지
만 유안은 그를 사랑하지 않았다. 유안과 왕후 도씨, 태자 유천 모두
그를 자식이나 형제로 간주하지 않았다. 유불해에게 아들 유건劉建이
있었다. 재능이 뛰어나고 기개가 있었다. 언제나 태자 유천이 자신의
아비를 보살피지 않는 것을 보고 크게 원망했다. 당시 제후왕 모두
자제에게 봉지를 나누어 제후로 삼을 수 있었다. 유건은 조부인 회
남왕 유안이 기껏 아들이 두 명밖에 없는데도 적자인 유천만 태자로
삼고, 서자인 자신의 아비 유불해만 홀로 제후로 삼지 않은 것을 원
망했다. 은밀히 남과 결탁해 태자 유천을 몰아낸 뒤 자신의 아비가
대신토록 만들려고 한 이유다. 태자 유천이 도중에 이를 알고 누차
붙들어 묶고 매질을 했다.

　유건은 태자 유천이 한나라 중위를 죽이려고 음모한 정황을 잘 알
고 있었다. 원삭 6년, 잘 알고 지내던 수춘현壽春縣의 장지莊正를 시켜
한무제에게 상서하게 했다.

옛날 말에 "좋은 약은 입에 쓰지만 병에 이롭다[良藥利病]"*는 성어와 "충언은 귀에 거슬리지만 실행하기에 이롭다[忠言利行]"는 성어가 있습니다. 지금 회남왕의 손자인 유건은 재능이 뛰어난데도 회남왕 유안의 왕후 도씨와 그녀 소생의 태자 유천이 늘 시기하며 해치려 하고 있습니다. 유건의 아비 유불해는 죄가 없는데도, 멋대로 유건을 잡아가두고 누차 죽이려 했습니다. 지금 유건이 살아 있으니 그를 불러 물어보면 회남왕이 은밀히 꾀한 일까지 소상히 알 수 있을 것입니다.

상서가 올라오자 한무제는 이를 정위에게 내렸고, 정위는 하남에 내려 다스리도록 했다. 당시 옛 벽양후 심이기의 손자인 심경審卿은 승상 공손홍과 친하게 지냈다. 회남여왕 유장이 자신의 조부인 심이기를 죽인 것을 늘 원망해오고 있었다. 그가 공손홍에게 회남의 일을 과장해 이야기하자 공손홍은 회남에서 모반음모가 있었다고 의심해 이 송사訟事를 철저히 다스리고자 했다. 하남에서 유건을 심문하는 과정에서 회남의 태자 유천과 그 무리들에 관한 이야기가 나왔다. 회남왕 유안이 이를 근심해 군사를 일으키고자 했다. 먼저 오피에게 물었다.

"한나라 조정이 잘 다스려지고 있는 것이오?"

오피가 대답했다.

"천하는 잘 다스려지고 있습니다."

● "좋은 약은 입에 쓰지만 병에 이롭다"의 원문은 "독약고어구리어병毒藥苦於口利於病"이다. 독약毒藥은 독성을 지닌 양약이라는 뜻이다. 《공자가어孔子家語》〈육본六本〉에 양약고어구리어병良藥苦於口利於病으로 표현하는 이유다. 줄여서 양양이병良藥利病으로 표현한다. 후한의 원강袁康이 쓴 《월절서越絶書》〈월절계예내경越絶計倪內經〉은 고약이병苦藥利病으로 표현해놓았다. 고약苦藥은 입에 쓴 약이라는 뜻이다.

유안이 내심 탐탁지 않은 표정으로 다시 물었다.

"공은 무엇을 근거로 천하가 잘 다스려진다고 말하는 것이오?"

오피가 대답했다.

"신이 가만히 조정을 살펴보니 군신간의 예의, 부자간의 친애, 부부간의 구별, 장유長幼간의 순서가 모두 도리에 맞습니다. 황제의 행보 또한 옛날 도리를 준수하고 있고, 풍속과 기강에도 빠진 것이 없습니다. 재물을 가득 실은 부유한 상인들은 천하를 두루 다닐지라도 길이 통하지 않은 곳이 없습니다. 외국과 교역하는 길이 열리고, 남월이 귀순해 복종하고, 강족과 북인이 입조해 조공을 바치고, 동구가 들어와 항복하고, 장유長榆간의 요새가 확장되고, 삭방 일대가 개척되었습니다. 흉노의 날개가 꺾이고 상한데다 원조마저 끊겨 힘을 떨치지 못하는 이유입니다. 비록 요순의 태평시절에는 미치지 못하지만 역시 잘 다스려진다고 말할 수 있습니다."

회남왕 유안이 대로했다. 오피가 죽을죄를 지었다며 사죄했다. 유안이 오피에게 말했다.

"만일 산동에 전쟁이 일어나면 한나라는 반드시 대장군 위청을 장수로 삼아 산동을 제압하고자 할 것이오. 공은 대장군을 어떤 인물로 생각하오?"

오피가 대답했다.

"제가 잘 아는 황의黃義라는 자가 대장군을 쫓아 흉노를 친 일이 있습니다. 돌아와서 저에게 말하기를, '대장군은 사대부를 대우하는 데 예의가 있어야 하고, 병사들에게 은덕을 베풀어 무리가 모두 그에 의해 쓰이는 것을 좋아해야 하고, 말을 타고 산을 오르내리는 것이 마치 새가 나는 듯해야 하고, 재주가 남보다 뛰어나야 한다'고 했습니다. 제가 보건대 대장군의 재주가 이와 같고 또 누차 장수가 되어 용병술을 익혔다고 하니 쉽게 당해내지는 못할 듯합니다. 게다가 알자인 조량曹梁이 장안에 사자로 갔다가 돌아와 말하기를, '대장군은 호령이 분명하고, 적과 싸울 때 늘 용감하게도 병사들 앞에 선다. 휴식을 취할 때면 우물을 파고 물이 충분히 나오지 않으면 반드시 사병이 물을 다 마신 뒤 자신이 마시고, 후퇴할 때면 병사들이 강을 다 건너고 나서야 건너고, 황태후가 하사한 금전과 비단은 모두 장병에게 나누어주고, 비록 옛날 명장일지라도 그보다 낫지는 않을 것이다'라고 했습니다."

회안왕 유안이 묵묵히 아무 말도 하지 않았다.

●● 王有孽子不害, 最長, 王弗愛, 王·王后·太子皆不以爲子兄數. 不害有子建, 材高有氣, 常怨望太子不省其父, 又怨時諸侯皆得分子弟爲侯, 而淮南獨二子, 一爲太子, 建父獨不得爲侯. 建陰結交, 欲告敗太子, 以其父代之. 太子知之, 數捕繫而榜笞建. 建具知太子之謀欲殺漢中尉, 卽使所善壽春莊芷以元朔六年上書於天子曰, "毒藥苦於口利於病, 忠言逆於耳利於行. 今淮南王孫建, 材能高, 淮南王王后荼·荼子太子遷常疾害建. 建父不害無罪, 擅數捕繫, 欲殺之. 今建在, 可徵問, 具知淮南陰事." 書聞, 上以其事下廷尉, 廷尉下河南治. 是時故辟陽侯孫審卿善丞相公孫弘, 怨淮南厲王殺其大父, 乃深購淮南事於弘, 弘乃疑淮南有畔逆計謀, 深窮治其獄. 河南治建, 辭引淮南太子及黨與. 淮南王患之, 欲發, 問伍被曰, "漢廷治亂?" 伍被曰, "天下治." 王意不說, 謂伍被曰, "公何以言天下治也?" 被曰, "被竊觀朝廷之政, 君臣之義, 父子之親, 夫婦之別, 長幼之序, 皆得其理, 上之擧錯遵古之道, 風俗紀綱未有所缺也. 重裝富賈, 周流天下, 道無不通, 故交易之道行. 南越賓

服, 羌僰入獻, 東甌入降, 廣長楡, 開朔方, 匈奴折翅傷翼, 失援不振. 雖
未及古太平之時, 然猶爲治也." 王怒, 被謝死罪. 王又謂被曰, "山東卽
有兵, 漢必使大將軍將而制山東, 公以爲大將軍何如人也?" 被曰, "被
所善者黃義, 從大將軍擊匈奴, 還, 告被曰, '大將軍遇士大夫有禮, 於
士卒有恩, 衆皆樂爲之用. 騎上下山若蜚, 材幹絶人.' 被以爲材能如此,
數將習兵, 未易當也. 及謁者曹梁使長安來, 言大將軍號令明, 當敵勇
敢, 常爲士卒先. 休舍, 穿井未通, 須士卒盡得水, 乃敢飮. 軍罷, 卒盡已
度河, 乃度. 皇太后所賜金帛, 盡以賜軍吏. 雖古名將弗過也." 王黙然.

회남왕 유안은 서손인 유건이 이미 불려가 심문받는 것을 보고는
모반 음모가 발각될까 두려운 나머지 이내 군사를 일으키고자 했다.
오피가 또 어렵다고 하자 다시 오피에게 이같이 물었다.

"공이 판단컨대 전에 오나라 유비가 군사를 일으킨 것은 옳소, 아
니면 그르오?"

오피가 대답했다.

"그릇되었다고 봅니다. 오왕 유비는 지극히 부유하고 존귀했습니
다. 군사를 일으키는 것은 적당하지 않았습니다. 결국 그는 단도에
서 죽은 뒤 머리와 발이 몸에서 떨어졌고, 후손 가운데 살아남은 자
가 없게 되었습니다. 신이 듣건대 오왕 유비가 이를 크게 후회했다
고 합니다. 대왕은 이를 깊이 살펴 오왕 유비처럼 후회하는 일이 없
기를 바랍니다."

회남와 유안이 말했다.

"대장부에게는 오직 성공하지 못하면 죽는다는 이 말 한마디밖에
없소.˙ 오왕 유비가 어찌 모반의 방략을 알 수 있었겠소? 한나라 장

수 가운데 성고를 지나는 자가 하루에 40여 명이라고 하오. 나는 누완鏤緩에게 먼저 성고의 입구를 차단하게 하고, 주피周被에게 영천의 군사를 움직여 환원轘轅과 이궐伊闕의 길을 막게 하고, 진정陳定에게 남양의 군사를 일으켜 무관을 지키게 할 생각이오. 그러면 하남 태수 홀로 낙양을 지키게 되니 무슨 걱정할 일이 있겠소? 오히려 하남 북쪽에 임진관·하동·상당·하내·조나라 등이 있소. 사람들이 말하기를, '성고의 입구를 끊으면 천하가 통하지 않는다'고 했소. 나는 이수와 낙수 및 하수로 이루어진 이곳 삼천三川의 험난한 지형에 의지해 산동의 군사를 부를 생각이오. 이와 같다면 공이 보건대 장차 어찌 될 것 같소?"

오피가 대답했다.

"신은 그 재앙은 알 수 있지만 그 복은 알 수 없습니다."

유안이 물었다.

"좌오와 조현趙賢 및 주교여朱驕如 모두 복이 있어 열에 아홉은 성공한다고 여기고 있소. 공만이 홀로 화만 있고 복이 없다고 여기는 것은 무슨 까닭이오?"

오피가 대답했다.

"대왕의 신하로 말하면 가까이 총애하던 자 가운데 평소 사람을 잘 부리던 자들은 모두 이미 황제의 명에 따라 옥사를 다루는 감옥인 조옥에 갇혀 있습니다. 나머지는 가히 쓸 만한 사람이 없습니다."

● "대장부에게는 오직 성공하지 못하면 죽는다는 이 말 한마디밖에 없소"의 원문은 "남자지소사자일언이男子之所死者一言耳"다. 일언一言에 대한 해석이 분분하다.《사기집해》는 서광의 주를 인용해 언言자가 없는 판본이 있다고 했다. 또 "성사되지 못하면 죽게 된다는 오직 이 말 한마디뿐이다"라고 풀이한 장안의 주석과 "한마디로 교제를 맺으면 오직 죽음으로 보답할 뿐이다"라는 신찬의 주를 인용해놓았다. 장안의 해석을 좇았다.

유안이 물었다.

"진승과 오광은 송곳을 세울 만한 땅[立錐之地]도 없었지만 1,000명의 무리를 모을 수 있었소. 대택大澤에서 일어나 팔을 휘두르며 크게 외치자 천하가 호응했고, 서진해 장안 인근의 희수戲水에 이르자 군사가 120만 명이나 되었소. 우리 회남이 비록 작으나 정예군으로 징발할 장병이 10만 명에 이르고, 이들은 죄를 지어 변방에서 수자리를 서던 무리도 아니오. 무기도 낫이나 끌 또는 창 자루도 아니오.* 공은 어째서 화만 있고 복은 없다고 말하는 것이오?"

오피가 대답했다.

"전에 진나라가 무도한 짓을 일삼아 천하 백성을 손상시키고, 만승의 수레를 동원해 아방궁을 짓고, 백성 수입의 대부분을 부세로 거두고, 여항의 왼쪽인 여좌閭左에 사는 머슴 등의 빈민까지 징발해 수자리를 서게 했습니다.** 아비는 자식을 돌보지 못하고, 형은 아우를 지키지 못한 이유입니다. 정치는 가혹하고, 형벌은 준엄해 천하가 마치 활활 타는 불 속에 있는 듯했습니다. 백성들 모두 목을 길게 빼고 갈망하며 귀 기울여 듣고, 슬피 부르짖으며 하늘을 우러러보고, 가슴을 치며 황제를 원망했습니다. 진승이 크게 호령하자 천하가 호응한 배경입니다. 지금 폐하는 천하에 군림해 다스리고, 해내를 통일

• 원문은 "기착극궁錤錯棘矜"이다. 《사기집해》는 서광의 주를 인용해 기錤를 큰 낫인 대렴大鐮으로 풀이했다. 착錯은 구명을 팔 때 사용하는 끌을 말한다. 《사기색은》은 극棘을 창 극戟, 궁矜을 창 자루를 뜻하는 극병戟柄으로 풀이했다.

•• 원문은 "발여좌지수發閭左之戍"다. 여좌는 25호로 구성된 1려閭 가운데 빈자들이 모여 사는 왼쪽을 지칭한다. 부자들은 오른쪽에 산 까닭에 여우閭右라고 했다. 진나라 때 주로 머슴인 고농雇農 등으로 존재했다. 진시황은 형식상 여좌를 징발하지 않았다. 다만 형법이 가혹한 나머지 많은 농민이 죄수가 되어 복역했다. 2세 황제 호해 때 아방궁 축조 등을 위해 여좌까지 징발했다. 진승과 오광의 민란이 일어난 근본배경이다. 〈진섭세가陳涉世家〉에도 발여좌發閭左 표현이 나온다.

시켜 널리 백성을 사랑하며 은덕을 베풉니다. 입을 열어 말하기 전에 그 소리가 우레보다 빠르게 전달되고, 조령이 나오기도 전에 신처럼 교화되고, 내심 생각하는 것이 있으면 그 위엄이 1만 리까지 움직입니다. 아래에서 위로 호응하는 것이 마치 그림자가 형체를 따라가고 메아리가 소리에 응하는 듯합니다. 대장군 위청의 재능은 항우에게 투항한 진나라 장수 장함이나 유방에게 패한 진나라 장수 양웅에 비할 것이 아닙니다. 대왕은 진승과 오광을 예로 들어 비유했지만 저는 그것이 잘못이라고 생각합니다.”

유안이 물었다.

“실로 그대의 말과 같다면 요행을 바랄 수 없다는 것이오?”

오피가 대답했다.

“저에게 어리석은 계책이 하나 있습니다.”

유안이 물었다.

“어떤 것이오?”

오피가 대답했다.

“지금 제후들은 딴마음을 품고 있지 않고, 백성들 또한 원망하는 기색이 없습니다. 삭방군의 땅이 넓고 강물과 초목이 아름답지만 이주하는 백성이 적어 그 땅을 채우지 못하고 있습니다. 신의 어리석은 계책은 짐짓 승상과 어사대부가 주청하는 글을 위조하는 것입니다. 이를 이용해 군국의 호걸과 임협 및 2년의 징역인 내죄耐罪 이상의 죄인을 사면하고, 재산이 50만 전 이상인 자를 가속과 함께 삭방으로 옮기게 하고, 나아가 군사를 자주 보내 그들이 빨리 출발하도록 재촉합니다. 이어 좌우도사공左右都司空과 상림上林 및 중도관中都官 등이 칙명을 다루는 조옥의 문서를 거짓으로 만들어 제후들의 태자와 총애하는 신하를 체포합니다. 이리하면 백성은 원망하고, 제후들은 두려워할 것입니다. 이때 회남 출신 무武처럼 뛰어난 변사를 동원해 사람들을 설득하면 요행히 열 명 가운데 한 명은 얻을 수 있을 것입니다."

유안이 말했다.

"그리 생각할 수도 있을 것이오. 그러나 나는 그렇게까지 되지는 않을 것으로 여기오."

회남왕 유안이 마침내 관노官奴인 공장工匠을 궁궐에 끌어들인 뒤 황제의 옥새를 비롯해 승상·어사대부·대장군·군리·중中 2,000석●·도관령都官令·승의 인장을 위조했다. 이어 가까운 군郡의 태수와 도위의 인장을 비롯해 한나라의 사자가 사용하는 법관法冠까지 만들게 했다. 열에 하나밖에 없다고 한 오피의 계책을 그대로 좇은 것이다.

●● 淮南王見建已徵治, 恐國陰事且覺, 欲發, 被又以爲難, 乃復問被曰, "公以爲吳興兵是邪非也?"被曰, "以爲非也. 吳王至富貴也, 擧事不當, 身死丹徒, 頭足異處, 子孫無遺類. 臣聞吳王悔之甚. 願王孰慮之, 無爲吳王之所悔."王曰, "男子之所死者一言耳. 且吳何知反, 漢將一日過成皋者四十餘人. 今我令樓緩先要成皋之口, 周被下潁川兵塞轘轅·伊闕之道, 陳定發南陽兵守武關. 河南太守獨有雒陽耳, 何足憂然此北尙有臨晉關·河東·上黨與河內·趙國. 人言曰'絶成皋之口, 天

● 중 2,000석은 구경·경조윤·중위 등이 받은 녹봉이다. 중中은 만滿의 뜻이다. 진眞 2,000석, 2,000석, 비比 2,000석보다 녹봉이 많다. 중 2,000석은 말 그대로 연봉이 2,000석 이상이다. 매월 180석을 받는 셈이다. 가장 많이 받는 사람은 2,160석까지 받는다. 진 2,000석은《한서》〈외척전外戚傳〉의 비빈妃嬪 등급에만 나온다. 용화傛華가 이에 해당한다. 한 등급 낮은 미인은 2,000석이다. 안사고는 주에서 연봉이 1,800석으로 매월 150석 받는 것으로 풀이했다. 2,000석은 태수의 연봉으로 1,440석이다. 매월 120석을 받는다. 비 2,000석은 연봉이 1,200석 안팎으로 매월 100석씩 받는다. 호군도위와 부마도위駙馬都尉 등이 이에 해당한다.

下不通'. 據三川之險, 招山東之兵, 擧事如此, 公以爲何如?"被曰, "臣
見其禍, 未見其福也." 王曰, "左吳 · 趙賢 · 朱驕如皆以爲有福, 什事九
成, 公獨以爲有禍無福, 何也?"被曰, "大王之羣臣近幸素能使衆者, 皆
前繫詔獄, 餘無可用者." 王曰, "陳勝 · 吳廣無立錐之地, 千人之聚, 起
於大澤, 奮臂大呼而天下響應, 西至於戲而兵百二十萬. 今吾國雖小,
然而勝兵者可得十餘萬, 非直適戍之衆, 鐖鑿棘矜也, 公何以言有禍無
福?"被曰, "往者秦爲無道, 殘賊天下. 興萬乘之駕, 作阿房之宮, 收太
牛之賦, 發閭左之戍, 父不寧子, 兄不便弟, 政苛刑峻, 天下熬然若焦,
民皆引領而望, 傾耳而聽, 悲號仰天, 叩心而怨上, 故陳勝大呼, 天下
響應. 當今陛下臨制天下, 一齊海內, 汎愛蒸庶, 布德施惠. 口雖未言,
聲疾雷霆, 令雖未出, 化馳如神, 心有所懷, 威動萬里, 下之應上, 猶影
響也. 而大將軍材能不特章邯 · 楊熊也. 大王以陳勝 · 吳廣諭之, 被以
爲過矣." 王曰, "苟如公言, 不可徼幸邪?"被曰, "被有愚計." 王曰, "奈
何?"被曰, "當今諸侯無異心, 百姓無怨氣. 朔方之郡田地廣, 水草美,
民徙者不足以實其地. 臣之愚計, 可僞爲丞相御史請書, 徙郡國豪桀任
俠及有耐罪以上, 赦令除其罪, 産五十萬以上者, 皆徙其家屬朔方之
郡, 益發甲卒, 急其會日. 又僞爲左右都司空上林中都官詔獄逮書, 逮
諸侯太子幸臣. 如此則民怨, 諸侯懼, 卽使辯武隨而說之, 儻可徼幸什
得一乎?" 王曰, "此可也. 雖然, 吾以爲不至若此." 於是王乃令官奴入
宮, 作皇帝璽, 丞相 · 御史 · 大將軍 · 軍吏 · 中二千石 · 都官令 · 丞印,
及旁近郡太守 · 都尉印, 漢使節法冠, 欲如伍被計.

　회남왕 유안이 마침내 사람을 시켜 짐짓 죄를 짓게 한 뒤 서쪽 경
사로 보내 대장군 위청과 승상 공손홍을 섬기게 했다. 하루아침에

반기를 들면 바로 위청을 죽이고, 공손홍을 설득해 항복하게 만들려는 속셈이었다. 그는 내심 물건의 뚜껑을 여는 발몽發蒙●처럼 쉬울 것이라고 여겼다. 다만 회남의 군사를 일으키는 과정에서 상국과 2,000석 이상의 관원이 따르지 않을까 걱정되었다. 곧 오피와 상의해 먼저 상국과 2,000석 이상의 관원부터 죽이려고 했다. 짐짓 궁중에 불을 지른 뒤 상국과 2,000석 이상의 관원들이 불을 끄기 위해 몰려오면 이 틈을 이용해 도륙하기로 한 것이다. 그러나 그 계책을 확정하지는 못했다. 이때 유안은 사람을 시켜 도둑을 잡는 정장 밑의 아전인 구도의 옷을 입힌 뒤 깃털을 꽂은 격문인 우격羽檄을 들고 동쪽으로부터 뛰어와 이같이 외치도록 만들려 했다.

"남월의 군사들이 국경을 넘어 쳐들어왔다."

이를 틈타 군사를 일으키려 했던 것이다. 먼저 사람을 여강廬江과 회계로 보내 구도를 가장하게 했다. 그러나 아직 군사를 일으키기 전에 유안이 오피에게 물었다.

"내가 군사를 일으켜 서진하면 제후들 가운데 반드시 나에게 호응하는 자가 있을 것이오. 만일 호응하지 않으면 어찌해야 되겠소?"

오피가 대답했다.

"남쪽으로 형산을 빼앗고 여강을 친 뒤 심양尋陽의 배를 차지해 하치下雉의 성을 지키고, 구강의 포구를 연결하고, 예장의 입구를 끊으십시오. 또 뛰어난 사수에게 명해 장강을 지키도록 하십시오. 남군의 적군이 내려오지 못하게 막고자 하는 것입니다. 이어 동쪽으로 강도

● 발몽은 통상 몽매함을 스스로 계발한다는 뜻의 계발몽매啓發蒙昧의 약자로 사용된다. 그러나 여기서는 매우 쉽게 행할 수 있다는 취지로 사용된 것이다. 《한서》〈회남왕안전淮南王安傳〉에 대한 한사고 주는 진작晉灼의 주를 인용해 물건 위에 덮인 뚜껑을 들어내는 것처럼 쉽다는 뜻이라고 풀이했다.

江都와 회계를 거두고, 남쪽으로 강한 남월과 제휴해 장강과 회수 사이에서 강약을 조절하며 굳게 지키십시오. 그러면 시간을 늦출 수 있습니다."

회남왕 유안이 말했다.

"좋소. 이보다 더 좋은 계책은 없을 듯하오. 만일 사태가 급박해지면 남월로 달아나면 그뿐일 것이오."

그사이 정위는 회남왕의 손자 유건의 말에 따라 회남의 태자 유천이 이 사건에 연루된 사실을 한무제에게 보고했다. 한무제는 정위감을 회남의 중위로 삼은 후 틈을 보아 유천을 체포하게 했다. 정위감이 회남에 이르자 회남왕 유안은 소식을 듣고 곧바로 태자 유천과 모의했다. 상국과 2,000석을 도살한 뒤 군사를 일으키고자 한 것이다. 상국을 부르자 상국은 곧바로 도착했다. 그러나 내사는 마침 일이 있어 밖으로 나갔다며 들어오지 않았다. 중위가 말했다.

"신은 조서를 받들어 사자로 온 까닭에 회남왕을 접견할 이유가 없습니다."

회남왕 유안은 내심 상국을 죽일지라도 내사나 중위가 오지 않으면 소용없다고 판단했다. 곧바로 상국을 돌려보낸 이유다. 이후 그는 미적거리며 계책을 결정짓지 못했다. 당시 태자 유천은 한나라 중위를 죽이려고 모의한 죄를 지었는데, 함께 모의한 자들은 이미 죽어 입을 열 사람이 없다고 생각해 유안에게 이같이 말했다.

"신하들 가운데 쓸 만한 자는 모두 옥에 갇혀 지금은 족히 함께 일할 자가 없습니다. 대왕이 때가 아닌데 군사를 일으켜 성공하지 못할까 두렵습니다. 신이 체포되도록 허락해주십시오."

회남왕 유안도 그같이 생각해 잠시 거병을 늦추기로 하고, 태자 유천의 청을 들어주었다. 유천이 곧 스스로 목을 찔렀으나 죽지 않았다. 이때 오피는 스스로 조정에서 온 관원을 찾아가 자신이 회남왕 유안과 함께 모반을 꾀한 사실과 그 내막을 소상히 고했다. 관원이 태자 유천과 왕후 도씨를 체포한 뒤 왕궁을 포위했다. 회남왕 유안과 함께 모반을 꾀한 빈객 가운데 나라 안에 있는 자를 모두 체포하고, 반역에 쓰려던 무기도 찾아낸 뒤 그 내용을 보고했다. 한무제가 공경에게 명해 이 사안을 다루게 했다. 회남왕을 비롯해 모반에 연루된 열후와 2,000석의 관원 및 호걸 등 수천 명의 관련자가 죄의 경중에 따라 처벌을 받았다. 당시 형산왕은 회남왕의 동생인 까닭에 함께 연좌되어 심문을 받는 것이 당연했다. 담당 관원인 유사가 형산왕에 대한 체포와 심문을 청하자 한무제가 반대했다.

"제후는 각기 자신의 봉국을 근본으로 삼는다. 이들을 서로 연좌하는 것은 마땅치 않다. 담당 관원은 제후왕 및 열후와 함께 승상이 있는 곳으로 가 이 문제를 함께 의논토록 하라"

이에 조왕 팽조彭祖와 열후 조양趙讓 등 마흔세 명이 모여 의논했다. 모두 입을 모아 이같이 건의했다.

"회남왕 유안은 심히 대역무도한 죄를 저질렀습니다. 모반이 자명하니 응당 주살해야 합니다."

교서왕 유단劉端은 이같이 말했다.

"회남왕 유안은 법을 폐하고 사악한 일을 저질렀고, 거짓된 마음을 품어 천하를 어지럽히고, 백성을 미혹하게 만들고, 종묘를 배반하고, 함부로 망령된 말을 지어냈습니다.《춘추공양전》에 이르기를, '신하는 모반할 마음을 품으면 안 된다. 모반할 마음을 품으면 주살한다'고 했습니다.• 유안의 죄는 모반할 마음을 품은 것보다 훨씬 무겁습니다. 이미 모반할 계책을 세워놓았기 때문입니다. 신이 본 위조된 문서와 부절, 인장, 지도와 여타 물증으로 볼 때 대역무도한 죄의 증거가 분명합니다. 그 대역무도한 행각이 매우 심하니 응당 법에 따라 주살해야 합니다. 또 200석 이상과 비比 200석, 종실과 근신으로서 제도 밖에 있는 자, 서로 일깨워주지 못한 자는 모두 관작을 삭탈해 사오士伍로 삼고, 다시는 벼슬살이를 하지 못하도록 해야 합니다. 관원이 아닌 자들은 죽을죄의 속죄금으로 황금 2근 8량兩을 바쳐야 합니다. 회남왕 유안의 죄를 명백히 드러내 천하의 신민들에게 신하 된 도리를 분명히 알게 하고, 감히 다시는 이런 사악한 모반의 뜻을 지니지 못하도록 해야 합니다."

승상 공손홍과 정위 장탕 등이 보고하자 한무제가 종정을 시켜 부절을 가지고 가 회남왕 유안을 다스리게 했다. 사자가 아직 도착하지 않았을 때 유안이 스스로 목을 찔러 죽었다. 왕후 도씨와 태자 유천을 포함해 모반에 가담한 자들은 모두 멸족되었다. 한무제는 오피가 한나라의 선정善政을 누차 인용한 점을 들어 죽이지 않기를 바랐다. 정위 장탕이 반대했다.

"오피는 왕을 대신해 모반을 획책했습니다. 그의 죄를 용서할 수 없습니다."

이내 오피도 주살되었다. 이로써 회남국이 폐지되고 구강군九江郡으로 편입되었다.

●● 使人僞得罪而西, 事大將軍·丞相, 一日發兵, 使人卽刺殺大將軍

● "신하는 모반할 마음을 품으면 안 된다. 모반할 마음을 품으면 주살한다"의 원문은 "신무장臣無將, 장이주將而誅"다. 《춘추공양전》〈노장공 32년〉조에서 인용한 것이다. 〈노장공 32년〉조에는 신臣이 군주가 가까이하는 신하인 군친君親으로 되어 있다. "군친무장君親無將, 장이주언將而誅焉"이 그것이다. 여기의 장將은 반역을 꾀한다는 뜻으로 사용된 것이다.

靑, 而說丞相下之, 如發蒙耳. 王欲發國中兵, 恐其相·二千石不聽. 王乃與伍被謀, 先殺相·二千石, 僞失火·宮中, 相·二千石救火, 至卽殺之. 計未決, 又欲令人衣求盜衣, 持羽檄, 從東方來, 呼曰, "南越兵入界", 欲因以發兵. 乃使人至廬江·會稽爲求盜, 未發. 王問伍被曰, "吾擧兵西鄕, 諸侯必有應我者, 卽無應, 柰何?" 被曰, "南收衡山以擊廬江, 有尋陽之船, 守下雉之城, 結九江之浦, 絶豫章之口, 彊弩臨江而守, 以禁南郡之下, 東收江都·會稽, 南通勁越, 屈彊江淮閒, 猶可得延歲月之壽." 王曰, "善, 無以易此. 急則走越耳." 於是廷尉以王孫建辭連淮南王太子遷聞. 上遣廷尉監因拜淮南中尉, 逮捕太子. 至淮南, 淮南王聞, 與太子謀召相·二千石, 欲殺而發兵. 召相, 相至, 內史以出爲解. 中尉曰, "臣受詔使, 不得見王." 王念獨殺相而內史中尉不來, 無益也, 卽罷相. 王猶豫, 計未決. 太子念所坐者謀刺漢中尉, 所與謀者已死, 以爲口絶, 乃謂王曰, "羣臣可用者皆前繫, 今無足與擧事者. 王以非時發, 恐無功, 臣願會逮." 王亦偸欲休, 卽許太子. 太子卽自剄, 不殊. 伍被自詣吏, 因告與淮南王謀反, 反蹤跡其如此. 吏因捕太子·王后, 圍王宮, 盡求捕王所與謀反賓客在國中者, 索得反具以聞. 上下公卿治, 所連引與淮南王謀反列侯二千石豪傑數千人, 皆以罪輕重受誅. 衡山王賜, 淮南王弟也, 當坐收, 有司請逮捕衡山王. 天子曰, "諸侯各以其國爲本, 不當相坐. 與諸侯王列侯會肄丞相諸侯議." 趙王彭祖·列侯臣讓等四十三人議, 皆曰, "淮南王安甚大逆無道, 謀反明白, 當伏誅." 膠西王臣端議曰, "淮南王安廢法行邪, 懷詐僞心, 以亂天下, 熒惑百姓, 倍畔宗廟, 妄作妖言. 春秋曰, '臣無將, 將而誅'. 安罪重於將, 謀反形已定. 臣端所見其書節印圖及他逆無道事驗明白, 甚大逆無道, 當伏其法. 而論國吏二百石以上及比者, 宗室近幸臣不在法中者, 不能相敎, 當皆免官削爵爲士伍, 毋得宦爲吏. 其非吏, 他贖死金二斤八兩. 以章臣安之罪, 使天下明知臣子之道, 毋敢復有邪僻倍畔之意." 丞相弘 · 廷尉湯等以聞, 天子使宗正以符節治王. 未至, 淮南王安自刭殺. 王后荼 · 太子遷諸所與謀反者皆族. 天子以伍被雅辭多引漢之美, 欲勿誅. 廷尉湯曰, "被首爲王畫反謀, 被罪無赦." 遂誅被. 國除爲九江郡.

유사열전

회남왕 유안의 친동생인 형산왕 유사는 왕후 승서乘舒와의 사이에서 자식 세 명을 얻었다. 첫째 아들은 태자인 유상劉爽, 둘째 아들은 유효劉孝, 셋째는 딸로 유무채劉無采였다. 또 희첩姬妾인 서래徐來에게서 자식 네 명을 얻고, 미인의 직책인 후궁 궐희厥姬에게서 자식 두 명을 낳았다. 형산왕과 회남왕 형제는 서로 상대를 책망하며 예절이 없는데다가 틈이 생겨 늘 화목하지 못했다. 형산왕은 회남왕이 모반에 사용할 반역의 도구를 만든다는 소식을 듣고 빈객들과 결탁해 대책을 세우고자 했다. 병탄되는 것을 두려워했기 때문이다.

한무제 원광 6년, 형산왕이 입조했다. 그의 알자인 위경이 방술을 알고 있었다. 글을 올려 한무제를 섬기고자 했다. 형산왕 유사가 대로한 나머지 그가 죽을죄를 지은 것으로 몰아 가혹하게 매질을 한 뒤 억지로 죄를 시인하게 했다. 형산의 내사는 이를 옳지 않다고 판단해 송사를 접수하지 않았다. 형산왕 유사가 다른 사람을 시켜 내사를 고발하는 글을 올렸다. 내사가 조사를 받으면서 형산왕의 죄과를 폭로했다. 누차 백성의 전답을 침탈하고, 남의 집을 부수고 무덤을 파헤쳐 밭으로 만든 점 등이 거론되었다. 유사가 형산왕 유사에 대한 체포와 심문을 청했으나 한무제가 허락지 않았다. 다만 200석 이상의 관원을 한나라 조정이 직접 두도록 했다.

형산왕 유사가 해자奚慈 및 장광창張廣昌과 모의한 뒤 병법을 이해하고 천문 기상을 살필 줄 아는 자를 구했다. 이들은 밤낮으로 은밀히 모반할 것을 종용했다. 왕후 승서가 죽자 서래를 왕후로 삼았다. 미인 궐희도 총애를 입었다. 두 사람이 서로 질투했다. 궐희가 태자 유상에게 왕후 서래를 무함했다.

"서래는 시녀를 시켜 저주의 방법으로 상대를 죽음에 이르게 하는 고도蠱道를 써 태자의 모친을 죽였습니다."

태자 유상이 내심 왕후 서래를 원망했다. 서래의 오빠가 형산에 왔을 때 태자 유상이 함께 술을 마시다가 칼로 그를 찔러 상처를 입혔다. 왕후 서래가 크게 원망하며 노여워했다. 누차 형산왕 유사 앞에서 태자 유상을 헐뜯으며 악평을 한 이유다. 태자 유상의 여동생인 유무채는 시집을 갔으나 이내 소박을 맞고 돌아온 뒤 종과 간통하고, 빈객과도 간통했다. 태자가 누차 책망하자 유무채도 화를 내며 왕래하지 않았다. 왕후 서래가 이 소식을 듣고는 유무채를 잘 대해 주었다. 유무채와 둘째 오빠 유효는 어려서 생모를 잃은 까닭에 서래를 따랐다. 서래는 계획적으로 이들을 아끼며 함께 태자를 비방했다. 형산왕 유사가 누차 태자 유상을 매질한 배경이다.

한무제 원삭 4년, 어떤 자가 왕후 서래의 계모를 찔러 다치게 했다. 형산왕 유사는 태자 유상이 사람을 시켜 그리한 것으로 의심하고 태자를 매질했다. 이후 형산왕 유사가 병이 나 자리에 눕자 태자 유상이 병을 핑계로 시중을 들지 않았다. 왕후와 유효 및 유무채 모두 태자 유상을 비난했다.

"태자는 실제로 병이 난 것이 아닙니다. 입으로는 병이 있다고 말하지만 얼굴에는 기뻐하는 빛이 있습니다."

형산왕 유사가 크게 노해 태자 유상을 폐하고 그의 동생 유효를 세우고자 했다. 왕후 서래는 형산왕 유사가 태자 유상을 폐하기로 결심한 것을 알고는 이내 유효도 함께 폐하도록 만들고자 했다.

●● 衡山王賜, 王后乘舒生子三人, 長男爽爲太子, 次男孝, 次女無采. 又姬徐來生子男女四人, 美人厥姬生子二人. 衡山王·淮南王兄弟相責望禮節, 閒不相能. 衡山王聞淮南王作爲畔逆反具, 亦心結賓客以應之, 恐爲所幷. 元光六年, 衡山王入朝, 其謁者衛慶有方術. 欲上書事天子, 王怒, 故劾慶死罪, 彊榜服之. 衡山內史以爲非是, 卻其獄. 王使人上書告內史, 內史治, 言王不直. 王又數侵奪人田, 壞人冢以爲田. 有司請逮治衡山王. 天子不許, 爲置吏二百石以上. 衡山王以此恚, 與奚慈·張廣昌謀, 求能爲兵法候星氣者, 日夜從容王密謀反事. 王后乘舒死, 立徐來爲王后. 厥姬俱幸. 兩人相妒, 厥姬乃惡王后徐來於太子曰, "徐來使婢蠱道殺太子母." 太子心怨徐來. 徐來兄至衡山, 太子與飲, 以刃刺傷王后兄. 王后怨怒, 數毁惡太子於王. 太子女弟無采, 嫁棄歸, 與奴姦, 又與客姦. 太子數讓無采, 無采怒, 不與太子通. 王后聞之, 卽善遇無采. 無采及中兄孝少失母, 附王后, 王后以計愛之, 與共毁太子, 王以故數擊笞太子. 元朔四年中, 人有賊傷王后假母者, 王疑太子使人傷之, 笞太子. 後王病, 太子時稱病不侍. 孝·王后·無采惡太子, "太子實不病, 自言病, 有喜色." 王大怒, 欲廢太子, 立其弟孝. 王后知王決廢太子, 又欲幷廢孝.

당시 왕후 서래에게 춤을 잘 추는 시녀가 있었다. 형산왕이 그녀를 총애하자 왕후 서래는 시녀를 시켜 유효와 정을 통하게 했다. 유효의 행실을 더럽혀 두 형제를 함께 폐한 뒤 자신의 소생인 유광을 대신 세우고자 한 것이다. 이를 눈치챈 태자 유상이 내심 이같이 생각했다.

'왕후는 나를 헐뜯는 일을 그칠 줄 모른다. 왕후와 간통해 입을 막을 것이다.'

왕후 서래가 술을 마시자 태자 유상이 앞으로 나아가 축수한 뒤 왕후 서래의 넓적다리를 어루만지며 동침할 것을 청했다. 왕후 서래가 화를 내며 이를 형산왕 유사에게 고했다. 형산왕이 대로해 태자를 결박한 뒤 매질했다. 태자는 부왕이 자신을 폐하고 동생인 유효를 세우려고 하는 것을 알고 이같이 말했다.

"유효는 대왕의 시녀와 간통하고, 유무채는 종과 간통했습니다. 대왕은 부디 먹는 것이나 신경 쓰고, 천자에게 이를 고하는 글이나 올리십시오."

그러고는 부왕을 등지고 나갔다. 형산왕이 사람을 시켜 멈추게 했으나 아무도 태자를 저지할 수 없었다. 형산왕 유사가 직접 수레를 몰고 달려가 태자 유상을 잡았다. 태자 유상이 마구 욕을 하자 형산왕 유사가 태자의 목에 칼을 씌워 궁중에 가두었다. 이후 유효는 날로 더욱 부왕의 총애를 입었다. 형산왕 유사는 유효의 재능을 기특하게 여겼다. 마침내 유효에게 왕의 인수를 차게 하고, 호칭도 장군將軍으로 부르게 했다. 또 궐 밖의 저택에 살게 하고, 많은 금전을 주어 빈객들을 불러 모으게 했다. 찾아온 빈객들은 회남과 형산에 모반의 기운이 있는 것을 어렴풋이 파악하고는 밤낮으로 이를 부추겼다.

형산왕 유사가 마침내 유효의 빈객인 강도 출신 구혁敎赫과 진희陳喜를 시켜 병거와 화살촉, 화살 등을 만들게 했다. 또 황제의 옥새를 비롯해 장상과 군리의 인장도 새기게 했다. 형산왕 유사는 밤낮으로 주구 같은 장사壯士를 구했다. 이어 오초칠국의 난 당시의 계책을 인용해 말하고 후일을 기약했다. 형산왕 유상은 감히 회남왕 유안처럼 황제의 자리를 탐한 것은 아니다. 단지 회남이 일어나면 자신의 봉국이 병탄될까 두려워했을 뿐이다. 회남이 장안을 향해 서진하면 군사를 일으켜 장강과 회수 사이를 평정한 뒤 그곳을 차지할 속셈이었다. 그의 바람은 겨우 이 정도였다.

한무제 원삭 5년 가을, 형산왕 유사가 입조하면서 회남을 지나게 되었다. 회남왕 유안이 곧 형제간의 우애를 말한 뒤 이전의 불화를 씻고 함께 반기를 들자고 부추겼다. 형산왕 유사가 바로 병을 핑계로 상서했다. 한무제가 글을 내려 입조하지 않아도 되는 부조不朝를 허락했다. 한무제 원삭 6년, 형산왕 유사가 사람을 시켜 상서했다. 태자 유상을 폐하고 둘째 아들 유효를 새 태자를 삼겠다는 내용이었다. 유상이 이 이야기를 듣고는 친하게 지내는 백영白贏을 장안으로 보내 글을 올리게 했다. 유효가 병거와 화살촉 및 화살 등을 만들고, 부왕의 시녀와 간통한 내용 등을 담게 했다. 유효가 태자가 되는 것을 막고자 한 것이다. 백영이 장안에 이르러 미처 글을 올리기도 전에 관원이 회남의 사건을 가지고 백영을 체포해 가두었다. 형산왕 유사는 태자 유상이 백영을 시켜 글을 올렸다는 소식을 듣고는 나라의 비밀이 드러날까 두려워했다. 곧 글을 올려 오히려 태자 유상이 부도덕한 짓을 일삼아 기시의 죄를 범했다고 알렸다. 한무제가 이 사건을 패군에 내려 다스리게 했다.

한무제 원수 원년 겨울, 담당 관원과 공경 들이 패군에 명을 내려 회남왕 유안과 함께 모반에 가담한 자를 잡아 가두게 했다. 그러나 좀처럼 잡지 못하다가 진희만 형산왕의 둘째 아들 유효의 집에서 잡았다. 관원이 진희를 숨긴 우두머리로 유효를 탄핵했다. 유효는 진희가 평소 부왕인 형산왕 유사와 함께 모반을 꾀한 사실을 발설할까 싶어 겁이 났다. 법에 먼저 자수한 자는 죄를 용서받도록 되어 있다는 이야기를 들은 바 있는 유효는 친형인 태자 유상이 이미 백영을 시켜 상서해 모반 사건이 드러났으리라 의심했다. 곧바로 먼저 자수하면서 함께 모반을 꾀한 구혁과 진희 등을 고발한 배경이다. 정위가 이를 증거로 삼아 관련자들을 심문했다. 조저의 공경대신은 형산왕 유사를 체포해 가둔 뒤 엄히 다스릴 것을 청했다. 한무제가 반대했다.

　"그를 체포하지 말라."

　그러고는 중위 사마안司馬安과 대행 이식을 보내 형산왕의 왕궁에서 유사를 심문하게 했다. 형산왕 유사가 사실대로 모두 대답했다. 이사이 관원들이 왕궁을 철통같이 포위하며 지키고 있었다. 중위와 대행이 돌아와 복명했다. 공경대신들이 종정과 대행을 파견해 패군과 함께 형산왕을 치죄할 것을 청했다. 형산왕 유사가 이 소식을 듣고는 곧 스스로 목을 찔러 죽었다. 유효는 먼저 모반을 자수한 까닭에 그 죄를 용서해주었으나, 이내 부왕의 시녀와 간통한 일에 연루되어 기시되었다. 왕후 서래 역시 전 왕후였던 승서를 고도蠱道로 죽인 사건에 연루되어 기시되었고, 태자 유상 또한 부왕을 고발한 불효에 연루되어 기시되었다. 이로써 형산왕 유사와 함께 모반한 자들 모두 멸족되었다. 봉국을 폐하고 형산군衡山郡으로 편입시켰다.

　●● 王后有侍者, 善舞, 王幸之, 王后欲令侍者與孝亂以汙之, 欲幷廢

兄弟而立其子廣代太子. 太子爽知之, 念后數惡已無已時, 欲與亂以
止其口. 王后飮, 太子前爲壽, 因據王后股, 求與王后臥. 王后怒, 以告
王. 王乃召, 欲縛而笞之. 太子知王常欲廢已立其弟孝, 乃謂王曰, "孝
與王御者姦, 無采與奴姦, 王彊食, 請上書." 卽倍王去. 王使人止之, 莫
能禁, 乃自駕追捕太子. 太子妄惡言, 王械繫太子宮中. 孝日益親幸. 王
奇孝材能, 乃佩之王印, 號曰將軍, 令居外宅, 多給金錢, 招致賓客. 賓
客來者, 微知淮南·衡山有逆計, 日夜從容勸之. 王乃使孝客江都人救
赫·陳喜作輣車鏃矢, 刻太子璽, 將相軍吏印. 王日夜求壯士如周丘等
, 數稱引吳楚反時計畫, 以約束. 衡山王非敢效淮南王求卽天子位, 畏淮
南起幷其國, 以爲淮南已西, 發兵定江淮之閒而有之, 望如是. 元朔五
年秋, 衡山王當朝, 六年過淮南, 淮南王乃昆弟語, 除前郤, 約束反具.
衡山王卽上書謝病, 上賜書不朝. 元朔六年中, 衡山王使人上書請廢太
子爽, 立孝太子. 爽聞, 卽使所善白嬴之長安上書, 言孝作輣車鏃矢, 與
王御者姦, 欲以敗孝. 白嬴至長安, 未及上書, 吏捕嬴, 以淮南事繫. 王
聞爽使白嬴上書, 恐言國陰事, 卽上書反告太子爽所爲不道棄市罪事.
事下沛郡治. 元朔七守元年冬, 有司公卿下沛郡求捕所與淮南謀反者
未得, 得陳喜於衡山王子孝家. 吏劾孝首匿喜. 孝以爲陳喜雅數與王計
謀反, 恐其發之, 聞律先自告除其罪, 又疑太子使白嬴上書發其事, 卽
先自告, 告所與謀反者救赫·陳喜等. 廷尉治驗, 公卿請逮捕衡山王治
之. 天子曰, "勿捕." 遣中尉安·大行息卽問王, 王具以情實對. 吏皆圍
王宮而守之. 中尉大行還, 以聞, 公卿請遣宗正·大行與沛郡雜治王.
王聞, 卽自剄殺. 孝先自告反, 除其罪, 坐與王御婢姦, 棄市. 王后徐來
亦坐蠱殺前王后乘舒, 及太子爽坐王告不孝, 皆棄市. 諸與衡山王謀反
者皆族. 國除爲衡山郡.

태사공은 평한다.

"《시경》〈노송, 비궁〉에 이르기를, '융적은 정벌하고, 형서荊舒는 응징한다'고 했다. 이는 실로 옳은 말이다. 회남왕과 형산왕은 골육지친이다. 사방 1,000리 규모의 제후왕이 되었으나 번신의 직무를 준수해 황제를 보좌하는 데 힘쓰지 않았다. 오히려 사악하고 부정한 계책을 품어 반역을 꾀함으로써 마침내 부친 유장과 더불어 부자父子 2대에 걸쳐 두 번이나 나라를 패망하게 만들었다. 각기 자신의 몸을 끝까지 보존하지 못하고 천하의 웃음거리가 되고 만 것이다. 이는 회남왕과 형산왕의 잘못만도 아니다. 그곳의 풍속이 천박하고, 신하들이 차츰 악에 물들어 그리된 것이다. 무릇 형초荊楚의 사람은 날쌔고 용맹스럽지만 일면 경솔하고 사납다. 무엇보다 난을 일으키기 좋아한다. 이는 예로부터 기록된 것이기도 하다."

●● 太史公曰, "詩之所謂 '戎狄是膺, 荊舒是懲', 信哉是言也. 淮南·衡山親爲骨肉, 疆土千里, 列爲諸侯, 不務遵蕃臣職以承輔天子, 而專挾邪僻之計, 謀爲畔逆, 仍父子再亡國, 各不終其身, 爲天下笑. 此非獨王過也, 亦其俗薄, 臣下漸靡使然也. 夫荊楚僄勇輕悍, 好作亂, 乃自古記之矣."

순리열전
循吏列傳

〈순리열전循吏列傳〉은 법을 잘 지키고 나라를 바르게 다스린 청빈
한 관원들에 관한 전기다. 순리는 일명 청관清官으로도 불린다. 〈순
리열전〉에 수록된 청관은 모두 다섯 명으로 춘추전국시대에 활약
한 인물들이다. 초장왕 때 재상으로 활약한 손숙오孫叔敖, 정나라를
부강하게 만든 자산子産, 전국시대 노나라의 공의휴公儀休, 춘추시
대 말기 초소왕楚昭王 때 재상을 지낸 석사石奢, 춘추시대 중엽 진문
공 때 활약한 이리李離 등이 그들이다. 다섯 명의 청관 가운데 대표
적인 인물은 손숙오와 자산이다.

손숙오는 재상으로 있는 동안 매사에 솔선수범하는 자세로 백성을
이끌어 초장왕의 패업을 뒷받침했다. 관대한 정사를 펼쳐 간사한
관원이 사라지고, 도둑도 생기지 않도록 만든 것이 그렇다. 그는 세
번 재상의 자리에 올랐으나 기뻐하지 않았고, 세 번 물러났는데도
후회하지 않았다. 자신의 능력을 인정받아 그 자리에 오르고, 자신
의 허물로 인해 물러난 것이 아니라는 것을 알았기 때문이다.

자산은 일련의 부국강병책으로 약소국 정나라를 일변시킨 장본인
이다. 그의 사후 정나라는 이전 상태로 돌아갔고, 전국시대 초기 한

韓나라에 병탄되었다. 뛰어난 지도자의 존재 여부가 국가흥망과 직결되어 있다는 사실을 웅변하는 사례다.

태사공은 평한다.

"법령은 백성을 이끌기 위한 것이고, 형벌은 간악을 금하기 위한 것이다. 법령[文]과 형벌[武]이 구비되어 있지 않았을 때 선량한 백성이 두려워하며 품행을 단정히 하는 것은 관원이 법령을 혼란스럽게 집행한 적이 없기 때문이다. 직분을 다하고 법을 좇으면 바르게 다스릴 수 있는데, 어찌 굳이 위엄만 찾을 필요가 있겠는가?"

●● 太史公曰, "法令所以導民也, 刑罰所以禁姦也. 文武不備, 良民懼然身修者, 官未曾亂也. 奉職循理, 亦可以爲治, 何必威嚴哉?"

손숙오 열전

손숙오는 초장왕 때 처사로 있었다. 재상 우구虞丘가 후임자로 그를 천거했다. 그는 석 달 만에 초나라 재상이 되었다. 솔선해 백성을 가르치며 이끌자 상하가 화합했다. 세상 풍속이 매우 아름다워지고, 정사를 펴면서 금령을 느슨하게 했는데도 관원들 내에서 간사한 짓이 없었고, 도적도 생기지 않았다. 가을과 겨울에는 백성에게 산에서 벌목하고 사냥하는 것을 권장했고, 봄과 여름에는 강물을 이용해 물 속으로 들어가 물고기를 잡도록 허용했다. 사람마다 편익을 얻게 되자 백성 모두 즐거이 생업에 종사했다.

초장왕은 조개화폐가 가볍다고 생각해 무게를 크게 키웠다. 백성들이 불편해하며 생업에 사용치 않았다. 시장을 관리하는 시령市令이 재상 손숙오에게 보고했다.

"시장이 혼란해져 백성은 어찌 처신해야 좋은지 모르고, 상인은 장사를 계속해야 할지 고민하고 있습니다."

재상 손숙오가 물었다.

"언제부터 그리되었소?"

시령이 대답했다.

"석 달가량 되었습니다."

손숙오가 말했다.

"되었소, 다시 복구토록 하겠소."

닷새 뒤 조회 때 손숙오가 초장왕에게 보고했다.

"전에 화폐를 바꾼 것은 이전 화폐가 가볍기 때문이었습니다. 지금 시령이 와서 알려주기를, '시장이 혼란해져 백성은 어찌 처신해야 좋은지 모르고, 상인은 장사를 계속해야 할지 고민한다'고 했습니다. 속히 이전대로 회복시켜주십시오."

초장왕이 이를 허락했다. 명을 내린 지 사흘 만에 시장이 이전처럼 회복되었다.

당시 초나라 백성은 바퀴가 작고 높이가 낮은 수레인 비거庳車를 선호했다. 그러나 초장왕은 비거가 말이 끌기에 불편하다고 생각했다. 곧 명을 내려 수레를 높이고자 했다. 손숙오가 만류했다.

"법령을 자주 발포하면 백성은 어느 것을 지켜야 할지 모르게 됩니다. 좋은 방안이 아닙니다. 대왕이 굳이 수레의 높이를 올리고 싶다면 청컨대 마을 사람들에게 문지방을 올리게 하십시오. 수레를 타는 사람은 대부분 군자입니다. 군자를 자주 수레에 오르내리게 할 수는 없습니다."

초장왕이 이를 허락했다. 반년 후 백성들이 자발적으로 수레를 높였다. 가르치지 않아도 백성이 교화를 따른 결과다. 가까이 있는 자는 직접 보며 배우고, 멀리 있는 자는 귀로 듣고 흉내 낸다. 손숙오는 세 번 재상의 자리에 올랐으나 기뻐하지 않았다. 남에게 청탁하지 않고 스스로 그 자리에 오르게 되었다고 믿었기 때문이다. 또 세 번 그 자리서 물러났는데도 후회하지 않았다. 자신의 허물로 인한 것이 아니라는 것을 알았기 때문이다.

●● 孫叔敖者, 楚之處士也. 虞丘相進之於楚莊王以自代也. 三月爲楚相, 施敎導民, 上下和合, 世俗盛美, 政緩禁止, 吏無姦邪, 盜賊不起. 秋冬則勸民山採, 春夏以水, 各得其所便, 民皆樂其生. 莊王以爲幣輕, 更以小爲大, 百姓不便, 皆去其業. 市令言之相曰, "市亂, 民莫安其處, 次行不定." 相曰, "如此幾何頃乎?" 市令曰, "三月頃." 相曰, "罷, 吾今令之復矣." 後五日, 朝, 相言之王曰, "前日更幣, 以爲輕. 今市令來言曰'市亂, 民莫安其處, 次行之不定'. 臣請遂令復如故." 王許之, 下令三日而市復如故. 楚民俗好庳車, 王以爲庳車不便馬, 欲下令使高之. 相曰, "令數下, 民不知所從, 不可. 王必欲高車, 臣請敎閭里使高其梱. 乘車者皆君子, 君子不能數下車." 王許之. 民半歲, 民悉自高其車. 此不敎而民從其化, 近者視而效之, 遠者四面望而法之. 故三得相而不喜, 知其材自得之也, 三去相而不悔, 知非己之罪也.

자산열전

자산은 정나라 대부 가운데 한 사람이다. 정소군鄭昭君● 때 서지徐摯

● 정나라 역사에 정소군이 존재한 적이 없다. 정소공鄭昭公으로 해석할 수도 있으나 자산보다 150년 앞서 존재한 인물이다. 자산의 활약 시기는 기원전 6세기 중엽의 정간공鄭簡公 이후

를 총애해 재상으로 삼았다. 그러나 나라가 어지러워져 상하가 친하지 못하고, 부자가 화목하지 못했다. 대궁자기大宮子期가 이를 보고하자 정소군이 자산을 재상으로 삼았다.

그가 재상이 된 지 1년이 지나자, 소인배들의 경박한 소행이 사라지고, 반백斑白•의 노인들이 무거운 짐을 나르지 않고, 어린이들이 밭을 갈지 않게 되었다. 2년이 지나자, 시장에서 사람에 따라 각각 다른 가격을 매겨 바가지를 씌우는 일이 없어졌다. 3년이 지나자, 야간에 문을 닫는 일이 사라지고 길에 떨어진 물건을 주워가는 자가 없어졌다. 4년이 지나자, 농기구를 논밭에 둔 채 집으로 돌아가도 문제가 없게 되었다. 5년이 지나자, 병사들이 군령을 기록하는 1척의 나무판에 기록되는 일이 없어졌고, 상기喪期가 명을 내리지 않아도 잘 지켜졌다. 그는 정나라를 다스린 지 26년 만에 죽었다. 그가 죽자 장정들은 소리 내어 울고, 노인들은 어린애처럼 슬퍼하며 이같이 탄식했다.

자산이 우릴 버리고 죽었다네
백성은 장차 누굴 좋아야 하나?

●● 子産者, 鄭之列大夫也. 鄭昭君之時, 以所愛徐摯爲相, 國亂, 上下不親, 父子不和. 大宮子期言之君, 以子産爲相. 爲相一年, 豎子不戲

다. 서지도《춘추좌전》을 포함한 선진시대 문헌에 나오지 않는다.《사기색은》도 주석에서 이 점을 거론해놓았다. 역사적 사실과 항간의 이야기가 뒤섞인 탓이다. 자산의 일화가 이처럼 소략하면서도 부정확한 이유는 사마천이 법가에 가까운 자산의 행보를 그다지 높이 평가하지 않은 결과로 보인다.
● 반백은 검은 머리와 흰 머리가 뒤섞인 상태로 노년을 지칭한다.《예기》〈제의祭義〉에 처음 등장한다. 반백頒白·반백斑白 등으로도 쓴다.

狎, 斑白不提挈, 僮子不犁畔. 二年, 市不豫賈. 三年, 門不夜關, 道不拾
遺. 四年, 田器不歸. 五年, 士無尺籍, 喪期不令而治. 治鄭二十六年而
死, 丁壯號哭, 老人兒啼, 曰, "子産去我死乎! 民將安歸?"

공의휴열전

공의휴는 전국시대 노나라의 박사였다. 뛰어난 재능과 덕망으로
재상이 되었다. 법을 준수하고, 이치를 따르며 변칙적으로 바꾸는 일
이 없었다. 자연히 모든 관원의 행동도 단정해졌다. 녹봉을 받는 자
는 평민과 이익을 다투지 않고, 높은 녹봉을 받는 자는 사소한 이익
을 탐하지 않게 되었다. 어떤 빈객이 재상에게 생선을 보냈으나 받
지 않았다. 빈객이 물었다.

"재상이 생선을 좋아한다는 이야기를 듣고 보낸 것인데, 왜 받지
않는 것입니까?"

공의휴가 대답했다.

"생선을 좋아하기 때문에 받지 않는 것이오. 지금 재상 자리에 있
는 까닭에 생선은 능히 스스로 구할 수 있소. 지금 생선을 뇌물로 받
고 파면되면 누가 다시 생선을 스스로 구할 수 있게 해주겠소? 그래
서 받지 않은 것이오."

하루는 자기 집 채소밭 야채를 먹어보니 맛이 좋았다. 이내 채소
밭에 있는 야채를 모두 뽑아버렸다. 또 자기 집에서 짜는 베가 질이
좋은 것을 보고는 당장 베 짜는 여인을 돌려보내고 베틀을 불태웠
다. 그러면서 이같이 말했다.

"그리하면 농부와 장인과 베 짜는 여인은 과연 자신들이 만든 물건을 어디서 팔 수 있단 말인가?"

●● 公儀休者, 魯博士也. 以高弟爲魯相. 奉法循理, 無所變更, 百官自正. 使食祿者不得與下民爭利, 受大者不得取小. 客有遺相魚者, 相不受. 客曰, "聞君嗜魚, 遺君魚, 何故不受也?" 相曰, "以嗜魚, 故不受也. 今爲相, 能自給魚, 今受魚而免, 誰復給我魚者? 吾故不受也." 食茹而美, 拔其園葵而棄之. 見其家織布好, 而疾出其家婦, 燔其機, 云, "欲令農士工女安所讎其貨乎?"

석사열전

석사는 초소왕 때의 재상이다. 성품이 건실하고 정직하며 청렴했다. 아부하거나 책임을 회피하는 일이 없었다. 어느 날 현縣을 시찰하다가 우연히 살인사건을 목도하게 되었다. 범인을 추적하자 바로 자신의 부친이었다. 석사는 부친을 달아나게 한 뒤 돌아와서는 자신을 구속하게 했다. 이어 사람을 시켜 이를 초소왕에게 알렸다.

"살인자는 저의 부친입니다. 무릇 부친을 처형하고 정사에 임하는 것은● 불효이고, 법을 무시하고 부친을 사면하는 것은 불충입니다. 신의 죄는 죽어 마땅합니다."

초소왕이 만류했다.

● 원문은 "이부이정以父立政"이다. 이정立政은 정사에 임한다는 임정臨政과 같은 뜻으로 이立는 임할 이莅와 통한다. 임정으로 사용된 《관자》〈이정立政〉이 대표적인 사례. 정사를 바로 세운다는 입정立政으로 해석해도 된다. 《서경》은 〈입정〉으로 되어 있다. 문맥상 "정사에 임하는 것"으로 해석하는 것이 자연스럽다.

"이는 범인을 뒤쫓아갔지만 잡지 못한 것과 같소. 벌을 받을 일이 없소. 이전처럼 맡은 일에 힘쓰도록 하시오."

석사가 거부했다.

"부친에게 사정私情에 기울이지 않는 자는 효자가 아니고, 군주의 법을 받들지 못하는 자는 충신이 아닙니다. 대왕이 저의 죄를 용서하는 것은 군주의 은혜이고, 벌을 받아 죽는 것은 신하의 직분입니다."

그러고는 끝내 초소왕의 명을 따르지 않고 스스로 목을 찔러 죽었다.

●● 石奢者, 楚昭王相也. 堅直廉正, 無所阿避. 行縣, 道有殺人者, 相追之, 乃其父也. 縱其父而還自繫焉. 使人言之王曰, "殺人者, 臣之父也. 夫以父立政, 不孝也, 廢法縱罪, 非忠也, 臣罪當死." 王曰, "追而不及, 不當伏罪, 子其治事矣." 石奢曰, "不私其父, 非孝子也, 不奉主法, 非忠臣也. 王赦其罪, 上惠也, 伏誅而死, 臣職也." 遂不受令, 自刎而死.

이리열전

이리는 진문공 때의 사법관인 옥관獄官이다. 판결을 잘못해 무고한 사람을 죽이게 되었다. 스스로 옥에 갇혀 처형을 받고자 했다. 진문공이 만류했다.

"관직에는 귀천, 벌에는 경중이 있소. 이는 부하 관원의 과오로 인한 것이고, 그대의 죄가 아니오."

이리가 대답했다.

"신은 사법관서의 장으로 있습니다. 부하 관원에게 자리를 양보하지도 않았고, 많은 녹봉을 받으면서도 부하 관원에게 이익을 나누어주지도 않았습니다. 지금 궁극적으로 판결을 잘못해 무고한 사람을 죽이고 그 죄를 부하 관원에게 떠넘겼다는 이야기는 아직 들어보지 못했습니다."

그러고는 진문공의 명을 받아들이지 않았다. 진문공이 물었다.

"그대의 주장을 좇아 그대에게 죄가 있다고 한다면 재가를 한 과인에게도 죄가 있는 것이 아닌가?"

이리가 대답했다.

"사법관에게는 법도가 있습니다. 형벌을 잘못 내렸으면 형벌을 받아야 하고, 사형을 잘못 내렸으면 죽어야 합니다. 군주는 신이 능히 미묘한 의혹까지 풀어내리라 생각해 사법관으로 삼았습니다. 지금 판결을 잘못해 사람을 죽였으니 그 죄는 사형에 해당합니다."

마침내 진문공의 명을 듣지 않고 칼 위에 엎어져 자진했다.

●● 李離者, 晉文公之理也. 過聽殺人, 自拘當死. 文公曰, "官有貴賤, 罰有輕重. 下吏有過, 非子之罪也." 李離曰, "臣居官爲長, 不與吏讓位, 受祿爲多, 不與下分利. 今過聽殺人, 傅其罪下吏, 非所聞也." 辭不受令. 文公曰, "子則自以爲有罪, 寡人亦有罪邪?" 李離曰, "理有法, 失刑則刑, 失死則死. 公以臣能聽微決疑, 故使爲理. 今過聽殺人, 罪當死." 遂不受令, 伏劍而死.

태사공은 평한다.

"손숙오는 한마디의 말로 초나라 도성인 영도郢都의 시장을 원상 회복시켰다. 자산이 병으로 죽자 정나라 백성 모두 그의 죽음을 애통해했다. 공의휴는 집안에서 좋은 베를 짜는 것을 보고 베 짜는 여인을 돌려보냈다. 석사는 부친을 풀어주고 자진함으로써 초소왕의 명분을 세워주었다. 이리는 잘못된 판결로 사람을 죽인 뒤 스스로 칼 위에 엎어져 죽음으로써 진문공이 국법을 바로잡는 계기를 마련해주었다."

●● 太史公曰, "孫叔放出一言, 郢市復. 子產病死, 鄭民號哭. 公儀子見好布而家婦逐. 石奢縱父而死, 楚昭名立. 李離過殺而伏劍, 晉文以正國法."

권 120

급정열전

汲鄭列傳

〈급정열전汲鄭列傳〉은 한무제 때 구경을 지낸 급암과 정당시의 사적을 합쳐놓은 것이다. 두 사람 모두 청렴한데다 직간을 잘했다. 자연히 적들이 많아질 수밖에 없었다. 관직 생활에 우여곡절이 많았던 이유다.

신하의 직간이 무조건 좋은 것은 아니다. 군주마다 성향이 다르고, 직언도 때와 장소에 따라 그 효과가 달라지기 때문이다. 한무제는 자부심이 강한 군주였다. 급암은 이를 아랑곳하지 않고 황제 앞에서 욕심이 많으면서 겉으로만 인의를 베푼다는 식으로 직언했다. 한비자가 지적했듯이 자칫 역린逆鱗을 자초할 소지가 큰 발언이었다. 목숨을 내놓은 충정이 없으면 불가능한 일이다. 한무제도 급암의 이런 직간을 널리 수용했던 점에서 나름대로 명군의 자질이 있었다.

정당시도 유사한 모습을 보였다. 그는 늘 공평한 자세로 정사에 임하면서 남에게 베풀기를 좋아했다. 그럼에도 그가 벼슬을 잃자 빈객들 모두 일거에 흩어졌다. 이른바 염량세태炎涼世態다. 사마천은 사평을 통해 이를 신랄히 꼬집었다.

사마천이 두 사람의 사적을 합친 〈급정열전〉을 〈순리열전〉 바로 뒤
에 편제한 것은 급암과 정당시를 청관의 일원으로 평가한 결과다.
내용상 〈급정열전〉은 〈순리열전〉의 후속편에 해당한다.

급암열전

급암의 자는 장유長孺이며 복양 출신이다. 조상은 옛날 위衛나라 군주에게 총애를 입었다. 급암에 이르기까지 7대에 걸쳐 대대로 경卿이나 대부를 지냈다. 급암은 부친의 천거로 한경제 때 태자세마太子洗馬가 되었다. 다정하고 엄숙한 풍모로 사람들이 두려워했다. 한경제 사후 태자 유철이 한무제로 즉위했다. 급암은 알자가 되었다. 당시 동월에서 서로 공방전을 펼쳤다. 한무제가 급암을 보내 이를 조사하게 했다. 급암이 동월까지 가지 않고 오현까지 갔다가 돌아와 복명했다.

"월나라 백성이 서로 싸우는 것은 원래 그들의 습속이 그렇기 때문입니다. 천자의 사자를 욕되게 파견할 일이 아닙니다."

또 하내에 화재가 발생해 1,000여 채가 탔을 때 한무제가 급암을 보내 피해상황을 점검하게 했다. 급암이 돌아와 복명했다.

"백성의 실수로 화재가 났고, 집이 잇달아 있어 큰 불이 났습니다. 우려할 만한 일이 아닙니다. 신이 하남 일대를 지나오다가 그곳의 빈민 1만여 가구가 수해와 한해를 입은 나머지 부자父子가 먹을 것을 놓고 싸우는 것을 보았습니다. 삼가 가지고 간 부절을 이용해 임시방편으로 하남의 곡식창고를 연 뒤 빈민들을 구제했습니다. 부절을 돌려드리면서 칙령을 변조한 죄를 달게 받고자 합니다."

한무제는 이를 현명한 처사로 여기고 용서한 뒤 형양 현령으로 내보냈다. 급암은 현령으로 가게 된 것을 부끄럽게 여겨 병을 핑계로 귀향했다. 한무제가 이를 듣고는 곧바로 다시 불러 중대부로 삼았다. 그러나 그는 이후 지나치게 직언을 자주한 나머지 조정에서 오래 버티지 못했다. 이내 동해 태수로 자리를 옮겼다. 급암은 황로학을 배웠다. 부하 관원과 백성을 다스릴 때《도덕경》이 역설하는 청정淸靜을 좋아했다. 유능한 승丞과 사史를 선발한 뒤 모든 일을 이들에게 위임한 배경이다. 치평의 큰 요지만 강구할 뿐 사소한 것에는 개의치 않았다.

당시 그는 자주 병이 났다. 내실에 누워 밖으로 나가지 못한 이유다. 그가 이같이 1년을 보냈는데도 동해는 잘 다스려졌다. 한무제가 이 소문을 듣고 그를 불러들여 주작도위에 임명했다. 이로써 구경의 반열에 올라서게 되었다. 그는 업무 면에서 노자의 가르침을 좇아 무위를 추구했을 뿐이다. 큰 원칙만 다스리고, 법조문인 문법文法에 구애받지 않았다.

●● 汲黯字長孺, 濮陽人也. 其先有寵於古之衛君. 至黯七世, 世爲卿大夫. 黯以父任, 孝景時爲太子洗馬, 以莊見憚. 孝景帝崩, 太子卽位, 黯爲謁者. 東越相攻, 上使黯往視之. 不至, 至吳而還, 報曰, "越人相攻, 固其俗然, 不足以辱天子之使." 河內失火, 延燒千餘家, 上使黯往視之. 還報曰, "家人失火, 屋比延燒, 不足憂也. 臣過河南, 河南貧人傷水旱萬餘家, 或父子相食, 臣謹以便宜, 持節發河南倉粟以振貧民. 臣請歸節, 伏矯制之罪." 上賢而釋之, 遷爲滎陽令. 黯恥爲令, 病歸田里. 上聞, 乃召拜爲中大夫. 以數切諫, 不得久留內, 遷爲東海太守. 黯學黃老之言, 治官理民, 好淸靜, 擇丞史而任之. 其治, 責大指而已, 不苟小. 黯多病, 臥閨閤內不出. 歲餘, 東海大治. 稱之. 上聞, 召以爲主爵都尉, 列於九卿. 治務在無爲而已, 弘大體, 不拘文法.

급암은 사람이 거만하고 예의를 갖추지 않았다. 사람을 앞에 두고 공격하며 남의 허물을 용서할 줄 몰랐다. 자신과 뜻이 맞는 자는 우

대하고, 그렇지 않은 자는 마주보는 것조차 싫어했다. 선비들조차 그를 추종하지 않은 이유다. 그러나 학문을 좋아하고, 유협遊俠의 기질이 있었고, 기절氣節을 중시했고, 집안에 있을 때도 품행이 바르고 깨끗했다. 다만 직언을 좋아한 나머지 누차 한무제와 대신들을 무안하게 만들었다. 그는 늘 부백傅柏과 원앙을 흠모했다. 관부와 정당시, 종정 유기劉棄와 친하게 지냈다. 자주 직간한 탓에 한자리에 오래 머물지 못했다.

태후의 동생 무안후 전분이 승상으로 있었을 때, 그는 중 2,000석의 고관이 찾아와도 예의를 갖추지 않았다. 심지어 정승인 전분을 만나도 배례한 적이 없고, 늘 읍揖만 할 뿐이었다. 하루는 한무제가 문학하는 학자들을 초빙하고자 하면서 이같이 덧붙였다.

"나는 장차 인의를 펼치고자 한다."

급암이 반박했다.

"폐하는 속으로 욕심이 많으면서 겉으로만 인의를 베풀고자 합니다. 그러고도 어찌 요순의 정사를 본받을 수 있겠습니까!"

한무제가 비록 아무 말도 하지는 않았으나 내심 크게 화가 나 안색이 일변했다. 조회를 일찍 끝낸 이유다. 공경들 모두 급암을 두려워했다. 한무제가 편전으로 물러난 뒤 좌우의 신하들에게 말했다.

"급암의 우직함이 지나치다."

군신들이 간혹 급암을 책망했으나 그때마다 급암은 이같이 대꾸했다.

"천자는 삼공구경 등 보필하는 신하를 곁에 두었다. 어찌 신하 된 자로서 아첨하며 뜻대로 따르기만 해 주상이 옳지 못한 곳으로 빠지게 할 수 있는가? 또 그런 자리에 있으면서 설령 자신의 몸을 아무리

아낀다 할지라도 어찌 조정을 욕되게 할 수 있는가!"

급암은 자주 병에 걸렸다. 병이 석 달을 넘길 경우 한무제는 늘 벼슬을 그만두고 귀가토록 조치하는 사고賜告를 여러 번 베풀었다.* 그러나 끝내 병이 낫지 않았다. 뒤에 장조가 그를 위해 사고를 청했다. 한무제가 물었다.

"급암은 어떤 인물인가?"

장조가 대답했다.

"급암에게 관직을 맡긴다고 해서 남보다 나을 것은 없습니다. 그러나 어렸을 때 즉위한 군주를 보필할 경우 성을 지키기 위해 해자를 깊게 파고 성벽을 튼튼히 할 것입니다[守城深堅]. 그는 남이 달콤한 말로 불러도 오지 않고, 남이 배척해도 가지 않을 사람입니다. 전설적인 용자인 맹분이나 하육일지라도 그의 뜻을 빼앗을 수는 없을 것입니다."

한무제가 말했다.

"옳은 말이오. 옛날의 사직지신社稷之臣은 아마 급암과 같은 자였을 것이오."

대장군 위청이 궁중에서 한무제를 모실 때 한무제가 침대에 걸터앉아 그를 대했다. 승상 공손홍과 평소 사적으로 만날 때도 간혹 관을 쓰지 않았다. 그러나 급암이 배견할 때는 관을 쓰지 않고 만나는 일이 없었다. 하루는 한무제가 무장武帳** 안에 있을 때 급암이 찾아

● "한무제는 늘 벼슬을 그만두고 귀가토록 조치하는 사고를 여러 번 베풀었다"의 원문은 "상상사고자수上常賜告者數"다. 《사기집해》는 여순의 주를 인용해 사고를 벼슬을 그만두고 귀가하는 거관귀가去官歸嫁로 풀이했다. 병가로 100일을 쓰면 면직되는 까닭에 이러한 방법을 쓴 것으로 보인다.
●● 무장을 두고 《사기집해》는 무사의 모습을 수놓은 장막으로 해석한 응소의 주를 비롯해 모矛·극戟·월鉞·순楯·궁시弓矢 등 다섯 가지 무기인 오병五兵을 배치한 장막으로 풀이한 맹

와 보고하려고 했다. 한무제는 관을 쓰지 않은 상태였다. 급암을 멀리서 보고는 장막 뒤로 숨은 뒤 측근을 시켜 재가하게 했다. 그가 천자에게 존경을 받는 것이 이와 같았다. 당시 장탕이 법률을 대대적으로 고친 공을 인정받아 사법의 총책인 정위가 되었다. 급암이 한무제 앞에서 장탕을 여러 번 질책했다.

"공은 정경正卿이 되어 위로는 선제의 위업을 크게 드러내지 못했고, 아래로는 천하인의 사심邪心을 억누르지도 못했소. 선제의 위업을 크게 드러내 나라를 평안하게 해 백성을 부유하게 만들고[安國富民] 천하인의 사심을 억눌러 감옥을 텅 비게 만드는[圄空虛] 두 가지 사업 가운데 어느 것 하나도 제대로 이룬 것이 없소. 안건을 잘못 처리해 고통을 안겨주고도 가혹하게만 대하고, 멋대로 법조문을 해석해 일신의 공만 세우고자 했소. 어찌해서 한고조가 만든 규약과 법령을 어지럽게 바꾸는 것이오? 공은 이 일로 인해 멸문지화를 입을 것이오."

급암이 장탕과 논쟁을 벌일 때마다 장탕의 변론은 늘 말재간이 뛰어나 치밀하고, 법조문의 깊이 있고 상세한 부분까지 들어 설명했다. 이에 대해 급암은 매번 강직하고 엄숙한 자세로 원칙을 견지하며 굴복하지 않았다. 그는 장탕이 반론을 제기하면 화를 내며 이같이 꾸짖었다.

"세상에서 아전인 도필리를 공경에 앉혀서는 안 된다고 하더니 과연 그렇다. 장탕이 득세하면 세상 사람이 두려운 나머지 두 손과 두 발을 공손히 모은 채 서 있고[重足而立] 감히 앞을 보지 못하고 곁눈질

강의 주와, 명칭으로 무위武威를 드러낸 장막으로 풀이한 위소의 주를 모두 실어놓았다. 위소의 주가 그럴듯하다.

로 쳐다보는[側目而視]• 현상이 생길 것이다.”

●● 黯爲人性倨, 少禮, 面折, 不能容人之過. 合己者善待之, 不合己
者不能忍見, 士亦以此不附焉. 然好學, 遊俠, 任氣節, 內行脩絜, 好直
諫, 數犯主之顏色, 常慕傅相·袁盎之爲人也. 善灌夫·鄭當時及宗正
劉棄. 亦以數直諫, 不得久居位. 當是時, 太后弟武安侯蚡爲丞相, 中
二千石來拜謁, 蚡不爲禮. 然黯見蚡未嘗拜, 常揖之. 天子方招文學儒
者, 上曰吾欲云云, 黯對曰, “陛下內多欲而外施仁義, 奈何欲效唐虞之
治乎!”上默然, 怒, 變色而罷朝. 公卿皆爲黯懼. 上退, 謂左右曰, “甚
矣, 汲黯之戇也!”羣臣或數黯, 黯曰, “天子置公卿輔弼之臣, 寧令從諛
承意, 陷主於不義乎? 且已在其位, 縱愛身, 奈辱朝廷何!”黯多病, 病
且滿三月, 上常賜告者數, 終不愈. 最後病, 莊助爲請告. 上曰, “汲黯何
如人哉?”助曰, “使黯任職居官, 無以踰人. 然至其輔少主, 守城深堅,
招之不來, 麾之不去, 雖自謂賁育亦不能奪之矣.”上曰, “然. 古有社稷
之臣, 至如黯, 近之矣.”大將軍靑侍中, 上踞廁而視之. 丞相弘燕見, 上
或時不冠. 至如黯見, 上不冠不見也. 上嘗坐武帳中, 黯前奏事, 上不
冠, 望見黯, 避帳中, 使人可其奏. 其見敬禮如此. 張湯方以更定律令爲
廷尉, 黯數質責湯於上前, 曰, “公爲正卿, 上不能襃先帝之功業, 下不
能抑天下之邪心, 安國富民, 使囹圄空虛, 二者無一焉. 非苦就行, 放析
就功, 何乃取高皇帝約束紛更之爲? 公以此無種矣.”黯時與湯論議, 湯
辯常在文深小苛, 黯伉厲守高不能屈, 忿發罵曰, “天下謂刀筆吏不可
以爲公卿, 果然. 必湯也, 令天下重足而立, 側目而視矣!”

• 여기서 몹시 두려워하는 모습을 뜻하는 중족측목重足側目 성어가 나왔다.

당시 한나라는 마침 흉노를 정벌하며 사방의 이민족을 회유할 때였다. 급암은 가능한 한 일을 적게 만들려고 애썼다. 한무제에게 기회가 닿는 대로 흉노와 화친해 군사를 일으키지 말도록 건의한 이유다. 한무제는 마침 유학에 마음을 두어 공손홍을 존중했다. 처리해야 할 사안이 점차 많아지자 하급 관원과 일부 백성이 교묘히 법을 악용했다. 한무제는 법령을 더욱 세분해 다스리고자 했다. 장탕 등이 자주 새 법령을 만들어 올려 한무제의 총애를 받았다. 노자의 가르침을 좇은 급암은 평소 유학을 비난했다. 공손홍 등을 이같이 힐난했다.

"공손홍 등의 유가는 속임수를 써서 겉으로는 지혜로운 척하고, 사람들과 군주에게 아첨해 환심을 사려고 한다. 장탕 등의 법리法吏는 법률을 지나치게 따지며 교묘히 적용해 사람을 함정에 빠뜨린다. 사람들이 진실을 찾아가지 못하도록 만들고, 백성을 억누르는 것을 공으로 여긴다."

그러나 한무제는 날이 갈수록 공손홍과 장탕을 더욱 존중했다. 이들은 내심 급암을 미워했다. 한무제 또한 급암을 좋아하지 않았다. 공손홍과 장탕 모두 구실을 만들어 급암을 제거하고자 했다. 공손홍이 승상의 자리에 오르자 한무제에게 이같이 건의했다.

"장안의 우내사에는 황족과 귀족이 많이 살고 있어 통제하기가 어렵습니다. 평소 명망 있는 중신重臣이 아니면 소임을 다할 수 없습니다. 급암을 우내사로 앉히는 것이 좋을 듯합니다."

급암이 우내사가 된 지 몇 년이 지났지만 하는 일이 모두 조리가 있어 처리한 사안에 조그마한 잘못도 없었다. 당시 대장군 위청은 누이가 황후가 되면서 권세가 더욱 높아졌다. 급암은 대등한 예로 그를 대했다. 어떤 자가 급암에게 충고했다.

"폐하는 내심 군신들이 대장군을 떠받들기를 바랍니다. 대장군이 더욱 존귀해졌습니다. 그대도 그에게 절을 하지 않으면 안 됩니다."

급암이 반문했다.

"대장군에게 읍만 하는 상대가 있다는 것이 오히려 그를 존중하는 것이 아니겠소?"

대장군 위청은 이 말을 듣고는 급암을 더욱 현명한 인물로 생각했다. 나라와 조정에 관한 의문사항이 생길 때마다 급암에게 물었다. 급암을 평생 사귄 친구보다 가까이한 이유다. 훗날 회남왕 유안은 반기를 들려고 했을 때 급암을 두려워하며 이같이 말한 바 있다.

"급암은 직간을 좋아하고, 절개를 지켜 의에 죽는 인물이다. 옳지 못한 일로 그를 유혹하기는 어렵다. 반면 승상 공손홍을 설득하는 것은 사물의 뚜껑을 열고, 낙엽을 떨어뜨리는 것처럼[發蒙振落] 쉬울 따름이다."

한무제는 이미 여러 번 흉노를 쳐 승리를 거둔 까닭에 급암의 건의는 더욱 쓸모가 없게 되었다. 당초 급암이 구경의 반열에 올랐을 때 공손홍과 장탕은 하급 관원에 지나지 않았다. 공손홍과 장탕이 점점 승진해 급암과 같은 지위가 되었으나 급암은 여전히 이들을 경멸했다. 얼마 후 공손홍이 승상의 자리까지 오르고 제후에 봉해졌다. 장탕도 어사대부로 승진했다. 급암이 구경으로 있을 때 휘하의 승과 사로 있던 부관급 인물 모두 급암과 같은 대열에 서거나 오히려 더 높게 올라갔다. 급암은 편협한 마음으로 인해 원망이 있을 수밖에 없었다. 한무제를 만나 이같이 말했다.

"폐하는 신하들을 등용할 때 마치 장작을 쌓듯이 합니다. 뒤에 온

자가 윗자리에 오르는 것이 그렇습니다."

한무제가 묵묵히 있었다. 잠시 후 급암이 물러가자 한무제가 말했다.

"선비는 과연 유학을 배우지 않으면 안 된다. 황로학을 배운 급암의 우직한 언변이 날로 심해진다."

●● 是時, 漢方征匈奴, 招懷四夷. 黯務少事, 乘上閒, 常言與胡和親, 無起兵. 上方向儒術, 尊公孫弘. 及事益多, 吏民巧弄. 上分別文法, 湯等數奏決讞以幸. 而黯常毁儒, 面觸弘等徒懷詐飾智仁阿人主取容, 而刀筆吏專深文巧詆, 陷人於罪, 使不得反其眞, 以勝爲功. 上愈益貴弘·湯, 弘·湯深心疾黯, 唯天子亦不說也, 欲誅之以事. 弘爲丞相, 乃言上曰, "右內史界部中多貴人宗室, 難治, 非素重臣不能任, 請徙黯爲右內史."爲右內史數歲, 官事不廢. 大將軍靑旣益尊, 姊爲皇后, 然黯與亢禮. 人或說黯曰, "自天子欲羣臣下大將軍, 大將軍尊重益貴, 君不可以不拜."黯曰, "夫以大將軍有揖客, 反不重邪?"大將軍聞, 愈賢黯, 數請問國家朝廷所疑, 遇黯過於平生. 淮南王謀反, 憚黯, 曰, "好直諫, 守節死義, 難惑以非. 至如說丞相弘, 如發蒙振落耳."天子旣數征匈奴有功, 黯之言益不用. 始黯列爲九卿, 而公孫弘·張湯爲小吏. 及弘·湯稍益貴, 與黯同位, 黯又非毁弘·湯等. 已而弘至丞相, 封爲侯, 湯至御史大夫, 故黯時丞相史皆與黯同列, 或尊用過之. 黯褊心, 不能無少望, 見上, 前言曰, "陛下用羣臣如積薪耳, 後來者居上."上黙然. 有閒黯罷, 上曰, "人果不可以無學, 觀黯之言也日益甚."

이후 얼마 지나지 않아 흉노의 혼야왕이 무리를 이끌고 투항했다. 이들을 수송하기 위해 조정에서 수레 2만 승을 징발하고자 했다. 황제*에게는 이를 충당할 돈이 없었다. 백성들로부터 말을 빌리고자 했다. 백성 가운데 말을 숨기는 자가 많아서 그 숫자를 채우지 못했다. 한무제가 대로한 나머지 장안령長安令을 참수하고자 했다. 급암이 만류했다.

"장안령은 죄가 없습니다. 신 급암의 목을 베면 백성들은 곧 말들을 내놓을 것입니다. 지금 혼야왕 무리는 자신의 군주를 모반하고 한나라에 항복한 자들입니다. 한나라는 서서히 현에서 현으로 이송하면 됩니다. 어찌해서 천하를 시끄럽게 하고 중원을 황폐하게 만들면서 이적의 무리를 맞아들이는 것입니까!"

한무제가 침묵했다. 혼야왕이 이르자 상인 가운데 그들과 물건을 거래하다가 죄를 지어 죽은 자가 500여 명이나 되었다. 급암이 접견을 청한 뒤 한무제를 고문전高門殿에서 만나 이같이 간했다.

"저 흉노가 요새를 공격해 화친을 끊자 우리도 군사를 일으켜 이들을 치게 되었습니다. 지금까지 수많은 사상자가 났고, 비용 또한 수백억 전에 달합니다. 신은 어리석게도 폐하가 이적을 생포하면 모두 전사자의 집에 노비로 보내고, 노획물도 이들에게 주어 천하 만민의 고통을 위로하며 백성의 마음을 만족시킬 것으로 생각했습니다. 지금 비록 그리하지는 못할지언정 혼야왕이 수만 명의 무리를 이끌고 오자 국고를 털어 포상하고, 선량한 백성을 징발해 보살피고자 합니다. 이는 비유컨대 망나니 자식을 떠받드는 것이나 다름없습니다. 또한 어리석은 백성이 장안의 시장에서 물건을 사고 판 것이

● 원문은 "현관縣官"이다.《사기색은》은 천자로 풀이했다. 한나라 때 왕기王畿 내의 현縣은 곧 국도國都를 뜻하고, 왕은 곧 천하를 관장한 까닭에 현관은 곧 천자를 의미한다는 해석이다.

어찌 조문에 얽매인 법관의 판결처럼 변경에서 군수물자를 빼내는 것과 같은 줄 알겠습니까? 폐하가 흉노의 물자로 백성을 위로하지는 못할망정 애매한 법조문을 들이대 무지한 백성 500명을 죽이는 것은 나뭇잎을 위해 가지를 상하게 만드는[庇葉傷枝] 우를 범하는 것입니다. 폐하를 위해 생각건대 이는 취할 바가 아닙니다.”

한무제가 잠시 묵묵히 있다가 허락지 않으면서 이같이 말했다.

“나는 오랫동안 급암의 말을 듣지 않았다. 지금 또다시 망령된 말을 하는구나.”

몇 달 후 급암이 사소한 법에 저촉되었다. 사면은 되었지만 이내 파면되었다. 급암이 전원에 은거하게 된 이유다.

●● 居無何, 匈奴渾邪王率衆來降, 漢發車二萬乘. 縣官無錢, 從民貰馬. 民或匿馬, 馬不具. 上怒, 欲斬長安令. 黯曰, “長安令無罪, 獨斬黯, 民乃肯出馬. 且匈奴畔其主而降漢, 漢徐以縣次傳之, 何至令天下騷動, 罷獘中國而以事夷狄之人乎!” 上默然. 及渾邪至, 賈人與市者, 坐當死者五百餘人. 黯請閒, 見高門, 曰, “夫匈奴攻當路塞, 絶和親, 中國興兵誅之, 死傷者不可勝計, 而費以巨萬百數. 臣愚以爲陛下得胡人, 皆以爲奴婢以賜從軍死事者家, 所鹵獲, 因予之, 以謝天下之苦, 塞百姓之心. 今縱不能, 渾邪率數萬之衆來降, 虛府庫賞賜, 發良民侍養, 譬若奉驕子. 愚民安知市買長安中物而文吏繩以爲闌出財物于邊關乎? 陛下縱不能得匈奴之資以謝天下, 又以微文殺無知者五百餘人, 是所謂‘庇其葉而傷其枝’者也, 臣竊爲陛下不取也.” 上默然, 不許, 曰, “吾久不聞汲黯之言, 今又復妄發矣.” 後數月, 黯坐小法, 會赦免官. 於是黯隱於田園.

급암이 은거한 지 몇 년 뒤 한나라 조정이 오수전五銖錢을 다시 주
조하게 되었다. 많은 백성이 사사로이 동전을 주조했다. 특히 초나라
지역이 심했다. 한무제가 회양을 초나라로 통하는 길목으로 여겨 급
히 급암을 불러들여 회양 태수로 삼고자 했다. 급암이 공손히 사양
하며 인수를 받지 않았다. 여러 번 조서를 내려 강압하자 명을 좇았
다. 한무제가 급암을 부르자 급암이 한무제 앞에서 울며 간청했다.

"신은 내심 산골짜기에 버려질 때까지 다시는 폐하를 뵐 수 없을
줄 알았습니다. 폐하가 다시 신을 등용하리라고는 생각조차 하지 못
했습니다. 신은 늘 병이 있어 한 군을 맡을 만한 능력이 없습니다. 신
은 중랑이 되어 궁중에 드나들며 폐하의 잘못된 부분을 깁고 흘린
것을 줍고 싶습니다. 신의 소원입니다."

한무제가 말했다.

"그대는 회양 태수의 자리가 마음에 차지 않소? 내가 곧 그대를 불
러들이겠소. 회양의 관민이 서로 화합하지 못해 그대의 위엄을 빌려
다스리려는 것일 뿐이오."

급암이 하직인사를 올리고 임지로 가는 길에 대행 이식을 찾아가
이같이 말했다.

"나는 버림을 받아 태수로 나가게 된 까닭에 조정의 국정에 참여
할 수 없게 되었소. 어사대부 장탕은 간사한 지혜로 직언을 가로막
고, 속임수로 자신의 비행을 가릴 수 있소. 그는 간교한 말과 변론에
능하오. 천하를 위해 기꺼이 바른말을 하지 않고, 오로지 폐하의 비
위만 맞추고자 하는 것이 그렇소. 폐하가 원치 않는 사안이면 비난
하고, 폐하가 원하는 사안이면 칭송하는 식이오. 일을 꾸며내기 좋아
하고 법조문을 멋대로 농간하고 있소. 조정 내에서는 사술詐術로 폐

하의 마음을 조종하고, 조정 밖에서는 도적 같은 관원인 적리_{賊吏}를
부리며 위세를 떨치고 있소. 공이 지금 구경의 대열에 있으면서 일
찌감치 이를 상주하지 않으면 장탕과 함께 주륙_{誅戮}을 당할 것이오."

그러나 이식은 장탕을 두려워한 나머지 끝내 이 말을 감히 고하지
못했다. 급암이 전에 동해 태수로 있을 때 행한 방법으로 다스리자
회양이 곧바로 안정되었다. 훗날 장탕은 다시 실각하게 되었다. 이
와중에 한무제는 급암이 이식과 나눈 이야기를 전해 듣고는 이식을
처벌한 뒤, 급암에게는 제후의 재상이 받는 수준의 녹봉을 주어 회
양을 다스리게 했다. 이로부터 7년 뒤 급암이 죽었다.

그의 사후 한무제는 그의 공을 높이 사 그의 동생 급인_{汲仁}에게 관
직을 주어 구경까지 오르게 했다. 또 그의 아들 급언_{汲偃}도 제후의 재
상까지 승진했다. 그의 조카인 사마안은 젊어서 급암처럼 태자세마
가 되었다. 사마안은 법에 정통하고 재치가 있어 관직을 능란하게
수행했다. 네 번이나 구경의 자리에 올랐고, 하남 태수로 있다가 죽
었다. 그의 형제 가운데 그가 세운 공으로 같은 시기에 2,000석의 벼
슬에 오른 자가 열 명이나 되었다. 급암과 동향인 위_衛나라 복양 출
신 단굉_{段宏}은 당초 갑후 왕신을 섬겼고, 왕신도 단굉을 신임했다. 단
굉도 두 번 구경의 반열에 올랐다. 그러나 여타 복양 출신은 모두 급
암을 두려워한 나머지 그 밑에 있는 것으로 만족해했다.

●● 居數年, 會更五銖錢, 民多盜鑄錢, 楚地尤甚. 上以爲淮陽, 楚地
之郊, 乃召拜黯爲淮陽太守. 黯伏謝不受印, 詔數彊予, 然後奉詔. 詔召
見黯, 黯爲上泣曰, "臣自以爲塡溝壑, 不復見陛下, 不意陛下復收用之.
臣常有狗馬病, 力不能任郡事, 臣願爲中郎, 出入禁闥, 補過拾遺, 臣之
願也." 上曰, "君薄淮陽邪? 吾今召君矣. 顧淮陽吏民不相得, 吾徒得君

之重, 臥而治之." 黯既辭行, 過大行李息, 曰, "黯棄居郡, 不得與朝廷
議也. 然御史大夫張湯智足以拒諫, 詐足以飾非, 務巧佞之語, 辯數之
辭, 非肯正爲天下言, 專阿主意. 主意所不欲, 因而毀之, 主意所欲, 因
而譽之. 好興事, 舞文法, 內懷詐以御主心, 外挾賊吏以爲威重. 公列九
卿, 不早言之, 公與之俱受其僇矣." 息畏湯, 終不敢言. 黯居郡如故治,
淮陽政淸. 後張湯果敗, 上聞黯與息言, 抵息罪. 令黯以諸侯相秩居淮
陽. 七歲而卒. 卒後, 上以黯故, 官其弟汲仁至九卿, 子汲偃至諸侯相.
黯姑姊子司馬安亦少與黯爲太子洗馬. 安文深巧善宦, 官四至九卿, 以
河南太守卒. 昆弟以安故, 同時至二千石者十人. 濮陽段宏始事蓋侯
信, 信任宏, 宏亦再至九卿. 然衛人仕者皆嚴憚汲黯, 出其下.

정당시열전

　정당시는 자가 장莊이고, 진현 출신이다. 부친 정군鄭君은 일찍이
항우의 장수로 있었다. 항우 사후 한나라로 귀의했다. 한고조 유방이
전에 항우의 신하로 있던 정군 등에게 항우를 본래 이름인 항적項籍
으로 부르게 했다. 그러나 정군만은 이를 좇지 않았다. 유방이 곧 항
우를 항적으로 부른 자를 모두 대부로 삼는 조서를 내리면서 정군을
배제했다. 정군은 한문제 때 죽었다.

　정군의 아들 정당시는 부친처럼 협객을 자처했다. 양효왕의 장수
이자 초나라 재상의 동생인 장우를 위기에서 구해준 덕분에 그 명성
이 초나라와 양나라에 널리 퍼졌다. 한경제 때 태자사인이 되었다.
닷새마다 오는 휴가 때 늘 역마驛馬를 장안의 교외에 두고, 옛 친구를

만나거나 빈객을 초청하는 등 밤낮을 가리지 않고 접대했다. 때로는 다음날 새벽까지 이어지곤 했다. 그러면서 사람을 두루 초청하지 못할까 염려했다. 정당시는 황로의 학설을 좋아했다. 덕망 있는 인물을 흠모하며 이들을 만나지 못할까 우려했다. 나이는 젊고 벼슬도 미천했지만 교유하며 알고 지내는 사람이 모두 조부 연배였고, 천하의 명사들이었다.

한무제 즉위 후 정당시는 노나라 땅의 중위, 제남의 태수, 강도의 재상 등을 차례로 역임했다. 이후 구경의 반열에 올라 우내사가 되었다. 무안후 전분과 위기후 두영의 갈등으로 인해 일시 첨사로 강등되었으나 이내 대농령으로 승진했다. 정당시는 태사가 되었을 때 휘하에게 이같이 당부했다.

"손님이 오면 귀천을 막론하고 문간에 세워두는 일이 없도록 하라."

그는 늘 주객의 예를 갖추고 빈객을 만났다. 존귀한 신분인데도 늘 자신을 낮추었다. 정당시는 매우 청렴해 집안 살림을 돌보지 않았다. 녹봉이나 하사품을 받으면 여러 빈객을 대접하는 데 썼다. 그러나 그가 남에게 보낸 것은 대나무 그릇 안에 든 식사에 지나지 않았다. 그는 조회 때마다 틈을 보아 천하의 장자長者에 관해 칭송하지 않은 적이 없었다. 선비를 비롯해 승과 사 등의 휘하 관속을 천거할 때* 늘 진지하고 흥미롭게 그 사람을 칭송했고, 자신보다 뛰어난 점을 들었다. 그는 관원의 이름을 함부로 부르지 않았고, 부하 관원과

● 원문은 "추곡사급관속승사推轂士及官屬丞史"다. 추곡推轂은 추천과 같은 뜻이다. 승사丞史는 중앙부서 장관 바로 밑에 있는 중승中丞과 장사 등의 고관을 말한다. 승상도 황제를 바로 밑에서 보필하는 재상이라는 취지에서 나온 용어다.

이야기할 때도 혹여 마음을 상하게 하지 않을까 염려했다. 남의 좋은 말을 들으면 속히 한무제에게 전하면서 혹여 늦지 않았을까 두려워했다. 산동의 모든 선비와 빈객이 하나같이 그를 칭송한 이유다.

하루는 황하의 범람을 시찰하는 명을 받게 되었다. 여행 준비를 위해 닷새의 휴가를 청했다. 한무제가 의아해하며 물었다.

"내가 듣기로는 그대는 출장을 갈 때 1,000리에 달하는 먼 거리일지라도 식량을 휴대하지 않는다고 했소. 그런데 왜 이번에는 준비기간이 필요한 것이오?"

정당시는 조정에서 말할 때면 늘 부드러운 자세로 한무제의 의사를 좇았다. 감히 일의 옳고 그름을 따지지 않았다. 그가 만년에 이르렀을 때 한나라는 흉노를 정벌하고 사방의 이민족을 회유하느라 비용을 많이 썼다. 재정이 크게 어려워진 이유다. 당시 그는 어떤 빈객을 대농의 고용인으로 천거하면서 보증을 선 바가 있다. 그에게 빚이 너무 많았다. 급암의 조카인 사마안이 회양 태수로 있으면서 이 사건을 들추어냈다. 정당시는 이 일로 벌을 받아 속죄금을 내고 평민이 되었다. 얼마 뒤 잠시 장사의 직책을 맡았다. 한무제는 그가 늙었다고 생각해 여남汝南 태수로 보냈다. 몇 해 뒤에 재직하다가 숨을 거두었다.

정장과 급암이 구경의 자리 올랐을 때 매우 청렴했다. 사생활 또한 심히 방정했다. 두 사람이 중도에 파면되었을 때 집이 가난한 까닭에 빈객들이 서서히 흩어졌다. 군 태수로 있었지만 집에 남은 재산이 하나도 없었다. 정당시의 형제와 후손 가운데 그의 공로로 힘입어 2,000석 벼슬에 오른 자가 여섯 내지 일곱이 되었다.

●● 鄭當時者, 字莊, 陳人也. 其先鄭君嘗爲項籍將, 籍死, 已而屬漢.

高祖令諸故項籍臣名籍, 鄭君獨不奉詔. 詔盡拜名籍者爲大夫, 而逐鄭
君. 鄭君死孝文時. 鄭莊以任俠自喜, 脫張羽於戹, 聲聞梁楚之閒. 孝
景時, 爲太子舍人. 每五日洗沐, 常置驛馬長安諸郊, 存諸故人, 請謝賓
客, 夜以繼日, 至其明旦, 常恐不徧. 莊好黃老之言, 其慕長者如恐不
見. 年少官薄, 然其遊知交皆其大父行, 天下有名之士也. 武帝立, 莊稍
遷爲魯中尉·濟南太守·江都相, 至九卿爲右內史. 以武安侯·魏其時
議, 貶秩爲詹事, 遷爲大農令. 莊爲太史, 誡門下, "客至, 無貴賤無留門
者." 執賓主之禮, 以其貴下人. 莊廉, 又不治其產業, 仰奉賜以給諸公.
然其餽遺人, 不過算器食. 每朝, 候上之閒, 說未嘗不言天下之長者. 其
推轂士及官屬丞史, 誠有味其言之也, 常引以爲賢於己. 未嘗名吏, 與
官屬言, 若恐傷之. 聞人之善言, 進之上, 唯恐後. 山東士諸公以此翕
然稱鄭莊. 鄭莊使視決河, 自請治行五日. 上曰, "吾聞'鄭莊行, 千里不
齎糧', 請治行者何也?" 然鄭莊在朝, 常趨和承意, 不敢甚引當否. 及晚
節, 漢征匈奴, 招四夷, 天下費多, 財用益匱. 莊任人賓客爲大農僦人,
多逋負. 司馬安爲淮陽太守, 發其事, 莊以此陷罪, 贖爲庶人. 頃之, 守
長史. 上以爲老, 以莊爲汝南太守. 數歲, 以官卒. 鄭莊·汲黯始列爲九
卿, 廉, 內行脩絜. 此兩人中廢, 家貧, 賓客益落. 及居郡, 卒後家無餘賷
財. 莊兄弟子孫以莊故, 至二千石六七人焉.

태사공은 평한다.

"급암이나 정당시와 같은 현자도 권세가 있으면 빈객이 열 배로
불어나고, 권세가 없으면 그렇지 못하다. 하물며 중인衆人의 경우이
겠는가! 하규下邽의 척공翟公은 전에 나에게 말하기를, '당초 내가 정
위가 되었을 때 빈객이 문 앞에 가득 찼다. 벼슬에서 물러나자 문밖

에 참새 잡는 그물[雀羅]을 쳐도 될 정도로 한가했다. 다시 정위가 되자 빈객들이 예전처럼 몰려들려고 했다. 내가 대문에 생사生死를 한 번씩 오가야 사귀는 정[交情]을 알고, 빈부貧富를 한 번씩 오가야 사귀는 태도[交態]를 알고, 귀천을 한 번씩 오가야 교정의 진면목이 드러난다'고 썼다. 급암과 정당시에게도 이 말이 그대로 적용된다. 슬픈 일이다!"

•• 太史公曰, "夫以汲·鄭之賢, 有勢則賓客十倍, 無勢則否, 況衆人乎! 下邽翟公有言, 始翟公爲廷尉, 賓客闐門, 及廢, 門外可設雀羅. 翟公復爲廷尉, 賓客欲往, 翟公乃大署其門曰, '一死一生, 乃知交情. 一貧一富, 乃知交態. 一貴一賤, 交情乃見.' 汲·鄭亦云, 悲夫!"

유림열전

儒林列傳

〈유림열전儒林列傳〉은 유학의 발전사와 전승관계를 다루고 있다.
〈유림열전〉에 거론된 유림은 총 쉰세 명이다. 그 가운데 서른아홉
명이 한무제 때 활약한 인물이다. 사마천이 유학을 유일한 관학官學
으로 인정한 한무제의 독존유술獨尊儒術을 긍정적으로 평가했음을
시사한다. 그러나 부친 사마담과 마찬가지로 황로 사상을 중시한
사마천이 한무제와 유가를 풍자하기 위해 〈유림열전〉을 지었다고
보는 시각도 있다. 〈유림열전〉은 유가의 기본경전인 오경五經의 전
승 배경을 주로 기술하고 있다. 내용상 〈공자세가孔子世家〉 및 〈중니
제자열전仲尼弟子列傳〉과 서로 통한다.

태사공은 평한다.

"나는 학사學事에 관한 규정인 공령功令을 읽다가 학관學官을 장려하는 대목에 이르면 일찍이 책을 덮고 탄식하지 않은 적이 없다. 내가 말하건대, 실로 슬프다! 저 주나라가 쇠미해지자 《시경》의 첫 편인 〈관저關雎〉가 지어졌고, 주유왕과 주여왕周厲王이 무도해 예악은 무너졌고, 제후들이 멋대로 행동해 마침내 천하의 정권이 막강한 무력을 지닌 강국彊國으로 옮겨갔다. 공자는 왕도가 폐해지고 사도邪道가 흥하는 것을 슬퍼하면서, 《시詩》와 《서書》를 편제하면서 예악을 다듬어 진흥시켰다. 제나라로 가 순임금 때의 음악인 〈소〉를 듣고 석 달 동안 고기 맛을 잊었다. 위衛나라에서 노나라로 돌아온 뒤 음악이 바로잡혀 〈아雅〉와 〈송頌〉이 각각 제자리를 찾게 되었다. 그러나 세상이 혼란해 제대로 쓰이지 못했다.

공자는 14년에 걸쳐 천하를 주유하며 약 일흔 명의 군주를 만나 직접 유세했으나 받아주는 군주가 없었다. '만일 나를 등용하는 군주가 있다면 1년 안에 성과를 내겠다'고 탄식한 이유다. 이후 서쪽에서 기린을 잡았다는 소식을 듣고는 한탄하기를, '내 도道는 끝났다'라고 했다. 노나라 사관의 기록을 토대로 《춘추》를 지어 포폄褒貶의 기준인 왕법王法으로 삼은 이유다. 《춘추》는 그 언사가 정미하고 뜻이 깊고 넓어 후대 학자 대부분 이를 본받아 기록했다.

공자 사후 약 일흔 명의 제자가 사방으로 퍼져 제후를 대상으로 유세했다. 이 가운데 크게 된 자는 제후의 사부나 경상이 되었고, 작게 된 자는 사대부의 친구가 되어 가르쳤다. 혹자는 숨어 살며 벼슬길에 나타나지 않았다. 자로子路는 위衛나라, 자장子張은 진陳나라, 담대자우澹臺子羽는 초나라, 자하子夏는 서하에 있었다. 자공은 제나라

에서 일생을 마쳤다. 전자방田子方·단간목段幹木·오기吳起·금골회禽滑
釐* 등은 모두 자하의 학통을 이어받아 열국 군주의 스승이 되었다.

당시 유독 위문후魏文侯만 학문을 좋아했다. 이후 학문이 진시황의
시기에 이르기까지 점차 쇠퇴했고, 천하는 서로 치열하게 다투는 전
국戰國의 상황에서 유가의 학설을 배척했다. 단지 제나라와 노나라만
학자들이 끊이지 않았다. 제위왕齊威王과 제선왕齊宣王 때 맹자孟子와
순자荀子 같은 사람들이 모두 공자의 학업을 이어받아 나름대로 윤
색한 뒤 세상에 널리 전파했다.

진시황 때《시경》과《서경》등 유가 경전을 불사르고 유가들을 땅
에 묻는 분서갱유焚書坑儒가 일어났다. 육예가 사라진 이유다. 이후 진
승이 반기를 들고 왕을 칭하자 노나라의 모든 유생들이 빙례聘禮 등
에 사용하는 예기禮器를 들고 진왕陳王 진승을 찾아가 귀순했다. 공자
의 8대손인 공갑이 진승의 박사가 된 뒤 끝내 진승과 함께 생을 마친
사실이 이를 뒷받침한다. 진승은 필부의 몸으로 떨쳐 일어난 뒤 변
경의 수자리를 서기 위해 동원된 오합지졸을 휘몰아** 한 달 만에 옛
초나라 땅에서 왕이 되었으나 반년도 지나지 않아 멸망하고 말았다.
이는 보잘것없는 일인데 유생들이 왜 공자의 예기를 들고 가 예물로
바치며 그의 신하가 된 것일까? 진나라의 분서갱유에 대한 원한을
진왕 진승을 통해 풀고자 했기 때문이다.

● 금골회는 묵자墨子의 제자를 말한다. 금골禽滑이 성씨다. 회는 통상 리로 읽으나 사람 이
름이나 시호로 사용될 때는 희로 읽는다.《묵자墨子》는 그를 금자禽子로 높였다.
●● "변경의 수자리를 서기 위해 동원된 오합지졸을 휘몰아"의 원문은 "구와합적수驅瓦合適
戍"다. 와합瓦合은 크게 세 가지 뜻이 있다. 첫째, 깨진 기와를 모으듯이 세인과 두루 어울리는
것을 말한다.《예기》〈유행儒行〉에서 모난 곳을 다듬어 두루 어울린다는 뜻으로 사용된 "훼방
이와합毁方而瓦合"이 이에 해당한다. 둘째, 구차하게 목숨을 이어가는 구전苟全의 뜻이다. 셋
째, 임시로 모은 오합지졸의 뜻이다.《사기》〈유림열전〉에 나오는 "구와합적수驅瓦合適戍" 구
절이 대표적이다. 적수適戍는 변방의 수자리를 가는 것을 말한다.

한고조 유방이 항우를 무찌른 뒤 군사를 이끌고 가 항우의 봉지였던 노나라를 포위했다. 이 와중에 노나라 유자들은 여전히 예악을 강론하며 경전을 암송하고, 현가弦歌의 소리도 끊이지 않았다. 이어찌 성인이 남긴 교화 덕분에 예악을 즐긴 나라가 아니겠는가?《논어》〈공야장公冶長〉에 따르면 공자는 천하유세를 하다가 진陳나라에 머물 때 노나라에 남겨둔 제자들을 생각하며 마침내 14년에 걸친 천하유세를 마무리 짓고 귀국할 뜻을 이같이 밝혔다.

'돌아갈거나, 돌아갈거나! 내 고국 노나라에 남아 있는 제자들은 뜻은 크나 일에는 소략하고, 문채는 빛나지만 스스로를 어떻게 절제해 완성해야 할지 모른다.'

대략 제나라와 노나라 사람이 학술에 힘쓰는 것은 예로부터 천성이라고 할 수 있다. 한나라가 일어나자 여러 유가가 비로소 제나라와 노나라의 경서와 육예를 배워 익히고, 대사례大射禮와 향음례鄕飮禮를 강습할 수 있었다. 숙손통은 한나라의 예제를 확립한 덕분에 태상이 되었다. 함께 힘쓴 제자들 역시 우선적으로 임용되었다. 사람들이 학문의 부흥 조짐에 감탄한 이유다. 그러나 아직도 무력으로 천하를 평정하고 있었기에 상서庠序(학교제도)를 정비할 겨를이 없었다. 한혜제와 여태후 때의 공경 모두 무공을 세운 자들이다. 한문제 때 들어와 문학하는 유자들이 일부 등용되기는 했으나 한문제는 원래 형명학을 좋아했다.

한경제 때는 유자들이 등용되지 않았다. 두태후 역시 황로학을 좋아한 까닭에 박사들은 머릿수만 채운 채 하문이 있기만 기다릴 뿐 승진하는 자가 없었다. 금상今上인 한무제가 즉위할 무렵 조관과 왕장 등이 유학에 정통했다. 한무제 역시 유학에 뜻을 두었다. 방정方

正·현량·문학文學의 유자를 두루 부르게 된 배경이다.《시경》을 강론한 자로 노나라의 신배공申培公, 제나라의 원고생轅固生, 연나라의 한태부韓太傅가 있었다.《서경》을 강론한 자로 제남의 복생,《예경》을 강론한 자로 노나라의 고당생高堂生,《역경》을 강론한 자로 치천의 전생이 있었다.《춘추》를 강론한 자로 제나라와 노나라에서는 호무생胡毋生, 조나라에서는 동중서가 있었다. 두태후 사후 무안후 전분은 승상이 되어 황로학과 형명학 등 여타 제자백가의 학설을 배척하고, 유자 수백 명을 초청했다. 공손홍은《춘추》에 능통한 덕분에 평민에게 삼공의 자리에 오르고 평진후에 봉해졌다. 천하의 학자들이 일제히 유학에 쏠리며 바람처럼 일어난 이유다. 당시 승상 공손홍은 학관이 된 뒤 도道가 침체한 것을 한탄하며 이같이 상서했다.

승상 신 공손홍과 어사대부 번계番系가 고합니다. 폐하는 조칙에서 이르기를, "대략 들건대 백성을 교화할 때는 예禮, 감화할 때는 악樂으로 한다고 들었다. 혼인은 가족을 만드는 가장 큰 윤리다. 지금 예는 폐지되고, 악은 무너졌으니 짐은 이를 심히 슬퍼한다. 천하에 방정하고 견문이 넓은 학자를 빠짐없이 불러들여 관원에 임용하고자 한다. 예관禮官(교화와 예의를 맡은 관리)에게 백성에게 예를 배우도록 권장하고, 그 자신도 깊이 연구하고 널리 들어 예를 일으킴으로써 천하의 본보기가 되도록 하려는 것이다. 태상은 박사 및 그 제자 들과 의논해 향리의 교화를 강화함으로써 현명한 인재들을 대거 배출토록 하라"고 했습니다.

지금 태상인 공장孔臧과 박사인 평平 등이 삼가 의논하기를, "들건대 삼대三代에는 향리마다 교육기관이 있었는데 하나라 때는 교校, 은나라 때는 서序, 주나라 때는 상庠으로 불렸다고 합니다. 권선勸善의 방법으로는 조정에서 표창하고, 징악懲惡의 방법으로는 형벌을 가했다고 합니다. 교화를 실천하려면 도성부터 선행의 본보기를 보인 뒤 안에서 밖으로 미치도록 해야 합니다"라고 했습니다.

지금 폐하는 지극한 덕[至德]을 밝히고, 지극한 지혜[大明]를 열고, 천지에 부합하고, 인류에 근거하고, 학문을 권장하고, 예를 닦고, 교화를 숭상하고, 어진 선비를 격려하고, 사방의 풍속을 바로잡고 있습니다. 이는 태평성대의 근원입니다. 옛날에는 정교政敎가 미흡해 예를 제대로 갖추지 못했습니다. 청컨대 구관舊官을 바탕으로 부흥하는 방안을 강구하시기 바랍니다. 박사의 직책을 강화하기 위해 제자 쉰 명을 두고, 이들에게는 요역을 면제시켜주십시오. 또 태상을 시켜 열여덟 살 이상의 품행이 단정한 자 가운데 박사를 돕는 제자원을 선발하게 하십시오. 군郡·국國·현縣·도道·읍邑에 학문을 좋아하고, 어른을 공경하고, 정교를 잘 지키고, 향리의 관례를 잘 좇고, 언행과 품행이 소문처럼 단정한 자가 있으면 발탁하십시오. 현령縣令, 제후국의 재상, 현장 및 현승은 이들을 직속상관인 2,000석에게 추천토록 하십시오.

2,000석의 상관은 이 가운데 가능성이 있는 자를 신중히 가려낸 뒤 각 군국에서 지방의 실정을 조정에 보고하는 계리計吏와 함께 태상에게 보내 제자원들과 똑같이 학업을 받게 해주십시오. 1년 후 일제히 시험을 치르게 해 한 분야 이상에 능통한 자는 문학이나 역사적 사실을 다루는 박사제자원인 장고의 결원에 충원시키십시오. 또 이 가운데 낭중이 될 만한 뛰어난 자가 있으면 태상이 명부를 작성해 보고토록 하십시오. 학업에 힘쓰지 않고 재능이 부족해 한 가지 분야에도 능통할 가능성이 없으면 곧바로 배제하고, 부적격자를 많이 천거한

사람은 처벌토록 하십시오.

신들이 삼가 지금까지 공포된 조서와 율령을 살펴보건대, 폐하는 천
인天人의 구분을 명확히 하고, 고금의 의義에 통달하고, 문장이 우아
하고, 훈령의 내용이 심후深厚하고, 베푼 은덕이 매우 아름다웠습니
다. 그러나 소리 견문이 얕아 이를 제대로 밝혀줄 수 없습니다. 백성
에게 잘 알리거나 일깨우지 못하는 이유입니다. 예를 다스리는 자와
장고 모두 학문과 예로 관원이 되었으나 승진의 길이 막혀 있습니다.
바라건대 이 가운데 직급이 비 200석에서 100석에 이르는 관원에서
한 분야 이상에 능통한 자를 선발해 활용하십시오. 좌우 내사, 대행
밑의 아전인 졸사에 임명하면 됩니다. 또 비 100석 이하는 군郡 태수
의 졸사에 임명하십시오. 모든 군에 두 명씩 두되, 변경의 군에는 한
명씩 두십시오. 경서의 내용을 많이 암송하는 자를 우선적으로 채용
하고, 인원이 부족하면 장고에서 선발해 중 2,000석의 속관으로 충원
하십시오. 문학과 장고에서 선발해 군郡의 속관으로 충원하면서 예
비 인원을 두도록 하십시오. 바라건대 이를 공령에 기재하고, 나머지
것은 율령대로 하면 됩니다.

한무제가 상서를 읽은 뒤 조서를 내려 '그리하라'고 허락했다. 이
후 삼공·구경·대부·사인士人·서리胥吏 가운데 문학을 연마한 선비
가 두드러지게 많아졌다."

●● 太史公曰, "余讀功令, 至於廣厲學官之路, 未嘗不廢書而歎也.
曰, 嗟乎! 夫周室衰而關雎作, 幽厲微而禮樂壞, 諸侯恣行, 政由彊國.
故孔子閔王路廢而邪道興, 於是論次詩書, 修起禮樂. 適齊聞韶, 三月
不知肉味. 自衛返魯, 然後樂正, 雅頌各得其所. 世以混濁莫能用, 是

以仲尼幹七十餘君無所遇, 曰, '苟有用我者, 期月而已矣.' 西狩獲麟,
曰, '吾道窮矣.' 故因史記作春秋, 以當王法, 其辭微而指博, 後世學者
多錄焉. 自孔子卒後, 七十子之徒散遊諸侯, 大者爲師傅卿相, 小者友
敎士大夫, 或隱而不見. 故子路居衛, 子張居陳, 澹臺子羽居楚, 子夏居
西河, 子貢終於齊. 如田子方・段幹木・吳起・禽滑釐之屬, 皆受業於
子夏之倫, 爲王者師. 是時獨魏文侯好學. 後陵遲以至于始皇, 天下並
爭於戰國, 儒術旣絀焉, 然齊魯之閒, 學者獨不廢也. 於威・宣之際, 孟
子・荀卿之列, 咸遵夫子之業而潤色之, 以學顯於當世. 及至秦之季世,
焚詩書, 阬術士, 六藝從此缺焉. 陳涉之王也, 而魯諸儒持孔氏之禮器
往歸陳王. 於是孔甲爲陳涉博士, 卒與涉俱死. 陳涉起匹夫, 驅瓦合適
戍, 旬月以王楚, 不滿半歲竟滅亡, 其事至微淺, 然而縉紳先生之徒負
孔子禮器往委質爲臣者, 何也? 以秦焚其業, 積怨而發憤于陳王也. 及
高皇帝誅項籍, 擧兵圍魯, 魯中諸儒尙講誦習禮樂, 弦歌之音不絶, 豈
非聖人之遺化, 好禮樂之國哉? 故孔子在陳, 曰, '歸與歸與! 吾黨之小
子狂簡, 斐然成章, 不知所以裁之.' 夫齊魯之閒於文學, 自古以來, 其
天性也. 故漢興, 然後諸儒始得脩其經藝, 講習大射鄕飮之禮. 叔孫通
作漢禮儀, 因爲太常, 諸生弟子共定之, 咸爲選首, 於是喟然歎興於學.
然尙有幹戈, 平定四海, 亦未暇遑庠序之事也. 孝惠・呂后時, 公卿皆
武力有功之臣. 孝文時頗徵用, 然孝文帝本好刑名之言. 及至孝景, 不
任儒者, 而竇太后又好黃老之術, 故諸博士具官待問, 未有進者. 及今
上卽位, 趙綰・王臧之屬明儒學, 而上亦鄕之, 於是招方正賢良文學之
士. 自是之後, 言詩於魯則申培公, 於齊則轅固生, 於燕則韓太傅. 言
尙書自濟南伏生. 言禮自魯高堂生. 言易自菑川田生. 言春秋於齊魯自
胡毋生, 於趙自董仲舒. 及竇太后崩, 武安侯田蚡爲丞相, 絀黃老・刑

名百家之言, 延文學儒者數百人, 而公孫弘以春秋白衣爲天子三公, 封以平津侯. 天下之學士靡然鄉風矣. 公孫弘爲學官, 悼道之鬱滯, 乃請曰, '丞相御史言, 制曰, 蓋聞導民以禮, 風之以樂. 婚姻者, 居室之大倫也. 今禮廢樂崩, 朕甚湣焉. 故詳延天下方正博聞之士, 咸登諸朝. 其令禮官勸學, 講議洽聞興禮, 以爲天下先. 太常議, 與博士弟子, 崇鄉里之化, 以廣賢材焉. 謹與太常臧·博士平等議曰, 聞三代之道, 鄉里有教, 夏曰校, 殷曰序, 周曰庠. 其勸善也, 顯之朝廷, 其懲惡也, 加之刑罰. 故教化之行也, 建首善自京師始, 由內及外. 今陛下昭至德, 開大明, 配天地, 本人倫, 勸學脩禮, 崇化厲賢, 以風四方, 太平之原也. 古者政教未洽, 不備其禮, 請因舊官而興焉. 爲博士官置弟子五十人, 復其身. 太常擇民年十八已上, 儀狀端正者, 補博士弟子. 郡國縣道邑有好文學, 敬長上, 肅政教, 順鄉里, 出入不悖所聞者, 令相長丞上屬所二千石, 二千石謹察可者, 當與計偕, 詣太常, 得受業如弟子. 一歲皆輒試, 能通一藝以上, 補文學掌故缺, 其高弟可以爲郎中者, 太常籍奏. 卽有秀才異等, 輒以名聞. 其不事學若下材及不能通一藝, 輒罷之, 而請諸不稱者罰. 臣謹案詔書律令下者, 明天人分際, 通古今之義, 文章爾雅, 訓辭深厚, 恩施甚美. 小吏淺聞, 不能究宣, 無以明布諭下. 治禮次治掌故, 以文學禮義爲官, 遷留滯. 請選擇其秩比二百石以上, 及吏百石通一藝以上, 補左右內史·大行卒史, 比百石已下, 補郡太守卒史, 皆各二人, 邊郡一人. 先用誦多者, 若不足, 乃擇掌故補中二千石屬, 文學掌故補郡屬, 備員. 請著功令. 佗如律令.' 制曰, '可.' 自此以來, 則公卿大夫士吏斌斌多文學之士矣."

신공열전

신공申公은 노나라 출신이다. 한고조 유방이 노나라를 지날 때 스승인 제나라 출신 부구백浮丘伯을 쫓아 노나라 남궁南宮에서 유방을 조현했다. 여태후 때 장안으로 와 유영劉郢과 함께 같은 스승 밑에서 배웠다. 이후 초왕이 된 유영이 신공에게 태자 유무劉戊를 가르치게 했다. 유무는 학문을 좋아하지 않아 신공을 미워했다. 유영 사후 유무가 보위에 오른 뒤 신공을 노역형에 처하고자 했다. 신공이 이를 부끄럽게 여겨 노나라로 돌아온 뒤 제자들만 가르치며 평생 문밖 출입을 하지 않았다. 빈객의 방문도 거절했다. 다만 노공왕魯恭王이 부를 때만 갔다. 제자 가운데 먼 곳서 찾아와 학업을 받는 자가 100여 명이나 되었다. 신공은《시경詩經》을 훈詁 위주로 가르쳤고, 주석을 가한 책은 만들지 않았고, 의심스러운 시는 전하지 않았다.

난릉蘭陵의 왕장은 신공에게《시경詩經》을 배운 뒤 한경제를 섬겨 태자소부가 되었다가 면직되어 물러났다. 한무제 즉위 후 글을 올려 숙위관宿衛官이 되었다. 계속 승진해 1년 동안 낭중령 자리까지 올랐다. 대나라의 조관도 신공에게《시경詩經》을 배웠다. 그는 어사대부가 되었다. 조관과 왕장은 한무제에게 명당을 세워 제후들을 입조시킬 것을 주청했다. 이를 성사시킬 수 없게 되자 스승인 신공을 천거했다. 한무제는 사자에게 명해 비단을 묶은 속백束帛과 구슬을 첨가한 예물을 지참한 채 네 필의 말이 이끄는 안거를 타고 가 신공을 모셔오게 했다. 제자 두 사람은 마차를 타고 뒤를 따라갔다. 장안에 이른 뒤 한무제를 조현하자 한무제가 치란治亂에 관해 물었다. 신공은 당시 여든 살이 넘었다. 이같이 대답했다.

"치평의 길은 말을 많이 하는 것[多言]에 있지 않고, 힘써 일하는지[力行] 여하에 달려 있습니다."

당시 한무제는 문사文詞를 좋아한 까닭에 신공의 답변을 듣고 할 말이 없었다. 그러나 이미 초빙한 까닭에 태중대부로 삼은 뒤 노공왕의 저택에 묵게 하고 명당에 관한 일을 의논하게 했다. 태황태후 두씨는 노자의 학설을 좋아하고 유학을 좋아하지 않았다. 조관과 왕장의 과오를 찾아낸 뒤 한무제를 책망했다. 한무제가 명당 건립을 중단하고, 조관과 왕장을 형리에게 맡겨 죄를 다스리게 했다. 두 사람 모두 자진했고, 신공도 병으로 면직되어 귀향했다가 수년 뒤에 죽었다. 그의 제자 가운데 박사가 된 사람이 열 명가량 된다. 공안국孔安國은 임회臨淮 태수, 주패는 교서 내사, 하관夏寬은 성양 내사, 탕碭 출신인 노사魯賜는 동해 태수, 난릉 출신 무생繆生은 장사 내사, 서언徐偃은 교서 중위, 추鄒 출신 궐문경기闕門慶忌는 교동 내사가 되었다. 모두 관민을 다스리면서 늘 청렴하고 검소한 모습을 보였다. 학문을 좋아한다는 칭송을 들은 이유다. 신공의 제자로 학관이 된 자들의 덕행은 미비했지만 대부와 낭중 및 장고의 자리에 오른 자가 100명가량 되었다. 이들의《시경》에 해석은 서로 달랐지만 대부분이 신공의 견해에 근거를 두고 있었다.

●● 申公者, 魯人也. 高祖過魯, 申公以弟子從師入見高祖于魯南宮. 呂太后時, 申公遊學長安, 與劉郢同師. 已而郢爲楚王, 令申公傅其太子戊. 戊不好學, 疾申公. 及王郢卒, 戊立爲楚王, 胥靡申公. 申公恥之, 歸魯, 退居家教, 終身不出門, 復謝絶賓客, 獨王命召之乃往. 弟子自遠方至受業者百餘人. 申公獨以詩經爲訓以教, 無傳疑, 疑者則闕不傳. 蘭陵王臧旣受詩, 以事孝景帝爲太子少傅, 免去. 今上初卽位, 臧迺上

書宿衛上, 累遷, 一歲中爲郎中令. 及代趙綰亦嘗受詩申公, 綰爲御史
大夫. 綰·臧請天子, 欲立明堂以朝諸侯, 不能就其事, 乃言師申公. 於
是天子使使束帛加璧安車駟馬迎申公, 弟子二人乘軺傳從. 至, 見天
子. 天子問治亂之事, 申公時已八十餘, 老, 對曰,“爲治者不在多言, 顧
力行何如耳.”是時天子方好文詞, 見申公對, 黙然. 然已招致, 則以爲
太中大夫, 舍魯邸, 議明堂事. 太皇竇太后好老子言, 不說儒術, 得趙
綰·王臧之過以讓上, 上因廢明堂事, 盡下趙綰·王臧吏, 後皆自殺. 申
公亦疾免以歸, 數年卒. 弟子爲博士者十餘人, 孔安國至臨淮太守, 周
霸至膠西內史, 夏寬至城陽內史, 碭魯賜至東海太守, 蘭陵繆生至長沙
內史, 徐偃爲膠西中尉, 鄒人闕門慶忌爲膠東內史. 其治官民皆有廉
節, 稱其好學. 學官弟子行雖不備, 而至於大夫·郎中·掌故以百數. 言
詩雖殊, 多本於申公.

원고생열전

청하왕^{淸河王} 유승^{劉乘}의 태부 원고생은 제나라 출신이다. 《시경》에
정통해 한경제 때 박사가 되었다. 그는 한경제 앞에서 법가를 숭상
하는 황생^{黃生}과 논쟁한 적이 있다. 당시 황생이 이같이 말했다.

"은나라 탕왕과 주나라 무왕은 천명을 받은 것이 아니라, 자신의
군주인 하나라 걸과 은나라 주를 시해한 것에 지나지 않소."

원고생이 반박했다.

"그렇지 않소. 하나라 걸과 은나라 주는 잔학하고 음란했소. 천하
의 민심이 모두 탕왕과 무왕에게 쏠린 이유요. 탕왕과 무왕은 천하

의 인심을 배경으로 걸과 주를 주살한 것이오. 백성들이 군주인 걸과 주의 명을 듣지 않고 탕왕과 무왕에게 귀의한 것이 그렇소. 탕왕과 무왕은 백성들의 전폭적인 지지로 인해 부득이 즉위한 것이오. 이것이 천명이 아니고 무엇이겠소?"

황생이 재반박했다.

"관冠은 비록 해져도 반드시 머리에 쓰고, 신은 아무리 새것이어도 반드시 발에 끼우는 법이오. 상하의 구분이 있기 때문이오. 걸과 주가 정도를 잃었을지라도 엄연히 군주의 자리에 있었소. 탕왕과 무왕은 아무리 성인이었을지라도 신하에 지나지 않았소. 군주에게 실행失行이 있으면 신하는 바른말로 군주의 잘못을 보완하며 받들어야 하오. 그런데도 군주의 실행을 핑계로 군주를 죽이고, 대신 보위에 앉은 것이오. 이것이 시해가 아니고 무엇이오?"

원고생이 반문했다.

"반드시 그대가 말한 대로라면 한고조가 진나라를 대신해 천자의 자리에 오른 것도 그른 것이오?"

이때 한경제가 끼어들어 논쟁을 중단시켰다.

"고기를 먹을 때 말의 간은 먹지 않았다고 해서 고기 맛을 모른다고 말할 수는 없소. 학문을 논하는 자가 탕왕과 무왕이 천명을 받은 것에 대해 논하지 않는다고 해서 어리석다고 말할 수는 없소."

여기서 논쟁이 그쳤다. 이후 학자들은 천명과 시해에 관해 감히 논증하고자 하지 않았다. 한문제의 부인인 태후 두씨는《도덕경》을 좋아했다. 원고생을 불러《도덕경》의 문장에 관해 묻자 유학을 신봉하는 원고생이 이같이 대답했다.

"이는 무식한 노비들의 말에 지나지 않습니다."

두씨가 대로해 이같이 비꼬았다.

"《도덕경》이 어찌 유법가儒法家의 급박한 율령에 비할 수 있겠는가?●"

그러고는 원고생을 짐승우리에 집어넣은 뒤 그에게 돼지를 찔러 죽이라고 했다. 한경제는 태후 두씨가 화를 냈지만 원고생의 직언이 무죄인 것을 알고 있었다. 곧 예리한 칼을 주어 돼지를 찌르게 했다. 그는 한번에 돼지의 심장을 찔러 돼지를 넘어뜨렸다. 두씨는 다시 벌을 내릴 수도 없어 그것으로 끝내고 잠자코 있었다. 원고생은 한동안 집에서 쉬었다. 한경제는 원고생을 청렴하고 정직한 인물로 생각해 청하왕 유승의 태부로 삼았다. 그는 오래도록 그 자리에 있다가 병으로 사직했다. 금상인 한무제가 즉위 직후 원고생을 다시 현량으로 불렀다. 아첨을 일삼는 유자들이 그를 헐뜯었다.

"원고생은 늙었습니다."

한무제가 그를 사임시켜 돌려보냈다. 당시 그의 나이는 이미 거의 아흔 살에 달했다. 원고생이 초빙될 때 설 땅의 공손홍도 함께 초빙되었다. 그는 원고생을 경외한 나머지 바로 쳐다보지 못하고 옆으로 보았다. 원고생은 이같이 말했다.

"공손자公孫子여, 정학正學에 힘쓰며 정견을 펴도록 하시오. 곡학아세를 행해서는 안 되오."

이후 제나라에서 《시경》을 논하는 자는 모두 원고생의 설에 근거

● 원문은 "안득사공성단서호安得司空城旦書乎"다. 《사기집해》는 서광의 주를 인용해 사공을 옥사를 담당하는 관서로 풀이했다. 성단서城旦書는 형법 내지 율령을 지칭한다. 성단은 낮에 수자리를 서고, 밤에 성을 쌓는 형벌을 말한다. 이마에 먹을 뜨는 경형 내지 코를 베는 의형을 대체한 것이다. 《사기집해》는 《한서음의》를 인용해 도가에서는 유가와 법가를 매우 급박하다고 간주해, 유가와 법가의 학설을 율령에 비유한 것으로 분석했다.

를 두었다. 제나라 출신으로 《시경》으로 영달한 자는 모두 원고생의 제자들이었다. 한생韓生은 연나라 출신으로 한문제 때 박사가 되었고, 한경제 때 상산왕의 태부가 되었다. 한생은 《시경》의 뜻을 부연해 수만 언言에 달하는 《한시내전韓詩內傳》과 《한시외전》을 지었다. 그의 견해는 제나라와 노나라의 《시경》 해석과 많이 달랐으나 귀결점은 같았다. 회남의 비생賁生이 이를 전수받았다. 이후 연나라와 조나라에서 《시경》을 논하는 자는 한생의 학설에 기반을 두었다. 한생의 손자인 한상韓商은 한무제 때 박사가 되었다.

●● 清河王太傅轅固生者, 齊人也. 以治詩. 孝景時爲博士. 與黃生爭論景帝前. 黃生曰, "湯武非受命, 乃弑也." 轅固生曰, "不然. 夫桀紂虐亂, 天下之心皆歸湯武, 湯武與天下之心而誅桀紂, 桀紂之民不爲之使而歸湯武, 湯武不得已而立, 非受命爲何?" 黃生曰, "冠雖敝, 必加於首, 履雖新, 必關於足. 何者, 上下之分也. 今桀紂雖失道, 然君上也, 湯武雖聖, 臣下也. 夫主有失行, 臣下不能正言匡過以尊天子, 反因過而誅之, 代立踐南面, 非弑而何也?" 轅固生曰, "必若所云, 是高帝代秦卽天子之位, 非邪?" 於是景帝曰, "食肉不食馬肝, 不爲不知味, 言學者無言湯武受命, 不爲愚." 遂罷. 是後學者莫敢明受命放殺者. 竇太后好老子書, 召轅固生問老子書. 固曰, "此是家人言耳." 太后怒曰, "安得司空城旦書乎?" 乃使固入圈刺豕. 景帝知太后怒而固直言無罪, 乃假固利兵, 下圈刺豕, 正中其心, 一刺, 豕應手而倒. 太后黙然, 無以復罪, 罷之. 居頃之, 景帝以固爲廉直, 拜爲清河王太傅. 久之, 病免. 今上初卽位, 復以賢良徵固. 諸諛儒多疾毁固, 曰, "固老." 罷歸之. 時固已九十餘矣. 固之徵也, 薛人公孫弘亦徵, 側目而視固. 固曰, "公孫子, 務正學以言, 無曲學以阿世!" 自是之後, 齊言詩皆本轅固生也. 諸齊人以詩顯貴, 皆固之弟子也. 韓生者, 燕人也. 孝文帝時爲博士, 景帝時爲常山王太傅. 韓生推詩之意而爲內外傳數萬言, 其語頗與齊魯閒殊, 然其歸一也. 淮南賁生受之. 自是之後, 而燕趙閒言詩者由韓生. 韓生孫商爲今上博士.

복생열전

복생은 제남 출신이다. 원래는 진나라의 박사였다. 한문제 때 《서경》에 능통한 사람을 찾았으나 천하에 그와 같은 자가 없었다. 복생이 잘 안다는 소문을 듣고 그를 초빙했다. 당시 복생은 아흔 살이 넘었고, 늙어서 걸어 다닐 수가 없었다. 태상에게 명해 휘하 관원인 장고 조조를 보내 전수받게 했다. 진나라의 분서갱유 때 복생은 벽 속에 《서경》을 숨겼다. 이후 전쟁이 크게 일어나자 집을 떠나 돌아다니다가 한나라가 천하를 평정하자 벽 속에서 그 책을 찾았다. 그러나 수십 편이 사라지고, 단지 스물아홉 편만 얻었다. 이것으로 제나라와 노나라 사이에서 가르쳤다. 덕분에 학자들은 《서경》을 논할 수 있게 되었고, 산동의 학자 가운데 《서경》을 언급하지 않으며 가르치는 자가 없었다. 복생은 제남의 장생張生과 구양생歐陽生을 가르쳤다. 구양생은 1,000승의 예관을 가르쳤다.

예관은 《서경》에 통달한 덕분에 문학 분야에서 군 태수의 추천을 얻어 박사 수업을 받았다. 공안국 밑에서 배웠다. 예관은 가난한 탓에 학비를 댈 수 없었다. 늘 다른 학생들을 위해 밥 짓는 일을 떠맡은 이유다. 때로는 남몰래 날품팔이를 하며 의식衣食을 해결했다. 일할 때도 경서를 휴대했다가, 쉬는 시간이면 이를 익히곤 했다. 이후 시험성적에 따라 정위 장탕을 곁에서 돕는 사史에 임명되었다. 당시 장탕은 유학을 장려하던 터라 형량을 논의해 건의하는 관원인 주언연으로 발탁했다. 예관은 고법에 따라 중대한 사건을 판정했다. 장탕의 총애를 입은 이유다. 예관은 사람됨이 온량溫良하고, 청렴하고 지혜로웠고, 분수를 잘 지켰다. 글도 뛰어나 상서할 때 문장에서 총명하고 민첩함이 엿보였다. 그러나 말로는 잘 표현하지 못했다. 장탕은 그를 장자長者로 여겨 자주 칭송했다.

장탕이 어사대부가 되자 자신의 부관으로 예관을 천거했다. 한무제가 예관을 만나 학문에 관해 질문해보고 기뻐했다. 예관은 장탕 사후 6년 만에 어사대부에 올랐다가 9년 뒤 현직에서 죽었다. 예관은 삼공의 자리에 있으면서, 온화하고 어진 성품으로 한무제의 뜻을 받들어 오래도록 자리를 지켰다. 그러나 나라를 바로잡기 위해 간하는 일이 없었다. 휘하 관원들이 그를 만만하게 보고 힘을 다해 일하지 않은 이유다.

복생 밑에서 공부한 장생 또한 박사가 되었다. 복생의 손자도 《서경》을 잘 안다는 이유로 초빙되었으나 총명하지는 못했다. 이후 노나라 출신 주패와 공안국, 낙양 출신 가가賈嘉 등이 나름대로 《서경》에 정통한 것으로 알려졌다. 공안국은 고문古文 《서경》을 가지고 있다가 금문今文으로 풀어 쓴 덕분에 일가견을 이루었다. 이후 흩어져 일부가 누락된 10여 편이 발견되면서 《서경》의 내용이 더욱 풍부해졌다.

●● 伏生者, 濟南人也. 故爲秦博士. 孝文帝時, 欲求能治尙書者, 天下無有, 乃聞伏生能治, 欲召之. 是時伏生年九十餘, 老, 不能行, 於是乃詔太常使掌故朝錯往受之. 秦時焚書, 伏生壁藏之. 其後兵大起, 流亡, 漢定, 伏生求其書, 亡數十篇, 獨得二十九篇, 卽以敎于齊魯之閒. 學者由是頗能言尙書, 諸山東大師無不涉尙書以敎矣. 伏生敎濟南張生及歐陽生, 歐陽生敎千乘兒寬. 兒寬旣通尙書, 以文學應郡擧, 詣博士受業, 受業孔安國. 兒寬貧無資用, 常爲弟子都養, 及時時閒行傭賃, 以給衣食. 行常帶經, 止息則誦習之. 以試第次, 補廷尉史. 是時張湯方鄕學, 以爲奏讞掾, 以古法議決疑大獄, 而愛幸寬. 寬爲人溫良, 有廉智, 自持, 而善著書·書奏, 敏於文, 口不能發明也. 湯以爲長者, 數稱譽之. 及湯爲御史大夫, 以兒寬爲掾, 薦之天子. 天子見問, 說之. 張湯死後六年, 兒寬位至御史大夫. 九年而以官卒. 寬在三公位, 以和良承意從容得久, 然無有所匡諫, 於官, 官屬易之, 不爲盡力. 張生亦爲博士. 而伏生孫以治尙書徵, 不能明也. 自此之後, 魯周霸·孔安國, 雒陽賈嘉, 頗能言尙書事. 孔氏有古文尙書, 而安國以今文讀之, 因以起其家. 逸書得十餘篇, 蓋尙書滋多於是矣.

고당생열전

여러 학자들이 《예경》을 논했으나 노나라의 고당생이 가장 뛰어났다. 《예경》은 원래 공자 때도 그 내용이 완전하지 못했다. 진나라의 분서갱유로 분실이 더 많아졌다. 지금은 오직 〈사례士禮〉만 남아 있다. 고당생이 〈사례〉에 능통했다. 노나라의 서생徐生은 예절 의식을 잘 알고 있었다. 한문제 때 서생은 예절 의식에 밝아 예관대부禮官大夫가 되었다. 아들 서연徐延과 손자인 서양徐襄에게 전해졌다. 서양은 천성적으로 예절에는 뛰어났으나 《예경》에는 능통하지 못했고, 서연은 《예경》에는 능통했으나 예절에는 뛰어나지 못했다. 서양은 예절로 예관대부가 되었고, 광릉국廣陵國 내사까지 올랐다. 서연을 비롯해 그의 제자인 공호만의公戶滿意·환생桓生·선차單次 등도 일찍이 예관대부를 역임했다. 하구瑕丘의 소분蕭奮 역시 《예경》에 밝아 회양 태수가 되었다. 이후 《예경》과 예절을 강론하는 자는 모두 서씨의 설을 토대로 삼았다.

●● 諸學者多言禮, 而魯高堂生最本. 禮固自孔子時而其經不具, 及至秦焚書, 書散亡益多, 於今獨有士禮, 高堂生能言之. 而魯徐生善爲容. 孝文帝時, 徐生以容爲禮官大夫. 傳子至孫徐延·徐襄. 襄, 其天姿善爲容, 不能通禮經, 延頗能, 未善也. 襄以容爲漢禮官大夫, 至廣陵內史. 延及徐氏弟子公戶滿意·桓生·單次, 皆嘗爲漢禮官大夫. 而瑕丘蕭奮以禮爲淮陽太守. 是後能言禮爲容者, 由徐氏焉.

상구열전

노나라 상구商瞿는 공자에게 《역경》을 배웠다. 공자 사후 《역경》을 6대까지 전해 제나라 사람 전하田何에 이르게 되었다. 전하의 자는 자장子莊이다. 이 무렵 한나라가 건국되었다. 전하는 동무東武 출신 왕동자중王同子仲, 자중은 치천 출신 양하楊何에게 전했다. 원광 원년, 양하가 《역경》에 밝은 덕분에 초빙되어 중대부 자리에 올랐다. 제나라 출신 즉묵성卽墨成은 《역경》으로 성양국城陽國 재상이 되었고, 광천廣川 출신 맹단孟但은 《역경》으로 태자문대부가 되었다. 노나라 출신 주패, 거菖 출신 형호(衡胡), 임치 출신 주보언 등이 하나같이《역경》에 밝아 2,000석의 관직에 올랐다.《역경》을 논하는 자는 모두 양하의 설을 토대로 삼았다.

●● 自魯商瞿受易孔子, 孔子卒, 商瞿傳易, 六世至齊人田何, 字子莊, 而漢興. 田何傳東武人王同子仲, 子仲傳菑川人楊何. 何以易, 元光元年徵, 官至中大夫. 齊人卽墨成以易至城陽相. 廣川人孟但以易爲太子門大夫. 魯人周霸, 莒人衡胡, 臨菑人主父偃, 皆以易至二千石. 然要言易者本於楊何之家.

동중서열전

동중서는 광천 출신이다.《춘추》를 연마함으로써 한경제 때 박사가 되었다. 장막을 쳐놓고 강의하고 암송했다. 학문은 먼저 입문한 자가 나중에 들어온 자를 가르치는 식으로 전수되었다. 어떤 제자는 스승의 얼굴을 보지도 못했다. 동중서도 3년 동안 자택의 정원을 보지 못할 정도였다. 그가 학문을 닦는 것이 이와 같았다. 나가고 물러나는 것[進退]이나 몸가짐이나 태도[容止]에서 예법에 맞지 않으면 행하지 않았다. 학자들 모두 그를 스승으로 존중했다.

금상인 한무제 즉위 후 강도의 재상이 되었다. 이때《춘추》에 기록된 천재지변의 변화를 배경으로 음양 운행의 이치를 유추했다. 비가 오기를 바라면 모든 양기를 밀폐시키면서 동시에 모든 음기를 발산시키는 식이었다. 비를 그치게 하고자 할 경우는 그 반대로 했다. 강도의 전 지역에 이러한 술법을 실행했다. 원하는 대로 되지 않은 적이 없었다고 한다. 그는 중도에 해임되어 중대부가 되었다. 관사에 살면서《재이지기災異之記》를 저술했다.

당시 요동에 있는 한고조 유방의 사당에 불이 났다. 동중서를 질시한 주보언이 그의 저서《재이지기》를 얻어 한무제에게 올렸다. 한무제가 여러 학자를 불러 이를 검토하게 했다. 많은 학자가 동중서의 미신적인 이론을 비판했다. 심지어 그의 제자 여보서呂步舒까지도 스승의 저서인 줄 모르고, 저속하고 어리석다[下愚]고 비판했다. 동중서를 형리에게 넘긴 이유다. 사형의 판결이 났으나 한무제가 조서를 내려 사면했다. 이후 동중서는 재이설災異說에 관해 더는 강론하지 않았다.

동중서는 사람이 청렴하고 정직했다. 당시 한나라는 사방의 이민족을 토벌하고 있었다. 공손홍도 비록 동중서만 못했지만《춘추》를 깊이 연마한 인물이다. 그는 시류에 영합해 공경의 자리까지 올랐다. 동중서가 공손홍을 아첨꾼으로 여긴 이유다. 공손홍도 그를 미워한 나머지 한무제에게 이같이 건의했다.

"오직 동중서만이 교서왕의 재상이 될 수 있습니다."

교서왕 유단은 평소 동중서에게 덕행이 있다고 들은 바가 있어 후대했다. 동중서는 그 자리에 오래 머물다가 죄를 얻게 될까 두려워했다. 속히 사임하고 귀향한 이유다. 시종 죽는 날까지 그는 돈을 벌어 집안을 먹여 살리는 일[産業]을 전혀 돌보지 않고 오직 학문과 저술 작업에 몰두했다. 한나라 건국 이후 5대까지 이르는 동안 동중서만《춘추》에 정통하다는 칭송이 나온 배경이다. 그의 학문은《춘추공양전》을 토대로 한 것이다.

호무생은 제나라 출신으로 한경제 때 박사가 되었다. 늙어서는 고향으로 돌아와 제자들을 가르쳤다. 제나라 땅에서 《춘추》를 강론하는 자들 대부분이 호무생의 제자다. 공손홍도 호무생으로부터 많은 것을 배웠다. 하구의 강생江生은 의리와 명분을 중시한《춘추곡량전春秋穀梁傳》을 연구했다. 그는 공손홍에 의해 등용되었다.《춘추》에 대한 여러 해석을 비교한 끝에 동중서의 해설을 채용했다.

　동중서의 제자 가운데 저명한 인물로 난릉의 저대褚大, 광천의 은충殷忠, 온현溫縣의 여보서 등을 들 수 있다. 저대는 위나라 재상의 자리까지 올랐다. 여보서는 장사에 오른 뒤 부절을 가지고 회남왕 모반사건을 판결키 위해 파견되었다. 이때 그는 《춘추》의 가르침을 예로 들어 제후가 조정에 보고도 하지 않은 채 멋대로 행동한 점을 강력하게 탄핵했다. 한무제가 모두 옳다고 했다. 제자 가운데《춘추》에 능통한 자는 황제의 명을 받아 임명된 태중대부 등의 이른바 명대부命大夫 자리까지 올랐다. 낭관과 알자 및 장고가 된 자는 100명이나 된다. 동중서의 아들과 손자도 학문으로 대관大官이 되었다.

　●● 董仲舒, 廣川人也. 以治春秋, 孝景時爲博士. 下帷講誦, 弟子傳以久次相受業, 或莫見其面, 蓋三年董仲舒不觀於舍園, 其精如此. 進退容止, 非禮不行, 學士皆師尊之. 今上卽位, 爲江都相. 以春秋災異之變推陰陽所以錯行, 故求雨閉諸陽, 縱諸陰, 其止雨反是. 行之一國, 未嘗不得所欲. 中廢爲中大夫, 居舍, 著災異之記. 是時遼東高廟災, 主父偃疾之, 取其書奏之天子. 天子召諸生示其書, 有刺譏. 董仲舒弟子呂步舒不知其師書, 以爲下愚. 於是下董仲舒吏, 當死, 詔赦之. 於是董仲舒竟不敢復言災異. 董仲舒爲人廉直. 是時方外攘四夷, 公孫弘治春秋不如董仲舒, 而弘希世用事, 位至公卿. 董仲舒以弘爲從諛. 弘疾之, 乃言上曰, "獨董仲舒可使相膠西王." 膠西王素聞董仲舒有行, 亦善待之.

董仲舒恐久獲罪, 疾免居家. 至卒, 終不治産業, 以脩學著書爲事. 故漢興至于五世之閒, 唯董仲舒名爲明於春秋, 其傳公羊氏也. 胡毋生, 齊人也. 孝景時爲博士, 以老歸敎授. 齊之言春秋者多受胡毋生, 公孫弘亦頗受焉. 瑕丘江生爲穀梁春秋. 自公孫弘得用, 嘗集比其義, 卒用董仲舒. 仲舒弟子遂者, 蘭陵褚大, 廣川殷忠, 溫呂步舒. 褚大至梁相. 步舒至長史, 持節使決淮南獄, 於諸侯擅專斷, 不報, 以春秋之義正之, 天子皆以爲是. 弟子通者, 至於命大夫, 爲郞 · 謁者 · 掌故者以百數. 而董仲舒子及孫皆以學至大官.

혹리열전

酷吏列傳

〈혹리열전酷吏列傳〉은 한나라 초기 혹독한 법집행으로 악명을 떨친 관원의 사적을 서술하고 있다. 그러나 혹리를 단순히 혹독한 법집행자로 파악해서는 안 된다. 한무제는 재위기간 내내 황권을 강화하는 차원에서 혹리를 적절히 활용했다. 신권臣權의 발호를 용납지 않겠다는 의지의 표현이었다.

진시황 때 처음으로 등장한 황권은 진시황의 급서로 인해 제대로 정립되지 못했다. 사상 처음으로 등장한 도로와 글자, 도량형의 통일 등이 제대로 시행되지 못한 이유다. 비록 잦은 흉노 원정으로 인해 재정을 고갈시키기는 했으나 일사불란한 제국체제의 기틀은 한무제 때 완성되었다. 학계에서 진시황의 진나라와 한무제의 한나라를 하나로 묶어 진한으로 부르는 이유다. 제국체제가 한무제 때 완성되었다는 취지다. 이 체제가 20세기 초 청나라가 패망할 때까지 그대로 지속되었다. 한무제 때 완성된 제국체제가 얼마나 강고했는지 대략 짐작할 수 있다. 혹리의 도움이 절대 필요한 상황이었다.

사마천은 혹리를 반대했다. 서두에 공자와 노자의 말을 인용한 것이 그렇다. 앞서 나온 〈순리열전〉과 제목을 대비시킨 것도 같은 맥락이다. 한무제를 간접적으로 비판했다는 평이 나오는 이유다. 실제로 〈혹리열전〉에 거명된 열두 명의 혹리 가운데 열 명이 한무제 때 활약한 인물이다. 사마천은 모두 열 명이라고 말했으나 왕온서 열전에서 간략히 언급한 윤제尹齊와 양복을 더할 경우 모두 열두 명이 된다. 번역문에는 윤제와 양복의 열전을 따로 만든 까닭에 왕온서열전이 앞뒤로 나뉘어 있다.

가장 대표적인 혹리는 장탕이다. 장탕은 왕온서와 달리 청렴했다. 한무제의 의중을 좇았다는 점 등을 이유로 일방적으로 매도하는 것은 문제가 있다. 사마천 자신도 사평에서 거명된 자 가운데 청렴한 자는 족히 모범으로 삼을 만하고 언급하고 있다. 장탕을 지칭한 것이다.

공자가 말했다.

"정령으로 인도하고 형벌로써 가지런히 하고자 하면 백성들이 이를 면하려고만 해 이내 부끄러움을 모르게 된다. 그러나 덕으로 인도하고 예로써 가지런히 하면 부끄러움을 알고 바르게 살아간다."

●● 孔子曰, "導之以政, 齊之以刑, 民免而無恥. 導之以德, 齊之以禮, 有恥且格."

노씨老氏가 말했다.

"상덕上德은 덕을 의식하지 않기에 덕을 지니고, 하덕下德은 덕을 잃지 않으려 하기에 덕을 지니지 못하게 된다. 법령이 늘수록 도둑이 많아지는 것과 같다."

●● 老氏稱, "上德不德, 是以有德, 下德不失德, 是以無德. 法令滋章, 盜賊多有."

태사공은 평한다.

"공자와 노자의 언급은 모두 실로 옳은 지적이다. 법령은 정사를 펼치는 도구일 뿐 백성의 청탁을 다스리는 근원은 아니다. 옛날 진나라는 천하의 법망을 그 어느 때보다 치밀하게 짰다. 그러나 백성의 간사한 거짓[姦僞]은 싹이 움트듯 일어났다. 결국 극에 달하자 법망으로 얽으려는 관원과 법망을 빠져나오려는 백성이 뒤엉켜 그 혼란이 구제할 수 없는 지경에 이르렀다.

당시 관원은 땔감을 진 채로 불을 끄고, 아궁이 불은 그대로 놓아둔 채 솥 안에서 끓고 있는 물만 덜어낸 뒤 식히는 식의[救火揚沸]• 땜

질식 정사를 펼쳤다. 이런 상황에서 그 어떤 관원일지라도 준엄하고 혹독한 수단을 쓰지 않고서야 어찌 그 임무를 감당할 수 있었겠는가! 도덕을 말하는 자는 역시 자신이 맡은 임무를 감당할 도리가 없었다.

공자는 《논어》 〈안연〉에서 말하기를, '송사를 처리하는 것은 나도 남과 다를 것이 없다. 다른 것이 있다면 사람들에게 소송이 일어나지 않게 하는 것뿐이다'라고 했다. 노자 역시 《도덕경》 제41장에서 말하기를, '하사下士는 도를 들으면 크게 비웃는다'••고 했다. 이는 허튼소리가 아니다.

한나라가 일어나자 한고조 유방은 모난 것을 깨뜨려서 둥글게 만들고,••• 퇴락한 풍조를 제거해서 소박한 풍속으로 만들고,•••• 배를 삼킬 만한 큰 고기[呑舟之魚]도 빠져나갈 정도로 법망을 느슨하게 만들

• 땔나무를 진 채 불을 끄려 든다는 부신구화負薪救火 내지 포신구화抱薪救火와 끓는 물을 부어 끓는 물을 식히려 한다는 양탕지비揚湯止沸 성어를 하나로 합쳐놓은 것이다. 포신구화는 《전국책戰國策》 〈위책〉에 나온다. 땅을 베어주는 식으로 진나라의 요구에 응하는 것은 결국 포신구화와 같다는 지적에서 나온 성어다. 양탕지비는 《통현진경通玄真經》으로도 불리는 《문자文子》에 처음으로 나온다. 《문선文選》에 실린 매승의 〈상서간오왕上書諫吳王〉에도 나온다. 한 사람이 아궁이에 불을 때며 솥의 물을 끓일 경우 솥 안의 물을 퍼내 솥을 식히려 들면 오히려 더 펄펄 끓게 되어 아무 소용이 없다는 취지에서 나온 말이다. 《삼국지》 〈위지魏志, 동탁전董卓傳〉의 배송지裴松之 주에 인용된 《전략典略》에도 "차라리 아궁이에 들어가 있는 땔감을 빼내느니만 못하다[揚湯止沸, 不如減火去薪]"는 말이 나온다. 《사기색은》은 본폐本弊를 제거하지 않으면 그 폐해를 막기 어렵다는 뜻으로 풀이했다.
•• '하사는 도를 들으면 크게 비웃는다'의 원문은 "하사문도대소지下士聞道大笑之"다. 《도덕경》 제41장의 해당 본문은 이와 같이 되어 있다. "상사上士는 도를 들으면 부지런히 실행하고, 중사中士는 도를 들으면 들었다가 이내 잊어버리고, 하사는 도를 들으면 크게 비웃는다."
••• "모난 것을 깨뜨려 둥글게 만들고"의 원문은 "파고이위환破觚而爲圜"이다. 《사기집해》는 《한서음의》를 인용해 觚를 각이 진 방方으로 새겼다. 《사기색은》은 응소의 주를 인용해 팔각형의 각이 있는 물건으로 해석하며, 한고조 유방이 진나라의 엄법을 제거하고 약법삼장을 선포한 것으로 풀이했다.
•••• "퇴락한 풍조를 제거해 소박한 풍속을 만들고"의 원문은 "착조이위박斲雕而爲樸"이다. 《사기색은》은 산에서 나온 옥 덩어리를 대충 쪼개 아직 다듬지 않은 옥돌인 박璞의 상태로 만든 것으로 풀이한 응소의 주와 퇴폐한 풍속을 제거하고 질박한 풍속을 되찾는 것으로 풀이한 진작의 주를 언급해놓았다.

었다. 관원이 백성을 다스리는 것이 순수하고 너그러워져˙ 간악한
데로 빠지지 않고, 백성 또한 편안해한 이유다. 이로써 보면 치평의
근본은 도덕에 있는 것이지 혹법에 있는 것이 아니다˙˙."

●● 太史公曰, "信哉是言也! 法令者治之具, 而非制治淸濁之源也.
昔天下之網嘗密矣, 然姦僞萌起, 其極也, 上下相遁, 至於不振. 當是
之時, 吏治若救火揚沸, 非武健嚴酷, 惡能勝其任而愉快乎! 言道德者,
溺其職矣. 故曰, '聽訟, 吾猶人也, 必也使無訟乎.' '下士聞道大笑之.'
非虛言也. 漢興, 破觚而爲圜, 斲雕而爲樸, 網漏於呑舟之魚, 而吏治烝
烝, 不至於姦, 黎民艾安. 由是觀之, 在彼不在此."

후봉열전

여태후 때의 혹리로 후봉侯封이 있었다. 그는 황족들을 가혹하게
능멸하고, 공신에게 모욕을 주었다. 여씨 일족이 패망하자 후봉 일
족도 주살되었다. 한경제 때는 조조가 법을 각박하고 엄중하고 가
혹하게 만들고 법가의 술책을 운용해 재능을 발휘했다. 오초칠국의
난이 일어나 조조를 제거대상으로 삼자 결국 처형되고 말았다.

● "관원의 다스림이 순수하고 너그러워져"의 원문은 "이치증증吏治烝烝"이다. 이치吏治는 관
치官治와 같다. 증증烝烝에는 크게 네 가지 의미가 있다. 첫째, 아름답고 성대한 모습을 지칭
한다.《시경》〈노송, 반수泮水〉에 나오는 증증황황烝烝皇皇 표현이 그러한 의미로 사용되었다.
둘째, 두터운 효행을 뜻한다.《서경》〈요전堯典〉에 나오는 이효증증以孝烝烝이 대표적이다. 셋
째, 열기가 위로 올라가는 모습을 의미한다. 송나라 한구韓駒의 시〈식순食笱〉에 나오는 증증
비정중烝烝沸鼎中 표현이 그러한 의미로 사용되었다. 넷째, 순수하고 관후寬厚한 모습을 뜻한
다.《사기》〈혹리열전〉의 이치증증吏治烝烝 표현이 그러한 의미로 사용되었다.
●● "치평의 근본은 도덕에 있는 것이지 혹법에 있는 것이 아니다"의 원문은 "재피부재차在彼
不在此"다.《사기집해》는 위소의 주를 인용해 '재도덕在道德, 부재엄혹不在嚴酷'으로 해석했다.

●● 高后時, 酷吏獨有侯封, 刻轢宗室, 侵辱功臣. 呂氏已敗, 遂禽夷侯封之家. 孝景時, 鼂錯以刻深頗用術輔其資, 而七國之亂, 發怒於錯, 錯卒以被戮.

질도열전

　조조 사후 질도와 영성寧成과 같은 무리가 있었다. 질도는 하동의 양楊 땅 출신이다. 낭관의 신분으로 한문제를 섬겼다. 한경제 때는 중랑장이 되어 과감히 직간했다. 조정에서는 대신들을 면전에서 훈계했다. 일찍이 한경제를 쫓아 상림원으로 간 적이 있다. 가희賈姬가 측간에 갔을 때 사나운 멧돼지가 문득 나타나 측간으로 돌진했다. 한경제가 질도에게 눈짓을 보내며 가희를 구해줄 것을 주문했으나 질도는 꼼짝도 하지 않았다. 한경제가 친히 병기를 들고 가희를 구하려 하자 질도는 엎드려 간했다.

　"미희 한 명을 잃으면 또 다른 미희 한 명을 입궁시키면 됩니다. 천하에 어찌 가희와 같은 사람이 또 없겠습니까? 지금 폐하가 자신을 아끼지 않으면 종묘와 태후는 장차 어찌 되는 것입니까?"

　한경제가 몸을 돌려 돌아오자 멧돼지도 달아났다. 태후가 이 소문을 듣고 질도에게 황금 100근을 내렸다. 이후 한경제가 질도를 중하게 여겼다.

　제남의 간씨瞯氏는 300여 호가 몰려 사는 호족이었다. 법을 무시하고 멋대로 행동했지만 태수를 포함한 2,000석의 관원 가운데 이들을 다스릴 수 있는 자가 아무도 없었다. 한경제가 질도를 제남의 태수로 임명한 이유다. 질도는 부임하자마자 간씨 가운데 가장 포악한 자의 일족을 주살했다. 나머지 간씨들은 모두 크게 놀라 두 다리를 벌벌 떠는 모습[股栗]을 보였다. 1년 남짓 지나자 제남군에서는 길에 떨어진 물건을 주워가는 자가 없게 되었다. 인근 10여 개 군의 태수 모두 질도를 마치 대부大府° 관원을 대하듯 경외하는 모습을 보였다. 질도는 용감하고 기개가 있었다. 하는 일이 공정하고 청렴했다. 사사로운 서신을 받으면 뜯어보지도 않았고, 남이 보내온 선물은 일절 받지 않고, 남의 청탁을 들어준 적도 없다. 그는 늘 스스로 이같이 당부했다.

"이미 어버이를 등지고 출사出仕했다. 이 몸은 응당 관직의 직무를 다하고 절개를 지키다 죽을 뿐이다. 처자를 돌볼 겨를이 없다."

질도는 중위로 승진했다. 당시의 승상 조후 주아부는 고귀한 신분을 내세워 거만했다. 질도는 그를 만나면 가볍게 읍만 했다. 백성들은 죄를 받을까 두려워 늘 스스로 조심했다. 질도는 엄혹한 법을 우선시해 법을 집행할 때 황실의 친인척 등 귀척을 가리지 않았다. 열후과 황족 모두 질도를 곁눈질하며 고지식하고 가혹하다는 취지로 창응蒼鷹(푸른 매)이라 칭했다.

한경제 때 태자로 있다가 임강왕이 된 유영이 궁궐을 늘리다가 조부인 한문제의 사당 담장을 침범한 일로 인해 중위부로 불려와 심문

● 대부에 대한 해석이 분분하다.《자치통감資治通鑑》에 대한 호삼성胡三省의 주는 태상과 태복 등 구경의 관부를 지칭한 것으로 풀이했다.《한서》〈식화지食貨志〉에 대한 안사고의 주는《주례》를 인용해 태부·옥부玉府·내부內府·외부外府·천부泉府·천부天府·직내職內·직금職金·직폐職幣 등 재화를 다루는 관서로 풀이했다.《사기》〈화식열전貨殖列傳〉에 나오는 경중구부輕重九府와 같다. 이에 대해《사기집해》는 위소의 주를 인용해 공부公府로 해석했다. 명·청대 당시 총독 및 순무를 통칭하는 말로 사용된 점에 비추어 상급관청으로 해석하는 것이 그럴듯하다.

을 받게 되었다. 이때 임강왕은 아전이 사용하는 도필刀筆을 빌려 부황인 한경제에게 사죄하는 내용의 서신을 쓰려고 했다. 질도가 부하에게 명해 도필을 빌려주지 못하게 했다. 위기후 두영이 사람을 보내 몰래 도필을 임강왕에게 주게 했다. 임강왕 유영은 부황인 한경제에게 사죄의 서신을 쓴 뒤 곧바로 자진했다. 두태후가 이 소식을 듣고는 크게 화를 내며 질도를 중법重法으로 다스릴 것을 청했다. 질도가 이내 면직되어 귀향했다. 얼마 후 한경제가 사자에게 명해 부절을 가지고 가 질도를 안문 태수로 임명하게 했다. 조정에 들러 하직인사를 할 것도 없이 직접 임지로 떠나게 한 것이다. 아울러 임지에서는 조정의 명을 기다릴 것 없이 구체적인 상황에 근거해 편의대로 일을 처리하게 했다. 흉노들은 평소 질도의 기개를 들어 알고 있었다. 그가 변경을 지키러 오자 군사를 이끌고 안문에서 철수했다. 이후 질도가 죽을 때까지 감히 안문에 접근하지 못했다. 이들은 질도를 본뜬 인형을 만들어놓고 말을 달리며 쏘게 했으나 아무도 이를 맞추지 못할 정도로 질도를 두려워했다. 흉노에게 질도는 커다란 우환이었다. 그럼에도 두태후는 끝내 한나라의 법망에 옭아 넣은 뒤 이내 처벌하고자 했다. 한경제가 반발했다.

"질도는 충신입니다."

그러면서 그를 용서하려 하자 두태후가 말했다.

"그렇다면 임강왕만 충신이 아니었다는 말씀입니까?"

마침내 질도의 목을 베고 말았다.

●● 其後有郅都·寧成之屬. 郅都者, 楊人也. 以郎事孝文帝. 孝景時, 都爲中郎將, 敢直諫, 面折大臣於朝. 嘗從入上林, 賈姬如廁, 野彘卒入廁. 上目都, 都不行. 上欲自持兵救賈姬, 都伏上前曰, "亡一姬復一姬進, 天下所少寧賈姬等乎? 陛下縱自輕, 柰宗廟太后何!"上還, 姬亦去. 太后聞之, 賜郅金百斤, 由此重郅都. 濟南瞷氏宗人三百餘家, 豪猾, 二千石莫能制, 於是景帝乃拜都爲濟南太守. 至則族滅瞷氏首惡, 餘皆股栗. 居歲餘, 郡中不拾遺. 旁十餘郡守畏都如大府. 都爲人勇, 有氣力, 公廉, 不發私書, 問遺無所受, 請寄無所聽. 常自稱曰, "已倍親而仕, 身固當奉職死節官下, 終不顧妻子矣." 郅都遷爲中尉. 丞相條侯至貴倨也, 而都揖丞相. 是時民樸, 畏罪自重, 而都獨先嚴酷, 致行法不避貴戚, 列侯宗室見都側目而視, 號曰, "蒼鷹." 臨江王徵詣中尉府對簿, 臨江王欲得刀筆爲書謝上, 而都禁吏不予. 魏其侯使人以閒與臨江王. 臨江王旣爲書謝上, 因自殺. 竇太后聞之, 怒, 以危法中都, 都免歸家. 孝景帝乃使使持節拜都爲鴈門太守, 而便道之官, 得以便宜從事. 匈奴素聞郅都節, 居邊, 爲引兵去, 竟郅都死不近鴈門. 匈奴至爲偶人象郅都, 令騎馳射莫能中, 見憚如此. 匈奴患之. 竇太后乃竟中都以漢法. 景帝曰, "都忠臣." 欲釋之. 竇太后曰, "臨江王獨非忠臣邪?" 於是遂斬郅都.

영성열전

영성은 남양의 양현穰縣 출신이다. 낭관과 알자의 신분으로 한경제를 섬겼다. 기개가 넘쳐 남의 밑에 있으면 반드시 상관을 능멸했고, 상관으로 있을 때는 젖은 장작을 묶듯이• 부하를 다루었다. 그는 교

• "젖은 장작을 묶듯이"의 원문은 "여속습신如束溼薪"이다. 《사기집해》는 위소의 주를 인용해 급한 나머지 젖은 장작을 말릴 사이도 없이 묶는 것으로 풀이했다. 습溼은 습濕과 같다.

활하고, 남을 해치기도 하고, 멋대로 위세를 부렸다. 점차 승진해 제남군 도위가 되었다. 마침 질도가 그곳의 태수로 있었다. 앞서 임명된 몇몇 도위는 모두 질도를 만날 때 마치 현령이 태수를 만날 때처럼 관아로 걸어 들어가 아전을 통해 고한 뒤 비로소 배견했다. 그만큼 태수 질도를 두려워했다. 그러나 영성은 부임한 직후 이내 질도를 무시한 채 더 높은 위치에 섰다. 질도는 평소 영성의 명성을 익히 들은 까닭에 그를 우호적으로 대하며 좋은 관계를 맺었다.

오랜 시간이 지나 질도가 죽자 장안의 좌우 측근과 종실 내에서 법을 범하고 악행을 하는 자가 많아졌다. 한경제가 영성을 불러 중위의 자리에 앉혔다. 다스리는 방식은 질도를 많이 본받았으나 청렴한 점에서는 질도만 못했다. 그러나 종실과 호걸 모두 영성을 두려워하며 불안해했다.

한무제 즉위 후 내사로 전임되었다. 한무제의 많은 외척이 그의 결점을 헐뜯자 기존의 비행으로 인해 머리를 깎고 목에 사슬을 채우는 곤겸髡鉗을 받게 되었다. 당시 구경의 신분으로 사죄를 지으면 곧바로 자진하는 까닭에 형벌을 받는 경우가 드물었다. 그는 내심 극형에 처해져 다시는 임용되지 못할 것으로 여기고 이내 형구를 벗어던진 뒤 전傳(관문을 지날 때 사용하는 목판 통행증)을 위조해 함곡관을 빠져나와 귀가했다. 그러고는 이같이 호언했다.

"벼슬해서 2,000석의 자리에 오르지 못하고, 장사를 해서 1,000만 금의 부를 쌓지 못하면 어찌 사람이라고 할 수 있겠는가!"

그는 돈을 빌려 1,000여 경頃의 논을 사들인 뒤 빈민들에게 세를 내고 경작토록 했다. 수천 호의 소작농을 둔 것이다. 몇 년 뒤 그의 죄가 사면되었다. 당시 그는 이미 수천 금의 재산을 모았다. 사람들 사이에 의협義俠으로 통했다. 관원의 장단점을 잡고 있었던 덕분이다. 외출할 때 수십 기가 따랐다. 백성을 부릴 때 그 위세가 군 태수보다 더했다.

●● 寧成者, 穰人也. 以郞謁者事景帝. 好氣, 爲人小吏, 必陵其長吏, 爲人上, 操下如束溼薪. 滑賊任威. 稍遷至濟南都尉, 而郅都爲守. 始前數都尉皆步入府, 因吏謁守如縣令, 其畏郅都如此. 及成往, 直陵都出其上. 都素聞其聲, 於是善遇, 與結驩. 久之, 郅都死, 後長安左右宗室多暴犯法, 於是上召寧成爲中尉. 其治效郅都, 其廉弗如, 然宗室豪桀皆人人惴恐. 武帝卽位, 徙爲內史. 外戚多毀成之短, 抵罪髡鉗. 是時九卿罪死卽死, 少被刑, 而成極刑, 自以爲不復收, 於是解脫, 詐刻傳出關歸家. 稱曰, "仕不至二千石, 賈不至千萬, 安可比人乎!" 乃貰貸買陂田千餘頃, 假貧民, 役使數千家. 數年, 會赦. 致産數千金, 爲任俠, 持吏長短, 出從數十騎. 其使民威重於郡守.

주양유열전

주양유周陽由의 부친은 한고조 유방의 후궁인 조미인趙美人의 친동생 조겸이다. 조겸은 회남여왕 유장의 외숙인 까닭에 주양후에 봉해졌다. 주양周陽의 성씨를 가지게 된 배경이다. 주양유는 외척의 특전으로 낭관이 되어 한문제와 한경제를 섬겼다. 한경제 때 군의 태수가 되었다. 한무제가 즉위할 당시 관원들은 법에 따라 신중하게 다스리는 것을 숭상했다. 주양유는 2,000석의 태수 가운데 가장 포학하고 잔혹함[暴酷]을 자랑했고 오만방자했다. 좋아하는 자는 법을 어겨서라도 살려주고, 증오하는 자는 법을 왜곡해서라도 죽였다. 그는 부임하는 군마다 호족들을 주멸했다. 태수가 되면 도위를 현령처럼 낮추어보고, 도위가 되면 반드시 태수를 능멸하며 태수의 위세를 차지했다. 그는 급암만큼 성질이 모질고 사나웠다. 법을 혹독하게 적용하기로 유명한 사마안조차 같은 2,000석이지만 함께 수레를 타면 감히 부들을 깐 자리에 나란히 앉지 않고, 수레 앞의 횡목에도 함께 기대지 않았다. 주양유가 이후 하동의 도위로 갔을 때 그곳 태수 승도공勝屠公과 권력 다툼을 벌였다. 서로 상대방의 죄행을 고발하기에 이르렀다. 승도공은 유죄판결을 받게 되자 명분상 형벌을 받을 수 없다며 자진했다. 주양유는 기시형에 처해졌다.

영성과 주양유가 등장한 이후 사안이 날로 복잡해졌고, 백성들 또한 교묘한 수단으로 법망을 피했다. 관원들의 다스림도 대부분 영성과 주양유를 닮아갔다.

●● 周陽由者, 其父趙兼以淮南王舅父侯周陽, 故因姓周陽氏. 由以宗家任爲郎, 事孝文及景帝. 景帝時, 由爲郡守. 武帝卽位, 吏治尚循謹甚, 然由居二千石中, 最爲暴酷驕恣. 所愛者, 撓法活之, 所憎者, 曲法誅滅之. 所居郡, 必夷其豪. 爲守, 視都尉如令. 爲都尉, 必陵太守, 奪之治. 與汲黯俱爲忮, 司馬安之文惡, 俱在二千石列, 同車未嘗敢均茵伏. 由後爲河東都尉, 時與其守勝屠公爭權, 相告言罪. 勝屠公當抵罪, 義不受刑, 自殺, 而由棄市. 自寧成·周陽由之後, 事益多, 民巧法, 大抵吏之治類多成·由等矣.

조우열전

　조우는 우부풍의 태현縣 출신이다. 태수 밑의 지방관인 좌사佐史로 있다가 도성의 중앙관인 중도관으로 전임되었다. 청렴한 행보 덕분에 문서를 관장하는 영사令史가 되어 태위 주아부를 섬기게 되었다. 주아부가 승상이 되자 승상의 속관인 사史가 되었다. 승상부 관원 모두 그의 청렴함과 공평한 행보를 칭송했다. 그러나 주아부는 그를 신임하지 않고 이같이 말했다.

　"조우가 청렴하고 공평하다는 사실을 잘 알고 있다. 그러나 그는 법을 지나치게 엄격히 집행한다. 상급 관부에서 일할 사람이 못 된다."

　한무제가 즉위한 후 조우는 아전인 도필리로서 점차 공을 쌓은 덕분에 어사가 되었다. 한무제는 그를 유능하다고 여겨 태중대부로 삼았다. 이후 그는 장탕과 함께 여러 법령을 논의하고, 남의 범죄 사실을 고발하지 않을 때 적용하는 견지법見知法을 만들었다. 이후 관원들은 반드시 서로를 감시해야 했다. 법집행이 더욱 각박해진 것은 대략 이때부터 시작되었다.

　●● 趙禹者, 斄人. 以佐史補中都官, 用廉爲令史, 事太尉亞夫. 亞夫爲丞相, 禹爲丞相史, 府中皆稱其廉平. 然亞夫弗任, 曰, "極知禹無害, 然文深, 不可以居大府." 今上時, 禹以刀筆吏積勞, 稍遷爲御史. 上以爲能, 至太中大夫. 與張湯論定諸律令, 作見知, 吏傳得相監司. 用法益刻, 蓋自此始.

장탕열전

　장탕은 두현杜縣 출신이다. 그의 부친은 장안령 밑의 승으로 있었다. 하루는 부친이 외출해 어린 장탕이 홀로 집을 지키게 되었다. 부친이 집에 돌아와 쥐가 고기를 물어간 것을 알고는 크게 화를 내며 장탕을 매질했다. 장탕이 이내 쥐구멍을 파 고기를 훔친 쥐와 먹다 남은 고기를 찾아낸 뒤 쥐에게 영장을 발부하고 고문을 가했다. 이어 진술서를 만든 뒤 신문하며 보고하는 절차를 거쳐 도둑질을 한 쥐를 구속하고, 남은 고기를 압수했다. 마지막으로 심판절차를 밟아 판결문을 갖춘 뒤 대청 아래서 쥐를 책형磔刑에 처했다. 부친이 이 광경을 지켜본 뒤 아들이 작성한 판결문을 읽어보니 마치 노련한 법관이 작성한 것과 같았다. 크게 놀란 부친이 곧 자식에게 판결문 작성법을 배우게 했다. 부친 사후 장탕은 장안성의 소리가 되어 오래도록 근무했다.

　한무제의 생모인 왕王 태후의 동모이부 동생 주양후 전승은 막 벼슬길에 들어섰을 때 어떤 일로 장안의 감옥에 갇히게 되었다. 이때 장탕이 있는 힘을 다해 그를 도왔다. 전승이 출옥해 제후에 봉해지자 장탕과 굳게 교분을 나누면서 장탕을 여러 귀인에게 두루 소개했다. 장탕은 내사로 있을 때 영성을 섬겼다. 영성은 장탕이 일을 공정히 처리하는 것을 보고 상급관서에 천거했다. 장탕이 이내 한무제의 수릉인 무릉의 위尉에 임명되어 방중方中● 공사를 지휘하게 되었다.

● 방중은 곧 수릉을 말한다. 《사기집해》는 《한서음의》를 인용해 수릉 위에서 흙을 방형方形으로 다지는 작업으로 풀이했다. 또 소림의 주를 인용해 수릉을 피하기 위해 방중으로 표현했다고 해석했다.

주양후 전승의 형인 무안후 전분이 승상이 되자 장탕을 불러 사史로 삼았다. 기회를 보아 장탕을 한무제에게 천거했다. 한무제가 그를 어사로 임명한 뒤 궁중 사건을 조사해 처리하게 했다.

장탕은 진황후가 후궁으로 들어온 부인 위자부를 저주한 사건을 맡게 되었다. 이 사건의 관련자를 철저히 규명했다. 이 일을 계기로 한무제는 장탕의 능력을 알게 되었다. 이후 점차 승진시켜 태중대부에 임명한 이유다. 장탕은 조우와 함께 여러 법령을 논의하고 제정했다. 법조문을 세밀하고 엄격히 만들어 자리만 차지하고 있는 용관冗官을 솎아내는 것이 목적이었다.

얼마 후 조우가 중위가 되었다가 소부로 전임할 때 장탕은 옥사를 전담하는 정위가 되었다. 두 사람은 늘 가까이 지냈다. 장탕이 조우를 형으로 섬겼다. 조우는 사람이 청렴하기는 했으나 오만했다. 관원이 된 후에는 집에 식객을 두지 않았다. 삼공구경 등이 서로 방문하며 초대해도 끝내 답방答訪하는 일이 없었다. 친구와 빈객의 청탁을 끊고, 홀로 자신의 생각대로 맡은 일을 소신껏 추진키 위한 조치였다. 법조문을 그대로 적용했고, 재차 조사하는 법이 없었다. 덕분에 관원들의 숨은 비행을 낱낱이 캐낼 수 있었다. 장탕은 마치 병법을 구사하듯 궤사詭詐에 능했다. 지혜를 발휘해 여러 사람을 능란하게 부린 것이 그렇다. 그는 당초 아전으로 있을 때 시세의 부침을 좇아• 장안의 부상인 전갑 및 어옹숙魚翁叔 등과 교분을 쌓았다. 구경의 자리에 오른 뒤 전국의 명사와 대부를 접대하면서 자기 쪽으로 끌어

• "시세의 부침을 좇아"의 원문은 "건몰乾没"이다. 《사기집해》는 서광의 주를 인용해 세력의 부침을 좇는 것으로 해석했다. 《사기색은》은 여순의 주를 인용해 이익을 얻는 것을 건乾, 손해를 보는 것을 몰没이라고 했다. 《사기정의》는 겉으로 사모하는 모습을 드러내는 것을 건, 내심 꺼리는 것을 몰이라고 해석했다. 《사기집해》의 풀이가 그럴듯하다.

들이기 위해 설령 마음에 들지 않아도 겉으로는 따르는 척했다.

당시 한무제는 유학에 큰 관심을 기울이고 있었다. 장탕은 이를 눈치채고 중대사건을 판결할 때면 유학 경전의 고의古義에 부합하고자 했다. 박사제자원 가운데《서경》과《춘추》에 정통한 자들을 청해 정위의 사史로 발탁한 뒤 법령의 의심스러운 부분을 해결하게 했다. 의심이 있는 안건을 올릴 때는 반드시 한무제를 위해 미리 사안의 원인을 분명히 밝혀놓고, 한무제가 옳다고 결제하면 그 뜻을 받들어 판결의 원안으로 삼았다. 이어 이를 다시 정위의 판례로 명기해 한무제의 현명함을 널리 선양했다. 올린 안건이 기각될 때는 잘못을 시인해 사죄하고 한무제의 의중을 좇았다. 이때는 반드시 보좌관인 정위정과 정위감을 비롯해 속관인 연과 사史 가운데 현명한 자를 끌어대며 이같이 말했다.

"저들이 신을 위해 제시한 원안은 폐하가 신을 꾸짖은 내용과 꼭 같습니다. 신이 이를 받아들이지 않아 실로 이런 잘못을 저지르게 되었습니다."

장탕의 잘못이 늘 용서를 받은 이유다. 안건을 올려 한무제의 칭송을 받을 때는 이같이 겸양했다.

"신은 이런 주문奏文을 쓸 줄 모릅니다. 이는 정위정·정위감·정위사·주언연 누구누구가 작성한 것입니다."

휘하 관원을 천거할 때 장점을 내세우고 단점을 숨기는 것이 이와 같았다. 기소된 안건을 한무제가 엄히 처벌하고자 하는 모습이면 법조문을 엄혹하게 다루는 정위감이나 정위사에게 넘기고, 관대히 용서하고자 하는 분위기면 죄를 가볍게 다스리거나 공평히 처리하는 자에게 맡겼다. 심판을 받는 자가 막강한 호족이면 반드시 법조문을 교묘히 적용해 엄벌에 처했고, 나약한 백성일 경우는 한무제에게 구두로 이같이 청했다.

"비록 법조문에 따르면 응당 유죄입니다만 폐하가 현명히 헤아려 살펴주십시오."•

장탕의 이런 건의로 사면된 자가 제법 많았다.

●● 張湯者, 杜人也. 其父爲長安丞, 出, 湯爲兒守舍. 還而鼠盜肉, 其父怒, 笞湯, 湯掘窟得盜鼠及餘肉, 劾鼠掠治, 傳爰書, 訊鞫論報, 并取鼠與肉, 具獄磔堂下. 其父見之, 視其文辭如老獄吏, 大驚, 遂使書獄. 父死後, 湯爲長安吏, 久之. 周陽侯始爲諸卿時, 嘗繫長安, 湯傾身爲之. 及出爲侯, 大與湯交, 徧見湯貴人. 湯給事內史, 爲寧成掾, 以湯爲無害, 言大夫, 調爲茂陵尉, 治方中. 武安侯爲丞相, 徵湯爲史, 時薦言之天子, 補御史, 使案事. 治陳皇后蠱獄, 深竟黨與. 於是上以爲能, 稍遷至太中大夫. 與趙禹共定諸律令, 務在深文, 拘守職之吏. 已而趙禹遷爲中尉, 徙爲少府, 而張湯爲廷尉, 兩人交驩, 而兄事禹. 禹爲人廉倨. 爲吏以來, 舍毋食客. 公卿相造請禹, 禹終不報謝, 務在絶知友賓客之請, 孤立行一意而已. 見文法輒取, 亦不覆案, 求官屬陰罪. 湯爲人多詐, 舞智以御人. 始爲小吏, 乾沒, 與長安富賈田甲 · 魚翁叔之屬交私. 及列九卿, 收接天下名士大夫, 己心內雖不合, 然陽浮慕之. 是時上方鄕文學, 湯決大獄, 欲傅古義, 乃請博士弟子治尙書 · 春秋補廷尉史, 亭疑法. 奏讞疑事, 必豫先爲上分別其原, 上所是, 受而著讞決法廷尉, 絜令揚主之明. 奏事卽譴, 湯應謝, 鄕上意所便, 必引正 · 監 · 掾史

• 원문은 "수문치법雖文致法, 상재찰上財察"이다. 치법致法은 법에 걸린다는 뜻으로 범법과 같다. 재찰財察은 통찰의 뜻이다. 고대에는 재財가 재결裁決할 재裁의 뜻으로 통용되었다.《후한서》〈내흡전來歙傳〉에도 "원폐하재찰顯陛下財察" 표현이 나온다.

賢者, 曰, "固爲臣議, 如上責臣, 臣弗用, 愚抵於此." 罪常釋. 聞開卽奏事, 上善之, 曰, "臣非知爲此奏, 乃正·監·掾史某爲之." 其欲薦吏, 揚人之善蔽人之過如此. 所治卽上意所欲罪, 予監史深禍者, 卽上意所欲釋, 與監史輕平者. 所治卽豪, 必舞文巧詆, 卽下戶羸弱, 時口言, 雖文致法, 上財察. 於是往往釋湯所言.

장탕은 고관을 지냈지만 품행을 바르게 하기 위해 노력했다. 빈객과 교제하며 음식을 나누어 먹고, 옛 친구의 자제로 관원이 된 자나 빈궁한 일족을 따뜻이 돌보았다. 여러 공경에게 문안을 올리면서 추위와 더위를 가리지 않았다. 장탕이 비록 법을 가혹하게 집행하고, 시기심이 강해 일을 공평히 처리하지 못한 점은 있음에도 오히려 좋은 명성을 얻게 된 배경이다. 그의 손발이 되어 법을 엄히 적용한 관원 대부분이 유학에 정통한 선비들이었다. 승상 공손홍도 이를 자주 칭송했다.

장탕은 회남왕 유안, 형산왕 유사, 강도왕 유건 등의 모반 사건을 다룰 때 그 배경을 철저히 규명했다. 한무제가 엄조와 오피를 사면하고자 할 때 단호히 반대했다.

"오피는 모반을 획책한 장본인이고, 엄조는 총애와 신임을 받고 궁중을 자유로이 드나들던 폐하의 조아爪牙와 같은 신하입니다. 그런데 그는 제후들과 내통했습니다. 이런 자들을 죽이지 않으면 이후 어떠한 죄인도 처벌할 수 없을 것입니다."

한무제가 이들에 관한 판결에 동의한 이유다. 장탕은 큰 옥사를 처리하면서 대신들을 물리치고, 스스로 판단해 공을 세운 적이 많다. 더 큰 총애와 신임을 받아 어사대부로 승진한 이유다.

마침 흉노 혼야왕의 투항을 계기로 군사를 대거 동원해 흉노를 치는 바람에 재정이 크게 부족해졌다. 나아가 산동에 홍수와 가뭄이 겹쳐 빈궁한 백성들이 이리저리 유랑하며 관아의 식량지급에 의지한 까닭에 국고가 이내 텅 비게 되었다. 장탕이 한무제의 뜻을 받들어 백금白金과 오수전을 주조할 것을 건의했다. 또 전국의 소금과 철에 대한 국가 전매專賣를 관철시켜 부상의 폭리를 배제했다. 이어 숨긴 재산을 고발하는 고민령告緡令*을 선포해 호족과 대지주의 세금 포탈을 막았다. 나아가 법조문을 교묘히 적용해 호족을 죄에 옭아매 법의 미비한 점을 보충했다.

장탕이 매번 입조해 보고하거나 재정을 논할 때면 시간이 오래 걸렸다. 한무제는 해가 저물어도 식사마저 잊은 채 그의 말을 경청했다. 승상은 그저 자리만 채우고 있었을 뿐 국가대사는 모두 장탕에 의해 결정되었다. 당시 백성들은 안정된 삶을 누리지 못해 소란을 벌였고, 황제가 새롭게 펴낸 일련의 정책 역시 소기의 성과를 거두지 못했다. 이 틈을 노려 간리들이 백성들의 등을 치고 재산을 빼앗는 침어侵漁가 횡행했다. 장탕은 엄한 형벌로 이 간리들을 철저히 다스리고자 했다. 그러나 그 효과가 크지 않았다. 공경 이하 서민에 이르기까지 모두 장탕을 지탄한 이유다. 그럼에도 그는 병이 났을 때 한무제의 문병을 받을 정도로 두터운 신임을 받았다. 흉노가 와 화친을 청할 때 대신들이 황제 앞에서 의논했다. 박사 적산狄山이 말했다.

---

* 고민령은 탈세를 위해 숨긴 재산을 고발하게 한 법령을 말한다. 신고된 재산은 고발한 자와 정부가 절반씩 차지했다. 민緡은 1,000전에 해당하는 1관貫당 20전의 세금을 부과하는 세법을 말한다.

"화친이 편합니다."

한무제가 이유를 묻자 적산이 이같이 대답했다.

"무기는 흉기입니다. 쉽게 꺼내 자주 쓸 일이 아닙니다. 한고조는 흉노를 토벌하려다 오히려 평성에서 곤욕을 치르고 나서야 화친을 맺었습니다. 한혜제와 여태후 때는 천하가 안락했습니다. 그러나 한문제 때 다시 흉노를 치려고 하자 북변 일대가 소란해지면서 병사들이 크게 고통을 겪었습니다. 한경제 때는 오초칠국의 난으로 인해 황태후가 머무는 동궁과 황제가 머무는 서궁 사이를 오가며 몇 달 동안 마음을 졸여야 했습니다. 효경제孝景帝는 오초칠국의 난이 평정된 뒤 다시는 전쟁을 언급하지 않았습니다. 덕분에 천하는 부유하고 충실해졌습니다. 지금 폐하가 군사를 대거 동원해 흉노를 치면서 국고는 텅 비고, 변경의 백성은 크게 피폐해져 가난에 허덕이고 있습니다. 이로써 보건대 화친하느니만 못합니다."

한무제가 다시 장탕에게 물었다. 장탕이 겸양했다.

"저처럼 어리석은 유생이 무엇을 알겠습니까?"

적산이 끼어들었다.

"신은 충성을 다하고 있습니다만 어사대부 장탕은 짐짓 충성하는 모습만 보이고 있습니다. 회남왕과 강도왕 등의 모반사건에 대한 처리를 통해 알 수 있듯이 장탕은 냉혹한 판결문으로 제후들을 통렬히 탄핵했습니다. 황제의 골육을 이간해 소원하게 만들고, 번신인 제후들을 불안하게 만들었습니다. 신은 장탕이 거짓으로 충신한 것을 알고 있습니다."

한무제가 문득 안색이 변했다.

"내가 그대를 일개 군의 태수로 보내면 능히 적의 침공을 막을 수 있겠는가?"

적산이 대답했다.

"할 수 없습니다."

한문제가 다시 물었다.

"일개 현의 현령으로 보내면 적의 침공을 막을 수 있겠는가?"

적산이 대답했다.

"할 수 없습니다."

한무제가 또 물었다.

"요새의 성채를 맡기면 적의 침공을 막을 수 있겠는가?"

적산은 답변이 궁해지면 장차 형리에게 넘길 것이라 짐작하고 머리를 끄덕였다.

"할 수 있습니다."

한무제가 적산을 변경의 요새로 보냈다. 부임한 지 한 달여 뒤 흉노가 그의 목을 베어갔다. 이후 군신들이 장탕을 더욱 두려워하게 되었다. 장탕의 빈객 전갑은 비록 장사꾼이지만 현명하고 지조가 있었다. 당초 장탕이 소리로 있을 때 서로 돈거래까지 했다. 장탕이 대리大吏가 되자 전갑은 장탕의 품행에 과실이 있으면 열사의 풍격으로 이를 질책했다.

장탕은 어사대부가 된 지 7년 만에 실각했다. 하동 출신 이문李文이라는 자는 전부터 장탕과 사이가 나빴다. 어사대부 밑의 어사중승御史中丞이 되자 장탕에 대한 원한을 품고 더욱 미워했다. 누차 상주하는 문서 가운데 장탕에게 해가 될 만한 사안을 찾기 위해 애썼으나 아무것도 찾아내지 못했다. 당시 장탕에게는 아끼는 속관인 어사장사御史長史 노알거魯謁居가 있었다. 노알거는 장탕이 이문에게 불만이 있는 것을 알고 사람을 시켜 급히 이문이 간사한 짓을 벌인 일[變事]을 상주했다. 이 사안이 장탕에게 맡겨지자 장탕이 판결을 내려 이문을 사형에 처했다. 노알거가 내심 이를 행한 것을 알고 있었다. 한무제가 장탕에게 물었다.

"이문의 변사 고발은 어디서 나온 것이오?"

장탕이 놀라는 척하며 대답했다.

"아마도 이문의 옛 친구 가운데 그에게 원한을 품은 자의 소행인 듯합니다."

이후 노알거가 병에 걸려 시골집에서 요양했다. 장탕이 친히 문병을 가 노알거의 다리를 주물러주었다. 당시 조나라는 야금과 제철을 봉국의 주요 사업으로 삼고 있었다. 조왕 유팽조는 조정이 설치한 철관鐵官의 일로 인해 소송을 제출하는 경우가 잦았다. 그때마다 장탕이 번번이 유팽조의 제소를 물리쳤다. 유팽조는 장탕의 숨은 부정을 찾아내기 위해 애썼다. 노알거 역시 일찍이 유팽조를 탄핵한 적이 있었던 까닭에 유팽조는 마침내 두 사람을 이같이 고발했다.

"장탕은 대신의 신분인데도 속관인 노알거가 병에 걸리자 문병을 가 다리를 주물러주었습니다. 두 사람이 큰 음모를 꾸미고 있다는 의심이 듭니다."

이 안건이 정위에게 넘어갔다. 노알거가 병사했지만 노알거의 아우가 연루되었다. 그의 아우가 이내 궁중의 임시 감옥으로 사용되는 쌀과 술을 공급하는 도관導官에 갇혔다. 장탕은 도관에 수감된 죄수들을 취조하다가 노알거의 동생을 발견했으나 몰래 구해줄 생각으로 모르는 척했다. 노알거의 아우는 이런 사실도 모른 채 장탕을 원망하며 사람을 시켜 글을 올렸다.

장탕은 노알거와 공모해 이문의 변사를 고발했습니다.

이 안건은 감선에게 맡겨졌다. 감선도 일찍이 장탕에게 원한이 있었다. 그는 이 사안을 맡은 뒤 진상을 철저히 규명했다. 그가 아직 상주하지 않았을 때 마침 어떤 자가 한문제의 능원인 효문원의 부장품 동전을 도굴한 사건이 발생했다. 승상 장청적이 장탕과 함께 입조해 한무제에게 사죄하기로 약속했다. 장탕은 내심 승상이 사계절에 걸쳐 능원을 순시한 만큼 승상이 사죄해야 하고, 이는 자신과 무관하다고 생각해 사죄하지 않았다. 승상이 사죄하자 한무제가 장탕에게 이를 맡겼다. 장탕은 견지법을 적용하려 하자 승상 장청적이 불안해 했다.

●● 湯至於大吏, 內行脩也. 通賓客飮食. 於故人子弟爲吏及貧昆弟, 調護之尤厚. 其造請諸公, 不避寒暑. 是以湯雖文深意忌不專平, 然得此聲譽. 而刻深吏多爲爪牙用者, 依於文學之士. 丞相弘數稱其美. 及治淮南·衡山·江都反獄, 皆窮根本. 嚴助及伍被, 上欲釋之. 湯爭曰, "伍被本畫反謀, 而助親幸出入禁闥爪牙臣, 乃交私諸侯如此, 弗誅, 後不可治." 於是上可論之. 其治獄所排大臣自爲功, 多此類. 於是湯益尊任, 遷爲御史大夫. 會渾邪等降, 漢大興兵伐匈奴, 山東水旱, 貧民流徒, 皆仰給縣官, 縣官空虛. 於是丞上指, 請造白金及五銖錢, 籠天下鹽鐵, 排富商大賈, 出告緡令, 鉏豪彊幷兼之家, 舞文巧詆以輔法. 湯每朝奏事, 語國家用, 日晏, 天子忘食. 丞相取充位, 天下事皆決於湯. 百姓不安其生, 騷動, 縣官所興, 未獲其利, 姦吏並侵漁, 於是痛繩以罪. 則自公卿以下, 至於庶人, 咸指湯. 湯嘗病, 天子至自視病, 其隆貴如此. 匈奴來請和親, 羣臣議上前. 博士狄山曰, "和親便." 上問其便, 山曰,

"兵者凶器, 未易數動. 高帝欲伐匈奴, 大困平城, 乃遂結和親. 孝惠‧高後時, 天下安樂. 及孝文帝欲事匈奴, 北邊蕭然苦兵矣. 孝景時, 吳楚七國反, 景帝往來兩宮閒, 寒心者數月. 吳楚已破, 竟景帝不言兵, 天下富實. 今自陛下擧兵擊匈奴, 中國以空虛, 邊民大困貧. 由此觀之, 不如和親." 上問湯, 湯曰, "此愚儒, 無知." 狄山曰, "臣固愚忠, 若御史大夫湯乃詐忠. 若湯之治淮南‧江都, 以深文痛詆諸侯, 別疏骨肉, 使蕃臣不自安. 臣固知湯之爲詐忠." 於是上作色曰, "吾使生居一郡, 能無使虜入盜乎?" 曰, "不能." 曰, "居一縣?" 對曰, "不能." 復曰, "居一障閒?" 山自度辯窮且下吏, 曰, "能." 於是上遣山乘鄣. 至月餘, 匈奴斬山頭而去. 自是以後, 羣臣震慴. 湯之客田甲, 雖賈人, 有賢操. 始湯爲小吏時, 與錢通, 及湯爲大吏, 甲所以責湯行義過失, 亦有烈士風. 湯爲御史大夫七歲, 敗. 河東人李文嘗與湯有卻, 已而爲御史中丞, 恚, 數從中文書事有可以傷湯者, 不能爲地. 湯有所愛史魯謁居, 知湯不平, 使人上蜚變告文姦事, 事下湯, 湯治論殺文, 而湯心知謁居爲之. 上問曰, "言變事縱跡安起?" 湯詳驚曰, "此殆文故人怨之." 謁居病臥閭里主人, 湯自往視疾, 爲謁居摩足. 趙國以治鑄爲業, 王數訟鐵官事, 湯常排趙王. 趙王求湯陰事. 謁居嘗案趙王, 趙王怨之, 并上書告, "湯, 大臣也, 史謁居有病, 湯至爲摩足, 疑與爲大姦." 事下廷尉. 謁居病死, 事連其弟, 弟繫導官. 湯亦治他囚導官, 見謁居弟, 欲陰爲之, 而詳不省. 謁居弟弗知, 怨湯, 使人上書告湯與謁居謀, 共變告李文. 事下減宣. 宣嘗與湯有卻, 及得此事, 窮竟其事, 未奏也. 會人有盜發孝文園瘞錢, 丞相青翟朝, 與湯約俱謝, 至前, 湯念獨丞相以四時行園, 當謝, 湯無與也, 不謝. 丞相謝, 上使御史案其事. 湯欲致其文丞相見知, 丞相患之.

당시 승상 장청적 밑에는 세 명의 장사가 있었다. 모두 장탕을 미워해 죄를 덮어씌우고자 했다. 장사 주매신은 회계 출신으로《춘추》에 능통했다. 장조가 사람을 시켜 주매신을 천거했다. 주매신은《초사楚辭》에도 능통해 장조와 함께 한무제의 총애를 받았다. 궁중에서 시중으로 있다가 태중대부가 되어 정사에 참여하게 되었다. 당시 장탕은 소리로 있던 까닭에 주매신 등에게 무릎을 꿇고 엎드린 채 지시를 받았다. 이후 장탕이 정위가 되어 회남왕 사건을 처리하면서 장조를 실각시켰다. 주매신이 장탕에게 깊은 원한을 품은 이유다. 장탕이 어사대부가 되었을 때 주매신은 회계군 태수에서 주작도위로 승진해 구경의 반열에 올랐다. 몇 년 뒤 주매신은 법에 걸려 면직되었다가 겨우 승상부 장사로 재직할 때 어사대부 장탕을 다시 만나게 되었다. 이때 장탕은 평상 위에 앉아 마치 속관인 승과 사를 다루듯 주매신을 대하며 전혀 예우하지 않았다. 주매신은 쉽게 화를 내는[熱血] 초나라 출신인 까닭에 더욱 깊은 원한을 품었다. 늘 죽을 각오로 복수를 다짐하게 된 배경이다. 또 다른 승상부 장사 왕조王朝는 제나라 출신으로 법술에 능통해 우내사가 되었다. 또 다른 장사 변통邊通은 종횡술인 장단술長短術을 연마한 거칠고도 강인한 인물이었다. 그는 두 번이나 제남의 재상을 지냈다.

　　모두 이전 지위는 장탕보다 훨씬 높았다. 그러나 이내 벼슬을 잃고 승상부 장사가 되어 장탕에게 굽실거려야 했다. 장탕은 자주 승상의 직무를 대행하면서 이 세 명의 승상부 장사가 원래는 자신보다 높은 자리에 있었다는 사실을 잘 알면서도 늘 이들을 능멸하고 억압했다. 이 세 명의 승상부 장사가 함께 상의한 뒤 이같이 상주했다.

　　"당초 장탕은 승상과 함께 황제에게 사죄하기로 약속하고, 승상을 배반했습니다. 지금 종묘의 일로 승상을 탄핵하려 하니 이는 승상을 밀어내고 그 자리를 대신 차지하려는 속셈입니다. 우리는 장탕의 숨은 부정을 알고 있습니다."

곧 관원을 시켜 장탕의 증인으로 지명된 상인 전신田信 등을 잡아들여 심문하자 전신이 자백했다.

"장탕이 어떤 사안을 주청하고자 하면 제가 먼저 그 내용을 알아 물자를 매점해 큰 이익을 얻었습니다. 그 이익은 장탕과 함께 나누었습니다."

전신은 장탕의 다른 부정도 언급했다. 소문이 널리 퍼지면서 한무제의 귀에도 들어갔다. 한무제가 장탕에게 물었다.

"짐이 시행하려는 정책을 상인들이 늘 먼저 알고 해당 물자를 매점해버렸소. 아무래도 누군가 짐의 계책을 미리 알려준 듯하오."

장탕이 사죄하지 않고 놀라는 척하며 말했다.

"확실히 그런 것 같습니다."

당시 장탕의 비리 사건을 떠맡은 감선이 이미 노알거 등의 일을 상주한 상태였다. 한무제는 장탕을 다시 생각했다. 음흉한 속셈을 감춘 채 겉으로는 선량한 척 꾸미는[懷詐面欺] 인물로 간주했다. 곧 여덟 명의 사자를 보내 죄상을 조목조목 들어 장탕을 문책하게 했다. 장탕이 강력하게 부인했다. 한무제가 조우를 시켜 문책하게 했다. 조우가 와서 장탕을 꾸짖었다.

"그대는 어찌해서 자신의 분수를 모르는 것이오? 그대의 판결로 일족이 전멸된 자가 몇 명이나 되는지 알고 있소? 지금 사람들이 모두 그대의 죄상에 관해 확실한 증거가 있다고 말하고 있소, 폐하는 그대를 옥에 가두는 것을 어려워하며 그대 스스로 결단하기를 바라고 있소. 어찌해서 확실한 증거 앞에서 극구 반박하려는 것이오?"

장탕이 상서했다.

신 장탕은 척촌의 공도 없이 도필리에서 몸을 일으킨 뒤 요행히 폐하의 은총을 입어 삼공의 자리까지 오르게 되었습니다만 소임을 다하지 못하게 되었습니다. 그러나 신을 무함해 죄를 뒤집어씌운 자들이 있습니다. 바로 세 명의 승상부 장사입니다.

그러고는 곧 자진했다. 장탕이 죽은 뒤 보니 가산은 500근의 황금을 넘지 않았다. 그것도 모두 녹봉과 하사금이었다. 다른 재산은 없었다. 그의 형제와 자식 들이 후장厚葬하려 하자 모친이 반대했다.

"장탕은 천자의 대신으로서 추악한 평판을 듣고 죽었다. 어찌 후장할 수 있는가!"

결국 소달구지에 시신을 실어 옮겼다. 내관만 있고, 외곽外椁은 없었다. 한무제가 이 소문을 듣고 말했다.

"그와 같은 모친이 아니었으면 그와 같은 자식을 낳을 수 없었을 것이다!"

이내 사건의 전모가 밝혀져 세 명의 승상부 장사가 모두 주살되었다. 승상 장청적도 자진했다. 전신은 석방되었다. 한무제는 장탕을 애석히 여겨 이내 그의 아들 장안세를 등용했다. 조우는 중도에 파직되었으나 얼마 후 정위가 되었다. 당초 조후 주아부는 조우를 엄혹한 인물로 여겨 신임하지 않았다. 조우는 소부가 되어 구경의 반열에 올랐으나 과연 냉혹하고 급했다. 그가 만년에 이르러서는 사건이 많아짐에 따라 관원들이 모두 더욱 준엄해졌으나 오히려 조우의 법집행은 부드럽고 공평하다는 평가를 받았다. 그의 뒤를 이은 왕온서 등은 법을 조우보다 더욱 엄하게 처리했다. 조우는 만년에 연나라 재상으로 갔으나 수년 뒤 정신이 혼미해 죄를 범하고 이내 면직되어 귀향했다. 장탕이 죽은 지 10년 뒤 숨을 거두었다. 장탕과 달리 천수를 다하고 집에서 죽었다.

●● 三長史皆害湯, 欲陷之. 始長史朱買臣, 會稽人也. 讀春秋. 莊助使人言買臣, 買臣以楚辭與助俱幸, 侍中, 爲太中大夫, 用事, 而湯乃爲小史, 跪伏使, 買臣等前. 已而湯爲廷尉, 治淮南獄, 排擠莊助, 買臣固心望. 及湯爲御史大夫, 買臣以會稽守爲主爵都尉, 列於九卿. 數年, 坐法廢, 守長史, 見湯, 湯坐牀上, 丞史遇買臣弗爲禮. 買臣楚士, 深怨, 常欲死之. 王朝, 齊人也. 以術至右內史. 邊通, 學長短, 剛暴彊人也, 官再至濟南相. 故皆居湯右, 已而失官, 守長史, 詘體於湯. 湯數行丞相事, 知此三長史素貴, 常淩折之. 以故三長史合謀曰, “始湯約與君謝, 已而賣君, 今欲劾君以宗廟事, 此欲代君耳. 吾知湯陰事.” 使吏捕案湯左田信等, 曰湯且欲奏請, 信輒先知之, 居物致富, 與湯分之, 及他姦事. 事辭頗聞. 上問湯曰, “吾所爲, 賈人輒先知之, 益居其物, 是類有以吾謀告之者.” 湯不謝. 湯又詳驚曰, “固宜有.” 減宣亦奏謁居等事. 天子果以湯懷詐面欺, 使使八輩簿責湯. 湯具自道無此, 不服. 於是上使趙禹責湯. 禹至, 讓湯曰, “君何不知分也. 君所治夷滅者幾何人矣? 今人言君皆有狀, 天子重致君獄, 欲令君自爲計, 何多以對簿爲?” 湯乃爲書謝曰, “湯無尺寸功, 起刀筆吏, 陛下幸致爲三公, 無以塞責. 然謀陷湯罪者, 三長史也.” 遂自殺. 湯死, 家産直不過五百金, 皆所得奉賜, 無他業. 昆弟諸子欲厚葬湯, 湯母曰, “湯爲天子大臣, 被汙惡言而死, 何厚葬乎!” 載以牛車, 有棺無槨. 天子聞之, 曰, “非此母不能生此子!” 乃盡

案誅三長史. 丞相靑翟自殺. 出田信. 上惜湯, 稍遷其子安世. 趙禹中
廢, 已而爲廷尉. 始條侯以爲禹賊深, 弗任. 及禹爲少府, 比九卿. 禹酷
急, 至晚節, 事益多, 吏務爲嚴峻, 而禹治加緩, 而名爲平. 王溫舒等後
起, 治酷於禹. 禹以老, 徙爲燕相. 數歲, 亂悖有罪, 免歸. 後湯十餘年,
以壽卒于家.

의종열전

의종義縱은 하동 출신이다. 어린 시절에는 대장군 위청의 휘하장수
로 있던 장차공과 함께 강도짓을 하며 군도로 활약한 적이 있다. 의
종에게 의후義姁라는 누이가 있었다. 의술이 뛰어나 태후 왕씨의 총
애를 입었다. 왕씨 의후에게 물었다.

"아들이나 형제 가운데 관원이 되려는 자가 있는가?"

의후가 대답했다.

"동생이 하나 있습니다. 품행이 좋지 못해 관원이 될 만한 인물이
아닙니다."

태후 왕씨가 한경제에게 말해 의후의 동생 의종을 중랑에 임명한
뒤 상당군上黨郡의 속현인 한 현의 현령을 보좌하게 했다. 의종은 일
을 과감하게 처리했다. 좀처럼 온정을 베풀지 않은 까닭에 일을 미
루는 법이 없었다. 치적이 상당군 내에서 으뜸으로 꼽힌 이유다. 덕
분에 장릉과 장안의 현령으로 전임되었다. 법을 곧이곧대로 적용한
까닭에 귀척도 예외일 수 없었다. 태후 왕씨의 외손인 수성군의 아
들 중仲까지도 체포해 심문했다. 한경제가 의종을 유능하다고 여겨

하내군의 도위로 승진시켰다. 그는 부임하자마자 하내군의 호족인 양씨_{穰氏} 일족을 주살했다. 하내의 백성들이 모두 크게 두려워하며 길에 떨어진 물건도 줍지 않았다.

한편 당시 의종과 함께 강도짓을 하던 장차공도 낭관이 되었다. 용감하고 사나워 종군한 뒤 적진 깊숙이 쳐들어가는 공을 세워 안두후에 봉해졌다. 당시 영성은 집에서 한거하고 있었다. 한경제가 그를 군 태수로 삼으려 하자 어사대부 공손홍이 반대했다.

"제가 산동에서 소리로 있을 때 영성은 제남의 도위를 지냈습니다. 그가 다스리는 것은 마치 이리가 양 떼를 치는 것과 같았습니다. 그에게 백성을 다스리게 해서는 안 됩니다."

한무제가 영성을 함곡관을 관할하는 관도위_{關都尉}에 임명했다. 1년 남짓 지나 관동의 관원으로서 함곡관을 오가며 군국과 연락을 떠맡은 자들이 모여 이같이 수군거렸다.

"차라리 새끼에게 젖을 물린 호랑이를 만날지언정 영성의 노여움은 사지 마라."

의종은 하내에서 남양의 태수로 전출되었다. 이때 영성이 남양의 집에서 한가로이 지내고 있다는 소문을 들었다. 의종이 관문에 이르자 영성이 겸양해 옆으로 비켜서서 맞이했으나 의종은 오만하게 답례도 하지 않았다. 의종이 남양에 도착한 뒤 영씨 일족을 철저히 조사했다. 영성도 결국 죄에 걸려들었다. 남양의 또 다른 호족인 공씨_{孔氏}와 포씨_{暴氏} 등은 벌써 달아났다. 남양군의 관민 모두 다리를 겹치고 서 있을 정도로 공포에 떨며 꼼짝도 하지 못했다. 평씨현_{平氏縣}의 주강_{朱強}과 두연현_{杜衍縣}의 두주는 의종의 조아와 같은 역할을 하다가 능력을 인정받아 정위의 속관으로 전임되었다. 당시 흉노를 정벌하러 가는 군대가 자주 정양군을 지났다. 그곳 관민이 크게 혼란스럽고 피폐해진 이유다. 이런 때 의종이 정양군의 태수로 임명되었다. 의종은 부임하자마자 정양군의 감옥에 갇힌 중죄인과 죄가 가벼워 형구를 차지 않은 200여 명, 몰래 감옥에 들어와 죄수를 면회한 빈객과 형제 200여 명을 모두 일거에 잡아들였다. 심문한 뒤 이같이 논고했다.

"모두 죽을죄를 지은 죄인을 감옥에서 빼내려 했다[解脫]."

그러고는 이날 400여 명을 몰살했다. 이후 정양군 백성은 춥지도 않은데 부들부들 떨고, 교활한 백성[猾民]은 오히려 관원에게 빌붙어 관원의 다스림[吏政]을 도왔다.

당시 조우와 장탕은 법을 엄혹하게 적용해 구경의 반열에 올랐다. 그러나 이들의 다스림은 너그러운 데가 있고, 법령에 근거해 일을 집행했다. 그러나 의종의 다스림은 매가 날개를 펴고 새를 덮치듯이 잔혹했다. 이후 화폐가 부족해지는 전황錢荒을 막기 위해 오수전과 백금을 유통시키자 일부 백성은 이를 멋대로 위조했다. 도성인 장안에서 가장 심했다. 한무제가 의종을 우내사, 왕온서를 중위로 임명해 이를 막게 했다. 왕온서는 극히 흉악했다. 그는 자신이 하려는 일을 먼저 의종에게 알리지 않았다. 그러나 의종은 반드시 기세로 그를 내리누르며 그의 공적을 조각내버렸다. 이들의 혹독한 다스림에 많은 사람이 죽어나갔다. 이들의 다스림은 일시적인 치안을 도모하는 데 급급한 것이었다. 간악한 무리가 더욱 활개를 친 이유다. 조정에서 파견하는 감찰관인 직지直指 제도가 처음으로 만들어졌다. 당시의 이치는 그저 죽이고 가두는 것을 능사로 삼았다. 염봉閻奉은 흉포한 행보로 등용된 대표적인 경우다. 의종은 청렴했고, 이치의 방식은 질도를 본받았다.

이때 한무제가 정호궁鼎湖宮으로 행차했다가 오랫동안 병석에 누워 있게 되었다. 문득 회복되어 감천궁으로 행차했다. 길이 정비되어 있지 않았다. 한무제가 대로했다.

"의종은 내가 다시는 이 길을 가지 못할 것으로 생각한 것인가?"

이로 인해 한무제가 내심 의종을 괘씸하게 생각했다. 이해 겨울, 고민령을 주관하는 양가楊可가 민전緡錢을 제대로 관리하지 않는다는 고발이 있었다. 의종은 백성을 혼란에 빠뜨리는 행위라고 간주했다. 곧 관원을 시켜 양가를 위해 일한 자들을 체포하게 했다. 그러나 한무제는 이 소식을 듣고 오히려 두식杜式을 시켜 의종을 다스리게 했다. 양가에게 고민령을 주관하게 한 한무제의 조명을 폐하고 이미 이루어진 정사政事를 저해했다는 죄목으로 양가는 참수된 뒤 시신이 거리에 내걸렸다. 1년 뒤 장탕도 죽었다.

●● 義縱者, 河東人也. 爲少年時, 嘗與張次公俱攻剽爲羣盜. 縱有姊姁, 以醫幸王太后. 王太后問, "有子兄弟爲官者乎?" 姊曰, "有弟無行, 不可." 太后乃告上, 拜義姁弟縱爲中郎, 補上黨郡中令. 治敢行, 少蘊藉, 縣無逋事, 擧爲第一. 遷爲長陵及長安令, 直法行治, 不避貴戚. 以捕案太后外孫脩成君子仲, 上以爲能, 遷爲河內都尉. 至則族滅其豪穰氏之屬, 河內道不拾遺. 而張次公亦爲郎, 以勇悍從軍, 敢深入, 有功, 爲岸頭侯. 寧成家居, 上欲以爲郡守. 御史大夫弘曰, "臣居山東爲小吏時, 寧成爲濟南都尉, 其治如狼牧羊. 成不可使治民." 上乃拜成爲關都尉. 歲餘, 關東吏隸郡國出入關者, 號曰, "寧見乳虎, 無値寧成之怒." 義縱自河內遷爲南陽太守, 聞寧成家居南陽, 及縱至關, 寧成側行送迎, 然縱氣盛, 弗爲禮. 至郡, 遂案寧氏, 盡破碎其家. 成坐有罪, 及孔·

暴之屬皆奔亡, 南陽吏民重足一跡. 而平氏朱彊·杜衍·杜周爲縱牙爪
之吏, 任用, 遷爲廷史. 軍數出定襄, 定襄吏民亂敗, 於是徙縱爲定襄太
守. 縱至, 掩定襄獄中重罪輕繫二百餘人, 及賓客昆弟私入相視亦二百
餘人. 縱一捕鞫, 曰, "爲死罪解脫." 是日皆報殺四百餘人. 其後郡中不
寒而栗, 猾民佐吏爲治. 是時趙禹·張湯以深刻爲九卿矣, 然其治尙寬,
輔法而行, 而縱以鷹擊毛摯爲治. 後會五銖錢白金起, 民爲姦, 京師尤
甚, 乃以縱爲右內史, 王溫舒爲中尉. 溫舒至惡, 其所爲不先言縱, 縱必
以氣淩之, 敗壞其功. 其治, 所誅殺甚多, 然取爲小治, 姦益不勝, 直指
始出矣. 吏之治以斬殺縛束爲務, 閻奉以惡用矣. 縱廉, 其治放郅都. 上
幸鼎湖, 病久, 已而卒起幸甘泉, 道多不治. 上怒曰, "縱以我爲不復行
此道乎?" 嗛之. 至冬, 楊可方受告緡, 縱以爲此亂民, 部吏捕其爲可使
者. 天子聞, 使杜式治, 以爲廢格沮事, 棄縱市. 後一歲, 張湯亦死.

왕온서열전 1

왕온서는 좌풍익의 양릉 출신이다. 젊은 시절에 사람을 암매장하
고 남의 무덤을 도굴하는 등의 악행을 저질렀다.● 현縣의 정장에 임
명되었지만 번번이 파면되었다. 이후 다시 소리가 되어 옥사를 다루
다가 정위사가 되었다. 이어 장탕을 섬긴 덕에 어사로 승진했다. 도
적을 체포하는 임무를 수행했다. 이때 많은 죄인을 살상했다. 이후

● "사람을 죽여 암매장하고 남의 무덤을 도굴하는 등의 악행을 저질렀다"의 원문은 "추매위
간椎埋爲姦"이다. 《사기집해》는 사람을 죽여 암매장하거나 남의 무덤을 도굴하는 것으로 풀
이한 서광의 주를 인용해놓았다. 두 가지 악행을 모두 저지른 것으로 풀이했다.

거듭 승진해 광평군廣平郡 도위가 되었다. 군내에서 호쾌하고 과감하며 능력 있는 관원 10여 명을 선발해 심복으로 삼았다. 이들이 은밀히 저지른 중죄를 파악한 뒤 도적을 잡는 일에 열중하게 했다.

그는 자신이 체포하고자 하는 도적을 잡아 마음을 흡족하게 해줄 경우 그자가 비록 100가지 죄를 지었을지라도 처벌하지 않았다. 그러나 도적을 피할 경우에는 과거에 저지른 일을 들추어내 본인은 물론 일족까지 몰살시켰다. 제나라와 제나라의 도적들이 감히 광평군에 접근하지 못했다. 광평군에서는 길에 떨어져 있는 물건도 줍지 않는다는 소문이 났다. 한무제가 이 이야기를 듣고는 하내군 태수로 승진시켰다.

왕온서는 광평군 도위로 있을 때 하내군의 유력한 호족 가운데 간악한 집안을 잘 파악하고 있었다. 마침내 부임할 날이 되자 태수로 임명된 그해 9월, 하내군에 도착했다. 먼저 휘하 관원에게 명해 개인 소유의 말 쉰 필을 차출하게 한 뒤 하내에서 장안에 이르는 각 역에 배치했다. 부하 관원에게도 광평군에 있을 때처럼 하남군의 교활한 호족을 대거 체포했다. 이 호족들과 관련된 집안이 1,000여 호나 되었다. 이어 이같이 상서했다.

아주 교활한 자는 일족을 멸하고, 약간 교활한 자는 당사자만 사형에 처하고, 그들의 재산을 몰수하고, 부당하게 축적한 것은 변상토록 조치하겠습니다.

상서한 지 불과 2, 3일 만에 한무제의 재가를 얻었다. 판결을 받고 처형된 자의 피가 10여 리를 흘러내렸다고 한다. 하내의 백성은 왕온서의 상주문이 그토록 빨리 재가를 받은 것을 보고 괴이하게 여겼다.

●● 王溫舒者, 陽陵人也. 少時椎埋爲姦. 已而試補縣亭長, 數廢. 爲吏, 以治獄至廷史. 事張湯, 遷爲御史. 督盜賊, 殺傷甚多, 稍遷至廣平都尉. 擇郡中豪敢任吏十餘人, 以爲爪牙, 皆把其陰重罪, 而縱使督盜賊, 快其意所欲得. 此人雖有百罪, 弗法, 卽有避, 因其事夷之, 亦滅宗. 以其故齊趙之郊盜賊不敢近廣平, 廣平聲爲道不拾遺. 上聞, 遷爲河內太守. 素居廣平時, 皆知河內豪姦之家, 及往, 九月而至. 令郡其私馬五十匹, 爲驛自河內至長安, 部吏如居廣平時方略, 捕郡中豪猾, 郡中豪猾相連坐千餘家. 上書請, 大者至族, 小者乃死, 家盡沒入償臧. 奏行不過二三日, 得可事. 論報, 至流血十餘里. 河內皆怪其奏, 以爲神速.

그해 12월이 지날 무렵 군에서 왕온서를 원망하는 소리가 사라졌다. 감히 밤에 외출하는 자도 없고, 들에도 개를 짖어대게 만드는 도둑[犬吠之盜]도 사라졌다. 나름대로 체포에 애쓰다가 잡지 못한 도적은 이웃 군국까지 찾아가서라도 잡아왔다. 입춘이 되자 왕온서는 발을 구르며 이같이 탄식했다.

"아, 겨울을 한 달만 늦출 수 있다면 족히 사안을 만족스럽게 처리할 수 있었을 터인데!"●

살상을 통해 즐겨 위세를 부리고, 백성을 아끼지 않는 것이 이와 같았다. 한무제는 이 소식을 듣고 오히려 그를 유능한 인물이라고 여겨 다시 중위로 승진시켰다. 그의 이정은 하내군에 있을 때처럼

● 입추 이후부터 입춘 전까지는 형을 집행할 수 없기에 겨울이 한 달 더 늦추어지기를 바란 것이다.

여러 교활한 관원을 불러 수하에 두고 이들과 함께 일을 도모하는 식이었다. 하내에는 양개楊皆와 마무麻戊, 관중關中에는 양공楊戇과 성신成信이 있었다. 의종이 내사로 있을 당시 왕온서조차도 그를 겁내 감히 함부로 형벌을 집행하지 못했다. 의종 사후 장탕이 실각한 뒤 왕온서가 정위, 윤제가 중위가 되었다.

●● 盡十二月, 郡中毋聲, 毋敢夜行, 野無犬吠之盜. 其頗不得, 失之旁郡國, 黎來, 會春, 溫舒頓足歎曰, "嗟乎, 令冬月益展一月, 足吾事矣!" 其好殺代行威不愛人如此. 天子聞之, 以爲能, 遷爲中尉. 其治復放河內, 徙諸名禍猾吏與從事, 河內則楊皆·麻戊, 關中楊戇·成信等. 義縱爲內史, 憚未敢恣治. 及縱死, 張湯敗後, 徙爲廷尉. 而尹齊爲中尉.

윤제열전

윤제는 동군東郡 치평茌平 출신이다. 서리書吏(문서를 다루는 아전)에서 시작해 어사(황제의 기록비서관)까지 승진해 장탕을 섬겼다. 장탕은 그의 청렴과 용맹을 자주 칭송하며 도적을 살피게 했다. 윤제는 죄인을 처형할 때 귀척을 가리지 않았다. 관내도위關內都尉로 승진한 후 영성보다 더 엄혹하다는 소문이 났다. 한무제가 그의 재능을 높이 평가해 중위로 승진시켰다. 관민의 삶은 더욱 고달파졌다. 그는 성정이 강직하고 꾸밈이 없었다. 강포하고 흉악한 관원 모두 그를 두려워한 나머지 이내 움츠러들었다. 그렇다고 선량한 관원이 효과적으로 다스려진 것도 아니다. 실패하는 일이 많았던 이유다. 결국 죄를 입어 파면당하고 말았다. 한무제가 왕온서를 다시 중위로 복직시킨 이유다.

양복은 엄혹한 자세 덕분에 주작도위에 임명되었다.

●● 尹齊者, 東郡荏平人. 以刀筆稍遷至御史. 事張湯, 張湯數稱以爲
廉武, 使督盜賊, 所斬伐不避貴戚. 遷爲關內都尉, 聲甚於寧成. 上以爲
能, 遷爲中尉, 吏民益凋敝. 尹齊木彊少文, 豪惡吏伏匿而善吏不能爲
治, 以故事多廢, 抵罪. 上復徙溫舒爲中尉, 而楊僕以嚴酷爲主爵都尉.

양복열전

양복은 의양宜陽 출신이다. 그는 재물을 기탁한 자에게 내린 천부
千夫의 신분으로 관원이 되었다. 하남 태수가 그를 유능하다고 여겨
천거했다. 이내 어사가 되어 관동 일대의 도적을 살피게 되었다. 그
의 이정은 윤제와 닮았다. 과감하고 맹렬했다. 점차 승진해 주작도위
에 제수되면서 구경의 반열에 올라섰다. 한무제도 그를 유능하다고
여겼다. 남월이 반기를 들었을 때 누선장군에 임명되어 공을 세우고
장량후에 봉해졌다. 이후 순체와 함께 조선을 치러 갔다가 순체와
함께 평가되는 상황을 맞게 되었다. 속죄금을 내고 평민이 된 후 오
랜 시간이 지나 병사했다.

●● 楊僕者, 宜陽人也. 以千夫爲吏. 河南守案擧以爲能, 遷爲御史,
使督盜賊關東. 治放尹齊, 以爲敢摯行. 稍遷至主爵都尉, 列九卿. 天
子以爲能. 南越反, 拜爲樓船將軍, 有功, 封將梁侯. 爲荀彘所縛. 居久
之, 病死.

왕온서열전 2

윤제 사후 왕온서가 다시 중위가 되었다. 그는 겉치레가 없었다. 정위로 있을 때만 해도 명민하지 못해 일을 제대로 처리하지 못했다. 그러나 도적을 잡아들이는 중위의 직책을 다시 맡게 된 후 즐거운 마음으로 도적들을 살폈다. 평소 관중의 풍속에 익숙한 까닭에 호족과 간악한 관원[惡吏]을 잘 알고 있었다. 호족과 간악한 관원은 그를 위해 활약하며 계책을 일러주었다. 왕온서가 가혹하게 사찰에 나서자 도적들과 악소년惡少年들이 오히려 헐뜯는 내용으로 투서하거나 고발하며 맞섰다.• 거리의 감독관인 이른바 백격장伯格長••을 두고 간악한 자들과 도적들을 감시하며 잡아들이도록 한 이유다.

왕온서는 아첨을 잘했다. 권력가를 잘 섬긴 반면 권세가 없는 자는 노비처럼 취급했다. 권문세가는 설령 그 죄가 매우 크다 해도 건드리지 않았고, 권세가 없는 자는 설령 귀척일지라도 반드시 욕을 보였다. 법조문을 교묘히 적용해 교활한 서민을 옭아매고, 서민 속에 숨어 있는 대간大姦을 연기를 쐬어 짐승을 몰아내듯 쫓아냈다.••• 그가 중위로 있을 때 행한 이정이 대략 이와 같았다. 간교한 자들은 끝까지 추궁을 당했다. 대개 혹형을 당해 옥사했고, 일단 판결이 나면 재

• "투서하거나 고발하며 맞섰다"의 원문은 "투항구고언간投缿購告言姦"이다. 《사기집해》는 서광의 주를 인용해 항缿을 투서함으로 해석했다. 항缿은 후缿와 같다. 구고購告는 고발을 강구한다는 의미다.
•• 백격장을 두고 《사기집해》는 서광의 주를 인용해 격格이 락落으로 된 판본이 있다며, 고대에는 촌락을 격格으로 표시하기도 했다고 주장했다. 《사기색은》은 백伯을 길거리를 뜻하는 천맥阡陌의 맥陌으로 간주하면서 백격장을 길거리에 설치한 독장督長으로 풀이했다.
••• "서민 속에 숨어 있는 대간을 연기를 쐬어 짐승을 몰아내듯 쫓아냈다"의 원문은 "이훈대호以熏大豪"다. 《사기색은》은 훈熏을 연기를 쐬어 고기를 굽는 훈자熏炙로 풀이하면서, 대호大豪를 하호下戶 속에 숨어 있는 간활지인姦猾之人, 즉 대간으로 풀이했다.

심을 받아 출옥하는 자가 없었다. 그의 조아와 같은 역할을 한 휘하 관원은 마치 호랑이가 관을 쓴 것처럼 포학했다. 중위의 관할 내에 있는 자로 교활함이 중간급 내지 그 이하인 자는 모두 종적을 감추었고, 그의 비호를 받은 권세 있는 자들은 그의 이름을 널리 알리며 그의 이정을 칭송했다. 그가 중위로 있는 수년 동안 휘하 관원들은 직권을 남용해 많은 부를 축적했다.

왕온서는 동월을 토벌하고 돌아온 뒤 시국에 관해 상주했다. 상주문 가운데 한무제의 뜻에 맞지 않는 것이 있었다. 결국 사소한 법에 저촉되어 면직되고 말았다. 당시 한무제는 감천궁에 50장丈 높이의 통천대通天臺를 축조하고자 했다. 그러나 인력을 확보할 길이 없었다. 왕온서가 중위의 관할 구역에 거주하는 자로 병역을 마치지 않거나 숨어 있는 수만 명의 인원을 찾아내 통천대 축조에 동원할 것을 주청했다. 한무제가 크게 기뻐하며 그를 소부로 임명했다. 얼마 후 다시 우내사로 옮겼다. 그의 이정 방식은 이전과 같아 사람들의 간사한 행보를 다소 억제했을 뿐이다. 그는 또 죄를 범해 면직되었다가 다시 우내사인 우보右輔에 임명되어 중위 직무를 겸임하게 되었다. 이정 역시 이전과 같았다.

1년 남짓 지나 한나라가 대원국大宛國을 치기 위해 군사를 일으켰다. 한무제가 조서를 내려 세력 있는 관원인 호리豪吏를 징발했다. 왕온서가 부하인 화성華城을 숨겨주었다. 이때 어떤 자가 문득 나타나 왕온서가 돈을 받고 기병에 징집될 병역을 면제해주었고, 부정한 방법으로 이득을 얻었다고 고발했다. 그 죄는 멸족에 해당했다. 왕온서가 자진하고 말았다. 당시 그의 두 동생과 사돈 집안도 각기 다른 죄로 인해 멸족되었다. 궁문 수위를 담당한 진나라 때 낭중령인 광록훈 서자위가 이같이 탄식했다.

"슬픈 일이다. 옛날에는 삼족을 멸하는 형벌이 있었다. 왕온서의 죄는 막중해 5족이 일거에 주멸하는 지경에 이르렀다!"

왕온서 사후 그의 재산을 보니 무려 1,000금에 달했다. 몇 년 후 윤제도 회양 도위로 있다가 병사했다. 윤제의 가산은 50금도 되지 못했다. 그러나 그가 주멸한 자가 특히 회양에 많았다. 그가 죽자 원한을 맺은 자들이 그의 시체를 불에 태우려고 했다. 윤제의 가족이 시체를 가지고 몰래 달아나 매장했다.

●● 而溫舒復爲中尉. 爲人少文, 居廷惽惽不辯, 至於中尉則心開. 督盜賊, 素習關中俗, 知豪惡吏, 豪惡吏盡復爲用, 爲方略. 吏苛察, 盜賊惡少年投缿購告言姦, 置伯格長以牧司姦盜賊. 溫舒爲人諂, 善事有執者, 卽無執者, 視之如奴. 有執家, 雖有姦如山, 弗犯, 無執者, 貴戚必侵辱. 舞文巧詆下戶之猾, 以焄大豪. 其治中尉如此. 姦猾窮治, 大抵盡靡爛獄中, 行論無出者. 其爪牙吏虎而冠. 於是中尉部中中猾以下皆伏, 有勢者爲遊聲譽, 稱治. 治數歲, 其吏多以權富. 溫舒擊東越還, 議有不中意者, 坐小法抵罪免. 是時天子方欲作通天臺而未有人, 溫舒請覆中尉脫卒, 得數萬人作. 上說, 拜爲少府. 徙爲右內史, 治如其故, 姦邪少禁. 坐法失官. 復爲右輔, 行中尉事, 如故操. 歲餘, 會宛軍發, 詔徵豪吏, 溫舒匿其吏華成, 及人有變告溫舒受員騎錢, 他姦利事, 罪至族, 自殺. 其時兩弟及兩婚家亦各自坐他罪而族. 光祿徐自爲曰, "悲夫, 夫古有三族, 而王溫舒罪至同時而五族乎!" 溫舒死, 家直累千金. 後數歲, 尹齊亦以淮陽都尉病死, 家直不滿五十金. 所誅滅淮陽甚多, 及死, 仇家欲燒其尸, 尸亡去歸葬.

왕온서 등이 포악한 수단으로 이정을 행한 이래 태수·도위·제후의 2,000석 관원 등 이정을 행하는 자들 대부분이 왕온서를 흉내 냈다. 그러나 관민은 더욱 쉽게 죄를 범하고, 도둑은 갈수록 많아졌다. 남양에는 매면梅免과 백정白政, 초나라에는 은중殷中과 두소杜少, 제나라에는 서발徐勃, 연나라와 조나라 사이에는 견로堅盧와 범생范生 등의 무리가 있었다. 큰 무리는 수천 명에 달했다. 이들은 멋대로 기의의 명분을 내걸고 성읍을 공격해 무기고의 병기를 빼앗았다. 사형수를 석방하고 태수와 도위를 결박해 욕을 보이기도 했다. 심지어 2,000석의 관원을 살해하고, 각 현에 격문을 띄워 식량을 갖추어놓도록 통고하기도 했다. 소규모 도적 떼도 수백 명을 헤아렸다. 고을을 약탈하는 행위는 셀 수조차 없을 정도로 많았다. 한무제가 어사중승과 승상장사丞相長史를 보내 이를 감찰하게 했다. 그러나 이들의 힘으로는 저지할 수 없었다.

광록대부 범곤范昆과 좌우 내사, 구경의 벼슬에 있는 장덕張德 등을 시켜 수의繡衣를 입은 채 부절과 호부를 들고 가 병사를 대거 동원한 뒤 이들을 저지하게 했다. 참수된 도적의 무리가 많게는 1만여 명에 달했다. 도적에게 정보나 음식물을 제공한 자들도 법에 의해 처단되었다. 연좌된 자들이 각 군에 있었다. 많은 경우 수천 명이나 되었다. 괴수들은 잡았지만 흩어져 달아난 졸개들은 수년 뒤에도 잡을 수 없었다. 달아난 자들은 다시 무리를 이룬 뒤 산천의 가파른 곳에 기대 관병에게 맞섰다. 이들은 늘 무리지어 활동한 까닭에 나라에서도 어쩔 도리가 없었다. 도적 소탕을 명하는 〈침명법沈命法〉을 제정해 반포한 이유다.

군도가 출현했는데도 이를 적발해내지 못하거나, 적발할지라도 전원 체포하지 못할 경우 2,000석 이하 소리에 이르기까지 모두 사형에 처한다.

〈침명법〉 제정 이후 소리들은 죽음이 두려운 나머지 설령 도적을 적발할지라도 감히 고발하지 못했다. 체포하지 못할 경우 상급 관부까지 해가 미치기 때문이다. 또한 상급 관부도 고발하지 못하게 조치했다. 도적이 더욱 늘어나고, 상하 관원이 서로 도적이 없다는 허위문서를 만들어 법의 징계를 피한 배경이다.

●● 自溫舒等以惡爲治, 而郡守·都尉·諸侯二千石欲爲治者, 其治大抵盡放溫舒, 而吏民益輕犯法, 盜賊滋起. 南陽有梅免·白政, 楚有殷中·杜少, 齊有徐勃, 燕趙之閒有堅盧·范生之屬. 大羣至數千人, 擅自號, 攻城邑, 取庫兵, 釋死罪, 縛辱郡太守·都尉, 殺二千石, 爲檄告縣趣具食, 小羣盜以百數, 掠鹵鄕里者, 不可勝數也. 於是天子始使御史中丞·丞相長史督之. 猶弗能禁也, 乃使光祿大夫范昆·諸輔都尉及故九卿張德等衣繡衣, 持節, 虎符發兵以興擊, 斬首大部或至萬餘級, 及以法誅通飮食, 坐連諸郡, 甚者數千人. 數歲, 乃頗得其渠卒. 散卒失亡, 復聚黨阻山川者, 往往而羣居, 無可奈何. 於是作沈命法. 曰, "羣盜起不發覺, 發覺而捕弗滿品者, 二千石以下至小吏主者皆死." 其後小吏畏誅, 雖有盜不敢發, 恐不能得, 坐課累府, 府亦使其不言. 故盜賊寖多, 上下相爲匿, 以文辭避法焉.

감선열전

감선은 양 땅 출신이다. 그는 좌사로 있다가 맡은 일을 완벽히 한 덕분에 하동 태수 관청에서 일하게 되었다. 대장군 위청의 사자가 하동에 말을 사러 왔다가 감선이 일을 능란하게 처리하는 것을 보고 한무제에게 천거했다. 한무제가 감선을 불러 대구승大廐丞(황제의 말과 수레를 다루는 부서의 실무 책임자)으로 임명했다. 감선은 이 또한 차질 없이 수행해 어사가 되고, 중승으로 승진했다. 황제는 그를 시켜 주보언의 죄를 다스리고, 또 회남왕의 모반사건도 처리하게 했다. 법조문을 세밀히 적용시켜 사형에 처한 사람들이 매우 많았다. 그러나 의심스러운 사건을 과감히 판결했다는 칭송도 받았다. 파면과 기용을 반복하면서 거의 20년 동안 어사와 중승으로 일했다.

왕온서가 중위에서 물러날 때 좌내사가 되었다. 그의 이정은 매우 치밀해 쌀과 소금 등의 관리를 비롯해 대소사 모두 그를 거쳐야 했다. 각 현의 물품까지 관리한 까닭에 현장과 현승을 포함한 현의 관원 모두 멋대로 일을 처리할 수 없었다. 이를 어길 경우 감선은 중법으로 옭아 넣었다. 관직에 들어선 지 수년 만에 군 안의 대소사를 거의 독자적으로 처리한 배경이다. 작은 일을 충실히 함으로써 큰일까지 해내는 것[以小致大]에 뛰어났다. 매사를 자신의 능력에 기초해 처리한 덕분이다. 이는 보통 사람으로서 하기 힘든 일이었다.

그는 중도에 면직되었다가 우부풍에 임명되었다. 그는 성신을 크게 미워했다. 성신이 달아나 황제의 어원인 상림원에 숨자 미현郿縣의 현령을 시켜 성신을 쳐 죽이게 했다. 성신을 사살하기 위해 미현의 이졸이 쏜 화살이 상림원의 문에 맞고 말았다. 형리에게 넘겨져 죄를 추궁당한 이유다. 결국 대역죄로 판결되어 일족이 몰살당하고, 그는 자진했다. 두주가 그 자리에 대신 임용되었다.

●● 減宣者, 楊人也. 以佐史無害給事河東守府. 衛將軍青使買馬河東, 見宣無害, 言上, 徵爲大廄丞. 官事辨, 稍遷至御史及中丞. 使治主父偃及治淮南反獄, 所以微文深詆, 殺者甚衆, 稱爲敢決疑. 數廢數起, 爲御史及中丞者幾二十歲. 王溫舒免中尉, 而宣爲左內史. 其治米鹽, 事大小皆關其手, 自部署縣名曹實物, 官吏令丞不得擅搖, 痛以重法繩之. 居官數年, 一切郡中爲小治辨, 然獨宣以小致大, 能因力行之, 難以爲經. 中廢. 爲右扶風, 坐怨成信, 信亡藏上林中, 宣使郿令格殺信, 吏卒格信時, 射中上林苑門, 宣下吏詆罪, 以爲大逆, 當族, 自殺. 而杜周任用.

두주열전

두주는 남양군 두연현 출신이다. 의종이 남양 태수로 있을 때 조아와 같은 역할을 하다가 정위사로 천거되어 장탕을 섬겼다. 장탕이 누차 그의 뛰어난 능력을 칭송하며 황제에게 천거했다. 이후 어사로 임명되어 이민족으로 인한 변경 일대의 손실 상황을 조사하라는 명을 받았다. 이때 두주가 잘못을 꾸짖어 사형을 당한 자가 매우 많았다. 그러나 주문은 한무제의 생각과 잘 맞아떨어졌다. 그는 감선과 똑같이 임용되어 번갈아가며 10여 년 동안 중승을 지냈다.

그의 이정은 감선과 닮았다. 그러나 그는 훨씬 신중했다. 결단이 상대적으로 느렸던 이유다. 외관상 관대해 보였으나 실은 골수까지 냉혹한 인물이었다. 감선이 좌내사가 되었을 때 정위가 되었다. 그는 장탕의 이정을 본받았다. 한무제의 의중을 잘 살핀 이유다. 한무제가 배척하려는 자가 있으면 의중을 좇아 무함해 감옥에 옭아 넣고, 석방하려는 자가 있으면 오랫동안 가두어두었다가 한무제가 하문할 때까지 기다린 다음 그의 억울함을 넌지시 내비쳤다. 한 빈객이 그를 질책했다.

"그대는 천자를 위해 공정한 판결을 하는 자리에 있으면서 삼척법三尺法(3척의 죽간에 기록한 통상적인 법)을 따르지 않고 오로지 황제의 의중을 좇아 판결하고 있소. 사법관이 원래 이런 것이오?"

두주가 대답했다.

"삼척법이 어디서 나온 것이오? 전주前主가 옳다고 여겨 제정하면 율律, 후주後主가 옳다고 여겨 조목별로 풀이하면 영令이 되는 것이오.• 당시 상황에 적합한 것이 옳은 것이오. 군이 고법만 고집할 필요가 있겠소!"

두주가 정위의 자리에 오른 뒤 한무제가 처리를 하명한 조옥 사건이 더욱 많아졌다. 2,000석의 관원으로 옥에 갇힌 자들과 앞뒤로 잡혀온 자들을 모두 합치면 100여 명에 달했다. 또 군 태수를 비롯해 승상부 등 대부大府의 관원도 검거되면 정위가 가차 없이 처벌했다. 1년에 1,000여 건에 달했다. 큰 사건은 연좌되어 증인으로 심문을 받는

• "전주가 옳다고 여겨 제정하면 율, 후주가 옳다고 여겨 조목별로 풀이하면 영令이 되는 것이오"의 원문은 "전주소시저위율前主所是著爲律, 후주소시소위령後主所是疏爲令"이다. 삼가주三家注는 이에 대해 주석을 가하지 않았으나 안사고는 《한서》에 대한 주석에서 저著를 명백히 드러내 반포한다는 뜻의 명표明表, 소疏를 조목별로 나누어 해석하는 분조分條로 풀이했다. 《태평어람》권 638은 율律을 죄명을 바르게 규정하는 정죄명正罪名, 령令을 일과 제도를 존치시키는 존사제以存事制로 풀이했다.

자가 수백 명, 작은 사건은 수십 명에 달했다. 소환된 자는 멀리는 수천 리, 가까울지라도 수백 리나 떨어진 거리에서 왔다. 옥리는 심문을 할 때 고소장대로 잘못을 꾸짖어 죄를 시인하게 하고, 불복할 경우 매질을 가해서라도 죄과를 확정했다. 체포하러 온다는 소리만 들어도 사람들이 모두 달아나 숨은 이유다.

오랫동안 갇힌 자는 사면령이 누차 내려져도 그 혜택을 받지 못하는 경우가 많았다. 일단 달아났다가 10여 년이 지나 고발된 자는 대개 윤리강상을 무너뜨린 부도죄不道罪 이상의 큰 죄로 처형되었다. 당시 정위와 장안에 있는 중앙관서인 중도관이 칙령에 의해 체포한 자들이 6만에서 7만 명에 이르렀다. 여타 관원이 다른 법령을 건 경우를 더하면 10만여 명에 달했다.

두주는 중도에서 파면되기도 했으나 나중에 집금오執金吾(황제의 근위대장)가 되어 도적을 잡는 직무를 수행했다. 그는 상홍양과 황후 위씨衛氏의 형제와 자식까지 체포해 가혹하게 다루었다. 한무제는 그가 사심 없이 열심히 일하는 것을 인정해 어사대부로 승진시켰다. 두주의 두 아들은 황하를 사이에 두고 각각 하내와 하남의 태수가 되었다. 이들의 이정은 왕온서 등보다 오히려 더 포악했다. 당초 두주가 정위사로 있을 때 가진 것은 단지 말 한 필밖에 없었다. 그것도 마구馬具를 제대로 갖추지 못했다. 그가 관원이 된 후 오랜 세월이 지나 삼공의 자리에 오르자 이후 후손 모두 높은 벼슬에 올랐고, 집안 또한 막대한 재산을 모으게 되었다.

•• 杜周者, 南陽杜衍人. 義縱爲南陽守, 以爲爪牙, 擧爲廷尉史. 事張湯, 湯數言其無害, 至御史. 使案邊失亡, 所論殺甚衆. 奏事中上意, 任用, 與減宣相編, 更爲中丞十餘歲. 其治與宣相放, 然重遲, 外寬, 內

深次骨. 宣爲左內史, 周爲廷尉, 其治大放張湯而善候伺. 上所欲擠者,
因而陷之, 上所欲釋者, 久繫待問而微見其冤狀. 客有讓周曰, "君爲天
子決平, 不循三尺法, 專以人主意指爲獄. 獄者固如是乎?" 周曰, "三尺
安出哉? 前主所是著爲律, 後主所是疏爲令, 當時爲是, 何古之法乎!"
至周爲廷尉, 詔獄亦益多矣. 二千石繫者新故相因, 不減百餘人. 郡吏
大府舉之廷尉, 一歲至千餘章. 章大者連逮證案數百, 小者數十人, 遠
者數千, 近者數百里. 會獄, 吏因責如章告劾, 不服, 以笞掠定之. 於是
聞有逮皆亡匿. 獄久者至更數赦十有餘歲而相告言, 大抵盡詆以不道
以上. 廷尉及中都官詔獄逮至六七萬人, 吏所增加十萬餘人. 周中廢,
後爲執金吾, 逐盜, 捕治桑弘羊·衛皇后昆弟子刻深, 天子以爲盡力無
私, 遷爲御史大夫. 家兩子, 夾河爲守. 其治暴酷皆甚於王溫舒等矣. 杜
周初徵爲廷史, 有一馬, 且不全, 及身久任事, 至三公列, 子孫尊官, 家
訾累數巨萬矣.

태사공은 평한다.

"질도에서 두주에 이르는 열 명의 혹리는 모두 냉혹하고 준열하게
사안을 다룬 것으로 이름을 떨쳤다. 질도는 강직한 나머지 시비를
정확히 가려내는 식으로 천하의 대체를 견지했다. 장탕은 종횡술인
음양술을 알았기에 한무제와 뜻이 잘 맞았다. 누차 정사의 득실을
변론한 덕분에 한나라는 적잖은 이익을 얻게 되었다. 조우는 늘 법
에 의거해 정의를 지켰다. 두주는 아첨을 하면서도 말수를 적게 해
진중해 보였다. 장탕 사후 법망이 치밀해져 관원들이 사안을 가혹하
게 다루었다. 그러나 관사官事는 더욱 어지러워져 쇠퇴했고, 백성들
또한 피폐를 면치 못했다. 구경은 그저 녹봉이나 받으며 자리를 지

키는 데 연연했을 뿐이다. 잘못을 저지르지 않기 위해 노심초사하기에도 부족한 상황에서 어느 겨를에 법령 밖의 일을 논할 여유가 있었겠는가! 〈혹리열전〉에 거론한 사람 가운데 청렴한 자는 족히 모범으로 삼을 만하고, 탐오貪汚한 자는 족히 경계로 삼을 만한 자들이다. 이들의 방략과 교도敎導는 간사함을 금지하는 데 초점을 맞추었다. 이들의 행위 역시 나름대로 뛰어난 바가 있어 문文과 무武에 해당하는 교화와 형벌을 겸하고 있었다. 비록 잔혹하기는 했으나 직무에 충실했다고 평할 수 있다.

촉군 태수 풍당馮當은 포악해 남을 학대했고, 광한 태수 이정李貞은 제멋대로 사람의 사지를 찢었다. 동군 태수 미복彌僕은 톱으로 사람의 목을 잘랐다. 또 천수天水 태수 낙벽駱璧은 억지로 자백을 받아냈고, 하동 태수 저광褚廣은 닥치는 대로 사람을 죽였다. 경조윤 무기無忌와 좌풍익 은주殷周는 독하기가 독사와 같고 흉포하기가 매와 같았다. 수형도위水衡都尉 염봉은 사람을 때리고 죄를 눈감아주는 조건으로 뇌물을 받았다. 이런 일을 어찌 일일이 다 거론할 수 있겠는가!"

●● 太史公曰, "自郅都·杜周十人者, 此皆以酷烈爲聲. 然郅都伉直, 引是非, 爭天下大體. 張湯以知陰陽, 人主與俱上下, 時數辯當否, 國家賴其便. 趙禹時據法守正. 杜周從諛, 以少言爲重. 自張湯死後, 網密, 多詆嚴, 官事寖以秏廢. 九卿碌碌奉其官, 救過不瞻, 何暇論繩墨之外乎! 然此十人中, 其廉者足以爲儀表, 其汚者足以爲戒, 方略教導, 禁姦止邪, 一切亦皆彬彬質有其文武焉. 雖慘酷, 斯稱其位矣. 至若蜀守馮當暴挫, 廣漢李貞擅磔人, 東郡彌僕鋸項, 天水駱璧推咸, 河東褚廣妄殺, 京兆無忌·馮翊殷周蝮鷙, 水衡閻奉樸擊賣請, 何足數哉! 何足數哉!"

대원열전

大宛列傳

〈대원열전〉은 서역에 관한 지지地誌 형식으로 꾸며져 있다. 실제로 〈대원열전〉은 중국과의 교역으로 중국통일과 한나라 경제발전에 도움을 준 대원·대월지大月氏·대하·강거 등의 서역지방에 관한 풍속과 장건의 교류과정을 상세히 기록해놓았다. 대원大宛은 전한 때 서역의 통칭으로 사용되었다. 원래 원宛은 통상 지명으로 사용될 때도 완으로 읽으나 서역을 뜻하는 경우에는 원으로 읽는다.

한무제가 대원정벌에 나선 동기를 둘러싸고 아직도 논쟁이 분분하다. 한혈마汗血馬를 손에 넣기 위해 정벌에 나섰다는 설과 총애하는 이부인李夫人의 오라비인 이광리에게 공을 세울 기회를 주기 위한 것이었다는 설이 팽팽히 맞서 있다. 두 설을 통합해 분석하는 것이 타당할 것이다.

주목할 것은 사마천이 장건을 집중 부각시키고 있는 점이다. 장건은 두 번에 걸쳐 사자로 나간 바가 있다. 덕분에 이후 동서의 문물교류가 활발히 전개되었다. 사마천도 이 점을 높이 평가한 것으로 짐작된다.

장건열전

대원의 사적은 장건을 통해 널리 알려지게 되었다. 장건은 한중 출신으로 건원 연간에 낭관이 되었다. 당시 한무제가 투항한 흉노에게 물어보면 모두 입을 모아 이같이 대답했다.

"흉노는 월지를 격파하고 왕의 두개골로 술잔을 만들었습니다. 월지는 살던 곳을 뒤로하고 쫓겨난 뒤 늘 흉노에게 원한을 품고 있었습니다. 그러나 함께 흉노를 칠 나라가 없어 한스럽게 생각하고 있습니다."

한나라는 흉노를 멸망시키려던 차에 이 이야기를 듣고는 곧바로 월지와 연락하고자 했다. 월지로 가려면 반드시 흉노의 땅을 거쳐야 했다. 능히 사자로 갈 수 있는 사람을 모집했다. 장건이 낭관의 신분으로 응모해 선발되었다. 월지에 사자로 갈 때 흉노의 일원인 당읍지堂邑氏 출신의 노비 감보甘父와 함께 농서를 빠져나와 흉노 땅으로 들어갔다. 흉노가 장건 일행을 잡아 선우에게 보냈다. 선우가 억류한 채 물었다.

"월지는 우리 북쪽에 있다. 한나라가 어찌 사자를 보낼 수 있겠는가? 내가 월나라로 사자를 보내고자 하면 한나라가 허락하겠는가?"

장건은 10여 년 동안 억류되었다. 결혼해 자식까지 낳았으나 한나라 사자로서의 절조를 잃지 않았다. 흉노에 사는 동안 점차 감시도 소홀해졌다. 장건이 기회를 틈타 무리와 함께 달아나 월지로 향했다. 서쪽으로 내달린 지 수십 일 만에 마침내 대원에 이르렀다. 대원은 일찍부터 한나라의 물산이 풍부하다는 이야기를 들었다. 늘 왕래하고자 했으나 사정이 여의치 않아 뜻을 이루지 못했다. 그러던 차에 장건을 만나게 된 것이다. 크게 기뻐하며 물었다.

"그대는 지금 어디로 가려는 것이오?"

장건이 대답했다.

"한나라를 위해 월지에 사자로 가다가 흉노가 길을 막아 억류되어 있다가 이제야 도망쳤습니다. 청컨대 대왕은 신을 월지로 인도해줄 사람을 보내주십시오. 실로 제가 월지에 이른 뒤 다시 한나라로 돌아가면 대왕에게 이루 말할 수 없이 많은 재물을 선사할 것입니다."

대원왕이 이 말을 믿고 장건에게 안내인과 통역원을 딸려 보내주었다. 마침내 강거에 도착했다. 강거가 이들을 대월지까지 보내주었다. 당시 대월지는 왕이 일찍이 흉노에게 죽임을 당한 까닭에 태자를 세워 왕으로 삼고 있었다. 이들은 이미 대하를 정복해 그 땅에 살고 있었다. 땅은 비옥하고 침공자도 거의 없어 안락하게 지냈다. 한나라를 멀리 떨어진 나라로 알고 있는 까닭에 흉노에게 복수할 마음도 없었다. 장건이 대월지를 떠나 대하로 갔으나 끝내 대월지의 대답을 얻지 못했다. 1년 남짓 머물러 있다 귀국길에 올랐다. 천산을 따라 강족의 땅을 거쳐 돌아올 생각이었다. 그러나 도중에 다시 흉노에게 붙잡혔다. 1년 남짓 잡혀 있을 때 선우가 죽었다. 좌 녹리왕이 태자를 몰아내고 스스로 왕이 되었다. 나라 안이 온통 혼란스러워졌다. 장건이 흉노인 아내와 당읍지 출신 흉노 노비 감보를 이끌고 도망친 뒤 마침내 귀국할 수 있었다. 한나라는 장건을 태중대부, 당읍지 출신 흉노 노비 감보는 봉사군奉使君으로 삼았다.

●● 大宛之跡, 見自張騫. 張騫, 漢中人. 建元中爲郎. 是時天子問匈奴降者, 皆言匈奴破月氏王, 以其頭爲飮器, 月氏遁逃而常怨仇匈奴, 無與共擊之. 漢方欲事滅胡, 聞此言, 因欲通使. 道必更匈奴中, 乃募能

使者. 騫以郎應募, 使月氏, 與堂邑氏故胡奴甘父俱出隴西. 經匈奴, 匈
奴得之, 傳詣單于. 單于留之, 曰, "月氏在吾北, 漢何以得往使? 吾欲
使越, 漢肯聽我乎?" 留騫十餘歲, 與妻, 有子, 然騫持漢節不失. 居匈
奴中, 益寬, 騫因與其屬亡鄉月氏, 西走數十日至大宛. 大宛聞漢之饒
財, 欲通不得, 見騫, 喜, 問曰, "若欲何之?" 騫曰, "爲漢使月氏, 而爲匈
奴所閉道. 今亡, 唯王使人導送我. 誠得至, 反漢, 漢之賂遺王財物不可
勝言." 大宛以爲然, 遣騫, 爲發導繹, 抵康居, 康居傳致大月氏. 大月氏
王已爲胡所殺, 立其太子爲王. 既臣大夏而居, 地肥饒, 少寇, 志安樂,
又自以遠漢, 殊無報胡之心. 騫從月氏至大夏, 竟不能得月氏要領. 留
歲餘, 還, 並南山, 欲從羌中歸, 復爲匈奴所得. 留歲餘, 單于死, 左谷蠡
王攻其太子自立, 國內亂, 騫與胡妻及堂邑父俱亡歸漢. 漢拜騫爲太中
大夫, 堂邑父爲奉使君.

장건은 의지가 굳세고 마음이 너그러웠다. 남을 신뢰해 만이까지
그를 좋아했다. 당읍지 출신 흉노 노비 감보는 원래 흉노 출신인 까
닭에 활을 잘 쏘았다. 장건이 긴급한 상황에 처할 때마다 짐승을 잡
아 끼니를 제공했다. 당초 장건이 길을 떠날 때만 해도 일행이 100여
명에 달했다. 그러나 13년 뒤에는 오로지 두 사람만 돌아왔다. 장건
이 직접 가본 곳은 대원·대월지·대하·강거 등이다. 그밖에도 인접
한 대여섯 개 대국大國에 대해서도 전해 들은 바가 있었다. 이를 한무
제에게 자세히 보고했다.

"대원은 흉노의 서남쪽, 한나라의 정서正西 쪽에 있습니다. 한나라
에서 1만 리가량 떨어져 있습니다. 이들의 풍속을 보면 한곳에 머물
러 살며 밭을 갈아 벼와 보리를 심습니다. 포도주를 생산하고, 좋은

말이 많습니다. 말은 피 같은 땀[汗血]을 흘립니다. 그 말의 조상은 하늘에서 내려온 천마天馬의 새끼라고 합니다. 이 나라에는 성곽과 집이 있습니다. 영토는 크고 작은 약 일흔 개의 성읍으로 이루어져 있고, 인구는 수십만 명입니다. 무기는 활과 창이고, 사람들은 기사에 능합니다.

대원의 북쪽은 강거, 서쪽은 대월지, 서남쪽은 대하, 동북쪽은 오손, 동쪽은 우미扜䍗와 우전于寘입니다. 우전의 서쪽은 물이 모두 서쪽으로 흘러 서해西海로 들어가고, 동쪽은 물이 동쪽으로 흘러 염택鹽澤으로 들어갑니다. 염택의 물은 지하로 흘러들고, 그 남쪽이 바로 황하가 발원하는 곳입니다. 옥석이 많고 황하는 중국으로 흘러갑니다. 누란과 고사姑師에는 성곽이 있고 염택에 인접해 있습니다. 염택은 장안에서 약 5,000리 떨어져 있습니다. 흉노의 우측은 염택의 동쪽에 해당합니다. 농서의 장성長城에 이르면 남쪽으로 강족과 접하게 됩니다. 한나라로 통하는 길이 막히는 이유입니다. 오손은 대원의 동북쪽 2,000리쯤 되는 곳에 있습니다. 이들은 정착하지 않고 유목생활을 합니다. 흉노와 풍속이 같습니다. 활을 쏘는 군사는 몇만 명입니다. 전쟁이 나면 용감히 싸웁니다. 원래 흉노에 복속되어 있었으나 강성해진 뒤 흉노에 있는 인질들을 거두고, 조현에도 가지 않고 있습니다.

강거는 대원의 서북쪽 2,000리쯤 되는 곳에 있습니다. 정착하지 않고 삽니다. 월지와 풍속이 매우 비슷합니다. 활을 쏘는 군사는 8만에서 9만 명이고, 대원과 인접해 있습니다. 나라가 작아 남쪽은 월지, 동쪽은 흉노에 복속되어 있습니다. 엄채奄蔡는 강거 서북쪽 2,000리쯤 되는 곳에 있습니다. 정착하지 않고 삽니다. 강거와 풍속이 매우 비슷합니다. 활을 쏘는 군사는 10만 명쯤 됩니다. 끝없이 넓은 못에 임하고 있습니다. 이 못이 아마 북해인 듯합니다.

대월지는 대원의 서쪽 2,000리에서 3,000리쯤 되는 곳에 있습니다. 규수媯水 북쪽에 위치하고 있습니다. 그 남쪽은 대하, 서쪽은 안식安息, 북쪽은 강거입니다. 정착하지 않고 유목생활을 하며 이리저리 옮겨 다닙니다. 흉노와 풍속이 같습니다. 활을 쏘는 군사는 10만에서 20만입니다. 이전에는 매우 강성해 흉노를 업신여겼습니다. 그러나 흉노에 묵돌 선우가 등장해 월지를 격파한 뒤 상황이 바뀌었습니다. 노상선우 때 월지의 왕을 죽이고 두개골로 술잔을 만들었습니다. 당초 월지는 돈황敦煌과 기련祁連 사이에 있었습니다. 흉노에게 패하자 멀리 달아났습니다. 대원을 지나고 더욱 서진해 대하를 쳐 이들을 신하로 삼고, 마침내는 규수 북쪽에다 도읍을 세우고 선우가 머무는 왕정으로 삼았습니다. 떠나지 않은 일부 사람은 천산과 강족의 거주지를 지키고 살면서 소월지小月氏를 칭했습니다.

안식은 대월지의 서쪽 수천 리 되는 곳에 있습니다. 이들의 풍속을 보면 한곳에 머물며 밭을 갈아 벼와 보리를 심고 포도주를 생산합니다. 성읍은 대원과 같습니다. 영토는 수백 개의 크고 작은 성읍으로 이루어져 있습니다. 사방 몇천 리나 되는 가장 큰 나라입니다. 규수에 임해 있고, 시장이 크게 번성해 있습니다. 사람들은 장사를 하기 위해 수레와 배를 이용해 가까운 나라뿐 아니라 수천 리 떨어진 곳까지 가서 장사를 합니다. 은으로 돈을 만들고, 돈에 자국 왕의 얼굴을 새겨 넣고, 왕이 죽으면 다시 돈을 바꿔 새 왕의 얼굴을 새겨 넣습니다. 글을 쓸 때는 양가죽 등의 짐승 가죽에 횡서橫書로 적습니다. 안식의 서쪽에는 조지條枝, 북쪽에는 엄채와 여헌黎軒이 있습니다.

조지는 안식의 서쪽 몇천 리 되는 곳에 위치한 까닭에 서해에 임해 있습니다. 날씨는 덥고 습기가 많습니다. 밭갈이를 하고 벼를 심습니다. 큰 새가 있는데, 알의 크기가 항아리만큼 큽니다. 인구는 매우 많고, 가는 곳마다 소군장小君長이 있습니다.

안식은 이 여러 나라를 정복해 속국으로 삼고 있습니다. 백성의 눈을 현혹하게 만드는 마술에 뛰어납니다. 안식의 장로들은 말하기를, '조지에는 부력이 아주 작아 기러기 털도 가라앉는 약수弱水와 서왕모가 있다고 전해 들었으나 아직 한 번도 가본 일이 없다'고 합니다. 대하는 대원의 서남쪽 2,000여 리 떨어진 규수 남쪽에 있습니다. 이들은 정착해 살며 성곽과 집이 있습니다. 풍속은 대원과 같습니다. 통일된 나라를 다스리는 대군장大君長은 없고, 가는 곳마다 소군장이 다스리는 작은 성읍이 있습니다. 이 나라의 군사는 약하고 싸움을 두려워합니다. 그러나 물건을 사고파는 장사에 능합니다. 대월지가 서쪽으로 옮겨간 뒤 이들을 쳐 속국으로 만들어 다스리고 있습니다. 대하의 인구는 매우 많아서 100명가량입니다. 이들의 수도는 남시성藍市城이라고 부릅니다. 큰 시장이 있어 여러 물건을 매매하고 있습니다. 그 동남쪽에 신독국이 있습니다."

장건은 계속해 이같이 말했다.

"신이 대하에 있을 때 공 땅의 대나무 지팡이와 촉 땅의 옷감을 보았습니다. '어디서 이를 얻었는가?'라고 묻자 대하 사람들이 대답하기를, '우리나라 상인이 신독身毒에 가서 사온 것입니다'라고 했습니다. 신독은 대하의 동남쪽에서 수천 리 되는 곳에 있습니다. 이곳 풍속은 한곳에 정착해 살며 대하와 거의 같고, 땅은 지세가 좋지 않아 습기가 많고 덥다고 합니다. 그곳 사람은 코끼리를 타고 싸웁니다.

또 그 나라는 큰 강에 임해 있습니다. 신이 짐작컨대 대하는 한나라에서 1만 2,000리가량 떨어져 있고, 한나라 서남쪽에 위치해 있는 듯합니다.

지금 신독은 대하의 동남쪽 수천 리쯤 위치해 있고, 촉 땅의 물건이 있는 것으로 보아 촉 땅에서 그리 멀지 않은 듯합니다. 지금 대하로 사자를 보낼 경우 강족의 영토를 지나면 길이 험한데다 강족이 싫어할 것입니다. 그렇다고 북쪽으로 약간 돌아가고자 하면 흉노에게 억류될 것입니다. 만일 촉 땅으로 가면 길도 가깝고, 도적도 없을 것입니다."

한무제는 장건의 이야기를 듣고 내심 이같이 생각했다.

'대원과 대하 및 안식 등은 모두 대국이다. 진기한 물건이 많고, 정착생활을 해 산업도 중원과 매우 비슷하다. 다만 군사는 약하고 한나라의 재물을 소중하게 여긴다고 한다. 그 북쪽에 있는 대월지와 강거 등은 군사가 강하다고 하나 물건을 보내주고 이익을 미끼로 회유하면 능히 입조시킬 수 있다. 인의를 베풀어 이들을 예속시키면 1만 리에 걸쳐 영토를 넓힐 수 있고, 아홉 번에 걸친 중역重譯으로 의사소통이 가능한 매우 다양한 풍속의 사람을 만날 수 있을 것이다. 천자의 위엄과 은덕이 세상에 두루 퍼질 수 있는 절호의 기회다.'

한무제가 매우 기뻐하며 장건의 말을 옳다고 여겼다. 곧 장건에게 명해 촉과 건위犍爲에서 밀사를 네 길로 나누어 동시에 출발하게 했다. 한 명은 방駹, 한 명은 염冄, 한 명은 사徙, 한 명은 공과 북僰에서 출발했다. 각각 1,000리에서 2,000리를 갔다. 북쪽은 저와 작 땅에 가로막히고, 남쪽은 수巂와 곤명에 의해 저지되었다. 곤명의 무리는 군장이 없고 도둑질을 일삼았다. 한나라 사자를 보면 죽이고 물건을 약탈하는 통에 끝내 대하와 통할 수 없었다. 그러나 그 서쪽으로 1,000리쯤 되는 곳에 코끼리를 타고 다니는 나라가 있다. 이름은 전월滇越이라고 한다. 몰래 장사하는 촉 땅의 상인 가운데 그곳을 가본 사람도 있다고 한다. 한나라가 대하로 통하는 길을 찾는 와중에 마침내 전월과 통하게 되었다. 당초 한나라는 서남쪽 이민족들과 통하고자 했으나 비용이 많이 들고 길도 통하지 않은 까닭에 이내 그만두었다. 이후 장건이 다시 대하로 통할 수 있다고 주장한 까닭에 다시 서남이로 통하는 길을 찾고자 했다.

●● 騫爲人彊力, 寬大信人, 蠻夷愛之. 堂邑父故胡人, 善射, 窮急射禽獸給食. 初, 騫行時百餘人, 去十三歲, 唯二人得還. 騫身所至者大宛·大月氏·大夏·康居, 而傳聞其旁大國五六, 具爲天子言之, 曰, "大宛在匈奴西南, 在漢正西, 去漢可萬里. 其俗土著, 耕田, 田稻麥. 有蒲陶酒. 多善馬, 馬汗血, 其先天馬子也. 有城郭屋室. 其屬邑大小七十餘城, 衆可數十萬. 其兵弓矛騎射. 其北則康居, 西則大月氏, 西南則大夏, 東北則烏孫, 東則扜罙·于窴. 于窴之西, 則水皆西流, 注西海, 其東水東流, 注鹽澤. 鹽澤潛行地下, 其南則河源出焉. 多玉石, 河注中國. 而樓蘭·姑師邑有城郭, 臨鹽澤. 鹽澤去長安可五千里. 匈奴右方居鹽澤以東, 至隴西長城, 南接羌, 鬲漢道焉. 烏孫在大宛東北可二千里, 行國, 隨畜, 與匈奴同俗. 控弦者數萬, 敢戰. 故服匈奴, 及盛, 取其羈屬, 不肯往朝會焉. 康居在大宛西北可二千里, 行國, 與月氏大同俗. 控弦者八九萬人. 與大宛鄰國. 國小, 南羈事月氏, 東羈事匈奴. 奄蔡在康居西北可二千里, 行國, 與康居大同俗. 控弦者十餘萬. 臨大澤, 無崖, 蓋乃北海云. 大月氏在大宛西可二三千里, 居嬀水北. 其南則大夏, 西則安息, 北則康居. 行國也, 隨畜移徙, 與匈奴同俗. 控弦者可一二十萬. 故時彊, 輕匈奴, 及冒頓立, 攻破月氏, 至匈奴老上單于, 殺月氏王, 以其頭爲飲器. 始月氏居敦煌·祁連閒, 及爲匈奴所敗, 乃遠去, 過宛, 西擊大夏而臣之, 遂都嬀水北, 爲王庭. 其餘小衆不能去者, 保南山羌, 號小月氏. 安息在大月氏西可數千里. 其俗土著, 耕田, 田稻麥, 蒲陶酒. 城邑如大宛. 其屬小大數百城, 地方數千里, 最爲大國. 臨嬀水, 有市, 民商賈用車及船, 行旁國或數千里. 以銀爲錢, 錢如其王面, 王死輒更錢, 效王面焉. 畫革旁行以爲書記. 其西則條枝, 北有奄蔡·黎軒. 條枝在安息西數千里, 臨西海. 暑溼. 耕田, 田稻. 有大鳥, 卵如甕. 人衆甚多, 往往有小君長, 而安息役屬之, 以爲外國. 國善眩. 安息長老傳聞條枝有弱水·西王母, 而未嘗見. 大夏在大宛西南二千餘里嬀水南. 其俗土著, 有城屋, 與大宛同俗. 無大王君長, 往往城邑置小長. 其兵弱, 畏戰. 善賈市. 及大月氏西徙, 攻敗之, 皆臣畜大夏. 大夏民多, 可百餘萬. 其都曰藍市城, 有市販賈諸物. 其東南有身毒國." 騫曰, "臣在大夏時, 見邛竹杖·蜀布. 問曰, '安得此?' 大夏國人曰, '吾賈人往市之身毒. 身毒在大夏東南可數千里. 其俗土著, 大與大夏同, 而卑溼暑熱云. 其人民乘象以戰. 其國臨大水焉.' 以騫度之, 大夏去漢萬二千里, 居漢西南. 今身毒國又居大夏東南數千里, 有蜀物, 此其去蜀不遠矣. 今使大夏, 從羌中, 險, 羌人惡之, 少北, 則爲匈奴所得, 從蜀宜徑, 又無寇." 天子旣聞大宛及大夏·安息之屬皆大國, 多奇物, 土著, 頗與中國同業, 而兵弱, 貴漢財物, 其北有大月氏·康居之屬, 兵彊, 可以賂遺設利朝也. 且誠得而以義屬之, 則廣地萬里, 重九譯, 致殊俗, 威德徧於四海. 天子欣然, 以騫言爲然, 乃令騫因蜀犍爲發閒使, 四道並出, 出駹, 出冄, 出徙, 出邛·僰, 皆各行一二千里. 其北方閉氐·筰, 南方閉嶲·昆明. 昆明之屬無君長, 善寇盜, 輒殺略漢使, 終莫得通. 然聞其西可千餘里有乘象國, 名曰滇越, 而蜀賈姦出物者或至焉, 於是漢以求大夏道始通滇國. 初, 漢欲通西南夷, 費多, 道不通, 罷之. 及張騫言可以通大夏, 乃復事西南夷.

　　장건은 교위가 되어 대장군 위청을 쫓아 흉노를 쳤다. 사막에서 수초가 있는 곳을 알고 있었기에 한나라 군사는 큰 곤란을 겪지 않아도 되었다. 장건을 박망후에 봉했다. 이해가 한무제 원삭 6년이다. 이듬해인 한무제 원수 원년, 장건이 위위가 되어 장군 이광과 함께 우북평으로 나가 흉노를 쳤다. 흉노가 이광을 포위했고, 한나라 사상자가 매우 많았다. 장건은 약속한 기일에 늦어 참형에 처해지게 되었다. 속죄금을 내고 평민이 되었다. 이해에 한나라는 표기장군 곽거병을 보내 흉노의 서쪽 변경에 있는 수만 명을 격파하고 기련산에 이르렀다. 이듬해에 혼야왕이 백성을 이끌고 투항했다. 금성金城과 하서 서쪽에서 남산을 따라 염택에 이르기까지 텅 비어 흉노를 찾아볼 수 없었다. 간혹 흉노의 척후병이 오기도 했으나 그것은 아주 드문 일이었다. 2년 뒤 한나라 군사가 출격해 선우를 사막 북쪽으로 패주시켰다. 이후 한무제가 누차 장건에게 대하 등에 관해 물었다. 장건은 이미 열후의 자리를 잃은 까닭에 이같이 대답했다.

　　"신이 흉노 땅에 있을 때 들은 바로는 오손의 왕 이름은 곤모昆莫입니다. 그의 부친은 흉노의 서쪽 변경에 있는 작은 나라의 왕이었습니다. 흉노가 그의 부친을 공격해 죽인 까닭에 곤모는 태어나자마자 들에 버려졌습니다. 까마귀가 고기를 물고 와 그 위를 날고, 늑대가 와 그에게 젖을 먹였습니다. 선우는 기이하게 생각해 그를 신神이라 여긴 나머지 이내 거두어 길렀습니다. 장년이 된 뒤 군사를 거느리게 하자 누차 공을 세웠습니다. 선우가 그의 부친의 백성을 다시 곤모에게 넘겨주고 오랫동안 서쪽 변경을 지키게 했습니다. 곤모는 백성을 잘 거두어 보살피면서 인근의 작은 마을을 차례로 공략했습니다. 이내 활을 쏘는 군사가 수만 명에 달하게 되었습니다. 모두 싸움에 능했습니다. 선우가 죽자 곤모는 그의 무리를 이끌고 먼 곳으로 옮겨가 독립한 뒤 흉노에게 조현을 가지 않았습니다. 흉노가 정예병을 보내 기습을 가했으나 이기지 못했습니다. 이내 그를 신인으로 생각하고 멀리했습니다. 이후 어루만지기만 할 뿐 크게 군사를 일으켜 치지는 않았다고 합니다.

지금 선우는 새로 한나라 군사에게 시달리고 있고, 혼야왕이 다스리던 땅은 텅 비어 사람이 살지 않고 있습니다. 이민족은 한나라의 재물을 탐내는 것이 습관처럼 되어 있습니다. 만일 이런 때에 후한 예물을 오손에게 보내주고, 동쪽으로 더 가까이 불러들여 혼야왕의 땅에 살게 하고, 한나라와 형제의 의를 맺게 하면 오손은 형세상 한나라의 말을 들을 것입니다. 이리되면 흉노의 오른팔을 끊는 셈이 됩니다. 오손과 연합할 수만 있다면 그 서쪽에 있는 대하 등도 모두 끌어들여 속국으로 만들 수 있습니다."

한무제가 이 말이 옳다고 여겼다. 곧 장건을 중랑장에 임명한 뒤 기병 300명을 이끌게 했다. 한 명당 말 두 필을 나누어주었다. 예물로 가지고 가는 소와 양은 수만 마리에 이르고, 금과 비단은 수천만 금의 가치가 있었다. 부절을 지닌 부사를 대거 대동하게 했다. 길이 편리하면 이들을 다른 가까운 나라에 보낼 심산이었다. 장건이 마침내 오손에 도착했다. 오손의 왕 곤모가 한나라 사자를 만날 때 선우의 예법대로 했다. 장건이 이를 몹시 치욕스럽게 생각했으나 이민족이 탐욕스럽다는 것을 아는 까닭에 이같이 말했다.

"한나라 천자가 하사한 예물입니다. 대왕이 절을 하지 않으면 예물을 되돌려주십시오."

곤모가 일어나 예물에 절을 했다. 그러나 나머지 예식은 여전히 전과 같았다. 장건이 사자로 오게 된 이유를 말했다.

"오손이 동쪽으로 옮겨와 혼야왕의 옛 땅에 살면 한나라는 옹주를 보내 부인으로 삼게 할 것입니다."

당시 오손은 나라가 나뉘어 있었고, 왕은 연로했다. 한나라에서 멀리 떨어져 있기에 한나라가 대국인 것도 몰랐다. 원래 흉노에게 오래도록 복속해 있었고, 또 이들과 가까운 곳에 있는 까닭에 대신들 모두 흉노를 두려워했다. 이주를 원치 않은 이유다. 곤모도 멋대로 결정할 수 없었다. 장건이 확답을 얻지 못한 이유다. 곤모에게 10여 명의 아들이 있었다. 대록大祿이라는 아들이 특히 힘이 세고 병사들을 잘 다루었다. 그는 1만여 명의 기병을 이끌고 다른 곳에 살고 있었다. 대록의 형이 태자로 있었다. 태자에게 잠취岑娶라는 아들이 있었다. 태자가 문득 요절하게 되자 죽기 직전 부친 곤모에게 이같이 당부했다.

"반드시 잠취를 후사로 삼아주십시오. 다른 사람을 대신 세우지 말아주십시오."

곤모가 태자를 불쌍히 여겨 이를 허락하고, 마침내 잠취를 태손太孫으로 삼았다. 대록은 자신이 태자의 뒤를 잇지 못한 것에 분개했다. 다른 형제와 합세해 무리를 이끌고 잠취와 곤모를 칠 것을 도모한 이유다. 곤모는 이미 연로한데다 대록이 잠취를 죽일까 두려워하고 있었다. 잠취에게 1만여 명의 기병을 주어 다른 곳에서 살게 한 뒤 자신도 1만여 명의 기병을 이끌고 만일의 사태에 대비했다. 결국 나라 안의 백성도 셋으로 나뉘었다. 대략 모두 곤모의 지배를 받고 있으나 곤모 홀로 멋대로 장건과 맹약을 맺을 수는 없었다. 장건이 곧 여러 부사를 대원·강거·대월지·대하·안식·신독·우전·우미 및 그 밖의 여러 인접국에 사자로 보냈다. 오손이 안내인과 통역원을 붙여 장건을 한나라로 돌려보냈다. 장건은 오손의 사자 수십 명과 답례로 보내는 말 수십 필을 함께 이끌고 왔다. 오손은 이를 기회로 한나라를 살피고, 한나라가 얼마나 큰지 알아보고자 했다. 장건이 돌아오자 한무제가 대행에 임명해 구경의 일원이 되게 했다. 약 1년 뒤 장건이 죽었다.

장건과 함께 장안에 온 오손의 사자들은 한나라에 인구가 많고 물자가 풍부한 것을 보고 귀국 후 이를 보고했다. 오손이 한나라를 더욱 존중하게 된 이유다. 이후 약 1년 뒤 장건이 당초 대하 등의 나라에 파견했던 사자들이 대거 그곳 백성들과 함께 돌아왔다. 이후 서북의 각국이 비로소 한나라와 교통하기 시작했다. 이는 장건이 개척한 길이므로 이후 서역에 사자로 나가는 자들 모두 박망후를 칭했다. 외국에서 신의를 얻고자 한 것이다. 외국 역시 이런 이유로 이들을 신임했다.

●● 騫以校尉從大將軍擊匈奴, 知水草處, 軍得以不乏, 乃封騫爲博望侯. 是歲元朔六年也. 其明年, 騫爲衛尉, 與李將軍俱出右北平擊匈奴. 匈奴圍李將軍, 軍失亡多, 而騫後期當斬, 贖爲庶人. 是歲漢遣驃騎破匈奴西城域數萬人, 至祁連山. 其明年, 渾邪王率其民降漢, 而金城·河西西並南山至鹽澤空無匈奴. 匈奴時有候者到, 而希矣. 其後二年, 漢擊走單于於幕北. 是後天子數問騫大夏之屬. 騫旣失侯, 因言曰,

"臣居匈奴中, 聞烏孫王號昆莫, 昆莫之父, 匈奴西邊小國也. 匈奴攻殺其父, 而昆莫生棄於野. 烏嗛肉蜚其上, 狼往乳之. 單于怪以爲神, 而收長之. 及壯, 使將兵, 數有功, 單于復以其父之民予昆莫, 令長守於西城域. 昆莫收養其民, 攻旁小邑, 控弦數萬, 習攻戰. 單于死, 昆莫乃率其衆遠徙, 中立, 不肯朝會匈奴. 匈奴遣奇兵擊, 不勝, 以爲神而遠之, 因羈屬之, 不大攻. 今單于新困於漢, 而故渾邪地空無人. 蠻夷俗貪漢財物, 今誠以此時而厚幣賂烏孫, 招以益東, 居故渾邪之地, 與漢結昆弟, 其勢宜聽, 聽則是斷匈奴右臂也. 旣連烏孫, 自其西大夏之屬皆可招來而爲外臣." 天子以爲然, 拜騫爲中郎將, 將三百人, 馬各二匹, 牛羊以萬數, 齎金幣帛直數千巨萬, 多持節副使, 道可使, 使遺之他旁國. 騫旣至烏孫, 烏孫王昆莫見漢使如單于禮, 騫大慙, 知蠻夷貪, 乃曰, "天子致賜, 王不拜則還賜." 昆莫起拜賜, 其他如故. 騫諭使指曰, "烏孫能東居渾邪地, 則漢遣翁主爲昆莫夫人." 烏孫國分, 王老, 而遠漢, 未知其大小, 素服屬匈奴日久矣. 且又近之, 其大臣皆畏胡, 不欲移徙, 王不能專制. 騫不得其要領. 昆莫有十餘子, 其中子曰大祿, 彊, 善將衆, 將衆別居萬餘騎. 大祿兄爲太子, 太子有子曰岑娶, 而太子蚤死. 臨死謂其父昆莫曰, "必以岑娶爲太子, 無令他人代之." 昆莫哀而許之, 卒以岑娶爲太子. 大祿怒其不得代太子也, 乃收其諸昆弟, 將其衆畔, 謀攻岑娶及昆莫. 昆莫老, 常恐大祿殺岑娶, 予岑娶萬餘騎別居, 而昆莫有萬餘騎自備, 國衆分爲三, 而其大總取羈屬昆莫, 昆莫亦以此不敢專約於騫. 騫因分遣副使使大宛·康居·大月氏·大夏·安息·身毒·于寘·扜采及諸旁國. 烏孫發導譯送騫還, 騫與烏孫遣使數十人, 馬數十匹報謝, 因令窺漢, 知其廣大. 騫還到, 拜爲大行, 列於九卿. 歲餘, 卒. 烏孫使旣見漢人衆富厚, 歸報其國, 其國乃益重漢. 其後歲餘, 騫所遣使通

大夏之屬者皆頗與其人俱來, 於是西北國始通於漢矣. 然張騫鑿空, 其
後使往者皆稱博望侯, 以爲質於外國, 外國由此信之.

오손열전

흉노는 박망후 장건 사후 한나라가 오손과 교통하고 있다는 이야
기를 듣고는 크게 노했다. 오손을 치고자 한 이유다. 한나라 사자가
오손을 비롯해 그 남쪽을 지나* 대원 및 대월지에 이르러 서로 잇달
아 왕래하자 오손이 내심 고립될까 두려워했다. 이내 사자를 보내
말을 바치고, 한나라의 옹주를 처로 맞이해 형제지국이 되고자 한
이유다. 한무제가 군신들을 불러 이를 논의하게 하자 모두 이같이
말했다.

"반드시 먼저 폐백을 받은 뒤 옹주를 시집 보내셔야 합니다."

처음에 천자가 《역경》을 펴고 점을 쳐보았다. 이런 점괘가 나왔다.

'신마神馬가 서북쪽으로부터 올 것이다.'

오손의 좋은 말을 얻은 뒤 천마天馬라고 부른 이유다. 그러나 이후
대원의 한혈마를 얻고 보니 천마보다 더욱 건장했다. 이에 명칭을
바꿔 오손의 말을 서극西極, 대원의 말을 천마로 불렀다.

당시 한나라는 영거 서쪽에 성을 쌓고 새로이 주천군을 설치한 뒤
서북쪽의 여러 나라와 교통했다. 더 많은 사자를 안식·엄채·여헌·

● "한나라 사자가 오손을 비롯해 그 남쪽을 지나"의 원문은 "한사오손漢使烏孫, 약출기남若出
其南"이다.《사기집해》는 서광의 주를 인용해 약若이 《한서》에 급及으로 되어 있다며 이를 급
의 의미로 새겨야 한다고 했다. 약이 급의 의미로 사용된 거의 유일한 경우에 속한다.

조지·신독 등에 보냈다. 한무제가 대원의 천마를 좋아한 까닭에 사자들을 잇달아 대원으로 보냈다. 사절단은 많을 때는 수백 명에 달했고, 적을 때도 100여 명이나 되었다. 가지고 가는 예물은 박망후 때와 비슷했다. 이후 왕래가 잦아지자 예물의 크기도 점차 줄어들었다. 대개 한나라에서 1년 동안 보내는 사절단의 횟수는 많을 때는 10여 회, 적을 때는 5회에서 6회쯤 되었다. 먼 곳으로 간 사자는 8년에서 9년이 걸렸고, 가까운 곳으로 간 사자도 수년이 지나서야 돌아왔다.

이때는 한나라가 이미 남월을 패망시킨 까닭에 촉과 서남이 모두 두려워 떨며 한나라에 관원을 파견해줄 것을 청하며 입조하고자 했다. 한나라가 익주·월수越嶲·장가牂柯·침려沈黎·민산汶山 등의 군郡을 설치한 데 이어 영역을 더욱 확장해 대하까지 통하고자 했다. 백시창과 여월인 등을 1년에 10여 차례나 사자로 내보냈다. 이 모두 새로이 설치한 군을 지나 대하로 향했으나 곤명에서 가로막혔다. 이곳에서 피살되고 예물을 모두 빼앗기는 바람에 끝내 대하에 이르지 못했다. 한나라가 삼보三輔 일대의 죄수를 징발해 파촉의 군사 수만 명과 합류시킨 뒤 장군 곽창과 위광에게 명해 이들을 이끌고 가 한나라 사자를 가로막은 곤명의 무리를 소탕하게 했다. 수만 명의 머리를 베거나 생포해 돌아왔다. 이후에도 사자가 다시 곤명에서 습격을 당하는 바람에 끝내 통과할 수 없었다. 반면에 북쪽의 주천을 거쳐 대하에 이르는 사자는 너무 많았다. 외국에서도 점차 한나라의 폐물에 싫증을 내며 귀하게 여기지도 않게 되었다.

●● 自博望侯騫死後, 匈奴聞漢通烏孫, 怒, 欲擊之. 及漢使烏孫, 若出其南, 抵大宛·大月氏相屬, 烏孫乃恐, 使使獻馬, 願得尙漢女翁主

爲昆弟. 天子問羣臣議計, 皆曰, "必先納聘, 然後乃遣女." 初, 天子發
書易, 云"神馬當從西北來."得烏孫馬好, 名曰, "天馬." 及得大宛汗
血馬, 益壯, 更名烏孫馬曰, "西極", 名大宛馬曰, "天馬"云. 而漢始築
令居以西, 初置酒泉郡以通西北國. 因益發使抵安息 · 奄蔡 · 黎軒 · 條
枝 · 身毒國. 而天子好宛馬, 使者相望於道. 諸使外國一輩大者數百,
少者百餘人, 人所齎操大放博望侯時. 其後益習而衰少焉. 漢率一歲
中使多者十餘, 少者五六輩, 遠者八九歲, 近者數歲而反. 是時漢既滅
越, 而蜀 · 西南夷皆震, 請吏入朝. 於是置益州 · 越嶲 · 牂柯 · 沈黎 · 汶
山郡, 欲地接以前通大夏. 乃遣使柏始昌 · 呂越人等歲十餘輩, 出此初
郡抵大夏, 皆復閉昆明, 爲所殺, 奪幣財, 終莫能通至大夏焉. 於是漢發
三輔罪人, 因巴蜀士數萬人, 遣兩將軍郭昌 · 衛廣等往擊昆明之遮漢使
者, 斬首虜數萬人而去. 其後遣使, 昆明復爲寇, 竟莫能得通. 而北道酒
泉抵大夏, 使者既多, 而外國益厭漢幣, 不貴其物.

　박망후 장건이 외국으로 가는 길을 열어 존귀하게 된 여파가 컸
다. 그를 따르던 이졸 모두 서로 다투어 이를 흉내 냈다. 글을 올려
외국의 기괴한 것과 이해관계 등을 언급하며 사자가 되기를 바란 것
이 그렇다. 한무제는 언급된 나라들이 너무 멀리 떨어져 있는 까닭
에 사람들이 즐겨 갈 수 있는 곳이 아니라고 여겼다. 이들의 말을 받
아들여 부절을 나누어주며 이졸 가운데 사자를 모집할 때 출신 등을
전혀 묻지 않은 이유다. 오직 모집한 자들을 모두 사자로 보내 주변
의 이민족과 통하는 길을 넓히고자 하는 생각뿐이었다.
　그러나 사자 가운데 오가면서 폐물을 빼돌리고, 사자로서 천자의
기본 취지를 어기는 자들이 있었다. 한무제는 이들이 상습적으로 이

런 짓을 벌인다고 여겨 엄히 조사해 무거운 죄로 다스리게 했다. 다만 이들이 발분해 공을 세우면 죄를 면할 수 있도록 해주었다. 이들이 다시 사자가 되기를 요구한 이유다.

외국으로 나간 사자의 폐단은 끝이 없었다. 사자들이 너무 쉽게 법을 어겼다. 과거에 사자로 나갔던 이졸들 역시 외국에 있는 것을 지나치게 찬양했다. 실제로 크게 과장하며 많은 것을 말한 사람에게는 부절을 주어 정사正使로 삼고, 그 정도가 적은 사람은 부사로 삼았다. 말을 함부로 하고 행실이 단정하지 못한 자가 대거 정사로 나가면서 이를 흉내 내는 자가 많았다. 사자로 가는 자는 모두 가난한 집 출신이었다. 한무제가 서역의 각국으로 보내는 예물을 가로챈 뒤 헐값으로 외국에 팔아넘겨 이익을 챙겼다. 외국에서도 한나라 사자의 말이 제각기 서로 다른 것에 염증이 났다. 한나라 군대가 멀리 있어 쳐들어올 수 없다고 생각해 식량 제공을 중단해 한나라의 사자들을 괴롭히기도 했다. 한나라의 사자들은 먹을 것이 떨어지자 원한이 쌓여 서로 싸우는 지경에 이르게 되었다.

누란과 고사는 소국이기는 했으나 교통의 요지였다. 한나라 사자 왕회 등을 더욱 심하게 위협했다. 흉노의 기병이 자주 서역으로 가는 한나라 사자를 가로막고 나섰다. 사자들은 외국에서 입은 피해를 다투어 말하면서 이같이 덧붙였다.

"외국은 모두 성읍이 있기는 하나 군사가 약해 격파하기가 매우 쉽다."

한무제가 이를 믿었다. 종표후 조파노에게 속국의 기병과 각 군郡의 병사 수만 명을 함께 이끌고 흉하수까지 가 흉노를 치도록 한 이유다. 흉노가 모두 달아났다. 이듬해, 조파노가 고사를 쳤다. 경기輕

騎 700여 명과 함께 먼저 이르러 누란왕을 생포하고, 이어 고사를 깨뜨린 것이다. 덕분에 한나라 군사의 위력을 크게 과시하며 오손과 대원 등을 제압할 수 있었다. 철군하자 한무제가 조파노를 착야후에 봉했다. 왕회는 누차 사자로 나가 누란에게 고통을 겪었다. 이를 보고하자 한무제가 군사를 징발한 뒤 왕회에게 조파노를 도와 누란을 치게 했다. 그를 호후浩侯에 봉했다. 주천군에서 옥문관玉門關에 이르기까지 요새가 열을 지어 서게 되었다.

●● 自博望侯開外國道以尊貴, 其後從吏卒皆爭上書言外國奇怪利害, 求使. 天子爲其絶遠, 非人所樂往, 聽其言, 予節, 募吏民毋問所從來, 爲具備人衆遣之, 以廣其道. 來還不能毋侵盜幣物, 及使失指, 天子爲其習之, 輒覆案致重罪, 以激怒令贖, 復求使. 使端無窮, 而輕犯法. 其吏卒亦輒復盛推外國所有, 言大者予節, 言小者爲副, 故妄言無行之徒皆爭效之. 其使皆貧人子, 私縣官齎物, 欲賤市以私其利外國. 外國亦厭漢使人人有言輕重, 度漢兵遠不能至, 而禁其食物以苦漢使. 漢使乏絶積怨, 至相攻擊. 而樓蘭·姑師小國耳, 當空道, 攻劫漢使王恢等尤甚. 而匈奴奇兵時時遮擊使西國者. 使者爭徧言外國災害, 皆有城邑, 兵弱易擊. 於是天子以故遣從驃侯破奴將屬國騎及郡兵數萬, 至匈河水, 欲以擊胡, 胡皆去. 其明年, 擊姑師, 破奴與輕騎七百餘先至, 虜樓蘭王, 遂破姑師. 因擧兵威以困烏孫·大宛之屬. 還, 封破奴爲浞野侯. 王恢數使, 爲樓蘭所苦, 言天子, 天子發兵令恢佐破奴擊破之, 封恢爲浩侯. 於是酒泉列亭鄣至玉門矣.

당시 오손은 1,000필의 말을 바치고 한나라 황실의 옹주를 맞이하고자 했다. 한나라는 종실인 강도왕 유건의 딸인 강도옹주江都翁主를 오손왕 곤모에게 시집보냈다. 곤모는 그녀를 우부인右夫人으로 삼았다. 이때 흉노도 여인을 곤모에게 시집보냈다. 곤모는 그녀를 좌부인左夫人으로 삼았다. 이때 곤모가 이같이 말했다.

"나는 늙었다."

그러고는 손자 잠취에게 강도옹주를 아내로 삼게 했다. 오손에는 말[馬]이 많았다. 부유한 자 가운데 4,000필에서 5,000필의 말을 가진 자도 있었다. 처음으로 한나라 사자가 안식에 이르렀을 때 안식의 왕은 2만 명의 기병을 동원해 동쪽 변경까지 나와 영접했다. 동쪽 변경은 왕도王都에서 몇천 리나 떨어져 있었다. 사자가 왕도까지 가는데 수십 개의 성읍을 지났다. 인구도 매우 많았다. 한나라 사자가 돌아올 때 이들도 사자를 딸려 보내 한나라의 광대함을 살펴보게 했다. 이때 커다란 새의 알과 여헌의 마술사를 바쳤다. 이어 대원의 서쪽 소국인 환잠驩潛 및 대익大益과 대원의 동쪽에 있는 고사姑師와 우미 및 소해蘇薤 등의 사자가 모두 한나라 사자를 따라와 한무제를 배견하며 예물을 바쳤다. 한무제가 크게 기뻐한 이유다.

당시 한나라 사자들은 사행使行을 하는 와중에 황하의 원류를 찾아냈다. 황하는 원래 우전에서 시작되었다. 그 산에는 옥석이 많았다. 사자들이 이를 캐왔다. 한무제가 옛날의 도서를 참고해 황하가 발원하는 이 산을 곤륜昆侖으로 불렀다. 당시 한무제는 자주 바닷가를 시찰했다. 이때는 늘 외빈을 데리고 다녔다. 인구가 많은 큰 도시에 들러서는 재물과 비단 등을 풀어 상으로 내리고, 많은 재화를 주어 한나라의 부유함을 과시했다. 또 수시로 곡저觳抵(씨름대회)를 크게 열고, 신기한 놀이와 여러 진귀한 물건을 전시해 많은 관중을 끌어 모았다. 많은 상품을 하사하며 주지육림酒池肉林의 큰 잔치를 베풀었다. 외빈에게 각 창고와 부장府藏에 쌓여 있는 재화를 두루 보여주었다. 한나라의 광대함을 드러내고자 한 것이다. 외빈들이 모두 크게 놀랐다. 마술의 기교가 더 교묘해지고, 씨름 기술과 기이한 놀이가 해마다 더욱 변화하고 성대해진 것은 바로 이때부터다.

서북쪽의 외빈 왕래가 더욱 빈번해졌다. 그러나 대원 서쪽의 여러 나라는 스스로 한나라와 멀리 떨어져 있다고 생각해 여전히 교만하고 방자하며 멋대로 굴었다. 한나라 역시 이들을 무력으로 다스릴 수 없는 만큼 예로 대하며 때로는 어루만지거나 때로는 억압하는 식의 기미책羈縻策으로 접근했다.

오손의 서쪽에서 안식에 이르는 지역은 흉노에 가까웠다. 흉노가 월지를 괴롭힌 뒤 이 나라들은 흉노의 사자가 선우의 신표만 가지고 있으면 나라마다 먹을 것을 내주고 감히 억류해놓고 괴롭히는 일이 없었다. 그러나 한나라 사자의 경우는 재물을 주지 않으면 먹을 것을 얻을 수 없고, 가축도 사지 않으면 탈 수 없었다. 한나라가 멀리 떨어져 있고, 재물이 많다고 여긴 탓이다. 한나라의 사자는 반드시 재물을 주고 사야만 원하는 것을 얻을 수 있었다. 한나라의 사자보다 흉노를 더 두려워한 탓이기도 하다.

●● 烏孫以千匹馬聘漢女, 漢遣宗室女江都翁主往妻烏孫, 烏孫王昆莫以爲右夫人. 匈奴亦遣女妻昆莫, 昆莫以爲左夫人. 昆莫曰, "我老", 乃令其孫岑娶妻翁主. 烏孫多馬, 其富人至有四五千匹馬. 初, 漢使至安息, 安息王令將二萬騎迎於東界. 東界去王都數千里. 行比至, 過數十城, 人民相屬甚多. 漢使還, 而後發使隨漢使來觀漢廣大, 以大鳥卵及黎軒善眩人獻于漢. 及宛西小國驩潛·大益, 宛東姑師·扜采·蘇薤之屬, 皆隨漢使獻見天子. 天子大悅. 而漢使窮河源, 河源出于寘, 其山

多玉石, 采來, 天子案古圖書, 名河所出山曰崑崙云. 是時上方數巡狩
海上, 乃悉從外國客, 大都多人則過之, 散財帛以賞賜, 厚具以饒給之,
以覽示漢富厚焉. 於是大觳抵, 出奇戲諸怪物, 多聚觀者, 行賞賜, 酒池
肉林, 令外國客徧觀名各倉庫府藏之積, 見漢之廣大, 傾駭之. 及加其
眩者之工, 而觳抵奇戲歲增變, 甚盛益興, 自此始. 西北外國使, 更來更
去. 宛以西, 皆自以遠, 尙驕恣晏然, 未可詘以禮羈縻而使也. 自烏孫以
西至安息, 以近匈奴, 匈奴困月氏也, 匈奴使持單于一信, 則國國傳送
食, 不敢留苦, 及至漢使, 非出幣帛不得食, 不市畜不得騎用. 所以然
者, 遠漢, 而漢多財物, 故必市乃得所欲, 然以畏匈奴於漢使焉.

　대원과 그 이웃 나라는 포도로 술을 빚었다. 부잣집에서는 1만여
석에 이르는 술을 저장해놓기도 했다. 오래된 것은 몇십 년이 지났
어도 부패하지 않았다. 이곳 풍속을 보면 사람들은 술을 좋아하고,
말은 목숙苜蓿(콩과의 두해살이 풀)을 좋아했다. 한나라 사자가 그 씨앗을
가져오자 한무제가 목숙과 포도를 비옥한 땅에 심기 시작했다. 천마
의 숫자가 늘어나고, 외빈이 많이 올 때는 이궁과 이궁 문밖의 망루
인 별관別觀 일대는 포도와 목숙이 끝없이 펼쳐진 모습을 보였다. 대
원의 서쪽에서 안식에 이르는 지역은 비록 언어는 달랐지만, 풍속
은 거의 비슷했다. 서로의 말을 알아들을 수 있었다. 그곳 사람은 모
두 눈이 움푹 들어가 있고, 턱수염과 구레나룻이 난 사람이 많았다.●
장사를 잘했고, 작은 이익을 두고도 서로 다투었다. 풍속은 여인을
귀하게 여겼다. 남자는 여인의 말을 따라 일을 처리했다. 이곳에서

● 원문은 "다수염多鬚顔"이다. 수鬚는 입가에 난 털로 통상적인 수염을 뜻하고, 염顔은 구레
나룻으로 염髯과 같다.

는 명주실과 옻나무가 나지 않았고, 동전과 기물을 주조해 쓸 줄 몰랐다.

한나라 사자를 따라간 이졸들이 이들에게 투항해 병기兵器를 주조하는 기술을 가르쳐주었다. 이들은 한나라로부터 황금이나 은을 얻으면 곧 그릇을 만들었다. 돈으로 쓰지는 않았다. 한나라에서 사자로 가는 사람이 많아지자 어려서부터 이들을 따라다닌 자 가운데 귀국한 뒤 한무제에게 과장되게 말하는 자가 있었다.

"대원의 이사성貳師城에 좋은 말이 있는데, 감추어두고 한나라 사자에게 주지 않으려고 합니다."

한무제는 원래 대원의 말을 좋아했다. 이 이야기를 듣자 기뻐하며 장사壯士와 거령車令 등에게 1,000금과 동으로 만든 말을 가지고 대원왕을 찾아가 이사성의 좋은 말을 얻어오게 했다. 대원에는 한나라 물건이 많았다. 이들이 서로 상의했다.

"한나라는 우리나라와 멀리 떨어져 있다. 이 사자 일행은 자주 염수鹽水에 빠져 죽는다. 그 북쪽의 흉노는 도적이 되어 습격하기도 하고, 그 남쪽으로 가면 수초가 없다. 게다가 늘 도중에 성읍이 없어 식량이 떨어질 때가 많았다. 한나라 사절단은 수백 명씩 오지만 식량이 모자라 죽는 사람이 절반을 넘는다. 상황이 이런데 어찌 많은 군사를 파견할 수 있겠는가? 한나라는 우리를 어떻게 할 수 없다. 또 이사성의 말은 대원의 보마寶馬이기도 하다."

결국 한나라 사자에게 말을 주지 않았다. 한나라 사자가 화를 내며 욕을 퍼붓고 동으로 만든 말을 망치로 부수고 그곳을 떠났다. 대원의 귀인들이 노했다.

"한나라 사자가 우리를 극도로 무시했다."

한나라 사자를 떠나보낸 뒤 동쪽 변경에 있는 욱성鬱成의 군주에게 이같이 청했다.

"귀로를 차단한 뒤 한나라 사자를 모두 죽이고 재물을 빼앗도록 하시오."

한나라 사자가 몰살한 소식을 접한 한무제가 대로했다. 일찍이 대원에 사자로 다녀온 바가 있는 요정한姚定漢 등이 이같이 건의했다.

"대원은 병력이 약합니다. 3,000명이 되지 않는 군사를 끌고 갈지라도 강한 쇠뇌를 사용하면 능히 저들을 포로로 잡고, 대원을 깨뜨릴 수 있습니다."

한무제가 일찍이 착야후 조파노에게 명해 누란을 치게 했을 때 조파노가 기병 700기로 먼저 도착해 누란왕을 포로로 잡은 일이 있었다. 요정한 등이 하는 말이 틀림없다고 여긴 이유다. 게다가 한무제는 내심 총희 이씨李氏의 형제를 열후로 만들어주고자 했다. 이씨의 오라비 이광리를 이사장군에 임명한 뒤 속국의 기병 6,000기와 각 군국에서 동원한 빈둥대는 악소년 수만 명을 이끌고 가 대원을 치게 한 이유다.

●● 宛左右以蒲陶爲酒, 富人藏酒至萬餘石, 久者數十歲不敗. 俗嗜酒, 馬嗜苜蓿. 漢使取其實來, 於是天子始種苜蓿 · 蒲陶肥饒地. 及天馬多, 外國使來衆, 則離宮別觀旁盡種蒲萄 · 苜蓿極望. 自大宛以西至安息, 國雖頗異言, 然大同俗, 相知言. 其人皆深眼, 多鬚䫇, 善市賈, 爭分銖. 俗貴女子, 女子所言而丈夫乃決正. 其地皆無絲漆, 不知鑄錢器. 及漢使亡卒降, 敎鑄作他兵器. 得漢黃白金, 輒以爲器, 不用爲幣. 而漢使者往旣多, 其少從率多進熟於天子, 言曰, "宛有善馬在貳師城, 匿不肯與漢使." 天子旣好宛馬, 聞之甘心, 使壯士車令等持千金及金馬

以請宛王貳師城善馬. 宛國饒漢物, 相與謀曰, "漢去我遠, 而鹽水中數
敗, 出其北有胡寇, 出其南乏水草. 又且往往而絶邑, 乏食者多. 漢使數
百人爲輩來, 而常乏食, 死者過半, 是安能致大軍乎? 無奈我何. 且貳
師馬, 宛寶馬也." 遂不肯予漢使. 漢使怒, 妄言, 椎金馬而去. 宛貴人怒
曰, "漢使至輕我!" 遣漢使去, 令其東邊鬱成遮攻殺漢使, 取其財物. 於
是天子大怒. 諸嘗使宛姚定漢等言宛兵弱, 誠以漢兵不過三千人, 彊弩
射之, 卽盡虜破宛矣. 天子已嘗使浞野侯攻樓蘭, 以七百騎先至, 虜其
王, 以定漢等言爲然, 而欲侯寵姬李氏, 拜李廣利爲貳師將軍, 發屬國
六千騎, 及郡國惡少年數萬人, 以往伐宛.

이광리열전

한무제가 이광리를 이사장군으로 부른 것은 틀림없이 이사성에
이르러 좋은 말을 빼앗아올 것을 기대했기 때문이다. 조시성趙始成을
군법을 관장하는 군정으로 삼고, 옛 호후 왕회에게 앞장서서 군사를
이끌게 했다. 또 이차李哆를 교위로 삼아 군사 업무를 떠맡게 했다. 때
는 한무제 태초 원년이었다. 이해에 관동에 메뚜기 떼가 크게 일어
나 서쪽으로 돈황까지 퍼졌다.

이사장군의 군사가 서쪽으로 염수를 지나갔다. 길목에 있는 소국
들은 두려운 나머지 성문을 굳게 닫아걸고 지키면서 먹을 것을 내주
려 하지 않았다. 이들을 공격했지만 쉽사리 함락시킬 수 없었다. 함
락시키면 식량을 얻을 수 있지만, 그렇지 못하면 며칠 만에 퇴각해
야 했다. 욱성에 이를 무렵 남은 군사는 수천 명에 불과했다. 모두 굶

주리고 지쳐 있었다. 욱성을 쳤으나 오히려 욱성이 크게 이겼다. 살상을 당한 한나라 군사가 매우 많았다. 이사장군 이광리가 교위 이차 및 군정 조시성 등과 상의했다.

"욱성조차 함락시킬 수 없는데 하물며 왕도王都를 어찌 함락시킬 수 있겠는가?"

이내 군사를 이끌고 돌아왔다. 원정에 나섰다가 철군하기까지 꼬박 2년이 걸렸다. 돈황으로 돌아왔을 때 병력은 출발할 때의 10분의 1 내지 2에 불과했다. 이사장군 이광리가 사자를 보내 글을 올렸다.

> 길은 멀고 식량마저 떨어져 병사들은 싸움보다 굶주림을 걱정해야 했습니다. 병력이 적어 대원을 함락시키기에 부족합니다. 바라건대 일단 병력을 거두고 새로 증강한 뒤 다시 출정하게 해주십시오.

한무제가 대로한 나머지 곧 사자를 보내 옥문관을 막고 이같이 포고하게 했다.

"원정을 간 군사 가운데 감히 옥문관 안으로 들어오는 자는 참형에 처할 것이다!"

이사장군 이광리는 두려운 나머지 돈황에 그대로 머물렀다. 이해 여름, 한나라가 흉노에게 크게 패했다. 착야후 조파노가 군사 2만여 명을 잃은 것이다. 공경을 비롯해 논의하는 자는 모두 대원을 치는 군사를 파하고, 전력을 다해 흉노를 칠 것을 청했다. 그러나 한무제는 이미 대원을 무찌르기로 결심한 상태였다.

"대원과 같은 작은 나라도 함락하지 못하면 대하 등도 한나라를 가볍게 여길 것이다. 나아가 대원의 좋은 말은 절대로 얻지 못하게

된다. 오손과 윤두侖頭도 한나라 사자를 얕보고 괴롭힐 것이다. 그리

되면 한나라는 외국의 웃음거리가 되고 만다."

대원을 치는 것이 특히 부당하다고 말하는 등광鄧光 등을 조사해

처벌하게 했다. 또 죄수 가운데 재관材官*을 사면하고, 더 많은 수의

악소년과 변경의 기병을 징발했다. 1년여 뒤 돈황을 출발할 때의 병

력은 6만 명이었다. 여기에는 사적인 물건을 지고 따라가는 자는 포

함되지 않았다. 이들 부대는 소 10만 두와 말 3만여 필을 비롯해 수

만 마리에 달하는 나귀와 노새 및 낙타를 데리고 갔다. 가지고 간 식

량은 풍부했다. 쇠뇌를 비롯한 무기도 대거 준비했다. 온 천하가 대

원 정벌의 명을 전하며 떠돌아다녔다. 종군한 교위도 50여 명에 이

르렀다.

대원의 왕이 머무는 성안에는 우물이 없었다. 모두 성 밖의 흐르

는 물을 길어다 사용했다. 한나라 군사는 수공水工을 보내 성 밑의 수

로를 바꿔 성안의 물을 말려버릴 심산이었다. 병사 18만 명을 더 징

발한 데 이어 주천과 장액의 북쪽에 거연과 휴도休屠 두 현을 새로 설

치해 주천을 방위하게 했다. 이어 칠과七科**를 지닌 자를 징발하고,

● 재관은 일종의 지역별 예비군에 해당한다. 전국시대에 예비역에 응모한 민간제도로 등장
했다. 진시황의 천하통일 이후 군사 예비역으로 성격이 바뀌었다. 한나라 때 자경농自耕農이
대거 출현하면서 재관을 기초로 한 자경농 병역 제도가 등장했다. 전국시대 중엽 상앙이 역
설한 농전農戰 제도의 일환으로 볼 수 있다. 한나라 말기에는 호족의 대규모 토지겸병으로 인
해 재관 제도가 무너졌다. 재관 제도의 성쇠는 한나라의 흥망과 궤를 같이했다. 재관장군의
호칭은 당나라 때까지 면면히 이어졌다. 중국의 역대 왕조 모두 농촌경제를 토대로 성립한
까닭에 재관의 제도는 매우 중요했다. 삼국시대에의 둔전제屯田制, 남북조시대에 등장해 수
당대에 실시된 부병제府兵制, 명나라 때의 위소제衛所制 모두 재관 제도의 후신이다. 이 모두
고관 및 토호의 토지겸병으로 무너졌다. 왕조 역시 함께 무너졌다. 제국을 떠받치는 기본제
도가 붕괴한 탓이다. 재관의 의미를 두고 《한서》 〈조조전晁錯傳〉에 대한 안사고의 주는 재주
와 힘을 뜻하는 재력材力으로 풀이했다. 《순자》 〈해폐解蔽〉에 대한 양경楊倞의 주는 재材를 본
분을 지키는 것, 관官을 직임을 잃지 않는 것으로 풀이했다.
●● 《사기정의》는 칠과를 두고 장안의 주를 인용해 관원으로 있다가 죄를 지은 이유죄吏有罪,

말린 식량을 싣고 가 이사장군 이광리에게 공급하게 했다. 짐을 실은 수레와 사람들이 줄을 지어 돈황에 이르렀다. 또 말을 잘 아는 사람 두 명을 집구교위執驅校尉로 삼았다. 대원을 깨뜨린 뒤 좋은 말을 고르기 위해 미리 준비한 것이다. 이사장군 이광리가 재차 출정하게 된 배경이다. 병력이 매우 많았다. 소국 가운데 나와서 맞이하지 않은 나라가 없었다. 모두 한나라 군사에게 식량을 공급했다. 윤두에 이르렀으나 윤두가 항복하지 않았다. 며칠을 공격해 함락시킨 뒤 모두 도살했다. 여기서부터 서쪽으로 대항하는 나라가 없었다. 순조롭게 대원의 도성에 이른 이유다. 도착한 한나라 군사는 3만 명이었다. 대원의 군사가 한나라 군사를 맞아 열심히 싸웠다. 한나라 군사가 활을 쏘아 이들을 격파했다. 대원의 군사가 성안으로 들어간 뒤 성벽에 의지해 방어했다.

●● 期至貳師城取善馬, 故號 '貳師將軍.' 趙始成爲軍正, 故浩侯王恢使導軍, 而李哆爲校尉, 制軍事. 是歲太初元年也. 而關東蝗大起, 蜚西至敦煌. 貳師將軍軍旣西過鹽水, 當道小國恐, 各堅城守, 不肯給食. 攻之不能下. 下者得食, 不下者數日則去. 比至鬱成, 士至者不過數千, 皆飢罷. 攻鬱成, 鬱成大破之, 所殺傷甚衆. 貳師將軍與哆・始成等計, "至鬱成尙不能擧, 況至其王都乎?" 引兵而還. 往來二歲. 還至敦煌, 士不過什一二. 使使上書言, "道遠多乏食, 且士卒不患戰, 患飢. 人少, 不足以拔宛. 願且罷兵, 益發而復往." 天子聞之, 大怒, 而使使遮玉門, 曰, '軍有敢入者輒斬之!' 貳師恐, 因留敦煌. 其夏, 漢亡浞野之兵二萬

달아난 범죄자인 망명, 데릴사위인 췌서贅壻, 상인 호적이 있는 고인賈人, 상인 호적이 있던 유시적有市籍, 부모가 상인 호적을 지녔던 부모유적父母有籍, 조부모가 상인 호적을 지녔던 대부모유적大父母有籍을 지칭한다고 했다. 천한 4년, 한무제가 칠과를 선포한 뒤 이에 해당하는 자를 모두 삭방 일대로 내쫓았다.

餘於匈奴. 公卿及議者皆願罷擊宛軍, 專力攻胡. 天子已業誅宛, 宛小
國而不能下, 則大夏之屬輕漢, 而宛善馬絶不來, 烏孫・侖頭易苦漢使
矣, 爲外國笑. 乃案言伐宛尤不便者鄧光等, 赦囚徒材官, 益發惡少年
及邊騎, 歲餘而出敦煌者六萬人, 負私從者不與. 牛十萬, 馬三萬餘匹,
驢騾橐它以萬數. 多齎糧, 兵弩甚設, 天下騷動, 傳相奉伐宛, 凡五十餘
校尉. 宛王城中無井, 皆汲城外流水, 於是乃遣水工徙其城下水空以空
其城. 益發戍甲卒十八萬, 酒泉・張掖北, 置居延・休屠以衛酒泉, 而發
天下七科適, 及載糒給貳師. 轉車人徒相連屬至敦煌. 而拜習馬者二
人爲執驅校尉, 備破宛擇取其善馬云. 於是貳師後復行, 兵多, 而所至
小國莫不迎, 出食給軍. 至侖頭, 侖頭不下, 攻數日, 屠之. 自此而西,
平行至宛城, 漢兵到者三萬人. 宛兵迎擊漢兵, 漢兵射敗之, 宛走入葆
乘其城.

　　당시 이사장군 이광리의 군사는 내심 속히 욱성을 치고 싶었다.
그러나 대원과의 싸움을 멈추고 욱성으로 가면 대원이 다른 계책을
쓸까 우려했다. 먼저 대원성을 공격한 이유다. 수원水源을 끊어 물길
을 바꾸자 대원은 큰 어려움에 처하게 되었다. 한나라는 성을 포위
해 공격한 지 40여 일 만에 외성外城을 깨뜨리고 대원의 귀인 가운
데 용장으로 소문난 전미煎靡를 생포했다. 대원의 군사는 매우 두려
워하며 성안으로 달아났다. 대원의 귀인들이 서로 상의하며 이같이
말했다.

　　"한나라가 대원을 치는 것은 우리의 군주 무과毋寡가 좋은 말을 감
추어둔 채 한나라 사자를 죽였기 때문이다. 지금 무과를 죽이고 좋
은 말을 내놓으면 한나라 군사는 분명히 포위를 풀 것이다. 우리의

청을 듣지 않으면 그때 가서 힘껏 싸우다 죽어도 늦지 않을 것이다."

대원의 귀인들 모두 이 방안이 옳다고 여겨 곧 무과를 죽였다. 귀인 한 사람이 그의 수급을 가지고 이사장군 이광리를 찾아와 이같이 약속했다.

"한나라는 우리를 치지 마십시오. 좋은 말을 모두 내놓아 임의로 골라가도록 하겠습니다. 또 한나라 군사에게 식량을 공급토록 하겠습니다. 제안을 받아들이지 않으면 우리는 좋은 말을 모두 죽일 것입니다. 조만간 강거의 구원병이 도착할 것입니다. 이들이 도착하면 성안의 우리 군사와 성 밖의 강거 구원병이 한나라 군사와 싸울 것입니다. 한나라는 깊이 생각해보십시오. 어느 쪽을 택할 것입니까?"

당시 강거는 한나라 군사의 동태를 살피고 있었다. 한나라 군사의 세력이 강성해 감히 출격하지 못했다. 이사장군 이광리가 군정 조시성 및 교위 이차 등과 상의했다.

"들리는 바로는 대원성 안에서 최근에 진나라 출신을 찾아내 우물 파는 법을 알았고, 성안에는 아직도 식량이 많다고 한다. 우리에게는 괴수인 무과의 목을 베는 것이 목적이다. 그의 머리는 이미 와 있다. 그래도 군사를 풀지 않으면 대원은 성을 굳게 지킬 것이고, 강거가 우리 군사가 지친 것을 엿보고 있다가 대원을 구하러 오면 우리 군사는 이내 무너지고 만다."

한나라의 고위 군관인 군리 역시 모두 그럴 것으로 생각했다. 대원의 제의를 받아들인 이유다. 대원이 좋은 말을 모두 꺼내온 뒤 한나라 군사에게 임의로 고르게 했다. 식량도 넉넉히 가지고 와 한나라 군사에게 제공했다. 한나라 군사는 선마善馬 수십 필, 중마中馬(중간급) 이하 암수 3,000여 필을 추려냈다. 이어 대원의 귀인 속에서 말살

眛蔡*을 대원왕으로 세우고 함께 맹약을 한 뒤 군사를 거두었다. 한나라 군사가 끝내 성안으로 들어가지 못한 채 전쟁을 끝내고 돌아온 배경이다.

당초 이사장군 이광리는 돈황을 출발해 서진할 때 군사 수가 너무 많아 도중에 있는 소국들이 식량을 제대로 공급할 수 없을 것으로 보았다. 군사를 몇 개의 부대로 나누어 남쪽 길과 북쪽 길로 나아간 이유다. 교위 왕신생王申生과 전에 홍려를 지낸 호충국 등 1,000여 명은 따로 떨어져 욱성에 이르렀다. 욱성은 성을 굳게 지키며 이들에게 식량을 주려 하지 않았다. 왕신생은 본대와 200리가량 떨어져 있었다. 한나라 대군의 위세에 기대 욱성을 책망하며 식량 제공을 요구했지만, 욱성은 끝내 주려고 하지 않았다. 당시 욱성은 왕신생의 군사가 날로 줄어드는 것을 눈치챘다. 어느 날 새벽, 3,000명의 군사로 기급공격을 가해 왕신생 등을 죽였다. 왕신생의 군사가 일거에 무너졌다. 몇 사람이 간신히 탈출해 이사장군 이광리에게 달려갔다.

이사장군 이광리가 수속도위搜粟都尉 상관걸上官桀에게 명해 욱성을 치게 했다. 상관걸이 들이닥치자 욱성의 왕이 황급히 강거로 달아났다. 상관걸이 추격해 강거에 이르렀다. 강거는 한나라가 이미 대원을 깨뜨렸다는 소식을 접한 까닭에 욱성의 왕을 끌어내 상관걸에게 넘겨주었다. 상관걸이 네 명의 기병에게 명해 욱성의 왕을 포박한 뒤 철저히 감시하며 이사장군 이광리에게 압송하게 했다. 네 명의 기병이 서로 의논했다.

"욱성의 왕은 한나라가 싫어하는 자다. 지금 산 채로 데리고 가다

• 《사기색은》은 말살을 대원의 장군으로 분석하면서 말眛은 말末, 살蔡은 선갈반先葛反이라고 했다. 살蔡은 통상 채로 읽으나 추방한다는 의미일 때는 살로 읽는다.

가 문득 뜻밖의 일이라도 생기면 큰일이다."

이내 죽이고자 했으나 감히 먼저 죽이려는 자가 없었다. 상규上邽 출신 조제趙弟는 가장 나이가 어렸다. 곧장 칼을 뽑아 들고 나아가 욱성의 왕을 벤 뒤 그의 머리를 쳐들고 갔다. 조제와 상관걸 등이 곧 그 뒤를 쫓아 이사장군 이광리에게 갔다.

당초 이사장군 이광리가 두 번째로 원정에 나설 때 한무제는 사자를 오손에 보내 대규모로 군사를 동원해 함께 대원을 치는 방안을 제의했다. 오손은 겨우 기병 2,000기를 출정시킨 뒤 수서양단首鼠兩端의 모습을 보이며 더는 나아가려 하지 않았다. 이사장군 이광리가 동쪽으로 돌아올 때 도중의 여러 소국은 대원이 항복한 소식을 들었다. 모두 자제들을 개선하는 한나라 군대에 보내며 공물을 바쳤다. 장차 한무제를 배견한 뒤 이들을 볼모로 해 한나라와 교통하고자 한 것이다. 이사장군 이광리가 대원을 정벌할 당시 군정 조시성은 힘껏 싸워 공로가 가장 컸다. 또 상관걸은 용감하게 적진 깊숙이 쳐들어가는 공을 세웠다. 이차는 많은 계책을 세웠다. 그러나 옥문관으로 돌아온 군사는 1만여 명, 군마도 1,000여 필밖에 되지 않았다. 이사장군 이광리의 두 번째 원정은 식량도 부족하지 않았고, 전사자도 그리 많지 않았다. 장수와 군관인 장리 모두 탐욕스러운 나머지 대부분 병사를 돌보지 않았다. 군량을 대거 빼돌려 많은 병사를 아사하게 만든 것이 그렇다.

그러나 한무제는 1만 리나 되는 먼 곳까지 가 대원을 친 까닭에 굳이 잘못을 따지지 않았다. 이사장군 이광리를 해서후海西侯에 봉한 배경이다. 또 자진해 욱성왕郁成王의 목을 벤 기병 조제를 신치후新畤侯에 봉했다. 이어 군정 조시성을 광록대부, 상관걸을 소부, 교위 이

차를 상당의 태수로 삼았다. 군관 가운데 구경에 봉해진 자가 세 명이다. 또 제후의 재상이나 태수 및 2,000석 자리에 오른 자는 100여명, 1,000석 이하의 벼슬에 오른 자는 1,000여 명이나 되었다. 자진해서 전쟁에 따라나선 자들은 기대 이상의 벼슬을 얻고, 죄수로서 종군한 자들은 노역을 면제받았다. 병사들에게 하사된 물품의 가치는 4만 금에 상당했다. 대원을 치기 위해 두 번 오고 가며 치른 총 4년동안의 전쟁은 이로써 끝이 났다.

한나라는 대원을 정벌한 뒤 말살을 대원왕으로 세우고 철군했다. 1년여 뒤 대원의 귀인들은 말살이 한나라에 아첨해 나라를 망쳤다고 생각해 그를 죽인 뒤 무과의 동생 선봉蟬封을 새 왕으로 삼고, 그의 아들을 한나라에 볼모로 보냈다. 한나라가 사자를 보내 후한 예물을 주며 위로했다. 이어 10여 명의 사자를 대원 서쪽의 여러 나라에도 보냈다. 진기한 물건을 구해오는 동시에 대원을 정벌한 한나라의 위세를 은근히 자랑하고자 한 것이다. 이어 돈황에 주천도위酒泉都尉를 두고, 서쪽 염수에 이르는 길 곳곳마다 정亭을 세웠다. 윤두에는 경작하며 수비하는 전졸田卒 수백 명을 두었다. 또 이들을 감독하기 위한 사자를 파견해 밭을 보호하고 양식을 비축했다. 외국으로 가는 사자에게 공급키 위한 조치였다.

●● 貳師兵欲行攻鬱成, 恐留行而令宛益生詐, 乃先至宛, 決其水源, 移之, 則宛固已憂困. 圍其城, 攻之四十餘日, 其外城壞, 虜宛貴人勇將煎靡. 宛大恐, 走入中城. 宛貴人相與謀曰, "漢所爲攻宛, 以王毋寡匿善馬而殺漢使. 今殺王毋寡而出善馬, 漢兵宜解, 卽不解, 乃力戰而死, 未晚也." 宛貴人皆以爲然, 共殺其王毋寡, 持其頭遣貴人使貳師, 約曰, "漢毋攻我. 我盡出善馬, 恣所取, 而給漢軍食. 卽不聽, 我盡殺善馬, 而康居之救且至. 至, 我居內, 康居居外, 與漢軍戰. 漢軍孰計之, 何從?"
是時康居候視漢兵, 漢兵尙盛, 不敢進. 貳師與趙始成·李哆等計, "聞
宛城中新得秦人, 知穿井, 而其內食尙多. 所爲來, 誅首惡者毋寡. 毋寡
頭已至, 如此而不許解兵, 則堅守, 而康居候漢罷而來救宛, 破漢軍必
矣." 軍吏皆以爲然, 許宛之約. 宛乃出其善馬, 令漢自擇之, 而多出食
食給漢軍. 漢軍取其善馬數十匹, 中馬以下牡牝三千餘匹, 而立宛貴人
之故待遇漢使善者名昧蔡以爲宛王, 與盟而罷兵. 終不得入中城. 乃罷
而引歸. 初, 貳師起敦煌西, 以爲人多, 道上國不能食, 乃分爲數軍, 從
南北道. 校尉王申生·故鴻臚壺充國等千餘人, 別到鬱成. 鬱成城守,
不肯給食其軍. 王申生去大軍二百里, 偵偵而輕之, 責鬱成. 鬱成食不
肯出, 窺知申生軍日少, 晨用三千人攻, 戮殺申生等, 軍破, 數人脫亡,
走貳師. 貳師令搜粟都尉上官桀往攻破鬱成. 鬱成王亡走康居, 桀追至
康居. 康居聞漢已破宛, 乃出鬱成王予桀, 桀令四騎士縛守詣大將軍.
四人相謂曰, "鬱成王漢國所毒, 今生將去, 卒失大事." 欲殺, 莫敢先擊.
上邽騎士趙弟最少, 拔劍擊之, 斬鬱成王, 齎頭. 弟·桀等逐及大將軍.
初, 貳師後行, 天子使使告烏孫, 大發兵幷力擊宛. 烏孫發二千騎往, 持
兩端, 不肯前. 貳師將軍之東, 諸所過小國聞宛破, 皆使其子弟從軍入
獻, 見天子, 因以爲質焉. 貳師之伐宛也, 而軍正趙始成力戰, 功最多,
及上官桀敢深入, 李哆爲謀計, 軍入玉門者萬餘人, 軍馬千餘匹. 貳師
後行, 軍非乏食, 戰死不能多, 而將吏貪, 多不愛士卒, 侵牟之, 以此物
故衆. 天子爲萬里而伐宛, 不錄過, 封廣利爲海西侯. 又封身斬鬱成王
者騎士趙弟爲新畤侯. 軍正趙始成爲光祿大夫, 上官桀爲少府, 李哆爲
上黨太守. 軍官吏爲九卿者三人, 諸侯相·郡守·二千石者百餘人, 千
石以下千餘人. 奮行者官過其望, 以適過行者皆紲其勞. 士卒賜直四萬

金. 伐宛再反, 凡四歲而得罷焉. 漢已伐宛, 立昧蔡爲宛王而去. 歲餘, 宛貴人以爲昧蔡善諛, 使我國遇屠, 乃相與殺昧蔡, 立毋寡昆弟曰蟬封 爲宛王, 而遣其子入質於漢. 漢因使使賂賜以鎭撫之. 而漢發使十餘輩 至宛西諸外國, 求奇物, 因風覽以伐宛之威德. 而敦煌置酒泉都尉, 西 至鹽水, 往往有亭. 而侖頭有田卒數百人, 因置使者護田積粟, 以給使 外國者.

태사공은 평한다.

"《우본기禹本紀》에 이르기를, '황하는 곤륜산에서 발원한다. 곤륜 산은 그 높이가 2,500여 리이고, 해와 달이 서로 피해 숨으며 그 빛을 발하는 곳이다. 그 위에 단물이 나오는 예천醴泉과 신선이 사는 연못 인 요지瑤池가 있다'고 했다. 지금 장건이 대하의 사자로 간 뒤 황하 의 원류를 밝혀내게 되었다. 어찌 《우본기》에 나온 곤륜산을 본 사람 이 있을 수 있겠는가? 구주의 산천에 관한 기록은 《서경》에 있는 것 이 사실에 가깝다. 《우본기》나 《산해경山海經》에서 말한 괴상한 물건 에 대해서는 감히 말하지 않겠다."

●● 太史公曰, "禹本紀言, '河出崑崙. 崑崙其高二千五百餘里, 日月 所相避隱爲光明也. 其上有醴泉·瑤池.' 今自張騫使大夏之後也, 窮河 源, 惡睹本紀所謂崑崙者乎? 故言九州山川, 尙書近之矣. 至禹本紀· 山海經所有怪物, 余不敢言之也."

유협열전

遊俠列傳

〈유협열전遊俠列傳〉은 협객으로 명성을 떨친 인물들에 관한 기록이다. 원래 불의에 맞선다는 뜻의 의협義俠은 춘추전국시대에 처음으로 출현했다. 대표적인 것이 바로 〈자객열전〉에 소개된 다섯 명의 협객이다. 이들은 나라를 위해 의협을 발휘한 점에서 사적인 차원에서 의협을 발휘한 〈유협열전〉의 등장인물과 차이가 있다. 사마천은 기본적으로 자객·협객·유협을 동일시한 것이다.

전한 말기의 양웅은 조귀와 예양을 모두 자객의 명단에서 제하는 대신 오왕 요의 아들 경기를 살해한 요리要離를 끼워 넣었다. 사마광司馬光도 《자치통감》에서 이를 지지했다. 조귀와 예양은 자객이 아닌 협객에 해당한다는 판단에 따른 것이다. 유협儒俠은 공자의 가르침을 좇는 협객을 말한다. 대표적인 인물이 바로 공자의 수제자 자로다. 유협이 칼을 들 경우 협객과 하등 다를 바가 없게 된다. 사마천이 〈자객열전〉을 특별히 편성한 이유가 여기에 있다. 문제는 〈자객열전〉에 나오는 조귀와 전제, 예양, 섭정, 형가 등이 보여준 의협의 내용에 적잖은 차이가 있음에도 하나로 뭉뚱그렸다는 점이다. 양웅과 사마광이 춘추전국시대를 대표하는 자객은 전제·요리·섭정·형가 등 네 명에 불과하고, 모두 도적에 지나지 않는다고 매도한 것은 바로 이 때문이다.

조귀와 예양은 양웅과 사마광이 지적했듯이 유협에 가까운 인물들이다. 실제로 예양의 죽음은 자로의 최후와 사뭇 닮았다. 조귀 역시 조국인 노나라를 위해 협객으로 나설 것을 마다하지 않았다. 국가 대의에 입각한 뚜렷한 명분이 있었던 만큼 유협으로 간주해도 크게 틀리지 않다. 조귀의 경우 비록 제환공을 위협하기 위해 단도를 몸에 지니기는 했으나 이는 제환공을 고의로 척살하고자 한 것이 아니다. 자객들이 무기를 휴대한 것과 큰 차이가 있다. 사마천이 조귀를 자객으로 분류한 것은 문제가 있다.

〈유협열전〉에는 사적인 의리를 지킨 협객들만 모아놓았다. 사마천은 정의에 부합되지 않을지라도 언행에 믿음이 있고, 자신을 희생한 것에 대한 대가를 바라지 않고, 다른 사람에게 도움을 주는 것을 의협으로 보았다. 〈유협열전〉을 대표하는 의협은 곽해郭解다. 사마천은 그의 사적을 상세히 소개하면서 그가 죽음으로 내몰린 점에 커다란 아쉬움을 표하고 있다.

한비자는《한비자》〈오두五蠹〉에서 이같이 말했다.

　　유자는 문文으로 법을 어지럽히고, 유협은 무武로 금령을 범한다.

　　유자와 유협을 똑같이 비난한 것이다. 그럼에도 학문하는 유자는
세인의 칭송을 받는다. 유가의 학설로 재상이나 경대부 자리를 얻고,
군주를 보좌해 공적과 명성이 사서에 기록된 경우는 새삼 거론할 필
요조차 없다. 공자의 제자로 자가 계차季次인 공석애公晳哀와 자가 자
사子思인 원헌原憲과 같은 자는 서민에 불과했으나 독서를 통해 홀로
고상한 군자의 덕을 지니고 있었다. 의를 지키며 시대의 흐름에 구
차하게 영합치 않았다. 당대 사람들은 이들을 비웃었다. 계차와 자사
는 평생 쑥대로 엮은 집에서 남루한 의복과 거친 음식을 먹으며 살
았지만 불만이 없었다. 이들이 죽은 지 이미 400여 년이 지났으나 제
자들은 여전히 그 뜻을 이어받는 일을 게을리하지 않는다.

　　유협은 그 행위가 반드시 정의에 부합치 않을지라도 말에 믿음이
있고, 행동이 과감하고, 이미 승낙한 일은 반드시 성의를 다해 실천
하고, 자신의 몸을 아랑곳하지 않고 남이 처한 고난[阨困]에 뛰어든
다. 그들은 생사와 존망을 돌보지 않았다. 그러면서도 능력을 뽐내지
않고, 그 공덕을 내세우는 것을 오히려 수치로 삼았다. 대략 이 점은
높이 칭송할 만하다.

　●● 韓子曰, "儒以文亂法, 而俠以武犯禁." 二者皆譏, 而學士多稱於
世云. 至如以術取宰相卿大夫, 輔翼其世主, 功名俱著於春秋, 固無可
言者. 及若季次·原憲, 閭巷人也, 讀書懷獨行君子之德, 義不苟合當
世, 當世亦笑之. 故季次·原憲終身空室蓬戶, 褐衣疏食不厭. 死而已

四百餘年, 而弟子志之不倦. 今遊俠, 其行雖不軌於正義, 然其言必信, 其行必果, 已諾必誠, 不愛其軀, 赴士之阨困, 旣已存亡死生矣, 而不矜 其能, 羞伐其德, 蓋亦有足多者焉.

사람은 누구나 문득 위급한 상황에 처할 때가 있다. 태사공은 이같이 말했다.

"옛날 순임금은 우물을 파다가 매장될 뻔했고, 은나라 건국공신 이윤(伊尹)은 솥과 도마를 짊어지고 요리를 했다. 은나라 중흥을 이룬 고종을 보필한 부열은 부험(傳險)에 은둔한 적이 있고, 주나라 건국공신 여상은 극진(棘津)이라는 나루터 근처에서 곤궁하게 살고, 춘추시대 중엽 제환공을 도와 최초의 패업을 이룬 관중은 제환공을 죽이려다 수갑과 차꼬를 찬 적이 있고, 진목공을 도와 패업을 이룬 백리해(百里奚)는 노비가 되어 소를 길렀고, 공자는 광(匡) 땅에서 조난을 당한 데이어 진채(陳蔡) 사이에서 굶주렸다. 모두 유가에서 인정하는 도를 지닌 인인(仁人)인데도 이런 재난을 당했다. 하물며 평범한 중재(中材)가 난세의 말류(末流)를 건너고자 하는 경우이겠는가? 이들이 겪은 재난을 어찌 다 말할 수 있겠는가! 어떤 천한 사람이 이같이 말했다.

'누가 인의를 지닌 유덕자인 줄 알겠는가? 이익을 누리게 해주는 자가 바로 유덕자다.'

백이와 숙제는 주나라가 군주를 시해하고 새 나라를 세운 것을 추하게 여기고 수양산(首陽山)에서 굶어 죽었다. 그러나 주문왕과 주무왕은 보위에서 물러나지 않았다. 도척(盜蹠)과 장교는 흉포했으나 그 일당은 이들의 의기를 한없이 칭송했다. 《장자》〈도척(盜蹠)〉에서 이같이 말했다.

혁대 고리를 훔친 자는 죽임을 당하나 나라를 훔친 자는 제후가 된다. 일단 제후가 되면 사람들은 그의 가문을 온통 인의로 포장한다.[•]

이 지적은 조금도 틀림이 없는 말이다. 지금 학문에 얽매이거나 하찮은 의리를 품은 채 오랫동안 세상을 등지고 사는 것이 어찌 비속한 이야기로 세속에 동조해 세상의 흐름을 좇아 부침하며 영예를 얻는 것과 같겠는가! 그러나 포의의 신분으로 은혜를 입으면 반드시 갚고, 승낙한 일은 반드시 실천하고, 1,000리 먼 곳까지 가서 의리를 기치로 내걸고 목숨을 던지며 세평을 아랑곳하지 않는 유협도 있다. 이는 유협의 장점으로, 구차하게 그리하는 것은 아니다. 선비도 곤궁한 상황에 몰리면 이들에게 목숨을 맡기는 것이 그 증거다. 이들이야말로 세인이 말하는 현인이나 호걸이 아니겠는가? 만일 이 민간의 유협을 역량과 공효功效 면에서 계차 및 자사 등과 비교하면 한날에 같이 논할 수는 없을 것이다. 그러나 신의의 차원에서 보면 이 유협의 행보를 어찌 무시할 수 있겠는가!

전에 활약한 포의의 협객에 관해서는 들은 것이 없다. 근대 춘추시대 말기 오나라의 연릉계자延陵季子 계찰季札, 전국시대 말기 제나라의 재상 맹상군孟嘗君 전문, 초나라 재상 춘신군春申君 황헐黃歇, 조나라 재상 평원군 조승趙勝, 위나라 재상 신릉군信陵君 위무기魏無忌 등은 대부분 왕의 친족으로 봉지를 가지고 경상의 자리에 있던 까닭에 매우 부귀했다. 이들은 재력을 배경으로 천하의 현자를 불러들여

• 원문은 "절구자주竊鉤者誅, 절국자후竊國者侯, 후지문인의존侯之門仁義存"이다. 《장자》〈거협胠篋〉에서 차용한 것이다. 〈거협〉에는 "이게 곧 도적놈이 인의와 성인의 지혜를 훔친 것이 아니고 무엇인가[則是非竊仁義聖知邪]?"라는 구절이 덧붙어 있다.

제후들 사이에서 명성을 널리 알렸다. 이들을 두고 현명치 못하다고 말할 수는 없다. 이들의 명성이 높았던 것은 비유하면 바람을 좇아 소리를 지를 경우 소리가 더 빨라지는 것은 아니지만 그 기세가 매우 격해지는 것과 같다. 민간 협객인 유협은 오로지 자신의 행실을 닦고 절개를 지켜 천하에 명성을 떨쳤다. 실로 현명하다고 칭송할 수밖에 없다. 이와 같이 하는 것은 매우 어려운 일이다. 그럼에도 유가와 묵가墨家 모두 이들을 배척해 책에 기록하지 않았다.

진한 이전의 민간 협객 기록은 모두 매몰되어 사람들이 알 길이 없으니 심히 유감스럽다. 내가 들은 바로는 한나라 건립 이후 주가와 전중田仲을 비롯해 왕공과 극맹 및 곽해 등의 유협이 있었다. 이들은 비록 때로 당시의 법에 저촉되기는 했으나 사적으로 의리가 있고, 청렴하고, 겸양해 족히 칭송할 만하다. 이들의 명성은 헛되이 세워진 것이 아니다. 사람들이 까닭 없이 이들을 추종했을 리도 없다. 유협은 패거리를 지어 붕당을 결성하고, 축재를 하며 가난 한 자를 마구 부리고, 폭력으로 약한 자를 억누르고, 멋대로 쾌락을 즐기는 것을 가장 수치스러운 일로 여겼다. 그럼에도 세인들은 그들의 속뜻을 살펴볼 생각도 하지 않고 주가와 곽해 등을 폭력이나 행사하는 포호지도暴豪之徒로 취급하며 비웃고 있다. 실로 슬픈 일이다."

●● 且緩急, 人之所時有也. 太史公曰, "昔者虞舜窘於井廩, 伊尹負於鼎俎, 傅說匿於傅險, 呂尚困於棘津, 夷吾桎梏, 百里飯牛, 仲尼畏匡, 菜色陳·蔡. 此皆學士所謂有道仁人也, 猶然遭此菑, 況以中材而涉亂世之末流乎? 其遇害何可勝道哉! 鄙人有言曰, '何知仁義, 已饗其利者爲有德.' 故伯夷醜周, 餓死首陽山, 而文武不以其故貶王, 跖·蹻暴戾, 其徒誦義無窮. 由此觀之, '竊鉤者誅, 竊國者侯, 侯之門仁義存', 非虛言也. 今拘學或抱咫尺之義, 久孤於世, 豈若卑論儕俗, 與世沈浮而取榮名哉! 而布衣之徒, 設取予然諾, 千里誦義, 爲死不顧世, 此亦有所長, 非苟而已也. 故士窮窘而得委命, 此豈非人之所謂賢豪閒者邪? 誠使鄉曲之俠, 予季次・原憲比權量力, 效功於當世, 不同日而論矣. 要以功見言信, 俠客之義又曷可少哉! 古布衣之俠, 靡得而聞已. 近世延陵・孟嘗・春申・平原・信陵之徒, 皆因王者親屬, 藉於有土卿相之富厚, 招天下賢者, 顯名諸侯, 不可謂不賢者矣. 比如順風而呼, 聲非加疾, 其埶激也. 至如閭巷之俠, 脩行砥名, 聲施於天下, 莫不稱賢, 是爲難耳. 然儒・墨皆排擯不載. 自秦以前, 匹夫之俠, 湮滅不見, 余甚恨之. 以余所聞, 漢興有朱家・田仲・王公・劇孟・郭解之徒, 雖時扞當世之文罔, 然其私義廉絜退讓, 有足稱者. 名不虛立, 士不虛附. 至如朋黨宗彊比周, 設財役貧, 豪暴侵淩孤弱, 恣欲自快, 遊俠亦醜之. 余悲世俗不察其意, 而猥以朱家・郭解等令與暴豪之徒同類而共笑之也."

주가열전

　노나라의 주가는 한고조 유방과 같은 시대 사람이다. 노나라 백성이 모두 유가의 가르침을 공부할 때 주가는 오히려 협객으로 이름을 날렸다. 그가 숨겨주어 목숨을 건진 호걸이 100여 명이나 되었다. 그밖의 일반인[庸人]은 셀 수 없을 정도로 많았다. 그는 시종 자신의 재능을 자랑하지 않았고, 덕행을 내세운 적도 없다. 오히려 은혜를 베푼 사람들을 만나게 될까 두려워했다. 남의 어려움을 도울 때는 먼저 빈천한 사람부터 시작했다. 그의 집안에는 남아 있는 재산이 없고, 의복도 성한 것이 없고, 식사도 두 가지 이상의 반찬을 먹는 법이 없었다. 타는 것도 소달구지가 고작이었다. 그는 남이 위급한 상황이면 전심을 다해 도와주고, 다른 사람의 위급을 자신의 일보다 더 중하게 여겼다.

그는 일찍이 장군 계포를 곤경에서 몰래 구해준 적이 있었다. 계포는 존귀해진 뒤 이 사실을 알고 그를 찾았으나 그는 끝내 만나지 않았다. 함곡관 동쪽의 산동 사람 가운데 그를 사귀기 위해 애태우지 않은 자가 없었다. 초나라 출신 전중은 의협으로 소문이 난 인물로 검술을 좋아했다. 주가를 부친처럼 섬기며 내심 자신의 행실이 주가에 미치지 못한다고 여겼다.

●● 魯朱家者, 與高祖同時. 魯人皆以儒敎, 而朱家用俠聞. 所藏活豪士以百數, 其餘庸人不可勝言. 然終不伐其能, 歆其德, 諸所嘗施, 唯恐見之. 振人不贍, 先從貧賤始. 家無餘財, 衣不完采, 食不重味, 乘不過軥牛. 專趨人之急, 甚己之私. 旣陰脫季布將軍之阨, 及布尊貴, 終身不見也. 自關以東, 莫不延頸願交焉. 楚田仲以俠聞, 喜劍, 父事朱家, 自以爲行弗及.

극맹열전

전중 사후 낙양에 극맹이라는 자가 있었다. 옛 주나라 땅 백성은 장사를 업으로 삼았다. 극맹은 제후들 사이에 임협으로 유명했다. 오초칠국의 난 당시 태후로 있던 조후 주아부는 전거傳車를 타고 가다가 하남에서 극맹을 만나게 되었다. 주아부가 크게 기뻐했다.

"오초가 이같이 큰일을 꾀하면서 극맹을 찾지 않았으니 나는 그들이 성공치 못할 것을 알겠다!"

천하가 소란스러운 상황에서 재상이 극맹을 얻었다는 것은 마치 적국 하나를 얻은 것과 마찬가지라는 말이 있다. 극맹의 행실은 주가와 비슷했다. 그는 놀음을 좋아했고, 젊은이들처럼 장난기가 많았다. 그의 모친이 죽자 먼 곳에서 문상하러 온 수레가 거의 1,000승이 넘었다. 그러나 그의 사후 그의 집에는 단 10금의 재산도 남아 있지 않았다.

부리 출신 왕맹王孟 역시 협객으로 장강과 회수 사이에서 명성이 높았다. 제남의 간씨와 진현의 주용周庸도 호걸로 이름이 높았다. 한 경제가 이 소식을 듣고 사자를 보내 이들을 모두 주살하게 했다. 이후 대군의 백씨白氏 일족, 양국梁國의 한무벽韓無辟, 양적현陽翟縣의 설황薛兄, 섬현陝縣의 한유韓孺 등이 잇달아 출현했다.

●● 田仲已死, 而雒陽有劇孟. 周人以商賈爲資, 而劇孟以任俠顯諸侯. 吳楚反時, 條侯爲太尉, 乘傳車將至河南, 得劇孟, 喜曰, "吳楚擧大事而不求孟, 吾知其無能爲已矣!" 天下騷動, 宰相得之若得一敵國云. 劇孟行大類朱家, 而好博, 多少年之戲. 然劇孟母死, 自遠方送喪蓋千乘. 及劇孟死, 家無餘十金之財. 而符離人王孟亦以俠稱江淮之閒. 是時濟南瞷氏·陳周庸亦以豪聞, 景帝聞之, 使使盡誅此屬. 其後代諸白·梁韓無辟·陽翟薛兄·陝韓孺紛紛復出焉.

곽해열전

곽해는 지 땅 출신으로 자는 옹백翁伯이다. 관상가 허부許負의 외손자다. 곽해의 부친은 협객이라는 이유로 한문제 때 처형되었다. 곽해는 체구는 작았지만 매우 총명하고 용감했다. 술은 마시지 않았다. 젊은 시절에는 원한이 많아 잔인한 생각을 품었다. 뜻에 맞지 않을 경우 직접 살인하는 일도 많았다. 목숨을 걸고 친구의 원수를 갚아주고, 망명한 자들을 숨겨주고, 법을 어기며 강도 행위도 서슴지 않았다. 가짜 돈을 주조하고 무덤을 파헤쳐 부장품을 훔치기도 했다. 이런 일이 수없이 많았다. 체포 직전에 운 좋게 달아나거나 사면되기도 했다. 그러나 나이가 들자 행실을 바꾸어 스스로 억제하며 검소하게 살았다. 불만을 품은 사람에게는 덕으로 갚고, 남에게 후하게 베풀며 대가를 바라지 않았다. 의협을 발휘하는 것은 더 적극적이었다. 목숨을 구해주고도 그 공을 자랑하는 법이 없었다.

그러나 잔인한 심성은 여전했다. 일을 하다가 분노가 일면 돌연 화난 눈을 부릅떴다. 젊은이들은 그의 거동을 우러르고 그리워했다. 남을 위해 복수해주고 당사자에게 알리지 않는 식이다. 곽해 누이의 아들이 곽해의 위세를 믿고 누군가와 술을 마시다가 상대에게 잔을 비우게 했다. 그 사람은 이미 주량을 넘어 더 마실 수 없었다. 그럼에도 곽해의 조카가 억지로 술을 따랐다. 상대가 노해 칼을 뽑아 곽해의 조카를 찔러 죽이고 달아났다. 곽해의 누이가 화를 냈다.

"의협의 화신인 곽해는 남이 자기 누이의 아들을 죽였는데도 범인을 잡지 못하는 것인가?"

그러고는 아들의 시신을 길바닥에 버려둔 채 장사 지내지 않았다.

곽해에게 모욕을 주고자 한 것이다. 곽해가 사람을 시켜 범인의 거처를 알아냈다. 범인이 궁지에 몰리자 스스로 돌아와 모든 것을 상세히 고했다. 곽해가 말했다.

"자네가 그를 죽일 만했다. 내 조카가 옳지 못했다."

그러고는 돌려보냈다. 책임을 조카에게 물은 뒤 시체를 거두어 매장했다. 많은 사람이 입을 모아 곽해를 칭송하며 더욱 따랐다. 곽해가 출입할 때면 사람들이 모두 길을 피해주었다. 오직 한 사람이 양다리를 벌리고 앉아 그를 바라보았다. 곽해가 휘하를 시켜 그자의 이름을 알아오게 했다. 곽해의 문객들이 그를 죽이려 하자 곽해가 만류했다.

"자신이 사는 마을에서 존경을 받지 못하는 것은 덕이 부족한 탓이오. 그에게 무슨 죄가 있겠소?"

이후 곽해는 몰래 부역을 담당하는 위사를 찾아가 부탁했다.

"이 사람은 내가 소중히 여기는 사람이니 병역을 교체할 때 그를 면제시켜주시오."

병역이 교체될 때마다 누차 그대로 지났다. 위사도 곽해 앞에서 양다리를 벌리고 앉아 있던 그를 찾지 않았다. 그가 이를 이상하게 여겨 그 연유를 물었다. 곽해가 자신을 면제해준 사실을 알게 되었다. 곧 육단한 채 사죄했다. 많은 젊은이가 이 소식을 듣고 더욱 곽해를 사모했다.

낙양 사람 가운데 서로 원수로 지내는 두 집안이 있었다. 성안의 현인 호걸 10여 명이 이들을 화해시키기 위해 누차 중재에 나섰지만 성공하지 못했다. 곽해의 빈객이 곽해에게 이들의 중재를 권했다. 곽해가 밤중에 원수진 두 집을 차례로 방문했다. 이 모두 자신들의 고

집을 꺾고 곽해의 말을 받아들였다. 당시 곽해는 이같이 말했다.

"내가 들으니 낙양의 여러 인사가 중재에 나섰으나 당신들이 받아들이지 않았다고 했소. 이제 나의 말을 듣고 화해하겠다니 실로 다행이오. 그러나 나는 다른 고을 사람이니 어찌 이 고을 현대부의 권위를 빼앗을 수 있겠소?"

그러고는 이날 밤 몰래 이같이 말하며 그곳을 떠났다.

"당분간 내 말을 받아들이지 않은 것처럼 하시오. 내가 돌아가 낙양의 인사들에게 중재에 나서게 한 뒤 그 말을 좇도록 하시오."

곽해는 평소 사람을 공경하는 모습을 보였다. 감히 수레를 타고 현정縣廷으로 들어가는 일이 없었다. 인근 군국으로 가 남을 위해 일을 할 때도 먼저 할 수 있는 일이면 나서고, 아니면 부탁한 사람을 잘 이해시킨 뒤 술과 음식에 손을 댔다. 사람들이 그를 극히 존중하면서 그에게 쓰이기를 바란 이유다. 읍내의 젊은이와 이웃 현의 현사와 호걸이 밤이면 그를 찾아왔다. 수레가 10여 승이나 되었다. 이들은 곽해의 집에 숨어 있는 빈객을 모시고 가 공양하고자 했다.

한무제가 지방 호족과 부호를 자신의 수릉인 무릉으로 이주시킬 당시 곽해의 집안은 매우 빈궁해 부호의 등급에 이르지 못했으나 명성만큼은 매우 높았다. 관원들은 그를 이주자 명단에서 제할 경우 처벌을 당할까 두려운 나머지 그를 이주시키지 않을 수 없었다. 이때 대장군 위청군이 곽해를 위해 한무제에게 이같이 말했다.

"곽해는 집이 가난해 이주 대상에 해당되지 않습니다."

한무제가 잘라 말했다.

"하찮은 백성인데도 대장군마저 그를 위해 말할 정도라면 이는 그가 빈궁하지 않다는 사실을 설명하는 것이오."

곽해의 집안도 마침내 이주하게 되었다. 사람들이 곽해를 환송하기 위해 모은 전별금이 무려 1,000여만 전에 달했다. 당시 지 땅에 사는 양계주楊季主의 아들은 현의 아전으로 있으면서 곽해의 이주를 역설했다. 화가 난 곽해의 조카가 그의 목을 베었다. 이후 양씨와 곽씨 가문이 원수가 되었다. 곽해가 관중으로 이주하자 그곳의 현사와 호걸 모두 그를 알든 모르든 곽해의 명성만 듣고 다투어 사귀고자 했다. 곽해는 체구가 왜소했고 술을 마시지 않았다. 외출할 때 수레나 말을 탄 적이 없었다.

이때 양계주가 살해되었다. 양계주 집안에서 상서했다. 상서를 올린 자도 대궐 부근에서 살해되었다. 한무제가 이 소식을 듣고는 곧바로 곽해를 체포하라고 명했다. 곽해가 모친과 처자를 하양夏陽에 둔 채 임진臨晉으로 달아났다.

임진의 적소공籍少公은 원래 곽해를 잘 알지 못했다. 곽해가 적소공에게 가명을 대며 임진관을 빠져나갈 수 있도록 도와달라고 청했다. 적소공은 이를 들어주었다. 곽해가 출관出關 후 방향을 돌려 태원으로 들어갔다. 곽해는 머무르는 곳마다 주인에게 늘 행선지를 알려주었다. 관원들이 그를 추적해 적소공이 있는 곳까지 오게 되었다. 그러나 적소공은 이미 자진하고 난 뒤였다. 곽해의 행선지를 추적할 수 있는 단서가 끊어진 것이다. 결국 곽해는 오랜 시간이 흐른 뒤에 잡혔다. 관원들이 그의 범행을 철저히 추궁했다. 그의 살인 행위는 모두 대사령이 반포되기 이전에 일어난 일이다. 하루는 지 땅의 한 유생이 곽해의 죄를 밝혀내기 위해 파견된 사자와 함께 앉아 있었다. 그는 한 빈객이 곽해를 칭송하자 이같이 꾸짖었다.

"곽해는 못된 짓만 하며 공법을 어기는 자요. 어찌 그를 현명하다고 할 수 있소!"

문객이 이 이야기를 듣고는 그 유생을 죽인 뒤 혀를 잘라버렸다. 관원이 이 일로 인해 곽해를 문책했으나 곽해는 살인자를 알지 못했다. 결국 유생을 죽인 자를 끝내 찾아내지 못했다. 아무도 그가 누구인지 몰랐다. 관원이 한무제에게 곽해의 무죄를 보고했다. 그러나 어사대부 공손홍이 이같이 추궁하고 나섰다.

"곽해는 포의의 신분으로 임협을 내세워 권력을 휘두르고 있습니다. 사소한 원한으로 사람을 죽이는 것이 그렇습니다. 본인은 비록 모른다고 할지라도 이 죄는 그가 직접 살인한 것보다 훨씬 더 큽니다. 응당 대역무도로 다스려야 합니다."

마침내 곽해 일족은 몰살을 당했다.

곽해 사후 협격을 자처한 자가 매우 많았으나 모두 거만했다. 진정한 협객으로 꼽을 만한 자는 얼마 되지 않았다. 장안의 번중자樊仲子, 괴리의 조왕손趙王孫, 장릉의 고공자高公子, 서하의 곽공중郭公仲, 태원의 노공유鹵公孺, 임회의 예장경兒長卿, 동양東陽의 전군유田君孺 등이 그나마 협객다웠다. 이들은 의협심이 강하면서 겸양하는 군자의 풍모가 있었다. 장안 북쪽의 요씨姚氏, 서쪽의 두씨杜氏, 남쪽의 구경仇景, 동쪽의 조타우趙他羽●, 남양의 조조趙調 같은 무리는 민간에 사는 도척과 같은 무리일 뿐이다. 어찌 거론할 가치가 있겠는가! 이들은 모두 옛날 협객 주가가 매우 부끄럽게 여기던 자들이다.

●● 郭解, 軹人也, 字翁伯, 善相人者許負外孫也. 解父以任俠, 孝文時誅死. 解爲人短小精悍, 不飮酒. 少時陰賊, 慨不快意, 身所殺甚衆.

● 조타우를 두고 《사기색은》은 조타趙他와 우공자羽公子 두 사람으로 간주하는 것은 잘못이라고 지적했다. 성은 '조', 이름은 '타우', 자는 '공자'라는 것이다. 이를 좇았다.

以軀借交報仇, 藏命作姦剽攻, 不休乃鑄錢掘冢, 固不可勝數. 適有天
幸, 窘急常得脫, 若遇赦. 及解年長, 更折節爲儉, 以德報怨, 厚施而薄
望. 然其自喜爲俠益甚. 旣已振人之命, 不矜其功, 其陰賊著於心, 卒發
於睚眥如故云. 而少年慕其行, 亦輒爲報仇, 不使知也. 解姊子負解之
勢, 與人飮, 使之嚼. 非其任, 彊必灌之. 人怒, 拔刀刺殺解姊子, 亡去.
解姊怒曰, "以翁伯之義, 人殺吾子, 賊不得." 棄其尸於道, 弗葬, 欲以
辱解. 解使人微知賊處. 賊窘自歸, 具以實告解. 解曰, "公殺之固當, 吾
兒不直." 遂去其賊, 罪其姊子, 乃收而葬之. 諸公聞之, 皆多解之義, 益
附焉. 解出入, 人皆避之. 有一人獨箕倨視之, 解遣人問其名姓. 客欲殺
之. 解曰, "居邑屋至不見敬, 是吾德不脩也, 彼何罪!" 乃陰屬尉史曰,
"是人, 吾所急也, 至踐更時脫之." 每至踐更, 數過, 吏弗求. 怪之, 問其
故, 乃解使脫之. 箕踞者乃肉袒謝罪. 少年聞之, 愈益慕解之行. 雒陽
人有相仇者, 邑中賢豪居閒者以十數, 終不聽. 客乃見郭解. 解夜見仇
家, 仇家曲聽解. 解乃謂仇家曰, "吾聞雒陽諸公在此閒, 多不聽者. 今
子幸而聽解, 解奈何乃從他縣奪人邑中賢大夫權乎!" 乃夜去, 不使人
知, 曰, "且無用, 待我待我去, 令雒陽豪居其閒, 乃聽之." 解執恭敬, 不
敢乘車入其縣廷. 之旁郡國, 爲人請求事, 事可出, 出之, 不可者, 各厭
其意, 然後乃敢嘗酒食. 諸公以故嚴重之, 爭爲用. 邑中少年及旁近縣
賢豪, 夜半過門常十餘車, 請得解客舍養之. 及徙豪富茂陵也, 解家貧,
不中訾, 吏恐, 不敢不徙. 衛將軍爲言, "郭解家貧不中徙." 上曰, "布衣
權至使將軍爲言, 此其家不貧." 解家遂徙. 諸公送者出千餘萬. 軹人楊
季主子爲縣掾, 擧徙解. 解兄子斷楊掾頭. 由此楊氏與郭氏爲仇. 解入
關, 關中賢豪知與不知, 聞其聲, 爭交驩解. 解爲人短小, 不飮酒, 出未
嘗有騎. 已又殺楊季主. 楊季主家上書, 人又殺之闕下. 上聞, 乃下吏捕

解. 解亡, 置其母家室夏陽, 身至臨晉. 臨晉籍少公素不知解, 解冒, 因求出關. 籍少公已出解, 解轉入太原, 所過輒告主人家. 吏逐之, 跡至籍少公. 少公自殺, 口絶. 久之, 乃得解. 窮治所犯, 爲解所殺, 皆在赦前. 軹有儒生侍使者坐, 客譽郭解, 生曰, "郭解專以姦犯公法, 何謂賢!" 解客聞, 殺此生, 斷其舌. 吏以此責解, 解實不知殺者. 殺者亦竟絶, 莫知爲誰. 吏奏解無罪. 御史大夫公孫弘議曰, "解布衣爲任俠行權, 以睚眥殺人, 解雖弗知, 此罪甚於解殺之. 當大逆無道." 遂族郭解翁伯. 自是之後, 爲俠者極衆, 敖而無足數者. 然關中長安樊仲子, 槐里趙王孫, 長陵高公子, 西河郭公仲, 太原鹵公孺, 臨淮兒長卿, 東陽田君孺, 雖爲俠而逡逡有退讓君子之風. 至若北道姚氏, 西道諸杜, 南道仇景, 東道趙他‧羽公子, 南陽趙調之徒, 此盜跖居民閒者耳, 曷足道哉! 此乃鄉者朱家之羞也.

태사공은 평한다.

"나는 곽해를 본 적이 있다. 그의 용모는 중인에 미치지 못했고, 말솜씨도 본받을 만한 구석이 없었다. 그러나 천하인 모두 당사자의 현불초賢不肖와 곽해에 대한 지부지知不知를 막론하고 그의 명성을 흠모했다. 의협을 말하는 자는 모두 그의 이름을 내세웠다. 속담에 이르기를, '사람이 영예를 용모로 삼으면 어찌 다함이 있겠는가!' 라고 했다. 아, 곽해는 영예를 계속 누리지 못했으니 실로 애석한 일이다!"

●● 太史公曰, "吾視郭解, 狀貌不及中人, 言語不足採者. 然天下無賢與不肖, 知與不知, 皆慕其聲, 言俠者皆引以爲名. 諺曰, '人貌榮名, 豈有旣乎!' 於戲, 惜哉!"

- 권 125 -

영행열전

佞幸列傳

〈영행열전佞幸列傳〉은 아첨으로 부귀를 누린 환관과, 황실과 인척이 되어 부귀를 누린 외척에 관한 기록이다. 영행佞幸은 간사한 아첨으로 군주의 총애를 입는다는 뜻이다. 한문제는 등통을 총애한 나머지 구리 광산을 하사해 임의로 동전을 주조하게 했다. 국가재정을 영행에게 넘긴 것이나 다름없다. 한무제는 이연년을 총애한 나머지 잠자리를 같이하기도 했다. 남색男色을 밝힌 것이다. 춘추시대 말엽 남색을 밝힌 위영공衛靈公을 방불케 하는 모습이다.

주목할 것은, 미자하彌子瑕가 위영공의 마음이 바뀌면서 궁에서 내쫓긴 것처럼 영행 역시 비참한 최후를 맞이하게 된 점이다. 군주도 사람인 까닭에 그 마음이 변덕스럽다. 이에 따라 영행도 생사의 갈림길을 오간다. 사마천이 〈영행열전〉을 편제한 것도 이를 반면교사로 삼고자 하는 취지에서 나온 것이다. 사평에서 미자하를 거론한 것이 그렇다.

적굉열전

속담에 이런 말이 있다.

　　힘써 농사를 지을지라도 풍년을 만나느니만 못하고, 열심히 벼슬을
　　살지라도 군주에게 잘 보이느니만 못하다.

　이는 실로 빈말이 아니다. 여자만이 미색과 교태로써 잘 보이는
것이 아니다. 남자의 벼슬살이에도 그런 일이 있다. 옛날 미색으로
군주의 총애를 입은 자가 많았다. 한나라가 건립될 때 한고조 유방
은 매우 사납고 강직했지만, 적籍이라는 소년은 아첨으로 총애를 받
았다. 한혜제 때 굉閎이라는 소년도 유사하다. 두 사람 모두 무슨 특
별한 재능이 있었던 것이 아니다. 단지 순종하고 아첨하는 자세로
총애를 받고 황제와 함께 기거했다. 공경 모두 이들을 통해 하고 싶
은 말을 올렸다. 한혜제 때 낭관과 시중 모두 준의鵔鸃(봉황처럼 생긴 새)의
깃으로 장식한 관을 쓰고, 조개로 장식한 띠를 매고, 지분脂粉을 발랐
다. 적과 굉의 무리처럼 꾸민 것이다. 두 사람은 한혜제 사후 한혜제
의 능인 안릉 곁으로 거처를 옮겼다.

　●● 諺曰, "力田不如逢年, 善仕不如遇合", 固無虛言. 非獨女以色媚,
而士宦亦有之. 昔以色幸者多矣. 至漢興, 高祖至暴抗也, 然籍孺以佞
幸, 孝惠時有閎孺. 此兩人非有材能, 徒以婉佞貴幸, 與上臥起, 公卿皆
因關說. 故孝惠時郎侍中皆冠鵔鸃, 貝帶, 傅脂粉, 化閎·籍之屬也. 兩
人徙家安陵.

등통열전

한문제 때 궐 안에서 총애를 받은 신하 가운데 사인 출신으로는 등통, 환관 출신으로는 조동趙同과 북궁백자北宮伯子가 있었다. 북궁백자는 사람을 사랑하는 장자長者의 풍모가 있었고, 조동은 점성술과 구름을 보고 점을 치는 망기술望氣術에 뛰어나 총애를 받았다. 덕분에 조동은 늘 한문제의 수레에 함께 타게 되었지만 등통은 특별한 재주가 없었다.

등통은 촉군 남안南安 출신이다. 노를 가지고 배를 잘 저어 황두랑黃頭郞(황색 두건을 쓴 선주船主)이 되었다. 하루는 한문제가 이런 꿈을 꾸었다. 하늘에 오르려 했으나 오를 수 없었다. 이때 어떤 황두랑이 뒤에서 밀어준 덕분에 승천하게 되었다. 돌아보니 황두랑 옷의 등 뒤에 띠를 맨 곳의 옷솔기가 터져 있었다.* 한문제가 잠을 깬 뒤 건장궁의 태액지太液池에 세운 점대漸臺로 올라가 몰래 저자를 내려다보며 꿈속에 나타나 등을 밀어 올린 황두랑을 찾아보았다. 마침 등통을 보니 그 옷의 등 뒤에 띠를 맨 곳의 옷솔기가 터져 있어 꿈속에서 본 것과 같았다. 그를 불러 성과 이름을 묻자 성은 등鄧, 이름은 통通이었다. 한문제가 크게 기뻐했다. 날이 갈수록 그를 더욱 총애했다.

등통 또한 성실하고 신중했다. 궐 밖 사람과 사귀는 외교外交를 싫어해 휴가를 주어도 궐 밖으로 나가려 하지 않았다. 한문제가 거만 전을 열 번 넘게 내렸다. 벼슬은 상대부에 이르렀다. 한문제는 때로

● "뒤를 돌아보니 황두랑 옷의 등 뒤에 띠를 맨 곳의 옷솔기가 터져 있었다"의 원문은 "고견기의독대후천顧見其衣襲帶後穿"이다. 의독衣襲의 독襲을 두고 《사기색은》은 옷의 뒷길을 맞붙여 꿰맨 솔기로 풀이했다. 천穿은 파탄이라는 뜻이다.

등통의 집으로 가서 놀기도 했다. 등통은 다른 재주도 없고, 능력 있는 사람을 천거할 줄도 몰랐다. 다만 자기 한 몸을 삼가며 한문제의 비위를 잘 맞출 따름이었다. 하루는 한문제가 관상을 잘 보는 사람에게 등통의 관상을 보게 했다.

"가난해서 굶어 죽을 상입니다."

한문제는 반박했다.

"등통을 부유하게 만들어줄 수 있는 짐이 있는데, 어떻게 가난해진다는 것이오?"

그러고는 등통에게 촉군의 엄도현에 있는 구리 광산을 주고, 마음대로 동전을 주조해 사용토록 했다. 이것이 등씨전鄧氏錢이다. 여기서 나온 동전이 천하에 널리 퍼지면서 거만의 부를 얻게 되었다.

한문제는 일찍이 종기를 크게 앓은 적이 있다. 등통이 늘 한문제 곁에서 종기의 고름을 빨아냈다. 한문제가 마음이 편치 않아 조용히 등통에게 물었다.

"이 세상에서 누가 가장 짐을 사랑하고 있는가?"

등통이 대답했다.

"의당 태자를 따를 사람이 없을 것입니다."

마침 태자가 들어와 문병을 했다. 한문제가 태자에게 종기를 빨아내게 했다. 태자가 종기를 빨기는 했으나 난처해하는 모습이었다. 얼마 후 태자는 등통이 늘 황제를 위해 고름을 빨아낸다는 말을 듣고 내심 부끄러워했다. 등통을 미워하게 된 이유다.

한문제 사후 태자가 한경제로 즉위했다. 등통은 벼슬을 그만두고 집에 있게 되었다. 오래지 않아 등통이 나라의 법을 어기고 돈을 주조해 국경 밖으로 실어내고 있다는 고발이 들어왔다. 관원이 이를 조사하자 과연 그런 일이 여러 번 있었다. 결국 유죄로 판결되어 재산이 모두 몰수되고 거만의 빚까지 지게 되었다. 한경제의 누이인 장공주가 등통에게 재물을 내렸으나 관원이 재빨리 이를 몰수했다. 등통은 비녀 하나조차 몸에 지닐 수 없는 처지가 되었다. 장공주가 빌려준다는 명목으로 등통에게 입을 것과 먹을 것을 보내주었다. 결국 등통은 끝내 자신 앞으로 된 단 한 푼의 등씨전도 가지지 못한 채 남의 집에 얹혀살다가 죽었다.

한경제 때는 궁중에 총신이 없었다. 다만 낭중령인 주문인周文仁은 총애를 입었다. 그러나 주문인이 받은 총애 역시 일반인보다는 훨씬 컸지만 그다지 두터운 것이 아니었다.

●● 孝文時中寵臣, 士人則鄧通, 宦者則趙同·北宮伯子. 北宮伯子以愛人長者, 而趙同以星氣幸, 常爲文帝參乘, 鄧通無伎能. 鄧通, 蜀郡南安人也, 以濯船爲黃頭郎. 孝文帝夢欲上天, 不能, 有一黃頭郎從後推之上天, 顧見其衣裻帶後穿. 覺而之漸臺, 以夢中陰目求推者郎, 卽見鄧通, 其衣後穿, 夢中所見也. 召問其名姓, 姓鄧氏, 名通, 文帝說焉, 尊幸之日異. 通亦願謹, 不好外交, 雖賜洗沐, 不欲出. 於是文帝賞賜通巨萬以十數, 官至上大夫. 文帝時時如鄧通家遊戲. 然鄧通無他能, 不能有所薦士, 獨自謹其身以媚上而已. 上使善相者相通, 曰, "當貧餓死." 文帝曰, "能富通者在我也. 何謂貧乎?" 於是賜鄧通蜀嚴道銅山, 得自鑄錢, "鄧氏錢"布天下. 其富如此. 文帝嘗病癰, 鄧通常爲帝唶吮之. 文帝不樂, 從容問通曰, "天下誰最愛我者乎?" 通曰, "宜莫如太子." 太子入問病, 文帝使唶癰, 唶癰而色難之. 已而聞鄧通常爲帝唶吮之, 心慙, 由此怨通矣. 及文帝崩, 景帝立, 鄧通免, 家居. 居無何, 人有告鄧通盜出徼外鑄錢. 下吏驗問, 頗有之, 遂竟案, 盡沒入鄧通家, 尙負責數巨

萬. 長公主賜鄧通, 吏輒隨沒入之, 一簪不得著身. 於是長公主乃令假
衣食. 竟不得名一錢, 寄死人家. 孝景帝時, 中無寵臣, 然獨郎中令周文
仁, 仁寵最過庸, 乃不甚篤.

유언열전

　지금의 천자인 한무제가 궁중에서 총애하는 신하 가운데 사인으
로는 한왕韓王 한신의 증손자인 한언, 환관으로는 이연년이 있다. 한
언은 궁고후 한퇴당의 얼손孼孫이다. 한무제가 아직 교동왕으로 있
을 때 한언은 교동왕과 함께 글을 배워 서로 친했다. 이후 교동왕이
천자가 되자 한언을 더욱 아꼈다. 한언은 말 타기와 활쏘기를 잘했
고 아첨도 잘했다. 한무제는 즉위 후 흉노 토벌에 전념했다. 한언은
전부터 흉노의 군사에 관해 잘 알고 있었기에 더욱 소중하게 여겨졌
다. 벼슬이 상대부에 이르고, 하사받은 상사는 구리 광산을 하사받은
등통에 맞먹을 정도였다. 당시 한언은 늘 황제와 함께 기거했다.

　한무제의 동생인 강도왕 유비劉非가 입조入朝했다. 조서가 내려와
한무제를 쫓아 상림원에서 사냥을 하게 되었다. 통행을 차단하고, 길
좌우의 경계를 다 끝냈다. 천자의 수레가 출발하기에 앞서 먼저 한
언에게 부거副車를 타고 기병 수백 명을 이끌고 짐승이 있는지 살펴
보게 했다. 멀리서 바라보고 있던 강도왕 유비가 천자가 행차한 줄
알고 시종들을 물리친 채 길가에 엎드려 배견했다. 한언은 빨리 달
려가다가 강도왕 유비를 보지도 못한 채 지나가버렸다. 이후 이 사
실을 알게 된 강도왕 유비가 크게 노해 태후 왕씨 앞에서 읍소했다.

"바라건대 봉국을 폐하에게 바치고 궁중으로 들어와 한언처럼 폐하를 모실 수 있게 해주십시오."

태후 왕씨가 한언에 관해 원한을 품게 된 이유다. 한언에게는 한무제를 모시고 영항에 출입하는 것도 허용되고 있었다. 그가 궁녀와 밀통하고 있다는 소문이 태후 왕씨의 귀에까지 들렸다. 태후 왕씨가 대로해 사자를 시켜 한언에게 죽음을 내리게 했다. 한무제가 한언을 위해 사과했으나 태후 왕씨가 끝내 듣지 않았다. 결국 한언은 죽고 말았다. 그의 동생 안도후 한열 역시 아첨으로 사랑을 받았다.

●● 今天子中寵臣, 士人則韓王孫嫣, 宦者則李延年. 嫣者, 弓高侯孼孫也. 今上爲膠東王時, 嫣與上學書相愛. 及上爲太子, 愈益親嫣. 嫣善騎射, 善佞. 上卽位, 欲事伐匈奴, 而嫣先習胡兵, 以故益尊貴, 官至上大夫, 賞賜擬於鄧通. 時嫣常與上臥起. 江都王入朝, 有詔得從入獵上林中. 天子車駕蹕道未行, 而先使嫣乘副車, 從數十百騎, 騖馳視獸. 江都王望見, 以爲天子, 辟從者, 伏謁道傍. 嫣驅不見. 旣過, 江都王怒, 爲皇太后泣曰, "請得歸國入宿衛, 比韓嫣." 太后由此嗛嫣. 嫣侍上, 出入永巷不禁, 以姦聞皇太后. 皇太后怒, 使使賜嫣死. 上爲謝, 終不能得, 嫣遂死. 而案道侯韓說, 其弟也, 亦佞幸.

이연년열전

이연년은 중산 출신이다. 그는 원래 부모형제 및 자매 들과 함께 노래와 춤을 추는 창우였다. 그는 법을 어겨 궁형을 받은 뒤 황제의 사냥개를 관할하는 구중狗中에서 일을 했다. 한무제의 누이인 평양공주가 이연년의 누이동생이 춤을 잘 춘다는 말을 하자 한무제가 그녀를 보고 속으로 기뻐했다. 그녀가 영항에 들어오자 이연년을 불러 지위를 높여주었다. 이연년은 노래를 잘 불렀고, 변주곡과 신곡을 잘 지어냈다.

당시 한무제는 천지신명에 관한 제사인 봉선을 행하고, 음악에 맞는 악시樂詩를 지어 연주하며 노래하고자 했다. 이연년이 그 뜻을 받들어 새 악시를 만들어 연주했다. 그의 누이동생도 총애를 받아 사내아이를 낳았다. 이연년은 2,000석의 인수를 찼다. 그것이 바로 협성률協聲律이다. 한무제와 함께 기거하며 음악을 하는 관직이다. 그도 크게 총애를 얻어 거의 한언과 같은 대우를 받았다. 세월이 지나 이연년이 궁녀와 밀통했다.* 게다가 궁궐을 출입하는 자세마저 교만하고 방자했다. 누이인 이부인이 죽자 이연년에 대한 한무제의 사랑도 시들었다. 이연년 형제는 이내 붙잡혀 처형되었다. 이후 궐내에서 총애를 받는 신하 대부분이 외척이었으나 특별히 말할 자는 없다. 위청과 곽거병도 외척 신분이 되어 총애를 받았다. 그러나 이들의 승진은 자신들의 뛰어난 재능에 따른 것이었다.

●● 李延年, 中山人也. 父母及身兄弟及女, 皆故倡也. 延年坐法腐, 給事狗中. 而平陽公主言延年女弟善舞, 上見, 心說之, 及入永巷, 而召貴延年. 延年善歌, 爲變新聲, 而上方興天地祠, 欲造樂詩歌弦之. 延年善承意, 弦次初詩. 其女弟亦幸, 有子男. 延年佩二千石印, 號協聲律. 與上臥起, 甚貴幸, 埒如韓嫣也. 久之, 寢與中人亂, 出入驕恣. 及其女

● "이연년이 궁녀와 밀통했다"의 원문은 "침여중인란寢與中人亂"이다. 침寢은 원래 물에 잠긴다는 뜻으로 침浸과 같다. 여기서는 사통의 의미로 사용된 것이다. 중인은 궁녀를 지칭한다.《사기집해》는 서광의 주를 인용해 이연년의 동생 이계李季가 궁녀와 밀통한 것으로 된 판본이 있다고 했다.

弟李夫人卒後, 愛弛, 則禽誅延年昆弟也. 自是之後, 內寵嬖臣大底外戚之家, 然不足數也. 衛靑·霍去病亦以外戚貴幸, 然頗用材能自進.

　태사공은 평한다.

　"심하구나! 인간의 애증이 죽 끓듯 하는 것이. 춘추시대 말기 위영공의 총애를 입은 미자하의 행적은 후대인에게 영행의 운명을 충분히 보여준다. 비록 백세百世 뒤일지라도 영행의 운명을 능히 짐작할 수 있다."

　◉◉ 太史公曰, "甚哉! 愛憎之時. 彌子瑕之行, 足以觀後人佞幸矣. 雖百世可知也."

골계열전

滑稽列傳

골계의 어원과 관련해《사기색은》은 흐르는 술을 담는 주기酒器로 풀이한 남북조시대 북위 최호崔浩의 주를 인용해놓았다. 입에서 말이 그치지 않는데다 나오는 그대로 문장이 될 만한 것이 마치 술을 주기에 계속 따르는 듯해 골계로 표현했다는 것이다. 양웅의 〈주부酒賦〉에 나오는 커다란 술 주머니인 치이골계鴟夷滑稽를 그 예로 들었다. 술을 따를 골滑, 술이 머물 계稽로 해석한 셈이다. 이어 언사가 유창해 마치 미끄러지는 듯하다는 취지에서 미끄러울 활滑, 재치 있는 계책이 순식간에 튀어나온다는 취지에서 생각할 계稽를 썼다고 해석한 남북조시대 남조 양나라 요찰姚察의 주를 인용해놓았다. 〈골계열전滑稽列傳〉은 기지와 해학이 넘치는 인물에 관한 기록이다. 〈골계열전〉은 기본적으로 순우곤淳于髡·우맹優孟·우전優栴 등 세 명의 사적을 다룬 것이다. 대부분 왜소하고, 볼품없고, 지위도 없는 인물들이다. 그러나 그들의 언변과 풍자는 당대 최고였다. 기지와 해학이 넘쳐났다. 당시 많은 사람이 미끄러지는 듯한 이들의 유창한 골계에 배를 쥐고 껄껄 웃으며 크게 즐거워한 이유다. 사마천이 〈골계열전〉을 편제한 것도 이런 맥락에서 이해할 수 있다.

막힌 속을 시원하게 뚫어주는 이들의 해학에 아낌없는 박수를 보낸 것이다.

주의할 것은 뒷부분에 저소손褚少孫이 편제한 골계 일화가 덧붙어 있는 점이다. 엄밀히 이야기하면 〈골계열전〉은 '사마천 골계열전'과 '저소손 골계열전'의 합본인 셈이다. 저소손의 골계열전에는 전국시대 초기 위문후를 도와 커다란 치적을 남긴 서문표西門豹를 비롯해 한무제의 총애를 입은 동방삭 등이 실려 있다.

공자가 말했다.

"육예, 즉 육경이 치국평천하에서 말하는 것은 결국 하나다.《예경》은 사람의 행동을 절도 있게 하고,《악경樂經》은 사람의 마음을 조화롭게 하고,《서경》은 사실을 말해 본받게 하고,《시경》은 사람의 감정을 절절히 표현하게 하고,《역경》은 천지의 오묘한 변화를 이해하게 하고,《춘추》는 의를 기치로 내걸고 시비를 가리게 해준다."

●● 孔子曰, "六蓺於治一也. 禮以節人, 樂以發和, 書以道事, 詩以達意, 易以神化, 春秋以義."

태사공은 평한다.

"천도는 넓고도 넓다. 어찌 위대하다고 하지 않을 수 있는가! 육경뿐 아니라 모든 언담言談 속에 은밀한 뜻이 담겨 있다. 복잡하게 얽힌 것을 풀 수 있는 열쇠도 바로 천도에 있다."

●● 太史公曰, "天道恢恢, 豈不大哉! 談言微中, 亦可以解紛."

순우곤열전

순우곤은 제나라 출신의 데릴사위였다. 키가 7척도 안 되지만 늘 익살스럽고 변설에 능해 누차 제후에게 사자로 나갔다. 일찍이 굴욕을 당한 적이 한 번도 없다. 전국시대 초기 제위왕 때의 일이다. 제위왕이 수수께끼를 좋아했다. 음란하게 놀면서 밤새워 술 마시기를 즐겼다. 술에 빠진 나머지 정사를 경대부에게 맡겼다. 문무백관 또한 문란해 질서가 없었고, 제후들이 침공해 나라의 존망이 아침저녁으로 절박했다. 제위왕의 엄명으로 인해 주위 신하 가운데 그 누구도 감히 간하지 못했다. 이때 순우곤이 이런 수수께끼를 냈다.

"나라 안에 큰 새가 있습니다. 지금 대궐 뜰에 멈추어 있습니다. 3년이 지나도록 날지도, 울지도 않습니다. 대왕은 이것이 무슨 새인 줄 아십니까?"

제위왕이 대답했다.

"이 새는 날지 않으면 그뿐이나 한번 날면 하늘 높이 날아오르고, 울지 않으면 그뿐이나 한번 울면 사람을 놀라게 할 것이다."

그러고는 깨달은 바가 있어 곧 각 현의 현령과 현장 일흔두 명을 조정으로 불러들였다. 그 가운데 즉묵卽墨의 대부에게는 크게 상을 내리고, 아阿 땅의 대부에게는 솥에 삶아 죽이는 팽형의 처분을 내렸다. 그러고는 군사를 일으켜 출정했다. 제후들이 크게 놀라 그간 빼앗은 제나라 땅을 모두 돌려주었다. 이후 36년 동안 제나라가 크게 위엄을 떨쳤다. 이 일은 〈전경중완세가田敬仲完世家〉에 자세히 기록되어 있다.

제위왕 8년, 초나라가 군사를 대거 동원해 제나라를 쳤다. 제위왕이 순우곤을 시켜 조나라로 가 구원병을 청하게 했다. 황금 100근과 네 마리 말이 끄는 거마 10대를 예물로 가지고 가게 했다. 순우곤이 하늘을 우러러보며 크게 웃자 관의 끈이 모두 떨어졌다. 제위왕이 물었다.

"선생은 이를 적다고 생각하는 것이오?"

순우곤이 대답했다.

"어찌 감히 그럴 리가 있겠습니까?"

제위왕이 다시 물었다.

"웃는 데는 그만한 까닭이 있지 않겠소?"

순우곤이 대답했다.

"어제 신이 동쪽에서 오는 길에 풍년을 비는 자를 보았습니다. 돼지 발 하나와 술 한 잔을 손에 들고 이같이 빌었습니다.

'높은 밭도 광주리 가득, 낮은 밭도 수레에 가득. 오곡이여, 잘 익어다오. 우리 집에 넘쳐나도록.'

신은 그가 손에 잡은 것은 그처럼 작으면서 원하는 것은 그처럼 큰 것을 보았기에 그걸 생각하고 웃은 것입니다."

제위왕이 곧 황금 1,000일鎰, 백벽白璧 10쌍, 거마 100대로 예물을 늘려주었다. 순우곤이 작별을 고한 뒤 출발해 이내 조나라에 이르렀다. 조나라 왕이 정예병 10만 명과 혁거 1,000승을 내주었다. 초나라가 이 이야기를 듣고는 야음을 틈타 철군했다. 제위왕이 크게 기뻐하며 후궁에 술자리를 마련한 뒤 순우곤을 불러 술을 내렸다. 순우곤에게 물었다.

"선생은 어느 정도 마셔야 취하시오?"

순우곤이 대답했다.

"신은 1두를 마시든, 1석을 마시든 모두 취합니다."

제위왕이 물었다.

"선생이 1두에 취하면 어떻게 그 열 배인 1석을 마실 수 있겠소? 그 이유를 들려줄 수 있겠소?"

순우곤이 대답했다.

"대왕이 바로 면전에서 술을 하사하는 경우가 있습니다. 집법관執法官이 옆에 서고, 어사가 뒤에 섭니다. 제가 두려운 나머지 엎드려 마시니 1두를 넘기지 못하고 곧 취하게 됩니다. 그러나 어버이에게 귀한 손님이 와서 제가 옷깃을 바르게 하고 꿇어앉아 앞에서 모시고 술을 대접할 경우가 있습니다. 이때 끝잔을 받기도 하고, 여러 차례 술잔을 들고 일어나 손님의 장수를 빌면 2두를 넘기지 못하고 곧 취합니다. 만일 사귀던 벗과 오래 보지 못하다가 문득 만나면 즐거워서 지난 일을 이야기하며 감회를 서로 토로하게 됩니다. 이때는 5, 6두를 마시면 취합니다.

또 같은 고향마을 모임으로 남녀가 섞여 앉아 서로 상대방에게 술을 돌리고, 쌍륙雙六과 투호投壺를 벌여 짝을 구하고, 남녀가 손을 잡아도 벌을 받지 않고, 눈이 뚫어져라 바라보아도 금하는 일이 없고, 앞에 귀걸이가 떨어지고 뒤에 비녀가 어지러이 흩어지는 경우가 있습니다. 저는 이런 것을 매우 좋아해 8두가량 마셔도 잘 취하지 않고 다만 열 번 가운데 두세 번은 취하기도 합니다.

날이 저물어 술자리가 끝나면 술 단지를 모으고 자리를 좁혀 남녀가 동석하고, 신발이 서로 뒤섞이고, 술잔과 그릇이 어지럽게 흩어지고, 마루 위의 촛불이 꺼집니다. 주인은 저만 머물게 하고 다른 손님을 배웅합니다. 이어 엷은 비단 속옷의 옷깃이 열리는가 싶더니 은은한 향내가 퍼집니다. 이때는 신의 마음이 몹시 즐거워 능히 1석도 마실 수 있습니다. 술이 극에 이르면 어지럽다 하고[酒極則亂] 즐거움이 극에 이르면 슬퍼진다 하는데[樂極則悲] 세상만사가 모두 이와 같습니다."

사물은 지나치면 안 되고, 지나치면 반드시 쇠하게 되어 있다는 말로 풍간諷諫(풍자해 간함)을 행하자 제위왕이 이같이 말했다.

"좋은 말이오."

그러고는 곧 밤새워 술 마시는 것을 그만둔 뒤 순우곤에게 제후국

사이의 외교사령을 전담하는 주객을 맡게 했다. 왕실의 주연이 열릴 때마다 순우곤이 늘 제위왕을 곁에서 모셨다.

●● 淳于髡者, 齊之贅婿也. 長不滿七尺, 滑稽多辯, 數使諸侯, 未嘗屈辱. 齊威王之時喜隱, 好爲淫樂長夜之飮, 沈湎不治, 委政卿大夫. 百官荒亂, 諸侯並侵, 國且危亡, 在於旦暮, 左右莫敢諫. 淳于髡說之以隱曰, "國中有大鳥, 止王之庭, 三年不蜚又不鳴, 王知此鳥何也?" 王曰, "此鳥不飛則已, 一飛沖天, 不鳴則已, 一鳴驚人." 於是乃朝諸縣令長七十二人, 賞一人, 誅一人, 奮兵而出. 諸侯振驚, 皆還齊侵地. 威行三十六年. 語在田完世家中. 威王八年, 楚大發兵加齊. 齊王使淳于髡之趙請救兵, 齎金百斤, 車馬十駟. 淳于髡仰天大笑, 冠纓索絶. 王曰, "先生少之乎?" 髡曰, "何敢!" 王曰, "笑豈有說乎?" 髡曰, "今者臣從東方來, 見道傍有禳田者, 操一豚蹄, 酒一盂, 祝曰, '甌窶滿篝, 汙邪滿車, 五穀蕃熟, 穰穰滿家.' 臣見其所持者狹而所欲者奢, 故笑之." 於是齊威王乃益齎黃金千溢, 白璧十雙, 車馬百駟. 髡辭而行, 至趙. 趙王與之精兵十萬, 革車千乘. 楚聞之, 夜引兵而去. 威王大說, 置酒後宮, 召髡賜之酒. 問曰, "先生能飮幾何而醉?" 對曰, "臣飮一斗亦醉, 一石亦醉." 威王曰, "先生飮一斗而醉, 惡能飮一石哉! 其說可得聞乎?" 髡曰, "賜酒大王之前, 執法在傍, 御史在後, 髡恐懼俯伏而飮, 不過一斗徑醉矣. 若親有嚴客, 髡帣韝鞠𦜕, 侍酒於前, 時賜餘瀝, 奉觴上壽, 數起, 飮不過二斗徑醉矣. 若朋友交遊, 久不相見, 卒然相覩, 歡然道故, 私情相語, 飮可五六斗徑醉矣. 若乃州閭之會, 男女雜坐, 行酒稽留, 六博投壺, 相引爲曹, 握手無罰, 目眙不禁, 前有墮珥, 後有遺簪, 髡竊樂此, 飮可八斗而醉二參. 日暮酒闌, 合尊促坐, 男女同席, 履舃交錯, 杯盤狼藉, 堂上燭滅, 主人留髡而送客, 羅襦襟解, 微聞薌澤, 當此之時, 髡心最歡, 能飲一石. 故曰酒極則亂, 樂極則悲, 萬事盡然, 言不可極, 極之而衰.”以諷諫焉. 齊王曰, “善.” 乃罷長夜之飲, 以髡爲諸侯主客. 宗室置酒, 髡嘗在側.

우맹열전

순우곤이 제위왕에게 풍간한 지 100여 년 뒤 초나라에 우맹이라는 자가 있었다. 우맹은 원래 초나라 악인樂人이다. 키가 8척이고, 변설에 능해 늘 담소를 나누다가 풍간했다. 초장왕 때 일이다. 왕의 애마가 있었다. 초장왕은 그 말에 무늬 있는 비단 옷을 지어 입히고, 화려한 집에서 기르고, 장막이 없는 침대에 재우고, 대추와 마른 고기를 먹였다. 말이 살찌는 병에 걸려 죽자 신하들에게 복상服喪하게 하면서 관棺과 곽槨을 모두 갖추어 대부의 예로 장사 지내려 했다. 좌우 신하들이 다투어 옳지 않다고 간하자 초장왕이 이같이 명했다.

“앞으로 감히 과인의 애마에 대해 간하는 자가 있으면 사형에 처하겠다.”

우맹이 이 말을 듣고는 궐문 안으로 들어가 하늘을 우러러보며 크게 곡했다. 초장왕이 놀라 그 연유를 물었다. 우맹이 대답했다.

“말은 대왕이 아끼던 것입니다. 초나라 같은 당당한 대국이 구하고자 할 경우 얻지 못할 것이 무엇이 있겠습니까? 대부의 예로써 장사 지내는 것은 박합니다. 군주의 예로 장사 지내십시오.”

초장왕이 물었다.

“어찌하면 되겠소?”

우맹이 대답했다.

"청컨대 옥을 다듬어 관을 짜고, 무늬 있는 가래나무로 곽을 만들고, 단풍나무와 느릅나무 및 녹나무 등을 이용해 제주題湊를 만드십시오.• 또 군사를 동원해 무덤을 파고, 노약자에게 흙을 져 나르게 하고, 제나라와 조나라의 사자를 앞쪽 열에 세우고 한韓나라와 위魏나라•• 사자를 그 뒤에서 호위하게 하십시오. 사당을 세워 태뢰太牢로 제사 지내고, 1만 호의 읍을 조성해 대대로 제사를 받게 하십시오. 제후들이 이 소식을 들으면 모두 대왕이 사람을 천하게 여기고, 말을 귀하게 여기는 것을 알게 될 것입니다."

초장왕이 탄식했다.

"과인의 잘못이 이 지경에 이른 것인가! 이를 어찌하면 좋은가?"

우맹이 대답했다.

"청컨대 대왕을 위해 육축六畜의 예로 장사를 지내십시오. 부뚜막을 곽으로 사용하고,••• 구리로 만든 가마솥을 관으로 삼고, 생강과 대추를 공물로 바쳐 조미료로 삼고, 목란木蘭을 솥에 넣어 비린내를 없애고, 쌀로 제수祭需를 만들고, 화광火光으로 수의를 입힌 뒤 사람의 창자 속에 장사 지내십시오."

초장왕이 곧 말을 태관에게 넘겨주고 세상 사람이 이를 모르게 처

• 원문은 "편풍예장위제주楩楓豫章爲題湊"다. 여기의 제주는 천자의 장례를 지낼 때 사용하는 제도다. 대신에게도 허용한다. 곽실槨室은 큰 나무를 쌓아 꾸민다. 이때 나무의 머리 부분은 안쪽을 향하게 한다. 위는 뾰족하고 아래는 네모진 모양이 된다. 이를 제주라고 한다.《한서음의》는 위소의 주를 인용해 제주의 제題는 머리를 의미하고, 두주頭湊는 곧 머리를 안쪽으로 향해 단단하게 하는 것을 뜻한다고 풀이했다.
•• 초장왕 때는 춘추시대 중엽에 해당하는 까닭에 춘추시대 말기에 등장하는 한韓나라와 위魏나라 등이 없었다.《사기색은》은 후대인이 잘못 삽입시킨 것으로 보았다.
••• "부뚜막을 곽으로 사용하고"의 원문은 "이롱조위곽以壠竈爲槨"이다.《사기색은》은 삼국시대 위문제魏文帝 때 유소劉劭 등에게 명해 만든 사전事典인《황람皇覽》을 인용해 롱조壠竈를 흙벽돌로 만든 부뚜막으로 해석했다. 롱壠은 무덤 총塚의 뜻이다.

리토록 했다. 초나라 재상 손숙오는 우맹이 현자인 것을 알고 그를 잘 대우했다. 손숙오가 병들어 죽게 되자 임종 직전에 아들에게 이같이 당부했다.

"내가 죽으면 너는 반드시 빈곤해질 것이다. 우맹을 찾아가 '나는 손숙오의 아들입니다'라고 말하도록 해라."

몇 해 뒤 과연 손숙오의 아들은 등에 나무를 지고 다닐 정도로 곤궁해졌다. 우맹을 찾아가 말했다.

"저는 손숙오의 아들입니다. 부친이 임종 직전에 제가 가난해지면 그대를 찾아가라고 당부했습니다."

우맹이 말했다.

"그대는 멀리 가는 일이 없도록 하시오."

그러고는 곧 손숙오의 의관을 걸친 뒤 행동과 말투를 흉내 냈다. 1년 남짓 이같이 하자 손숙오와 너무 닮아 초장왕과 좌우 신하조차 분별할 수 없을 정도였다. 초장왕이 주연을 베풀었다. 우맹이 앞으로 나아가 축수했다. 초장왕이 크게 놀랐다. 손숙오가 다시 살아난 것으로 여겨 그를 재상으로 삼고자 했다. 우맹이 말했다.

"돌아가서 아내와 상의한 뒤 사흘 뒤 재상이 되라고 하십시오."

초장왕이 이를 허락했다. 사흘 뒤 우맹이 다시 왔다. 초장왕이 물었다.

"그대의 아내가 뭐라고 했소?"

우맹이 대답했다.

"아내가 말하기를, '삼가 그 자리를 맡지 마십시오. 초나라 재상은 족히 할 만한 것이 되지 못합니다. 손숙오 같은 사람은 충성을 다하고 청렴하게 초나라를 다스렸고, 마침내 초나라 왕을 패자로 만들었습니다. 이제 그가 죽자 그 아들은 송곳을 꽂을 땅[立錐之地]도 없고, 가난한 나머지 땔나무를 져 간신히 먹을 것을 스스로 마련하고 있습니다. 손숙오같이 되는 것은 차라리 스스로 목숨을 끊느니만 못합니다'라고 했습니다."

그러고는 이같이 노래했다.

산속에 살며 어렵게 경작해도
먹을 것을 얻는 것이 어렵지
몸을 일으켜 벼슬을 얻어도
탐욕스러운 자가 재물을 남기고
치욕도 돌보지 않는 까닭에
몸이 죽은 뒤 부유해지지
뇌물을 받고 국법을 어기고
부정을 일삼다 큰 죄를 지으면
몸도 죽고 집안도 망하지
어찌 탐욕스러운 관원이 될까
차라리 청렴한 관원이 되리라
법을 받들고 직책을 지키며
죽어도 비리를 저지르지 않지
청렴한 자를 어찌하겠는가
손숙오가 청렴을 지켜 죽을 때
처자식이 궁해 땔나무로 살지
청렴한 관원도 못할 짓이지

초장왕이 우맹에게 사과한 뒤 손숙오의 아들을 불러 침구寢丘 땅 400호를 봉지로 내주면서 손숙오의 제사를 받들게 했다. 이 봉지가 이후 10대까지 끊어지지 않고 전해졌다. 말해야 할 때를 안 덕분이다.

●● 優孟, 故楚之樂人也. 長八尺, 多辯, 常以談笑諷諫. 楚莊王之時, 有所愛馬, 衣以文繡, 置之華屋之下, 席以露牀, 啗以棗脯. 馬病肥死, 使羣臣喪之, 欲以棺槨大夫禮葬之. 左右爭之, 以爲不可. 王下令曰, "有敢以馬諫者, 罪至死." 優孟聞之, 入殿門, 仰天大哭. 王驚而問其故. 優孟曰, "馬者王之所愛也, 以楚國堂堂之大, 何求不得, 而以大夫禮葬之, 薄, 請以人君禮葬之." 王曰, "何如?" 對曰, "臣請以彫玉爲棺, 文梓爲槨, 梗楓豫章爲題湊, 發甲卒爲穿壙, 老弱負土, 齊趙陪位於前, 韓魏翼衛其後, 廟食太牢, 奉以萬戶之邑. 諸侯聞之, 皆知大王賤人而貴馬也." 王曰, "寡人之過一至此乎! 爲之奈何?" 優孟曰, "請爲大王六畜葬之. 以壟竈爲槨, 銅歷爲棺, 齎以薑棗, 薦以木蘭, 祭以糧稻, 衣以火光, 葬之於人腹腸." 於是王乃使以馬屬太官, 無令天下久聞也. 楚相孫叔敖知其賢人也, 善待之. 病且死, 屬其子曰, "我死, 汝必貧困. 若往見優孟, 言我孫叔敖之子也." 居數年, 其子窮困負薪, 逢優孟, 與言曰, "我, 孫叔敖子也. 父且死時, 屬我貧困往見優孟." 優孟曰, "若無遠有所之." 卽爲孫叔敖衣冠, 抵掌談語. 歲餘, 像孫叔敖, 楚王及左右不能別也. 莊王置酒, 優孟前爲壽. 莊王大驚, 以爲孫叔敖復生也, 欲以爲相. 優孟曰, "請歸與婦計之, 三日而爲相." 莊王許之. 三日後, 優孟復來. 王曰, "婦言謂何?" 孟曰, "婦言愼無爲, 楚相不足爲也. 如孫叔敖之爲楚相, 盡忠爲廉以治楚, 楚王得以霸. 今死, 其子無立錐之地, 貧困負薪以自飲食. 必如孫叔敖, 不如自殺." 因歌曰, "山居耕田苦, 難以得食. 起而爲吏, 身貪鄙者餘財, 不顧恥辱. 身死家室富, 又恐受賕枉法, 爲姦觸大罪, 身死而家滅. 貪吏安可爲也! 念爲廉吏, 奉法守職, 竟死不敢爲非. 廉吏安可爲也! 楚相孫叔敖持廉至死, 方今妻子窮困負薪而食, 不足爲也!"於是莊王謝優孟, 乃召孫叔敖子, 封之寢丘四百戶, 以奉其祀. 後十世不絶. 此知可以言時矣.

우전열전

우맹의 일이 일어난 지 200여 년 뒤 진나라에 우전이라는 자가 있었다. 우전은 진나라의 난쟁이 창우다. 우스갯소리를 잘했으나 모두 도리에 맞았다. 한번은 진시황이 주연을 베풀 때 마침 비가 쏟아졌다. 섬돌 주변에서 창을 잡고 호위하는 병사 모두 비에 젖어 떨고 있었다. 우전이 그들을 보고 불쌍히 여겨 이같이 물었다.

"그대들은 모두 쉬고 싶은가?"

호위 병사들이 입을 모아 말했다.

"그리만 되면 큰 다행이겠습니다."

우전이 말했다.

"내가 부르면 그대들은 재빨리 '예'라고 대답토록 하라."

얼마 후 전상에서 진시황의 장수를 비는 '만세!' 소리가 울려 퍼졌다. 우전이 난간으로 다가가 크게 불렀다.

"호위병!"

병사들이 일제히 대답했다.

"예!"

우전이 말했다.

"그대들은 키만 컸지 무슨 소용이 있나? 가련하게도 빗속에 서 있구나. 나는 비록 키는 작으나 다행히 방 안에서 편히 쉬고 있다."

진시황이 이 말을 듣고 호위병들에게 절반씩 교대하게 했다.

진나라가 원유를 크게 넓히고자 했다. 동쪽으로 함곡관, 서쪽으로 옹현과 진창陳倉에 닿게 하려는 생각이었다. 우전이 진시황에게 말했다.

"좋은 일입니다. 금수를 그 안에 많이 풀어놓아 기르십시오. 적이 동쪽에서 침공하면 고라니와 사슴 들에게 뿔로 반격하게 하면 될 것입니다."

진시황이 이 말을 듣고 당초의 계획을 중지했다. 2세 황제 호해가 즉위한 후 성벽에 옻칠을 하고자 했다. 우전이 말했다.

"좋은 일입니다. 주상이 비록 언급치 않을지라도 신이 실로 청하고자 했던 것입니다. 성벽에 옻칠을 하면 백성 입장에서는 비용 등이 염려되겠지만 그 자체는 훌륭한 일입니다. 옻칠한 성벽이 웅장하게 서 있으면 도적이 와도 오르지 못할 것입니다. 그러나 일을 시작할 경우 옻칠은 하기 쉽지만 건조하는 음실陰室을 만들기는 매우 어려울 것입니다."

2세 황제가 피식 웃으며 그 일을 중지했다. 얼마 후 2세 황제가 살해당했다. 우전은 한나라에 귀순했다가 수년 뒤 죽었다.

●● 其後二百餘年. 秦有優旃. 優旃者, 秦倡侏儒也. 善爲笑言, 然合於大道. 秦始皇時, 置酒而天雨, 陛楯者皆沾寒. 優旃見而哀之, 謂之曰, "汝欲休乎?" 陛楯者皆曰, "幸甚." 優旃曰, "我卽呼汝, 汝疾應曰諾." 居有頃, 殿上上壽呼萬歲. 優旃臨檻大呼曰, "陛楯郎!" 郎曰, "諾."

優旃曰, "汝雖長, 何益, 幸雨立. 我雖短也, 幸休居." 於是始皇使陛楯
者得半相代. 始皇嘗議欲大苑囿, 東至函谷關, 西至雍·陳倉. 優旃曰,
"善. 多縱禽獸於其中, 寇從東方來, 令麋鹿觸之足矣." 始皇以故輟止.
二世立, 又欲漆其城. 優旃曰, "善. 主上雖無言, 臣固將請之. 漆城雖
於百姓愁費, 然佳哉! 漆城蕩蕩, 寇來不能上. 卽欲就之, 易爲漆耳, 顧
難爲蔭室." 於是二世笑之, 以其故止. 居無何, 二世殺死, 優旃歸漢,
數年而卒.

태사공은 평한다.

"순우곤이 하늘을 우러러보고 크게 웃자 제위왕이 뜻을 얻고, 우
맹이 머리를 흔들며 노래하자 땔나무를 지던 손숙오의 아들이 봉지
를 얻고, 우전이 난간으로 다가가 큰소리로 부르자 호위병이 절반씩
교대하며 쉴 수 있었다. 어찌 위대하지 않은가!"

●● 太史公曰, "淳于髡仰天大笑, 齊威王橫行. 優孟搖頭而歌, 負薪
者以封. 優旃臨檻疾呼, 陛楯得以半更. 豈不亦偉哉!"

저선생이 말했다.

"나는 다행히 경술經術로 낭관이 되었으나 유가 이외의 여타 제자
백가인 외가外家의 글을 즐겨 읽었다. 스스로 사양하지 않고, 다시
골계에 관한 일화를 여섯 개 장으로 정리해 아래에 덧붙인다. 이를
읽으면 기분이 고양될 것이고, 후대의 호사가가 읽으면 마음이 즐
거워지고 귀가 놀랄 것이다. 태사공이 쓴 세 개의 장 뒤에 덧붙인 이
유다."

●● 褚先生曰, "臣幸得以經術爲郎, 而好讀外家傳語. 竊不遜讓, 復

作故事滑稽之語六章, 編之於左. 可以覽觀揚意, 以示後世好事者讀
之, 以遊心駭耳, 以附益上方太史公之三章.＂

곽사인열전

한무제 때 황제의 총애를 입은 창우로 곽사인郭舍人을 들 수 있다.
그의 말은 비록 이치에 맞지 않았으나 황제의 마음을 기쁘게 했다.
한무제는 어릴 때 동무후東武侯 곽타郭它의 모친이 양육을 맡아 했다.
장년이 된 후 그녀를 대유모大乳母로 불렀다. 유모는 대략 한 달에 두
번 입조했다. 한무제가 조서를 내려 행신 마유경馬遊卿에게 비단 쉰
필을 유모에게 주고, 음식도 충분히 준비해 공양하게 했다. 한번은
대유모가 이같이 상서했다.

모처에 공전公田이 있으니 이를 빌려주셨으면 합니다.

한무제가 말했다.
＂대유모는 그 땅을 가지고 싶소?＂
그러고는 이를 대유모에게 주었다. 황제는 일찍이 대유모의 말을
듣지 않은 적이 단 한 번도 없었다. 이어 조서를 내려 대유모가 수레
를 타고 황제가 다니는 길을 다닐 수 있도록 허용했다. 당시 공경대
신 모두 대유모를 공경하고 존중했다. 대유모의 집 자손과 노비 들
이 장안 거리에서 횡포를 부렸다. 길에서 남의 마차를 세우는가 하
면, 남의 옷을 강제로 빼앗기도 했다. 이런 소문이 궁중까지 들렸으

나 한무제는 차마 법으로 다스리지 못했다. 해당 관원이 대유모의 집을 변경으로 옮길 것을 청하자 한무제가 이를 재가했다. 대유모가 궁중으로 들어와 한무제와 작별하기에 앞서 먼저 곽사인을 만난 뒤 눈물을 흘렸다. 곽사인이 말했다.

"들어가 작별을 고한 뒤 종종걸음으로 나오면서 자주 뒤를 돌아보도록 하시오."

대유모가 그 말대로 작별을 고하고 나가면서 걸음을 재빨리 옮기고 자주 뒤를 돌아다보았다. 곽사인이 큰소리로 꾸짖었다.

"어허, 늙은 여인이 왜 빨리 가지 않는 것인가! 폐하는 이미 장년인데 아직도 그대의 젖을 얻어먹어야 살 수 있는 줄 아는가? 이제 와서 무슨 미련이 있어 뒤를 돌아다보는 것인가!"

한무제가 대유모를 불쌍히 여겼다. 곧 조서를 내려 변경 이주를 중지시키고, 대유모를 참소한 자들에게 벌을 내려 귀양을 보냈다.

●● 武帝時, 有所幸倡郭舍人者, 發言陳辭雖不合大道, 然令人主和說. 武帝少時, 東武侯母常養帝, 帝壯時, 號之曰, "大乳母." 率一月再朝. 朝奏入, 有詔使幸臣馬遊卿以帛五十四匹賜乳母, 又奉飮糒飧養乳母. 乳母上書曰, "某所有公田, 願得假倩之." 帝曰, "乳母欲得之乎?" 以賜乳母. 乳母所言, 未嘗不聽. 有詔得令乳母乘車行馳道中. 當此之時, 公卿大臣皆敬重乳母. 乳母家子孫奴從者橫暴長安中, 當道掣頓人車馬, 奪人衣服. 聞於中, 不忍致之法. 有司請徙乳母家室, 處之於邊. 奏可. 乳母當入至前, 面見辭. 乳母先見郭舍人, 爲下泣. 舍人曰, "卽入見辭去, 疾步數還顧." 乳母如其言, 謝去, 疾步數還顧. 郭舍人疾言罵之曰, "咄! 老女子! 何不疾行! 陛下已壯矣, 寧尙須汝乳而活邪? 尙何還顧!" 於是人主憐焉悲之, 乃下詔止無徙乳母, 罰謫譖譖者.

동방삭열전

한무제 때 제나라 출신으로 동방생東方生이라는 자가 있었다. 이름은 삭朔이다. 옛날부터 전해 내려오는 유가 경전과 유가의 학설을 사랑했다. 유가 이외의 제자백가인 외가의 책도 널리 읽었다. 동방삭이 당초 장안에 들어온 뒤 궁문을 관할하는 공거사마公車司馬에 이르러 글을 올렸다. 모두 3,000개에 달하는 주독奏牘(상주용上奏用 죽간)을 사용했다. 공거사마에서 두 사람을 시켜 함께 들도록 조치한 뒤에 비로소 주독을 옮길 수 있었다. 한무제가 이를 차례대로 읽었다. 중간에 쉴 때는 그곳을 붓으로 표시했다. 두 달 만에 겨우 완독할 수 있었다. 한무제가 조서를 내려 그를 낭관으로 삼았다. 그는 늘 궁중에 들어와 황제 곁에 있었다. 자주 어전으로 불려가 말동무가 되었다. 그때마다 한무제는 기뻐하지 않은 적이 없었다. 때로 조서를 내려 어전에서 식사를 하는 은전을 베풀었다. 식사가 끝나면 먹다 남은 고기를 모두 품에 넣어 가지고 나가는 바람에 옷이 모두 더러워졌다. 한무제가 자주 비단을 하사했다. 그때마다 이를 어깨에 둘러메고 나갔다. 하사받은 전백錢帛을 허비해 장안의 미녀 가운데 젊은 여인을 아내로 맞이했다. 1년쯤 지나면 그 여인을 버리고 새 여인을 맞이하곤 했다. 하사받은 전백을 모두 여인을 구하는 데 써버렸다. 한무제 좌우의 낭관 가운데 절반쯤은 그를 광인狂人으로 불렀다. 한무제가 이 이야기를 듣고 물었다.

"동방삭이 관원으로 있으면서 이런 황당한 일조차 하지 않으면 그대들이 어찌 그와 비교조차 될 수 있었겠는가?"

동방삭이 자기 아들을 천거해 낭관에 임명되게 하고, 다시 황제를 곁에서 모시며 사안을 보고하는 시알자侍謁者가 되게 했다. 이때 그는 늘 부절을 들고 사자로 나갔다. 하루는 그가 궁궐 안을 걸어가고 있을 때 어떤 낭관이 말했다.

"사람들이 모두 선생을 광인이라고 부릅니다."

동방삭이 말했다.

"나 같은 사람은 조정에 몸을 숨기며 세상을 피한다[朝隱]. 옛사람이 깊은 산속에서 세상을 피하는 것[山隱]과 다르다."

때로 술자리에서 거나하게 취하면 두 손을 땅에 대고 이른바 〈거지가據地歌〉를 불렀다.

> 세속에 젖은 채 금마문金馬門에서 세상을 피할 수 있지
> 궁전서도 세상을 피하고, 몸을 온전히 할 수 있지
> 왜 꼭 깊은 산과 쑥으로 엮은 집 주변을 찾을까

여기의 금마문●은 관청의 문을 말한다. 문 곁에 동銅으로 만든 말이 세워져 있어 금마문으로 불리게 되었다.

●● 武帝時, 齊人有, 東方生名朔, 以好古傳書, 愛經術, 多所博觀外家之語. 朔初入長安, 至公車上書, 凡用三千奏牘. 公車令兩人共持擧其書, 僅然能勝之. 人主從上方讀之, 止, 輒之其處, 讀之二月乃盡. 詔拜以爲郎, 常在側侍中. 數召至前談語, 人主未嘗不說也. 時詔賜之食於前. 飯已, 盡懷其餘肉持去, 衣盡汙. 數賜縑帛, 檐揭而去. 徒用所賜

● 금마문은 원래 학사들이 조명詔命을 기다리던 궁문의 이름이다. 한무제가 대원의 말을 얻은 후 이를 기념하기 위해 말의 동상을 만든 뒤 노반문魯班門 밖에 세우게 했다. 여기서 금마문이라는 명칭이 나오게 되었다.

錢帛, 取少婦於長安中好女. 率取婦一歲所者卽棄去, 更取婦. 所賜錢
財盡索之於女子. 人主左右諸郞半呼之"狂人." 人主聞之, 曰, "令朔在
事無爲是行者, 若等安能及之哉!" 朔任其子爲郞, 又爲侍謁者, 常持節
出使. 朔行殿中, 郞謂之曰, "人皆以先生爲狂." 朔曰, "如朔等, 所謂避
世於朝廷閒者也. 古之人, 乃避世於深山中." 時坐席中, 酒酣, 據地歌
曰, "陸沈於俗, 避世金馬門. 宮殿中可以避世全身, 何必深山之中, 蒿
廬之下." 金馬門者, 宦者署門也, 門傍有銅馬, 故謂之曰, 金馬門.

한번은 학궁學宮에 모인 박사와 선생이 서로 의론을 편 끝에 동방
삭을 이같이 비난했다.

"전국시대 말기 소진과 장의는 만승의 군주를 만나기만 하면 일거
에 경상의 자리에 오르고, 그 은택은 후대까지 미쳤습니다. 이제 선
생은 선왕의 도를 닦고, 성인의 의리를 사모해 《시경》과 《서경》과 제
자백가의 말을 이루 헤아릴 수 없을 정도로 외우고 있습니다. 죽백
竹帛의 글도 뛰어나 스스로 세상에 둘도 없다고[海內無雙] 자부하고 있
습니다. 게다가 견문이 넓고, 사물을 판단하는 데도 밝고, 지혜가 뛰
어난 선비라고 할 수 있습니다. 그러나 재능과 충성을 다해 성제聖帝
를 섬긴 지 수십 년이 지났지만 관계官階는 시랑侍郞, 관위는 집극執戟
(궁정의 시위관)에 지나지 않습니다. 무슨 잘못이 있었는지 생각해보십시
오. 무슨 까닭입니까?"

동방삭이 대답했다.

"이는 실로 그대가 알 수 있는 것이 아니오. 소진과 장의가 살던 때
도 한때이고, 지금도 한때에 해당하오.* 어찌 같을 수 있겠소? 저 장
의나 소진이 활약하던 때는 주나라 왕실이 크게 무너져서 제후가 조

회에 들지 않고, 힘으로 정권을 다투고, 서로 무력으로 침탈하고, 천하가 열두 개국으로 정리되었으나 아직도 자웅이 가려지지 않던 때였소. 인재를 얻는 자는 강성해지고, 인재를 잃는 자는 멸망했소. 책사의 말과 계책이 받아들여지면 존귀한 자리에 앉고, 그 은덕이 후대까지 미쳐 자손들이 부귀영화를 누렸던 것이오.

　그러나 지금은 그렇지 않소. 성제가 위에 있어 은덕이 천하에 흐르고, 제후가 모두 복종하고, 위엄이 사방 이적에게까지 미치고 있소. 사해 밖까지 마치 자리 한 장을 깔아놓은 것처럼 이어져 있고, 그릇을 엎어놓은 것보다 안정되어 있소. 천하가 두루 태평스럽고 하나로 합쳐 한집이 된 것이오. 계책을 세워 일을 진행시키는 것이 마치 손바닥 안에서 움직이는 것과 같소. 현자와 불초자를 무엇으로 구별할 수 있겠소? 지금 천하는 넓고, 백성은 많소. 정력을 다해 유세하는 것으로 신임을 얻으려고 몰려드는 자가 헤아릴 수 없을 정도로 많소. 힘을 다하고 의를 사모할지라도 의식衣食에 곤란을 겪고, 나아갈 문을 찾지 못하고 있소. 장의와 소진이 나와 함께 이 시대에 태어났으면 장고의 자리도 얻지 못했을 것이오. 어찌 감히 상시常侍나 시랑의 자리를 바랄 수 있겠소!

　전하는 말에 이르기를, '천하에 재해가 없으면 성인이 있을지라도

● "소진과 장의가 살던 때도 한때이고, 지금도 한때에 해당하오."의 원문은 "피일시야彼一時也, 차일시야此一時也"다. 《맹자》〈공손추 하〉에서 차용한 구절이다. 〈공손추 하〉에 따르면 맹자가 제나라를 떠날 때 제자 충우充虞가 도중에 물었다. "부자夫子에게 기쁘지 않은 기색이 있는 듯합니다. 전에 저는 부자로부터 듣기를, '군자는 하늘을 원망하지 않고, 사람을 탓하지 않는다'라고 했습니다." 맹자가 대답하기를, "그때도 한때이고 지금도 한때다. 500년마다 반드시 왕자王者가 나오고, 그사이에 반드시 일세에 명성을 떨치는 인물이 나와 왕자를 보좌했다. 하늘이 아직 천하를 평화롭게 다스리고자 하지 않아 그렇지, 만일 그러고자 한다면 지금의 세상에서 나 말고 그 누가 그 일을 할 수 있겠는가? 그러니 내가 무엇 때문에 기쁘지 않을 리 있겠는가?'라고 했다.

재주를 펼 길이 없고, 상하가 화합하면 현자가 있을지라도 공을 세울 수 없다'고 했소. 시대가 다르면 일도 다르다[時異事異]고 언급하는 이유가 여기에 있소. 비록 그렇기는 하나 어찌 수신修身하는 일을 힘쓰지 않을 수 있겠소?《시경》〈소아, 백화白華〉에서 이같이 노래했소.

'종을 궁에서 울리니 밖에 소리가 들린다.'

또《시경》〈소아, 학명鶴鳴〉에서 이같이 노래했소.

'학이 구고에서 우니, 하늘에 소리가 들린다.'

실로 능히 몸을 닦을 수 있다면 어찌 부귀영화를 누리지 못하는 것을 근심하겠소! 태공망 여상이 친히 인의를 행해 나이 일흔일곱 때 주문왕을 만나 그 포부를 행할 수 있게 되었소. 덕분에 제나라에 봉해졌고, 700년 동안 보위가 끊이지 않았소. 선비가 밤낮으로 부지런히 학문을 닦으며 도를 행하기[修學行道]를 감히 멈추지 못하는 이유가 여기에 있소. 오늘의 처사는 비록 당대에 쓰이지 못할지라도 홀로 우뚝 서고, 홀로 처하고, 위로 허유를 보며 아래로 접여接輿의 처세를 살피고, 계책은 범리와 같고, 충성은 오자서와 일치하오. 천하가 평화스러울 때는 의를 지키며 수신을 할 뿐이오. 짝이 없고 무리가 적은 것은 본래 당연한 일이오. 그런데도 그대들은 어찌해서 나를 이상한 사람으로 생각하는 것이오!"

여러 선생이 묵묵히 입을 다문 채 아무런 대답도 하지 못했다.

●● 時會聚宮下博士諸先生與論議, 公難之曰, "蘇秦 · 張儀一當萬乘之主, 而都卿相之位, 澤及後世. 今子大夫修先王之術, 慕聖人之義, 諷誦詩書百家之言, 不可勝數. 著於竹帛, 自以爲海內無雙, 卽可謂博聞辯智矣. 然悉力盡忠以事聖帝, 曠日持久, 積數十年, 官不過侍郞, 位不過執戟, 意者尙有遺行邪? 其故何也?" 東方生曰, "是固非子所能備也.

彼一時也, 此一時也, 豈可同哉! 夫張儀·蘇秦之時, 周室大壞, 諸侯不朝, 力政爭權, 相禽以兵, 幷爲十二國, 未有雌雄, 得士者彊, 失士者亡, 故說聽行通, 身處尊位, 澤及後世, 子孫長榮. 今非然也. 聖帝在上, 德流天下, 諸侯賓服, 威振四夷, 連四海之外以爲席, 安於覆盂, 天下平均, 合爲一家, 動發擧事, 猶如運之掌中. 賢與不肖, 何以異哉? 方今以天下之大, 士民之衆, 竭精馳說, 並進輻湊者, 不可勝數. 悉力慕義, 困於衣食, 或失門戶. 使張儀·蘇秦與僕並生於今之世, 曾不能得掌故, 安敢望常侍侍郎乎! 傳曰, '天下無害菑, 雖有聖人, 無所施其才, 上下和同, 雖有賢者, 無所立功.' 故曰時異則事異. 雖然, 安可以不務修身乎? 詩曰, '鼓鍾于宮, 聲聞于外. 鶴鳴九皋, 聲聞于天.' 苟能修身, 何患不榮! 太公躬行仁義七十二年, 逢文王, 得行其說, 封於齊, 七百歲而不絶. 此士之所以日夜孜孜, 修學行道, 不敢止也. 今世之處士, 時雖不用, 崛然獨立, 塊然獨處, 上觀許由, 下察接輿, 策同范蠡, 忠合子胥, 天下和平, 與義相扶, 寡偶少徒, 固其常也. 子何疑於余哉!"於是諸先生黙然無以應也.

건장궁 후각後閣의 이중 난간 안에 이상한 짐승이 나타났다. 모양이 고라니 같았다. 한무제가 이를 보고는 좌우 측근 가운데 경험이 많고 경전과 유가의 학설에 능한 자에게 물어보았으나 아는 이가 없었다. 동방삭에게 조사하게 하자 이같이 고했다.

"신은 이것을 알고 있습니다. 바라건대 맛난 술과 기름진 쌀밥을 내려 실컷 먹게 해주십시오. 그러면 신이 곧 일러드리겠습니다."

한무제가 조서를 내려 허락했다.

"가하다."

동방삭이 하사된 음식을 다 먹고 난 뒤 이같이 말했다.

"모처에 공전과 고기를 기르는 연못, 갈대밭 몇 이랑이 있습니다. 폐하가 신에게 이를 하사하면 곧 일러드리겠습니다."

한무제가 또 조서를 내려 허락했다.

"가하다."

동방삭이 마침내 흡족해하며 고했다.

"이는 흰색 바탕에 검은 얼룩이 있는 전설적인 동물인 추아騶牙[•]입니다. 먼 곳의 백성이 의를 사모하며 귀순하고자 할 때 추아가 먼저 나타납니다. 앞뒤로 아홉 개의 이빨이 통상적인 어금니와 똑같은 까닭에 특별히 어금니라고 칭할 만한 이빨이 따로 존재하지 않습니다.[••] 그래서 추아라고 부르는 것입니다."

이후 과연 1년 만에 흉노의 혼야왕이 무리 10만 명을 이끌고 와 투항했다. 동방삭에게 많은 돈과 재물을 하사했다. 동방삭은 늙어 죽게 되었을 때 한무제에게 이같이 간했다.

"《시경》〈소아, 청승靑蠅〉에서 이같이 노래했습니다.

'윙윙거리는 파리, 떼 지어 울타리에 앉네. 화락한 군자여, 헐뜯는 말을 믿지 마라. 헐뜯는 말은 끝 없으니 나라를 어지럽히지.'

바라건대 폐하는 아첨을 멀리하고, 참언을 물리치도록 하십시오."

한무제가 말했다.

"요즘 동방삭이 착한 말을 많이 한다."

● 추아의 추騶는 전설적인 인수仁獸를 뜻한다. 살아 있는 생물을 먹지 않는 것이 특징이다. 추오騶吳라고 부르기도 한다.
●● 원문은 "제등무아齊等無牙"다. 《사기색은》은 아홉 개의 이빨이 모두 어금니처럼 똑같은 까닭에 추아로 불리게 되었다고 풀이했다. 어금니가 없는 것이 아니라 모든 이빨이 어금니와 같아 특별히 따로 어금니라고 부를 일이 없다는 뜻이다.

얼마 후 동방삭이 병사했다. 증자는《논어》〈태백〉에서 이같이 말한 바 있다.

새가 죽을 때가 되면 그 울음이 슬프고, 사람이 죽을 때가 되면 그 말이 착하다.

이는 바로 이를 두고 한 말이다.

●● 建章宮後閤重櫟中有物出焉, 其狀似麋. 以聞, 武帝往臨視之. 問左右羣臣習事通經術者, 莫能知. 詔東方朔視之. 朔曰, "臣知之, 願賜美酒粱飯大飱臣, 臣乃言." 詔曰, "可." 已又曰, "某所有公田魚池蒲葦數頃, 陛下以賜臣, 臣朔乃言." 詔曰, "可." 於是朔乃肯言, 曰, "所謂騶牙者也. 遠方當來歸義, 而騶牙先見. 其齒前後若一, 齊等無牙, 故謂之騶牙." 其後一歲所, 匈奴混邪王果將十萬衆來降漢. 乃復賜東方生錢財甚多. 至老, 朔且死時, 諫曰, "詩云, '營營靑蠅, 止于藩. 愷悌君子, 無信讒言. 讒言罔極, 交亂四國'. 願陛下遠巧佞, 退讒言." 帝曰, "今顧東方朔多善言?" 怪之. 居無幾何, 朔果病死. 傳曰, "鳥之將死, 其鳴也哀, 人之將死, 其言也善." 此之謂也.

동곽열전

한무제 때 대장군 위청은 황후 위씨衛氏의 오라비인 까닭에 장평후에 봉해졌다. 그는 종군해 흉노를 격파한 뒤 여오수 부근까지 갔다가 철군했다. 흉노의 목을 베고, 포로를 대거 생포하는 공을 세웠다. 한무제가 조서를 내려 황금 1,000근을 하사했다. 위청이 대궐 문을 나서자 제나라 출신 방사인 동곽東郭 선생이 공거에서 조서를 기다리고 있다가, 길 위로 나와 위장군의 수레를 가로막고는 절하며 이같이 말했다.

"여쭐 것이 있습니다."

장군이 수레를 멈추고 동곽 선생을 앞으로 나오게 했다. 동곽 선생이 수레 곁으로 다가와 말했다.

"왕부인이 지금 새로 황제의 총애를 입고 있으나 집이 가난합니다. 이제 장군이 황금 1,000근을 얻었으니 만일 그 절반을 왕부인의 부모에게 주면 황제가 이를 듣고는 반드시 크게 기뻐할 것입니다. 이것이 기이하고도 편리한 계책입니다[奇策便計]."

위청이 사례謝禮했다.

"선생이 다행히도 기이하고도 편리한 계책을 일러주었습니다. 가르침을 받들겠습니다."

위청이 곧 황금 500근을 왕부인의 보모에게 선물했다. 왕부인이 이를 한무제에게 고하자 한무제가 이같이 말했다.

"대장군은 이런 일을 할 줄 모른다."

이내 위청을 불러서 물었다.

"이런 계책은 누구로부터 받은 것인가?"

위청이 대답했다.

"조서를 기다리고 있는 동곽 선생으로부터 받았습니다."

한무제가 조서를 내려 동곽 선생을 부른 뒤 군의 도위에 임명했다. 동곽 선생은 오랫동안 공거에서 조서를 기다리고 있던데다가 빈곤한 까닭에 크게 굶주리고 추위에 떨었다. 옷은 해지고 신발도 온전치 못했다. 눈 속을 걸어가면 신발이 위만 있고, 바닥이 없어 발이 그대로 땅에 닿았다. 길을 가던 사람들이 그를 보고 웃었다. 동곽 선생이 재치 있게 대꾸했다.

"누가 능히 신을 신고 눈 속을 걸어가면서 행인에게 위는 신발이고 아래는 사람의 발처럼 보이게 할 수 있겠소?"

그는 2,000석의 관원이 되어 푸른 인수를 찬 뒤 궐문을 나가 숙소주인에게 작별을 고했다. 전에 함께 조서를 기다리던 자들이 성문 밖에 반듯하게 도열한 뒤 조도신祖道神에게 제사를 지냈다. 그의 출발을 영예롭게 하고, 이름을 널리 알린 배경이다. 이는 남루한 옷을 입고서 보배를 품은 것이다[衣褐懷寶]. 그가 빈곤했을 때는 사람들이 거들떠보지도 않았다. 그가 존귀해지자 앞을 다투어 서로 돌아와 친부親附했다. 속담에 이런 말이 있다.

말을 평가하는 상마相馬는 여윈 모습에 혹해 천리마를 알아보지 못하는 실수를 범하고, 선비를 평가하는 상사相士는 가난한 모습에 혹해 현사를 알아보지 못하는 실수를 범한다.

바로 이런 경우를 두고 말하는 것인가? 당시 왕부인이 위독해지자 한무제가 친히 찾아가 문병했다.

"그대 소생은 응당 왕이 될 것이오. 어디를 봉국으로 삼고 싶소?"

왕부인이 대답했다.

"낙양에 있게 해주십시오."

한무제가 말했다.

"안 되오. 낙양은 무기고를 비롯해 곡식창고인 오창이 있소. 또 함곡관 입구에 해당하는 까닭에 천하의 인후咽喉로 불리오. 선제 때부터 줄곧 낙양에 왕을 두지 않은 이유요. 지금 관동의 나라 가운데 제나라보다 큰 나라가 없소. 제나라 왕으로 삼을 생각이오."

왕부인이 크게 기뻐하며 손으로 자신의 머리를 두드렸다.

"심히 다행스러운 일입니다."

왕부인이 죽자 이같이 표현했다.

"제왕齊王의 태후가 훙薨했다."

옛날에 제나라 왕이 순우곤을 시켜 고니를 초나라에 바치게 했다. 순우곤은 도성의 문을 나서자 길 위에서 고니를 날려버렸다. 이어 빈 새장을 들고 초나라 왕을 배견한 뒤 이같이 꾸며 말했다.

"제나라 왕이 신에게 고니를 바치라고 했습니다. 물가를 지나다가 고니가 목말라하는 모습을 차마 볼 수 없었습니다. 새장에서 꺼내서 물을 마시게 하자 이내 저를 버리고 날아갔습니다. 저는 할복을 하거나 목을 매는 것까지 생각해보았으나 사람들이 우리 군주를 두고 새 때문에 선비를 자진하게 만들었다고 비난할까 두려웠습니다. 고니는 깃털이 있는 새로 비슷한 새가 많습니다. 저는 비슷한 새를 돈을 주고 산 뒤 고니 대신 바칠 생각도 했으나 이는 신의가 없는 행동으로 우리 군주를 속이는 것이기도 합니다. 국외로 달아날 생각도 했으나 양국 군주 사이에 사자의 왕래가 끊어지는 것이 가슴 아팠습니다. 부득이 여기까지 와서 잘못을 고한 뒤 머리를 땅에 박고 사죄하며 달게 벌을 받고자 합니다."

초나라 왕이 말했다.

"훌륭하오. 제나라 왕에게 이런 신의 있는 선비가 있었던가!"

순우곤에게 많은 상을 내렸다. 포상은 고니를 바쳤을 경우보다 배나 되었다.

●● 武帝時, 大將軍衛靑者, 衛后兄也, 封爲長平侯. 從軍擊匈奴, 至余吾水上而還, 斬首捕虜, 有功來歸, 詔賜金千斤. 將軍出宮門, 齊人東郭先生以方士待詔公車, 當道遮衛將軍車, 拜謁曰, "願白事." 將軍止車前, 東郭先生旁車言曰, "王夫人新得幸於上, 家貧. 今將軍得金千斤, 誠以其半賜王夫人之親, 人主聞之必喜. 此所謂奇策便計也." 衛將軍謝之曰, "先生幸告之以便計, 請奉敎." 於是衛將軍乃以五百金爲王夫人之親壽. 王夫人以聞武帝. 帝曰, "大將軍不知爲此." 問之安所受計策, 對曰, "受之待詔者東郭先生." 詔召東郭先生, 拜以爲郡都尉. 東郭先生久待詔公車, 貧困飢寒, 衣敝, 履不完. 行雪中, 履有上無下, 足盡踐地. 道中人笑之, 東郭先生應之曰, "誰能履行雪中, 令人視之, 其上履也, 其履下處乃似人足者乎?" 及其拜爲二千石, 佩靑緺出宮門, 行謝主人. 故所以同官待詔者, 等比祖道於都門外. 榮華道路, 立名當世. 此所謂衣褐懷寶者也. 當其貧困時, 人莫省視, 至其貴也, 乃爭附之. 諺曰, "相馬失之瘦, 相士失之貧." 其此之謂邪? 王夫人病甚, 人主至自往問之曰, "子當爲王, 欲安所置之?" 對曰, "願居洛陽." 人主曰, "不可. 洛陽有武庫·敖倉, 當關口, 天下咽喉. 自先帝以來, 傳不爲置王. 然關東國莫大於齊, 可以爲齊王." 王夫人以手擊頭, 呼 "幸甚." 王夫人死, 號曰, "齊王太后薨." 昔者, 齊王使淳于髡獻鵠於楚. 出邑門, 道飛其鵠, 徒揭空籠, 造詐成辭, 往見楚王曰, "齊王使臣來獻鵠, 過於水上, 不忍鵠之渴, 出而飮之, 去我飛亡. 吾欲刺腹絞頸而死, 恐人之議吾王以鳥獸之故令士自傷殺也. 鵠, 毛物, 多相類者, 吾欲買而代之, 是不信而欺吾王也. 欲赴佗國奔亡, 痛吾兩主使不通. 故來服過, 叩頭受罪大王." 楚王曰, "善, 齊王有信士若此哉!" 厚賜之, 財倍鵠在也.

왕선생 열전

한무제 때 북해 태수를 불러 황제가 임시로 머무는 행재소로 오게 했다. 문학졸사文學卒史 왕선생王先生이 태수와 함께 가고자 했다.

"제가 도움이 될 터이니 허락해주십시오."

이를 허락하려고 하자 여러 부서의 아전들이 말했다.

"왕선생은 술을 좋아하는데다 말만 많고 내실이 없습니다. 함께 데리고 가서는 안 됩니다."

북해 태수가 말했다.

"왕선생이 가고자 하니 거절할 수는 없다."

결국 함께 가게 되었다. 행궁에 이른 뒤 궁문 밖에서 조서를 기다렸다. 왕선생은 날마다 품속에 지닌 돈으로 술을 사 위졸복야衛卒僕射와 함께 마셨다. 늘 취한 모습을 보이며 태수를 만나볼 생각도 하지 않았다. 태수가 행재소로 들어가 한무제를 배견할 때 왕선생이 호랑戶郞(궐문을 지키는 낭관)에게 말했다.

"나를 위해 우리 태수를 불러주시오. 멀리서라도 좋으니 말을 할 수 있게 해주시오."

호랑이 태수를 부르자 태수가 왕선생을 만났다. 왕선생이 말했다.

"천자가 곧 태수께 묻기를, '어떻게 북해를 다스려 도적이 없게 했는가?'라고 하면 뭐라고 답할 생각입니까?"

북해 태수가 대답했다.

"'현재賢材를 가려 뽑고, 능력에 따라 일을 맡기고, 포상의 등급을 달리하고, 불초한 자를 벌했습니다'라고 할 것이오."

왕선생이 반대했다.

"이는 곧 스스로 칭송하고 자랑하는 것이 되므로 그같이 하면 안 됩니다. 태수는 대답하기를, '신의 힘이 아니라 모두 폐하의 신령과 위무威武 덕분에 변화된 것입니다'라고 하십시오."

북해 태수가 말했다.

"알았소."

북해 태수가 불려 들어가 어전 앞에 이르자 한무제가 물었다.

"어떻게 북해를 다스렸기에 도적들이 일어나지 않게 된 것이오?"

북해 태수가 머리를 조아리며 대답했다.

"신의 힘이 아니라, 모두 폐하의 신령과 위무 덕분입니다."

한무제가 크게 웃으며 말했다.

"아, 어디서 장자長者의 말을 듣고 이같이 말하는 것이오? 그 말을 누구에게 들었소?"

북해 태수가 대답했다.

"문학졸사에게 들었습니다."

한무제가 물었다.

"그는 지금 어디에 있소?"

북해 태수가 대답했다.

"행재소 문 밖에 있습니다."

한무제가 조서를 내려 왕선생을 부른 뒤 상림원과 주전鑄錢을 관장하는 수형도위 직속의 승으로 삼고, 북해 태수를 수형도위로 삼았다.《도덕경》제62장에 이런 말이 있다.

아름다운 말은 남에게 팔 만하고, 고귀한 행실은 스스로를 빼어나게 만든다.

또 전해오는 속담에 이런 말이 나온다.

사귈 때 군자는 서로 좋은 말을 보내고, 소인은 서로 재물을 보낸다.

●● 武帝時, 徵北海太守詣行在所. 有文學卒史王先生者, 自請與太守俱, "吾有益於君", 君許之. 諸府掾功曹白云, "王先生嗜酒, 多言少實, 恐不可與俱." 太守曰, "先生意欲行, 不可逆." 遂與俱. 行至宮下, 待詔宮府門. 王先生徒懷錢沽酒, 與衛卒僕射飲, 日醉, 不視其太守. 太守入跪拜. 王先生謂戶郎曰, "幸爲我呼吾君至門內遙語." 戶郎爲呼太守. 太守來, 望見王先生. 王先生曰, "天子卽問君何以治北海令無盜賊, 君對曰何哉?" 對曰, "選擇賢材, 各任之以其能, 賞異等, 罰不肖." 王先生曰, "對如是, 是自譽自伐功, 不可也. 願君對言, 非臣之力, 盡陛下神靈威武所變化也." 太守曰, "諾." 召入, 至于殿下, 有詔問之曰, "何於治北海, 令盜賊不起?" 叩頭對言, "非臣之力, 盡陛下神靈威武之所變化也." 武帝大笑, 曰, "於呼! 安得長者之語而稱之! 安所受之?" 對曰, "受之文學卒史." 帝曰, "今安在?" 對曰, "在宮府門外." 有詔召拜王先生爲水衡丞, 以北海太守爲水衡都尉. 傳曰, "美言可以市, 尊行可以加人." "君子相送以言, 小人相送以財."

서문표열전

전국시대 초기 위문후 때 서문표가 업현의 현령이 되었다. 그는 업현에 이르자마자 장로들을 모아놓고 백성들이 괴로워하는 바를 물었다. 장로들이 대답했다.

"황하의 신인 하백河伯에게 아내를 바치는 일로 인해 큰 고통을 당하고 있습니다. 그로 인해 가난을 면치 못하고 있습니다."

서문표가 그 까닭을 묻자 이같이 대답했다.

"업현의 삼로와 아전이 해마다 백성에게 세금을 부과해 수백만 전을 거둡니다. 그 가운데 하백에게 여자를 바치는 데 20만에서 30만 전을 쓰고, 나머지는 무당들과 나누어 가진 뒤 돌아갑니다. 그 시기가 되면 무당이 마을을 돌아다니면서 빈한한 집 가운데 예쁜 처녀를 보고 '이 애가 하백의 아내가 될 것이다'라고 말하고는 이내 폐백을 주고 데려갑니다. 목욕시킨 뒤 촘촘하게 짠 비단으로 옷을 지어주고, 조용한 곳에 머물며 재계齋戒시킵니다. 재계하는 재궁齋宮을 물가에 만들고, 붉은 비단으로 만든 장막을 두르고, 처녀를 그 안에 있게 합니다. 쇠고기와 술과 밥을 갖추어 먹이고, 약 열흘을 보냅니다. 이어 화장을 시킨 뒤 시집가는 여인처럼 이부자리나 방석 같은 것을 만들고 그 위에 처녀를 태워 물 위로 띄워 보냅니다. 처음에는 떠 있지만 수십 리를 가면 곧 물에 가라앉습니다.

예쁜 딸이 있는 집은 무당이 하백을 위해 딸을 데려갈까 두려운 나머지 딸을 데리고 멀리 달아나는 자가 많습니다. 성안이 더욱 비고, 사람이 줄고, 마을이 빈곤해지는 이유입니다. 이런 일이 있은 지실로 오래되었습니다. 민간의 속에도 '하백에게 아내를 얻어주지 않으면 물이 범람해 백성을 익사시킬 것이다'라는 말이 있습니다."

서문표가 말했다.

"하백을 위해 아내를 얻어줄 생각으로 삼로를 비롯해 무당과 부로父老가 처녀를 물 위로 보내려 하거든 와서 알려주기 바라오. 나도 가서 처녀를 전송하겠소."

모두 입을 모아 말했다.

"잘 알았습니다."

마침내 그때가 되자 서문표가 물가로 가 이들을 만났다. 삼로와 아전, 호족, 마을의 부로가 모두 모였다. 구경을 나온 백성도 2,000명에서 3,000명에 달했다. 무당은 일흔 살이 넘은 노파로 여자 제자 10여 명이 수행했다. 모두 비단으로 만든 홑옷을 걸친 채 큰 무당 뒤에 섰다. 서문표가 말했다.

"하백의 아내를 불러오시오. 처녀의 미추美醜를 살필 것이오."

장악 안에서 처녀를 데리고 나와 서문표 앞으로 왔다. 서문표가 이를 처녀를 본 뒤 삼로와 무당 및 부로를 돌아보며 이같이 말했다.

"이 처녀는 아름답지 않소. 수고스럽지만 무당 할멈은 황하로 들어가 하백에게 고하기를, '아름다운 처녀를 다시 구해 다음에 보내드리겠습니다'라고 해주시오."

그리고는 곧 이졸吏卒을 시켜 큰 무당 할멈을 안아서 황하에 던지게 했다. 조금 있다가 말했다.

"무당 할멈이 어찌 이토록 오래 머무는 것인가? 제자가 가서 알아보도록 하라."

제자 한 명을 물속에 던졌다. 다시 조금 있다가 말했다.

"제자도 어찌 이토록 오래 있는 것인가? 다시 한 사람을 보내 재촉하게 하라."

제자 한 명을 더 물속에 던졌다. 이같이 모두 제자 세 명을 던졌다. 서문표가 말했다.

"무당과 그 제자들은 모두 여자인 까닭에 일을 고하기가 어려울 것이다. 수고스럽지만 삼로가 들어가서 하백에게 고하도록 하라."

다시 삼로를 물속에 던졌다. 서문표가 붓을 관에 꽂고 허리를 경쇠처럼 굽힌 자세로* 물을 향해 꽤 오랫동안 서 있었다. 곁에서 지켜보던 장로와 아전 들이 모두 크게 놀라고 두려워했다. 서문표가 돌아보며 물었다.

"무당과 삼로 모두 돌아오지 않고 있소. 이를 어찌하면 좋겠소?"

다시 아전과 호족에게 한 사람씩 차례로 물속으로 들어가 재촉토록 했다. 모두 머리를 땅에 대고 조아렸다. 이마가 깨져 피가 땅 위에 흐르고, 안색이 잿빛으로 변했다. 서문표가 말했다.

"좋다. 잠시 머물도록 하라. 조금 더 기다려보기로 하자."

그러고는 잠시 후 이같이 말했다.

"아전들은 일어나라. 하백이 손님들을 오래 머물게 하는 듯하다. 너희는 모두 돌아가도록 하라."

업현의 아전과 백성 모두 크게 놀라고 두려워했다. 이후 그 누구도 감히 다시는 하백의 아내로 처녀를 바치자는 말을 하지 못했다.

●● 魏文侯時, 西門豹爲鄴令. 豹往到鄴, 會長老, 問之民所疾苦. 長老曰, "苦爲河伯娶婦, 以故貧." 豹問其故, 對曰, "鄴三老·廷掾常歲賦斂百姓, 收取其錢得數百萬, 用其二三十萬爲河伯娶婦, 與祝巫共分其餘錢持歸. 當其時, 巫行視小家女好者, 云是當爲河伯婦, 卽娉取. 洗沐之, 爲治新繒綺縠衣, 閒居齋戒, 爲治齋宮河上, 張緹絳帷, 女居其中. 爲具牛酒飯食, 行十餘日. 共粉飾之, 如嫁女床席, 令女居其上, 浮之河中. 始浮, 行數十里乃沒. 其人家有好女者, 恐大巫祝爲河伯取之, 以故

● "붓을 관에 꽂고 허리를 경쇠처럼 굽힌 자세로"의 원문은 "잠필경절簪筆磬折"이다.《사기정의》는 잠필簪筆을 두고 붓을 마치 비녀의 머리 부분처럼 해 관의 앞부분에 꽂는 것으로 풀이했다. 판관의 판결 의식으로 파악한 것이다. 또 경절磬折은 굽은 모양의 경쇠처럼 몸을 구부리며 읍을 하는 것으로 해석했다.

多持女遠逃亡. 以故城中益空無人, 又困貧, 所從來久遠矣. 民人俗語曰 '卽不爲河伯娶婦, 水來漂沒, 溺其人民'云." 西門豹曰, "至爲河伯娶婦時, 願三老·巫祝·父老送女河上, 幸來告語之, 吾亦往送女." 皆曰, "諾." 至其時, 西門豹往會之河上. 三老·官屬·豪長者·里父老皆會, 以人民往觀之者三二千人. 其巫, 老女子也, 已年七十. 從弟子女十人所, 皆衣繒單衣, 立大巫後. 西門豹曰, "呼河伯婦來, 視其好醜." 卽將女出帷中, 來至前. 豹視之, 顧謂三老·巫祝·父老曰, "是女子不好, 煩大巫嫗爲入報河伯, 得更求好女, 後日送之." 卽使使卒共抱大巫嫗投之河中. 有頃, 曰, "巫嫗何久也? 弟子趣之!" 復以弟子一人投河中. 有頃, 曰, "弟子何久也? 復使一人趣之!" 復投一弟子河中. 凡投三弟子. 西門豹曰, "巫嫗弟子是女子也, 不能白事, 煩三老爲入白之." 復投三老河中. 西門豹簪筆磬折, 嚮河立待良久. 長老·吏傍觀者皆驚恐. 西門豹顧曰, "巫嫗·三老不來還, 奈之何?" 欲復使廷掾與豪長者一人入趣之. 皆叩頭, 叩頭且破, 額血流地, 色如死灰. 西門豹曰, "諾, 且留待之須臾." 須臾, 豹曰, "廷掾起矣. 狀河伯留客之久, 若皆罷去歸矣." 鄴吏民大驚恐, 從是以後, 不敢復言爲河伯娶婦.

당시 서문표는 하백 사건을 마무리한 뒤 곧바로 백성을 동원해 열두 개의 도랑을 팠다. 강의 물을 끌어다가 백성의 논에 관개하고자 한 것이다. 덕분에 모든 논에 관개할 수 있었다. 당초 백성들은 도랑을 만드는 것이 번거롭고 수고스러운 까닭에 열심히 하려 들지 않았다. 서문표가 말했다.

"백성은 일이 이루어진 뒤 함께 누릴 수는 있으나 함께 일을 꾀할 수는 없다.* 이제 부로와 자제 들은 자신들을 괴롭힌다고 원망하겠지만 100년 뒤 부로의 후손들은 반드시 내 말을 되새기게 될 것이다."

실제로 오늘날 한무제의 시기에 이르러서도 백성들 모두 당시에 관개를 한 수리水利 덕분에 풍족하게 살고 있다. 열두 개의 하천 모두 천자의 치도馳道를 가로지르고 있었다. 한나라가 일어나자 지방의 장리長吏들은 열두 개 하천의 다리가 천자의 치도를 끊고 서로 근접해 있어 좋지 않다는 이유로 하천을 합쳐 다리를 한 개만 놓고자 했다. 그러나 업현의 부로들은 장리의 말을 들으려 하지 않았다. 서문표가 만든 것이니 현자의 법식法式을 고쳐서는 안 된다고 생각한 것이다. 장리도 이내 이들의 말을 받아들여 그대로 두었다. 서문표는 업현의 현령이 되어 명성을 천하에 날리고, 그 은덕이 후대까지 흘러 끊어진 적이 없다. 어찌 현대부로 일컫지 않을 수 있겠는가? 이런 말이 전해오고 있다.

자산이 정나라를 다스리자 백성들은 그를 속이지 못하고[不能欺], 자천子賤이 선보單父 땅을 다스리자 백성들은 차마 그를 속이지 못하고[不忍欺], 서문표가 업현을 다스리자 백성들은 감히 그를 속이지 못하는[不敢欺] 모습을 보였다.

이 세 명이 보인 모습 가운데 어느 것이 가장 뛰어난 것인가?●● 치

● 원문은 "민가이락성民可以樂成, 불가여려시不可與慮始"다. 공자도 《논어》 〈태백〉에서 "백성들은 도리를 좇게 할 수는 있으나 도리를 일일이 알게 할 수는 없다[民可使由之, 不可使知之]"라는 유사한 취지의 말을 한 바가 있다.
●● 원문은 "삼자지재능수최현재三子之才能誰最賢哉"다. 삼자三子는 자산·자천·서문표를 지칭한다. 자천은 공자의 제자 복부제宓不齊를 말한다. 재주가 뛰어나고 어질어 선보를 다스릴 때 백성들이 그를 성심으로 추종했다. 《논어》 〈공야장〉에 공자가 그를 군자로 칭송한 대목이

도를 아는 자는 응당 이를 분별할 수 있을 것이다.

●● 西門豹卽發民鑿十二渠, 引河水灌民田, 田皆溉. 當其時, 民治渠少煩苦, 不欲也. 豹曰, "民可以樂成, 不可與慮始. 今父老子弟雖患苦我, 然百歲後期令父老子孫思我言." 至今皆得水利, 民人以給足富. 十二渠經絶馳道, 到漢之立, 而長吏以爲十二渠橋絶馳道, 相比近, 不可. 欲合渠水, 且至馳道合三渠爲一橋. 鄴民人父老不肯聽長吏, 以爲西門君所爲也, 賢君之法式不可更也. 長吏終聽置之. 故西門豹爲鄴令, 名聞天下, 澤流後世, 無絶已時, 幾可謂非賢大夫哉! 傳曰, "子産治鄭, 民不能欺, 子賤治單父, 民不忍欺, 西門豹治鄴, 民不敢欺." 三子之才能誰最賢哉? 辨治者當能別之.

유일하게 실려 있다. 자천은 선보 땅을 다스리면서 오직 거문고만 타며 3년 동안 동헌에서 내려오지 않았는데도 저절로 교화가 이루어졌다고 한다. 《사기집해》는 삼불기三不欺의 수수께끼에 대한 해답을 삼국시대의 일화에서 찾는다. 조조의 아들 위문제 조비曹丕가 군신을 모아 놓고 삼불기의 우열을 물은 것이다. 당대 최고의 지식을 자랑하는 태위 종요鍾繇와 사도 화흠華歆 및 사공 왕랑王朗 등이 입을 모아 이같이 대답했다. "예로부터 안인자安仁者는 어진 사람, 이인자利仁者는 지혜로운 사람, 강인자强仁者는 죄를 두려워하는 사람이라는 말이 있습니다. 안인자는 본성이 선해 자연스럽게 인을 행하는 사람, 이인자는 힘써 인을 행하는 사람, 강인자는 죄를 지을까 두려워 부득이 인을 행하는 사람입니다. 이를 비교하면 안인자가 가장 뛰어납니다. 안인자는 곧 불능기를 말합니다." 결국 자산을 가장 높이 평가한 셈이다. 삼국시대 당시 원소의 근거지였던 업성鄴城은 조조가 원소를 격파한 이후 조조의 근거지로 바뀌었다. 황제의 자리에 오른 위문제 조비는 이곳을 금성탕지金城湯池로 만들었다. 업성에 대한 자부심이 남달랐던 그는 삼불기의 일원인 서문표가 업성의 터를 닦으면서 베푼 인仁의 실체에 남다른 호기심으로 이런 질문을 했을 것으로 짐작된다. 《사기색은》은 삼불기는 옛 고전이 두루 언급한 사안이라며 사마천이 아닌 저소손이 이를 〈골계열전〉에서 공식 제기한 것으로 분석했다.

일자열전

日者列傳

〈일자열전〉은 점복占卜에 관한 기록이다. 일자日者는 하늘의 형태를 관찰해 길흉을 점치는 사람을 말한다. 사물의 변화를 토대로 길흉을 점친다는 점에서 바로 뒤에 나오는〈귀책열전〉의 점술가와 같다. 고대에 일자 등의 점술가를 중시한 것은 천상의 변화 등이 국가의 흥망과 밀접한 관련이 있다고 믿었기 때문이다.

천상에 대한 관찰이 과학으로 나아가지 못하고 미신으로 전락한 데는 동중서가 제창한 재이설이 결정적인 배경으로 작용했다. 원래 재이설은 이전부터 존재했으나 한무제 때 나온 독존유술 선언 이후 막강한 위력을 발휘하게 되었다. 유가 최고의 경전인《역경》이 미신적인 점서의 하나로 전락한 것이 대표적이다.

〈일자열전〉과〈귀책열전〉모두 위작 논란이 그치지 않고 있다. 문사가 조잡하고 내용이 미신적이기 때문이다. 두 장은 당시의 사회상을 파악하는 하나의 참고사항 정도로 이해하는 것이 타당하다.

예로부터 천명을 받은 자만이 왕이 되었다. 왕이 일어날 때 일찍이 복서卜筮로 천명을 헤아리지 않은 적이 있었던가! 복서는 주나라 때 성했고, 진나라 때도 볼 수 있었다. 대왕 유항劉恒이 한나라 조정에 들어와 한문제로 즉위한 것도 복인卜人에게 점을 치게 한 결과 대횡大橫의 점괘가 나왔기 때문이다. 태복太卜(점을 관장하는 중앙 조정 관원)은 한나라가 일어났을 때부터 있었다. 대표적인 인물이 사마계주司馬季主다. 초나라 출신인 그는 장안의 동시에서 활동했다. 당시 송충宋忠은 중대부, 또 가의賈誼는 박사로 있었다. 송충과 가의는 같은 날 휴가를 얻게 되었다. 궐 밖으로 나와 함께 걸으면서 이런저런 이야기를 했다. 이내《역경》이 선왕과 성인의 도술로 세상 물정에 두루 통해 있는 것을 언급하다가 서로 얼굴을 마주 보며 감탄했다. 가의가 말했다.

"내가 듣건대 옛 성인은 조정에 있지 않으면 복의卜醫(점쟁이나 의원) 가운데 있다고 했다. 지금 내가 삼공과 구경을 비롯해 조정의 사대부들을 보니 대략 어떤 자들인지 알 수 있었다. 한번 시험 삼아 복인 가운데 성인 같은 사람이 있는지 찾아내 그 풍모와 도량을 살펴보도록 하자•."

두 사람이 곧 수레를 함께 타고 저잣거리로 가 점치는 집으로 들어갔다. 마침 비가 내려 길에는 사람이 적었다. 사마계주가 한가롭게 자리에 앉아 있었고, 서너 명의 제자가 곁에서 모시고 있었다. 그는 마침 천지의 도와 일월의 운행, 음양과 길흉의 근본에 관해 설명하고 있었다. 두 사람이 재배하자 사마계주가 이들의 용모를 보고는

• "복인 가운데 성인 같은 사람이 있는지 찾아내 그 풍모와 도량을 살펴보도록 하자"의 원문은 "복수중이관채卜數中以觀采"다. 《사기색은》은 두 가지 주석을 모두 인용해놓았다. 복수卜數를 술수로 새기는 견해, 수數를 점대 서筮로 해석한 유씨劉氏의 주가 그것이다. 문맥상 점대로 해석한 견해가 타당하다.

학식 있는 사람이라는 것을 알고 정중하게 답례했다. 이어 제자에게 안내해 자리에 앉게 했다. 두 사람이 자리에 앉자 사마계주가 지금 까지 하던 이야기를 이어나갔다. 천지의 처음과 끝, 일월성신[日月星辰]의 운행규칙을 밝힌 뒤 인의를 차례로 설명하고 길흉의 징험을 열 거했다. 수천 마디 말을 했지만 이치에 벗어난 말은 단 한마디도 없 었다. 송충과 가의가 문득 크게 놀라며 두려워했다. 이내 깨달은 바 가 있어 관을 바로 고쳐 쓰고 옷깃을 여민 뒤 단정히 앉아 이같이 물 었다.

"선생의 모습을 보고 말씀도 잘 들었소. 우리가 세상 사람을 살펴 본 바로는 일찍이 본 적이 없는 사람이오. 그런 사람이 어떻게 이런 낮은 곳에 살면서 이처럼 천한 일을 하는 것이오?"

사마계주가 배를 싸안고 크게 웃으면서 말했다.

"공들을 보건대 도덕과 학문이 있는 것 같소. 어찌 이같이 식견이 고루하고 천박한 것이오? 게다가 그 말이 어찌 이처럼 투박한 것이 오? 지금 공들이 어질다는 것은 어떤 것이고, 높다고 여기는 사람은 누구요? 지금 무슨 이유로 나를 낮고 천하다 여기는 것이오?"

두 사람이 대답했다.

"높은 벼슬과 후한 녹봉[尊官厚祿]은 세인이 높이는 것이오. 재능 이 뛰어난 자가 그런 자리에 앉아 있는 것은 이 때문이오. 지금 선생 이 그런 자리에 있지 않은 까닭에 비천하다고 말한 것이오. 점쟁이 의 말은 미덥지 못하고, 행동은 본받을 것이 없고, 부당하게 돈을 벌 고 있소. 사람들이 천하다고 말하는 이유요. 대략 점은 세상에서 천 하게 여기는 것이오. 세인들이 입을 모아 말하기를, '점치는 복인 은 말이 많고, 과장되게 꾸며 사람의 감정에 맞추고, 공연히 남의 운명을 높여 말해 사람의 마음을 들뜨게 하고, 멋대로 환난이 있다고 늘어놓아 사람의 마음을 상하게 하고, 귀신을 빙자해 재물을 빼앗고, 후한 사례를 요구해 배를 채운다'고 말하고 있소. 이런 일들은 우리가 부끄럽게 여기오. 그래서 낮고 비천하다고 말한 것이오."

사마계주가 말했다.

"공들은 잠시 편안히 앉아 내 말을 들어보시오. 저 더벅머리 아이들을 보았소? 해와 달이 이들을 비추어주면 밖에 나가고, 비추어주지 않으면 나가지 않소. 이들은 일식이나 월식, 길흉에 관해 물으면 그 이치를 설명하지 못하오. 이로써 현불초를 분별해 아는 자는 흔치 않소. 현자는 도를 바르게 실천해 바르게 충고하고, 세 번 충고해도 듣지 않을 때는 물러나오. 남을 칭송할 때도 보상을 바라지 않고, 미워할 때도 원망을 돌아보지 않고, 국가에 편하고 백성에 이익이 되도록 하는 것을 임무로 삼소. 벼슬이 자신에게 맞지 않으면 그 자리에 있지 않고, 녹봉이 자신의 공로에 맞지 않으면 받지 않소. 바르지 못한 자를 보면 그가 존귀한 자리에 있을지라도 공경치 않고, 오점이 있는 사람을 보면 비록 그의 신분이 높더라도 몸을 굽히지 않소. 벼슬을 얻어도 기뻐하지 않고, 벼슬을 떠나도 원통해 하지 않소. 자신이 죄를 짓지 않았으면 치욕을 당해도 부끄러워하지 않소.

지금 공들이 말한 현자는 모두 부끄러워해야 할 자들이오. 몸을 너무 낮추어 앞으로 나아가고, 지나치게 겸손하게 말하고, 권세로 서로 끌어들이고, 이익으로 서로 이끌고 있소. 도당을 만들어 바른 사람을 배척하는 식으로 영예를 추구하고, 나라의 녹봉을 받으면서도 사사로운 이익을 꾀하고, 국법을 왜곡해 농민을 사냥하는 왕법엽농枉法獵農을 행하는 자들이오. 또 관직을 위세 부리는 수단으로 삼고,

법을 무기로 삼고, 이익을 추구하며 포악한 짓을 자행하오. 비유하면 시퍼런 칼을 빼들고 사람을 위협하는 강도와 무엇이 다르겠소?

당초 벼슬에 나갔을 때는 교묘한 수단을 동원해 실력을 두 배로 과장하고, 있지도 않은 공적을 떠벌이고, 없는 일도 있는 것처럼 서류로 꾸며 군주의 눈을 속이오. 남의 위에 있는 것을 좋게 여겨 높은 자리에 임명될 때 현자에게 양보하지 않고, 공적을 말할 때 거짓을 보고하며 사실을 부풀려 말하고, 없는 것을 있는 것처럼 말하고, 적은 것을 많은 것처럼 말하오. 모두 자신에게 유리한 권세와 높은 자리를 얻고자 하는 것이오. 또 주연과 놀이를 일삼으며 미희와 가녀歌女를 쫓느라 부모를 돌보지 않고, 법을 어기면서 백성을 해치고, 나라를 텅 비게 만드오. 이는 창과 활만 들지 않았을 뿐 도둑질을 하는 것이고, 칼만 들지 않았을 뿐 남을 공격하는 짓이오. 부모를 속인 자가 아직 그 죄를 받지 않고, 주군을 시해한 자가 아직 벌을 받지 않은 것일 뿐이오. 어찌 이들을 고현高賢한 인재라고 할 수 있겠소?

도둑이 창궐해도 막지 못하고, 오랑캐가 복종하지 않아도 평정치 못하고, 간악한 일이 일어나도 막지 못하고, 관원이 부패하고 타락해도 다스리지 못하고, 사계절이 불순해도 조화를 이루지 못하고, 농사가 흉작이어도 수급을 조절하지 못하오. 능력이 있는데도 이를 행하지 않는 것은 불충이오. 재능도 없이 관직에 앉아 나라의 녹봉을 탐하며 현자의 관직 진출을 방해하는 것은 벼슬을 도둑질하는 것이오. 도당을 이끌고 있는 자가 등용되고, 재물이 있는 자를 예우하는 것은 위선이오. 공들만 유독 올빼미와 봉황이 함께 하늘을 나는 것을 보지 못한 것이오? 난지궁궁蘭芷芎藭 등의 향초가 넓은 들에서 버림을 받고, 호소蒿蘇 같은 잡초가 숲을 이루고 있소. 군자가 몸을 피해 세상에 나타나지 못하도록 만드는 것은 바로 공들 같은 사람이오.

공자는 《논어》〈술이〉에서 말하기를, '옛일을 전할 뿐 새로 만들어 내지는 않는다'고 했소. 이는 군자의 의리를 언급한 것이오. 지금의 복인은 천지를 따르면서 사계절을 본뜨고, 인의에 순응해 책策(점을 치는 시초)을 나누어 괘卦를 정하고, 식式(길흉을 점치는 판)을 굴려 기棋(점을 칠 때 괘를 뜻하는 산가지)를 바로잡은 뒤에야 비로소 천지의 이해와 일의 성패를 말하고 있소. 옛날 선왕이 나라를 정할 때 반드시 먼저 일월을 점친 뒤 감히 하늘을 대신해 천하를 다스렸고, 길한 날을 고른 뒤 도읍 안으로 들어갔소. 또 집에서 자식을 낳으면 먼저 길흉을 점친 뒤 양육 여부를 결정했소. 복희씨가 팔괘八卦를 만들고, 주문왕이 이를 부연해 384효爻를 만들자 천하가 바로 다스려졌소. 월왕 구천은 주문왕의 팔괘를 본떠 적국을 격파하고 천하의 패권을 잡았소. 이로써 보면 복서가 어찌 이치를 거스른다고 하겠소?

복자는 깨끗이 쓸고 자리를 정한 뒤 의관을 바르게 한 연후에 비로소 일의 길흉과 성패를 말하오. 이는 예의를 갖춘 것이오. 일의 길흉과 성패를 물으면 귀신은 이로써 향응하고, 충신은 그 군주를 섬기고, 효자는 그 어버이를 봉양하고, 어버이는 그 자식을 양육하오. 이는 덕을 베푸는 것이오. 점을 부탁하는 사람은 의무적으로 수십 전에서 100전까지 내오. 점을 친 덕에 아픈 자가 낫고, 죽어가던 자가 되살아나고, 재앙을 면하는 자도 있고, 사업에 성공하는 자도 있고, 자식을 결혼시키며 며느리를 맞아들여 즐거운 삶을 누리오. 이 은덕이 어찌 수십 전이나 100전의 가치에 그치겠소? 이는 노자가 《도덕경》제38장에서 언급한 것과 취지를 같이하오.

'상덕은 자신의 덕을 덕으로 여기지 않는 부덕不德으로 존재하는

까닭에 오히려 덕이 있다.'

대략 복인의 경우 베푸는 이익은 크지만 받는 사례는 적소. 노자의 말이 어찌 이런 이치와 다르겠소? 장자도 이같이 말한 바 있소.

'군자는 안으로 굶주리거나 추위에 떨 염려가 없고, 밖으로는 약탈당할 걱정이 없다. 높은 자리에 있을 때는 존경을 받고, 낮은 자리에 있을 때는 해를 끼치지 않는다. 이것이 군자의 도다.'

오늘날 복서를 업으로 하는 복인은 점을 칠 때 사용하는 서죽筮竹과 산목算木을 쌓을지라도 부풀 것이 없고, 간직하고자 할지라도 창고가 필요 없고, 옮길 때도 수레가 쓰일 일도 없고, 짐을 꾸려서 등에 짊어져도 무겁지 않고, 머물러 써도 다함이 없소. 다함이 없는 물건을 가지고 끝이 없는 세상에서 노니 장자의 자유로운 행동도 이보다 더하지는 못할 것이오. 공들은 무슨 까닭에 점치는 것을 업으로 삼는 것이 나쁘다고 말하는 것이오? 하늘은 서북쪽에 모자라는 곳이 있으면 별이 서북쪽으로 옮겨가게 하고, 땅은 동남쪽이 부족한 곳이 있으면 바다로써 못을 만드오. 해는 중천에 이르면 반드시 이동하고, 달은 차면 반드시 이지러지게 마련이오. 선왕이 세운 진리도 때로는 있다가도 때로는 없어지기도 하오. 공들이 복인을 두고 '말에는 반드시 믿음이 있어야 한다'고 꾸짖은 것 또한 잘못 생각한 것이 아니오?

공들은 저 변사들을 보았소? 일을 생각하고 계책을 세우는 것은 반드시 그들이오. 그러나 그들 또한 말 한마디로 군주의 마음을 기쁘게 할 수는 없소. 그들이 말할 때 반드시 선왕을 일컫고 상고上古를 언급하는 이유요. 그들은 일을 생각하고 방책을 세울 때 선왕의 공적을 꾸며 말하기도 하고 실패를 언급하기도 하오. 군주의 마음을 두렵거나 기쁘게 만들어 자신의 욕망을 채우려는 것이오. 말이 많고 과장된 점에서 이보다 더한 사람도 없소. 그러나 나라를 부강하게 하고 공을 이루는 강국성공彊國成功과 군주에게 충성을 다하고자 할 경우 이 방법이 아니면 안 되오. 오늘날 복인은 미혹한 자를 이끌고 어리석은 자를 가르쳐주고 있소. 대체로 어리석고 미혹된 자를 어찌 말 한마디로 이해시킬 수 있겠소? 복인이 말이 많은 것을 싫어하지 않는 이유요.

천리마[騏驥]는 지친 노새와 사마駟馬(수레를 끄는 네 필의 말)의 짝을 지을 수 없고, 봉황을 제비나 참새와 무리를 지을 수는 없는 일이오. 현자가 불초자와 함께 나란히 서지 않는 것도 이 때문이오. 군자는 몸을 낮추어 사람들의 눈에 띄지 않는 곳에 살며 무리를 피하고, 스스로 몸을 숨겨 사람을 피하고, 드러나지 않는 곳에서 덕행을 하고, 많은 재해를 제거해 사람의 천성을 밝혀주고, 윗사람을 돕고 아랫사람을 교화시켜 공리功利를 많게 하고, 자신은 존귀나 명예를 구하지 않소. 공들처럼 세속에 영합해 떠벌리는 옹자[喁喁者]들이 어찌 장자長者의 도리를 알 리 있겠소?"

송충과 가의가 망연자실했다. 얼굴이 창백해지고, 입을 다문 채 아무 말도 하지 못했다. 옷깃을 바로 해 일어나 재배하고 하직 인사를 한 뒤 정신없이 문을 나와 간신히 수레에 올랐다. 그러나 수레 앞의 가로나무에 엎드려 고개를 숙인 채 숨도 제대로 쉴 수 없었다.

●● 自古受命而王, 王者之興何嘗不以卜筮決於天命哉! 其於周尤甚, 及秦可見. 代王之入, 任於卜者. 太卜之起, 由漢興而有. 司馬季主者, 楚人也. 卜於長安東市. 宋忠爲中大夫, 賈誼爲博士, 同日俱出洗沐, 相從論議, 誦易先王聖人之道術, 究徧人情, 相視而歎. 賈誼曰, "吾聞古

之聖人, 不居朝廷, 必在卜醫之中. 今吾已見三公九卿朝士大夫, 皆可
知矣. 試之卜數中以觀采." 二人卽同輿而之市, 遊於卜肆中. 天新雨,
道少人, 司馬季主閒坐, 弟子三四人侍, 方辯天地之道, 日月之運, 陰
陽吉凶之本. 二大夫再拜謁. 司馬季主視其狀貌, 如類有知者, 卽禮之,
使弟子延之坐. 坐定, 司馬季主復理前語, 分別天地之終始, 日月星辰
之紀, 差次仁義之際, 列吉凶之符, 語數千言, 莫不順理. 宋忠 · 賈誼瞿
然而悟, 獵纓正襟危坐, 曰, "吾望先生之狀, 聽先生之辭, 小子竊觀於
世, 未嘗見也. 今何居之卑, 何行之汙?" 司馬季主捧腹大笑曰, "觀大夫
類有道術者, 今何言之陋也, 何辭之野也! 今夫子所賢者何也? 所高者
誰也? 今何以卑汙長者?" 二君曰, "尊官厚祿, 世之所高也, 賢才處之.
今所處非其地, 故謂之卑. 言不信, 行不驗, 取不當, 故謂之汙. 夫卜筮
者, 世俗之所賤簡也. 世皆言曰, '夫卜者多言誇嚴以得人情, 虛高人祿
命以說人志, 擅言禍災以傷人心, 矯言鬼神以盡人財, 厚求拜謝以私於
己.' 此吾之所恥, 故謂之卑汙也." 司馬季主曰, "公且安坐. 公見夫被髮
童子乎? 日月照之則行, 不照則止, 問之日月疵瑕吉凶, 則不能理. 由
是觀之, 能知別賢與不肖者寡矣. '賢之行也, 直道以正諫, 三諫不聽則
退. 其譽人也不望其報, 惡人也不顧其怨, 以便國家利衆爲務. 故官非
其任不處也, 祿非其功不受也, 見人不正, 雖貴不敬也, 見人有汙, 雖尊
不下也, 得不爲喜, 去不爲恨, 非其罪也, 雖累辱而不愧也. 今公所謂賢
者, 皆可爲羞矣. 卑疵而前, 孅趨而言, 相引以勢, 相導以利, 比周賓正,
以求尊譽, 以受公奉, 事私利, 枉主法, 獵農民, 以官爲威, 以法爲機, 求
利逆暴, 譬無異於操白刃劫人者也. 初試官時, 倍力爲巧詐, 飾虛功執
空文以調主上, 用居上爲右, 試官不讓賢陳功, 見僞增實, 以無爲有, 以
少爲多, 以求便勢尊位, 食飮驅馳, 從姬歌兒, 不顧於親, 犯法害民, 虛

公家, 此夫爲盜不操矛弧者也, 攻而不用弦刃者也, 欺父母未有罪而弑
君未伐者也. 何以爲高賢才乎? 盜賊發不能禁, 夷貊不服不能攝, 姦邪
起不能塞, 官耗亂不能治, 四時不和不能調, 歲穀不孰不能適. 才賢不
爲, 是不忠也, 才不賢而託官位, 利上奉, 妨賢者處, 是竊位也, 有人者
進, 有財者禮, 是僞也. 子獨不見鴟梟之與鳳皇翔乎? 蘭芷芎藭棄於廣
野, 蒿蕭成林, 使君子退而不顯衆, 公等是也. 述而不作, 君子義也. 今
夫卜者, 必法天地, 象四時, 順於仁義, 分策定卦, 旋式正棊, 然後言天
地之利害, 事之成敗. 昔先王之定國家, 必先龜策日月, 而後乃敢代, 正
時日, 乃後入家, 産子必先占吉凶, 後乃有之. 自伏羲作八卦, 周文王演
三百八十四爻而天下治. 越王句踐放文王八卦以破敵國, 霸天下. 由是
言之, 卜筮有何負哉! 且夫卜筮者, 埽除設坐, 正其冠帶, 然後乃言事,
此有禮也. 言而鬼神或以饗, 忠臣以事其上, 孝子以養其親, 慈父以畜
其子, 此有德者也. 而以義置數十百錢, 病者或以愈, 且死或以生, 患或
以免, 事或以成, 嫁子娶婦或以養生, 此之爲德, 豈直數十百錢哉! 此
夫老子所謂'上德不德, 是以有德'. 今夫卜筮者利大而謝少, 老子之云
豈異於是乎? 莊子曰, '君子內無飢寒之患, 外無劫奪之憂, 居上而敬,
居下不爲害, 君子之道也.' 今夫卜筮者之爲業也, 積之無委聚, 藏之不
用府庫, 徙之不用輜車, 負裝之不重, 止而用之無盡索之時. 持不盡索
之物, 遊於無窮之世, 雖莊氏之行未能增於是也, 子何故而云不可卜
哉? 天不足西北, 星辰西北移, 地不足東南, 以海爲池, 日中必移, 月滿
必虧, 先王之道, 乍存乍亡. 公責卜者言必信, 不亦惑乎! 公見夫談士
辯人乎? 慮事定計, 必是人也, 然不能以一言說人主意, 故言必稱先王,
語必道上古, 慮事定計, 飾先王之成功, 語其敗害, 以恐喜人主之志, 以
求其欲. 多言誇嚴, 莫大於此矣. 然欲彊國成功, 盡忠於上, 非此不立.

今夫卜者, 導惑敎愚也. 夫愚惑之人, 豈能以一言而知之哉! 言不厭多. 故騏驥不能與罷驢爲駟, 而鳳皇不與燕雀爲羣, 而賢者亦不與不肖者同列. 故君子處卑隱以辟衆, 自匿以辟倫, 微見德順以除羣害, 以明天性, 助上養下, 多其功利, 不求尊譽. 公之等喁喁者也, 何知長者之道乎!" 宋忠 · 賈誼忽而自失, 芒乎無色, 悵然噤口不能言. 於是攝衣而起, 再拜而辭. 行洋洋也, 出門僅能自上車, 伏軾低頭, 卒不能出氣.

이 일이 있은 지 사흘 뒤 송충과 가의가 궁궐문 밖에서 서로 마주쳤다. 두 사람이 서로 끌어당겨 다른 사람을 피해 이야기를 나누었다. 도중에 서로 탄식하며 이같이 말했다.

"도덕은 높을수록 몸이 더욱 편안해지고[道高益安], 권세는 높을수록 몸이 더욱 위태로워지게 마련이다[勢高益危]. 혁혁한 권세의 자리에 있으면 몸을 망치는 날이 오게 마련이다. 점을 쳐 정확히 맞히지 못할지라도 복채를 돌려받는 일은 없다. 그러나 군주를 위해 방책을 세울 때 맞아떨어지지 않으면 몸 둘 곳이 없게 된다. 그 차이는 마치 머리에 쓰는 관과 발에 신는 신발만큼이나 크다. 이것이 바로 노자가 '이름이 없는 도는 만물의 시작이다'라고 말한 취지다.• 천지는 넓고 큰데다, 물건은 너무 많아 안전한 곳도 있고 위험한 곳이 있다. 어디에 있어야 할지 모른다. 나와 그대가 어찌 그 사람처럼 살 수 있겠는가? 그는 세월이 흘러도 더욱 편히 살 수 있을 것이다. 증씨曾氏••

• "이름이 없는 도는 만물의 시작이다"의 원문은 "무명자만물지시無名者萬物之始"다. 《도덕경》 1장에서 차용한 것이다. 원래 《도덕경》 1장에는 "이름이 없는 도는 천지의 시작이고, 이름이 있는 천지는 만물의 어미다[無名天地之始, 有名萬物之母]"라고 되어 있다.
•• 《사기집해》는 서광의 주를 인용해 증씨가 장자莊子를 뜻하는 장씨莊氏로 된 판본이 있다고 했다.

가 말한 취지도 이와 다르지 않을 것이다."

오랜 시간이 지난 뒤 송충은 흉노에 사자로 갔다가 도중에 되돌아온 일로 인해 죄를 짓게 되었다. 또 가의는 양회왕梁懷王 유승劉勝의 사부가 되었으나 유읍이 말에서 떨어져 죽자 그 일로 인해 식음을 끊고 한스러워하다가 죽었다. 이들은 부귀영화의 꽃을 피우기 위해 애쓰다가 오히려 목숨을 잃어 뿌리를 끊는 무화절근務華絶根의 당사자가 되었다.

•• 居三日, 宋忠見賈誼於殿門外, 乃相引屛語相謂自歎曰, "道高益安, 勢高益危. 居赫赫之勢, 失身且有日矣. 夫卜而有不審, 不見奪糈, 爲人主計而不審, 身無所處. 此相去遠矣, 猶天冠地屨也. 此老子之所謂 '無名者萬物之始' 也. 天地曠曠, 物之熙熙, 或安或危, 莫知居之. 我與若, 何足預彼哉! 彼久而愈安, 雖曾氏之義未有以異也." 久之, 宋忠使匈奴, 不至而還, 抵罪. 而賈誼爲梁懷王傅, 王墮馬薨, 誼不食, 毒恨而死. 此務華絶根者也.

태사공은 평한다.

"옛날 복인의 사적이 실리지 않은 것은 다른 책에 기록되어 있지 않기 때문이다. 사마계주는 내가 기록해두었다가 싣게 되었다."

•• 太史公曰, "古者卜人所以不載者, 多不見于篇. 及至司馬季主, 余志而著之."

저선생은 말한다.

"내가 낭관으로 있을 때 장안을 돌아다니다가 복서를 업으로 하는 현대부를 만난 적이 있다. 그가 기거하며 걸음을 걷고, 앉았다 일어서는 모습 등을 보니 시골 사람을 대할 때조차 의관을 바르게 했다. 실로 군자의 기풍이 있었다. 그는 사람의 성품을 보고 풀이를 잘했다. 부인들이 찾아와 점을 칠 경우 늘 엄숙한 얼굴로 대하고 이를 드러내며 웃은 적이 없다. 예로부터 현자가 세상을 피해 숨어 살고자 할 경우 통상 무성한 늪에 살거나 혹은 민간에 살며 입을 다문 채 말하지 않는다. 복인 사이에 숨어 살며 몸을 보전하는 자도 있었다.

사마계주는 원래 초나라 선비로 장안에 유학하고 있었다. 《역경》에 능통했다. 황로학에 밝았고 널리 견문한 것이 많았다. 그가 두 대부와 주고받은 이야기만 볼지라도 옛 현군과 성인의 도를 인용하고 있다. 이는 천박한 견문이나 얕은 술수로는 도저히 할 수 없는 일이다. 복서로 1,000리 밖까지 명성을 떨친 자도 가끔 있다. 전해오는 옛글에 이런 말이 있다.

'부富가 첫째, 귀貴는 그다음이다. 이미 귀하게 되었으면 각각 한 가지 재주를 배워 입신하려 한다.'

황직黃直은 대부, 진군부陳君夫는 그 아내였다. 두 사람은 명마를 감별하는 상마相馬로 천하에 이름을 날렸다. 제나라 장중과 곡성후는 검술에 뛰어나 천하에 이름을 떨쳤다. 유장유留長孺는 돼지를 감정하는 상체相彘, 형양의 저씨褚氏는 소를 감정하는 상우相牛로 이름을 날렸다. 이같이 능히 한 가지 재주로 이름을 떨친 자가 매우 많다. 모두 세상에서 우뚝 솟아 일반 사람을 뛰어넘는 풍모가 있는 자들이다. 이를 어찌 하나하나 모두 말할 수 있겠는가? 이런 말이 있다.

'그 땅이 아니면 심어도 나지 않고 그 뜻이 아니면 가르쳐도 소용이 없다.'

대개 집에서 자손을 가르칠 경우 마땅히 그들이 좋아하는 것을 알아야 한다. 호오好惡는 실로 일상생활 속에서 나오는 것이다. 좋아하는 것을 좇아 가르치면 성공할 수 있다. 이런 말이 나오는 이유다.

'한집안을 이끌어가며 자식을 가르치고 있는 모습을 보면 그 사람을 알 수 있다. 자식들이 있어야 할 곳에 처해 있으면 가히 현자로 부를 만하다.'

내가 낭관일 때 태복의 신분으로 조명을 받아 낭관이 되고자 하는 자와 함께 일한 적이 있다. 우리는 한무제 때 일어난 일화를 화제로 삼았다. 한무제가 점가占家를 모아놓고 이같이 물은 적이 있다.

'모일某日은 며느리를 맞이해도 좋은 날인가?'

먼저 음양과 오행으로 점을 치는 오행가五行家가 대답했다.

'좋습니다.'

이어 바람과 물을 토대로 점을 치는 감여가堪輿家가 대답했다.

'안 됩니다.'

이어 연월일시의 사주로 점을 치는 건제가建除家가 대답했다.

'불길합니다.'

이어 일월성신을 오행과 연관시켜 점을 치는 총진가叢辰家가 대답했다.

'크게 흉합니다.'

이어 역법에 근거해 점을 치는 역가曆家가 대답했다.

'조금 흉합니다.'

이어 천인天人의 감응을 토대로 점을 치는 천인가天人家가 대답했다.

'조금 길합니다.'

마지막으로 만물의 변화를 보고 점을 치는 태일가太一家가 대답했다.

'크게 길합니다.'

각자 자기 견해만 옳다고 주장해 결론이 나지 않았다. 그대로 보고하자 한무제가 이같이 명했다.

'모든 상서롭지 못한 것을 피하고자 할 때는 오행가의 말을 좇도록 하라.'

사람은 오행을 좇아 생장하고 죽는 까닭에 이같이 명한 것이다."

●● 褚先生曰, "臣爲郞時, 遊觀長安中, 見卜筮之賢大夫, 觀其起居行步, 坐起自動, 誓正其衣冠而當鄕人也, 有君子之風. 見性好解婦來卜, 對之顔色嚴振, 未嘗見齒而笑也. 從古以來, 賢者避世, 有居止舞澤者, 有居民閒閉口不言, 有隱居卜筮閒以全身者. 夫司馬季主者, 楚賢大夫, 遊學長安, 通易經, 術黃帝·老子, 博聞遠見. 觀其對二大夫貴人之談言, 稱引古明王聖人道, 固非淺聞小數之能. 及卜筮立名聲千里者, 各往往而在. 傳曰, '富爲上, 貴次之, 旣貴各各學一伎能立其身.' 黃直, 大夫也, 陳君夫, 婦人也, 以相馬立名天下. 齊張仲·曲成侯以善擊刺學用劍, 立名天下. 留長孺以相彘立名. 滎陽褚氏以相牛立名. 能以伎能立名者甚多, 皆有高世絶人之風, 何可勝言. 故曰, '非其地, 樹之不生, 非其意, 敎之不成.' 夫家之敎子孫, 當視其所以好, 好含苟生活之道, 因而成之. 故曰, '制宅命子, 足以觀土, 子有處所, 可謂賢人.' 臣爲郞時, 與太卜待詔爲郞者同署, 言曰, "孝武帝時, 聚會占家問之, 某日可取婦乎? 五行家曰可, 堪輿家曰不可, 建除家曰不吉, 叢辰家曰大凶, 曆家曰小凶, 天人家曰小吉, 太一家曰大吉. 辯訟不決, 以狀聞. 制曰, '避諸死忌, 以五行爲主. 人取於五行者也.'"

귀책열전
龜策列傳

《사기정의》는 한원제와 한성제漢成帝의 치세 도중에《사기》의 열
편이 이름만 남고 내용이 사라졌다고 했다. 〈효경본기孝景本紀〉·
〈효무본기〉·〈한흥이래장상명신연표漢興以來將相名臣年表〉·〈예서禮
書〉·〈악서樂書〉·〈율서律書〉·〈삼왕세가三王世家〉·〈부근괴성열전〉·
〈일자열전〉·〈귀책열전〉이 그것이다. 모두 저소손이 보완했다. 그
가운데 〈일자열전〉과 〈귀책열전〉에 대한 비판이 크다.《사기색은》
은 특히 〈귀책열전〉을 두고 번잡하고 누추해 하나도 취할 것이 없
다고 혹평했다.

〈귀책열전〉 역시 점복에 관한 기록이다. 〈일자열전〉이 천상을 토대
로 점을 치는 일자를 다룬 것과 달리 〈귀책열전〉은 말 그대로 거북
의 등딱지와 시초蓍草로 점을 치는 자들을 다루고 있다. 점복은 자
연의 법칙을 찾아내고자 한 점에서는 과학과 같지만 미신적인 방
법을 동원한 까닭에 과학과 정반대의 길을 걸었다. 맹자의 천인합
일설天人合一說, 동중서의 재이설, 주희朱熹의 천리인욕설天理人欲說
이 대표적이다. 세 명의 이런 주장은 공자 사상을 왜곡한 결정적인
계기로 작용했다. 그 결과는 엄청났다. 모두 이웃나라 내지 열강의

병탄 대상이 된 것이 그렇다. 19세기 중엽 아편전쟁 이후 청조와 조선이 일본을 포함한 서구 열강의 반(半)식민지 내지 식민지로 전락한 것이 대표적이다.

〈귀책열전〉은 〈일자열전〉보다 문사가 더욱 조잡해 학계에서는 후대인이 끼워 넣은 것으로 보고 있다.

태사공은 평한다.

"옛날부터 현명한 군왕이 나라를 세우고, 천명을 받아 왕업을 일으키고자 할 때 복서를 소중히 여겨 선정을 돕지 않은 적이 있었던가! 요순 이전의 점복은 기록치 못했다. 하·은·주 삼대가 일어난 뒤 각각 상서로운 조짐을 좇았다. 하나라 우왕이 도산씨塗山氏의 딸을 아내로 맞이할 때 점이 길했다. 아들 계啓가 천하를 이어받은 이유다. 은나라 시조 설契의 모친 간적簡狄이 날아다니는 제비의 알을 먹었다. 점을 치자 조짐이 길했다. 이후 은나라가 크게 흥성한 배경이다. 주나라 시조 후직은 어릴 때부터 농사일을 좋아해 백곡을 즐겨 심었다. 점괘가 좋았기에 이후 주나라가 천하의 왕자가 되었다. 역대 군왕 모두 의심스럽고 어려운 일을 결정할 때 복서로 예측했다. 이때 시초蓍草(톱풀)나 귀갑龜甲(거북의 등딱지)을 사용해 판단했다. 이 또한 변하지 않는 규칙이다.

만이와 저강氐羌 등은 비록 군신의 질서는 없었지만 의심스러운 것을 결정할 때는 점을 쳤다. 쇠와 돌을 이용해 점을 치기도 하고, 풀과 나무를 이용해 점을 치는 등 나라마다 각기 풍속이 달랐다. 그러나 모두 점을 근거로 전쟁을 일으키고, 적을 공격하고, 진군해 승리를 얻었다. 각기 자신의 신을 믿고 앞일을 알 수 있다고 여겼다. 대략 들은 바에 따르면 하나라와 은나라는 점을 칠 때 시초나 귀갑을 사용했고, 점을 친 뒤 이를 버렸다. 귀갑은 간직해두면 영험이 없고, 시초는 오래 보관하면 신통함을 잃게 된다고 여겼다. 주나라가 들어선 후 왕실의 복관卜官이 늘 시초와 귀갑을 소중히 보관했다. 시초와 귀갑의 크기나 사용 순서 등에서 각기 숭상하는 바가 있었지만 대략 그 귀결은 같았다. 혹자는 이같이 생각했다.

'성왕이 어떤 일을 만나면 길흉을 결정하지 않은 적이 없다. 의심나는 점을 결정할 때 점을 보지 않은 적이 없다. 성왕이 시초와 귀갑으로 신에게 고하고 의심나는 점을 풀어낸 것은 다가올 이후의 세상을 걱정했기 때문이다. 세상이 점차 쇠미해지면서 어리석은 자가 현자를 스승으로 섬기지 않고, 사람들이 각자 편한 방식으로 생각하고, 가르침이 여러 갈래로 나뉘고, 도가 흩어져 그 궁극을 찾아낼 것으로 생각하는 것 등이 바로 그런 경우다. 미묘한 점을 통해 추리하면서 정신을 맑게 하는 이유다.'

또 혹자는 이같이 생각했다.

'영험한 거북점은 성인도 미칠 수 없다. 거북이 길흉을 보여주고 시비를 분별하는 영험이 인간사에 그대로 적중하는 경우가 많기 때문이다.'

한고조 유방의 치세 때 진나라의 옛 제도를 모방해 태복관太卜官을 두었다. 당시 천하가 겨우 안정을 찾았을 때였다. 그러나 전란이 끝난 것은 아니었다. 한혜제는 재위 기간이 짧았고, 여태후는 사실상 여제女帝로 군림했다. 한문제와 한경제는 옛 제도를 답습했다. 복서의 이치를 강구하거나 시험할 겨를이 없었다. 아비와 자식이 주관疇官(천문과 역법 및 복서를 관장하는 자리)을 대대로 이었으나 복서의 정미하고 신묘한 점을 많이 잃었다.

금상인 한무제가 즉위한 후 널리 예능의 길을 열어 백가의 학문을 모두 받아들였다. 한 가지 재주에 정통한 선비도 능력을 발휘할 수 있었다. 능력이 월등히 뛰어난 사람은 높은 자리에 올랐다. 아부하거나 사사로운 정에 치우치지 않았다. 몇 해 사이에 복관이 매우 많아진 이유다. 마침 한무제가 북쪽으로 흉노를 치고, 서쪽으로 대원을 치고, 남쪽으로 백월을 손에 넣고자 했다. 복서를 통해 미리 길흉의 징조를 알아낸 뒤 그 이로움을 취하고자 했다. 맹장이 적의 예봉을 꺾고, 천자의 사자가 전쟁터에서 부절을 들고 승리를 얻는데도 조정에서 시초와 귀갑으로 점을 친 것이 큰 도움이 되었다. 한무제는 복관을 중시해 수천만 전을 하사하기도 했다. 구자명丘子明 등이 대표적이다. 부귀한데다 은총까지 입어 조정대신을 압도했다.

한무제 때 점괘를 이용해 남을 해치는 푸닥거리 사술詐術[蠱道]이 많았는데, 복관들이 이를 적발했다. 또 남을 무함하는 푸닥거리 무당[巫蠱]을 많이 알아맞혔다. 푸닥거리 무당을 비롯해 푸닥거리 사술을 행하는 자들은 점괘를 이용해 평소 원한이 있거나 못마땅했던 자를 공적인 일에 결부시켜 죄를 덮어씌웠다. 또 사람을 멋대로 무함해 일족에 해를 끼치거나 멸족을 시키는 경우가 이루 다 헤아릴 수 없을 정도로 많았다. 당시 모든 백관이 두려움에 떨며 이같이 말했다.

'귀갑과 시초가 능히 말을 할 줄 안다!'

나중에 간악한 짓이 발각되어 삼족이 주멸되었다. 대략 시초인 책策을 두 손으로 받들어 길흉을 점치고, 귀갑을 불에 태워 그 징조를 관찰한다. 그 안에 변화가 무궁하다. 반드시 현자를 선발해 점을 치게 했다. 가히 성인이 복서를 신중히 행했다고 할 수 있지 않은가?

주나라 건국공신 주공 단은 친형인 주무왕에게 병이 났을 때 태왕과 계력季歷 및 주문왕의 신령에게 각각 주무왕의 쾌유를 빌며 세 복인에게 차례로 거북점을 치도록 했다. 점괘가 모두 길하게 나와 마침내 주무왕이 완쾌했다. 은나라 주가 포학무도한 짓을 일삼은 뒤원귀元龜(커다란 거북)로 점을 쳤으나 길조가 나타나지 않았다. 또 진문공은 주양왕의 보위를 회복하기 위해 미리 점을 쳤을 때 황제黃帝가 판천阪泉에서 싸운다는 길한 점괘를 얻었다.• 덕분에 천자가 공이 많은 제후에게 내리는 붉은 화살[彤弓]을 얻을 수 있었다. 이에 앞서 진문공의 부친 진헌공晉獻公은 여희의 미색을 탐낸 나머지 여융驪戎을 치기 전에 점을 친 결과 입의 형상을 한 점괘를 얻었다.•• 결국 그 화는 진헌공에서 해제·탁자·진혜공晉惠公·진회공晉懷公에 이르기까지 5대의 군주에게 미쳤다. 초영왕楚靈王도 주나라 왕실을 배반하기 위해 점을 친 결과 불길한 징조가 나타나는 바람에 마침내 간계乾谿에서 패사했다.••• 길흉의 징조와 그 응험이 거짓 없이 사실로 나타난 셈이다. 당시 사람들은 이를 분명히 보았다. 그러니 어찌 점괘의 징조와 응험이 사실과 일치했다고 말하지 않을 수 있겠는가! 군자는 말한다.

• "황제가 판천에서 싸운다는 길한 점괘를 얻었다"의 원문은 "복득황제지조卜得黃帝之兆"다. 《사기집해》는《춘추좌전》〈노희공 25년〉조를 인용한 것으로 풀이했다. 〈노희공 25년〉조를 보면 기원전 635년 진문공이 주양왕을 낙읍으로 호송할 요량으로 복언에게 거북점을 치게 했다. 복언이 점을 친 뒤 해석하기를, "길합니다. 옛날 황제가 판천에서 신농씨의 후손과 싸웠을 때와 유사한 점괘가 나왔습니다"라고 했다. 승리를 예견한 점괘에 해당한다.
•• "점을 친 결과 입의 형상을 한 점괘를 얻었다"의 원문은 "복이조유구상卜而兆有口象"이다. 이는 음식을 씹어 벌어진 입을 합치게 한다는 취지의〈서합괘噬嗑卦〉를 언급한 것으로《춘추좌전》〈노희공 4년〉조에 이에 관한 일화가 나온다. 기원전 656년 겨울, 진헌공이 총애하는 여희를 부인으로 삼기 위해 거북점을 친 적이 있었다. 이때 불길한 점괘가 나오자 다시 시초점을 쳤다. 이번에는 길한 점괘가 나왔다. 진헌공이 시초점을 따르려고 했다. 거북점을 친 사람이 만류하기를, "시초점은 영험이 없고 거북점은 영험이 있으니 거북점을 따르느니만 못합니다. 점괘에 나오기를, '한 여인을 지나치게 총애하면 환란으로 변하고 군주가 좋아하는 것을 빼앗는다. 향내 나는 향초와 악취 나는 취초臭草를 한곳에 같이 두고 10년이 지나면 오히려 악취만 남는다'고 했으니 시초점을 좇아서는 안 됩니다"라고 했다. 그러나 진헌공은 이를 듣지 않고 이내 여희를 부인으로 삼았다. 여희는 해제를 낳았고 그의 여동생은 탁자를 낳았다. 진나라가 어지러워진 근본 배경이다.
••• 《사기집해》는《춘추좌전》〈노소공 13년〉조의 일화를 언급한 것으로 풀이했다. 이에 따르면 당초 초영왕은 거북점을 치면서 이같이 말한 적이 있다. "나는 천하를 차지하고자 합니다." 그러나 점괘는 불길하다고 나왔다. 초영왕은 거북의 등딱지를 내던지며 하늘을 향해 이같이 욕설을 퍼부었다. "이 보잘것없는 것조차 나에게 주지 않았다면 나는 반드시 자력으로 차지할 것이다." 결국 초영왕은 궁정 쿠데타로 인해 간계에서 패사하고 말았다.

'복서를 경시하고 신명을 믿지 않는 자는 사람의 도리에 어긋난다. 사람의 도리를 거스르면서 상서로움만 믿으려 하는 자는 귀신도 바르게 알려주지 않는다.'

기자도 《서경》〈홍범洪範〉에서 이같이 말했다.

"의심나는 일을 고려하고 결정하는 방안으로는 내심乃心과 경사卿士와 서인庶人과 복卜과 서筮 등 이른바 5모謀가 있다. 복과 서는 그 가운데 두 가지를 차지한다. 일을 할 때는 이 다섯 가지로 점을 쳐서 많은 쪽을 따른다."

이는 오로지 복서에만 의지하지 말라고 충고한 것이다. 나는 강남江南에 갔다가 점치는 것을 보고 그곳 장로에게 묻자 이같이 대답했다.

'거북은 1,000년을 살면 연잎 위에서 놀고, 시초는 한 뿌리에 100개의 줄기가 올라온다. 시초가 있는 곳에는 호랑이와 이리 등 맹수가 살지 않고, 독초나 쏘는 풀도 나지 않는다. 장강 가에 사는 사람들은 흔히 거북을 길러서 그 피를 마시고 고기를 먹는다. 혈액순환을 좋게 하고, 원기를 보충해 노화를 막는 데 도움이 된다고 생각하기 때문이다.'

이 어찌 사실이 아니겠는가!"

●● 太史公曰, "自古聖王將建國受命, 興動事業, 何嘗不寶卜筮以助善! 唐虞以上, 不可記已. 自三代之興, 各據禎祥. 塗山之兆從而夏啓世, 飛燕之卜順故殷興, 百穀之筮吉故周王. 王者決定諸疑, 參以卜筮, 斷以蓍龜, 不易之道也. 蠻夷氐羌雖無君臣之序, 亦有決疑之卜. 或以金石, 或以草木, 國不同俗. 然皆可以戰伐攻擊, 推兵求勝, 各信其神, 以知來事. 略聞夏殷欲卜者, 乃取蓍龜, 已則棄去之, 以爲龜藏則不靈,著久則不神. 至周室之卜官, 常寶藏蓍龜, 又其大小先後, 各有所尚, 要其歸等耳. 或以爲聖王遭事無不定, 決疑無不見, 其設稽神求問之道者, 以爲後世衰微, 愚不師智, 人各自安, 化分爲百室, 道散而無垠, 故推歸之至微, 要絜於精神也. 或以爲昆蟲之所長, 聖人不能與爭. 其處吉凶, 別然否, 多中於人. 至高祖時, 因秦太卜官. 天下始定, 兵革未息. 及孝惠享國日少, 呂后女主, 孝文 · 孝景因襲掌故, 未遑講試, 雖父子疇官, 世世相傳, 其精微深妙, 多所遺失. 至今上卽位, 博開藝能之路, 悉延百端之學, 通一伎之士咸得自效, 絶倫超奇者爲右, 無所阿私, 數年之閒, 太卜大集. 會上欲擊匈奴, 西攘大宛, 南收百越, 卜筮至預見表象, 先圖其利. 及猛將推鋒執節, 獲勝於彼, 而蓍龜時日亦有力於此. 上尤加意, 賞賜至或數千萬. 如丘子明之屬, 富溢貴寵, 傾於朝廷. 至以卜筮射蠱道, 巫蠱時或頗中. 素有眥睚不快, 因公行誅, 恣意所傷, 以破族滅門者, 不可勝數. 百僚蕩恐, 皆曰, '龜策能言!' 後事覺姦窮, 亦誅三族. 夫摋策定數, 灼龜觀兆, 變化無窮, 是以擇賢而用占焉, 可謂聖人重事者乎! 周公卜三龜, 而武王有瘳. 紂爲暴虐, 而元龜不占. 晉文將定襄王之位, 卜得黃帝之兆, 卒受彤弓之命. 獻公貪驪姬之色, 卜而兆有口象, 其禍竟流五世. 楚靈將背周室, 卜而龜逆, 終被乾谿之敗. 兆應信誠於內, 而時人明察見之於外, 可不謂兩合者哉! 君子謂夫輕卜筮, 無神明者, 悖, 背人道, 信禎祥者, 鬼神不得其正. 故書建稽疑, 五謀而卜筮居其二, 五占從其多, 明有而不專之道也. 余至江南, 觀其行事, 問其長老, 云龜千歲乃遊蓮葉之上, 蓍百莖共一根. 又其所生, 獸無虎狼, 草無毒螫. 江傍家人常畜龜飲食之, 以爲能導引致氣, 有益於助衰養老, 豈不信哉!"

저선생은 말한다.

"나는 유교 경전에 능통해, 박사에게 수업을 받고, 《춘추》를 배워 좋은 성적으로 낭관이 되었다. 다행히 숙위가 되어 궁궐을 출입한 지 10여 년이 되었다. 그간 은밀히 이후 《사기》로 불리게 된 《태사공전太史公傳》을 즐겨 읽었다. 사마천은 《태사공전》에서 이같이 말했다.

'하·은·주 삼대는 거북점을 쳤으나 그 방법은 달랐다. 사방의 이적들 역시 점치는 방법이 다르다. 모두 복서로 길흉을 판단한 점에서는 같다. 대충 그 요점을 살펴 〈귀책열전〉을 지었다.'

나는 이 말을 믿고 장안 거리를 다니면서 〈귀책열전〉을 구했으나 얻을 수 없었다. 태복관을 찾아간 뒤 장고와 문학文學의 장로 가운데 모든 일에 능한 자들에게 물어 귀책과 복사를 기록해 아래와 같이 편술했다."

●● 褚先生曰, "臣以通經術, 受業博士, 治春秋, 以高第爲郎, 幸得宿衛, 出入宮殿中十有餘年. 竊好太史公傳. 太史公之傳曰, '三王不同龜, 四夷各異卜, 然各以決吉凶, 略窺其要, 故作龜策列傳.' 臣往來長安中, 求龜策列傳不能得, 故之大卜官, 問掌故文學長老習事者, 寫取龜策卜事, 編于下方."

신귀열전

듣건대 옛날 오제와 삼왕은 거사하고자 할 때 반드시 먼저 시초와 거북으로 점을 쳐 결정했다고 한다. 옛날 점복서에 이같이 기록되어 있다.

아래에 복령茯笭(버섯의 일종)이 있으면 그 위에 토사兔絲(메꽃의 일종)가 있고, 위에 시초가 있으면 그 밑에 신귀神龜(오래된 거북)가 있다.

복령은 토사 밑에서 성장한다. 그 모습이 마치 나는 새 같다. 첫 봄비가 오고 그친 뒤 날씨가 맑게 개고 바람이 없는 날을 가려 밤중에 토사를 베어내고 횃불로 복령을 비추어본다. 횃불이 꺼지면 그곳에 표시를 해두고, 4장 길이의 새 천으로 주위를 싸둔다. 이튿날 날이 새면 그곳을 판다. 4척에서 7척 깊이를 파면 복령을 얻을 수 있다. 7척을 지나면 복령을 얻을 수 없다. 복령은 천년 묵은 송진이다. 이를 먹으면 불로장생한다. 듣건대 시초가 나서 줄기가 100개 이상 되면 그 밑에 반드시 신귀가 있어 이를 지키고, 그 위에 늘 푸른 구름이 덮여 있다고 한다. 옛날 점복서에 이같이 기록되어 있다.

천하가 태평하고 왕도가 행해지면 시초의 줄기는 10척 길이로 자라고, 한 뿌리에서 100개의 줄기가 난다.

오늘날에는 사람들이 시초를 얻어도 옛날 법도에 맞게 할 수도 없다. 줄기가 100개, 길이가 10척인 시초를 얻는 것 자체가 힘들다. 줄기가 여든 개이고, 길이가 8척인 것을 얻기도 쉽지 않다. 백성들이 점칠 때 즐겨 사용하는 것은 줄기가 예순 개 이상이고, 길이가 6척이면 쓸 만한 것으로 여긴다. 옛날 점복서에 이같이 기록되어 있다.

명귀名龜를 얻는 자에게는 재물이 모여든다. 그 집은 반드시 1,000만 전을 모으는 부자가 된다.

명귀는 모두 8종이 있다. 첫째 북두귀北斗龜, 둘째 남진귀南辰龜, 셋째 오성귀五星龜, 넷째 팔풍귀八風龜, 다섯째 이십팔수귀二十八宿龜, 여섯째 일월귀日月龜, 일곱째 구주귀九州龜, 여덟째 옥귀玉龜다. 8종의 명귀 그림에는 각각 거북의 배 밑에 글이 적혀 있다. 글에 명귀의 이름도 포함되어 있다. 여기서는 대강의 뜻만 기록하고 그림은 옮겨 그리지 않았다. 이런 명귀는 반드시 1척 2촌이 되지 않는다. 백성들은 7, 8촌의 거북을 얻어도 보배로 여긴다. 지금 주옥이나 보기는 설령 깊이 감출지라도 그 빛을 드러낸다. 반드시 그 신명함을 드러낸다는 것이 바로 이를 두고 말한 것이 아니겠는가!

아름다운 옥이 산에 있으면 초목이 기름지고, 깊은 못에 진주가 있으면 초목이 마르지 않는다. 이는 진주와 옥의 윤택 덕분이다. 명월주는 강과 바다에서 나는데 조개 속에 감추어 있고, 교룡이 그 위에 엎드려 있다. 제왕이 이를 얻으면 오래도록 천하를 보존할 수 있고, 주위의 이민족이 복종한다. 만일 혹자가 줄기 100개의 시초를 얻고, 동시에 그 밑에 있는 신귀까지 얻어 점을 치면 말하는 것마다 모두 맞아 충분히 길흉화복을 결정할 수 있다.

신귀는 장강의 물속에서 난다. 여강군은 매년 길이가 1척 2촌이 되는 거북 스무 마리를 태복관에 바친다. 태복관은 길일을 가려 그 배의 껍질을 떼어낸다. 거북은 1,000년이 되어야 길이가 1척 2촌이 된다. 제왕이 군사를 일으키고 장군을 파견할 때는 반드시 종묘의 당상堂上에서 거북 등딱지를 뚫어 길흉을 결정한다. 지금 고묘에 귀실龜室(거북의 방)이 있다. 그 안에 위에서 언급한 거북의 등딱지가 신령스러운 보물로 보관되어 있다. 옛 점복서에 이같이 기록되어 있다.

거북 앞발의 뼈를 뚫어 몸에 지니고, 거북을 얻어 집안 서북쪽에 걸어둔다. 그러면 깊은 산이나 큰 숲속으로 들어가도 길을 잃지 않는다.

내가 낭관으로 있을 때 회남왕 유안이 학자들을 불러 만든《회남만필술淮南萬畢術》〈석주방전石朱方傳〉을 본 적이 있다. 거기에 이같이 기록되어 있다.

신귀는 강남의 가림嘉林 속에 산다. 가림에는 범이나 늑대와 같은 맹수가 없고, 올빼미 같은 새도 없다. 독충이나 해충도 없고, 들불도 여기까지는 미치지 못한다. 도끼나 낫도 닿지 않는 곳이 바로 가림이다. 신귀는 이 가림에서 늘 아름다운 연잎 위에 집을 짓고 산다. 신귀의 왼쪽 옆구리에는 "갑자년甲子年에 햇무리 등이 나타나는 중광重光의 시기에 나를 얻으면 필부의 신분에서 문득 제왕이 되거나 최소한 봉지를 지닌 제후가 될 것이다. 제후가 나를 얻으면 제왕이 된다. 흰 뱀이 몸을 도사리고 있는 숲속에서 신귀를 얻고자 하는 자는 목욕재계를 하고 그것이 나타나주기를 기다려야 한다. 마치 소식을 전해주는 이가 오기만 기다리듯 몸가짐을 겸손하고 엄숙하게 한다. 술을 땅에 부어 제사 지내고, 머리를 풀어헤친 뒤 사흘 밤낮을 갈구해야 신귀를 얻을 수 있다"고 쓰여 있었다.

이로써 보건대 이 어찌 영묘한 신귀가 아니겠는가! 어찌 신귀를 존경하지 않을 수 있겠는가? 남쪽에 어떤 노인이 거북으로 침대 다리를 받쳐두었다. 20여 년이 지난 뒤 노인이 죽어 침대를 옮겼으나 거북은 아직도 살아 있었다. 거북이 기를 자유자재로 움직이는 행기行氣를 했기 때문이다. 혹자가 물었다.

"거북은 이처럼 신령한 것입니다. 그런데 태복관은 왜 살아 있는 거북을 얻으면 곧바로 죽여 그 등딱지를 얻는 것입니까?"

최근 장강 가에 사는 어떤 자가 명귀名龜를 얻어 길렀다. 덕분에 그 집안은 큰 부자가 되었다. 그는 친구와 상의해 거북을 놓아주려고 했다. 친구가 이같이 말했다.

"거북을 죽일지언정 놓아주어서는 안 된다. 놓아주면 집을 망하게 할 것이다."

거북이 꿈에 나타나 말했다.

"나를 물속으로 보내주시오. 죽이지는 마시오."

그러나 그는 결국 거북을 죽이고 말았다. 이후 그 사람도 죽고 집 안에도 불행이 잇달아 일어났다. 백성과 군왕의 도리는 다르다. 백성이 명귀를 얻으면 아무래도 죽이지 말아야 한다. 그러나 고사에 따르면 옛날 명왕과 성주聖主는 모두 거북을 죽인 뒤 그 등딱지를 점복 등에 사용했다.

●● 聞古五帝·三王發動擧事, 必先決蓍龜. 傳曰, "下有伏靈, 上有兔絲, 上有擣蓍, 下有神龜." 所謂伏靈者, 在兔絲之下, 狀似飛鳥之形. 新雨已, 天淸靜無風, 以夜捎兔絲去之, 卽以燭此地燭之, 火滅, 卽記其處, 以新布四丈環置之, 明卽掘取之, 入四尺至七尺, 得矣, 過七尺不可得. 伏靈者, 千歲松根也, 食之不死. 聞蓍生滿百莖者, 其下必有神龜守之, 其上常有靑雲覆之. 傳曰, "天下和平, 王道得, 而蓍莖長丈, 其叢生滿百莖." 方今世取蓍者, 不能中古法度, 不能得滿百莖長丈者, 取八十莖已上, 蓍長八尺, 卽難得也. 人民好用卦者, 取滿六十莖已上, 長滿六尺者, 卽可用矣. 記曰, "能得名龜者, 財物歸之, 家必大富至千萬." 一曰, "北斗龜", 二曰, "南辰龜", 三曰, "五星龜", 四曰, "八風龜", 五曰, "二十八宿龜", 六曰, "日月龜", 七曰, "九州龜", 八曰, "玉龜", 凡八名龜. 龜圖各有文在腹下, 文云云者, 此某之龜也. 略記其大指, 不寫其圖. 取此龜不必滿尺二寸, 民人得長七八寸, 可寶矣. 今夫珠玉寶器, 雖有所深藏, 必見其光, 必出其神明, 其此之謂乎! 故玉處於山而木潤, 淵生珠而岸不枯者, 潤澤之所加也. 明月之珠出於江海, 藏於蚌中, 蛟龍伏之. 王者得之, 長有天下, 四夷賓服. 能得百莖蓍, 幷得其下龜以卜者, 百言百當, 足以決吉凶. 神龜出於江水中, 廬江郡常歲時生龜長尺二寸者二十枚輸太卜官, 太卜官因以吉日剔取其腹下甲. 龜千歲乃滿尺二寸. 王者發軍行將, 必鑽龜廟堂之上, 以決吉凶. 今高廟中有龜室, 藏內以爲神寶. 傳曰, "取前足臑骨穿佩之, 取龜置室西北隅懸之, 以入深山大林中, 不惑." 臣爲郎時, 見萬畢石朱方, 傳曰, "有神龜在江南嘉林中. 嘉林者, 獸無虎狼, 鳥無鴟梟, 草無毒螫, 野火不及, 斧斤不至, 是爲嘉林. 龜在其中, 常巢於芳蓮之上. 左脅書文曰, ‘甲子重光, 得我者匹夫爲人君, 有土正, 諸侯得我爲帝王.’ 求之於白蛇蟠杅林中者, 齋戒以待, 譺然, 狀如有人來告之, 因以醮酒佗髮, 求之三宿而得." 由是觀之, 豈不偉哉! 故龜可不敬與? 南方老人用龜支牀足, 行二十餘歲, 老人死, 移牀, 龜尙生不死. 龜能行氣導引. 問者曰, "龜至神若此, 然太卜官得生龜, 何爲輒殺取其甲乎?" 近世江上人有得名龜, 畜置之, 家因大富. 與人議, 欲遣去. 人敎殺之勿遣, 遣之破人家. 龜見夢曰, "送我水中, 無殺吾也." 其家終殺之. 殺之後, 身死, 家不利. 人民與君王者異道. 人民得名龜, 其狀類不宜殺也. 以往古故事言之, 古明王聖主皆殺而用之.

송원왕열전

송원왕宋元王이 신귀 한 마리를 얻어 죽인 뒤 등딱지를 이용해 점을 쳤다. 삼가 그 일을 아래에 기술해 호사가들이 점복 여부를 선택하는 데 도움을 주고자 한다. 송원왕 2년, 장강의 신이 신귀를 황하의 신에게 사자로 보냈다. 신귀가 천양泉陽에 이르렀을 때 예저豫且라는 어부가 그물로 이를 잡아 바구니 속에 넣어두었다. 밤중에 신귀가 송원왕의 꿈에 나타나 이같이 말했다.

"저는 장강 신의 명을 받아 황하의 신에게 사자로 가던 길입니다. 가는 길목에 그물이 쳐져 있었기에 천양에 사는 어부 예저에게 잡혀 달아날 수 없게 되었습니다. 곤경에 빠졌으나 하소연할 곳이 없습니다. 대왕은 평소 덕의가 높은 까닭에 이처럼 찾아와 호소하는 것입니다."

송원왕이 크게 놀라 잠에서 깨어났다. 곧 박사 위평衛平을 불러 물었다.

"방금 과인은 꿈속에서 한 남자를 만났소. 머리와 목이 긴 사람이 수놓은 검은 옷을 입고, 검은 수레에 올라타서 나타나 과인에게 말했소. '저는 장강 신의 명을 받아 황하의 신에게 사자로 가던 길입니다. 가는 길목에 그물이 쳐져 있었기에 천양에 사는 어부 예저에게 잡혀 달아날 수 없게 되었습니다. 곤경에 빠졌으나 하소연할 곳이 없습니다. 대왕은 평소 덕의가 높은 까닭에 이처럼 찾아와 호소하는 것입니다'라고 했소. 이는 도대체 어찌된 일이오?"

위평이 이야기를 다 듣고는 식式(점을 치는 판)을 들고 일어섰다. 먼저 하늘을 우러러 달빛을 보고, 북두성이 가리키는 방향을 관찰한 뒤

해가 향하는 곳을 정했다. 이어 규구와 권형을 이용해 동남과 서북과 서남과 동북 등의 네 방향에 위치를 정하고, 건곤진손乾坤震巽과 감리간태坎離艮兌의 팔괘도 바르게 배열했다. 연후에 길흉을 헤아리자 거북 형상이 먼저 나타났다. 송원왕에게 이같이 고했다.

"어젯밤은 임자일壬子日로 이십팔수二十八宿가 견우에 자리한 날입니다. 황하의 물이 크게 불어 귀신이 서로 상의합니다. 은하수가 남북으로 바로 위치해 장강과 황하는 그 계절을 잃지 않습니다. 남풍이 문득 불어 강신이 보낸 사자가 먼저 왔습니다. 흰 구름이 은하수를 덮으면 만물이 모두 제자리에 멈춥니다. 두병斗柄(북두성의 손잡이 부분)이 해가 있는 쪽을 가리키고 있어 사자가 간히게 된 것입니다. 수놓은 검은 옷을 입고 검은색 수레에 탄 것은 거북입니다. 대왕은 급히 사람을 보내 거북을 찾도록 하십시오."

송원왕이 대답했다.

"잘 알았소."

곧 사자를 급히 천양으로 보내 현령에게 이같이 묻게 했다.

"현에는 어부의 집이 몇 집이나 되는가? 누가 예저인가? 예저가 잡은 거북이 대왕의 꿈에 나타났다. 대왕이 명해 거북을 찾아오도록 했다."

현령이 관속을 시켜 호적을 조사하고 지도를 자세히 살피게 했다. 장강 가에서 고기잡이를 하는 집은 모두 55호였다. 상류에 거주하는 자가 예저임을 알게 되었다. 현령이 말했다.

"이 사람이다."

이어 사자와 함께 달려가 예저에게 물었다.

"어젯밤 고기를 잡으러 갔다가 무엇을 얻었는가?"

예저가 대답했다.

"한밤중에 그물을 끌어올려 거북을 잡았습니다."

사자가 물었다.

"지금 그 거북은 어디 있는가?"

예저가 대답했다.

"바구니 안에 있습니다."

사자가 말했다.

"네가 거북을 잡은 사실을 대왕이 알고 있다. 나에게 명해 이를 구해오라고 했다."

예저가 대답했다.

"잘 알았습니다."

그러고는 곧 거북을 바구니 안에서 꺼내 묶은 뒤 사자에게 바쳤다. 사자는 거북을 수레에 싣고 천양 성문을 나섰다. 대낮인데도 깜깜해서 아무것도 보이지 않았다. 심한 비바람이 치고, 하늘과 땅이 모두 어두컴컴했다. 구름이 수레 위를 덮어 오색찬란하게 빛났다. 번개와 비가 함께 일어나며 바람이 불어왔다. 사자가 거북을 실은 수레를 끌고 남쪽 정문인 단문端門으로 들어와, 동쪽 방에서 송원왕을 만났다. 거북의 몸뚱이는 흐르는 물처럼 윤택이 나고 빛이 났다. 거북이 송원왕을 보고는 목을 늘이고 세 걸음 앞으로 나온 뒤 멈추었다. 이어 목을 움츠린 채 뒤로 물러나 제자리로 돌아갔다. 송원왕은 기이하게 생각해 위평에게 물었다.

"거북이 과인을 보고 목을 길게 늘어뜨리고 앞으로 나왔소. 이는 무슨 뜻이오? 또 목을 오므리고 제자리로 돌아갔소. 이 또한 무슨 뜻이오?"

위평이 대답했다.

"거북은 걱정 속에 꼬박 하룻밤 갇혀 있었습니다. 대왕은 덕의가 있어 사자를 보내 거북을 구해주었습니다. 지금 목을 늘어뜨리고 앞으로 나아간 것은 감사를 표한 것이고, 목을 오므리고 물러난 것은 속히 떠나고 싶다는 뜻입니다."

송원왕이 말했다.

"알았소, 거북이 이토록 신령스럽단 말인가? 오래 머물게 해서는 안 되겠소. 속히 수레를 준비해 거북을 보내주도록 하시오. 기한에 늦지 않도록 도와주어야 할 것이오."

위평이 대답했다.

"이 거북은 천하의 보물입니다. 남보다 먼저 이 거북을 얻은 자가 천자가 됩니다. 이 거북으로 점을 칠 경우 열 번 물어보면 열 번 알아맞히고, 열 번 싸우면 열 번 다 이깁니다. 이 거북은 깊은 못에서 태어나 황토에서 성장한 까닭에 천도를 알고 상고上古의 일에 밝습니다. 3,000년 동안 물속에서 노닐고, 그곳을 벗어나지 않았습니다. 편안하며 얌전하고, 조용하며 바르고, 움직이는 데 힘을 들이지 않습니다. 수명은 천지와 같아 그 끝을 아는 자가 없습니다. 이 거북은 사물과 함께 변화하고, 사철마다 그 색깔이 바뀝니다. 가만히 숨어 살면서 엎드린 채 아무것도 먹지 않습니다. 봄에는 푸른색, 여름에는 노란색, 가을에는 흰색, 겨울에는 검은색으로 변합니다. 음양에 밝고 형덕刑德을 깊이 알아 이해관계를 예견하고, 화복을 통찰합니다. 이 거북으로 점을 칠 경우 말하면 반드시 맞고, 싸우면 반드시 이기는 이유가 여기에 있습니다. 대왕이 이를 보물로 가지고 있으면 제후들이 모두 복종하게 될 것입니다. 이를 놓아 보내지 말고 이 거북으로 사직을 평안히 만드십시오."

송원왕이 반대했다.

"이 거북은 매우 신령스럽소. 하늘에서 내려와 깊은 못으로 떨어져 환난을 겪게 되었소. 과인을 어진 사람으로 생각하고, 후덕하고 충신하다고 믿었기에 찾아와 구원을 청한 것이오. 과인이 놓아주지 않으면 어부와 무엇이 다르겠소? 어부는 거북의 고기로 이익을 취하고, 과인은 그 신묘한 힘을 탐내면 이는 바로 아랫사람은 어질지 못한 일을 하고, 윗사람은 덕이 없는 일을 행하는 것이 되오. 군신이 다 같이 예가 없으면 어떻게 복을 받을 수 있겠소? 과인은 이 거북을 붙들어두는 일을 차마 하지 못하겠소. 어떻게 이 거북을 놓아주지 않을 수 있겠소!"

위평이 반박했다.

"그렇지 않습니다. 신은 은혜와 덕이 크면 보답할 필요가 없고[盛德不報] 남이 귀중한 물건을 맡으면 돌려줄 필요가 없다[重寄不歸]는 성어를 들었습니다. 하늘이 준 것을 받지 않으면 하늘이 보물을 도로 빼앗는다고 합니다. 지금 이 거북은 천하를 두루 돌아다니다가 제자리로 돌아온 것입니다. 거북은 위로는 창천蒼天에 이르고 아래로는 진흙에 다다르며 구주를 돌아다니지만 치욕을 당한 일도 없고, 오래 붙들려 있은 적도 없습니다. 지금 천양에 이르러 치욕스럽게도 어부에게 붙잡힌 신세가 되었습니다. 대왕이 설령 놓아줄지라도 강신과 하신이 대로해 반드시 복수하려 들 것입니다. 거북 자신도 모욕을 당했다며 다른 신들과 의논해 여러 방법으로 복수할 것입니다. 장마가 그치지 않아 홍수를 다스리지 못하는 것이 그렇습니다. 그것이 아니면 큰 가뭄이 들거나, 큰 바람으로 인해 먼지가 크게 일어나거나, 메뚜기 떼가 크게 일어나 농사짓는 시기를 그르치거나 할 것입니다.

대왕이 이 거북을 놓아주는 인의를 행해도 반드시 거북의 징벌이 있을 것입니다. 이는 다른 까닭이 있어서가 아니라 바로 재앙의 빌미가 거북의 몸에 있기 때문입니다. 대왕이 나중에 후회한들 어찌 늦지 않겠습니까! 바라건대 대왕은 거북을 놓아주지 마십시오."

송원왕은 슬픈 표정으로 크게 탄식했다.

"무릇 남의 사자를 가로막고, 남의 계책을 끊으면 이것이 바로 폭력이 아니겠소? 남의 물건을 빼앗아 자신의 보물로 삼으면 이것이 바로 강탈이 아니겠소? 과인은 갑자기 얻으면 반드시 문득 잃고[暴得暴亡], 강제로 빼앗은 자는 반드시 뒤에 공을 잃는다[彊取無功]는 이야기를 들었소. 하나라 걸과 은나라 주는 강포한 탓에 자신도 죽고 나라도 망했소. 지금 그대의 말을 들으면 인의를 갖춘 군자라는 칭송을 잃고 강포한 이치만 남게 되오. 이같이 하면 강신과 하신은 은나라 탕왕과 주무왕이 되고, 나는 하나라 걸이나 은나라 주가 되오. 이익을 얻기는커녕 허물만 남을까 두렵소. 과인은 거북을 두고 마치 여우처럼 지나치게 의심하는데[狐疑] 어찌 거북만을 마음에 둘 리 있겠소? 오래 머물지 않도록 속히 수레에 태워 호송토록 하시오."

위평이 거듭 반박했다.

"그렇지 않습니다. 대왕은 걱정하지 마십시오. 천지에는 돌이 쌓여 산을 이루고 있습니다. 산은 아무리 높아도 무너지지 않고, 땅은 산으로 인해 안정을 유지할 수 있습니다. 물건을 보면 어떤 것은 위태로운 듯이 보이지만 오히려 안전한 것이 있고, 또 어떤 것은 가벼워 보이지만 오히려 옮길 수 없는 것이 있습니다. 사람들 가운데 어떤 사람은 충성스럽기는 하나 방종한 사람만 못한 경우도 있고, 어떤 사람은 추하게 생겼으나 큰 벼슬에 어울리고, 어떤 사람은 아름답고 용모가 뛰어나나 뭇사람의 화근이 되기도 합니다. 지혜가 남보다 뛰어난 신인神人이나 성인이 아니면 사물의 이치를 다 알 수 없습니다.

춘하추동은 덥기도 하고 춥기도 합니다. 추위와 더위가 정상이 아니면 나쁜 기운이 사물을 해치게 됩니다. 해를 같이하면서도 절기를 달리하는 것은 때가 그리 만들기 때문입니다. 만물이 봄에는 태어나고, 여름에는 생장하고, 가을에는 거두어들이고, 겨울에는 저장합니다. 어떤 사람은 인의를 행하고 어떤 사람은 강포한 행동을 합니다. 강포한 행동도 행하는 이유가 있고, 인의도 행하는 이유가 있습니다. 만물은 모두 이와 같아 똑같이 다스릴 수는 없습니다.

대왕이 신의 이야기를 듣고자 하면 이 점을 모두 말씀드리겠습니다. 하늘은 오색이 나타내 흑백을 분간하고, 땅은 오곡을 낳아 선악을 압니다. 인간이 이를 분간하지 못하면 금수와 같게 됩니다. 초기에는 계곡이나 동굴에 살며 농사짓는 일을 몰랐습니다. 천하에 재난이 일어나고 음양이 뒤섞이는데도 놀라서 불안에 떨기만 할 뿐 올바른 선택을 하지 못했습니다. 요괴와 재난이 지속적으로 출현해 사람의 번식능력이 크게 약해졌습니다.

성인이 나와 모든 생물을 분별함으로써 다시는 서로 해치는 일이 없게 했습니다. 짐승에게 암수의 구별을 두어 산과 벌판에 살게 하고, 새에게도 암수의 구별을 두어 숲과 못에 흩어져 살게 하고, 딱딱한 껍질이 있는 곤충도 계곡에 두었습니다. 백성을 다스리기 위해 성곽을 만든 뒤 그 안에 25호로 구성된 려와 1,000호로 구성된 술術을 두고, 성 밖에는 남북 방향의 길인 천阡과 동서 방향의 길인 맥陌을 만들었습니다. 부부에게는 집과 논밭을 나누어주었습니다. 또 호적을 만들게 해 성姓에 따라 가족을 구분했습니다. 관청을 세운 뒤 관원을 두고, 작위와 녹봉을 주는 식으로 이들을 격려하고, 백성에게 명주와 삼베옷을 입히고 오곡을 먹여 양육했습니다. 백성은 밭을 갈아 흙으로 씨를 덮고, 호미질로 김을 매고, 입으로 맛있는 것을 먹고, 눈으로 아름다운 것을 보고, 몸으로 그 이익을 받았습니다. 이로써 보면 강하지 않으면 여기까지 이르지 못합니다.

밭갈이하는 사람이 강하지 못하면 원형의 곳집인 균囷과 방형의 곳집인 창倉이 차지 않습니다. 장사꾼이 강하지 않으면 남은 이익을 얻지 못하고, 아낙이 강하지 않으면 길쌈한 포면布帛이 정교하지 못하고, 관청이 강하지 않으면 위세를 떨치지 못하고, 대장이 강하지 않으면 군사를 다스리지 못하고, 제후왕이 강하지 못하면 평생 이름을 떨치지 못한다고 했습니다. 이처럼 강한 것은 모든 일의 처음이자, 분별하는 도리이자, 사물의 기강에 해당합니다. 강한 것을 통해 찾을 경우 얻지 못할 것이 없습니다.

대왕이 그렇지 않다고 생각한다면 대왕만 유독 옥독척치玉櫝隻雉(옥으로 된 함 속에 있는 꿩)가 곤륜산, 명월주가 사해에서 난다는 이야기를 듣지 못한 것입니까? 옥돌을 깨고, 조개를 가르는 식으로* 옥독척치와 명월주를 얻어 시장에 내다 팝니다. 성인은 이를 얻어 큰 보물로 여기고, 큰 보물을 지닌 자만이 천자가 될 수 있습니다.

지금 대왕은 거북을 붙들어두는 것을 포학한 짓이라고 여기지만 조개를 바다에서 쪼개는 것만 못하고, 강포한 짓이라고 여기지만 곤륜산에서 돌을 깨는 것만 못합니다. 이것을 갖는다고 그 사람에게

---

* "옥돌을 깨고, 조개를 가르는 식으로"의 원문은 "전석반방鐫石拌蚌"이다. 전鐫은 새길 각刻과 통한다.《사기집해》는 서광의 주를 인용해 반拌을 쪼갤 할刣로 풀이했다.

허물이 될 수 없고, 보물로 삼는다고 그 사람에게 재앙이 될 수 없습니다. 지금 거북은 사자로서 찾아와 그물에 걸림으로써 어부에게 잡혔지만 대왕의 꿈에 나타나 도움을 호소했으니 이는 나라의 보물입니다. 대왕은 조금도 염려할 것이 없습니다."

송원왕이 거듭 반대했다.

"그렇지 않소. 과인이 듣건대 '간언은 복이고, 아첨은 화다'라고 했소. 군주가 아첨을 받아들이는 것은 어리석고 미혹된 짓이오. 화는 함부로 이르는 것이 아니고, 복도 공연히 오는 것이 아니오. 천지의 기운이 화합해야 온갖 재화가 생겨나는 것이오. 기운에는 음양의 나눔이 있고, 사계절은 차례로 바뀌고, 열두 달은 동지와 하지를 기한으로 해 서로 바뀌오. 성인은 이런 이치에 통철해 있소. 몸에 재앙이 없는 이유요. 명왕은 이런 이치로 다스리기에 아무도 속이지 못하오. '복이 이르는 것은 사람이 스스로 낳는 것이고, 화가 이르는 것은 사람이 스스로 이루는 것이다'라고 말하는 이유요. 화복은 같은 것이고, 형덕은 한 쌍이오. 성인은 이를 꿰뚫어보고 길흉을 알았소. 하나라 걸과 은나라 주 때는 하늘과 공을 다투고, 귀신은 길을 막아 사람과 서로 통하지 못하게 했소. 이것 자체가 무도한 일인데, 아첨하는 신하가 매우 많았소. 하나라 걸에게 조량趙梁이라는 아첨하는 신하가 있었소. 그는 걸왕에게 무도한 일을 하도록 가르치고, 늑대처럼 탐욕스러운 짓을 권장하고, 은나라의 탕왕을 붙들어 하대夏臺의 옥에 가두게 하고, 관용봉關龍逢을 죽이게 했소. 좌우의 신하는 죽음이 두려운 나머지 걸을 곁에서 모시면서 하루하루를 넘기기 위한 아첨으로 일관했소. 나라는 누란지위累卵之危보다 더 위험했소. 그런데도 모두 '아무 걱정 없습니다'라고 말하며 만세를 외쳤소. 그중에는 '즐거움이 아직 반에도 미치지 못했습니다'라며 선동하는 자도 있었소. 하나라 걸의 이목을 가리고 함께 속이며 미쳐 날뛰었던 것이오. 마침내 탕왕이 치자 하나라 걸은 몸이 죽고 나라마저 망하고 말았소. 아첨하는 신하의 말을 받아들인 탓에 이런 화를 입은 것이오. 사서가 이를 기록으로 남겨 오늘날까지 전해주고 있소.

은나라 주에게도 아첨하는 신하가 있었소. 이름이 좌강左彊이었소. 그는 눈짐작으로 측량하는 것을 자랑하며 은나라 주에게 상아로 꾸민 화려한 궁궐을 짓게 했소. 그 높이가 하늘에 닿을 정도였소. 또 주에게는 구슬을 새겨 넣은 침대도 있었소. 코뿔소의 뿔로 만든 그릇, 옥으로 만든 그릇, 상아로 만든 젓가락 등을 이용해 음식을 먹었소.

성인 비간은 가슴이 쪼개지는 형벌을 당하고, 겨울 아침에 시내를 건넌 장사壯士는 다리가 잘렸소. 기자箕子는 죽는 것이 두려워 머리를 풀어헤치고 미치광이 흉내를 냈소. 주나라 태자 역歷을 죽인 뒤• 주문왕 희창을 석실에 가두어 저녁부터 아침까지 버려두었소. 결국 음긍陰兢이 희창을 구출한 뒤 함께 달아나 주나라 땅으로 들어갔소. 이후 태공망 여상을 자기편으로 만든 뒤 군사를 일으켜 은나라 주를 쳤소.

주문왕이 병사하자 그 시신을 수레에 싣고 앞으로 나아가며 태자 희발姬發이 장수가 되었소. 그가 주무왕이오. 희발이 목야牧野에서 은나라 군사와 싸워 은나라 주를 화산華山 남쪽에서 깨뜨렸소. 은나라

• "주나라 태자 역을 죽인 뒤"의 원문은 "살주태자력殺周太子歷"이다. 《사기색은》은 력歷이 계력을 지칭한 것으로 간주하면서 계력은 은나라 주에게 주살을 당한 적이 없으므로 이 구절은 망언에 가깝다고 했다.

주는 싸움에 져 달아났다가 상랑象郎(상아로 장식한 궁궐)에서 포위를 당하자 선실宣室(천자가 머무는 침소)에서 자진했소. 은나라 주는 사후에도 장사를 지내지 못하고, 그 머리는 네 필의 말이 끄는 수레 뒤의 횡목에 매인 뒤 질질 끌려갔소.

과인은 이런 일들을 생각하면 창자가 뒤끓는 것만 같소. 하나라 걸과 은나라 주는 천하를 차지할 만큼 큰 부를 지니고 천자라는 지존의 자리에 있었는데도 오만하게도 끝없는 욕심을 부렸소. 공연히 일을 일으켜 높은 누각에 기뻐하고, 탐욕이 지나쳐 교만하기 짝이 없었소. 충실한 신하는 쓰지 않고 아첨하는 신하의 말만 받아들여 천하의 웃음거리가 되었소. 지금 우리 송나라는 열국 사이에 끼어 있어 그 힘이 가을의 새털만도 못하오. 일을 일으켰다가 실패하면 또 어디로 달아날 수 있겠소!"

위평이 또다시 반박했다.

"그렇지는 않습니다. 하신이 아무리 신령하고 현명할지라도 곤륜산 산신에는 미치지 못하고, 장강의 원류가 멀어 아무리 길게 흐를지라도 사해만 못합니다. 사람들은 곤륜산과 사해의 보물을 탈취하기 위해 다투고, 제후들 역시 이를 손에 넣으려고 다투는 바람에 자주 전쟁을 일으킵니다. 소국이 패망하면 대국이 위태로워지고, 남의 부형을 죽이면서 남의 처자식을 포로로 잡고, 나라를 해치고 종묘를 없애가며 보물을 놓고 다투는 것이 그렇습니다. 이것이 바로 강포強暴입니다. 설령 보물을 강포한 방법으로 취할지라도 천하를 다스릴 때는 문덕文德으로 접근해야 합니다. 사계절의 질서에 위배되지 않고, 반드시 어진 선비를 친애하고, 음양의 기운과 함께 변화하고, 귀신을 사자로 보내 천지와 통하게 해 더불어 벗이 되는 것이 그렇습니다. 그러면 제후들은 기꺼이 복종하고, 백성 또한 크게 기뻐하고, 나라는 편안하고 세상과 더불어 새로워질 것입니다. 은나라 탕왕과 주나라 무왕은 이를 행했기에 천자의 귀한 자리를 차지했고, 사서는 이를 기록해 법칙으로 삼았습니다.

대왕은 탕왕과 무왕을 찬양하지 않고 스스로 걸과 주에 비하려고 합니다. 걸과 주는 강포한데다 이를 떳떳하게 생각했습니다. 걸은 와실瓦室(사치스러운 기와집), 주는 상랑을 만들었습니다. 백성들로부터 옷을 꿰맬 때 사용하는 실을 거두어 장작을 대신해 때는 등 민력을 애써 소모시켰습니다. 부세는 한도가 없었고, 살육은 멋대로 이루어졌습니다. 백성의 육축을 죽여 가죽을 만들고, 가죽부대에 죽인 육축의 피를 가득 담아 공중에 매단 뒤 사람들과 함께 활로 이를 쏘며 상제上帝와 힘을 겨루었습니다. 또 사계절의 법칙을 거슬러 행동하고, 여러 신에게 공물로 올리기 전에 먼저 햇곡식을 먹었습니다. 간하는 자는 당장 죽이고, 아첨하는 자만 곁에 두었습니다. 이로 인해 성인은 엎드려 숨어 살고, 백성은 선행을 하지 않게 되었습니다. 자주 가뭄이 들고, 나라에는 이상한 일들이 많이 일어났습니다. 곡식을 해치는 명충螟蟲이 해마다 생겨 오곡이 잘 익지 못하고, 백성이 편히 살지 못하고, 귀신이 제사를 받지 못한 것이 그렇습니다. 날마다 거센 바람이 불어 대낮에도 캄캄했고, 일식과 월식이 함께 일어나 빛이 사라지고, 뭇별이 어지럽게 움직이는 식입니다. 모든 것이 통상적인 기강에서 벗어났습니다.

이로써 볼지라도 어떻게 걸과 주가 오래 지속할 수 있었겠습니까? 은나라 탕왕과 주나라 무왕이 나타나지 않았을지라도 당연히 망해야 할 때였습니다. 탕왕이 걸을 치고 무왕이 주를 이긴 것은 때가 시킨 것입니다. 탕왕과 무왕은 천자가 되고, 자손이 대대로 천자가 되어 종신토록 허물이 없었습니다. 후대인이 오늘날까지 칭찬을 그칠 줄 모르는 이유입니다. 모두 때맞추어 일을 하고, 일의 형세를 보고 강하게 밀어붙인 덕분에 제왕이 된 것입니다.

지금 이 거북은 큰 보물입니다. 장강의 신인 강신의 사자가 되어 그런 취지를 현명한 대왕에게 전하러 온 것입니다. 거북은 손발을 쓰지 않았는데도 우레와 번개가 인도하고, 비바람이 보내주고, 강물이 전송한 결과입니다. 제후왕에게 덕이 있으면 거북을 받을 자격이 있습니다. 지금 대왕은 덕이 있는 까닭에 이 보물을 받는 것이 당연합니다. 그런데도 군이 받지 않으려 하니 적잖이 우려됩니다. 대왕이 이를 놓아 보내시면 송나라는 반드시 재앙이 생길 것입니다. 뒤에 후회할지라도 그때는 이미 어찌지 못할 것입니다.”

송원왕이 이 이야기를 듣고는 마침내 크게 기뻐했다. 하늘이 내린 보물과 관련해 해를 향해 감사하며 두 번 절한 뒤 거북을 받았다. 이어 날을 가려서 목욕재계했다. 갑일甲日과 을일乙日이 가장 좋은 날이었다. 그날 흰 꿩과 검은 양을 잡아 그 피를 거북의 몸통에 뿌렸다. 제단 가운데 놓고 칼로 거북의 등딱지를 벗겨냈다. 거북의 몸은 긁힌 곳 하나 없이 온전했다. 이어 포脯와 술로 예를 표하고 그 배를 채워 넣었다.

거북의 등딱지는 가시나무 가지로 태워 점을 친다. 반드시 그 위에 틀이 나타난다. 불로 구운 거북의 등에 갈라진 줄이 떠오른다. 줄이 서로 엉켜 다양한 무늬를 이룬다. 복인에게 이를 점치게 하면 말하는 것마다 모두 맞았다. 거북의 등딱지를 나라의 귀한 보물로 간직한 이유다. 그 평판이 가까운 이웃 나라에도 알려졌다. 또 소를 죽여 가죽을 벗긴 뒤 정나라에서 나는 오동나무에 씌워 군고를 만들면 초목이 각각 흩어져 무장한 군사로 변했다. 싸우면 이기고 공격하면 취했다. 송원왕을 따를 자가 없었다. 송원왕의 치세 때 위평은 재상이 되었다. 그 무렵 송나라가 가장 강했던 것은 바로 거북의 힘에 의한 것이었다. 누군가가 이같이 말했다.

"거북은 송원왕의 꿈에 현몽할 정도로 신령스러웠지만 어부의 바구니에서 빠져나오지는 못했다. 설령 열 번 모두 맞히는 신통력을 발휘했을지라도 강신의 사자가 되어 하신에게 명을 전한 뒤 돌아가 복명할 수는 없었다. 싸우면 이기고 공격하면 취할 수 있게 했지만 스스로 칼날을 물리쳐 등딱지가 벗겨지는 화를 면하지 못했다. 뛰어난 능력을 발휘해 자신의 위기를 알고 재빨리 송원왕의 꿈에 나타나기는 했으나 위평의 입을 막을 수는 없었다. 100번 말해 100번 다 적중시켰으나 자신의 몸은 붙잡히는 신세가 되고 말았다.

닥친 때가 불리하면 제아무리 현명한 자일지라도 어찌 그 현명함을 쓸 수 있겠는가! 현자는 늘 현명하나, 선비는 이따금 현명한 모습을 보인다. 밝은 눈에도 보이지 않는 것이 있고, 밝은 귀에도 들리지 않는 것이 있는 법이다. 사람은 아무리 현명해도 왼손으로 네모를 그리는 동시에 오른손으로 동그라미를 그릴 수는 없다. 저 밝은 해와 달도 때로는 뜬구름에 가릴 때가 있다. 하나라 때의 전설적인 명궁인 예羿는 활을 잘 쏘기로 명성이 높았지만 또 다른 전설적인 명궁인 웅거雄渠와 봉문蠭門에는 미치지 못했다. 하나라 우왕은 지혜가 밝기로 이름이 높았으나 귀신을 이기지는 못했다. 전설에 따르면 땅의 기둥이 부러지는 바람에 서까래가 없어져 하늘도 동남쪽으로 기울었다고 한다. 하물며 사람이 완전하지 못한 이유로 어찌 꾸짖을 수 있겠는가?"

공자가 이 말을 듣고 이같이 평했다.

"신귀는 길흉을 알고 있으나 그 뼈는 그저 헛되이 말릴 뿐이다. 해는 덕의 상징으로 천하에 군림하고 있으나 해 속에 산다는 세 발 까마귀인 삼족오로 인해 욕을 당한다. 달은 형벌의 상징으로서 해를 보좌하고 있으나 두꺼비[蝦蟆]에게 먹혀 월식을 만든다. 호랑이를 꼼짝하지 못하게 하는 고슴도치[蝟]는 까치에게 욕을 당한다. 등사[螣蛇]가 신명하기는 하나 지네[蝍蛆]에게는 위협을 당한다. 대나무는 밖에 마디가 있지만 속은 텅 비어 있을 뿐이다. 소나무와 잣나무는 모든 나무의 으뜸이지만 집의 대문을 만들 때 사용된다. 십간과 십이지의 일진日辰이 완전하지 못한 까닭에 고孤와 허虛 등의 나쁜 날이 생긴다. 황금에도 흠[疵]이 있고, 백옥에도 티[瑕]가 있다. 일도 빨리 해야 할 일과 서서히 해야 할 일이 있다. 모든 사물은 단점에 구속되는 경우와 장점에 의지되는 경우가 있다. 그물도 조밀하게 해야 할 경우와 엉성하게 해야 할 경우가 있다. 마찬가지로 사람도 장점과 단점이 있다. 어떻게 해야 모두 옳고, 사물 또한 완전해질 수 있겠는가? 하늘도 오히려 완전하지 못하다. 세상에서 집을 지을 때 통상 기와를 3장 모자라게 이어 하늘의 완전하지 못한 것에 맞추는 이유다. 천하에는 등급이 있고, 만물은 불완전한 모습으로 생겨난다."

●● 宋元王時得龜, 亦殺而用之. 謹連其事於左方. 令好事者觀擇其中焉. 宋元王二年, 江使神龜使於河, 至於泉陽, 漁者豫且舉網得而囚之, 置之籠中. 夜半, 龜來見夢於宋元王曰, "我爲江使於河, 而幕網當吾路. 泉陽豫且得我, 我不能去. 身在患中, 莫可告語. 王有德義, 故來告訴." 元王惕然而悟. 乃召博士衛平而問之曰, "今寡人夢見一丈夫,延頸而長頭, 衣玄繡之衣而乘輜車, 來見夢於寡人曰, '我爲江使於河, 而簿網當吾路. 泉陽豫且得我, 我不能去. 身在患中, 莫可告語. 王有德義, 故來告訴.' 是何物也?" 衛平乃援式而起, 仰天而視月之光, 觀斗所指, 定日處鄉. 規矩爲輔, 副以權衡. 四維已定, 八卦相望. 視其吉凶, 介蟲先見. 乃對元王曰, "今昔壬子, 宿在牽牛. 河水大會, 鬼神相謀. 漢正南北, 江河固期, 南風新至, 江使先來. 白雲壅漢, 萬物盡留. 斗柄指日, 使者當囚. 玄服而乘輜車, 其名爲龜. 王急使人問而求之." 王曰, "善." 於是王乃使人馳而往問泉陽令曰, "漁者幾何家? 名誰爲豫且? 豫且得龜, 見夢於王, 王故使我求之." 泉陽令乃使吏案籍視圖, 水上漁者五十五家, 上流之廬, 名爲豫且. 泉陽令曰, "諾." 乃與使者馳而問豫且曰, "今昔汝漁何得?" 豫且曰, "夜半時擧網得龜." 使者曰, "今龜安在?" 曰, "在籠中." 使者曰, "王知子得龜, 故使我求之." 豫且曰, "諾." 卽系龜而出之籠中, 獻使者. 使者載行, 出於泉陽之門. 正晝無見, 風雨晦冥. 雲蓋其上, 五采青黃, 雷雨並起, 風將而行. 入於端門, 見於東箱. 身如流水, 潤澤有光. 望見元王, 延頸而前, 三步而止, 縮頸而卻, 復其故處. 元王見而怪之, 問衛平, "龜見寡人, 延頸而前, 以何望也? 縮頸而復, 是何當也?" 衛平對曰, "龜在患中, 而終昔囚, 王有德義, 使人活之. 今延頸而前, 以當謝也, 縮頸而卻, 欲亟去也." 元王曰, "善哉! 神至如此乎, 不可久留, 趣駕送龜, 勿令失期." 衛平對曰, "龜者是天下之寶也, 先得此龜者爲天子, 且十言十當, 十戰十勝. 生於深淵, 長於黃土. 知天之道, 明於上古. 遊三千歲, 不出其域. 安平靜正, 動不用力. 壽蔽天地, 莫知其極. 與物變化, 四時變色. 居而自匿, 伏而不食. 春倉夏黃, 秋白冬黑. 明於陰陽, 審於刑德. 先知利害, 察於禍福. 以言而當, 以戰而勝, 王能寶之, 諸侯盡服. 王勿遣也, 以安社稷." 元王曰, "龜甚神

靈, 降于上天, 陷於深淵. 在患難中. 以我爲賢. 德厚而忠信, 故來告寡
人. 寡人若不遣也, 是漁者也. 漁者利其肉, 寡人貪其力, 下爲不仁, 上
爲無德. 君臣無禮, 何從有福? 寡人不忍, 奈何勿遣!" 衛平對曰, "不然.
臣聞盛德不報. 重寄不歸, 天與不受, 天奪之寶. 今龜周流天下, 還復其
所, 上至蒼天, 下薄泥塗. 還徧九州, 未嘗愧辱, 無所稽留. 今至泉陽, 漁
者辱而囚之. 王雖遣之, 江河必怒, 務求報仇. 自以爲侵, 因神與謀. 淫
雨不霽, 水不可治. 若爲枯旱, 風而揚埃, 蝗蟲暴生, 百姓失時. 王行仁
義, 其罰必來. 此無佗故, 其祟在龜. 後雖悔之, 豈有及哉! 王勿遣也."
元王慨然而歎曰, "夫逆人之使, 絶人之謀, 是不暴乎? 取人之有, 以自
爲寶, 是不彊乎? 寡人聞之, 暴得者必暴亡, 彊取者必後無功. 桀紂暴
彊, 身死國亡. 今我聽子, 是無仁義之名而有暴彊之道. 江河爲湯武, 我
爲桀紂. 未見其利, 恐離其咎. 寡人狐疑, 安事此寶, 趣駕送龜, 勿令久
留." 衛平對曰, "不然, 王其無患. 天地之閒, 累石爲山. 高而不壞, 地得
爲安. 故云物或危而顧安, 或輕而不可遷, 人或忠信而不如誕謾, 或醜
惡而宜大官, 或美好佳麗而爲衆人患. 非神聖人, 莫能盡言. 春秋冬夏,
或暑或寒. 寒暑不和, 賊氣相奸. 同歲異節, 其時使然. 故令春生夏長,
秋收冬藏. 或爲仁義, 或爲暴彊. 暴彊有鄕, 仁義有時. 萬物盡然. 不可
勝治. 大王聽臣, 臣請悉言之. 天出五色, 以辨白黑. 地生五穀, 以知善
惡. 人民莫知辨也, 與禽獸相若. 谷居而穴處, 不知田作. 天下禍亂, 陰
陽相錯. 悤悤疾疾, 通而不相擇. 妖孽數見, 傳爲單薄. 聖人別其生, 使
無相獲. 禽獸有牝牡, 置之山原, 鳥有雌雄, 布之林澤, 有介之蟲, 置之
谿谷. 故牧人民, 爲之城郭, 內經閭術, 外爲阡陌. 夫妻男女, 賦之田宅,
列其室屋. 爲之圖籍, 別其名族, 立官置吏, 勸以爵祿. 衣以桑麻, 養以
五穀. 耕之耰之, 鉏之耨之. 口得所嗜, 目得所美, 身受其利. 以是觀之,

非彊不至. 故曰田者不彊, 困倉不盈, 商賈不彊, 不得其贏, 婦女不彊, 布帛不精, 官御不彊, 其勢不成, 大將不彊, 卒不使令, 侯王不彊, 沒世無名. 故云彊者, 事之始也, 分之理也, 物之紀也. 所求於彊, 無不有也. 王以爲不然, 王獨不聞玉櫝隻雉, 出於昆山, 明月之珠, 出於四海, 鐫石拌蚌, 傳賣於市, 聖人得之, 以爲大寶. 大寶所在, 乃爲天子. 今王自以爲暴, 不如拌蚌於海也, 自以爲彊, 不過鐫石於昆山也. 取者無咎, 寶者無患. 今龜使來抵網, 而遭漁者得之, 見夢自言, 是國之寶也, 王何憂焉." 元王曰, "不然, 寡人聞之, 諫者福也, 諛者賊也. 人主聽諛, 是愚惑也. 雖然, 禍不妄至, 福不徒來. 天地合氣, 以生百財. 陰陽有分, 不離四時, 十有二月, 日至爲期. 聖人徹焉, 身乃無災. 明王用之, 人莫敢欺. 故云福之至也, 人自生之, 禍之至也, 人自成之. 禍與福同, 刑與德雙. 聖人察之, 以知吉凶. 桀紂之時, 與天爭功, 擁遏鬼神, 使不得通. 是固已無道矣, 諛臣有衆. 桀有諛臣, 名曰趙梁. 敎爲無道, 勸以貪狼. 繫湯夏臺, 殺關龍逄. 左右恐死, 偸諛於傍. 國危於累卵, 皆曰無傷. 稱樂萬歲, 或曰未央. 蔽其耳目, 與之詐狂. 湯卒伐桀, 身死國亡. 聽其諛臣, 身獨受殃. 春秋著之, 至今不忘. 紂有諛臣, 名爲左彊. 誇而目巧, 敎爲象郎. 將至於天, 又有玉牀. 犀玉之器, 象箸而羹. 聖人剖其心, 壯士斬其骭. 箕子恐死, 被髮佯狂. 殺周太子歷, 囚文王昌. 投之石室, 將以昔至明. 陰兢活之, 與之俱亡. 入於周地, 得太公望. 興卒聚兵, 與紂相攻. 文王病死, 載尸以行. 太子發代將, 號爲武王. 戰於牧野, 破之華山之陽. 紂不勝敗而還走, 圍之象郎. 自殺宣室, 身死不葬. 頭懸車軨, 四馬曳行. 寡人念其如此, 腸如涫湯. 是人皆富有天下而貴至天子, 然而大傲. 欲無猒時, 擧事而喜高, 貪很而驕. 不用忠信, 聽其諛臣, 而爲天下笑. 今寡人之邦, 居諸侯之間, 曾不如秋毫. 擧事不當, 又安亡逃!" 衛平對曰,

"不然. 河雖神賢, 不如崑崙之山, 江之源理, 不如四海, 而人尙奪取其
寶, 諸侯爭之, 兵革爲起. 小國見亡, 大國危殆, 殺人父兄, 虜人妻子, 殘
國滅廟, 以爭此寶. 戰攻分爭, 是暴彊也. 故云取之以暴彊而治以文理,
無逆四時, 必親賢士, 與陰陽化, 鬼神爲使, 通於天地, 與之爲友. 諸侯
賓服, 民衆殷喜. 邦家安寧, 與世更始. 湯武行之, 乃取天子, 春秋著之,
以爲經紀. 王不自稱湯武, 而自比桀紂. 桀紂爲暴彊也, 固以爲常. 桀爲
瓦室, 紂爲象郎. 徵絲灼之, 務以費民氓. 賦斂無度, 殺戮無方. 殺人六
畜, 以韋爲囊. 囊盛其血, 與人縣而射之, 與天帝爭彊. 逆亂四時, 先百
鬼嘗. 諫者輒死, 諛者在傍. 聖人伏匿, 百姓莫行. 天數枯旱, 國多妖祥.
螟蟲歲生, 五穀不成. 民不安其處, 鬼神不享. 飄風日起, 正晝晦冥. 日
月並蝕, 滅息無光. 列星奔亂, 皆絶紀綱. 以是觀之, 安得久長! 雖無湯
武, 時固當亡. 故湯伐桀, 武王剋紂, 其時使然. 乃爲天子, 子孫續世, 終
身無咎, 後世稱之, 至今不已. 是皆當時而行, 見事而彊, 乃能成其帝
王. 今龜, 大寶也, 爲聖人使, 傳之賢士王. 不用手足, 雷電將之, 風雨送
之, 流水行之. 侯王有德, 乃得當之. 今王有德而當此寶, 恐不敢受, 王
若遣之, 宋必有咎. 後雖悔之, 亦無及已." 元王大悅而喜. 於是元王向
日而謝, 再拜而受. 擇日齋戒, 甲乙最良. 乃刑白雉, 及與驪羊, 以血灌
龜, 於壇中央. 以刀剝之, 身全不傷. 脯酒禮之, 橫其腹腸. 荆支卜之, 必
制其創. 理達於理, 文相錯迎. 使工占之, 所言盡當. 邦福重寶, 聞于傍
鄉. 殺牛取革, 被鄭之桐. 草木畢分, 化爲甲兵. 戰勝攻取, 莫如元王. 元
王之時, 衛平相宋, 宋國最彊, 龜之力也. 故云神至能見夢於元王, 而不
能自出漁者之籠. 身能十言盡當, 不能通使於河, 還報於江. 賢能令人
戰勝攻取, 不能自解於刀鋒, 免剝刺之患. 聖能先知亟見, 而不能令衛
平無言. 言事百全, 至身而攣, 當時不利, 又焉事賢! 賢者有恒常, 士有

適然. 是故明有所不見, 聽有所不聞, 人雖賢, 不能左畫方, 右畫圓, 日月之明, 而時蔽於浮雲. 羿名善射, 不如雄渠·蠭門, 禹名爲辯智, 而不能勝鬼神. 地柱折, 天故毋橡, 又柰何責人於全? 孔子聞之曰, "神龜知吉凶, 而骨直空枯. 日爲德而君於天下, 辱於三足之烏. 月爲刑而相佐, 見食於蝦蟆. 蝟辱於鵲, 騰蛇之神而殆於卽且. 竹外有節理, 中直空虛, 松柏爲百木長, 而守門閭. 日辰不全, 故有孤虛. 黃金有疵, 白玉有瑕. 事有所疾, 亦有所徐. 物有所拘, 亦有所據. 罔有所數, 亦有所疏. 人有所貴, 亦有所不如. 何可而適乎? 物安可全乎? 天尙不全, 故世爲屋, 不成三瓦而陳之, 以應之天. 天下有階, 物不全乃生也."

도명열전

저선생은 말한다.

"어부가 그물을 들어올려 신귀를 잡자 신귀는 송원왕에게 절로 현몽했다. 송원왕은 박사 위평을 불러 꿈에 본 거북의 모양을 알려주었다. 위평은 식式을 움직여 해와 달의 위치를 정하고, 형도衡度로 방위를 바로잡아 길흉을 판단했다. 이어 물건의 빛깔로 신귀임을 알아냈다. 위평이 송원왕을 설득한 덕분에 신귀를 붙들어 나라의 중요한 보물로 삼게 했으니 이는 장한 일이다. 옛날부터 점을 칠 때 반드시 거북을 사용한 것은 그 영명令名이 오랫동안 전해져 내려왔기 때문이다. 그 차례를 다음과 같이 적어 전한다."

●● 褚先生曰, "漁者擧網而得神龜, 龜自見夢宋元王, 元王召博士衛平告以夢龜狀, 平運式, 定日月, 分衡度, 視吉凶, 占龜與物色同, 平諫王留神龜以爲國重寶, 美矣. 古者筮必稱龜者, 以其令名, 所從來久矣.
余述而爲傳."

3월·2월·1월·12월·11월은 가운데는 닫히고 안은 높고 밖은 낮다. 4월은 머리가 들리고 발을 펴고, 때론 발을 오므리기도 하고 펴기도 한다. 머리를 숙여 큰 모양이 되는 것[首俛大]은 5월이다. 거북이 등딱지에 가로지른 선이 있어 좋은 것[橫吉]과 머리를 숙여 큰 모양이 되는 것은 6월·7월·8월·9월·10월이다. 거북으로 점을 칠 때는 다음의 금기사항을 잘 지켜야 한다.

원래 자시子時·해시亥時·술시戌時에는 점을 쳐서도 안 되고 거북을 죽여서도 안 된다. 한낮이나 일식이나 해질녘에 점을 치면 점괘가 맞지 않는다. 경일庚日과 신일辛日에는 거북을 죽이거나 등딱지를 뚫어도 된다. 늘 매달 초하루에 거북에게 빈다. 먼저 등딱지를 맑은 물에 씻고, 계란으로 문질러 상서롭지 못한 것을 없앤다. 이어 등딱지를 구워 점을 친다. 이것이 원칙대로 하는 것이다. 점을 쳐서 맞지 않을 때는 다시 계란으로 씻어 깨끗이 한 뒤 동쪽을 향해 서서 가시나무나 단단한 나무로 굽는다. 이때 흙으로 만든 계란으로 등딱지를 세 번 가리킨다. 이어 등딱지를 손에 들고 계란으로 어루만진 후 거북인 옥령玉靈을 향해 이같이 빈다.

"오늘은 길일입니다. 삼가 기장과 계란 및 제㮶(거북을 태우는 나무)로 옥령의 상서롭지 못한 것을 깨끗이 씻어냈습니다. 옥령은 반드시 성신誠信으로 모든 일의 진실을 알려주십시오. 그러면 길흉의 조짐을 분별해 점을 칠 수 있습니다. 옥령이 성신을 보이지 않으면 옥령을 불태워 재를 날림으로써 모든 거북의 징계로 삼겠습니다."

점을 칠 때는 반드시 북쪽을 향한다. 귀갑의 크기는 반드시 1척 2촌이 되어야 한다. 점을 칠 때는 먼저 떼어낸 귀갑을 아궁이에 구운 뒤 가운데에 구멍을 뚫는다. 다시 구운 뒤 거북의 머리에 구멍을 뚫어 세 번 굽는다. 처음 구운 뒤 가운데 구멍을 뚫고 다시 굽는 것을 정신正身, 머리를 굽는 것을 정수正首, 발쪽을 굽는 것을 정족正足이라고 한다. 각각 세 번씩 굽는다. 연후에 다시 아궁이에서 귀갑을 세 번 빙글빙글 돌리고 이같이 빈다.

"그대 옥령부자玉靈夫子에게 빕니다. 옥령부자여, 싸리나무로 그대 가슴을 구워 그대가 먼저 알게 합니다. 그대는 위로 하늘까지 오르고, 아래로 못에 이릅니다. 신령한 수많은 것이 책策을 헤아려 점을 칠지라도 그대의 영험을 따르지 못합니다. 오늘은 길일입니다. 행하는 것마다 순조롭습니다. 지금 어떤 일을 점치고자 합니다. 길조로 나타나면 기뻐할 것이고, 그렇지 못하면 뉘우칠 것입니다. 만일 제가 바라던 바를 얻을 것 같으면 일어나서 저를 보고 몸을 길게 하고, 손발은 모두 위를 향하십시오. 그것이 아니면 일어나서 저를 보고 몸을 굽혀 안팎이 서로 응하지 않게 하고, 목과 사지를 완전히 오므리십시오."

신령스러운 영귀靈龜로 점을 칠 때는 이같이 빈다.

"그대 영귀에게 빕니다. 역易의 오서五筮*의 신령함도 사람의 생사

● 원문에는 오무五巫로 되어 있으나 대부분 오서의 가차로 풀이하고 있다. 《주역》의 위서인 《역위易緯》〈건착도乾鑿度〉에 따르면 역易에는 일명一名 삼의三義가 있다. 변역의 방법이 결국 서로 통하는 간역簡易, 변하지 않는 불역不易, 모든 것이 변하는 변역變易 등이 그것이다. 청나라 초기 모기령毛奇齡이 《중씨역仲氏易》에서 오의를 처음으로 이야기했다. 변역을 비롯해 사물의 변화가 내부의 모순과 서로 침투해 변하는 교역交易, 거꾸로 변하는 반역反易, 마주해 변하는 대역對易, 옮겨가는 모습으로 변하는 이역移易 등이 그것이다.

를 아는 신귀의 신령에 미치지 못합니다. 지금 모인某人이 정성을 다해 점을 쳐 어떤 물건을 얻고자 합니다. 만일 바라던 것을 얻을 수 있다면 머리를 내밀고, 발을 펴 안팎이 서로 응하게 하십시오. 그것이 아니면 머리를 쳐들고, 발을 오므려 안팎이 서로 응하지 않게 하며 각각 내리도록 하십시오. 이런 식으로 점을 칠 수 있게 해주십시오."

환자를 점칠 때는 이같이 빈다.

"지금 어떤 자가 중한 병에 걸려 있습니다. 죽을 것 같으면 머리를 보이고 발을 펴 안팎이 서로 다르게 하고 몸을 꺾으십시오. 그것이 아니면 머리를 쳐들고 발을 오므리십시오."

환자가 탈이 났는지 여부를 점칠 때는 이같이 빈다.

"지금 환자가 탈이 나면 징조를 보이지 말고, 탈이 없으면 징조를 보이십시오. 안에 탈이 있으면 안에 징조를 보이고, 밖에 탈이 있으면 밖에 징조를 보이십시오."

옥에 갇힌 사람이 나올 수 있는지 여부를 점칠 때는 이같이 빈다.

"출옥할 수 없으면 금이 옆으로 가는 횡길橫吉을 보여 옥에서 편히 지내게 하고, 그것이 아니면 발을 펴고 머리를 쳐드십시오."

재물을 구하면서 과연 얻어질지 여부를 점칠 때는 이같이 빈다.

"얻을 수 있으면 머리를 쳐들고 발을 펴 안팎이 서로 응하게 하고, 그것이 아니면 머리를 쳐들고 발을 오므리십시오."

노비와 마소를 팔고 사는 것을 점칠 때는 이같이 빈다.

"매매가 이루어지면 머리를 쳐들고 발을 펴 안팎이 서로 응하게 하고, 그것이 아니면 머리를 쳐들고 발을 오므려 횡길을 보여 편히 있게 하십시오."

약간의 도적에 대한 공격을 점칠 때는 이같이 빈다.

"지금 우리 장수가 군사 몇 명을 이끌고 도적을 치러 갑니다. 이길 것 같으면 머리를 쳐들고 발을 펴며 몸을 곧게 하고, 또 안은 높이고 밖은 낮게 하십시오. 그러지 않으면 발을 오므리고 머리를 쳐들고, 몸은 안이 낮고 밖이 높게 하십시오."

가야 할지 여부를 점칠 때는 이같이 빈다.

"가도 좋으면 머리와 발을 펴고, 그것이 아니면 발을 오므리며 머리를 쳐들든지 횡길을 방해토록 하십시오. 방해하면 가지 않겠습니다."

도적을 치러 갈 때 제대로 만나게 될지 여부를 점칠 때는 이같이 빈다.

"만나게 될 것 같으면 머리를 쳐들고 발을 오므려 징조를 밖으로 보이십시오. 그것이 아니면 발을 펴고 머리를 드십시오."

도적의 동정을 살피러 갈 경우 제대로 만나게 될지 여부를 점칠 때는 이같이 빈다.

"만날 수 있으면 머리를 쳐들고 발을 오므려 징조를 밖으로 보이십시오. 그것이 아니면 발을 벌리고 머리를 드십시오."

도적이 쳐들어올지 여부를 점칠 때는 이같이 빈다.

"쳐들어올 것 같으면 밖이 높고 안이 낮게 하고, 발을 오므려 머리를 드십시오. 그것이 아니면 발을 펴고 머리를 들든지 횡길을 방해토록 하십시오. 그에 따라 기다리든지 나가든지 하겠습니다."

전임을 명받았을 때 관직을 떠날지 여부를 점칠 때는 이같이 빈다.

"버리는 편이 좋으면 발을 펴고 머리를 드십시오. 그것이 아니면 발을 오므려 징조를 보이거나 횡길을 보이십시오. 그러면 편히 있겠습니다."

관직에 있는 것이 좋은지 여부를 점칠 때는 이같이 빈다.

"좋으면 몸을 바르게 하든지 횡길을 보이고, 그것이 아니면 몸을 구부리며 머리를 쳐들고 발을 펴십시오."

집에 있는 것이 좋은지 여부를 점칠 때는 이같이 빈다.

"좋으면 몸을 바르게 하든지 횡길을 보이고, 그것이 아니면 몸을 구부려 머리를 쳐들고 발을 펴십시오."

농사가 풍년인지 여부를 점칠 때는 이같이 빈다.

"풍년이면 머리를 쳐들고 발을 펴 안이 절로 높고 밖이 절로 늘어지게 하십시오. 그것이 아니면 발을 오므리고 머리를 쳐드십시오."

전염병이 유행할 것인지 여부를 점칠 때는 이같이 빈다.

"전염병이 유행할 것 같으면 머리를 쳐들고 발을 오므리며 몸의 마디가 굳어지는 것을 밖으로 보이십시오. 그것이 아니면 몸은 바르게 하고 머리를 쳐들고 발을 펴십시오."

병란兵亂이 일어날지 여부를 점칠 때는 이같이 빈다.

"병란이 일어나지 않을 것 같으면 징조를 보이든지 횡길을 보이십시오. 그것이 아니면 머리를 쳐든 채 발을 펴고, 몸이 밖으로 굳어지게 하십시오."

귀인을 만나는 것이 좋은지 여부를 점칠 때는 이같이 빈다.

"좋으면 발을 펴 머리를 쳐들고, 몸은 바로 해 안이 절로 높게 하십시오. 그것이 아니면 머리를 쳐들어 몸을 꺾고, 발을 오므리십시오."

남에게 부탁할 경우 잘될지 여부를 점칠 때는 이같이 빈다.

"잘될 것 같으면 머리를 쳐들고 발을 펴서 안은 절로 높아지게 하십시오. 그것이 아니면 머리를 쳐들고 발을 오므리십시오."

달아난 자의 뒤를 밟아 포획할 수 있을지 여부를 점칠 때는 이같이 빈다.

"잡을 수 있으면 머리를 쳐들고 발을 오므려 안팎이 서로 응하게 하십시오. 그것이 아니면 머리를 쳐들고 발을 벌리든지 횡길을 나타내십시오."

고기잡이나 사냥을 나갈 때 잡고자 하는 것이 있는지 여부를 점칠 때는 이같이 빈다.

"잡을 수 있으면 머리를 쳐들고 발을 펴 안팎이 서로 응하게 하십시오. 그것이 아니면 발을 오므리고 머리를 쳐들든지 횡길을 나타내십시오."

길을 가다 도적을 만날지 여부를 점칠 때는 이같이 빈다.

"도적을 만나게 되면 머리를 쳐들고 발을 펴며 몸을 꺾어 밖은 높고 안은 낮게 하십시오. 그것이 아니면 징조를 보이십시오."

비가 올지 여부를 점칠 때는 이같이 빈다.

"비가 오면 머리를 쳐들고 밖은 높게 안은 낮게 하십시오. 그것이 아니면 머리를 쳐들고 발을 벌리든지 횡길을 보이십시오."

●● 三月, 二月, 正月, 十二月, 十一月, 中關內高外下. 四月, 首仰, 足開, 胻開, 首俛大. 五月, 橫吉, 首俛大. 六月, 七月, 八月, 九月, 十月. 卜禁曰, "子亥戌不可以卜及殺龜. 日中如食已卜. 暮昏龜之徹也, 不可以卜. 庚辛可以殺, 及以鑽之. 常以月旦祓龜, 先以淸水澡之, 以卵祓之, 乃持龜而遂之, 若常以爲祖. 人若已卜不中, 皆祓之以卵, 東向立, 灼以荊若剛木, 土卵指之者三, 持龜以卵周環之, 祝曰, '今日吉, 謹以粱卵煇黃祓去玉靈之不祥.' 玉靈必信以誠, 知萬事之情, 辯兆皆可占. 不信不誠, 則燒玉靈, 揚其灰, 以徵後龜. 其卜必北向, 龜甲必尺二寸. 卜先以造灼鑽, 鑽中已, 又灼龜首, 各三, 又復灼所鑽中曰正身, 灼首曰正足, 各三. 卽以造三周龜, 祝曰, '假之玉靈夫子. 夫子玉靈, 荊灼而心, 令而先知. 而上行於天, 下行於淵, 諸靈數策, 莫如汝信. 今日良日, 行一良貞. 某欲卜某, 卽得而喜, 不得而悔. 卽得, 發鄉我身長大, 首足收人皆上偶. 不得, 發鄉我身挫折, 中外不相應, 首足滅去.' 靈龜卜祝曰, '假之靈龜, 五巫五靈, 不如神龜之靈, 知人死, 知人生. 某身良貞, 某欲求某物. 卽得也, 頭見足發, 內外相應, 卽不得也, 頭仰足肣, 內外自垂. 可得占.' 卜占病者祝曰, '今某病困. 死, 首上開, 內外交駭, 身節折, 不死, 首仰足肣.' 卜病者祟曰, '今病有祟無呈, 無祟有呈. 兆有中祟有內, 外祟有外.' 卜繫者出不出. 不出, 橫吉安, 若出, 足開首仰有外. 卜求財物, 其所當得. 得, 首仰足開, 內外相應, 卽不得, 呈兆首仰足肣. 卜有賣若買臣妾馬牛. 得之, 首仰足開, 內外相應, 不得, 首仰足肣, 呈兆若橫吉安. 卜擊盜聚若幹人, 在某所, 今某將卒若幹人, 往擊之. 當勝, 首仰足開身正, 內自橋, 外下, 不勝, 足肣首仰, 身首內下外高. 卜求當行不行. 行, 首足開, 不行, 足肣首仰, 若橫吉安, 安不行. 卜往擊盜, 當見不見. 見, 首仰足肣有外, 不見, 足開首仰. 卜往候盜, 見不見. 見, 首仰足肣, 肣勝有外, 不見, 足開首仰. 卜聞盜來不來. 來, 外高內下, 足肣首仰, 不來, 足開首仰, 若橫吉安, 期之自次. 卜遷徙去官不去. 去, 足開有肣外首仰, 不去, 自去, 卽足肣, 呈兆若橫吉安. 卜居官尙吉不. 吉, 呈兆身正, 若橫吉安, 不吉, 身節折, 首仰足開. 卜居室家吉不吉. 吉, 呈兆身正, 若橫吉安, 不吉, 身節折, 首仰足開. 卜歲中禾稼孰不孰. 孰, 首仰足開, 內外自橋外自垂, 不孰, 足肣首仰有外. 卜歲中民疫不疫. 疫, 首仰足肣, 身節有彊外, 不疫, 身正首仰足開. 卜歲中有兵無兵. 無兵, 呈兆若橫吉安, 有兵, 首仰足開, 身作外彊情. 卜見貴人吉不吉. 吉, 足

開首仰, 身正, 內自橋, 不吉, 首仰, 身節折, 足肵有外, 若無漁. 卜請謁
於人得不得. 得, 首仰足開, 內自橋, 不得, 首仰足肵有外. 卜追亡人當
得不得. 得, 首仰足肵, 內外相應, 不得, 首仰足開, 若橫吉安. 卜漁獵得
不得. 得, 首仰足開, 內外相應, 不得, 足肵首仰, 若橫吉安. 卜行遇盜不
遇. 遇, 首仰足開, 身節折, 外高內下, 不遇, 呈兆. 卜天雨不雨. 雨, 首
仰有外, 外高內下, 不雨, 首仰足開, 若橫吉安. 卜天雨霽不霽. 霽, 呈兆
足開首仰, 不霽, 橫吉."

귀갑이 보여주는 명命에 말한다.

"귀갑에 가로지른 선이 나타나 조짐이 좋은 횡길橫吉인 경우 병을
점쳤을 때 중환자라도 그날은 죽지 않는다. 중환자가 아니면 그날로
낫고 죽지 않는다. 옥에 갇힌 사람 가운데 중죄인은 나오지 못한다.
경범죄는 출옥하나 그날을 지나면 나오지 못한다. 다만 오래도록 옥
에 갇혀 있어도 상하는 일은 없다. 재물을 구하고 노비와 마소를 사
는 일도 그날 안으로는 이룰 수 있다. 그날을 넘기면 하지 못하는 것
도 있다. 길을 떠나야 할 것인지 여부를 물은 것이면 가지 말아야 한
다. 기다리는 사람이 올 것인지 여부를 물은 것이면 오게 된다. 다만
밥을 먹을 때가 지나도 오지 않는 사람은 오지 않는다. 도적을 치러
갈 것인지 여부를 물은 것이면 가지 말아야 한다. 갈지라도 도적을
만나지 못한다. 도적이 일어났다는 말이 들려와도 쳐들어오는 일은
없다.

관직을 옮길 것인지 여부를 물은 것이면 옮기지 않게 된다. 관직
이나 집에 있는 것은 모두 좋다. 그해 농사는 흉년이고 전염병은 돌
지 않는다. 그해는 병란이 일어나지 않는다. 사람을 찾아볼 것인지

여부를 물은 것이면 찾아가보아야 한다. 찾아가지 않으면 기쁜 일은 없다. 남에게 부탁해야 할 경우 부탁하지 않으면 얻을 수 없다. 달아난 사람을 뒤쫓아도 잡을 수 없고, 고기잡이나 사냥을 나가도 얻는 것은 없다. 길에 나가도 도적을 만나지 않는다. 비가 올지 여부를 물은 것이면 오지 않는다. 날이 갤지 여부를 물은 것이면 개지 않는다."

명에 말한다.

"징조를 보이는 정조呈兆인 경우 환자는 죽지 않고, 감옥에 갇힌 자는 석방된다. 가야 할지 여부를 물은 경우는 가게 되고, 기다리는 사람이 돌아올지 여부를 물은 경우는 돌아온다. 장사를 하면 이익을 얻고, 달아난 자를 쫓으면 잡아들일 수 있다. 단 하루가 지나면 잡아들일 수 없다. 나간 사람은 찾아도 오지 않는다."

명에 말한다.

"기둥이 서 있는 주철柱徹인 경우 병을 점친 것이면 죽지 않는다. 옥에 갇혔을 때는 옥에서 나온다. 가야 할지 여부를 물은 것이면 가게 되고, 올 것인지 여부를 물은 것이면 오게 된다. 장사를 하면 얻는 것이 있고, 걱정이 있는 사람은 걱정이 사라지고, 달아난 사람은 뒤쫓아도 붙잡지 못한다."

명에 말한다.

"거북이 머리를 쳐들고 발을 오므리고[首仰足肣] 안으로 변화가 있고 밖으로 변화가 없는[有內無外] 경우 병을 점친 것이면 무거운 병일지라도 죽지 않는다. 옥에 갇힌 자는 석방된다. 재물을 구하고 노비와 마소를 사는 일이 원활하지 않다. 가야 할지 여부를 물은 것이면 가는 것이 좋다는 말이 있어도 가지 말아야 하고, 올 것인지 여부를 물은 것이면 오지 않는다. 도적을 치러 나가도 도적을 만나지 못한다. 도적이 오지 않는다는 이야기를 듣게 되고, 그런 말이 들려도 쳐들어오는 일은 없다. 전임을 갈 것인지 여부를 물은 것이면 전임의 소문이 나도 전임하지 않는다. 관직에 있으면 걱정되는 일이 많고, 집에 있으면 재난이 많다. 이해 농사는 중간 정도이고, 전염병이 유행한다. 이해 안에 병란이 일어난다. 공격을 받을 것이라는 소문만 있고 공격을 받지는 않는다. 귀인을 만나는 것은 좋다. 청탁은 이루어지지 않고, 가서 부탁해도 시원한 대답을 얻지 못한다. 달아난 사람은 쫓아가도 붙잡지 못한다. 고기잡이나 사냥을 나가도 잡히는 것이 없다. 외출을 해도 도적을 만나지 않는다. 비가 올지 여부를 물은 것이면 비가 전혀 오지 않는다. 갤지 여부를 물은 것이면 개지 않는다. 원래 귀갑에 나타나는 글자 막莫은 수엄首儼으로 풀이된다. 이를 물어보니 엄儼은 우러러본다는 뜻이다. 여기서 머리를 쳐들었다는 뜻의 앙仰으로 표현한 이유다. 이는 사사로운 기록이다[私記]."

명에 말한다.

"거북이 머리를 쳐들고 발을 오므리고 안으로 변화가 있고 밖으로 변화가 없는 경우 병을 점친 것이면 중병이라도 죽지 않는다. 옥에 갇힌 자는 나오지 못한다. 재물을 구하고 노비를 사는 일이 원활하지 않다. 가야 할지 여부를 물은 것이면 가지 말아야 한다. 올지 여부를 물은 것이면 오지 않는다. 도적을 치러 나가도 도적을 만나지 못한다. 도적이 쳐들어온다는 말을 듣고 내심 놀랄지라도 쳐들어오는 일은 없다. 전임될지 여부를 물은 것이면 전임되지 않는다. 관직이나 집에 있는 것은 좋다. 농사는 흉작이고, 전염병이 크게 유행한다. 이해 안에 병란은 일어나지 않는다. 귀인을 만나는 것은 좋다. 부탁하고자 하는 일은 부탁해도 잘되지 않는다. 도망간 자는 쫓아가도 붙잡지 못한다. 재물을 잃으면 되찾지 못한다. 고기를 잡고 사냥을 해도 얻는 것이 없다. 길을 나서도 도적을 만나는 일은 없다. 비가 올지 여부를 물은 것이면 오지 않는다. 갤지 여부를 물은 것이면 개지 않는다. 흉하다."

명에 말한다.

"징조를 보이는 정조와 거북이 머리를 쳐들고 발을 오므리는 경우 병을 점친 것이면 죽지 않는다. 옥에 갇혀 있는 자는 나오지 못한다. 재물을 구하고 노비와 마소를 사는 일이 원활하지 않다. 가야 할지 여부를 물은 것이면 가지 말아야 한다. 올지 여부를 물은 것이면 오지 않는다. 도적을 치러 나가도 만나지 못한다. 도적이 쳐들어온다고 들었어도 쳐들어오지 않는다. 전임 여부를 물은 것이면 전임되지 않는다. 관직에 오래 머문 사람은 걱정이 많다. 집에 있는 것은 좋지 않다. 이해 농사는 흉작이다. 전염병이 유행한다. 이해 안에 병란은 일어나지 않는다. 귀인을 만나는 것은 좋지 않다. 부탁한 일은 잘 이루어지지 않는다. 고기를 잡고 사냥을 해도 얻는 것이 없다. 길을 나서도 도적을 만나는 일은 없다. 비가 올지 여부를 물은 것이면 오지 않는다. 갤지 여부를 물은 것이면 개지 않는다. 불길하다."

명에 말한다.

"징조를 보이는 정조와 거북이 머리를 쳐들고 발을 펴는[首仰足開] 경우 병을 점친 것이면 중환자는 죽는다. 옥에 갇힌 자는 출옥한다. 재물을 구하고 노비와 마소를 사는 일이 원활하지 않다. 가야 할지 여부를 물은 것이면 가야 한다. 올지 여부를 물은 것이면 오게 된다. 도적을 치러 나가도 도적을 만나지 못한다. 도적이 쳐들어온다는 말이 들려도 쳐들어오지 않는다. 전임될지 여부를 물은 것이면 전임된다. 관직에 머물러 있고자 해도 오래 있지 못한다. 집에 있는 것은 좋지 못하다. 이해 농사는 흉작이다. 전염병이 유행하나 그리 대단하지는 않다. 이해 안에 병란은 일어나지 않는다. 귀인을 만나는 것을 물은 것이면 만나지 않는 편이 낫다. 부탁하는 일은 해도 잘 풀리지 않는다. 달아난 자는 쫓아도 붙잡지 못한다. 고기를 잡고 사냥을 해도 잡는 것이 없다. 길을 나서면 도적을 만난다. 비가 올지 여부를 물은 것이면 오지 않는다. 갤지 여부를 물은 것이면 개지 않는다. 소길小吉하다."

명에 말한다.

"거북이 머리를 쳐들고 발을 오므리는 경우 병을 점친 것이면 죽지 않는다. 옥에 갇힌 자는 오래 지나도 몸을 상하는 일은 없다. 재물을 구하고 노비와 마소를 사는 일이 원활하지 않다. 가야 할지 여부를 물은 것이면 가지 말아야 한다. 도적을 치는 것은 차라리 나가지 않는 편이 낫다. 올지 여부를 물은 것이면 오게 된다. 도적이 쳐들어온다는 소식이 들려오면 쳐들어온다. 전임 여부를 물은 것이면 전임의 소문이 나도 전임되지 않는다. 집에 있는 것은 좋지 않다. 이해 농사는 흉작이다. 전염병은 그리 대단치 않다. 이해 안에 병란은 일어나지 않는다. 귀인을 만날지 여부를 물은 것이면 만나지 않는 것이 낫다. 부탁하는 일은 부탁해도 잘 풀리지 않는다. 달아난 자는 쫓아도 붙잡지 못한다. 고기를 잡고 사냥을 해도 얻는 것이 없다. 길에 나서면 도적을 만난다. 비가 올지 여부를 물은 것이면 오지 않는다. 갤지 여부를 물은 것이면 개지 않는다. 길하다."

명에 말한다.

"거북이 머리를 쳐들고 발을 펴고 안으로 변화가 있는[有內] 경우 병을 점친 것이면 죽는다. 옥에 갇힌 자는 출옥한다. 재물을 구하고 노비와 마소를 사는 일이 원활하다. 가야 할지 여부를 물은 것이면 가야 한다. 올지 여부를 물은 것이면 오게 된다. 도적을 치는 것은 나가도 도적을 만나지 못한다. 도적이 쳐들어온다는 이야기가 들려와도 쳐들어오지는 않는다. 전임될지 여부를 물은 것이면 전임된다. 관직에 머물고자 해도 오래 있지 못한다. 집에 있는 것은 좋지 못하다. 이해 농사는 풍작이다. 전염병이 유행해도 그리 대단치는 않다. 이해 안에 병란은 일어나지 않는다. 귀인을 만나는 것은 불길하다. 부탁하는 일은 해도 잘 풀리지 않고, 달아난 자를 뒤쫓아도 붙잡지 못하고, 고기를 잡고 사냥을 해도 얻는 것이 없다. 길을 나서도 도적을 만나는 일은 없다. 비는 갠다. 개면 소길이고, 개지 않으면 길하다.”

명에 말한다.

“횡길과 안팎의 징조가 절로 높은[內外自橋] 경우 병을 점친 것이면 복일卜日에는 낫지 않고 죽는다고 한다. 옥에 갇힌 자는 무죄가 판명되어 출옥한다. 재물을 구하고 노비와 마소를 사는 일이 원활하다. 가야 할지 여부를 물은 것이면 가야 한다. 올지 여부를 물은 것이면 오게 된다. 도적을 치면 서로 힘이 비슷하다. 도적이 쳐들어온다는 소문이 들리면 쳐들어온다. 전임될지 여부를 물은 것이면 전임된다. 집에 있는 것이 좋다. 이해 농사는 풍작이다. 전염병은 유행하지 않는다. 이해 안에 병란은 일어나지 않는다. 귀인을 만나고, 부탁을 하고, 도망자를 뒤쫓고, 고기 잡고 사냥하는 것은 모두 잘 풀리지 않는다. 길에 나서면 도적을 만난다. 비가 그치고 날이 갤지 여부를 물은 것이면 비가 그치며 개고, 대길大吉이다.”

명에 말한다.

"횡길이고 안팎의 징조가 절로 길한[內外自吉] 경우 병을 점친 것이면 환자는 죽는다. 옥에 갇힌 자는 출옥하지 못한다. 재물을 구하며 노비와 마소를 사고, 도망자를 뒤쫓고, 고기 잡고 사냥하는 일이 모두 원활하지 않다. 갈 것인지 여부를 물은 것이면 일단 가면 돌아오지 않는다. 전임할지 여부를 물은 것이면 전임하게 된다. 관직에 머물러 있으면 걱정거리가 생긴다. 집에 있거나, 귀인을 만나거나, 부탁을 하는 일 모두 원활하지 않다. 이해 농사는 흉작이다. 전염병이 유행한다. 이해 안에 병란은 일어나지 않는다. 길에 나서도 도적을 만나지 않는다. 비가 올지 여부를 물은 것이면 오지 않는다. 갤지 여부를 물은 것이면 개지 않는다. 불길하다."

명에 말한다.

"어인漁人인 경우 병을 점친 것이면 중환자도 죽지 않는다. 옥에 갇힌 자는 출옥한다. 재물을 구하며 노비와 마소를 사고, 도적을 치고, 부탁을 하고, 달아난 자를 뒤쫓고, 고기 잡고 사냥하는 일 모두 원활하지 않다. 가야 할지 여부를 물은 것이면 가야 한다. 올지 여부를 물은 것이면 오게 된다. 도적이 쳐들어온다는 이야기가 들려도 쳐들어오지 않는다. 전임할지 여부를 물은 것이면 전임하지 않는다. 집에 있는 것이 좋다. 이해 농사는 흉작이다. 전염병이 유행한다. 이해 안에 병란은 일어나지 않는다. 귀인을 만나는 것은 좋다. 길에 나서도 도적을 만나지 않는다. 비가 올지 여부를 물은 것이면 오지 않는다. 갤지 여부를 물은 것이면 개지 않는다. 길하다."

명에 말한다.

"거북이 머리를 쳐들고 발을 오므리고 안이 높고 밖이 낮은[內高外下] 경우 병을 점친 것이면 중환자라도 죽지 않는다. 옥에 갇힌 자는 출옥하지 못한다. 재물을 구하며 노비와 마소를 사고, 달아난 자를 뒤쫓고, 고기 잡고 사냥하는 일 모두 원활하다. 가야 할지 여부를 물은 것이면 가지 말아야 한다. 올지 여부를 물은 것이면 오게 된다. 도적을 치면 이긴다. 전임될지 여부를 물은 것이면 전임되지 않는다. 관직에 머물러 있으면 걱정거리는 있어도 손해되는 일은 없다. 집에 있으면 걱정과 병이 많다. 이해 농사는 대풍이다. 전염병이 유행한다. 이해 안에 병란이 일어나지만 쳐들어오지는 않는다. 귀인을 만나거나 부탁하는 일은 원활치 않다. 길에 나서면 도적을 만난다. 비가 올지 여부를 물은 것이면 오지 않는다. 갤지 여부를 물은 것이면 개지 않는다. 길하다."

명에 말한다.

"횡길이고 위에 앙仰이 있고 아래에 기둥이 있는[上有仰下有柱] 경우 병을 점친 것이면 오래 지속되어도 죽지 않는다. 옥에 갇힌 자는 나오지 못한다. 재물을 구하고 노비와 마소를 사고, 달아난 자를 뒤쫓고, 고기 잡고 사냥하는 일 모두 원활치 않다. 가야 할지 여부를 물은 것이면 가지 않아야 한다. 도적을 치는 것은 나가지 않는 편이 낫다. 설령 나갈지라도 만나지 못한다. 도적이 쳐들어온다는 이야기가 들려와도 쳐들어오지 않는다. 전임할지 여부를 물은 것이면 전임하지 않는다. 집에 있거나 귀인을 만나거나 하는 것이 좋다. 이해 농사는 대풍이다. 전염병이 유행한다. 이해 안에 병란은 일어나지 않는다. 길에 나서도 도적을 만나지 않는다. 비가 올지 여부를 물은 것이면 오지 않는다. 갤지 여부를 물은 것이면 개지 않는다. 대길이다."

명에 말한다.

"횡길이고 유앙楡仰인 경우 병을 점친 것이면 죽지 않는다. 옥에 갇힌 자는 출옥하지 못한다. 재물을 구하고 노비와 마소를 사는 일은 나가서 열심히 할지라도 원활치 못하다. 가야 할지 여부를 물은 것이면 가지 말아야 한다. 올지 여부를 물은 것이면 오지 않는다. 도적을 치는 것은 나가지 않는 편이 낫다. 설령 나갈지라도 만나지 못한다. 도적이 쳐들어온다는 이야기가 들려와도 쳐들어오지 않는다. 전임될지 여부를 물은 것이면 전임되지 않는다. 관직에 머물러 있거나, 집에 있거나, 귀인을 만나거나 하는 것은 좋다. 이해 농사는 풍작이다. 이해 안에 전염병이 유행하나 병란은 일어나지 않는다. 일을 부탁하거나, 달아난 자를 뒤쫓는 것은 원활치 못하다. 고기 잡고 사냥하는 것은 나가도 얻는 것이 없고 잘 풀리지 않는다. 길에 나서도 도적을 만나지 않는다. 비가 올지 여부를 물은 것이면 온다. 갤지 여부를 물은 것이면 개지 않는다. 소길이다."

명에 말한다.

"횡길이고 아래에 기둥이 있는[下有柱] 경우 병을 점친 것이면 중병이라도 쉽게 낫고 죽지 않는다. 옥에 갇힌 자는 출옥한다. 재물을 구하고 노비와 마소를 사고, 부탁을 하고, 달아난 자를 뒤쫓고, 고기 잡고 사냥하는 일 모두 원활치 못하다. 가야 할지 여부를 물은 것이면 가야 한다. 올지 여부를 물은 것이면 오지 않는다. 도적을 치러 나가도 만나지 못한다. 도적이 쳐들어온다는 이야기가 들리면 쳐들어온다. 전임을 하든 관직에 머물든 다 좋으나 오래가지 못한다. 집에 있는 것은 좋지 못하다. 이해 농사는 흉작이다. 전염병은 유행하지 않는다. 이해 안에 병란은 일어나지 않는다. 귀인을 만나는 것은 좋다. 길에 나서도 도적은 만나지 않는다. 비가 올지 여부를 물은 것이면 오지 않는다. 갤지 여부를 물을 것이면 갠다. 소길이다."

명에 말한다.

"재소載所인 경우 병을 점친 것이면 완쾌되어 죽지 않는다. 옥에 갇힌 자는 출옥한다. 재물을 구하며 노비와 마소를 사고, 부탁을 하고, 달아난 자를 뒤쫓고, 고기 잡고 사냥하는 일 모두 원활하다. 가야 할지 여부를 물은 것이면 가야 한다. 올지 여부를 물은 것이면 온다. 도적을 칠 경우 마주치기는 하나 싸움에까지 이르지는 않는다. 도적이 쳐들어온다는 이야기가 들리면 쳐들어온다. 전임될지 여부를 물은 것이면 전임된다. 집에 있으면 걱정이 있다. 귀인을 만나는 것은 좋다. 이해 농사는 풍작이다. 전염병은 유행하지 않는다. 이해 안에 병란은 일어나지 않는다. 길에 나서도 도적을 만나지 않는다. 비가 올지 여부를 물은 것이면 오지 않는다. 갤지 여부를 물은 것이면 갠다. 길하다."

명에 말한다.

"근격根格인 경우 병을 점친 것이면 죽지 않는다. 옥에 갇힌 자는 오래 갇혀 있어도 해가 없다. 재물을 구하며 노비와 마소를 사고, 부탁을 하고, 달아난 자를 뒤쫓고, 고기 잡고 사냥하는 일 모두 원활치 못하다. 가야 할지 여부를 물은 것이면 가지 말아야 한다. 올지 여부를 물은 것이면 오지 않는다. 도적을 칠 경우 나가도 싸움에 이르지는 않는다. 도적이 쳐들어온다는 이야기가 들려도 쳐들어오지 않는다. 전임할지 여부를 물은 것이면 전임하지 않는다. 집에 있는 것이 좋다. 이해 농사는 평년작은 된다. 전염병이 유행하나 죽는 사람은 없다. 귀인을 만나려 해도 만날 수 없다. 길에 나서도 도적을 만나지 않는다. 비가 올지 여부를 물은 것이면 오지 않는다. 대길이다."

명에 말한다.

"거북이 머리를 쳐들고 발을 오므리고 밖이 높고 안이 낮은[外高內下] 경우 걱정이 있는 사람을 점친 것이면 해가 없다. 가야 할지 여부를 물은 것이면 일단 가면 돌아오지 못한다. 오래 앓은 자는 죽는다. 재물을 구하는 것이 원활치 못하다. 귀인을 만나는 것은 좋다."

명에 말한다.

"거북이 머리를 쳐들고 발을 오므리고 밖이 높고 안이 낮은 경우 병을 점친 것이면 죽지는 않으나 탈이 난다. 매매가 원활치 못하다. 관직에 머물러 있거나 집에 있는 것은 좋지 못하다. 가야 할지 여부를 물은 것이면 가지 말아야 한다. 올지 여부를 물은 것이며 오지 않는다. 옥에 갇힌 자는 오래 있어도 해가 없다. 길하다."

명에 말한다.

"머리를 내밀고 발이 열리고[頭見足發] 안팎이 서로 응하는[內外相應] 경우 병을 점친 것이면 회복된다. 옥에 갇힌 자는 출옥한다. 가야 할지 여부를 물은 것이면 가야 한다. 올지 여부를 물은 것이면 온다. 재물을 구하는 일이 뜻대로 된다. 길하다."

명에 말한다.

"징조를 보이는 정조와 거북이 머리를 쳐들고 발을 편 경우 병을 점친 것이면 병이 악화되어 죽는다. 옥에 갇힌 자는 출옥은 하나 걱정이 있다. 재물을 구하며 노비와 마소를 사고, 부탁을 하고, 달아난 자를 뒤쫓고, 고기 잡고 사냥하는 일 모두 원활치 못하다. 가야 할지 여부를 물은 것이면 가지 말아야 한다. 올지 여부를 물은 것이면 오지 않는다. 도적을 쳐도 싸움에까지는 이르지 않는다. 도적이 쳐들어온다고 하면 쳐들어온다. 전임을 하거나 관직에 머물러 있거나 집에 있거나 하는 것은 모두 좋지 못하다. 이해의 농사는 흉작이다. 전염병은 유행하나 죽는 사람은 생기지 않는다. 이해 안에 병란은 일어나지 않는다. 귀인을 만나는 것은 좋지 못하다. 나가도 도적을 만나지 않는다. 비가 올지 여부를 물은 것이면 오지 않는다. 갤지 여부를 물은 것이면 개지 않는다. 불길하다."

명에 말한다.

"징조를 보이는 정조와 거북이 머리를 쳐들고 발을 오므리고 밖이 높고 안이 낮은 경우 병을 점친 것이면 죽지는 않으나 다른 탈이 있다. 옥에 갇힌 자는 출옥하나 걱정이 있다. 재물을 구하고 노비와 마소를 사는 일은 사는 사람을 만나려 해도 만나지 못한다. 가야 할지 여부를 물은 것이면 가야 한다. 올지 여부를 물은 것이면 온다는 소문이 있어도 오지 않는다. 도적을 치면 이긴다. 도적이 쳐들어온다는 이야기가 들려와도 쳐들어오지 않는다. 전임하거나, 관직에 머물거나, 집에 있거나, 귀인을 만나는 것은 모두 좋지 못하다. 이해의 농사는 평년작은 된다. 전염병이 유행한다. 이해 안에 병란이 일어난다. 부탁을 하거나 도망자를 추적하거나 고기 잡고 사냥하는 것은 모두 원활치 못하다. 길에 나서면 도적을 만난다. 비가 올지 여부를 물은 것이면 오지 않는다. 갤지 여부를 물은 것이면 갠다. 흉하다."

명에 말한다.

"거북이 머리를 쳐들고 발을 오므리고 몸을 굽혀 안팎이 서로 응하는[身折內外相應] 경우 병을 점친 것이면 중병이라도 죽지 않는다. 옥에 갇힌 자는 오래 지나도 출옥하지 못한다. 재물을 구하며 노비와 마소를 사고, 고기 잡고 사냥하는 일 모두 원활치 못하다. 가야 할지 여부를 물은 것이면 가지 말아야 한다. 올지 여부를 물은 것이면 오지 않는다. 도적을 치면 이긴다. 도적이 쳐들어온다는 이야기가 들리면 쳐들어온다. 전임될지 여부를 물은 것이면 전임되지 않는다. 관직에 머물러 있거나, 집에 있거나 하는 것은 좋지 않다. 이해의 농사는 흉작이다. 전염병이 유행한다. 이해 안에 병란이 있으나 쳐들어오지는 않는다. 귀인을 만나면 기쁨이 있다. 부탁을 하거나, 달아난 자를 뒤쫓거나 하는 일은 원활치 못하다. 길에 나서면 도적을 만난다. 흉하다.”

명에 말한다.

“내격외수內格外垂인 경우 가야 할지 여부를 물은 것이면 가지 않는 것이 낫다. 올지 여부를 물은 것이면 오지 않는다. 환자는 모두 죽는다. 감옥에 갇힌 자는 석방되지 않는다. 재물을 얻고자 하나 얻지 못한다. 사람을 만나려 하나 만날 수 없다. 대길이다.”

명에 말한다.

“횡길과 안팎이 서로 응하고 절로 교만하고[自橋楡仰] 상주 발이 오므라드는[上柱足眄] 경우 병을 점친 것이면 중병이라도 죽지 않는다. 옥에 갇힌 자는 그 안에 오래 있으나 죄는 되지 않는다. 재물을 구하며 노비와 마소를 사고, 부탁을 하고, 달아난 자를 뒤쫓고, 고기 잡고 사냥하는 일 모두 원활치 못하다. 가야 할지 여부를 물은 것이면 가지 말아야 한다. 올지 여부를 물은 것이면 오지 않는다. 관직에 머물러 있거나, 집에 있거나, 귀인을 만나거나 하는 것은 좋다. 전임할지 여부를 물은 것이면 전임하지 않는다. 이해의 농사는 풍작이라고 할 수 없다. 전염병이 유행한다. 이해 안에 병란이 일어나기는 하나 전쟁의 재앙은 없다. 길에 나서면 도적을 만난다는 소문이 있으나 실제로 만나지는 않는다. 비가 올지 여부를 물은 것이면 오지 않는다. 갤지 여부를 물은 것이면 갠다. 대길이다.”

명에 말한다.

"두앙족금頭仰足黔과 안팎이 자연히 드리워지는[內外自垂] 경우 병으로 근심하는 사람을 점을 친 것이면 중병이라도 죽지 않는다. 관직에 머물러 있고 싶어도 그리할 수 없다. 가야 할지 여부를 점친 것이면 가야 한다. 올지 여부를 점친 것이면 오지 않는다. 재물을 구하는 일이 원활치 못하다. 사람을 구하는 것도 원활치 못하다. 길하다."

명에 말한다.

"횡길과 아래에 기둥이 있는 경우 올지 여부를 점친 것이면 온다. 점친 그날 오지 않으면 당분간 오지 않는다. 병을 점쳤을 때는 하루가 지나도 완쾌되지 않으면 낫지 못한 채 죽는다. 가야 할지 여부를 물은 것이면 가지 않는 편이 낫다. 재물을 구하는 일이 원활치 못하다. 옥에 갇힌 자는 출옥하게 된다."

명에 말한다.

"횡길과 안팎이 절로 들려 있는[內外自擧] 경우 병을 점친 것이면 오랫동안 앓은 병이라도 죽지 않는다. 옥에 갇힌 자는 오래 지나도 출옥하지 못한다. 재물을 구하는 것이 뜻대로 되기는 하나 얻는 것이 적다. 가야 할지 여부를 물은 것이면 가지 말아야 한다. 올지 여부를 물은 것이면 오지 않는다. 귀인을 만날 것인지 여부를 물은 것이면 만나는 편이 낫다. 길하다."

명에 말한다.

"거북이 머리를 쳐들고 발을 오므리고 안이 높고 밖이 낮고, 빠르고도 쉽게 발이 벌어지는[疾輕足發] 경우 재물을 구하는 일이 원활치 않다. 가야 할지 여부를 물은 것이면 가야 한다. 환자는 쉽게 낫는다. 감옥에 갇힌 자는 나오지 못한다. 올지 여부를 물은 것이면 온다. 귀인을 만날지 여부를 물은 것이면 만나지 않는 것이 낫다. 길하다."

명에 말한다.

"외격外格인 경우 재물을 구하는 일이 원활치 못하다. 가야 할지 여부를 물은 것이면 가지 말아야 한다. 올지 여부를 물은 것이면 오지 않는다. 옥에 갇힌 자는 출옥하지 못하고, 불길하다. 환자는 죽는다. 귀인을 만날지 여부를 물은 것이면 만나는 것이 낫다. 길하다."

명에 말한다.

"안이 절로 들리면서 밖에서 오는 것이 바르고[內自擧外來正] 발이 벌어지는[足發] 경우 가야 할지 여부를 물은 것이면 가야 한다. 올지 여부를 물은 것이면 온다. 재물을 구하는 일이 뜻대로 된다. 환자는 병이 오래가기는 하나 죽지는 않는다. 옥에 갇힌 자는 출옥하지 못한다. 귀인을 만날지 여부를 물은 것이면 만나는 것이 낫다. 길하다."

●● 命曰橫吉安. 以占病, 病甚者一日不死, 不甚者卜日瘳, 不死. 繫者重罪不出, 輕罪環出, 過一日不出, 久毋傷也. 求財物買臣妾馬牛, 一日環得, 過一日不得. 不得行者不行. 來者環至, 過食時不至, 不來. 擊盜不行, 行不遇, 聞盜不來. 徙官不徙. 居官家室皆吉. 歲稼不孰. 民疾疫無疾. 歲中無兵. 見人行, 不行不喜. 請謁人不行不得. 追亡人漁獵不得. 行不遇盜. 雨不雨. 霽不霽. 命曰呈兆. 病者不死. 繫者出. 行者行. 來者來. 市買得. 追亡人得, 過一日不得. 問行者不到. 命曰柱徹. 卜病不死. 繫者出. 行者行. 來者來. 而市買不得. 憂者毋憂. 追亡人不得. 命曰首仰足肣有內無外. 占病, 病甚不死. 繫者解. 求財物買臣妾馬牛不得. 行者聞言不行. 來者不來. 聞盜不來. 聞言不至. 徙官聞言不徙. 居官有憂. 居家多災. 歲稼中孰. 民疾疫多病. 歲中有兵, 聞言不開. 見貴人吉. 請謁不行, 行不得善言. 追亡人不得. 漁獵不得. 行不遇盜. 雨不雨甚. 霽不霽. 故其莫字皆爲首備. 問之曰, 備者仰也, 故定以爲仰. 此私記也. 命曰首仰足肣有內無外. 占病, 病甚不死. 繫者不出. 求財買臣妾不得. 行者不行. 來者不來. 擊盜不見. 聞盜來, 內自驚, 不來. 徙官不徙. 居官家室吉. 歲稼不孰. 民疾疫有病甚. 歲中無兵. 見貴人吉. 請謁追亡人不得. 亡財物, 財物不出得. 漁獵不得. 行不遇盜. 雨不雨. 霽不霽. 凶. 命曰呈兆首仰足肣. 以占病, 不死. 繫者未出. 求財物買臣妾馬牛不得. 行不行. 來不來. 擊盜不相見. 聞盜來不來. 徙官不徙. 居官久多憂. 居家室不吉. 歲稼不孰. 民病疫. 歲中毋兵. 見貴人不吉. 請謁不得. 漁獵得少. 行不遇盜. 雨不雨. 霽不霽. 不吉. 命曰呈兆首仰足開. 以占病, 病篤死. 繫囚出. 求財物買臣妾馬牛不得. 行者行. 來者來. 擊盜不見盜. 聞盜來不來. 徙官徙. 居官不久. 居家室不吉. 歲稼不孰. 民疾疫有而少. 歲中毋兵, 見貴人不見吉. 請謁追亡人漁獵不得. 行遇盜. 雨不雨. 霽小吉. 命曰首仰足肣. 以占病, 不死. 繫者久, 毋傷也. 求財物買臣妾馬牛不得. 行者不行. 擊盜不行. 來者來. 聞盜來. 徙官聞言不徙. 居家室不吉. 歲稼不孰. 民疾疫少. 歲中毋兵. 見貴人得見. 請謁追亡人漁獵不得. 行遇盜. 雨不雨. 霽不霽. 吉. 命曰首仰足開有內. 以占病者, 死. 繫者出. 求財物買臣妾馬牛不得. 行者行. 來者來. 擊盜行不見盜. 聞盜來不來. 徙官徙. 居官不久. 居家室不吉. 歲孰. 民疾疫有而少. 歲中毋兵. 見貴人不吉. 請謁追亡人漁獵不得. 行不遇盜. 雨霽. 霽小吉, 不霽吉. 命曰橫吉內外自橋. 以占病, 卜日毋瘳死. 繫者毋罪出. 求財物買臣妾馬牛得. 行者行. 來者來. 擊盜合交等. 聞盜來來. 徙官徙. 居家室吉. 歲孰. 民疫無疾. 歲中無兵. 見貴人請謁追亡人漁獵得. 行遇盜. 雨霽, 雨霽大吉. 命曰橫吉內外自吉. 以占病, 病者死. 繫不出. 求財物買臣妾馬牛追亡人漁獵不得. 行者不來. 擊盜不相見. 聞盜不來. 徙官徙. 居官有憂. 居家室見貴人請謁不吉. 歲稼不孰. 民疾疫. 歲中無兵. 行不遇盜. 雨不雨. 霽不霽. 不吉. 命曰漁人. 以占病者, 病者甚, 不死. 繫者出. 求財物買臣妾馬牛擊盜請謁追亡人漁獵得. 行者行來. 聞盜來不來. 徙官不徙. 居家室吉. 歲稼不孰. 民疾疫. 歲中毋兵. 見貴人吉. 行不遇盜. 雨不雨. 霽不霽. 吉. 命曰首仰足肣內高外下. 以占病, 病者甚, 不死. 繫者不出. 求財物買臣妾馬牛追亡人漁獵得. 行不行. 來者來. 擊盜勝. 徙官不徙. 居官有憂, 無傷也. 居家室多憂病. 歲大孰. 民疾疫. 歲中有兵不至. 見貴人請謁不吉. 行遇盜. 雨不雨. 霽不霽. 吉. 命曰橫吉上有仰下有柱. 病久不死. 繫者不出. 求財物買臣妾馬牛追亡人漁獵不得. 行不行. 來不來. 擊盜不行, 行不見. 聞盜來不來. 徙官不徙. 居家室見貴人吉. 歲大孰. 民疾疫. 歲中毋兵. 行不遇盜. 雨不雨. 霽不霽. 大吉. 命曰橫吉榆仰. 以占病, 不死. 繫者不出. 求財物買臣妾馬牛至不得. 行不行. 來不來. 擊盜不行, 行不見. 聞盜來不來. 徙官不徙. 居官家室見貴人吉. 歲孰. 歲中有疾疫, 毋兵. 請謁追亡人不得. 漁獵至不得. 行不得. 行不遇盜. 雨霽不霽. 小吉. 命曰橫吉下有柱. 以占病, 病甚不環有瘳無死. 繫者出. 求財物買臣妾馬牛請謁追亡人漁獵不得 行來不來. 擊盜不合. 聞盜來來. 徙官居官吉, 不久. 居家室不吉. 歲不孰. 民毋疾疫. 歲中毋兵. 見貴人吉. 行不遇盜. 雨不雨. 霽. 小吉. 命曰載所. 以占病, 環有瘳無死. 繫者出. 求財物買臣妾馬牛請謁追亡人漁獵得. 行者行. 來不來. 擊盜相見不相合. 聞盜來來. 徙官徙. 居家室憂. 見貴人吉. 歲孰. 民毋疾疫. 歲中毋兵. 行不遇盜. 雨不雨. 霽霽. 吉. 命曰根格. 以占病者, 不死. 繫久毋傷. 求財物買臣妾馬牛請謁追亡人漁獵不得. 行不行. 來不來. 擊盜盜行不合. 聞盜不來. 徙官不徙. 居家室吉. 歲稼中. 民疾疫無死. 見貴人不得見. 行不遇盜. 雨不雨. 大吉. 命曰首仰足胻外高內下. 卜有憂, 無傷也. 行者不來. 病久死. 求財物不得. 見貴人者吉. 命曰外高內下. 卜病不死, 有祟. 而市買不得. 居官家室不吉. 行者不行. 來者不來. 繫者久毋傷. 吉. 命曰頭見足發有內外相應. 以占病者, 起. 繫者出. 行者行. 來者來. 求財物得. 吉. 命曰呈兆首仰足開. 以占病, 病甚死. 繫者出, 有憂. 求財物買臣妾馬牛請謁追亡人漁獵不得. 行行不行. 來不來. 擊盜不合. 聞盜來來. 徙官居官家室不吉. 歲惡. 民疾疫無死. 歲中毋兵. 見貴人不吉. 行不遇盜. 雨不雨. 霽. 不吉. 命曰呈兆首仰足開外高內下. 以占病, 不死, 有外祟. 繫者出, 有憂. 求財物買臣妾馬牛, 相見不會. 行行. 來聞言不來. 擊盜勝. 聞盜來不來. 徙官居官家室見貴人不吉. 歲中. 民疾疫有兵. 請謁追亡人漁獵不得. 聞盜遇盜. 雨不雨. 霽. 凶. 命曰首仰足胻身折內外相應. 以占病, 病甚不死. 繫者久不出. 求財物買臣妾馬牛漁獵不得. 行不行. 來不來. 擊盜有用勝. 聞盜來來. 徙官不徙. 居官家室不吉. 歲不孰. 民疾疫. 歲中. 有兵不至. 見貴人喜. 請謁追亡不得. 遇盜凶. 命曰內格外垂. 行者不行. 來者不來. 病者死. 繫者不出. 求財物不得. 見人不見. 大吉. 命曰橫吉內外相應自橋楡仰上柱上柱足足胻. 以占病, 病甚不死. 繫久, 不抵罪. 求財物買臣妾馬牛請謁追亡人漁獵不得. 行不行. 來不來. 居官家室見貴人吉. 徙官不徙. 歲不大孰. 民疾疫有兵. 有兵不會. 行遇盜. 聞言不見. 雨不雨. 霽霽. 大吉. 命曰頭仰足胻內外自垂. 卜憂病者甚, 不死. 居官不得居. 行者行. 來者不來. 求財物不得. 求人不得. 吉. 命曰橫吉下有柱. 卜來者來. 卜日卽不至, 未來. 卜病者過一日毋瘳死. 行者不行. 求財物不得. 繫者出. 命曰橫吉內外自舉. 以占病者, 久不死. 繫者久不出. 求財物得而少. 行者不行. 來者不來. 見貴人見. 吉. 命曰內高外下疾輕足發. 求財物不得. 行者行. 病者有瘳. 繫者不出. 來者來. 見貴人不見.

吉. 命曰外格. 求財物不得. 行者不行. 來者不來. 繫者不出. 不吉. 病者
死. 求財物不得. 見貴人見. 吉. 命曰內自擧外來正足發. 行者行. 來者
來. 求財物得. 病者久不死. 繫者不出. 見貴人見. 吉.

징조가 횡길과 상주上柱 안팎이 있고[上柱外內] 안이 절로 들리면서
발이 오므라진[內自擧足胤] 경우다. 점을 쳐 이 징조가 나오면 구하는
것을 얻을 수 있다. 환자는 죽지 않는다. 옥에 갇힌 자는 해는 입지
않으나 아직 출옥하지 못한다. 가야 할지 여부를 물은 것이면 가지
말아야 한다. 올지 여부를 물은 것이면 오지 않는다. 사람을 만날
지 여부를 물은 것이면 만나지 않는 편이 낫다. 모든 일이 좋다.

징조가 횡길과 상주 안팎이 절로 들리는[上柱外內自擧] 경우와 주족
柱足이 조짐을 만드는[柱足以作] 경우다. 점을 쳐 이 징조가 나오면 구
하는 것을 얻을 수 있다. 환자는 거의 죽게 되었어도 병이 낫고 회복
된다. 옥에 갇힌 자는 상하는 일 없이 출옥한다. 가야 할지 여부를 물
은 것이면 가지 말아야 한다. 올지 여부를 물은 것이면 오지 않는다.
사람을 만날지 여부를 물은 것이면 만나지 않는 편이 낫다. 모든 일
이 좋다. 거병擧兵도 괜찮다.

징조가 정사挺詐와 밖에 변화의 조짐이 있는[有外] 경우다. 점을 쳐
이 징조가 나오면 구하는 것을 얻을 수 없다. 환자는 죽지 않고 종종
회복된다. 옥에 갇힌 자는 죄가 있으나 말만 그럴 뿐 해는 입지 않는
다. 가야 할지 여부를 물은 것이면 가지 말아야 한다. 올지 여부를 물
은 것이면 오지 않는다.

징조가 정사와 거북이 머리를 처들고 발을 펴고 안으로 변화가 있
는 경우다. 점을 쳐 이 징조가 나오면 구하는 것을 얻을 수 없다. 환

자는 죽지 않고 종종 회복된다. 옥에 갇힌 자는 죄가 있으나 해를 입지 않고 출옥한다. 가야 할지 여부를 물은 것이면 가지 말아야 한다. 올지 여부를 물은 것이면 오지 않는다. 사람을 만날지 여부를 물은 것이면 만나지 않는 편이 낫다.

징조가 정사와 안팎이 절로 들린[內外自擧] 경우다. 점을 쳐 이 징조가 나오면 구하는 것을 얻을 수 있다. 환자는 죽지 않는다. 옥에 갇힌 자는 무죄다. 가야 할지 여부를 물은 것이면 가야 한다. 올지 여부를 물은 것이면 온다. 밭갈이·장사·고기잡이·사냥 모두 뜻대로 된다.

징조가 호학狐狢으로 나온 경우다. 점을 쳐 이 징조가 나오면 구하는 것을 얻을 수 없다. 환자는 죽고 회복하기 어렵다. 옥에 갇힌 자는 무죄라도 나오기 어렵다. 집에 있는 것은 좋다. 장가들고 시집가는 것은 좋다. 가야 할지 여부를 물은 것이면 가지 말아야 한다. 올지 여부를 물은 것이면 오지 않는다. 사람을 만날지 여부를 물은 것이면 만나지 않는 편이 낫다. 근심거리 여부를 물은 것이면 근심할 일이 없다.

징조가 호철狐徹로 나온 경우다. 점을 쳐 이 징조가 나오면 구하는 것을 얻을 수 없다. 환자는 죽는다. 옥에 갇힌 자는 죄를 받게 된다. 가야 할지 여부를 물은 것이면 가지 말아야 한다. 올지 여부를 물은 것이면 오지 않는다. 사람을 만날지 여부를 물은 것이면 만나지 않는 편이 낫다. 할 말이 이미 정해져 있다. 모든 일이 다 불길하다.

징조가 머리를 숙이고 발을 오므려 몸이 굽어 있는[首俯足胎身節折] 경우다. 점을 쳐 이 징조가 나오면 구하는 것을 얻을 수 없다. 환자는 죽는다. 옥에 갇힌 자는 유죄가 된다. 떠난 자는 오지 않는다. 가야 할지 여부를 물은 것이면 가야 한다. 올지 여부를 물은 것이면 오지 않는다. 사람을 만날지 여부를 물은 것이면 만나지 않는 편이 낫다.

징조가 정挺의 안팎이 절로 늘어진[挺內外自垂] 경우다. 점을 쳐 이 징조가 나오면 구하는 것이 여의치 않다. 환자는 죽고 회복하기 어렵다. 옥에 갇힌 자는 무죄이나 출옥하기 어렵다. 가야 할지 여부를 물은 것이면 가지 말아야 한다. 올지 여부를 물은 것이면 오지 않는다. 사람을 만날지 여부를 물은 것이면 만나지 않는 편이 낫다. 불길하다.

징조가 횡길과 유앙으로 머리를 숙인[楡仰首俯] 경우다. 점을 쳐 이 징조가 나오면 구하기 쉽지 않다. 환자는 회복하기 어려우나 죽지는 않는다. 옥에 갇힌 자는 출옥하기 어려우나 해를 입지는 않는다. 집으로 돌아갈 수 있다. 며느리를 맞고 딸을 시집보내는 것이 좋다.

징조가 횡길과 상주가 바르고 몸의 마디가 꺾이고[上柱載正身節折] 안팎이 절로 들려 있는 경우다. 점을 쳐 이 징조가 나오면 병자가 점친 날에는 죽지 않지만 다음날 죽는다.

징조가 횡길과 상주 발이 오므라들고 안이 절로 들리고 밖이 절로 드리워지는[內自擧外自垂] 경우다. 점을 쳐 이 징조가 나오면 병자가 점친 날에는 죽지 않고 다음날 죽는다.

징조가 머리를 숙이고 발을 감추고[首俯足詐] 바깥 징조는 있고 안의 징조는 없는[有外無內] 경우다. 점을 쳐 이 징조가 나오면 병자는 귀갑으로 점을 치는 일이 끝나기도 전에 급사하고 만다. 다만 작은 것을 점쳤는데 장차 잃는 것이 크게 나온[卜輕失大] 경우는 하루 만에 죽지 않는다.

징조가 거북이 머리를 쳐들고 발을 오므리는 경우다. 점을 쳐 이 징조가 나오면 구하는 것을 얻을 수 없다. 옥에 갇힌 자는 유죄가 된다. 그 죄에 관해 사람들이 운운하는 것은 두려운 일이나 그로 인해 해를 입지는 않는다. 가야 할지 여부를 물은 것이면 가지 말아야 한다. 사람을 만날지 여부를 물은 것이면 만나지 않는 편이 낫다.

크게 묶어 종합하면 이렇다.

"바깥 징조는 남의 일, 안쪽 징조는 자신의 일이다. 바깥 징조는 여인의 일, 안쪽 징조는 남자의 일이다. 머리를 숙이는 것은 걱정거리가 있다는 뜻이다. 큰 균열은 몸통, 작은 균열은 가지로 간주한다. 대강은 이렇다. 환자는 발이 오므라들면 살고, 펴지면 죽는다. 오는 자는 발이 펴지면 오고, 발이 오므라들면 오지 않는다. 가는 사람은 발이 오므라들면 가서는 안 되고, 펴지면 가야 한다. 구하는 것은 발이 펴지면 뜻대로 되고, 오므라들면 여의치 못하다. 옥에 갇힌 사람은 발이 오므라들면 출옥하지 못하고, 펴지면 출옥한다. 환자를 점친 경우 발이 펴졌는데도 죽는 것은 안이 높고 밖이 낮은 탓이다."

●● 此橫吉上柱外內內自擧足肣. 以卜有求得. 病不死. 繫者毋傷, 未出. 行不行. 來不來. 見人不見. 百事盡吉. 此橫吉上柱外內自擧柱足以作. 以卜有求得. 病死環起. 繫留毋傷, 環出. 行不行. 來不來. 見人不見. 百事吉. 可以擧兵. 此挺詐有外. 以卜有求不得. 病不死, 數起. 繫禍罪. 聞言毋傷. 行不行. 來不來. 此挺詐有內. 以卜有求不得. 病不死, 數起. 繫留禍罪無傷出. 行不行. 來者不來. 見人不見. 此挺詐內外自擧. 以卜有求得. 病不死. 繫毋罪. 行行. 來來. 田賈市漁獵盡喜. 此狐狢. 以卜有求不得. 病死, 難起. 繫留毋罪難出. 可居宅. 可娶婦嫁女. 行不行. 來不來. 見人不見. 有憂不憂. 此狐徹. 以卜有求不得. 病者死. 繫留有抵罪. 行不行. 來不來. 見人不見. 言語定. 百事盡不吉. 此首俯足肣身節折. 以卜有求不得. 病者死. 繫留有罪. 望行者不來. 行行. 來不來. 見人不見. 此挺內外自垂. 以卜有求不晦. 病不死, 難起. 繫留毋罪, 難出. 行不行. 來不來. 見人不見. 不吉. 此橫吉楡仰首俯. 以卜有求難得. 病難起, 不死. 繫難出, 毋傷也. 可居家室, 以娶婦嫁女. 此橫吉上柱載正身節折內外自擧. 以卜病者, 卜日不死, 其一日乃死. 此橫吉上柱足肸內自擧外自垂. 以卜病者, 卜日不死, 其一日乃死. 爲人病首俯足詐有外無內. 病者占龜未已, 急死. 卜輕失大, 一日不死. 首仰足肸. 以卜有求不得. 以繫有罪. 人言語恐之毋傷. 行不行. 見人不見. 大論曰, "外者人也, 內者自我也, 外者女也, 內者男也. 首俛者憂. 大者身也, 小者枝也. 大法, 病者, 足肸者生, 足開者死. 行者, 足開至, 足肸者不至. 行者, 足肸不行, 足開行. 有求, 足開得, 足肸者不得. 繫者, 足肸不出, 開出. 其卜病也, 足開而死者, 內高而外下也."

화식열전
貨殖列傳

〈화식열전〉은 상업에 관한 논의를 집약해놓은 매우 특이한 열전이다. 화식貨殖의 화貨는 재산, 식殖은 불어난다는 뜻이다. 글자 그대로 재산을 증식하는 것을 뜻한다. 〈화식열전〉은《관자》의 상가 사상을 집대성해놓았다.《관자》를 관통하는 키워드는 부민부국富民富國이다. 이는 상가이론의 핵심이다. 상가는 오랫동안 제자백가의 일원으로 거론되지 않았으나 춘추전국시대는 물론 그 이후의 진한시대에 이르기까지 분명 하나의 사상적 흐름으로 존재했다. 사마천이《사기》를 쓰면서 〈평준서平準書〉와 〈화식열전〉을 편제한 사실이 이를 뒷받침한다.

〈평준서〉는 요즘으로 치면 경제정책, 〈화식열전〉은 경제경영 이론서에 해당한다. 〈화식열전〉은 경제정책 및 경제사를 정리해놓은 〈평준서〉나 이를 모방한 〈식화지〉와 달리 춘추시대 말기부터 전한초기에 이르는 시기에 거부가 된 자들의 이야기를 실어놓았다. 그밖에도 각 지역의 풍속·물산·교통·상업 등 경제경영 환경을 상세히 서술해놓고 있다. 〈화식열전〉은 다양한 사업으로 거만의 재산을 모은 쉰두 명의 인물이 소개되어 있다. 모두 시기별로 다양한 방법으로 부를 쌓았다. 총 일흔한 가지의 사업과 활동이 소개되어 있다. 여기에는 목장 주인·하층 장사꾼·부녀자 등 다양한 인물이 등장한다.

주목할 점은 〈화식열전〉이 매우 진보적인 경제사상을 담고 있는 점이다. 관중을 사상적 비조로 해 사마천의 〈화식열전〉에 의해 집대성된 상가 사상은 바로 부 자체를 긍정적으로 평가한 데서 출발하고 있다.

노자는《도덕경》제80장에서 이같이 말했다.

지극히 잘 다스려지는 지치至治의 시대는 이웃 나라끼리 서로 마주
보며 닭과 개 짖는 소리가 들리는 상황에서 백성은 각자 자신의 음식
을 달게 먹고, 자기 나라 옷을 아름답게 여기고, 풍속을 편히 여기고,
자신의 일을 즐거워하고, 늙어 죽을 때까지 서로 왕래하지 않는다.

그러나 이를 이루기 위해 근대의 풍속을 옛날로 돌이키려 하거나
백성의 눈과 귀를 틀어막고자 할 경우 이는 거의 실행할 수 없을 것이
다.

●● 老子曰, "至治之極, 鄰國相望, 雞狗之聲相聞, 民各甘其食, 美其
服, 安其俗, 樂其業, 至老死不相往來." 必用此爲務, 輓近世塗民耳目,
則幾無行矣.

태사공은 평한다.
"나는 신농씨 이전의 일에 대해서는 잘 모른다.《시경》이나《서경》
에서 말하는 요순과 하나라 이후의 상황을 보면 눈과 귀는 아름다
운 소리나 모습의 좋은 점을 힘껏 즐기려 하고, 입은 여러 고기의 좋
은 맛을 다 보려 하고, 몸은 편하고 즐거운 것을 좋아하고, 마음은 권
세와 유능하다는 영예를 자랑하고자 한다. 이런 풍속이 백성의 마음
속까지 파고든 지 이미 오래되었다. 오묘한 이론을 가지고 집집마
다 깨우쳐주려 해도 도저히 교화시킬 수 없는 것은 이 때문이다. 최
상의 치도는 천지자연의 도에 부합하도록 이끄는 도가의 도민道民이
다. 그다음으로는 백성을 이롭게 하는 식으로 이끄는 상가의 이민利

民이다. 또 그다음으로는 가르쳐 깨우치는 유가의 교민教民이다. 또 그다음 다음으로는 백성들을 가지런히 바로잡는 법가의 제민齊民이다. 최하는 백성과 이익을 다투는 여민쟁리與民爭利다."

●● 太史公曰, "夫神農以前, 吾不知已. 至若詩書所述虞夏以來, 耳目欲極聲色之好, 口欲窮芻豢之味, 身安逸樂, 而心誇矜埶能之榮使. 俗之漸民久矣, 雖戶說以眇論, 終不能化. 故善者因之, 其次利道之, 其次敎誨之, 其次整齊之, 最下者與之爭."

대개 산서山西는 재목·대나무·닥나무·삼·모旄·옥석 등이 풍부하다. 산동은 물고기·소금·옻·명주실·미녀가 많다. 강남은 녹나무·가래나무·생강·계수나무·금·주석·납·단사·무소·대모瑇瑁·진주·짐승의 이빨과 가죽 등이 많이 난다. 또 용문龍門과 갈석碣石의 북쪽은 말·소·양 등의 모직물과 가죽을 비롯해 짐승의 힘줄과 뿔 등이 많이 난다. 구리와 철은 사방 1,000리 안에서 나오는 까닭에 마치 바둑돌을 펼쳐놓은 것 같다. 이것이 각지에서 생산하는 재화의 개략적인 내용이다. 모두 중원의 인민이 좋아하는 것이다. 세간에 널리 사용되는 피복과 음식이고, 산 사람을 먹이고 죽은 자를 장사 지낼 때 쓰는 용품들이다. 그래서 농민이 먹을 것을 제공하고 어민과 산민이 물자를 산출하면 공인이 이것으로 물건을 만들고 상인들은 제품을 유통시킨다. 이런 일들이 어찌 정령이나 교화, 징발, 또는 약속 등에 따라서 하는 것이겠는가?

사람은 각자 자신의 능력에 맞추어 그 힘을 다해 원하는 것을 손에 넣는다. 물건 값이 싼 것은 곧 비싸질 징조이고, 값이 비싼 것은 곧 싸질 징조다. 사람마다 자신의 일에 힘을 쓰고 각자의 일을 즐거워하면 이는 마치 물이 낮은 곳으로 흐르는 것과 같아 밤낮으로 멈추는 때가 없다. 부르지 않아도 스스로 몰려들고, 억지로 구하지 않아도 백성들은 스스로 물품을 만들어낸다. 이것이 어찌 도에 부합되어 저절로 그리되는 징험이 아니겠는가? 《일주서逸周書》에서는 이같이 말했다.

> 농부가 곡물을 생산하지 않으면 식량이 부족하고, 공인이 물건을 만들지 않으면 용품이 모자라게 되고, 상인이 재화를 유통시키지 않으면 식량과 용품 및 재화 등의 세 가지 보물이 끊어지게 되고, 어민과 산민이 물자를 산출하지 않으면 재화가 모자라게 된다.

재물이 모자라면 산림이나 하천은 개발되지 못한다. 농업·공업·상업·어업·광업 등 네 가지 산업은 백성이 입고 먹는 것의 근원이다. 산업의 근원이 크면 풍요로워지고, 작으면 빈곤해진다. 위로는 나라를 부강하게 하고, 아래로는 가정을 부유하게 만드는 것이 바로 산업의 크기에 달려 있다. 빈부의 차가 일어나는 것은 누가 빼앗거나 주어서 나타난 결과가 아니다. 산업의 상호관계와 재화의 흐름을 잘 아는 자는 늘 여유 있고, 이를 제대로 모르는 자는 늘 부족하다. 태공망 여상이 제나라에 봉해졌을 당시 그곳의 땅은 소금기가 많고 주민은 매우 적었다. 여상이 부녀자들에게 방직을 장려하며 공예기술을 끌어올리고, 생선과 소금을 널리 유통시킨 이유다. 물자와 사람들이 이내 제나라로 모여들었으니, 마치 엽전꾸러미가 하나로 꿰어진 듯 수레바퀴살이 중심으로 모여든 듯했다. 제나라가 마치 천하를 관을 쓰듯 덮고, 허리띠를 매듯 두르고, 옷을 입듯 걸치고, 신발을 신듯 꿴 이유가 여기에 있다. 동해와 태산 사이에 있는 모든 나라의 제후들이 옷깃을 여미고 제나라에 조회하게 된 것도 바로 이 때문이다. 이후 제나라는 한때 쇠약해졌으나 관중이 나타나 태공망의 정책을 정비하고, 재화를 다루는 아홉 개 관서인 구부九府를 설치했다. 덕분에 제환공이 중원의 패자가 되어 제후들을 아홉 차례 회맹하며 일거에 천하를 바로잡을 수 있었다. 관중 또한 사치를 행했으니 비록 지위는 제후의 신하였지만 그 부유함은 제후를 훨씬 뛰어넘었다. 제나라의 부강이 전국시대의 제위왕과 제선왕 때까지 지속된 배경이 여기에 있다. 《관자》〈목민牧民〉은 이같이 말했다.

창고가 가득 차야 예절을 알고, 의식이 넉넉해야 영욕榮辱을 안다.

예의염치는 재화에 여유가 있을 때 생기고, 없으면 사라진다. 군자는 부유해지면 덕을 행하기를 좋아하고, 소인은 부유해지면 능력에 맞게 적절히 행동한다. 연못이 깊어야 물고기가 노닐고 산이 깊어야 짐승이 뛰어놀듯이, 사람은 부유해야 비로소 인의를 행할 수 있다. 부유한 사람이 세력을 얻으면 세상에 그 이름을 더욱 드러내고, 세력을 잃으면 따르는 자가 없게 되어 즐겁지 않게 된다. 이런 현상은 변방의 오랑캐 나라에서 더욱 심하다. 속담에 이런 말이 있다.

천금을 가진 부자의 자식은 시장에서 형벌을 당해 죽는 일이 없다.

이는 빈말이 아니다. 또 이런 말이 있다.

천하가 희희낙락한 것은 모두 이익을 위해 모여들기 때문이고, 천하가 흙먼지가 일 정도로 소란스러운 것은 모두 이익을 찾아 떠나기 때문이다.

무릇 1,000승의 군사를 보유한 왕이나 1만 호의 봉지를 지닌 제후나 100실을 소유한 대부 모두 가난해질까 걱정하는데 하물며 겨우 호적에 이름이나 올린 필부의 경우야 더 말할 것이 있겠는가!

●● 夫山西饒材·竹·穀·纑·旄·玉石, 山東多魚·鹽·漆·絲·聲色, 江南出枏·梓·薑·桂·金·錫·連·丹沙·犀·瑇瑁·珠璣·齒革, 龍門·碣石北多馬·牛·羊·旃裘·筋角, 銅·鐵則千里往往山出棊置, 此其大較也. 皆中國人民所喜好, 謠俗被服飮食奉生送死之具也. 故待農而食之, 虞而出之, 工而成之, 商而通之. 此寧有政敎發徵期會哉? 人各任其能, 竭其力, 以得所欲. 故物賤之徵貴, 貴之徵賤, 各勸其業, 樂其事, 若水之趨下, 日夜無休時, 不召而自來, 不求而民出之. 豈非道之所符, 而自然之驗邪? 周書曰, "農不出則乏其食, 工不出則乏其事, 商不出則三寶絶, 虞不出則財匱少." 財匱少而山澤不辟矣. 此四者, 民所衣食之原也. 原大則饒, 原小則鮮. 上則富國, 下則富家. 貧富之道, 莫之奪予, 而巧者有餘, 拙者不足. 故太公望封於營丘, 地潟鹵, 人民寡, 於是太公勸其女功, 極技巧, 通魚鹽, 則人物歸之, 繦至而輻湊. 故齊冠帶衣履天下, 海岱之閒斂袂而往朝焉. 其後齊中衰, 管子修之, 設輕重九府, 則桓公以霸, 九合諸侯, 一匡天下, 而管氏亦有三歸, 位在陪臣, 富於列國之君. 是以齊富彊至於威·宣也. 故曰, "倉廩實而知禮節, 衣食足而知榮辱." 禮生於有而廢於無. 故君子富, 好行其德, 小人富, 以適其力. 淵深而魚生之, 山深而獸往之, 人富而仁義附焉. 富者得

執益彰, 失執則客無所之, 以而不樂. 夷狄益甚. 諺曰, "千金之子, 不死
於市." 此非空言也. 故曰, "天下熙熙, 皆爲利來, 天下壤壤, 皆爲利往."
夫千乘之王, 萬家之侯, 百室之君, 尙猶患貧, 而況匹夫編戶之民乎!

　옛날 월왕 구천은 회계산會稽山에서 고통을 겪을 당시 범리과 계연
計然을 기용했다. 계연이 구천에게 건의했다.

　"전쟁이 있을 것을 미리 알면 준비를 잘할 수 있고, 시기와 쓰임을
알게 되면 어떤 물품이 필요한지 알게 됩니다. 이 두 가지가 잘 드러
나면 모든 재화의 실정을 제대로 알 수 있습니다. 목성의 위치가 오
행의 금이면 풍년, 수이면 수해, 목이면 기근, 화이면 가뭄이 듭니다.
가뭄이 든 해에 미리 배를 마련하고, 수해가 난 해에 미리 수레를 마
련하는 것이 사물의 이치입니다. 6년마다 풍년과 가뭄이 들고, 12년
마다 대기근이 일어납니다. 곡식 값이 한 말에 20전밖에 하지 않으
면 농민이 고생하고, 90전으로 오르면 상인이 고생합니다. 상인이 고
생하면 물품이 나오지 않고, 농민이 고생하면 농지가 개발되지 않습
니다. 값이 올라도 80전을 넘지 않고, 떨어져도 30전 아래로 내려가
지 않으면, 농민과 상인 모두 이익을 봅니다.

　가격이 안정되도록 물가를 조정하고, 관문과 시장의 세금을 적절
히 조절해 재화가 부족하지 않도록 하는 것이 나라를 다스리는 기
본 원칙입니다. 재화의 비축은 그 효용을 극대화하는데 취지가 있
는 만큼 자금이 적체되도록 해서는 안 됩니다. 물건을 사고팔 때 부
패하고 썩기 쉬운 것을 쌓아두어 값이 오르기를 기다리는 식의 무모
한 짓을 해서는 결코 안 되는 것입니다. 재화가 남거나 부족한지 여
부를 연구하면 값의 등락을 미리 알 수 있습니다. 값은 오를 대로 오

르면 이내 내려가고, 내려갈 대로 내려가면 이내 오르게 마련입니다. 비쌀 때는 썩은 흙을 내버리듯 비축한 재화를 내다 팔고, 쌀 때는 구슬을 손에 넣듯 재화를 비축합니다. 재화와 자금의 흐름은 마치 흐르는 물처럼 자연스러워야 합니다."

계연의 계책을 좇아 10년간 다스리자 월나라가 부강해졌고, 병사도 두텁게 보상받게 되었다. 병사들은 목마른 사람이 물을 찾듯 적의 돌과 화살을 향해 용감히 진격했다. 구천이 마침내 강력한 오나라에 보복하고 천하에 무위를 떨쳐 춘추오패 일원이 된 이유다.

●● 昔者越王句踐困於會稽之上, 乃用范蠡·計然. 計然曰, "知鬪則修備, 時用則知物, 二者形則萬貨之情可得而觀已. 故歲在金, 穰, 水, 毁, 木, 饑, 火, 旱. 旱則資舟, 水則資車, 物之理也. 六歲穰, 六歲旱, 十二歲一大饑. 夫糶, 二十病農, 九十病末. 末病則財不出, 農病則草不辟矣. 上不過八十, 下不減三十, 則農末俱利, 平糶齊物, 關市不乏, 治國之道也. 積著之理, 務完物, 無息幣. 以物相貿易, 腐敗而食之貨勿留, 無敢居貴. 論其有餘不足, 則知貴賤. 貴上極則反賤, 賤下極則反貴. 貴出如糞土, 賤取如珠玉. 財幣欲其行如流水." 修之十年, 國富, 厚賂戰士, 士赴矢石, 如渴得飮, 遂報彊吳, 觀兵中國, 稱號五霸.

당시 범리는 월왕 구천을 도와 패업을 완성함으로써 회계산의 치욕을 씻었다. 그는 이내 한숨을 내쉬며 이같이 탄식했다.

"계연의 일곱 가지 계책 가운데 월나라는 다섯 가지를 써 원하는 것을 모두 얻었다. 월나라를 위해 이미 계책을 다 사용했으니 이제는 집안을 다스리는 데 사용하는 것이 나을 것이다."

그러고는 이내 작은 배를 타고 강호를 떠다니다 이름과 성을 바꾸고 제나라로 들어갔다. 치이자피鴟夷子皮로 이름을 바꾼 그가 도 땅에 정착하자 사람들이 그를 주공朱公으로 불렀다. 도주공 범리는 도 땅이 천하의 중심에 위치한 까닭에 사방의 제후국과 긴밀히 통해 있고, 재화가 활발히 교역되고 있는 것을 알아챘다. 곧 장사에 나서자 재화를 사서 쟁여두었다가 시세가 좋을 때 파는 수법으로 거만의 재산을 모았다. 이는 때에 맞추어 재화를 유통시킨 덕분이지 결코 인위적인 노력으로 사업을 경영한 덕분이 아니다. 생업을 잘 운영하는 자는 사람을 잘 선택하고 시기에 잘 올라탄 것일 뿐이다.

그는 19년 동안 모두 세 번에 걸쳐 천금의 재산을 모았다. 앞서 두 번은 가난한 친구들과 먼 형제 친척에게 재산을 모두 나누어주었다. 그는 이른바 "군자는 부유하면 덕을 즐겨 행한다"는 말을 몸소 실천한 셈이다. 이후 나이가 들어 노쇠해지자 자손들에게 사업을 맡겼다. 자손들 역시 생업을 잘 관리하고 몸집을 키워 재산이 수만 금에 이르게 되었다. 많은 사람이 부자를 말할 때 으레 도주공을 예로 드는 것은 바로 이 때문이다.

●● 范蠡旣雪會稽之恥, 乃喟然而歎曰, "計然之策七, 越用其五而得意. 旣已施於國, 吾欲用之家." 乃乘扁舟浮於江湖, 變名易姓, 適齊爲鴟夷子皮, 之陶爲朱公. 朱公以爲陶天下之中, 諸侯四通, 貨物所交易也. 乃治産積居, 與時逐而不責於人. 故善治生者, 能擇人而任時. 十九年之中三致千金, 再分散與貧交疏昆弟. 此所謂富好行其德者也. 後年衰老而聽子孫, 子孫脩業而息之, 遂至巨萬. 故言富者皆稱陶朱公.

자공子贛(子貢)은 일찍이 공자에게서 배웠다. 물러나서는 위나라에서 벼슬을 했다. 또 조나라와 노나라 사이에서는 물자를 사두고 내다 파는 등의 장사를 했다. 공자의 제자 70여 명 가운데 자공이 가장 부유했고, 정반대로 원헌은 지게미조차 배불리 먹지 못하고 후미진 뒷골목에 은거했다. 자공은 네 마리 말이 이끄는 수레를 타고 비단꾸러미 예물로 제후들을 방문했다. 그가 이르는 곳의 제후 가운데 뜰 양쪽으로 내려와 자공과 대등한 예를 행하지 않는 자가 없었다. 무릇 공자의 이름이 천하에 골고루 알려지게 된 것은 자공이 그를 앞뒤로 도왔기 때문이다. 이야말로 이른바 "부유한 사람이 세력을 얻으면 세상에 그 이름을 더욱 드러낸다"고 하는 것이 아니겠는가?

●● 子贛旣學於仲尼, 退而仕於衛, 廢著鬻財於曹·魯之閒, 七十子之徒, 賜最爲饒益. 原憲不厭糟穅, 匿於窮巷. 子貢結駟連騎, 束帛之幣以聘享諸侯, 所至, 國君無不分庭與之抗禮. 夫使孔子名布揚於天下者, 子貢先後之也. 此所謂得埶而益彰者乎?

백규白圭는 주나라 사람이다. 전국시대 초기 위문후 때 이회李悝는 토지의 생산력을 증대시키는 진지력지교盡地力之教 정책에 온 힘을 기울였다.● 백규는 시기의 변화에 따른 물가변동을 살피기를 좋아했다. 백규는 세인이 버리고 돌아보지 않을 때 재화를 사들이고, 세인이 취할 때 팔아넘겼다.

예컨대 풍년이 들면 곡식을 사들이고 대신 실과 옷을 팔아넘겼고, 흉년이 들어 고치가 시장에 이리저리 나돌면 비단과 솜을 사들이는

● 원문에는 이회가 이극李克으로 되어 있다. 《사기색은》은 유향의 《별록別錄》을 인용해 이회의 잘못이라고 했다. 이회는 법가의 시조이고, 이극은 공자의 제자인 자하의 문인이다. 이회는 전국시대 초기 위문후 휘하에서 부국강병을 이루는 데 결정적인 공헌을 했다. 《한서》〈식화지〉에 이회가 실시한 진지력지교 정책이 자세히 소개되어 있다. 서쪽 진나라를 최강의 나라로 변모시킨 상앙의 변법은 이회의 진지력지교에 둔전을 가미한 농전에 기초한 것이다.

대신 곡식을 팔아넘기는 식이었다. 태음인 목성이 동쪽 묘卯 방향에 머무는 해는 풍년이 들지만 이듬해는 수확이 좋지 못하다. 남쪽 오午 방향에 머무는 해는 가뭄이 나지만 이듬해는 수확이 많다. 또 서쪽 유酉 방향에 머무는 해는 풍년이 들지만 이듬해는 흉년이 된다. 북쪽 자子 방향에 머무는 해는 큰 가뭄이 나지만 이듬해에 다시 수확이 좋아지고 홍수가 난다. 목성이 다시 묘 방향으로 돌아와 풍년이 들면 물건이 많아져 값이 떨어지므로 물건을 평소보다 두 배 정도 많이 사두었다. 값이 오르게 하기 위해 값이 떨어지는 하등 곡물을 사들이고, 곡물의 중량을 증가시키기 위해 상등품의 곡물을 사들였다. 그는 좋은 음식을 멀리해 기호를 억제하고, 의복을 검소하게 하고, 부리는 노복과 고락을 함께했다. 그러나 기회를 잡으면 사나운 짐승과 매가 먹이를 보고 달려가듯 민첩했다. 그는 이같이 말했다.

"나는 생업을 운영하면서 이윤과 여상이 계책을 내듯, 손무孫武와 오기가 군사를 쓰듯, 상앙이 법을 시행하듯 했다. 이에 그 지혜가 임기응변에 부족하거나, 그 용기가 결단하는 데 부족하거나, 그 어짊이 먼저 내주어 나중에 더 크게 취하는 수준이 되지 않거나, 그 강인함이 지킬 바를 끝까지 지키는 수준에 이르지 못한 사람은 아무리 내 비술을 배우고자 해도 결코 가르쳐주지 않았다."

세인들이 생업을 잘 운영하는 자를 말할 때 백규를 으뜸으로 꼽는 이유다. 백규는 자신이 직접 경험하며 시험을 해보았기에 남보다 잘할 수 있었다. 이는 아무나 그리한다고 해서 되는 것이 아니다.

●● 白圭, 周人也. 當魏文侯時, 李克務盡地力, 而白圭樂觀時變, 故人棄我取, 人取我與. 夫歲孰取穀, 予之絲漆, 繭出取帛絮, 予之食. 太陰在卯, 穰, 明歲衰惡. 至午, 旱, 明歲美. 至酉, 穰, 明歲衰惡. 至子, 大旱, 明歲美, 有水. 至卯, 積著率歲倍. 欲長錢, 取下穀, 長石斗, 取上種.
能薄飮食, 忍嗜欲, 節衣服, 與用事僮僕同苦樂, 趨時若猛獸摯鳥之發.
故曰, "吾治生産, 猶伊尹·呂尙之謀, 孫吳用兵, 商鞅行法是也. 是故其
智不足與權變, 勇不足以決斷, 仁不能以取予, 彊不能有所守, 雖欲學
吾術, 終不告之矣." 蓋天下言治生祖白圭. 白圭其有所試矣, 能試有所
長, 非苟而已也.

노나라의 의돈은 소금으로 사업을 일으켰고, 조나라 한단의 곽종
은 제철로 사업에 성공했다. 그들의 부유함은 왕들과 대등할 정도였
다. 오씨烏氏 땅의 나倮는 목축으로 성공했다. 가축 수가 많아지면 팔
아서 진기한 물건이나 견직물을 구해 은밀히 융족의 왕에게 바쳤다.
융족의 왕이 그 보상으로 열 배의 가축을 그에게 주었다. 소나 말 등
의 숫자가 엄청나게 많아져 가축을 셀 때 한 마리씩 세는 것이 아니
라 가축이 있는 골짜기를 단위로 세야 할 정도였다. 진시황은 그를
군호에 봉해진 자들과 동등하게 대우했다. 그가 정례적으로 다른 대
신들과 함께 조회에 참석한 배경이다.

또 파 땅에 청淸이라는 과부가 있었다. 그녀의 조상은 단사를 캐내
는 동굴을 발견해 여러 대에 걸쳐 이익을 독점했다. 가산이 이루 헤
아릴 수 없을 정도로 많았다. 청은 과부였으나 가업을 잘 지키고, 재
물을 적절히 활용해 자신을 지킨 까닭에 사람들이 함부로 침범하는
일이 없었다. 진시황은 그녀를 정조가 있는 부인으로 여겨 빈객의
예우를 베풀고, 특별히 그녀를 위해 여회청대女懷淸臺를 지어주었다.
오지 땅의 인물 나는 비천한 목자였고, 파 땅의 과부 청은 외딴 시골
의 과부에 불과했으나 모두 만승의 군왕과 대등한 예를 나누고, 명

성을 천하에 드러냈다. 이 어찌 재력 때문이 아니겠는가?

●● 猗頓用鹽鹽起. 而邯鄲郭縱以鐵冶成業, 與王者埒富. 烏氏倮畜
牧, 及衆, 斥賣, 求奇繒物, 間獻遺戎王. 戎王什倍其償, 與之畜, 畜至用
谷量馬牛. 秦始皇帝令倮比封君, 以時與列臣朝請. 而巴蜀寡婦淸, 其
先得丹穴, 而擅其利數世, 家亦不訾. 淸, 寡婦也, 能守其業, 用財自衛,
不見侵犯. 秦皇帝以爲貞婦而客之, 爲築女懷淸臺. 夫倮鄙人牧長, 淸
窮鄕寡婦, 禮抗萬乘, 名顯天下, 豈非以富邪?

한나라가 일어나 천하를 통일하고는 관문과 교량을 개방하고, 산
림과 천택川澤의 금령을 느슨하게 했다. 부유한 상인인 부상대고富商
大賈가 천하를 두루 돌아다니며 물건을 교역했다. 교역하는 재화 가
운데 유통되지 않는 곳이 없었던 까닭에 원하는 것을 모두 얻을 수
있었다. 한나라는 호걸과 제후국의 권문세가를 경사京師로 이주시켰
다. 관중은 견汧과 옹에서 동쪽으로 황하와 화산에 이르기까지 비옥
한 땅이 1,000리에 걸쳐 펼쳐져 있는 지역이다. 요순과 우왕의 공부
貢賦에서도 상등의 전지田地로 인정받았다. 또 공류는 빈邠으로 갔고,
태왕인 고공단보와 왕계王季는 기산 기슭에서 살았다. 주문왕은 풍읍
을 세우고, 주무왕은 호경鎬京을 다스렸다. 이 지역 백성은 이 선왕의
유풍을 그대로 간직하고 있다. 농사짓기를 좋아하고, 오곡을 심으며
땅을 중히 여기고, 사악한 짓을 심각하게 여기며 두려워하는 이유다.
진문공秦文公·진덕공秦德公·진목공秦繆公이 옹 땅에 도읍했다. 이곳은
농과 촉 땅의 물자가 교류되는 요지였고 상인도 많았다.

진헌공秦獻公 때 약읍櫟邑●으로 천도했다. 약읍은 북쪽으로 융적戎翟
을 물리칠 수 있고, 동쪽으로 삼진三晉과 통해 역시 대상인이 많이 거

주했다. 진효공秦孝公과 진소양공秦昭襄王이 함양에서 나라를 다스렸다. 한나라도 함양과 가까운 장안을 도성으로 삼았다. 장안 부근에 여러 능침이 있어 사방의 사람과 물자가 이곳에 모여들었다. 이곳은 땅이 좁고 인구가 많았다. 백성이 점차 약아져 공상工商 등 말단의 일에 종사하게 되었다.

관중의 남쪽은 바로 파촉이다. 파촉 또한 비옥해 잇꽃·생강·단사·돌·구리·쇠·대나무·나무그릇 등이 풍부했다. 남쪽으로는 전과 북僰 땅을 능가했다. 북에서는 어린 노비를 많이 배출했다. 서쪽으로는 공과 작筰에 가까웠다. 작에서는 말과 모우旄牛를 생산했다. 파촉은 사방이 막혀 있어 잔도를 1,000리에 걸쳐 만들어놓았다. 이를 통해서 통하지 않는 곳이 없었다. 포야褒斜 땅은 파촉의 길 어귀를 꿰매어 얽어놓은 듯하다. 남아도는 물자를 모자라는 것과 바꾸곤 했다. 천수·농서·북지·상군은 관중과 풍속이 유사했다. 서쪽에는 강족과 관련한 여러 이익이 있고, 북쪽에는 융적戎翟의 가축이 있다. 목축업은 이곳이 천하의 으뜸이었다. 그러나 이곳은 구석지고 험한 곳이다. 겨우 장안으로만 길이 통했다. 관중 땅은 천하의 3분의 1을 차지하고, 인구는 10분의 3에 불과하다. 그러나 이들의 부를 계산해보면 천하의 10분의 6을 차지했다.

옛날 요임금은 하동, 은나라는 하내, 주나라는 하남에 도읍했다. 무릇 하동·하내·하남 등 이른바 삼하 일대는 천하의 중심에 자리해 큰 솥의 세 개 발처럼 갈라져 있고, 제왕이 교대로 거주했던 곳이다. 해당 왕조는 수백 년에서 수천 년 동안 유지되었다. 이곳은 땅이 좁

● 《사기색은》은 약읍의 약嶽이 약樂과 발음이 같다고 했다. 곧 후대의 악양을 말한다. 《사기집해》는 서광의 주를 인용해 한나라 때의 좌풍익에 속했다고 풀이했다.

고 사람이 많다. 도성에는 제후들이 모여든 까닭에 풍속이 섬세하고 절검을 숭상하며 제각기 일을 익혔다. 양 땅과 평양은 서쪽으로 진秦 및 적翟과 거래를 했고, 북쪽으로 종種 및 대와 교역했다.

　종과 대는 석읍현石邑縣 북쪽에 있다. 부근의 흉노와 가까이 있었던 탓에 자주 노략질을 당했다. 그곳 백성은 자존심이 강하고, 남을 이기려 들며, 성을 잘 내고, 유협의 기질이 있어 간악한 일을 하고, 농사나 상업에 종사하지 않았다. 북쪽 이민족과 근접해 군사가 자주 출동했다. 이때 중원에서 자주 물자수송을 위탁한 덕분에 뜻하지 않게 큰 이익을 남길 때도 있었다. 그곳 주민은 들에 사는 양처럼 날쌔고 사나웠다. 춘추시대 중원의 진晉나라 때부터 이들의 포악함은 오랜 두통거리였다. 전국시대 중엽 조무령왕이 이들의 포악한 기질을 더욱 장려했다. 이곳의 풍속에는 아직도 조나라 유풍이 남아 있다. 양과 평양 사람들은 그사이에서 장사를 해 원하는 것을 얻었다.

　온 땅과 지 땅은 서쪽으로 상당과 거래하고, 북쪽으로 조나라 및 중산과 교역했다. 중산은 땅이 척박하고 인구가 많은 곳이다. 은나라 주가 음란한 짓을 저지른 사구沙丘 일대는 아직도 은나라 후예가 남아 있다. 풍속은 경박하고 투기에 능하며 교활한 방법으로 이익을 얻어 생활했다. 사내들은 함께 어울려 희롱하며 놀고, 슬픈 노래로 울분을 터뜨리고, 한 사람이 일어서면 서로 패를 지어 따르며 사람을 때리거나 약탈하고, 쉴 때는 도굴을 해 교묘한 위조품을 만드는 등 간악한 짓을 일삼는다. 잘생긴 사람은 배우가 되기도 한다. 여자들은 거문고와 같은 악기를 연주하고 신발을 질질 끌고 곳곳을 찾아다니며 부귀한 자에게 아부해 첩으로 들어가기도 한다. 이들은 각지에 두루 퍼져 있다.

한단은 장수漳水와 황하 사이에 있는 고을이다. 북쪽으로 연나라 및 탁현涿縣과 통하고, 남쪽으로 정鄭나라 및 위衛나라가 있다. 정나라 와 위나라의 풍속은 조나라와 비슷하다. 다만 양梁나라나 노나라에 도 가까워 약간 중후하고 절조를 숭상한다. 복수濮水 부근의 읍에서 야왕野王으로 이주했다. 야왕 사람들이 의기를 소중히 여기고 의협 심이 있는 것은 위衛나라 유풍 때문이다.

연 땅은 발해와 갈석산碣石山 사이에 있는 큰 고을이다. 남쪽으로 제나라 및 조나라와 통해 있고, 동북쪽으로 흉노와 근접해 있다. 상 곡에서 요동에 이르는 곳은 아주 멀어 백성이 적고, 자주 침입을 당 했다. 풍속은 조나라 및 대나라와 닮았다. 백성은 독수리처럼 강인 하나 생각이 얕다. 이곳에서는 생선·소금·대추·밤 등이 많이 난다. 북쪽으로 오환烏桓 및 부여夫餘와 이웃해 있고, 동쪽으로 예맥과 조선 및 진번이 있다. 이들과 교역해 이익을 독점하고 있다.

낙양은 동쪽으로 제나라 및 노나라와 교역하고, 남쪽으로 위나라 및 초나라와 거래를 하고 있다. 태산 남쪽은 노나라, 북쪽은 제나라 다. 제나라는 산과 바다로 둘러싸여 있어 천리에 걸친 토지가 기름 지고, 뽕과 삼이 잘 생장한다. 백성은 채색한 비단이나 삼베 및 생선 과 소금 등을 많이 생산한다.

임치도 동해와 태산 사이에 있는 큰 고을이다. 풍속은 너그럽고 활달하며, 지혜가 있고 토론하기를 좋아한다. 성격이 진중해 쉽게 동 요되지 않는다. 단체로 싸우는 것은 두려워하지만, 사적으로 다투고 찌르며 싸우는 데는 용감하다. 남을 협박하는 사람이 많은 이유다. 대략 대국의 유풍이다. 그 땅에는 사士·농農·공工·상商·고賈 등 오 민五民이 고루 갖추어 있다.

추와 노는 수수洙水와 사수 가에 있다. 아직도 주공周公의 유풍을 간직한 이유다. 풍속은 유학을 좋아하고 예절을 잘 지키고 있기에 주민의 행동이 조심스럽고 신중하다. 뽕과 삼 산업은 매우 성하지만 산이나 못에서 나는 산물은 적다. 땅이 좁고 인구가 많기에 사람들은 검소하게 생활하고, 죄를 두려워해 사악하지 않다. 그러나 노나라가 쇠한 후 백성들이 장사를 좋아하고 이익을 좇는 것이 주나라 사람들보다 심해졌다.

홍구鴻溝의 동쪽, 망산芒山과 탕산碭山 북쪽에서 거야까지는 옛날 양나라 및 송나라 땅이다. 도와 수양 또한 큰 도시였다. 옛날 요임금은 성양成陽에서 일어났고, 순임금은 뇌택雷澤에서 물고기를 잡았고, 탕왕은 박 땅에서 머물렀다. 그곳 풍속에는 아직 선왕의 유풍이 남아 있다. 사람들이 중후해 군자가 많고, 농사짓기를 좋아하는 이유다. 산천에서 나오는 산물이 풍부하지는 않지만, 남루한 옷과 거친 음식으로 생활하며 재물을 모은다.

월나라와 초나라 땅에는 세 가지 풍속이 있다. 회수淮水 북쪽으로 패沛·진陳·여남·남군까지는 서초西楚다. 풍속은 사납고 경솔해 쉽게 화를 낸다. 땅이 척박해 물자를 축적하기 어렵다. 강릉은 본래 옛날 초나라 도성인 영도다. 서쪽으로 무巫 및 파와 통하고, 동쪽으로 운몽의 풍부한 산물이 있다. 진陳은 초나라와 하나라의 접경에 있다. 생선과 소금 등이 유통되고, 주민 가운데 장사꾼이 많다. 서徐·동僮·취려取慮의 풍속은 청렴하나 각박하다. 약속을 잘 지키는 것을 자랑으로 안다.

팽성 동쪽으로 동해·오·광릉까지 동초東楚다. 풍속은 서徐 및 동僮과 비슷하다. 또 구朐와 증繒으로부터 그 북쪽의 풍속은 제나라와 비슷하고, 절강浙江 남쪽은 월나라와 비슷하다. 오나라는 춘추시대의 오왕 합려와 전국시대의 춘신군 황월, 한나라 초기의 오왕 비濞 등 세 명이 놀기 좋아하는 천하의 젊은이들을 불러 모은 곳이다. 동쪽으로 바다에서 생산되는 물고기와 소금의 풍요로움이 있다. 또 장산章山의 구리를 비롯해 삼강三江과 오호五湖에서 나오는 풍부한 산물의 이익이 있다. 강동江東의 큰 도시 가운데 하나로 꼽을 수 있다.

형산衡山·구강·강남·예장·장사는 남초南楚다. 이곳의 풍속은 대략 서초와 유사하다. 초나라는 영도에서 수춘으로 천도했다. 수춘도 큰 도시 가운데 하나다. 합비合肥는 장강과 회수의 조수潮水를 남북으로 받으며 피혁과 건어물 및 목재 등이 집산하는 곳이다. 이곳은 백성과 우월于越의 풍속이 섞여 있다. 남초 사람은 언변이 능하고 교묘한 말을 잘한다. 신용이 적은 이유다.

강남은 지세가 저습해 남자의 수명이 짧다. 이곳은 대나무가 많이 난다. 예장에서는 황금이 나고, 장사에서는 납과 주석을 생산한다. 그러나 매장량이 적어 채굴을 하면 그 비용을 대기에도 부족하다. 구의산九疑山과 창오군에서 남쪽으로 담이儋耳에 이르는 지역의 풍속은 강남과 거의 같다. 양월 사람이 많이 있다. 반우도 큰 도시 가운데 하나다. 구슬 등의 보옥과 무소의 뿔인 서犀, 대모玳瑁, 과일, 삼베 등의 집산지다.

영천과 남양은 옛날 하나라 백성이 살던 곳이다. 하나라 백성은 충실하고 질박한 정사를 숭상했다. 이곳에는 아직 선왕의 유풍이 남아 있다. 영천의 주민은 후덕하고 성실하다. 진나라 말기에는 반역한 자들을 남양으로 이주시켰다. 남양은 서쪽으로 무관 및 운관鄖關과 통하고, 동남쪽으로 한수漢水와 장강 및 회수와 마주하고 있다. 완宛

땅 또한 대도시 가운데 하나다. 풍속은 여러 가지가 뒤섞여 있고, 생업으로 장사를 하는 자가 많고 협객 기질이 있다. 이곳은 영천과 서로 통해 지금까지도 이곳 사람들을 '하나라 사람'이라는 뜻의 하인夏人이라고 부른다.

　무릇 천하에는 물자가 적은 곳도 있는가 하면 많은 곳도 있다. 백성의 풍속 또한 곳에 따라 차이가 난다. 산동은 바다 소금, 산서는 호수 소금을 먹는다. 영남嶺南과 사북沙北 지방에서는 소금이 곳곳에서 산출된다. 물건과 사람의 관계는 대략 이런 것이다. 총괄해보면 초나라와 월나라 일대는 땅이 넓고 인구는 적다. 쌀밥에 생선국을 먹는다. 어떤 곳에서는 밭을 태우는 화전火田 경작을 하고, 논에 물을 대고 김을 매는 농사법을 취하기도 한다. 일부 지역은 열매와 과일 및 조개 등이 사고팔지 않아도 될 정도로 충분하다. 지형상 먹을 것이 풍부해 기근이 들 염려가 없다. 주민들은 게으름을 피우며 그럭저럭 살아간다. 모아둔 것이 없어 가난한 자가 많은 이유다. 장강과 회수 남쪽에는 얼어 죽거나 굶어 죽는 사람이 없다. 그러나 1,000금의 재산을 소유한 부자도 없다. 기수沂水와 사수 이북 일대는 오곡과 뽕과 삼을 심고 육축을 기르기에는 적당하다. 그러나 땅은 좁은데 인구는 많고, 수해와 가뭄이 잦다. 백성들이 자진해서 저축을 하는 이유다. 진秦·하·양·노나라 일대는 농사에 힘쓰며 농민을 중시한다. 삼하 지역을 포함해 완과 진陳 땅 또한 이와 같으나 상업에도 힘을 기울인다. 제나라와 조나라 백성들은 재주를 부리며 기회를 보아 이익을 잡으려 한다. 연나라와 대나라 일대는 농사를 짓고 목축을 하며 양잠에도 힘쓴다.

●● 漢興, 海內爲一, 開關梁, 弛山澤之禁, 是以富商大賈周流天下,

交易之物莫不通, 得其所欲, 而徙豪傑諸侯彊族於京師. 關中自汧·雍
以東至河·華, 膏壤沃野千里, 自虞夏之貢以爲上田, 而公劉適邠, 大
王·王季在岐, 文王作豐, 武王治鎬, 故其民猶有先王之遺風, 好稼穡,
殖五穀, 地重, 重爲邪. 及秦文·孝德·繆居雍, 隙隴蜀之貨物而多賈.
獻孝公徙櫟邑, 櫟邑北卻戎翟, 東通三晉, 亦多大賈. 武孝·昭治咸陽,
以漢都, 長安諸陵, 四方輻湊並至而會, 地小人衆, 故其民益玩巧而事
末也. 南則巴蜀. 巴蜀亦沃野, 地饒巵·薑·丹沙·石·銅·鐵·竹·木之
器. 南御滇僰, 僰僮. 西近邛筰, 筰馬·旄牛. 然四塞, 棧道千里, 無所不
通, 唯襃斜綰轂其口, 以所多易所鮮. 天水·隴西·北地·上郡與關中
同俗, 然西有羌中之利, 北有戎翟之畜, 畜牧爲天下饒. 然地亦窮險, 唯
京師要其道. 故關中之地, 於天下三分之一, 而人衆不過什三, 然量其
富, 什居其六. 昔唐人都河東, 殷人都河內, 周人都河南. 夫三河在天下
之中, 若鼎足, 王者所更居也, 建國各數百千歲, 土地小狹, 民人衆, 都
國諸侯所聚會, 故其俗纖儉習事. 楊·平陽陳西賈秦·翟, 北賈種·代.
種·代, 石北也, 地邊胡, 數被寇. 人民矜懻忮, 好氣, 任俠爲姦, 不事農
商. 然迫近北夷, 師旅亟往, 中國委輸時有奇羨. 其民羯羠不均, 自全晉
之時固已患其僄悍, 而武靈王益厲之, 其謠俗猶有趙之風也. 故楊·平
陽陳掾其閒, 得所欲. 溫·軹西賈上黨, 北賈趙·中山. 中山地薄人衆,
猶有沙丘紂淫地餘民, 民俗懁急, 仰機利而食. 丈夫相聚遊戲, 悲歌忼
慨, 起則相隨椎剽, 休則掘冢作巧姦冶, 多美物, 爲倡優. 女子則鼓鳴
瑟, 跕屣, 遊媚貴富, 入後宮, 徧諸侯. 然邯鄲亦漳·河之閒一都會也.
北通燕·涿, 南有鄭·衛. 鄭·衛俗與趙相類, 然近梁·魯, 微重而矜節.
濮上之邑徙野王, 野王好氣任俠, 衛之風也. 夫燕亦勃·碣之閒一都會
也. 南通齊·趙, 東北邊胡. 上谷至遼東, 地踔遠, 人民希, 數被寇, 大與

趙·代俗相類, 而民雕捍少慮, 有魚鹽棗栗之饒. 北鄰烏桓·夫餘, 東綰穢貉, 朝鮮·眞番之利. 洛陽東賈齊·魯, 南賈梁·楚. 故泰山之陽則魯, 其陰則齊. 齊帶山海, 膏壤千里, 宜桑麻, 人民多文綵布帛魚鹽. 臨菑亦海岱之閒一都會也. 其俗寬緩闊達, 而足智, 好議論, 地重, 難動搖, 怯於衆鬪, 勇於持刺, 故多劫人者, 大國之風也. 其中具五民. 而鄒·魯濱洙·泗, 猶有周公遺風, 俗好儒, 備於禮, 故其民齪齪. 頗有桑麻之業, 無林澤之饒. 地小人衆, 儉嗇, 畏罪遠邪. 及其衰, 好賈趨利, 甚於周人. 夫自鴻溝以東, 芒·碭以北, 屬巨野, 此梁·宋也. 陶·睢陽亦一都會也. 昔堯作遊於成陽, 舜漁於雷澤, 湯止于亳. 其俗猶有先王遺風, 重厚多君子, 好稼穡, 雖無山川之饒, 能惡衣食, 致其蓄藏. 越·楚則有三俗. 夫自淮北沛·陳·汝南·南郡, 此西楚也. 其俗剽輕, 易發怒, 地薄, 寡於積聚. 江陵故郢都, 西通巫·巴, 東有雲夢之饒. 陳在楚夏之交, 通魚鹽之貨, 其民多賈. 徐·僮·取慮, 則清刻, 矜己諾. 彭城以東, 東海·吳·廣陵, 此東楚也. 其俗類徐·僮. 朐·繒以北, 俗則齊. 浙江南則越. 夫吳自闔廬·春申·王濞三人招致天下之喜遊子弟, 東有海鹽之饒, 章山之銅, 三江·五湖之利, 亦江東一都會也. 衡山·九江·江南·豫章·長沙, 是南楚也, 其俗大類西楚. 郢之後徙壽春, 亦一都會也. 而合肥受南北潮, 皮革·鮑·木輸會也. 與閩中·幹越雜俗, 故南楚好辭, 巧說少信. 江南卑溼, 丈夫早夭. 多竹木. 豫章出黃金, 長沙出連·錫, 然堇堇物之所有, 取之不足以更費. 九疑·蒼梧以南至儋耳者, 與江南大同俗, 而楊越多焉. 番禺亦其一都會也, 珠璣·犀·瑇瑁·果·布之湊. 潁川·南陽, 夏人之居也. 夏人政尚忠樸, 猶有先王之遺風. 潁川敦願. 秦末世, 遷不軌之民於南陽. 南陽西通武關·鄖關, 東南受漢·江·淮. 宛亦一都會也. 俗雜好事, 業多賈. 其任俠, 交通潁川, 故至今謂之"夏人."

夫天下物所鮮所多, 人民謠俗, 山東食海鹽, 山西食鹽鹵, 嶺南·沙北固往往出鹽, 大體如此矣. 總之, 楚越之地, 地廣人希, 飯稻羹魚, 或火耕而水耨, 果隋蠃蛤, 不待賈而足, 地埶饒食, 無飢饉之患, 以故呰窳偸生, 無積聚而多貧. 是故江淮以南, 無凍餓之人, 亦無千金之家. 沂·泗水以北, 宜五穀桑麻六畜, 地小人衆, 數被水旱之害, 民好畜藏, 故秦·夏·梁·魯好農而重民. 三河·宛·陳亦然, 加以商賈. 齊·趙設智巧, 仰機利. 燕·代田畜而事蠶.

이로써 보건대 현자가 조정에 들어가 국사를 도모하며 정사를 논하고, 선비가 믿음을 지켜 절개에 죽거나 바위동굴 속에 은거하다가 세상에 명성을 드러내는 것은 결국 무엇을 위한 것인가? 모두 부귀로 귀착된다.

욕심을 부리지 않고 청렴한 관원으로 오랫동안 일하다보면 봉록만으로도 이내 부유해진다. 싼 값으로 물건을 팔지라도 신용을 얻어 부자가 되는 것과 같다. 부를 추구하는 것은 인간의 기본적인 성정이다. 배우지 않고도 하나같이 추구할 수 있다. 건장한 병사가 성을 공격할 때 먼저 성벽을 오르고, 과감히 돌진해 적진을 함락시키고, 적장의 목을 베고 깃발을 빼앗고, 돌멩이와 화살을 무릅쓰고, 진격하면서 화상을 당하는 등의 어려움을 피하지 않는 것은 무엇 때문인가? 후한 상을 받기 위해 그리하는 것이다.

여염집의 소년이 강도질을 해 사람을 죽인 후 땅에 묻고, 협박 공갈하며 사기를 치고, 도굴하며 위조지폐를 만들고, 이리저리 망나니 짓을 일삼고, 패거리를 대신해 복수하고, 후미진 곳에서 물건을 빼앗고, 법에 저촉되는 일을 마다하지 않는 등 죽을 곳을 향해 마구 달려가는 말처럼 날뛰는 것은 무엇 때문인가? 실은 용돈을 얻기 위한 것에 지나지 않는다.

지금 조나라와 정나라의 미인들은 얼굴을 아름답게 꾸민 채 거문고를 연주하고, 긴 소매를 나부끼며 경쾌한 발놀림으로 춤을 추어 보는 이들의 눈과 마음을 설레게 만든다. 그들이 천리 길을 마다하지 않고, 노소를 가리지 않는 것은 부를 좇아 물불을 가리지 않고 내달리는 것과 같다. 시간과 재물에 여유가 있는 공자들이 멋진 관과 칼로 치장하고, 수레와 말을 끌고 다니는 것은 무엇 때문인가? 자신들의 부귀를 뽐내기 위한 것이다.

주살로 새를 잡고 그물 등으로 물고기와 짐승을 잡으며, 밤낮으로 눈과 서리를 무릅쓰고 깊은 골짜기를 뛰어다니고, 맹수의 위험도 피하지 않는 것은 무엇 때문인가? 맛 좋은 고기를 얻으려는 것이다. 도박에 빠지고, 닭싸움과 개 경주 등을 하면서 얼굴을 붉혀가며 떠들고 반드시 이기려는 것은 무엇 때문인가? 내기에 져 손실을 볼까 우려하기 때문이다.

의사나 도사를 비롯해 기술로 먹고사는 자들이 노심초사하며 재능을 다하는 것은 무엇 때문인가? 양식을 구하려 하기 때문이다. 관리가 문서와 법문을 가지고 교묘히 농간하고, 문서와 인장을 위조하고, 작두와 톱 등에 의해 몸이 잘리는 형벌도 피하지 않는 것은 무엇 때문인가? 뇌물에 마음을 빼앗겼기 때문이다. 농공과 상업에 종사하는 일반 백성들이 곡식을 키우고 물건을 만들며 재화를 유통시키는 것은 무엇 때문인가? 모두 재산을 더욱 늘리고자 하는 것이다. 이처럼 다양한 일에 종사하는 사람들이 각자 자신의 지식과 능력을 다 짜내 일에 임하는 것은 결국 따지고 보면 전력을 다해 재물을 얻으려 하는 것에 지나지 않는다.

예로부터 "100리 먼 곳에 나가 땔나무를 팔지 말고, 1,000리 먼 곳에 나가 곡식을 팔지 말라"•는 속담이 있다. 비용이 너무 들기 때문이다. 또 이르기를, "1년을 내다보면 곡식, 10년을 내다보면 나무, 100년을 내다보면 덕을 심는다"••고 했다. 덕은 인심과 재화를 말하는 것이다. 지금 관에서 주는 봉록도 없고, 작위나 봉읍에 따른 수입도 없지만 이를 가진 사람들처럼 즐겁게 사는 사람이 있다. 이들을 두고 작위나 봉지가 없는 봉군이라는 취지에서 이른바 소봉素封이라고 한다.

원래 봉封은 봉지의 조세수입으로 사는 것을 말한다. 만일 1년에 집집마다 200전의 세금을 걷는다고 하면 1,000호의 봉읍을 가진 영주는 20만 전이나 수입이 있게 된다. 천자를 알현하는 비용이나 교제비 등이 모두 그 수입에서 나온다. 서민인 농공상고를 예로 들 경우 원금 1만 전이 있을 때 1년 이자가 2,000전이 되니 100만 전의 재산만 있으면 이자로 20만 전을 거둘 수 있다. 병역이나 요역을 대신해줄 대가와 토지세 등을 모두 이 이자로 충당할 수 있다. 1,000호의 봉읍을 가진 영지와 하등 다를 바가 없게 된다. 이들이 바로 소봉이다.

예컨대 말 쉰 마리, 소 166마리, 양 250마리를 키울 수 있는 목장이

● 원문은 "백리불판초百里不販樵, 천리불판적千里不販糴"이다.
●● "1년을 내다보면 곡식, 10년을 내다보면 나무, 100년을 내다보면 덕을 심는다"의 원문은 "거지일세居之一歲, 종지이곡種之以穀. 십세十歲, 수지이목樹之以木. 백세百歲, 내지이덕來之以德"이다. 《관자》〈권수權脩〉에는 "1년의 계책으로 곡식을 심는 것보다 나은 것이 없고, 10년의 계책으로 과실나무를 심는 것보다 나은 것이 없고, 평생의 계획으로 인재를 육성하는 것보다 나은 것이 없다[一年之計, 莫如樹穀. 十年之計, 莫如樹木. 終身之計, 莫如樹人]"는 구절이 나와 있다.

있는 경우가 이에 해당한다. 돼지 250마리를 키울 수 있는 습지대나 연간 1,000석의 물고기를 양식할 수 있는 못, 또는 큰 목재 1,000그루를 벌채할 수 있는 산림을 보유한 경우도 같다. 구체적인 예를 들면 안읍安邑의 대추나무 1,000그루, 연燕과 진秦 땅의 밤나무 1,000그루, 촉과 한漢 및 강릉 일대의 귤나무 1,000그루, 회북淮北과 상산 이남 또는 하수와 제수 사이에서 생장하는 가래나무 1,000그루, 진陳과 하나라의 옻나무 밭 1,000무, 제와 노 땅의 뽕나무 내지 삼밭 1,000무, 위천渭川 일대의 대나무 숲 1,000무 등이 이에 해당한다. 1만 호 이상이 거주하는 도시 교외에서 1무에 1종의 수확이 있는 밭 1,000무 혹은 잇꽃이나 꼭두서니 밭 1,000무, 또는 생강과 부추밭 1,000휴 등을 보유한 자 역시 그 수입이 1,000호의 봉읍을 지닌 제후와 같다. 이 수준에 달하는 부의 자원을 소유한 자는 시정을 기웃거릴 필요도, 타향으로 바삐 뛰어다닐 필요도 없이 가만히 앉아서 수입을 거두면 된다. 소봉이 안정적인 수입 속에서 처사의 도리를 행할 수 있는 배경이 여기에 있다.

집이 가난한데다 어버이는 늙고, 처자식은 먹지 못해 연약하고, 명절 등이 돌아와도 조상에 제사조차 지내지 못하고, 스스로 해결하지 못하고 남의 도움으로 근근이 먹을 것과 입을 것을 해결하는 자가 있다. 이런 참혹한 상황에 있는데도 전혀 부끄러운 줄 모른다면 언급할 가치조차 없다. 그래서 재산이 없는 자는 힘써 노력하고, 약간의 재산이 있는 사람은 지혜를 써 더 불리고자 하고, 이미 많은 재산을 지닌 자는 적절한 시기를 틈타 더 많은 이익을 얻으려 한다. 이것이 삶의 근본이치다. 살아가면서 몸을 위태롭지 않게 하지 않고 재산을 늘리는 것은 현인이 힘쓰는 바다.

가장 좋은 것은 본업인 농업과 공업 등의 생산제조업으로 부를 이루는 것이고, 그다음은 말업인 상업으로 부를 이루는 것이다. 가장 나쁜 것은 남을 속이는 협잡 등의 간악한 수단을 통해 치부하는 것이다. 도인처럼 세상을 등지고 깊은 산속에 사는 것도 아니면서 오랫동안 빈천한 처지에 놓여 있는데도 입만 열면 인의를 이야기하는 자들이 있다. 이 역시 부끄럽기 짝이 없는 일이다.

무릇 세인들은 다른 사람이 자신보다 열 배 부유하면 헐뜯고, 100배가 되면 두려워하고, 1,000배가 되면 그의 일을 해주고, 1만 배가 되면 그의 하인 노릇을 한다. 이것이 사물의 이치다. 대체로 가난에서 벗어나 부를 추구할 때 농업은 공업만 못하고, 공업은 상업만 못하다. 부를 이루려면 자수를 놓는 것보다 시장에 나가 장사를 하는 것이 낫다는 뜻이다.

비록 말단의 업이기는 하나 장사만큼 가난한 사람에게는 도움이 되는 것이 없다. 교통이 발달한 대도시에서는 소비하는 양이 엄청나다. 예컨대 1년을 기준으로 술 1,000독[醸], 식초와 간장 1,000단지[缸], 음식 1,000시루[甀], 소와 양 및 돼지의 가죽 1,000장[皮], 쌀 1,000종, 땔감과 건초가 길이 1,000장의 배에 싣는 양과 맞먹는 수레 1,000대, 큰 목재 1,000개, 대나무 장대 1만 개, 말이 이끄는 수레 100대, 소가 끄는 수레 1,000대, 옻칠 목기 1,000매枚, 구리그릇 1,000균, 나무그릇이나 쇠그릇 및 잇꽃이나 꼭두서니가 1,000석, 말 200마리, 소 250마리, 양과 돼지 1,000쌍, 노비 1,000명, 짐승 힘줄과 뿔 및 단사 1,000근, 비단 솜과 모시 1,000균, 무늬 있는 비단 1,000필, 거친 삼베와 피혁 1,000석, 옻 1,000통[斗], 누룩과 메주 1,000덩이[答], 복어와 갈치 1,000근, 멸치 2,000석, 자반 1,000균, 대추와 밤 3,000석, 여우와 담비 갖옷 1,000장, 염소와 양의 갖옷 1,000석, 담요 1,000장[具], 과일과 야채 1,000종에 달한다.

이를 금전으로 환산해 그 이식을 계산할 경우 1년에 동전 1,000관[貫]에 달한다. 탐욕스러운 상인은 때를 기다리지 않고 물건을 마구 사고파는 까닭에 그 이식이 본전의 10분의 3을 넘지 못한다. 그러나 깨끗한 상인은 공정하게 장사를 하지만 신용을 얻어 본전의 10분의 5까지 버니 그 부유함이 천승의 제후와 같다. 이것이 대강의 상황이다. 다른 험한 일에 종사하면서도 10분의 2의 이익을 올리지 못하면 세인들이 높이 평가하지 않는다.

●● 由此觀之, 賢人深謀於廊廟, 論議朝廷, 守信死節隱居巖穴之士設爲名高老安歸乎? 歸於富厚也. 是以廉吏久, 久更富, 廉賈歸富. 富者, 人之情性, 所不學而俱欲者也. 故壯士在軍, 攻城先登, 陷陣郤敵, 斬將搴旗, 前蒙矢石, 不避湯火之難者, 爲重賞使也. 其在閭巷少年, 攻剽椎埋, 劫人作姦, 掘冢鑄幣, 任俠幷兼, 借交報仇, 篡逐幽隱, 不避法禁, 走死地如騖者, 其實皆爲財用耳. 今夫趙女鄭姬, 設形容, 揳鳴琴, 揄長袂, 躡利屣, 目挑心招, 出不遠千里, 不擇老少者, 奔富厚也. 遊閑公子, 飾冠劍, 連車騎, 亦爲富貴容也. 弋射漁獵, 犯晨夜, 冒霜雪, 馳阬谷, 不避猛獸之害, 爲得味也. 博戲馳逐, 鬬雞走狗, 作色相矜, 必爭勝者, 重失負也. 醫方諸食技術之人, 焦神極能, 爲重糈也. 吏士舞文弄法, 刻章僞書, 不避刀鋸之誅者, 沒於賂遺也. 農工商賈畜長, 固求富益貨也. 此有知盡能索耳, 終不餘力而讓財矣. 諺曰, "百里不販樵, 千里不販糴." 居之一歲, 種之以穀, 十歲, 樹之以木, 百歲, 來之以德. 德者, 人物之謂也. 今有無秩祿之奉, 爵邑之入, 而樂與之比者, 命曰, '素封.' 封者食租稅, 歲率戶二百. 千戶之君則二十萬, 朝覲聘享出其中. 庶民

農工商賈, 率亦歲萬息二千戶, 百萬之家則二十萬, 而更傜租賦出其
中. 衣食之欲, 恣所好美矣. 故曰陸地牧馬二百蹄, 牛蹄角千, 千足羊,
澤中千足彘, 水居千石魚陂, 山居千章之材. 安邑千樹棗, 燕·秦千樹
栗, 蜀·漢·江陵千樹橘, 淮北·常山已南, 河濟之閒千樹萩, 陳·夏千
畝漆, 齊·魯千畝桑麻, 渭川千畝竹, 及名國萬家之城, 帶郭千畝畝鍾
之田, 若千畝巵茜, 千畦薑韭, 此其人皆與千戶侯等. 然是富給之資也,
不窺市井, 不行異邑, 坐而待收, 身有處士之義而取給焉. 若至家貧親
老, 妻子軟弱, 歲時無以祭祀進醵, 飲食被服不足以自通, 如此不慚恥,
則無所比矣. 是以無財作力, 少有鬪智, 旣饒爭時, 此其大經也. 今治生
不待危身取給, 則賢人勉焉. 是故本富爲上, 末富次之, 姦富最下. 無巖
處奇士之行, 而長貧賤, 好語仁義, 亦足羞也. 凡編戶之民, 富相什則卑
下之, 伯則畏憚之, 千則役, 萬則僕, 物之理也. 夫用貧求富, 農不如工,
工不如商, 刺繡文不如倚市門, 此言末業, 貧者之資也. 通邑大都, 酤一
歲千釀, 醯醬千瓨, 漿千甔, 屠牛羊彘千皮, 販穀糶千鍾, 薪橐千車, 船
長千丈, 木千章, 竹竿萬個, 其軺車百乘, 牛車千兩, 木器髹者千枚, 銅
器千鈞, 素木鐵器若巵茜千石, 馬蹄躈千, 牛千足, 羊彘千雙, 僮手指
千, 筋角丹沙千斤, 其帛絮細布千鈞, 文采千匹, 榻布皮革千石, 漆千
斗, 糵麴鹽豉千荅, 鮐鮆千斤, 鯫千石, 鮑千鈞, 棗栗千石者三之, 狐貂
裘千皮, 羔羊裘千石, 旃席千具, 佗果菜千鍾, 子貸金錢千貫, 節駔會,
貪賈三之, 廉賈五之, 此亦比千乘之家, 其大率也. 佗雜業不中什二, 則
非吾財也.

이제 부를 쌓아 당대에 널리 명성을 날린 현자들에 관해 간략히
언급함으로써 후대인이 부자가 되는 데 도움을 주고자 한다. 촉 땅

의 탁씨 조상은 원래 조나라 사람으로 쇠를 녹여 제품을 만드는 사업을 통해 부자가 되었다. 당초 진나라가 조나라를 병탄한 후 탁씨 등을 촉 땅으로 이주시켰다. 탁씨는 재산을 모두 빼앗긴 탓에 부부 둘이서 수레를 밀고 촉 땅으로 가야 했다. 당시 재산이 조금 남아 있던 자들은 앞다투어 뇌물을 바치며 가까운 곳으로 가게 해달라고 부탁해 마침내 가맹葭萌으로 이주했다. 그러나 탁씨는 이같이 말했다.

"가맹은 땅이 좁고 척박하다. 내가 듣건대 '촉 땅의 민산 아래는 땅이 기름지고 큰 토란 농사가 잘되어 굶지 않고, 사람들은 수완이 좋아 장사하기에 좋다'고 했다."

그는 멀리 보내줄 것을 요구했다. 결국 임공으로 보내진 그는 기뻐했다. 곧 철광이 있는 산으로 들어가 쇠를 녹여 그릇을 만들었다. 다양한 유형의 제품을 만들어 촉 땅 주민들의 환영을 받음으로써 마침내 노비 1,000명을 부리는 부를 쌓게 되었다. 전야와 못 등에서 사냥하고 고기 잡는 즐거움은 제왕에 버금할 정도였다.

촉 땅의 정정 역시 관동 일대에서 강제로 이주하게 된 포로 출신이다. 그 또한 제철업으로 치부했다. 그는 머리를 방망이 모양으로 틀어 올린 남월의 오랑캐들과 교역해 마침내 탁씨에 버금할 정도로 거만의 재산을 모았다. 탁씨와 마찬가지로 임공에서 살았다.

완 땅의 공씨 조상은 원래 양나라 사람이다. 그 역시 탁씨처럼 제철업을 했다. 진나라가 위나라를 정벌했을 때 그는 남양으로 이주해야만 했다. 대규모로 쇠를 녹여 그릇을 만드는 한편 농민들을 위해 방죽과 못 등도 축조했다. 이 와중에 수레와 말을 몰고 다니며 제후들과 사귀었다. 제후들을 끼고 장사를 한 덕분에 큰 이익을 얻었다. 제후와 그 자제인 공자 등에게 후한 선물을 잘한 까닭에 유한공자遊

閑公子라는 이름을 얻기도 했다. 그가 이처럼 재물을 헤프게 쓸 수 있었던 것은 그 이득이 엄청났기 때문이다. 좀스럽게 구는 장사치보다 훨씬 크게 치부할 수 있었던 비결이다. 그는 수천 금의 부를 쌓자 남양 일대의 모든 상인들이 그의 대범한 치부술을 본받았다.

노나라 땅 사람들은 검소하게 생활하며 절약하는 풍속이 있다. 조曹나라 땅의 병씨邴氏가 가장 대표적인 인물이다. 그는 대장장이로 시작해 거만의 부를 쌓았다. 부형과 자식 손자 등 가족들이 규약을 제정해, 엎드리면 줍고 하늘을 쳐다보면 받는 식으로 천하의 모든 곳과 연결해 대금업과 무역을 했다. 그는 행상을 하면서 각 지역의 모든 사람에게 두루 돈을 빌려주고 이자를 거두었다. 맹자의 고향 추 땅과 공자의 고향 노 땅에서 학문을 버리고 이익을 좇는 자가 많아지게 된 것은 모두 조 땅의 병씨 때문이다.

제 땅은 노비를 천대하는 풍속이 있었다. 그러나 조한刁閑*은 그들을 아껴주고 정중히 대해주었다. 교활한 노비는 모든 사람이 싫어하기 마련인데도 오히려 그들을 발탁했다. 생선과 소금을 팔게 해 이익을 보거나, 말과 수레를 몰게 하거나 태수와 교제를 하도록 했다. 노비들을 더욱 신임한 덕분에 그는 노비들의 힘을 빌려 몇천만 금의 부를 쌓게 되었다. 노비들은 서로 만나 이런 농을 주고받았다.

"앞으로 평민이 되어 벼슬을 얻는 것이 나을까, 아니면 계속 조한의 노비로 있는 것이 더 나을까?"

이들이 더욱 신명나게 일하게 된 이유다. 이는 재능 있는 노비들을 과감히 발탁해 부유하게 만들어줌으로써 그들 스스로 자신들의

• 원문은 "조한刁閒"으로 되어 있다. 여기의 조刁는 도가 아닌 조로 읽어야 한다. 조刁의 가차로 사용되었기 때문이다.

능력을 최대한 발휘토록 분위기를 조성해준 결과다.

주나라 사람들은 원래 검소했다. 사사師史가 특히 그러했다. 그는 수레 수백 대를 이끌고 각지를 돌며 장사를 했다. 그의 발길이 닿지 않은 곳이 없었다. 주왕실의 도성이 있던 낙양 거리는 제·초·조趙의 중심지다. 이곳에서는 가난한 사람도 부자에게 장사의 비결을 배울 수 있었다. 그들은 오랫동안 외지에서 장사하는 것을 서로 자랑했다. 고향을 여러 차례 지나가도 자신의 집은 단 한 번도 들르지 않았다. 사사가 7,000만 금에 달하는 재산을 쌓을 수 있었던 것은 이런 사람들을 고용해 천하를 대상으로 교역한 덕분이다.

장안 인근의 선곡宣曲에 사는 임씨任氏의 조상은 독도督道(진나라 때 세곡을 모아두는 창고)의 창고지기였다. 진나라가 패망했을 때 사방의 군웅이 앞다투어 함양성咸陽城에 입성해 금옥을 탈취해갔다. 이때 임씨는 재빨리 창고의 곡식을 빼다가 굴속에 감추었다. 나중에 항우와 유방이 형양에서 대치할 때 백성들은 농사를 지을 길이 없었다. 쌀값이 천정부지로 치솟아 한 섬에 무려 1만 전까지 나갔다. 먹고살기 위해서는 곡식이 필요했다. 결국 군웅들 모두 함양성에서 탈취한 보옥을 내놓고 쌀을 사갈 수밖에 없었다. 보옥이 모두 임씨의 것이 되었다. 임씨가 일거에 부자가 된 배경이다. 당시 부유한 자는 모두 사치를 일삼았지만 오직 임씨만은 허세를 버리고 절약하며 검소하게 생활했다. 농사와 목축에 힘쓴 그는 사람들이 농사와 목축에 필요한 용품을 다투어 싼 것으로 샀지만 본인은 비싸도 질 좋은 것을 샀다. 이에 임씨 집안은 여러 대에 걸쳐 부유했다. 그런데도 그는 이런 가훈을 굳게 지켰다.

내 집의 밭과 가축에서 나온 것이 아니면 먹지 않고, 여럿이 함께하는 공적인 업무[公事]가 끝나지 않으면 술과 고기를 먹지 않는다.

임씨 집안이 마을의 모범이 되고, 가세 또한 더욱 부유해져 마침내 천자까지 이 집안들을 존중하게 된 근본배경이다.

나라에서 변경 일대를 개척할 때 척후병 교요橋姚는 북방 유목민과 교역해 마침내 말 1,000필, 소 2,000마리, 양 1만 마리, 곡식 수만 종에 달하는 재부를 쌓을 수 있었다. 주어진 기회를 최대한 활용한 결과다. 유사한 사례가 있다.

당초 오초칠국의 난이 일어났을 때 장안에 거주하고 있던 제후는 모두 토벌군을 꾸리기 위해 황급히 사방으로 군자금을 구해야 했다. 이자가 크게 붙을 수밖에 없었다. 돈놀이를 하는 사람들은 제후들의 봉읍이 난이 일어난 관동에 있고, 관동의 싸움이 어떻게 끝날지 도무지 예측할 길이 없었다. 이들은 원금을 떼일까 우려한 나머지 아무도 빌려주려 하지 않았다. 이때 무염씨無鹽氏 홀로 1,000금을 풀어 제후들에게 군자금을 빌려주었다. 이자가 원금의 열 배에 달하는 고금리였다. 석 달 후 마침내 난이 평정되었다. 무염씨는 1년 만에 원금은 말할 것도 없고 그 이자를 원금의 열 배로 받게 되었다. 그의 재산은 일거에 관중 전체의 부와 맞먹게 되었다.

관중 일대의 부유한 상인은 주로 전씨 일족이다. 전색田嗇과 전란田蘭 등이 그들이다. 그밖에 위가韋家와 율씨栗氏, 안릉과 두현의 두씨杜氏 등도 거만의 재산이 있다. 이들은 부호 중에서도 매우 두드러지는 사람들이다. 이 모두 작록이나 봉읍이 있었던 것도 아니고, 법률을 농간해 간사한 짓으로 부를 쌓은 것도 아니다. 오직 사물의 이치를 추측해 취사선택을 결정한 덕분이다. 시류에 순응해 이익을 얻고, 말업인 상업을 통해 재물을 얻고, 본업인 농업에 힘써 재산을 지켰다. 이들은 문무를 겸비했으니 재산을 얻을 때는 무, 지킬 때는 문을 사용한 셈이다. 문무의 겸용은 절도가 있고 순서가 있어 가히 부자가 되는 비술로 언급할 만하다. 농업·목축업·수공업·어업·임업·상업 등 각종 산업에 온 힘을 다하며 이익과 손해를 따져보고 임기응변으로 대처해 부자가 된 사람 중에는 크게는 한 군, 중간으로는 한 현, 작게는 한 고을을 사실상 손에 넣은 사람이 많다. 그 예가 너무 많아 일일이 거론하기도 어려울 정도다. 이들이 바로 소봉이다.

무릇 근검절약하고 부지런히 일하는 것이 부자가 되는 정도다. 그러나 부자는 반드시 일반 사람과 구별되는 방법으로 부를 거머쥔 사실을 잊어서는 안 된다. 농사는 재물을 모으는 방법으로 그리 뛰어난 업종이 못 되지만 진양秦揚은 농사만으로 주州 내에서 제일가는 부호가 되었다. 모든 것이 하기 나름이다. 비록 정도는 아니지만 다양한 방법으로 몸을 일으킨 자들이 많다.

전숙은 무덤을 도굴하는 등의 간사한 짓을 벌이기는 했으나 이를 발판으로 벌떡 일어섰다. 도박은 나쁜 일이지만 환발桓發은 이를 토대로 부자가 되었다. 행상은 대장부에게 천한 일이지만 옹락성雍樂成은 장사를 해 부자가 되었다. 연지와 머릿기름 등의 화장품을 파는 것은 부끄러운 일이지만 옹씨는 이를 통해 천금을 벌었다. 국밥장수는 하찮은 업종이지만 장씨張氏는 천만 금을 벌었다. 칼을 벼리는 것은 보잘것없는 기술이지만 질씨郅氏는 그것으로 떼돈을 벌어 제후들처럼 반찬과 솥을 죽 늘어놓고 식사를 할 정도가 되었다. 위포胃脯(양의 내장을 삶아 조리한 음식)를 파는 것은 단순하고 하찮은 장사이지만 탁씨

濁氏는 이를 통해 말과 수레를 거느리는 부호가 되었다. 말의 병을 치료하는 것은 별것 아닌 기술이지만 장리張里는 그것으로 큰돈을 벌어 식사할 때 제후들처럼 편종의 연주를 듣는 수준이 되었다. 이 모두가 하나같이 성실한 마음으로 자신의 업무에 매진한 덕분이다.

이로써 미루어보건대 부를 거머쥐는 데에는 일정하게 정해진 직업이 없고, 재물 또한 일정한 주인이 없다. 재능이 있는 자에게는 재물이 모이고, 불초한 자에게는 기왓장이 흩어지듯 달아난다. 천금을 모은 부자는 한 도시를 거느린 영주와 어깨를 나란히 하고, 거만의 재산을 보유한 자는 제왕과 하등 다를 바 없는 즐거움을 누린다. 이것이 소봉이 아니고 그 무엇이겠는가?

●● 請略道當世千里之中, 賢人所以富者, 令後世得以觀擇焉. 蜀卓氏之先, 趙人也, 用鐵冶富. 秦破趙, 遷卓氏. 卓氏見虜略, 獨夫妻推輦, 行詣遷處. 諸遷虜少有餘財, 爭與吏, 求近處, 處葭萌. 唯卓氏曰, "此地狹薄. 吾聞汶山之下, 沃野, 下有蹲鴟, 至死不飢. 民工於市, 易賈." 乃求遠遷. 致之臨邛, 大喜, 卽鐵山鼓鑄, 運籌策, 傾滇蜀之民, 富至僮千人. 田池射獵之樂, 擬於人君. 程鄭, 山東遷虜也, 亦冶鑄, 賈椎髻之民, 富埒卓氏, 俱居臨邛. 宛孔氏之先, 梁人也, 用鐵冶爲業. 秦伐魏, 遷孔氏南陽. 大鼓鑄, 規陂池, 連車騎, 遊諸侯, 因通商賈之利, 有遊閑公子之賜與名. 然其贏得過當, 愈於纖嗇, 家致富數千金, 故南陽行賈盡法孔氏之雍容. 魯人俗儉嗇, 而曹邴氏尤甚, 以鐵冶起, 富至巨萬. 然家自父兄子孫約, 俛有拾, 仰有取, 貰貸行賈徧郡國. 鄒·魯以其故多去文學而趨利者, 以曹邴氏也. 齊俗賤奴虜, 而刀閒獨愛貴之. 桀黠奴, 人之所患也, 唯刀閒收取, 使之逐漁鹽商賈之利, 或連車騎, 交守相, 然愈益任之. 終得其力, 起富數千萬. 故曰, "寧爵毋刀", 言其能使豪奴自饒而

盡其力. 周人既纖, 而師史尤甚, 轉轂以百數, 賈郡國, 無所不至. 洛陽
街居在齊秦楚趙之中, 貧人學事富家, 相矜以久賈, 數過邑不入門, 設
任此等, 故師史能致七千萬. 宣曲任氏之先, 爲督道倉吏. 秦之敗也, 豪
傑皆爭取金玉, 而任氏獨窖倉粟. 楚漢相距滎陽也, 民不得耕種, 米石
至萬, 而豪傑金玉盡歸任氏, 任氏以此起富. 富人爭奢侈, 而任氏折節
爲儉, 力田畜. 田畜人爭取賤賈, 任氏獨取貴善. 富者數世. 然任公家
約, 非田畜所出弗衣食, 公事不畢則身不得飲酒食肉. 以此爲閭里率,
故富而主上重之. 塞之斥也, 唯橋姚已致馬千匹, 牛倍之, 羊萬頭, 粟以
萬鍾計. 吳楚七國兵起時, 長安中列侯封君行從軍旅, 齎貸子錢, 子錢
家以爲侯邑國在關東, 關東成敗未決, 莫肯與. 唯無鹽氏出捐千金貸,
其息什之. 三月, 吳楚平. 一歲之中, 則無鹽氏之息什倍, 用此富埒關
中. 關中富商大賈, 大抵盡諸田, 田嗇 · 田蘭. 韋家栗氏, 安陵 · 杜杜氏,
亦巨萬. 此其章章尤異者也. 皆非有爵邑奉祿弄法犯姦而富, 盡椎埋去
就, 與時俯仰, 獲其贏利, 以末致財, 用本守之, 以武一切, 用文持之, 變
化有概, 故足術也. 若至力農畜, 工虞商賈, 爲權利以成富, 大者傾郡,
中者傾縣, 下者傾鄉里者, 不可勝數. 夫纖嗇筋力, 治生之正道也, 而富
者必用奇勝. 田農, 掘業, 而秦揚以蓋一州. 掘冢, 姦事也, 而田叔以起.
博戲, 惡業也, 而桓發用之富. 行賈, 丈夫賤行也, 而雍樂成以饒. 販脂,
辱處也, 而雍伯千金. 賣漿, 小業也, 而張氏千萬. 灑削, 薄技也, 而郅氏
鼎食. 胃脯, 簡微耳, 濁氏連騎. 馬醫, 淺方, 張里擊鍾. 此皆誠壹之所
致. 由是觀之, 富無經業, 則貨無常主, 能者輻湊, 不肖者瓦解. 千金之
家比一都之君, 巨萬者乃與王者同樂. 豈所謂素封者邪? 非也?

태사공자서

太史公自序

〈태사공자서〉는 사마천 자신의 집안 내력과 학문적 배경 등을 상세히 밝힌 점에서 일종의 자전적 기록에 가깝다. 부친 사마담과 함께 제자백가를 논평한 대목이 특히 그렇다. 이는 춘추전국시대를 상징하는 제자백가 사상을 총평한 것이다. 매우 드문 사례에 속한다. 사마담과 사마천 부자가 역사가인 동시에 일종의 사상가임을 보여주는 대목이기도 하다. 《자치통감》을 쓴 당대 최고의 역사가인 사마광이 뛰어난 사상가로서의 면모를 동시에 지닌 것과 닮았다. 이를 통해 짐작할 수 있듯이 통상 위대한 역사가는 반드시 뛰어난 사상가의 면모를 지닌다.

〈태사공자서〉는 〈열전〉의 대미를 장식하는 발문跋文으로 꾸며 있다. 《사기》130편에 대한 요약에 해당한다. 〈태사공자서〉만 읽어도 《사기》 전체의 내용을 개괄적으로 짐작할 수 있다. 〈태사공자서〉는 총 7,812자로 다음과 같이 구성되어 있다.

첫째, 사마천의 가계다. 둘째, 사마천 부자의 육가요지六家要旨다. 셋째, 부친의 유언과 태사령太史令이 된 과정 등이다. 넷째, 궁형을 받고 발분해 《사기》를 완결하게 된 배경이다. 다섯째, 《사기》 전체의 요약이다.

사마천의 《사기》에는 시종일관 현실을 직시하는 사관의 날카로운 비판의식과 인간중심 사상이 깃들어 있다. 사마천이 〈태사공자서〉에서 "춘추는 시비를 판별하는 까닭에 사람을 다스리는 데 커다란 도움을 준다"고 언급한 것이 그렇다. 그가 시종 춘추필법春秋筆法을 견지한 배경을 쉽게 짐작할 수 있다.

사마열전

옛날 전욱顧頊은 천문을 관장하는 남정南正 중重에게 하늘에 관한 일을 맡겼고, 지리를 관장하는 북정北正 여黎에게 땅에 관한 일을 맡겼다. 요순 때도 중과 여의 후손들에게 계속 천문과 지리에 관한 일을 주관하게 해 하나라 및 은나라까지 이르게 되었다. 중과 여는 대대로 천문과 지리에 관한 일을 주관했다. 주나라에 이르러 정백程伯에 봉해진 휴보休甫도 여씨의 후손이다. 주선왕 때 그 관직을 잃고 사마씨司馬氏가 되었다. 사마씨는 대대로 주나라의 역사를 관장했다. 주혜왕과 주양왕 사이에 사마씨가 주나라를 떠나 진晉나라로 갔다. 진晉나라 중군中軍 수회隨會가 서쪽 진나라로 달아났을 때 사마씨도 소량少梁으로 들어갔다.

사마씨가 주나라를 떠나 진晉나라로 간 이후 일족이 사방으로 흩어졌다. 위衛나라·조나라·진나라 등으로 흩어져 산 이유다. 위나라로 간 일족 가운데 일부는 중산의 재상을 지내기도 했고, 조나라로 간 일족 가운데 일부는 검술 이론을 잘 전수해 명성을 떨친 경우도 있다. 괴외蒯聵가 바로 그 후손이다. 진나라로 간 사마조司馬錯는 진혜문왕 앞에서 촉과 한韓 가운데 어느 쪽을 먼저 공략할 것인지 여부를 놓고 장의와 논쟁을 벌이기도 했다. 당시 진혜문왕은 사마조의 손을 들어주었다. 군사를 이끌고 가 촉을 치도록 한 것이 그렇다. 사마조는 촉 땅을 빼앗은 공으로 그곳 태수에 제수되었다.

사마조의 손자 사마근司馬靳은 무안군武安君 백기白起를 섬겼다. 당시 사마씨가 살던 소량은 명칭을 하양으로 바꾸었다. 사마근과 무안군 백기는 장평대전에서 조나라 군사를 대파한 뒤 투항한 자들을 모두 생매장하고 철군했다. 이후 그는 두우杜郵에서 백기와 함께 자결 명령을 받고 화지華池에 묻혔다. 사마근의 손자 사마창司馬昌은 진시황 때 주철관主鐵官(철을 녹여 그릇을 만드는 일을 관장하는 관직)을 지냈다. 괴외의 현손玄孫이 사마앙司馬卬이다. 그는 진시황 사후 무신군武信君의 부장이 되어 군사를 이끌고 가 조가현朝歌縣을 정벌했다. 당시 천하가 어지러워 제후들 모두 멋대로 왕을 칭했다. 사마앙은 항우에 의해 은왕殷王에 봉해졌다. 한나라가 초나라를 칠 때 사마앙이 유방에게 투항했다. 그의 영지는 하내군으로 편입되었다.

●● 昔在顓頊, 命南正重以司天, 北正黎以司地. 唐虞之際, 紹重黎之後, 使復典之, 至于夏商, 故重黎氏世天地. 其在周, 程伯休甫其後也. 當周宣王時, 失其守而爲司馬氏. 司馬氏世典周史. 惠襄之, 司馬氏去周適晉. 晉中軍隨會奔秦, 而司馬氏入少梁. 自司馬氏去周適晉, 分散, 或在衛, 或在趙, 或在秦. 其在衛者, 相中山. 在趙者, 以傳劍論顯, 蒯聵其後也. 在秦者名錯, 與張儀爭論, 於是惠王使錯將伐蜀, 遂拔, 因而守之. 錯孫靳, 事武安君白起. 而少梁更名曰夏陽. 靳與武安君趙長平軍, 還而與之俱賜死杜郵, 葬於華池. 靳孫昌, 昌爲秦主鐵官, 當始皇之時. 蒯聵玄孫 爲武信君將而徇朝歌. 諸侯之相王, 王卬於殷. 漢之伐楚, 卬歸漢, 以其地爲河內郡.

당시 사마창은 사마무택司馬無澤을 낳았고, 사마무택은 한나라의 시장市長을 지냈다. 사마무택은 사마희司馬喜를 낳았고, 사마희는 오대부를 지냈다. 죽은 뒤 모두 사마천의 묘가 있는 고문원高門原●에 묻

● 《사기집해》는 소림의 주를 인용해 장안의 북문이라고 했다. 《사기색은》은 사마천의 비문을 근거로 하양의 서북쪽 지명으로 추정했다. 《사기정의》는 《괄지지括地志》를 인용해 속칭

혔다. 사마희는 사마담을 낳았고, 사마담은 태사공太史公이 되었다. 태사공은 당도로부터 천문학, 양하로부터 《역경》을 전수받았다. 또 황자黃子로부터 도가 사상을 배웠다. 태사공 사마담은 건원과 원봉 사이에 벼슬을 했다. 학자들이 학설의 참뜻을 이해하지 못하면서 스승을 배척하는 것을 걱정해 육가六家의 요지를 이같이 논했다.

《역경》〈계사전繫辭傳〉에 이르기를, "제자백가의 학설은 하나다. 거기에 이르기 위해 온갖 생각을 다한다. 같은 길로 귀착하면서 짐짓 다르게 가려고 한다"고 했다. 음양가陰陽家 · 유가 · 묵가 · 명가名家 · 법가 · 도가 등 육가 모두 세상을 다스리는 일에 힘쓰는 자들이다. 다만 추종하는 이론이 서로 달라 잘 살핀 것도 있고, 잘 살피지 않은 것도 있다.

나는 일찍이 음양가의 학술을 가만히 살펴본 적이 있다. 지나치게 번잡하고 세세하며 금기하고 꺼리는 것이 많다. 사람들에게 속박되어 두려워하게 만든 이유다. 그러나 사계의 운행법칙을 밝힌 점만은 놓쳐서는 안 된다. 유가의 학설은 너무 광범위해 요점을 잡아내기가 어렵다. 힘써 연구해도 그 효과가 적다. 이들의 학설을 모두 추종하기 어려운 이유다. 그러나 군신과 부자 사이의 예절을 마련한 것과 부부와 장유 사이의 구별을 정한 것은 결코 바꿔서는 안 된다.

묵가의 학설은 지나치게 검약을 강조해 따라 하기가 어렵다. 이를 모두 그대로 실천할 수 없는 이유다. 다만 근본을 튼튼히 하고 씀씀이를 절약해야 한다고 언급한 점은 폐기해서는 안 된다. 법가의 학설은

마문원馬門原으로 불린 곳이 바로 사마천의 묘가 있는 고문원이라고 했다. 이를 좇았다.

지나치게 엄정해 은혜와 인정이 적다. 그러나 군신과 상하의 직분을 명확히 규정한 점은 결코 고쳐서는 안 된다. 명가의 학설은 사람들에게 명칭 내지 명분에 구속되게 하고 사안이 지나치게 간략해 실체를 잃기 쉽다. 그러나 명분과 실질의 상호관계를 바로잡은 점만큼은 잘 살펴보지 않을 수 없다.

도가의 학설은 사람들에게 정신을 집중시켜 행동을 무형의 도에 합치하게 하고, 또 만물을 풍성하게 만든다. 음양가의 사시 운행 법칙에 따르고, 유가와 묵가의 좋은 점을 받아들이고, 명가와 법가의 요점을 취하는 것이 그렇다. 시대와 더불어 발전하고, 사물에 응해 변화하고, 풍속을 세워 일을 시행한 덕분에 옳지 않은 것이 없게 되는 이유다. 요지는 간명하면서 시행하기 쉽고, 일을 적게 하고도 공이 크다.

유가의 학설은 그렇지 않다. 군주는 천하의 법도로 간주된다. 군주가 그 무엇이든 제창하면 신하는 여기에 호응해야 한다. 군주가 앞서 나아가면 신하는 그 뒤를 따라가야 한다. 이같이 하면 군주는 힘들지만 신하는 편하다. 도가에서 말하는 큰 도의 요체는 힘과 탐욕과 총명을 버리고 자연의 법도에 따르는 것이다. 지금 사람들은 이 점에 유의하지 않고 다만 술수에 의지해 천하를 다스리고자 한다.

무릇 사람의 정신은 지나치게 사용하면 고갈되고 쇠약해진다. 육체 역시 지나치게 혹사하면 지친다. 정신과 육체가 쇠미해졌는데 천지와 더불어 오래하기를 바란다는 말은 들어본 적이 없다. 무릇 음양가는 사계절의 사시, 8위位(팔괘의 방위), 12도度(태양이 지나는 황도黃道를 열두 개 구역으로 쪼갠 것), 24절節(1년을 스물네 개의 절기로 나눈 것)을 기준으로 기본지침을 정해놓은 뒤 잘 따라 행하면 번창하고 역행하면 죽거나 망한다고 말한다. 그러나 반드시 그렇지는 않다. "사람들에게 속박되어 두려워하게 만든다"고 언급한 이유다. 봄에 태어나고, 여름에 성장하고, 가을에 거두어들이고, 겨울에 저장하는 것은 자연계의 큰 법칙이다. 이를 따르지 않으면 천하의 기강을 바로 세울 수 없다. "사계의 운행법칙을 밝힌 점만은 놓쳐서는 안 된다"고 언급한 이유다.

무릇 유가는 육예를 법도로 삼는다. 육예는 경전經傳(본문과 주석서)이 너무 많아 몇 대에 걸쳐 배워도 그 이치에 통할 수 없다. 평생을 다 바쳐 연구해도 그 예제禮制를 구명할 수 없다. 그래서 "너무 광범해 요점을 잡아내기가 어렵다. 힘써 연구해도 그 효과는 적다"고 언급한 이유다. 그러나 군신과 부자 사이의 예절을 바르게 하고 부부와 장유의 구별을 분명히 밝힌 점은 여타 제자백가라 할지라도 바꿀 수 없다.

묵가 역시 요순의 도를 숭상했다. 요순의 덕행을 칭송한 다음 구절이 그렇다.

"요순이 살던 궁궐의 높이는 겨우 세 척, 흙으로 만든 계단은 세 개뿐이다. 띠로 엮은 지붕은 잘 정리되어 있지도 않고, 통나무 서까래는 깎아 다듬은 것도 아니다. 흙으로 만든 그릇에 밥을 담아 먹고, 흙으로 만든 그릇에 국을 담아 마셨다. 현미나 기장쌀로 만든 밥에다 명아주와 콩잎을 끓인 국을 먹었다. 여름에는 갈포로 만든 옷을 입고, 겨울에는 사슴 가죽으로 만든 옷을 입었다."

묵가에서는 장례를 치를 때 오동나무 관은 3촌 두께를 넘지 않는다. 곡소리도 그 슬픔을 다 드러내지 않았다. 이처럼 간략한 박장薄葬을 만민의 표준으로 삼았다. 천하 만민이 이런 검약을 본받으면 귀천의 구별은 없어질 것이다. 시대가 변하면 사람의 사업도 반드시 같아야 할 필요는 없다. "지나치게 검약을 강조해 따라 하기가 어렵다"고 언급한 이유다. 그러나 "근본을 튼튼히 하고 씀씀이를 절약해야 한다"
고 역설한 것은 사람이나 가정을 풍족하게 하는 방법이다. 이는 묵가
의 장점으로 여타 제자백가라 할지라도 폐기할 수는 없다.

법가는 원근을 구별하지 않고, 귀천을 구분하지 않는다. 일률적으로
법에 의거해 단죄하는 까닭에 친척을 친애하고, 윗사람을 존경하는
온정이 끊어져 있다. 일시적인 계책은 실행할 수 있어도 오래도록 적
용할 수 없다. "지나치게 엄정해 은혜와 인정이 적다"고 언급한 이유
다. 그러나 군주를 높이며 신하를 낮추고, 직분을 분명히 구분해 서
로 그 권한을 침해할 수 없도록 한 것은 여타 제자백가라 할지라도
고칠 수 없다.

명가는 지나치게 철저히 살피다가 서로 뒤엉켜 흐려지게 되고, 사람
들에게 본래의 진의로 돌아가지 못하게 하고, 오로지 명분에 의해서
만 결정해 보편적인 정서를 잃게 한다. "사람들에게 명칭 내지 명분
에 구속되게 하고 사안이 지나치게 간략해 실체를 잃기 쉽다"고 언
급한 이유다. 그러나 명분에 의거해 실질을 비판하고, 명분과 실질이
서로 호응해 진실을 잃지 않게 한 점은 살피지 않을 수 없다.

도가의 요체는 무위를 말하면서 동시에 무불위無不爲를 언급한 데 있
다. 그 실질은 시행할 수 있지만 그 말은 이해하기 힘들다. 도가의 학
술은 허무를 근본으로 삼고, 자연의 이치를 좇는 인순因循을 작용으
로 삼는다. 고정된 세勢도 없고 변하지 않는 형形도 없기에 만물의 정
상情狀을 능히 밝힐 수 있다. 사물에 대응해서는 굳이 앞서거나 뒤지
지 않으면서 주재하기에 만물의 주인이 될 수 있다. 도가에도 법은
있다. 그러나 자연에 순응하는 까닭에 그 법에 맡기지 않는 것을 법
으로 여기고, 반드시 시세에 따라 사업을 이룬다. 또 법도가 있으나

고집하지 않고, 만물의 형세와 더불어 서로 조화를 이룬다. 그래서 이같이 말한다.

"성인이 영원히 존재하는 것은 오직 시변을 좇았기 때문이다.• 마음을 텅 비우는 허虛는 도의 준칙이고, 자연의 이치를 좇는 인因은 군주의 강령이다."

군신들이 일제히 이르면 군주는 이들에게 각기 자신의 직분을 밝히도록 한다. 실상이 그 명분에 부합하는 것을 단端, 부합치 않는 것을 관窾이라고 한다. 관을 멀리하면 간사한 신하가 생기지 않고, 어진 자와 못난 자가 절로 가려지고, 흑백이 두드러지게 나타난다. 이런 방법을 운용하면 그 무슨 일인들 이루지 못하겠는가? 이같이 되면 곧 큰 도에 합치되어 천지가 생겨나기 이전의 혼돈 상태에서 천하를 밝게 비추며 다시 무명無名으로 돌아가게 된다.

무릇 사람을 살아 있게 하는 것은 그 정신이고, 거기에 의탁하는 것은 육신이다. 정신을 지나치게 사용하면 고갈되고, 육신을 지나치게 부리면 피폐해지고, 육체와 정신이 분리되면 곧 죽는다. 죽은 사람은 다시 살아날 수 없고, 정신과 육체가 분리되면 다시 이를 합칠 수 없다. 성인은 정신과 육체를 다 중시한다. 이로써 보건대 정신은 생명의 근원이고, 육체는 생명의 도구다. 그런데도 사람들은 먼저 정신과 육체를 건전하게 만들어놓지도 않은 채 이같이 말한다.

"나만이 치천하治天下할 수 있다."

도대체 무슨 수로 그리할 수 있단 말인가?

• "성인이 영원히 존재하는 것은 오직 시변을 좇았기 때문이다"의 원문은 "성인불후聖人不朽, 시변시수時變是守"다. 이를 두고 《사기정의》는 백성의 마음을 가르침 내지 근본강령으로 삼는 것을 지칭한다고 풀이했다.

•• 昌生無澤, 無澤爲漢長. 無澤生喜, 喜爲五大夫, 卒, 皆葬高門. 喜生談, 談爲太史公. 太史公學天官於唐都, 受易於楊何, 習道論於黃子. 太史公仕於建元元封之, 湣學者之不達其意而師悖, 乃論六家之要指曰, 易大傳, '天下一致而百慮, 同歸而殊.' 夫陰陽·儒·墨·名·法·道德, 此務爲治者也, 直所從言之異路, 有省不省耳. 嘗竊觀陰陽之術, 大祥而衆忌諱, 使人拘而多所畏, 然其序四時之大順, 不可失也. 儒者博而寡要, 勞而少功, 是以其事難盡從, 然其序君臣父子之禮, 列夫婦長幼之別, 不可易也. 墨者儉而難遵, 是以其事不可遍循, 然其彊本節用, 不可廢也. 法家嚴而少恩, 然其正君臣上下之分, 不可改矣. 名家使人儉而善失眞, 然其正名實, 不可不察也. 道家使人精神專一, 動合無形, 贍足萬物. 其爲術也, 因陰陽之大順, 采儒墨之善, 撮名法之要, 與時遷移, 應物變化, 立俗施事, 無所不宜, 指約而易操, 事少而功多. 儒者則不然. 以爲人主天下之儀表也, 主倡而臣和, 主先而臣隨. 如此則主勞而臣逸. 至於大道之要, 去健羨, 絀聰明, 釋此而任術. 夫神大用則竭, 形大勞則敝. 形神騷動, 欲與天地長久, 非所聞也. 夫陰陽四時·八位·十二度·二十四節各有敎令, 順之者昌, 逆之者不死則亡, 未必然也, 故曰, "使人拘而多畏." 夫春生夏長, 秋收冬藏, 此天道之大經也, 弗順則無以爲天下綱紀, 故曰, "四時之大順, 不可失也." 夫儒者以六蓺爲法. 六經傳以千萬數, 累世不能通其學, 當年不能究其禮, 故曰, "博而寡要, 勞而少功." 若夫列君臣父子之禮, 序夫婦長幼之別, 雖百家弗能易也. 墨者亦尙堯舜道, 言其德行曰, "堂高三尺, 土階三等, 茅茨不翦, 采椽不刮. 食土簋, 啜土刑, 糲粱之食, 藜藿之羹. 夏日葛衣, 冬日鹿裘." 其送死, 桐棺三寸, 擧音不盡其哀. 敎喪禮, 必以此爲萬民之率. 使天下法若此, 則尊卑無別也. 夫世異時移, 事業不必同, 故曰, "儉而難

遵." 要曰彊本節用, 則人給家足之道也. 此墨子之所長, 雖百長弗能廢
也. 法家不別親疏, 不殊貴賤, 一斷於法, 則親親尊尊之恩絶矣. 可以行
一時之計, 而不可長用也, 故曰, "嚴而少恩." 若尊主卑臣, 明分職不得
相踰越, 雖百家弗能改也. 名家苛察繳繞, 使人不得反其意, 專決於名
而失人情, 故曰, "使人儉而善失眞." 若夫控名責實, 參伍不失, 此不可
不察也. 道家無爲, 又曰無不爲, 其實易行, 其辭難知. 其術以虛無爲
本, 以因循爲用. 無成, 無常形, 故能究萬物之情. 不爲物先, 不爲物後,
故能爲萬物主. 有法無法, 因時爲業, 有度無度, 因物與合. 故曰'聖人
不朽, 時變是守. 虛者道之常也, 因者君之綱'也. 群臣至, 使各自明也.
其實中其聲者謂之端, 實不中其聲者謂之. 言不聽, 乃不生, 賢不肖自
分, 白黑乃形. 在所欲用耳, 何事不成. 乃合大道, 混混冥冥. 光燿天下,
復反無名. 凡人所生者神也, 所者形也. 神大用則竭, 形大勞則敝, 形
神離則死. 死者不可復生, 離者不可復反, 故聖人重之. 由是觀之, 神
者生之本也, 形者生之具也. 不先定其神形, 而曰, "我有以治天下", 何
由哉?

태사공 사마담은 천문을 관장했을 뿐 백성을 직접 다스리지는 않
았다. 그에게 사마천이란 아들이 있었다. 사마천은 용문에서 태어나
황하의 서쪽과 용문산龍門山 남쪽에서 농사를 지으며 가축을 길렀다.
열 살 때부터 고문을 배웠다. 스무 살이 되어 남쪽으로 장강과 회수
를 떠돌고, 회계산에 올라 우왕의 유적지를 탐방하고 순임금이 묻힌
구의산을 살폈다. 원수沅水와 상강湘江에서 배를 탔다. 북쪽으로 문수
汶水와 사수를 건너 제나라와 노나라의 도성에서 학업을 닦고, 공자
가 남긴 학풍을 관찰했다. 추현과 역산嶧山에서는 향사鄕射(지방장관이 주

^{재하는 활쏘기 의식)}를 참관했다. 파양과 설현 및 팽성 등지에서는 곤경에 처하기도 했다.

양나라 및 초나라를 거쳐 돌아왔다. 이때 사마천은 낭중이 되었다. 조정의 명을 받들어 서쪽으로 파촉 이남, 남쪽으로 공과 작과 곤명 등지를 공략한 뒤 돌아와 복명했다. 이해에 한무제가 한나라 황실에서는 처음으로 봉선 의식을 거행했다. 태사공 사마담은 이전의 주남周南인 낙양에 머물러 있던 탓에 따라갈 수 없었다. 마침내 분통이 터져 죽을 지경에 이르렀다. 아들 사마천은 출정을 갔다가 돌아오는 길에 황하와 낙수 사이에서 부친 사마담을 만날 수 있었다. 태사공 사마담이 아들 사마천의 손을 잡고 울며 이같이 말했다.

"우리 선조는 주나라 왕실의 태사였다. 일찍이 먼 옛날 요순과 하나라 우왕 때 공명을 드러낸 이후 천문에 관한 일을 주관해왔다. 후대로 오면서 중간에 쇠미해지더니 나의 대에 와서 단절되는 것인가? 너는 다시 태사가 되면 선조의 유업을 이을 수 있을 것이다. 금상인 한무제는 1,000년의 대통을 이어받아 태산에서 봉선을 거행했다. 내가 거기에 수행치 못했으니 이는 운명이다! 나의 운명이다!

내가 죽은 뒤 너는 반드시 태사가 되어야 한다. 태사가 되면 잊지 말고 내가 하고자 했던 바를 논하고 저술하고자 했던 바를 이루어주기 바란다. 무릇 효도는 어버이를 섬기는 사친事親에서 시작해, 군주를 섬기는 사군事君을 거쳐, 마지막으로 자신을 세우는 입신立身에서 끝난다. 후대에 이름을 떨쳐 부모를 드러내는 것이 효도의 으뜸이다. 천하가 주공 단을 칭송하는 것은 그가 주문왕과 주무왕의 덕을 찬양하고, 주왕실의 근거지인 주남과 소남邵南의 기풍을 선양하고, 태왕인 고공단보와 왕계의 깊은 생각에 통달하고, 주문왕의 조상인 공류를 넘어 마침내 시조인 후직까지 추존하는 데 이르렀기 때문이다.

주유왕과 주여왕 이후 왕도가 사라지고 예악이 쇠퇴하자 공자가 예로부터 전해 내려오던 전적을 정리하고 폐기되었던 예악을 다시 일으켰다. 《시경》과 《서경》을 논하고, 《춘추》를 지은 것이 그렇다. 학자들이 지금까지 이를 본받고 있다. 기린을 잡은 이른바 획린獲麟 사건 이후 지금까지 400여 년 동안 제후들은 서로를 병탄하는 데만 몰두했다. 역사를 기록하는 일이 단절된 이유다. 이제 한나라가 일어나 국내는 통일되었다. 그사이 현명한 군주·충신·지사가 많았지만 내가 태사로서 이들을 논해 기록하지 않았다. 천하의 역사를 폐기한 셈이 되었다. 나는 이것이 크게 두렵다. 너는 이를 가슴 깊이 새기도록 하라!"

사마천이 고개를 숙인 채 눈물을 흘리며 말했다.

"소자가 비록 불민不敏하나 선조 대대로 정리해놓은 옛 이야기들을 빠짐없이 모두 정리하겠습니다."

태사공 사마담이 세상을 떠난 지 3년 되던 해에 사마천이 태사령이 되었다. 사관의 기록과 황실 도서관에 소장된 서적을 정리하기 시작했다.

●● 太史公旣掌天官, 不治民. 有子曰遷. 遷生龍門, 耕牧河山之陽. 年十歲則誦古文. 二十而南遊江·淮, 上會稽, 探禹穴, 九疑, 浮於沅·湘, 北涉汶·泗, 講業齊·魯之都, 觀孔子之遺風, 鄕射鄒·嶧, 鄀·薛·彭城, 過梁·楚以歸. 於是遷仕爲郞中, 奉使西征巴·蜀以南, 南略邛·笮·昆明, 還報命. 是歲天子始建漢家之封, 而太史公留滯周南, 不得與從事, 故發憤且卒. 而子遷適使反, 見父於河洛之. 太史公執遷手而泣曰, "余先周室之太史也. 自上世嘗顯功名於虞夏, 典天官事. 後世中衰, 絶於予乎? 汝復爲太史, 則續吾祖矣. 今天子接千歲之統, 封泰山, 而余不得從行, 是命也夫, 命也夫! 余死, 汝必爲太史, 爲太史, 無忘吾 所欲論著矣. 且夫孝始於事親, 中於事君, 終於立身. 揚名於後世, 以顯 父母, 此孝之大者. 夫天下稱誦周公, 言其能論歌文武之德, 宣周邵之 風, 達太王王季之思慮, 爰及公劉, 以尊稷也. 幽厲之後, 王道缺, 禮樂 衰, 孔子舊起廢, 論詩書, 作春秋, 則學者至今則之. 自獲麟以來四百有 餘歲, 而諸侯相兼, 史記放絶. 今漢興, 海內一統, 明主賢君忠臣死義之 士, 余爲太史而弗論載, 廢天下之史文, 余甚懼焉, 汝其念哉!"遷俯首 流涕曰, "小子不敏, 請悉論先人所次舊聞, 弗敢闕." 卒三歲而遷爲太 史令, 紬史記石室金匱之書.

이로부터 5년 뒤인 한무제 태초 원년 11월 갑자일 초하루 동지, 역 법이 10월을 세수로 하는 태초력太初曆으로 바뀌었다. 또 고대의 제 왕이 정사를 보던 명당이 건립된 덕분에 여러 제후의 조상신인 군신 群神에게 포고할 수 있었다. 태사공 사마천이 말했다.

"선친이 생전에 언급하기를, '주공 사후 500년 만에 공자가 태어났 다. 공자 사후 오늘에 이르기까지 500년이 지났다. 이제 밝은 세상을 이어받고, 《역경》을 정정하고, 《춘추》의 정신을 잇고, 《시경》과 《서 경》과 《예경》과 《악경》의 근본을 구명할 사람이 나타날 것이다'라고 했다. 선친의 뜻이 바로 여기에 있지 않았겠는가! 선친의 뜻이 바로 여기에 않았겠는가! 그러니 내가 어찌 감히 이 일을 마다하겠는가?"

상대부 호수가 물었다.

"공자는 무슨 까닭에 《춘추》를 지은 것이오?"

태사공이 대답했다.

"나는 스승인 동중서로부터 이같이 들었습니다. '주나라의 왕도가 쇠퇴할 무렵 공자가 형옥刑獄을 담당하는 노나라의 사구司寇가 되었다. 제후들은 공자를 해치고, 대부들은 공자를 방해하고 나섰다. 공자는 자신의 말이 받아들여지지 않으며 도가 실행되지 않는다는 것을 알아챘다.《춘추》가 다루고 있는 노은공 원년부터 노애공 14년까지 총 242년에 달하는 노나라 역사의 시비를 따진 뒤 이를 천하의 한 본보기로 삼았다. 천자라도 어질지 못하면 깎아내리고, 무도한 제후는 배척하고, 간악한 대부는 성토했다. 오직 왕도를 이루고자 한 것일 뿐이다.' 공자도 말하기를, '나도 처음에는 추상적인 말로 기록하고자 했지만 실제로 행한 사적을 놓고 포폄하는 것이 보다 절실하고 명백하다'고 했습니다.

무릇《춘추》는 위로 삼왕의 도를 밝히고, 아래로 사람들이 하는 일의 기강을 정해 의심나는 곳을 풀고, 시비를 가리고, 머뭇거리며 결정하지 못하는 일을 결정하고, 선한 사람은 친애하며 악한 사람은 미워하고[善善惡惡], 현자를 존중하면서 불초한 자를 천대하고, 이적의 침공 등으로 인해 망해가는 중원의 나라를 보존하며 끊어진 후사를 잇는 존망계절을 행하고, 헐어 없어진 문화를 보완하거나 다시 일으켜 세우도록 만듭니다[補敝起廢]. 이것이 바로 왕도의 큰 줄기입니다.

《역경》은 천지·음양·사시·오행의 원리를 밝혔기에 변역이론에 관한 서술이 뛰어납니다.《예경》은 인륜에 관한 것을 다루었기에 일을 처리하는 것에 관한 서술이 뛰어납니다.《서경》은 선왕에 관한 사적을 기록했기에 정사에 관한 서술이 뛰어납니다.《시경》은 산천·계곡·금수·초목·빈모牝牡(들짐승의 암수)·자웅雌雄(날짐승의 암수)에 관한 것을 기록했기에 풍토 및 인정에 관한 서술이 뛰어납니다.《악경》은 사람들에게 각자의 입신立身 배경을 즐기도록 만들기에 조화에 관한 서술이 뛰어납니다.《춘추》는 시비를 변별해놓았기에 인사 처리에 관한 서술이 뛰어납니다.《예경》은 사람을 절도 있게 하고,《악경》은 사람의 마음을 화합하게 만들고,《서경》은 사실을 말하고,《시경》은 감정을 밖으로 드러내고,《역경》은 변역의 이치를 설명하고,《춘추》는 도의를 말합니다.

어지러운 세상을 다스려 바른 세상으로 되돌리는 것[撥亂世反之正]•으로는《춘추》만한 것이 없습니다.《춘추》는 수만 자로 이루어졌으나 그 안에 담긴 큰 뜻은 수천 가지나 됩니다. 천하 만물의 취산聚散이 모두《춘추》에 담겨 있습니다.《춘추》의 기록에 따르면 시해당한 군주는 서른여섯 명, 멸망한 나라는 쉰두 국에 달합니다. 제후가 망명해 사직을 지키지 못한 경우는 그 수를 헤아릴 수 없을 정도로 많습니다. 그리된 까닭을 살펴보면 모두 근본을 잃었기 때문입니다.《역경》에서 '터럭만큼의 실수가 1,000리만큼의 차이를 가져온다'••고 언급한 것도 이 때문입니다. 또 이르기를, '신하가 군주를 시해하고, 아들이 부친을 시해하는 것은 하루아침에 일어나는 것이 아니다. 오랫동안 원인이 쌓인 결과다'라고 했습니다.

나라의 군주는 반드시《춘추》를 알아야 합니다.《춘추》를 알지 못

• 《춘추공양전》〈노애공 14년〉조에 처음으로 나오는 표현이다. 〈노애공 14년〉조에는 "발란세반저정撥亂世反諸正"으로 되어 있다. 저諸는 지어之於의 축약형이다. 통상 발란반정撥亂反正 또는 반정反正으로 쓴다.
•• "터럭만큼의 실수가 1,000리만큼의 차이를 가져온다"의 원문은 "실지호리失之豪釐, 차이천리差以千里"다.《사기집해》는 서광의 주를 인용해 호豪가 호毫, 차差가 무繆로 된 판본이 있다고 했다.《예기》〈경해經解〉도 〈태사공자서〉와 유사한 취지로 "《역경》에 차약호리差若毫釐, 무이천리繆以千里 구절이 나온다"고 했다. 그러나 현존《주역》에는 이 구절이 없다.《사기집해》는 위서인《역위》에 이 구절이 나온다고 했다.

하면 앞에서 참소를 하는 자가 있어도 깨닫지 못하고, 뒤에 난신적자亂臣賊子가 있어도 알지 못합니다. 신하가 된 자도《춘추》를 알아야 합니다.《춘추》를 알지 못하면 정무를 처리할 때 선례만 고집하고, 변사變事를 당해도 권도權道(임기응변)를 구사할 줄 모릅니다. 군주나 부친이 되어《춘추》의 대의에 통달하지 못하면 반드시 수악首惡의 오명을 뒤집어쓰게 됩니다. 또 신하나 아들이《춘추》의 대의에 통달하지 못하면 반드시 찬탈과 시역弑逆의 벌을 받아 죽게 됩니다. 사실 모두 선善으로 여기고 행동하지만 춘추대의春秋大義를 모르기에 터무니없는 오명을 뒤집어써도 감히 그 죄로부터 벗어나지 못합니다.

무릇 예의의 근본 취지에 통하지 못하면 군주는 군주답지 못하고, 신하는 신하답지 못하고, 아비는 아비답지 못하고, 자식은 자식답지 못하게 됩니다. 군주가 군주답지 못하면 신하가 침범하고, 신하가 신하답지 못하면 군주에게 주살을 당하고, 아비가 아비답지 못하면 무도한 아비가 되고, 자식이 자식답지 못하면 불효한 자식이 됩니다. 이 네 가지는 천하의 가장 큰 잘못입니다. 천하의 가장 큰 잘못이라는 죄명을 뒤집어쓸지라도 이를 받아들여야 하고 감히 물리치지 못합니다.《춘추》는 예의의 근간입니다. 무릇 예는 일이 일어나기 전에 막는 것이고, 법은 이미 일어난 뒤 적용하는 것입니다. 법의 효과는 눈에 잘 보이지만, 예가 미리 막을 수 있다는 것은 알기 어렵습니다.”

호수가 다시 물었다.

“공자가 살던 시대는 위로 현명한 군주가 없었고, 아래로 공자조차 받아들이지 못할 정도로 어지러웠소. 공자가《춘추》를 지은 것은 아무런 영향력도 없는 글로 예의를 규정해 제왕의 법전으로 삼은 것에 지나지 않소. 그러나 지금은 다르오. 그대는 위로 밝은 천자를 만

낳고, 아래로 관직에 올랐소. 만사가 이미 갖추어 있고 나라의 모든 일이 다 제자리를 찾아 질서정연하오. 그런데도 그대는 과연 논저에서 무엇을 밝히려는 것이오?"

태사공 사마천이 대답했다.

"네네, 아, 아닙니다, 그렇지 않습니다! 저의 선친이 이르기를, '복희씨는 지극히 순수하고 후덕한 인물로서《역경》의 팔괘를 만들었다. 요순의 성덕은《서경》에 기록되어 있고, 예악이 거기서 만들어졌다. 은나라 탕왕과 주나라 무왕 때의 융성을 찬미한 시인들의 노래가《시경》에 수록되어 있다.《춘추》는 선을 취하고 악을 물리치고, 삼대의 성덕을 추앙하고, 주나라 왕실을 찬양하고 있다. 그저 풍자나 비방에 그친 것이 아니다'라고 했습니다. 한나라가 일어난 뒤 영예로운 금상 한무제에 이르러 상서로운 징조가 나타났습니다. 봉선을 거행하고, 역법을 개정하고, 복색을 바꾼 것이 그렇습니다. 하늘로부터 받은 천명의 은택이 끝없이 흐르고 있는 것입니다.

해외 이민족 가운데 여러 차례의 통역을 거쳐 변경으로 찾아와 공물을 바치며 알현을 청하는 자가 그 수를 헤아릴 수 없을 정도로 많습니다. 문무백관이 애써 금상의 성덕을 칭송하고 있지만 그 취지를 제대로 드러내지 못하고 있습니다. 하물며 유능한 인재가 등용되지 못하고 있으니 이는 나라를 보유한 군주의 치욕입니다. 주상이 영예로운데도 그 은덕이 널리 알려지지 않은 것은 관원의 잘못입니다. 지금 제가 바로 그 일을 수행해야 하는 사관의 자리에 있습니다. 금상의 밝고 성스러운 성덕을 폐기한 채 기재하지 않고, 또 공신과 세가 및 대부의 공업을 인멸해 서술하지 않고 있습니다. 선친의 유언을 어기는 것으로 이보다 더 큰 죄는 없을 것입니다. 저는 지난 일을 기록하는 사서의 집필 과정에서 세상에 전해지는 것을 간추려 정리하고자 할 뿐이지 결코 창작하려는 것이 아닙니다. 그대가 이를《춘추》와 비교하는 것은 잘못입니다."

이에 기왕의 문헌을 토대로 차례로 논술하며 사서를 편찬하게 되었다.

●● 五年而當太初元年, 十一月甲子朔旦冬至, 天始改, 建於明堂, 諸神受紀. 太史公曰, "先人有言, '自周公卒五百歲而有孔子. 孔子卒後至於今五百歲, 有能紹明世, 正易傳, 繼春秋, 本詩書禮樂之際?' 意在斯乎! 意在斯乎! 小子何敢讓焉." 上大夫壺遂曰, "昔孔子何爲而作春秋哉?" 太史公曰, "余聞董生曰, '周道衰廢, 孔子爲魯司寇, 諸侯害之, 大夫壅之. 孔子知言之不用, 道之不行也, 是非二百四十二年之中, 以爲天下儀表, 貶天子, 退諸侯, 討大夫, 以達王事而已矣.' 子曰, '我欲載之空言, 不如見之於行事之深切著明也.' 夫春秋, 上明三王之道, 下辨人事之紀, 別嫌疑, 明是非, 定猶豫, 善善惡惡, 賢賢賤不肖, 存亡國, 繼絶世, 補敝起廢, 王道之大者也. 易著天地陰陽四時五行, 故長於變, 禮經紀人倫, 故長於行, 書記先王之事, 故長於政, 詩記山川谿谷禽獸草木牝牡雌雄, 故長於風, 樂樂所以立, 故長於和, 春秋辯是非, 故長於治人. 是故禮以節人, 樂以發和, 書以道事, 詩以達意, 易以道化, 春秋以道義. 撥亂世反之正, 莫近於春秋. 春秋文成數萬, 其指數千. 萬物之散聚皆在春秋. 春秋之中, 弑君三十六, 亡國五十二, 諸侯奔走不得保其社稷者不可勝數. 察其所以, 皆失其本已. 故易曰, '失之豪釐, 差以千里.' 故曰, '臣弑君, 子弑父, 非一旦一夕之故也, 其漸久矣.' 故有國者不可以不知春秋, 前有讒而弗見, 後有賊而不知. 爲人臣者不可以不知春秋, 守經事而不知其宜, 遭變事而不知其權. 爲人君父而不通於春秋之義者, 必蒙首惡之名. 爲人臣子而不通於春秋之義者, 必陷簒弑之誅, 死罪之名. 其實皆以爲善, 爲之不知其義, 被之空言而不敢辭. 夫不通禮義之旨, 至於君不君, 臣不臣, 父不父, 子不子. 夫君不君則犯, 臣不臣則誅, 父不父則無道, 子不子則不孝. 此四行者, 天下之大過也. 以天下之大過予之, 則受而弗敢辭. 故春秋者, 禮義之大宗也. 夫禮禁未然之前, 法施已然之後, 法之所爲用者易見, 而禮之所爲禁者難知." 壺遂曰, "孔子之時, 上無明君, 下不得任用, 故作春秋, 垂空文以斷禮義, 當一王之法. 今夫子上遇明天子, 下得守職, 萬事旣具, 咸各序其宜, 夫子所論, 欲以何明?" 太史公曰, "唯唯, 否否, 不然. 余聞之先人曰, '伏羲至純厚, 作易八卦. 堯舜之盛, 尙書載之, 禮樂作焉. 湯武之隆, 詩人歌之. 春秋采善貶惡, 推三代之德, 襃周室, 非獨刺譏而已也.' 漢興以來, 至明天子, 獲符瑞, 封禪, 改正朔, 易服色, 受命於穆清, 澤流罔極, 海外殊俗, 重譯款塞, 請來獻見者, 不可勝道. 臣下百官力誦聖德, 猶不能宣盡其意. 且士賢能而不用, 有國者之恥, 主上明聖而德不布聞, 有司之過也. 且余嘗掌其官, 廢明聖盛德不載, 滅功臣世家賢大夫之業不述, 墮先人所言, 罪莫大焉. 余所謂述故事, 整齊其世傳, 非所謂作也, 而君比之於春秋, 謬矣." 於是論次其文.

이로부터 7년 뒤 태사공 사마천은 이릉의 화를 당해 감옥에 갇히게 되었다. 그는 이같이 탄식했다.

"이것이 내 죄인가, 이것이 내 죄인가? 몸이 망가져 쓸모없게 되었구나."

물러나와 깊이 생각한 끝에 이같이 말했다.

"무릇《시경》과《서경》이 뜻이 은미하고 간략한 것은 마음속으로 생각하는 바를 드러내려 한 것이다. 옛날 주문왕은 서백으로 있을 때 유리羑里에 갇혔기에《역경》을 풀이했고, 공자는 진陳과 채蔡 사이에서 곤경을 겪었기에《춘추》를 지었고, 굴원屈原은 추방되었기에〈이소離騷〉를 지었고, 좌구명左丘明은 시력을 잃었기에《국어》를 편찬했고, 손빈은 정강이뼈를 발라내는 빈형臏刑을 받았기에《손빈병법》을 남겼고, 여불위는 촉 땅으로 좌천되었기에 세상에《여씨춘추》를 전했고, 한비자는 진나라에 갇혔기에《한비자》〈세난說難〉과〈고분孤憤〉을 남겼다.《시경》300편도 대략 성현이 발분發憤해 지은 것이다. 모두 원래 마음속에 울분이 맺혀 있었다. 이를 표출할 길이 없었기에 지난 일을 기술하며, 다가올 일을 생각한 것이다."

이내 요임금 이래의 일에서 시작해 한무제가 옹 땅에서 백린을 잡은 데까지* 기술했다.《사기》기술을 황제黃帝로부터 시작한 이유다.

●● 七年而太史公遭李陵之禍, 幽於縲紲. 乃喟然而曰, "是余之罪也夫! 是餘之罪也夫! 身毁不用矣." 退而深惟曰, "夫詩書隱約者, 欲遂其志之思也. 昔西伯拘羑里, 演周易, 孔子厄陳蔡, 作春秋, 屈原放逐, 著離騷, 左丘失明, 厥有國語, 孫子臏脚, 而論兵法, 不韋遷蜀, 世傳呂覽, 韓非囚秦, 說難·孤憤, 詩三百篇, 大抵賢聖發憤之所爲作也. 此人皆意有所鬱結, 不得通其道也, 故述往事, 思來者." 於是卒述陶唐以來, 至于麟止, 自黃帝始.

● "한무제가 옹 땅에서 백린을 잡은 데까지"의 원문은 "지우인지至于麟止"다.《사기색은》은 복건의 주를 인용해 한무제가 원수 원년에 백린을 잡은 뒤 금으로 인족麟足을 주조한 데서 인지麟止 표현이 나왔다고 풀이했다. 지止는 발가락을 뜻하는 지趾와 같다. 공자가 기린이 잡히는 획린 대목에서《춘추》의 집필을 끝낸 것을 흉내 냈다는 것이《사기색은》의 분석이다. 전한 때 왕충王充은《논형論衡》〈강서講瑞〉에서 당시 포획된 백린은 뿔이 한 개, 발가락이 다섯 개였다고 기록해놓았다.

사지열전

옛날 황제는 천지를 법칙으로 삼았다. 전욱·제곡·요·순 등 네 명의 성인은 사계절의 운행에 따라 각각 법도를 이루었다. 요가 자리를 양보하자 순이 기뻐하지 않았다. 천하는 이들의 공덕을 찬미해 만세토록 전할 것이다. 〈오제본기五帝本紀〉 제1을 지은 이유다.

하나라의 창업주 우禹는 구주에 두루 혜택을 주었다. 요순시대를 빛내고 그 공덕이 후손까지 미친 이유다. 하나라의 마지막 군주인 걸은 음란하고 교만해 명조鳴條로 쫓겨났다. 〈하본기夏本紀〉 제2를 지은 이유다.

설契에서 시작된 은나라의 창업 기반은 마침내 13대 후손인 탕왕 때 완성되었다. 태갑太甲은 동桐에서 살았다. 그 공덕은 아형阿衡 이윤의 도움으로 융성해졌다. 무정武丁은 부열을 얻어 중흥을 이루었다. 고종高宗으로 불린 이유다. 마지막 군주 제신帝辛은 주색에 빠진 나머지 제후들의 지지를 얻지 못했다. 〈은본기殷本紀〉 제3을 지은 이유다.

주나라 시조 기弃는 곡식을 관장하는 후직을 지냈다. 그 덕은 서백 주문왕 시대에 이르러 성대해졌다. 주무왕은 목야에서 은나라 주를 물리치고 천하를 어루만졌다. 주유왕과 주여왕은 사리에 어둡고 난폭해 풍豐과 호鎬를 잃었다. 점차 쇠락하다가 주난왕의 시기에 이르러 마침내 낙읍에서 제사가 끊겼다. 〈주본기周本紀〉 제4를 지은 이유다.

진나라 시조 백예伯翳는 우왕을 도왔다. 진목공은 대의를 생각해 효산崤山 전투에서 전사한 병사들을 애도했다. 그는 죽을 때 사람들을 순장했다. 《시경》〈진풍秦風, 황조黃鳥〉가 이를 언급한 것이다. 진소양왕과 진장양왕秦莊襄王 때 제업의 기초를 닦았다. 〈진본기〉 제5를 지은 이유다.

진시황이 즉위한 뒤 이내 산동 육국을 병탄했다. 천하의 모든 무기를 그러모은 뒤 녹여 종과 종 걸이를 만들었다. 전쟁을 근원적으로 막고자 한 것이다. 칭호를 황제로 높이면서 무력을 뽐냈다. 2세 황제 호해가 국운을 이어받았으나 자영子嬰은 항복해 포로가 되었다. 〈진시황본기秦始皇本紀〉 제6을 지은 이유다.

진나라가 도를 잃자 호걸들이 일제히 일어났다. 항량이 대업을 일으키고자 했고 항우가 이를 이었다. 항우가 송의를 죽이고 조나라를 구하자 제후들이 항우를 우러러 보았다. 자영을 죽인 뒤 초회왕을 배신하자 천하가 그를 비난했다. 〈항우본기項羽本紀〉 제7을 지은 이유다.

항우가 포악한 모습을 보인 데 반해 한고조 유방은 공덕을 쌓았다. 파촉과 한중에서 분발憤發해 관중으로 돌아와 삼진三秦을 평정했다. 항우를 죽이고 제왕의 대업을 이루자 천하가 안녕을 찾고 제도와 풍속이 바뀌었다. 〈고조본기高祖本紀〉 제8을 지은 이유다.

한혜제 유영은 일찍 죽었고 척족인 여씨 일족은 민심을 얻지 못했다. 여록과 여산이 권력을 쥐자 제후들이 반기를 들었다. 여태후가 조나라 은왕隱王 유여이劉如意를 죽이고, 유왕幽王 유우劉友를 가두자 대신들이 의심을 품었다. 여씨 일족이 멸문지화를 당했다. 〈여태후본기呂太后本紀〉 제9를 지은 이유다.

한나라가 처음 일어났을 때 한혜제 사후 후사가 분명치 못했다. 대왕 유항을 맞아들여 한문제로 옹립하자 천하의 인심이 하나로 돌아왔다. 혹형인 육형을 없애고, 관문과 교량의 통로를 활짝 열고, 은

덕을 널리 베풀자 세상이 그를 태종太宗으로 불렀다. 〈효문본기孝文本紀〉 제10을 지은 이유다.

제후들이 교만하고 방자해졌다. 마침내 오왕 유비가 우두머리가 되어 오초칠국의 난을 일으켰다. 조정에서 군사를 보내 토벌하자 7국이 굴복했다. 천하가 다시 하나로 통일되면서 태평하고 풍요로워졌다. 〈효경본기〉 제11을 지은 이유다.

한나라는 건립된 지 5대가 지난 금상 한무제의 건원 연간에 이르러 크게 융성해졌다. 대외적으로 사방의 이민족을 물리치고, 대내적으로는 법도를 정비했다. 봉선을 행하고, 역법을 개정하고, 복색을 바꾸었다. 〈효무본기〉• 제12를 지은 이유다.

●● 維昔黃帝, 法天則地, 四聖遵序, 各成法度, 唐堯遜位, 虞舜不台, 厥美帝功, 萬世載之. 作五帝本紀第一. 維禹之功, 九州攸同, 光唐虞際, 德流苗裔, 夏桀淫驕, 乃放鳴條. 作夏本紀第二. 維契作商, 爰及成湯, 太甲居桐, 德盛阿衡, 武丁得說, 乃稱高宗, 帝辛湛湎, 諸侯不享. 作殷本紀第三. 維弃作稷, 德盛西伯, 武王牧野, 實撫天下, 幽厲昏亂, 旣喪酆鎬, 陵遲至赧, 洛邑不祀. 作周本紀第四. 維秦之先, 伯翳佐禹, 穆公思義, 悼豪之旅, 以人爲殉, 詩歌黃鳥, 昭襄業帝. 作秦本紀第五. 始皇旣立, 幷兼六國, 銷鋒鑄鐻, 維偃幹革, 尊號稱帝, 矜武任力, 二世受運, 子嬰降虜. 作始皇本紀第六. 秦失其道, 豪桀擾, 項梁業之, 子羽接之, 殺慶救趙, 諸侯立之, 誅嬰背懷, 天下非之. 作項羽本紀第七. 子羽暴虐, 漢行功德, 憤發蜀漢, 還定三秦, 誅籍業帝, 天下惟寧, 改制易俗.

• 〈효무본기〉의 원문은 〈금상본기今上本紀〉다. 〈본기〉에는 〈효무본기〉로 되어 있다. 〈본기〉의 기록을 좇았다. 일각에서는 한무제를 비판한 원래의 내용을 삭제하고 새로운 내용을 대거 삽입했을 가능성을 제기하고 있다.

作高祖本紀第八. 惠之早霣, 諸呂不台, 崇祿·産, 諸侯謀之, 殺隱幽友, 大臣洞疑, 遂及宗禍. 作呂太本紀第九. 漢旣初興, 繼嗣不明, 迎王踐祚, 天下歸心, 蠲除肉刑, 開通關梁, 廣恩博施, 厥稱太宗. 作孝文本紀第十. 諸侯驕恣, 吳首爲亂, 京師行誅, 七國伏辜, 天下翕然, 大安殷富. 作孝景本紀第十一. 漢興五世, 隆在建元, 外攘夷狄, 內脩法度, 封禪, 改正朔, 易服色. 作今上本紀第十二.

하·은·주 삼대는 너무 오래되고 멀어 연대를 고찰할 수 없다. 대략 보첩譜牒이나 옛 문헌에서 기본을 취한 뒤 추정을 통해 〈삼대세표三代世表〉 제1을 지었다.

주유왕과 주여왕 이후 주나라 왕실이 쇠미해지자 제후들이 전횡했다. 《춘추》에도 기록되지 않은 부분이 있다. 보첩에 기록된 경략經略에는 춘추오패가 교대로 번성했다가 쇠퇴했다. 주나라 때 제후들이 앞서거니 뒤서거니 한 의미를 살펴보기 위해 〈십이제후연표十二諸侯年表〉 제2를 지었다.

춘추시대 이후 천하의 입장에서 제후의 신하(신하의 신하)들이 전횡하며 정권을 찬탈한 뒤 서로 왕을 칭했다. 진시황 때에 이르러 마침내 중원의 제후들을 병탄해 영토를 빼앗고, 멋대로 황제를 칭했다. 〈육국연표六國年表〉 제3을 지은 이유다.

진나라가 포악한 탓에 초나라 출신 진승과 오광이 반기를 들었다. 뒤이어 항우가 마침내 난을 일으켰고, 한고조 유방이 대의명분을 내걸고 이들을 물리쳤다. 8년 동안 천하의 주인이 진승에서 항우, 유방으로 세 번 바뀌었다. 사건 또한 번잡하고 변화가 많았다. 〈진초지제월표秦楚之際月表〉 제4를 지어 당시 상황을 상세히 기록한 이유다.

한나라가 일어난 이래 태초 연간에 이르기까지 약 100년 동안 많은 제후들이 책봉 또는 폐위되거나 영토가 분할 내지 삭감되었다. 그러나 보첩의 기록이 분명치 않다. 담당 관원이 그 자취를 쫓을 방법이 없어 강약의 원리를 규명치 못한 탓이다. 〈한흥이래제후왕연표漢興以來諸侯王年表〉 제5를 지어 이를 추적했다.

한고조 유방 때 큰 공을 세우며 팔다리처럼 보필했던 공신들은 신임을 얻어 봉토를 받고 작위를 얻었다. 그 은택이 후손에게까지 미쳤다. 그러나 일부 제후는 대대로 내려온 유지를 망각한 나머지 몸이 죽고 나라까지 망쳤다. 〈고조공신후자연표高祖功臣侯者年表〉 제6을 지은 이유다.

한혜제와 한경제 연간에 고조의 공신 가운데 남은 자들을 예우해 벼슬을 높여주고 기타 종족에게 작위와 땅을 하사했다. 〈혜경간후자연표惠景間侯者年表〉 제7을 지은 이유다.

북쪽으로 강력한 흉노를 토벌하고, 남쪽으로 강력한 월나라를 무찔러 이민족을 평정했다. 그 무공에 따라 열후에 봉해진 자들이 많았다. 〈건원이래후자연표建元以來侯者年表〉 제8을 지은 이유다.

제후들이 강해져 오초칠국의 난이 일어났다. 제후의 자제들이 너무 많아 작위와 봉지가 부족해졌다. 봉지를 분할하는 추은령을 내려 의를 행하자 제후세력이 쇠미해지고 위덕威德은 황실로 돌아왔다. 〈건원이래왕자후자연표建元已來王子侯者年表〉 제9를 지은 이유다.

나라의 현상賢相과 양장良將군은 백성의 사표師表다. 한나라가 일어난 이후의 장상과 명신의 연표를 만들었다. 현자는 치적을 기록하고, 현명치 못한 자는 그 우행愚行을 분명히 밝히고자 했다. 〈한흥이래장상명신연표〉 제10을 지은 이유다.

●● 維三代尚矣, 年紀不可考, 蓋取之譜牒舊聞, 本于玆, 於是略推, 作三代世表第一. 幽厲之後, 周室衰微, 諸侯專政, 春秋有所不紀, 而譜牒經略, 五霸更盛衰, 欲睹周世相先後之意, 作十二諸侯年表第二. 春秋之後, 陪臣秉政, 國相王, 以至于秦, 卒幷諸夏, 滅封地, 擅其號. 作六國年表第三. 秦旣暴虐, 楚人發難, 項氏遂亂, 漢乃扶義征伐, 八年之閒, 天下三嬗, 事繁變衆, 故詳著秦楚之際月表第四. 漢興已來, 至于太初百年, 諸侯廢立分削, 譜紀不明, 有司靡踵, 彊弱之原以世. 作漢興已來諸侯王年表第五. 維高祖元功, 輔臣股肱, 剖符而爵, 澤流苗裔, 忘其昭穆, 或殺身隕國. 作高祖功臣侯者年表第六. 惠景之閒, 維申功臣宗屬爵邑, 作惠景閒侯者年表第七. 北討胡, 南誅勁越, 征伐夷蠻, 武功爰列. 作建元以來侯者年表第八. 諸侯旣彊, 七國爲從, 子弟衆多, 無爵封邑, 推恩行義, 其勢銷弱, 德歸京師. 作王子侯者年表第九. 國有賢相良將, 民之師表也. 維見漢興以來將相名臣年表, 賢者記其治, 不賢者彰其事. 作漢興以來將相名臣年表第十.

하·은·주 삼대의 예는 각각 더하고 덜한 것이 있다. 각기 힘쓴 바도 달랐기 때문이다. 그러나 총체적으로 보면 모두 인간의 성정에 가깝고 왕도와 통하는 것이다. 예는 사람의 성품에 근거해 수식을 더하고, 고금의 변화에 어울리도록 만든다. 〈예서〉 제1을 지은 이유다.

음악은 풍속을 바꾸는 도구다. 《시경》의 〈아〉와 〈송〉이 흥성했을 때 사람들은 이미 음란한 정鄭나라와 위衛나라 음악을 좋아했다. 그 유래가 제법 오래되었다. 사람의 정감이 느끼는 것은 거의 같다. 음악으로 교화하면 풍속이 다른 먼 곳의 사람도 가깝게 만들 수 있다.

음악 서적을 참고한 뒤 예로부터 전해지는 음악을 두루 논술해 〈악서〉 제2를 지은 이유다.

군사가 없으면 강해질 수 없고, 덕이 없으면 번성할 수 없다. 황제와 은나라 탕왕 및 주나라 무왕은 이로써 일어났고, 하나라 걸과 은나라 주 및 진나라 2세 황제는 이로써 무너졌다. 어찌 신중하지 않을 수 있겠는가? 《사마법》이 전해온 지 오래되었다. 태공망 여상과 손무와 오기 및 왕자 성보成甫 등이 이를 이어받아 더욱 자세히 밝혀놓았다. 근세로 오면서 더욱 절실해져 인사의 변화를 깊이 연구했다. 〈율서〉 제3을 지은 이유다.

악율樂律은 음陰에 머물며 양陽을 다스리고, 역법은 양에 머물며 음을 다스린다. 율력과 역법은 교대로 서로 다스린다. 그사이에 오차나 빈틈을 용납하지 않는 이유다. 황제력 · 전욱력 · 하력 · 은력 · 주력 등 이른바 오력五曆은 서로 다르다. 한무제 태초 원년, 태초력을 제정했다. 이를 가지고 논할 일이다. 〈역서曆書〉 제4를 지은 이유다.

성신星辰과 기상氣象에 관한 글에는 흔히 길흉화복에 관한 말이 섞여 있어 황당하다. 그것을 토대로 미루어 응용하는 것을 보면 그리 특별한 것도 아니다. 실례를 모아 그 운행을 이야기하고 순서대로 운행하는 궤적을 살펴 〈천관서天官書〉 제5를 지었다.

천명을 받아 왕이 된다. 그러나 봉선을 자주 거행하지는 않는다. 이를 거행하면 모든 신령이 제사를 받게 된다. 명산대천의 여러 신에게 제사를 올리는 예의 근원을 거슬러 올라가 〈봉선서封禪書〉 제6을 지었다.

하나라 우왕이 하천을 뚫어 홍수를 막았다. 덕분에 구주가 안녕을 찾았다. 또 선방궁宣防宮을 건설하면서 막힌 물을 통하게 하고, 개천을 끊어 도랑을 통하게 했다. 〈하거서河渠書〉 제7을 지은 이유다.

화폐의 유통은 농업과 상업의 교역을 원활히 하기 위한 것이다. 그러나 극에 이르면 간사한 꾀로 농간을 부리고, 겸병해 재산을 증식하고, 투기와 이익을 다투면서 농업을 버리고 장사만 좇는 현상이 일어난다. 사태의 변화를 살피기 위해 〈평준서〉 제8을 지은 이유다.

●● 維三代之禮, 所損益各殊務, 然要以近性情, 通王道, 故禮因人質爲之節文, 略協古今之變. 作禮書第一. 樂者, 所以移風易俗也. 自雅頌聲興, 則已好鄭衛之音, 鄭衛之音所從來久矣. 人情之所感, 遠俗則懷. 比樂書以述來古, 作樂書第二. 非兵不彊, 非德不昌, 黃帝·湯·武以興, 桀·紂·二世以崩, 可不愼歟? 司馬法所從來尙矣, 太公·孫·吳·王子能紹而明之, 切近世, 極人變. 作律書第三. 律居陰而治陽, 居陽而治陰, 律更相治, 不容忽. 五家之文怫異, 維太初之元論. 作書第四. 星氣之書, 多雜磯祥, 不經, 推其文, 考其應, 不殊. 比集論其行事, 驗于軌度以次, 作天官書第五. 受命而王, 封禪之符罕用, 用則萬靈罔不禋祀. 追本諸神名山大川禮, 作封禪書第六. 維禹浚川, 九州攸寧, 爰及宣防, 決瀆通溝. 作河渠書第七. 維幣之行, 以通農商, 其極則玩巧, 幷兼兹殖, 爭於機利, 去本趨末. 作平准書以觀事變, 第八.

태백이 막냇동생인 계력을 피해 강남의 이민족 지역으로 갔다. 덕분에 주문왕과 주무왕이 흥기할 수 있었다. 고공단보가 왕도의 기반을 확립한 덕분이다. 오왕 합려는 오왕 요를 죽이고 스스로 즉위한 뒤 초나라를 굴복시켰다. 오왕 부차는 제나라와 싸워 이겼다. 그러나 공신 오자서를 죽인 뒤 시체를 말가죽에 싸서 물속에 내던졌다. 백비를 믿고 월나라와 친교를 맺으면서 오나라는 결국 패망하고 말았

다. 태백이 계력에게 보위를 양보한 것을 가상히 여겨 〈오태백세가吳
太伯世家〉 제1을 지었다.

신申과 여呂 두 나라가 쇠약해지자 상보尙父 여상이 미천해져 마침
내 서백에게 의지했다. 문왕으로 추존된 서백과 그 아들 주무왕 모
두 그를 태사太師로 받들었다. 모든 신하 가운데 으뜸이었고, 권모술
수가 남달랐다. 머리가 황백색으로 변한 노년에 영구營丘를 봉지로
받았다. 제환공은 노나라와 가柯에서 맺은 맹약을 어기지 않은 덕분
에 번영을 누렸다. 제후들을 아홉 번 모으면서 패자의 공적을 훤히
드러냈다. 춘추시대 말기 전상과 감지闞止가 총애를 다투면서 태공망
상보의 후예인 강성姜姓의 제나라는 멸망하고 말았다. 상보의 지혜를
가상히 여겨 〈제태공세가齊太公世家〉 제2를 지었다.

주무왕 사후 제후 가운데 혹자는 의지하고, 혹자는 배반했다. 주공
단이 이를 안정시켰다. 문덕을 위해 분발하자 천하가 그에 화답했다.
어린 주성왕을 보필하자 제후들 모두 주나라 왕실을 우러러보았다.
노나라가 노은공 및 노환공 때 편치 못한 것은 무슨 까닭인가? 삼환
三桓의 권력 다툼으로 노나라는 결국 번창하지 못했다. 주공 단이 행
한 금등金縢의 고사를 가상히 여겨 〈노주공세가魯周公世家〉 제3을 지
었다.

주무왕이 은나라 주를 이겼으나 천하가 화합하기 전에 죽었다. 주
성왕은 나이가 어렸고 관숙과 채숙은 섭정하는 주공 단을 의심했다.
회이淮夷도 그에 반발했다. 소공 석奭이 덕으로 왕실을 편안하게 만
들고, 동쪽 지역도 안정시켰다. 연왕 쾌噲의 양위가 화란을 야기했다.
소공 석이 행한 감당甘棠의 고사를 가상히 여겨 〈연소공세가燕召公世
家〉 제4를 지었다.

관숙과 채숙은 은나라 주의 아들인 무경武庚을 도와서 옛 은나라 땅을 안정시키고자 했다. 주공 단이 섭정하자 관숙과 채국은 주공 단을 의심하며 주나라 왕실을 받들지 않았다. 주공 단이 관숙을 죽이고, 채숙을 추방한 뒤 주성왕에게 충성을 맹서했다. 당초 주문왕의 부인 태임太任은 열두 명의 아들을 낳았다. 주나라 왕실이 강해진 이유다. 채숙의 아들 채중蔡仲이 잘못을 뉘우친 것을 가상히 여겨 〈관채세가管蔡世家〉 제5를 지었다.

성왕의 후대가 끊어지지 않았으니 순임금과 우왕이 기뻐할 일이다. 덕이 아름답고 밝으면 후손이 음덕을 입고, 100대가 지나도 제사를 받는다. 주나라 때 진陳나라 및 기杞나라가 존재했다. 훗날 초나라가 멸망시켰다. 전국시대 초기 진씨陳氏에서 비롯된 제나라의 전씨가 강씨의 제나라를 뒤엎고 보위를 차지했다. 후손이 나라를 세웠으니 순임금이 얼마나 대단한 사람인가! 〈진기세가陳杞世家〉 제6을 지은 이유다.

주무왕이 은나라 유민을 수습하기 위해 동생 강숙康叔을 위衛나라에 봉했다. 은나라의 혼란을 경계시키기 위해 《서경》 〈주고酒誥〉와 〈자재梓材〉를 지었다. 위혜공 삭朔이 태어난 뒤 위나라가 기울기 시작해 안녕치 못했다. 위영공의 부인 남자南子가 태자 괴외를 미워했다. 괴외의 아들 첩輒이 먼저 보위에 오르면서 부자간의 명분이 뒤바뀐 계기다. 전국시대에 들어와 주나라의 덕이 쇠약해지고 제후들은 막강해졌다. 위나라는 작고 약했으나 진시황이 천하를 평정한 뒤에도 존재했으니 위나라 군주 각角은 마지막에 패망했다. 〈강고康誥〉를 가상히 여겨 〈위강숙세가衛康叔世家〉 제7을 지은 이유다.

아, 기자여! 아, 기자여! 바른말을 해도 받아들여지지 않더니 마침내 노비처럼 꾸몄다. 무경이 죽자 주는 미자를 송나라에 봉했다. 송양공은 홍수泓水 전투에서 어이없이 패했다. 군자는 과연 누구를 칭송할까? 송경공은 겸손과 덕으로 화성의 위치를 바꿔 물러나게 했다. 척성剔成이 포학해 송나라가 끝내 패망했다. 미자가 태사 기자에게 질문한 일을 가상히 여겨 〈송미자세가宋微子世家〉 제8을 지었다.

주무왕 사후 아들 숙우叔虞가 당唐에 도읍했다. 군자들이 태자의 이름을 비방했는데 과연 곡옥의 무공에게 멸망당했다. 진헌공이 여희에게 빠진 탓에 5대 동안 어지러웠다. 진문공 중이는 당초 뜻을 얻지 못했으나 끝내는 패업을 이루었다. 사실상 권력을 찬탈한 여섯 명의 권신인 육경이 전횡하자 진나라는 크게 쇠약해졌다. 진문공이 천자로부터 활과 활집을 하사받은 일을 가상히 여겨 〈진세가晉世家〉 제9를 지었다.

중重과 여黎는 천문과 지리에 관한 일을 시작했고 오회吳回가 이를 이어받았다. 은나라 말기 육웅이 초나라 시조가 되면서 계보가 명확해졌다. 주나라가 웅역熊繹을 봉했고, 웅거熊渠가 그 뒤를 이었다. 초장왕은 현명한 까닭에 진陳나라를 멸망시켰다가 다시 세우고, 정백鄭伯의 간절한 애원을 받아들여 그의 죄를 용서했다. 이후 송나라를 포위했으나 송나라 권신 화원華元의 말을 듣고 이내 철군했다. 초회왕은 진나라에서 객사했고, 초회왕의 아들이자 초경양왕의 동생인 영윤 자란子蘭이 굴원을 무함했다. 초평왕은 아첨을 좋아하고 헐뜯는 말을 믿었다. 초나라가 진나라에 합병된 근본적인 이유다. 초장왕의 의로움을 가상히 여겨 〈초세가楚世家〉 제10을 지었다.

하나라 소강少康의 아들 무여無餘가 남해로 내려가 몸에 문신을 하고 머리는 짧게 자른 뒤 물에서 사는 자라 등과 함께 살았다. 봉우산

封禹山을 지키며 우왕의 제사를 받들었다. 월왕 구천은 곤욕을 치른 뒤 문종과 범리를 중용했다. 구천이 만이와 함께 살면서 덕을 닦아 마침내 강한 오나라를 멸망시키고 주나라 왕실을 떠받든 일을 가상히 여겨 〈월왕구천세가越王句踐世家〉 제11을 지었다.

정환공鄭桓公이 동쪽으로 간 것은 태사의 말을 수용한 결과다. 주나라 영역을 치고 곡식을 탈취하자 주나라 왕과 백성들로부터 비난을 샀다. 제중祭仲이 송나라의 강요로 맹약을 맺은 후 정나라는 오래도록 발전하지 못했다. 자산이 어진 정사를 행하자 후대인은 그의 현명함을 칭송했다. 삼진三晉이 침략한 결과 정나라는 한나라에 병탄되었다. 정여공이 주혜왕을 돌려보낸 일을 가상히 여겨 〈정세가鄭世家〉 제12를 지었다.

주목왕에게 기驥와 녹이騄耳 같은 명마를 바쳐 조보造父라는 이름을 드러냈다. 조숙趙夙은 진헌공을 섬겼고, 조숙의 아들 조최趙衰가 유업을 이었다. 조최는 진문공을 도와 패업을 이루었고 마침내 진나라의 원로대신이 되었다. 조양자는 지백에게 치욕을 당한 후 한나라 및 위나라와 함께 지백을 멸망시켰다. 주부主父 조무령왕은 산 채로 연금당해 참새로 연명하다가 마침내 굶어 죽었다. 조왕 천은 편협하고 음란해 훌륭한 장수를 배척했다. 조앙이 주나라의 난을 토벌한 것을 가상히 여겨 〈조세가趙世家〉 제13을 지었다.

필만畢萬이 위魏나라 땅에 봉해지자 점치는 자가 그 후손이 창성할 것을 예견했다. 필만의 자손인 위강이 진도공의 동생 양간楊幹을 모욕했다. 진도공이 위강을 보내 융적과 강화를 맺게 했다. 위문후는 의리를 사모해 공자의 제자 자하를 스승으로 모셨다. 위혜왕 즉 양혜왕이 자만에 빠지자 제나라와 진나라가 위나라를 쳤다. 위안희왕이 신릉군 위무기를 의심하자 제후들이 위나라를 가까이하지 않았다. 마침내 도성 대량이 점령당해 패망하고 말았다. 포로가 된 위왕가假는 미천한 하인으로 전락했다. 위무자魏武子가 진문공의 패업을 도운 것을 가상히 여겨 〈위세가魏世家〉 제14를 지었다.

한궐韓厥의 음덕으로 조무趙武가 조씨 일족을 부흥시켰다. 끊어진 대를 잇게 하고 폐지된 제사를 회복시키자 진晉나라 백성이 그를 추앙했다. 한소후韓昭侯가 열후 가운데 뛰어났던 이유는 신불해를 중용한 덕분이다. 한왕韓王 안安은 한비자를 의심해 믿지 않았다. 진나라의 습격을 받게 된 이유다. 한궐이 진나라를 돕고, 주나라 천자의 공부貢賦를 바로잡은 것을 가상히 여겨 〈한세가韓世家〉 제15를 지었다.

진완陳完이 난을 피해 제나라로 가 구원을 청했다. 5대에 걸쳐 은밀히 은혜를 베풀자 제나라 사람들이 그를 칭송했다. 후대에 의해 성이 전씨가 된 전성자田成子가 제나라의 정권을 잡자 그의 후손 전화田和가 마침내 제후가 되었다. 진시황 때 제왕 건이 진나라에 속아 공共 땅으로 옮겨갔다. 제위왕과 제선왕이 혼탁한 세상을 다스리고 홀로 주나라 왕실을 떠받든 것을 가상히 여겨 〈전경중완세가〉 제16을 지었다.

주나라 왕실이 쇠하자 제후들이 멋대로 행동했다. 공자는 예악이 무너지는 것을 슬퍼했다. 경술을 닦아 왕도를 밝히고자 했다. 어지러운 세상을 바로잡아 정도로 되돌리고자 한 것이다. 이를 글로 나타내고, 천하를 위해 의례와 법도를 제정하고, 육예의 큰 벼리를 후대에 전했다. 〈공자세가〉 제17을 지은 이유다.

하나라 걸과 은나라 주가 왕도를 잃자 탕왕과 주무왕이 흥기했다. 주나라 왕실이 왕도를 잃자 공자가 《춘추》를 지었다. 진나라가 정도를 상실하자 진섭陳涉이 난을 일으켰다. 이때 사방의 제후들이 덩달아 모반했다. 그 기세가 마치 바람이 일고 구름이 피어오르는 듯했다. 진나라를 패망시켰다. 천하에 군림하던 진나라를 멸망시킨 발단은 진승의 반란으로부터 비롯된 것이다. 〈진섭세가〉 제18을 지었다.

하남궁河南宮의 성고대成皐臺는 한문제의 생모인 박씨薄氏가 흥기한 곳이다. 두태후는 뜻을 굽혀 대나라로 갔다. 대왕이 한문제로 즉위하자 두씨 일족이 존귀하게 되었다. 율희는 신분의 존귀함만 믿고 자만했기에 왕씨가 기회를 엿보아 황후가 되었다. 진황후陳皇后가 너무 교만하게 굴자 한무제가 이내 진황후를 폐하고 위자부를 황후로 삼았다. 위자부의 덕을 가상히 여겨 〈외척세가外戚世家〉 제19를 지었다.

한고조 유방은 속임수로 진陳 땅에서 한신을 사로잡았다. 월나라와 초나라는 풍토가 사납고 경박했다. 한고조 유방의 동생 유교를 초왕으로 삼고 팽성에 도읍하게 했다. 회수와 사수 일대를 강화해 종실의 병풍으로 삼고자 한 것이다. 초원왕 유교의 손자인 유무는 간사함에 빠졌으나 유례는 초원왕의 유업을 회복했다. 초원왕 유교가 친형인 한고조 유방을 보필한 행적을 가상히 여겨 〈초원왕세가楚元王世家〉 제20을 지었다.

한고조 유방이 군사를 일으켰을 때 유가劉賈가 참여했다. 영포의 기습을 받고 형 땅과 오 땅을 잃었다. 영릉후 유택劉澤은 여태후를 감격시켜 낭야왕琅邪王이 되었다. 이후 제나라 왕의 사자 축오祝午의 말을 믿고 제나라로 갔다가 돌아오지 못했다. 서쪽 관중으로 들어갔다가 한문제가 즉위할 무렵 다시 연왕에 봉해졌다. 천하가 미처 안정을 찾기 전에 유가와 유택은 한고조 유방의 일족이 되어 한나라 황실을 병풍처럼 보필했다. 〈형연세가荊燕世家〉 제21을 지은 이유다.

천하가 이미 평안해졌으나 한고조 유방은 친속이 적었다. 제도혜
왕 유비가 서장자로서 동쪽 일대를 튼튼히 다스렸다. 그의 아들 제
애왕은 멋대로 행동해 여씨의 노여움을 샀다. 제애왕의 외숙인 사균
駟鈞이 흉포해 조정대신들은 제애왕이 즉위하는 것을 허락지 않았
다. 제여왕은 누이와 간통하다가 주보언에게 들켜 죽임을 당했다. 유
비가 한고조 유방의 수족 역할을 잘했기에 이를 가상히 여겨 〈제도
혜왕세가齊悼惠王世家〉 제22를 지었다.

초나라 항우의 군사가 형양에서 한고조 유방을 포위한 후 양측이
3년 동안 대치했다. 소하가 산서 일대를 잘 안정시키고 호구조사로
병사를 조달하고 양식이 끊어지지 않게 했다. 백성들에게 한나라를
사랑하고 초나라를 탐탁찮게 여기도록 만들었다. 〈소상국세가蕭相國
世家〉 제23을 지은 이유다.

조참은 한신과 함께 위魏나라를 평정하고, 조나라를 격파하고, 제
나라를 함락시킴으로써 마침내 항우의 초나라를 약하게 만들었다.
소하의 뒤를 이어 상국이 되었다. 소하의 법을 조금도 손대지 않음
으로써 백성이 편안했다. 조참이 자신의 공과 능력을 뽐내지 않은
것을 가상히 여겨 〈조상국세가曹相國世家〉 제24를 지었다.

군대의 장막 안에서 책략을 세우고[運籌帷幄] 눈에 보이지 않는 가
운데 승리를 거둔 것[制勝無形]은 장량이 계책을 낸 덕분이다. 그는 이
름이 알려지지도 않았고, 야전에서 전공을 세운 것도 아니다. 그러나
어려운 일을 쉽게 해결하고 큰일도 작은 일처럼 해냈다. 〈유후세가留
侯世家〉 제25를 지은 이유다.

진평이 낸 여섯 가지 기이한 계책이 채택되자 제후들이 모두 한나
라에 복종했다. 여씨의 난 역시 진평의 꾀로 평정되었다. 덕분에 한

나라의 종묘사직이 안정되었다. 〈진승상세가陳丞相世家〉 제26을 지은 이유다.

여씨 일족이 결탁해 한나라 황실을 약화시키고자 했다. 주발이 임기응변으로 대처해 이들을 평정한 이유다. 오초칠국의 난 때 주아부가 창읍에 주둔하며 제나라와 조나라를 곤경에 빠뜨리고, 양나라의 구원 요청을 무시한 덕분에 쉽게 평정할 수 있었다. 〈강후주발세가絳侯周勃世家〉 제27을 지은 이유다.

오초칠국의 난 때 오직 양나라만 한나라 황실을 지키는 역할을 수행했다. 양효왕이 총애를 믿고 자신의 공을 뽐내다가 화를 당할 뻔했다. 오초칠국의 난을 막은 공을 가상히 여겨 〈양효왕세가梁孝王世家〉 제28을 지었다.

한경제의 아들 열세 명의 생모는 모두 다섯 명으로 이른바 오종五宗으로 불리었는데 이 모두 왕이 되었다. 이를 계기로 친속들이 크게 화합했고, 대소 제후가 모두 번병藩屛이 되어 마땅한 자리를 얻었다. 덕분에 천자를 흉내 내는 식의 분수에 벗어나는 일이 점차 사라졌다. 〈오종세가五宗世家〉 제29를 지은 이유다.

금상인 한무제의 세 아들이 즉위했다. 이들을 책봉한 책문冊文이 볼 만하다. 〈삼왕세가〉 제30을 지은 이유다.

●● 太伯避歷, 江蠻是適, 文武攸興, 古公王跡. 闔廬弒僚, 賓服荊楚, 夫差克齊, 子胥鴟夷, 信嚭親越, 吳國旣滅. 嘉伯之讓, 作吳世家第一. 申‧呂肖矣, 尙父側微, 卒歸西伯, 文武是師, 功冠群公, 繆權于幽, 番番黃, 爰饗營丘. 不背柯盟, 桓公以昌, 九合諸侯, 霸功顯彰. 田闞爭寵, 薑姓解亡. 嘉父之謀, 作齊太公世家第二. 依之違之, 周公綏之, 憤發文德, 天下和之, 輔翼成王, 諸侯宗周. 隱桓之際, 是獨何哉? 三桓爭, 魯

乃不昌. 嘉旦金縢, 作周公世家第三. 武王克紂, 天下未協而崩. 成王
旣幼, 管蔡疑之, 淮夷叛之, 於是召公率德, 安集王室, 以寧東土. 燕易
噲之禪, 乃成禍亂. 嘉甘棠之詩, 作燕世家第四. 管蔡相武庚, 將寧舊
商, 及旦攝政, 二叔不饗, 殺鮮放度, 周公爲盟, 大任十子, 周以宗彊. 嘉
仲悔過, 作管蔡世家第五. 王後不絶, 舜禹是說, 維德休明, 苗裔蒙烈.
百世享祀, 爰周陳杞, 楚實滅之. 齊田旣起, 舜何人哉? 作陳杞世家第
六. 收殷餘民, 叔封始邑, 申以商亂, 酒材是告, 及朔之生, 衛頃不寧, 南
子惡蒯聵, 子父易名. 周德卑微, 戰國旣, 衛以小弱, 角獨後亡. 喜彼康
誥, 作衛世家第七. 嗟箕子乎! 嗟箕子乎! 正言不用, 乃反爲奴. 武庚
旣死, 周封微子. 襄公傷於泓, 君子孰稱. 景公謙德, 熒惑退行. 剔成暴
虐, 宋乃滅亡. 喜微子問太師, 作宋世家第八. 武王旣崩, 叔虞邑唐. 君
子譏名, 卒滅武公. 驪姬之愛, 亂者五世, 重耳不得意, 乃能成霸. 六卿
專權, 晉國以耗. 嘉文公錫珪, 作晉世家第九. 重黎業之, 吳回接之, 殷
之季世, 粥子牒之. 周用熊繹, 熊渠是續. 莊王之賢, 乃復國陳, 旣赦鄭
伯, 班師華元. 懷王客死, 蘭咎屈原, 好諛信讒, 楚幷於秦. 嘉莊王之義,
作楚世家第十. 少康之子, 實賓南海, 文身斷, 黿鱓與處, 旣守封禺, 奉
禹之祀. 句踐困彼, 乃用種蠡. 嘉句踐夷蠻能脩其德, 滅彊吳以尊周室,
作越王句踐世家第十一. 桓公之東, 太史是庸. 及侵周禾, 王人是議. 祭
仲要盟, 鄭久不昌. 子産之仁, 紹世稱賢. 三晉侵伐, 鄭納於韓. 嘉厲公
納惠王, 作鄭世家第十二. 維驥騄耳, 乃章造父. 趙夙事獻, 衰續厥緒.
佐文尊王, 卒爲晉輔. 襄子困辱, 乃禽智伯. 主父生縛, 餓死探爵. 王遷
淫, 良將是斥. 嘉鞅討周亂, 作趙世家第十三. 畢萬爵魏, 卜人知之. 及
絳戮幹, 戎翟和之. 文侯慕義, 子夏師之. 惠王自矜, 齊秦攻之. 旣疑信
陵, 諸侯罷之. 卒亡大梁, 王假廁之. 嘉武佐晉文申霸道, 作魏世家第

十四. 韓厥陰德, 趙武攸興. 紹絕立廢, 晉人宗之. 昭侯顯列, 申子庸之. 疑非不信, 秦人襲之. 嘉厥輔晉匡周天子之賦, 作韓世家第十五. 完子避難, 適齊爲援, 陰施五世, 齊人歌之. 成子得政, 田和爲侯. 王建動心, 乃遷于共. 嘉威·宣能撥濁世而獨宗周, 作田敬仲完世家第十六. 周室既衰, 諸侯恣行. 仲尼悼禮廢樂崩, 追脩經術, 以達王道, 匡亂世反之於正, 見其文辭, 爲天下制儀法, 垂六蓺之統紀於後世. 作孔子世家第十七. 桀·紂失其道而湯·武作, 周失其道而春秋作. 秦失其政, 而陳涉發跡, 諸侯作難, 風起云蒸, 卒亡秦族. 天下之端, 自涉發難. 作陳涉世家第十八. 成皋之, 薄氏始基. 詘意適代, 厥崇諸竇. 栗姬偩貴, 王氏乃遂. 陳太驕, 卒尊子夫. 嘉夫德若斯, 作外戚世家十九. 漢既譎謀, 禽信於陳, 越荊剽輕, 乃封弟交爲楚王, 爰都彭城, 以彊淮泗, 爲漢宗藩. 戊溺於邪, 禮復紹之. 嘉遊輔祖, 作楚元王世家二十. 維祖師旅, 劉賈是與, 爲布所襲, 喪其荊·吳. 營陵激呂, 乃王琅邪, 怵午信齊, 往而不歸, 遂西入關, 遭立孝文, 獲復王燕. 天下未集, 賈·澤以族, 爲漢藩輔. 作荊燕世家第二十一. 天下已平, 親屬既寡, 悼惠先壯, 實鎮東土. 哀王擅興, 發怒諸呂, 駟鈞暴戾, 京師弗許. 厲之內淫, 禍成主父. 嘉肥股肱, 作齊悼惠王世家第二十二. 楚人圍我滎陽, 相守三年, 蕭何塡撫山西, 推計踵兵, 給糧食不絕, 使百姓愛漢, 不樂爲楚. 作蕭相國世家第二十三. 與信定魏, 破趙拔齊, 遂弱楚人. 續何相國, 不變不革, 黎庶攸寧. 嘉參不伐功矜能, 作曹相國世家第二十四. 運籌帷幄之中, 制勝於無形, 子房計謀其事, 無知名, 無勇功, 圖難於易, 爲大於細. 作留侯世家第二十五. 六奇既用, 諸侯賓從於漢, 呂氏之事, 平爲本謀, 終安宗廟, 定社稷. 作陳丞相世家第二十六. 諸呂爲從, 謀弱京師, 而勃反經合於權, 吳楚之兵, 亞夫駐於昌邑, 以戹齊趙而出委以梁. 作絳侯世家第二十七. 七國叛逆, 蕃屛京師, 唯梁爲扞, 偵愛矜功, 幾獲于禍. 嘉其能距吳楚, 作梁孝王世家第二十八. 五宗既王, 親屬洽和, 諸侯大小爲藩, 爰得其宜, 僭擬之事稍衰貶矣. 作五宗世家第二十九. 三子之王, 文辭可觀. 作三王世家第三十.

말세에는 모두 이익을 다툰다. 그러나 오직 백이와 숙제만은 의리를 추구하며 서로 나라를 양보하다가 수양산에 들어가 굶어 죽었다. 천하가 이들을 칭송했다. 〈백이열전伯夷列傳〉 제1을 지은 이유다.

안자晏子는 검소하고 관중은 사치스러웠다. 제환공은 패업을 이루었고, 제경공은 나라를 잘 다스렸다. 〈관안열전管晏列傳〉 제2를 지은 이유다.

노자는 무위로 자연스럽게 교화하고자 했다. 맑고 깨끗하게 스스로를 바르게 할 것을 주장한 이유다.《도덕경》을 최초로 주석한 한비자는 법가 사상을 집대성하면서 사물과 시세의 이치를 따를 것을 내세웠다. 〈노자한비열전老子韓非列傳〉 제3을 지은 이유다.

옛날부터 제왕은《사마법》의 이치를 알고 있었다. 제나라의 사마양저가 이를 부연해 설명했다. 〈사마양저열전司馬穰苴列傳〉 제4를 지은 이유다.

믿음이 있고 청렴하고[信廉], 어질고 용감하지[仁勇] 않으면 병법이나 검술을 논할 수 없다. 도와 부합해야 안으로 몸을 다스리고 밖으로 임기응변할 수 있다. 군자가 덕을 기르는 것도 이 때문이다. 〈손자오기열전孫子吳起列傳〉 제5를 지은 이유다.

초나라 태자 건이 무함을 당하자 그 화가 마침내 사부인 오사에게 미쳤고, 아들 오상은 부친을 구하려다 붙잡혔다. 오사의 아들 오자서

는 오나라로 망명한 뒤 복수했다. 〈오자서열전伍子胥列傳〉 제6을 지은
이유다.

공자가 문덕을 강론하자 제자들이 사방으로 퍼져 이를 전했다. 모
두 스승이 되어 사람들에게 인을 숭상하며 의를 행하도록 권했다.
〈중니제자열전〉 제7을 지은 이유다.

상앙은 위衞나라 출신으로 진나라로 건너간 뒤 법술을 밝혀 진효
공을 패자로 만들었다. 진효공의 뒤를 이은 진나라 군주 모두 그의
변법을 좇았다. 〈상군열전商君列傳〉 제8을 지은 이유다.

천하는 진나라가 연횡을 배경으로 끝없이 탐욕을 부릴까 걱정했
다. 소진이 마침내 산동 육국을 존치시키면서 합종을 성사시켜 탐
욕스러운 강국 진나라를 억제했다. 〈소진열전蘇秦列傳〉 제9를 지은
이유다.

산동 육국이 합종했으나 장의가 유세를 통해 제후들을 흩어놓았
다. 〈장의열전張儀列傳〉 제10을 지은 이유다.

진나라가 산동 육국을 치고 제후의 우두머리가 될 수 있었던 것은
저리자와 감무의 뛰어난 계책이 있었기 때문이다. 〈저리자감무열전
樗里子甘茂列傳〉 제11을 지은 이유다.

황하와 화산을 배경으로 위나라 도성 대량을 포위해 제후들이 손
을 모으고 진나라를 섬기도록 만든 것은 위염의 공이다. 〈양후열전穰
侯列傳〉 제12를 지은 이유다.

진나라가 남으로 초나라의 언鄢과 영郢을 치고, 북쪽으로 조나라
를 장평에서 대파하고, 여세를 몰아 조나라 도성 한단을 포위한 것
은 무안군 백기의 공이다. 초나라를 대파하고 조나라를 멸망시킨
것은 왕전의 계책 덕분이다. 〈백기왕전열전白起王翦列傳〉 제13을 지

은 이유다.

맹자는 유가와 묵가가 유문遺文을 섭렵하고 예의의 기강을 밝혔다. 위혜왕이 이익만을 좇는 단서를 끊었다. 순자는 과거의 사례를 들어 흥망성쇠의 이치를 밝혔다. 〈맹자순경열전孟子荀卿列傳〉 제14를 지은 이유다.

맹상군이 식객과 선비를 좋아하자 천하의 많은 선비가 설 땅으로 모여들었다. 제나라를 위해 초나라와 위나라의 침공을 막았다. 〈맹상군열전孟嘗君列傳〉 제15를 지은 이유다.

조나라의 평원군은 풍정馮亭과 권모를 다투고, 초나라로 가 구원병을 얻어 한단의 포위를 풀었다. 덕분에 조나라 군주가 보위를 유지할 수 있었다. 〈평원군우경열전平原君虞卿列傳〉 제16을 지은 이유다.

부귀한 몸으로 빈천한 선비에게 몸을 낮추고, 현능한데도 불초한 자에게 몸을 숙일 수 있는 사람은 오로지 신릉군뿐이다. 〈위공자열전魏公子列傳〉 제17을 지은 이유다.

군주를 위해 몸을 바쳐 강한 진나라로부터 초고열왕을 탈출시키고, 순자를 비롯해 유세하는 선비들을 남쪽 초나라로 오게 만든 것은 황헐의 의리 덕분이다. 〈춘신군열전春申君列傳〉 제18을 지은 이유다.

범수는 위나라 재상 위제魏齊에게 당한 치욕을 참아내고, 강한 진나라에서 신임을 받아 위세를 떨쳤다. 유능한 자에게 자리를 양보한 사람으로 범수와 채택을 꼽을 수 있다. 〈범수채택열전范睢蔡澤列傳〉 제19를 지은 이유다.

장수가 되어 자신의 계책을 실행하고, 5국의 군사를 연합해 약한 연나라를 위해 강력한 제나라에 원수를 갚았다. 덕분에 연왕 쾌가 횡사한 치욕을 씻을 수 있었다. 〈악의열전樂毅列傳〉 제20을 지은 이유다.

인상여는 강한 진나라에 맞서 자신의 의지를 드러냈다. 장군 염파에게 몸을 낮추어 화합함으로써 군주를 보필했다. 제후들이 모두 그를 존중했다. 〈염파인상여열전廉頗藺相如列傳〉 제21을 지은 이유다.

제민왕은 임치를 잃고 거읍莒邑으로 달아났다가 횡사했다. 오직 전단田單만이 즉묵을 굳게 지키며 연나라 장수 기겁을 물리치고 제나라 사직을 지켰다. 〈전단열전田單列傳〉 제22를 지은 이유다.

교묘한 말로 진나라에 포위된 성을 구하고, 자리와 녹봉을 가볍게 여기고, 자신의 뜻을 마음껏 펼치는 것을 즐거움으로 삼았다. 〈노중련추양열전魯仲連鄒陽列傳〉 제23을 지은 이유다.

글로 풍자해 간하고, 비유를 들어 의를 논했다. 덕분에 〈이소〉가 나왔다. 〈굴원가생열전屈原賈生列傳〉 제24를 지은 이유다.

자초子楚와 친분을 맺어 이후 승상이 되고, 제후들에게 다투어 진나라를 섬기게 만들었다. 〈여불위열전呂不韋列傳〉 제25를 지은 이유다.

조말曹沫의 비수 덕분에 노나라는 잃었던 땅을 되찾았고 제나라는 신의를 지켰다. 예양은 의를 지켜 두 마음을 품지 않았다. 〈자객열전刺客列傳〉 제26을 지은 이유다.

명확한 계책을 수립하고, 때를 가려 진시황을 격려해 천하를 통일토록 했다. 이사의 공이 으뜸이다. 〈이사열전李斯列傳〉 제27을 지은 이유다.

진나라를 위해 영토를 개척하고 인구를 늘렸다. 북방 흉노를 쳐부수고 황하를 거점으로 삼아 요새를 구축했다. 또 산을 의지해 더욱 견고한 방어를 구축하기 위해 유중현楡中縣을 건설했다. 〈몽념열전蒙恬列傳〉 제28을 지은 이유다.

조나라를 지키고 상산을 확보해 하내에 세력을 확장하고, 항우의 초나라를 약화시켜 한고조 유방의 신의를 천하에 드러냈다. 〈장이진여열전張耳陳餘列傳〉 제29를 지은 이유다.

위표는 서하와 상당의 군사를 수습하고, 유방을 쫓아 항우를 공격해 팽성에 이르렀다. 팽월은 양나라를 치고, 유격전으로 항우를 괴롭혔다. 〈위표팽월열전魏豹彭越列傳〉 제30을 지은 이유다.

경포가 회남 땅에서 항우의 초나라를 배반하고 유방의 한나라에 귀의했다. 한나라가 그를 이용해 주은을 얻고, 마침내 해하에서 항우를 물리쳤다. 〈경포열전〉 제31을 지은 이유다.

초나라가 경京과 삭索 사이에서 한나라를 압박할 때 한신은 위나라와 조나라를 공략하고 연나라와 제나라를 평정했다. 덕분에 한고조 유방은 천하의 3분의 2를 차지하고 마침내 항우를 멸망시킬 수 있었다. 〈회음후열전淮陰侯列傳〉 제32를 지은 이유다.

항우와 유방이 공과 낙양 사이에서 대치하고 있을 때 회음후 한신과 동명이인인 한왕韓王 한신은 유방을 위해 영천을 평정했다. 유방의 죽마고우 노관은 항우의 군량 보급선을 끊었다. 〈한신노관열전韓信盧綰列傳〉 제33을 지은 이유다.

제후들이 항우에 반기를 들 당시 오직 제왕 전담만이 성양에서 항우의 발을 묶고 있었다. 덕분에 유방이 초나라 도성인 팽성을 함락시킬 수 있었다. 〈전담열전田儋列傳〉 제34를 지은 이유다.

성을 공략하고 야전에서 공을 세운 뒤 돌아와서 전공을 보고하는 것으로는 번쾌와 역상이 으뜸이었다. 이들은 채찍을 들고 병마를 지휘한 공이 있고, 나아가 유방과 더불어 난관에서 벗어나는 공도 세웠다. 〈번역열전樊酈列傳〉* 제35를 지은 이유다.

한나라가 초기에 안정을 이루었으나 문치文治의 이치는 아직 밝지 못했다. 장창이 계책을 맡아 도량형을 정비하고 율력을 개편했다. 〈장승상열전〉 제36을 지은 이유다.

사자가 되어 유세로 제후들과 관계를 맺었다. 제후들이 모두 그와 친해진 덕분에 한나라로 귀순해 번병이나 보신輔臣이 되었다. 〈역생육가열전酈生陸賈列傳〉 제37을 지은 이유다.

한나라와 초나라 사이의 일을 상세히 알고 있는 자로 주설이 있다. 늘 한고조 유방을 따라다니면서 제후들을 평정한 결과다. 〈부근괴성열전〉 제38을 지은 이유다.

강한 호족을 이주시키고, 관중에 도읍을 정하고, 흉노와 화친할 것을 건의했다. 조정의 예를 밝히고 종묘의 의례와 법을 차례로 정리했다. 〈유경숙손통열전劉敬叔孫通列傳〉 제39를 지은 이유다.

계포는 강직한 성격을 억누르고 부드럽게 변신해 마침내 한나라의 신하가 되었다. 난공欒公은 한고조 유방이 위세로 위협했음에도 굴하지 않고 팽월을 변호했다. 〈계포난포열전〉 제40을 지은 이유다.

군주의 싫어하는 안색을 범하면서도 자신의 주장을 굽히지 않았고, 몸을 돌보지 않은 채 나라를 위해 장구한 계책을 세웠다. 〈원앙조조열전〉 제41을 지은 이유다.

법을 지키고 대의를 잃지 않았다. 옛 현인을 말함으로써 군주의 현명을 더했다. 〈장석지풍당열전〉 제42를 지은 이유다.

돈후하고 자애롭고 효성스러웠다. 말은 어눌했지만 행동은 민첩했다. 몸을 굽혀 남을 존중할 줄 아는 군자와 장자의 면모를 갖추었

• 〈태사공자서〉의 〈번역열전〉이 열전에는 등공과 관영의 사적이 덧붙은 〈번역등관열전樊酈滕灌列傳〉으로 되어 있다. 문맥상 등관의 명칭이 생략된 것으로 보인다.

다. 〈만석장숙열전〉 제43을 지은 이유다.

절개를 지키며 강직했고, 의로운 기상은 청렴을 말하기에 충분했다. 행실 또한 세상의 현자들을 격려하기에 충분했다. 무거운 자리에 있으면서도 결코 청탁을 받아들이지 않았다. 〈전숙열전〉 제44를 지은 이유다.

편작은 의술을 말함으로써 의술을 행하는 자들이 받드는 사람이 되었다. 의술은 매우 정교하고 확실해 후대인이 그의 치료법을 따르며 감히 바꾸지 못했다. 창공은 편작에 가까운 명의였다. 〈편작창공열전〉 제45를 지은 이유다.

한고조 유방의 형 유중의 아들 유비劉濞가 오왕이 되었다. 한나라가 처음 천하를 안정시켰을 때 유중의 아들 유비가 장강과 회수 사이를 잘 다독여 안정시켰다. 〈오왕비열전〉 제46을 지은 이유다.

오초칠국의 난 때 종친 가운데 위기후 두영만이 현명했고 선비를 좋아했다. 선비들도 그를 따랐다. 군사를 이끌고 산동의 형양에서 오초칠국의 반란군과 맞섰다. 〈위기무안후열전〉 제47을 지은 이유다.

지혜는 세상의 변화에 대응하기에 족하고, 너그러움은 사람을 얻기에 충분했다. 〈한장유열전〉 제48을 지은 이유다.

용감하게 적과 싸우는 동시에 사병을 인자하게 대하며 정이 많았다. 호령이 번거롭지 않아 장병 모두가 그를 따랐다. 〈이장군열전〉 제49를 지은 이유다.

하·은·주 삼대 이래 흉노는 늘 중국의 우환이었다. 강약의 시기를 알아낸 뒤 군비를 갖추어 정벌하고자 했다. 〈흉노열전〉 제50을 지은 이유다.

구불구불한 요새를 곧게 하고, 하남 땅을 넓히고, 기련산에서 적을 격파하고, 서역으로 통하는 길을 개척했다. 북쪽의 흉노를 물리쳤기에 가능했다. 〈위장군표기열전〉 제51을 지은 이유다.

대신과 종친들이 다투어 사치를 일삼았으나 공손홍만은 의복과 음식을 절약해 문무백관의 모범이 되었다. 〈평진후주보열전〉 제52를 지은 이유다.

한나라가 중국을 평정할 때 조타는 양월을 안정시키고 속국을 보호해 한나라에 공물을 바치게 했다. 〈남월열전〉 제53을 지은 이유다.

오나라가 주동이 되어 오초칠국의 난을 일으키자 동구 사람들이 오왕 유비를 죽이고 봉우산을 지켜내 결국 한나라의 신하가 되었다. 〈동월열전〉 제54를 지은 이유다.

연나라 태자 단丹의 군사가 요동으로 흩어졌을 때 위만이 망명자들을 거두어 해동海東에 모았다. 진번眞蕃을 안정시킨 뒤 변경을 지키는 외신이 되었다. 〈조선열전〉 제55를 지은 이유다.

당몽이 사자로 나가 야랑과 통했다. 공과 작의 군장들이 한나라의 내신이 되기 위해 한나라가 보낸 관원을 받아들였다. 〈서남이열전〉 제56을 지은 이유다.

〈자허부〉와 〈대인부〉는 말이 지나치게 화려하고 과장된 곳이 많다. 그러나 기본취지만큼은 풍간을 통해 무위로 돌아가는 것이다. 〈사마상여열전〉 제57을 지은 이유다.

영포가 반기를 들자 한고조의 아들 유장이 대신 군주가 되어 장강과 회수 남쪽을 다스렸다. 후사인 유안도 초나라 백성을 잘 제어했다. 〈회남형산열전〉 제58을 지은 이유다.

법을 받들고 이치를 좇아 일을 처리하는 관원은 공과 능력을 떠벌리지 않는다. 백성도 그를 칭송하는 일이 없지만 아예 그릇된 행동을 하지도 않는다. 〈순리열전〉 제59를 지은 이유다.

　의관을 단정히 하고 조정에 서면 신하들이 감히 허튼소리를 하지 못했다. 급암이 바로 그러했다. 인재를 즐겨 천거한 덕분에 장자로 불리었으니 정당시에게는 그런 기개가 있었다. 〈급정열전〉 제60을 지은 이유다.

　공자 사후 경사京師에서 학교교육을 중시하는 사람이 없었다. 다만 건원과 원수 연간에 학교교육이 빛났다. 〈유림열전〉 제61을 지은 이유다.

　백성이 근본을 저버린 채 재주를 부리고, 간교한 짓을 일삼아 법률을 우롱했다[姦軌弄法]. 선한 사람은 이들을 교화할 수 없었다. 오직 모든 것을 엄격한 형벌로 다스림으로써 바로잡을 수 있었다. 〈혹리열전〉 제62를 지은 이유다.

　한나라가 사자를 대하로 보내 길을 열자 서역의 이민족 모두 목을 안쪽으로 향한 채 중원을 보고 싶어 했다. 〈대원열전〉 제63을 지은 이유다.

　곤경에 처한 사람을 구하고 빈곤한 사람을 구제하니 어진 사람이 아닌가? 믿음을 잃지 않고 약속을 저버리지 않으니 의리 있는 자로부터 취할 바가 있다. 〈유협열전〉 제64를 지은 이유다.

　군주를 섬기며 군주의 이목을 기쁘게 하고, 얼굴빛을 펴게 해 친근한 정을 얻는 것은 그들이 미색으로 사랑을 받을 뿐 아니라 나름대로 재능에도 뛰어났기 때문이다. 〈영행열전〉 제65를 지은 이유다.

　세속에 흐르지도 않고, 권력과 이익을 다투지도 않고, 상하 사이에 막힘이 없고, 사람들 역시 해롭게 여기지 않는다. 덕분에 골계가 널리 받아들여졌다. 〈골계열전〉 제66을 지은 이유다.

제나라·초나라·진나라·조나라의 점복가들은 풍속에 따라 점을 치는 방법도 달랐다. 그 대체적인 요지를 두루 살펴보기 위해 〈일자열전〉 제67을 지었다

하·은·주 삼대의 거북점도 서로 달랐다. 사방 이민족도 각기 다른 방법으로 점을 쳤다. 그러나 길흉을 판단하고자 한 목적은 모두 같다. 그 요지를 대략 살피기 위해 〈귀책열전〉 제68을 지었다.

벼슬이 없는 필부 신분으로 정치를 해치지도 않고, 백성에게 방해되지도 않고, 때맞추어 재화를 교역해 재산을 늘린 사람이 있다. 지혜로운 자도 이들로부터 배울 것이 많다. 〈화식열전〉 제69를 지은 이유다.

●● 末世爭利, 維彼奔義, 讓國餓死, 天下稱之. 作伯夷列傳第一. 晏子儉矣, 夷吾則奢, 齊桓以霸, 景公以治. 作管晏列傳第二. 李耳無爲自化, 淸淨自正, 韓非揣事情, 循理. 作老子韓非列傳第三. 自古王者而有司馬法, 穰苴能申明之. 作司馬穰苴列傳第四. 非信廉仁勇不能傳兵論劍, 與道同符, 內可以治身, 外可以應變, 君子比德焉. 作孫子吳起列傳第五. 維建遇讒, 爰及子奢, 尙旣匡父, 伍員奔吳. 作伍子胥列傳第六. 孔氏述文, 弟子興業, 咸爲師傅, 崇仁厲義. 作仲尼弟子列傳第七. 鞅去衛適秦, 能明其術, 霸孝公, 後世遵其法. 作商君列傳第八. 天下患衡秦毋饜, 而蘇子能存諸侯, 約從以抑貪. 作蘇秦列傳第九. 六國旣從親, 而張儀能明其說, 復散解諸侯. 作張儀列傳第十. 秦所以東攘雄諸侯, 樗里·甘茂之策. 作樗里甘茂列傳第十一. 苞河山, 圍大梁, 使諸侯斂手而事秦者, 魏冉之功. 作穰侯列傳第十二. 南拔鄢郢, 北摧長平, 遂圍邯鄲, 武安爲率, 破荊滅趙, 王翦之計. 作白起王翦列傳第十三. 獵儒墨之遺文, 明禮義之統紀, 絶惠王利端, 列往世興衰. 作孟子荀卿列傳第十四. 好客喜士, 士歸于薛, 爲齊扞楚魏. 作孟嘗君列傳第十五. 爭馮亭以權, 如楚以救邯鄲之圍, 使其君復稱於諸侯. 作平原君虞卿列傳第十六. 能以富貴下貧賤, 賢能詘於不肖, 唯信陵君爲能行之. 作魏公子列傳第十七. 以身徇君, 遂脱彊秦, 使馳說之士南郷走楚者, 黃歇之義. 作春申君列傳第十八. 能忍詢於魏齊, 而信威於彊秦, 推賢讓位, 二子有之. 作睢蔡澤列傳第十九. 率行其謀, 連五國兵, 爲弱燕報彊齊之讎, 雪其先君之恥. 作樂毅列傳第二十. 能信意彊秦, 而屈體廉子, 用徇其君, 俱重於諸侯. 作廉頗藺相如列傳第二十一. 王既失臨淄而奔莒, 唯田單用卽墨破走騎劫, 遂存齊社稷. 作田單列傳第二十二. 能設詭說解患於圍城, 輕爵祿, 樂肆志. 作魯仲連鄒陽列傳第二十三. 作辭以諷諫, 連類以爭義, 離騷有之. 作屈原賈生列傳第二十四. 結子楚親, 使諸侯之士斐然爭入事秦. 作呂不韋列傳第二十五. 曹子匕首, 魯獲其田, 齊明其信, 豫讓義不爲二心. 作刺客列傳第二十六. 能明其畫, 因時推秦, 遂得意於海內, 斯爲謀首. 作李斯列傳第二十七. 爲秦開地益衆, 北靡匈奴, 據河爲塞, 因山爲固, 建楡中. 作蒙恬列傳第二十八. 塡趙塞常山以廣河內, 弱楚權, 明漢王之信於天下. 作張耳陳餘列傳第二十九. 收西河·上黨之兵, 從至彭城, 越之侵掠梁地以苦項羽. 作魏豹彭越列傳第三十. 以淮南叛楚歸漢, 漢用得大司馬殷, 卒破子羽于垓下. 作黥布列傳第三十一. 楚人迫我京索, 而信拔魏趙, 定燕齊, 使漢三分天下有其二, 以滅項籍. 作淮陰侯列傳第三十二. 楚漢相距鞏洛, 而韓信爲塡潁川, 盧綰絶籍糧餉. 作韓信盧綰列傳第三十三. 諸侯畔項王, 唯齊連子羽城陽, 漢得以閒遂入彭城. 作田儋列傳第三十四. 攻城野戰, 獲功歸報, 噲·商有力焉, 非獨鞭策, 又與之脱難. 作樊酈列傳第三十五. 漢既初定, 文理未明, 蒼爲主計, 整齊度量, 序律. 作張丞相列傳第三十六. 結言通使, 約懷諸侯, 諸侯咸親, 歸漢爲藩輔. 作酈生陸賈列傳第三十七. 欲詳知秦楚之事, 維周緤常從高祖, 平定諸侯. 作傳靳歙成列傳三十八. 徙彊族, 都關中, 和約匈奴, 明朝廷禮, 次宗廟儀法. 作劉敬叔孫通列傳第三十九. 能摧剛作柔, 卒爲列臣, 欒公不劫於而倍死. 作季布欒布列傳第四十. 敢犯顔色以達主義, 不顧其身, 爲國家樹長畫. 作袁盎朝錯列傳第四十一. 守法不失大理, 言古賢人, 增主之明. 作張釋之馮唐列傳第四十二. 敦厚慈孝, 訥於言, 敏於行, 務在鞠躬, 君子長者. 作萬石張叔列傳第四十三. 守節切直, 義足以言廉, 行足以厲賢, 任重權不可以非理撓. 作田叔列傳第四十四. 扁鵲言醫, 爲方者宗, 守數精明, 後世修循序, 弗能易也, 而倉公可謂近之矣. 作扁鵲倉公列傳第四十五. 維仲之省, 厥濞王吳, 遭漢初定, 以塡撫江淮之. 作吳王濞列傳第四十六. 吳楚爲亂, 宗屬唯嬰賢而喜士, 士鄉之, 率師抗山東滎陽. 作魏其武安列傳第四十七. 智足以應近世之變, 寬足用得人. 作韓長孺列傳第四十八. 勇於當敵, 仁愛士卒, 號令不煩, 師徒鄉之. 作李將軍列傳第四十九. 自三代以來, 匈奴常爲中國患害, 欲知彊之時, 設備征討, 作匈奴列傳第五十. 直曲塞, 廣河南, 破祁連, 通西國, 靡北胡. 作衛將軍驃騎列傳第五十一. 大臣宗室以侈靡相高, 唯弘用節衣食爲百吏先. 作平津侯列傳第五十二. 漢旣平中國, 而佗能集楊越以保南藩, 納貢職. 作南越列傳第五十三. 吳之叛逆, 甌人斬濞, 葆守封禺爲臣. 作東越列傳第五十四. 燕丹散亂遼, 滿收其亡民, 厥聚海東, 以集眞藩, 葆塞爲外臣. 作朝鮮列傳第五十五. 唐蒙使略通夜郎, 而邛笮之君請爲內臣受吏. 作西南夷列傳第五十六. 子虛之事, 大人賦說, 靡麗多, 然其指風諫, 歸於無爲, 作司馬相如列傳第五十七. 黥布叛逆, 子長國之, 以塡江淮之南, 安剽楚庶民. 作淮南衡山列傳第五十八. 奉法循理之吏, 不

伐功矜能, 百姓無稱, 亦無過行. 作循吏列傳第五十九. 正衣冠立於朝
廷, 而群臣莫敢言浮說, 長孺矜焉, 好薦人, 稱長者, 壯有溉. 作汲鄭列
傳第六十. 自孔子卒, 京師莫崇庠序, 唯建元元狩之, 文辭粲如也. 作儒
林列傳第六十一. 民倍本多巧, 姦軌弄法, 善人不能化, 唯一切嚴削爲
能齊之. 作酷吏列傳第六十二. 漢旣通使大夏, 而西極遠蠻, 引領内鄉,
欲觀中國. 作大宛列傳第六十三. 救人於緦振人不贍, 仁者有乎, 不旣
信, 不倍言, 義者有取焉. 作遊俠列傳第六十四. 夫事人君能說主耳目,
和主顔色, 而獲親近, 非獨色愛, 能亦各有所長. 作佞幸列傳第六十五.
不流世俗, 不爭利, 上下無所凝滯, 人莫之害, 以道之用. 作滑稽列傳第
六十六. 齊·楚·秦·趙爲日者, 各有俗所用. 欲循觀其大旨, 作日者列
傳第六十七. 三王不同龜, 四夷各異卜, 然各以決吉凶. 略其要, 作龜策
列傳第六十八. 布衣匹夫之人, 不害於政, 不妨百姓, 取與以時而息財
富, 智者有采焉. 作貨殖列傳第六十九.

　　우리 한나라는 오제의 뒤를 잇고, 삼대三代의 위업을 이었다. 주나
라의 도가 사라지자 진나라는 고문古文을 없애고, 《시경》과 《서경》
등의 유가경전을 불태웠다. 명당과 석실, 금궤 등에 소장된 귀중한
서적이 흩어진 이유다. 한나라가 흥기할 때 소하가 율령을 정비하고,
한신이 군법을 밝히고, 장창이 역법과 도량형에 관한 장정章程을 만
들고, 숙손통이 예의를 정했다. 인품과 학식을 겸비한 학자들이 점
차 빛을 발해 등용되었다. 《시경》과 《서경》도 이곳저곳에서 발견되
었다. 조참이 갑공蓋公을 천거한 이후 황제黃帝와 노자의 도가 언급되
고, 가의와 조조는 신불해와 상앙의 법술을 밝혔다. 공손홍은 유학에
뛰어났다. 한나라 초기 100년 동안 천하에 남아 있던 서적과 고사古事

가운데 태사공에게 수집되지 않은 것이 없었다. 태사공의 관직을 부자가 이어서 맡게 된 이유다. 태사공 사마천은 말한다.

"아아! 나의 선조가 일찍이 이 일을 떠맡은 이래 이미 요순 때 이름이 났다. 주나라 때 또다시 그 직무를 수행하게 되었다. 사마씨는 대대로 천관天官을 맡아왔고, 그것이 나에게까지 이르렀다! 깊이 새기고, 새겨둘 일이다!"

천하에 이리저리 흩어진 구문舊聞을 망라하고, 왕업이 일어난 시말을 살피고, 흥망의 배경을 관찰하고, 역사적 사실에 입각해 논하고 고찰했다. 대략 삼대를 추정해 기술하고, 진한의 역사적 사실을 기록하되 위로는 황제로부터 아래로는 지금에 이르기까지 전 기간을 〈십이본기十二本紀〉로 나누어 기록했다. 모두 조목별로 나누어 설명해놓았다. 사적에는 시대가 같은 것도 있고 다른 것도 있다. 연대의 차이가 분명하지 않은 까닭에 〈십표十表〉를 만들었다. 또 예악의 증감, 역법의 개정·병권·산천·귀신·천인·시변 등에 대해서는 폐해지는 것을 살피고 변화에 적응해나가는 내용을 중심으로 〈팔서八書〉를 만들었다. 하늘의 이십팔수는 북극성을 중심으로 돌고, 서른 개의 바퀴살은 하나의 바퀴통을 향해 끝없이 돈다. 고굉지신股肱之臣을 이에 비유했다. 충신의 도리로 군주를 받드는 모습을 중심으로 〈삼십세가三十世家〉를 지은 이유다. 의롭게 행동하며 재능이 뛰어나 때를 놓치지 않고 천하에 공명을 세운 자들에 대해서는 이들의 사적을 중심으로 〈칠십열전七十列傳〉을 지었다. 모두 합쳐 130편, 52만 6,500자다. 이를 《태사공서太史公書》라고 한다.

서문에 해당하는 개략적인 내용은 〈태사공자서〉로 요약했다. 흩어진 것을 모으고 육경을 보충해 나름대로 일가의 말을 이루고자 한 것이다. 육경에 관한 서로 다른 견해를 모아 정리한 것은 물론 제자백가의 이런저런 학설까지 두루 참조했다. 정본正本은 명산에 감추고, 부본副本은 도성인 장안에 두고자 한다. 후대의 성인군자들을 기다리고자 한 것이다. 이것이 열전의 마지막 편인 〈태사공자서〉 제70을 편제한 이유다.

●● 維我漢繼五帝末流, 接三代統絕業. 周道廢, 秦撥去古文, 焚滅詩書, 故明堂石室金匱玉版圖籍散亂. 於是漢興, 蕭何次律令, 韓信申軍法, 張蒼爲章程, 叔孫通定禮儀, 則文學彬彬稍進, 詩書往往出矣. 自曹參薦蓋公言黃老, 而賈生·晁錯明申·商, 公孫弘以儒顯, 百年之, 天下遺文古事靡不畢集太史公. 太史公仍父子相續纂其職. 曰, "於戲! 余先人嘗掌斯事, 顯于唐虞, 至于周, 復典之, 故司馬氏世主天官. 至於余乎, 欽念哉! 欽念哉!" 罔羅天下放失舊聞, 王跡所興, 原始察終, 見盛觀衰, 論考之行事, 略推三代, 錄秦漢, 上記軒轅, 下至于玆, 著十二本紀, 旣科條之矣. 時異世, 年差不明, 作十表. 禮樂損益, 律改易, 兵權山川鬼神, 天人之際, 承敝通變, 作八書. 二十八宿環北辰, 三十輻共一轂, 運行無窮, 輔拂股肱之臣配焉, 忠信行道, 以奉主上, 作三十世家. 扶義俶儻, 不令己失時, 立功名於天下, 作七十列傳. 凡百三十篇, 五十二萬六千五百字, 爲太史公書. 序略, 以拾遺補闕, 成一家之言, 厥協六經異傳, 整齊百家雜語, 藏之名山, 副在京師, 俟後世聖人君子. 第七十.

태사공은 평한다.

"나는 황제의 시기부터 태초 연간에 이르기까지 전 기간에 걸쳐 역사적 사실을 더듬어 서술했다. 모두 130편이다."

●● 太史公曰, "余述歷黃帝以來至太初而訖, 百三十篇."

서양에서는 《히스토리아*Historia*》를 펴낸 헤로도토스*Herodotos*를 '역사의
아버지'라고 부른다면, 동양에는 사마천司馬遷을 그와 같이 부른다.
기원전 2세기에 《사기》를 저술한 이후 후대인에게 사성史聖의 칭송
을 듣는 것이 그렇다. 헤로도토스와 사마천은 여러모로 닮았다. 역사
의 거울인 이른바 사감史鑑을 남길 생각으로 발로 뛰어다니며 사료
를 모으고, 심혈을 기울여 불후의 역저를 남긴 것이 그렇다. 소신을
굽히지 않고 온몸을 내던져 싸운 것도 닮았다.

　기원전 5세기에 헤로도토스는 젊은 시절 동지들과 함께 고향의
독재자를 쫓아내기 위해 쿠데타를 시도했으나 실패하자 이내 망명
했다. 이후 10년 동안 이집트와 메소포타미아 등 지중해와 흑해 인
근을 답사했다. 아테네로 이주한 뒤 자신이 견문한 사실을 토대로
최고의 강사로 명성을 떨치다가 이탈리아 남부 한 도시에 정착했을
때 아테네와 스파르타 사이에 펠로폰네소스 전쟁이 일어났다. 이때
《히스토리아》를 쓰기 시작했다. 그는 첫머리에 이같이 썼다.

나는 직접 보고 들은 것을 여기에 제시하고자 한다. 이는 사람들 사이에서 일어났던 일들이 시간이 지남에 따라 지워지지 않도록 하고 그 엄청나고 놀라운 일들이 알려지지 않은 채 묻히는 것을 막기 위함이다.

그가 히스토리아를 제목으로 택한 이유는 자신의 역사기술 작업이 단순한 사건보고 차원이 아님을 밝히려는 취지에서 나온 것이다. 사물을 본다는 뜻의 그리스어 호로horo 동사에서 파생된 이 말은 "직접 보고 들은 것을 사실 그대로 기록했다"는 뜻을 담고 있다. 히스토리아는 있는 그대로 가감 없이 기술하는 것이 바로 역사 서술의 기본입장임을 천명한 것이다.

사성 사마천 역시 이러한 모습을 보였다. 그는 역사기술을 전문적으로 하는 사관史官 집안 출신이다.《사기》〈태사공자서〉에 따르면 사마천 집안은 서주 말기인 기원전 9세기부터 주왕실의 사관으로 재직했다.《사기》는 바로 이런 집안 내력에서 나온 것이다.《사기》가 전범典範으로 삼은 것은《춘추좌전》이다.《사기》는《히스토리아》보다 300여 년 늦게 나왔으나《춘추좌전》은 300년 앞선 시기부터 기록하고 있다. 동양이 일찍부터 역사를 매우 중시했음을 보여준다. 기원전 548년의 상황을 기록한《춘추좌전》〈노양공魯襄公 25년〉조에 이에 관한 대목이 나온다.

제나라 대부 최저崔杼가 태사太史를 죽였다. 태사의 아우 가운데 두 명이 계속 기록하다가 잇달아 죽임을 당했다. 태사의 또 다른 아우가 이에 굴하지 않고 똑같이 기록하자 최저가 더는 죽이지 못했다. 남사씨南史氏가 태사의 형제들이 다 죽었다는 소식을 듣고 죽간竹簡을 가지고 갔다가 이미 사실대로 기록되었다는 이야기를 듣고는 이내 돌아갔다.

원래 사관은 제사를 비롯해 점복·별자리·어명·사건 등을 기록하는 것이 기본 직무였다. 직책 및 역할에 따라 태사·소사小史·내사·외사外史·좌사·우사右史 등으로 나뉘었다. 사史는 손에 사냥한 동물을 들고 있는 모습을 그린 상형문자다. 당시에는 사냥 자체가 크게 중요한 일이었던 까닭에 관리를 뜻하는 이吏 및 큰일을 뜻하는 사事와 같은 뜻으로 사용되었다. 이후 직책이 세분화하면서 서주 초기에 들어와 사관을 뜻하는 말로 고정되었다.《주례》가 사관을 두고 관청의 문서를 담당하며 군주를 곁에서 보좌하는 직책으로 규정해놓은 것이 그 증거다. 반고가 지은《한서》〈예문지藝文志〉는 사관과 사서의 상호관계를 이같이 설명해놓았다.

좌사가 말을 기록하고, 우사가 일을 기록했다. 일을 기록한 것이《춘추》이고, 말을 기록한 것이《서경》이다.

이를 통해 짐작할 수 있듯이 동양에서는 고대부터 사서를 극히 중시한 까닭에 사관에게 높은 수준의 자질을 요구했다. 이른바 사재삼장론史才三長論이다. 사서를 쓰기 위해서는 역사적 사실을 체계적으로 기술할 수 있는 자질인 사재史才, 역사적 사실에 관한 폭넓은 지식인 사학史學, 역사를 총체적으로 바라보고 사료를 비판적으로 택할 줄 아는 안목인 사식史識이 필요했다. 이는 세계 최초의 사학이론서인《사통史通》의 저자 유지기劉知機와 관련된 일화에서 나온 것이다.
《구당서舊唐書》〈유자현전劉子玄傳〉의 해당 대목이다.

　　예부상서 정유충鄭惟忠이 유지기에게 묻기를, "예로부터 글을 잘 쓰
는 선비는 많았으나 사서를 쓸 만한 인재는 적으니 그 까닭은 무엇이
오?"라고 했다. 유지기가 대답하기를, "사서를 쓰기 위해서는 세 가지
뛰어난 자질이 있어야 합니다. 그러나 그런 사람은 찾아보기가 어렵
습니다"라고 했다.

　　유지기는 사재삼장론 이외에도 있는 사실을 있는 그대로 기록하
는 직필론直筆論을 주장했다. 그의 이런 주장은 후대에 지대한 영향
을 미쳤다. 청조 말기 장학성章學誠이 사덕史德을 언급한 것이 그렇
다. 동서양을 넘나들며 당대 최고의 지식인으로 손꼽힌 양계초梁啓
超는 장학성의 사덕을 유지기의 이론에 덧붙인 이른바 사재사장론
史才四長論을 주장했다.
　　사마천은 한漢나라 전성기인 한무제 때 활약했다. 그는 태사령으
로 있던 부친 사마담의 유언을 좇아 생식기를 거세하는 궁형의 치욕
을 견디며《사기》를 탈고했다.《사기》에 자신의 모든 삶을 바친 셈이
다.《사기》는 오제부터 한무제 시기에 이르기까지 중국의 전 역사를
하나로 꿴 최고最古의 사서다. 동아시아에《사기》가 끼친 영향은 절대
적이었다. 후대의 모든 사서가《사기》의 체제를 흉내 낸 것이 그렇다.
　　현재 시중에 여러 번역본이 나와 있다. 그러나 한문 원문이 없어
커다란 아쉬움을 남기고 있다. 엄밀히 말하면 완역본이 아닌 셈이
다. 나아가《사기》의 대표적인 주석서인《사기집해》와《사기정의》

및《사기색은》등 이른바 삼가주의 각주가 거의 없어 적잖은 문제를 안고 있다. 삼가주를 모두 번역할 필요는 없을지라도 최소한 쟁점이 되는 구절에 대해서는 반드시 언급할 필요가 있다. 필자가 본서를 펴낸 이유다. 본서는 한문 원문을 덧붙인 것은 물론 쟁점마다 삼가주의 주석과 필자의 견해를 덧붙여놓았다.

《사기》가 가장 빛을 발하는 대목은 진시황이 급서한 직후에 일어난 초한전 이후의 역사 서술이다. 엄밀한 사료검증을 자랑하는《자치통감》도 이 대목에서는《사기》를 거의 그대로 옮겨놓다시피 했다.

예나 지금이나 고전은 시공을 뛰어넘어 사람들에게 감동을 준다. 그러나 동서를 막론하고 많은 사람이 고전을 어려워한다. 원문 해석이 쉽지 않기 때문이다. 좋은 길잡이에 해당하는 충실한 번역서가 필요한 이유다. 특히 사서의 경우는 역사적 배경을 모르면 제대로 된 번역을 하기가 어렵다. 오역이 빈발할 수밖에 없다.

필자는 본서를 펴내기 전에 이미 사마천이 대거 전거典據로 삼은 《춘추좌전》과《국어》및《전국책》등을 완역한 바가 있다. 그 덕에 《사기》의 일부 대목이 전거가 된 해당 사서의 내용과 적잖은 차이가 있음을 발견할 수 있었다. 해당 대목마다 각주에서 이를 일일이 지적해놓았다. 이는 삼가주에서도 찾을 수 없는 본서만의 자랑이기도 하다. 삼가주의 미비한 점을 보완했다는 점에서 사가주의 역할을 한 셈이다.

본서는 기본적으로 지난 1994년 중화서국中華書局에서 펴낸 판본을 저본으로 삼아《사기》전편을 완역한 것이다. 항우와 유방이 각축을 벌이는 초한지제 이전의 역사에 대해서는 기존에 펴낸《춘추좌전》과《국어》,《전국책》을 집필할 때 참고한 서적을 대거 활용했다.

《사기》의 내용이 이들 사서와 차이가 나는 대목에 관해서는 해당 구절의 각주에 상세히 설명해놓았다. 또 초한지제의 실체를 파악하기 위해 사다케 야스히코佐竹靖彦가 펴낸《유방劉邦》과《항우項羽》를 많이 참조했다. 사다케는 초한지제에 관한 한 동아 삼국에서 최고의 전문가로 손꼽힌다.

흔히 21세기를 미·중이 치열하게 각축하는 G2시대로 부른다. 대략 민족의 염원인 통일도 이 와중에 이루어질 것이다. 이를 적극 활용할 필요가 있다. 우리의 이웃에 세계 최대시장으로 부상한 중국이 있다. 중국을 이해하는 것은 이제 선택이 아니라 필수다. 중국을 아는 데《사기》만큼 좋은 고전도 없다. 매사가 그렇듯이 아는 만큼 보이게 마련이다. 모두 본인이 하기 나름이다. 모쪼록 본서가 한반도 통일 이후의 동북아 허브 시대를 여는 데 앞장서고자 하는 모든 사람에게 도움이 되었으면 하는 바람이다.

2015년 겨울 학오재學吾齋에서

신동준

부록

사마천 연보

참고문헌

| 부록 |

사마천 연보

나이	연대(기원전)	사건
1세	경제 11년(145)	섬서성 한성시 남쪽인 하양현에서 태어남.
4세	14년(142)	부친을 따라 서원에서 글자를 배우기 시작함.
5세	15년(141)	한경제가 죽고 열여섯의 한무제가 즉위함.
7세	무제 건원 2년(139)	사마담이 태사승이 되어 무릉 축조에 참여함. 사마천이 고문을 배움.
8세	3년(138)	태사령이 된 사마담이 장안으로 이주해 천문과 역법을 주관함.
10세	5년(136)	사마천이 고향에서 농사를 짓고 목축을 함.
11세	6년(135)	황로를 숭상한 두태후가 사망하자 한무제가 유가정사를 펼침.
12세	원광 원년(134)	유가인 동중서와 공손홍이 발탁됨.
13세	2년(133)	사마담이 잠시 고향으로 와 사마천과 함께 각지를 다니며 자료를 수집함.
14세	3년(132)	한무제가 황하의 치수사업에 10만 명을 동원함.
17세	6년(129)	동중서 및 공안국 밑에서 《춘추공양전》과 《고문상서古文尙書》를 배움.
19세	원삭 2년(127)	호족과 부호가 무릉으로 이주함. 유협 곽해郭解가 훗날 〈유협열전〉의 주인공이 됨.
20세	3년(126)	학업을 일시 중단하고 부친의 권유로 천하를 답사함.

부록 — 사마천 연보 | **1041**

21세	4년(125)	흉노의 침입으로 사마담이 한무제를 수행해 감천으로 감.
22세	5년(124)	사마천이 낭중이 되어 벼슬길에 나섬.
24세	원수 원년(122)	부친과 함께 한무제를 수행해 옹현으로 가 제사를 지냄.
33세	원정 4년(113)	한무제가 지방 순시에 나서자 부친과 함께 수행함.
35세	6년(111)	황명을 받아 서남 일대를 순시함. 〈화식열전〉 저술의 배경이 됨.
36세	원봉 원년(110)	한무제 봉선 가운데 부친이 위독하다는 전갈을 받고 낙양으로 와 유언을 들음.
37세	2년(109)	치수사업을 벌이자 역대 치수사업을 개괄한 〈하거서〉를 씀.
38세	3년(108)	태사령이 됨.
42세	태초 원년(104)	태초력 완성을 계기로 본격적으로 《사기》 저술에 들어감.
47세	천한 2년(99)	전투에서 패한 이릉을 보호하다 탄핵을 받음.
48세	3년(98)	태사령 직에서 파면되고 황제를 무고한 혐의로 사형이 확정됨.
49세	4년(97)	궁형을 자청해 죽음을 면함.
50세	태시 원년(96)	사면되어 중서령에 제수됨. 《사기》 완성에 박차를 가함.
51세	2년(95)	황제를 수행해 4년 동안 천하 각지를 순시함.
55세	정화 2년(91)	친구 임안에게 〈보임안서〉를 보냄.
60세	시원 원년(86)	한소제 원년. 늦어도 이해 전에 사망한 것으로 추정됨.

| 참고문헌 |

기본서

《논어》, 《맹자》, 《관자》, 《순자》, 《한비자》, 《도덕경》, 《장자》, 《묵자》, 《상군서》, 《안자춘추》, 《춘추좌전》, 《춘추공양전》, 《춘추곡량전》, 《여씨춘추》, 《회남자》, 《춘추번로》, 《오월춘추》, 《월절서》, 《신어》, 《세설신어》, 《잠부론》, 《염철론》, 《국어》, 《설원》, 《전국책》, 《논형》, 《공자가어》, 《정관정요》, 《자치통감》, 《독통감론》, 《일지록》, 《명이대방록》, 《근사록》, 《설문해자》, 《사기》, 《한서》, 《후한서》, 《삼국지》.

저서 및 논문

• 한국어판

가오 나오카, 오이환 옮김, 《중국철학사》, 을유문화사, 1995.

가이쯔까 시게끼, 김석근 외 옮김, 《제자백가》, 까치, 1989.

강상중,《오리엔탈리즘을 넘어서》, 이산, 1997.

곽말약, 조성을 옮김,《중국고대사상사》, 까치, 1991.

김승혜,《원시유교》, 민음사, 1990.

김엽, 〈전국·진한대의 지배계층〉,《동양사학연구》, 1989.

김용옥,《동양학 어떻게 할 것인가》, 민음사, 1985.

김충렬 외,《논쟁으로 보는 중국철학》, 예문서원, 1995.

김학주,《공자의 생애와 사상》, 태양문화사, 1978.

김형효,《맹자와 순자의 철학사상》, 삼지원, 1990.

니시지마 사다오, 최덕경 외 옮김,《중국의 역사: 진한사》, 혜안, 2004.

니콜로 마키아벨리, 강정인 옮김,《군주론》, 까치, 1997.

라이샤워 외, 고병익 외 옮김,《동양문화사》, 을유문화사, 1973.

마루야마 마사오, 김석근 옮김,《일본정사사상사연구》, 한국사상사연구소, 1995.

마쓰시마 다까히로 외, 조성을 옮김,《동아시아사상사》, 한울아카데미, 1991.

마준, 임홍빈 옮김,《손자병법강의》, 돌베개, 2010.

마오쩌둥, 이승연 옮김,《실천론·모순론》, 두레, 1989.

모리모토 준이치로, 김수길 옮김,《동양정사사상사 연구》, 동녘, 1985.

모리야 히로시, 이찬도 옮김,《중국고전의 사람학》, 을지서적, 1991.

박덕규 엮음,《중국역사이야기》, 일송북, 2006.

박한제,《중국역사기행》, 사계절, 2003.

벤자민 슈월츠, 나성 옮김,《중국고대사상의 세계》, 살림, 1996

북경대중국철학사연구실 엮음, 박원재 옮김,《중국철학사》, 자작아카데미, 1994.

사마광, 권중달 옮김,《자치통감》, 삼화, 2009.

서울대동양사학연구실 엮음,《강좌 중국사》, 지식산업사, 1989.

소공권, 최명 옮김,《중국정사사상사》, 서울대출판부, 2004.

송영배,《제자백가의 사상》, 현암사, 1994.

송인창, 〈공자의 덕치사상〉,《현대사상연구 4》, 1987.

시오노 나나미, 김석희 옮김,《로마인이야기 1~6》, 한길사, 1998.

신동준,《인물로 읽는 중국근대사》, 에버리치홀딩스, 2010.

신동준,《조선국왕 대 중국황제》, 역사의아침, 2010.

양계초, 이민수 옮김,《중국문화사상사》, 정음사, 1980.

양지강, 고예지 옮김,《천추흥망》, 따뜻한손, 2009.

에드워드 맥널 번즈 외, 손세호 옮김,《서양문명의 역사》, 소나무, 1987.

에드워드 W. 사이드, 박홍규 옮김,《오리엔탈리즘》, 교보문고, 1997.

여동방, 문현선 옮김,《삼국지강의》, 돌베개, 2010.

오카다 히데히로, 이진복 옮김,《세계사의 탄생》, 황금가지, 2002.

윤내현,《상주사》, 민음사, 1988.

윤사순,《공자사상의 발견》, 민음사, 1992.

이강수, 〈장자의 정사윤리사상〉,《정신문화연구》, 1986.

이성규,《동아사상의 왕권》, 한울아카데미, 1993.

이성규,《중국고대제국성립사 연구》, 일조각, 1984.

이재권, 〈순자의 명학사상〉,《동서철학연구 8》, 1991.

이종오, 신동준 옮김,《후흑학》, 인간사랑, 2010.

이춘식, 〈유가 정사사상의 이념적 제국주의〉,《인문논집 27》, 1982.

이탁오, 김혜경 옮김,《분서》, 한길사, 2004.

전락희, 〈동양 정사사상의 윤리와 이상〉,《한국정사학회보 24》, 1990.

전목, 권중달 옮김,《중국사의 새로운 이해》, 집문당, 1990.

____, 신승하 옮김,《중국역대정사의 득실》, 박영사, 1975.

____, 추헌수 옮김,《중국역사정신》, 연세대출판부, 1977.

전세영,《공자의 정사사상》, 인간사랑, 1992.

전해종 외,《중국의 천하사상》, 민음사, 1988.

정영훈, 〈선진 도가의 정사사상〉,《민주문화논총》, 1992.

조광수, 〈노자 무위의 정사사상〉,《중국어문논집 4》, 1988.

차하순 엮음,《사관이란 무엇인가》, 청람, 1984.

최명,《삼국지 속의 삼국지》, 인간사랑, 2003.

____,《춘추전국의 정치사상》, 박영사, 2004.

최성철, 〈선진유가의 정사사상 연구〉,《한국학논집 11》, 1987.

크레인 브린튼 외, 민석홍 외 옮김,《세계문화사》, 을유문화사, 1972.

퓌스델 드 쿨랑주, 김응종 옮김,《고대도시》, 아카넷, 2000.

풍우란, 정인재 옮김,《중국철학사》, 형설출판사, 1995.

플라톤, 박종혁 옮김,《나라·정체》, 서광사, 1997.

한국공자학회 엮음,《공자사상과 현대》, 사사연, 1986.

한조기, 이인호 옮김,《사기강의》, 돌베개, 2010.

헤로도토스, 박광순 옮김,《역사》, 범우사, 1995.

헤리슨 솔즈베리, 박월라 외 옮김,《새로운 황제들》, 다섯수레, 1993.

황원구,《중국사상의 원류》, 연세대출판부, 1988.

H. G 크릴, 이성규 옮김,《공자, 사람과 신화》, 지식산업사, 1989.

• 중국어판

郭志坤,《荀學論槀》, 三聯書店, 1991.

匡亞明,《孔子評傳》, 齊魯出版社, 1985.

喬木靑,〈荀況法後王考辨〉,《社會科學戰線 2》, 1978.

金德建,《先秦諸子雜考》, 中州書畵社, 1982.

勞思光,〈法家與秦之統一〉,《大學生活 153-155》, 1963.

童書業,《先秦七子思想硏究》, 齊魯書社, 1982.

鄧小平,《鄧小平文選》, 人民出版社, 1993.

毛澤東,〈新民主主義論〉,《毛澤東選集 2》, 人民出版社, 1991.

潘富恩·甌群,《中國古代兩種認識論的鬪爭》, 上海人民出版社, 1973.

方立天,《中國古代哲學問題發展史》, 中華書局, 1990.

傅樂成,〈漢法與漢儒〉,《食貨月刊 復刊 5-10》, 1976.

史尙輝,〈韓非:戰國末期的反孔主將〉,《學習與批判 1974-9》, 1974.

徐復觀,《中國思想史論集》, 臺中印刷社, 1951.

聶文淵,〈孟子政治觀中的民本思想〉,《貴州社會科學 1993-1》, 1993.

蕭公權,《中國政治思想史》, 臺北聯經出版事業公司, 1980.

蘇誠鑑,〈漢武帝 獨尊儒術 考實〉,《中國哲學史硏究 1》, 1985.

蘇新鋈,〈孟子仁政首重經濟建設的意義〉,《中國哲學史硏究 1》, 1988.

蕭一山,《淸代通史》, 臺灣商務印書館, 1985.

孫謙,〈儒法理學異同論〉,《人文雜誌 6》, 1989.

孫家洲,〈先秦儒家與法家 忠孝 倫理思想述評〉,《貴州社會科學 4》, 1987.

孫開太,〈試論孟子的 仁政 學說〉,《思想戰線 1979-4》, 1979.

孫立平,〈集權·民主·政治現代化〉,《政治學硏究 5-15》, 1989.

梁啓超,《先秦政治思想史》, 商務印書館, 1926.

楊立著,〈對法家 法治主義 的再認識〉,《遼寧大學學報, 哲學社會科學 2》, 1989.

楊善群,〈論孟荀思想的階級屬性〉,《史林 1993-2》, 1993.

楊雅婷,〈荀子論道〉,《中國文學研究 2》, 1988.

楊幼炯,《中國政治思想史》, 商務印書館, 1937.

楊鴻烈,《中國法律思想史》, 商務印書館, 1937.

呂凱,〈韓非融儒道法三家成學考〉,《東方雜誌 23-3》, 1989.

呂思勉,《秦學術概論》, 中國大百科全書, 1985.

吳康,〈荀子論王霸〉,《孔孟學報 22》, 1973.

吳乃恭,《儒家思想研究》, 東北師範大學出版社, 1988.

吳辰佰,《皇權與紳權》, 儲安平, 1997.

王德敏,〈管子思想對老子道德論的影響〉,《中國社會科學 1991-2》, 1991.

王德昭,〈馬基雅弗裏與韓非思想的異同〉,《新亞書院學術年刊 9》, 1967.

王道淵,〈儒家的法治思想〉,《中華文史論叢 19》, 1989.

王文亮,《中國聖人論》, 中國社會科學院出版社, 1993.

王錫三,〈淺析韓非的極端專制獨裁論〉,《天津師大學報 1982-6》, 1982.

王亞南,《中國官僚政治研究》, 中國社會科學出版社, 1990.

王威宣,〈論荀子的法律思想〉,《山西大學學報, 哲學社會科學 2》, 1992.

王曉波,〈先秦法家之發展及韓非的政治哲學〉,《大陸雜誌 65-1》, 1982.

於孔寶,〈論孔子對管仲的評價〉,《社會科學輯刊 4》, 1990.

熊十力,《新唯識論 原儒》, 山東友誼書社, 1989.

劉奉光,〈孔孟政治思想比較〉,《南開學報, 哲學社會科學 6》, 1986.

劉如瑛,〈略論韓非的先王觀〉,《江淮論壇 1》, 1982.

劉澤華,《先秦政治思想史》, 南開大學出版社, 1984.

遊喚民,《先秦民本思想》, 湖南師範大學出版社, 1991.

李侃,〈中國近代儒法鬪爭駁議〉,《歷史研究 3》, 1977.

李德永,〈荀子的思想〉,《中國古代哲學論叢 1》, 1957.

李宗吾,《厚黑學》, 求實出版社, 1990.

李澤厚,《中國古代思想史論》, 人民出版社, 1985.

人民出版社編輯部 編,《論法家和儒法鬪爭》, 人民出版社, 1974.

林聿時·關 峰,《春秋哲學史論集》, 人民出版社, 1963.

張豈之,《中國儒學思想史》, 陝西人民出版社, 1990.

張國華,〈略論春秋戰國時期的法治與人治〉,《法學研究 2》, 1980.

張君勱,《中國專制君主政制之評議》, 弘文館出版社, 1984.

張岱年,《中華的智慧: 中國古代哲學思想精髓》, 上海人民出版社, 1989.

田久川,〈孔子的霸道觀〉,《遼寧師範大學學報, 社會科學 5》, 1987.

鄭良樹,《商鞅及其學派》, 上海古籍出版社, 1989.

曹謙,《韓非法治論》, 中華書局, 1948.

趙光賢,〈什麼是儒家? 什麼是法家?〉,《歷史教學 1》, 1980.

曹思峰,《儒法鬪爭史話》, 上海人民出版社, 1975.

趙守正,《管子經濟思想研究》, 上海古籍出版社, 1989.

趙如河,〈韓非不是性惡論者〉,《湖南師範大學社會科學學報 22-4》, 1993.

曹旭華,〈管子論富國與富民的關係〉,《學術月刊 6》, 1988.

趙忠文,〈論孟子仁政與孔子仁及德政說的關係〉,《中國哲學史研究 3》,
    1987.

鍾肇鵬,《孔子研究, 增訂版》, 中國社會科學出版社, 1990.

周立升 編,《春秋哲學》, 山東大學出版社, 1988.

周雙利,〈略論儒法在名實問題上的論爭〉,《考古 4》, 1974.

周燕謀 編,《治學通鑑》, 臺北, 精益書局, 1976.

曾小華,《中國政治制度史論簡編》, 中國廣播電視出版社, 1991.

陳大絡,〈儒家民主法治思想的闡述〉,《福建論壇, 文史哲 6》, 1989.

陳飛龍,《荀子禮學之研究》, 文史哲出版社, 1979.

陳進坤,〈論儒家的人治與法家的法治〉,《廈門大學學報, 哲學社會科學 2》, 1980.

鄒華玉,〈試論管子的富國安民之道〉,《北京師範學院學報, 社會科學 6》, 1992.

湯新,〈法家對黃老之學的吸收和改造: 讀馬王堆帛書 經法 等篇〉,《文物 8》, 1975.

夏子賢,〈儒法鬪爭的歷史眞相〉,《安徽師大學報, 哲學社會科學 3》, 1978.

郝鐵川,〈韓非子論法與君權〉,《法學研究 4》, 1987.

韓學宏,〈荀子法後王思想研究〉,《中華學苑 40》, 1990.

向仍旦,《荀子通論》, 福建人民出版社, 1987.

黃公偉,《孔孟荀哲學證義》, 臺北, 幼獅文化事業公司, 1975.

黃偉合,〈儒法墨三家義利觀的比較研究〉,《江淮論壇 6》, 1987.

黃俊傑,〈孟子王霸三章集釋新詮〉,《文史哲學報 37》, 1989.

曉東,〈政治學和政治體制改革〉,《瞭望 20-21》, 1988.

• 일본어판

加藤常賢,《中國古代倫理學の發達》, 二松學舍大學出版部, 1992.

角田幸吉,〈儒家と法家〉,《東洋法學 12-1》, 1968.

岡田武彦,《中國思想における理想と現實》, 木耳社, 1983.

鎌田正,《左傳の成立と其の展開》, 大修館書店, 1972.

高文堂出版社 編,《中國思想史》, 高文堂出版社, 1986.

高山方尚,〈商子·荀子·韓非子の國家: 回歸と適應〉,《中國古代史研究 4》, 1976.

高須芳次郎,《東洋思想十六講》, 東京, 新潮社, 1924.

高田眞治,〈孔子的管仲評: 華夷論の一端として〉,《東洋研究 6》, 1963.

顧頡剛 著 小倉芳彦 等 譯,《中國古代の學術と政治》, 大修館書店, 1978.

菅本大二,〈荀子の禮思想における法思想の影響について〉,《築波哲學 2》, 1990.

舘野正美,《中國古代思想管見》, 汲古書院, 1993.

溝口雄三,《中國の公と私》, 研文出版, 1995.

宮崎市定,《アジア史研究, l-V》, 同朋社, 1984.

宮島博史 外,〈明清と李朝の時代〉,《世界の 歷史》, 中央公論社, 1998.

金谷治,《管子の研究: 中國古代思想史の一面》, 岩波書店, 1987.

内山俊彦,《荀子: 古代思想家の肖像》, 東京, 評論社, 1976.

大久保隆郎也,《中國思想史, 上: 古代·中世》, 高文堂出版社, 1985.

大濱晧,《中國古代思想論》, 勁草書房, 1977.

大野實之助,〈禮と法〉,《東洋文化研究所創設三十周年紀念論集, 東洋文化と明日》, 1970.

渡邊信一郎,《中國古代國家の思想構造》, 校倉書房, 1994.

木村英一,《法家思想の探究》, 弘文堂, 1944.

___,《孔子と論語》, 創文社, 1984.

茂澤方尙,〈韓非子の聖人について〉,《駒澤史學 38》, 1988.

服部武,《論語の人間學》, 東京, 富山房, 1986.

福澤諭吉,《福澤諭吉選集》, 岩波書店, 1989.

山口義勇,《列子研究》, 風間書房, 1976.

森秀樹,〈韓非と荀況: 思想の繼蹤と繼絶〉,《關西大學文學論集 28-4》, 1979.

森熊男,〈孟子の王道論: 善政と善敎をめぐて〉,《研究集錄, 岡山大學敎
　育學部 50-2》, 1979.

上野直明,《中國古代思想史論》, 成文堂, 1980.

相原俊二,〈孟子の五覇について〉,《池田末利博士古稀記念東洋學論
　集》, 1980.

上田榮吉郞,〈韓非の法治思想〉,《中國の文化と社會 13》, 1968.

小林多加士,〈法家の社會體系理論〉,《東洋學研究 4》, 1970.

小野勝也,〈韓非.帝王思想の一側面〉,《東洋學學術研究 10-4》, 1971.

小倉芳彦,《中國古代政治思想研究》, 靑木書店, 1975.

松浦玲,〈王道論をめぐる日本と中國〉,《東洋學術研究 16-6》, 1977.

守本順一郞,《東洋政治思想史研究》, 未來社, 1967.

狩野直禎,《韓非子の知慧》, 講談社, 1987.

守屋洋,《韓非子の人間學: 吾が存に善なる恃まず》, プレジデント社, 1991.

信夫淳平,《荀子の新研究》, 硏文社, 1959.

兒玉六郞,〈荀況の政治論〉,《新潟大學敎育學部紀要, 人文社會科學
　31-1》, 1989.

安岡正篤,《東洋學發掘》, 明德出版社, 1986.

安居香山 編,《讖緯思想の綜合的研究》, 國書刊行會, 1993.

栗田直躬,《中國古代思想の研究》, 岩波書店, 1986.

伊藤道治,《中國古代王朝の形成》, 創文社, 1985.

日原利國,《中國思想史, 上·下》, ペリカン社, 1987.

＿＿, 〈王道から覇道への轉換〉,《中國哲學史の展望と模索》, 東京, 創
　文社, 1976.

張柳雲,〈韓非子の治道與治術〉,《中華文化復興月刊 3-8》, 1970.

町田三郎 外,《中國哲學史硏究論集》,葦書房, 1990.

佐川修,〈董仲舒の王道說: その陰陽說との關連について〉,《東北大學
　教養部紀要 19》, 1974.

中村哲,〈韓非子の專制君主論〉,《法學志林 74-4》, 1977.

中村俊也,〈孟荀二者の思想と公羊傳の思想〉,《國文學漢文學論叢 20》,
　1975.

紙屋敦之,《大君外交と東アジア》,吉川弘文館, 1997.

陳柱著 中村俊也 譯,《公羊家哲學》,百帝社, 1987.

津田左右吉,《左傳の思想史的硏究》,東京, 岩波書店, 1987.

淺間敏太,〈孟荀における孔子〉,《中國哲學 3》, 1965.

淺井茂紀他,《孟子の禮知と王道論》,高文堂出版社, 1982.

村瀨裕也,《荀子の世界》,日中出版社, 1986.

貝塚茂樹 編,《諸子百家》,築摩書房, 1982.

布施彌平治,〈申不害の政治說〉,《政經硏究 4-2》, 1967.

戶山芳郎,《古代中國の思想》,放送大敎育振興會, 1994.

丸山松幸,《異端と正統》,每日新聞社, 1975.

丸山眞男,《日本政治思想史硏究》,東京大出版會, 1993.

黃介騫,〈荀子の政治經濟思想〉,《經濟經營論叢 5-1》, 1970.

荒木見悟,《中國思想史の諸相》,中國書店, 1989.

• 서양어판

Ahern, E. M., *Chinese Ritual and Politics*, Cambridge Univ. Press, 1981.

Allinson, R., ed., *Understanding the Chinese Mind The Philosophical Roots*,
　Hong Kong: Oxford Univ. Press, 1989.

Ames, R. T., *The Art of Rulership: A Study in Ancient Chinese Political Thought*, Honolulu Univ. Press of Hawaii, 1983.

Aristotle, *The Politics*, London: Oxford Univ. Press, 1969.

Barker, E., *The Political Thought of Plato and Aristotle*, New York: Dover Publications, 1959.

Bell, D. A., "Democracy in Confucian Societies The Challenge of Justification" in Daniel Bell et. al., *Towards Illiberal Democracy in Pacific Asia*, Oxford: St. Martin's Press, 1995.

Carr, E. H., *What is History*, London: Macmillan Co., 1961.

_____, *Nationalism and After*, London: Macmillan, 1945.

Cohen, P. A., *Between Tradition and Modernity Wang T'ao and Reform in Late Ch'ing China*, Cambridge Harvard Univ. Press, 1974.

Creel, H. G., *Shen Pu-hai. A Chinese Political Philosopher of The Fourth Century B.C.*, Chicago: Univ. of Chicago Press, 1975.

Cua, A. S., *Ethical Argumentation: A study in Hsün Tzu's Moral Epistemology*, Univ. Press of Hawaii, 1985.

De Bary, W. T., *The Trouble with Confucianism*, Cambridge, Mass.: Harvard Univ. Press, 1991.

Fingarette, H., *Confucius The Secular as Sacred*, New York: Harper and Row, 1972.

Fukuyama, F., *The End of History and the Last Man*, London: Hamish Hamilton, 1993.

Hegel, F., *Lectures on the Philosophy of World History*, Cambridge: Cambridge Univ. Press, 1975.

Held, D., *Models of Democracy*, Cambridge: Polity Press, 1987.

Hsü, L. S., *Political Philosophy of Confucianism*, London: George Routledge & Sons, 1932.

Huntington, S. P., "The Clash of civilization.", *Foreign Affairs* 7, no. 3, summer.

Johnson, C., *MITI and the Japanese Miracle*, Stanford: Stanford University Press, 1996.

Machiavelli, N., *The Prince*, Harmondsworth Penguin, 1975.

Macpherson, C. B., *The Life and Times of Liberal Democracy*, Oxford: Oxford Univ. Press, 1977.

Mannheim, K., *Ideology and Utopia*, London: Routledge, 1963.

Marx, K., *Oeuvres Philosophie et Économie 1-5*, Paris: Gallimard, 1982.

Mills, C. W., *The Power Elite*, New York: Oxford Univ. Press, 1956.

Moritz, R., *Die Philosophie im alten China*, Berlin: Deutscher Verl. der Wissenschaften, 1990.

Munro, D. J., *The Concept of Man in Early China*, Stanford: Stanford Univ. Press, 1969.

Peerenboom, R. P., *Law and Morality in Ancient China: The Silk Manuscripts of Huang-Lao*, Albany, New York: State Univ. of New York Press, 1993.

Plato, *The Republic*, Oxford Univ. Press, 1964. Pott, W. S., *A Chinese Political Philosophy*, Alfred. A. Knopf, 1925.

Rawls, J., *A Theory of Justice*, Cambridge: Harvard Univ. Press, 1971.

Rubin, V. A., *Individual and State in Ancient China: Essays on Four Chinese Philosophers*, Columbia Univ. Press, 1976.

Sabine, G., *A History of Political Theory*, Holt, Rinehart and Winston, 1961.

Sartori, G., *The Theory of Democracy Revisited*, Catham House Publisher, Inc., 1987.

Schumpeter, J. A., *Capitalism, Socialism and Democracy*, London: George Allen & Unwin, 1952.

Schwartz, B. I., *The World of Thought in Ancient China*, Cambridge: Harvard Univ. Press, 1985.

Strauss, L., *Natural Right and History*, Chicago: Univ. of Chicago Press, 1953.

Taylor, R. L., *The Religious Dimensions of Confucianism*, Albany, New York: State Univ. of New York Press, 1990.

Tocqueville, Alexis de, *Democracy in America*, Garden City, N.Y.: Anchor Books, 1969.

Tomas, E. D., *Chinese Political Thought*, New York: Prentice-Hall, 1927.

Tu, Wei-ming, *Way, Learning and Politics: Essays on the Confucian Intellectual*, Albany, State Univ. of New York Press, 1993.

Waley, A., *Three Ways of Thought in Ancient China*, doubleday & company, 1956.

Weber, M., *The Protestant Ethics and the Spirit of Capitalism*, London: Allen and Unwin, 1971.

Wu, Geng, *Die Staatslehre des Han Fei: Ein Beitrag zur chinesischen Idee der Staatsräson*, Wien & New York Springer-Verl., 1978.

Wu, Kang, *Trois Theories Politiques du Tch'ouen Ts'ieou*, Paris: Librairie Ernest Leroux, 1932.

Zenker, E. V., *Geschichte der Chinesischen Philosophie*, Reichenberg: Verlag Gebrüder Stiepel Ges. M. B. H., 1926.